# 여러분의 합격을 응원하는
# 해커스공무원의 특별 혜택

## FREE 공무원 국제정치학 특강

해커스공무원(gosi.Hackers.com) 접속 후 로그인 ▶ 상단의 [무료강좌] 클릭하여 이용

## 해커스공무원 온라인 단과강의 20% 할인쿠폰

### D724E54B5A4BE72J

해커스공무원(gosi.Hackers.com) 접속 후 로그인 ▶ 상단의 [나의 강의실] 클릭 ▶
좌측의 [쿠폰등록] 클릭 ▶ 위 쿠폰번호 입력 후 이용

* 등록 후 7일간 사용 가능(ID당 1회에 한해 등록 가능)

##  합격예측 온라인 모의고사 응시권 + 해설강의 수강권

### BB6B4D664CCB9DLF

해커스공무원(gosi.Hackers.com) 접속 후 로그인 ▶ 상단의 [나의 강의실] 클릭 ▶
좌측의 [쿠폰등록] 클릭 ▶ 위 쿠폰번호 입력 후 이용

* ID당 1회에 한해 등록 가능

쿠폰 이용 관련 문의 1588-4055

# 단기 합격을 위한 해커스공무원 커리큘럼

### 입문
**탄탄한 기본기와 핵심 개념 완성!**

누구나 이해하기 쉬운 개념 설명과 풍부한 예시로 부담없이 쌩기초 다지기
**TIP** 베이스가 있다면 **기본 단계**부터!

### 기본+심화
**필수 개념 학습으로 이론 완성!**

반드시 알아야 할 기본 개념과 문제풀이 전략을 학습하고
심화 개념 학습으로 고득점을 위한 응용력 다지기

### 기출+예상 문제풀이
**문제풀이로 집중 학습하고 실력 업그레이드!**

기출문제의 유형과 출제 의도를 이해하고 최신 출제 경향을 반영한
예상문제를 풀어보며 본인의 취약영역을 파악 및 보완하기

### 동형모의고사
**동형모의고사로 실전력 강화!**

실제 시험과 같은 형태의 실전모의고사를 풀어보며 실전감각 극대화

### 마무리
**시험 직전 실전 시뮬레이션!**

각 과목별 시험에 출제되는 내용들을 최종 점검하며 실전 완성

\* 커리큘럼 및 세부 일정은 상이할 수 있으며, 자세한 사항은 해커스공무원 사이트에서 확인하세요.

**단계별 교재 확인 및 수강신청은 여기서!**
gosi.Hackers.com

# 해커스공무원 패권 국제정치학

기본서 | 이슈

해커스공무원

## 이상구

**약력**

성균관대학교 졸업
서울대학교 대학원 졸업

현 | 해커스공무원 국제법·국제정치학 강의
현 | 해커스 국립외교원 대비 국제법·국제정치학 강의
현 | 해커스 변호사시험 대비 국제법 강의
전 | 베리타스법학원 국제법·국제정치학 강의
전 | 합격의 법학원 국제법 강의

**저서**

해커스공무원 패권 국제정치학 기본서 사상 및 이론
해커스공무원 패권 국제정치학 기본서 외교사
해커스공무원 패권 국제정치학 기본서 이슈
해커스공무원 패권 국제정치학 핵심요약집
해커스공무원 패권 국제정치학 단원별 핵심지문 OX
해커스공무원 패권 국제정치학 기출+적중문제집
해커스공무원 패권 국제정치학 실전동형모의고사
해커스공무원 패권 국제법 기본서 일반국제법
해커스공무원 패권 국제법 기본서 국제경제법
해커스공무원 패권 국제법 조약집
해커스공무원 패권 국제법 판례집
해커스공무원 패권 국제법 핵심요약집
해커스공무원 패권 국제법 단원별 핵심지문 OX
해커스공무원 패권 국제법 단원별 기출문제집
해커스공무원 패권 국제법 단원별 적중 1000제
해커스공무원 패권 국제법 실전동형모의고사
해커스공무원 패권 국제법개론 실전동형모의고사

# 공무원 시험
## 합격을 위한 필수 기본서!

『해커스공무원 패권 국제정치학 기본서 이슈』는 국가직 7급 외무영사직을 준비하는 수험생들을 위한 책으로, 이론과 외교사를 제외한 실제 국제정치에서 쟁점이 되고 있는 내용들을 포괄적으로 다루고 있습니다.

『해커스공무원 패권 국제정치학 기본서 이슈』의 단원은 제1편에서 제5편까지 총 다섯 개로 구성되어 있습니다. 그 중 '제1편 강대국 대외정책'에서는 미국을 비롯한 중국, 러시아, 일본 등 강대국들의 대외정책을, '제2편 국제기구'에서는 UN, WTO를 비롯한 보편기구, ASEAN, OECD, APEC 등 지역기구들의 역사와 활동 및 기관 등을 다루고 있습니다. 제3편부터 제5편까지는 분석수준을 국제체제, 지역체제 및 한반도체제로 대변하여 각각의 정치·경제 이슈들을 정리하고 있습니다. '제3편 국제이슈'에서는 국제이슈 중에서 쟁점이 되고 있는 WMD 확산문제를 비롯하여 세계화, 정보화, 지역주의, 국제금융질서, 국제환경문제, G20 정상회의 등에 대해 다루고 있으며, '제4편 동아시아 및 기타 지역 이슈'에서는 동아시아 이슈로서 북핵문제와 동아시아 공동체론 그리고 동아시아 영토분쟁 및 동아시아 국제관계에 대해 기술하였습니다. 마지막 '제5편 한반도 이슈'에서는 우리나라의 대외정책, 의대 행정부의 대외정책 및 남북한 관계론의 주요 쟁점들을 정리하였습니다.

최근 국제정치학 시험의 출제범위가 지속적으로 확대되면서 수험생들의 부담도 가중되고 있기 때문에 전략적인 접근이 필요합니다. 『해커스공무원 패권 국제정치학 기본서 이슈』를 통해 다음에 제시된 네 가지 영역을 우선적으로 공략한 다음 다양한 세부 논점들을 정리하여 효율적으로 학습하기 바랍니다.

**첫째**, 기출 이슈들이 반복해서 출제되고 있으므로 우선적으로 이에 대비하는 것이 중요합니다.
**둘째**, 주요국이나 국제기구에서 제시된 문서들을 꼼꼼하게 정리하여야 합니다. 예를 들어 NPT, 9·19공동성명, 2·13합의, 6·15선언, 10·4선언, 안전보장이사회결의 제1718호·제1874호·제2094호 등 주요 문서들이 반복되어 출제되는 경향을 보이고 있습니다.
**셋째**, 강대국 대외정책이나 강대국 상호관계에 주목하여야 합니다.
**넷째**, 주요 이슈와 관련된 최근 상황도 유력한 출제 포인트라고 볼 수 있습니다.

더불어, 공무원 시험 전문 사이트 **해커스공무원(gosi.Hackers.com)** 에서 교재 학습 중 궁금한 점을 나누고 다양한 무료 학습 자료를 함께 이용하여 학습 효과를 극대화할 수 있습니다.

『해커스공무원 패권 국제정치학 기본서 이슈』를 통해 외무영사직 시험을 준비하시는 모든 수험생들의 빠른 합격을 기원합니다.

저자 **이상구**

# 목차

이 책의 구성 — 6

## 제1편 | 강대국 대외정책

### 제1장 미국 외교정책 — 10
- 제1절 총론 — 10
- 제2절 냉전기 미국 행정부의 주요 대외정책 — 18
- 제3절 탈냉전기 미국의 대외정책 — 31
- 제4절 대량살상무기(Weapons of Mass Destruction: WMD) 대응전략 — 58
- 제5절 미사일방어(MD) — 65
- 제6절 확산방지구상(Proliferation Security Initiative: PSI) — 74
- 제7절 미국 - 중국관계 — 82
- 제8절 IPEF — 90
- 제9절 QUAD체제 — 94

### 제2장 강대국 외교정책 — 100
- 제1절 중국 외교정책 — 100
- 제2절 러시아 외교정책 — 142
- 제3절 일본 외교정책 — 156

### 학습 점검 문제 — 181

## 제2편 | 국제기구

### 제1장 정부간국제기구(IGO) — 194
- 제1절 총론 — 194
- 제2절 UN — 196
- 제3절 지역기구 — 234
- 제4절 세계무역기구(WTO) — 260

### 제2장 비정부간국제기구(INGO) — 272
- 제1절 총론 — 272
- 제2절 주요 INGO — 276

### 학습 점검 문제 — 288

## 제3편 | 국제 이슈

### 제1장 국제체제 — 298
- 제1절 냉전체제 — 298
- 제2절 탈냉전체제 — 305

### 제2장 국제안보 — 314
- 제1절 대량살상무기(WMD) 확산 — 314
- 제2절 핵무기의 확산과 비확산체제 — 324
- 제3절 재래식 무기 군축 및 비확산 — 341
- 제4절 국제테러리즘 — 346
- 제5절 시리아 사태 — 356
- 제6절 우크라이나 사태 — 360
- 제7절 러시아 - 우크라이나 전쟁 — 365
- 제8절 핵안보정상회의 — 374
- 제9절 국제보건안보문제 — 380

## 제3장 국제정치경제 및 국제인권 이슈 — 384

- 제1절 세계화(Globalization) — 384
- 제2절 정보화 — 386
- 제3절 국제환경문제 — 392
- 제4절 지구온난화 문제 — 406
- 제5절 국제무역질서 — 422
- 제6절 지역무역협정(Regional Trade Agreement: RTA) — 433
- 제7절 국제통화금융질서 — 441
- 제8절 G20 정상회의 — 469
- 제9절 G7 정상회의 — 482
- 제10절 BRICS — 484
- 제11절 공적개발원조(ODA) — 487
- 제12절 국제개발이슈 — 495
- 제13절 국제인권보호문제 — 508

**학습 점검 문제** — 528

- 제3절 북한 - 일본관계 — 614
- 제4절 중국 - 대만관계 — 617

## 제4장 동아시아 영토분쟁 — 624

- 제1절 독도 — 624
- 제2절 센카쿠열도 — 628
- 제3절 북방 4도 — 630
- 제4절 남사군도 / 남중국해 — 635
- 제5절 카슈미르 분쟁 — 642

## 제5장 기타 지역 이슈 — 646

- 제1절 유럽통합 — 646
- 제2절 중동 외교 정책 — 663
- 제3절 이스라엘 - 팔레스타인분쟁 — 668

**학습 점검 문제** — 682

# 제4편 | 동아시아 및 기타 지역 이슈

## 제1장 동아시아 정치군사안보 이슈 — 538

- 제1절 북핵문제 — 538
- 제2절 동북아 다자안보 — 581

## 제2장 동아시아 정치경제 이슈 — 585

- 제1절 동아시아 공동체 — 585
- 제2절 ASEAN+3(APT) — 594
- 제3절 환태평양 파트너십(TPP) — 597
- 제4절 동아시아 금융협력 — 599
- 제5절 아시아인프라투자은행(AIIB) — 603

## 제3장 동아시아 국제관계 — 606

- 제1절 북한 - 미국관계 — 606
- 제2절 북한 - 중국관계 — 610

# 제5편 | 한반도 이슈

## 제1장 한국의 대외정책 — 690

- 제1절 한국의 안보 정책 — 690
- 제2절 한미동맹 — 692
- 제3절 FTA정책 — 700
- 제4절 우리나라의 중견국 외교 — 704
- 제5절 기타 정책 — 713
- 제6절 주요 강대국과의 관계 — 720

## 제2장 한국의 대북정책 및 남북한관계 — 740

- 제1절 우리나라 대북정책 — 740
- 제2절 남북통합 — 770
- 제3절 한반도 평화체제 — 775
- 제4절 한반도 군비통제 — 779

**학습 점검 문제** — 782

# 이 책의 구성

『해커스공무원 패권 국제정치학 기본서 이슈』는 수험생 여러분들이 국제정치학 과목을 효율적으로 정확하게 학습할 수 있도록 상세한 내용과 다양한 학습장치를 수록·구성하였습니다. 아래 내용을 참고하여 본인의 학습 과정에 맞게 체계적으로 학습 전략을 세워 학습하기 바랍니다.

## 01 단원별 출제 포인트를 파악하고 학습방향 설정하기

### 학습의 방향과 우선순위를 설정할 수 있는 주요개념과 출제 포커스 및 학습방향

**1. 출제 포커스 및 학습방향**
출제경향 분석을 바탕으로 각 단원의 주요 내용과 그에 따른 학습방향을 간략히 정리하여 수록하였습니다. 빈출 포인트와 효율적인 학습 가이드에 중점을 두어 학습해야 할 부분을 미리 파악할 수 있습니다.

**2. 주요개념**
이론 학습 후, 학습 내용을 체계적으로 정리하고 복습할 수 있도록 각 이론의 말미에 해당 단원의 주요개념을 정리하여 수록하였습니다. 단원을 구성하는 핵심 내용을 정리하며 학습한 내용을 효과적으로 점검할 수 있습니다.

## 02 이론의 세부적인 내용을 정확하게 파악하기

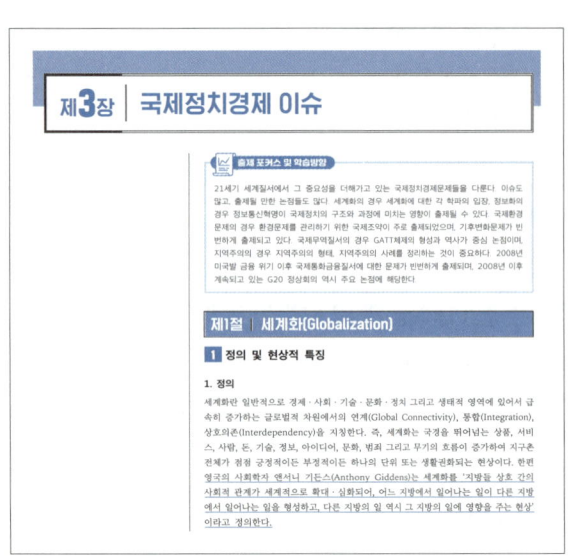

### 최신 출제경향을 반영하여 선별한 이론

철저한 기출분석으로 도출한 최신 출제경향을 바탕으로 출제가 예상되는 내용을 선별하여 이론에 반영·수록하였습니다. 이를 통해 방대한 국제정치학 이슈 중 출제가능성이 높은 이론 위주로 학습할 수 있습니다.

## 03 학습장치를 활용하여 이론 완성하기

### 폭넓은 이해를 위한 참고

비교해서 알아두면 좋은 개념이나 깊이 있는 학습을 위한 심화 내용, 주요 내용의 이해를 도와주는 관련 개념이나 사건 등을 정리하여 수록하였습니다. 이를 통해 복잡하고 방대한 국제정치학 이슈에서 이해가 어려웠던 부분을 쉽게 이해할 수 있으며, 효과적으로 학습할 수 있습니다.

## 04 기출문제를 통하여 학습한 이론 확인하기

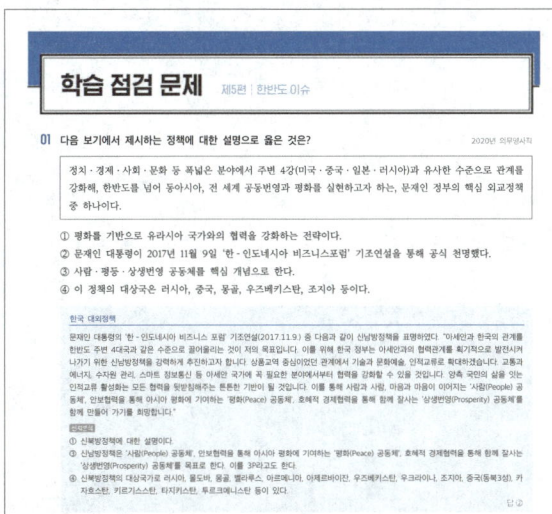

### 실력 향상 및 학습 내용 이해를 위한 학습 점검 문제

**1. 기출문제로 문제풀이 능력 키우기**

7급 외무영사직의 주요 기출문제 중 재출제될 수 있는 우수한 퀄리티의 문제들을 선별하여 수록하였습니다. 이를 통해 학습한 내용을 정확하게 숙지하였는지 점검할 수 있으며, 어떤 내용이 문제로 출제되었는지 확인하여 응용력을 키울 수 있습니다.

**2. 해설과 키워드를 통하여 다시 한 번 이론 확인하기**

해설과 키워드를 통해 관련 단원과 정답 또는 오답인 이유를 확인하고 정확히 이해할 수 있습니다. 이를 통해 문제풀이 과정에서 실력을 한층 향상시킬 수 있으며, 복습을 하거나 회독을 할 때에도 내용을 바르게 이해할 수 있습니다.

해커스공무원 학원·인강
**gosi.Hackers.com**

해커스공무원 **패권 국제정치학** 기본서 이슈

# 제1편

# 강대국 대외정책

**제1장** | 미국 외교정책
**제2장** | 강대국 외교정책

# 제1장 | 미국 외교정책

> **출제 포커스 및 학습방향**
>
> 미국의 대외정책을 행정부별로, 그리고 핵심정책을 중심으로 정리하였다. 본 장을 학습하고 난 뒤에는 무엇보다 각 행정부의 대외정책을 구분할 수 있어야 한다. 반테러정책, 대외정책 기조, 행정부와 대외정책 연계 등이 빈출되는 주제들이다.

## 제1절 | 총론

### 1 의의

21세기 국제정치에 있어서 가장 중요한 독립변수 중의 하나는 미국변수일 것이다. 미소 간 냉전체제가 해체된 이후 유일 초강대국의 지위를 보다 공고히 한 미국은 전 세계를 대상으로 패권체제를 건설하기 위한 외교적 노력을 구사하고 있는 것으로 평가되고 있다. 특히 9·11테러는 미국 대외전략에 있어서 외교적 일방주의와 군사적 조급증을 강화시키는 계기가 되었다. 미국의 세계전략은 세계질서, 동북아질서, 한반도 질서 및 한국의 대외전략에 있어서도 매우 강력한 영향력을 줄 수밖에 없을 것이다. 특히 남북통합, 동북아질서 안정, 한반도 비핵화, 동북아 다자안보, 동아시아 FTA 등 21세기 한국의 주요 대외전략과 미국변수는 깊은 관련성을 지니고 있다.

### 2 미국의 외교정책 결정요인

#### 1. 국제체제

미국 대외전략의 외연을 형성하는 가장 핵심적인 변수는 강대국의 숫자로 정의되는 극성(Polarity)일 것이다. 현재 미국은 최소한 군사력 차원에서는 단극(Unipolar)을 형성하고 있는 것으로 평가된다. 즉, <u>극성 차원에서의 단극질서의 형성이 미국의 대외전략 방향과 속성 결정에 있어서 결정적인 영향을 주고 있는 것이다.</u>

#### 2. 정권의 성향

민주주의 국가인 미국에서 정권의 성향은 대외정책에 지대한 영향을 미치고 있다. 현재 집권당인 민주당 행정부는 대체로 '자유주의적 국제주의' 노선을 추구하고 있다.

## 3. 9·11테러

9·11테러는 미국 본토가 더 이상 안전한 곳이 아니며, 미국의 적은 '국가'보다는 '테러세력' 등 비국가 행위자라는 점을 명백하게 보여준 사건이었다. 미국은 9·11테러를 계기로 그동안 신보수주의자들이 제시해 온 전략 노선을 대외정책에 적극적으로 반영하기도 하였다.

## 4. 국내여론

연성국가인 미국에서는 국내여론이 대외전략에 강력한 영향을 미친다. 9·11테러 이후 부시 행정부에서 아프가니스탄 및 이라크에 대해 군사공격을 감행할 수 있었던 것도, 테러세력 척결에 대한 국내여론의 높은 지지에 기반한 것이었다.

## 5. 국제여론

국제여론 동향이 미국의 대외정책에 결정적인 영향을 주고 있는 것은 아니지만, 국제여론이 국내여론에 영향을 미쳐 간접적으로 대외정책에 반영되기도 한다.

# 3 외교정책에 대한 참여자

## 1. 대통령

1787년 제정된 미국 헌법에 의하면 대통령은 외교정책과 관련하여 군 최고통수권자로서의 권한, 주요 공직자를 임명할 수 있는 권한, 다른 국가와의 협상을 통해 조약을 체결할 수 있는 권한 등을 가진다. 대통령은 위험이 상존하는 국제정치에서 국가의 생존과 번영을 위해서는 강력한 리더십이 필요하다. 따라서 대통령은 외교정책 결정 과정에서 중심적 역할을 한다. 또한, 외교정책은 다른 공공정책에 비해 국내 이해당사자로부터 상대적으로 자유롭기 때문에 대통령이 이해관계로부터 상대적 자율성을 갖고 주도적 역할을 할 수 있다. 대통령 임기는 4년(연임가능)으로 상대적으로 짧기 때문에 외교정책이 단기적 계산과 고려에 영향을 받을 가능성이 높다.

## 2. 관료기구

미국 대외정책에서 국무부, 국방부, 중앙정보부(CIA), 국가안전보장회의(NSC), 부통령 등의 관료(기구)가 중요한 역할을 한다.
첫째, 부통령과 관련하여 클린턴정부에서 엘 고어(Al Gore)는 러시아와의 외교관계 및 환경외교 분야에서 중요한 역할을 했다. 부시 행정부에서 딕 체니(Dick Cheney)는 국방장관을 지닌 경험을 바탕으로 외교정책에 중요한 영향력을 행사했다.
둘째, 국무부는 외교관계를 담당하는 주무부서이다. 국무장관, 부장관, 차관, 차관보는 모두 상원의 임명동의를 받아야 한다.
셋째, 국방부는 미국의 군대와 전 세계를 상대로 하는 군사작전을 관장한다. 외교정책에서는 국무부와 대척점에 서는 경우가 많다. 국방장관은 문민우위 원칙에 따라 민간인이 임명된다. 여러 사령부 중 북부사령부는 2001년 9·11테러 이후 국토방위 강화를 위해 2002년 10월 1일 신설되었다.

넷째, 중앙정보국, 국가안보국(NSA), 국방정보국(DIA)등의 정보 기관도 외교 정책에 많은 영향을 미친다.

다섯째, 국가안전보장회의(NSC)는 대통령의 외교안보정책을 보좌하고 유관부처간 정책조정을 위해 부통령, 국무장관, 국방장관, 합참의장, 중앙정보국국장, 국가안보좌관 등으로 구성되는 기구이다. NSC는 1947년 만들어졌으며, NSC를 이끄는 국가안보좌관은 상원의 임명동의를 받을 필요가 없다.

## 3. 의회의 견제와 도전

첫째, 외교정책에서의 대통령과 행정부의 주도적 역할에 대한 '냉전 합의(Cold War consensus)'는 베트남전쟁을 기점으로 붕괴되었고 의회는 대통령의 대외정책 권한을 제한하고자 하였다.

둘째, 대통령이 군통수권자로서 전쟁수행권을 가지고 있으나, 전쟁선포권은 의회의 고유권한이다. 1973년 전쟁권한법(War Power Act)은 베트남전쟁 이후 행정부의 외교정책 수행에 대한 의회의 감시와 견제 강화를 보여준다. 당시 닉슨은 이 법에 거부권을 행사했으나, 의회는 출석의원 2/3의 찬성으로 거부권을 무효화하고 법을 확정했다. 전쟁권한법에 따르면 대통령은 군대를 교전지역에 투입하기 전에 의회와 협의해야 하고, 군대 투입 후 48시간 내에 의회에 보고해야 하며, 의회가 전쟁선포가 합동결의를 통해 군사행동을 승인하지 않은 경우, 60일 이내에, 또는 특별한 경우 최대 90일 이내에 군대를 철수시켜야 한다.

셋째, 연방헌법은 관세를 부과하고 대외교역을 규제할 수 있는 권한을 의회에 부여하고 있다. 의회는 1934년 호혜통상협정법(Reciprocal Trade Agreement Act of 1934)을 제정하여 대통령에게 외국과의 협상을 통해 관세를 조정할 수 있는 권한을 위임하였다. 한편, 1974년 무역법 제정으로 신속처리절차(Fast Track)를 도입하였다. 이에 따라 대통령은 외국과의 협상을 의회에 사전 통보하고 협의해야 한다. 체결된 통상협정의 이행여부는 협정 체결 90일 이내에 상원과 하원이 표결을 통해 과반수의 지지를 얻느냐에 따라 결정된다.

넷째, 행정부가 체결한 조약은 상원의 비준을 받아야 하는데 출석 3분의 2 이상의 찬성을 요한다. 1919년 윌슨주도로 체결된 국제연맹에 대해 상원이 비준동의를 거부한 바 있다. 1999년 공화당이 다수를 차지하던 의회에서 민주당 클린턴 행정부가 체결한 포괄적핵실험금지조약(CTBT)에 대한 비준동의가 거부된 사례도 있다.

다섯째, 의회는 예산권을 통해 행정부를 통제한다. 1971년 닉슨 행정부는 주한미군 지상군 2개 사단 중 1개 사단을 철수하면서 한국정부에 대해 한국군 현대화를 위한 지원을 약속했다. 그러나 의회에서 행정부가 요청한 대외원조예산을 삭감함으로써 한국에 대한 지원 약속이 이행되지 못한 바 있다.

여섯째, 베트남전쟁 이후 대통령의 독주와 권한 남용에 대해 비판적 분위기가 형성되던 배경하에서 의회는 의회예산국(Congressional Budget Office)과 의회조사국(Congressional Research Service)을 설립하여 자체적인 정보제공 및 분석 기능을 갖게 되었다.

**의회예산국**

미국이 베트남전쟁에서 사실상 패한 이후 미국 정치는 대통령의 무력사용권을 다차원적으로 통제하는 데 관심을 두고 있었다. 의회예산국(CBO) 신설이나 의회조사국 확대도 같은 맥락이다. 미국 의회예산국은 1974년 7월, 리처드 닉슨 대통령이 서명한 '의회예산·지출유보통제법'에 의거해 만들어진 입법보조기관으로 1975년 2월에 공식 출범하였다. 미국의 예산 심의 절차는 연방 상원과 하원의 예산위원회가 각각 예산안을 작성해 이를 토대로 의회가 예산결의안을 만들고 심의한다. 대통령이 예산안을 의회에 제출하지만, 의회는 이를 참고할 뿐이다.

**의회조사국(Congressional Research Service)**

미국 의회조사국은 100여 년의 역사를 지닌 초당파적 연구기관으로서, 미국 의회의 공식적인 싱크탱크이다. 1970년 미국 의회도서관 내 '입법참조국'을 '의회조사국(CRS)'으로 개칭, 분석·연구 능력을 확대해 행정적 독립성을 부여하면서 탄생하였다. 각 분야 전문가 800여 명이 만드는 CRS 보고서는 미국 의회의 정책이나 법안에 직접적인 영향을 미친다. 의회조사국(CRS)은 의회예산처(CBO), 미국 연방회계감사원(GAO), 기술평가원(OTA)과 함께 미국 의회의 4대 입법보조기관 중 하나이다.

## 4. 이익집단과 여론

첫째, 외교정책에 영향을 미치려는 이익집단은 크게 세 종류로 나눌 수 있다. 기업이나 노동조합과 같이 경제적 이익을 추구하는 집단, 자신의 민족적 또는 종교적 정체성 유지를 추구하는 집단, 정치적 이슈와 관련하여 이념적 소신을 펴기 위해 활동하는 집단.

둘째, 군산복합체(military-industrial complex)는 국방부, 군, 그리고 군수산업체가 서로 유착하여 외교정책을 지배하는 현상을 지칭한다. 아이젠하워대통령은 1961년 1월 퇴임연설에서 군산복합체가 미치는 악영향에 대해 경고한바 있다. 군산복합체는 막대한 국방비의 유지 및 증가에 이해관계를 가지며, 권력유착을 통해 자신들의 좁은 이익을 추구한다는 것이다. 그리고 그 과정에서 국익은 손상을 입게 된다.

셋째, 유대계미국인들은 풍부한 재정자원과 지식을 바탕으로 미국 내 민족집단 중 가장 강력한 로비능력을 가진 것으로 알려져 있다. 미국이스라엘 민간위원회(American Israeli Public Affairs Committee:AIPAC)는 이스라엘과 직접 관련 있는 미국의 중동정책에 큰 영향력을 행사한다.

넷째, 여론의 속성과 영향력에 대해서는 현실주의자 리프만(Walter Lippman)은 여론이 불안정하고 비합리적이고 충분한 정보에 기초하지 않으므로 여론을 대외정책에서 고려할 필요가 없다고 하였다. 반면, 샤피로와 페이지(Shapiro and Page)는 외교정책에 대한 여론의 변화는 미국이 처해있는 국제적 상황의 변화에 맞춰 합리적으로 이루어진다고 하였다.

## 4 외교정책에 있어서 행정부와 의회관계

### 1. 대통령의 헌법상 권한과 의회 통제

미국 헌법에서 대통령은 군 통수권, 조약체결권, 행정협정 체결권, 대사임명권, 외국정부승인 및 외교사절의 신임·접수권 등을 가진다. 의회는 입법권, 조약체결과 대사임명 동의권, 육·해·공군 지원, 선전포고 등 국가방위에 필요한 권한과 예산결의권 등을 통해 대외정책에 관여한다. 의회가 외교정책에 가장 효율적으로 참여할 수 있었고, 강력한 영향력을 행사한 권한 중의 하나가 상원 3분의 2 이상의 동의가 필요한 조약체결·비준권이다. 대통령은 군 통수권을 가지고 있지만, 의회는 선전포고권과 군대의 모집과 지원, 군령의 제정 등 전쟁에 대한 권한을 가진다. 대통령의 독단적인 군사행위에 대해서 의회는 대체로 묵인하는 양상을 보였다. 1789년부터 1971년까지 150회 이상의 미군이 해외에 파병되었음에도 불구하고 의회가 전쟁을 선포한 것은 1812년 전쟁과 1864년 멕시코전쟁, 미국·스페인전쟁, 제1차 세계대전, 제2차 세계대전 5회뿐이다.

### 2. 미합중국 대 커티스사 판결(United States vs. Curtiss-Wright Export Corporation, 1936년)

미국 대법원의 행정부 대외정책의 권한에 대한 것이다. 대법원은 다수 의견에서 미국 대통령은 국제관계에 있어서 유일한 기관으로서 국내 문제에 대해 부여된 권한보다 훨씬 더 많은 권한을 부여받았다고 전제하였다. 커티스사 판결은 의회의 허가와 무관하게 대통령은 전권을 부여받았다고 보고 행정부의 권한을 확대시킨 첫 번째 판결로 평가된다.

### 3. 케이스-자블로키법(Case-Zablocki Act of 1972)

케이스-자블로키법은 베트남전쟁의 과정에서 발언권을 가지기 어려웠던 의회의 권한을 강화할 목적으로 제정되었다. 동법에 따르면 대통령의 행정협정에 대해 60일 이내에 하원 외교관계위원회 및 상원 국제관계위원회에 통보해야 한다. 1978년에는 하원 결의를 통해 구두협정도 통보하도록 함으로써 행정부에 대한 통제 권한을 강화하였다.

### 4. 전쟁권한법(War Powers Act of 1973)

미국 대통령의 전쟁권한에 일정한 제한을 가하는 법으로 1973년에 제정되었다. 미국 대통령이 의회의 승인 없이 미국 군대를 동원할 수 있는 일수를 60일간으로 한정하고, 철군 등에 필요하다고 의회가 인정한 경우에 한해 다시 30일의 연장이 가능하다. 60일 이내에 의회의 승인을 받지 못한 경우 군대를 철수 시켜야 한다. 대통령은 군대를 교전상태에 투입하기 전에 의회와 협의해야 하며, 군대 투입 이후 48시간 이내에 의회에 보고해야 한다. 미국 헌법에 선전포고는 의회의 권한이다. 한국전쟁(1950~1953년)이나 베트남전쟁(1961~1975년)은 선전포고 없이 대통령이 3군 총사령관의 자격으로 행한 전쟁행위이며 헌법에 저촉되지 않는 것으로 해석되었다. 1983년 그레나다 침공 때는 이 법의 발동에 의해 미군은 50일 만에 철수하였다.

## 5. 정보감시법(Intelligence Oversight Act of 1980)

정보감시법은 행정부의 비밀조치를 상하 양원 관련 위원회에 통보할 것을 규정한 법으로서, 행정부의 권한을 통제할 목적으로 제정되었다.

## 5 미국의 외교이념

### 1. 미국 예외주의(American Exceptionalism)

#### (1) 예외주의의 의미

미국 외교전략에 지속적으로 영향을 주고 있는 요인이 이른바 '미국 예외주의'이다. 미국 예외주의는 미국이 다른 나라와 구별된다는 우월의식이나 선민의식 또는 차별의식을 말한다.

#### (2) 예외주의의 형성배경

예외주의 의식의 형성에는 종교적·정치적·지정학적 요인이 영향을 주었다.

① **종교적 측면**: 청교도들은 신이 자신들을 특별한 숙명(Manifest Destiny)을 가진 자들로 선택해서 미국을 건국하게 하였다고 생각하는 것으로부터 예외주의 신념을 형성하였다.

② **정치적 측면**: 유럽의 부패한 절대왕정과 달리 타국에 모범이 되는 정치체제를 창안해 내었다는 자부심이 예외주의 의식에 영향을 주었다.

③ **지리적 조건**: 풍부한 자원과 외부의 침략으로부터 안전한 위치 역시 자신들이 특별한 존재라는 의식을 가지게 해 주었다.

### 2. 미드(Walter R. Mead)와 미국의 외교이념

월터 러셀 미드는 그의 저서 『미국의 외교정책, 세계를 어떻게 변화시켰나』를 통해 미국 대외정책의 조류를 해밀턴주의·윌슨주의·제퍼슨주의·잭슨주의로 구분하였다.

#### (1) 해밀턴주의

① 1790년대 미국의 연방주의자들의 사고를 대변하는 외교이념으로서 상업과 공업적 이익을 추구하는 강력한 중앙정부에 의해 대외정책에 있어서 미국의 경제적 이익을 최우선으로 설정하였다.

② 해밀턴주의는 미국의 중상주의적 사고로서 국가에 의한 기간산업의 육성, 관세에 의해 강력한 보호정책 등의 필요성을 역설하였다.

#### (2) 제퍼슨주의

① 해밀턴주의의 대척점에 선 입장으로서 반연방파의 입장을 대변한 것이다.

② 제퍼슨주의는 작은 정부를 지지하고 대외관계에 있어서는 중립주의 또는 불간섭주의를 천명하였다.

#### (3) 윌슨주의

미국의 민주주의 가치를 세계에 전파하고 평화를 위한 세계 각국의 책임과 국제적 협력을 강조하는 전통이다.

**(4) 잭슨주의**

철저한 대중정치 전통을 받아 미국의 이해와 명예를 지키는 일에 최우선을 두고 미국을 반대하는 세력들을 신속하고 철저하게 응징하는 일을 기본적인 외교목표로 두고 있다. 윌슨주의와 잭슨주의 전통은 미국 국제주의의 한 단면으로 이해된다.

## 3. 외교이념

**(1) 서설**

미국의 외교문화로서 '미국 예외주의'는 현실주의와 자유주의, 국제주의와 고립주의의 길항관계를 형성하면서 미국의 외교정책에 지속적으로 투영되어 오고 있다. 현실주의와 자유주의가 국제정치, 국가, 인간에 대한 존재론적 차이에 대한 것이라면, 국제주의와 고립주의는 국제정치에서 미국의 역할에 대한 것이다. 예외주의에 대해 보자면, 현실주의와 자유주의는 미국의 예외적 가치의 '실현방법'에 대한 것이고, 고립주의와 국제주의는 예외적 가치를 확산시키는 '영토적 범위'에 대한 것이다.

**(2) 현실주의적 국제주의**

현실주의적 국제주의 노선은 미국의 예외적 가치, 즉 인권, 자유주의, 민주주의 등을 전 세계로 확산시키되, 필요하면 무력을 사용한 일방주의적 조치도 취할 수 있다는 입장이다. 미국에 유리한 세력균형을 유지하는 한편, 군사력의 중요성을 강조한다. 미국 국내정치적으로는 공화당의 전통적 노선이었다. 미국의 국제주의는 19세기 말 미국의 국가 건설이 완료된 시점에 개시된 제국주의 노선에서 본격화 되었다. 한편, 제2차 세계대전 이후 봉쇄정책(Containment Policy)은 현실주의적 국제주의 노선의 대표적 사례였다.

**(3) 현실주의적 고립주의**

현실주의적 고립주의는 군사력을 통해 미국의 안보를 굳건하게 하는 것에는 동의하지만, 미국이 대외문제에 불필요하게 개입하는 것에는 반대하는 입장이다. 즉, 미국의 사활적 이익이 걸린 지역에 대해서만 '선별적 개입'을 옹호하였고, 경제적으로도 보호주의 성향을 띠었다. 미국의 예외적 가치를 미국 영토 내에서 보다 심화시키고 확대시키는 것을 중요하게 생각하였다.

**(4) 자유주의적 국제주의**

자유주의자들은 국제정치에 있어서 국가들 간 협력에 의한 평화가 가능하다는 견해를 가지고 있다. 따라서 미국적 가치를 다른 나라들에 확산시킴에 있어서 다자주의적 또는 협력적 방식이 가능하다고 본다. 즉, 자유주의적 국제주의 외교이념은 미국적 가치를 미국 밖으로도 확산시키고, 대외문제에 적극적으로 개입하되, 군사력을 통한 일방적 개입보다는 대상국가 또는 다른 강대국 및 다자기구와의 협력을 강조한다. 자유주의 전통은 민주당에 의해 전통적으로 계승되어 오고 있다. 윌슨의 LN 창설, 카터와 클린턴의 인권외교, 군축협상 등이 대표적인 사례들이다.

### (5) 자유주의적 고립주의

자유주의적 고립주의는 미국적 가치를 국내적으로 투사하여 강화한다는 점에서 고립주의적 성향을 띠고 있으며, 대외문제에 있어서는 다자적 방식을 옹호한다는 점에서 자유주의적 경향을 같이 가지고 있다.

국방예산을 삭감하여 사회복지 부문에 투자를 확대할 것을 주장하고 과도한 대외적 개입에 반대한다. 1823년의 먼로 독트린을 대표적 사례라고 할 수 있다. 먼로 독트린은 미국의 힘이 유럽 열강에 비해 상대적으로 약하던 시기에, 미주 대륙으로의 유럽세력의 팽창을 저지하기 위해 미국의 유럽 대륙에 대한 불간섭을 선언한 것이었다.

## 4. 탈냉전기 외교이념

### (1) 클린턴 행정부

미국의 전통적 외교이념은 탈냉전기 미국 외교전략에도 여전히 투영되고 있다. 탈냉전기 초기에 집권한 민주당의 클린턴 행정부는 자유주의적 국제주의 성향을 보여주었다. 즉, 미국적 가치를 확산시킬 수 있는 기회를 잘 활용하여 자국중심 국제질서를 형성해 나가되, 그 수단에 있어서는 일방주의보다는 국제기구를 통한 다자협력을 강조하였다. 다만, 클린턴 재선 이후 2기 행정부는 UN을 통한 강대국 간 협력보다는 동맹국과의 협력에 기초한 공세적 개입을 강화하기도 하였다. NATO의 코소보 공습이 대표적인 사례이다. 이른바 '인도적 개입'이라는 형태를 띤 코소보 공습은 중국과 러시아 등 기존 강대국들로부터 주권평등원칙 위반이라는 거센 비판을 받게 되었다.

### (2) 부시 행정부

2001년 집권한 공화당의 부시 행정부는 민주당과의 차별성을 내세워 국제문제에 대한 선별적 개입을 옹호하되, UN을 통한 개입보다 동맹과의 협력을 강조하였다. 클린턴 2기의 공세적 자유주의적 국제주의와는 '개입범위'에 있어 보다 근본적인 차이가 있다. 한편, 2001년 9·11테러는 부시 행정부가 기존의 신보수주의자들의 전략을 전격적으로 대외전략에 투영하는 계기를 만들어 주었다. 부시 행정부는 불량국가 및 테러세력들에 대한 선제 핵공격을 천명하고, 이라크와 아프가니스탄의 정권 교체를 시도하였다. 2005년 재집권에 성공한 2기 부시 행정부의 노선은 9·11테러 이후 노선에서 약간 벗어난 형태를 띠고 전개되었다. 신보수주의 노선 하에서 집행된 정권교체전략이나 북핵문제에 대한 공세적 대응, 대중국 봉쇄노선, MD전략 등이 전 세계적인 질서 혼란과 반미감정을 촉발하였다는 반성에 기초한 것이었다. '실용적 보수주의' 노선은 신보수주의적 '근본주의(Fundamentalism)'에서 벗어나 국제문제에 선택적으로 개입하고 '외교를 통한 평화'라는 실용주의를 강조하였다.

### (3) 오바마 행정부

2008년 대통령선거에서 정권 교체에 성공한 민주당의 오바마는 부시 행정부와는 다른 대외전략을 전개하였다. 부시 행정부의 대외정책이 미국의 지도력과 신뢰도에 치명적인 상처를 준 것으로 보고 있는 오바마 행정부는 무엇보다 실추된 미국의 리더십과 연성권력을 강화하는 데 주력하였다.

반테러·반확산문제에 대해서는 부시 행정부에 의해 제시된 기조를 유지하되 일방주의적·군사중심적 해결보다는 동맹국 및 다자기구와 협력을 통해 접근하였다. 전반적으로 민주당의 전통적 노선인 '자유주의적 국제주의' 노선을 유지하였으나, 테러세력 및 테러지원국에 대한 단호한 대응도 병행함으로써 현실주의 노선도 병행하였다.

### (4) 트럼프 행정부

트럼프 행정부가 출범 당시 표방한 것은 '미국 제일주의(America First)'였다. 미국의 국가이익, 특히 경제적 이익 추구를 첫 번째 가치로 표방한 것이다. 미드(W. Mead)의 분류로는 해밀턴주의에 가깝다고 볼 수 있다.

### (5) 바이든 행정부

바이든 행정부는 자유주의적 국제주의를 대외정책 기조로 제시했다. 다만 자유주의적 국제주의 질서를 위한 효과적인 수단이 미국의 동맹체제를 유지 및 강화하는 것이라고 보는 점에서 오바마정부가 추구했던 실용주의 기조를 유지하고 있다고 평가된다.

## 제2절 | 냉전기 미국 행정부의 주요 대외정책

### 1 트루먼 행정부(1945년 4월 12일 ~ 1953년 1월 20일)

#### 1. 트루먼 독트린

1947년 3월 트루먼 대통령은 미국 의회에 그리스와 터키에 대한 경제·군사 지원을 요청하였다. 공산 반란에 처한 그리스를 지원하고, 소련의 압박에 놓인 터키를 도우려는 것이 목적이었다. 이를 트루먼 독트린이라고 하며 대소련 봉쇄정책 선언으로 평가되고 있다.

#### 2. 마셜 플랜

마셜 장관은 1947년 6월 "유럽이 재난을 피할 수 있도록 돕겠다."라는 입장을 표명하였는데, 이를 유럽부흥계획 또는 마셜 플랜이라고 한다. 마셜 플랜은 UN 등 국제기구가 아니라 미국이 직접적인 지원을 표방한 것이었다. 마셜 플랜에 대응하여 소련의 스탈린은 코민포름을 1947년 9월에 창설하였다.

## 3. NATO 창설

미국은 건국 이후 유지되어 온 고립정책 기조를 폐기하고 국제주의 노선으로 전환하였다. 1948년 6월 소련은 베를린 봉쇄를 감행하여 동서 간 긴장이 절정에 달했다. 미국은 소련의 위협에 대한 대응으로 북대서양조약기구(NATO)를 창설하여 유럽 국가들과 방어동맹을 형성하였다.

## 4. NSC-68

소련 군사력에 대한 재평가가 담긴 보고서이다. 서유럽 국가들이 미국에 대한 신뢰를 가지지 못하고 소련의 압력에 타협하는 상황을 우려하는 내용이 담겨져 있다. 미국이 위기에 처하였음을 강조하며, 국방예산 증액의 필요성을 건의하기도 하였다.

## 5. 대한국정책

한국전쟁 발발 전 미국은 적어도 3년간 한국에서 군사적 개입을 최소화한다는 정책을 가지고 있었다. 이에 따라 남한에 주둔하던 잔여 미군은 1949년 6월 철수를 완료하였다. 미군은 한국에 무기와 훈련을 지원하였으나, 한국 정부의 수차례 요청에도 불구하고 안보 보장을 해주지는 않았다. 1950년 1월 12일 애치슨 장관은 미국의 방어라인(Security Perimeter)에서 한국이 제외되어 있다고 발표하였다. 한편, 한국전쟁이 발발하자 개전 6일째, 트루먼 대통령은 주일미군의 한반도전투 참여를 명령하였다. 트루먼은 의회와의 협의를 통해 의회의 강력한 지지를 확인하기도 하였다. 전쟁과정에서 맥아더 사령관은 한국전쟁의 승리가 전체 상황을 완전히 전환시킬 것이라며, 한반도의 통일이 필요하다는 입장이었으나 트루먼 대통령은 휴전협상을 지시하였고, 1951년 7월 한국전쟁 정전협상이 개시되어 1953년 7월 타결되었다.

## 2 아이젠하워 행정부(1953년 1월 20일 ~ 1961년 1월 20일)

### 1. 대한국정책

아이젠하워는 한국전쟁에서 휴전협상이 진행되던 중 대통령에 당선되었다. 아이젠하워의 기본적인 정책은 휴전을 타결하는 것이었고, 1953년 7월 휴전협정이 성립되었다.

### 2. 대만정책

중국을 장악한 마오쩌둥이 국공내전에서 완전한 승리를 위해 1954년 대만을 침공하자, 장제스 정부를 지지했던 미국은 중국에 전술핵무기 사용을 위협하기도 하였다. 그러나 영국과 프랑스 등 유럽 우방국들이 반대하여 실행하지는 않았다. 1955년 4월 중공군은 대만 2개 섬에 대한 포격을 중지하였다.

## 3. 수에즈 위기

1956년 발생한 수에즈 위기 사태는 미국과 유럽 우방국 간 이견을 노출한 핵심 사안이었다. 이집트 대통령 낫세르가 수에즈 운하를 국유화하자 영국과 프랑스가 이집트를 침공하여 이른바 수에즈 위기가 발생하였다. 미국은 중동 국가들이 반미·친소화되어 중동 에너지 장악에 위기가 닥칠 것을 우려하여 영국과 프랑스를 지원하지 않았다.

## 4. 아이젠하워 독트린(Eisenhower Doctrine)

1957년 1월 아이젠하워 대통령이 발표한 미국의 중동 정책 원칙으로, 소련의 공산주의 팽창에 대응하기 위해 중동 지역에 대한 군사적·경제적 지원을 약속한 대외정책이다. 이 독트린은 중동 국가들이 외부의 무력 침략 또는 공산주의 위협을 받을 경우, 요청이 있을 시 미국이 군사력을 동원하여 이를 방어하고 지원하겠다는 내용을 담고 있다. 배경에는 1956년 수에즈 위기 이후 소련이 중동에서 영향력을 확대하려는 움직임에 대한 경계심이 있었으며, 미국은 이 독트린을 통해 중동의 석유자원과 지정학적 중요성을 보호하고, 반공 진영 내 주도권을 확보하려 했다.

## 5. New Look 정책과 대량보복

뉴룩(New Look) 정책은 냉전 초기 미국의 대외 및 안보 전략을 재편한 것으로, 공산주의 확산에 대한 억제와 경제적 국방 운영을 핵심 목표로 삼았다. 이 정책은 고비용의 재래식 지상군 대신 핵무기를 중심으로 한 억제력 강화를 통해 소련과 그 위성 국가들의 팽창을 막고자 했으며, 이에 따라 1954년 덜레스 국무장관이 제시한 대량보복(Massive Retaliation) 전략이 도입되었다. 이 전략은 공산주의 국가의 침략이나 도발에 대해 전면적 핵 보복을 가하겠다는 위협으로, 소련 및 중국 등 공산 진영에 대한 강력한 경고이자 억지 수단이었다. 뉴룩 정책은 또한 전 세계에서 공산주의 세력 확대를 저지하는 데 미국의 핵우위와 경제력을 활용하겠다는 전략적 사고에 기반했으며, 이를 통해 냉전에서의 미국의 리더십을 유지하려 했다.

## 6. 대외 군사 개입 사례

아이젠하워 행정부 시기(1953~1961) 미국은 공산주의 확산을 저지하기 위해 직접적인 군사 개입보다는 간접적 개입과 비밀 공작, 동맹 지원 중심의 대외 군사 전략을 펼쳤지만, 필요할 경우에는 군사력을 사용하기도 했다. 대표적인 사례로는 1954년 프랑스의 디엔비엔푸 전투 패배 이후 베트남에서 공산주의 확산을 우려하며 남베트남 정부를 지원한 것이 있으며, 같은 해 과테말라에서는 좌파 아르벤스 정부를 전복시키기 위해 CIA 주도의 비밀 작전(PBSUCCESS 작전)을 수행하였다. 1958년에는 레바논 내 정치 불안과 친소 성향 확산 우려 속에서, 아이젠하워 독트린에 따라 미 해병대를 파병하여 레바논 정부를 지원했고, 이는 독트린의 실제 적용 사례로 평가된다. 이러한 개입은 직접적인 전면전보다는 억지, 지원, 공작을 통한 간접 대응 방식으로, 냉전 구도 속 미국의 반공 전략을 보여준다.

## 3 케네디 행정부(1961년 1월 20일 ~ 1963년 11월 22일)

### 1. 피그만 침공 작전(Bay of Pigs Invasion)
1961년 4월 17일, 쿠바의 공산주의 정권인 피델 카스트로 정부를 전복시키기 위해 미국 CIA가 비밀리에 훈련한 쿠바 망명자 1,400여 명이 쿠바 남부 해안 피그만(Bahía de Cochinos)에 상륙한 작전이다. 이 계획은 본래 아이젠하워 행정부에서 기획되었으나, 존 F. 케네디 대통령 취임 후 실행되었고, 미국 정부는 공식적인 개입을 부인하며 은밀한 작전으로 수행하고자 했다. 그러나 현지 민심의 지원 부족, 쿠바군의 강력한 반격, 미국의 공중지원 중단 등으로 인해 침공군은 수일 만에 패배하고 대부분이 생포되었다. 이 작전의 실패는 케네디 행정부의 대외 신뢰도에 큰 타격을 입혔고, 쿠바 - 소련 간 관계 강화와 이후 1962년 쿠바 미사일 위기의 단초가 되었다.

### 2. 쿠바 미사일 위기
쿠바 미사일 위기는 1962년 10월 발발한 미국과 소련 간 전면전 위기를 말한다. 쿠바가 소련으로부터 핵무기를 도입하는 과정이 미국에 발각되어 소련 군함과 미국 군함이 해상에서 대치하였다. 위기는 케네디와 후르쇼프 간 합의를 통해 해결되었다. 미국은 쿠바를 침공하지 않을 것과 터키 미사일 기지 철거를 약속한 반면, 소련은 쿠바에 핵무기를 반입하지 않을 것을 약속하였다.

### 3. 베트남전쟁 개입
케네디는 남베트남의 공산화 확산을 우려하며, 프랑스 식민지 해방 이후 시작된 베트남 내전에서 남베트남 정부에 대한 군사 및 경제적 지원을 강화하였다. 그는 직접 전투병을 파견하지는 않았지만, 군사고문단(Military Advisers)을 800명에서 약 16,000명까지 확대하였으며, 헬기, 장비, 훈련 등 전방위적 지원을 제공하였다. 이 조치는 존슨 행정부의 전면전 개입을 초래하는 토대가 되었으며, 미국의 베트남 전쟁 관여가 본격화된 분기점으로 평가된다.

### 4. 미국 - 프랑스관계의 악화
케네디 재임시절 유럽 국가들 중에서는, 특히 프랑스와의 관계가 상당히 악화되었다. 프랑스는 미국이 영국과 달리 자국에게는 핵기술을 공유하지 않은 것에 대한 가장 불만이 컸고, 결국 독자적으로 핵무기를 개발하게 되었다. 프랑스 대통령 드골은 1965년 NATO본부를 프랑스에서 철수하도록 미국에 요구하며 미국 - 프랑스 간 신경전이 극대화되기도 하였다.

### 5. 동서독관계에 대한 정책
케네디는 소련이 서베를린에 대한 통제권 강화를 시도하고, 동독이 1961년 8월 베를린 장벽을 건설하자 이를 강력히 비판하고, 서방의 입장을 수호하기 위해 서베를린에 미군 병력을 증강 배치하였다. 1963년 6월, 케네디는 서베를린에서 "Ich bin ein Berliner(나는 베를린 시민입니다)"라는 유명한 연설을 통해, 냉전 최전선에서 서방 세계의 단결과 자유의 가치를 선언하였다. 이 연설은 서독 국민에게 큰 감동을 주었고, 미국의 대서방 방위 의지를 천명하는 상징적 사건으로 남았다.

### 6. 유연반응전략(Flexible Response)

존 F. 케네디 행정부가 냉전 초기의 대량보복 전략의 한계를 보완하기 위해 채택한 새로운 군사·안보 전략으로, 1961년부터 본격적으로 추진되었다. 이 전략은 적의 위협이나 도발에 대해 단계적이고 다양한 수준의 군사적 대응 수단을 갖추어 상황에 맞는 선택적 대응을 가능하게 하자는 것으로, 핵무기뿐 아니라 재래식 전력, 특수부대, 비군사적 수단까지 포괄적인 옵션을 준비하는 것을 목표로 했다. 이 전략의 수립과 실행에는 케네디 행정부의 로버트 맥나마라(Robert McNamara) 국방장관이 중심적인 역할을 했으며, 그는 군사력의 유연성과 실용성을 중시하고, 핵 억지뿐 아니라 재래식 전력 강화와 특수부대 운용을 적극 추진했다. 유연반응전략은 특히 제3세계에서의 게릴라전이나 국지적 분쟁에 보다 효과적으로 대응하기 위한 것이었으며, 즉각적인 핵 보복 위협 대신, 사태에 맞는 유연하고 점진적인 대응으로 핵전쟁 위험을 낮추려는 시도였다.

## 4 존슨 행정부(1963년 11월 22일 ~ 1969년 1월 20일)

### 1. 위대한 사회의 건설

케네디 암살로 대통령직을 승계한 존슨 대통령은 대내적으로 '위대한 사회'를 주장하는 한편 외교정책에서는 자제, 화해, 긴축정책을 주장하며, 세계에서 미국의 역할을 제한해야 한다고 주장하였다.

### 2. 통킹만 사건과 베트남전쟁 개입 확대

존슨 행정부는 통킹만 사건(1964년 8월)을 계기로 미 의회로부터 '통킹만 결의'를 받아내어, 본격적인 베트남 전쟁의 군사적 개입에 나섰다. 이후 지상군을 대규모로 파병(최대 50만 명 이상)하고, 북베트남에 대한 공습 작전(롤링 선더 작전)을 실시하는 등 전면전을 확대하였다. 이 과정에서 많은 미국 병력과 민간인이 희생되었고, 전쟁의 장기화와 승리 가능성에 대한 회의가 국내 여론을 악화시키며 반전운동이 격화되었다. 베트남 전쟁은 존슨 행정부의 대표적 군사 개입이자 정치적 부담으로 작용한 결정적 요인이 되었다.

### 3. 도미니카 공화국 군사 개입(1965년)

1965년 도미니카 공화국에서 발생한 내전과 좌파 쿠데타 시도에 대해, 존슨 행정부는 이를 공산주의 확산의 위협으로 간주하고, 미 해병대 약 22,000명을 파병하였다. 이는 미주기구(OAS)의 다국적군 지원을 명분으로 한 군사 개입이었으며, 미국은 도미니카 공산주의 세력의 정권 장악을 저지하는 것을 목표로 했다. 미군의 신속한 개입과 미주기구(OAS) 국가들의 군사 개입으로 치안이 빠르게 안정되었고, 이후 친미 성향의 호아킨 발라게르(Joaquín Balaguer) 정권이 수립되었다. 이 개입은 냉전적 맥락 속에서 제3세계 정권 교체에 개입한 대표적 사례로, 쿠바 혁명 이후 중남미의 좌파 세력 확산에 대한 미국의 강경 대응을 보여준다.

## 5 닉슨 행정부(1969년 1월 20일 ~ 1974년 8월 9일)

### 1. 닉슨 독트린(1969년)

닉슨 독트린(Nixon Doctrine)은 1969년 7월 25일 괌에서 발표된 미국의 새로운 안보전략으로, 베트남 전쟁의 장기화와 국내 반전 여론, 과도한 국방비 부담에 대한 대응으로 등장하였다. 닉슨은 이 선언에서 앞으로 미국은 동맹국의 안보를 위해 핵우산과 기술, 경제 지원은 계속 제공하지만, 직접 전투병력을 파병해 방어하지는 않을 것이라고 밝혔다. 특히, 각국은 자국의 안보를 스스로 책임지는 '자주 국방'을 원칙으로 삼아야 하며, 미국은 일방적 개입 대신 우방국과의 협력을 통한 간접 개입을 추구하게 되었다. 이는 '베트남화 정책(Vietnamization)'의 이론적 기반이 되어, 미국이 남베트남에 군사 책임을 이양하고 자국 병력을 철수하는 근거가 되었으며, 냉전 시대의 미국 패권 전략을 점진적으로 조정한 계기가 되었다. 한국, 일본, 대만 등 아시아 동맹국들은 미국의 안보공약 축소에 불안감을 표했으며, 특히 박정희 정부는 자주국방 강화와 군비 확충을 본격화하게 되었다.

### 2. 주한미군 감축(1971년)

닉슨 행정부는 1969년 닉슨 독트린 발표 이후, 아시아 동맹국의 자주 방위를 강조하며 주한미군 감축을 추진하였고, 그 일환으로 1971년 4월 20일 약 2만여 명에 달하는 주한미군 병력 철수를 공식 발표하였다. 이는 전체 주한미군의 약 3분의 1에 해당하는 규모로, 제7사단의 본토 복귀가 포함되었다. 미국은 한국에 대한 핵우산과 군사 원조는 계속 유지하겠다고 밝혔지만, 돌발적인 철군 결정은 당시 한국 정부, 특히 박정희 정권에 큰 충격을 주었고, 한미동맹의 신뢰성에 의문을 제기하게 했다. 이에 따라 박정희 정부는 자주국방을 국정 과제로 내세우며 국방력 증강에 나섰고, 1970년대 초반 '국방력 증강 5개년 계획'을 수립하고 국산 무기 개발과 병력 현대화에 착수하였다. 이 사건은 한국이 안보의존에서 점차 벗어나 군사적 자립을 본격화하는 전환점이 되었다.

### 3. 신경제정책(New Economic Policy) 선언(1971년 8월)

1971년 8월 15일, 미국 대통령 리처드 닉슨이 발표한 일련의 조치로, 국내 인플레이션과 국제수지 적자 심화, 금 유출 등 스태그플레이션 위기에 대응하기 위해 단행된 경제정책 전환이었다. 이 정책의 핵심은 금 태환 정지(달러와 금의 교환 중단), 임금·가격 90일 동결, 수입품에 10%의 관세 부과 등으로, 특히 브레튼우즈 체제의 근간인 금본위제를 사실상 폐기하며 고정환율제를 붕괴시켰다. 이는 미국이 더 이상 금 1온스를 35달러에 고정하여 교환해 주지 않겠다는 뜻으로, 국제통화체제의 달러 중심 질서(브레튼우즈 체제)에 큰 충격을 주었다. 이로 인해 세계 주요 통화들은 변동환율제로 전환되었고, 이후 국제통화체제는 시장 기반의 유동적 구조로 재편되었다. 동시에 수입품에 대한 관세 부과는 자국 산업 보호 조치이자 통상 압박 수단으로 작용했으며, 닉슨의 정책은 단기적으로 미국 경제를 안정시키는 데 기여했지만, 장기적으로는 글로벌 무역 긴장과 달러 불신을 야기하였다. 이러한 조치는 흔히 "닉슨 쇼크(Nixon Shock)"로 불리며, 전후 경제질서의 구조적 변화를 초래한 전환점으로 평가된다.

### 4. 상하이 공동성명(Shanghai Communiqué)(1972년 2월)

1972년 2월 28일, 미국 대통령 리처드 닉슨과 중국 총리 저우언라이가 상하이에서 발표한 외교 문서로, 미국과 중화인민공화국 간 관계 정상화를 향한 첫 공식 합의이다. 이 성명은 냉전 시기 미중 간 오랜 적대 관계를 해소하고, 소련에 대한 전략적 견제를 위한 '삼각외교'의 전환점으로 평가된다. 양국은 각자의 체제와 이념의 차이를 인정하되, 상호 내정 불간섭, 평화공존, 국제 분쟁의 평화적 해결 원칙을 확인하였다. 특히 타이완 문제에 대해, 미국은 "하나의 중국(One China)" 원칙을 인정하며 "타이완이 중국의 일부임을 인정하고, 궁극적 평화적 해결을 희망한다"고 표현하여, 중국 입장을 사실상 수용하였다. 동시에 미국은 동아시아에서의 군사적 긴장을 완화하고, 중국과의 정치·경제적 교류 확대를 모색함으로써 냉전 구도 속에서 중국을 소련과 분리시키려는 전략적 의도를 담았다. 이 성명은 1979년 미중 수교의 기반을 마련한 역사적 외교 문서로 평가된다.

### 5. 전략무기 제한 협상(SALT I, Strategic Arms Limitation Talks I)(1972년 5월)

1972년 5월 26일, 미국 대통령 리처드 닉슨과 소련 서기장 레오니트 브레즈네프가 모스크바에서 체결한 냉전기 군비통제 협정으로, 미소 간 핵무기 경쟁을 제도적으로 관리하려는 최초의 성과였다. 이 협정의 배경에는 1960년대 후반 양국의 치열한 전략핵무기 경쟁, 이에 따른 재정 부담과 핵전쟁 위험의 증대, 그리고 닉슨 행정부의 데탕트 정책 추진이 있었다. 미국은 군비경쟁의 한계를 인식하고 소련과의 협력을 통해 국제 안정과 핵확산 억제를 모색했으며, 소련 역시 기술 격차를 좁히고 국제적 정당성을 확보하려는 의도를 갖고 협상에 임했다. SALT I은 크게 두 가지 문서로 구성되었는데, 첫째는 상호 간 탄도탄요격미사일(ABM) 체계를 제한하는 ABM 조약, 둘째는 양국의 전략핵무기 보유 수를 동결하는 잠정협정(Interim Agreement)이다. ABM 조약은 각국이 자국에 2개의 ABM 기지(추후 1개로 재합의)만 유지하도록 제한함으로써 전략적 억지의 안정성을 보장하였고, 잠정협정은 ICBM, SLBM, 전략폭격기의 수를 기존 수준에서 5년간 동결함으로써 군비경쟁 속도를 늦추는 역할을 했다. 그러나 이 협정은 무기 수량만 제한할 뿐, 질적 개선이나 신형무기 개발은 금지하지 않아 이후 미소 양국은 핵무기의 정밀도·속도·생존성 향상 경쟁에 집중하였고, 이어지는 SALT II 협상(1979년 체결, 미국 비준 거부) 및 INF 조약(1987) 등으로 이어지는 군비통제 논의의 출발점이 되었다.

### 6. 파리평화협정(1973년 1월 27일)

파리평화협정(Paris Peace Accords)은 베트남 전쟁의 종식을 위해 미국, 북베트남, 남베트남, 베트콩(남베트남 임시혁명정부) 간에 체결된 협정으로, 1973년 1월 27일 파리에서 공식 서명되었다. 이 협정은 1968년부터 시작된 평화협상의 결실로, 미국 내 반전 여론의 고조, 전쟁 장기화에 따른 국력 소모, 닉슨 독트린의 영향 속에서 추진되었다. 협정의 주요 내용은 미국과 연합군의 베트남 전면 철군, 포로 전원 송환, 남북베트남의 통일 문제는 베트남 민족 스스로 평화적으로 해결한다는 원칙, 북베트남군의 남베트남 내 잔류 허용, 그리고 휴전과 내정 불간섭 원칙 등이었다. 협정 체결 직후 미국은 병력을 철수했고 전쟁 개입을 종료했으나, 북베트남은 이후 협정을 사실상 위반하고 대규모 군사작전을 재개, 결국 1975년 4월 30일 사이공 함락으로 남베트남이 붕괴되며 베트남 전쟁은 북베트남의 승리로 종결되었다.

### 7. 핵전쟁 방지 협정(Agreement on the Prevention of Nuclear War) (1973년 6월)

1973년 6월 22일 미국 대통령 리처드 닉슨과 소련 공산당 서기장 레오니트 브레즈네프가 워싱턴 D.C.에서 체결한 협정으로, 핵무기를 보유한 양대 초강대국이 핵전쟁 가능성을 제도적으로 줄이기 위해 맺은 상징적인 군비통제 합의였다. 이 협정은 1972년 SALT I과 ABM 조약에 이은 데탕트 정책의 연장선상에서 이루어졌으며, 미소 간 의도치 않은 충돌, 오해, 오판 등을 방지하기 위한 위기관리 협의 채널 구축과 조기 통보 메커니즘을 포함하고 있다. 주요 내용은 양국이 상호 안전에 위협이 될 수 있는 군사적 상황이 발생할 경우 즉시 협의하고, 핵무기 사용에 이르지 않도록 평화적 해결을 최우선으로 한다는 원칙을 규정하였다. 또한, 제3국 간 갈등이 핵전쟁으로 비화하지 않도록 공동 노력하기로 약속함으로써, 핵보유국 간 책임 있는 행동 규범을 확립하려는 시도였다.

### 8. 욤키푸르전쟁(1973년 10월)

닉슨 재임 시 제4차 중동전쟁이라고도 하는 욤키푸르전쟁이 발발하였다. 이집트 등의 기습공격을 당한 이스라엘의 운명이 풍전등화와도 같았으나, 미국은 이스라엘을 원조하기로 결정하였다. 미국의 지원으로 이스라엘이 승리를 거두었으며, 이후 미국과 이스라엘의 관계는 기존의 모호한 관계에서 탈피하고 강력한 준동맹관계로 발전하게 되었다.

## 6 포드 행정부(1974년 8월 9일 ~ 1977년 1월 20일)

### 1. SALT II 협상 개시 및 블라디보스토크 정상회담(1974년 11월)

포드 대통령은 1974년 11월 소련 블라디보스토크를 방문하여 브레즈네프 서기장과 정상회담을 가졌다. 이 회담에서 양국은 전략핵탄두 수량을 최대 2,400기로 제한하고, 신형 다탄두(MIRV) 장착 미사일 개발을 일정 수준 이하로 유지하는 원칙적 합의에 도달했다. 이는 1972년 SALT I의 뒤를 잇는 군비통제 노력으로, 이후의 SALT II 협정 체결(1979)에 결정적인 기반을 제공했다. 포드는 이 협상을 통해 데탕트 기조를 유지하고 미소 간 핵균형을 관리하고자 했다.

### 2. 헬싱키 협정 체결(1975년 8월 1일)

포드는 유럽안보협력회의(CSCE) 정상회의에 참석하여, 35개국과 함께 헬싱키 최종의정서(Helsinki Final Act)에 서명하였다. 이 협정은 세 개의 바스켓(안보, 경제·과학 협력, 인권)을 통해 유럽의 평화 질서를 규정하고, 특히 국경 불가침과 인권 존중 원칙을 명문화하였다. 미국과 서방은 이를 통해 동유럽 내 인권 개선을 압박하는 수단으로 활용했으며, 장기적으로 소련 체제의 정당성 약화와 동구권 민주화 운동 촉진에 영향을 주었다.

### 3. 사이공 함락과 미국의 철수(1975년 4월 30일)

북베트남군이 사이공에 진입하자, 포드 행정부는 '프리퀀트 윈드 작전(Operation Frequent Wind)'을 통해 미 대사관 직원, 미국인, 남베트남인 수천 명을 헬기로 긴급 대피시켰다. 이는 미국의 베트남 전쟁 개입이 공식적으로 종료된 사건이었다.

### 4. 마야궤즈 사건과 군사 대응(1975년 5월 12일 ~ 15일)

캄보디아 크메르루주가 미 상선 '마야궤즈호'를 나포하자, 포드 대통령은 미 해병대를 파견해 군사작전을 단행했다. 인질은 구출되었지만, 오폭과 전투로 인해 미군 수십 명이 사망했다. 이는 베트남전 이후에도 미국이 군사적 위상과 단호함을 유지하려는 의지를 보여준 사례로, 국내에서는 환영과 동시에 작전의 준비 부족과 희생에 대한 비판도 제기되었다.

### 5. 폴 포트 정권의 등장과 킬링필드 방관(1975년 4월 ~)

1975년 캄보디아에서 공산 정권 크메르루주가 집권한 후, 약 2백만 명이 학살되는 '킬링필드'가 벌어졌으나, 포드 행정부는 군사 개입이나 직접 비난을 자제하였다. 미국은 베트남전 패배 이후 역내 개입에 소극적 태도를 보였고, 이는 냉전 개입주의 외교의 한계를 드러낸 대표적 사례로 비판받는다.

### 6. 앙골라 내전 개입 실패(1975년 하반기)

앙골라가 포르투갈 식민지에서 독립하자 좌파(MPLA), 우파(UNITA, FNLA) 간 내전이 발발했다. 미국은 우파를 지원하기 위해 CIA를 통한 비밀 군사 지원을 개시했지만, 미 의회가 볼튼수정안(Bolton Amendment)을 통과시켜 자금 지원을 중단하면서 미국의 개입은 중단되었다. 결과적으로 소련과 쿠바가 지원한 MPLA가 정권을 장악하였고, 이는 냉전기 제3세계에서의 미국 외교의 한계와 의회의 견제 강화를 보여주는 사건이 되었다.

### 7. 시나이 중재협정 Ⅱ 체결(1975년 9월)

포드 행정부는 키신저 국무장관의 셔틀외교를 통해 이집트와 이스라엘 간 무력 충돌 방지와 시나이 반도에서의 병력 후퇴를 골자로 하는 중재협정을 이끌어냈다. 이 협정은 양국 간의 군사적 완충지대 설치, 유엔 평화유지군 배치, 미국의 경제·군사 지원 약속 등을 포함했으며, 이는 이후 이집트 - 이스라엘 평화조약(1979)의 전단계로 기능했다.

## 7 카터 행정부(1977년 1월 20일 ~ 1981년 1월 20일)

### 1. 파나마 운하 조약 체결(1977년 9월)

카터 행정부는 라틴아메리카와의 관계 개선과 제국주의 이미지 탈피를 위해 파나마와의 운하 협상을 본격화하였고, 1977년 오마르 토리호스 파나마 수장과 함께 두 개의 파나마 운하 조약에 서명했다. 첫 번째 조약은 1999년까지 미국이 운하를 운영하고 이후 파나마에 완전 이양하는 내용이며, 두 번째 조약은 미국이 항구적 중립권을 확보하여 유사시 개입 권한을 유지한다는 조항을 담고 있었다. 이는 미국 내 보수세력의 반발에도 불구하고 비준에 성공하였으며, 중남미에서 미국의 이미지 개선과 도덕적 외교 기반 강화에 기여하였다.

### 2. 미중 수교 단행(1979년 1월 1일)

카터 행정부는 닉슨과 포드 시절의 유산을 계승하여, 1978년 말 덩샤오핑과의 협상 끝에 1979년 1월 1일 미국과 중화인민공화국 간의 공식 수교를 발표하였다. 이 과정에서 미국은 대만(중화민국)과의 외교 관계를 단절하고, 주대만 미군을 철수했으며, 하나의 중국 원칙을 존중한다고 표명하였다. 동시에 미국은 대만관계법(Taiwan Relations Act)을 제정해 비공식 관계를 유지하면서 대만 방어를 위한 무기 판매를 지속하였다. 미중 수교는 냉전기 소련 견제를 위한 전략적 외교 승부이자, 미국의 아시아 전략 전환을 상징하는 사건이었다.

### 3. 캠프 데이비드 협정 중재 (1978년 9월)

카터는 1978년 9월 미국 캠프 데이비드에서 이집트 사다트 대통령과 이스라엘 베긴 총리를 13일간 직접 중개하여, 양국이 평화협정 원칙에 합의하도록 이끌어냈다. 협정에는 이스라엘의 시나이 반도 철수, 이집트의 이스라엘 승인, 이후 3개월 내 평화조약 체결 등이 포함되었다. 이는 중동 평화 과정의 역사적 전환점이자 미국 외교의 중재력 성공 사례로 평가된다. 양국은 이듬해 1979년 정식 평화조약에 서명하였다.

### 4. SALT II 협정 체결(1979년 6월)

카터 행정부는 소련과 전략무기제한협상(SALT II)을 진행하여 1979년 6월 비엔나에서 브레즈네프와 함께 SALT II 협정에 서명하였다. 협정은 ICBM, SLBM, 전략폭격기 등 전략무기의 상한선을 설정하고, 다탄두 미사일(MIRV) 수량과 발사대 수를 제한하였다. 그러나 같은 해 12월 소련의 아프가니스탄 침공으로 미국 내 반소 여론이 급등하면서, 상원 비준이 중단되었고 협정은 실효되지 못했다. 그럼에도 양측은 사실상 내용을 자율적으로 준수하며 일정 기간 군비 통제를 유지하였다.

### 5. 아프가니스탄 침공에 대한 대응(1979년 12월)

소련이 1979년 말 아프가니스탄에 군대를 침공하자, 카터 행정부는 이를 국제 평화에 대한 위협으로 규정하고 강력 대응에 나섰다. 미국은 모스크바 올림픽(1980년) 보이콧을 주도하고, 파키스탄과 함께 무자헤딘에 대한 무기 및 자금 지원을 개시하였다. 이는 냉전기 미소 대결의 재격화 계기가 되었고, 카터는 이후 "카터 독트린"을 통해 페르시아만에서의 무력 침공은 미국의 vital interest에 대한 공격으로 간주하겠다고 천명하였다.

### 6. 카터 독트린 발표(1980년 1월)

1980년 국정연설에서 카터는 카터 독트린을 천명하며, 페르시아만 지역이 미국의 핵심 이익 지역이며, 외부 세력의 침략이 있을 경우 무력 대응하겠다는 입장을 밝혔다. 이는 소련의 아프가니스탄 침공과 중동의 석유 안보 위기에 대응하기 위한 선언으로, 이후 미국은 중동에 대한 군사 전략적 개입 능력을 강화하고, 신속대응군(Rapid Deployment Force)을 창설하는 등 지역 안보에 적극 관여하게 되었다.

### 7. 이란 혁명과 테헤란 인질 사건 대응 (1979년 ~ 1981년)

1979년 이란 혁명으로 팔라비 친미 정권이 붕괴하고 호메이니 신정 체제가 수립되었으며, 같은 해 11월 이란 학생 시위대가 미국 대사관을 점거하고 외교관 52명을 인질로 억류하였다. 카터 행정부는 외교적 협상과 경제 제재, 군사 구출 작전을 시도했으나, 1980년의 '이글 클로 작전(Operation Eagle Claw)'은 실패로 끝났다. 이 사건은 카터의 외교 리더십에 큰 타격을 주었고, 결국 인질 석방은 카터 퇴임 직후인 1981년 1월, 레이건 대통령 취임식과 동시에 이루어졌다.

### 8. 라틴아메리카 군사정권에 대한 인권 압박

카터 행정부는 기존의 반공 중심 외교에서 벗어나 인권 중심 외교를 추진하며, 아르헨티나, 칠레, 니카라과 등 남미 군사독재 정권에 대해 인권 문제를 이유로 경제·군사 원조를 중단하거나 제한했다. 이는 인권 외교의 상징적 조치였으며, 미국이 더 이상 반공이라는 이유만으로 권위주의 정권을 무조건 지원하지 않겠다는 메시지를 전달한 것으로 평가된다. 다만 냉전 현실과 충돌하면서 제한적 효과에 머물렀다는 비판도 있다.

### 9. 아프리카 남부 인종차별 체제 비판 및 로디지아 독립 과정 개입

카터는 남아프리카공화국의 아파르트헤이트 정책과 로디지아(현 짐바브웨)의 백인 소수정권에 대해 강하게 비판하고, 국제사회의 경제제재를 지지하였다. 미국은 영국과 협력하여 로디지아 내 다수 흑인 지배 체제로의 이행을 유도했고, 1980년 로버트 무가베가 이끄는 정부가 수립되며 짐바브웨가 독립하였다. 이는 인권을 중시한 카터 외교의 성과로 평가된다.

## 8 레이건 행정부(1981년 1월 20일 ~ 1989년 1월 20일)

### 1. 레이건 독트린(1981년)

레이건 행정부는 소련의 영향권 아래 있는 제3세계 국가들에서 반공 무장세력을 공개적으로 지원하는 '레이건 독트린'을 천명하였다. 이는 아프가니스탄의 무자헤딘, 니카라과의 콘트라 반군, 앙골라의 반군, 캄보디아 반크메르 세력 등에게 경제·군사 지원을 제공하는 데 정당성을 부여했으며, 공세적 반공 외교의 상징적 전환점이 되었다.

### 2. 레바논 미군 파병(1982년)

이스라엘의 레바논 침공과 PLO 철수 협상 과정에서 미국은 평화유지 명분으로 해병대를 포함한 미군을 파병했다. 그러나 1983년 베이루트 미군 기지 테러로 241명이 사망하자, 정치적 부담 속에 철군하였다. 이는 미국의 중동 개입이 직면한 한계를 보여준 사례였다.

### 3. 전략무기 감축 협상 시작(1982년)

레이건 행정부의 전략무기 감축 협상(START, Strategic Arms Reduction Talks)은 1982년부터 시작된 미국과 소련 간 전략핵무기의 실질적 감축을 목표로 한 협상으로, 이전의 SALT(전략무기 제한 협상)보다 한 단계 진전된 군비통제 노력이다. 레이건은 취임 초부터 소련을 '악의 제국'이라 규정하며 군사력 증강에 나섰지만, 동시에 핵무기 감축을 통한 안정된 억지 체제 구축에도 관심을 가졌다. 1982년 제네바에서 START 협상이 시작되었으며, 미국은 핵탄두 수를 대폭 감축하고, 다탄두(MIRV) 장착 미사일에 대한 제한을 주장하였다. 협상은 초기에는 소련의 반발과 SDI(전략방위구상) 논란으로 진전이 없었으나, 1985년 고르바초프의 집권 이후 양측 관계가 개선되면서 분위기가 전환되었다. 특히 1985년 제네바 정상회담과 1986년 레이캬비크 회담을 통해 양국은 핵무기 대폭 감축에 대한 공동 의지를 확인하였고, 이는 1987년 INF 조약 체결과 이후 START I 협정(1991년 조지 H. W. 부시 시기 체결)으로 이어지는 기반이 되었다.

### 4. 전략방위구상(SDI) 발표(1983년 3월)

레이건은 1983년 3월, 소련의 핵미사일 공격을 요격하기 위한 우주 기반 방어 시스템, 즉 전략방위구상(SDI, 일명 스타워즈 계획)을 제안했다. 이 구상은 기술적 실현 가능성은 낮았지만, 소련을 군비경쟁의 함정에 빠뜨리는 전략적 수단이 되었으며, 결과적으로 소련 경제에 과도한 부담을 가중시켰다.

### 5. 그레나다 침공(Operation Urgent Fury)(1983년)

그레나다에서 좌파 쿠데타와 쿠바군 주둔이 확인되자, 미국은 자국 시민 보호 및 공산주의 확산 저지를 명분으로 7,000명 규모의 미군을 급파하여 정권을 교체시켰다. 이 침공은 베트남전 이후 처음으로 전면 군사력 사용에 성공한 사례로, 미국 내에서는 대체로 호평을 받았다.

## 6. 이란 - 콘트라 사건(Iran-Contra Affair)

이란 - 콘트라 사건(Iran-Contra Affair)은 1985 ~ 1986년 사이 레이건 행정부가 벌인 비밀 무기 거래 및 불법 자금 유용 사건으로, 1987년 의회 청문회를 통해 대중적으로 폭로되며 정치적 파장을 일으킨 냉전기 대표적 외교 스캔들이다. 미국은 당시 이란에 무기를 비밀리에 판매하고, 그 대가로 받은 자금을 중남미 니카라과의 반공 반군 '콘트라'에 우회 지원하였다. 이는 의회의 공식 원조 금지 조치를 회피한 불법 행위였고, 이란 내 미국 인질 문제 해결이라는 명분까지 더해져 이중 외교 논란을 초래했다. 1986년 말 폭로된 사건은 1987년 의회 청문회에서 올리버 노스 중령 등의 증언을 통해 전국적으로 알려졌으며, 레이건 대통령은 직접 지시는 부인했지만 행정부 내부의 통제 실패와 책임 회피 문제로 정치적 타격을 입었다.

## 7. 플라자 합의(1985년 9월)

레이건 행정부는 국제 무역 불균형과 달러 강세 문제 해결을 위해 G5 국가(미국, 일본, 서독, 영국, 프랑스)와 함께 1985년 플라자 합의를 체결하였다. 이 합의는 달러 가치를 인위적으로 절하하고, 주요국 통화 가치를 상승시켜 미국 무역적자 해소를 유도하는 내용이었다. 그 결과 달러는 급속히 약세를 보였고, 특히 일본은 엔고 불황과 자산버블로 진입하게 된다. 이를 보완하기 위해 1987년에는 루브르 합의(Louvre Accord)가 체결되어 환율의 안정과 공동 개입 자제를 약속하면서, 플라자 합의의 부작용을 조정하였다.

## 8. 루브르 합의(Louvre Accord)(1987년 2월)

1987년 2월 22일, 미국, 일본, 서독, 프랑스, 영국, 캐나다 등의 재무장관과 중앙은행 총재들이 프랑스 파리 루브르 궁에서 체결한 국제통화 합의로, 1985년 플라자 합의 이후 급격히 진행된 달러 약세와 국제환율 불안을 안정시키기 위해 마련된 조치였다. 플라자 합의를 통해 달러 가치가 빠르게 하락하며 미국의 무역수지 개선에는 기여했지만, 과도한 환율 변동성과 국제 금융시장의 불안정성, 일본의 자산버블 유발 등 부작용이 나타났다. 이에 따라 루브르 합의에서는 주요국이 환율을 더 이상 인위적으로 조정하지 않고, 주요국 간 경제 협조를 통해 시장안정을 도모한다는 원칙을 확인했다. 각국은 환율 안정 구간을 설정하고, 그 범위를 벗어날 경우 공동 개입에 나선다는 입장을 밝혔으며, 이는 국제통화체제가 다시 조정 국면에 들어가는 계기가 되었다.

## 9. 중거리핵전력조약(INF Treaty) 체결(1987년 12월)

1987년 12월, 레이건과 고르바초프는 워싱턴 D.C.에서 INF 조약에 서명하고, 양국이 유럽에 배치한 중거리 핵미사일을 전면 폐기하기로 합의하였다. 이는 냉전 사상 최초로 핵무기를 실제로 감축한 조약이며, 핵군축의 실질적 진전과 데탕트의 부활을 의미하는 사건이었다.

# 제3절 | 탈냉전기 미국의 대외정책

## 1 부시(George H. Bush) 행정부(1989 ~ 1992년)

### 1. 몰타선언(1989년 12월)

1989년 12월 미국 대통령 부시와 소련 대통령 고르바쵸프는 지중해 몰타에서 열린 정상회담에서 미국과 소련은 더 이상 적대국이 아니며 냉전이 종식되었음을 선언하였다. 이 회담은 비록 여러 현안에 대해 원칙적인 의견을 교환하였을 뿐 구체적인 협의는 다음으로 미루었으나, 대결에서 협력으로 가는 새로운 세계사의 흐름을 재확인하고 새 시대 국제질서의 방향을 제시한 회담으로 평가된다.

### 2. 걸프전쟁(1990년 8월 2일)

이라크의 쿠웨이트 침탈이 계기가 되어, 1991년 1월 17일~2월 28일 미국·영국·프랑스 등 34개 다국적군이 이라크를 상대로 이라크·쿠웨이트를 무대로 전개된 전쟁이다. 쿠웨이트가 원유시장에 물량을 과잉공급하여 유가를 하락시킴으로써 이라크 경제를 파탄에 몰아넣었다고 비난한 바 있는 이라크 대통령 사담 후세인은, 1990년 8월 2일 쿠웨이트를 전격 침공·점령하고 쿠웨이트를 이라크의 19번째 속주(屬州)로 삼아 통치권을 행사하였다. 이에 대해 미국을 중심으로 한 서방 각국은 8월 2일부터 12개에 이르는 대이라크 UN결의안을 통과하여, 이라크를 침략자로 규정하고 이라크군의 즉각적인 쿠웨이트 철수와 쿠웨이트 왕정복고, 대이라크 무역제재 등의 강력한 이라크 응징을 결의하였다.

UN안전보장이사회는 1991년 1월 15일까지 쿠웨이트에서 철군하지 않을 경우 이라크에의 무력사용을 승인하는 결의안을 통과시켰고, 이를 전후하여 미국이 대이라크전에 대비한 다국적군의 결성을 주도함으로써 43만 명의 미군을 포함한 34개국의 다국적군 68만 명이 페르시아만 일대에 집결하였다. 미국은 이라크의 철수 시한 2일 뒤인 1991년 1월 17일, 대공습을 단행하여 이로부터 1개월간 10만여 회에 걸친 공중폭격을 감행하였고, 이라크의 주요 시설을 거의 파괴하였다. 2월 24일에는 전면 지상작전을 전개하였고, 쿠웨이트로부터 이라크군을 축출한 뒤 지상전 개시 100시간 만인 2월 28일 전쟁 종식을 선언하였다.

### 3. 북미자유무역협정(NAFTA) 체결

NAFTA는 미국, 캐나다, 멕시코 3국이 1992년 8월에 합의한 협정으로 1994년 1월 발효하였다. 북미에서는 이미 미국·캐나다 자유무역협정이 1989년에 발효되었으나 한편으로 GATT 교섭의 정체, 다른 한편으로 EU 통합의 진전이나 아시아 경제의 약진에 위기감을 느낀 부시 대통령은 1990년 6월 미주 전역을 커버하는 경제통합을 제안하였다. 부시 행정부의 의도는 누적 채무 위기라는 역경 속에서 미국 시장과의 결합을 통해 활로를 개척하려는 멕시코 정부의 의도와 일치되어 우선 NAFTA를 향한 교섭이 시작되었다. NAFTA는 무역의 자유화를 기초로 하면서도 투자규칙, 지적재산권 등 보다 폭넓은 범위를 포함하였다.

### 4. 소말리아 개입

미국은 인도적 이유에서 다국적군의 조직과 개입을 주도하여 소말리아에 개입하였다. 1992년 12월 부시 대통령은 인도적 이유에서 2만 명의 군대를 파견하였다. 미국의 개입 목적은 군벌로부터 지원 식량의 공급을 보호하고 소말리아 주민들에 식량 배급 수단을 확보하는 것이었다. 안전보장이사회는 결의안 733을 통해 소말리아 군벌들에게 국내전투를 중지하고 구호물자의 배급에 협조할 것을 요구하였다. 그러나 군벌들이 지원 물자를 계속 약탈하자 안전보장이사회는 결의안 794(1992년 12월)를 통해 구호물자의 보호를 위해 군사력 사용을 허용하였다. 미국은 병력 2만 명을 파병하고 UN군인 UNITAF를 지휘하였다. 그러나 미군에 대한 공격과 미군 살해로 소말리아의 안정과 질서 구축이 어려워지자 미군을 철수하였다.

## 2 클린턴(Bill Clinton) 제1기 행정부(1993 ~ 1996년)

### 1. 대외정책 기조 - 확산(Enlargement)과 개입(Engagement)

클린턴 행정부는 탈냉전을 맞아 외교정책 기조로 확산과 개입정책을 제시하였다.

#### (1) 확산정책

미국이 중요하다고 생각하는 정치·경제·문화적 가치를 전세계에 전파하고자 하는 정책개념으로서 민주주의 및 자유무역주의를 범세계적으로 확산시키려는 정책이다.

#### (2) 개입정책

확산정책을 위해 미국과 이미 동맹관계를 맺고 있는 국가나 지역에 대해 기존의 동맹관계를 재확인 및 강화하며 미국과 비우호적인 국가에 대해서는 변화를 유도하기 위해 개입하겠다는 것을 말한다.

#### (3) 개입과 확산정책의 목표

① 강력한 군사력으로 미국 안보 유지를 위한 군사력의 확대
② 외국 시장 개방과 미국 경제의 활성화
③ 민주주의의 세계적 확산

탈냉전기 확대전략은 미국의 기본적인 안보이익이 민주주의와 시장개혁의 확대 및 강화에 달려있다는 인식에서 나온 것이다.

## 2. 동아시아정책

1995년 2월 미국 국방부는 '미국의 동아시아 및 태평양지역전략', 일명 동아시아전략보고서(East Asia Security Riview: EASR)를 발표하여 개입과 확대전략을 수립하였다. 클린턴 행정부의 동아시아 안보전략 목표는 일본과 중국과 같은 패권세력 등장 방지, 아시아지역 안정, 무역을 통한 경제적 이익의 추구를 통해 아시아지역의 평화 유지에 있었다. 이를 위해 동아시아 - 태평양지역에의 개입과 확장을 통한 리더십전략을 선택하였다. 세부전략으로는 먼저 아시아지역에서의 기존 동맹관계를 유지하였고 아시아에 주둔 중인 10만 명의 미군을 계속해서 주둔시키기로 하였다. 또한 미일동맹 및 한미동맹과 더불어 역내 다자안보체제의 구축에도 노력하기로 하였다. 그러나 다자안보체제는 동맹전략의 부차적인 전략으로 인식하였다.

## 3. 동시승리전략(Win - Win Strategy)

클린턴 행정부는 미국이 두 개의 지역전쟁에서 동시에 승리한다는 '동시승리전략'을 제시하였다. 클린턴 행정부는 지역전쟁의 위협이 가장 큰 지역으로 중동과 한반도를 들었다.

## 4. 중국정책

클린턴 행정부는 동아시아지역에서 리더십을 확보하고 세계질서를 유지하며 경제적 이익을 극대화하기 위해서는 중국과의 원만한 관계를 유지할 필요가 있다는 것을 인식하고 중국의 정책방향을 '포괄적 개입(Comprehensive Engagement)'으로 규정하였다. 이 정책은 점차 강해지는 중국의 힘을 인정하고 중국 당국이 현재의 국제 공동체 내에서 통용되고 있는 규범을 준수하는 것을 촉진시키기 위해 중국에 개입하는 것을 말한다. 클린턴 행정부는 1995년 6월 이등휘 대만 총통의 미국 방문을 허용함으로써 중국과 마찰을 빚기도 하였다. 또한 중국이 1996년 3월 대만 북부 해협에서 미사일 훈련 실시 등 초강경책을 펴자 미국은 대만 보호를 명분으로 대만해협 근해에 두 척의 항공모함을 파견하여 견제하기도 하였다.

## 5. 대북정책

클린턴 정부는 한반도에서 남북한 간 정치적·이념적·군사적 대립이 지속되고 있다는 현실을 직시하면서 대북 봉쇄정책을 추진하였으나 1994년 10월 21일 '제네바합의' 채택 이후 정책 변화를 시도하였다. 대북 억지력을 강화하면서도 북한에서 발생할 수 있는 비상사태의 파장을 최소화하기 위해 적극적인 개입정책을 추진하였다. 정치 면에서는 북한과의 다양한 접촉을 통해 연락사무소 개설, 실종 미군 유해 송환 등 주요 현안들을 풀어나갔다. 북한을 '부랑아 국가' 명단에서 삭제하고 '여행 경고국'에서 제외하였다. 군사 면에서 미국은 북한의 기존 핵발전시설 가동 중지에 주력하면서 제네바합의에 따라 북한에 중유를 공급하였다. 경제 면에서는 북한에 대해 부분적으로 경제제재를 완화하였다. 또한 흉작 및 대수해로 심각한 식량난에 빠진 북한을 지원하기 위해 정부 및 비정부 차원의 식량지원에 나서기도 하였다. 또한 민간 차원의 대북 구호지원이 확대될 수 있도록 '대북 인도적 지원 규제'를 해제하였다.

## 3 클린턴 제2기 행정부(1997 ~ 2000년)

### 1. 미일안보체제 강화

클린턴 행정부는 동아시아 개입정책 강화의 일환으로 일본과의 동맹관계 강화를 추진하여 1997년 '미일방위협력지침'(신가이드라인)을 채택하였다. '신가이드라인'은 1978년 10월에 합의된 '구가이드라인'을 수정한 것이었다. 신가이드라인은 평시 협력, 일본에 대한 무력공격 시 협력, 일본 주변 유사 시 협력의 세 항목으로 규정되었다. 핵심은 주변 유사 시의 협력이었다. 주변지역의 개념을 지리적 개념이 아닌 사태의 성질에 착안하여 자국의 안전에 직접적인 영향을 미치는 지역으로 규정하였다.

이는 아태지역의 안정을 위해 주일미군이 주도하는 군사행동에 일본이 전면적으로 협력하는 것을 상정한 것이다. 즉, 일본의 방위정책을 '전수방위(專守防衛)'에서 지역분쟁에 개입하는 외부적 개입으로의 전환을 의미한다. 일본 주변지역 유사 시 구가이드라인에서는 일본이 단순히 미국에게 기지 제공 및 일본 영내에서의 편의 제공에 머물렀으나, 신가이드라인에서는 일본의 협력을 기지 제공은 물론 자위대가 직접 참가하는 병참 지원, 기뢰 제거, 임검, 감시, 경계, 비전투원 피난 등으로 확대하였다.

### 2. 중국정책

미국은 수년간 고속 성장률을 보이고 있는 중국의 경제발전에 주목하고, 핵보유국인 동시에 지역군사강국이며 UN상임이사국의 위치를 차지하고 있는 중국이 아시아의 안보에서 차지하는 비중이 높아지고 있는 만큼 중국이 국내정치적으로 안정을 유지하고 아시아 국가들과 우호관계를 지속하는 것이 아태지역의 평화와 번영에 필수적이라고 보았다. 그러나 클린턴 행정부는 탈냉전기 미중관계의 전략적 비전을 설정하지 못한 채 집권 초기부터 중국에 대한 최혜국대우문제를 인권문제와 연계시킴으로써 중국으로부터 강한 반발을 초래하기도 하였다.

### 3. 한국정책

미국은 한미 간의 안보동맹관계가 지난 40여 년간 그러하였던 것처럼 한반도와 동북아의 안정에 중심적 역할을 한다고 보고 있다. 냉전의 종식에도 불구하고 한미동맹관계가 유지될 수 있는가 하는 문제는 한미 양국의 전략적 이익이 얼마나 일치하느냐에 달려있다고 볼 수 있다. 한국은 인접 국가들과의 숙명적인 힘의 불균형문제를 해결하기 위해 두 가지 필요조건을 충족시켜야 한다.

첫째, 그 어떤 주변국의 침략행위에 대해서도 그러한 행동의 손익계산이 불합리하게 되도록 보장할 수 있는 수준의 자신의 군사력이 필요하다.

둘째, 주변국들 간에 안정된 세력균형이 유지되도록 하는 것이다. 따라서 동북아지역에 '지역패권국'이 등장하는 것을 막아야 한다.

## 4. 동아시아정책

미국의 동아시아정책은 동맹국들과의 전통적인 쌍무관계를 유지하면서 다자적 안보협력을 위한 노력을 병행하는 것이었다. 이는 기존의 한미·미일 간의 안보동맹관계에 따른 전진 방위전략의 유지를 전제로 이를 보완하는 다자간 안보대화에 적극 참여하는 것을 의미하였다. ARF를 통해 동아시아 안보문제에 대한 미국의 영향력을 증대시키고, APEC을 통해 동아시아 성장의 과실을 향유해 나간다는 것이 미국의 전략이었다. APEC과 관련해서 1994년 보고르정상회담은 2020년까지 아태지역에서 자유롭고 개방된 무역과 투자지대를 건설한다는 목표를 채택하였는데, 선진국은 2010년까지, 개발도상국들은 2020년까지 시장을 완전히 개방하도록 시장 개방일정을 완성하는 데 성공하였다.

## 5. 코소보 공습(1999년)

클린턴 제2기 행정부는 UN안전보장이사회의 위임 없이 코소보 사태에 대해 NATO군을 주도하여 무력개입을 단행하였다. 1989년 세르비아 정부가 코소보의 자치권을 거부하고 코소보지역 인구의 90%가 사용하는 알바니아어를 공용어에서 공식 폐지함으로써 위기가 시작되었다. UN안전보장이사회는 세르비아 정부의 폭력수단 이용을 비난하고 코소보 자치 회복을 결의하였으나 세르비아 측은 이를 무시하고 코소보인들에 대한 학살과 강제이주조치를 취하였다. UN안전보장이사회는 세르비아에 대한 군사조치를 취하고자 하였으나 러시아와 중국의 반대로 무산되었다. 그러자 미국은 NATO를 통해 세르비아에 대한 공습을 단행하였다. 이후 세르비아는 러시아가 중재한 휴전에 동의함으로써 분쟁은 종식되었다.

# 4 부시(George W. Bush) 제1기 행정부(2001 ~ 2004년)

## 1. 외교이념: 신보수주의

### (1) 의미

9·11테러를 기점으로 부시 행정부의 외교전략에 본격적으로 투영되기 시작했던 신보수주의 외교이념은 2003년 이라크전쟁에서 정점을 이루었으나, 미국 내외의 신랄한 비판을 받으며, 부시 행정부의 퇴조와 함께 미국 대외정책의 일선에서 물러나게 되었다. 초강대국인 미국의 외교이념과 전략으로서의 신보수주의는 세계 질서 전반에 영향을 주는 핵심 독립변수였으며, 미국이 적극 개입하고 있는 동북아질서 그리고 한미동맹과 북핵문제를 통해 연계되어 있는 한반도질서에도 핵심 변수로 작동하였다.

### (2) 주요 사상

신보수주의자들의 사상은 도덕적 우월주의, 필요악으로서의 전쟁과 적극적 개입주의, 공격적 현실주의에 기반하고 있다. 신보수주의자들은 미국 예외주의에 기초한 도덕적 우월주의를 주장한다. 이들은 유럽과 달리 미국은 귀족제와 신분제의 전통을 가지지 않은 덕분에 '자유'를 바탕으로 한 문명의 꽃을 피웠으므로, 이러한 미국적 가치를 보수하고 전 세계에 전파해야 한다고 본다. 또한, 신보수주의자들은 문명화를 위해 전쟁은 필요악이라고 보며, 악을 제압하고 선을 구현하기 위한 전쟁이 반드시 비도덕적이라고는 보지 않는다. 같은 맥락에서 미국적 가치, 특히 민주주의와 시장경제를 확산시키기 위한 적극적 개입을 주장하며, 그 과정에서 독재국가의 국가주권이 개입에 대한 장애가 되어서는 안 된다고 본다. 한편, 국제정치에 대한 존재론에 있어서 홉스적 비관론을 수용하는 신보수주의자들은 '힘을 통한 평화(Peace Through Strength)'를 주장하는 공세적 현실주의를 추구한다. 나아가, 이들은 동맹의 중요성을 강조하면서도 미국을 방어하기 위해서는 동맹국들의 반대가 있더라도 미국의 단독적 군사행동을 불사해야 한다는 일방주의적 공세성을 보여주었다.

### (3) 신보수주의의 목표

신보수주의전략의 궁극적 목표는 미국적 평화(Pax Americana), 즉 미국중심의 단극적 세계를 공고히 하는 것이며, 이는 곧 미국의 원칙과 이익에 맞는 국제 안보질서를 창출하는 것이다. 신보수주의자들은 미국의 군사력 우위를 지속적으로 유지하고 개선해 나감으로써 미국의 패권에 도전할 수 있는 경쟁국의 등장을 저지하고자 한다. 21세기 미국의 패권을 위협할 수 있는 가장 가능성이 높은 국가로 중국을 지목하고, 동남아에 대한 전진배치전략을 통해 중국의 팽창을 억제하고, 중국의 정권교체를 도모해야 한다고 본다.

## 2. 대외정책 기조: 미국중심의 패권체제 공고화 및 관리

탈냉전기 미국 대외전략의 전반적 기조는 '패권안정'으로 평가된다. 즉, 미국이 패권 또는 제국적 위상을 가지고 있는가를 떠나서, 미국은 패권안정전략 내지는 제국건설전략을 탈냉전기 동안 지속적으로 구사해 오고 있다. 클린턴 행정기에는 패권안정체제를 구축하고 공고화 하는 것이 세부적 노선이었다면, 부시 행정부는 이를 관리하는 것이 세부적 방향이었다. 패권전략은 미국이 압도적 힘을 유지하고, 이를 통해 자국중심의 질서를 유지하는 것이 핵심이다.

## 3. 안보전략 목표

### (1) 패권안정전략

중국, 불량국가, 테러세력이라는 21세기 새로운 위협에 대응하여 부시 행정부는 전반적으로 패권안정전략을 구사하였다. 이를 위해 여러 가지의 동시적 권역전쟁에서 결정적으로 승리할 수 있는 능력을 발전시켜야 한다고 판단하였다.

### (2) WMD 반확산전략 및 핵 우위 유지

대량살상무기 대응에 있어서 다자적 접근인 비확산전략(Non-proliferation) 보다는 더 공세적이고 선제적인 반확산전략(Counter-proliferation)을 구사하였다. 또한, 핵 우위를 유지하여 불량국가나 테러집단으로부터의 핵 위협에 대응하는 것이 현실적이라고 판단하였다.

### (3) 민주평화지대 확대전략

부시 행정부는 민주평화가설을 정책에 반영하여 독재정권을 제거함으로써 민주정체를 확산시키는 전략을 구사하였다. 이러한 전략은 미국의 동맹국을 확대하는 한편, 각 지역에서 미국의 영향력을 강화함으로써 중국의 영향력 강화를 차단하고자 한 것이었다.

## 4. 9.11테러이후 안보전략 변화

### (1) 9.11테러의 안보전략적 함의

첫째, 9·11테러는 미국의 안보위협세력의 실체를 분명하게 드러내 주었는바, 그것은 바로 테러세력이었다. 테러세력과 함께 이들을 지원하는 소위 불량국가(Rogue States) 및 대량살상무기(Weapons of Mass Destruction: WMD)가 위협으로 인식되었다. 둘째, 9·11테러가 미국 안보전략에 주는 함의 중 하나는 9·11테러가 미국의 본토에 대한 공격을 가하였다는 점과 관련된다. 셋째, 9·11테러는 특히 억지전략의 한계를 일깨워주었다. 억지전략은 억지대상의 합리성을 전제로 공격 시 보복을 받아 도발의 목적을 달성하지 못함을 인식시킴으로써 최초 도발을 단념시키는 전략이다. 그러나 9·11테러세력은 합리적이지도 않았고, 대량보복의 위협에 굴복하여 도발을 단념할 것으로 예상되는 세력도 아니었다.

### (2) 안보전략 변화

미국은 추가적 테러에 대비하기 위해 해외주둔 미군을 재배치하고, 미사일 방어체제를 구축하였으며, 확산방지구상을 시행하고, 선제공격 독트린에 기초하여 아프가니스탄과 이라크를 공격하였다.

## 5. 군사력 재배치

새로운 글로벌 방위태세의 핵심은 반테러전쟁과 미래의 위험에 보다 효율적이고 유연하게 대처하기 위해, 군사력 재배치를 추진하였다. 해외주둔기지를 세분화하고, 미군을 이른바 '불안정의 호(Arc of Instability)' 지역으로 재배치하였다. 미국은 북한, 남아시아, 중앙아시아, 중동, 코카서스산맥, 동아프리카, 카리브해 등 경제적으로 궁핍하고 테러의 온상이 되어 있거나 될 가능성이 큰 지역을 '불안정의 호'로 분류하고, 이 지역에서의 분쟁 및 테러위협에 대처할 수 있는 미군 병력의 재배치를 추진하였다.

## 6. 미사일방어(MD)

9·11테러 이후 미국은 레이건 행정부 시절부터 기획되어 오던 미사일방어망 구축을 본격적으로 구축하기 시작하였다. 미국은 미사일방어가 필요한 이유를 테러세력 및 테러세력을 지원하는 불량국가들이 대량살상무기를 사용해서 미국 본토 및 동맹국을 공격하는 것을 막아야 한다는 데서 찾았다. 9·11테러는 테러세력들은 합리성을 가진 주체로 평가하기 어렵고 따라서 이들을 대량보복 위협으로 억지하기가 어렵다는 판단을 하게 만드는 계기를 제공해 주었다.

## 7. 동맹전략

9·11테러는 미국의 동맹전략에 변경을 초래하였다. 미국은 반테러전쟁에 참여할 의지가 있는가를 기준으로 동맹과 반동맹을 구분하였다. 따라서 과거의 적대세력이라 할지라도 반테러에 동참하는 경우는 동맹국 지위를 부여하고 긴밀하게 협력하고자 하였다. 미국은 이러한 동맹관계 또는 동맹세력을 '의지의 연합(Coalition of the Willing)'이라 칭하였다. 미국은 반테러전쟁에 있어서 다수의 비효율적 협력보다는 소수의 강력한 파트너십을 추구하였다.

## 8. 핵전략

### (1) 능력기반접근법(Capabilities-based Approach)

미국은 불특정 적에 의한 예기치 못한 위협에 대처하기 위해 종래의 강대국 위주의 억지전략을 보강한 새로운 전략 구축의 필요성을 역설하고, 소극적인 방어시스템으로 억지(Deterrence)가 어렵기 때문에 사전에 위협을 제거하는 방향으로 전략을 수정하였다. 능력기반접근법이란 '위협(Threat)'에 대응하는 군사전략(Threat-based Approach)과 구별되는 개념으로서 장차 위협을 가할 수 있는 '능력(Capability)'에 대응하는 전략을 의미한다.

### (2) 신삼중점(New Triad)체제 구축

기존의 삼중점(Triad)시스템은 ICBM, SLBM, 전략폭격기 등 핵무기로만 구성되어 있었으나 신삼중점체제는 이를 흡수하여 포괄적인 전략태세를 구축한다. 신삼중점체제의 구성은 핵 및 비핵무기를 조합한 공격적 타격시스템 구축, 미사일방어(MD)를 중심으로 한 포괄적 방어체계 구축, 새로운 위협에 적시에 대처할 수 있도록 방어인프라 강화 등이다.

### (3) 선제핵공격

미국은 유사 시 핵무기 사용 대상국으로 핵보유국인 러시아와 중국 외에도 부시 대통령이 '악의 축(Axis of Evil)'으로 규정한 바 있는 북한·이라크·이란·리비아·시리아의 7개국을 지목하였다. 부시행정부는 미국이 실제로 핵무기를 사용할 수 있는 개연적 상황을 폭넓게 상정하였다. 선제핵공격이 가해질 수 있는 상황은 ① 재래식 무기로는 파괴할 수 없는 지하 군사시설 등에 대한 공격, ② 상대방의 핵 및 생화학 무기 불포기에 대한 보복, ③ 미국의 안보에 심각한 위협을 줄 만한 군사계획이나 군사작전을 실행하는 대상에 대한 방어조치 등을 포함하였다.

## 9. 선제공격독트린

### (1) 개념

부시행정부는 냉전시대의 억지(Deterrence) 및 봉쇄(Containment) 전략과 같은 피동적 방법으로는 새로운 안보위협에 대처할 수 없으므로 선제공격(Preemptive Strike)의 불가피성을 역설하였다. 이는 합리성(Rationality)을 부인하는 테러집단이나 합리성을 보장할 수 없는 실패한 국가(Failed state)에 대해서는 기존의 억지전략이 통용되지 않는다는 정세인식에 기초한 것이었다.

### (2) 아프가니스탄전쟁(2001년 10월 7일)

2001년 9월 11일 테러 사건이 발생하자 미국 정부는 이를 '알카에다'의 소행으로 단정하고, 아프가니스탄을 사실상 지배하고 있었던 탈레반에게 빈 라덴 등을 넘겨줄 것을 요구하였으나 탈레반이 이를 거절하자 영국과 함께 10월 7일 탈레반 및 알카에다에 대한 군사공격을 개시하였다. 미국의 공격으로 2001년 11월 탈레반 정권은 붕괴하였다. 이후 아프가니스탄에서는 하미드 카르자이를 수반으로 하는 신정권이 출범하였다. UN은 2001년 12월 국제치안지원부대(ISAF)를 설치하여 아프가니스탄의 안정을 지원하였다.

### (3) 이라크전쟁(2003년 3월 20일)

부시 행정부는 이라크에 의한 위협을 문제시해 왔으며 9·11테러 이후 후세인체제의 전환을 요구하며 군사적인 위협을 가하였다. 2002년 11월 UN안전보장이사회는 결의 제1441호를 채택하여 이라크가 무조건적인 사찰을 받아들일 것을 요구하였고 이라크는 이를 수락하였다. 그러나 미국은 후세인이 사찰에 비협조적임을 이유로 2003년 3월 17일 최후통첩을 하였고, 2003년 3월 20일 미국군과 영국군은 '이라크의 자유' 작전으로 명명된 대이라크 공격을 개시하였다. 4월 9일 바그다드가 함락되고 후세인 체제는 붕괴되었다. 부시 대통령은 2003년 5월 2일 종전을 선언하였다. 전쟁에 참가하거나 지지를 표명한 나라는 일본 포함 등 총 44개국이었으며, 미국은 이들을 '의지의 연합(Coalition of the Willing)'이라고 명명하였다. UN안전보장이사회는 2004년 6월 말 이라크 잠정정권에 대한 주권이양, 2005년 1월 말까지 과도정부 수립, 2005년 말까지 신헌법에 기초한 정식 정권의 발족 등을 담은 결의안을 채택하였다.

## 10. 6자 회담(2003년 8월)

부시 행정부는 클린턴 행정부의 북핵 합의의 문제점을 지적하고, 북한의 핵개발 지속을 의심하였다. 9·11테러 이후 이러한 의구심은 보다 강화되고 급기야 2002년 1월 29일 연설에서 북한을 '악의 축(Axis of Evil)'으로 지목하여 북미관계는 급격히 악화되기 시작하였다. 미국은 경수로 제공, 중유 공급 등의 약속을 파기하였다. 미국이 중유 공급을 중단하자 북한은 이에 대해 핵개발 재시도를 천명하고 IAEA에 핵시설 봉인해제 및 감시카메라 철거를 요구하고, 2002년 12월 27일 IAEA 감시단을 추방하였다. 2003년 1월 10일에는 NPT 탈퇴를 선언하였다. 그러나, 미국의 이라크전쟁 결정은 북한에 대한 중대한 위협으로 대두되었고 북한은 다음 타겟이 될 수 있다는 불안감 속에서 북미 양자회담을 제안하였다. 그러나 미국은 북한 핵문제를 주변국과 다자간 협의 등 외교적 해결을 모색하겠다고 주장하면서 북한의 제안에 응하지 않았다. 이후 미국은 다자회담을 개최할 것을 다시 제안하였고, 당초 북한은 소극적이다가 이라크전쟁이 미국 측 승리로 종결될 가능성이 높아지자, 6자회담을 전격 수용하기에 이르렀다. 여기에는 중국의 설득도 영향을 주었다. 제1차 6자회담은 8월 27일에 개최되었다.

### 11. 대러시아정책

2001년 12월 부시 행정부는 일방적으로 탄도탄요격미사일체계 제한에 관한 조약(ABM Treaty)의 탈퇴를 선언하였다. 그리고 부시 행정부는 러시아와 2002년 5월 '새로운 전략적 관계' 구축 및 양국이 보유한 전략핵탄두를 감축하는 전략공격무기 감축조약(SORT)에 합의하였다. 그러나 이후 이라크문제에 몰입하게 되면서, 2002년 5월을 정점으로 미러관계는 표류하기 시작하였다. 2003년 구소련 국가인 조지아에서의 장미혁명, 우크라이나에서의 오렌지혁명 등 색깔혁명, NATO 확대, 이란 핵문제 및 MD계획 등으로 갈등이 심화되었다.

## 5 부시 제2기 행정부(2005 ~ 2008년)

### 1. 대외정책 기조

부시 대통령은 재선된 이후 미국을 안전하게 보호하기 위해 자유와 민주주의를 전 세계적으로 확산시켜야 한다는 신념을 강조하였다. 부시는 자유의 확산을 위한 전 세계적 민주주의 성장은 결과적으로 미국에 대한 위협 축소로 이어질 것이라고 주장하며 '자유의 확산'을 제2기 행정부의 대외정책 기조로서 천명하였다. 그러나 미국의 정부체제를 다른 나라에 강요하지는 않을 것임을 제시하였다.

### 2. 변환외교(Transformational Diplomacy)

부시 제2기 행정부는 제1기 행정부에서 사용한 반테러와 반확산의 정책기조를 유지하되 테러 및 확산과 직접적으로 연결되는 비민주 정권의 '행태(Behavior)'를 바꾸는 '변환외교'를 제시하였다. 변환외교는 민주평화론에 기초를 둔 외교전략이었다.

인간의 기본권 보장과 증진을 목표로 한 변환외교는 안보문제와 도전을 국가나 체제 차원이 아닌 인간안보적 차원에서 문제를 규정하고 접근하면서 국가주권 침해라는 비판을 최소화하고자 한 것이다. 변환외교를 위한 5대 과제가 제시되었다. ① 외교적 수요에 부합하도록 외교태세를 조정, ② 각 지역별 거점국가와의 협력관계 증진을 통해 동반자관계를 형성 및 강화, ③ 민간외교 등의 활동을 통해 외교태세를 현지화, ④ 재건과 안정화 등 새로운 임무수행을 위한 유관기관과의 협력관계 강화 및 통합접근 추구, ⑤ 외교관의 전문성 제고 등이다.

## 3. 이라크 안정화정책

이라크전쟁은 2003년 3월 20일 발발하였으며, 그해 5월 1일 부시 대통령의 전투 종료선언으로 사실상 막을 내리는 듯하였으나, 이라크 주둔 미군은 저항세력을 상대로 치열한 전투를 벌이고 있었다. 미국 내에서는 '조기철군론'이 제기되었으나 부시 대통령은 이라크전쟁의 '승리'를 장담하며 조기철군론을 거부하였다. 이라크로부터의 완전한 철수는 오바마 행정부에 들어서 완료되었다.

## 4. 대북정책

부시 제2기 행정부의 대북정책은 제1기의 강경책 일변도에서 벗어나 북핵문제의 해결을 위한 외교적 해법을 우선하는 방향으로 전환되었다. 부시 행정부 내 강경파와 협상파 간 정책적 갈등이 지속되는 가운데 주요 강경파들이 퇴진함에 따라 정책 결정의 주도권이 국무부 내의 협상파로 이동한 것이 주요인이었다.

제2기 부시 행정부는 2005년 9·19공동성명과 2007년 2·13합의 등을 도출하였다. 그러나 미국은 9·19공동성명 이후 북한의 달러화 위조혐의를 근거로 북한이 위조지폐를 거래한 것으로 추정되는 마카오의 방코델타아시아(BDA)은행 등 국제 금융기관에 대한 제재에 나서기도 하는 등 정책의 일관성을 상실하기도 하였다. 2·13합의 이후 미국은 합의에 따라 북한을 '테러지원국' 명단에서 삭제하는 등 합의 이행조치를 취하기도 하였으나, 이후 다시 교착 국면에 빠져들게 되었다.

## 5. 경제 위기 발발과 G20 정상회의 개최

부시 제2기 행정부 말기인 2008년 후반 '서브프라임 모기지론 사태'에서 발단이 된 미국의 금융 위기가 발발하였다. 미국의 금융 위기가 전 세계적 차원에서의 경제 위기로 확산되고 있는 가운데, 2008년 11월 15일 미국 워싱턴에서 세계 주요 경제국 정상들이 참석한 '금융시장 및 세계경제에 관한 정상회의(Summit on Financial Markets and the World Economy, G20 정상회의)'가 개최되었다. 프랑스 대통령 사르코지의 제안에 이어 미국 대통령 부시의 초청으로 개최된 G20 정상회의는 신자유주의질서 확산에 따른 위기의 발생, 미국발 경제 위기의 확산에 대한 우려, 경제 위기를 해결하고 예방하기 위한 기존 거버넌스체제의 한계 등이 그 배경이라고 볼 수 있다. G20이란 G8과 선발개발도상국을 합쳐서 부르는 명칭이다. 선발개발도상국에는 중국, 인도, 브라질, 멕시코, 남아프리카공화국, 한국, 호주, 인도네시아, 사우디아라비아, 터키, 아르헨티나가 포함된다. G20 정상회의는 G20 재무장관회의에서 출발하였으며, G20 재무장관회의는 1999년 12월 베를린에서 제1차 회의가 개최되었다.

## 6 오바마(Barack Obama) 제1기 행정부(2009 ~ 2012년)

### 1. 대외정책 성향

2009년 출범한 오바마 제1기 행정부의 대외정책 성향은 첫째, 균형전략을 추구하는 것이었다. 즉, 전통적인 민주당의 국제주의적 자유주의를 바탕으로 하되 현실주의와의 균형적 성향을 띠는 것이 오바마 대외정책의 성향이다. 둘째, 스마트 파워 중심의 협력외교를 강조하여 정책 이행수단에서도 균형전략을 강조하였다. 인도주의를 위한 공동의 안보를 강조하면서 지속적, 직접적 그리고 적극적 외교(Sustained, Direct and Aggressive Diplomacy)를 강조하는 협력외교를 중시하여 국제사회의 협조를 얻고자 하였다. 이러한 정책의 시행은 경성권력(Hard Power)을 기반으로 하되 비전통적인 연성권력을 강조하는 스마트 파워를 활용하고자 하였다.

### 2. 세계정책

오바마 제1기 행정부는 세계정책 기조로서 미국중심의 패권질서를 계속해서 유지해 나가는 것을 제시하였다. 이를 위해 패권적 질서를 위협하는 세력에 대해서는 포용과 봉쇄의 이중정책(Congagement)을 구사해야 한다고 보았다.
오바마 행정부는 미국적 패권질서를 지속하기 위해, 중국을 비롯한 강대국들과 협력적 질서를 유지해 나가는 한편, 전 세계에 주둔 중인 미군을 지속적으로 유지하여 패권에 대한 국가 또는 비국가적 도전세력에 대응하고자 하였다. 또한, 국내경제질서 안정을 바탕으로 지속적인 자유무역질서를 유지·확대해 나가고자 하였다. 유럽, 일본, 한국 등과의 동맹관계 역시 지속적으로 강화해 나가는 것을 주요 전략으로 설정하였다.

### 3. 동아시아정책

오바마 제1기 행정부는 동아시아에서 '균형의 힘(Power of Balance)'을 추구하였다. 아시아는 역내 협력 강화(Integration), 창의적인 기술 개발, 높은 투자활동 등을 특징으로 하며, 안보 불안감, 테러와 환경문제로 인한 불안정, 국가들 간 불균형이 나타나고 있다고 보았다. 여기에서 미국의 영향력을 지속하기 위해서는 새로이 부상하는 강대국들과의 조화와 균형을 추구하는 균형의 힘이 요구되며 새로운 세력들의 부상을 인정하고 책임 있는 역할을 하도록 유도하는 것이 필요하다고 하였다.

### 4. 대중국정책

오바마 행정부는 중국에 대한 균형된 정책을 천명하였다. 중국을 국제체제에 편입시켜서 공동의 정치, 경제, 환경, 안보목표에 기반한 협력 관계를 구축하려 하면서도 중국의 군사적 근대화에 대해 경계하고, 양안문제의 평화적 해결을 모색하며 중국이 국제체제의 의무를 다하도록 촉구하였다. 중국에 대한 견제의 일환으로, 동아태지역에서 최상의 군사력을 유지하고 동맹관계를 강화하면서도 한반도 비핵화와 에너지 안보문제 등에 있어서 협조를 강화하며, 하나의 중국정책을 지지하였다.

## 5. 대일본정책

기본적으로 미일동맹이 미국의 대아시아정책의 초석임을 인지하고, 기후변화 및 기근과 같은 문제 해결을 위해 일본과 협조하겠다는 것이 동북아지역정책의 기본 입장이었다. 2006년 미일안보협의위원회에서 합의한 주일미군 재배치 로드맵에 따라 오키나와 주둔 미국 해병대의 괌 이전협정 이행을 추진하였다.

## 6. 대한국정책

한미관계의 발전을 위해 '한미동맹 미래 비전'의 구축작업을 진행하였다. 또한, 한국과 미국은 정상선언을 통해 한미동맹을 포괄적·호혜적·역동적 동맹으로 발전시키기로 합의하였다. 한국 주도·미국 지원이라는 개념하의 전시작전권 이양작업을 진행하되, 남북관계 경색을 고려하여 2015년 12월로 전환하여 일정을 변경하였다. 미국은 북한의 통미봉남정책을 우려하여 한미관계를 북미관계 발전에 우위에 두는 전략을 유지하고 있다. 오바마 행정부는 한미 FTA의 경우 공정무역을 위해 한국의 자동차 시장 개방 확대를 요구하며 재협상 하였으며, 재협상을 타결하고 2012년 발효되었다.

## 7. 대러시아정책

오바마 대통령 취임 이후 전·현직 고위관료의 직접적인 양자 접촉을 통해 관계 개선 및 향후 협력에 대한 논의가 전개되었다. 2009년 2월 뮌헨의 국제안보회의에서 세르게이 이바노프 부총리가 미국이 MD계획을 재검토하면 러시아가 폴란드 국경에 미사일을 배치하지 않겠다고 밝힌 것과 당시 미국 부통령 바이든이 지금은 리셋 버튼을 눌러 함께 협력할 수 있는 많은 분야를 다시 논의할 때라고 언급한 것이 그 예이다.

## 8. 북핵문제

(1) 완전하고 검증 가능한 비핵화원칙을 고수하며 북한의 핵보유국 지위의 기정사실화에 강력하게 반대한다.

(2) 플루토늄 핵개발 위협의 우선적 해결을 모색한다.

(3) 북한이 핵무기 프로그램을 완전하고 검증 가능한 방식으로 중단한다면, 미국은 양국 관계를 정상화하고 한반도 휴전협정을 항구적인 평화협정으로 대체하고 북한 주민들이 필요로 하는 에너지 자원 등의 경제적·인도적 지원을 할 의사가 있다.

(4) 6자회담을 기본틀로 하되, 과감하고 원칙 있으며, 직접적인 고위급 외교(Aggressive, Principle and Direct High-level Diplomacy)를 전개할 의사가 있다.

(5) 중국을 전략적 협력국가로 인식하고, 일본을 아시아-태평양지역의 가장 중요한 동맹으로 인식하며, 한미동맹을 미래지향적인 전략동맹으로 발전시키려고 하여, 다자적인 접근에서 북핵문제에 대해 책임과 역할을 분담한다. 오바마 행정부는 이후 '전략적 인내(Strategic Patience)'를 대북정책 기조 전면에 내세우고 북핵문제의 실효적인 해결을 추진하였다. 이에 대해 북한은 2009년 5월 25일 제2차 핵실험 실시 등의 위협적인 정책으로 대응하였다. 북한과의 실효성이 없는 대화를 거부하는 것이 원칙이었으나, 오바마 행정부는 2012년 2월 북한과의 회담으로 2·29합의를 도출하기도 하였다.

## 9. 핵안보 정상회의

오바마 행정부는 핵안보 정상회의 개최를 제안하고 2010년부터 2년마다 핵안보 정상회의를 개최하였다. 핵안보 정상회의는 핵안보문제를 집중적으로 논의하는 정상 간 협의체로서 글로벌 안보거버넌스의 하나라고 볼 수 있다. '핵안보(Nuclear Security)'란 핵 및 방사능 물질 혹은 그 시설과 관련된 도난, 파괴, 부당한 접근, 불법이전 등을 방지·탐색하거나 이에 대응하는 것을 말한다. 오바마 대통령은 2009년 프라하선언에서 핵테러를 국제안보에 대한 최대 위협으로 규정하면서 핵물질을 안전하게 보호하기 위한 국제적인 노력을 전개할 계획임을 밝히고, 이러한 노력을 포함하여 궁극적인 '핵 없는 세상'의 구현을 제안하였다.

이에 핵문제와 관련한 최대 규모의 국제회의로 2010년 4월 워싱턴에서 제1차 핵안보정상회의가 개최되었고, 미국과 중국 등 핵 보유 5개국과 NPT 비회원국인 인도, 파키스탄, 이스라엘 등을 포함한 47개국과 3개 국제 및 지역기구(UN, EU, IAEA)가 참가해 비국가행위자에 의한 핵물질 악용 예방을 통한 핵안보 강화방안을 주제로 논의를 펼쳤다. 이후 2012년 한국, 2014년 네덜란드에서 개최되었으며, 2016년 미국에서 개최되고 공식 종료되었다.

## 10. 핵정책

2010년 오바마 행정부는 핵태세검토보고서(NPR)를 제시했다. NPR은 오바마 대통령의 핵전략을 구체화한 것으로서 '핵무기 없는 세계'에서 어떻게 평화와 안보를 구현할 것인가에 대한 내용이 담겨져 있으며 주요 내용은 다음과 같다. 첫째, 미국의 핵정책 목표를 '핵확산과 핵테러리즘 방지'라고 규정하였다. 이를 위해 NPT체제 강화를 언급하고, 구체적인 방안을 제시하였다. 향후 5~10년에 걸쳐 핵폐기를 추진하며, 북한과 이란의 핵의욕을 좌절시키고, IAEA 안전보장조치를 강화한다. 둘째, NPR은 핵무기 이외의 공격을 억지하기 위한 핵무기의 역할을 감소시킬 것을 주장하고 있다. 미국은 NPT 회원국이면서 비확산의 의무를 준수하는 국가들에 대해서는 핵무기를 사용하지 않는다는 '소극적 안전보장'을 천명하였다. 이는 반대로 핵무기를 소유하고 핵비확산의 의무를 준수하지 않는 국가들에 대해서는 그들이 재래식 또는 생화학 무기로 미국과 동맹국들을 공격하더라도 미국은 이들을 억지하기 위해 핵무기를 사용할 것을 단언하고 있다. 이는 곧 핵무기 선제 불사용(No First Use)원칙이 채택되지 않았음을 의미한다. 셋째, NPR은 신전략무기감축협정(New START)에 따라 전략핵탄두수를 1,550개, 전략핵운반체계의 수를 700개로 감축할 것을 규정하였다. 넷째, 부시 행정부의 새로운 3개축(New Triad) 대신 기존의 3요소(Triad), 즉 ICBM, SLBM, 전략폭격기로 유지하게 되었다. 다섯째, 핵테러리즘과 핵확산을 주요 위협으로 언급하고, 핵비확산의무를 어기고 있는 국가로 북한과 이란을 들고 있다. 여섯째, 기존의 핵국가인 러시아 및 중국과 전략적 안정을 모색할 것을 주장하고, 특히 중국의 군사력 현대화와 이에 대한 투명성 부족을 향후 중국의 전략적 의도에 대한 우려사항으로 제시하였다.

## 11. 국방정책

오바마 행정부는 2012년 1월 5일 '미국의 세계적 지도력 유지: 21세기 국방우선순위'라는 제목으로 미국의 '신국방전략' 지침을 제시하였다. 신국방전략의 핵심은 미국이 경제력 약화에 따른 국방예산 충족의 한계에 부딪쳐 그동안 유지해 왔던 '두 개 전장에서의 승리' 전략을 현실적으로 축소하여 '한 개 전장에서 승리, 다른 한 개 전장의 억제'로 전환한 것에 있다. 신국방전략은 미국이 지난 10년간 약 18만여 명의 미군을 동원하여 참전한 이라크와 아프가니스탄전쟁에서 4,560여 명의 전사자와 36,300명의 부상자 희생을 치른 뒤 얻은 교훈을 반영하여 두 개의 전쟁을 마무리하며, 아시아에서 부상한 새로운 위협에 대비하는 것이다. 또한, 유럽지역의 안보위협 축소에 따라 이 지역 안보를 NATO에 일임하고, 새로이 부상하는 중국의 군사력 위협에 미국의 국방력을 집중하고 동맹국과 협동대응하기 위한 것에 근본적 목적이 있다.

## 12. 재균형정책(재개입정책)

### (1) 의의

오바마 행정부는 중국의 부상에 대응해서 2011년부터 재균형전략을 추진하면서 아시아에 자원과 관심을 집중하는 국가안보전략의 중대한 전환을 시도해 오고 있다.

### (2) 배경

재개입정책의 배경은 첫째, 중국의 부상이다. 중국의 부상은 체제적 차원에서 미국의 재균형정책의 독립변수로 볼 수 있다. 중국은 매년 국방비 증액으로 해·공군력을 강화하고 있으며 항공모함을 보유할 정도로 군사대국으로 급속히 부상하고 있다. 둘째, 이라크·아프가니스탄전쟁의 마무리는 새로운 세력균형에 대응한 미래지향적 전략을 추구할 수 있는 전략적 기회를 제공하였으며, 재정적 압박은 보다 분명한 전략적 우선순위를 가지는 전략의 추구를 강요하는 조건으로 작용하였다. 오바마 대통령은 2012년 1월 '방위전략지침'을 발표하여 미국이 아시아에 분명한 전략적 우선순위를 두고 자원을 집중하면서, 현재의 전쟁이 아니라 미래의 잠재적 위협에 대비한 첨단전력 개발에 보다 많은 투자를 할 것이라는 점을 분명히 하였다.

### (3) 군사적 측면

첫째, 오바마 행정부는 재균형전략에 따라 아시아지역의 군사대비태세를 유지하고자 첨단무기 이동과 병력의 순환배치를 시도하였다. 2020년까지 미 해군의 60%를 태평양지역으로 이동시킬 계획을 밝혔다. 둘째, 오바마 행정부는 동맹국과 우방국의 경우 첨단군사기술협력과 무기 이전을 통해 군사네트워크를 강화하고자 하였다. 이러한 첨단군사기술협력과 무기 이전은 동맹국과 우방국의 군사력과 미국에 대한 정치적 신뢰를 강화하는 동시에 미국의 직접적인 부담을 줄이려는 전략의 일환이었다.

### (4) 외교적 측면

오바마 행정부의 외교영역에서 재균형전략은 아시아지역의 아키텍처를 구축하여 지역적 리더십을 유지하려는 것이었다. 미국은 ASEAN 미국 대사를 처음으로 지명하였다. 동아시아정상회의(EAS)에 미국 국무장관이 참석하여 EAS를 아시아의 정치·안보 이슈를 다루는 포럼으로 격상시켰다. 오바마 행정부는 아시아 재균형정책의 일환으로 동남아시아와의 외교적 관계 강화를 추진하였으며, 2009년에는 미국이 「동남아시아 우호협력조약」(Treaty of Amity and Cooperation in Southeast Asia, TAC)에 공식 서명함으로써 아세안과의 제도적 협력 기반을 마련하였다. 이어 2010년에는 미국 영토인 뉴욕에서 아세안 10개국 정상들과의 첫 정상회의를 개최하여 미국과 아세안 간의 전략적 동반자 관계를 강화하고, 지역 안보 및 경제협력 의제를 공동 논의하는 외교적 전기를 마련하였다. 이로써 오바마 행정부는 아세안과의 관계를 본격적으로 제도화하며, 동남아시아에 대한 미국의 관여를 본격화하였다.

### (5) 경제적 측면

미국의 재균형전략의 핵심에는 국방영역의 영향력 확대뿐 아니라, 경제 아키텍처와 같은 새로운 질서의 구상도 경제영역과 외교영역에 자리 잡고 있었다. 오바마 행정부는 경제 아키텍처 구축과 관련하여 APEC과 같은 다자주의제도를 활성화하기 위해 노력해왔으며 핵심 수단으로 TPP 확대를 추진했다. TPP의 확대는 재균형전략의 일환으로 미국의 경제력을 유지할 뿐 아니라 부상하는 중국을 경제 네트워크 속에서 사회화할 수 있을 것으로 판단했다.

## 7 오바마 제2기 행정부 대외정책(2013 ~ 2016년)

### 1. 동아시아정책

오바마 제2기 행정부 대외정책의 가장 중요한 과제는 불확실한 대외·대내적 환경 속에서 미국의 리더십을 재건하는 것이며, 이의 핵심은 아시아로의 전략적 재균형정책이다. 아시아 재균형정책 또는 재개입정책이란 동아시아에서 영향력을 강화하고 있는 중국을 견제하기 위해 미국의 영향력을 강화하는 정책을 의미한다. 동맹 강화, TPP 타결 등을 세부적인 내용으로 한다.

### 2. 대중국정책

대중정책에 있어 오바마 제2기 행정부는 무역 및 외교를 통한 포용정책과 더불어 하드 파워 우위를 통한 압박정책의 균형을 유지하고자 하였다. 미국은 평화적인 중국 부상을 찬성하는 입장이며 중국과의 협력을 지속적으로 추진할 것이지만, 동시에 중국이 국제적 기준과 규범을 준수할 것을 요구하였다. 즉, 미국은 한반도 긴장 완화, 이란 핵확산 방지, 기후 변화, 무역 증가 등 다양한 이슈에 있어서 중국과의 파트너십을 구축할 것이지만 위안화 평가절하문제, 수출보조금문제, 지적재산권, 노동자권익, 인권 등에 있어서는 국제적 규범을 준수할 것을 중국에 요구하는 것이었다.

오바마 제1기 행정부 초의 대중정책은 2009년 미중전략경제대화를 창설하는 등 협력을 지향하였으나 이후 중국의 공격적 노선으로 인해 대중 강경책으로 변화하기 시작하였다. 미국은 아시아 중시를 위해 해군력의 60%를 이 지역에 집중하겠다고 발표하였으며, 2012년 9월 대만에 58억 달러 상당의 무기를 판매하였다고 발표하였다. 이에 대해 중국은 군사력 증강으로 대응하고 있다. 미국의 아시아정책이 경제적 개입보다 군사적 균형에 집중할 경우, 군사적 배치가 특히 중국의 핵심이익에 저촉된다고 인식될 경우에 중국은 보다 강경한 대미전략을 추구할 것이다.

> **참고**
>
> **미국 - 중국전략경제대화(US - China Strategic and Economic Dialogue)**
>
> 미중전략경제대화에 대한 구상이 처음 제기된 건 지난 2009년 영국 런던에서 열린 주요 20개국 G20 정상회의 때이다. 당시 미국 대통령 버락 오바마와 중국 국가주석 후진타오가 정상회의에서 처음 만나 두 나라 간 협력의 필요성을 강조하였다. 양국의 고위급 관리와 주요 분야 대표들이 매년 정기적으로 만나, 다양한 국제 문제와 경제 현안들을 논의하기로 합의한 것이 미중전략경제대화가 시작된 배경이다.
>
> 첫 번째 회의는 2009년 7월, 미국 워싱턴에서 먼저 열렸다. 당시 미국 측에서는 힐러리 클린턴 국무장관, 티모시 가이트너 재무장관, 벤 버냉키 연방준비제도이사회 의장을 비롯해 정계 및 재계 주요 인사들이 대거 참석하였다. 중국 측에서는 왕치산 부총리와 다이빙궈 외교담당 국무위원을 필두로 인민은행 총재 등 주요 부처 고위급 관리들이 참석하였다. 당시 전 세계에 경제 위기가 시작되는 가운데, 미국과 세계 주요 강대국으로 떠오른 중국이 머리를 맞대고 주요 현안을 논의하고 대책을 마련하고자 하였다. 미중전략경제대화는 보통 2일에서 4일간의 일정으로 개최되는데, 미국과 중국 대표들은 전략적 분야와 경제 분야로 크게 나누어서 진행한다. 전략적 분야의 경우, 대개 미국은 국무장관, 중국은 외교 담당 국무위원 주도로 진행되고, 경제 분야는 미국은 재무장관, 중국은 부총리가 주도한다. 양국의 대표들은 당면한 현안들을 진단하고, 정책과 협력방안을 논의한다. 그리고 이와는 별도로 6개월에 한 번씩 실무급 대화를 갖고 구체적인 실천방안을 논의한다. 미중전략경제대화는 양국의 전략적·경제적 관심사는 물론이고 지역과 국제 정세, 환경과 인권, 무역 등 폭넓은 현안을 논의하기 위해 만들어졌다. 대체로 중국 위안화 절상문제와 기업 간 투자, 기후 변화, 북한 핵문제 등 양국 간 현안이 포괄적으로 논의되어 왔으나, 의제는 당시 상황에 따라 달라진다.

## 3. 대북정책

미국은 북한 핵의 완전하고 검증 가능하며 불가역적인 폐기(Complete, Verifiable, Irreversible Dismantlement: CVID)를 정책목표로 추진하였고, 이를 위해 Two - Track 방식을 유지하였다. 즉, 북한이 핵폐기의 진정성을 보인다면 대화를 재개하고 북한이 요구하는 경제원조, 관계 정상화 등의 사안을 수용하겠지만 그렇지 않다면 제재로 일관하고자 하였다. 오바마 행정부는 북한과의 대화를 통해 북핵폐기를 추진하였으나 북한의 비핵화에 대한 진정성을 확인하지 못하였고, 대북제재를 통한 강경책을 구사하였다.

## 4. 한미동맹

오바마 행정부의 아시아 재균형정책으로 인해 한미관계의 비중이 높아졌으며, 중국 부상에 대한 견제, 한반도에서의 중국 영향력 감소 등을 그 목적으로 하였다. 미국은 2016년 한국에 미사일방어체제(THAAD)를 구축하기로 한국 정부와 합의하였다.

## 5. 이란 핵협상 타결

오바마 행정부는 2015년 7월 이란 핵협상을 최종 타결지었다. P5 + 1과 이란은 협상을 통해 이란의 우라늄 농축의 농도를 무기화가 불가능한 수준으로 낮추는 한편, 미국을 비롯한 다른 국가들은 대이란 제재를 해제하기로 하였다. 협상 타결은 미국의 대이란 제재가 성공을 거둔 가운데 유럽연합의 중재, 이란에서의 온건파 정부 수립 등이 결합된 산물이었다.

## 6. 기후변화협상 타결

중국과 함께 더반플랫폼협상(2011년)을 주도한 오바마 행정부는 2015년 12월 동 협상을 타결짓고 파리협정을 체결하였다. 파리협정은 미국의 요구대로 선진국만의 법적 감축 및 기술과 재정지원을 요구하였던 기존 교토의정서체제에서 탈피하여 '자발적 감축'에 기반하고 있다. 즉, 스스로 온실가스 감축 목표치를 설정하고 이를 자발적으로 이행하는 체제이다. 오바마 행정부는 공화당이 장악하고 있는 상원의 비준동의를 비켜가기 위해 법적 구속력이 없는 의무를 중심으로 한 동 협약을 주도하였다.

## 7. 환태평양파트너십(TPP)협상 타결

환태평양파트너십협상은 2008년 부시 행정부 시기 처음 협상 참여를 선언한 이후 2009년 오바마 행정부에서부터 본격적인 협상에 들어갔다. TPP협상은 미국과 그 친미세력들 간 체결된 FTA협정으로서 중국 주도의 APT(ASEAN + 3)를 무력화하고 중국을 견제하는데 초점을 맞추었다. TPP협상은 2015년 10월 최종 타결되었다.

## 8 트럼프(Donald Trump) 행정부 대외정책

### 1. 대(對)중국외교

트럼프 행정부의 대중국외교는 힘을 통한 평화외교와 경제외교의 추진으로 요약할 수 있는데, 힘을 통한 평화외교는 아시아지역 동맹국들과의 관계를 강화하고, 해군력 증강을 통해 중국의 부상에 대응한다는 것이다. 대중무역에서는 고율의 관세 부과와 환율정책을 통해 천문학적인 대중 무역적자를 줄여 공정무역을 실현하겠다는 것인 바, 현재 미국의 무역적자 총액은 연간 약 5천억 달러 수준인데, 이 가운데 대중국 무역적자 규모가 3,470억 달러에 달한다. 중국은 중국 통신 업체인 ZTE 그룹이 미국의 대(對)이란 제재를 위반하고 미국 연방정부의 조사를 방해한 점을 인정하여 8억 9천 2백만 달러의 벌금을 물기로 미국과 합의하였다. 한편, 2~3년 후 애플과 삼성을 제치고 미국 스마트폰 시장 점유율 1위를 목표로 하고 있는 '화웨이'는 중국 정부 영향력하에 있는 국영기업이다. 미국은 국가안보를 이유로 화웨이 생산 텔레콤 인프라 장비의 미국 내 사용을 금하고 있다.

## 2. 남중국해문제

미국에 있어서 남중국해의 자유항행원칙 고수는 경제적 목적뿐 아니라 군사전략적으로도 매우 중요하나, 그럼에도 불구하고 남중국해문제를 둘러싸고 중국과 직접적인 군사적 대결은 가급적 피하려 할 것으로 평가된다. 미국은 호주 북서지역에 2,500명의 해병대를 순환 배치하고, 싱가포르 인근에 연안 전투함들을 배치하였다. 필리핀과는 수빅만 해군기지, 클라크 공군기지 등 필리핀 내 5개 군사기지 재사용문제를 마무리하였다. 베트남과는 캄란만 기지 사용문제와 대(對)베트남 무기 금수문제를 상호 간에 주고받음으로써, 2016년 말부터는 미국 해군 함정의 캄란만 기지 기항(寄港)이 가능해졌다. 미국과 중국의 주장이 너무 달라서 남중국해에서 타협가능성은 적어 보이지만, 양국은 결국 위기관리시스템과 타협방안을 찾아낼 수 있을 것이며, 이러한 타협방안을 찾아낼 때까지 문제 해결을 위한 기본적 아이디어는 현상유지이다.

## 3. 대만여행법

트럼프 행정부는 2018년 3월 16일 제정된 '대만여행법(The Taiwan Travel Act)'을 통해 미국과 대만 정부 간 고위급 인사들의 상호 방문을 공식적으로 허용하고 장려했다. 이 법은 미국 정부 고위관리(국무·국방부 장관, 장성 등)가 대만을 방문하고, 대만의 고위인사들이 존엄성을 고려한 조건 하에 미국을 방문해 미 정부 인사와 만나도록 권고하는 내용을 담고 있다.

## 4. 미일관계

트럼프 행정부의 대(對)일본정책은 미일 안보관계와 미일 경제관계로 나누어 볼 수 있는데, 이는 미일 안보관계를 강화한다는 것이고, 경제·통상 분야에서 미일관계는 공정무역과 환율 등 금융정책을 통해 미일 무역적자를 해소해 나가고자 하였다. 미국은 경제 분야에서 일본이 미국 내 일자리 창출과 대미 무역흑자를 줄이기 위해 역할을 해주기를 기대하였다. 트럼프 행정부는 오바마 행정부와 마찬가지로 일본이 중국과 영토분쟁을 겪고 있는 동중국해의 영유권에 대한 입장은 유보하면서도 센카쿠 열도(尖閣列島) 및 댜오위다오(釣魚島)에 대한 일본의 입장을 지지하였다.

## 5. ISIS 퇴치문제

이라크와 시리아에서 준동하고 있는 ISIS세력을 격퇴하고, 이란세력의 확장을 막기 위해 트럼프 행정부는 사우디아라비아, 이집트 등 중동지역 전통 우방들과의 관계를 강화했다. 2011년 오랜 기간 미국의 전통 우방이었던 호스니 무바라크(Hosni Mubarak) 전 이집트 대통령의 전복을 미국 오바마 행정부가 지지하는 것을 목도(目睹)한 중동지역의 미국 우방들은 놀라움을 금치 못하였다. 2013년 8월 시리아 아사드 정권이 화학무기를 사용하여 민간인 1,300여 명이 희생된 데 대해 오바마 대통령이 아무런 조치를 취하지 않은 것은 미국 오바마 행정부 대외정책의 국제적 신뢰성에 심각한 문제를 초래하였다. CIA 국장 마이크 폼페오(Mike Pompeo)가 사우디아라비아 수도 리야드를 방문한 것은, 미국이 사우디아라비아와의 관계를 개선하겠다는 노력의 일환이다.

## 6. 시리아문제

트럼프 행정부는 시리아문제를 해결하기 위해 러시아, 터키 등과의 협조를 통해 시리아에 안전지대를 만들어 시리아 난민들을 수용하고, 궁극적으로 시리아를 아사드 통치지역, 수니 거주지역, 쿠르드지역으로 삼분(三分)하여 시리아를 연방 국가로 만드는 방식으로 해결하고자 하였다.

## 7. 이란 핵문제

미국 국무장관 렉스 틸러슨은 4월 19일 오바마 행정부가 2015년 체결한 '이란 핵 합의'에 대해 실패를 선언하고, 트럼프 행정부에서 재검토를 거쳐 유지 여부를 결정하겠다고 밝혔다. 틸러슨 장관은 이란과의 핵합의인 '포괄적 공동 행동계획(Joint Comprehensive Plan of Action: JCPOA)'에 대해 비핵화된 이란이라는 목표를 달성하는데 실패하고 단지 이란의 (핵 보유) 목표를 지연시킬 뿐이라고 비판하였다. 트럼프 행정부는 2018년 5월 8일 이란과의 핵합의 파기를 공식적으로 선언하였다.

## 8. 대(對)러시아 외교

트럼프 행정부는 러시아와의 관계를 개선하기 위해 노력하고자 하였다. 트럼프 행정부의 대러시아 관계 개선 노력은 신중하였으나, 중동지역에서 러시아와의 협력을 통해 ISIS 퇴치 노력을 지속하였다. 미러관계를 저해하는 요인들로는 러시아 칼리닌그라드에 핵무기 장착이 가능한 미사일 배치, 러시아·이란 및 러시아·시리아 간 협력 관계, 러시아의 사이버 공간에서의 공세적 활동, 우크라이나에 대한 러시아의 군사적 개입, 2016년 미국 대선에 러시아가 개입하였다는 미국 정보기관들의 일치된 의견에 대해 미국 의회와 FBI 등 미국 정보기관들이 조사 중인 것 등이 있다. 반면, 미러 관계의 협력요인은 국제 테러에 대한 대처 정도이다.

## 9. 대(對)독일 및 대(對)EU 외교

오바마 행정부가 독일과의 긴밀한 관계를 통해 EU와의 관계 강화를 도모하였다면, 트럼프 행정부는 EU를 탈퇴한 영국의 입장을 지지하면서 독일과의 관계는 '무역적자 유발국', '환율 조작국' 차원으로 접근하여 양국 관계는 어색한 분위기가 지속되었다.

## 10. 파리협정 탈퇴

트럼프 대통령은 2015년 타결되고 2016년 11월 4일 발효된 파리협정의 탈퇴를 선언하였다. 트럼프 대통령은 미국 노동자들의 일자리 보호, 석탄산업 등 전통 에너지산업에 대한 '불공정하고 과도한' 제약 및 개발도상국에 대한 재정지원 부담 등 주로 경제적 근거들을 파리협정 탈퇴의 이유로 제시하였다. 트럼프 대통령은 파리협정 탈퇴 선언과 동시에 미국의 NDC(2025년까지 온실가스 배출을 26~28% 감축) 이행을 즉각 중단하고, 오바마 전임 대통령이 약속한 녹색기후기금(GCF)에 대한 지원액 30억 달러 중, 20억 달러의 잔여액 공여도 중단할 것임을 천명하였다. 2016년 11월 4일 발효된 파리협정의 당사국이 파리협정을 탈퇴하기 위해서는 파리협정 제28조에서 규정하는 요건을 갖추어야 한다.

① 파리협정이 발효한지 3년이 경과한 이후, 탈퇴의사가 있는 당사국은 탈퇴의사를 서면으로 UN사무총장에게 기탁해야 하며, 탈퇴의사 기탁 후 1년이 경과한 이후, 탈퇴의 국제법적 효력이 발생한다. ② 파리협정의 모(母)협정인 UN기후변화협약(UNFCCC)을 탈퇴하는 당사국은 파리협정에서도 탈퇴한 것으로 간주된다.

## 11. TPP 탈퇴

트럼프 대통령이 2017년 1월 23일 취임 2일 후 미국의 환태평양 경제동반자협정(Trans-Pacific Strategic Economic Partnership: TPP) 탈퇴를 내용으로 한 대통령 행정명령에 서명함으로써, 2008년 이후 미국이 아태지역 경제통합의 최우선 의제로 추진해 온 아태지역 12개국 다자간 자유무역협정(Free Trade Agreement: FTA)인 TPP 협정이 공식적으로 폐기되었다. 미국이 탈퇴함으로써 TPP 전체 회원국 GDP의 85% 이상을 대표하는 최소 6개국 이상이 TPP를 비준해야만 하는 발효조건 충족이 불가능해졌으므로, 미국을 제외하고는 발효될 수 없게 되었다. 미국의 TPP 탈퇴 이후 관망하는 자세를 보이던 일본은 미국을 제외하고 기존 협정문의 수정을 최소화하면서 TPP를 재추진하겠다는 입장을 표명하였다.

## 12. 인도 - 태평양 구상(Indo - Pacific Initiative)

트럼프 대통령은 취임 10개월만인 2017년 11월 아시아 순방 중에 미국의 새로운 외교·안보전략으로 '인도 - 태평양 구상'을 제시하였다. 이는 태평양으로부터 인도양까지의 영역을 자유롭고 개방되게 유지하기 위해(Free and Open Indo - Pacific: FOIP) 해당 지역 국가들과 포괄적이고도 다층적인 협력을 구축하는 정책이다. 오바마 행정부의 '아시아 재균형(Pivot to Asia)' 정책을 대체하고 새로운 파트너 국가와 전략수단의 실행을 추진하였다. 2010년을 전후하여 아시아 지역주의의 새로운 지리적 개념으로 '인도 - 태평양'을 채택한 국가들(예 일본·인도·호주)은 미국 주도의 '인도 - 태평양 구상'에서 주요한 파트너로 자리 잡게 되었다. 이들을 '쿼드(QUAD) 국가'라고 한다. 인도 - 태평양 구상에 따라 미국 태평양 사령부(United States Pacific Command: USPACOM)를 미국 인도 - 태평양 사령부(United States Indo - Pacific Command: USINDOPACOM)로 명칭을 변경하였다. 미국의 '인도 - 태평양 구상'은 인도를 중심적인 행위자로 규정하였다. 인도의 증대하는 비중 때문에 아시아 - 태평양 외교에서, 특히 지역 경제성장과 발전에 유리한 해양 환경을 유지하는 데에서 인도의 중요성이 인정된 것이다. 인도의 경우, 미국의 '인도 - 태평양 구상'에 대한 지지는, 자국의 중국 견제전략을 보완하고 동아시아지역 국가들과의 경제·안보관계를 맺어주는 '동방정책(East Policy)' 강화의 기회가 되었다.

### 13. 홍콩인권법(2019년)

미국 대통령 트럼프가 홍콩에서 벌어진 민주화 시위를 지지하는 홍콩 인권·민주주의법안에 서명하였다. 홍콩인권법은 홍콩에서 사람을 고문하거나 임의 구금하거나 중대한 인권 침해를 저지른 자에 대해 미국이 제재를 가할 수 있도록 하였다. 또한, 해당자의 미국 내 자산을 동결하고, 미국 입국과 비자 발급을 거부한다. 국무부는 홍콩이 중국으로부터 '충분한 자율권'을 계속해서 인정받고 있는지를 조사해 연례보고서를 작성해 의회에 제출해야 한다. 연례보고서에 따라 충분히 자율적인 상태라고 판단되는 경우에만 홍콩에 대한 특별 경제적 지위를 계속 인정하고, 홍콩은 미국이 부여하는 무역 관련 특수 지위를 누린다. 미국이 중국산 상품에 관세를 부과하더라도 예외를 인정받아 홍콩산 상품은 부과대상에서 제외되고 있다.

**홍콩정책법(1992년)**

미국은 1992년 체결된 '홍콩정책법'(혹은 '홍콩관계법'; US - Hong Kong Policy Act)에 따라 중국보다 홍콩에 더 많은 완화 및 특혜 정책을 구사하고 있다. 미국 의회는 영국이 홍콩을 중국에 반환하기로 한 1984년 중영공동선언을 인정하며, 동 선언이 완전히 이행될 것을 기대한다고 규정하였다. 홍콩법은 미국 - 홍콩관계에 있어 문화 교육 교류, 교통, 상업, 다자기구 및 국제규정과 무역 등에 관한 특례를 규정하였으며 1992년 의회를 통과한 후, 1997년 영국이 중국에 홍콩을 반환함과 동시에 시행되었다. 홍콩법은 홍콩의 번영과 자치, 삶의 방식을 증진하는 것을 목적으로 한다. 미국은 매년 1회 '홍콩법 보고서'를 발간하고 있다.

**오바마 행정부와 트럼프 행정부의 외교정책 비교**

| 구분 | 오바마 행정부 | 트럼프 행정부 |
|---|---|---|
| 정책방향 | 다자주의 | 양자주의 |
| EU정책 | EU 중시 | EU 중시 정책 수정 |
| 독일정책 | 독일과의 관계 강화 | 독일과 경제관계 정상화 추진 |
| 러시아정책 | 적대관계 | 관계 개선 추구 |
| 중동정책 | 이란과의 관계 개선 추구 | 이란 견제, 미국 전통 우방국들(사우디아라비아, 이집트, 이스라엘, 이라크 등)과의 관계 강화 |
| 시리아정책 | 지상군 투입 소극적 | 이라크(모술)와 시리아(라카)에 특수부대 투입 |
| 기후변화정책 | 기후변화협약, 신재생 에너지 정책을 중시 | 석탄, 원유 등 화석 에너지 개발과 철강 등 전통 산업 중시 |
| 무역협정 | 다자유무역협정 선호 | 양자협상을 통해 무역적자 해소 |

## 14. 핵정책

핵태세검토보고서에 따르면 트럼프 행정부의 핵정책은 다음과 같이 정리할 수 있다. 첫째, 러시아와 중국에 대한 핵억지력을 강화한다. 둘째, 러시아의 제한적 선제 핵사용에 대응하여 유연한 맞춤형 핵억지전략(Flexible, Tailored Nuclear Deterrent Strategy)을 추구한다. 셋째, 미국과 동맹국들에 대한 북한의 어떤 핵공격도 북한 정권의 종식을 가져다 줄 것임을 강조했다. 넷째, 소극적 안보보장(Negative Security Assurance)원칙, 즉 핵확산방지조약(Non-Proliferation Treaty: NPT) 당사국으로서 NPT상의 의무를 준수하는 비핵보유국에 대해서는 핵무기 사용 또는 사용위협을 하지 않을 것을 보장하고 있다. 다섯째, NSA의 예외로 심각한 비핵무기에 의한 전략공격을 명시하여 미국이나 우방국의 핵심이익 방어를 위한 극단적 상황에서는 핵무기를 사용할 수 있다고 하였다. 여섯째, 선제불사용(No First Use)원칙과 관련하여, 미국은 선제불사용정책을 채택한 적이 없으며, 현재 위협환경에서 이 정책은 정당화될 수 없다고 언급하였다.

## 15. 타이베이 법안(2020년)

TAIPEI 법안(Taiwan Allies International Protection and Enhancement Initiative Act)은 2020년 3월 26일 미국에서 제정된 법률로, 대만의 외교적 고립을 방지하고 국제사회에서의 위상을 강화하기 위한 미국의 입장을 명문화한 것이다. 이 법은 미국 국무부가 대만과 외교 관계를 유지하거나 강화하는 국가에 대해 외교·경제적 지원을 확대하고, 반대로 대만과의 관계를 단절하거나 축소하는 국가에 대해서는 미국의 지원을 재검토하도록 규정하고 있다. 또한 대만이 세계보건기구(WHO) 등 국제기구에 옵저버 또는 적절한 자격으로 참여할 수 있도록 미국이 적극적으로 외교적 노력을 기울일 것을 명시하고 있으며, 이를 통해 미국은 대만의 국제 참여를 제도적으로 뒷받침하고 있다. TAIPEI 법안은 상·하원에서 초당적 지지를 받아 통과되었으며, 대만관계법(TRA) 및 대만여행법(Taiwan Travel Act) 등 기존 법률을 보완하는 성격을 가진 법으로 평가된다.

# 9 바이든(Joe Biden) 행정부의 대외정책

## 1. 바이든의 대외정책 기조 - 미국의 리더십 회복

바이든 행정부는 자유주의적 국제주의(Liberal Internationalism) 기조로 미국을 돌려놓는 것을 추진하고 있다. 제2차 세계대전 이후 미국은 '자유주의 국제질서(liberal international order)'를 유지하고 패권을 강화해 왔다. 자유무역질서, 자유민주주의 가치, 글로벌 동맹체제 등은 미국의 패권을 위한 중요한 수단들이었다. 바이든은 이와 같은 전후 미국 중심의 국제질서를 재건하겠다는 것이다. 자유주의 국제질서를 지키기 위해 신속히 행동해야 함을 천명하였다. 자유주의 국제질서를 방어하고 유지하기 위한 가장 좋은 방법은 미국의 동맹체제를 유지 및 강화하는 것이다. 미국이 전 세계 GDP의 42%를 차지하던 냉전시대와 달리 현재 미국은 25%를 차지하고 있고, 중국은 15%를 차지하고 있다. 자유주의 국제질서를 유지하고 미국의 패권을 강화하기 위해서는 미국의 일방주의 정책이 아닌 동맹국들과의 협력이 필수적이다. 글로벌 동맹체제는 바이든 외교정책의 핵심이며, 이는 코로나19 바이러스, 중국 이슈, 기후 변화 등 대부분의 글로벌 이슈를 다루는 데에 적용될 것이다. 민주주의 가치를 중심으로, 동맹을 강화하고 국제협력을 이끌어서 리더십을 되찾겠다는 것이 핵심이다. 외교정책 최우선 순위 아젠다는 자유세계와 단합하여 부상하는 독재 정권에 대항하고 미국의 기후 변화에 대한 리더십을 분명히 하며 동맹관계를 재건하는 것이다. 민주주의를 강화하고 민주주의 연대(coalition of democracies)를 강화하고자 한다. 바이든 행정부는 임기 첫 해 글로벌 민주주의 정상회의(Summit for Democracy)를 개최하였다. 향후 중국과의 경쟁에서 승리하기 위해서는 민주주의 국가들의 경제적 힘을 결속시켜야 한다는 입장을 취하고 있다.

## 2. 국제연대의 복원

바이든 행정부가 보여준 트럼프 행정부와의 가장 큰 차별성은 국제연대(Network) 복원이다. 바이든 행정부는 출범 직후부터 트럼프 행정부 시기에 손상된 국제기구들과 다른 국가들과 관계 회복에 나섰다. 바이든 행정부는 트럼프 행정부가 탈퇴를 결정하였던 파리기후협약에 복귀하고, 4월 22일 지구의 날을 맞아 40여 개국의 정상을 초청하여 온라인 기후정상회의를 주최하였다. 또한 존 케리 기후특사도 중국을 방문하여 두 나라의 협력방안에 대해 논의하였다. 또 다른 사례로 감염병 관련 국제공조 노력을 들 수 있다. 바이든 행정부는 코로나19 백신을 세계에 평등하게 공급하기 위해 세워진 국제기구인 COVAX에 미화 20억 달러를 지원하기로 결정하였고 이후에 추가로 20억 달러를 더 지원할 계획이라고 밝혔다. 아울러 감염병과 마찬가지로 인류 공통의 당면 과제인 인구문제 해결을 위해 2017년 트럼프 행정부가 중단하였던 미국의 UN인구기금(UNFPA)에 대한 재정 지원과 정책 지원을 재개하기로 결정하였다.

## 3. 외교와 협상의 복원

바이든 행정부는 외교와 협상의 복원을 추진하고 있다. 트럼프 행정부는 '중거리핵전력 조약(INF)'을 파기하고 핵통제 조약인 '신전략무기감축협정(New START)'마저 파기할 뜻을 비추었다. 그러나, 바이든 행정부는 '신전략무기감축협정'을 2026년 2월 5일까지 5년간 연장하는 데에 러시아와 합의하였다. 또한, 트럼프 행정부 시기 미국이 탈퇴한 '이란 핵합의(포괄적공동행동계획, JCPOA)' 복원을 위한 협상도 시작하였다.

## 4. 국제분쟁 해결 노력

바이든 행정부는 외교와 협상을 통해 국제분쟁을 해결하는 노력도 시작하였다. 국무부는 예멘 내전 종식을 위해 팀 린더킹(Tim Linderking)을 예멘 특사로 임명하는 한편, 예멘에서 사우디아라비아에 대한 지원을 중단하겠다고 밝혔다. 또 예멘에 대한 인도주의적 지원을 위한 채널을 재가동하며 평화협정 체결을 위해 국제사회가 노력할 것을 주장하였다. 이스라엘 - 팔레스타인문제에 대해서도 팔레스타인에 2억 3,500만 달러 지원 계획을 내놓으며 트럼프 행정부 시기의 친이스라엘 정책에서 벗어나 이스라엘과 팔레스타인 간의 균형을 회복하려 시도하고 있다.

## 5. 우선주의(Firstism)의 계승

바이든 행정부의 대외정책에서 트럼프 행정부의 '우선주의(Firstism)'를 계승하였다. 트럼프 대통령이 '미국 우선주의'의 기치를 내걸었다면 바이든 대통령은 '미국 중산층 우선주의'의 기치를 내걸고 있다. 바이든 대통령은 2020년 선거기간 중 외교 전문지 포린어페어스에 기고한 글에서 3대 대외정책 기조를 밝혔는데, 그 중 하나가 미국의 중산층을 위한 외교정책이었다. 블링컨 장관은 과거 민주당 정권이 국내에 대한 영향을 고려하지 않고 자유무역을 추진해온 것에 대해 반성한다며 미국 노동자들의 이익과 일자리를 위해 싸우겠다는 방침을 수 차례 천명하였다. 특히 바이든 행정부는 미국 내 일자리의 질과 양을 향상시키고, 중산층의 성장에 기여하며, 경제적 소외계층을 위한 방향의 무역정책을 펼치겠다고 주장하고 있다.

## 6. 자국중심주의

바이든 행정부는 자국중심의 외교를 보여주고 있다. 예를 들면, 오바마 행정부의 중단시켰으나 트럼프 행정부가 되살린 캐나다와 미국의 Keystone XL 파이프라인 사업을 바이든 행정부가 다시 중단시켰다. 그런데 상대국인 캐나다와 사전 상의 없이 독단적인 결정을 내려 미국 내에서도 일방적 외교행태에 대한 비판이 일고 있다. 또 탈원전을 선언한 독일 정부가 자국의 안정적인 에너지 공급을 위해 러시아와 추진 중인 NordStreame Ⅱ 파이프라인 사업에 대해 일방적으로 중단을 강요하고 있다. 바이든 행정부는 이 사업에 참여하는 기업들에 대해 제재를 가하겠다는 트럼프 행정부의 입장을 계승한 것인데, 미국 내에서는 유럽 국가들에게 러시아산 천연가스보다 값이 비싼 미국산 천연가스를 구매하도록 유도하기 위한 것으로 평가된다.

## 7. 바이든 행정부의 국가안보 및 외교전략과 동아시아전략

바이든 행정부의 대외전략은 자국 제일주의보다 국제협력, 일방주의보다 다자주의, 자조보다 공조, 일국안보 강화보다 동맹을 강조한다. 중국 때리기는 체제와 인권, 대만, 기술 경쟁 등으로 더욱 확대·강화되고 있고, 동맹과의 협력 강화 주장도 한국을 중국 견제 연대에 동참시키려는 양상을 보이고 있어 새로운 도전과제가 되고 있다.

## 8. 대북정책

대북정책은 북한 인권상황을 주요 문제로 지적해 왔고, 대북정책 검토 결과 '완전한 비핵화'를 목표로 정하고 대화의 문은 열어 놓고 있지만 Bottom up방식이며, 단계적 접근을 할 것이지만 북한의 완전한 비핵화까지 제재를 계속 유지할 것 정도만 분명히 하고 있다. 싱가포르 정상회담 합의 준수의사는 백악관 관계자의 비공식 인터뷰에서만 밝힌 바 있다.

### 9. 대중정책

바이든 행정부는 트럼프 행정부의 강경한 대중정책 기조를 유지하고 있다. 미국 민주당 및 공화당 모두 중국을 정치적으로 인권을 유린하는 독재·전체주의 국가, 경제적으로는 불공정 행위를 일관하며 불법적으로 미국의 기술을 탈취하는 국가로 인식하고 있다. 바이든 행정부 대중정책의 핵심은 동맹의 활용과 가치 중시로 요약할 수 있다. 미국 전략의 핵심은 '동맹들과 함께' 중국의 불공정한 관행을 막는 것과 미중관계를 포함해서 가치를 미국 외교의 중심으로 되돌려 놓는 것이다. 향후 미국·중국 간 대립은 인권문제, 공급망 재편, 첨단기술을 중심으로 벌어질 것으로 전망되고 있다.

### 10. 쿼드 정상회의

바이든 행정부는 쿼드 정상회의를 개최하였다. 미국·일본·인도·호주 4개국은 정상회의를 가지고 인도·태평양의 안보 증진과 위협 대응하기 위한 협력을 다짐하였다. 중국과 러시아에 대한 압박과 견제는 트럼프 행정부도 적극 추진하였다. 그러나 트럼프 행정부는 연대를 통한 압박보다는 미국의 재량권을 활용한 압박을 시행하였다는 점에서 두 행정부의 차이가 있다.

### 11. 민주주의 정상회의

바이든 대통령이 후보 시절부터 오바마 행정부의 핵안보정상회의를 모델로 삼아 추진하겠다고 밝힌 민주주의 정상회의는 권위주의체제 국가들에 대해 압력을 가하기 위한 연대라고 할 수 있다. 트럼프 행정부가 탈퇴를 결정하였던 UN인권이사회에의 복귀도 이러한 형태의 연대정책으로 볼 수 있다. 블링컨 장관은 바이든 행정부가 미국을 다시 민주주의, 인권, 평등을 강조하는 외교정책을 펼칠 것이라며, 먼저 UN인권이사회에 옵저버로 참여하고 이후 정식회원의 지위를 회복할 계획임을 밝혔다. 그는 인권이사회가 의제, 구성, 초점 등에 결함이 있는 조직이지만 미국의 부재로 인한 지도력 공백으로 권위주의 국가들에게 유리해졌으며, 인권이사회가 제대로 작동하도록 만들어 인권 최악의 국가들을 조명하고 부당함과 압제에 맞서는 이들을 위한 중요한 토론의 장으로 만들 것이라는 뜻을 비추었다.

### 12. 중동 및 중남미 정책

바이든 행정부는 중남미와 중동에서는 발을 빼는 대신 중국문제에는 역량을 최대한 집중하는 '탈중입중'(脫中入中) 정책을 제시하였다. 트럼프 행정부 당시 미국은 베네수엘라 대통령 니콜라스 마두로를 친미성향의 후안 과이도 국회의장으로 교체하기 위해 다방면으로 압력을 가했다. 반면 바이든 행정부는 공세적 조치를 취하는 데에는 신중한 입장을 보이고 있다. 현재 베네수엘라에 가해진 제재를 유지하고 미국 내에 거주 중인 베네수엘라인들에 대한 임시 보호조치를 명하는 등 소극적인 조치만을 취하고 있다. 한편, 중동지역에 대한 바이든 행정부의 미국 개입 축소정책으로는 아프가니스탄 주둔 미군 철군을 들 수 있다. 아프가니스탄 주둔 미군 철군 결정은 트럼프 행정부에서 내려진 것으로서 바이든 행정부는 철군 시한을 확정지으며 UN에 뒷일을 떠넘기고 빠져나오기로 결정하였다.

## 13. 세계보건기구 탈퇴 통보 철회

바이든 대통령 취임일(2021.1.20.)에 미국 정부가 세계보건기구(World Health Organization) 탈퇴 통보를 철회하였다. 미국은 2020년 7월 WHO 탈퇴 입장을 표명하여, 1년 후인 2021년 7월에 탈퇴 효력이 발효될 예정이었으나, 바이든 대통령의 탈퇴 입장 철회에 따라 WHO 회원국으로서 자격을 유지하게 되었다.

## 14. 아프가니스탄 철군

2001년 9·11테러가 발생하면서 미국은 테러 근거지를 발본색원한다는 명분으로 아프가니스탄을 침공해 친미정권을 수립하였다. 미국이 아프가니스탄을 점령한 이후 이 지역에서 주력한 정책은 '연합정부'의 구축, 탈레반을 비롯한 반군세력의 진압, 카불정권의 지방행정능력 강화, 아프가니스탄군의 양성 등이었지만, 이러한 정책목표들은 아프가니스탄의 부패문화, 탈레반 그림자 정부의 엄존, 전통적인 강력한 지방 토호와 군벌 세력의 존재 등으로 사실상 성공하지 못하였다. 점령 미군의 목표가 탈레반 소탕과 알카에다 축출에서 국가 건설(nation-building)로 바뀌면서 미국은 군사적으로 감당하기 어려운 지역에서, 서구적 기준의 정치윤리가 확립된 민주국가를 수립하고자 하였다. 이러한 목표가 사실상 불가능한 것임을 인지한 미국은 마침내 철군을 추진하였다. 미국은 2018년 하반기부터 탈레반과 접촉해 평화합의를 모색하였다. 트럼프 대통령은 아프가니스탄전쟁을 '끝없는 전쟁'이라고 비판하면서 철군을 공약하였고 이를 실행에 옮기기 시작하였다. 그 성과가 2020년 2월 29일 미국과 탈레반 사이에 성사된 '도하합의'이다. 양측이 서명한 도하합의에 따르면 탈레반은 아프가니스탄에서 극단주의 무장조직이 미국과 동맹국을 공격하는 활동무대가 되지 않도록 하겠다고 약속하였다. 미국은 그 대가로 아프가니스탄에 파병된 미군과 NATO의 국제동맹군을 14개월 안에 모두 철군하기로 하였다. 이러한 합의에 따라 미국은 2021년 5월부터 아프가니스탄 철수를 시작하였다. 미국은 지난 20년 동안 2조 달러(2천조 원)에 가까운 예산을 투입하고 2천 명 이상의 전사자를 냈음에도 불구하고 이슬람 테러세력 척결과 아프가니스탄 국가 재건이라는 목적을 달성하지 못한 채 물러나게 될 것이다. 이로써 아프가니스탄은 '제국의 무덤(graveyard of empires)'이라는 명성을 재확인하게 되었다. 미군이 사실상 철수를 시작한 2021년 8월 탈레반은 본격적인 군사작전을 시작하였고, 보름도 채 지나지 않은 8월 15일 카불을 접수하는 데 성공하였다.

## 15. Chip 4

### (1) 배경

① **반도체 공급망 안정화**: 코로나19 팬데믹과 미중 기술 갈등으로 인해 반도체 공급망의 취약성이 부각되면서, 미국과 동맹국들이 반도체 공급망을 재편성하고 안정성을 강화하는 데 관심을 가지게 되었다. CHIP4는 이러한 필요성에서 출발하여 각국의 반도체 산업 경쟁력을 강화하고 기술 협력을 촉진하는 플랫폼을 제공한다.

② **중국에 대한 대응**: CHIP4는 사실상 중국의 반도체 산업 부상에 대응하기 위한 조치로 간주된다. 미국은 중국의 반도체 굴기를 견제하고, 반도체 기술에서의 전략적 우위를 유지하기 위해 동아시아의 주요 반도체 생산국과의 협력을 강화하고자 한다.
③ **반도체 산업의 글로벌 리더십 유지**: 미국과 동맹국들은 첨단 반도체 기술 개발, 생산 능력 강화, 공급망 다변화 등을 통해 반도체 산업의 글로벌 리더십을 유지하려 한다. 이는 5G, AI, 클라우드 컴퓨팅 등 미래 기술의 핵심이 되는 반도체의 중요성을 인식하고 있기 때문이다.

### (2) CHIP4의 주요 참여국

① **미국**: 첨단 반도체 기술과 연구개발(R&D) 분야에서의 리더십을 바탕으로, 기술 표준 설정과 반도체 장비 공급에서 핵심적인 역할을 한다. 또한, 반도체 설계 분야에서도 중요한 위치를 차지하고 있다.
② **한국**: 메모리 반도체 생산에서 글로벌 1위의 위치를 차지하고 있으며, 삼성전자와 SK하이닉스가 주요 플레이어로 활동하고 있다. 한국은 또한 파운드리(반도체 위탁 생산) 산업에서도 점차적인 성장을 보여주고 있다.
③ **일본**: 반도체 제조 장비와 소재 분야에서 세계적인 경쟁력을 가지고 있으며, 반도체 생산에 필수적인 화학 물질과 장비의 주요 공급국으로 활동하고 있다.
④ **대만**: 세계 최대의 파운드리 업체인 TSMC가 위치한 대만은 전 세계 반도체 위탁 생산의 50% 이상을 차지하고 있다. 첨단 공정에서의 기술력과 생산 능력을 통해 중요한 역할을 수행하고 있다.

## 제4절 | 대량살상무기(Weapons of Mass Destruction: WMD) 대응전략

### 1 의의

탈냉전기 이후 미국은 자국중심의 국제질서 형성을 위해 노력하는 한편, 대량살상무기의 확산이 자국에 대한 중대한 위협이 될 것임을 인식하고 이에 대해 대응책을 모색해 왔다. 그러나 9·11테러가 발생하기 전까지는 위협이 명확하지 않았기 때문에 대응책을 강구하는 것에도 적극성을 띠지는 못했다. 9·11테러는 미국의 안보에 대한 위협을 명확하게 확인시켜 주었고, 9·11테러 이후 미국은 반테러·반WMD 확산을 국가안보전략으로 설정하고 다차원적 수단을 모색하고 시행 중이다. 테러와 WMD의 확산은 미국만의 문제가 아니라 모든 국가와 모든 국민의 중대한 안보사안임은 틀림없다. 그럼에도 불구하고 미국이 일방주의적·군사주의적 방식으로 반테러·반WMD문제에 대응함으로써 반확산전략의 효율성을 약화시키는 한편, 강대국 간 균열을 야기하여 또 다른 국제질서 불안정의 변수가 되고 있다.

## 2 WMD의 확산과 미국의 안보

### 1. WMD의 정의와 범위

대량살상(파괴)무기는 일반적으로 인명살상 및 파괴의 방법과 규모 등에 있어 재래식 무기와 확연히 구별되는 핵·생물·화학무기를 포함한 3대 무기체계를 말한다. 9·11테러 이후에는 탄도미사일(Ballistic Missile), 대량살상을 초래하는 공격방식도 WMD의 범주에 포함시키고 있다. 미국 연방수사국(FBI)은 피해규모 및 결과를 기준으로 WMD를 정의할 것을 제시하기도 하였다.

### 2. WMD 확산의 실태

냉전 종식 이후 세계의 전체적인 WMD 보유량은 감소되었으나 질적인 성능 개선과 함께 세계 전 지역으로 확산하는 추세를 보이고 있다. 특히 중동·서남아·동북아지역 국가들에게 확산되고 있다. WMD 확산과 함께 발사·운반수단이 되는 미사일의 개발, 특히 중거리 미사일 개발이 가속화되고 있다. 또한, 국가뿐 아니라 테러세력에게도 확산위험이 높아지고 있다.

### 3. 미국의 안보에 대한 영향

현재 WMD 반확산·비확산에 가장 적극적인 국가는 미국이다. WMD 확산은 미국의 안보에 두 가지 함의를 가진다.

(1) 9·11테러에서 보듯이 미국의 국가안보 및 미국민의 인간안보(Human Security)를 직접적으로 위협한다. 냉전에서 승리한 이후 전 세계 유일 초강대국으로 부상한 미국은 테러세력들의 집중적인 표적이 되고 있다.

(2) WMD 확산은 미국중심 패권질서의 유지 측면에서도 부정적이다. 반미성향의 중소국들이 핵을 보유하게 되는 경우 미국이 재량적으로 군사력을 투입하여 중소국들을 통제하기가 상대적으로 어려워지기 때문이다. 결국, 미국의 WMD 대응전략은 테러위협에 대한 대응과 함께 패권질서 유지의도도 같이 담고 있다고 평가할 수 있다.

## 3 주요 핵정책

### 1. 미사일방어(MD)

미사일방어체제는 탄도미사일 확산에 대처하기 위해 미국주도로 추진되고 있는 계획으로 크게 전역미사일방어체제(Theater Missile Defense: TMD)와 국가미사일방어체제(National Missile Defense: NMD)로 나뉜다. TMD는 사정거리 80~3,000km 정도의 전역탄도미사일(Theater Ballistic Missile: TBM)을 우주와 해상, 그리고 지상의 미사일방어수단을 이용하여 요격, 파괴하는 방어체제이다. NMD는 미국 본토를 겨냥한 대륙간탄도미사일을 우주·해상·지상의 요격방어체제를 통해 파괴하는 방어체제이다. 조지 W. 부시 행정부 등장 이후 이 두 개념은 미사일방어(Missile Defense)로 단일화되었다.

## 2. 확산 방지 구상(Proliferation Security Initiative: PSI)

확산 방지 구상은 핵무기 등 대량살상무기와 관련장비의 확산 방지를 위해 2003년 5월 부시 대통령에 의해 발표된 전략이다. PSI는 가상 적대세력의 치명적 무기 사용을 미리 막기 위해 이들의 무기 거래를 사전에 차단해야 한다는 예방행동을 그 주요 원칙으로 삼는 한편, 자발적 동의가 아닌 강제적 시행을 통해 그 원칙을 달성한다는 점에서 일방주의적 성격을 띤다.

## 3. 선제공격전략

9·11테러 이후 미국은 부시 독트린이라고도 하는 선제공격 독트린(Preemptive Attack Doctrine)을 제시하고, 아프가니스탄전쟁과 이라크전쟁에 직접 적용하였다. 9·11테러 이전의 미국 국가안보전략은 국가를 상대로 하는 예방적 억지전략을 중심으로 전개되어 왔으나, 9·11테러는 미국 및 그 국민에 대한 위협이 가시적이지 않고 예측가능하지 않으면서도 대규모 피해를 가져올 수 있다는 사실을 인식하게 하여 선제공격전략을 채택하게 하였다.

# 4 사례

## 1. 서설

미국은 대량살상무기 확산 방지에 있어서 특히 자신이 지목한 '불량국가(Rogue States)'들이 핵무기를 개발하거나 다른 불량국가 및 테러세력들에게 확산하는 것을 막는 것을 중요한 목표로 설정하고 있다. 이를 위해 외교적 방식과 정권교체 방식, 다자적 방식, 일방적 방식 및 쌍무적 방식을 상황에 맞게 선택적으로 적용해 오고 있다. 리비아는 쌍무적 방식, 북한은 주로 다자적 방식, 이라크는 일방적 방식을 적용하였다. 현재는 이란 핵개발문제가 중요한 현안으로 등장해 있으며, 미국은 일단은 외교적 방식을 구사하고 있다. 우크라이나는 불량국가도 아니고 9·11테러 이후 미국 정책의 대상국가는 아니지만, 북핵폐기 등에 있어서 중요한 사례로 평가되므로 같이 논의한다.

## 2. 우크라이나

구소련으로부터 핵무기를 물려받은 우크라이나는 핵 포기의 대가로 국제법적으로 구속력 있는 안전보장과 경제지원을 받는 내용의 '비망록'에 미국, 영국, 프랑스, 러시아와 공동으로 서명함으로써 핵폐기절차를 완료하였다. 우크라이나는 미국과 구소련이 1991년 합의한 전략무기감축협정(START-I)에 따라 카자흐스탄, 벨로루시와 함께 전술핵무기를 러시아로 이관하고 비핵국가로서 NPT에 가입하는 절차를 진행하였다. 러시아는 우크라이나에 고농축 우라늄(HEU)을 저농축 핵연료봉으로 보상하고, 우크라이나에 대한 기술 및 재정지원을 확대하였다. 미국도 '넌-루거(Nunn-Lugar) 프로그램(협력적 위협 감축 프로그램)'을 입법하여 우크라이나에 대한 핵 포기와 지원을 법적으로 보장하였다.

**협력적 위협감축조치(Cooperative Threat Reduction: CTR)**

1. 의미

   협력적 위협감축조치란 핵무기를 비롯한 여타 대량살상무기(Weapons of Mass Destruction: WMD)로부터 발생할 수 있는 안보위협을 감축, 제거하기 위하여 WMD 소유국과 이를 우려하는 국가들이 공동으로 추진하는 다양한 협력적 국제안보 프로그램을 총칭한다. 실제로는 구소련의 붕괴로 야기된 WMD 위협에 대처하기 위하여 미국은 1991년 상원의원 Nunn과 Lugar의 주도로 Soviet Threat Reduction Act of 1991 법안을 제정하여 러시아, 우크라이나, 카자흐스탄, 벨로루시 등 구 소련국가들의 WMD 해체를 관리하여왔다. 그래서 CTR을 통한 WMD 해체모델을 Nunn - Lugar방식이라고도 일반적으로 호칭한다. CTR은 대상국의 WMD 해체와 참여국의 정치, 외교, 경제, 안보적 보상을 교환하는 '비대칭 상호주의'에 입각한 군비 축소의 전형이라고 할 수 있다.

2. 적용대상 국가

   주로 구소련 국가들을 대상으로 하던 CTR은 현재 구소련 국가 외의 다른 지역의 WMD 위협을 해결하는 주요 수단으로 확대적용되고 있는 추세이다. 2002년 6월 캐나다 카나나스키스(Kananaskis)에서 개최된 G8 정상회의에서는 CTR을 Global Partnership(이하 GP)라는 명칭하에 세계적인 차원으로 확대하기로 합의하였다.
   또한 2012년까지 200억 달러 규모의 CTR 프로그램을 추진하기로 결정하였으며 200억 달러 중 100억 달러는 미국이 출연하고 나머지 100억 달러는 여타 GP 참여국들이 공동으로 출자하기로 하였다. 한국은 2004년 6월부터 GP에 참여하고 있다. CTR이 GP로 확대된 후, 리비아, 이라크, 알바니아 (화학무기 해체) 등을 대상지역으로 CTR 프로그램이 운영되어 왔고, CTR의 북한 WMD 적용가능성에 대한 연구와 논의가 CSIS 등의 씽크탱크에서 진행되고 있다.

3. 특성

   CTR의 주된 특성 중의 하나는 포괄성이다. 우선 CTR에 의한 해체와 관리의 대상이 포괄적이다. 일반적으로 CTR은 핵무기, 생화학무기, 미사일과 이들의 개발에 필요한 물질, 기술, 시설, 인력을 해체와 관리의 대상으로 하고 있다. CTR의 다른 특성은 협력성이다. CTR은 현존하는 WMD 위협을 대상국과 참여국 모두 공통의 안보위협으로 인식하고 공동의 노력으로 이러한 위협을 감소시켜 나가는 방안이다.

## 3. 이라크

이라크는 국제여론과 국제기구의 반대에도 불구하고 미국이 영국을 비롯한 동맹국들과 함께 군사적·일방적 방식으로 대량살상무기 확산에 대응한 사례이다. 미국은 대량살상무기를 보유한 이라크는 미국에 대한 안보위협이 될 뿐만 아니라 중동지역의 전략적 균형을 파괴할 것이라고 보고 군사력을 사용하였다. 그러나 주요 명분으로 삼았던 대량살상무기가 발견되지 않으면서 미국의 이미지는 크게 실추되었다. 이라크의 사례는 군사적·일방주의적 방식에 의한 대량살상무기 대응은 성공하기 어렵고 국제여론과 국제기구의 지지가 필요하다는 것을 보여준다.

## 4. 리비아

### (1) 리비아의 핵개발과 미국의 경제제재조치

리비아는 미국으로부터 테러지원 및 대량살상무기 개발 혐의를 지속적으로 받아왔으며, 이라크, 이란, 북한 등과 함께 테러지원국가로 규정되고 미국 및 UN으로부터 경제제재를 받았다. 이로 인해 리비아는 재정 부족과 경제 침체 등 장기간의 마이너스 성장과 경제적 불안을 경험해 왔다. 미국은 '국제비상경제권한법', '이란·리비아 제재법'에 따라 리비아에 대한 상품교역은 물론 재정 및 금융 거래의 중단, 해외자산 동결, 석유부문 투자 진출 제한 등 포괄적인 제재조치를 단행하였다. '이란·리비아 제재법'은 석유산업에 대한 투자를 제한함으로써 석유산업 외에는 별다른 산업기반이 없는 리비아 경제에 치명적인 영향을 미쳤다.

### (2) WMD 개발의 포기배경

리비아 카다피 정권의 대량살상무기 개발의 포기배경에는 핵무기 개발의 부진과 정권유지를 위협하는 대내외적 상황들이 자리잡고 있었다. 리비아는 UN과 미국의 경제제재로 핵무기 개발에 소요되는 자금과 장비를 조달하는데 어려움을 겪었을 뿐 아니라, 국제적으로 고립되었다. 심각한 경제난은 카다피 정권에 대한 국민들의 반감을 높이고 저항세력의 결집을 강화시켰으며 카다피 정권에 대한 내부적 위협이 되었다. 또한, 미국의 이라크 침공은 카다피 정권에 미국의 군사공격 위협을 가중시켰고 이로써 강경 반미노선을 포기하게 되었다.

### (3) 핵폐기의 과정

2003년 12월 19일 리비아는 핵무기를 비롯한 모든 대량살상무기와 장거리 미사일 프로그램의 폐기와 함께 이의 이행을 감시하기 위한 국제기구의 즉각적이고 포괄적인 사찰을 허용하겠다는 결정을 발표하였다. 리비아의 대량살상무기 폐기는 크게 3단계로 구분되어 진행되었고 선이행 후보상을 강조해 온 미국은 단계별로 수준에 맞는 보상을 제공하였다. 미국은 리비아의 2단계 폐기조치 완료 및 3단계 이행의 보상으로 양자 간 외교관계 복원 및 경제제재 해제조치를 취하였다. 2006년 5월 테러지원국 명단에서 리비아 삭제, 연락사무소를 대사관으로 승격, 평화적 핵에너지 개발을 위해 저농축 우라늄(LEU)을 제공, 경제제재 해제 등을 단행하였다.

## 5. 북한

냉전체제의 해체 이후 중국과 러시아 등 우방을 상실한 북한은 정권안보 차원에서 핵무기를 개발해 왔으며, 두 차례의 위기를 촉발시켰다. 1990년대 초반 IAEA 사찰 거부와 NPT 탈퇴로 고조된 제1차 위기에서 클린턴 행정부는 북한의 핵개발을 동결하는 대신 대체에너지 공급 등의 보상조치를 취하였다. 2002년에는 고농축 우라늄 핵개발 의혹이 불거져 제2차 북핵위기가 조성되었고, 2003년부터 미국, 북한, 한국, 러시아, 중국, 일본이 포함된 6자회담이 시작되어 난항을 거듭한 끝에 2005년 9·19 공동성명과 2007년 2·13초기이행조치 합의를 기점으로 타결국면을 맞았다. 그러나 2008년 집권한 이명박 행정부의 대북 강경책과 2009년 집권한 오바마 행정부의 대북 '전략적 인내정책'으로 북핵문제는 추가적 진전을 보이지 못하고 장기 경색국면으로 빠져들었다.

## 6. 이란

### (1) 이란 핵개발

이란 핵문제는 미국이 이란의 핵개발 중단을 요구한 가운데, 이란이 평화적 핵이용권에 기초하여 핵개발 지속을 천명함으로써 양국 간 위기가 고조되었다. 이란 핵개발은 미국, 독일, 프랑스 등의 지원하에 시작되었다가 1979년 이슬람혁명과 1980년 이라크전쟁으로 전면중단되었다. 1990년대 초 들어 이란은 러시아, 중국, 파키스탄의 협력과 지원으로 핵개발에 본격적으로 착수하였다. 2002년 8월 이란 반정부단체인 국민저항위원회(NCRI)에 의해 이란 핵무기 개발이 폭로된 이래 지속적으로 국제문제가 되고 있다.

### (2) 이란 핵개발과 중동질서

이란이 핵무기를 개발하고 이란이 러시아의 지원으로 개발한 사정거리 1,000마일이 넘는 '시하브 - 3(Shihab - 3)' 미사일과 결합되는 경우 이스라엘뿐 아니라 유럽 국가들도 이란 핵미사일의 사정권 내에 들어가게 된다.
핵으로 무장한 이란이 시아파가 다수인 이라크, 시리아의 국내정치에 개입하고, 이스라엘의 존재를 부정하는 하마스와 헤즈볼라 등의 단체들에게 핵을 확산할 가능성도 있다. 이 경우 이라크 안정화 및 미국의 중동평화구상 실현이 난항을 겪을 수 있다. 또한, 이란의 핵보유는 사우디아라비아, 이집트, 터키 등의 핵무장을 부추겨 국제 핵 비확산체제에 커다란 타격을 줄 것이다.

### (3) 강대국들의 입장

① **EU 3개국(영국, 프랑스, 독일)**: 이란 핵문제가 대두된 이래 영국, 프랑스, 독일은 EU를 대표하여 대결이나 강박이 아닌 대화와 협상을 통해 해결하려는 자세를 보였다. 2004년 11월에는 이란의 연구활동을 포함하여 모든 핵개발활동 동결합의를 끌어내기도 하였다. 그러나 2004년 6월 아흐마디네자드 대통령이 당선된 이후 핵시설 동결 해제 움직임을 보이자 EU 3개국은 미국과의 공조하에 이란 핵문제의 안전보장이사회 회부방안을 추진하기도 하였다.

② **러시아**: 러시아는 미국의 반확산·비확산전략에 동조하면서도 이란과 원자력 발전소 건립을 포함하여 다차원적 협력관계를 유지하고 있다. 현재 러시아의 기술 지원으로 부세르(Bushehr) 원자력발전소를 건립하고 있다. 한편, 이란은 중동지역에서 미국의 세력 확장을 견제할 수 있는 중심국가로서의 유용성이 있고 카스피해 자원 개발을 위해 투자 진출 중인 영·미국계 기업을 견제하고 걸프해 주변 산유국의 수출 수송로인 호르무즈 해협을 통제할 수 있는 지정학적 위치에 있다. 이에 따라 러시아는 이란과 협력 강화를 위해 이란 핵문제의 안전보장이사회 회부에는 다소 유보적인 태도를 보여주고 있다.

③ **중국**: 중국은 1980년대부터 미사일 수출 등 이란과 군사협력관계를 강화하여 왔고, 지속적인 경제 성장을 위한 안정적 에너지 확보에 외교정책의 최우선순위를 부여하고 있다. 이란은 중국의 전략적 파트너로서 에너지안보 증진 차원에서 이란과의 협력관계 유지가 절실하게 필요하나, 러시아와 마찬가지로 지속적 경제 성장이 가능한 대외여건 조성이 필요한 중국으로서도 미국 등 서방세계와의 원만한 관계를 훼손하면서 이란의 행동을 일방적으로 두둔하는 것에 대한 부담이 있다.

### (4) 이란 핵문제와 제네바합의(2013년 11월 24일)

① **배경**: 이란 핵문제로 이란과 서방 국가들 사이에 위기가 고조되어 오다가 2013년 11월 24일 제네바에서 열린 'P5 + 1'과 이란 간 핵협상에서 극적으로 공동행동계획(Joint Plan of Action)이 채택되었다. 이란 핵개발에 대해 UN 안전보장이사회의 제재가 지속되었고, 여기에 미국과 유럽연합이 제재를 강화하면서 이란 경제는 심각한 수준의 압박을 받아왔다. 그러나 이란의 새 지도자로 온건파인 하산 로하니(Hassan Rouhani)가 당선되면서 미국과 고위급 회담을 가지면서 합의의 분위기가 형성되었다.

② **합의 내용**: 이란 핵문제 해결을 위해 초기 6개월간 상호 이행할 사항을 합의문에 담고 있다. 이란의 의무로는 현재 보유 중인 우라늄을 희석하고, 6개월간 여하한 추가 농축을 중단하며, 추가 농축시설 건설도 중단하고, IAEA 사찰 감독관의 상시적 접근을 허용하는 것 등이다. 이에 대해 P5 + 1은 제한적이고, 일시적이며, 가역적인(Reversible) 제재 경감조치를 설정하였다. 즉, 초기 단계 기간동안 신규 제재 부과를 중단하고, 귀금속, 자동차, 유화 분야의 특정 제재를 중단하며, 이란 항공기 정비 관련 지원을 시작해야 한다. 또한, 이란 원유 판매를 현 감축 수준에서 유지하고, 추가 축소조치를 정지해야 한다. 본 초기 단계 관련 공동행동계획은 본 문서 채택 이후 1년 이내에 협상을 타결하여 본격적인 이행에 들어가도록 목표 시한을 설정하였으며, 이 과정에서 투명성조치 및 감시 이행 결과의 포괄적 해결책이 성공적으로 안착할 경우, 이란 핵프로그램은 NPT상의 여타 비핵보유국의 핵프로그램과 동일하게 평가·인정할 것임을 명시하였다.

### (5) 이란 핵문제와 로잔합의(2015년 4월 2일) 및 비엔나합의(2015년 7월 14일)

'P5 + 1'과 이란은 2015년 4월 2일 로잔에서 잠정합의문을 도출한 다음, 2015년 7월 14일 최종합의문을 채택하였다. 최종합의문의 공식 명칭은 '포괄적 공동행동계획(Joint Comprehensive Plan of Action: JCPOA)'이며 주요 내용은 다음과 같다.

① 이란의 우라늄 농축을 허용하되 15년간 저농축 수준을 유지하고, 전체 농축 우라늄 보유규모를 현 10,000kg에서 300kg으로 제한하여 핵무기화를 방지하는 수준에서 규제한다.

② 나탄즈 농축시설을 5,060기로 대폭 감축하고, 연구개발용 1,044기만 포르도(Pordo)에 허용한다.

③ 아라크 중수로는 무기급 플루토늄 생산을 방지하도록 재설계하고, 중수로의 사용후 핵연료는 처분 또는 해외이전하며, 15년간 추가 중수로 건설을 금지한다.
④ 공개된 모든 핵시설들에 대한 사찰활동을 허용하며, 공개되지 않은 시설 또한 핵활동이 있는 것으로 의심되는 장소에 IAEA 회원국들로 구성되는 위원회에서 검토한 후 사찰할 수 있다.
⑤ 협상안은 7월 20일 UN안전보장이사회결의 이후 90일 내에 발효한다. IAEA의 핵사찰 종합 보고 이후 이상 없으면 핵 관련 제재를 일괄 해제한다. 10년간 포괄적 공동행동계획의 모든 조건을 이란이 준수한 경우 미국의 비확산 제재가 완전히 폐기되어 이란은 국제사회의 완전한 정상국가로 자리매김된다.

### (6) 미국의 비엔나합의 탈퇴(2018년 5월)

2018년 5월, 도널드 트럼프 대통령은 이란의 탄도미사일 개발과 중동 내 군사 개입 등을 이유로 일방적으로 합의 탈퇴를 선언하고, 대이란 제재를 전면 복원하였다. 이에 대응해 이란은 2019년 이후 점진적으로 우라늄 농축 제한을 위반하며 핵활동을 확대했고, 긴장이 고조되었다. 조 바이든 행정부는 2021년부터 합의 복원 협상에 착수했지만, 이란의 강경파 부상과 협상 결렬, 국내 정치 변수로 진전을 이루지 못했다. 특히 하마스 - 이스라엘 전쟁(2023년)과 중동 내 이란의 지원 세력 활동이 격화되면서, 미국과 이란 간 군사 충돌이 다시 부상하였고, 2024~2025년 들어 미국은 시리아·이라크·예멘 등지의 친이란 민병대를 공습하고, 2025년에는 이란 본토에 대한 제한적 타격도 감행하며 긴장이 급격히 고조되었다.

## 제5절 | 미사일방어(MD)

### 1 의의

미사일방어가 아직은 개발 및 실험단계에 있기 때문에 강대국 간 갈등이 직접 발생하고 있는 것은 아니나, 탈냉전기 강대국 국제정치에 있어서 미사일방어문제는 상당히 강력한 분쟁사안으로 대두될 것으로 전망된다. 미사일방어는 냉전기 '공포의 균형(Balance of Terror)'을 근본적으로 파괴함으로써 강대국 간 군비경쟁을 본격화시킬 가능성이 있다. 또한, 미중관계의 핵심쟁점의 하나인 대만문제에 있어서 대만의 미사일방어체제 포함 여부를 둘러싸고 미중 간 심각한 갈등이 발생할 수 있다. 미사일방어문제가 이러한 심각한 갈등요소로 자리잡을 가능성이 큼에도 불구하고, 미국은 레이건 대통령 이래 지속적으로 이를 추진해 오고 있으며, 9·11테러 이후 보다 본격적으로 추진되고 있다.

## 2 탄도미사일방어(MD)의 개념과 고고도미사일방어(THAAD)

### 1. 탄도미사일방어의 개념

탄도미사일의 요격은 로켓 모터가 연소 중인 부스트 단계에서 이루어지는 경우, 대기권 밖의 고층(고고도)에서 이루어지는 경우, 그리고 대기권에 재돌입한 후 저층(저고도)에서 이루어지는 경우를 생각할 수 있는데 이와 같은 방어 개념을 다층 방어라고 한다.

### 2. 탄도미사일 방어의 형태

#### (1) Boost단계 방어

현재 미국의 탄도미사일 방어는 Boost단계 방어, Midcourse단계 방어, Terminal단계 방어로 수행된다. Boost단계 방어는 미사일이 연료를 연소하며 상승하는 단계에 요격하는 개념으로, 상대적으로 속력이 느리고 연료가 연소하면서 많은 열이 발생하므로 표적과 센서 간 LOS(Line of Sight)가 확보된다면 탐지-추적-요격이 용이할 수 있으나, 연료 연소 지속시간이 수분 이내이고, 지구 곡률에 의해 발사 위치와 센서 간 거리가 멀어질수록 LOS가 제한되며, 적성국에 위치한 발사 위치에 인접해서 감시하는 것은 사실상 어렵다. 인공위성을 통해 발사가 예상되는 곳을 집중적으로 감시할 경우 발사 시점부터 탐지가 가능하나, 이동식 발사대인 TEL이나 잠수함에서 발사되는 탄도미사일의 경우에는 사전에 발사 위치를 예측하기가 거의 불가능하므로 부스트 단계에서 요격하는 것은 어려움이 많다.

#### (2) Midcourse단계 방어

Midcourse단계 방어는 탄도미사일 추진체의 연소가 종료되고 관성으로 비행하는 단계로 Midcourse단계 방어는 주로 외기권에서 요격이 이루어진다. Midcourse단계 방어의 대표적인 요격 미사일로는 미 본토에 배치되어있는 GBI(Ground Based Interceptor), 해상에 전개되어 있는 이지스함에서 발사되는 SM-3 등이 있다.

#### (3) Terminal단계 방어

Terminal단계는 탄도미사일이 대기권에 재진입하여 지상의 목표를 향해 낙하하는 단계이다. Terminal단계 요격 미사일에는 PAC-2, PAC-3 등이 있는데, PAC-2는 근접신관을 사용하여 파편에 의해 미사일을 요격하는 방식이고, PAC-3는 탄두를 직접 타격하는(hit-to-kill) 방식이다. 해상에서 운용하는 종말단계 요격 미사일에는 이지스함에 탑재 된 SM-6가 있다. THAAD는 탄도미사일이 대기권에 재진입하는 고도인 100km 내외에서 요격하는 체계이다.

## 3. 고고도미사일방어(THAAD)

### (1) THAAD의 개념

THAAD(Terminal High Altitude Area Defense)는 이름에서 알 수 있듯이 탄도미사일을 종말단계 중 고고도에서 요격하는 체계이다. 탄도미사일의 비행 단계에서 고도 100km는 대기권으로 재진입하는 종말단계가 시작되는 부분인데, THAAD는 이 고도까지 상승하여 탄두를 직접 타격하는 방식으로 탄도미사일을 요격한다.

### (2) 장점

PAC-3와 같이 고도 30km 내외에서 요격하는 하층방어의 경우 요격에 실패했을 때 추가적인 요격 시도 기회가 제한되고, 파편이 우군에 피해를 입힐 수 있으며, 만일 핵탄두를 장착한 탄도미사일이라면 낙진 피해나 핵폭발에 따른 EMP(Electromagnetic Pulse)로 인해 지휘통제체계 등 전자장비가 피해를 입을 수 있다. 그러나 THAAD와 같이 고도 100km에서 요격을 할 경우 파편은 우주공간으로 날아가거나 낙하 도중 대기 중에서 소멸 또는 흩어질 수 있고, EMP로 부터도 안전할 수 있으며, 요격에 실패했을 경우에도 하층방어를 시도할 수 있는 기회가 확보될 수 있다.

### (3) THAAD의 구성요소

THAAD 포대는 다음과 같은 4개의 주요 장비로 구성된다.
① **트럭 탑재형 발사대**: 기동력이 우수하고 요격미사일 보관 및 신속한 재장전 가능.
② **요격미사일**: 발사대당 8기 탑재.
③ **AN/TPY-2 레이더**: 이동형 지상배치 X-밴드 대공레이더 중 세계 최대의 레이더로, 탐색, 추적, 표적식별 및 요격미사일에 표적 추적 정보를 지속적으로 제공.
④ **사격통제체계**: 통신 및 데이터 관리 기반 체계로, THAAD 구성 체계 간 링크는 물론 THAAD 외부 지휘·통제 노드 및 탄도미사일방어체계(BMDS) 전체와의 링크 제공, 요격 계획 수립 및 실행 체계.

## 3 배경

### 1. 미국의 패권전략

미국은 명분상 테러세력이나 불량국가(Rogue States)로부터의 핵미사일공격으로부터 미국과 그 동맹국을 보호하기 위해 미사일방어체제를 구축하고 있다고 주장하나, 그 심층동인은 미국의 패권전략과 맞물려 있다고 볼 수 있다. 만약 미국이 이미 가지고 있던 창인 미사일과 튼튼한 방패인 MD체제를 자국과 동맹국들에게 동시에 갖추게 한다면 결국 21세기에도 미국이 창과 방패를 동시에 겸비한 무적의 초강대국으로 군림할 수 있다고 판단하고 있다. 따라서 천문학적 국방예산이 소요됨에도 불구하고 본 계획을 추진함으로써 계속적으로 패권국가로 남으려고 하는 것이다.

## 2. 9·11테러와 억지전략의 한계

미사일방어체제 구축은 부시 행정부에 들어서 본격화 되었는데, 여기에는 9·11테러라는 중대한 변수가 작용하였다. 탈냉전기에도 미국의 기본적 핵전략은 '억지'에 기초하고 있었으나, 9·11테러는 억지의 가정, 즉 '행위자의 합리성'을 근본적으로 부인하는 것이었다. 따라서 억지이론에 기초하여 미국의 본토를 타 행위자의 공격으로부터 방어하는 것이 어렵게 되었으므로, 보다 확실한 본토 방어를 위해 미사일방어망을 구축하고 있는 것이다.

## 3. 탈냉전과 대량살상무기의 확산

미국이 미사일방어망 구축에 박차를 가하게 된 계기 중 하나는 냉전체제 해체 이후 오히려 대량살상무기가 지속적으로 확산되고 있는 현상과 관련된다. 대량살상무기 확산문제가 냉전 시에도 중요한 위협이었으나 각종 비대칭적 무기체계의 보편화현상은 탈냉전 이후에 보다 본격적으로 대두되어 왔다. 현상타파국가(Anti-status Quo State), 실패국가(Failed State), 불량국가(Rogue State)들이 비대칭적 무기를 선호하는 이유는 제한된 자원으로 군사력을 극대화할 수 있기 때문이다. 과학기술의 보편화와 더불어 이들 국가 또는 집단들은 비대칭적 무기들을 1990년대 이후 국제적인 무기 수출 네트워크 등을 통해 비교적 쉽게 보유할 수 있게 되었다.

## 4. 중국의 부상과 위협

미국은 부상하는 중국의 미사일위협에 대응하는 차원에서 미사일방어체제를 구축하고 있다고 주장한다. 미국의 국가정보위원회(National Intelligence Council) 분석에 따르면, 중국은 미국에 위협을 줄 수 있는 장거리 전략미사일을 보유하고 있다. 중국은 사정거리 13,000km의 둥펑(東風) ICBM을 약 20기 보유하고 있고, 2015년경에는 미국 전역을 사정권에 둔 수십기의 전략핵 ICBM을 갖추게 됨으로써 미국에 심대한 위협을 조성할 것이라고 분석하고 있다. 이러한 중국의 잠재적 위협을 이유로 미국은 MD 개발을 적극적으로 추진하고 있다.

## 5. 미국 국내정치

미국은 국내정치적으로 MD 찬성론과 MD 반대론의 대립이 있었으나, 레이건 이래 미사일방어의 개념이 제시된 이후 지속적으로 개념의 발전과정을 거치면서 MD에 대한 합의가 도출되었다.

MD 찬성론자들은 대체로 공화당 성향을 가진 자들로서 국가 안보에 취약성이 발견된 이상 국가가 동원할 수 있는 모든 역량을 최대한 활용하여 대처해야 한다고 주장하면서 MD체제 구축을 적극적으로 주장하였다.

반면, 민주당 성향을 가진 MD 반대론자들은 MD에 대한 기술적 신뢰가 매우 낮으며, MD가 실전배치되더라도 약점이 쉽게 발견되어 막대한 예산을 낭비하게 될 것이라고 주장한다. 또한 그 구축과정에서 군비경쟁이 치열해지고 국가 간 관계도 악화되기 때문에 미국의 안보 증진에 오히려 역행할 것이라고 본다. 그러나 9·11테러는 MD 반대론자들의 입지를 축소시켰고, 공화당의 부시 행정부는 여론의 지지에 기초하여 MD체제를 본격적으로 구축하기 시작하였다.

## 4 역사

### 1. 레이건의 전략방위 구상

레이건 대통령의 SDI는 미사일방어 개념을 최초로 체계화 및 정형화한 개념이다. SDI는 발사 및 상승단계(Boost Phase)에서부터 중간비행단계(Midcourse Phase) 그리고 대기권에 진입한 이후 종결단계(Re-entry/Terminal Phase)에 맞추어 요격 개념을 구체화하였기 때문이다. 레이건은 1984년 4월 전략방어구상기구(Strategic Defense Initiative Organization: SDIO)를 설치하였고, SDIO는 소련의 미사일이 겨냥할 가능성이 있는 미국의 3,500 표적을 방어할 다층적 우주배치시스템(Multi-layer, Space-based System)을 제안하였다. SDI는 레이건 제2기 행정부에 들어 기술적 한계에 대한 인식 및 소련과의 관계 개선으로 1987년 포기하였다.

### 2. 조지 H. 부시의 GPALS(Global Protection Against Limited Strikes)

냉전체제가 해체된 이후 미국은 특정 국가로부터 대규모의 탄도미사일위협보다는 여러 도전국가들로부터 소규모의 탄도미사일위협이 있을 것이라는 위협인식을 새롭게 가지게 되었고, 이에 따라 조지 H. 부시는 '제한공격대비지구방어계획(GPALS)'을 구상하게 되었다. GPALS는 기술적 문제, 재원문제 등으로 난항을 겪었으나, 비대칭위협인식이 강화됨에 따라 MD체제는 포기될 수 없는 것으로 간주되었다.

### 3. 클린턴의 제한적 미사일방어 개념

클린턴 행정부는 초기에 NMD보다는 TMD 구축에 우선순위를 두었다. 미국 본토를 공격할 국가는 당장 존재하지 않기 때문에 해외에 전진배치된 기지와 동맹국을 보호하는 TMD가 보다 중요하다고 본 것이다. 그러나 국내정치적으로 다수당인 공화당의 지속적인 NMD 요구 및 1998년 북한의 대포동 미사일 발사를 계기로 우선순위를 NMD 구축으로 변경하게 되었다. 미국은 1999년 7월 '국가미사일방어법'을 제정하고 기술적 문제가 해결되는 대로 NMD를 조기 배치하기로 결정하였다. 이 결정에 앞서 클린턴은 NMD 배치 결정기준으로 위협, 비용, NMD의 기술적 타당성, ABM 조약 위반가능성을 제시하였다. 클린턴은 ABM조약의 전면적 폐기에는 부정적인 태도를 보여 주었다. 여러 차례 NMD실험을 실패한 끝에 클린턴은 2000년 9월 1일 기술적 미비, NMD 배치를 허용할 ABM 조약 수정에 대한 러시아의 반대, 동맹국, 특히 조기경보레이더를 배치할 국가들의 비협조적 태도 등을 들어 NMD 배치의 개시를 허용하지 않겠다고 선언하였다. 이후 NMD 배치 여부에 대한 결정을 차기 행정부로 넘긴다고 발표하였다.

### 4. 조지 W. 부시의 미사일방어체제 발전

#### (1) ABM조약 폐기선언

조지 W. 부시는 보다 적극적인 미사일방어시스템을 구축하기 위해 ABM조약 폐기를 선언하였다. 러시아, 중국, 유럽, 아시아 국가들로부터 강력한 반발이 있었으나, 9·11테러는 MD 구축 명분을 강화시켜 주었고, 이로써 러시아 등의 국가로부터의 반발도 완화될 수밖에 없었다. 국내적으로도 테러와의 전쟁이 본격적으로 전개된 이후 미사일 확산을 예방하기 위한 대량살상무기 확산방지구상(Proliferation Security Initiative: PSI)과 MD정책 그 자체를 더 이상 현실적인 대안 없이 반대하는 데에는 한계가 있을 수밖에 없었다.

#### (2) 미사일방어처의 신설

부시 행정부는 대량살상무기에 대항하는 포괄적 전략으로 능동적인 반확산전략, 강화된 비확산 노력, 효과적인 결과의 관리를 제시하고, 반확산정책을 가장 우선순위에 두었다. 반확산정책의 일환인 미사일방어를 효과적으로 추진하기 위해 미국 행정부는 2002년 1월 국방부 산하에 미사일방어처(Missile Defense Agency: MDA)를 신설하였다.

#### (3) MD실험의 성공과 실전배치

부시 행정부에 들어서 MD실험이 성공을 거두게 되면서 MD는 실전배치단계에 진입하게 되었다. 2002년에는 첫 PAC-3(Patriot Advanced Capability 3)을, 2004년에는 알래스카 그릴리기지(Fort Greely)와 캘리포니아의 벤덴버그 공군기지에 2기의 지대공 차단미사일을 배치하였다.

**MD 추진의 역사**

| 구분 | 시기 | 무기체계 | 방어 개념 |
| --- | --- | --- | --- |
| 방어계획 태동 | 1944 ~ 1983년 | NIKE - Zeus Sentinel | 핵으로 무장된 요격, 미사일로 요격 |
| SDI | 1984 ~ 1990년 | 우주설치 요격체계(SBI), 지상설치 요격체계(GBI) | 300여 개의 요격위성으로 완전방어 |
| GPALS | 1990 ~ 2000년 | NMD, TMD | SDI의 축소개념, 비핵무기체계로 요격, 제한공격에 대한 방어 |
| MD | 2001년 ~ 현재 | NMD와 TMD체계 통합 | 비핵무기체계로 요격, 제한공격에 대한 방어 |

## 5. 오바마 행정부

오바마 행정부는 2009년 집권하면서 러시아와의 관계 개선을 위해 부시 행정부가 추진하던 MD계획 일부를 수정하기도 하였으나, 전반적으로 MD전략을 확대·계승하였다. 2009년 9월 17일 미국 대통령 버락 오바마는 폴란드와 체코에 건설하려던 미사일방어체제 계획을 대체하는 새로운 미사일방어계획을 유럽에 건설하겠다고 밝혔다. 미국이 이란의 장거리 미사일 위협을 이유로 하여 동유럽에 구축하려던 MD체제를 수정한 것이었다. 다만, 당시 미국 국방장관 로버트 게이츠는 2015년경 폴란드와 체코에 미사일을 배치할 계획이라고 언급하였다. 한편, 미국은 MD체제의 기술적 수준을 향상시키기 위한 실험도 계속하고 있다. 미국은 2013년 9월 동시에 날아오는 두 발의 중거리 탄도미사일을 해상배치형 방공미사일(SM3)과 지상배치형 고(高)도 미사일방어체계(THAAD)로 요격하는 시험을 하였으며 성공한 것으로 발표되었다. SM3은 대기권 밖에 있는 미사일을, THAAD는 대기권 안의 미사일을 격추하도록 설계한 것이다. 미국은 북한의 미사일위협에 대응하기 위해 괌에 THAAD의 배치를 완료하였다.

## 6. 트럼프 행정부

트럼프 행정부는 미사일방어(MD)망 강화를 위해 우주 공간을 적극 활용하겠다는 내용을 뼈대로 한 '미사일방어 검토보고서 2019'를 발표하였다. 기존의 미사일방어전략이 지상발사 요격미사일에 기반한 것이었다면 적의 미사일을 더욱 신속히 탐지하고 요격능력을 극대화하기 위해 우주 공간에 센서층과 요격무기를 설치, 미사일방어체계를 증강하는 것을 핵심으로 한다. 현재의 지상발사 미사일 요격기술은 발사된 미사일이 대기권을 날아갈 때 탄두를 맞춰 떨어뜨리는 데 초점을 맞추고 있는데 이를 발사단계(Boost Phase)에서 타격함으로써 방어력을 극대화하겠다는 구상이다. 적이 크루즈 미사일을 포함한 미사일을 발사한 직후 '부스트(상승)단계'에서 최신 스텔스 전투기인 F-35를 동원해 탐지·요격하는 개념도 포함되었다.

## 7. 바이든 행정부

2022년 10월 공개된 『미사일방어검토서(Missile Defense Review, MDR)』는 바이든 행정부의 미사일방어 전략을 상술하고 있다. 2022 MDR은 전체적으로 미사일 능력이 더욱 강력하고 다양하며 정교해지고 있음을 지적하고 미사일 방어가 거부적 억제(deterrence by denial) 수단의 요체이자 핵을 포함한 전략적 억제의 핵심임을 강조하면서, 다층적·복합적·연합적 방식을 총동원한 미사일방어 전력 강화에 노력을 기울이겠다고 밝히고 있다. MDR에서는 위협의 대상으로 탄도미사일과 순항미사일 외에 극초음속 미사일과 무인항공기를 새로 추가해서 강조하고 있다. 또 지역별 차이로는 유럽에서는 핵동맹으로서 전략적 억지와 미사일 방어 모두에서 확장억지력 강화와 핵공유 체제의 공고화를 언급한 반면, 인태 지역에서는 여전히 미국 확장억지력의 신뢰성과 실효성 강화에 초점을 두고 핵공유보다는 동맹 및 우방국과의 긴밀한 협의체계 구축과 미국의 전략자산 전개 강화를 강조하고 있다는 점이다.

## 5 주요국의 반응

### 1. 중국

**(1) NMD 반대**

중국은 NMD 및 TMD 모두에 대해 강력하게 반대하는 입장을 표명하고 있다. 중국이 NMD에 반대하는 이유는 다음과 같다.

① 미국의 NMD 실시는 전지구적인 차원의 전략적 균형과 안정을 파괴할 우려가 높기 때문이다.
② 미국의 NMD 연구·개발은 국제적인 군비통제와 군축의 진전을 가로막아 군비경쟁을 유발할 수 있기 때문이다.
③ 미국의 NMD계획은 국제적인 핵확산 금지를 위한 건설적인 노력에도 치명적인 장애를 유발한다.
④ 이 계획의 실시는 국제관계에 있어서 군사적 요인의 비중을 높여 국제평화와 안전유지를 저해한다.
⑤ NMD는 직접적으로 아태지역의 평화와 안전에 전혀 도움을 주지 못한다.

**(2) TMD 반대**

중국은 TMD에 대해 보다 완강한 반대입장을 천명하고 있다. 중국 측은 TMD가 동북아지역의 안정과 균형을 깰 수 있는 시도이며, 특히 자국의 영토 일부분인 대만에 무기를 판매해 '하나의 중국'정책에 쐐기를 박으려는 대중국 위협책으로서 상당히 위험한 구상이라고 분석하고 있다. 중국은 대만이 TMD체제에 편입되는 것에 강력히 반대하는 입장을 천명하고 있다. 중국의 영토주권을 침해하는 것으로 간주하기 때문이다. 한편, 일본이 TMD를 추진하는 것은 일본의 군사대국화를 촉진시켜 중국을 견제하게 될 것으로 판단하고 있다.

### 2. 일본

일본은 미국과 공조체제를 구축하고 자국 내에 TMD 기지를 건설하는 한편, 미국과 적극적으로 기술협력을 전개하고 있다. 일본이 미사일방어에 적극적인 태도를 취하는 것은 다음과 같이 분석할 수 있다.

(1) 대량살상무기와 미사일 확산이 이루어지고 있는 현 상황에서 탄도미사일방어는 일본 방위정책의 중요한 과제이고, 탄도미사일방어는 순수한 방어체계이기 때문에 일본의 전수방위원칙에 부합되기 때문이다.
(2) 미국과의 협력체제를 강화함으로써 미일안보체제의 신뢰성을 향상시키고 일본의 방위기술 수준을 높일 수 있다.
(3) 일본의 자체적인 군사력의 향상 및 군사대국화를 이룰 수 있는 기회이기 때문이다.

## 3. 러시아

러시아는 중국과 함께 미국의 MD에 가장 적극적으로 반대하는 국가이다. 러시아는 미국이 불량국가로부터의 핵미사일 공격가능성을 명분으로 MD체제를 구축하고 있으나, 실질적으로는 자국의 핵무기를 무력화시키고 미국중심 패권질서를 영속화하기 위한 전략으로 이해하고 있다. 이러한 인식에 기초하여 러시아는 중국과 반MD 연대를 강화하는 한편, 미국의 미사일방어망을 무력화할 수 있는 새로운 미사일 개발에 박차를 가하고 있다. 러시아는 특히 ICBM과 SLBM 등 미사일 분야의 첨단화에 주력하고 있으며 최근 토폴미사일을 개량한 RS-24 개발에 성공하였다. RS-24는 MIRV방식을 도입한 미사일로 러시아의 자체 위성항법시스템인 '글로나스'를 이용해 타격의 정확도를 높이고 발사된 뒤에도 미사일의 궤도와 방향을 자유자재로 변경해 미국의 요격미사일을 피할 수 있는 것으로 알려져 있다.

## 4. 대만

미국은 중국의 반발에도 불구하고 대만에 TMD체제를 구축하겠다는 계획을 포기하지 않고 있다. 대만은 미국의 TMD에 참여하되, 몇 가지 정치적 고려를 하고 있다.

(1) 국민들에게 MD시스템 구축의 필요성을 납득시키고 확신시키는 것

(2) 미국과의 적극적인 관계의 유지

(3) 탄도미사일방어시스템에 대한 중국의 잠재적 반응을 최소화하는 것

이에 따라 대만은 미국과의 군사협력에 있어서 공개적 지지보다는 '조용한 파트너(Quiet Partner)' 관계를 보다 선호하고 있고, 미국 주도하의 TMD 구축을 최대한 지연하고자 한다.

# 6 우리나라의 입장

## 1. 기본입장

한국은 미국의 미사일방어정책(MD)에 대해 공식적으로 참여하지 않는다는 입장을 유지하면서도, 한미동맹 기반의 안보 협력을 강화하는 방향으로 독자적 방어체계를 구축해 왔다. 특히 북한의 핵·미사일 위협에 대응하기 위해 한국은 3축 체계(Kill Chain, KAMD, KMPR)를 중심으로 자주적 방어능력을 강화하고 있다. 미국의 사드(THAAD) 체계도 주한미군 방어용으로 배치되었지만, 이는 중국의 반발을 초래하면서 외교적 긴장 요인이 되었다. 한국은 동북아에서 자국 안보와 지역 정세 사이에서 균형적 입장을 견지하며, 미국의 전략적 억지력은 활용하되, 독자적 방어능력 강화를 통해 실질적 안보 자율성 확보를 추구하고 있다.

## 2. 한국형 3축 체제

### (1) 킬체인(Kill Chain)

북한이 핵·미사일을 발사하기 전에 도발 징후를 조기에 탐지하고, 선제적으로 타격해 제거하는 전략이다. 위성, 정찰기, 레이더 등으로 북한의 이동식 발사대(TEL)나 핵심 지휘부의 움직임을 파악한 뒤, 정밀 유도무기나 탄도미사일 등으로 신속히 타격하는 것을 목표로 한다. 탐지 - 식별 - 결심 - 타격의 순환 속도가 핵심이다.

### (2) KAMD(Korea Air and Missile Defense)

북한의 탄도미사일을 공중에서 요격하는 한국형 미사일 방어 체계로, 미국의 MD 체계와는 독립적으로 운영된다. PAC-3, 천궁-II(중거리 지대공미사일), L-SAM(장거리 요격체계) 등의 다층적 요격망을 구축해 저고도 ~ 고고도까지 대응할 수 있는 다단계 방어망을 구성하고 있다. 실전 배치는 점진적으로 확대 중이다.

### (3) KMPR(Korea Massive Punishment and Retaliation, 대량응징보복)

북한이 실제로 핵무기를 사용하거나 남한에 대한 치명적인 도발을 감행할 경우, 북한 지도부와 핵심 시설을 집중적으로 타격해 응징하겠다는 전략이다. 고위 정권 인사, 지휘 통제시설, 전략무기 기지 등을 순항미사일, 탄도미사일, 특수전 수단 등으로 보복 타격하는 것이 골자다. 이는 억제력을 높이기 위한 보복 의지의 천명이기도 하다.

이 3축 체계는 북한의 핵 위협이 고도화됨에 따라 한국이 미국과는 별개로 독자적 억지력을 구축하기 위해 마련한 전략 체계이며, 선제타격·방어·보복의 전(全)단계를 포괄하는 종합적 안보 개념이다.

## 제6절 | 확산방지구상(Proliferation Security Initiative: PSI)

### 1 의의

'확산방지구상'은 2003년 유럽을 순방 중이던 부시 대통령이 대량살상무기와의 전쟁을 승리로 이끌기 위해서 발표한 새로운 정책적 구상을 말한다. PSI가 발표된 이래 참가국이 지속적으로 확대되고 해상나포훈련 등 관련 훈련을 지속적으로 전개해 오고 있다. WMD 반확산전략(Counter - Proliferation Strategy)의 하나로 추진되고 있는 PSI는 미국의 대량살상무기 대응의 주요 전략수단으로 부상하고 있다. 한편, PSI가 한국에게 중요한 문제로 제기되는 이유는 북한 때문이다. 북한은 핵무기를 비롯한 대량살상무기를 개발하였으며, 미사일을 중동지역으로 수출해서 상당한 외화수입을 벌어들이는 등 그동안 PSI의 기본목표인 'WMD 확산방지'에 근본적으로 저촉되는 행동을 해왔기 때문이다.

## 2 배경

### 1. 탈냉전기 이후 WMD 확산

냉전의 종식과 소련의 와해 그리고 이와 동시에 진행된 지구화의 물결은 기술과 정보의 확산 및 공유를 초래하였으며, 이 과정에서 WMD 관련 기술과 물질도 합법적·비합법적으로 확산되었다. 탈냉전기 WMD 확산의 주요 특징은 특히 핵무기와 핵물질의 확산현상이 두드러지게 나타나고 있다는 점이다. 1998년 인도와 파키스탄이 핵실험에 성공해서 핵보유국이 되었고, 2006년 10월에는 북한이 부분적으로 핵실험에 성공하여 핵보유국 반열에 올라섰다. 한편, 냉전 종식 직후부터 동구권지역을 중심으로 핵물질과 방사능물질의 불법유출과 밀거래 사건이 적발되기 시작하였다. PSI는 지속적으로 확산되고 있는 WMD에 대한 보다 적극적인 대응책으로서 제시된 것이다.

### 2. 9·11테러

9·11테러는 피해범위, 형태 및 조장하는 공포의 측면에서 과거의 소규모 테러행위와 비교할 수 없는 사건이었고 강력한 이념이나 종교적 신념으로 무장한 적대세력이 세계 도처에서 9·11테러와 유사한 테러를 가할 가능성이 있다는 경종을 울려준 사건이었다. 또한, 9·11테러는 테러행위자들이 대량살상무기를 사용할 경우 세계적 차원의 재앙이 발생할 수 있다는 우려가 설득력을 가지게 해 주었다. 테러와 대량살상무기의 결합가능성이 중요한 국제안보현안으로 대두되었고, 미국은 보다 적극적이고 공세적인 대량살상무기 확산방지전략을 구상하게 되었다. PSI는 이러한 맥락에서 제시된 것이다.

### 3. 미국의 국가안보전략 변화

9·11테러 이후 미국의 국가안보전략은 근본적인 변화를 보여주었다. 과거 미국은 합리적인 국가세력에 대한 '억지(Deterrence)'를 통해 안보를 달성하는 것을 근간으로 삼아왔다. 그러나 테러세력은 자살폭탄테러를 가하는 비합리적 세력으로서 억지가 가능하지 않은 세력이다. 따라서 이들이 핵무기를 가지는 것 자체를 막을 필요가 있다. 따라서 미국은 기존의 '위협기반접근법(Threat-based Approach)'을 축소하고 '능력기반접근법(Capability-based Approach)'을 새롭게 채택하였다. PSI는 능력기반접근법에 기초하여 테러세력이나 테러지원국들이 대량살상무기 제조물질이나 기술 자체를 획득하는 것을 방지하고자 한다.

### 4. 기존 수출통제체제의 한계

미국 등 국제사회는 그동안 주도적으로 대량살상무기 등 전략물자에 대한 수출통제를 실시해 왔다. 1949년 출범한 대공산권 수출통제위원회(CoCom)는 미국과 NATO 동맹국을 주축으로 군사물자와 군사용도로 전환 가능한 민수품에 대한 광범위한 공산권 수출을 통제하였다.
CoCom은 1994년에 해체되고 바세나르협약(Wassenaar Arrangement: WA)으로 대체되었다. 이밖에도 NPT, NSG, MTCR 등이 있는데, 이러한 통제체제들에 가입하지 않고 있는 국가나 조직들의 합법적인 거래를 방지하는 데는 한계가 있다. PSI는 이러한 수출통제체제를 회피하거나 합법적으로 무시하고 국제적으로 대량살상무기와 관련물질을 거래하는 것을 물리적으로 차단하고자 한다.

**서산호 사건(2002년 12월)**

PSI 출범의 보다 직접적인 계기를 마련해 준 것은 서산호 사건이다. 서산호는 북한선적의 선박으로서 시멘트, 스커드 미사일, 고성능 재래식 탄두, 미확인 화학물질 등을 싣고 예멘으로 항행하던 선박이었다. 미국은 스페인에게 동 선박의 검색을 요청하였고, 스페인은 이에 응하여 공해상에서 동 선박에 대한 정선명령과 검색을 개시하였다. 이에 대해 예멘은 강력하게 항의하였고, 결국 스페인 군함은 동 선박의 예멘행을 허용하였다. 예멘은 북한과의 합법적 거래라고 주장하였다. 서산호 사건을 계기로 부시 행정부는 보다 강력한 반확산정책을 구상하고, PSI를 출범시키게 되었다.

## 3 주요 내용

### 1. 의의

PSI는 WMD, 운반체제, WMD 관련 물질의 확산이 야기하는 새로운 안보적 도전과 위협을 억제하고 예방하기 위한 행동방안이다. 미국은 PSI가 하나의 조직이 아닌 행동을 위한 국제레짐임을 강조하고 있다.

### 2. 목표

WMD 확산방지라는 기본 방향하에 PSI는 두 가지 구체적인 목표를 가지고 있다.

**(1)** 불량국가와 테러집단 등 개별 대상에 초점을 맞추고 이들이 WMD에 접근할 가능성을 차단하는 것이다. 이는 단순히 WMD가 불량국가와 테러집단으로 전파되는 것을 예방하는 데 그 목표가 있는 것이 아니라 이들 무기와 관련 프로그램을 '폐기(Eliminate)'하고 WMD 프로그램이 존재하지 않던 원래 상태로 '원상회복(Roll Back)'시키는 것이라고 할 수 있다.

**(2)** 국제적인 WMD 밀거래 네트워크를 완전히 차단하고 봉쇄하는 것이다. PSI는 WMD 확산을 야기하는 특정 국가에만 국한하지 않고 관심영역을 확대해서 WMD를 공급하는 공급자와 이를 획득하려는 수급자 사이의 국제적 밀거래 루트와 네트워크를 차단하는 데 주력하는 것이다.

### 3. 차단원칙

**(1)** 확산의 우려가 있는 국가나 단체들 간에 WMD, 운반체계, 관련물질의 이전 및 수송을 차단하기 위해 효과적인 조치를 강구한다.

**(2)** 확산이 의심되는 활동에 대해 관련정보를 신속히 교환하도록 체제를 정비하고, 비밀정보를 보호하며, 차단작전을 위해 적절한 자원과 능력을 제공하고 협력을 최대화한다.

**(3)** 이러한 목적을 달성하기 위해 필요한 자국의 법적 장치를 강화하고, 이를 지원하기에 적절한 방식으로 국제법과 국제체제를 강화할 수 있도록 한다.

**(4)** 국제법 및 국제체제와 일치하고 국내법이 허용하는 범위에서 WMD, 운반체계, 관련물질의 수송에 대한 차단노력을 지원하는 특정 행동을 취한다.

## 4. 차단작전을 위한 구체적인 행동지침

(1) 확산의 우려가 있는 어떠한 화물에 대해서도 운송을 지원하거나 직접 운송하지 않으며, 자국의 사법권이 미치는 영역 내에 있는 개인도 이를 허용하지 않는다.

(2) 자국의 내해·영해·공해에서 확산의 우려가 있는 화물을 운송하는 것으로 타당한 의심이 있는 어떠한 선박에 대해 승선 및 검색을 실시하고, 이러한 화물이 적발될 경우 압수한다.

(3) 대량살상무기의 수출이 의심되는 자국 국적 선박에 대해 타국이 검문, 검색하고 WMD 관련 물질이 적발될 경우 이를 압수하고자 요청받을 경우 이를 허용하는 것을 적극 고려한다.

(4) 대량살상무기의 거래가 의심되는 화물을 운송하는 선박을 내수, 영해, 접속수역에서 정선 및 검색하고 이러한 화물을 압수하기 위한 적절한 행동을 취하는 한편, 자국의 항구, 내해, 영해를 출입항하는 의심선박들에 대해 검문, 검색, 압수할 수 있는 강제조건을 명시한다.

(5) 자국의 판단이나 타국의 요청이 있을 경우 자국의 영공을 통과하는 의심항공기에 대해 검색을 위해 착륙을 요구하고 이러한 화물을 압수하며, 의심항공기가 자국의 영공을 통과하는 것을 사전에 거부한다.

(6) 자국의 항구, 비행장, 또는 기타 시설이 대량살상무기 화물 운송의 중간기점으로 이용될 경우 이들 선박, 항공기, 운송 관련 수단을 검색하고 관련물품으로 확인된 화물을 압수한다.

## 4 특징

### 1. 맞춤형 봉쇄

PSI는 2002년 말 부시 행정부가 제시한 대북 맞춤형 봉쇄의 한 수단이라고 할 수 있다. 봉쇄정책이란 제2차 세계대전 이후 냉전기에 미국이 소련의 세력 팽창을 저지하기 위해 채택한 외교안보정책으로서 탈냉전기에도 기본적으로 유지되었다. 다만, 탈냉전기 봉쇄정책은 모든 국가에 일괄적으로 적용할 수 있는 '표준형 봉쇄(One-Size-Fits-All Containment)'는 현실적이지 못하기 때문에 이른바 '맞춤형 봉쇄(Tailored Containment)'의 모습을 띠고 있다.

맞춤형 봉쇄란 문제를 야기하는 개별국가의 특성과 현실에 맞게 봉쇄정책의 내용과 수단을 조절하는 것을 말한다. 맞춤형 봉쇄의 기본 취지는 제재위협, 미사일을 선적한 북한 선박에 대한 나포, 경제협력 축소 등을 통해서 북한을 고립시킴으로써 핵을 포기시키겠다는 것이다. 요컨대 PSI는 WMD 확산을 저지한다는 분명한 목표를 가지고 북한을 포함한 불량국가와 테러집단을 대상으로 당시 상황에 따라서 적절한 대응수단을 강구하는 맞춤형 봉쇄의 실천수단이다.

## 2. 강압외교(Coercive Diplomacy)

'강압외교'는 무력을 동원해서 상대방이 바람직한 방향으로 행동하도록 상대방의 인식에 영향을 미치는 외교수단을 말한다. 강압외교의 목표는 상대방을 장악하거나 협박하는 것이 아니라 설득하는 것이다. 강압외교는 군사적인 능력을 과시함으로써 효력을 가지게 되는데, 군사력을 사용할 의지와 능력이 확고할수록 강압외교의 신뢰도가 높아진다. 그러나 강압외교는 기본적으로 군사전략이 아니라 외교전략이며 군사력의 사용이 아니라 군사력의 사용위협에 의존하는 전략이다. 강압외교는 '억지(Deterrence)'와 구별되는 바 억지는 상대방으로 하여금 특정한 행동을 하지 못하도록 단념시키는 데 초점을 맞추고 있는 반면, 강압외교는 이미 벌어진 행위에 대한 대응으로써 이러한 행위가 더 이상 발생하지 못하도록 하는 데 주안점을 둔다. 예컨대 PSI는 오랫동안 미사일을 국제사회에 확산시켜 온 북한에 대응해서 미사일을 포함한 WMD 확산을 막기 위해 사용되는 강압외교의 수단이다.

## 3. 공세적 억지(Aggressive Deterrence)

PSI는 9·11테러 이전의 '방어적 억지'와 구별되는 공세적 억지를 위한 수단적 성격을 가진다. 미국은 선제공격이나 예방공격 대신 '억지'를 9·11테러 이전까지 안보전략의 핵심개념으로 유지해 왔다. 억지전략은 강력한 무력으로 상대의 침략을 억지하되 억지가 실패하면, 즉 상대가 억지선을 무너뜨리고 먼저 공격을 해오면 그에 대응해서 상대방의 침략을 격퇴시킨다는 전략이다. 그러나 9·11테러 이후 미국의 안보전략은 공세적 억지로 변경되었는바 공세적 억지란 위협이 가시화되기 전에 위협을 제거함으로써 공격을 단념시키는 전략을 말한다. 공세적 억지는 '선제적 억지(Preemptive Deterrence)'와 '예방적 억지(Preventive Deterrence)'로 구분될 수 있다. 이 구분은 위협이 시간적으로 임박한 정도에 대한 것이다. 선제적 억지가 예방적 억지보다 시간적으로 가까운 위협에 대응하는 것이다. 따라서 PSI가 완성된 WMD를 차단하는 경우에는 선제적 억지전략의 수단으로서, 또한 WMD 관련 부품과 장비를 차단하는 경우에는 예방적 억지전략의 수단으로서 기능한다고 볼 수 있다.

## 4. 반확산전략(Counter - proliferation)

미국은 WMD 확산에 관한 정책을 비확산전략(Non - proliferation), 반확산전략 및 사후관리책으로 구분하여 전개하고 있다. 비확산전략이 비확산레짐을 재정비하여 대응하는 것인 반면, 반확산전략은 '사용'에 초점을 맞춰서 확산에 보다 직접적으로 대응하는 것이다. 이러한 구분에서 볼 때 PSI는 MD, 선제공격(Preemptive Strike)과 함께 반확산전략의 핵심구성요소이다.

## 5. 자발적 참여와 행동중심

PSI는 상설기구(Organization)가 아니라 대량살상무기 및 관련장비의 확산방지를 지지하는 국가들의 '자발적 참여의사에 기초한 연합체(Coalition of Willingness)'이다. PSI는 국제조약이 아니다. 단지 PSI의 취지와 목표에 공감하고 활동에 참여하겠다는 의사표시만 하면 참여가 가능하다. 또한 참여 수준과 형태에 있어서도 각국이 처한 환경과 입장을 고려하여 다양한 형태의 참여가 가능하다. 활동범위는 참여 국가 간 관련정보 교환 등을 포함하고 있으나 활동 내용의 핵심은 필요 시 의혹 화물 적재 선박에 대한 차단을 시행하는 실제적 행동(Activity)에 두어져 있다.

## 5 추진 현황

### 1. 각국의 PSI 참여 동향

#### (1) 참가국 현황

| | |
|---|---|
| 아시아·태평양지역 | 한국, 아프가니스탄, 호주, 브루나이, 캄보디아, 피지, 일본, 마샬군도, 몽골, 뉴질랜드, 파푸아뉴기니, 필리핀, 싱가포르, 스리랑카, 사모아, 비누아투 |
| 아프리카·중동지역 | 앙골라, 바레인, 지부티, 이라크, 이스라엘, 요르단, 리비아, 오만, 카타르, 튀니지, 아랍에미레이트, 쿠웨이트, 예멘, 라이베리아, 모로코, 사우디아라비아 |
| 유럽·구소련지역 | 알바니아, 안도라, 오스트리아, 아르메니아, 아제르바이잔, 벨라루스, 벨기에, 보스니아, 불가리아, 크로아티아, 사이프러스, 체코, 덴마크, 에스토니아, 핀란드, 프랑스, 그루지야, 독일, 그리스, 교황청, 헝가리, 아이슬란드, 아일랜드, 이탈리아, 카자흐스탄, 키르기스스탄, 라트비아, 리히텐슈타인, 리투아니아, 룩셈부르크, 마케도니아, 몰타, 몰도바, 몬테네그로, 네덜란드, 노르웨이, 폴란드, 포르투갈, 루마니아, 러시아, 산마리노, 세르비아, 슬로바키아, 슬로베니아, 스페인, 스웨덴, 스위스, 타지키스탄, 터키, 트루크메니스탄, 우크라이나, 영국, 우즈베키스탄 |
| 미주지역 | 아르헨티나, 바하마, 벨리즈, 캐나다, 칠레, 엘살바도르, 온두라스, 파나마, 파라과이, 미국 |
| 주요 불참국 | 중국, 인도, 이란, 파키스탄, 이집트, 인도네시아 등 |

### (2) 러시아

러시아는 2004년 5월 31일, 미국 주도의 확산방지구상(PSI)에 공식적으로 참여를 선언하며 대량살상무기 확산 억제 노력에 동참하겠다는 입장을 밝혔고, 당시 미국도 이를 정식 참가국으로 인정하였다. 그러나 이후 러시아는 공해상 선박 차단 등 PSI의 핵심 활동이 국제법을 위반할 수 있고, 특정국(북한·이란 등)을 겨냥한 미국 주도의 일방주의적 성격을 띤다며 점차 소극적인 태도로 전환하였다. 특히 2014년 크림반도 합병 이후 미·러 관계가 급속히 악화되면서 PSI 훈련 및 협의체 활동에서 사실상 이탈하였으며, 공식 탈퇴 선언은 없었지만 현재는 실질적인 불참 상태로 간주되고 있다.

## 2. PSI 운영현황

### (1) 운영방식

PSI는 국제기구와 달리 공식적인 사무국이 없고 21개 주요 회원국들로 구성된 운영전문가그룹(Operational Expert Groups: OEG)회의를 통해 운영되고 있다. OEG회의는 모든 OEG 회원국들이 참여하는 전체 OEG회의와 지역별 OEG회의로 구성되며, 전체 OEG회의의 경우 최근 연 1회 개최되는 추세이다. 현재 아태지역 OEG회의에는 한국, 미국, 일본, 호주, 뉴질랜드, 캐나다, 싱가포르 등이 참여 중이다.

### (2) 최근 추진 동향

최근 PSI 활동은 기존의 '물리적 차단'에서 PSI 회원국들 간 확산 관련 '정책, 정보 공유 및 협조'를 중심으로 변화 및 발전하는 추세이다. 이는 물리적 차단에서 오는 법적·정치외교적 민감성을 최소화하고자 하는 취지로 평가된다. 또한 회원국들은 점차 차단활동 자체보다는 '차단 전·후의 조치'에 주목하고 있다. 동 조치에는 확산정보 검증절차, 수출 불허, 환적 중단, 선박 회항 시 관련기업의 손해배상 요구에 대한 대응, 방사능물질 등 고위험물질 처리, 이중용도물자의 불법수출 관련 형사처벌 및 사법공조, 적발물자의 최종처리 등이 있다.

## 3. 양자 간 승선협정체결

미국은 공해상에서 차단작전이 국제법을 위반할 수 있음을 인식하고, 국제법적 보완작업을 주도하였다.

**(1)** 주요 편의치적 국가들과 승선협정을 체결하였다. 즉, 라이베리아, 파나마, 사이프러스 등 11개국과 승선협정을 체결하여 동 국적의 선박에 대해서는 공해상이라 하더라도 일정한 절차에 따라 승선 및 검색이 가능하도록 하였다.

**(2)** 국제해사기구(IMO)에서 해상불법행위억제협약(SUA)이 개정되고 발효되었다. 동 협약 역시 협약상 절차에 따라 공해에서 승선 및 검색을 실시하도록 한다.

**(3)** 안전보장이사회결의 제1718호(2006.10.)는 모든 회원국들에 대해 북한행 또는 북한발 화물에 대한 검색을 포함한 협력적 조치를 취할 것을 요청하였다.

## 4. 차단훈련의 실시

미국과 PSI 참여국들은 PSI 훈련을 통해 PSI 이행능력을 강화하고, 정보 공유를 추진하고 있다. 2004년 10월에는 일본에서 아시아 최초 PSI 훈련이 실시되었고 러시아가 참관단을 파견하였다. 이러한 훈련은 참여국들의 해상 차단능력과 정보 공유능력을 향상시킬 뿐만 아니라 핵확산 국가에 억제효과를 가질 수 있다고 평가된다.

## 5. 차단작전

2003년 10월 미국과 동맹국들은 말레이시아에서 리비아로 우라늄 원심분리기 농축장비 부품을 독일 선적 BBC China호가 운송하는 것을 국제협력에 의해 성공적으로 차단하였다. 이 작전은 2003년 12월 리비아가 국제적 압력하에서 WMD와 장거리 미사일 계획을 모두 폐기하는 선언을 하도록 하는데 결정적인 역할을 하였다. 일본은 2003년 6월 북한을 운항하는 선박에 대한 정책을 변경하여 선박에 대한 안전 검색을 강화하였고 이후 북한은 즉각 일본에 대한 선박 운항을 중단하기도 하였다.

## 6. UN안전보장이사회결의 제1540호

미국은 2004년 4월 UN안전보장이사회결의 제1540호의 통과를 주도하여 각국이 WMD 및 WMD 관련물질의 생산·활용·저장·운송에 대한 국내통제를 실효성 있게 강요하며, 해당 물품의 수출 및 거래에 대한 통제방법을 발전시킬 것을 요구하였다. 이 결의는 구속력이 없고 차단작전을 언급하고 있지도 않으나, PSI가 법적 정당성을 어느 정도 가지도록 하고, WMD 확산방지를 위한 국제적 노력을 합법화하였으며, WMD 확산과 관련하여 각국의 공급망(Supply Chain) 전반에 대한 통제를 요구한다는 점에서 중요한 의미를 가진다.

## 7. 컨테이너안보구상(Container Security Initiative: CSI)의 확대

미국은 2002년 1월 대테러전의 일환으로 PSI와 병행하여 컨테이너안보구상을 추진하고 확대하여 해상교역으로부터의 테러위협을 감소시키고자 하고 있다. CSI는 미국 항구로 출발하는 대부분의 주요 지정된 외국 컨테이너 선적항에 조사관을 파견하여 컨테이너를 선별적으로 조사하여 위험을 사전에 제거하고자 하는 구상을 말한다.

## 8. G8 국가와 전 지구적 동반자관계의 형성

미국은 WMD와 관련물질의 확산을 막기 위한 G8 국가 간 전지구적 동반자관계(Global Partnership Against WMD)를 추구하고 있다. 전지구적 동반자관계는 PSI 추구와 병행하여 WMD 확산을 방지하기 위한 제도적 장치와 재정적 지원을 제공할 수 있도록 한다. 2002년 6월 카나나스키스(Kananaskis) G8 정상회담에서 부시 대통령에 의해 제안되었고, G8 국가들은 향후 10년간 구소련 국가들의 비확산, 군축, 대테러전, 핵 안전프로젝트를 지원하기 위해 200억 달러를 모금할 것에 합의하였다. 한국은 2004년에 이 프로젝트에 합류하였다.

### 9. PSI 제주 고위급 회담(2023.5)

2023년 5월 PSI 20주년 고위급회담 및 아태순환훈련(훈련명: Eastern Endeavor 23)이 개최되었다. 고위급회담은 매5년마다 개최하고 있다. 이번 회담은 우리나라 제주에서 열렸다. 주요 내용은 첫째, 다수 참석국들은 지난 20년간 PSI 참여국 수가 10배로 증가하였음을 환영하고, 참여국 간 정기적 회의 및 훈련 등을 통해 위협 관련 정보 공유 원활화 및 역량 강화가 이루어졌음을 평가하였다. 둘째, 참석국들은 북한 등의 핵·미사일 프로그램 추구와 격화되는 진영간 대립 등을 비확산 위협 요인으로 지적하였으며, 인공지능·양자컴퓨팅 등 신기술 발전에 따른 도전 요소에 대한 PSI 차원의 대응이 필요하다고 강조하였다. 셋째, 참석국들은 국제안보환경 변화와 핵심 기술, 확산 관행의 진화에 대응하기 위해 PSI 참여국간 협력·조율 강화, 모범 관행 공유 등 최적의 방안을 지속 모색해 나가기로 하였다. 넷째, 회의 후 채택한 공동성명에는 PSI 공동성명 최초로 유엔 안보리 결의에 위배되는 핵·미사일 개발 활동이 대량살상무기로 인한 확산 위협 중 하나임이 명문화되었으며, 암호화폐·무형기술이전 등 새로운 확산 수단과 인공지능(AI) 등 신흥기술로 인한 확산위협에 대응할 필요성이 강조되었다.

## 제7절 | 미국 - 중국 관계

### 1 주요 쟁점

#### 1. 무역마찰

2018년 1월 미국은 중국이 불공정한 산업 및 통상정책을 앞세워 미국으로부터 수십 년간 이익을 취했다며 고율관세를 부과하였다. 이에 대해 중국은 2018년 무역백서를 발간하여 미국을 강도 높게 비판했다. 무역백서에서 중국은 2017년 미국의 새행정부가 들어서고 나서 '미국 우선주의' 구호 아래 상호 존중, 평등 협상 등 국제교역의 기본 원칙을 저버리고 일방주의, 보호주의, 경제 패권주의를 실행하고 있다고 비판했다. 2019년 10월 미중간 무역협상이 진행되어 마찰을 줄이고자 하는 노력을 전개하기도 하였다.

## 2. 군사력 경쟁

첫째, 2019년 6월 미 국방부는 '인도 - 태평양 전략 보고서'를 발표했다. 동 보고서는 중국을 아시아 태평양 지역의 안보와 경제 질서를 흔들려는 수정주의 세력이라고 다시 한번 명확히 규정하였다. 둘째, 미국은 2019년 8월 중거리 핵전략(INF)조약에서 탈퇴한 이후 아시아지역에 INF 배치를 공언하면서 중국과 러시아가 강력 반발하였다. 중국은 미국이 INF를 배치하면 동아시아 지역에 치열한 핵무기 경쟁이 가속화될 것이라고 비판했다. 셋째, 중국은 제19차 당대회를 계기로 '강군몽'실현을 위해 군 현대화에 박차를 가하고 있다. 시진핑 국가주석은 2020년까지 군대 기계화 및 정보화를 실현하고, 2035년까지 국방 및 군대 현대화를 달성하여, 2050년이 되면 세계 일류 군대를 건설한다는 3단계 발전론을 구체적으로 제시하였다.

## 3. 규범 및 가치관의 충돌

미국의 자유와 인권의 가치가 중국이 주장하는 주권 및 내정불간섭 원칙과 충돌하면서 미중 경쟁을 심화시키고 있다. 미국은 신장 위구르 자치구 및 티벳 인권문제, 홍콩 인권문제를 제기하면서 중국을 압박하였다. 중국은 이에 대해 내정간섭이며 국제법과 국제관계의 기본원칙에 위배되는 패권적 행동이라고 강하게 반발하고 있다.

## 4. 대만문제

### (1) 미국 - 대만관계의 역사

대만문제는 한국전쟁 발발 이후부터 중미관계의 발전을 가로막는 가장 큰 장애물로 작용해 왔다. 1950년 북한이 한국을 침공한 직후 미국의 트루먼 행정부는 국민당 정부를 포기하려 했던 당초의 입장을 바꾸어 대만해협에 군대를 파견하여 중국군이 대만을 공격하지 못하도록 막았다. 미국은 대만에 대한 중국의 무력 위협을 저지하기 위해 대만과 방위조약을 체결하고 군사적 지원을 아끼지 않았다. 1979년 중국과 국교를 정상화하기 위해 대만과 외교관계를 단절하고 방위조약을 폐기한 후에도 미국은 '대만관계법'에 의거하여 대만의 방위에 필요한 무기를 제공해 주고 있으며, 세계보건기구를 비롯한 국제기구에 대만이 가입하는 것을 간접적으로 지지하고 있다.

**대만관계법**

대만관계법은 미국이 중국과 1979년 수교하면서 대만과 맺고 있던 공동방위조약을 폐기하고 이를 대체하기 위해 그해 4월 제정, 발효된 미국 국내법으로서 대만에 대한 안전 보장조항을 담고 있으며 필요에 따라 대만에 병력을 투입하도록 허용하고 있다. 1969년 1월에 출범한 닉슨 행정부는 중소분쟁을 기회로 삼아 중국과의 대화채널을 열고, '핑퐁외교'를 시작하게 되었다. 이후 1971년 6월 닉슨 대통령은 대중국 금수(禁輸)조치를 해제하고, 1972년 2월 중국을 방문해 상해에서 중국 지도자들과 상해공동성명을 발표하게 되는데, 이 성명에서 대만과 중국의 문제는 중국인 스스로가 외부의 간섭 없이 해결해야 하며, 대만은 중국의 한 일부분이라는 것을 인정한다고 하였다. 닉슨 행정부의 중국에 대한 유화정책은 1979년에 대만과 국교를 단절하고 대만주둔미군을 철수시키게 만들었다. 아울러 미국 의회에서는 '대만관계법'이 제정되고 미국 - 대만 공동방위조약이 정식 폐기되었다. 대만관계법은 대만의 합법적인 방위욕구 충족과 대만문제의 평화적 해결이라는 목적으로 제정되었으며, 대만관계법은

> 유사 시 미국의 자동개입조항과 함께 중국이 대만을 침공하거나 군사적 위협을 가하면 대만에 의무적으로 무기를 판매하도록 하고 있다.
> 즉, 대만관계법은 비평화적인 방식으로 대만해협의 현상을 변경하려는 모든 시도를 미국의 큰 관심사로 규정하여, 유사 시 미국이 개입할 수 있는 여지를 마련하였으며 대만의 안보를 위해 무기를 공급한다고 명시하고 있다. 이 법은 그 뒤 상호대표부 설치와 대만에 대한 미제 무기 판매, 고위관리 교류 등의 토대가 되었으나, 중국은 이에 대해 하나의 중국원칙을 저버린 채 실질적으로 두 개의 중국을 용인한 이중적인 태도라며 비난해 왔다. 중국 측의 항의에 따라 1982년 발표된 양국 공동성명에서 미국은 대만에 대한 무기 판매량을 점차 줄여나가기로 합의하였으나, 이후에도 미국은 대만에 대한 무기 판매를 지속해 왔다.

### (2) 미국에 있어서 대만의 중요성

대만은 미국에게 매우 중요한 전략적 가치를 지니고 있다. 대만은 사우디아라비아 다음으로 많은 무기를 미국으로부터 구매하고 있고, 미국의 8대 교역국으로 세계에서 미국산 농산물을 6번째로 많이 수입하고 있다. 대만해협은 인도양과 태평양을 잇는 중요한 해상수송로의 하나로서 미국의 동맹국인 한국과 일본뿐만 아니라 미국 자신의 국익에도 치명적인 영향을 줄 수 있는 전략적 요충지로 평가되고 있다. 또한 대만은 중국 군대가 동해와 태평양지역으로 투사능력을 팽창하는 것을 모니터할 수 있는 기지로 활용될 수 있기 때문에 미국은 여전히 대만을 방위·정보 협력 파트너로 간주하고 있다.

### (3) 대만문제와 미중관계

중국이 미국의 세계 패권지위에 도전할 수 있는 유일 강대국으로 부상하면서, 부시 행정부는 출범 직후 중국을 '전략적 경쟁자' 심지어는 '잠재적 적대국'으로까지 규정하고 중국 견제를 위해 대만과의 군사관계를 확대하였다. 9·11테러 이후 중국이 미국의 반테러전쟁에 제한적이나마 협력함으로써 중미관계가 어느 정도 개선되었으나, 대만에 대한 미국의 방위정책은 변화가 없었다. 미국은 '하나의 중국원칙' 견지, 대만 독립 불지지, 대만에 대한 중국의 무력사용 반대 등을 대대만 정책의 기조로 삼고 있으며, 대만해협의 현상과 안정 유지를 최우선시하고 있다. 하지만 중국은 대만이 중국의 일부이며 '하나의 중국'만이 존재한다는 입장인 반면, 미국은 중국과 대만의 분리를 현상 유지로 보고 있기 때문에 대만문제를 둘러싼 중국과 미국 간의 갈등이 완전히 해소되기는 힘들어 보인다.

## 5. 이란 핵문제

이란이 NPT 당사국임에도 불구하고 핵개발을 추진함으로써 미국은 이란에 대해 경제제재조치를 취하고 있으며, 중국의 동참을 강력하게 요청하고 있다. 미국은 이란의 핵무장은 현존 비확산체제의 붕괴를 의미할 뿐 아니라 미국의 세계전략구도에 큰 변화를 초래할 수 있는 엄중한 사안으로 보고 있다. 이에 대해 중국은 책임 있는 대국의 이미지를 고려하여 서방사회의 요구에 대해 고민하면서도 일방적으로 양보하기는 어렵다고 판단하고 있다. 이란은 유사 시 중국의 가장 중요한 에너지 공급선이며, 이슬람 분리독립자들을 통제하는 협력자이다. 또한 지정학적으로 서방중심의 서부 중동지역에 대한 전략적 균형을 맞추어줄 수 있는 동부 중동지역의 강국이기도 하다.

이란 핵문제의 협조 여부는 향후 중장기적으로 미중관계에 지속적으로 영향을 미칠 것이며, 미중 간 전략적 협력관계를 넘어 '전략적 동반자'의 관계로 자리매김하는 데 주요한 척도가 될 것으로 평가된다.

## 6. 북핵문제

### (1) 미국의 대북 강경책

9・11테러 이후 부시 행정부는 반테러전 수행과 대량살상무기 확산 저지에 외교안보정책의 최우선을 두고, 이라크, 이란과 함께 북한을 지구상에서 제거해야 할 3개의 '악의 축'으로 규정하였다. 부시 집권 초기 미국 행정부 외교안보라인을 장악한 신보수주의자들의 눈에 비쳐진 북한의 모습은 미국과 미국의 동맹국들의 안전을 위협하고 인권을 탄압하는 전세계에서 가장 비민주적인 '불량 국가(Rogue State)'였던 것이다. 부시 행정부는 북한과 같은 '불량 국가'가 핵무기와 미사일 그리고 화학무기 등 대량살상무기를 보유하고, 나아가 이를 테러단체에게 이전하는 것을 모든 수단을 동원해 저지하려 하고 있다. 북한이 핵무기 개발계획을 시인하자 미국은 북한이 1994년 북미 제네바합의를 어겼다고 주장하고, 북한에 대해 '완전하고, 검증가능하고, 되돌릴 수 없도록 핵개발 프로그램을 폐기할 것(CVID)'을 요구하였다.

미국은 중국을 비롯한 유관국과의 협의하에 북핵문제를 다루고 있으며, 북한에 대해 가장 강력한 영향력을 행사할 수 있는 위치에 있는 중국의 적극적이고 건설적인 자세를 촉구해 왔다.

### (2) 중국의 입장

중국은 북한의 핵보유가 자국의 경제 발전 및 동북아 안보환경에 미칠 부정적 영향을 우려하여 북핵문제 해결과정에 적극적으로 개입하여 영향력을 행사해 왔다. 그러나 중국은 북한의 핵무기 개발을 반대하면서도, 미국의 대북 군사압박과 적대정책으로 인해 핵개발을 강행하였다는 북한의 주장에도 동조하는 이중적 자세를 보여 왔다. 중국은 한반도 비핵화, 한반도의 평화와 안정 유지, 북한의 합리적인 안보우려 해소를 북핵 3원칙으로 제시해 왔고, 대화를 통해 평화적으로 문제를 해결하기 위해 중재역할을 수행하고 있다.

## 7. 미사일방어문제

9・11테러 이후 부시 행정부에서 전격적으로 추진되었고, 오바마 행정부에서도 대체로 승계된 미국의 미사일방어전략에 대해 중국은 반대하는 입장이다. 미국의 미사일방어망전략은 본토 방어를 위한 전략(NMD)과 동맹국 및 해외주둔미군 보호를 목적으로 하는 미사일방어망(TMD)으로 대별된다. 중국이 NMD에 반대하는 이유는 강대국 간 군비경쟁을 야기함으로써 상호관계를 악화시킬 것으로 판단하기 때문이다. NMD 추진이 반테러를 명분으로 하나, 1980년대 레이건 행정부의 전략방어구상(SDI)과 유사하게 강대국 간 군비경쟁을 촉발시킬 의도도 있는 것으로 본다. 한편, TMD와 관련해서는 일본 및 대만에 TMD 기지가 설치되는 것에 반발하고 있다. 일본 TMD의 경우 미일동맹 강화 및 중국 봉쇄를 목적으로 한다고 보기 때문이며,

대만 TMD의 경우 대만이 대중국 억지력을 강화하여 독립의지를 고취시킬 것으로 판단하기 때문이다. 미국이 지속적으로 MD전략 확대·강화를 추진함에 따라 MD문제 역시 미중 간 지속적으로 갈등을 유발하는 변수가 될 가능성이 높다.

## 2 상호전략

### 1. 미국의 대중전략

#### (1) 기조

미국의 대중국정책은 '관여(Engagement)와 헷징(Hedging)의 균형'으로 규정할 수 있다. 즉, 중국을 국제체제에 편입시켜 공동의 정치·경제·환경·안보 목표에 기반한 협력관계를 구축하려 하면서도, 중국의 군사적 근대화에 대해 경계하고, 양안문제의 평화적 해결을 모색하며 중국이 국제체제의 의무를 다하도록 촉구하는 것이다. 중국에 대한 견제의 일환으로 동아태지역에서 최상의 군사력을 유지하고 동맹관계를 강화하고자 한다.

#### (2) 최근 미 행정부의 대중국 전략

첫째, 최근 미국의 대중국 전략은 대중국 봉쇄전략에서 변환전략으로 변경되었다. 트럼프 행정부는 냉전적 의미의 봉쇄는 아니지만 군사적으로 보다 공세적으로 대응하고 글로벌 가치사슬로부터 중국을 퇴출시킨다는 의미의 21세기판 봉쇄전략을 구사했다. 바이든 행정부는 중국을 규칙이 지배하는 국제질서에 대한 '구조적 도전'이라고 규정하고 중국에 대한 압박정책을 지속적으로 전개할 것이라고 천명하였다. 바이든 행정부는 트럼프와 달리 자유주의적 국제질서를 유지 및 발전시켜 나가면서 동맹 및 파트너국들과 함께 체계적이고 복합적으로 중국에 대응하고자 한다. 냉전기에는 미국과 소련 간 경제적 상호의존이 부재했기 때문에 경제적 단절과 군사적 압박을 통해 소련의 붕괴를 기다리는 '봉쇄'가 가능했으나, 현재의 미중관계는 경제적 단절이 불가능하므로 군사, 경제, 가치, 기술 분야의 복합적 압박을 통해 중국의 행태를 변환시키겠다는 것이다.

둘째, 인태전략의 구체화. 미국의 인태전략은 중국의 일대일로 전략에 대한 미국의 대응이다. 중국의 일대일로 전략에 대해 미국은 일부 저개발국가들을 '빚의 덫(debt trap)'에 빠뜨리는 계략으로 인식한다. 중국이 저개발국가들에서 이익을 확보하고 이를 보호한다는 명분으로 인민해방군의 군사적 활동 영역을 넓히려 한다는 것이다. 미국은 중국의 일대일로를 동쪽에서는 인도-태평양 전략과 미국-일본-호주-인도 4개국 협의체인 쿼드(Quad)로 저지하고, 서쪽에서는 NATO로 압박하여 좌우 '협공'을 하고자 한다.

**중국의 일대일로와 미국의 인도 - 태평양 전략(인태전략) 비교**

|  | 일대일로 | 인도-태평양 전략 |
|---|---|---|
| 계기 | 2014년 중국 APEC정상회의를 통해 중국의 유라시아 경제권 구상 발표 | 2017년 미일 정상회담에서 발표 |
| 공식 목표 | 육상 및 해상 실크로드 건설을 통한 경제 벨트 구상 | 인도 - 태평양 지역에 대한 미국의 새로운 전략 |
| 최종 목표 | 유라시아 지역에 대한 정치경제적 패권 확립 | 동맹 및 우방국과의 연대를 통한 중국의 팽창 저지와 미국의 패권 유지 |
| 관련 지역 | 동남아, 중앙아시아, 유럽, 아프리카, 북극 | 인도양, 태평양, 남극, 북극 |
| 참여국 | 이란, 파키스탄, 이탈리아 등 핵심 참여국 포함 유라시아 국가 및 국제기구 | 호주, 일본, 인도 등 핵심 참여국 포함 미국의 동맹 및 우방국 |
| 특징 | AIIB참여국과의 경제개발협력을 매기로 중국의 전략적 이익 추구 | 인도 - 태평양지역 미국의 동맹 네트워크를 활용한 대중국 압박 |

셋째, 정보통신기술 네트워크 재편. 미국은 정보통신기술(ICT) 네트워크 재편을 통해 중국의 급소를 겨냥함으로써 중국의 행태를 변환하고자 한다. 2021년 6월 15일 개최된 미국-EU정상회의에서 중국의 기술굴기를 견제할 '합동 무역 및 기술위원회(TTC)' 신설에 합의했다. TTC는 인공지능, 양자컴퓨팅, 바이오 등의 첨단 기술과 표준을 정하는 문제를 조율하고, 4차 산업 관련 공급망 회복력을 강화하는 방안을 논의한다. 이는 중국에 대한 군사적 압박을 넘어 미래 핵심 산업 기술 분야로의 진입을 통제하는 작업을 범세계적 차원에서 전개하고 있는 것이다. 바이든 행정부가 가장 역점을 두고 있는 대중전략의 핵심은 ICT네트워크, 그 중에서도 반도체 공급망 재편이다. 미중 반도체 전쟁의 핵심은 최상위 수준의 메모리 반도체와 시스템 반도체 공급망 구축 전쟁이다. 미국 바이든 행정부는 최상위 메모리 분야와 시스템(비메모리) 분야 반도체의 새로운 공급망에서 중국을 배제하겠다는 것이다. 대만, 한국, 일본, 미국, 네덜란드 중심의 공급망에 중국의 진입을 막겠다는 것이다. 미국 바이든 행정부는 4차 산업혁명의 핵심인 시스템 반도체 시장과 차세대 메모리 반도체 시장에서 미국의 디자인 능력과 한국 및 대만의 제조 역량을 합치는 쪽으로 움직이고 있다.

## 2. 중국의 대미전략

### (1) 시진핑 정부의 대외정책 기조

시진핑 정부는 외교정책의 중점 추진 방향으로 중국 특색 대국외교, 신형국제관계 건설, 인류운명공동체 구축 등을 제시하고, 적극적이고 주도적인 대외관계 구축을 위해 노력하고 있다. 중국특색 대국외교란 중국의 특색이나 중국의 기백을 부각하고, 평화발전 노선을 견지하며, 국가의 정당한 권익과 핵심이익을 수호한다는 것을 말한다. 시진핑 정부는 이러한 정책 방향을 구현하기 위한 구체적인 전략과제로 주변외교, 대국관계, 개발도상국과의 협력, 일대일로 건설, 올바른 의리관, 해외에서의 권익 수로 등을 제시하였다.

### (2) 대미정책

중국은 미국과의 관계에서 양자 관계가 안정적으로 발전하는 것에 중점을 두고 있다. 미국이 아직 세계 최강대국의 지위를 유지하고 있고, 중국과 상당한 국력 차를 보이고 있으므로 양자관계를 안정적으로 관리해야 한다고 보는 것이다. 중국은 바이든 정부 출범 이후 트럼프 정부와 다른 협력관계를 구축하고자 했으나, 바이든 정부는 보다 강력한 대중 견제 노선을 전개하고 있어 가능성이 높지 않다. 따라서 현재 시진핑 정부는 다음 몇 가지 전략을 추구하고 있다.

첫째, 중국은 장기적으로는 미국과의 전략 경쟁에서 승리할 것으로 판단하나, 단기적으로는 미국과의 국력 격차를 고려하여 바이든 정부와의 관계 개선을 적극적으로 시도하고 있다. 중국은 미국과 충돌을 원하지 않으며, 대항하지 않겠다는 입장을 지속해서 피력하고 있다.

둘째, 중국은 미국의 지속적인 압박에 대항하여 강경 대응하면서도 미국의 신 냉전적 공격에 정면으로 대응하기보다는 중국에 유리한 방식으로 싸움을 이끌어나가고자 한다. 그러한 전략의 하나가 쌍순환이다. 쌍순환은 무역 및 기술 부분에서 미국의 견제에 대응하기 위한 전략으로서 지구전의 핵심전략이다. 세부적으로는 핵심부품, 핵심기술, 공급망, 시장의 대외의존도를 낮추기 위해 혁신형 경제로 전환하고 자체 공급망 구축을 통해 내수시장을 확대해 자립적인 경제체계를 구축하겠다는 의도를 보이고 있다.

셋째, 중국은 기술자립을 달성하기 위하여 신 인프라 건설을 강조하고 있다. 신 인프라는 2020년 초부터 중국 정부가 추진한 전략으로서 코로나19로 침체된 경기를 부양하기 위하여 인프라 구축에 투자하는 것을 목적으로 시작되었다. 그러나, 이 전략은 미중갈등에서 제기되고 있는 중국의 구조적인 문제들을 개선하는 데에도 초점이 맞추어져 있으므로 대미 지구전 전략의 하나로 볼 수 있다.

## 3 전망 - 이론적 관점

### 1. 현실주의

#### (1) 미중관계 결정요인

현실주의이론은 국제체제를 홉스적 자연상태로 보고, 국제관계는 이러한 구조적 속성에 의해 지배된다고 본다. 즉, 무정부성으로 인해서 국가들은 자신의 안보를 스스로 달성해야 한다. 한편, 힘의 배분상태 역시 국제관계에 중요한 역할을 한다. 상대적으로 힘이 약한 경우 안보에 부정적 영향을 주기 때문에 패권국이 되거나, 최소한 적대국과 세력의 균형을 추구한다. 요컨대, 무정부적 국제체제와 힘의 분포상태가 양자관계를 결정한다.

### (2) 미중관계 전망(세력전이이론)

세력전이이론은 21세기 미중관계에 대해 보다 비관적 전망을 내놓고 있다. 오간스키(Organski)는 국제체제를 패권국을 정점으로 하는 위계체제로 보고, 패권국은 세력전이에 성공한 강대국과의 전쟁을 통해 교체된다고 본다. 현재 미국이 패권국이며, 중국은 강대국으로서 급속한 산업화와 경제적·군사적 성장을 지속하고 있어, 미국과 중국의 힘의 격차가 좁혀지고 있다. 따라서 21세기 특정 시점에서 미국과 중국은 세력전이전쟁을 벌이고 그 결과에 따라 패권국이 교체될 수 있다.

## 2. 자유주의와 21세기 미중관계

### (1) 미중관계 결정요인

자유주의 이론가들은 양자관계를 비교적 중립적으로 보고, 관계를 개선하고자 하는 개별 행위자의 의도나 다양한 과정변수가 중요하다고 본다. 특히, 민주평화론은 양국의 정치체제를, 상호의존론은 상호의존의 정도를, 신자유제도주의는 공동이익을 창출하는 제도의 존재를 중요한 요인으로 본다.

### (2) 미중관계 전망

① **의도변수**: 양국의 의도는 대외전략으로 표현된다. 현재 미국의 대중국전략은 봉쇄전략(Containment)과 포용전략(Engagement)이 결합된 전략(Congagement)으로 나타나고 있다. 그러나, 중국위협론에 기초하여 봉쇄전략으로 이행해 가고 있다는 관측이 지배적이다. 한편, 중국은 화자위선의 기조하에 대미 편승전략을 지속하고 있다. 그러나, 미국의 대중국 봉쇄전략이 보다 가시화되는 경우 중국도 적극적 다극화전략으로 대응할 가능성이 높다. 요컨대, 양국의 대외전략 차원에서 보면, 양자관계는 갈등국면으로 갈 가능성이 높다고 본다.

② **과정변수**: 자유주의자들은 과정변수들이 국가의 행동을 제어함으로써 양자관계를 보다 안정적으로 유지해 나갈 수 있다고 본다. 현재 미국과 중국의 경제적 상호의존도는 지속적으로 높아지고 있다. 그러나 양국의 정치체제는 이질적이며, 양자관계를 안정화시키는 제도는 형성되어 있지 않다. 따라서, 과정변수 차원에서도 양자관계를 안정화시킬 수 있는 요인이 미약하다고 볼 수 있으므로 앞으로의 양자관계가 안정적으로 유지되기는 어려울 것이다.

## 3. 구성주의와 21세기 미중관계

### (1) 미중관계 결정요인

구성주의자들은 무정부상태라는 국제구조가 국제관계에 중요한 영향을 주는 것은 인정하나, 무정부상태 자체는 규범이나 인식이 반영된 하나의 제도라고 본다. 즉, 양국이 공유하는 인식 또는 집합정체성(Collective Identity)은 적대적일 수도 있고, 경쟁적일 수도 있으며, 심지어는 우호적일 수도 있다. 요컨대, 구성주의에서는 '집합정체성'이 상대국에 대한 이익이나 행동을 결정하는 요인이라고 본다.

### (2) 미중관계 전망

집합정체성은 오랜 시간 동안 국가들이 상호작용하는 과정에서 만들어진다. 냉전기를 거쳐오면서 양국은 비교적 적대적인 정체성을 내면화 하였다고 볼 수 있다. 물론 1970년대 이후 양자관계가 개선되면서 경쟁적 정체성으로 변화되었다고 볼 수도 있다. 냉전체제가 종식되고, 미국은 포용정책을, 중국은 편승정책을 구사하면서 양국 간 집합정체성은 경쟁자에서 친구로 형성되었을 가능성이 있다. 그러나, 부시 행정부는 중국을 적으로 상정하고, 봉쇄정책이라는 정체성의 정치(Identity Politics)를 구사함으로써 양국 간 정체성을 다시 경쟁적이거나 적대적 정체성으로 변화시키고자 하였다. 2009년 등장한 오바마 행정부는 미중관계를 21세기 세계질서 안정의 핵심적 요소로 보고 중국과 관계 강화를 추구하였으나, 재균형정책을 통해 중국 봉쇄에 주력하면서 양자관계는 개선되지 못했다. 2017년 집권한 트럼프 행정부 역시 중국 경제정책을 강도 높게 구사하였다.

## 제8절 | IPEF

### 1 서설

IPEF(Indo-Pacific Economic Framework for Prosperity, 인도 - 태평양 경제 프레임워크)는 미국이 주도하는 경제 협력 구상으로, 인도 - 태평양 지역의 경제적 안보와 번영을 촉진하기 위해 2022년 5월 발표되었다. IPEF는 전통적인 자유무역협정(FTA)과는 다르게, 무역 자유화와 관세 인하보다는 디지털 경제, 공급망 복원성, 청정 에너지, 인프라, 부패 방지 등과 같은 새로운 경제 협력 영역에 중점을 두고 있다. 현재 미국을 포함하여 일본, 한국, 호주, 인도, 뉴질랜드, 인도네시아, 싱가포르, 태국, 베트남, 말레이시아 등 인도 - 태평양 지역의 14개 국가가 초기 회원국으로 참여하고 있다.

### 2 IPEF의 네 가지 핵심축(pillar)

#### 1. 의의

IPEF(Indo-Pacific Economic Framework for Prosperity, 인도 - 태평양 경제 프레임워크)는 네 가지 핵심 축(pillar)으로 구성되어 있다. 각 축은 디지털 경제, 공급망 복원성, 청정 에너지, 반부패 등 다양한 경제 협력 분야를 다루고 있다.

## 2. 공정하고 회복력 있는 무역(Fair and Resilient Trade)

공정하고 회복력 있는 무역축은 디지털 경제, 노동 기준, 환경 보호, 경쟁 정책 등과 관련된 새로운 무역 규범을 설정하고, 공정하고 지속 가능한 무역을 촉진하는 것을 목표로 한다. 주요 내용으로는 첫째, 디지털 무역 규범과 관련하여 데이터의 자유로운 흐름을 촉진하고 디지털 경제를 강화하기 위해 데이터 보호, 개인정보 보호, 사이버 보안, AI 윤리 기준 등을 설정한다. 둘째, 노동 및 환경 기준과 관련하여 노동자 권리와 환경 보호를 위한 높은 기준을 설정하여 지속 가능한 발전을 추구한다. 또한, 투명하고 예측 가능한 무역 환경을 조성하고, 관료주의와 무역 장벽을 줄이기 위한 조치를 강화한다.

## 3. 공급망 회복력(Supply Chain Resilience)

공급망 회복력축은 중요 산업의 공급망 복원성과 안정성을 강화하는 것을 목표로 한다. COVID-19 팬데믹과 같은 글로벌 위기에서 드러난 공급망의 취약성을 개선하고, 전략적 자원과 제품의 공급망을 다변화하고 강화하는 데 중점을 둔다. 세부적으로는 첫째, 반도체, 배터리, 의료용품 등 전략적으로 중요한 품목의 안정적 공급망을 구축한다. 둘째, 공급망의 취약점과 리스크를 평가하고, 이를 해결하기 위한 공동 대응 방안을 모색한다. 셋째, 공급망 교란에 대한 비상 대응 계획을 수립하고, 위기 상황에서의 협력 방안을 마련한다.

## 4. 청정 경제(Clean Economy)

청정경제 축은 기후 변화 대응과 지속 가능한 발전을 위한 청정 에너지 및 탈탄소화, 인프라 개발을 목표로 한다. 인도-태평양 지역의 에너지 전환과 환경 보호를 위해 공동 노력을 강화하는 데 중점을 둔다. 세부적으로는 첫째, 태양광, 풍력, 수소 에너지 등 청정 에너지 기술 개발과 보급을 촉진한다. 둘째, 탄소 배출을 줄이기 위한 정책과 기술적 협력을 강화하고, 저탄소 기술 개발을 장려한다. 셋째, 지속 가능한 에너지와 교통 인프라 구축을 위한 협력 프로젝트를 추진하여 지역의 기후 변화 대응력을 강화한다.

## 5. 세금 및 반부패(Tax and Anti-Corruption)

세금 및 반부패 축은 공정한 세제와 반부패 규제를 통해 투명한 경제 활동을 보장하고, 불법 금융 흐름을 차단하며, 국제적 탈세와 같은 문제에 공동 대응하는 것을 목표로 한다. 세부적으로는 첫째, 디지털 경제에서의 조세 문제와 관련하여 국제적 협력과 조정을 강화하고, 조세 투명성을 높이기 위한 조치를 추진한다. 둘째, 부패 방지를 위한 법적 규제를 강화하고, 부패 방지와 관련된 국제 기준을 강화하여 경제 활동의 투명성과 신뢰성을 높인다. 셋째, 자금세탁 방지와 테러 자금 조달 차단을 위한 국제적 협력을 강화하여 금융 체계의 투명성을 높인다.

## 3 미국의 IPEF 추진 배경

### 1. 중국의 영향력 견제
미국이 IPF를 추진하는 근본적 배경은 중국의 영향력 견제라고 할 수 있다. 중국은 지난 수십 년 동안 인도-태평양 지역에서 경제적 영향력을 확대해 왔으며, 특히 일대일로(One Belt, One Road) 구상과 같은 대규모 인프라 투자와 경제 협력을 통해 영향력을 강화하였다. 미국은 이러한 중국의 영향력이 자국의 이익과 국제 경제 질서에 잠재적 위협이 될 수 있다고 판단하고 있다. IPEF는 중국에 대한 경제적 견제 수단으로 활용되어, 중국이 아닌 다른 국가들과의 경제적 협력과 통합을 촉진하고자 하는 미국의 전략적 구상이다.

### 2. 경제적 규범과 기준 설정
미국은 인도-태평양 지역에서 경제적 규범과 기준을 설정하는 데 주도적인 역할을 하고자 한다. IPEF는 디지털 무역, 공급망 복원성, 청정 에너지, 반부패와 같은 분야에서 새로운 규범을 정립하고 이를 인도-태평양 지역의 국가들이 따르도록 함으로써, 미국 주도의 경제 질서를 형성하고자 한다. 이는 중국이 아닌 미국의 경제 모델과 기준이 지역에서 우위를 점하도록 하려는 의도이다.

### 3. 전통적 FTA 대안으로서의 접근
전통적인 자유무역협정(FTA)은 미국 국내 정치에서 논쟁의 여지가 많고, 특히 노동자 보호와 환경 보호를 우려하는 입장에서 비판을 받아왔다. 미국은 기존의 FTA 대신 보다 유연한 형태의 경제 협력을 통해 자국의 경제적, 정치적 부담을 줄이고자 한다. IPEF는 법적 구속력이 없는 협정으로, 각국이 자율적으로 선택하여 참여할 수 있는 방식이므로 미국에게 더 많은 협상 유연성을 제공한다.

### 4. 공급망 강화 및 경제 안보
코로나19 팬데믹과 같은 글로벌 위기 상황은 전 세계 공급망의 취약성을 드러냈다. 미국은 이러한 경험을 바탕으로, IPEF를 통해 중요한 산업(반도체, 배터리, 의약품 등)의 공급망 복원성과 안전성을 강화하려 한다. 미국은 중국에 의존하지 않고도 중요한 경제적 자원을 안정적으로 공급받을 수 있는 구조를 만드는 것을 목표로 하고 있다.

### 5. 동맹 및 파트너십 강화
IPEF는 미국의 인도-태평양 전략의 일부로, 이 지역의 동맹국 및 파트너국들과의 경제적 협력을 강화하는 것을 목표로 한다. 이를 통해 미국은 정치적, 경제적 동맹 네트워크를 강화하고, 지역 내에서의 리더십을 유지하려고 한다. 이는 미국의 외교 정책에서 중요한 부분이며, 경제적 연대를 통해 안보와 군사 협력도 더욱 공고히 할 수 있을 것으로 기대하고 있다.

## 6. 지속 가능한 발전과 기후변화 대응

IPEF는 청정 에너지와 탈탄소화 및 인프라 개발을 주요 의제로 삼고 있다. 이는 기후변화 대응과 지속 가능한 발전 목표를 달성하기 위한 국제적 협력의 필요성을 인식한 것으로, 미국은 이러한 분야에서의 리더십을 통해 국제사회의 지지를 얻고, 관련 기술과 산업에서 우위를 점하고자 한다.

## 4 발전과정

### 1. 구상과 출범(2021 ~ 2022년)

IPEF는 바이든 행정부가 아시아에서 경제적 영향력을 회복하고, 중국 중심 경제질서에 대응하기 위해 구상한 신개념 경제 협력 프레임워크다. 2021년 10월, 조 바이든 대통령은 동아시아정상회의(EAS)에서 인도-태평양 경제구상을 처음 제안했고, 2022년 5월 23일 일본 도쿄에서 정식 출범이 선언되었다. 출범 당시 한국, 일본, 인도, 아세안 7개국, 호주, 뉴질랜드, 미국 등 14개국이 참여하며 주목받았다.

### 2. 구조 설정 및 4개 기둥 구체화(2022년 하반기)

IPEF는 기존의 FTA 방식이 아닌 비관세 기반 협정으로, 무역(Trade), 공급망(Supply Chain), 청정경제(Clean Economy), 공정경제(Fair Economy) 등 4개의 협상 기둥을 중심으로 구성되었다. 이들 기둥은 각국이 선택적으로 참여 가능한 구조로 설계되었고, 이는 개별 국가들의 부담을 줄이는 동시에 협력 유연성을 확보하려는 전략이었다.

### 3. 공급망 협정 타결 및 최초 성과(2023년 11월)

2023년 11월, 미국 샌프란시스코에서 열린 APEC 정상회의 계기 IPEF 고위급 회담에서 '공급망 협정'이 최초로 공식 타결되었다. 이 협정은 참여국 간 위기 대응 체계 구축, 핵심 품목 재고 정보 공유, 노동권 보호 체계 등을 포함하며, 2024년 2월 24일 공식 발효되었다. 이는 IPEF가 추상적인 구상에서 실제 협정 체계로 전환되는 첫 사례였다.

### 4. 청정경제·공정경제 협정 체결 및 발효(2024년)

2024년 6월, IPEF 참여국들은 청정경제와 공정경제 기둥에서도 협정을 체결하였고, 각각 2024년 10월 11일과 12일에 발효되었다. 청정경제 협정은 탄소감축, 청정에너지 투자, 기술 협력을 목표로 하며, 공정경제 협정은 조세 투명성, 부패 방지, 금융정보 공유 등을 주요 내용으로 한다. 이들 협정은 강제력은 약하지만 공동 선언과 이행 메커니즘을 포함하고 있다.

### 5. 무역기둥 협상 지연과 향후 과제(2024 ~ 2025년)

무역기둥은 여전히 타결되지 않은 상태이며, 미국이 주도하는 노동·환경 기준 강화에 대해 일부 개발도상국들이 부담을 느끼고 있어 협상이 중단된 상태이다. 미국은 이를 폐기하지 않고 유예된 상태로 남겨두고 있으며, 향후 정치적 변화나 양자 조정이 협상 재개 여부에 영향을 미칠 것으로 보인다.

## 5 한국의 IPEF 참여 이유

### 1. 경제적 이익과 글로벌 공급망 안정화

한국은 수출 주도형 경제 구조를 가지고 있으며, 글로벌 공급망의 안정성은 한국 경제에 매우 중요하다. IPEF의 주요 목표 중 하나는 공급망의 복원성과 안정성을 강화하는 것이다. 한국은 IPEF에 참여함으로써 반도체, 배터리, 의약품과 같은 주요 산업 분야에서의 공급망 협력을 강화하고, 공급망 혼란에 대비할 수 있는 기회를 얻고자 한다. 이를 통해 한국 기업들이 글로벌 시장에서 안정적으로 경쟁력을 유지할 수 있도록 도울 수 있다.

### 2. 미국과의 경제 협력 강화

미국은 한국의 주요 교역 상대국이자 동맹국으로, 한국 경제와 안보에 중요한 파트너이다. IPEF에 참여함으로써 한국은 미국과의 경제 협력을 더욱 공고히 하고, 양국 간의 경제적 이해관계를 확대할 수 있는 기회를 확보하고자 한다. 특히 디지털 경제, 청정 에너지, 인프라 개발 등 새로운 경제 분야에서의 협력 강화는 한국의 신성장동력 창출에 기여할 수 있다.

### 3. 대외 경제 정책의 다변화

IPEF 참여는 한국의 대외 경제 정책 다변화 전략과도 맞닿아 있다. 한국은 주요 교역국과의 경제 협력을 강화하는 동시에, 새로운 형태의 다자간 경제 협력체에 참여함으로써 대외 경제 정책의 유연성을 높이고자 한다. 이는 중국에 대한 의존도를 줄이고, 다양한 국가와의 경제적 관계를 확장함으로써 한국 경제의 안정성과 경쟁력을 제고하는 데 도움이 된다.

# 제9절 | QUAD체제

## 1 서설

QUAD 체제는 미국, 일본, 인도, 호주 네 나라가 안보, 경제, 기술 협력을 강화하기 위해 결성한 비공식적인 안보 협의체이다. 이 네 나라의 협력은 인도 - 태평양 지역의 자유롭고 개방적인 질서를 유지하고, 중국의 영향력 확산을 견제하는 것을 목적으로 한다. QUAD는 주기적인 회의와 공동 군사 훈련을 통해 각국의 안보와 경제적 이해관계를 조율하고 있다.

## 2 QUAD체제의 발전 과정

### 1. 초기 형성과 중단
2007년, 일본의 아베 신조 총리가 처음으로 '자유롭고 개방된 인도 - 태평양' 구상을 제시하면서 QUAD 협력 체제의 필요성을 강조했다. 이 구상 아래 미국, 일본, 인도, 호주는 처음으로 공식 회담을 열고 안보 협력의 가능성을 논의했다. 그러나 당시 QUAD의 활성화는 지속되지 못했다. 중국이 이 협의체를 자신을 견제하기 위한 연합으로 보고 강하게 반발했기 때문에, 특히 호주 내부에서는 QUAD 참여에 대한 신중론이 제기되었다. 결국 2008년, 호주가 중국과의 경제 관계를 고려해 QUAD에서 탈퇴하면서 체제는 일시적으로 중단되었다.

### 2. 재개와 발전
중국의 영향력이 인도 - 태평양 지역에서 빠르게 확산되자, 네 나라는 다시 안보 협력의 필요성을 인식하게 되었다. 2017년, 동남아시아국가연합(ASEAN) 정상 회의에서 미국, 일본, 인도, 호주가 다시 모여 QUAD 협의체를 재출범시켰다. 이후 QUAD는 주기적인 회담을 열며 안보, 경제, 기술 협력을 논의하기 시작했다. 이때부터 QUAD는 인도 - 태평양의 항행의 자유, 해상 안보, 인프라 구축 등의 다양한 분야에서 협력하기 시작했다.

## 3 QUAD체제에 대한 참여국의 입장

### 1. 미국
미국은 인도 - 태평양 지역을 전략적 중요 지역으로 보고 있으며, 이 지역에서 강력한 존재감을 유지하는 것을 중요하게 생각한다. 특히 중국이 남중국해에서 인공섬을 건설하고 군사 기지를 설치하는 등 군사적 확장을 시도하면서 미국의 기존 질서를 위협하고 있다. 미국은 자국의 경제적, 군사적 영향력을 보존하고, 동맹국들과의 협력을 통해 중국을 견제하고자 한다. QUAD는 미국이 인도 - 태평양 지역에서 파트너십을 강화하고, 자신의 패권을 보호하는 중요한 수단으로 자리잡았다. 이는 미국의 인도 - 태평양 전략, 특히 '자유롭고 개방된 인도 - 태평양(Freedom and Open Indo-Pacific)' 정책의 핵심 부분이기도 하다.

### 2. 일본
일본은 지리적으로 중국과 가까워 군사적 위협을 직접적으로 느끼고 있으며, 특히 센카쿠 열도와 같은 영토 분쟁을 겪고 있다. 중국의 해양 진출과 군사적 확장은 일본의 국가 안보에 직접적인 위협이 되고 있다. 일본은 이러한 위협을 줄이고, 자국의 국방을 강화하기 위해 미국 및 다른 국가들과의 협력이 필수적이라고 판단했다. 한편, 일본은 QUAD 체제를 통해 안보 문제를 해결할 뿐만 아니라, 인도 - 태평양 지역에서 리더십을 발휘하고자 하는 의지도 있다. 일본은 지역 내에서 경제적 강국이자 외교적 영향력을 가진 국가로서, 인도 - 태평양의 자유롭고 개방된 질서를 유지하려는 목표를 가지고 있다. 이를 위해 QUAD에서 핵심적인 역할을 수행함으로써 동아시아와 인도 - 태평양 지역의 안정과 번영을 추구하고 있다.

### 3. 인도

인도는 QUAD에 참여함으로써 중국과의 경쟁 구도에서 전략적 우위를 확보하려 하고 있다. 인도는 지리적으로 중국과 국경을 맞대고 있으며, 이로 인해 국경 분쟁이 잦다. 특히 인도와 중국은 히말라야 산맥을 경계로 종종 충돌을 겪어왔고, 이는 인도에게 큰 안보 위협으로 다가왔다. 인도는 QUAD 협력을 통해 중국을 견제하고, 인도양과 남아시아에서 자신의 전략적 이익을 보호하고자 한다.

### 4. 호주

호주는 중국과의 경제적 관계가 깊은 반면, 중국의 공격적인 외교와 경제 압박을 경험하며 안보적인 불안감을 느껴왔다. 호주는 자국의 주요 무역 상대국인 중국의 영향력 확대를 경계하면서, 경제적 의존성을 줄이고자 QUAD 협력체에 참여하게 되었다. 호주는 미국과의 전통적인 동맹 관계를 강화하며 인도 - 태평양 지역의 안정성을 높이는 데 기여하고자 한다.

## 4 QUAD체제의 목표

### 1. 자유롭고 개방된 인도 - 태평양 유지

QUAD의 핵심 목표는 인도 - 태평양 지역에서 자유로운 항해와 개방성을 보장하는 것이다. 이는 국제법에 따른 항해의 자유와 영토적 주권을 존중하는 원칙에 기반을 두고 있다. 특히 남중국해와 동중국해에서의 항행의 자유를 보장하는 것은 중국의 해양 군사력 확대에 대응하기 위한 중요한 과제이다. QUAD는 이를 통해 인도 - 태평양이 특정 국가에 의해 지배되거나 폐쇄적인 질서로 변화하는 것을 방지하고, 자유롭고 안정적인 무역로를 유지하려고 한다.

### 2. 안보 협력 강화 및 역내 안정 유지

QUAD는 안보 협력을 통해 인도 - 태평양 지역의 안정성을 강화하는 것을 목표로 한다. 네 나라는 주기적인 군사 훈련을 통해 상호 작전 능력을 향상시키며, 각국의 국방력을 강화하는 데 기여하고 있다. 예를 들어 '말라바르 훈련'은 네 나라의 해군이 함께 참여하는 합동 훈련으로, 이를 통해 해상 안보를 강화하고 공동 대응력을 증진시키고 있다. 이러한 안보 협력은 중국의 군사적 팽창과 기타 잠재적 위협에 대한 집단적 대응력을 높이기 위한 것이다.

### 3. 경제적 협력과 지속 가능한 개발 촉진

QUAD는 경제 협력을 통해 역내 지속 가능한 개발을 촉진하는 것을 목표로 하고 있다. 네 나라는 인도 - 태평양 지역에서 인프라 프로젝트, 무역 및 투자, 공급망 안전성 강화 등에 협력하고 있다. 이는 중국이 주도하는 '일대일로' 정책에 대항하여, 독립적이고 투명한 경제적 개발 모델을 제공하기 위한 것이다. QUAD는 신뢰할 수 있는 경제 파트너십을 통해 이 지역에서의 경제적 안정성을 높이고, 각국의 경제적 번영을 추구하고 있다.

## 4. 기술 및 사이버 안보 협력

QUAD는 기술 협력 및 사이버 안보 분야에서도 협력을 강화하고 있다. 5G 네트워크, 인공지능, 반도체 기술 등 다양한 첨단 기술 분야에서 협력하여 역내 국가들이 첨단 기술에서 자립할 수 있도록 돕고 있다. 이와 함께 사이버 안보 협력을 통해 사이버 위협에 대한 대응력을 강화하고, 각국의 기술 인프라를 보호하기 위한 조치를 취하고 있다. 이는 중국의 기술적 우위를 견제하고, 민주적이고 개방적인 기술 환경을 조성하려는 목표와 연결되어 있다.

## 5 QUAD체제 협력 사례

### 1. 말라바르 군사훈련

말라바르 훈련은 QUAD 국가들 간의 가장 대표적인 군사 협력 사례로, 당초 인도와 미국이 함께 시작한 해상 군사훈련이었다. 그러나 2020년부터 일본과 호주도 참여하면서 QUAD 국가들이 모두 참여하는 형태로 발전했다. 말라바르 훈련은 남중국해와 인도양에서 항행의 자유를 보장하고, 해상 안보를 강화하기 위한 목적으로 이루어진다. 훈련은 대잠수함전, 대공전, 수색 및 구조 훈련 등 다양한 훈련을 포함하며, 이를 통해 네 나라의 해군 간 상호작전 능력을 강화하고 있다. 이 훈련은 중국의 해양 확장에 대한 대응책으로서 상징적인 의미를 가지며, QUAD 국가들 간의 군사적 연대를 보여주는 중요한 사례이다.

### 2. 공급망 회복력 강화 이니셔티브 (Supply Chain Resilience Initiative, SCRI)

QUAD는 팬데믹과 글로벌 공급망 위기를 계기로, 중국 의존도를 줄이고 안정적인 공급망을 구축하기 위한 '공급망 회복력 강화 이니셔티브'를 시작했다. 특히 반도체, 배터리, 희귀 금속과 같은 전략적으로 중요한 물자에 대해 각국이 상호 협력하여 공급망을 강화하고, 위험을 분산시키는 목표를 갖고 있다. 이 이니셔티브는 인도-태평양 지역의 경제적 안정성을 강화하며, 각국이 중국 의존도를 줄이고 자립적인 공급망을 구축하도록 지원한다. 특히 QUAD 국가들은 신뢰할 수 있는 공급망을 구축함으로써, 반도체나 기타 첨단 기술 산업의 공급 불안을 해소하고, 경제적 안정성을 높이고자 한다.

### 3. 사이버 안보 및 첨단 기술 협력

QUAD는 사이버 안보와 첨단 기술 분야에서도 협력을 강화하고 있다. 사이버 보안에 대한 협력을 통해 각국이 공동으로 사이버 위협에 대응할 수 있도록 하고, 5G 네트워크, 인공지능(AI), 퀀텀 컴퓨팅 등의 분야에서도 협력을 추진 중이다. 이를 통해 QUAD는 중국의 기술적 영향력 확대에 대응하고, 인도-태평양 지역에서 민주적이고 개방적인 기술 환경을 조성하고자 한다. QUAD는 'QUAD 사이버 안보 워킹 그룹'을 통해 사이버 위협 정보를 공유하고, 각국의 사이버 방어 능력을 강화하기 위한 훈련과 워크숍을 진행하고 있다. 또한 5G 기술 개발 및 공급망 안전성을 높이기 위한 협력도 추진하고 있다. 이는 기술적 협력의 일환으로, QUAD 국가들이 중국의 기술적 우위를 억제하고, 기술적 자립을 추구하는 사례로 볼 수 있다.

### 4. 해양 안보와 재난 구호 협력

QUAD는 해양 안보와 인도주의적 지원을 통해 지역 안정을 도모하고 있다. 예를 들어, 해양 쓰레기 문제 해결과 해양 생태계 보전을 위한 연구 협력 등을 통해 인도-태평양의 해양 환경을 보호하고자 한다. 또한 자연재해가 빈번한 인도-태평양 지역에서 각국의 재난 대응 능력을 강화하기 위해 훈련과 인도적 지원 프로그램도 추진하고 있다. 특히, 태풍이나 쓰나미 등 대규모 재난 발생 시 QUAD 국가들은 인도적 지원과 구호 물품을 신속하게 제공할 수 있는 체계를 구축했다. 이는 자연재해 발생 시 긴급 대응을 통해 피해를 최소화하고, 인도주의적 문제 해결을 위한 협력 사례로 자리잡았다.

## 6 QUAD체제에 대한 중국의 입장

### 1. 외교적 압박과 비난

중국은 QUAD를 "아시아의 나토"라 지칭하며 강하게 비판하고 있다. QUAD가 인도-태평양 지역에서 중국을 포위하고 억제하려는 전략적 의도를 가진다고 주장하면서, QUAD 체제가 냉전 시대의 사고를 반영하며 지역 불안정을 초래할 가능성이 있다고 경고한다. 이러한 외교적 비난을 통해 중국은 QUAD가 특정 국가를 배제하거나 대립 구도를 강화하는 조직이라는 인식을 확산시키려 한다. 이를 통해 인도-태평양 지역의 다른 국가들이 QUAD에 대해 거리를 두거나 참여를 망설이게 하려는 것이다.

### 2. 경제적 영향력 확대와 경제 압박

중국은 인도-태평양 지역에서 경제적 영향력을 확대하는 전략을 통해 QUAD의 영향력을 제한하려 한다. 중국은 이미 인도-태평양 지역 여러 국가와 긴밀한 경제 관계를 유지하고 있으며, "일대일로(一帶一路, Belt and Road Initiative, BRI)"정책을 통해 이 지역에서의 경제적 지배력을 강화하고 있다. BRI는 인프라 개발, 투자 및 대출을 통해 중국과의 경제적 의존도를 높이는 정책으로, 이를 통해 중국은 인도-태평양 국가들이 QUAD와의 협력을 꺼리도록 유도하려고 한다. 또한 중국은 QUAD 참여국들에 대한 경제적 압박을 가함으로써 대응하기도 한다.

### 3. 군사력 증강 및 군사적 시위

중국은 QUAD의 군사적 견제를 완화하기 위해 자국의 군사력을 증강하고, 인도-태평양 지역에서 군사적 존재감을 강화하고 있다. 남중국해와 동중국해에 군사 기지를 구축하고, 인공섬을 통해 전략적 요충지를 확보하며 군사력을 배치하는 방식으로 이 지역에서의 영향력을 확대하고 있다. 특히 남중국해에서는 항공모함, 군용기, 미사일 등을 배치하여 미국 및 QUAD 국가들의 군사적 접근을 차단하고, 자국의 영토적 주장을 강화하고 있다. 중국은 주기적으로 남중국해와 대만 해협에서 군사 훈련을 실시하며, 이를 통해 QUAD 국가들에게 군사적 경고의 메시지를 보내기도 한다.

## 4. 다자 외교와 지역 내 연대 강화

중국은 동남아시아국가연합(ASEAN), 상하이협력기구(SCO), 브릭스(BRICS) 등 다양한 다자 외교 채널을 활용해 자국의 영향력을 확대하고, QUAD의 영향력을 제한하려고 한다. 특히 ASEAN 국가들과의 협력을 강화하며, ASEAN 중심의 인도 - 태평양 협력 모델을 지지하고 있다. 이를 통해 QUAD가 주도하는 인도 - 태평양 질서가 아니라, 중국의 주도권을 인정하는 대안적 지역 질서를 제안하는 것이다.

## 5. "포용적 인도 - 태평양" 구상 제안

QUAD가 "자유롭고 개방된 인도 - 태평양"을 표방하는 것과 달리, 중국은 "포용적 인도 - 태평양"이라는 개념을 제시하고 있다. 중국은 QUAD가 지역의 불안정을 초래할 수 있으며, 특정 국가를 배제하고 대립 구도를 조성하는 위험이 있다고 주장한다. 중국은 인도 - 태평양이 모든 국가의 참여와 협력을 통해 번영할 수 있는 "포용적" 질서가 되어야 한다고 강조한다. 이를 통해 QUAD가 배타적이고 대립적인 연합체라는 인식을 심어주고, 자국의 협력 모델이 보다 안정적이고 포용적인 대안임을 주장한다.

# 제2장 강대국 외교정책

> **출제 포커스 및 학습방향**
>
> 주요 강대국인 중국, 러시아, 일본의 대외정책을 서술하고 있다. 한반도를 둘러싼 강대국들이므로 매년 빈번하게 출제되고 있으며, 특히 중국의 출제빈도가 높은 편이다. 각국의 대외정책 기조나 정책 환경, 그리고 주요국 상호 간 전략 및 사례들에 출제 포커스를 둔다. 러시아와 중국 관계를 중심으로 출제되며, 일본의 탈냉전기 미국과의 관계 강화에 관련된 사례들이 빈번하게 출제되고 있다. EU의 경우 아직 국가로 볼 수 없어 섬세한 대외정책이 전개되는 것은 아니나, 공동외교안보정책에 관련해서 법적 기초나 내용 등이 출제된 바 있다.

## 제1절 | 중국 외교정책

### 1 의의

21세기 국제질서 및 동아시아지역질서 전망에 있어서 중국의 부상과 중국의 대외전략은 미국의 대외전략에 버금가는 중요한 독립변수 지위를 차지하고 있다. 냉전기 중국은 미국과 소련이라는 전세계적 초강대국의 지배하에서 영향력 있는 변수로서 작동하지는 못하였다. 그러나 등소평의 전격적인 개혁개방정책 실시 이후 급격한 경제성장을 이룩하고 있고, 이에 따라 군사력의 현대화 나아가 강대국으로서의 위상을 강화하기 위한 외교적 노력을 전개해 나가고 있다. 19세기 세계질서가 영국에 의해, 20세기 세계질서가 미국과 소련에 의해 주도되었다면 21세기 세계질서는 미국과 중국을 중심으로 움직일 가능성이 점차 높아지고 있다.

### 2 중국 외교정책 환경

#### 1. 국내적 환경

**(1) 지도자 개인 변수**

첫째, 현대 중국 공산당지도자들의 국제정세와 외교정책 인식을 형성했던 주요 기반은 마르크스 - 레닌 - 마오쩌둥 사상이었다. 마오쩌둥 시대 외교정책결정자들이 국제정치체제를 보는 시각은 세계를 3대 진영(자본주의 진영 - 사회주의 진영 - 제3세계)으로 구분하는 3개 세계론이었고, 1960년대 사회주의 진영 내 중소분쟁의 이면에는 마오쩌둥의 공산혁명에 대한 사상이 배경으로 작용하기도 하였다.

둘째, 1978년 이후 덩샤오핑의 개혁개방정책은 혁명 1,2세대와는 다른 성격의 엘리트 그룹을 형성했고 현재 중국의 외교정책은 장쩌민과 주룽지로 대표되는 제3세대를 거쳐 후진타오와 원자바오의 제4세대 그리고 시진핑의 제5세대 엘리트들이 주도하고 있다.

셋째, 2002년 제16기 중국공산당 전국대표대회와 2003년 제10기 전국인민대표대회를 통해서 등장한 중국 제4세대와 제5세대 엘리트 그룹의 외교정책에 대한 인식은 이전 세대와는 상대적인 의미에서 보다 개방적이고 실용적인 성격을 갖는다.

넷째, 제4, 5세대 엘리트들의 특징은 다음과 같다. ① 실용적이다. 이들은 급진적인 대중운동과 이데올로기에 대해 비판적 생각을 갖고 있다. ② 탁월한 정치적 능력을 갖고 있다. 이들은 정치과정을 공유하고, 협상하며, 자문하는 일련의 합의구축 과정에 순응적이다. ③ 특정 정파가 정치권력을 독점할 수 없는 집단지도체제는 권력의 분산과 협의의 통치를 통해 중국 정치과정의 제도화와 엘리트 민주주의를 더욱 촉진시킬 것이다.

다섯째, 제4, 5세대 엘리트들의 외교정책 인식은 다음과 같다. ① 중국은 국제사회에 편입하여 국제체제에 순응하는 국가임을 지속적으로 표명하고 있다. ② 미중관계는 중국외교전략의 핵심적인 과제이기에 우호적인 미중관계를 유지하는 것이 중국의 가장 중요한 전략적 과제이다. 이들은 미중 양국이 공동 이해의 폭을 넓히고 협력을 증대시키는 것이 중요하다고 본다. ③ 영토와 주권문제는 중국의 국내문제라 생각하며, 제3국의 간섭을 배제하고 차단하려고 한다. 특히 대만문제에서 미국의 개입은 용납할 수 없으며 평화적인 대만문제 해결이 불가능하다면 무력의 사용 역시 선택할 대안 중 하나라고 본다.

### (2) 여론

첫째, 개혁개방이전에는 소수 엘리트들이 정책결정 여론을 형성했으나, 오늘날에는 정책 결정 엘리트, 전문가집단, 지식인 등이 광범위한 층을 형성하고 외교적 현안에 대한 의사표현을 상대적으로 활발하게 개진하고 있다.

둘째, 핵심 지도자들은 여론의 향배에 주의를 기울인다. 국내정치적 안정을 중시하기 때문이다.

셋째, 국내여론이 대중들에 의해 표출되는 가장 중요한 방식 중의 하나는 민족주의를 통해서이다. 중국 민족주의는 전통적인 중화주의와 결합하여 서구와 일본의 침탈에 대한 치욕을 극복하여 중화문명의 강대국을 재건하려는 열망과 결합되어 있다. 중국의 민족주의 열망은 시진핑이 직접 중국몽이라는 용어를 사용하여 집약하였다.

### (3) 성정부(省政府)

첫째, 중국은 22개의 성, 5개의 자치구(내몽고, 신장, 영하회족, 광서장족, 서장티벳트 자치구), 4개 직할시(북경, 상해, 천진, 중경)로 구성되어 있다. 1978년 개혁개방정책으로 중국의 각 성들은 중요한 정치적, 경제적 행위자로 부상하였다. 경제활동의 권한을 지방정부로 이전시킨 분권화 정책은 독자적 경제이익을 추구하는 성의 세계경제 참여와 대외관계에서 개입과 역할 확대를 가져오게 하였다.

둘째, 개혁개방기 지방정부의 대외관계 조직과 운용 체계는 1982년 국무원에 의해 확립되었다. 지방의 대외관계는 중국외교정책의 통합적인 부분이며 중앙정부의 노력을 보완해야 한다고 규정되었다. 성정부의 외사판공실은 지방정부의 대외관계를 책임지는 부서로서 재원과 인력을 지방정부로부터 조달받지만 중앙외교부의 기능적 하부단위기도 하여 이중적 리더십이 존재한다.

## 2. 국제적 환경

### (1) 국제체제

첫째, 1949년 중화인민공화국 수립 이후 1950년대 소련에 의존했고, 1960년대 중소분쟁이 발발하자 1970년대 미국과의 관계정상화를 추진했다. 미국과 소련의 경쟁이 격화되었던 쿠바미사일위기와 베트남 전쟁 시기에는 어느 한쪽으로의 경사를 거부하는 고립주의정책을 취했으며, 1980년대에는 양극사이의 균형을 유지하는 등거리정책을 추진했다.

둘째, 1979년 이후 독립자주외교로 표현된 등거리정책은 덩샤오핑의 국제정치질서에 대한 재평가가 반영되었다. 덩샤오핑은 개혁개방정책을 추진하면서 기존의 국제정치 구조가 중국의 안보에 커다란 위협이 되지는 않는다고 평가하면서 미국과 소련 두 강대국과 제3세계 국가들에게 전방위적인 외교정책을 추진했다.

셋째, 중국은 고르바초프의 개혁정책으로 그동안 관계정상화의 세 가지 장애물이었던 아프가니스탄, 베트남, 국경지역의 군사력 증강 문제가 해결되자 소련과 관계를 개선했다.

넷째, 탈냉전이후 미국 주도의 단극체제가 형성되자 중국은 미국이 주도하는 국제정치경제 구조 속에서 새로운 지식과 정보를 획득하고 국제기구나 국제레짐에 대한 수용성이 증대되었다. 그러나 다른 한편으로 중국은 미국의 영향권 밖에서 다자외교 또는 주변국외교 등의 수단을 통해 자국의 영향력을 대외적으로 확대하려는 노력도 지속적으로 수행하고 있다.

다섯째, 중국은 2000년대 중반 이후 강대국의 지위를 확보함에 따라 국제체제에서 G2의 위상을 갖는 국가로 변모하였다. 2005년 미국무부 졸릭 차관보는 중국과의 전략적 협력을 강조하면서 이해상관자(stakeholder)라는 개념을 제기한 바 있다. 미중은 2006년부터 전략경제대화를 정례화하였다. 2012년 제18기 전당대회를 통해 등장한 시진핑은 정치보고서에서 처음으로 '책임대국'이란 표현을 명기하고 이후 '신형대국관계'라는 표현을 미중관계에서 사용하기 시작했다.

여섯째, 신형대국관계는 미국의 아시아로의 회귀(pivot to Asia)전략에 대한 대응이다. 미국은 EAS에 가담하고 TPP를 통해 대중국 견제를 강화했다. 오바마 2기 행정부는 미국의 지도적 지위를 유지하고 아태지역에서 지역안정자 역할을 지속하면서 기존의 포용과 견제를 결합한 대중전략을 구사하였다. 중국은 이에 대해 미중관계의 안정과 관계발전을 위해 신형대국관계를 제안했다.

일곱, 다른 한편 신형대국관계는 새로운 미중 간 대국관계를 규정하면서 미국의 재균형 전략에 맞서는 동시에 내용적으로는 중국의 핵심이익의 보전을 요구하는 점에서 향후 공세적 외교정책을 알리는 신호탄이었다.

여덟째, 핵심이익이라는 용어는 2009년 7월 다이빙궈 국무위원이 미중 전략경제대화에서 언급한 이래 주요 문건에서 공식 등장하고 있다. 2011년 화평발전백서에 상세히 언급된 핵심이익은 6가지로서 국가주권, 국가안보, 영토보전, 국가통일, 중국헌법을 통해 확립한 국가정치제도, 사회의 안정과 경제의 지속 가능한 발전 보장이다.

### (2) 경제적 상호의존

첫째, 개인적 수준의 접촉은 세계경제에 대한 학습의 기회로 작용하고 있다.

둘째, 중국정부는 다자경제기구가 제시한 국제경제질서에 대한 규범과 원칙을 수용하는 방향으로 정책이 결정되었다.

셋째, 중국의 경제발전전략은 연안지역을 우선적으로 경제특구의 형태로 개방하여 외국 자본과 기술을 유입하는 것이었다. 중국이 세계경제에 편입되면서 수출주도의 발전전략을 택했는데, 경제적 상호의존시대 세계화의 강력한 영향력 때문이었다.

넷째, 1997년 아시아금융위기 시 중국정부의 인민폐 환율 유지 정책은 세계경제에 깊이 통합되고 있는 중국 경제정책을 현실을 보여주었다. 아시아경제위기시 중국은 인민폐 환율을 평가절하하지 않고 유지했는데, 이는 중국이 책임대국 이미지 제고라는 동기도 있었으나, 그보다 인민폐를 평가절하하는 경우 수입물가가 상승하여 국내적으로 인플레이션이 유발되어 가계에 부담이 될 수 있다는 경제적 이유 때문이었다. 이러한 결정은 중국경제가 세계경제에 깊숙이 편입된 사실을 인식한 것이었다.

다섯째, 일대일로 전략은 중국 중서부에서 중앙아시아와 유럽으로 이어지는 육상 실크로드(일대)와 중국 남부 해상과 동남아, 인도양, 지중해로 이어지는 해상실크로드(일로)를 구축함으로써 글로벌한 차원의 경제적 네트워크를 구축하고자 하는 것이다. 이는 개혁개방이후 세계경제권에 편입되어 온 중국이 스스로 자국 중심의 경제적 상호의존을 증대시키려는 노력을 추진하고 있는 것이다.

### (3) 국제레짐

첫째, 국제레짐이 중국의 외교정책에 영향을 준 것은 사실이나, 국제레짐이 포괄하는 규범들에 대한 중국의 태도는 학습보다는 적응의 성격을 갖는다. 중국의 레짐에 대한 정책 변화는 규범과 가치에 대한 내면적인 학습을 수반하지 않는 단순히 전술적인 학습의 결과이다.

둘째, 중국의 근대국제질서 편입직후 반식민지 상태로의 전락에 대한 경험은 강력한 주권수호의 인식을 갖게 했고, 인권, 환경, 통신, 국제연합의 평화유지 분야의 국제레짐 참여과정에서 서구의 정신오염 또는 주권 침해에 대응하는 양상을 보이기도 하였다.

셋째, 중국은 국제레짐을 수용하던 종래의 태도에서 적극적 참여를 통해서 국제레짐의 규범을 제정하는 책임과 역할을 수행하는 입장으로 변모시키기도 하였다. AIIB는 중국 주도의 다자간 국제금융기구 창설을 통해 미국이 주도적으로 행사해 온 국제금융질서에서 영향력을 행사하려는 노력이라고 할 수 있다.

## 3 외교정책의 목표와 방향

### 1. 외교정책 결정 구조와 과정

첫째, 중국의 정치권력구조는 3개의 수직적 체계인 시퉁(系統), 즉 중국공산당, 정부(국무원), 군(인민해방군)으로 이루어져 있다. 이 체계의 최고 정점에 중국공산당 정치국과 정치국 상무위원회가 있다. 마오쩌둥과 덩샤오핑과 같은 최고 권력자를 영도핵심이라 부른다. 외교문제는 중앙외사영도소조를 통해 정책에 대한 논의와 결정이 이루어진다.

둘째, 외사영도소조는 외교정책을 논의하고 조정하는 비공식 기구이다. 1958년 처음 설립된 이 기구는 당면한 외교문제가 발생했을 때 관련된 다양한 부처들이 참여하여 외교정책을 논의한다. 외사영도소조는 공식적 제도는 아니지만 정책선호와 정책대안을 보고함으로써 정책결정에 중요한 영향을 준다.

셋째, 외교부는 중국의 외교정책결정과정에서 실무적인 일을 담당하며, 정책의 형성과 집행의 가장 중요한 기관이라고 할 수 있다. 외교정책 결정의 전술적 역할을 수행하기도 하는데 중앙의 정책목표를 실현하기 위한 구체적인 정책 해석과 정책 통제를 수행한다.

넷째, 1978년 개혁개방정책의 지속적 추진과 정치권력의 제4세대로의 교체는 외교정책결정과정에서 몇 가지 중요한 변화를 가져왔다. ① 중앙 리더십의 축이 과거 마오쩌둥과 덩샤오핑과 같은 한 개인에서 핵심 서클인 집단지도체제로 변화하였다. ② 합의 과정에서 전문적인 관료의 역할이 점차 중요해지고 있다. ③ 이러한 과정에서 외교정책결정권한이 점차 분산되는데, 중앙의 리더십과 함께 외교부와 대외무역경제협력부의 위상이 강화된 반면, 탈냉전후 대외연락부의 역할을 축소되었다.

### 2. 중국 외교정책의 전략과 목표

첫째, 중국은 외교정책의 목표를 결정하기 전에 보다 근본적인 2가지 중요한 선행과정이 있다. 첫째는 시대의 성격을 규정하는 것이고, 둘째는 이러한 시대인식에 근거해서 외교정책의 원칙을 정하는 것이다.

둘째, 시대의 성격을 규정하는 관행은 마오쩌둥의 모순론에서 기원을 찾을 수 있다. 혁명과 전쟁이 시대의 성격이라 규정했던 마오쩌둥과는 달리 덩샤오핑은 중국의 개혁개방을 추진하면서 평화와 발전을 시대 주제라 인식했다.

셋째, 외교정책의 원칙은 2가지로 구분된다. 우선, 대내외적으로 천명된 외교원칙이다. 영토의 보존과 주권의 상호존중, 상호불가침, 상호내정불간섭, 평등호혜, 평화공존의 평화공존 5원칙, 패권주의와 강권정치 반대, 제3세계 국가의 단결 등이다.

넷째, 중국 외교정책의 기본방향을 규정하는 대전략이 있다. 마오쩌둥시대의 양대진영론과 3개세계론, 덩샤오핑의 도광양회, 후진타오의 유소작위가 그러한 예이다.

다섯째, 중국에서는 1990년대 후반부터 지속적인 경제성장과 국제사회의 영향력 확대를 통해 생긴 자신감을 바탕으로 미국을 중심으로 제기된 중국위협론에 대응하기 위해 대전략에 대한 논의가 진행되었다. 이 논의는 책임대국론, 평화부상론, 화해세계, 과학적 발전관으로 제기되었다.

여섯째, 2010년 중국은 일본을 제치고 세계 2위의 경제대국으로 부상하였고, 일본과의 센카쿠 열도 영유권 분쟁에서 희토류의 수출 중단 등 강경한 입장을 표출했다. 이에 따라 기세등등하게 호통치며 상대방을 윽박지른다는 의미의 돌돌핍인이라는 외교정책 기조의 변화가 논의되기도 하였다.

일곱째, 중국 외교정책 목적은 주권과 영토보전, 국가통일, 사회주의체제와 이데올로기 유지이다. 이를 위해 ① 중국의 현대화와 경제발전에 유리한 평화롭고 안정적인 국제환경을 조성하는 것, ② 미국을 중심으로 한 서구세력의 봉쇄정책을 저지하고 국제적 영향력을 확대하는 것, ③ 평화와 발전 시대에 중국의 외교정책이 추구하는 것은 경제발전을 통해 현실문제를 해결하고, 오랜 현대화의 숙원인 중국식 사회주의 건설을 통해 강대국의 위상을 되찾는 것이 외교정책 목표이다.

여덟째, 2002년 공산당 16차 당대회에서 후진타오와 원자바오는 향후 20년을 위대한 중화민족의 중흥을 도모할 수 있는 전략적 기회의 시기로 보고 경제발전을 통해 전면적 소강사회를 건설한다는 국가계획을 제시했다. 2012년 공산당 18차 당대회에서 시진핑은 중국의 꿈이 현실화되고 있음을 강조한 바 있다.

아홉째, 중국은 1990년대 중반 이후 외교정책의 주요 내용을 전략적 동반자 관계 수립을 통한 강대국외교, 선린우호관계 수립을 통한 주변국외교, 국제적 영향력 확대를 목표로 한 다자외교로 구별하여 수행하였다.

## 4 모택동(마오쩌둥, 毛澤東) 시기

### 1. 대외정책 방향

#### (1) 정부 수립 이후

중국은 양대진영론에 기초하여 소련과 손을 잡고 미국에 대항하는 '항미친소'의 입장을 채택하였다. 1949년 10월 정부 수립 이후 모택동은 '양대진영론'에 기초하여 '소련일변도'전략을 수립하였다. 양대진영론은 대체로 1950년대 말까지 중국의 안보전략으로 적용되었다. 이후 모택동(毛澤東)시대의 외교정책 결정자들이 국제정치체제를 바라보는 기본적인 시각은 세계를 자본주의, 사회주의, 제3세계의 3대 진영으로 구분하는 '3개 세계론'이었다.

#### (2) 6·25전쟁 이후

1954년 저우언라이는 '평화공존 5원칙'을 제기하였다. 평화공존 5원칙은 ① 상호 주권과 영토 보존의 존중, ② 상호불가침, ③ 상호 내정불간섭, ④ 평등호혜, ⑤ 평화공존이다. 중국의 평화공존은 반제국주의, 반식민지 국제통일전선하에 중국의 영향력을 강화하는 것이었던 반면, 소련의 평화공존론은 제국주의세력인 미국과의 공존을 주장한 것으로서 차이가 있었다.

### (3) 중국식 사회주의 수립기

1950년대 후반 중국의 대외관계는 '중간지대론'에 기초하였다. 중간지대란 사회주의진영과 자본주의진영의 대립 사이에 존재하는 광범위한 지대를 지칭하는 것으로 아시아와 아프리카, 라틴아메리카의 신생 후진국들이 포함된다. 중간지대론은 이 지역의 국가들과 함께 미국을 위시한 제국주의에 반대하는 광범위한 통일전선을 수립하여 반제·반식민지의 민족해방투쟁을 전개하는 것이었다.

## 2. 구체적 정책

### (1) 대만정책

모택동은 대만에 대한 무력통일정책을 추진하였다. 1954년 8월 5일 미국의 관심이 중동 위기에 집중되어 있는 틈을 이용하여 소련의 군사적 원조를 기대하고 대만에 대한 군사침략을 감행하였다. 미국은 대만 국민당 정부를 보호하기 위해 신속한 군사행동을 취한 반면, 소련의 회피적이고 소극적인 태도로 중국의 대만에 대한 무력침공은 좌절되었다.

### (2) 6·25전쟁 참전

모택동은 김일성이 통일전쟁을 실행하는 것에 동의하고 미군이 38선을 넘어 개입하면 파병을 하겠다고 약속하였다. 전쟁이 발발하고 미국이 참전하자 실제 모택동은 참전하였다. 모택동은 미국의 개입이 당장 중국을 목표로 하는 것은 아니더라도 한반도 전부를 미국이 장악하는 것 자체가 중국에 대한 위협이라고 인식하였다.

### (3) 중소우호동맹조약 체결

1950년 2월 중국과 소련은 자본주의진영에 맞서기 위해 중소우호동맹을 체결하였다. 소련의 보호 아래 중국의 안전을 도모하고 소련의 지원을 약속 받았다. 중국이 소련과 동맹을 체결한 이유는 내전 후의 혼란을 수습하고 통치기반을 강화하며 한국전쟁 참가로 인한 국제사회의 고립을 방지하기 위한 것이었다. 또한 미국이 필리핀, 한국, 일본과 군사동맹을 체결하고 동남아 국가들과 동남아시아조약기구(SEATO) 창설로 인한 안보위협에 따른 것이다.

### (4) 중소분쟁

1950년대 초기 긴밀하였던 중소관계는 1953년 스탈린 사망 이후 소련 내부 권력투쟁에서 흐루쇼프가 승리하면서 악화되기 시작하였다. 1956년 2월 제20차 공산당 대회에서 흐루쇼프는 스탈린이 독재자이며 사회주의 이념을 배신하였다는 연설을 하였다. 또한 흐루쇼프는 '평화공존론'을 채택하고 '미국 제국주의와의 투쟁'이라는 소련의 공식 이데올로기를 비판하였다. 모택동은 이러한 스탈린 격하운동이나 평화공존론을 받아들일 수 없다고 보고 강하게 반발하였다. 중소분쟁은 1960년대 격화되었다. 중국의 핵 기술 이전 요구에 대해 결국 소련은 미국과의 관계를 고려해 거절하였다.

### (5) 미국과의 관계 개선

모택동은 소련과의 관계가 악화되고, 문화대혁명이 초래한 정치적 불안정이 고조되자 미국과의 관계 개선을 도모하였다. 미국의 닉슨 행정부 역시 중국과의 관계 개선을 추진하고 있었고, 중국은 이에 신속하게 반응하였다. 중국은 대미관계 개선을 통해 소련의 안보위협에서 벗어나고 국제적 고립을 탈피하는 한편, 문화대혁명의 혼란을 극복할 수 있다고 판단하였다. 1971년 3월 닉슨 행정부는 미국인의 중국 여행 자유화조치를 취하였으며, 중국에 대한 무역제재도 완화하였다. 1971년 4월 14일 중국은 미국 탁구대표팀을 초청하여 중국팀과 경기를 가졌다. 미국과 중국은 1972년 상하이 공동성명을 통해 화해를 선언하였다. 중국은 미국과 화해함으로써 대만 대신 UN안전보장이사회 상임이사국 지위를 차지하게 되었다.

### (6) 대약진운동

대약진운동은 공산혁명 후 중화인민공화국에서 근대적인 공산주의 사회를 만드는 것을 목적으로 1958년부터 1962년 초까지 모택동의 주도로 시작된 농공업의 대증산정책이다. 이 정책은 '생산성이론'에 근거해 실시하였지만, 농촌의 현실을 무시한 무리한 집단농장화나 농촌에서의 철강 생산 등을 진행시킨 결과 3,000만 명에 이르는 사상 최악의 아사자를 내고 큰 실패로 끝났다. 결국 모택동의 권위는 추락하고 이 권력 회복을 목적으로 문화대혁명을 일으키게 되었다. 대약진운동에는 권력하방정책(지방분권정책), 철강증산운동, 수리건설운동(댐건설), 인민공사화운동, 참새잡기운동, 농촌교육제도 등이 포함되었다.

### (7) 문화대혁명(文化大革命)

문화대혁명은 1966년 5월부터 1976년 12월까지 중화인민공화국에서 벌어졌던 사회상·문화상·정치상 소란으로, 공식 명칭은 무산계급문화대혁명(無産階級文化大革命)이다. 문화대혁명의 형식상 표면에 내세운 구실은 회생하려는 전근대성 문화와 시장정책 문화를 비판하고 더욱 새로운 공산주의 문화를 창출하자는 정치·사회·사상·문화 개혁운동이었다. 하지만, 실질상 대약진운동이 크게 실패한 탓에 정권 중추에서 잠시 물러난 모택동이 자신의 재부상을 획책하기 위해 프롤레타리아 민중과 학생 폭력운동을 동원해 시장 회생파를 공격하여 죽이려고 몰아간 모택동파와 등소평파의 권력 투쟁을 겸하였다.

이 운동은 1966년 5월 16일 중국 공산당의 중앙위원회 주석이었던 모택동의 제창으로 시작되었다. 그는 부르주아계급의 자본주의와 봉건주의, 관료주의 요소가 공산당과 중국 사회 곳곳을 지배하고 있으니 이를 제거해야 한다고 주장하였다. 또한 중국의 청년 학생들과 민중들이 사상과 행동을 규합해 인민민주독재를 더욱 확고히 실현하기 위해 트로츠키주의식의 진일보 투철한 프롤레타리아 '혁명 후의 영구적 계급 투쟁'을 통해 이를 분쇄시켜야 한다고 하였다. 이는 중국 전역에서 벌어진 홍위병의 움직임으로 구체화되었다. 1969년 모택동은 공식적으로 문화대혁명이 끝났다고 선언하였으나, 사실상 1976년 모택동의 죽음과 4인방의 체포까지 벌어졌던 일련의 여러 혼돈과 변혁을 통틀어 길게 문화대혁명기간이라고 지칭한다.

## 5 등소평 시기

### 1. 평화와 발전(平和與發展)

사회주의 혁명과정에서 나타나는 세계의 주요 모순을 규정한 '모순론'을 바탕으로 전쟁화혁명을 시대의 주제라 견지한 모택동의 경직적 태도에서 벗어난 것으로, 등소평 이후 제3·4세대 지도자들 역시 이러한 외교 기조를 이어받아 그들의 전임자들보다 더욱 개방적, 포괄적 외교정책을 추진하였다. 등소평은 국제관계를 동서관계와 남북관계로 구분하였다. 동서관계는 동서에 위치한 두 강대국 사이의 관계 유지 문제를 말한다. 남북관계는 선진국과 개발도상국 간의 문제를 말한다. 등소평은 동서관계에서는 평화가 중요하며, 남북관계에서는 발전이 중요하다고 주장하였다.

### 2. 평화공존 5원칙

저우언라이 총리가 인도 등지를 방문하면서 발표하여 공식화되었으며 중국 헌법에 5원칙이 명문화되었다. 구체적으로 ① 영토의 보전 및 주권의 상호존중, ② 상호불가침, ③ 내정불간섭, ④ 평등호혜, ⑤ 평화공존이다.

### 3. 반패권주의

반패권주의는 모택동도 표방하였으나 모택동과 달리 복합적 내용과 다원적인 전략목표를 설정하는 한편, 이후 자주독립 외교로 이행하는 단초를 제공하였다. 등소평의 반패권주의는 일차적으로 '연미반소' 전략을 통해 소련이 중국을 포위하려는 시도로부터 벗어나고, 이차적으로는 미국 역시 아시아-태평양을 비롯한 전 지역에서 패권 세력으로 행사하지 못하게 함으로써 중국의 발전을 저지할 가능성을 억제하고 국제적 세력균형을 추구하겠다는 전략적 고려에 있다.

### 4. 도광양회

천안문 사건 이후 서방 선진국들이 봉쇄정책을 강화하자 이들과의 정면 대결은 회피하고 중국의 이익과 관련되지 않은 국제문제 역시 개입을 회피하려는 중국 지도부의 고려를 담은 것이다. 도광양회는 등소평이 1989년 외교안보문제 책임자들에게 한 28자 방침에서 비롯되었다.
"냉정하게 관찰하고(냉정관찰, 冷静观察), 진지에 굳건히 서며(온주진각, 稳住阵脚), 침착히 대응하고(침착응부, 沉着应付), 재능을 과시하지 말고(선우수졸, 善于守拙), 적당한 때를 기다리며(도광양회, 韬光养晦), 세태에 영합하지 말고 우직한 태도를 견지하고 절대 우두머리가 되면 안 된다(결부당두, 决不当头). 그리고 할 일은 해야 한다(유소작위, 有所作为)."(당초 24자 + 4자 보탬). 도광양회의 핵심은 대내적으로는 경제 건설에 매진함으로써 중화를 세계의 중심에 올려놓자는 것이고, 대외적으로는 왕도(王道)를 숭상, 패도(覇道)에 반대하며, 차후 중국이 강대국으로 성장하더라도 결단코 스스로 패권을 칭하지 않겠다는 다짐이다. 특히 대외적 측면에서는 강대국들과 화목한 관계를 유지하되 부화뇌동하지 않고 그들과 함께 번영의 길을 걷자는 실용적 지향을 함축하고 있다.

## 5. 4개 현대화

4대 현대화는 저우언라이가 창시한 개념이며, 중국의 개혁 개방의 상징이자 경제 성장의 초석이 된 정책이다. 1978년 등소평에 의해 당시 중국의 공식적인 주요 경제정책이 되었다. 4개 현대화정책은 공업 · 농업 · 국방 · 과학기술의 현대화이다.

## 6. 천안문 사건

제1차 천안문 사건은 1976년 4월 5일 저우언라이 수상의 서거를 애도하기 위해 열린 추모행동에서 비롯된 사태를 말하고, 제2차 천안문 사건은 1989년 6월 4일 민주화를 요구하며 천안문 광장을 점거하던 학생들을 인민해방군이 실력으로 배제하려다 발생한 사건을 의미한다. 제2차 천안문 사건 이후 자오쯔양 총서기 등은 온건한 해결책을 모색하며 독재 견지를 주장하는 등소평 등 강경파와 대립하였다. 제2차 천안문 사건 수습과정에서 장쩌민이 당 총서기로 발탁되었다. 제2차 천안문 사건으로 보수세력이 당 중앙에서 발언권을 강화하게 되어 개혁 개방 노선이 방해를 받기도 하였다.

## 7. 3단계 발전론

등소평이 1987년 밝힌 3단계 중국경제 발전론으로, 원바오(溫飽) ⇨ 샤오캉(小康) ⇨ 다퉁(大同)으로 나아가는 싼부조우(三步走)를 말한다. 원바오(溫飽)는 기본 의식주를 해결하는 단계를, 샤오캉(小康)은 의식주가 해결된 중등생활 이상의 복지사회를, 다퉁(大同)은 말 그대로 태평성대를 뜻한다. 등소평은 당시 1단계로 300달러의 1인당 국민소득을 20세기 말까지 4배로 끌어올려 원바오(溫飽) 수준을 이룩하고, 2단계로 공산당 창건 100주년인 2021년까지 국민소득을 다시 2배로 끌어올려 중진국에 진입하며, 3단계로 건국 100주년인 2049년까지 선진국에 진입한다는 목표를 제시하였으며, 100년이 지날 때까지 이러한 체제목표가 바뀌어서는 안 된다는 비전을 제시하고 있다. 이러한 개혁 개방과정의 3단계 발전전략 가운데 첫 단계인 원바오(溫飽)단계는 1980년대 말 완료되었으며, 2002년 11월 열린 제16차 전국대표대회에서 장쩌민(江澤民) 총서기는 '정치보고'를 통해 지속적인 개혁 개방과 사회주의 시장경제정책 추진으로 중국이 샤오캉(小康) 사회에 진입하였음을 공식 선언하였다.

## 6 장쩌민 시기

### 1. 다극화

천안문 사건 이후 취해진 서방의 대 중국 경제제재조치가 완화되면서 장쩌민 지도부는 '국내적 실력 구축을 위한 평화적 국제환경 조성'이라는 중국 외교의 기본 목표를 다시 강조하였다. 이를 위해 정치적 · 경제적 다변화를 지향한 전방위 외교를 추진하였다. 구체적으로 '제3세계와의 협력 강화', '서방선진국들의 우호 및 경제적 관계 발전', '국제문제의 평화적 해결', '대UN 외교 강화'등을 제시하였다.

## 2. 정상외교(Summit Diplomacy)

1990년대 중반 이후의 중국은 다양한 강대국들을 상대로 '동반자관계'를 수립하고 러시아, 일본, 미국 등 강대국들과 정상회담을 전개하였다. 중국은 미국중심의 단극질서로 국제체제가 재구성되는 현상에 반대하면서 다극화를 목표로 삼았다. 정상외교 강화배경에는 중국 위협론의 불식, 국제사회에서 중국의 영향력 강화, 장쩌민의 국내정치적 입지 강화 등이 있었다.

## 3. 신안보관

장쩌민은 1999년 제네바군축회의에서 과거의 군사동맹을 기본으로 한 구시대적 안보관이 국제안보에 도움이 되지 않고 새로운 국제질서를 구축하는 데에도 불리하다고 하면서 신안보관을 공식화하였다. 신안보관은 '호신(互信), 호리(互利), 평등(平等), 합작(合作)'을 주요 내용으로 한다.

## 4. 3개 대표론

3개 대표론은 중국 공산당이 중국의 선진 생산력 발전 요구, 중국의 선진 문화로의 전진 지향, 중국의 광범위한 인민들의 근본 이익을 대표한다는 것을 의미한다. 3개 대표론은 자본주의가 제기한 도전에 대항하며, 대중의 불만을 해소하고 공산당 지도체제의 정당성을 주장하는 한편, 신흥 사회 엘리트집단인 자본가계급을 사회주의체제 안으로 흡수통합하여 이들이 장차 국가에 반대하는 세력으로 등장할 가능성을 미연에 방지하고자 한 것이다.

## 5. 포괄적 핵실험금지조약(CTBT) 서명

1996년 중국은 9월 UN총회에서 포괄적 핵실험금지조약(Comprehensive Test Ban Treaty: CTBT)에 서명하였다. 핵무기의 개발과 개선을 억제하기 위한 핵실험의 금지를 규정하는 이 조약에 중국이 동의한 것은 상당히 이례적인 일로 평가되었다. 중국의 CTBT 서명은 핵실험의 지속적인 수행을 주장하였던 인민해방군에 대하여 국제협력을 중시하는 외교부(MFA)의 승리라고 여겨지고 있다. 현재 CTBT는 발효되지는 않았다.

# 7 후진타오 시기

## 1. 조화사회와 조화세계

조화사회는 기존의 '선부론'이 도시 - 농촌, 연해 - 내륙, 계층 상호 간 소득격차를 야기하였다고 보고 '공동부유론'으로 전환하면서 나온 전략 기조이다. 조화사회는 중국 발전의 초점을 경제적 성장으로부터 사회적 균형으로 전환시킨다는 것을 말한다. 등소평의 '3단계 발전전략(三步走發展戰略)'에서 소강단계를 지나 굴기하는 단계에서 적용되는 전략이다. 조화사회는 '이인위본(以人爲本)', '화이부동(和而不同)', '평화굴기(平和崛起)'로 구체화되었다. 한편, 조화세계는 후진타오가 2005년 UN 연설 등에서 제시한 것으로서 조화사회를 외교적 국제적 측면에서 구현한 것이다.

조화세계 구호는 갈등과 대립을 피하고 대화와 협력의 메커니즘을 강화하며, 문화적인 다양성과 가치의 다원성을 존중하여 초강대국인 미국과 협력하면서도 미국이 세계질서를 자국중심의 다극체제로 재편하려는 것을 견제하기 위한 의도를 가진 것이다.

## 2. 책임있는 강대국(負責任的大國)

책임있는 강대국은 외교적·대외적 차원의 의미가 강하다. 20세기 후반 이래 실력을 축적한 국가의 자신감을 나타내며 세계무대에서 중국의 국력에 부합하는 '할 일은 해야 한다'는 유소작위(有所作爲)의 외교 구호와 직결된다.

## 3. 유소작위(有所作为)

'필요한 일에는 적극 참여한다'는 의미를 가진 유소작위는 본래 등소평의 '28자 외교방침'에서 비롯되었으나, 본격적으로 정책적 의미를 부여받으며 외교적 중요성을 띠기 시작한 것은 후진타오 시기이다. '책임있는 강대국'으로 성장한 국제무대에서 적절한 역할을 행사하기 위해 유소작위 구호를 재등장시킨 것이었다.

## 4. 화평굴기(和平崛起)

화평굴기는 '중국위협론'과 '중국붕괴론' 모두에 효율적으로 대처하기 위해 제시된 것이다. 화평굴기는 2003년 11월 보아오 포럼에서 쩡비지엔(鄭必堅)이 처음으로 공식 제기하고 후진타오와 원자바오가 거듭 사용함으로써 후진타오체제 외교정책의 핵심으로 자리잡게 되었다. 원자바오 총리에 의하면 화평굴기의 핵심은 다섯 가지이다.

(1) 세계평화의 현상을 이용하여 중국의 발전을 촉진하고 중국의 발전 과정을 통해 세계평화를 수호한다.

(2) 화평굴기는 중국 자신의 능력과 독립적인 노력에 바탕을 둔다.

(3) 개방정책을 지속하고 국제 교역을 활발히 하지 않으면 화평굴기는 달성될 수 없다.

(4) 화평굴기의 과정은 적어도 몇 세대에 걸쳐 달성될 것이다.

(5) 화평굴기는 절대로 특정 국가의 희생이나 특정 국가에 대한 위협을 상정하지 않는다.

## 5. 화평발전(和平發展)

화평굴기 구호가 공식적으로 표방되면서 중국위협론이 오히려 부각되었다. 그러자 '화평발전론'으로 대체되었다. 화평발전론은 국내적 실력 축적의 의미가 강하다. 2004년 4월 보아오 포럼에서 후진타오가 중국의 외교정책을 화평발전으로 규정하였다. 화평발전은 유소작위의 공세적 외교 구호보다는 도광양회의 소극적 외교 구호로 한발 물러선 것이다.

## 8 시진핑 시기

### 1. 중국몽

#### (1) 중국몽의 의의

중국몽은 시진핑 주석이 제창한 중국의 국가 비전이자 목표로, "중화민족의 위대한 부흥"을 이루는 것을 핵심으로 하고 있다. 중국몽은 중국의 경제적, 군사적, 문화적 부흥을 통해 2049년까지 중국을 세계적인 강대국으로 도약시키려는 장기적인 국가 전략을 담고 있다. 이 용어는 2012년 시진핑이 중국공산당 총서기에 취임한 직후 처음 사용되었고, 이후 중국 대내외 정책의 기본 방향을 설정하는 중요한 개념이 되었다.

#### (2) 중국몽의 주요 내용

① **중화민족의 위대한 부흥**: 중국몽은 1840년 아편전쟁 이후 '백년 치욕'으로 불리는 시기를 겪은 중국이, 서구 열강의 침략과 식민지 경험을 딛고 다시 세계 강국으로 부상하겠다는 비전을 담고 있다. 이는 경제적, 군사적, 문화적 측면에서 중국의 부흥을 이루겠다는 목표를 제시한다.

② **경제적 번영**: 중국몽은 경제 발전을 통해 모든 중국인이 중류층에 진입할 수 있도록 하고, 2021년까지 전면적 샤오캉 사회(小康社会, 모든 국민이 중산층 수준의 생활을 영위하는 사회)를 건설하겠다는 목표를 세웠다. 이후 2049년까지 중국을 '사회주의 현대화 강국'으로 만들겠다는 계획을 제시하고 있다.

③ **국가 안보와 군사력 강화**: 중국은 중국몽 실현을 위해 강력한 군사력을 바탕으로 한 국가 안보를 강조한다. 이는 국방력 현대화와 군사 개혁을 통해 중국의 군사력을 세계적 수준으로 끌어올리겠다는 목표로 이어진다. 특히 남중국해, 대만 문제와 같은 영토 주권 문제에서 중국의 강경한 입장을 뒷받침하는 논리로 사용된다.

④ **문화적 자부심과 소프트 파워 강화**: 중국몽은 중국 고유의 문화를 보존하고 이를 국제적으로 전파하여 중국의 소프트 파워를 강화하는 것을 목표로 한다. 이를 통해 중국은 서구 중심의 문화적 영향력에 도전하고, 동양의 문화적 가치를 재조명하려 한다.

⑤ **정치적 통합과 안정을 통한 내부 결속 강화**: 시진핑 정부는 중국몽을 통해 중국 공산당의 지도력과 통치를 정당화하며, 국가적 단결과 사회적 안정을 강조한다. 이를 통해 국내외 도전에 효과적으로 대응할 수 있는 체제를 구축하고, 공산당의 통치를 공고히 하려 한다.

## 2. 네 가지 강대국 이미지

시진핑은 중국이 갖추어야 할 네 가지 강대국 이미지를 제시하였다. 첫째, 문명 강대국 이미지(文明大國形象). 이는 중국의 깊고 풍부한 문화, 민족의 다원일체, 다양하며 조화로운 문화를 주로 강조하는 개념이다. 둘째, 동방 강대국 이미지(東方大國形象). 중국의 청명한 정치, 발전된 경제, 번영하는 문화, 안정된 사회, 단결된 인민, 아름다운 산하를 강조한 개념이다. 셋째, 책임지는 대국 이미지(負責任大國形象). 중국이 평화발전을 견지하고, 공동발전을 촉진하며, 국제사회의 공평정의를 수호하고, 인류를 위해 공헌함을 강조하는 개념이다. 넷째, 사회주의 대국 이미지(社會主義大國形象). 중국이 대외적으로 더욱 개방하며, 더욱 친화력을 갖추고, 희망이 충만하고, 에너지가 충만한 것을 강조한 개념이다.

## 3. 친성혜용과 운명공동체론

시진핑은 일대일로전략을 제시하면서 주변국과의 관계에서 친(親), 성(誠), 혜(惠), 용(容)을 강조하였다. ① 친은 주변국과 더욱 가깝게 지낸다는 것, ② 성은 성실과 성의를 다해 주변을 대한다는 것, ③ 혜는 중국의 발전과 함께 기회와 그 혜택을 나누자는 것, ④ 용은 중국이 주변국을 더욱 포용하고 나아가겠다는 것이다. 이와 함께 시진핑은 '운명공동체론' 이후에는 '인류운명공동체론'을 제시하였다. 운명공동체론이 주변국과의 관계에서 적용된 담론이라면, 인류운명공동체론은 주변국뿐만 아니라 전 세계 모든 국가를 대상으로 하여 더욱 확대된 담론이다.

## 4. 일대일로전략과 AIIB 창설

시진핑은 중국몽의 실현을 위해 일대일로전략을 추진하고 있다. 2018년 시진핑 2기 들어서 일대일로전략이 심화되고 있다. 중국은 일대일로전략을 단순히 국내경제 부양을 위한 경제정책으로만 보고 있지 않으며, 보다 넓게는 세계경제의 구조적 조정, 기존의 미국과 서구 중심 글로벌거버넌스체제의 개혁, 국제사회에 비친 중국 이미지 제고 등과 밀접하게 연관된 것으로 보고 있다. 중국은 일대일로전략을 위해 아시아인프라투자은행(AIIB)을 설립하였다.

## 5. 중국 제조 2025

'중국 제조 2025'는 2015년 리커창 총리가 전국인민대표대회에서 처음 발표한 정책으로, 제조업 기반 육성과 기술 혁신, 녹색 성장 등을 통해 중국의 경제모델을 '양적 성장'에서 '질적 성장'으로 바꾸겠다는 중국 정부의 산업전략이다. 핵심 부품과 자재의 국산화율을 2020년까지 40%로 끌어올리고, 2025년에는 70%까지 달성하면서 10대 핵심산업을 세계 최고 수준으로 끌어올리겠다는 목표이다. 차세대 정보기술, 로봇, 항공우주, 해양공학, 고속철도, 고효율·신에너지 차량, 친환경 전력, 농업 기기, 신소재, 바이오 등이 중국의 미래를 이끌 10대 핵심산업이다. 섬유, 조립, 전자제품 등 저기술·노동집약 제품 위주의 경제를 고기술·고부가가치 중심 경제로 바꾸기 위해 정부가 각종 보조금과 혜택 등을 지원하며 관련 산업을 키우고 있다.

## 6. 홍콩 국가보안법 제정

2020년 5월 중국은 홍콩 '국가보안법'을 제정하였다. 국가안보의 수호를 위한 반정부활동의 전면적 금지를 골자로 한다. 중국 중앙정부가 홍콩 내 안보 관련 사안의 책임주체임을 명시하였다. 국가안보를 위협하는 국가분열, 정권전복, 테러, 외국과 결탁하는 행위에 대한 처벌을 명시하였다. 영국은 국가보안법이 일국양제원칙 위반이자 홍콩 시민에 대한 억압이라고 비판하였다. 미국은 홍콩의 특별무역지위를 박탈하고, 민·군 이중용도기술에 대해 수출중단조치를 발효하였다. 중국은 홍콩문제는 국내문제이며 내정간섭은 수용할 수 없다고 반박하였다. 1997년 영국의 홍콩 반환과정에서 일국양제(50년간 유지), 항인치항(홍콩인에 의한 홍콩 통치), 고도자치(특별행정구지위 인정)에 합의하였다. 시진핑 집권 이후 중국은 '일국'에, 홍콩 사회는 '양제'에 방점을 두면서 대립이 격화되었다.

## 7. 한반도정책

중국의 한반도정책은 상황에 따라 우선순위가 바뀌기도 했으나, 기본적으로 한반도의 평화와 안정 유지, 한반도 비핵화, 대화를 통한 문제 해결이라는 3가지 원칙을 유지해 왔다. 시진핑은 이러한 원칙을 유지하면서도, 미중 간 전략경쟁이 심화되면서 약간의 변화를 보여주고 있다. 시진핑은 패권국 미국과의 전략경쟁에 대비하는 한편, 미국의 한반도에서의 영향력을 약화시키기 위해 남북한 모두와의 관계를 유지 및 관리하려는 의도를 보여주고 있다.

## 8. 시진핑 3기 대외정책 방향

### (1) 서설

2022년 10월 개최된 전국대표대회(제20차 당대회)가 개최되었다. 제20차 당대회는 시진핑 국가 주석의 3연임이 결정되고 정치국 상무위원에 시진핑의 최측근 그룹인 '시자쥔(习家军)'이 대거 포진하면서 이른바 '견제받지 않는 권력'을 구축하게 되었다. 이에 따라 시진핑 집권 3기 중국의 대외정책은 확고해진 권력 집중을 통해 일사분란한 정책 결정이 가능해지면서 미국과의 전략 경쟁이 더욱 공세적으로 추진될 가능성이 전망된다. 이하 내용은 시진핑 주석의 당대회 보고를 바탕으로 한 대외정책 방향을 정리한 것이다.

### (2) 국가안보시스템의 현대화 추진

시진핑 주석의 당대회 보고에서 가장 두드러진 점은 국가안보시스템과 능력의 현대화를 강조하고 있다는 것이다. 시진핑 주석은 업무 보고를 통해 외부로부터의 압박과 억제는 언제든지 강화될 수 있다고 경고하고 있다. 중국의 발전은 전략적 기회와 위험이 공존하고 불확실하고 예측하기 어려운 요인이 증가하는 시기에 접어들었으며, 다양한 '블랙스완(예측하기 어려운 돌발 요인)'과 '회색 코뿔소(예측할 수 있지만 간과했다가 큰 위기를 맞을 수 있는 요인)' 사건이 언제든지 발생할 수 있다고 강조했다. 이러한 외부 위협에 대한 인식하에 인민, 정치, 경제, 군사, 과학기술, 문화, 사회 및 국제 등을 포괄하는 국내외 안보와 국토 및 국민안보, 전통과 비전통안보, 개별안보와 공동안보 등 전면적이고 총체적인 안보 개념을 나열하면서, 글로벌안보거버넌스의 메커니즘을 완성하고, 국가안보 시스템과 능력의 현대화를 통해, 소위 '안보'를 통해 '발전'을 보장하겠다는 의지를 밝혔다.

### (3) 미국과의 가치경쟁 본격화

당대회 이후 중국은 처음으로 '전인류공동가치(全人类共同价值)'를 당장(당헌)에 삽입하여 미국과의 가치경쟁을 본격화할 것임을 보여주고 있다. 평화, 발전, 공평, 정의, 민주, 자유의 '전인류공동가치'는 중국의 세계관과 세계의식을 반영하는 것으로, 당헌에 삽입하여 '당내 모법(党内母法)'의 형태로 중국이 추구하는 국제질서관을 확고히 한 것으로 평가할 수 있다. 이러한 질서관을 통해 중국이 이념 색채를 빼고 지역, 민족, 피부색을 초월해 국제사회가 수용 가능한 보편적인 가치를 제시하면서, 향후 민주, 자유, 인권 등 미국이 주장하는 '규칙 기반의 국제질서(rules - based international order)'나 '도로의 규칙(rules of the road)'과 '가치경쟁'을 본격화할 것임을 시사하는 것이기도 하다.

### (4) 인도 - 태평양전략과의 본격적인 경쟁

시진핑 주석은 당대회 보고에서 처음으로 '발전'과 '안보' 글로벌 이니셔티브를 제안함으로써 미국의 인태전략과의 본격적인 경쟁을 시사하고 있다. 글로벌발전이니셔티브(全球发展倡议)는 2021년 9월 시 주석이 제76차 유엔총회 일반토론에서 처음으로 제안했으며, 발전 우선, 인민 중심, 호혜와 포용·혁신 견지, 인류와 자연의 공생 등을 주된 내용으로 하고 있다. 글로벌안보이니셔티브(全球安全倡议)는 2022년 4월 시진핑 주석이 보아오포럼 연차총회에서 처음으로 제안한 것으로, 주권존중과 영토보전, 내정불간섭, 각국의 합리적 안보 우려 존중, 냉전 사고 및 일방주의 반대, 안보불가분원칙(安全不可分离, individual security) 견지 등을 거론한 바 있다. 특히 '안보불가분원칙'은 나토의 동진에 대항해 우크라이나 전쟁을 일으켰다는 러시아의 입장에 대한 암묵적 지지로 이해되면서 논란이 된 바 있다. 중국은 향후 '발전'과 '안보'의 글로벌이니셔티브를 통해, '일대일로'와 함께 국제사회에 또 다른 중요한 공공재를 제공할 것임을 천명하고 있다.

### (5) 대만문제관련 무력사용 불배제 시사

수정된 당장(당헌)에는 정확하고 확고하게 '일국양제' 방침을 전면적으로 견지한다는 내용과 함께, '대만독립'을 결연히 반대하고 억제한다는 문구가 새롭게 삽입되어 중국의 통일 의지와 무력 사용 가능성이 언급되면서 대만문제에 대한 중국의 강경한 대응 입장을 시사하고 있다. 시진핑 주석은 이번 당대회 업무보고를 통해 "국가 통일, 민족 부흥 역사의 수레바퀴는 앞으로 나아가고 조국의 완전한 통일은 반드시 실현돼야 하며 또 반드시 실현할 수 있다"고 밝히고 있다. 또한 "평화통일이라는 비전을 위해 최선의 노력을 견지하겠지만 무력사용 포기를 결코 약속하지 않고 필요한 모든 조치를 취할 수 있는 옵션을 가질 것"이며, "이는 외부 세력의 간섭과 극소수 대만 독립 분자 및 분열 활동을 겨냥한 것이지 결코 광범위한 대만 동포를 겨냥한 것은 아니다"라고 강조하기도 했다.

## 9 중국의 개혁개방정책

### 1. 중국 공산당 제11기 중앙위원회 제3차 전체회의(11기 3중전회)

1978년 12월 18일부터 22일까지 개최된 동 회의는 등소평이 이른바 중국식 개혁개방 정책으로의 '역사적 전환'을 이룬 회의로 평가받고 있다. 동 회의에서 "경제관리 체제와 경영관리 방법에 대한 진지한 개혁에 착수하고, 세계의 선진기술과 선진설비를 될 수 있는 대로 채택한다."라는 것이 강조되어 '개혁'과 '대외개방'의 중요성이 강조되었다.

### 2. 생산책임제 또는 개별 농가청부제

농촌에서 우선적으로 시행된 개혁정책의 일환으로 추진되었다. 1980년대 활성화되었다. 인민공사체제를 폐지하고 개별 농가에 여러 가지 권한을 이양해 생산한 것의 일정량을 상납하면 그 이외의 것에 대해서는 자유시장에서 판매하게 하는 정책이다.

### 3. 경제체제 개혁에 관한 결정(1984년, 공산당 12기 3중전회)

동 결정은 도시의 국영기업을 중심으로 한 기업관리의 개혁에 중점을 두었다. 농촌의 생산책임제와 마찬가지로 도시의 기업관리체제를 이전의 계획경제형에서 탈피하여 정부에 상납한 것 이외의 부분을 일정 부분 유보·매각할 수 있게 하여 기업에 많은 재량권을 주는 것을 목표로 하였다. 그 결과 국영기업의 실적이 호전되었다.

### 4. 경제특구제도 도입

1979년 광둥성의 선전, 주하이, 산두, 아모이 등 네 지역에서 외자를 우선하는 정책을 도입하였고, 1980년에는 이들을 경제특구로 지정하였다. 이들 지역에 해외자본과 외자를 집중하여 개혁의 추진역할을 하게 함과 동시에 다른 지역의 발전모델을 만들겠다는 구상으로 추진되었다. 1984년에는 톈진, 상하이, 다롄, 광저우 등 14개 도시가 외자 도입을 위해 대외적으로 개방되었다.

> **참고**
>
> **중외합자경영기업법(1979년)**
>
> 1979년 7월 1일의 제5기 전국인민대표대회 제2회 회의에서 채택되어 같은 달 8일 섭검영 전인대상무위원장 이름으로 공포·실시되었다. 국제경제협력과 기술교류 확대를 위해 외국 기업과의 합작사업을 인정한다고 하는 것으로 '4가지 근대화' 달성을 위해 중국이 본격적으로 외국의 자본·기술을 도입하는 방침으로 전환한 것을 시사한다는 점에서 획기적이라고 알려져 있다. 전문 15조로 되어 있으며 "① 외자 측의 투자나 이윤 등 합법적 권익을 지킨다. ② 외자 측의 출자비율은 25% 이상으로 한다(상한은 없음). ③ 외자 측이 제공하는 기술·설비는 선진기술이어야 한다. ④ 이윤의 국외송금을 인정한다." 등을 주요 내용으로 하고 있다. 중국 측의 합작기업 설립 창구는 중국 국제신탁투자공사. 1983년 9월에는 합작기업 진출의 세부 항목을 정한 '중외합자 경영기업법 실시조례'가 공포되었다. 여기에 따라 합작기업 제품의 중국 국내시장으로의 개방이 비로소 명문화되었다.

## 5. 남순강화(南巡講話, 1992년)

남순강화는 등소평이 이른바 '사회주의 시장경제'를 공식 도입한 계기가 되었다. 1989년 천안문 사건과 1991년 소련 붕괴로 인해 국제적으로 고립된 중국은 소련의 전철을 밟지 않기 위해서는 경제 발전이 불가결하다고 판단하였다. 남순강화에서 등소평은 계획과 시장이 사회주의와 자본주의를 구분하는 기준이 아니라면서 사회주의를 전제로 한 시장경제의 중요성을 강조하고 '사회주의'라는 것은 '공유제'와 '공산당의 지도'를 견지하는 것이라고 하였다. 1992년 가을 제14차 당대회에서 '사회주의 시장경제'를 분명하게 제시하였다.

## 6. WTO 가입 및 비공유부문의 확대

중국은 개혁의 가속화를 위한 개방전략을 선택하였으며, 그 결과 2001년 12월 WTO에 가입하게 되었다. WTO 가입 이전 중국의 개혁의 중점과제는 국영부문의 축소와 사영경제를 중심으로 한 비공유부문의 확대에 있었다. 1997년 제15차 당대회에서는 공유제를 전제로 하면서도 비공유부문이 사회주의 시장경제의 '중요한 구성부분'으로 자리매김하였다.

## 10 대외전략 기조

### 1. 서설

탈냉전기 중국의 대외전략은 기본적으로 중국의 경제 발전을 최우선목표로 설정하고, 이를 위해 대외관계를 안정적으로 유지하는 것에 초점이 맞춰져 있었다. 다만, 1990년대 후반 이후 경제적 부상에 따른 자신감에 기초하여 보다 적극적인 외교를 전개해 나가기도 하였으나, 이것이 주변국으로부터 '중국위협론'을 정당화시킨다고 보고 재조정되기도 하였다. 중국은 정치·외교적 필요에 따라 다양한 전략적 기조와 수사를 사용하고 있다.

### 2. 도광양회(韜光養晦)

도광양회란 빛을 감추고 때를 기다린다는 의미이다. 중국이 경제적·군사적인 실력을 기르면서 때를 기다린다는 의미로 받아들여지고 있다. 1990년대에는 미국 등 강대국에 대항하지 않고 경제성장에 전념하는 '도광양회'에 보다 중점이 주어졌다. 9·11테러 이후에도 강대국 간 관계, 특히 미국과의 관계에서 유지되고 있는 것으로 평가된다.

### 3. 유소작위(有所作爲)

유소작위는 적극적인 주변국 외교 및 국제사회에 적극적 참여를 의미하는 전략이다. 즉, 도광양회를 넘어서 대외적으로 자신의 목표를 공개적으로 제시하고 또 이를 추구하는 전략으로 이해된다. 구체적으로는 전세계적 차원에서 세계질서의 다극화를 실현하기 위해 다른 강대국들과의 관계를 강화하려고 노력하였다. 동아시아에서 리더십을 발휘하려고 하는 것이나, 북핵문제의 적극적인 중재에 나서는 것도 '유소작위'하의 전략으로 풀이된다.

## 4. 책임대국

책임대국론은 1997년 이후부터 본격적으로 등장하였다. 책임대국론은 1990년대 중반 대국으로서의 정체성에 대한 논의가 시작되면서 대국으로서의 책임에 대한 화두도 대두되었다. 책임대국 기조하에서 추진된 정책들은 다음과 같다. 첫째, 중국은 탈냉전시대의 이상적인 국제체제로 다극화를 지향하고 있으며, 다극화를 실현하는 것이 중국의 대국으로서의 가장 중요한 책임이라고 주장한다. 이에 따라 중국은 1990년대 중반 이후 국제사회의 주요 강대국들과 다양한 형식의 동반자관계를 수립해 오고 있다. 둘째, 중국은 전통적으로 다자주의보다 양자주의를 우선시해왔는데, 이는 다자기구 대부분이 미국 등 서방중심 체제로서 중국의 이해관계와 상충된다고 인식하였기 때문이다. 그러나 책임대국 지향외교에서 다자주의에 적극성을 보여주고 있다. 중국은 UN의 중요성을 강조하고, APEC, ASEAN + 3, ASEAN + 1 등 경제 관련 다자기구에서 중국은 시장의 힘을 기반으로 주변지역에 대한 경제협력망을 확대하면서 영향력을 증대시켜 가고 있다. 또한 ARF에 참여하여 의제를 제시하는 등 주도적 지위를 확보해 가고 있으며 이를 바탕으로 동북아에서의 안보 공동체 건설에 대한 의지를 피력하고 있다.

## 5. 화평굴기(和平崛起)

2003년 11월부터 '평화적인 부상'을 의미하는 '화평굴기'론이 새로운 외교정책의 원칙으로 제기되었다. 평화적인 부상론은 과거 서구 열강들이 강대국으로 부상하는 과정에서 기존의 패권국과 대규모의 전쟁과 갈등을 야기시켰던 것과는 달리 중국의 부상은 평화적인 방법으로 달성한다는 의도를 표명한 것이다. 이는 중국위협론에 적극적으로 대응하여 중국의 평화적 의도와 정책을 강조하는 대외정책이론이다. 이를 통해 중국은 자국의 국력에 합당한 지위와 영향력을 확보하고, 국제사회에서 보다 적극적이고 책임있는 강대국으로서의 이미지를 심으려 한다.

## 6. 화평발전(和平發展)

화평굴기론에 대한 비판으로 인해 2004년 4월부터 이를 대체하여 사용되는 개념이다. 화평굴기론은 '굴기(崛起)'의 측면을 부각시켜 중국위협론을 연상시키고, 대만문제에서 군사적 옵션을 배제하는 것처럼 여겨져 잘못된 메시지를 전달할 수도 있다고 비판을 받았다. 용어의 교체일 뿐 화평굴기론과 내용은 같다. 화평굴기론 또는 화평발전론의 기조에서 중국은 동아시아정상회의(EAS)의 조기 설립 추진, ASEAN과 FTA 등 협력 강화와 일본과의 영향력 경쟁, 상하이협력기구(SCO)와 군사적 협력 강화, 에너지 및 자원외교에서 공세적이고 적극적인 외교 등의 외교적 행보를 보여주었다.

## 7. 과학적 발전관

과학적 발전관(科学发展观)은 후진타오(胡锦涛) 주석 시기에 제시된 중국의 발전 전략으로, 경제 성장 중심의 편중된 발전에서 벗어나 '사람 중심의 조화롭고 지속 가능한 발전'을 강조하는 국가 발전 철학이다. 이 이론은 2003년부터 공식 제기되었으며, 2007년 중공 제17차 전국대표대회를 통해 중국 공산당의 지도이념 중 하나로 채택되었다. 이 관점은 '사람을 중심에 두고', '조화로운 사회 건설(构建和谐社会)', '지속 가능한 발전', '환경 보호', '지역 간 불균형 해소', '사회보장 강화', '혁신 주도 성장' 등을 주요 원칙으로 삼았다. 과학적 발전관은 2012년 중국 공산당 당장(党章)에 명시되어 지도이념의 하나로 자리잡았으며, 이후 시진핑의 '신시대 중국 특색 사회주의 사상'으로 연결되는 이념적 기반이 되었다.

## 8. 화자위선(和字爲先)

2006년 들어 후진타오 외교정책은 '화합'을 강조하는 화자위선 기조를 제시했다. 이는 중국의 부상과 함께 '중국위협론'의 담론도 힘을 얻고 있는 상황에서 후진타오의 적극적이고 공세적인 외교정책은 이러한 논의를 강화시켜 중국이 국제적으로 고립될 수도 있다는 위기감이 작동한 것을 배경으로 하였다. '화자위선'론은 보다 유연하고 현상유지적인 외교정책 기조로 볼 수 있다. 2006년 1월 3일 외교부 대변인 류젠차오는 2006년 중국의 대외정책의 원칙은 갈등보다 화합을 최우선시하는 정책(화자위선)을 지향할 것이라고 강조하였다. 도광양회론과의 차이점은 적극적인 외교행위를 전제하고 있다는 것이다.

## 9. 신형대국관계(新型大國關係)

2012년 10월 개최된 중국 제18차 공산당 당대회는 시진핑을 지도자로 하는 새로운 지도부를 형성하였다. 당 보고서는 대외관계에 있어서 '새로운 강대국관계(新型大國關係)'를 요구하고 있다. 이 개념은 후진타오 시기 말인 2010년 즈음부터 제기되었으며, 시진핑 시기에 중국이 희망하는 새로운 미중관계를 개념화한 것이다. 이 개념은 2010년 중국의 공세적인 외교가 낳은 결과에 대한 반성을 담고 있고, 향후 시진핑 시기 10년의 외교방향을 보여주고 있다. 시진핑 시기의 외교는 후진타오 시기 개발도상국이라는 자아정체성에서 벗어나 점차 강대국이란 인식을 바탕으로 대 세계·지역·한반도전략을 재구성 중이다. 강대국 정체성은 후진타오 시기 중국이 개발도상국으로 인식하던 것과는 다르다. 신형대국관계는 기존에 중국이 주장하였던 '평화로운 발전론'이나 '조화로운 국가관계'가 강대국들 간의 관계에 보다 구체화된 형태로 제시된 것이다. 경쟁과 대결이 아닌 상호존중과 협력에 초점을 둔 강대국 신질서론이다. 중국 외교부장 왕이는 2013년 9월 미국을 방문하여 다음과 같이 '새로운 강대국관계'를 정의하였다. 충돌과 대립 방지(不衝突, 不對抗), 상호존중(相互尊重), 협력공영(協力共榮), 그리고 이를 실현하기 위해 전략적 신뢰 증진, 실무협력의 강화, 인문교류 강화, 지역 및 세계적 문제에 대한 협력 강화를 제시하였고, 아태지역에서 먼저 그 기초를 세우도록 하자고 제안하였다. 중국이 의미하는 '새로운 대국관계론'의 핵심적 함의는 국제정치에서 미국의 주도권을 인정하는 전제하에서 비군사적 방식으로 경쟁을 하겠다는 것이다.

## 10. 신형국제관계

시진핑 2기 '신형국제관계론(新型国际关系论, New Type of International Relations)'은 중국이 미국 중심의 기존 국제질서에 도전하면서 제시한 외교 이념으로, 2017년 제19차 중국공산당 전국대표대회(당대회)에서 공식적으로 제시되었다. 이는 시진핑 집권 2기(2017 ~ 2022년) 동안 중국 외교의 핵심 개념 중 하나로 발전하였으며, 중국 중심의 국제 질서 재편을 위한 외교적 정당성과 방향성을 강조한다. 신형국제관계론은 시진핑 2기 외교 기조를 대표하는 개념으로, 상호 존중, 공평·정의, 협력·공영을 핵심 원칙으로 내세운다. 이는 냉전적 대결 구도나 패권주의를 거부하고, 강대국 중심의 일방적 질서가 아닌 다자주의적이고 '중국 특색'을 반영한 국제관계 모델을 구축하겠다는 의도를 담고 있다. 특히 미국 중심의 국제질서에 대한 대안으로서, 중국의 부상을 평화롭고 책임 있는 방식으로 정당화하며, '일대일로' 구상, 글로벌 개발 구상(GDI), 글로벌 안보 구상(GSI) 등과 연계되어 전개된다. 또한, 이 이론은 중국 - 대국 관계의 안정적 발전, 주변국과의 조화로운 공존, 글로벌 남방국가(개도국)와의 전략적 연대 강화를 통해 중국이 '국제질서의 건설자'이자 '글로벌 공공재 제공자'로 부상하고자 하는 외교 전략의 이념적 기초를 제공한다.

# 11 중국 - 미국 관계

### 1. 초기의 대립관계

첫째, 국공내전에서 미국이 장제스 국민당 정부를 지원하여 공산당의 반미감정이 대두되었다. 1949년말 주중 미국 대사관은 장제스정부와 함께 대만으로 철수했다. 둘째, 1950년 중국의 한국전 참전으로 양국관계는 결정적으로 대립관계로 변화되었다. 미국 주도의 UN은 중국을 침략자로 규정하고, 미국은 UN 등 국제무대에서 중국의 활동을 봉쇄하고자 하였다. 셋째, 1950년대 동서 블록화 시대에 따라 중미간 대립관계는 지속되었다.

### 2. 중미 화해

#### (1) 상하이 공동성명(1972년 2월)

닉슨 대통령은 1971년 7월 15일 중국 방문 합의사실을 발표하였다. 닉슨의 중국 방문 의사표명은 봉쇄(Containment)를 기조로 해 온 미국의 아시아전략의 대전환이었으며, 비밀리에 추진됨으로써 '닉슨 쇼크'로 불리기도 하였다. 중국 방문에서 '상하이 코뮤니케'에 조인하였다. 동 코뮤니케에서 양국은 하나의 중국원칙, 아시아 태평양지역에서 미중 양국 및 제3국이 패권을 추구하는 것에 반대한다는 원칙을 천명하였다. 또한, 정세 추이에 따라 대만 주둔 미군 철수에 대해서도 합의하였으며, 평화공존원칙에도 합의했다.

### (2) 미국의 미중 화해 시도 이유

미국은 첫째, 중소 두 공산국가들이 상호 견제하도록 하는 '이이제이'효과를 기대하였다. 둘째, 미국 경제가 침체된 상황에서 중국은 미래의 거대한 시장으로 인식되었다. 셋째, 중국의 핵확산방지조약(NPT)가입을 기대하였다. 넷째, 중국이 북베트남에 대한 원조를 축소하고 베트남문제 해결에 있어서 중국의 역할을 기대하였다.

### (3) 중국의 미중 화해 시도 이유

첫째, 소련과의 관계가 악화됨에 따라 미국을 더 이상 제1의 적으로 여기지 않게 되었다. 소련의 체코슬로바키아 침공 이후 중국인들은 소련의 공격에 대한 두려움을 가지고 있었다. 둘째, 미국과의 화해를 통해 부활하고 있는 일본의 중국에 대한 적대적 움직임을 견제해 줄 것으로 기대하였다. 셋째, 미국과의 교역이 확대되고 타이완(대만)에 대한 미국의 공약이 축소될 것이라고 희망하였다.

## 3. 미중수교

미국과 중국의 공식수교는 1979년 1월 1일 이루어졌으며, 이는 이보다 앞선 1978년 12월 15일 발표되었다. 78년 12월 발표된 공동성명의 내용은 다음과 같다. 첫째, 양국은 1979년 1월 1일자로 상호 승인 및 외교관계를 수립하기로 하였다. 둘째, 미국은 중화인민공화국이 중국의 유일합법정부라는 점과 대만이 중화인민공화국의 일부라는 중국의 입장을 인정하며 미국은 이러한 테두리 안에서 대만과 문화, 상무 및 기타 관계를 계속 유지한다. 셋째, 양국은 패권을 추구하지 않으며 다른 개별국가나 국가 그룹의 패권추구 노력에 반대한다. 넷째, 양국은 제3국을 대신하여 협상을 하지 않으며 또한 상호 제3국을 겨냥한 협정을 체결하지 않는다.

## 4. 대만관계법

미국은 중국과 수교한 이후 중국과의 합의에 따라 대만과 체결하고 있었던 동맹조약을 폐기하고, 동 법을 제정하였다. 동법은 1979년 1월 1일 미 의회에서 채택되었고, 79년 4월 서명되었다. 대만관계법은 대만의 합법적인 방위욕구 충족과 대만문제의 평화적 해결이라는 목적으로 제정됐으며, 대만관계법은 유사 시 미국의 자동개입조항과 함께 중국이 대만을 침공하거나 군사적 위협을 가하면 대만에 의무적으로 무기를 판매토록 하고 있다. 이 법은 그 뒤 상호 대표부 설치와 대만에 대한 미제무기 판매, 고위관리 교류 등의 토대가 되었으나, 중국은 이에 대해 '하나의 중국'원칙을 저버린 채 실질적으로 두 개의 중국을 용인한 이중적인 태도라며 비난해 왔다.

## 5. 1980년대 중미관계

첫째, 소련의 아프간 침공(79년 12월)을 계기로 미국의 중국에 대한 비살상무기 및 군수품 수출 인정 등 군사협력이 강화되었다. 둘째, 1981년 1월 레이건정부 출범 이후 대만에 대한 신무기 공급정책으로 중미관계가 냉각되었다. 셋째, 1982년 8월 17일 중미공동성명(일명 8·17성명)을 계기로 양국관계 재정립 기반을 구축하고 미국 - 중국 - 대만 관계의 현실적 해결의 계기를 마련하였다. 8·17성명에서 미국은 대만이 중국의 일부라는 점을 인정하고, 미국의 대만에 대한 무기판매는 점진적으로 감소시켜 일정 기간 경과 후 대만에 대한 무기 판매를 중단하기로 하였다. 넷째, 1985년 이래 중국 - 소련 관계 개선과 중국의 독립자주 외교 노선 강화에 따라 중국 - 미국 간 전략적 이해관계 일치의 범위가 축소되었다.

## 6. 천안문 사태 이후 중미관계

1989년 6월 천안문사태 이후 양국간 상호 제재와 보복조치로 양국관계는 급속히 악화되었다. 미국은 대중국 무기 금수, 군 고위인사 교류 동결, 국제금융기관의 대중국 융자 연기 요청 등의 제재조치를 시행했다. 이에 맞서 중국은 미국 해외공보방송(VOA) 특파원 퇴거, 풀브라이트 사업 중단 등의 보복조치를 취하기도 하였다.

## 7. 1990년대 미중관계

### (1) 관계개선 시도

양국은 관계 개선을 시도했다. 미국은 중국의 지나친 고립을 방지하기 위해 실리외교에 기반한 포괄적 포용정책(Comprehensive Engagement Policy)으로 관계 회복을 추진했다. 중국도 개혁개방정책의 성공적 추진 및 자국의 국제적 위상 제고를 위해 '16자원칙'에 따라 관계 개선을 시도했다. 16자원칙은 신뢰증진, 문제감소, 협력발전, 대립회피를 말한다.

### (2) 대립의 지속

탈냉전 이후 양국관계는 협력을 추구하면서도 중국의 대파키스탄 미사일 수출에 대한 미국의 제재, 미국의 중국 2000년 올림픽 개최 반대, 미국의 중국 WTO가입 제동, 리덩후이 총통 방미(1995.5)허용, 중국의 대만해협 미사일 발사 훈련(1996년 3월)등으로 대립을 지속했다.

### (3) 장쩌민의 미국 방문

장쩌민 국가주석이 1997년 10월 천안문 사태 이후 중국 국가원수로는 최초로 미국을 방문하여 경색관계를 청산했다. 방미 기간 중 양국은 21세기를 향한 '건설적이고 전략적 동반자관계(Constructive Strategic Partnership)' 추진을 위해 노력하기로 합의하였다.

### (4) 클린턴의 중국 방문

1998년 6월 클린턴 대통령이 중국을 방문하고 핵확산 억제, 아시아 금융위기, 국제안보 문제 등에 있어서 중미간 전략적 대화를 통한 공동협력 의지를 과시하고 지역 및 국제문제 해결에 있어서 양국간 공조체제의 중요성을 확인하였다.

### (5) NATO의 중국 대사관 폭격

1999년 5월 미국을 비롯한 NATO의 유고 주재 중국대사관 폭격으로 양국관계는 급속히 냉각되었으나 1999년 9월 APEC정상회의를 계기로 이루어진 중미정상회담과 1999년 11월 중미간 WTO 가입협상의 타결로 관계복원의 전기를 마련하였다.

## 8. 2000년대 이후 중미관계

첫째, 9.11테러 이후 중국이 미국 주도 반테러 국제공조 노력에 협력하였다. 둘째, 2005년 8월 제1차 중미전략대화가 개최되었다. 셋째, 2006년 4월 후진타오가 미국을 방문하여 중국의 부상을 인정하고 기회로 받아들일 것을 설득했고, 미국은 중국을 '이해상관자(stakeholder)'로 칭하면서 중국의 가치 및 체제의 전환을 촉구하였다. 넷째, 2009년 1월 오바마정부 출범 후 양국관계를 '적극적이고, 협력적이며, 포괄적인 관계(positive, cooperative and comprehensive relationship)'로 규정했다. 다섯째, 2009년 7월 워싱턴에서 제1차 중미전략경제대화가 개최되었다. 오바마행정부는 기존의 전략대화와 경제대화를 통합 및 격상하여 중미협력의 포괄화, 체계화 및 대중국 영향력 확대를 추진하였다. 여섯째, 2010년 들어 양자관계는 미국의 대만에 대한 무기 판매 발표, 오바마 대통령의 달라이라마 면담, 무역분쟁 등으로 갈등국면을 겪었다. 일곱째, 2012년 2월 시진핑 부주석이 미국을 방문하여 '신형대국관계' 수립 필요성을 제기하였다. 신형대국관계는 중미간 상호 전략적 의도를 객관적, 이성적으로 대하고, 각자의 이익을 존중하며, 중대한 국제 또는 지역 문제에서의 협력을 강화하는 것을 의미한다.

## 9. 중미간 전략적 경쟁구도 심화

첫째, 중국은 중미관계를 가장 중요한 양자관계로 간주하고 있으며, 미국과의 신형대국관계 구축을 위한 외교 노력을 적극 전개하고 있다. 둘째, 양국은 무역분야에서 상호 보복관세를 부과하며 대치를 이어가다 2019년 12월 1단계 합의를 달성하였다. 셋째, 중국이 미국 주도의 국제질서에 대한 도전 세력이라는 미국내 초당적 우려와 미국의 아태재균형정책(오바마)이나 자유롭고 개방된 인도-태평양구상(트럼프)이 중국에 대한 봉쇄용이라는 중국내 인식 등이 양국관계의 획기적인 발전을 가로막는 근본적인 제약 요인으로 작용하고 있다. 넷째, 2017년 12월 미국 국가안보전략보고서(NSS)에서 미국은 중국을 '전략적 경쟁자(strategic competitor)'로 규정한 이후 양자간 갈등은 무역, 첨단기술(5G), 군사, 국제규범의 표준(다자주의, 인권 등) 등 전방위적으로 확산되고 있다.

## 12 중국 - 일본 관계

### 1. 중일관계 전개 과정

#### (1) 국교정상화 이전 시기

전후 동북아지역질서의 양상은 사회주의 중화인민공화국의 수립과 친소일변도와 중소동맹조약으로 요약할 수 있는 중소관계와, 일본을 점령하여 대공산권 견제의 전진기지로 만들고자 하는 미일관계가 상호 대립구도를 형성하는 냉전체제하에 놓여 있었다. 이러한 구도하에 샌프란시스코 강화회의를 통한 일본의 대서방 국가 평화조약 체결 및 6·25전쟁을 거치면서, 동북아는 중국·소련·북한의 북방삼각과 미국·일본·한국의 남방삼각이라는 대립구도가 확연하게 자리잡게 되었고, 이에 따라 냉전시대의 특징을 고스란히 보여주는 지역이 되었다. 이에 따라 중일 양국 관계는 냉전적 질서로 인한 구조적 제약을 받게 되었다. 그러나 이러한 제약조건은 양국 관계의 표면적인 현상일 뿐, 내면적으로는 이와 반대의 경향성을 띠고 있었다. 즉, 이 시기 중일 양국은 표면적으로 적대적 관계를 형성하였지만, 양측은 경제교류와 대화통로를 유지하면서 협력관계의 수립을 모색하고 있었으며, 실질적으로도 이러한 협력관계가 나타나고 있었다. 이러한 협력은 주로 민간무역의 형태로 진행되었으며 1972년에 양국이 수교관계를 수립하게 되는 바탕으로 작용하였다.

#### (2) 국교정상화 이후부터 냉전의 종식에 이르는 시기

양국이 수교관계를 수립하게 된 주요한 원인은 미국의 대중정책 조정과 다나카 내각의 등장 이후 대중정책에 변화가 발생한 것이라고 할 수 있다. 그리고 그 이면에는 중소분쟁의 격화와 위협으로부터 벗어나기 위한 중국의 대소견제가 자리하고 있었다. 또한 냉전적 상황에도 불구하고 양국 관계의 우호적 흐름을 형성해 왔던 민간과 야당의 역할, 즉 민간외교 역시 양국 수교에 상당한 영향을 미쳤다. 국교정상화를 수립하게 된 표면적 원인은 중미관계의 개선과 일본 정부의 입장 변화이지만, 내면적으로는 수교 이전부터 형성되어 있었던 민간과 야당의 우호적 교류가 큰 뒷받침이 되었다고 할 수 있다. 1978년에는 중일평화우호조약이 체결되었고, 1980년대 말에 이르기까지 우호협력관계가 형성되고 발전되는 최고의 시기를 보내게 되었다.

#### (3) 탈냉전시기의 중일관계

협력과 공존을 모색하는 탈냉전기로의 전환은 중일관계에 있어서도 새로운 전환을 가져왔다. 표면적으로는 1992년 일본 천황부부의 방중에서 과거사에 대한 사죄의 입장표명이 이루어졌고, 1994년 호소카와 수상의 방중에서도 과거사문제에 대한 깊은 반성과 사과를 표명하는 등 양국 관계가 상호협력과 공존의 관계를 형성하는 것처럼 보였으나, 내면적으로는 양국 관계에 있어 역사, 대만, 영토, 안보, 경제 등의 영역에서 전면적인 마찰이 발생하기 시작하였다. 대외적 사죄표시와는 다르게 일본 국내적으로는 야스쿠니신사 참배 등 우익인사들의 우경활동이 계속 되었고, 1995년 중국이 지하 핵실험을 강행하자 대중 무상원조를 전면 동결한다는 발표를 하기도 하였다. 교과서문제 및 야스쿠니신사 참배, 조어도와 같은 문제들이 민간영역으로 확대되면서 폭력시위가 발생하고, 갈등의 양상이 더욱 증폭되었다. 2004년 12월에는 일본의 내각회의에서 통과된 신방위대강에서 처음으로 중국위협론을 정부의 공식 안보정책 문서에 삽입하였다. 그러나, 2000년대 후반 중일관계는 다시 회복되는 추세를 띠었다. 2006년 아베 신조 총리의 '얼음을 깨는 여행(破氷之旅)'과 2007년 4월 원자바오 총리의 '얼음을 녹이는 여행(融氷之旅)'을 거쳐 2007년 12월 후쿠다 야스오 총리의 방중이 '봄맞이 여행(迎春之旅)'이라고 불리는 등 우호협력관계를 위한 호기를 맞이하였다. 2006년 6월 후쿠다는 동남아와 한국 및 중국을 포함한 '동아시아공동체'구성을 목표로 노력해야 한다는 입장을 표명하였는데 이를 신(新)후쿠다독트린이라고 한다.

### (4) 2010년대 중일관계

2010년대 들어 중일관계는 급격히 냉각되었다. 2010년 9월 7일 일본 영해를 침범한 중국 어선과 선원을 일본이 구속한 사건이 발생하여 중국내 '애국주의' 등 대일여론이 악화되자 중국 정부는 강경대응조치를 취하게 되었다. 중국은 동중국해 자원개발 조약 교섭 연기, 일본 청소년 1천명의 상하이 엑스포 방문 취소, 장관급 이상 교류 중단, 희토류의 대일수출의 사실상 중단 등의 조치를 취했다. 다만, 2011년 3월 일본대지진 발생 시 중국 정부가 일본에 대해 3천만 위안 상당의 인도주의 물자 지원 의사를 표명하고 일본이 이를 수용함으로써 관계 개선의 전기를 모색하기도 하였다.

### (5) 시진핑 집권 이후

첫째, 2012년 일본의 조어도 국유화 조치 이후 양국 내 시진핑 주석과 아베 총리가 최고 지도자가 되면서 양자관계는 지속적으로 악화되었다. 중국은 2013년 11월 동중국해에 방공식별구역을 선포했고, 2013년 12월 아베 총리가 야스쿠니 신사를 참배하면서 양국간 긴장이 심화되었다. 둘째, 2018년 10월 아베총리가 중국을 방문했고, 2019년 12월 한중일 정상회의를 계기로 중일 정상회담이 개최되는 등 정상급 교류를 통한 우호적 모멘텀을 이어갔다.

## 2. 주요 현안

### (1) 대만문제

대만문제란 대만을 중국의 일부로 볼 것인가를 놓고 중국과 일본의 시각차가 있고 이로 인해 갈등이 발생할 수 있는 것을 의미한다. 일본과 대만은 1952년 4월 일화평화조약(日華平和條約)을 체결하고 일본은 대만의 국민당 정부를 중국을 대표하는 유일한 합법정부로 인정하였다. 그러나 일본은 1972년 중국과 수교하면서 '하나의 중국원칙'에 동의하였다. 수교 이후에도 이른바 '광화랴오(光華寮) 재판 사건'으로 중국과 일본은 대만문제와 관련하여 마찰을 빚기도 하였다. 중국과 일본의 대만문제 관련 갈등이 본격화된 것은 탈냉전기이다. 일본은 대만의 독립을 주장하는 리덩후이 총통의 일본 방문을 허가하기도 하였으며, '주변사태법'과 신가이드라인, 유사법제 등을 통해 대만해협문제에 일본이 개입할 것임을 명확히 하여 중국과 마찰을 빚고 있다.

### (2) 역사문제

중국과 일본은 태평양전쟁의 성격, 야스쿠니 신사 참배문제, 난징대학살 등의 역사적 사실에 대한 인식문제를 놓고 첨예한 대립을 보이고 있다. 특히 일본의 우익인사들에 의해 일본의 침략적 성격이 희석되거나 왜곡되는 것에 대해 중국은 강력하게 반발하고 있다. 1995년 일본 신진당 의원들은 '올바른 역사를 전하는 국회의원 연맹'을 만들었으며, 1996년에는 '새로운 역사교과서를 만드는 모임'이 만들어졌다. 이들은 현재의 역사교과서가 '자학사관'임을 비판하고, 젊은 세대들에게 나라에 대한 긍지를 가질 수 있는 역사교육을 목표로 한다고 주장하였다.

### (3) 조어도문제

일본과 중국은 조어도 영유권에 대해 상이한 입장차를 보여주고 있다. 양국은 1972년 국교 정상화, 1978년 평화우호조약 체결과정에서 조어도문제는 '논쟁보류, 공동개발'의 방침에 동의함으로써 갈등이 표면화되지는 않았다. 조어도와 관련하여 중국은 발견에 의한 '고유영토론'을 영유권 주장의 주요 논거로 하고 있다. 또한 1895년 시모노세키조약에 의해 일본에 '강제할양'되었으나 1945년 포츠담회담에 의해 중국에 반환되었다고 주장한다. 반면, 일본은 시모노세키조약 이전에 이미 무주지인 조어도를 선점하였으므로 강제할양된 영토가 아니고, 따라서 반환되어야 하는 영토의 범위에 포함되는 것도 아니라고 주장하고 있다.

## 13 중국 - 러시아 관계

### 1. 중국 - 러시아 관계 발전 과정

#### (1) 관계수립

1949년 10월 중국 건국 이후 1953년 3월 스탈린 사망시까지 양국은 긴밀한 우호협력 관계를 유지했다. 1949년 10월 소련은 중국을 승인하였다. 1950년 2월 중소우호동맹상호원조조약을 체결했다.

#### (2) 갈등

1950년대 중반부터 양국간 긴장이 조성되었다. 1956년 12월 소련 공산당 20차 전당대회에서 후루시초프는 서방과의 평화공존원칙을 천명했고, 중국 모택동은 이에 대해 비판적 태도를 보였다. 1959년 6월 소련이 원자탄 제조 기술의 중국 제공을 거부하자 양국관계는 결정적으로 악화되었고, 후루시초프는 중국을 '교조주의'로, 중국은 소련을 '수정주의'로 공개 비난했다. 이러한 갈등관계는 1969년 3월 국경선을 문제로 무력충돌(전바오섬, 진보도, 珍寶島 사태)로 이어졌다. 소련과의 이념 갈등이 심화되고, 양국의 정규군이 접전하는 군사분쟁이 발발하면서, 미국과 소련 모두를 위협국으로 상정하는 반제반수(反帝反修)의 입장을 취하였다. 중국 전인대 상무위는 1979년 4월 중소우호동맹상호원조약을 연장하지 않기로 결정했고, 동 조약은 1980년 4월 조약 기한(30년) 만료로 자동 폐기되었다.

### (3) 관계 정상화

1982년 이래 양국관계 정상화를 위한 교섭이 시작되었다. 교섭에서 중국은 3대 장애요소 우선 제거를 주장했다. 3대 장애요소는 중소 국경 및 중국-몽골 국경지역에서 소련군 감축, 아프가니스탄 내 소련군 철수, 캄푸챠(현 캄보디아)문제에 있어서 베트남 지원 중지이다. 1985년 고르바초프 등장 이후 양보적 태도를 취하면서 중국과의 관계 개선을 적극 추진했다. 1989년 5월 고르바초프가 중국을 방문하면서 양국관계가 정상화되었다.

### (4) 1990년대

첫째, 리펑총리는 1990년 4월 소련을 방문하고 우호협력 증진을 위한 6개 협정을 체결하였다. 국경병력감축, 과학기술협력, 핵발전소 건설 차관의 중국 공여, 정기적 외교협의 등에 관한 협정이다. 둘째, 1996년 4월 옐친이 중국을 방문하고 '전략적 협력동반자 관계'를 선언했다. 셋째, 1996년 4월 중국과 러시아는 카자흐스탄, 키르기스스탄, 타지키스탄과 정상회담을 개최하고 'Shanghai Five'(후에 상하이협력기구로 발전)라는 협의체를 출범시켰다.

### (5) 2000년대

첫째, 2001년 6월 상하이협력기구(SCO)를 출범시켰다. 둘째, 2001년 7월 장쩌민 주석의 러시아 방문 시 '중러 선린 우호 협력 조약'을 체결했다. 셋째, 2003년 후진타오가 취임했고 첫 순방국으로 러시아를 방문했다. 넷째, 2004년 10월 푸틴의 중국 방문 시 '중러 전략적 동반자 관계'를 발전시켜 나가기로 합의했다. 다섯째, 푸틴 방중 시 '동부국경조약보충협정'을 체결하고 2005년 6월 발효시킴으로써 1969년 3월 무력충돌까지 불러왔던 국경선 문제를 말끔히 해결했다.

### (6) 2010년대

첫째, 2011년 6월 후진타오가 러시아를 방문하고 '전면적 전략 협력 동반자 관계'를 수립했다. 이 관계는 현재 양국간에만 설정되어 있다. 둘째, 2013년 3월 시진핑은 주석에 취임하고 최초 순방국으로 러시아를 방문하고 러시아 천연가스의 중국 공급을 위한 양해각서를 체결했다.

### (7) 시진핑 주석 집권 이후 양국 관계

첫째, 2019년 수교 70주년을 맞은 양국은 양국관계를 '신시대전면적협력동반자관계'로 격상하였다. 둘째, 2012년이래 중러 해상연합훈련을 정례화하고 있다. 셋째, 안보리 상임이사국으로서 이란 핵문제에 있어서 공동보조를 취하고 있다. 넷째, 중국 주도의 일대일로와 러시아 주도의 유라시아경제연합(EAEU)의 연계 및 협력을 강화하고 있다.

## 2. 주요 이슈

### (1) 군사협력

1960년대 국경분쟁으로 국지적 무력충돌까지 겪었던 중국과 러시아는 탈냉전기 국경선을 확정하는 일련의 합의문을 체결하고, 국경지대 무기 및 병력감축 모라토리엄에 서명하며 국경지역을 안정화시켰다. 또한, 양국은 다양한 군사적 신뢰구축안을 마련하고 실행해 왔다. 국방 관련 인사들의 빈번한 상호방문이 이루어지고, 중러 군사기술협력위원회, 중러 대테러 워킹그룹 등 군사부문의 대화와 협상 채널이 수립되었다. 그리고, SCO 주관하에 'Peace Mission'이라는 이름의 합동군사훈련도 실시하고 있다.

### (2) 상하이협력기구(SCO)를 통한 다자안보협력

SCO는 원래 중앙아시아에서의 분리주의, 테러, 마약거래, 국제범죄, 이슬람극단주의에 공동으로 대처하기 위해 개최된 '상하이 5개국회의(Shanghai5)'에 기원을 두고 있다. 2001년 회의에서 SCO를 발족하였고, 미국의 아프가니스탄 및 이라크전쟁 이후 SCO의 성격은 중앙아시아에서 미국의 영향력 확대를 견제하는 것으로 변모하였다.

### (3) 에너지협력

옐친 제1기에는 러시아의 에너지 수출시장 확보와 중국의 국내 석유 수요 증가, 천안문 사건 이후 서방 제재에 대한 대응의 필요성으로 인해 에너지협력이 이루어졌다. 그러나 옐친 제2기 중반에 들어 중앙아시아에서 자원 확보경쟁이 시작되고 천연가스 파이프라인 건설에 이견이 생기면서 양국은 석유 수출입에서만 협력이 유지되고 갈등과 경쟁 국면이 시작되었다. 푸틴 제1기에는 러시아의 국가권력 강화와 국부 증대를 위해 에너지자원에 대한 정부의 개입이 강화되면서, 중국과는 동시베리아 송유관 통과구간에 대한 이견이 드러났다. 그러나 2008년 이후 양국의 에너지협력 범위는 석유 분야에서 송전망 사업, 석탄 등으로 확대되는 추세이다.

### (4) 북핵에 대한 입장

북핵에 대해 양국 모두 6자회담을 통해 한반도 비핵화를 실현하고자 한다. 러시아는 1990년대 중반 제1차 북핵 위기 때 배제되었던 경험을 교훈 삼아 6자회담에 반드시 참여함으로써 동북아 역내 영향력을 구축하려 하였다. 중국은 북한에 대한 영향력을 바탕으로 '6자회담 의장국' 역할을 맡아 자신의 위상을 유지 또는 확대하려 노력해왔다. 다만, 6자회담은 2008년 이후 유명무실화되었다.

# 14 동아시아지역전략

## 1. 서설

냉전기 중국은 국력상의 제약으로 인해 동아시아지역에 대한 독자적이고 체계적인 정책을 형성하지 못하였으나, 경제적으로 부상함에 따라 책임대국론의 기조하에서 자신을 동아시아세력으로 규정하고, 세계대국으로 발돋움하기 위한 발판으로서 동아시아지역을 강조하기 시작하였다. 중국은 동아시아를 중국이 세계로 나아가기(走向世界) 위해 반드시 장악해야 하는 지역으로 제시한다. 중국의 지역강국화전략 및 세계강국화전략은 지속적으로 구사될 것이나 미국변수와 어떻게 조화할 것인지가 관건이 될 것이다. 중국의 동아시아지역전략의 중점은 ASEAN 국가들에 맞추어져 있으며 어느 정도 성공을 거두고 있는 것으로 평가된다.

## 2. 목표

21세기 전면적 소강사회 건설을 국가전략의 핵심목표로 설정한 중국은 이를 위해 평화적인 주변환경 유지의 필요성을 절실히 느끼고 있다. 따라서 중국의 동아시아전략의 핵심목표는 자국의 경제 발전에 유리한 안정적이고 평화로운 지역질서를 창출하고 유지하는 것이다. 즉, 자국의 등장에 대한 지역 국가들의 경계심을 해소하고 동시에 자국의 영향력을 확장시키는 것을 정책목표로 하고 있다. 중국의 동아시아지역, 특히 동남아시아지역에 대해 영향력을 확장하는 목표는 장기적으로 미국의 대중국 봉쇄노선이 본격화되는 것에 대비하는 측면도 있다.

## 3. 전개

### (1) 지역협력과 다자주의에 대한 적극성

탈냉전 초기 중국은 다자주의가 자국의 주권을 제약한다는 인식하에 소극적이었으나 1990년대 중반 이후 입장을 변경시켰다. 이러한 입장 변경에는 지역협력이 자국에 대한 지역 국가의 우려를 해소하고 신뢰를 증진시킬 것이라는 기대와, 지역협력에 대한 적극적 참여가 동아시아에서 자신의 영향력을 강화하는 데 기여할 것이라는 기대에 기초한 것이다.

중국은 1997년부터 시작된 ASEAN + 3에 적극적으로 참여하는 한편, 아세안과의 자유무역지대 구성에 합의하였다. 아세안과 자유무역지대 구성에 합의한 것은 정치적 측면에서 볼 때 자신의 발전이 주변국에게도 이득이 됨을 보여주고 이를 통해 주변국가들로부터 신뢰를 획득하여 미국의 일방주의외교에 대응하고 일본의 경제적 지위에 도전하려는 것이다.

### (2) '책임 있는 강대국' 이미지 창출

중국은 책임 있는 강대국으로서의 이미지를 확립하여 강대국으로서의 지위를 확보하는 전략을 구사하고 있다. 이러한 시도는 1990년대 말 아시아 경제위기를 기점으로 본격화되었다. 동아시아 경제 위기가 발생하자 중국은 일부 지역 국가들에게 IMF를 통해 자금을 지원하고 자국의 화폐를 평가절하하지 않겠다고 공약하였다. 이러한 전략은 중국에 대한 지역 국가들의 인식의 변화와 중국의 지위를 제고하는 데 기여하였다.

### 4. 중국 - ASEAN관계

첫째, 냉전시기 동남아에 대한 영향력은 중국보다는 일본이 지배적이었으나, 최근에는 중국의 영향력이 상대적으로 제고되었다. 이는 국경분쟁이나 영토분쟁으로 심화되었던 동남아국가들의 중국에 대한 불신감이 중국의 선린우호정책추구 및 일대일로 등 경제적 유인으로 일정부분 약화되었기 때문이다. 둘째, 2001년 11월 양자 FTA를 체결했고, 2002년 11월 '중 - ASEAN 포괄적 경제협력에 관한 Framework Agreement'를 체결했다. 셋째, 2002년 '남중국해 당사국 행동선언'을 채택했다. 넷째, 2017년 8월 중-ASEAN 외교장관회의에서 남중국해 행동규칙(COC) 기본틀이 합의되었고, 동년 11월 COC협상 개시가 공식 발표되었다.

## 15 이슈별 전략

### 1. 경제외교

첫째, 2002년 11월 16대 당대회에서 제기된 '과학발전관'을 통한 '전면적 샤오캉사회'와 '사회주의 조화사회' 건설이라는 전략방침 수립에 따라 기존의 '선부론(先富論)'으로 대표되는 고도성장전략에서 '공동부유(共同富裕)' 추구의 안정적인 성장으로의 전환을 강조하고 있다. 둘째, WTO 가입 이후 중국 경제의 세계 경제에서의 위상 강화에 따라 중국 경제외교의 주요 임무는 전방위적인 적극적 외교활동을 통한 중국 기업들의 해외직접투자전략 추진을 지원함과 동시에 중국의 국가경제이익을 보장하는 방향으로 진행되고 있다. 셋째, 최근 중국은 급신장한 경제력을 바탕으로 아프리카와 라틴아메리카 등 개발도상국들에게 경제적 원조와 함께 중국에 대한 시장접근 기회를 확대함으로써 이들 국가들에서의 중국에 대한 이미지 개선과 함께 영향력 증대효과를 가져왔다. 넷째, 중국은 경제적 수단을 사용하여 대만의 국제활동 공간을 제한하는 한편, 대만 국민과 기업을 친중국화 하는 이중전략을 구사하고 있다. 다섯째, 중국은 1993년 석유수입국이 된 이래 석유 수입의존도가 매년 높아지고 있다. 이에 따라 중국은 에너지 사용효율 제고와 함께 친환경적인 에너지 자원 개발을 에너지 장기정책 방향으로 설정하는 한편, 고도성장을 뒷받침하기 위한 안정적 에너지 확보를 중요한 과제로 보고 있다.

### 2. 자원외교

중국은 1993년부터 석유수입국이 된 이래 석유수급의 안정화를 위해 전방위적 외교 노력을 지속하고 있다. 중국의 석유 및 천연가스 소비량 및 수입량이 매년 급격히 증가하고 있다. 중국의 석유수입에 있어서 대중동의존도가 지속적으로 상승하여 58%가 중동지역으로부터 수입되고 있다. 중국은 석유수입선의 다변화를 위해 외교적 노력을 하고 있으나, 비중동지역의 원유가 고갈되어 가고 있어서 다변화에는 한계가 있다.

## 3. 군사외교(Military Diplomacy)

중국의 군사외교에 있어서 핵심대상 국가는 러시아이지만, 그 밖에 주변국들과의 군사외교도 강화하고 있다. 중국 해군은 2006년에 아시아지역의 파키스탄, 인도, 태국 등에 순회하고 합동훈련을 실시하였다. 또한 우호적인 주변국들에 중국군에 의해 재정적으로 지원되는 군사시설을 건설함으로써 접근 거점(Access Points)을 확보하기도 하였다. 중국의 이러한 군사외교의 특징은 이웃국가들과 연합군사훈련을 적극적으로 추진하는 것과 비전통적 안보영역에서 국제적인 협력에 참여하는 것이다.

## 16 한반도전략

### 1. 목표

중국의 한반도전략의 목표는 한반도의 안정 유지와 2개의 한국이 유지되는 것이다. 전면적 샤오캉사회 건설을 국가전략의 최우선적 목표로 설정한 중국은 이를 위해 동북아 및 한반도정세가 안정되어야 한다고 본다. 북핵문제에 대해 중국이 과거와 달리 적극적으로 개입하는 것은 이를 반영하는 것이다. 한편, 중국이 한반도에 2개의 국가의 유지를 원하는 것은 한반도가 미국의 영향권하에 들어가는 것을 막고 한반도에 대한 자신의 영향력을 강화하고자 하기 때문이다.

### 2. 대북전략

중국의 대북전략은 북핵문제로 북미 간 갈등이 고조되어 군사적 대결상황으로 치닫지 않도록 관리하는 한편, 김정은 정권이 붕괴되지 않도록 지원하여 북한에 대한 영향력을 유지하는 것이다. 중국은 북한을 이념적 차원이 아니라 전략적 이해관계 차원에서 접근하고 있으며, 경제관계 역시 실리 추구를 목적으로 전개되고 있다. 중국은 김정은 정권 붕괴 시 북한에 대한 미국의 영향력이 강화되는 것은 중국의 안보를 전반적으로 위태롭게 할 수 있다고 보고 김정은 정권을 유지시키는 것도 중요한 전략으로 고려하고 있다.

### 3. 대한국전략

중국의 대한국전략은 정치군사적 차원에서는 한미동맹관계 강화에 대응하는 한편, 한국과 협력안보를 통해 양자 안보관계를 발전시키는 것이다. 한편, 경제전략적 측면을 보면 한국과 FTA를 통해 상호의존관계를 보다 강화하는 것을 추구하고 있다.

### 4. 대북핵전략

북핵문제에 대한 중국의 기본입장은 외교적이고 평화적 방식으로 북핵문제가 해결되는 것이다. 중국은 특히 북한과 미국 간 긴장이 고조되어 군사적 대결상황이 형성되는 것을 최악의 시나리오로 본다. 자국의 평화적 부상에 중대한 장애를 초래할 수 있기 때문이다. 다만, 세부적인 입장에 있어서 중국은 딜레마상황에 처해 있기도 하다. 외교적 방식으로 북핵문제가 해결되고 북미관계 정상화가 이루어지는 경우 북한에 대한 자국의 전통적 영향력이 상대적으로 약화될 수도 있기 때문이다. 그러나 후진타오체제의 중국이 '화자위선' 노선을 제시하고 대미 편승 노선을 강화함에 따라 북핵문제의 완전한 해결에 좀 더 무게중심을 두기도 하였다. 2003년 6자회담이 개최된 이후 중국은 중재국으로서 북미관계 악화를 막고 6자회담이 유지되는 데 지대한 공헌을 한 것으로 평가되고 있다.

## 17 일대일로(一帶一路)전략과 AIIB의 창설

### 1. 의의

중국은 시진핑 집권 이후 이전의 후진타오 시기와 다른 보다 적극적인 대외전략을 추진하고 있다. 안보에 있어서 '아시아 신안보관'을 제시하고, 경제에서 신실크로드전략, 중국주도의 은행설립(NDB, AIIB)을 추진하며, 아태자유무역지대(FTAAP)를 추진하고 있다. 즉, 시진핑 시기의 중국은 국제관계에서 현존 국제정치경제질서의 수용자(Rule Taker)에서 제정자(Rule Maker)로 나서고 있는 것이다. 2013년 9월과 10월 중앙아시아와 동남아 방문 시 시진핑은 각각 육상 신실크로드(一帶)와 해상 실크로드(一路) 구축을 제의하였으며, 중국의 일대일로전략은 아시아에서 유럽까지 이어지는 대 중화경제권을 건설하겠다는 야심찬 전략이다. 일대일로 신실크로드전략은 2013년 11월 중국의 공식 국가전략으로 채택되었다. 중국은 일대일로전략의 금융 플랫폼으로서 2014년 10월 24일 아시아인프라투자은행(Asian Infrastructure Investment Bank: AIIB) 설립을 공식 선언하였다.

### 2. 일대일로전략의 배경

#### (1) 국내정치적 배경

시진핑 집권 후 제시된 '중국몽(中國夢)'의 대외발전전략을 정형화함으로써 정권의 업적과 정당성을 국내에 홍보하고 지지를 유도하며, 대외적으로는 중국의 주변국들에 공동발전전략을 제시함으로써 관계 강화를 도모하기 위한 것이다.

#### (2) 경제적 배경

경제성장방식의 질적 전환을 추진하고 있는 중국은 신 성장동력을 시급히 창출해야 하는 문제에 봉착해 있다. 신실크로드전략은 신규 투자 수요 창출, 저부가가치 산업 이전, 국내산업구조 고도화 등에 유리한 기회를 제공해 줄 수 있다. 신실크로드전략이 본격적으로 추진되면 항만, 도로, 철도, 공항 등의 인프라시설 건설 등에 추가 투자 수요를 발생시키면서 국유기업 중심으로 과잉 투자되어 온 중국의 유휴생산설비문제를 해소하면서 경제적 효과를 창출할 수 있다.

### (3) 국제정치적 배경

장기적으로 중국은 '일대일로'전략의 추진을 통해 대 중화경제권을 형성하고 경제적 영향력을 바탕으로 정치적 영향력을 확대함으로써, 유라시아 방면에서 21세기 중국중심의 중화질서 구축을 지향하고 있다. 즉, 주변국들과 경제제도 및 정책의 공유를 통해 이익공동체를 형성하면서 중국중심의 지역질서를 구축하고, 동시에 경제권 내에서 미국과 서구 중심의 현존 국제정치경제질서를 대체하는 새로운 질서 형성을 추진하고 있는 것이다.

## 3. 일대일로전략의 추진정책

### (1) 단계적 경제권 형성

중국은 일대일로전략을 추진함에 있어서 세 단계를 구상하고 있다.
① 초기단계에서는 도로, 철도, 공항, 항구, 석유 및 가스 수송로 등을 구축하고 무역과 투자의 편리성을 확보하는 것이다.
② 다음 단계는 거점 경제권을 형성하면서 자유무역지대를 구축하고 자유무역협정을 활성화시킴으로써 거점 자유무역지대를 구축하는 것이다.
③ 최종단계는 거점 자유경제지대를 서로 연결하여 아시아, 중동, 아프리카, 그리고 유럽을 하나의 자유경제지대로 통합하는 것이다.

### (2) 일대 및 일로의 범위

① 일대의 경우 육로 방향으로서 중국 서삼각 경제권(시안, 관중 - 텐수이 경제권)과 몽골, 러시아를 잇는 경제회랑을 2014년 상하이협력기구(SCO)에서 제시한 바 있으며, 중동 방향으로는 파키스탄, 이란, 터키까지 포함하는 경제회랑을 구상하고 있다.
② 일로 해상 방향의 경우 중국 국내 주장강 삼각주 경제권과 북부만 경제권을, 동남아 방향으로는 말레이반도 끝에 위치한 싱가포르까지 연결하는 회랑과, 서남아 방향으로는 미얀마, 방글라데시, 인도를 포함하는 경제회랑을 구상하고 있다.

### (3) 중국 내 거점지역

거점지역은 2개 핵심, 18개 성, 7개 고지, 15개 항, 2개 국제거점으로 구성된다. 2개 핵심은 신장과 푸젠이며, 18개 성은 서북 6성, 동북 3성, 서남 3성, 연해 5성, 내륙의 충칭이다. 7개 고지는 시닝, 청두, 정저우, 우한, 창사, 난창, 허베이이며, 15개 항구는 다롄, 톈진, 칭다오, 상하이, 닝보, 푸저우, 샤먼, 광저우, 산야 등이다. 2개 국제거점은 상하이와 광저우이다.

### 4. 인프라 투자를 위한 금융플랫폼으로서 AIIB 설립

중국은 일대일로전략의 금융 플랫폼으로서 AIIB 창설을 주도하고 있다. 중국이 AIIB 설립을 추진하고 있는 이유는 다음과 같다. 첫째, 신실크로드 구축에 필요한 막대한 투자재원을 마련하기 위한 것이다. 일대일로전략 제시 당시 아시아 인프라 구축에 필요한 재원은 2020년까지 역내 각 국가들의 국내 인프라에 약 8조 달러, 그리고 지역 인프라 구축에 약 2천 9백억 달러가 필요한 것으로 추산되었으나, 재원을 공급할 수 있는 세계은행과 ADB는 주된 투자 목적이 인프라 구축보다는 빈곤 구제에 맞춰져 있을 뿐 아니라 공급할 수 있는 지원 또한 제한적이라는 한계를 가지고 있다. 따라서 그 대안은행으로 AIIB 설립을 추진하고 있는 것이다. 둘째, 중국이 추진 중인 위안화의 국제화를 촉진시키기 위한 장기전략의 일환이다. 위안화의 거래 매개기능이 활성화되면 위안화의 가치 저장기능이 증가하게 되고, 나아가 위안화가 다른 국가의 회계단위로 설정됨에 따라 위안화의 위상을 대폭 제고할 수 있을 것이다.

### 5. 주변국 외교 강화

일대일로전략을 추진하기 위해서는 우선적으로 해당 지역 및 국가들과의 우호적 관계를 형성함으로써 정치·외교·안보환경을 안정화시키는 것이 필요하다. 시진핑은 주변국과의 외교관계를 강화하기 위해 '친성혜용(親誠惠容)'을 표방하였다. 친성혜용이란 주변국들과 친(親)하게 지내고 성(誠)심을 다하며 혜(惠)택을 주고 포용(容)함으로써 관계를 강화하고 우호적 주변부 대외관계를 조성한다는 방침이다.

### 6. AIIB에 대한 미국의 입장

중국의 AIIB 설립에 대해 미국은 현존 금융질서에 대한 중국의 도전으로 본다. 국제 금융질서와 금융서비스산업은 미국이 전세계에 자국의 영향력을 행사하는 핵심 영역이다. 이에 대해 중국이 NDB 창설을 주도하고 AIIB를 설립하는 것은 미국이 민감할 수밖에 없는 사안인 것이다.

## 18 아시아 신안보관

### 1. 의의

중국은 2014년 5월 이후 '아시아 신안보관' 수립을 강조해 오고 있다. 2014년 5월 아시아 교류 및 신뢰구축 회의(CICA)에서 "아시아 안전은 아시아 국가들이 주도해 해결한다."라는 내용의 '아시아 신안보관' 수립을 강조하였다. 중국은 장쩌민 시기인 1997년 4월 처음으로 신안보관을 제시하였으며, 이후 후진타오도 신안보관을 승계해 왔다. 2010년 중국의 GDP 규모가 일본을 제치고 세계 2위가 되고, 2012년 시진핑 지도부가 등장하면서 국제사회에서 중국의 대외정책에 대한 관심이 높아지는 가운데 2014년 신안보관이 제시되면서 중국의 대외전략 변화방향이 관심의 초점이 되고 있다.

## 2. 시진핑 시기 이전의 신안보관

### (1) 역사

1997년 4월 장쩌민 국가 주석은 옐친과 정상회담을 개최하고 '다극화세계와 새로운 국제질서 형성에 관한 공동성명'을 채택하였으며, 제3항에서 '보편적 의의를 가지는 새로운 안보관 확립'을 제시하였다. 이후 1998년 2월 최초로 발간된 국방백서에서 이를 상세히 기술하였다. 한편, 후진타오 시기인 2005년 9월 UN에서 UN을 핵심으로 하는 세계 신안보관 수립을 주장하였다. 2009년 9월 UN 총회에서도 상호 신뢰, 이익, 평등, 협력의 신안보관을 주장하며 중국이 책임 있는 대국이라는 것을 강조하였다.

### (2) 배경

① **미중 및 중일 갈등**: 신안보관이 제기된 초기 배경은 중국과 러시아가 미국을 비롯한 서방과 긴장관계에 있었기 때문이었다. 미국의 중국 리덩후이 총통에 대한 비자 발급, 이에 대응하여 1996년 대만을 겨냥한 미사일 발사훈련, 미국의 2개 항공모함 전투단 파견 등으로 갈등을 빚었다. 또한 1996년 미국과 일본이 '신방위협력지침(신가이드라인)'을 만들기로 합의하자 중국은 대만해협에 대한 개입을 염두에 둔 것으로 보아 미일 양국과 긴장관계를 가지고 있었다.

② **다자안보에 대한 중국의 입장 전환**: 1980년대까지 중국은 다자안보체제에 대해 부정적 입장을 견지하고 있었다. 기존의 다자안보체제가 서구 강대국들의 이익을 위해 형성되었고, 중국이 참여할 경우 규범이나 협정에 의해 행동의 자유를 박탈당할 수 있다는 우려 때문이었다. 그러나 1980년대 말에서 1990년대 초 소련과의 관계 회복, 냉전 종식으로 인해 중국은 다자안보기제에 참여하기 시작하였다. 이후 아세안지역포럼에도 참여하면서 다자안보기제를 적극적으로 추진하였다. 이는 다자안보기제의 부정적인 효과에 대한 우려에서 벗어나 자국의 안보와 지역안보에 도움이 된다는 판단을 하게 된 것이었다. 또한 미국주도의 국제체제를 견제하기 위해 다양한 다자안보기제를 이용하고자 하는 의도가 작용한 결과이기도 하였다.

### (3) 신안보관의 주요 내용

신안보관은 미국중심의 국제질서에 대한 반대, 아시아중심, 신뢰 구축, 경제협력으로 요약할 수 있다.
① 중국은 미국중심 일극체제가 지속되는 상황에서 최소한 역내에서 미국의 영향력을 줄이기 위해 진력하였다.
② 따라서 신안보관의 대상지역은 동아시아지역과 중앙아시아지역으로 규정되었다.
③ 역사적·정치적으로 복잡한 동아시아에서는 높은 수준의 집단안보기제를 만들 수 있는 상황이 아니므로 일차적으로 신뢰 구축을 위한 방법을 추구한 것이었다. 즉, 대화를 통한 신뢰 구축, 협력을 통한 안보 증진, 지역안보대화와 협력 메커니즘 수립에 초점을 맞춘 것이다.
④ 이와 함께 경제협력 및 통합을 통해 지역의 일체화를 이루면서 보다 고차원적인 집단안보기제의 디딤돌로 삼고자 하는 의도였다.

**(4) 사례**

신안보관에 입각한 중국의 구체적인 사례는 1997년 아시아 금융 위기 시 책임대국 역할 수행, 1998년 인도와 파키스탄의 핵실험 비난, 전략적 동반자관계 확대 추진, 인민해방군 50만 명 감축과 국방의 투명성 증대를 위해 국방백서 발간, 안보포럼, 남중국해 행위준칙 제정 노력 등이 있다.

## 3. 시진핑 시기의 신안보관

**(1) 배경**

① **미국의 아시아 재균형정책**: 중국은 시진핑 지도부 등장에 즈음하여 미국에 신형대국관계를 제안하였다. 상호 이해 증진과 전략적 신뢰 구축, 상호 핵심이익과 중대 관심 사안에 대한 존중, 호혜 공영구조의 심화 노력, 국제 및 전지구적 사안에 대한 부단한 협력 강화 등을 내용으로 하였으며, 미국과의 충돌을 회피하고 지속적인 성장을 이루기 위한 방어적 차원에서 제기한 것이었다. 그러나, 미국은 신형대국관계에 대해 부정적 반응을 보이면서 오히려 아시아 재균형정책을 추진함으로써 중국의 핵심이익을 침해할 수 있는 전략을 구사하고 있다. 중국은 동아시아 해양영토분쟁이 격화되는 것의 근본적 원인이 미국의 아시아 재균형정책에 있다고 보고 있다.

② **ISIS 사태 및 우크라이나 사태**: ISIS 사태 및 우크라이나 사태는 미국이나 러시아 등 주요 강대국들이 동아시아문제에 대해 집중할 수 없는 환경을 조성하고 있다. 주요 강대국들이 아시아에 힘을 기울일 수 있는 여력이 없는 상황에서 중국이 아시아에서 자신의 전략을 순조롭게 추진할 수 있는 공간이 마련된 것이다.

③ **중국의 자아정체성에 대한 인식의 변화**: 중국은 강대국 정체성과 개발도상국 정체성 사이에서 정체성의 혼란을 겪고 있었다. 특히 2008년 세계 금융 위기 이후 미국과 서구의 상대적 쇠퇴와 중국의 부상으로 인해 중국은 준비되지 않는 부상을 하게 되었으며, 국제사회에서 어떤 역할을 맡아야 하는가에 대한 정체성의 혼란이 가중되었다. 그러나 시진핑의 신안보관 제시는 중국이 정체성의 혼란을 극복하고 강대국으로서의 정체성을 확립하였다는 신호로 볼 수 있다. 세계 패권을 위해서는 우선 지역 패권국이 되어야 하고, 이를 위해서는 아시아에서 주도권을 확보해야 한다고 보는 것이다.

④ **시진핑의 개인적 성향**: 시진핑은 전임자들과 달리 취임 초기부터 권력을 공고화하였으며, 자신이 원하는 정책을 강력하게 추진할 수 있는 기반을 마련하였다. 시진핑은 집권목표로 중국의 꿈(中國夢)을 제시하였다. '부강하고 민주적이며 문명화된 사회주의 현대국가'를 수립하여 '중화민족의 위대한 중흥'을 달성하겠다고 선언한 것이다. 장쩌민과 후진타오 시기가 급속한 성장으로 상징된다면, 시진핑은 이를 뛰어넘어 강대국으로서의 입지를 공고히 하고자 한다.

### (2) 내용

① 모든 나라가 대소·강약·빈부를 불문하고, 평등하고 자주적으로 사회제도와 발전형식을 선택할 권리가 있으며 각자의 비교우위를 충분히 발휘하며 장점을 취하고 단점을 보완하는 것이다.
② 모든 국가는 내정불간섭원칙을 준수하고, 평등하게 안보와 관련된 사무를 처리하면서 어떤 국가가 안보와 관련하여 독단적이고 일방적인 행동을 취하는 것을 반대한다.
③ 모든 국가는 군사동맹 형성을 반대하고, 무력 혹은 무력을 이용한 위협을 반대해야 하며 자신의 안보를 위해 다른 나라의 안보를 희생해서는 안된다.

## 19 중국의 최근 지역경제통합전략

### 1. 의의

중국의 최근 수년간 동아시아의 지역경제통합전략은 미국이 주도해 온 TPP에 대응하여 자국중심의 대안적 지역경제통합구도를 형성하려는 동기에 의해 추진되어 왔다. 중국이 최근 적극적으로 추진해 온 한중 FTA, 한중일 FTA, RCEP 및 FTAAP 등 지역경제통합 구상들은 이러한 맥락에서 이해될 수 있다. 오바마 행정부 이래 미국이 주도적으로 추진해온 TPP의 전략적 목적을 자국의 경제적 영향력 봉쇄로 인식해 온 중국은 TPP에 대한 부정적 입장을 견지해 왔으며, TPP에 대응한 대안적 지역경제통합을 추진해 왔다.

### 2. 아시아 - 태평양자유무역지대(Free Trade Area of the Asia Pacific: FTAAP)

중국이 2014년 베이징 APEC정상회의에서 향후 아시아 - 태평양지역 경제통합의 틀(Framework)로서 아시아 - 태평양자유무역지대를 제안한 배경을 살펴보면, 당시 미국이 주도하는 TPP에 대한 전략적 대응의 성격을 읽을 수 있다. 중국은 2014년 APEC정상회의 의장국으로서 미국과 일본의 반대에도 불구하고 FTAAP를 APEC의 의제로 관철시키는 데 성공하였다. FTAAP는 1994년 보고르선언(Bogor Declaration) 이후 APEC 차원의 경제통합을 위해 미국이 가장 주도적으로 지지해 온 개념인데, 2006년 베트남 APEC정상회의에서는 미국주도로 FTAAP를 APEC의 장기과제로 설정하기도 하였다. FTAAP의 조기 실현을 주창하던 미국은 2008년 이후 TPP협상으로 방향을 선회하였고, 초기에 FTAAP에 별 관심을 나타내지 않던 중국이 미국이 이전에 주창해 오던 FTAAP구상을 적극적으로 지지하고 나선 것이다.

중국이 APEC 21개국을 대상으로 하는 FTAAP를 제안한 주된 이유는 미국 오바마 행정부가 TPP를 통해 아태지역의 향후 무역규범과 경제통합구도(Architecture)를 주도하려는 것에 대응의 성격이 매우 강하다. 중국의 FTAAP 제안은 미국 오바마 행정부가 추진한 아시아로의 전략적 재균형정책의 경제적 축(Economic Pillar)인 TPP에 대응하여, TPP보다 지역적으로 보다 더 크고, 통합된 경제통합의 비전을 제시함으로써 TPP의 정치적 모멘텀을 삭감하고, 향후 아태지역 경제통합에 대한 미국의 주도권을 희석시키려는 전략적 의도에서 기인한 것으로 평가할 수 있다.

## 3. 한중일 FTA

2012년 개시된 한중일 FTA협상의 출범과정을 살펴보면, 당시 일본의 민주당 칸 나오토(菅 直人) 총리의 TPP 참여결정에 따라 중국이 한중일 FTA협상의 개시를 적극적으로 요구하였다는 사실을 파악할 수 있다. 한중일 FTA는 2002년 11월 한중일 정상회의에서 중국 주룽지(朱鎔基) 총리가 한중일 3국 연구기관 간 민간 공동연구를 제안함으로써 시작되었다. 한중일 민간 공동연구는 2009년까지 7년간 지속되었고, 2009년부터 2011년까지 3년간의 산·관·학 공동연구를 거쳐, <u>2012년 공식협상이 시작되었다</u>. 한국과 일본은 초기에 중국의 적극적인 요구에도 불구하고 한중일 3국 FTA 제안에 대해 적극적이지 않았다. 그 이유는 일본의 경우, FTA보다는 중국과의 투자협정 타결을 중시하였고, 한국은 중국과의 FTA로 인한 국내 농업 부분의 피해에 대한 우려를 가지고 있었기 때문이다.

이러한 이유로 2002년 중국의 적극적 제안에도 불구하고 민간 공동연구 및 산·관·학 공동연구가 2011년까지 10년이란 매우 오랜 시간 동안 진행되어 왔다. <u>한중일 FTA가 오랜 기간의 공동연구단계에서 공식협상으로 전환하게 된 계기는 2010년 들어 민주당 칸 나오토(菅 直人) 총리가 이끄는 일본 정부가 TPP 참여를 적극적으로 검토하자, 중국이 한중일 FTA 공식협상을 적극적으로 추진하였기 때문이다.</u>

중국은 한국과 일본의 한일 FTA협상 개시에 대한 동의를 이끌어 내기 위해 그동안 적극적으로 대응하지 않던 한중일 투자협정의 조속한 타결에 동의하였고, 한국과 중국·일본의 3국 협력 차원에서 FTA 추진을 적극적으로 밀어붙였다. 2010년 6월 중국과 대만 간 실질적 FTA인 양안 경제협력기본협정(Economic Cooperation Framework Agreement: ECFA)이 체결되자, 한국은 중국과의 FTA에 대해 더욱 적극적인 자세로 전환하였고, 2012년 1월 베이징 한중정상회의에서 한중 양자 FTA협상 개시를 요구하는 중국의 요구에 동의하였으며, 한중일 FTA에 대해서도 더 적극적인 자세를 취하게 되었다.

## 4. RCEP

<u>2012년 협상 개시가 선언된 RCEP의 출범과정에서 중국이 보여준 태도는 미국 주도의 TPP에 대응하여 미국이 참여하지 않는 대안적 형태의 FTA를 추구하는 중국의 전략적 의도를 잘 보여주고 있다.</u> 2003년 ASEAN + 3 정상회의에서 중국 원자바오(溫家寶) 총리의 제안으로 향후 동아시아지역이 경제통합모델로 동아시아자유무역지대(East Asia Free Trade Area: EAFTA)에 대한 전문가 연구를 착수하기로 하였는데, 2004년 일본은 동 회의에서 중국이 제안한 EAFTA의 대안으로 '동아시아 포괄적경제동반자협정(Comprehensive Economic Partnership in East Asia: CEPEA)'을 제안하였다. 중국의 EAFTA 제안은 ASEAN + 3 차원에서 13개국 FTA를 상정한 모델이었고, 일본이 선호하는 CEPEA 제안은 ASEAN + 3에 호주, 뉴질랜드 및 인도를 포함하여 ASEAN + 6 차원의 16개국 FTA 모델이었는데, 중국과 일본은 각자 선호하는 경제통합모델을 둘러싸고 ASEAN + 3 정상회의 및 동아시아정상회의에서 첨예한 신경전을 벌였다. 하지만 2011년 11월 제14차 ASEAN + 3 정상회의에서 중국은 기존의 입장을 수정하여, '아세안의 중심성(ASEAN Centrality)'을 존중하면서 아세안이 동아시아 차원의 FTA 파트너를 선택하도록 하는 방안에 동의함으로써, 사실상

기존 입장을 포기하고 일본이 선호하는 ASEAN + 6 모델, 즉 RCEP을 수용하는 자세를 보였다. 이러한 중국의 태도 변화는 2011년 당시 노다 요시히코(野田佳彦) 총리의 일본 정부가 TPP 참여를 공식 선언하려는 입장을 가지고 있었던 상황에서, 일본을 TPP가 아닌 미국이 참여하지 않는 동아시아 FTA에 묶어두려는 전략적 의도에 기인한다. 또한, 이는 일부 회원국들(싱가포르, 말레이시아, 브루나이, 베트남)의 TPP 참여로 인해, 동아시아지역협력의 주도권 상실을 우려하는 아세안을 활용하여 아세안의 FTA 파트너 국가들(ASEAN + 1)의 다자간 FTA인 RCEP를 조기에 출범시켜 TPP에 대한 대안적 구도를 형성하려는 중국의 전략에 기인한다.

## 5. 신개발은행(New Development Bank: NDB, 2015년 7월 공식 출범)

브라질, 러시아, 인도, 중국의 기존 BRICS 국가 4곳 및 남아프리카공화국 등 총 5개 국가가 2015년 7월 설립한 은행이다. 국제통화기금(IMF), 세계은행(WB) 등 기존 국제금융기구들이 지나치게 서방 국가 위주로 편성되어 있음을 비판하며, 새로운 금융기구 발족을 통해 세계 금융질서를 재편하고 신흥국과 개발도상국에 대해 효율적인 지원을 목적으로 한다.

NDB는 기존 국제금융기구의 취약점을 보완하여, 더욱 적극적이고 효율적인 개발도상국 지원에 집중할 예정이다. IMF를 비롯한 기존 국제금융기구의 개발도상국 지원은 인권, 위생, 보건 등 기초 분야에 집중되어 있으므로, 산업 인프라가 구축되지 않은 개발도상국 입장에서는 국제사회에서 산업 경쟁력을 갖추기 쉽지 않았다. 2016년부터 NDB 회원국의 화물 운송 및 에너지 분야 프로젝트에 금융을 지원함과 동시에 회원국들의 지속 성장가능 분야 프로젝트 및 인프라 건설 프로젝트의 구체적인 방안을 모색한다. BRICS정상회의는, 기존 국제금융기구가 개발도상국의 산업 인프라 구축 지원에 적극적으로 나서지 않는 가장 큰 이유는 일부 서구 선진국들의 이익을 보존하기 위함이라며 지속적으로 유감의사를 표명하였다. 2015년 7월 제6차 BRICS정상회의에서 설립자본금 1,000억 달러 규모의 NDB 설립에 최종 합의하였다. 우선 각 국가별로 100억 달러씩 총 500억 달러를 조성한 뒤, 향후 5년 내 1,000억 달러로 확대하기로 하였다. 초기자본금을 각 국가별로 20%씩 동일하게 분담함으로써 NDB의 의사결정권 또한 동등하게 배분하였다. UN 회원국 모두 가입이 가능하나, BRICS의 지분율을 55% 이상으로 설정하여 의사 결정 주도권을 유지한다. 본부는 중국 상하이에, 지역 본부는 남아프리카공화국에 위치할 예정이며, 총재는 5년 주기로 회원국들이 맡게 된다. 초대 총재는 인도 K. V. 카마스 전(前) 인도 공업신용대출투자은행 CEO이며, 운영위원회 의장은 러시아인, 이사회 의장은 브라질인이 맡는 것으로 합의하였다. 1,000억 달러 규모의 위기대응기금(CRA)을 조성하여, 금융 위기에 대비하고 금융유동성을 확보한다. CRA는 기여금액에 따라 각각 사용한도가 다르게 설정되었다.

## 20 기타 쟁점

### 1. 중국의 5대 함정

#### (1) 중진국 함정

중진국 함정이란 개발도상국이 중간소득국가에서 성장력을 상실하여 고소득국가에 이르지 못하고 정체되어 있거나 다시 저소득국가로 후퇴되는 현상을 말한다. 그 원인은 성장동력의 부족이고, 나머지 하나는 경제 전환의 실패에서 비롯된다. 경제 성장이 특정 사람과 분야에 집중되고 사회의 불평등이 급속히 커져 불안정을 불러오게 된다. 대체적으로 초기 개발도상국은 비록 독재정권일지라도 정치적 안정이 지속된다면, 어느 정도까지 경제는 발전한다. 인건비가 낮고, 선진국의 공장역할을 수행하며, 특정 산업에 대한 선택과 집중이 가능하기 때문이다. 그러나 경제가 어느 수준에 들어서면 새로운 성장동력을 창출해 내야 한다. 그렇지 않으면 장기불황에 빠질 가능성이 있다. 라틴아메리카가 그 예이다. 비록 20~30년간의 노력에도 경제가 회복되지 못해, 아직까지 10,000달러의 문턱을 넘지 못하였다. 최근 브라질 대통령이 탄핵되어 직무정지를 당하였는데 이는 이와 무관하지 않다. 세계은행의 자료에 의하면, 1960년 세계 101개국이 중등수입의 경제체였으나 2008년에 이르러 13개 경제체만이 중진국 함정을 뛰어넘었다. 절대다수의 국가들은 중진국 함정에서 벗어나지 못하였다. 중국 역시 이를 고민하고 있다.

#### (2) 타키투스 함정(Tacitus Trap)

로마의 최고지도자이며 집정관인 코넬리우스 타키투스가 한 말로 "정부가 한번 신뢰를 잃으면 사실을 말해도 민중들은 곧이듣지 않는다."라는 것이다. 정부가 좋은 일을 하든 나쁜 일을 하든 모두 나쁘게 인식하고, 정부가 거짓을 말하든 진실을 말하든 모두 거짓으로 여긴다는 것이다. 시진핑이 가장 강조하고 있는 것이 바로 타키투스 함정이다. 민중의 신뢰를 얻기는 매우 어렵지만, 훼손되기는 매우 쉽다. 이를 위해 시진핑은 반부패전쟁, 법치건설과 사법개혁을 결합시키고 있다. 특히 현재 중국의 사회문화를 볼 때 SNS는 이미 대중화되었고, 인터넷상의 각종 댓글이 난무하는 시대를 살고 있다. 만약 공적 업무 처리에 시의적절한 대응을 하지 못한다면 사소한 사건일지라도 일파만파로 파급될 수 있다. 공적 업무의 투명도를 개선하고, 민중과의 소통채널이 매우 중요한 이유이다. 왜냐하면 이를 극복하지 못할 경우 공산당 통치의 합법성에 치명상을 입힐 것이기 때문이다.

### (3) 서양화와 분열화의 함정

중국은 아편전쟁 이후, 서양화와 분열화의 길을 걸었다. 그 결과 중국은 나뉘었으며, 간난을 무릅쓰고 반봉건과 반식민의 상태에서 중화인민공화국을 탄생시켰지만, 건국한 후에도 대만문제를 비롯해서, 분열적인 요소들은 여전히 남아 있다. 신장과 티베트 역시 민족, 인권, 민주의 이름으로 언제든지 폭발할 위험요소를 갖추고 있다. 공산당이 만약 분열적인 요소를 잘 극복하지 못한다면, 이는 제2의 리홍장(李鴻章), 즉 역사의 죄인이 되는 것을 의미한다. 중국은 서양과 '화약연기 없는 전쟁'을 치르고 있다고 생각한다. 미국을 중심으로 하는 서구세력이 평화적인 방법으로 중국사회주의제도를 와해시킨다는 화평연변(Peaceful Evolution)에 대한 우려를 아직도 가지고 있다. 그래서인지 최근 들어 시진핑은 '문화안전'을 특히 강조하고 있다. '서양 잡사상'의 침투에 대비해 사회주의 핵심가치관을 강조하는 이유다. 사상적인 측면에서 본다면 시진핑은 등소평보다 모택동시대에 더 가깝게 와 있다.

### (4) 투키디데스 함정(Thucydides Trap)

고대 아테네의 역사학자 투키디데스는 펠로폰네소스전쟁사를 썼다. 그가 본 이 전쟁의 원인은 굴기하고 있는 아테네의 성장이었고, 이를 두려워 한 스파르타가 아테네를 침공하게 되었다는 것이다. 새로 굴기하는 신흥대국은 필연적으로 기존 대국에 도전하기 때문에 기존 대국은 이러한 위협에 대응해야만 한다. 시진핑은 2015년 미국 방문에서 투키디데스 함정은 없는 것이라고 강조하였다. 그러나 대국 간에 일단 전략적 오판을 한다면 이는 자신들이 스스로 투키디데스 함정을 만드는 것이다.

## 2. 회색 코뿔소 위험

### (1) 의의

회색 코뿔소는 지속적인 경고로 인해 사회가 인지하고 충분히 예상할 수 있지만 쉽게 간과하는 위험 요인을 뜻하는 말이다. 코뿔소는 덩치가 커서 달려오면 땅이 흔들릴 정도이다. 코뿔소가 달려온다는 것을 쉽게 알 수 있다. 코뿔소와 부딪히면 위험하다는 것도 안다. 이렇게 예상할 수 있고, 사고가 나면 파급력도 크지만, 무시하다가 통제불능의 위험에 빠질 수 있는 상황을 '회색 코뿔소'라고 한다. 세계정책연구소 대표 미셸 부커가 2013년 1월 다보스포럼에서 처음 언급한 뒤 알려진 용어로, 중국의 실질적인 최고 경제정책결정기구인 중앙재경영도소조는 중국의 회색 코뿔소로 그림자 금융과 부동산 거품, 국유기업의 과도한 레버리지, 지방정부 부채, 해외 인수합병(M&A) 등을 꼽았다.

### (2) 비교 개념

회색 코뿔소는 발생 확률이 극히 낮아 예측과 대비가 어렵지만 한번 나타나면 큰 충격을 야기하는 블랙 스완(Black Swan)과 비교되는 용어이다. 호주에서 검은 백조가 발견되면서 백조는 하얗다는 통념을 깬 데서 비롯된 표현이다. 블랙 스완은 월스트리트의 투자 전문가인 나심 탈레브가 미국의 서브프라임 모기지 사태를 예견하면서 널리 유명해졌다.

## 3. 킨들버거 함정(Joseph Nye)

패권의 의사와 능력을 모두 갖춘 패권국이 부재하여 대공황이 심화되었음을 주장한 킨들버거(Kindleberger)의 견해를 중국이 부상하고 있는 현 상황과 관련하여 조셉 나이가 명명한 것이다. 찰스 킨들버거는 세계 최강의 글로벌 파워의 자리를 놓고 미국이 영국을 대체하였으나 글로벌 공공재를 제공하는 역할에서는 영국의 역할을 떠맡는 데 실패하였기 때문에 1930년대 대재앙이 왔다고 분석하였다. 지금까지 중국의 행동은 자신이 혜택받은 자유세계질서를 전복하려 하지 않고, 그 안에서 영향력을 키우려 하고 있다. 만약 트럼프의 대중정책에 의해 제약을 받고 고립된다면, 중국이 분열적인 무임승차국이 돼 세계를 킨들버거 함정에 몰아넣을 우려가 있다. 미국이 킨들버거 함정을 피하기 위해서는 중국을 국제질서 조력자로 인정하고 세계질서를 안정화시키기 위해 공동 협력할 필요가 있다.

# 제2절 | 러시아 외교정책

## 1 서론

러시아는 맥킨더(H. Mackinder)가 세계 지배력의 원천으로 규정한 유라시아 '심장부(Heartland)'의 핵심 국가로서 역사적으로 세계 정치·경제·안보질서에 중대한 영향을 미쳐 왔다. 그러나 러시아는 1990년대 정치·외교·경제적 '3중 전환(Triple Transition)'을 동시에 진행시키면서 소위 '잃어버린 10년'으로 지칭될 정도로 극심한 정치·경제적 혼란과 취약한 외교·안보 역량 때문에, 신세계질서의 형성에는 물론 국제 현안을 해결하는 과정에서 별다른 영향력을 행사하지 못하였다. 그간 러시아는 아시아·태평양 심지어 동북아의 안보·경제 환경 논의에서 아예 주요 행위자로 언급되지 않을 정도로 위상이 하락해 있었으나, 2000년 '강한 러시아'를 모토로 등장한 푸틴 정부가 '경제 발전과 강국 건설을 통한 강대국 지위 회복'을 우선적인 국정목표로 설정하고, 이를 성공적으로 추진시킴으로써 그 결과 러시아는 강대국으로 재부상하고 있다. 러시아의 재부상은 장기적으로 미국의 패권질서와 마찰을 빚을 가능성이 있어 국제질서에서 중요한 변수로 등장하고 있다.

## 2 국가정체성 논쟁과 외교정책 방향

### 1. 기본 대립 구조: 서구주의와 유라시아주의

첫째, 서구적 발전모델을 지향하면서 개혁을 추진하려 하는 자유주의적 개혁주의자들과 러시아의 고유한 전통에 집착하는 애국-민족주의자들간의 격렬한 대결은 공산주의 이념이 지배적 이데올로기로서의 지위를 상실한 이후 등장한 이데올로기의 공백이라는 조건을 틈타 러시아의 발전 노선의 지향성을 놓고 벌인 투쟁이 되었다. 둘째, 러시아 국가성에 대한 논쟁은 유럽모델에 따라 자유민주주의와 자본주의 시장경제 및 다원적 시민사회 등을 강조하면서 새로운 러시아의 국가성을 정초하려는 서구주의와 위대한 유라시아제국 정체성 및 강대국의 위신의 회복을 지향하는 유라시아주의 사이의 대결로 귀결되었다.

### 2. 소련 붕괴 이후 정치 세력의 분열

소련 붕괴 후 러시아 정치 세력은 크게 세 계열로 분열되었다. 하나는 서구주의와 자유주의 가치를 지향하는 자유-개혁세력이며, 다른 하나는 전통주의와 패권주의 및 러시아 가치를 지향하는 애국-민족주의 세력이고, 끝으로 민족주의적 가치와 공산주의를 결합시킨 신공산주의 세력이다.

### 3. 외교적 지향성에 대한 세 가지 구분

러시아의 외교적 지향성을 분류하는 방법은 다양하지만, 친서방주의, 애국-민족주의, 지정학적 실용주의로 3분하는 것이 무난하다. 첫째, 친서방주의 지향은 서구의 발전노선이 인류보편적인 모델을 제공하고 있다는 인식하에 러시아의 대외정책 목표를 러시아가 서구의 발전 성과를 신속하게 습득하고 발전된 서구세계에 정치적, 경제적으로 통합되는 것으로 파악한다. 친서방적 외교정책 지향은 초기 옐친 대통령과 코지레프 외무장관의 활동에서 두드러진다. 둘째, 애국-민족주의 지향은 친서방주의적 경향에 반대하여 서구적 발전모델의 일방적 수용을 거부하며, 러시아가 제정러시아 이후로 지녀온 패권성, 즉 제국 내지는 강력한 국가의 전통을 회복하고 러시아문명의 독특성을 기반으로 하는 국가발전 모델을 지속적으로 추구해야 한다는 입장을 견지한다. 애국민족주의 외교 지향성은 1996년 이후 등장한 프리마코프 외무장관의 동방정책 속에서 강하게 나타난다. 셋째, 지정학적 현실주의를 지지하는 집단들에 대한 유라시아주의 영향 또한 긍정적으로 평가될 수 있다. 이들은 친서방주의 경향과 애국-민족주의 경향을 절충하여 러시아의 이익을 극대화하는 온건적 보수주의의 성향을 가진다. 이들은 서방에 대한 일방적 추종과 의존은 러시아를 러시아답게 만들지 못하며 도리어 강력한 국가의 개입이라는 전통속에서 시장경제의 건설에 성공한 일본, 한국, 중국이나 인도 등과 협력을 통해 동양과 서양의 균형, 북과 남의 균형을 취하는 방향으로 대외정책을 조정해가야 하며, 유라시아주의의 전통 속에서 진정한 러시아의 이해를 구현할 수 있는 외교를 추구해야 한다고 본다.

### 4. 외교정책 지향성의 변화 과정

초기 친서방외교가 보였던 일방적 지향성은 국내개혁의 진통에 따른 국민들의 보수화와 NATO의 동진과 같은 비우호적 국제환경 때문에 애국-민족주의 세력의 비판에 직면하면서 약화되었다. 프리마코프 노선으로 일컫는 반서방적 외교노선은 수사적 측면에서는 러시아외교의 커다란 변화를 의미하지만 그것을 실제적 정책변화로 연결되지는 못했다. 러시아의 희망사항과 실제 능력 사이에 커다란 간극이 존재했기 때문이다. 그러나 1990년대 잃어버린 10년을 마무리하면서 21세기에 새롭게 등장한 푸틴 대통령과 함께 러시아는 실용주의적 사고에 기초하여 국익 극대화를 지향하는 지정학적 현실주의를 러시아외교의 전면에 내세우면서 국제정치 무대에서 자국의 영향력을 신속하게 회복하였다.

## 3 탈냉전기 러시아 외교의 전개과정

### 1. 탈냉전 초기

첫째, 미국이 주도하는 탈냉전 질서의 새로운 국제질서가 형성되면서 미국의 패권이 확산되는 시기이다. 이시기 러시아는 친서방적 자유주의적 국제정치관에 입각하여 신국제질서에 적극적으로 통합되는 것이 필요하다는 인식을 바탕으로 대외정책을 추진하였다.
둘째, G8으로 대변되는 서방선진국의 일원으로서 대접받는 국제사회의 일원이 되고자했던 러시아의 희망은 체제전환에 따른 러시아의 혼란과 국력약화로 그 내적 기반이 붕괴되었음은 물론, 러시아에 대한 서방 국가들의 대접이 바뀌면서 자신에 대한 실망과 서방에 대한 반감으로 급속하게 전환되었다.
셋째, 1999년 NATO의 본격적인 확장으로 러시아의 안보환경에 대한 인식은 변화하였고, 서방의 의도에 대한 의구심은 보스니아는 물론 특히 코소보 사태를 계기로 강화되어, NATO의 확장은 러시아의 안보상의 심각한 도전으로 받아들여졌다.
넷째, 러시아 내부에서 서방을 부정적으로 인식하는 정체성의 정치에 불을 붙였고, 러시아가 강대국 균형화 정책을 추구할 수 밖에 없다는 논리가 힘을 얻었고, 프리마코프를 중심으로 러시아의 새로운 국제환경과 자국의 안보전략에 대한 프리마코프 독트린이 입안되었다.

### 2. 푸틴 대통령 취임 이후

첫째, 러시아의 국가이익과 외교적 지향성이 안정화된 것은 푸틴 대통령의 등장 이후이다. 푸틴 등장 이후 러시아의 대외정책 원칙들이 정비되었고 이를 바탕으로 모든 쟁역과 모든 지역에서 러시아의 이익을 극대화하는 실용주의적 전방위외교가 펼쳐지게 되었다.
둘째, 푸틴 등장 이후 러시아는 강대국 지위의 회복, 미국 중심의 단극질서 배제 및 다극적 세계질서 창출, UN과 OSCE의 역할확대, 시장경제 개혁을 위한 유리한 대외적 조건의 조성, 러시아경제의 세계경제로의 통합, 최우선적 국익으로 경제적 이익 확보, 국제평화유지활동에 대한 적극적 참여, 핵무기 등 대량살상무기 확산방지, CIS 통합노력 및 CIS내 자국민 보호, 러시아연방의 일체성 보존과 분리주의 방지 등을 추구하였다.

셋째, 러시아는 9·11테러 사태를 계기로 대미관계의 획기적 개선과 그 국제적 영향력의 제고를 효과적으로 도모할 수 있었다. 그러나 러시아는 국제사회의 다극화를 목표로 중국과 실질적 협력을 강화하여 SCO를 결성하였으며, 유라시아지역에서 실력을 배양하기 위해 CIS국가들과 양자관계 및 역내 소지역협력도 강화하였다. 2001년 5월 유라시아경제공동체, 2003년 4월 집단안보조약기구(CSTO)를 결성하고 활성화하였다.

넷째, 실용주의에 기초한 러시아와 서방과의 협력적 동반관계는 점차 균열을 보이게 되었다. 우선 테러전쟁의 전선이 미국의 일방주의로 분열되었다. 한편 2003년 시작된 색깔혁명은 러시아의 위협인식 및 안보전략에 심각한 변화를 가져왔다. 미국의 민주화 지원정책으로 2003년 조지아의 장미혁명, 2004년 우크라이나의 오렌지혁명, 2005년 키르기스스탄의 레몬혁명, 2005년 우즈베키스탄의 그린혁명이 성공하게 되었다. 이러한 변화는 러시아의 안보인식과 전략적 사고에 중대한 변화를 가져오는 계기가 되었다.

## 3. 푸틴 2기

첫째, 푸틴 2기가 시작된 해인 2005년 러시아와 중국은 21세기 세계질서에 관한 러시아-중국 공동성명을 발표했다. 이 선언에서 러시아와 중국은 미국의 일방주의에 대한 반대의사를 분명히 하며 다극적 지역안보질서 구축에 대한 강한 의지를 표명했다. SCO확대를 추구하며, SCO참여국 영토 내에 비회원국 군대가 주둔하는 것에 반대하고, 중앙아시아에 주둔하는 미군의 철수를 강력히 요청했다.

둘째, 러시아의 전략적 사고 변화 배경에는 급속하게 회복되기 시작한 러시아의 경제와 오일머니에서 오는 자신감이 있었다. 또한 이라크 이후 위기에 봉착한 미국의 전략적 입지에 대한 고려도 작용하였다.

셋째, 2007년 2월 뮌헨에서 열린 국제안보정책회의에서 푸틴은 미국의 팽창정책을 강력하게 비판하면서 조지아, 몰도바, 우크라이나에 대한 NATO확대 추진 시도와 미국의 동유럽 MD체제 설치에 강하게 반발했다.

## 4. 메드베데프 등장 이후

첫째, 메드베데프는 2008년 7월 발표한 러시아연방 대외정책 개념이라는 문서에서 국제질서 안정화를 위해 블록정치의 척결과 문명적 다양성에 기초한 전방위 균형화 외교를 강조했다.

둘째, 오바마 정부가 등장하여 글로벌문제 해결과정에서 러시아와의 협력 필요성을 강조하자, 러시아는 2010년 2월 새로운 군사독트린을 발표하여 비확산문제를 글로벌 안보 이슈로 지적하면서 이 해결을 위한 국제협력의 중요성을 강조하였다.

셋째, 러시아와 미국은 2009년 12월 만료된 START-I를 대체하는 신전략무기감축협정(New START)을 2010년 4월 체결했다.

넷째, 2010년 5월에 열린 NPT재검토회의에서 미국과 러시아가 주축이 되어 비확산, 감축, 핵의 평화적 이용이라는 NPT의 3대 중심축을 강화하는 것에 대한 회원국들의 협력 결의를 만장일치로 도출했다.

### 5. 푸틴 3기

첫째, 푸틴 3기 대외정책은 적극적 강대국주의 발현과 공세적 국익 방어 실현으로 요약할 수 있다.

둘째, 미국은 클린턴 행정부 이래 NATO의 확장을 통해 러시아에 대한 압박으로 그 세력축소를 꾸준히 실행해 왔으나 2008년 조지아 전쟁, 2013년 시리아사태, 2014년 크림합병 및 우크라이나 동남부 내전 등에서 러시아가 보인 행동에 대해서 제한적으로 대응했다.

셋째, 우크라이나사태로 인해 러시아와 서방관계가 무너지게 되었고 이것이 전지구적 이슈들에도 영향을 미쳤다. 서방과 러시아의 협력의 상징이었던 G8에서 러시아는 축출되었고, 군축레짐이나 핵확산방지체제 그리고 기후변화 대응체제에서의 협력이 와해될 우려가 제기되었다.

넷째, 2014년 3월 18일에 발표한 신푸틴독트린을 통해 러시아는 서구의 질서에 순응하지만은 않을 것이며 자기주도적 질서를 구소련지역 전역에 수립할 것을 천명하였다.

다섯째, 2000년대 고유가 시기를 통해 축적된 국부를 바탕으로 군사력을 강화하고 이를 대외적으로 투사하려는 노력을 기울여왔다. 쿠바, 베트남, 베네수엘라 등에 해군 기지를 다시 운용하게 되었고, MD체계의 중유럽 배치에 반발하여 칼리닌그라드에 전술핵을 장착할 수 있는 미사일을 배치하기도 하였다.

여섯째, 러시아는 대외적 연대 네트워크를 강화하는 정책을 펴왔다. 글로벌 수준에서 BRICS의 협력을 강화하기 위해 2014년 7월 열린 브릭스 정상회담에서 IMF, IBRD를 대체하는 새로운 금융기구 창설을 협의했다. 2014년 9월 정상회담에서 SCO 참가국을 확대했다. 중앙아시아 지역에서 유라시아경제연합(EAEU)창설에 합의하여 2015년 출범시켰다.

### 6. 푸틴 4기

2018년 3월 대선 결과 푸틴이 당선되어 동년 5월 7일 대통령에 취임함으로써 푸틴 4기가 출범하였다. 2020년 개헌을 통해 동일인물이 2차례 이상 대통령직을 수행하지 못하게 했다. 다만, 푸틴에 대해서는 적용을 배제하는 조항을 두어 2024년 대통령에 출마할 수 있게 했다. 당선되면 2036년까지 12년간 대통령직을 수행할 수 있다.

## 4 최근 러시아 외교정책의 경향

### 1. 독자적·공세적 외교정책의 대두

2004년 푸틴 재선 이후 러시아의 대외정책 경향이 보다 독자적·공세적으로 변화하고 있다. 러시아는 NATO의 코소보 개입 및 동진에 대해 유라시아의 전략적 환경을 불안정화 시키고 UN의 권능을 훼손시키는 것으로 비난하였으며, 특히 푸틴은 2007년 2월 제43차 국제안보회의에서 미국의 군사전략을 일방적이고 불법적인 것으로 규정하면서 미국의 NATO 확대, 폴란드 MD체제 구축을 비난하였다. 러시아는 미국의 동유럽에서의 MD 구축을 자국을 대상으로 한 것으로 판단하고 있으며 미국이 MD를 계속 추진할 경우 러시아는 CFE 탈퇴, INF 무효화 등으로 대응할 것이라고 발표하는 등 옐친시대 미국과의 '순종적 동반자관계'를 탈피하는 모습을 보여주고 있다.

## 2. 다극화 외교의 활발한 추진

러시아의 강대국으로의 재부상은 러시아가 1990년대 중반 이후부터 바람직한 국제질서로 주장해 온 '다극주의'를 핵심외교 노선으로 확립하고, 이를 대외관계에서 적극 추진하는 동인이 되고 있다. 푸틴 정부는 9·11테러 이후 미국의 일방주의 및 패권주의가 더욱 강화됨에 따라 이를 견제하고 국제문제에 대한 자국의 발언권을 높이기 위하여 다극화된 국제질서의 발전이 바람직하다는 판단을 하면서 이를 위한 노력을 지속해 오고 있다. 푸틴은 2001년 7월 중국과 '러중 선린 우호조약'을 체결한 데 이어 2005년 7월에는 미국의 일방주의를 비난하는 내용의 '21세기 국제질서에 대한 공동선언'을 채택하였다. 또한 2005년 중국, 인도와 합동군사훈련을 개최하는 등 군사협력을 강화시키기 위한 노력도 기울이고 있으며 러시아·중국·인도 3국 간 전략적 동반자관계를 중시하고 있다.

## 3. 다자주의 외교의 확대 및 강화

러시아는 미국의 일방주의 견제, 자국의 군사·경제적 취약성 보완, UN안전보장이사회 상임이사국의 지위 활용, 역내 문제에 대한 주요 행위자로서의 입지 강화, 다자안보 메커니즘을 통한 역내 군축·군비통제 실현 등과 같은 차원에서 다자주의 외교를 적극 추진해 왔다. 아시아·태평양지역의 경우 ARF, APEC, CSCAP, SCO, 6자회담 등에 적극 참여해 오고 있으며 특히 CIS 국가들을 중심으로 정치·경제·안보 협력을 위한 다자협력체제를 확대해 오고 있다. 또한 중국과 더불어 SCO를 테러, 종교적 극단주의, 분리주의 척결 및 여타 분야에서의 포괄적 협력을 위한 장으로 발전시키고 있다.

## 4. 에너지자원의 전략적 활용

푸틴 정부는 세계적으로 자원외교가 중요시 됨에 따라 자국의 풍부한 에너지자원을 정치적 레버리지로 활용하기 위하여 2003년 '러시아 에너지전략 2020'을 채택하고 에너지산업의 국유화를 확대해 왔다. 2006년 1월 우크라이나에 대한 천연가스 중단 사태는 우크라이나의 친서방정책을 억제시키려는 정치적 의도가 있었으며, CIS 국가들에 대해서도 친러·반러 성향에 따라 천연가스 공급가격을 달리 책정하고 있다. 또한 동북아에서도 송유관·가스관 노선 및 에너지·자원 협력문제를 둘러싼 한국·중국·일본 3국 간 경쟁을 유도하는 등 에너지자원을 외교적 지렛대로 적극 활용하고 있다.

## 5. 동방정책(Look East Policy)의 적극적 추진

러시아는 ASEAN 국가들과 협력을 확대시키기 위해 노력하고 있으며, 중동지역 내 반미 정서를 활용하여 역내 국가들과 협력을 강화하기 위한 대중동외교를 적극 추진하는 등 '동방정책'을 활발히 추진하고 있다.

## 5 주요국에 대한 외교정책

### 1. 미국

#### (1) 9·11테러 이후 - 미국과의 협력으로 방향 전환

푸틴의 실리주의적 반미노선은 2001년 9·11테러 이후 친미 성향이 획기적으로 강화되었다. 9·11테러는 러시아 외무장관 이바노프가 미러관계를 제2차 세계대전 중 미소 전시 동맹에 비유하였듯이 양국 관계를 준동맹적 관계로 결정짓는 계기가 되었으며, 미국 대통령 부시 역시 2002년 6월 캐나다 G8 정상회담에서 러시아를 반테러전쟁에서 강력한 동맹국으로 생각하고 있음을 강조하였다.

#### (2) 2002년 5월 미러 핵합의

2002년 5월 미국 대통령 부시의 유럽순방을 계기로 미러 양국은 공격용 전략핵탄두 수를 2012년까지 각각 1,700 ~ 2,200기로 감축하기로 합의하는 핵군축협정을 체결하였고, 이어 주요 국제안보문제에 대하여 협의하고 결정하는 'NATO - 러시아 이사회(NATO - Russia Council)'의 창설을 선언하였으며 이로써 러시아와 NATO 간의 대립과 반목 구도가 해소되었다. 이후 양국은 경제 부문에서 에너지산업 분야 정상회담을 개최하고 미국이 러시아의 대미 철강수출 규제를 완화하기로 하였으며, 안보 분야에서도 NATO의 확장에 대해 이는 러시아를 겨냥한 것이 아니라는 NATO 측의 확인을 러시아가 환영하는 한편, 평화유지와 대테러활동에 협력하기로 하는 등 협력 기조가 유지되었다.

#### (3) 미국의 이라크 공격과 미러관계

러시아는 미국의 이라크 공격에 대하여 전통적인 우방국이자 여러 경제적 이해가 걸려 있는 이라크의 정권 교체를 방관할 수 없었으며 프랑스, 독일 등과 연대하여 이에 반대하였으나, 미국의 단기 승전이 굳어진 이후에는 미국의 전후 처리 구상에 신속하게 양보적인 태도를 보임으로써 미러 전략적 동반자관계를 복원하였다. 그러나 이에 대하여 러시아 외무장관 이바노프가 밝혔듯이 '분명히 적도 아니지만 그렇다고 동맹자도 아닌' 관계가 유지되어 오고 있으며, 특히 2004년 푸틴 재선 이후에는 9·11테러 직후와는 대조적으로 구소련지역에 대한 미국 진출을 견제하고 친서방 성향의 우크라이나, 조지아 등 역내 국가들에 대한 제재를 강화하는 등 독자 노선이 강화되고 있다.

#### (4) 러시아의 구세력권에 관한 미국과 러시아의 대립

러시아는 소연방 붕괴 이후 CIS 국가들을 중심으로 정치·경제·안보·문화 분야에서 통합·협력 정책을 추진해 왔으며, 특히 푸틴 집권 후 이들 정책이 더욱 강화되었다. 푸틴은 러시아 주도의 CIS 국가들 간 군사동맹조약인 '집단안보조약(Collective Security Treaty: CST)'을 조약 체결 10주년인 2002년에 '집단안보조약기구(Collective Security Treaty Organization: CSTO)'로 개칭하여 회원국 간 군사·안보 협력을 강화시키는 조치를 취하였다. 또한, CIS 국가들 간 경제통합을 위해 1996년 러시아 주도로 창설된 관세동맹을 2000년 유라시아경제공동체(Eurasian Economic Community: EURASEC)로 확대·개편하였으며,

이후 일단 러시아, 카자흐스탄, 벨라루스가 참여하는 관세동맹을 2010년 1월 출범시켰다. 2015년 1월, 유라시아경제연합(Eurasian Economic Union)이 출범하였다. 미국은 러시아의 CIS 강화전략에 대응하여 1990년대 후반부터 CIS 지역 내 '지정학적 다원주의'를 강화시키는 외교적 노력을 경주하였다. 즉, 미국은 1990년대 중반부터 미국 에너지 기업들의 아제르바이잔 진출을 지원하는 등 남코카서스에 대한 진출정책을 강화하였으며, 1997년에는 반러 또는 탈러 성향을 갖고 있는 CIS 국가들인 우크라이나, 아제르바이잔, 조지아, 몰도바가 구암(Georgia, Ukraine, Azerbaijan, Moldova: GUAM)을 창설하는 것을 EU와 함께 적극적으로 후원하였다.

### (5) 최근 미국 - 러시아 관계

첫째, 2009년 출범한 오바마 정부의 Reset정책으로 New START조약 체결, 러시아의 WTO가입 등 관계 개선이 있었으나, 2015년 5월 푸틴 대통령 취임 이후 스노든 사건 등으로 관계가 냉각되었고, 2014년 러시아의 크림반도 병합 및 우크라이나 동부 사태와 미국의 러시아 제재로 양자 관계는 지속적으로 악화되었다. 둘째, 트럼프 행정부 하에서도 양자관계는 지속적으로 악화되었다. 러시아의 미국 대선 개입 의혹, 미국 등의 시리아 공습(2018.4), 미국의 INF 폐기(2019.8), 러시아의 에너지 수출에 대한 미국의 제재 강화(2020.7) 등으로 악화되었다. 셋째, 러시아는 트럼프행정부의 고립주의 행보와 다자외교 입지 약화를 틈타 중동, 중앙아시아, 아프간 등에서 정치적 영향력을 강화시키고 다자외교를 강화하고 있다. 러시아 주도로 시리아 문제 해결을 위한 러시아, 터키, 이란 간 '아스타나 프로세스' 활성화(2017년 이후), 러시아 - 터키 관계 강화, SCO - 아프간 접촉 그룹 활성화(2017)등이 그 사례들이다. 넷째, 2021년 1월 출범한 바이든 행정부는 양자 관계의 안정적 관리 필요성에 대한 인식을 바탕으로 양국 간 공통 이해를 기준으로 한 협력을 추구하였다. 일례로 바이든 제안으로 2021년 6월 16일 스위스에서 정상회담을 개최하고 '전략적 안정성에 관한 공동 성명'을 채택했다.

## 2. 중국 - '전략적 협력의 동반자관계' 심화

푸틴 정부는 1990년대 중반부터 발전시켜 온 중국과의 '전략적 협력의 동반자관계'를 바탕으로 대미 견제, 중앙아시아 및 극동·시베리아 등 접경지역의 안정과 평화유지, 반테러 및 WMD 비확산, 분리주의 억제, 무기 및 에너지 수출 등 경제·통상의 확대 등과 같은 포괄적 상호협력을 확대시키기 위해 노력하고 있다. 1996년 이래 계속되고 있는 연례 정상회담 등을 활용하여 양자 및 국제 현안에 대한 해결 및 협력 방안을 모색하는 등 전략적 협력의 동반자관계를 심화시키고 있으며, 특히 2005년 '21세기 국제질서에 대한 공동선언', SCO 정상회담 공동성명, 합동군사훈련 실시 등을 통하여 미국의 일방주의를 견제하기 위한 양국 간 공동전선을 강화하고 있다.

### 3. 일본 - 경협·우호협력 확대를 위한 대일외교 강화

푸틴 정부는 극동·시베리아지역의 경제 발전과 이 지역 경제의 아태 경제권으로의 편입, 그리고 경협 확대를 위해서는 일본과 영토문제의 해결 등 선린·우호협력 관계가 강화되어야 한다는 입장이다. 일본도 1997년 이후 러시아와의 관계 개선 중시정책을 표방하면서 양국 간에 수차례의 러일정상회담이 개최되는 등 실질적인 협력을 강화해오고 있다. 그러나 양국 간에 쿠릴 열도의 4개 섬 반환 및 평화협정 체결에 대하여 이견이 계속됨에 따라 양국 관계가 본격적인 우호·협력관계로 발전하지 못하고 있다. 푸틴은 2005년 쿠릴 열도 4개 섬에 대하여 반환불가 입장을 재천명하였고, 이로 인하여 양국 간 교역·투자규모의 증가와 군사·안보협력의 확대에도 불구하고 영토문제의 조속한 해결에 따른 양국 관계의 심화·발전은 어려울 전망이다.

### 4. 러시아 - CIS관계

#### (1) 유라시아경제연합(EAEU)

러시아 주도로 유라시아 지역 경제 통합을 위해 2015년 1월 출범했다. 회원국은 러시아, 카자흐스탄, 벨라루스, 키르기스스탄, 아르메니아 5개국이다. 베트남, 중국, 이란, 싱가포르, 세르비아 등과 FTA를 체결했다.

#### (2) 집단안보조약기구(CSTO)

집단안보조약기구(Collective Security Treaty Organization)는 테러, 마약, 조직범죄 등에 대한 공동대응 및 긴급시 군사기지 제공을 통해 회원국 상호간 안보 확보를 목적으로 2002년 창설되었다. 회원국은 러시아, 카자흐스탄, 벨라루스, 아르메니아, 키르기스스탄, 타지키스탄 6개국이다.

#### (3) 아르메니아 - 아제르바이잔 군사 분쟁에 개입

러시아는 나고르노 - 카라바흐 지역을 둘러싼 아르메니아 - 아제르바이잔 군사 분쟁의 종식을 주도하는 한편, 2020년 11월 평화유지군을 파견했다.

### 5. 러시아 - EU관계

EU는 러시아 전체 교역액의 50% 이상을 차지하는 최대 교역대상이자 러시아에 대한 최대 직접투자자로서 양측은 상대방을 중요한 전략적 협력 파트너로 인식하고 있다. 푸틴 대통령은 러시아 - EU관계에서 이념적이고 정형화된 관계를 지양하고 실용적인 관계 구축 추진 및 동등한 파트너십을 강조한다. 다만, 2014년 우크라이나 사태 이후 양자는 상호 제재를 지속하고 있으며, 스크리팔 사건(2018.3), 케르치 해협 사건(2018.11), 나발니 사건(2020.8) 등으로 EU의 대러시아 제재가 강화되고 있다.

## 6 러시아의 다자외교

### 1. 상하이협력기구(SCO)

#### (1) 의의

상하이 협력기구(Shanghai Cooperation Organization, SCO)는 2001년에 설립된 다자간 안보 및 경제 협력 기구로, 중국, 러시아, 카자흐스탄, 키르기스스탄, 타지키스탄, 우즈베키스탄이 초기 회원국으로 참여했다. 이후 인도와 파키스탄이 2017년에, 이란이 2021년에 가입하면서 회원국의 범위가 확장되었다. SCO는 장기적으로 유럽의 NATO에 필적하는 안보기구로 발전할 가능성이 높아 주목을 받고 있다.

#### (2) SCO 설립 과정

① **'상하이 파이브'의 탄생(1996 ~ 2000년)**: SCO의 전신은 1996년 중국, 러시아, 카자흐스탄, 키르기스스탄, 타지키스탄 5개국이 국경 문제 해결과 신뢰 구축을 위해 만든 협의체 '상하이 파이브'(Shanghai Five)이다. 이들은 소련 붕괴 후 불안정한 국경지대를 안정시키고 군사적 신뢰를 구축하고자 하였다.

② **상하이 협력기구의 창설(2001년)**: 2001년 6월 15일, 우즈베키스탄이 새로 가입하면서 기존 5개국에 더해 6개국이 참여한 가운데 '상하이 협력기구(SCO)'가 창설되었다.

#### (3) 회원국 확대

2017년에는 SCO의 지리적, 전략적 외연이 본격적으로 확장되었다. 당시 남아시아의 핵보유국인 인도와 파키스탄이 동시에 가입하면서 조직은 처음으로 중앙아시아권을 넘어선 남아시아 국가들을 포괄하게 되었다. 이어 2021년에는 이란이 정식 회원국으로 가입하였다. 오랜 기간 옵저버 국가로 참여해온 이란은 미국의 제재와 외교 고립 속에서 SCO 가입을 통해 전략적 돌파구를 모색했다. 마지막으로 2024년에는 벨라루스가 정식 회원국으로 승인되었다.

#### (4) 합동 군사 훈련

상하이협력기구(SCO)의 합동 군사훈련은 2002년 중국 - 키르기스스탄 간 양자 반테러 훈련을 시작으로 2003년 다자 훈련으로 확대되었으며, 2005년부터는 'Peace Mission'이라는 명칭 하에 정례화되었다. 중국과 러시아 주도로 진행된 이 훈련은 6개 회원국이 참여하는 대규모 실전형 군사훈련으로 발전하였고, 반테러 작전, 도시 진압, 정보 공유, 병력 이동 훈련 등이 포함되었다. 2006년 이후에는 법적 협정 체결로 병력 이동과 훈련 절차가 제도화되었으며, 2010년대부터는 무인기, 장갑차, 전차 등 첨단 장비를 활용한 현대전 양상도 도입되었다. 특히 2024년에는 모든 회원국이 참여한 실전형 반테러 훈련 'Interaction-2024'가 중국 신장에서 실시되며, SCO의 군사협력이 제도적·기술적으로 한층 심화되었음을 보여주고 있다.

## 2. 독립국가연합

### (1) 배경

CIS의 창설은 1991년 소련 해체를 공식화하고 포스트소비에트 공간에서 협력을 지속하기 위한 정치적 절충의 산물이었다. 1991년 8월 소련 내 보수파의 쿠데타 실패 이후, 공화국들의 독립 움직임이 가속화되었고, 1991년 12월 8일 러시아, 우크라이나, 벨라루스는 벨라베자 숲(Belovezhskaya Pushcha)에서 회동하여 소련의 해체와 CIS 창설을 선언하였다. 이후 12월 21일, 카자흐스탄 알마아타에서 11개 공화국이 모여 CIS 창설 협정을 공식 체결하면서 소련은 역사 속으로 사라졌고, CIS는 탈소련 국가 간 협력의 새로운 틀이자 소련 해체를 마무리 짓는 정치적 선언으로 기능하였다.

### (2) 참여국

1991년 12월 21일 알마아타 협정에 서명한 CIS 창설 당시의 참여국은 총 11개국이다. 즉, 러시아, 우크라이나, 벨라루스, 카자흐스탄, 우즈베키스탄, 키르기스스탄, 타지키스탄, 투르크메니스탄, 아르메니아, 아제르바이잔, 몰도바가 참여하였다. 투르크메니스탄은 1991년 창설 당시에는 회원국으로 참여했으나, CIS헌장은 비준하지 않았고, 2005년부터 '준회원국(associate member)' 또는 '참관국(observer status)' 지위로 전환되었다. 준회원국(associate member)은 헌장을 비준하지 않은 국가에게 허용된 지위로, 제한된 참여(인도주의·경제·문화 분야 중심)가 가능하다. 조지아는 1993년에 가입했지만, 2008년 러시아와의 전쟁 이후 탈퇴하였다. 우크라이나는 창설 협정(알마아타협정)에 서명했지만, CIS 헌장에 비준하지 않아 공식 회원국은 아니며 준회원 또는 참여국 수준으로 간주되었다. 2018년에는 우크라이나가 공식적으로 CIS와 모든 협력 중단을 선언하였다. 발트 3국(에스토니아, 라트비아, 리투아니아)은 처음부터 CIS 참여를 거부하고 독립 노선을 유지하였다.

### (3) 관련 문서

① **민스크 협정**: 소련 해체와 CIS 창설의 첫 선언
민스크 협정은 1991년 12월 8일, 러시아, 우크라이나, 벨라루스 3국의 대통령(옐친, 크라프추크, 슈쉬케비치)이 벨라루스 민스크 인근 벨라베자 숲(Belovezhskaya Pushcha)에서 체결한 협정으로, 소련의 해체를 공식 선언하고 독립국가연합(CIS) 창설을 최초로 선언한 역사적 문서이다. 이 협정은 "소련은 더 이상 존재하지 않는다"는 문장을 명시함으로써 사실상 소비에트 연방의 사망선고 역할을 하였으며, CIS를 기존 소련을 대체하는 협의체적 공동체로 설정하였다. 다만 이 단계에서는 CIS의 구성과 기능에 대한 구체적 합의는 이뤄지지 않았다.

② **알마아타 협정**: CIS의 공식 창설과 회원국 확대

알마아타 협정은 1991년 12월 21일, 카자흐스탄의 수도 알마아타(현 알마티)에서 열린 정상회담에서 소련의 11개 공화국(러시아, 우크라이나, 벨라루스, 카자흐스탄, 우즈베키스탄, 키르기스스탄, 타지키스탄, 투르크메니스탄, 아르메니아, 아제르바이잔, 몰도바)이 CIS 창설 협정에 공식 서명하며 연합을 제도화한 협정이다. 이 문서를 통해 CIS의 조직구조, 협력 원칙, 주권 존중, 내정 불간섭, 평등한 협의 절차 등이 명시되었으며, 소련의 군사 자산, 외교권, 핵무기 관리의 승계 절차도 논의되었다. 또한 이 회의 직후, 고르바초프가 12월 25일 공식 사임, 12월 26일 소련 최고회의가 해체 결의를 내리면서 소련은 완전히 소멸하고 CIS 체제가 그 자리를 대체하였다.

③ **CIS헌장**: CIS 헌장(Charter of the Commonwealth of Independent States)은 1993년 1월 22일 벨라루스 민스크에서 체결된 조약문서로, 독립국가연합(CIS)의 목적, 원칙, 조직 구조, 회원국의 권리와 의무를 규정한 기본 규범 문서이다. 이 헌장은 CIS를 단순한 정치선언체에서 벗어나 제도화된 국제기구로 발전시키기 위한 법적 기반을 마련하였다. 주요 내용으로는 국가 주권 존중, 내정 불간섭, 평등, 합의제 의사결정, 분쟁의 평화적 해결 등 기본 원칙이 명시되었고, CIS의 공식 기구로 국가원수이사회, 정부수반이사회, 외무장관이사회, 상설집행위원회 등의 설치가 규정되었다. 또한 회원국의 가입, 탈퇴, 지위 변경에 관한 절차와, 협정의 이행 및 분쟁 조정 메커니즘도 포함되어 있다. 우크라이나는 헌장에 서명했지만 비준하지 않아 정식 회원국이 아니며, 헌장 체제 밖의 참여국으로 간주되었다. CIS 헌장은 이후 CIS의 공식 활동과 조직 운영의 법적 기준과 절차적 틀로 기능해 왔지만, 점차 기능이 약화되면서 형식적 역할에 가까워졌다.

### (4) 기관 및 조직 구조

CIS는 헌법상 연합국가가 아닌 자발적 협의체 형태의 국제기구로, 각국의 주권을 전제로 한 느슨한 협력 구조를 갖는다. 주요 기관으로는 국가원수이사회와 정부수반이사회, 외무장관이사회, 집행위원회(사무국) 등이 있으며, 그 외에도 경제협의회, 방위장관회의, 분쟁조정기구 등이 운영되었다. 본부는 벨라루스 민스크에 설치되었고, 일부 전문기구는 모스크바에 소재한다. 초기에는 경제, 군사, 외교 등 전방위적 통합을 시도했으나, 시간이 지날수록 국가별 이해관계의 차이로 인해 실질적 통합보다는 제한적 협력 중심으로 기능이 축소되었다.

### (5) EAEU

유라시아경제연합(EAEU)은 2015년 러시아 주도로 출범한 경제통합 기구로, 관세동맹과 공동시장 형성을 목표로 한다. 러시아, 벨라루스, 카자흐스탄, 아르메니아, 키르기스스탄 등이 참여하고 있으며, 노동력·자본·상품의 자유로운 이동을 보장하고자 한다. 이는 EU의 통합 모델을 부분적으로 모방한 형태로, 러시아가 CIS의 느슨한 경제협력 구조를 보완하기 위해 만든 실질적이고 제도화된 경제 블록이다. 이를 통해 러시아는 포스트소비에트 지역에서의 경제적 영향력 유지와 확대를 꾀하고 있다.

### (6) CSTO

집단안보조약기구(CSTO)는 1992년 체결된 집단안보조약을 기반으로 2002년 국제기구화된 러시아 주도의 군사동맹체이다. 러시아, 벨라루스, 아르메니아, 카자흐스탄, 키르기스스탄, 타지키스탄이 회원국으로 참여하며, 회원국이 외부 공격을 받을 경우 공동 방어 의무를 수행하는 NATO 유사 체제를 지향한다. CSTO는 공동군사훈련, 신속대응군 운용, 무기 표준화 등을 통해 러시아의 군사적 영향력을 제도화하고 있으며, 특히 중앙아시아의 안보통제 수단으로도 기능하고 있다.

## 7 러시아의 아태전략

### 1. 국가정체성과 아태전략

러시아의 아태전략은 아시아적 정체성에서 비롯된 것이 아니라 아시아를 유럽과의 관계 속에서 조망하고 유럽에서 약화된 러시아의 위상을 아시아에서 보상받으려는 현실정치적 동기가 주된 배경을 이루었다. 러시아는 소련이 붕괴한 이후 1990년대 동북아에서 급속한 지위 하락과 영향력 상실을 경험 한 뒤 푸틴 대통령의 복귀 이후 이를 회복하기 위한 노력을 기울여 일정한 정도의 지역 정치 내 위상을 회복 및 강화해 오고 있다. 예를 들어 중소분쟁으로 상실한 중국과의 전략적 협력 관계를 2000년대 들어 회복했으며, 1990년대 상실한 북한과의 협력의 고리를 2000년대 들어 회복했고, 남한 및 일본과의 관계 개선 및 경제적 협력을 모색했다.

### 2. 푸틴 이후 아태전략

푸틴 대통령은 러시아의 아태지역으로의 진입을 위한 적극적인 정책을 2기 임기부터 추진했다. 2012년 APEC정상회담을 블라디보스토크로 유치하여 러시아가 태평양으로 낸 이 관문도시의 개발과 이를 통한 동북아 및 아태국가들과의 교류 강화를 시도했다. 한편, 메드베데프 대통령 시기에는 러시아를 유라시아국가라 부르기보다는 유로-태평양국가로 규정하면서 러시아의 국가발전의 미래 동력을 이 지역에서 찾으려는 노력을 심화시켜 갔다.

### 3. 신동방정책

동북아에서의 전략적 행위자로서의 위상을 재확보하고 국내정치 수준에서는 낙후된 러시아의 동시베리아와 극동 지역의 개발을 통해 동북아 지역과의 안정적 연계성을 강화함으로써 안보적 및 경제적 안정과 발전을 꾀하려는 다층적 목표를 지닌 정책으로 신동방정책이 추진되었다.

### 4. 중국과의 협력 강화

전반적으로 푸틴 시기 이후 러시아는 동북아에서의 전략적 균형화를 위하여 중국과의 협력을 강화해 나가고 있다. 우크라이나 사태로 미러관계가 악화되면서 러시아와 중국의 협력은 더욱 강화될 것으로 전망된다.

## 8 러시아의 대한반도정책

### 1. 북핵문제
러시아와 중국은 북한의 핵보유가 초래할 동북아 핵확산과 전략경쟁이 지역의 전략적 안정을 저해하는 것에 대해서는 반대하지만, 미국이 무력을 동원하여 북한을 징벌하고 과도한 제재를 통해 북한을 압박하는 것에 대해서도 강력히 반대하고 있다.

### 2. 한반도정책기조
한반도정책과 관련해서 러시아는 남북한 등거리 정책에 입각하여 한반도 내에서 영향력을 확보함으로써 동북아에서 이해당사자로서의 위치를 지키려는 정책을 지속하고 있다. 나아가 한반도의 안정을 바탕으로 다양한 경제협력을 추진함으로써 한반도를 고리로 극동 및 동시베리아 지방을 동북아경제권에 편입시키려는 전략도 추진하고 있다.

### 3. 남북통일에 대한 입장
러시아는 주변 강대국들 중 한반도 평화와 통일에 대해 가장 긍정적 태도를 가지고 있으며, 이를 위해 북핵문제와 같은 한반도 문제에 대해 당사자로서의 입지를 강조하면서 자국의 영향력이 한반도의 평화에 기여하기를 기대하고 있다. 북핵문제에 해결에 있어서 북한과 미국 또는 남한과 북한 사이의 정직한 중재자(honest broker)로서의 입지를 다졌다.

### 4. 대북정책
러시아는 북한에 대한 실질적 협력을 강화함으로써 북한의 변화를 유도하는 정책을 지지한다. 러시아는 양국 경제관계 정상화를 위한 러시아 - 북한 경제협력위원회를 2007년 5월 재개하여 북한의 대러 채무탕감의 문제를 논의한 바 있다. 한편, 2011년 김정일의 러시아 방문으로 이뤄진 러 - 북 정상회담을 통하여 양국관계를 강화하여 러 - 북 - 남 가스관 연결사업과 철도연결 사업 등에 대한 러시아의 강력한 추진의지를 표명하였다. 또한, 러 - 북 접근은 2012년 러시아의 대북한 채무탕감 조치 이후 더욱 발전하여 2014년 양국은 러시아가 북한의 철도를 개보수하고 북한의 자원을 개발하는 <승리프로젝트>를 추진하는 등 구체화되었다.

# 제3절 | 일본 외교정책

## 1 의의

패전 이후 일본은 반세기 가까이 미국 주도의 국제질서하에서 미일 안보관계를 축으로 경제적 번영을 구가해 왔다. 이 시기의 일본의 대외정책 방향은 명백하였다. 패전 후 첫 수상이었던 요시다 시게루는 정치·안보적인 것은 철저히 미국에 의존하여 안전을 확보하는 한편 '팍스 아메리카나(Pax Americana)'하에서 경제발전에 전력을 기울인다는 노선을 취하였으며, 이것이 '요시다 독트린'으로 전후 일본 대외정책의 기본 방향이 되었다. 21세기 들어 일본은 그간의 국제사회에 대한 공헌 및 미일동맹의 강화와 미국의 지지를 바탕으로 UN상임이사국의 지위를 확보하기 위해 노력하고 있으며, 유사법 제안과 미일 신안보선언, 미일 가이드라인 등을 통해 보통국가화를 추진하고 자위대의 역할 확대를 도모하고 있다.

> **참고**
>
> **일본의 보통국가화**
>
> '보통국가'는 1993년 자유당 당수였던 오자와 이치로가 '일본개조론'에서 주장한 후 일본의 안보정책에 큰 영향을 미쳤다. 제2차 세계대전 이후 일본은 교전권을 포기하고 군대를 보유하지 않는 평화헌법을 유지해 왔다. 보통국가론은 일본의 경제규모에 걸맞게 국제사회에 적극적으로 참여하기 위해서는 정상적인 군사력을 보유한 보통국가로 변모해야 한다는 주장이다. 이는 일본의 안보정책이 냉전기 미일동맹에 기초한 전수(專守)방위에서 명시적인 정치군사적 역할을 추구하는 적극방위로 전환됨을 의미한다. 보통국가화가 곧바로 군국주의의 부활을 의미하지는 않지만, 아직 일본의 역사문제가 청산되지 않은 상황에서 주변국가들은 강한 의혹을 제기하고 있다.

## 2 외교정책 환경

### 1. 지정학적 요인

첫째, 명치시대 일본의 대외정책 방향을 놓고 벌어진 대륙국가론과 해양국가론 간의 논쟁이나, 청일전쟁과 러일전쟁의 논리가 되었던 주권선과 이익선의 개념화에 있어서 일본이 섬나라라는 지정학적 위치가 논의의 출발점이 되었다. 제2차 세계대전에서 패한 뒤 일본사회에서는 제국주의 일본이 영국이나 미국과 같은 전통적인 해양세력과 연대하지 않고, 이들에 대항하여 중국 대륙을 침략한 것이 국가전략상 큰 패착이었다는 인식이 널리 공유되었다.

둘째, 해양국가론은 전후 일본의 외교정책 관련 논의에 주요 담론이었다. 1960년대 안보논쟁이 한창일 때 일본은 전전의 대륙 진출이 초래한 참담한 결과를 직시하여 통상활동의 장려를 통해 국가 활로를 모색해야 하며, 이를 위해서는 세계의 바다를 지배하는 미국과 안보적 연대가 불가결하다는 주장이 해양국가론이다. 탈냉전 후 부상하는 중국을 견제하기 위해 미일동맹을 강화하자는 주장도 해양국가론을 반영한 것이다.

## 2. 역사적 요인

태평양전쟁의 패전과 점령정책의 경험은 서구에 대한 일본의 저자세외교 또는 대미추종외교의 토양을 제공했다. 반면, 식민 침략 과정에서 잉태된 일본인의 아시아에 대한 우월적인 정신구조는 전후 새롭게 독립한 주변국의 국민감정을 자극하는 망언으로 표출되었다. 전후 50주년인 1995년에 발표된 무라야마담화는 침략전쟁과 식민지 지배에 대한 전향적인 반성과 사죄를 담았다. 전후 60주년에는 고이즈미담화, 전후 70주년에는 아베담화가 발표되었다. 과거전쟁에 대한 역사인식에 관련되는 야스쿠니신사 참배 문제, 역사교과서 기술, 침략전쟁 당시 강제동원된 징용피해자와 일본군 위안부 피해자 등에 대한 법적, 도덕적 책임 등의 문제가 일본외교의 현안으로 등장했다.

## 3. 이념적 제도적 요인

첫째, 점령정책 하에서 일본은 민주화와 비군사화를 양축으로 하는 정치, 경제, 사회 등 제반분야의 개혁을 단행했고, 이를 통한 민주주의와 시장경제로의 제도적 확립은 전후 국가체제의 기초를 제공했다. 둘째, 일본의 국제사회로의 복귀는 미국주도의 강화조약 및 미일안보조약의 체결을 통해 이루어졌는데, 이는 동아시아 냉전질서하에서 일본 대외관계의 친미, 친서구적 태도로 구조화되었다. 셋째, 점령정책하에서 제도화된 평화헌법은 미일안보조약과 함께 요시다독트린, 즉 경무장 경제 우선 전략의 토대가 되었다. 셋째, 평화헌법체제와 미일안보조약은 외교안보정책을 둘러싸고 전개된 보수와 혁신세력 간의 이념대립의 중심축에 위치하였다. 즉, 헌법해석 및 개정 논의, 집단적 자위권 논의, 자위대의 창설 및 해외파견, 방위비 분담 및 상한 문제, 비핵3원칙 채택, 미일안보조약 개정 및 미일동맹의 재정의 등 전후 일본외교안보정책과 관련된 주요 논쟁은 이러한 이념구조 및 제도적 틀 속에서 전개되었다.

## 4. 국제환경적 요인

첫째, 바다로 둘러싸인 일본은 자유로운 행해가 가능한 해상교통로(Sea Lanes of Communication: SLOC)의 확보에 사활적 이해관계를 가지고 있다. 일본은 1970년대 석유위기를 겪으면서 산유국과의 외교관계와 함께 해상교통로의 안정화의 중요성을 절감하였고, 1982년경부터 해상교통로 1000해리 방위구상을 책정했다.

둘째, 패전 후 소련의 남하와 중국의 공산화라는 위협을 경험한 일본은 주권의 회복과 동시에 미국과 안전보장조약을 체결했다. 일본이 자국의 방위를 전적으로 미국에 의존하게 된 결과 안보정책을 비롯한 일본의 제반 외교정책은 미국의 대일정책에 의해 규정됨으로써 대미추종외교 또는 대미종속외교의 색채가 농후해졌다.

셋째, 21세기 들어 미중간 패권경쟁적 요소가 강해지면서 일본의 대중국 정책은 미국의 아시아태평양정책과 연동되어 중국 견제적 성격이 강화되었다.

## 3 외교정책의 주요 행위자

### 1. 내각 및 수상

첫째, 의원내각제를 채택하고 있는 일본은 내각이 정부의 최고정책기관이 되며, 외교정책에 관한 각의 결정은 전 각료의 합의를 필요로 한다.

둘째, 외교관계의 처리와 조약 체결은 내각의 권한이며, 내각은 의회에 대해 외교관계에 대한 보고와 조약의 승인을 거칠 의무가 있다. 국회의 승인을 필요로 하는 조약(헌법상의 조약)은 극히 소수이고, 국제적인 약속으로서의 조약 대부분은 내각에서 처리가 가능한 행정협정으로 취급된다.

셋째, 정상회담 증가라는 현대외교의 추세로 수상의 역할이 확대되었다. 샌프란시스코강화조약 및 미일안보조약을 통해 점령정책을 종결시킨 요시다, 일소국교회복에 진력했던 하토야마, 한일 국교정상화를 실현했던 사토, 일중 국교정상화를 추진했던 다나카, 북일관계 정상화를 위해 북한을 방문했던 고이즈미 수상 등이 대표적 사례이다.

### 2. 외무성 및 관료기구

첫째, 외무성은 외교업무를 관할하는 주무 부처로서 대외적으로 일본정부를 대표하여 외국 정부와 접촉하고 대내적으로는 정부부처간 협의에서 중심적 역할을 수행한다.

둘째, 전후 일본외교는 경제이익의 확보를 우선하는 경제외교에 중점을 두어 국제금융이나 국제무역에 관여하는 타부처의 영향을 강하게 받았다. 그 결과 일본은 대외교섭에 있어서 정부차원의 합의된 입장이 없이 부처별로 각각의 이익을 대변한다는 이원외교가 비판을 받아왔다.

셋째, 외상(외무장관)은 직업외교관이 아닌 여당의 유력 정치가가 임명되는 경우가 많아 전문적 식견과 소양에 기초한 국익추구보다는 집권 여당의 이해관계를 반영한 현상유지를 선호하는 경향이 강했다.

### 3. 의회 및 정당

첫째, 외국과의 조약 및 협정의 체결, 예산상의 지출을 필요로 하는 외교 사안, 국교수립, 안전보장, 시장개방과 같은 중대사안은 의회의 승인이 필요하다.

둘째, 의회 상임위원회 위원장은 여당의 중진의원들이 독점한 결과 의회 결정은 대체로 정부 및 여당의 입장을 반영한 결과가 많았다.

셋째, 일본 정당의 특징 중 하나가 파벌의 존재인데, 특히 1955년 창당 이후 40년 가까이 여당의 지위를 누렸던 자민당 파벌은 외교정책에 큰 영향력을 행사해 왔다. 전통적으로 자민당 총재는 물론 주요 각료들은 파벌간의 합의를 통해서 정해지는 경우가 많다. 이러한 파벌구조는 외교정책결정에 있어서 수상의 지도력 발휘를 제약하는 요인이 되었다.

넷째, 일본의 정당 조직 중에서 정조회는 외교정책을 비롯한 각종 정책의 조사 및 입안 기능을 담당하고 있으며, 정부의 정책결정에 여당의 의견을 반영시키는 주요 통로가 되었다.

## 4. 재계 및 노동단체

첫째, 재계는 일본경제단체연합회, 경제동우회, 일본상공회의소를 일컫는 경제3단체가 대표한다. 이들은 자민당에 정치자금 등을 제공하면서 정부 정책결정에 영향력을 행사한다.

둘째, 노동단체는 좌파성향의 일본노동조합총평의회(총평), 우파성향의 전일본노동총동맹(동맹)이 양대산맥을 구성해왔다. 총평은 1960년 미일안보조약 개정 당시 기시 내각을 물러나게 하는데 결정적 역할을 하기도 하였다. 1980년대 말 총평과 동맹이 일본노동조합총연합회(연합)으로 통합되었다.

## 5. 여론 및 언론

첫째, 전후 일본 외교에 있어서 일본 대중의 영향력은 상대적으로 제한적이었다. 이는 일본 국민의 정치의식 발달 지체, 외교정책에 대한 낮은 관심도 등이 영향을 미쳤다. 다만, 최근에는 여론의 중요성에 대한 인식이 강화되는 추세이다.

둘째, 최근 대외관계에서 NGO, 시민단체, 지방자치단체, 기업 등 비정부주체의 역할이 증가하면서 대외정책에 대한 영향력이 강화되고 있다. 1980년대 일본사회에서 북한에 의한 일본인 납치문제가 제기된 이래 납치피해자 가족회 등 관련 단체가 일본이 대북 정책에 큰 영향력을 발휘하고 있다. 1990년대 들어 야스쿠니 참배, 일본군위안부 문제, 역사 교과서 등을 둘러싼 동아시아 국가들 간 갈등은 일본 내의 역사, 인권, 반전 관련 시민단체나 전문가 그룹의 활동에 의해 촉발된 측면이 크다. 미일간의 안보 현안인 오키나와의 미군기지 이전 문제는 오키나와의 주민과 지방자치단체가 일본정부의 대응을 제약하고 있다.

셋째, 신문의 경우 요미우리, 아사히, 마이니치, 니혼케이자이, 산케이 등이 5대 일간지로 불린다. 논조에 있어서 아사히가 진보 좌파적인데 반해 요미우리와 산케이는 친미 보수 내지 보수 우파적 성향이 강하다.

# 4 외교정책 목표와 방향

## 1. 일본 외교정책의 목표

패전 후 연합국에 의한 점령기에는 주권의 회복(국가 위신 회복)이 최우선 목표였다. 그리고 주권 회복 후의 냉전 시기에는 안전보장과 경제이익의 확보가 우선적으로 추구되었다.

## 2. 일본 외교정책 수단

전후 일본은 외교수단으로 경제력을 중시했다. 군사력의 보유를 금지한 평화헌법체제에서 미국 주도의 세계질서에 순응하여 온 일본으로서는 군사력을 동원하거나 외교수완을 발휘할 수 있는 여지는 크지 않았다. 일본은 외교력 강화를 위해 공적개발원조(ODA)에 주력했다. 일본은 1954년 이래 적극적인 ODA를 추진해 오고 있다. 1990년대에는 세계 제1위의 원조국 지위를 유지했으나 2001년에는 미국에 추월당해 2위를 유지하고 있다.

## 3. 외교정책 대상

전후 최초 외교청서는 국제연합 중심, 자유주의 국가들과의 협조, 아시아의 일원으로서의 입장 견지를 일본 외교 3원칙으로 제시했다. 1956년 유엔 가입을 전후하여 일본정부는 유엔 참여 확대를 통한 국제평화에의 기여를 약속했고, 이후 국제연합중심은 일본외교의 중심축의 하나가 되었다. 냉전체제에서는 이 3원칙이 균등하게 추진되지는 않았다. 일본은 미국과의 긴밀한 관계, 즉 대미기축외교를 유엔외교나 아시아 외교보다 중시했다.

## 4. 일본외교정책의 방향

첫째, 전후 일본외교는 소극적이고 환경 순응적인 요소가 강했다. 전전의 과도한 대외팽창, 군사적 수단에의 극단적 경사, 국가에 의한 철저한 국민동원 등이 초래했던 비참한 결과는 일본 외교에 무거운 교훈으로 남았다. 전후에는 반대로 평화주의, 경제중심주의, 국제환경에의 수동적 협조에 치중되었다.

둘째, 강화조약을 통해 주권을 회복한 일본은 국가 전략의 최우선 목표로 경제부흥과 번영을 택했다. 냉전기 일본은 자국의 안전보장은 미국에 의존하면서 국가의 모든 역량을 경제성장에 집중하는 길을 선택했고, 외교는 이를 위한 수단으로 간주되었다.

셋째, 냉전기 일본은 국제적인 외교안보 현안에 대해서는 적극적인 발언이나 관여를 자제해 왔다. 그 결과 일본 외교는 경제력에 상응하는 국제정치적 영향력을 확보하지 못한 채, 자국의 경제 이익만을 우선시하여 국제적 책임을 소홀히 한다는 비판을 받기도 하였다.

넷째, 1990년대 들어 냉전구조의 붕괴, 걸프전, 대만해협의 위기와 중국의 경제적 부상 등의 국제정세 변화와 더불어 노동조합의 약체화, 사회당을 비롯한 혁신정당의 몰락, 잃어버린 10년 상징되는 장기불황, 천재지변에 따른 국내의 사회불안과 위기의식의 확산은 기존의 경제중심주의 노선을 보완하거나 대체할 새로운 국가 전략 필요성을 제기했다. 그리하여 보통국가화로 불리는 국가 전략상의 패러다임 변화를 배경으로 국제사회에서 보다 적극적 역할 수행을 모색하게 되었다.

## 5 냉전기 대외정책

### 1. 강화외교

첫째, 요시다독트린. 전후 첫 수상인 요시다는 헌법 제9조의 비무장 원칙을 유지한 채 일본을 동아시아의 공산주의 봉쇄정책의 보루로 삼고자 하는 미국의 냉전전략에 협력함으로써 일본의 독립과 안전보장을 확보하고자 하였다. 요시다독트린은 미국 주도의 국제질서에 진입함으로써 자국의 군비지출을 억제하고 경제발전에 집중한다는 입장을 의미한다.

둘째, 다수강화 또는 단독강화 추진. 요시다는 체결 전망이 불투명한 전면강화(연합국과의 일괄적인 강화)를 포기하고, 다수강화 또는 단독강화(자유진영 국가들과의 강화)를 우선했다.

셋째, 미국은 일본에 대해서 배상조건을 완화하고 경제부흥을 지원하는 대신에 적극적인 재군비를 요구하였다. 반면, 일본은 미일안보조약의 체결과 기지의 존속 및 미군의 주둔을 인정하면서도 재군비에는 반대했다. 결국 양국은 강화 후의 점진적 방위력 증강이라는 선에서 타협하였다.

넷째, 1951년 9월 중국과 소련 등이 서명에 불참한 가운데 강화조약이 체결되어 1952년 4월 발효와 함께 일본의 주권이 회복되었다.

## 2. 안전보장외교

첫째, 전후 일본 안보는 미국의 군사력에 의존했다. 1951년 9월 체결된 강화조약과 동시에 체결된 미일안보조약으로 구체화되었다. 미일안보조약은 1960년 개정되었고 1970년 자동연장되었다.

둘째, 전력 보유의 포기 및 교전권 부인을 명시한 평화헌법(제9조)은 미일 양국의 쌍무적 집단방위체제 구축을 제약했다. 그 대안으로 미국에 군사기지를 제공하고 미국은 일본의 방위를 보장하는 편무적 안보체제가 성립되었다. 결국 일본의 안보정책은 일본 독자적 방위정책과 미국과의 협력이라는 두 요소로 구축되었다.

셋째, 일본의 독자적 방위정책은 1976년 방위계획대강으로 구체화되었다. 그 핵심은 자위를 위한 최소한의 방위력 보유와 소극적 방위를 특징으로 하는 전수방위(全守防衛) 개념으로 요약할 수 있다. 한국전쟁 발발을 계기로 경찰 예비대가 창설되고 1952년 보안대로 개조되었고, 1954년 자위대와 방위청이 발족함으로써 실질적인 군사력을 보유하게 되었다.

넷째, 전수방위. 전후 일본 군사력의 기본 개념으로 수비에만 주력한다는 의미이다. 즉, 상대국에 대한 선제공격 및 전략공격을 금지하여 외부의 공격을 받은 후에만 전력을 행사하며 그 정도는 자위를 위해 필요한 최소한도에 그치며, 미즈기와[水際(수제)], 즉 자국 영토나 그 주변에서만 작전한다는 지극히 수동적인 전략이다. 이에 따라 탄도미사일, 장거리 전략 폭격기, 미사일 탑재 원자력 잠수함, 항공모함 등 공격형 무기를 자위대가 보유하는 것은 금지되어 있었다.

다섯째, 일본정부는 1980년대 초 총합안전보장이라는 개념을 도입했다. 안전보장의 범위를 외부로부터의 침략에 대한 방위를 넘어 자유로운 국제질서, 에너지, 식량확보, 자연재해에 대한 대비 등으로 확대하고 그 수단에 있어서 외교, 경제, 에너지, 식량, 방재 등 비군사적 요소를 최대한 활용한다는 구상이었다. 이는 군사력 보유를 제약받는 상황을 감안하여 전수방위 개념을 보완하고자 한 것이다.

여섯째, 1976년 방위계획대강에 의하면 소규모의 제한적인 공격에 대해서는 일본이 자체적으로 방어하고 대규모 외부 공격은 미국에 의존한다고 규정되었다. 이에 따라 미군과 자위대 간의 협력 사항이 문서화된 것이 1978년 확정된 미일방위협력지침(가이드라인)이다. 1980년대 나카소네 내각 시기에는 세계적인 신냉전을 배경으로 미일 간 안보협력이 더욱 강화되었다.

일곱째, 미국 입장에서 보면 미일동맹은 동아시아 차원에서 공산주의 봉쇄전략의 초석이었다. 즉, 미일안보조약은 한국, 대만, 필리핀과의 상호방위조약, 동남아시아조약기구(SEATO), 미국 - 호주 - 뉴질랜드 안보조약(ANZUS)으로 구성된, 미국을 중심으로 해서 사방으로 펼쳐진 허브 앤드 스포크(hub - and - spoke)체제의 중심축으로 기능했다.

### 3. 경제외교

첫째, 전후 초기 일본이 구상한 경제전략의 핵심은 자국의 앞선 기술력을 개발도상국의 자원 및 선진국의 자본과 결합하는 것이었다.

둘째, 샌프란시스코 강화조약은 일본의 전후 배상을 기본적으로 역무배상(役務賠償)의 형태로 규정하고 있었다. 그 결과 일본은 전후 아시아국가와의 배상 교섭에 있어서 자본재와 용역의 제공을 기본으로 하는 경제협력을 추진할 수 있었고, 이는 전후 일본의 아시아 경제진출의 발판이 되었다.

셋째, 1960년대 들어서면서 요시다의 직계이자 보수본류의 원조라고 할 수 있는 이케다 수상의 재임기간동안 경제국가의 원형이 완성되었다. OECD가입, GATT 제11조국 및 IMF 제8조국으로의 이행을 실현함으로써 명실상부한 경제대국의 조건이 갖춰졌다.

넷째, 1970년대 일본경제는 서독을 제치고 자유진영 제2위 지위에 도달했고, 미국을 비롯한 다른 선진국들과 무역 마찰이 구조화하였다. 1971년 미국의 신경제정책선언, 1973년과 1979년 두 차례 석유위기로 위기의식을 느낀 일본은 중동 및 공산권과의 외교다변화, 에너지, 식량 등 경제안전보장 강화, 기술혁신 등을 추진함으로써 오히려 1980년대 경제대국으로 재부상하는 요인으로 작용하였다.

다섯째, 1980년대 일본경제가 절정에 다다르면서 미국과의 마찰도 커졌다. 1985년 미국은 대일 무역적자를 줄이기 위해 플라자합의를 통해 엔화 가치를 절상하는 조치를 취했다. 그 영향으로 일본은 국내불황을 막기 위해 저금리정책을 도입했는데 이는 결국 거품경제를 불러오는 원인이 되었다. 플라자합의 영향으로 일본기업의 해외 직접투자가 증가하여 동아시아에서 경제적 상호의존이 심화되었다. 일본의 경제발전은 결과적으로 동아시아의 기적으로 불리는 지역경제 발전을 견인하는 촉매제가 되었다고 할 수 있다.

여섯째, 경제성장에 따라 일본의 ODA가 비약적으로 확대되었다. 1980년대 말에는 세계 최대의 ODA대국이 되었다. 일본의 초기 ODA는 배상의 성격을 띠고 친일 세력을 양성하기 위한 것이었으나, 1980년대에는 넓은 의미의 안전보장 수단으로 인식되어 분쟁 주변국에 대한 전략원조로서의 성격을 띠기 시작했다.

## 6 탈냉전기 일본의 대외 정책

### 1. 국제공헌 및 지역주의에의 적극 관여

첫째, 걸프전을 계기로 일본은 경제대국의 지위에 걸맞는 적극적인 국제공헌을 추구하기 시작했다. 걸프전 당시 일본은 130억 달러에 달하는 전비를 부담했으나 인적 공헌 없이 돈으로만 해결하려는 수표외교(check-book diplomacy)라는 비판을 받았기 때문이다. 보통국가론이 제시되었고, 이는 유엔 중심의 집단안보에의 참가 또는 미일안보체제 강화를 통한 일본의 적극적인 국제공헌, 그리고 이를 위해 필요하다면 자위대의 해외파견 및 헌법개정을 고려해야 한다는 주장이다. 1990년대 중반 이후 기존의 경제중심주의 노선을 대체하여 일본 국가전략의 기조로 자리잡았다.

둘째, 1992년 국제평화협력법(PKO법)이 제정되었다. 유엔 등이 실시하는 인도적 국제지원활동에 자위대 참가를 가능케하는 법이다. 이를 근거로 유엔캄보디아잠정정부기구(UNTAC)에 참가했다. 이후 1994년 모잠비크, 1996년 골란고원 및 동티모르 평화유지활동에 자위대를 파견했다. 21세기 들어 일본의 인적 공헌은 유엔을 거치지 않은 형태로 발전하게 되었다. 예를 들어, 고이즈미 내각은 이라크의 비전투지역에 인도재건 사업 지원을 위해 자위대를 파견하여 미국이 주도하는 테러와의 전쟁에 협조했다.

셋째, 일본은 유엔 외교 강화를 위해 안보리 상임이사국 진출을 추진했다. 일본은 1956년 유엔에 가입하고 1957년 안보리 비상임이사국에 선출되었다. 1960년대말부터는 상임이사국 진출 의사를 표명했다. 일본은 2005년 7월 독일, 인도, 브라질과 함께 안보리 상임이사국 확대를 골자로 하는 개혁안을 유엔 총회에 상정했다. 이 결의안은 표결이 보류됐다.

넷째, 일본은 지역주의를 적극 추진하였다. 냉전기 무역자유화와 지역주의를 상호 배타적으로 인식하여 소극적이었으나, 탈냉전기 들어 구미의 지역주의 움직임을 견제하고 무역자유화를 추진하기 위해서라면 아시아국가들과의 지역협력을 배제하지 않는다는 입장으로 전환했다.

다섯째, 2010년대 들어 일본의 지역주의 전략에는 중국 견제 성격이 두드러졌다. 2010년 센카쿠제도 사건을 계기로 중일간 전략 경쟁 구도가 명확해진 이래 일본은 미국이 주도하는 무역자유화조치에 적극 협력하였다. 오바마 정부의 TPP전략에 일본은 적극 참여하였고 양국 주도하에 2015년 타결되었다. 아베 내각의 TPP 참가 결정은 중국 견제를 위해 미국과의 연대를 우선하겠다는 전략적 판단이 작용했다.

여섯째, 일본은 1990년대 이후 ARF, 6자회담 등 지역적 다자안보협력에 적극 참여하였다. 다만 일본은 다자안보를 미일 동맹을 보완하는 역할로 규정하고 있다. 2000년대 중반 이후 호주, 인도, 미국 등과 추진하고 있는 소다자주의도 미일동맹을 보완하고 중국의 해양진출에 대비하기 위한 것이다.

## 2. 군사적 보통국가화와 미일동맹 강화

첫째, 1995년 방위계획대강으로 자위대의 활동범위는 본토방위를 넘어 주변지역 유사사태에의 대응에까지 확대되었고, 자위대의 해외파견의 길을 열었다. 2004년 방위계획대강은 기본 목표로 일본 방위 외에 국제적 안보환경의 개선을 추가하여 자위대가 일본, 주변지역을 넘어 국제무대로까지 확대할 수 있는 근거를 마련했다. 이로써 냉전기의 전수방위원칙이 무력화되고 있다.

둘째, 1996년 4월 7일 빌 클린턴대통령과 하시모토 류타로 일본 수상은 미일안전보장 공동 선언을 통해 미일안보체제가 21세기 아시아 - 태평양 지역의 안전과 번영을 유지하기 위한 근간임을 확인하고, 미일동맹의 대응범위를 필리핀 이북의 극동에서 아시아 - 태평양 지역으로 확대했다. 동맹의 광역화에 따라 1997년 미일간 구체적 협력 방안을 규정한 신미일방위협력지침(신가이드라인)이 확정되었고, 1999년에는 이를 근거로 일본 주변지역에서 유사사태가 발생하는 경우를 상정하여 자위대의 역할을 규정한 주변사태법이 제정되었다.

셋째, 9·11테러 이후 고이즈미내각은 미국의 테러전쟁을 지원하기 위해 테러대책특별조치법, 유사법제, 이라크지원 특별조치법 등을 제정하고, 이를 근거로 아프가니스탄, 이라크 등에 자위대를 파견하였다.

### 유사법제(有事法制)

일본이 타국의 무력공격 등 국가 비상사태가 발생할 경우 자위대와 정부의 대응방침 등을 명시한 법규이다. 일본이 외부의 무력공격을 받을 경우 자위대의 출동 등 정부의 대응방침을 명시한 일련의 법제를 말한다. 여기서 유사(有事)는 전쟁을 뜻하는 말로, 1977년 당시 후쿠다 다케오(福田赳夫) 총리 때부터 연구라는 명목으로 검토하기 시작하였다. 그러나 한국·북한·중국 등 주변국과 자국 내의 반대 여론에 밀려 계속 연기되었고, '어떠한 경우든 전쟁을 하지 않는다'는 전수방위(專守防衛)의 원칙에 따라 2000년 이전까지만 해도 유사법제는 논의 자체가 금기시되었다. 그러다 2003년 6월 일본 중의원에서 90%에 가까운 찬성률로 유사법제 관련 3개 법안이 통과되었다. 이 3개 법안은 ① 무력공격 사태 대처법안 ② 자위대법 개정안 ③ 안전보장회의 설치법 개정안이다. ①은 외국의 무력공격 징후가 있을 경우 진지 구축 등을 위한 민간인 토지의 수용, 실제 무력공격을 당할 경우 방위를 위한 자위대의 직접 출동 등을 규정하고 있다. ②는 유사 시 자위대의 활동을 원활하게 하기 위한 것으로, 민간인 토지 수용절차의 간소화, 물자 보관 명령에 따르지 않는 민간인의 처벌 등을 규정하고 있다. ③은 유사 시 일본 정부의 대응을 강화하는 내용이 골자다. 이 밖에도 일본 정부는 계속해서 국민보호법제, 미군지원법제, 자위대 행동 원활화법제 등 유사법제의 후속법 정비를 추진하고 있다. 일본 정부는 자국 내의 반발과 주변국의 우려에도 개의치 않고, 패전 58년 만에 전시에 대비한 국가체제 정비를 목적으로 한 법제를 처음으로 마련함으로써 군사대국화를 위한 준비를 마쳤다.

### 테러대책특별조치법(2001년 10월 18일)

테러대책특별조치법은 2001년 10월 18일 중의원에서 가결된 뒤, 같은 해 10월 29일 참의원에서 최종 통과됨으로써 성립되었다. 동법은 테러공격에 의한 위협 제거를 노력함으로써 UN헌장의 목적달성에 기여하는 미군 등 외국 군대의 활동에 대해 일본이 실시할 조치를 규정하고 있다. 대응조치의 범위에 무력에 의한 위협이나 무력행사를 명시적으로 배제하고 있는 것이 특징이다. 다만, 신체나 생명 보호 시 불가피한 경우 합리적인 선에서 무기 사용이 가능하다고 하여 예외조항을 두고 있다.

넷째, 2014년 7월 일본정부는 각의결정을 통해 집단적 자위권을 용인하는 헌법 해석 변경(해석개헌)을 단행하였다. 집단적 자위권의 행사 용인은 전후의 일본방위정책의 기본인 전수방위원칙에 대한 근본적 수정을 의미한다. 2015년 9월에는 집단적 자위권 행사를 전제로 하는 11개의 안보관련 법안이 성립했다.

다섯째, 11개 법안 중 <무력공격사태법개정안>은 제3국에 대한 무력공격일지라도 일본의 존립이 위협받고 국민의 권리가 근저로부터 뒤집힐 명백한 위협이 있는 경우를 존립위기사태로 규정해 자위대가 무력행사를 할 수 있도록 하는 내용을 담고 있다. 한편, <중요영향사태법안>은 방치할 경우 일본에 중대한 영향을 줄 수 있는 사태시에는 전 세계 어디서나 자위대가 미군 등 외국 군대를 후방지원할 수 있도록 하였다. 이로써 기존의 주변사태법에서 일본주변에 제한되었던 후방지원의 지리적 제약이 제거되었다.

여섯째, 2015년 4월 미일방위협력지침(가이드라인)이 개정되었다. 핵심은 일본의 집단적 자위권 행사를 전제로 미군과 자위대간 역할 분담을 재조정하는 것이다. 공동훈련, 시설 공동 사용, 우주 및 사이버 분야를 포함하는 정보공유 등이 포함되었다.
일곱, 2013년 국가안전보장전략문서는 일본의 안보과제와 관련하여 특히 중국위협을 강조했다. 2009년 집권한 오바마 정부가 아시아재균형전략을 추구하자 아베는 보통국가로 거듭나려는 적극적 평화주의 기조에서 미국과 적극 협력을 추진하였다. 일본이 추구하는 군사적 의미에서의 보통국가화 및 미일동맹 강화 움직임은 미국의 아시아 - 태평양 전략과 연동되어 대중국 견제 성격이 두드러지고 있으며, 이러한 방향성은 당분간 유지될 것으로 전망되고 있다.

### 3. 정체성의 정치와 전략외교 추진

첫째, 2001년 성립한 고이즈미내각은 높은 국민적 지지를 바탕으로 내정과 외교에서 강력한 리더십을 발휘했다. 미일동맹강화, 국가위기관리 태세 강화, 자위대의 해외파견, 유엔안보리상임이사국 진출 시도 등이 그 사례들이다.
둘째, 2009년 출범한 민주당 하토야마내각은 대등한 미일동맹관계라는 기치하에 종래의 대미 추종외교를 극복하고, 동아시아공동체 구축을 통해 중국, 한국 등 아시아 국가와의 연대를 강화한다는 목표를 제시했다. 그러나 자민당과 과도한 차별화를 시도하고 미일동맹을 훼손시킨다는 비판을 받고 1년만에 물러났다. 후속 민주당 정부인 간내각과 노다내각은 미일동맹강화로 기조를 변경했다.
셋째, 2012년 말 출범한 2차 아베 내각은 높은 국민적 지지를 바탕으로 외교에서 보수성향이 강한 정책을 실현했다. 대외정책에 있어서 아베 내각은 집단적 자위권 확보를 통한 미일동맹관계 강화, 자위대의 해외파견, 주장하는 외교에 의한 강한 일본 건설을 기치로 제시하여 보통국가론의 연장선에 있었다.
넷째, 2차 아베 내각은 침략에 대한 반성과 사죄를 기본으로 하는 전후체제적인 역사인식을 해체하고 일본인 스스로 긍지와 자부심을 가질 수 있도록 역사인식을 재구성하고자 하였다.
다섯째, 아베총리는 2013년 9월 유엔총회 연설에서 일본외교가 추진하는 미래비전으로 적극적 평화주의를 제시했다. 2013년 12월 제시한 국가안전보장전략에서 국제협조에 입각한 적극적 평화주의를 명문화했다. 적극적 평화주의는 기존의 평화헌법체제로부터 전환하여 일본의 군사적 역할을 확대해 나가며, 이를 위해 집단적 자위권을 행사하겠다는 것을 의미하였다. 이러한 사전 포석하에 2014년 해석개헌을 단행한 것이었다.

## 7 일본 역대 행정부별 주요 대외정책

### 1. 요시다 내각의 평화 · 경제외교(1946년 5월 ~ 1954년 11월)

첫째, 무역을 통해 활로를 찾는 데 있어 경제적으로 가장 풍부하고 기술 면에서도 진보한 구미제국(歐美諸國)에 중점을 두었다. 둘째, 샌프란시스코 강화조약 및 미 · 일 안보조약을 체결했다.

## 2. 기시 내각의 외교 3원칙(1957년 2월 ~ 1960년 7월)

첫째, 유엔 중심 외교를 표방했다. 둘째, 서구 자유주의 국가와의 협조를 추진했다. 셋째, 아시아 일원으로서의 입장을 견지했다.

## 3. 사토 내각의 외교(1964년 11월 ~ 1972년 6월)

첫째, 오키나와 반환(1972.5)으로 미·일 간 전후 처리를 완료했다. 둘째, 경제 및 중국 문제에 대한 새로운 해결책을 모색했다. 셋째, 한·일 기본조약 및 제 협정을 조인(1965.6)했다. 넷째, 현직 총리로서는 처음으로 방한(1967, 1971)했다. 다섯째, 닉슨·사토 공동성명(1969.11)을 발표했다. 여섯째, 1967년 비핵 3원칙을 천명하였다. 비핵 3원칙은 일본이 "핵무기를 보유하지 않고(불보유), 생산하지 않으며(불생산), 반입도 허용하지 않는다(불반입)"는 세 가지 원칙을 의미한다. 1971년 일본 국회 결의를 통해 공식화되었다.

## 4. 다나카 내각의 對공산권 접근 외교(1972년 7월 ~ 1974년 11월)

중국과의 국교 정상화에 외교 역점을 두고 다나카 총리가 방중(1972.9), 일·중 국교 정상화 및 평화우호 관계를 수립한다는 내용의 일·중 공동성명을 발표했다.

## 5. 미키 내각의 외교(1974년 12월 ~ 1976년 12월)

첫째, 제1회 서방 선진국 정상회담(1975.11, 프랑스) 참석하고, 무역 확대 및 개발도상국에 대한 원조 증대를 제의했다. 둘째, 제2회 서방선진국정상회담(1976.6, 미국)에 참가하고, 인플레 없는 경제의 지속적인 발전을 논의했다.

## 6. 후쿠다 내각의 동남아 중시 외교(1976년 12월 ~ 1978년 12월)

첫째, 후쿠다 총리는 ASEAN 5개국 순방(1977.8) 시 ASEAN 5개 공동 프로젝트에 10억 달러의 엔 차관 제공을 약속했다. 둘째, 후쿠다 독트린을 발표했다. 군사대국 不願, 동남아 각국과 선린 관계 증진, ASEAN 및 인도차이나반도 공산국 간의 교량 역할 수행을 내용으로 한다. 셋째, 일·중 평화우호조약을 체결(1978.8.12.)했다.

## 7. 오히라 내각의 '환태평양 연대구상' 추진(1978년 12월 ~ 1980년 7월)

첫째, 태평양 연안 국가 간의 경제·사회·문화 등 제 분야의 협력 촉진 및 공동번영을 위한 '환태평양 연대구상안'을 제의(1978.11)했다. 둘째, '환태평양 공동체' 세미나를 개최했다.(1980.9, 호주 멜버른)

## 8. 스즈키 내각의 '태평양 연대구상' 추진(1980년 7월 ~ 1982년 11월)

스즈키 총리는 1982년 6월 페루 및 브라질 순방 후 귀국 도중 호놀룰루 동서문화센터에서 가진 '태평양 시대의 도래' 제하 연설을 통해 태평양지역 국가 간의 협력 강화를 제의한 '태평양 연대구상(Pacific Solidarity)'을 발표했다.

## 9. 나카소네 내각의 '국제국가 일본' 외교(1982년 11월 ~ 1987년 11월)

첫째, 21세기 대비 '전후 정치 총결산' 실현 및 '국제국가 일본'을 지향했다. 둘째, 대외경제 마찰 완화와 '세계 경제 발전에의 공헌'을 위한 시장개방, 자본시장 자유화, 엔화의 국제화 및 신(新)라운드 교섭을 적극 추진했다. 셋째, 국제사회에서의 일본의 역할과 책임을 강조했다.

## 10. 다케시타 내각의 '세계에 공헌하는 일본' 추구 외교(1987년 11월 ~ 1989년 5월)

첫째, 미·일 관계를 축으로 對아시아 중시 외교를 전개했다. 둘째, 세계 경제 체제 내의 일본 역할 증대를 추진했다. 내수(內需) 확대, 무역흑자 축소를 통한 경제마찰 해소, 개도국 원조 확대, 새로운 국제경제질서 형성에 적극적 역할(우루과이라운드, 국제금융 문제 등)을 추구했다.

## 11. 가이후 내각의 외교(1989년 9월 ~ 1991년 10월)

첫째, 걸프전으로 손상된 미·일 관계 회복 및 통상 마찰 해소에 주력했다. 미·일 정상회담을 6회 개최하고, 미·일 경제구조 조정 협력을 타결했다.(1990.6.28.) 둘째, 아시아 중시 외교를 추진했다. 1989년 6월 천안문 사태로 악화된 서방권의 對중국 관계 정상화를 선도했다. 1990년 11월 제3차 엔 차관(1990 ~ 1995년 8,100억 엔)을 재개했다. 셋째, 1991년 8월 G7 정상으로서는 최초로 중국을 방문했다. 넷째, 일·북 국교 정상화 교섭을 개시(1990.11)하고, 한국을 방문(1991.1)했다.

## 12. 미야자와 내각의 '국제정치적 역할 확대' 추구 외교(1991년 10월 ~ 1993년 8월)

첫째, 새로운 국제질서 형성을 주도하기 위한 정치적 역할 강화를 모색했다. 둘째, 유엔 안전보장이사회 상임이사국 진출을 추진했다. 셋째, 상임이사국 진출 희망을 공식 표명했다(1992.7월 미·일 정상회담). 넷째, PKO 협력법을 제정했다(1992.6). 다섯째, 세계 경제 번영과 지구환경 보전 등 현안 해소를 위한 공헌을 확대했다. 여섯째, 1992 ~ 1996년간 對개도국 환경 ODA 9,000억 ~ 1조 엔 공여 계획을 발표했다 (1992.6.12 유엔 환경개발회의).

## 13. 호소카와 내각의 연립정권 외교(1993년 8월 ~ 1994년 6월)

첫째, 1993년 8월 취임 후 첫 외유로 미국을 방문했다(1993.9). 둘째, 미·일 정상회담을 통해 미국으로부터 유엔안보리 상임이사국 진출 지지 입장을 확보했다. 셋째, 옐친 러시아 대통령의 방일(1993.10) 실현을 통해 북방 영토 문제 해결의 토대를 마련했다.

## 14. 무라야마 내각의 연립정권 외교(1994년 6월 ~ 1996년 1월)

첫째, 경제력에 상응하는 국제적 역할을 모색했다. 둘째, 고노 외상은 1994년 9월 27일 유엔 총회 기조연설을 통해 안보리 상임이사국 진출 의사를 명시적으로 표명했다. 셋째, 미·일 안보체제를 근간으로, 북한 핵문제 해결에 한·미·일 3국 간 긴밀한 협력 관계를 유지했다. 넷째, 태평양전쟁에 대한 사죄를 내용으로 하는 무라야마 담화를 발표했다(1995).

### 15. 하시모토 연립내각의 '유라시아(Eurasia)' 외교(1996년 1월 ~ 1998년 7월)

첫째, 미·일 안보체제를 유지 및 강화했다. 둘째, 클린턴 대통령 방일시 '미·일 안보 공동선언'에 서명(1996.4.16.)했다. 셋째, 오키나와 미군기지 정리·축소를 위한 최종 보고서를 채택했다(1996.12.2.). 넷째, 「미·일 방위협력지침」을 개정했다(1997.9.24.). 다섯째, 러시아, 중국, 중앙아시아 실크로드 지역 국가들에 대한 새로운 '유라시아(Eurasia) 외교' 추진을 천명했다. 여섯째, 1997년 7월 對러시아 외교 3원칙(신뢰, 상호 이익, 장기적 관점)과 1997년 8월 대중국 외교 정책(상호 이해, 대화의 증대, 협력 관계의 확대, 공통의 질서 형성)을 천명했다. 일곱째, 1997년 11월 1일 옐친 대통령과의 정상회담에서 2000년까지 평화조약 체결, 하시모토 - 옐친 플랜(일본의 대러시아 경협 계획) 추진 등에 합의했다.

### 16. 오부치 내각의 외교(1998년 7월 ~ 2000년 4월)

첫째, 대미 관계를 기본축으로 한국·중국·러시아 등 인접 제국과의 협력 관계 유지·발전 및 아시아·태평양을 중심으로 한 지역 협력 강화를 추진했다. 둘째, 미·일 간 경제·무역 관계 증진과 더불어 정치·안보 협력 관계 강화를 지향했다(1999년 5월 新 미·일 방위협력지침 후속조치 관련법 성립, 1999년 8월 TMD 공동연구개발 각서 교환 등 미·일 안보체제 강화에 중점 노력 등). 셋째, 한국과의 '21세기의 새로운 파트너십'(일명, 김대중 - 오부치선언), 중국과의 '우호협력 동반자 관계' 및 러시아와의 '창조적 동반자 관계'를 구축했다. 넷째, 유엔안보리 상임이사국 진출에 대한 지지 획득 노력을 경주했고, PKO 협력 등 탈냉전 신국제 질서 속에서 일본의 역할과 위상 강화를 모색했다.

### 17. 모리 내각의 외교(2000년 4월 ~ 2001년 4월)

첫째, 규슈·오키나와 G8 정상회의의 성공 및 각국 정상과 신뢰 관계를 구축했다. 둘째, 미·일 관계를 기축으로 동북아시아 평화 창조에 노력했다. 셋째, 일·중 간 '우호협력 동반자 관계' 강화를 위해 노력했다. 넷째, 미래지향적 한·일 관계의 지속적 발전을 추구했다. 다섯째, 일·북 수교 교섭 등 제반 현안 해결에 전력했다. 여섯째, 평화조약 교섭 등 일·러 관계 발전에 노력했다. 일곱째, 일본의 경제력과 국제사회 기여도에 상응하는 국제적 위상 확보를 위해 노력했다. 여덟째, 유엔안보리 상임이사국 진출을 위한 G8에서의 '아시아의 이익 대변자'를 역할을 추진했다. 아홉째, 군축, 비확산, 빈곤, 지구 환경 문제, 국제조직범죄, 테러 등 글로벌 이슈에 대한 공헌에 노력했다.

## 18. 고이즈미 내각의 외교(2001년 4월 ~ 2006년 9월)

첫째, 세계 속의 미·일 동맹을 추구했다. 둘째, 일본의 국력에 걸맞게 국제사회의 책임 있는 국가로서 미·일 동맹 관계를 세계적 차원으로 격상시켰다. 셋째, 한반도 주변 지역 정세 안정에 중점을 두고 미·일 동맹 관계를 기축으로, 한·미·일 공조 체제하 북한 핵문제의 평화적 해결을 모색했다. 넷째, 일·중 간 '우호협력 동반자 관계'에 입각, 일·중 관계의 발전을 위한 노력 및 중국의 개혁·개방 정책을 지원했다. 다섯째, 미래지향적 한·일 관계의 지속 발전 및 동북아 평화·안정과 공동번영을 위한 협력 기반 강화를 도모했다. 여섯째, '평양 선언'(2002.9)에 입각한 일·북 수교 교섭 재개 등 일·북 관계 개선을 위해 노력했다. 일곱째, 일·러 '창조적 동반자 관계'를 바탕으로 북방4도 문제의 해결 및 평화조약 체결을 목표로 일·러 관계 발전에 노력했다. 여덟째, 군축·비확산 체제의 강화를 추진했다(CTBT 비준 촉진, PSI 및 G8 Global Partnership 적극 참여). 아홉째, 이란이나 북한 핵 개발 문제에 대해 적극 대처했다. 열째, 국제평화협력(아프간 부흥 지원, PKO, 이라크부흥지원특별조치법 등)에 적극 참여했다.

## 19. 아베 내각의 외교(2006년 9월 ~ 2007년 9월)

첫째, 고이즈미 내각의 외교정책 기조를 유지했다. 둘째, 미·일 동맹의 강화, 국제협력 확대, 한·중 등 인근국과의 관계 제고를 외교의 3개 기축으로 추진하였다. 셋째, '평화와 번영의 호(Arc of Freedom and Prosperity)' 정책에 따라 유라시아 지역의 개발도상 국가들에 민주주의, 인권, 시장경제 등 보편적 가치를 확산시키는 '가치외교(Value - Oriented Diplomacy)'를 추진했다.

## 20. 후쿠다 내각의 외교(2007년 9월 ~ 2008년 9월)

첫째, '평화를 잉태하는 외교'의 기치 아래 구체적인 외교 목표로서 일본인 납치 문제 해결, 한반도 비핵화, 동아시아공동체 추진, 국제적 테러 대책 강화를 우선적으로 추진했다. 둘째, 긴급 과제로서 해상자위대의 인도양 지원 활동 지속 및 북핵 문제 해결을 추진했다. 셋째, 미·일 동맹의 견지와 병행하여 적극적인 아시아 외교를 추진했다. 넷째, 중국과 전략적 호혜 관계 및 한국과 미래지향적 신뢰 관계 구축, ASEAN과의 경제 연대 강화, 러시아와의 영토 문제 해결을 추진했다. 다섯째, 개도국에 대한 개발 원조를 통해 국제 환경 및 빈곤 문제 해결을 추진했다.

## 21. 아소 내각의 외교(2008년 9월 ~ 2009년 9월)

첫째, 미·일 동맹을 강화하고, 적극적인 아시아 외교를 추진했다. 둘째, 한국과 '성숙한 동반자 관계' 및 중국과 '전략적 호혜 관계'를 지속 발전시켜 나감으로써 역내 안정과 평화에 기여하고자 하였다. 셋째, '새로운 세계질서 창조에 대한 공헌'을 위해 범세계적 문제에 적극 참여했다. 넷째, 해적 퇴치, ODA, 신생 민주주의 국가 지원, 인도양 보급 지원 활동 등에 참여했다.

## 22. 민주당 하토야마 내각의 외교(2009년 9월 ~ 2010년 6월)

첫째, '동아시아공동체' 구상을 통한 대아시아 외교 강화를 추구했다. 둘째, 단기적으로 북한에 대한 화물 선박 검사 실시, 장기적으로 동북아 비핵화를 추구했다. 셋째, 동아시아 국가들과 경제동반자협정(EPA) 및 자유무역협정(FTA) 체결, 장기적으로 아시아 공동 통화 도입을 추진했다. 넷째, 동아시아공동체 설립의 전제인 신뢰 구축을 위해 역사 인식을 적극적으로 제고하고자 했다. 다섯째, 미·일 동맹을 최우선시하면서도 후텐마 기지 이전 문제 재검토 등 일본의 주장을 명확히 하고, 미국과 역할 분담 및 일본의 책임을 적극 수행하고자 하였다. 여섯째, 해상자위대 수송함 파견 등을 통해 재난 구조에 적극 기여하는 한편, '문화융합 국가'로서 문화·인적 교류 강화를 추구했다.

## 23. 간 내각의 외교(2010년 6월 ~ 2011년 8월)

① 미·일 동맹 심화, ② 對아시아 외교의 새로운 전개, ③ 경제외교 적극 추진, ④ 범세계적 과제 관련 노력, ⑤ 안보 환경 변화에 대한 대응을 외교안보정책의 5대 축으로 설정했다.

## 24. 노다 내각의 외교(2011년 9월 ~ 2012년 12월)

첫째, 일본을 둘러싼 세계정세와 안전보장 환경이 변화하는 가운데 ① 미·일 동맹의 심화·발전, ② 주변 국가와의 양국 관계 강화, ③ 다극화하는 세계와의 유대 등을 추진했다. 둘째, 세계 성장 엔진으로서 기대되는 아·태 지역과의 정치·경제·문화 등 관계 강화 위해 노력하고, 다극화하는 세계에서 각국과의 유대 관계 육성을 위한 세계 공동 과제 해결 동참 노력 강화를 추구했다.

## 25. 제2차 아베 내각 출범(2012년 12월 ~ 2020년 9월)

첫째, 새로운 안보 위협과 국제정세에 효과적으로 대처하기 위해 적극적 평화주의에 입각한 지구의 부감(地球儀 俯瞰) 외교를 추진했다. 둘째, 이러한 기치를 추구하기 위한 자유롭고 열린 인도-태평양 전략을 주창하고, 유사 입장국인 미국·인도·호주 등과의 정책 연계를 도모했다.

## 26. 스가 내각(2020년 9월 16일 ~ 2021년 10월 4일)

일본 헌정사상 최장기 총리인 아베 총리의 사임후 스가 요시히데 총리가 탄생하였다. 스가 총리는 아베정권과의 연속성을 강조한 나머지 외교안보정책에서는 아베의 정책을 그대로 유지하여 그 독자성은 결여하였다. 즉, 스가 총리는 일본 외교의 기축은 뭐라 해도 미·일 동맹이고, 미·일 동맹을 기축으로 아시아 각국과 제대로 나아가는 것이 중요하다고 하며 아베와 별다른 차별성을 보이지 않았다. 또한 스가 총리는 외교에서 별다른 경험이 없기 때문에 정권이 안정될 때까지 외교에서 자신의 색깔을 내기는 힘들었다.

## 27. 기시다 후미오 내각(2021년 10월 ~ 2024년 10월 1일)

기시다 총리는 2012~2017년 전후 일본의 최장수 외무상으로 '자유롭고 열린 인도-태평양' 전략을 주도했던 외교 전문가다. 2021년 10월 총리가 된 뒤엔 '새 시대를 위한 현실주의 외교'를 내걸고 군비 강화를 가속화하면서 일본을 미국 글로벌 전략의 핵심축으로 만들었다. 2023년 5월 우크라이나 방문에 이어 히로시마에서 주요 7개국(G7) 정상회의를 개최하면서, 국제무대에서 일본의 존재감을 높였다. 미일동맹을 강화하는 한편, 일본을 중심으로 북대서양조약기구(NATO), 인도, 필리핀 등 아세안 국가들, 호주 등을 묶는 넓고 촘촘한 그물망을 짜낸 광폭외교행보를 보여 주었다. 2023년 5월 27일에는 북한을 향해서도 정상회담을 원한다는 대화 신호를 보내며 '한반도 상황 관리자' 역할도 염두에 두고 있음을 보여줬다.

## 28. 이시바 시게루 내각(2024년 10월 1일 ~)

이시바 시게루는 대외정책에서 전략적 자율성을 핵심 기조로 삼고 있다. 미국과의 동맹은 유지하되, 비대칭적 관계를 수정하고 상호 책임을 강화하는 방향으로 조정하려 한다. 중국과는 대화를 유지하면서도 동중국해와 남중국해에서의 군사적 위협에 대응하기 위해 억제력과 주변국과의 안보 협력을 확대하고자 한다. 아시아판 나토 구상, 자위대의 국제협력 강화, 인도·호주·한국과의 다자 협력도 추진하고 있다. 통상 분야에서는 미국의 보호무역 조치에 대응해 자국의 경제적 자율성과 공급망 안정성을 확보하려 하며, 에너지와 식량 등 전략 자원의 자급력도 강화하고자 한다.

# 8 미국 - 일본관계

## 1. 서설

미국은 일본에게 있어 가장 중요한 국가이지만 양국 관계의 핵심인 미일안보체제는 국제환경이 변화하였음에도 불구하고 재정의되지 않은 채 남아있다. 그러므로 일본은 비록 국내적으로 미일동맹체제를 절대적으로 유지해야 한다는 점에 합의가 이루어져 있으나, 향후 안전보장관계를 중심으로 미국과의 관계를 종합적으로 재검토해야 하며, 재검토작업이 완료되면 미일관계가 한층 강화될 수 있을 것이지만 그렇게 하지 않으면 미일관계의 틈이 커지게 되어 양국 간 신뢰관계가 흔들릴 수도 있다고 본다. 일본은 미국과 같은 정책목적을 가지면서도 자국만의 독자적 기준을 가지고 보완적인 외교를 해 나가려는 전략을 가지고 있다.

## 2. 샌프란시스코강화조약(1951년 9월)

1951년 9월 8일 태평양전쟁 전후처리를 위한 국제회의에서 채택된 강화조약이다. 총 54개국이 참가하였으나 중국과 인도는 회의에 참가하지 않았으며, 한국은 태평양전쟁의 당사자가 아니라는 이유로 서명국, 즉 공식참가자로서의 지위를 인정받지 못하고 옵저버 자격으로 참가하였다. 미국이 한국을 공식참가자로 인정하지 않은 것은 일본을 아시아에서의 반공 봉쇄를 위한 중추기지로 삼고자 하는 전략적 고려 때문이었다. 미국은 동 강화조약에서 일본의 주권 회복과 재군비, 미군의 계속적인 일본 내 기지 사용과 주둔을 추구하였다. 강화조약에는 49개국이 서명하였으나 소련을 비롯하여 회의에 참가한 공산권 국가들은 서명을 거부하였다.

## 3. 미일동맹

### (1) 개요

미일동맹조약은 1951년 9월 8일 체결되었다가 1960년 1월 19일 '미합중국과 일본 간 상호협력과 안전보장조약'으로 개정되었다. 전후(戰後) 일본이 패전국으로서 평화조약을 체결할 때 그 평화조약 제3장 C항에 의거하여 일본은 UN헌장 제51조에 기한 개별적 또는 집단적인 안보체제에 가입할 수 있게 용인되었으며 그에 따라 일본은 미국과의 군사동맹조약의 당사국이 될 수 있었다.

### (2) 조약 내용

첫째, 1951년 체결된 미일안전보장조약에서는 미군의 주둔을 규정하고 일본 내의 기지를 제3국에 대여할 경우 미국의 동의권을 필요로 한다는 것과 일본에 대규모 내란이나 소요가 발생하여 일본 정부의 요청이 있거나 일본에 대한 외부로부터의 공격이 있을 때 미군이 출동할 수 있도록 되어 있어 사실상 불평등조약이었다. 둘째, 1960년 신조약에서는 일본 국내의 정치적 소요(騷擾)에 대한 미군의 개입가능성과 일본이 제3국에 기지를 대여할 경우 미국의 동의권을 필요로 한다는 조항이 삭제되었다. 셋째, 일본에 대한 공격이 발생하였을 경우 미국이 지원하는 것만 규정하고 있다. 이는 일본이 평화헌법에 의하여 공식적인 군대를 보유하지 못하였기 때문에 비대칭적으로 규정된 것이다. 넷째, 이 조약의 유효기간은 원칙적으로 10년이었으나 현재까지도 유효하며, 폐기의사를 통고하여 1년 후에 폐기되기 전에는 반(半)영구적으로 그 효력을 지니게 되었다.

**미일안전보장조약(1951년 9월 8일 체결/1952년 4월 28일 발효)**

일본국은 오늘 연합국과의 평화조약에 서명한다. 일본국은 무장이 해제되고 있는 까닭에 평화조약의 효력발생시에 있어서 고유의 자위권을 행사하는 유력한 수단을 갖지 않는다. 무책임한 군국주의가 상금 세계에서 구축되어 있는 까닭으로 전기상태에 있는 일본국에는 위험이 있다. 그래서 일본국은 평화조약이 미합중국과 일본국간에 효력을 발생함과 동시에 효력을 발생할 미합중국과의 안전보장조약을 희망한다. 평화조약은 일본국이 주권국으로서 집단적 안전보장협정을 체결할 권리를 향유함을 승인하고 또한 국제연합헌장은 모든 국가가 개별적 및 집단적 자위의 고유의 권리를 가짐을 승인하고 있다. 이러한 제 권리의 행사로서 일본국에 대한 무력침략을 저지하기 위하여 일본국내 및 그 부근에 미합중국이 그 군대를 유지함을 희망한다. 미합중국은 평화와 안전을 위하여 현재 약간의 자국군대를 일본국내 및 그 부근에 유지할 의사가 있다. 단 미합중국은 일본국이 무력적인 위협이 되고 또는 국제연합헌장의 목적 및 원칙에 따라 평화와 안전을 증진하는 것 이외에 사용될 수 있는 군비를 가짐을 항상 피하면서 직접 및 간접의 침략에 대한 자국의 군대를 위하여 점진적으로 스스로 책임을 부담할 것을 기대한다. 이로써 양국은 다음과 같이 협정한다.

**제1조【주둔군의 사용목적】** 평화조약 및 본 조약의 효력발생과 동시에 미합중국의 육군, 공군 및 해군을 일본국내 및 그 부근에 배치하는 권리를 일본국은 허여하며 미합중국은 이를 수락한다. 이 군대는 극동에 있어서의 국제평화와 안전의 유지에 기여하고 아울러 1 또는 2 이상의 외부의 국가에 의한 교사 또는 간섭에 의해서 야기된 일본국에 있어서의 대규모의 내란 및 소요를 진압하기 위하여, 일본국정부의 명시의 요청에 응해서 공여되는 원조를 포함하여 외부로부터의 무력공격에 대한 일본국에 대한 일본국의 안전에 기여하기 위하여 사용할 수 있다.

**제2조【제3국의 주병(군대주둔)금지】** 제1조에 게시한 권리가 행사되는 동안은 일본국은 미합중국의 사전의 동의없이 기지, 기지에 있어서의 혹은 기지에 관한 권리 또는 권능, 주병 혹은 훈련의 권리 또는 육·해·공군의 통과의 권리를 제3국에 허여치 않는다.

**제3조【행정협정】** 미합중국 군대의 일본국내 및 그 부근에 있어서의 배치를 규율하는 조약은 양정부간의 행정협정으로 결정한다.

**제4조【효력종료】** 본 조약은 국제연합 또는 기타에 의한 일본구역에 있어서의 국제평화와 안전의 유지를 위하여 충분한 결정을 주는 국제연합의 조처 또는 이에 대신하는 개별적 또는 집단적인 안전보장조처가 효력을 발생하였다고 일본국 및 미합중국의 정부가 인정하였을 때에는 언제든지 그 효력을 상실하는 것으로 한다.

**제5조【비준】** 본 조약은 일본국 및 미합중국에 의하여 비준되어야 한다. 본 조약은 비준서가 양국에 의하여 「워싱톤」에서 교환되었을 때에 그 효력을 발생한다.

이상의 증거로써 하기 전권위원은 본조약에 서명한다.

**미일동맹조약(1960년 1월 19일 체결/1960년 6월 23일 발효)**

미합중국과 일본국은, 양국간에 전통적으로 존재하는 평화 및 우호관계를 강화하고 동시에 민주주의의 제원칙, 개인의 자유 및 법의 지배를 고양할 것을 희망하고, 또한 양국간의 일층 긴밀한 경제협력을 촉진하고 경제적 안정 및 복지의 조건을 조장할 것을 희망하며, 국제연합의 목적 및 원칙에 대한 신념과 모든 국민 및 정부와 평화리에 생활하고자 하는 희망을 재확인하고, 양국은 국제연합헌장에 확인된 개별적 및 집단적 자위에 관한 고유한 권리를 가지고 있음을 확정하며, 양국은 극동에 있어서 국제평화 및 안전의 유지에 공통의 관심을 가지고 있음을 고려하고, 상호협력 및 안전보장조약을 체결할 것을 결의하여 다음과 같이 합의한다.

제1조 체약국은 국제연합헌장에 규정된 바에 따라 개입될지도 모를 여하한 국제분쟁도 국제평화, 안전 및 정의를 위태롭게 하지 않는 평화적인 방법으로 해결하며, 그들의 국제관계에 있어서 타국의 영토보전과 정치적 독립에 대해서나 또는 국제연합의 목적과 일치하지 않는 방법으로 무력에 의한 위협 또는 무력을 행사하는 것을 삼가할 것을 약속한다. 체약국은 다른 평화애호국가와 협동하여 국제평화와 안전 유지에 대한 국제연합의 임무가 더욱 효과적으로 수행될 수 있도록 국제연합강화를 위하여 노력한다.

제2조 체약국은 그들의 자유주의적 제도를 강화하며, 이들 제도의 기초가 되는 원칙에 대한 이해를 촉진하고 안전과 복지의 조건을 조장함으로써 더욱 평화적이고도 우호적인 국제관계 발전에 공헌한다. 체약국은 그들의 국제경제정책에 있어서 상충점을 제거하도록 노력하고 양국간의 경제적 협력을 촉진한다.

제3조 체약국은 개별적 및 상호협력으로 계속적이고도 효과적인 자조와 상호원조에 의하여 각자의 헌법상의 규정에 따라 무력공격에 대항할 그들의 능력을 유지 발전시킨다.

제4조 <u>체약국은 본조약 이행과 관련하여 수시로 협의하고, 일본 또는 극동에 있어서 국제평화와 안전에 대한 위협이 발생할 경우 일방 체약국의 요청에 따라 언제든지 협의한다.</u>

제5조 <u>각 체약국은 일본국의 시정하에 있는 영역에 있어서 어느 일방 체약국에 대한 무력공격은 자국의 평화와 안전을 위태롭게 하는 것으로 인정하여 각자의 헌법상의 규정과 절차에 따라 공통의 위험에 대처할 것을 선언한다.</u> 전기의 무력공격 및 그 결과로 인하여 취하여진 제반 조치는 국제연합헌장 제51조의 규정에 따라 국제연합 안전보장이사회에 즉시 보고되어야 한다. 그러한 조치는 안전보장이사회가 국제평화를 회복하고 유지하기 위한 필요한 조치를 취한 경우 중지되어야 한다.

제6조 <u>일본의 안전과 극동에 있어서의 국제평화 및 안전의 유지에 기여하기 위하여 미합중국은 그의 육군, 공군 및 해군에 의한 일본국내의 시설 및 구역의 사용권을 허여받는다.</u> 전기한 시설 및 구역의 사용과 일본국내에서의 합중국 군대의 지위는 1952년 2월 28일 「도쿄」에서 서명된 미합중국과 일본국간의 안전보장조약 제3조에 근거한 행정협정에 대신하는 별도의 협정에 의하여 규율된다.

제7조 본 조약은 국제연합헌장에 의한 체약국의 권리와 의무 또는 국제평화와 안전을 유지하는 국제연합의 책임에 대하여 어떠한 영향도 미치지 않으며 여하한 경우에도 영향을 미치는 것으로 해석될 수 없다.

제8조 본 조약은 미합중국과 일본국에 의하여 각자의 헌법상의 절차에 따라 비준되어야 하며 양국이 「도쿄」에서 비준서를 교환하는 날로부터 발효한다.

제9조 <u>1951년 9월 8일 「샌프란시스코」에서 서명된 미합중국과 일본국간의 안전보장조약은 본 조약 발효 즉시 효력을 상실한다.</u>

제10조 본 조약은 일본지역에서 국제평화와 안전을 유지하기 위한 만족할 만한 국제연합의 조치가 효력을 발생하였다고 미합중국 및 일본국이 인정할 때까지 유효하다. 다만 <u>본 조약은 발효 10년 후에 일방 체약국이 타방 체약국에 대하여 본 조약 종료의 의사를 통고할 경우 본조약은 그러한 통고후 1년만에 종료된다.</u>

(3) 안보협의체

미국과 일본의 대표적 안보 협의체는 양국의 외교 및 국방장관으로 구성된 '안전보장협의위원회'이다. 1년에 한번 개최된다. 2015년 미일 양국군 간 운용되는 '동맹조정 메커니즘'을 설치했다.

### (4) 미군 주둔

일본에 주둔하는 미군은 미국 태평양사령부에 소속된 약 5만여명이다. 기지의 효율성을 강화하고 오키나와 주민들의 요구를 수용한다는 차원에서 다수의 미군기지를 오키나와로부터 이전하고 있다.

### (5) 공통의 전략 목표

1951년 미국이 일본과 동맹조약을 맺은 것은 군대를 보유하지 못한 일본을 일방적으로 보호해 주기 위한 것이었으나, 1960년 조약 개정시에는 공산주의 확산 저지라는 공통의 전략적 목표가 명백하였다. 9·11테러 이후에 일본은 미국의 세계전략적 필요성에 부응하기 시작했고, 최근에는 중국의 부상을 양국의 공통위협으로 인식하고 있다. 2015년 재개정된 미일방위협력지침에서는 섬을 포함하는 육상 공격의 예방과 격퇴라는 항목을 새로 포함시켰다.

### (6) 연합지휘체제

미일동맹은 단일의 연합사령부를 보유하지 않고, 양국군이 별도의 지휘체제를 통해 통제된다. 2015년 방위협력지침에서 '동맹조정메커니즘'을 규정하여 평시부터 운영하도록 하였다.

### (7) 방위비분담

1978년 일본은 미군의 복지비용을 일부 부담하기 시작했고, 1979년부터는 미군의 시설을 대신 건설해 주기 시작했다. 2005년 기준으로 일본은 미군 주둔비용의 약 75%를 담당하고 있다.

## 4. 방위협력지침

### (1) 1978년 지침

방위협력지침(가이드라인)은 미일안보조약을 토대로 미군과 자위대의 협력과 역할 분담을 규정해 놓은 미일 동맹의 '사용설명서' 같은 것이다. 1978년 제정됐고 11월 처음으로 제정되었다. 주요 내용은 첫째, 평시에 일본은 자위를 위한 필요한 범위 내에서 방위력을 보유하고 미군시설의 안정적 사용을 위해 노력한다. 평시에 미국은 핵억지력을 보유함과 동시에 즉각 대응부대 전방 전개, 증원병력을 보유한다. 양국은 평시에 무력공격 대비, 작전, 정보, 후방 지원 분야에서 협력 태세를 정비한다. 둘째, 일본 유사시, 일본은 한정적이고 소규모 침략을 자력으로 격퇴하고 자체역량으로 격퇴 곤란시 미국의 협력으로 격퇴한다. 자위대는 주로 일본의 영역 및 주변해역 방어하고, 미군은 자위대 작전의 지원 및 기능 보완 역할을 한다. 자위대와 미군은 각기 지휘계통에 따라 행동한다. 셋째, 일본 주변 유사시, 즉, 일본 이외의 극동지역사태가 일본의 안전에 영향을 미치는 경우 미군에 대한 편의 제공 방법에 대해 공동 연구를 추진한다. 즉, 이 경우 구체적 협력 방안이 결정된 것은 아니었다.

## (2) 1997년 지침

1978년 11월에 제정된 '미일방위협력지침'에 대한 개정이 1997년 9월에 채택되었고 이를 '신가이드라인'이라고 한다. 미국과 일본은 1996년 '미일신안보공동선언'을 발표하여 미일 양국의 안보협력 범위를 기존의 '필리핀 이북의 극동'에서 '아시아·태평양지역'으로 확대하였다. 이에 따라 '일본 자체' 방위에 중점을 둔 '미일방위협력지침'을 '주변지역 급변사태'에 대응할 수 있는 새로운 '미일방위협력지침'으로 개정한 것이다. 1997년 신지침은 평시와 일본 유사시의 경우 구 지침과 별반 차이가 없다. 구지침과 비교할 때 신지침의 가장 큰 특징은 미일방위협력의 중점이 종래의 '일본유사' 및 '극동유사'에서 '일본의 안전에 중대한 영향을 미칠 수 있는 일본 주변유사'로 바뀐 점과 '주변지역 유사 시의 범위'를 지리적 개념이 아닌 '사태의 성질로 파악하는 개념'으로 규정하였다는 점이다. 일본 주변 유사시 협력의 내용은 군사정보 제공, 영해 및 일본 선박의 안전 항해 등을 위한 공해상 기뢰 소해, UN결의에 따른 수상한 선박 임검, 기지나 시설의 추가 제공, 민간항만이나 공항 사용, 조난 병사의 수색과 구조 등이다. 한편, 일본은 신가이드라인과 관련하여 1999년 5월 24일 '주변사태법', '자위대법 개정안', '미일물품역무 상호제공협정 개정안'을 성립시켰다.

### 참고

**미일신방위협력지침 관련 3개 법안의 주요 내용**

| | |
|---|---|
| 주변사태법 | • 방치 시 일본에 대한 직접 무력공격이 될 우려가 있는 등 주변지역에서 일본의 평화·안전에 중요한 영향을 미치는 사태에 대응하여 일본이 실시하는 조치·절차 등을 규정해 미일안보조약의 효율적 운용에 기여<br>• 총리는 주변사태 시 후방지역 지원, 수색·구조활동에 대해 종류·내역·범위 등을 명시하는 기본계획을 마련하고 방위청장관은 동 계획에 의거 대응조치 실시<br>• 총리는 자위대가 실시하는 후방지역 지원, 수색·구조활동을 국회에 사전승인을 받고 긴급 시 사후승인 인정<br>• 관계 행정기관장은 법령 및 기본계획에 의거, 지방공공단체장에게 필요한 협력을 요구<br>• 주변사태 종료 후 정부는 대응조치결과를 국회에 보고 |
| 자위대법 개정안 | • 유사 시, 외국 거주 자국인 수송을 위해 정부전용기만 사용할 수 있는 규정을 자위대 선박 및 선박에 탑재된 헬리콥터까지 사용가능하도록 개정<br>• 자위대 수송활동 시, 자위대원 및 자국인 생명·신체 보호를 위해 필요 최소한의 무기사용이 가능하다는 조항 신설 |
| 미일ACSA 개정안 | • 평시로 한정되었던 자위대와 미군 간 물품·서비스 상호 제공의무를 주변사태 시까지 확대 적용<br>• 무기·탄약 공급은 제외 |

### (3) 2015년 지침

2015년 4월 재개정된 지침은 1997년 가이드라인을 유지하고, 평시부터 긴급사태까지 일본의 평화 및 안전을 확보하는 것이다. 몇 가지 주요 내용은 다음과 같다. 첫째, 미일 동맹의 글로벌 성격을 강조하였다. 둘째, 1997년 가이드라인의 생각을 유지한다. 안보조약 및 그에 근거한 권리 및 의무는 변경되지 않는다. 셋째, 일본의 행동 및 활동은 전수방위, 비핵3원칙 등 일본의 기본적인 방침에 따라 실시된다. 넷째, 평시부터 이용가능한 동맹조정 메커니즘을 설치하고, 공동계획을 책정·갱신한다. 다섯째, 양 정부는 미일동맹의 억지력 및 능력을 강화하기 위해 광범위한 분야에 걸친 협력을 추진하고, 자위대와 미군은 상호운용성, 즉응성 및 경비태세를 강화한다. 여섯째, 자위대는 일본과 긴밀한 관계에 있는 다른 국가에 대한 무력공격이 발생하고 이것에 의해 일본의 존위가 위협받아 국민의 생명과 자유 및 행복추구의 권리가 제한되어 명백한 위험이 있는 사태에 대처하여 일본 국민을 지키기 위해 무력행사를 동반하는 적절한 작전을 실시한다. 일곱째, 상호관계를 깊게 하는 세계에서 미일 양국은 아시아태평양지역 및 이를 넘는 지역의 평화, 안전, 안정 및 경제적 변영의 기반을 제공하기 위해 파트너로서 협력하면서 주도적인 역할을 한다.

## 5. 방위계획의 대강

1976년 10월 29일 미키 다케오 내각에서 결정되었다. 자위대의 목표를 '한정적이고 소규모적인 직접침략의 독자적 힘에 의한 배제'로 규정하고 그 이상의 사태는 미군의 도움을 받는다고 규정하였다. 무라야마 내각은 1995년 11월에 자위대의 합리화·효율화·간소화, 육상 자위대 1만 명 감축, 평화유지활동(PKO) 참여, 대규모 재해대책 수립, 미일 간 방위협력 필요성 강조 등을 내용으로 하여 방위계획 대강을 개정하였다. 이후에도 몇 차례 개정되었다.

## 6. 제2차 아베 내각 출범 이후 미일관계

2012년 12월 제2차 아베내각이 출범했다. 아베는 미일동맹을 일본외교안보의 중심축으로 규정하고 미일동맹강화를 통한 일본의 국제적 위상 제고를 도모했다. 2014년 7월 집단적 자위권을 용인한다는 헌법 해석 변경을 위한 각의 결정을 실시하고, 2015년 5월 관련법안을 통과시켰다. 2017년 트럼프 정권 출범 이후 미국은 아베 총리가 주창한 '자유롭고 열린 인도-태평양 정책'을 미국의 아시아 정책으로 채택하면서 양자관계는 더욱 긴밀화되었다.

## 9 일본의 동아시아 전략

### 1. 외교 목표

21세기로 나아가는 전환점에서 일본은 과거의 법적·제도적 제약에서 벗어나 정상적인 보통국가로 새롭게 탄생하여 정치·경제·군사·안보·외교 면에서 자립적인 정책을 수립하고 추구해 나갈 수 있는 국내외 기반을 마련하고 있다. 대미의존적, 소극적인 외교노선에서 벗어나 적극적인 외교목표의 추구로서 미일동맹관계를 강화하는 한편 아시아중심의 정책에 따라 아시아를 향한 협력외교도 적극적으로 추구하고 있다. 즉, 일본은 친미입아(親美入亞)를 기조로 미국과의 동맹관계를 강화하는 한편 UN과 다자주의를 중시하고 있으며, 아시아 국가들과 긴밀한 협력관계를 도모한다는 목표를 가지고 있다.

### 2. 전략수단

일본은 이를 위해 군사안보와 정치경제의 측면에서 보다 자립적인 위치에서 대등하게 미국과의 전략적 동맹관계를 강화하고, 미국의 외압을 적절히 이용하여 국내적으로 필요한 개혁을 이루면서 국제적으로 원만하게 대처해 나가는 실리외교를 취하고 있다. 또한 동아시아의 평화와 안정을 위해 미국·중국·일본·러시아·한반도 및 ASEAN, 호주, 뉴질랜드까지 포함한 기존의 ARF를 넘어서는 새로운 형태의 상호 공존가능한 다자 레짐의 구축을 추진하고자 한다.

### 3. 일본 - 중국 관계

#### (1) 냉전기

제2차 세계대전 이후 냉전 기간에 양국 관계는 국교가 수립되지 않은 상태에서 무역 및 민간 차원의 인적 교류에 국한되었다. 그러나, 1970년대 들어 1972년 국교 정상화가 실현되었다. 소련이라는 공동 위협의 존재와 경제적 유대관계를 토대로 우호 관계를 유지할 수 있었다.

#### (2) 일본 - 중국 수교

1972년 9월 29일 일본 - 중국이 국교를 정상화하였다. 공동성명의 주요 내용은 다음과 같다. 첫째, 일본측은 과거 전쟁으로 중국 국민에게 준 중대한 손해에 관하여 책임을 지고 반성하며 전쟁 상태를 종료한다. 둘째, 일본은 중국이 제기한 복교(復校) 3원칙을 충분히 이해한다. 복교 3원칙은 중국이 중국을 대표하는 유일한 합법정부, 대만은 중국 영토의 불가분의 일부, 일본과 대만의 조약은 불법 무효이므로 즉시 폐기이다. 셋째, 양국은 평화 우호 관계를 수립해야 하며 이를 위한 조약 체결에 합의한다. 넷째, 중국은 일본에 대한 전쟁 배상 청구를 포기한다. 다섯째, 모든 분쟁을 평화적 수단으로 해결하고, 무력이나 무력에 의한 위협에 호소하지 않는다. 여섯째, 아태지역에서 패권을 추구해서는 안 되며, 패권을 확보하려는 어떠한 국가, 어떠한 국가의 집단에 의한 시도에도 반대한다. 일곱째, 양국관계를 발전시키기 위해 무역, 해운, 어업 등에 관한 협정 체결에 합의한다.

### (3) 일본 - 중국 평화 우호 조약(1978.8.12.)

일본과 중국은 1978년 8월 12일 평화우호조약을 체결하였다. 주요 내용은 다음과 같다. 첫째, 주권 및 영토보전의 상호존중, 상호 불가침, 내정불간섭, 상호 평등, 호혜 및 평화공존의 제 원칙에 기초하여 양국 간 항구적인 평화우호 관계 발전을 도모한다. 둘째, 아태지역 또는 기타 모든 지역에서 패권을 추구해서는 안 되며, 패권을 확립하려는 여타 국가 또는 국가 집단에 의한 시도에도 반대를 표명한다. 셋째, 선린우호 정신에 기초하여 평등, 호혜 및 내정불간섭 원칙에 따라 양국 간의 경제 및 문화 관계를 한층 더 발전시킨다.

### (4) 탈냉전기

냉전 종식 이후 양국 관계는 경제적으로는 상호 의존이 심화되는 한편, 정치안보 면에서는 갈등 요인이 표면화 되었다. 일본 내 역사수정주의 대두, 미일안보공동선언(1996), 신미일방위협력지침(1997), 대만해협사태(1996), 센카쿠열도 영유권 문제(1996) 등이 갈등 사안이었다.

### (5) 2000년대 양자 관계 변동

2006년 10월 아베 총리 방중시 '전략적 호혜 관계' 구축에 합의하였다. 2007년 12월 후쿠다 총리 방중, 2008년 5월 후진타오 주석 국빈 방일을 계기로 정상외교가 복원되었다. 2008년 9월 아소총리 취임 이후 6차례 정상회담이 개최되었으나 양국 관계는 다소 소원하였다. 특히 아소 총리의 '자유와 번영의 호' 가치관 외교가 중국의 반발을 불렀다. '자유와 번영의 호' 가치관 외교란 일본과 민주주의, 시장경제 등 보편적 가치관을 공유하는 미국, EU, 호주 등과 협력해 유라시아 대륙의 민주주의 확산과 경제발전을 지원하고, 공유 가치관을 확대시킨다는 구상을 말한다.

### (6) 2010년대 갈등 심화

2010년 4월 동중국해상 양국간 마찰에 이어 2010년 9월 방위백서 발표 및 센카쿠열도 인근 해상 중국 어선 나포 사건, 2012년 9월 일본의 센카쿠열도 국유화 등으로 양국 관계가 급속도로 냉각되었다. 2010년 4월 중국 함대가 일본 EEZ에서 훈련 실시 후 일본 최남단 오키노도리시마 주변을 항행하면서 양국간 갈등이 있었다.

### (7) 제2차 아베 내각 출범 이후 일본 - 중국 관계

일본측의 센카쿠 열도 국유화 이후 심화된 일본 - 중국 간 냉각 국면은 제2차 아베 내각 출범 이후에도 지속되었다. 중국은 동중국해 방공식별구역(ADIZ)을 일방적으로 선포(2013.11)했으며, 아베 총리는 야스쿠니 신사를 참배(2013.12)했다. 다만, 2017년 일중 국교 정상화 45주년 및 2018년 일중 평화우호조약 체결 40년을 맞이하여 대화 노력이 전개되기도 하였다.

### 4. 일본 - 러시아 관계

첫째, 일본은 1956년 12월 12일 러시아와 공동 선언을 통해 전쟁 상태를 종료시키고 평화 우호 관계를 회복했다. 둘째, 냉전시대 일본은 소련이 최대 가상 적국이라는 인식하에 대소 관계를 설정하였으나, 소련의 개혁개방 노선 및 소련 연방 해체, 러시아의 자유민주주의 및 시장경제 추구에 따라 일러관계가 새로운 국면에 진입하였다. 셋째, 당초 일본의 대소련 정책 기조는 '정경 불가분'이었으나, 이후 '확대 균형 노선'으로 수정되었다. 정경불가분의 원칙이란 정치분야에서 진전이 없으면 경제협력을 추진할 수 없다는 것으로 냉전 시대 일본의 대소 외교 노선이었다. 반면, 확대균형노선은 정치와 경제 양쪽 분야에서 관계를 동시에 확대·발전시킨다는 탈냉전기 일본의 대러 외교 기조이다. 넷째, 1997년 크라스노야르스크 정상회담에서 일본의 대규모 대러 경협 계획인 '하시모토 - 옐친 플랜'에 합의했다. 다섯째, 2014년 우크라이나 사태로 인한 일본의 대러제재 조치로 양국관계가 악화되었으나, 2015년 11월 G20정상회의 계기 정상회담으로 교류가 재개되었다. 여섯째, 평화조약 체결문제, 북방 영토 문제 등에 대해 협의를 지속하고 있으나 별 성과가 없다. 북방 영토 문제는 동아시아 지역 이슈부분에서 자세히 서술하였다.

### 5. 대북정책

북한의 일본인 납치문제, 핵무기와 미사일 개발, 마약 밀수 등의 제반문제가 해결되지 않으면 북일관계의 정상화는 불가능하다는 것이 일본의 기본 인식이다. 이들 문제가 해결되어야만 새로운 평화가 형성되어 동아시아지역 전체의 번영을 이끌어 낼 수 있을 것이다. 일본은 미국의 대북정책에 보조하여 북한체제를 붕괴시키는 것이 아니라 북한의 정치·경제체제를 단계적으로 변화시키려는 전략을 가지고 있다. 북일관계에 대해서는 동아시아 국제관계 부분에서 상술한다.

# 학습 점검 문제 　제1편 | 강대국 대외정책

**01** 미국의 인도·태평양 전략에 대한 설명으로 옳지 않은 것은?　　　　　　　　　　　　　　2023년 외무영사직

① 쿼드(Quad)는 인도·태평양 전략 추진을 위한 안보협의체이다.
② 미국은 인도·태평양 전략 추진을 위해 태평양사령부의 명칭을 인도·태평양사령부로 변경하였다.
③ 인도는 미국과의 양자 동맹에 입각하여 자유롭고 개방된 인도·태평양 전략 구상에 참여하고 있다.
④ 일대일로(一帶一路)를 통해 아시아, 유럽 등에서의 영향력 확대를 시도하는 중국에 대한 견제 정책이다.

### 미국 외교정책
현재 미국과 인도는 양자동맹관계는 아니다. 안보협력관계이다.

#### 선지분석
① 미국의 인도·태평양 전략은 중국의 일대일로 정책에 대응하여 미국의 중국 봉쇄를 목표로 추구하는 전략이다. 쿼드는 인태전략의 핵심 수단으로서 미국, 일본, 호주, 인도 4국간 안보협의체이다.
② 트럼프행정부 들어서 태평양사령부를 인도·태평양사령부로 변경하였다.
④ 인도·태평양 전략은 미국이 주도하는 대중국 봉쇄전략으로서 중국위협론에 기초하고 있다.

답 ③

**02** 미국의 외교정책에 대한 설명으로 옳지 않은 것은?　　　　　　　　　　　　　　2021년 외무영사직

① 레이건 독트린은 군비경쟁을 야기하여 소련 붕괴의 원인이 되었다.
② 닉슨 독트린은 아시아에서 핵에 의한 위협을 제외하면 아시아 제국 스스로 안보를 책임져야 한다는 내용을 담고 있다.
③ 트럼프 행정부는 '아시아로의 회귀(Pivot to Asia)' 정책을 도입하여 중국봉쇄정책을 추구하였다.
④ 9·11테러 발생 이후 부시 행정부의 아프가니스탄 개입은 탈레반 정권을 축출하는 결과를 가져왔다.

### 미국 외교정책
'아시아로의 회귀(Pivot to Asia)' 정책 기조는 오바마 행정부에서 제시된 것이다. 중동이나 중앙아시아에 미국이 집중하였던 것에서 벗어나 중국의 부상을 견제하기 위해 아시아에 미국의 힘을 집중시키는 전략이다.

#### 선지분석
① 레이건 독트린은 대소련 강경책을 포괄하는 정책 기조이다. 소련의 경제난이 심하였던 1980년대 초반 의도적으로 군비경쟁을 야기하여 소련의 군비경쟁 포기와 궁극적으로 소련 해체를 야기했다는 평가를 받기도 한다.
② 1969년 발표된 닉슨 독트린은 미국이 베트남전쟁에서 철수하면서 '아시아 방위의 아시아화'를 추구한 것이다.
④ 2001년 10월 미국은 NATO와 함께 아프가니스탄을 공격하여 정권교체에 성공하였다. 그러나, 이후 내전이 지속되었으며 2021년 8월 탈레반은 아프가니스탄 정권 탈환에 성공하였으며 미국은 아프가니스탄에서 최종 철수하였다.

답 ③

**03** 미국의 역사학자인 미드(Walter R. Mead)는 역대 미국 행정부 외교정책 이념을 '건국 이후 형성된 전통'에서 연원을 찾아 네 가지로 구분하였다. 괄호 안의 내용을 순서대로 바르게 나열한 것은?

2012년 외무영사직

> "(     )는 상공업을 중시하는 전통으로 미국의 경제적 이익을 최우선하는 전통이다. (     )는 미국의 이해와 명예를 지키는 일에 최우선을 두고 미국을 반대하는 세력들을 신속하고 철저하게 응징하는 일을 기본 외교목표로 두고 있다. (     )는 최소 정부 전통으로 외교무대에서 중립을 지켜 타국의 일에 개입하기를 원치 않는 전통이다. (     )는 미국의 민주주의 가치를 세계에 전파하고 평화를 위한 세계 각국의 책임과 국제적 협력을 강조하는 전통이다."

① 잭슨주의 - 해밀턴주의 - 윌슨주의 - 제퍼슨주의
② 잭슨주의 - 해밀턴주의 - 제퍼슨주의 - 윌슨주의
③ 해밀턴주의 - 잭슨주의 - 윌슨주의 - 제퍼슨주의
④ 해밀턴주의 - 잭슨주의 - 제퍼슨주의 - 윌슨주의

**미국 외교정책**

월터 러셀 미드(Walter R. Mead)는 그의 저서 『미국의 외교정책, 세계를 어떻게 변화시켰나』를 통해 미국 대외정책의 조류를 해밀턴주의, 윌슨주의, 제퍼슨주의, 잭슨주의로 구분하였다. 해밀턴주의는 1790년대 미국의 연방주의자들의 사고를 대변하는 외교이념으로서 상업과 공업적 이익을 추구하는 강력한 중앙정부에 의해 대외정책에 있어서 미국의 경제적 이익을 최우선으로 설정하였다. 해밀턴주의는 미국의 중상주의적 사고로서 국가에 의한 기간산업의 육성, 관세에 의한 강력한 보호정책 등의 필요성을 역설하였다. 제퍼슨주의는 해밀턴주의의 대척점에 선 입장으로서 반연방파의 입장을 대변한 것이다. 제퍼슨주의는 작은 정부를 지지하고 대외관계에 있어서는 중립주의 또는 불간섭주의를 천명하였다. 윌슨주의는 미국의 민주주의 가치를 세계에 전파하고 평화를 위한 세계 각국의 책임과 국제적 협력을 강조하는 전통이다. 잭슨주의는 철저한 대중정치 전통을 받아 미국의 이해와 명예를 지키는 일에 최우선을 두고 미국을 반대하는 세력들을 신속하고 철저하게 응징하는 일을 기본 외교 목표로 두고 있다. 윌슨주의와 잭슨주의 전통은 미국 국제주의의 한 단면으로 이해된다.

답 ④

**04** 미국의 외교정책에 대한 설명으로 옳은 것은?  2020년 외무영사직

① 먼로주의는 유럽열강의 미대륙에 대한 개입을 반대하지만, 미국의 유럽에 대한 개입을 정당화하여 제1차 세계대전 참전의 근거가 되었다.
② 카터 행정부가 중국의 부상에 '건설적 관여' 정책으로 대응한 반면, 오바마 행정부는 소위 '아시아로의 회귀' 전략을 취하면서 아태지역에서의 전략적 역할을 강화하였다.
③ 베트남전쟁 이후, 대통령의 독주를 견제하기 위해서 의회는 의회예산국을 신설하고 의회조사국을 확대개편하였다.
④ 9·11테러를 계기로 기존의 애국주의를 대체하는 일방주의와 선제공격을 특징으로 하는 부시 독트린이 생겨났다.

#### 미국 외교정책

미국이 베트남전쟁에서 사실상 패한 이후 미국 정치는 대통령의 무력사용권을 다차원적으로 통제하는 데 관심을 두고 있었다. 의회예산국(CBO) 신설이나 의회조사국 확대도 같은 맥락이다. 미국 의회예산국은 1974년 7월, 리처드 닉슨 대통령이 서명한 「의회예산·지출유보통제법」에 의거해 만들어진 입법 보조기관이다. 1975년 2월에 공식 출범하였다. 미국의 예산 심의절차는 연방 상원과 하원의 예산위원회가 각각 예산안을 작성해 이를 토대로 의회가 예산결의안을 만들고 심의한다. 대통령이 예산안을 의회에 제출하긴 하지만, 의회는 이를 참고할 뿐이다. 한편, 미국 의회조사국(Congressional Research Service)은 100여 년의 역사를 지닌 초당파적 연구기관으로서, 미국 의회의 공식적인 싱크탱크이다. 1970년 미국 의회도서관 내 '입법참조국'을 '의회조사국(CRS)'으로 개칭, 분석·연구능력을 확대해 행정적 독립성을 부여하면서 탄생하였다. 각 분야 전문가 800여 명이 만드는 CRS 보고서는 미국 의회의 정책이나 법안에 직접적인 영향을 미친다. 의회조사국(CRS)은 의회예산처(CBO), 미국 연방회계감사원(GAO), 기술평가원(OTA)과 함께 미국 의회의 4대 입법보조기관 중 하나이다.

#### 선지분석

① 먼로주의는 미국의 유럽문제에 대한 간섭도 자제할 것임을 선언한 것이므로 제1차 세계대전 참전과 관련이 없다. 오히려 참전은 먼로주의에 반하는 것이다.
② 건설적 관여정책(constructive engagement policy)이란 일반적으로 포용정책을 의미한다. 카터 행정부의 대중정책은 미중 수교 등 포용정책 측면도 있었으나, 기본적으로 인권외교 기조하에서 중국에 대한 강경책을 우선시하고 있었다는 평가를 받는다.
④ 미국의 애국주의(patriotism)는 미국은 선택을 받은 독특한 국가이므로 충성을 다해야 한다는 사조를 말한다. 미국 예외주의가 반영된 것이기도 하다. 9·11테러 이후 일방주의와 부시 독트린은 이러한 애국주의 또는 미국 예외주의에 기초하거나 이를 반영한 것이다. 즉, 애국주의를 '대체'한 것은 아니다.

답 ③

## 05 미국의 외교정책 기조와 이에 대한 설명이 짝지어진 것으로 옳지 않은 것은? 〈2011년 외무영사직〉

① 먼로(Monroe) 독트린: 미국은 중남미국가에 대한 유럽국가의 개입을 미국에 대한 직접적인 위협으로 간주할 것이다.
② 트루먼(Truman) 독트린: 미국은 무장한(armed) 소수나 외부의 압력에 의한 압제에 저항하고 있는 자유시민(free people)을 적극 지원할 것이다.
③ 레이건(Reagon) 독트린: 미국은 소련 공산주의 위협에 대처하기 위하여 봉쇄(containment)정책을 구사할 것이다.
④ 닉슨(Nixon) 독트린: 미국은 아시아 제국(諸國)과의 조약을 지키겠지만, 핵에 의한 위협의 경우를 제외하고 내란이나 침략의 위협에는 아시아 각국이 스스로 대처하여야 할 것이다.

---

**미국 외교정책**

봉쇄정책은 트루먼(Truman) 독트린이라고 한다. 레이건(Reagon) 독트린은 보통 다음의 다섯 가지 내용으로 요약된다.

첫째, 힘이 없이는 평화도 없다.
둘째, 냉전은 도덕적 싸움이다.
셋째, 상호확증파괴는 국가안보전략으로 적합하지 않으므로 미사일방어를 추구해야 한다.
넷째, 초강대국 간에는 핵무기를 줄이는 정도가 아니라 아예 없애는 방향으로 협상을 끌고 가야 한다.
다섯째, 초강대국 간에는 상호간 불신을 줄이고 단순한 데탕트가 아니라 지속적인 평화체계를 이룩해야만 한다.

나아가 공산주의 국가를 민주화하기 위한 개입도 레이건 독트린의 내용에 포함된다.

답 ③

**06** 중국 시진핑 정부가 제시한 대외정책에 대한 설명으로 옳은 것만을 모두 고르면? 2024년 외무영사직

> ㄱ. 주권평등, 문명 간 대화, 상생협력, 분쟁의 평화적 해결 등을 핵심 내용으로 하는 '인류운명공동체' 비전을 제시했다.
> ㄴ. 국가 간 관계를 제로섬 게임 관계에서 윈-윈 관계로 대체하기 위한 보편적 규범을 마련하고 그러한 규범을 지향하는 '신형국제관계'를 제안했다.
> ㄷ. 중국의 평화적 부상을 다른 국가들에게 인식시키기 위해 화평굴기를 주창했다.
> ㄹ. 중국의 영향력을 주변국과 그 너머로 연결하는 광범위한 인프라 구축 프로그램인 일대일로를 추진했다.

① ㄱ, ㄴ, ㄷ
② ㄱ, ㄴ, ㄹ
③ ㄱ, ㄷ, ㄹ
④ ㄴ, ㄷ, ㄹ

### 중국 대외정책

중국 시진핑 정부가 제시한 대외정책에 대한 설명으로 옳은 것은 ㄱ, ㄴ, ㄹ이다.

ㄱ. 인류운명공동체는 시진핑이 제시한 글로벌 비전으로, 상호 의존, 공동 번영, 평화, 경제 협력, 문화적 다양성 존중, 기후변화 대응 등을 통해 인류가 협력하여 번영할 수 있는 세계를 만들자는 목표를 담고 있다. 중국이 국제 사회에서 리더십을 확대하고, 다자주의적 세계 질서를 주도하는 중요한 개념으로 작용하고 있다.

ㄴ. 시진핑의 신형국제관계(新型国际关系)는 중국의 외교 정책 기조로, 상호 존중, 공평 정의, 협력 상생을 기초로 한 새로운 형태의 국제 관계를 지향하는 개념이다. 이 개념은 기존의 서구 중심의 국제 질서와 달리, 평등하고 다자주의적인 국제 관계를 제시하려는 시진핑의 글로벌 외교 전략이다. 신형국제관계는 시진핑이 여러 국제 무대에서 강조한 개념으로, 2017년 19차 중국 공산당 전국대표대회에서 공식화되었다. 중국은 이를 통해 글로벌 리더로서의 역할을 강화하고, 자국의 국제적 위상에 맞는 새로운 외교 방식을 추구하고자 한다.

ㄹ. 일대일로(一带一路, Belt and Road Initiative)는 중국의 대규모 글로벌 인프라와 경제 협력 프로젝트로, 육상과 해상을 통해 아시아, 유럽, 아프리카를 연결하는 경제 회랑을 구축하는 것을 목표로 한다. 이를 통해 중국은 경제적 발전과 협력을 촉진하며, 글로벌 영향력을 확대하려는 전략을 추구하고 있다. 그러나 채무 함정, 환경 파괴, 지정학적 경쟁 등의 문제로 비판도 받고 있다.

**선지분석**

ㄷ. 화평굴기(和平崛起, 평화적 부상)는 후진타오 전 중국 국가주석 시기에 등장한 개념으로, 당시 중국이 자신의 부상을 평화적인 방식으로 이루겠다는 것을 국제 사회에 알리기 위해 사용한 외교적 표현이다. 이 개념은 중국이 군사적, 패권적 방식이 아닌, 경제적 발전과 협력을 통해 세계 무대에서 부상하려 한다는 뜻을 담고 있었다. 그러나 이 용어는 이후 국제 사회에서 중국의 "굴기(부상)"가 위협적으로 해석될 수 있다는 우려 때문에, 중국 정부는 이를 대체하는 표현인 '화평발전(和平发展, 평화적 발전)'을 주로 사용하게 되었다.

답 ②

## 07 중국의 대만에 대한 정책 및 입장과 관련이 없는 것은?

2024년 외무영사직

① 반분열국가법
② 일국양제
③ 92공식(九二共識)
④ 타이베이 법안

### 중국 대외정책

타이베이 법안(TAIPEI Act, Taiwan Allies International Protection and Enhancement Initiative Act)은 2020년 3월에 미국 의회에서 통과된 법안으로, 대만의 국제적 지위와 외교적 관계를 강화하기 위한 법적 틀을 제공한다. 이 법안은 대만이 국제 사회에서 고립되지 않도록 대만과 외교 관계를 유지하거나 강화하려는 국가를 지원하고, 대만의 국제 기구 참여를 지지하는 것을 목표로 한다.

**선지분석**

① 반분열국가법(反分裂国家法)은 중국이 2005년에 제정한 법으로, 중국의 영토 완전성을 유지하고 대만의 독립 시도를 방지하기 위한 법적 기반을 제공한다. 이 법은 대만이 독립을 시도하거나 평화적인 통일의 가능성이 상실될 경우, 비평화적 수단을 포함한 조치를 취할 수 있다고 명시하고 있다. 이는 대만과의 통일을 목표로 하는 중국의 정책적 입장을 법적으로 뒷받침하는 법률이다.
② 일국양제(一国两制)는 중국이 홍콩과 마카오에 적용한 정책으로, 하나의 국가 안에서 두 개의 제도를 허용하는 원칙이다. 이는 사회주의 체제를 유지하는 중국 본토와 달리, 홍콩과 마카오는 자본주의 체제와 높은 자치권을 일정 기간 유지할 수 있도록 한 정책이다. 중국은 이를 대만과의 통일에도 적용할 수 있는 모델로 제안해왔다. 덩샤오핑은 1983년에 일국양제(一国两制) 개념을 공식적으로 제안했다.
③ 92공식(九二共識)은 1992년 중국과 대만 간의 회담에서 이루어진 합의로, 양측이 하나의 중국 원칙을 인정하지만 각자 자신들의 해석에 따라 이를 해석할 수 있다는 공통의 인식을 담고 있다. "하나의 중국"을 각자가 해석한다는 개념은 "일중각표(一中各表)"이다.

답 ④

## 08 중국의 대외정책에서 강조된 중요원칙을 시기가 이른 것부터 바르게 나열한 것은?

2021년 외무영사직

(가) 신형대국관계(新型大國關係)
(나) 화평굴기(和平崛起)
(다) 평화공존5원칙
(라) 도광양회(韜光養晦)

① (나) ⇨ (가) ⇨ (라) ⇨ (다)
② (나) ⇨ (다) ⇨ (라) ⇨ (가)
③ (다) ⇨ (가) ⇨ (라) ⇨ (나)
④ (다) ⇨ (라) ⇨ (나) ⇨ (가)

### 중국 대외정책

중국의 대외정책에서 강조된 중요원칙을 시기가 이른 것부터 바르게 나열한 것은 (다) ⇨ (라) ⇨ (나) ⇨ (가)이다.

(다) 평화공존5원칙은 1954년 모택동 시기 주은래에 의해 제시된 것이다. 영토와 주권의 상호존중, 상호불가침, 내정불간섭, 평등과 호혜, 평화공존이 5가지 원칙이다.
(라) 도광양회는 등소평이 28자 방침에서 제시한 것이다. 어두운 데서 빛을 감추고 때를 기다린다는 의미로서 주변국과 마찰을 최소화하고 경제 성장에 주력한다는 전략이다.
(나) 화평굴기는 후진타오 시기 대외정책 기조로서 중국이 부상하되 주변국을 위협하지 않겠다는 의지를 천명한 것이다.
(가) 신형대국관계는 시진핑 시기의 대외정책 기조로서 중국은 대국으로서 미국과 협력적 관계를 주도해 나가겠다는 것을 의미한다.

답 ④

**09** 중국의 시기별 대외정책에 대한 내용으로 옳은 것은?  2020년 외무영사직

> ㄱ. 1969년 전바오다오(珍寶島)에서 발생한 중·소 무력분쟁 이후 중국 지도부는 소련을 '사회 - 제국주의 국가'라고 주장하면서 미국보다 소련에 대한 위협을 더욱 강조하였다.
> ㄴ. 1978년 12월 중국은 미국과 공동선언을 통해 중국은 하나이고 타이완과 홍콩이 중국의 일부라는 상하이 공동성명의 원칙을 재확인했다.
> ㄷ. 장쩌민 시기 중국 지도부는 군부의 반대를 무릅쓰고 '포괄적핵실험금지조약(CTBT)'에 서명했다.
> ㄹ. 시진핑 2기 지도부는 '아시아인프라투자은행(AIIB)' 설립을 통해 중국 중심의 경제권 형성을 추구하고 있다.
> ㅁ. 후진타오 시기 미·중은 '미·중 전략경제대화(US - China Strategic and Economic Dialogue)'를 발족했다.

① ㄱ, ㄴ, ㄷ
② ㄱ, ㄷ, ㄹ
③ ㄱ, ㄷ, ㅁ
④ ㄴ, ㄹ, ㅁ

### 중국 대외정책

중국의 시기별 대외정책에 대한 내용으로 옳은 것은 ㄱ, ㄷ, ㅁ이다.
ㄱ. 중국 - 소련 분쟁은 1960년대 지속되었으며, 당초 이념분쟁에서 출발하여 국가분쟁 그리고 설문의 국경분쟁으로까지 확대되었다. 중소관계는 1980년대 후반 등소평의 소련 방문으로 복원되었다.
ㄷ. 1999년 10월 프랑스 방문 중 '포괄적핵실험금지조약(CTBT)' 비준 입장을 표명하였고, 실제 중국은 CTBT를 비준하였다. 그러나 현재 CTBT는 발효되지 않고 있다.
ㅁ. 미중 전략경제대화는 미국 부시 행정부(G. W. Bush) 시기에 시작되었으나, 오바마 행정부(2009 ~ 2016) 들어 장관급으로 격상시켜 진행하였다. 양자 간 주요 현안을 논의하는 장으로서 이론적으로는 협력안보로 규정할 수 있다.

선지분석
ㄴ. 홍콩은 상하이공동성명의 원칙의 논의대상이 아니었다. 홍콩은 영국 - 중국 합의(1984)를 통해 1997년 중국에 반환하기로 하였다.
ㄹ. AIIB 설립은 시진핑 1기인 2016년이다. 시진핑 2기는 2017년 말 지도부를 구성하고 2018년 초 공식 출범하였다.

답 ③

## 10 러시아의 동북아정책에 대한 설명으로 옳은 것을 모두 고른 것은?

2012년 외무영사직

ㄱ. 러시아의 동북아정책은 '아시아적 정체성'에서 비롯된 것이 아니라, 아시아를 유럽과의 관계 속에서 조망하고 유럽에서 약화된 위상을 아시아에서 보상받으려는 현실적 동기가 주된 배경을 이루었다.
ㄴ. 러시아는 크리미아전쟁의 패배로 유럽에서의 세력이 크게 위축되자 동방진출을 가속화하였다.
ㄷ. 러시아는 북핵문제 해결에 있어서 6자회담은 형식이고 중요한 본질은 북·미합의라는 판단에 따라 북한과 미국 사이의 정직한 중재자(honest broker)의 역할을 수행하고자 하였다.
ㄹ. 러시아는 중국·일본 간의 지역패권경쟁이 자국 안보를 위협하지 않도록 하기 위해 미국과의 협력을 강화하고자 하였으며, 한반도 정책은 남북한 균형정책에서 남한 중시 정책으로 변화되어 왔다.

① ㄱ, ㄴ, ㄷ
② ㄱ, ㄴ, ㄹ
③ ㄱ, ㄷ, ㄹ
④ ㄴ, ㄷ, ㄹ

### 러시아 대외정책

러시아의 동북아 정책에 대한 설명으로 옳은 것은 ㄱ, ㄴ, ㄷ이다.
ㄱ. 러시아의 동북아 정책 기조는 동북아에서 자신의 지위와 영향력을 유지하는 것으로 규정된다. 이러한 기조는 동북아다자안보에 대한 적극적 지지, 북핵 6자회담 참여, ARF나 EAS(동아시아정상회의)에 대한 참여 등으로 구체화되고 있다.
ㄴ. 러시아는 성지관할권문제로 프랑스 및 영국과 전쟁을 치렀으나 실패함으로써 이른바 '남하정책'이 좌절되었다. 이후 1870년대 남하정책이 재시도 될 때까지 동아시아개입정책을 구사하였다.
ㄷ. 북핵 6자회담에서 러시아의 입장은 외교적 방식에 의한 핵폐기로 정리될 수 있다. 이는 대체로 미국의 전략과 일치한다. 다만, 북한의 핵보유의 근본적 동기가 미국으로부터의 북한에 대한 안보위협임을 강조함으로써 북한의 입장을 지지하는 측면도 있다. 미국은 북한의 핵개발과 확산을 통한 미국의 안보위협을 북핵문제의 본질로 인식하기 때문이다.

선지분석
ㄹ. 러시아의 강대국 정책 기조는 세력균형론에 입각하여 미국의 위협에 대해 중국과 연대를 형성하는 것이다. 한편, 대 한반도정책 역시 대체로 반미 세력균형의 관점에서 북한에 상대적으로 가깝다고 평가할 수 있다.

답 ①

**11** 냉전 종식 이후 러시아의 무력에 의한 국제정치 현상변경 사례에 해당하지 않는 것은? 〈2024년 외무영사직〉

① 2008년 조지아(그루지야) 침공
② 2010년 벨라루스 침공
③ 2014년 크림반도 병합
④ 2022년 우크라이나 침공

### 러시아 대외정책

러시아가 벨라루스를 침공한 적이 없다. 러시아와 벨라루스는 긴밀한 정치적, 경제적, 군사적 관계를 유지하고 있는 가까운 동맹국이다. 두 나라는 특히 1990년대 이후 서로 긴밀한 협력을 강화해왔다. 1999년 러시아와 벨라루스는 동맹국가 연합(Soyuznoe Gosudarstvo)을 창설했다. 이는 두 나라 간의 통합을 강화하려는 협정으로, 정치적, 경제적, 군사적 협력을 목표로 한다. 현재, 러시아와 벨라루스는 군사적으로도 긴밀한 협력을 유지하고 있다. 두 나라는 합동 군사 훈련을 주기적으로 실시하며, 군사 동맹의 성격을 강화하고 있다. 벨라루스는 러시아의 군사 기지를 자국 내에 허용하고 있으며, 러시아는 이를 통해 유럽과의 국경에서 전략적 우위를 점하고 있다. 벨라루스는 러시아 주도의 집단안보조약기구(CSTO)의 회원국으로, 이 기구는 러시아가 주도하는 군사 동맹이다.

#### 선지분석

① 러시아는 2008년 조지아(그루지야)와의 분쟁에서 남오세티아와 압하지야 지역을 두고 조지아와 충돌했다. 남오세티아의 분리주의 세력과 조지아 정부 간의 갈등이 격화되자, 러시아는 남오세티아 주민 보호를 명분으로 조지아를 침공했다. 이 전쟁은 5일간의 짧은 전쟁이었으나, 러시아는 군사적 우위를 점하며 남오세티아와 압하지야를 사실상 통제하게 되었고, 이후 이 지역들의 독립을 인정했다. 국제 사회는 이를 비판하며 러시아의 개입을 영토 침략으로 규정했다.
③ 2014년 러시아는 우크라이나에서 친러 성향의 대통령이 축출된 뒤, 크림반도에 군대를 배치하고 주민투표를 통해 크림반도를 병합했다. 러시아는 크림반도 주민들이 러시아와의 합병을 원했다며 이를 정당화했지만, 국제 사회는 이를 불법적인 병합으로 규정하고 강력히 비판했다. 이 사건은 러시아와 서방 국가들 간의 긴장을 극대화시켰고, 이후 러시아에 대한 경제 제재가 가해졌다.
④ 2022년 2월 24일, 러시아는 우크라이나에 대한 대규모 군사 침공을 단행했다. 러시아는 우크라이나의 나토 가입 가능성과 돈바스 지역의 분리주의를 이유로 들어 침공을 정당화했으나, 이는 국제 사회의 강력한 비난을 받았다. 러시아의 침공은 우크라이나 전역에서 대규모 인명 피해와 파괴를 초래했으며, 많은 우크라이나인들이 난민으로 전락했다. 서방 국가들은 우크라이나를 지원하기 위해 경제 제재와 군사적 지원을 강화했으며, 러시아와의 외교적, 경제적 관계가 급격히 악화되었다.

답 ②

**12** 일본의 외교·안보 정책에 대한 설명으로 옳지 않은 것은?    2023년 외무영사직

① 다나카 가쿠에이 총리는 중국과 '중일공동성명'을 통해 외교관계를 수립하였다.
② 기시 노부스케 총리는 미국과 안보 조약 개정을 통해 상호 방위 의무를 명확히 하였다.
③ 나카소네 야스히로 총리는 무기수출 금지 3원칙을 발표하여 평화주의 정책을 적극 추진하였다.
④ 사토 에이사쿠 총리는 "핵무기를 보유하지도, 만들지도, 반입하지도 않는다."라는 비핵 3원칙을 발표하였다.

**일본 대외정책**

무기수출 3원칙은 사토 내각이 1967년 발표한 원칙이다. 공산권 국가, 유엔 결의로 금지된 국가, 국제분쟁 당사국 또는 그 우려가 있는 국가에 대한 무기 수출을 인정하지 않는다는 방침을 의미한다.

**선지분석**
① 1972년 9월에 다나카 가쿠에이가 중국을 방문하여 국교를 정상화하였다.
② 1951년 9월 체결된 미일안보조약은 내란조항 등 불평등조항을 담고 있어서 개정이 요구되었으며 1960년 기시 내각에서 개정되었다.
④ 사토 에이사쿠 총리는 비핵3원칙을 발표하는 한편, 1965년 한국과 국교를 정상화하였다.

답 ③

**13** 일본의 외교안보정책에 대한 설명으로 옳은 것은?    2021년 외무영사직

① 집단적 자위권은 다른 국가가 자국을 공격했을 때 이에 대해 독자적으로 반격할 수 있는 권리이다.
② 1946년 공포한 평화헌법 제9조는 일본의 군대보유와 전쟁개입을 금지하고 있다.
③ 일본은 1970년대에 헌법해석의 변경을 통하여 자국이 집단적 자위권을 행사할 수 있다는 공식입장을 정했다.
④ 오바마 대통령은 일본의 집단적 자위권 행사와 군사력 강화를 반대하였다.

**일본 대외정책**

일본 자민당은 평화헌법 제9조를 개정하여 이른바 '보통국가'를 만들고 싶어 하나 현재까지 제9조의 개정이 실현되지 않았다.

**선지분석**
① 개별적 자위권에 대한 설명이다. 집단적 자위권은 침략을 당한 제3국을 원조하여 침략국을 공격할 수 있는 권리를 말한다.
③ 1970년대에는 일본이 집단적 자위권을 국제법상 보유하나 헌법상 행사할 수 없다고 해석하였다. 그러나 2014년 이른바 '해석개헌'을 통해 집단적 자위권을 보유하고 또한 국내법상으로 행사할 수 있다고 하였다. 이는 2015년 관련 국내법 개정을 통해 확정되었다.
④ 미국은 기본적으로 일본의 집단적 자위권 행사를 환영하는 입장이다. 중국 봉쇄망 강화에 도움이 될 수 있기 때문이다.

답 ②

**MEMO**

해커스공무원 학원·인강
**gosi.Hackers.com**

# 제2편

# 국제기구

**제1장** | 정부간국제기구(IGO)
**제2장** | 비정부간국제기구(INGO)

# 제1장 | 정부간국제기구(IGO)

> **출제 포커스 및 학습방향**
>
> 조약에 의해 창설되는 정부간국제기구를 총론과 함께 국제연합, 지역기구, 세계무역기구를 중심으로 서술하였다. 총론에서는 국제기구에 대한 현실주의와 자유주의 입장이 출제될 수 있다. 국제연합(UN)은 연혁, 기관, 의사결정, 주요 활동 등을 중심으로 매우 세심하게 정리해야 한다. 가장 중요한 국제기구로 볼 수 있어 거의 매년 출제되기 때문이다. 지역기구에서는 특히 동아시아와 연관된 ASEAN이나 APEC이 특히 중요하며, 우리나라가 가입하고 있는 OECD 역시 출제될 수 있을 것으로 보인다. 세계무역기구(WTO)는 국제경제법에서 보다 상세하게 다루지만 국제정치학에서도 출제되기 때문에 주요 내용을 서술해 두었다.

## 제1절 | 총론

### 1 국제기구에 대한 일반적 논의

#### 1. 정의

오늘날 국제사회는 정부간국제기구(Inter-Governmental Organization: IGO)뿐 아니라 수많은 비정부간국제기구(Non-Governmental Organization: NGO)가 존재하고 있어 국제기구의 개념을 정의하는 데 어려움이 따르고 있다. 월러스, 싱어(Singer), 베네트(Bennett) 등의 정의를 종합해보면 국제기구란 '회원국들의 공통된 이익을 추구할 목적으로 둘 이상의 주권국가들 사이의 협정에 의하여 창설된 것으로서 기구 내 특별한 기능을 수행하기 위한 정식조직을 지닌 공식적이고 지속적인 결사체'이다. 한편 이니스 클라우드(Inis L. Claude, Jr.)는 국제기구를 '국가들이 국제관계를 보다 효율적으로 수행하기 위한 공식적이고 지속적인 제도적 관계를 수립·발전시키는 가운데 나타나는 과정'이라고 한다.

#### 2. 법적 성격

(1) 국제기구, 특히 정부간국제기구는 일반적으로 주권국가를 그 구성원으로 하고 있기 때문에 그 성립에 있어서도 주권국가의 합의에 기초하고 있다. 즉, 국제기구는 국제법, 다시 말해 국가 간 조약에 의해 성립된다. 그러므로 국제기구는 국제법의 테두리 내에서 그 역할을 수행한다.

(2) 국제기구의 기본조약은 기구의 헌장을 포함하고 있으며 기구의 성립과 기능의 근거를 제시한다.

(3) 헌장에는 기구의 주요기관과 그 기관의 권한에 대한 규정이 있어야 하며, 일반적으로 기구의 목적과 회원국의 권리와 의무에 대한 규정이 포함되어 있다.

## 2 국제기구에 대한 이론적 접근

### 1. 현실주의

현실주의자들에게 있어 국제기구는 현실세계에서 두 가지 역할을 이행한다.

(1) 크게 논쟁적이지 않은 분야에서 미미하게 협력을 증진시키는 것이다. 국제기구는 이해관계가 대치되고 있는 분야에서는 국가의 행위를 거의 통제할 수 없으며 따라서 국제평화와 안전을 지키는 데는 거의 제 역할을 할 수가 없다.

(2) 패권국이나 강대국의 이익을 대변하는 것이다. 다른 중소국가들도 목적을 달성하고 국제사회에서 발언권을 얻기 위해 국제기구를 이용하지만, 그들은 특정 국가의 행위를 억제할 수 없으며 패권국이나 강대국들은 국제기구가 자국의 이익에 큰 도움이 되지 못한다면 그들을 무시하게 될 것이라는 관점이다.

### 2. 기능주의(Fuctionalism)

기능주의는 IGO가 국가들의 필요에 의해서 만들어졌다는 점을 강조한다. 초국가적 연계가 증가함에 따라 통합과 상호의존이 늘어났고, 국가들이 공통의 문제를 함께 논의하게 되었다. 이러한 문제들의 많은 부분은 오직 국제적 협력을 통해서만 조절될 수 있는 것이었고, 따라서 기술적 전문가를 소유한 전문화된 국제기구를 필요로 하게 되었다는 것이다. 이처럼 전문적이고, 경제·사회적으로 비정치적인 문제들에 관한 협력이 방위·재정정책과 같은 좀 더 광범위하고 정치화된 문제영역으로 번질 수 있다는 것이 미트라니(David Mitrany) 등 기능주의자들의 주장이다.

### 3. 신자유제도주의

신자유주의적 제도주의자인 코헤인(Robert Keohane)은 『After Hegemony』에서 이기적인 국가들의 집단행동을 IGO가 어떻게 극복해야 하는가와 무정부적 상황에서 어떻게 협력을 도모해야 하는가에 대해 설명한다. 신자유주의적 제도주의는 다른 자유주의자들과는 달리 현실주의의 주요 가정을 대폭 수용하고 있다. 현실주의자들처럼 신자유주의적 제도주의자들은 국가를 단일의 합리적인 행위자로서 무정부적인 국제체제하에서 상호작용하는 것으로 보고 있다. 또한 현실주의자들과 마찬가지로 패권국가가 IGO와 레짐의 형성에 필요하다고 주장한다. 그러나 신자유주의적 제도주의자들은 패권국가가 쇠퇴할 경우 영향력을 발휘할 국제기구의 중요성에 대해 더욱 긍정적인 태도를 취한다. 즉, IGO와 레짐은 패권국가의 이익을 증진시키는 것 외에 회원국들에게 교역과 정보의 비용을 줄여주며, 국가의 행동에 규칙을 부여하고 투명성을 증진시킨다는 것이다.

복합적 상호의존의 상황에서 IGO와 레짐은 국가에게 매우 중요한 자산이 되며, 따라서 패권국가가 사라진 이후에도 IGO와 레짐을 유지하기 위한 비용을 국가들이 공동부담하려 할 것이라는 것이 이들의 주장이다.

# 제2절 | UN

## 제1항 총설

### 1 연혁

#### 1. 창설과정

| 회의 | 일시 | 결정사항 |
| --- | --- | --- |
| 대서양헌장 | 1941.8.14. | 루스벨트(미국)와 처칠(영국): 종전 후 새로운 평화정착 희망 표명 |
| 연합국선언 | 1942.1.1. | 국제연합 창설을 위한 연합국의 공동노력 천명, '국제연합(UN)' 명칭 최초 사용 |
| 모스크바회의 | 1943.10.30 | 4개국 공동선언(미국, 영국, 소련, 중국): 세계적인 국제조직 설립 결의 |
| 테헤란회의 | 1943.11.28 | 국제평화기구 설립 재확인 |
| 덤바턴오크스회의 | 1944.8.21. | UN헌장의 모체 형성 |
| 얄타회담 | 1945.2.4. | 안전보장이사회 표결방법과 신탁통치제도 합의 |
| 샌프란시스코회의 | 1945.4.25. | UN헌장 채택 |

#### 2. UN헌장 발효

1945년 10월 24일에 발효하였고 같은 해 12월 27일에 모든 서명국이 비준서의 기탁을 완료하였으며, 1946년 1월 10일 런던에서 제1차 총회를 개최하였다.

### 2 목적 및 원칙

#### 1. 목적

UN의 목적은 국제평화와 안전의 유지, 인민의 평등권과 자결권에 기초하여 국가 간 우호관계 촉진, 모든 사람의 인권과 기본적 자유를 존중하도록 조장·권장하기 위해 국제협력의 달성, 공동목적 달성을 위해 국가들 간 조화의 중심이 되는 것이다.

#### 2. 원칙

주권평등원칙, 회원국에 대한 헌장상 의무의 성실한 이행, 분쟁의 평화적 해결, 무력사용 및 그 위협의 금지, UN에 대한 원조 제공, 비회원국이 UN의 목적에 따라 행동하도록 확보, 국내문제에 대한 불간섭원칙 등이 있다.

## 3 회원국

### 1. 가입

UN은 가입이 허용되는 개방조약으로서 헌장상의 의무를 수락하고 이행할 능력과 의사가 있다고 인정되는 평화애호국은 UN의 회원국이 될 수 있다. 회원 가입은 안전보장이사회의 심사·권고와 총회의 검토·결정에 의한다. 안전보장이사회의 권고결의는 상임이사국 동의투표를 포함한 9개 이사국의 찬성투표로 성립한다. 총회는 가입신청에 대해 출석·투표 회원국 3분의 2의 다수결 찬성으로 의결한다.

### 2. 탈퇴

국제연맹과 달리 헌장에는 탈퇴에 관한 명문규정이 없다. 그러나 정당한 이유가 있고 부득이한 경우 탈퇴가 인정된다고 보는 것이 다수설이자 UN의 관행이다. 한 예로, 인도네시아가 탈퇴를 시도한 사례는 있으나, 현재까지 실제 탈퇴한 사례는 없다.

### 3. 제명

회원국이 헌장상 원칙을 지속적으로 위반한 경우, 총회는 안전보장이사회의 권고에 기초하여 제명할 수 있다. 현재까지 제명된 사례는 없다.

### 4. 권리 및 특권의 정지

UN은 안전보장이사회가 취하는 강제조치의 대상이 된 회원국에 대해 안전보장이사회의 권고에 기초한 총회 결정으로 회원국으로서의 권리·특권을 정지시킬 수 있다(제5조). 권리의 회복은 안전보장이사회의 단독권한이다. 또한, 2년치 분담금을 연체한 회원국은 투표권을 행사할 수 없다.

## 4 국제연맹 및 국제연맹과 국제연합 비교

### 1. 성립

제1차 세계대전 이후 평화유지를 위해 창설되었다. 1919년 파리평화회의에서 가결되어 베르사유조약 제1편으로 규정되었으며, 1919년 6월 28일 채택되고 1920년 1월 10일 발효하였다.

### 2. 목적

연맹의 목적은 규약전문에 명시된 바와 같이 국제평화와 안전을 성취하는 것과 국제협력을 촉진하는 것이다.

### 3. 구성

원연맹국과 신연맹국으로 구성되었다. 처음부터 연맹의 회원국이 된 국가를 원연맹국이라 하며 당초 연합국과 초청된 중립국만으로 구성되었다. 원연맹국 이외의 국가는 연맹총회의 3분의 2 동의로 가입할 수 있었다. 국가뿐 아니라 속령 또는 식민지라도 완전한 자치능력이 있는 경우 가입이 허용되었다. 연맹국은 2년 전에 예고함으로써 탈퇴할 수 있었으며, 연맹규약을 지속적으로 위반한 경우 제명될 수 있었다. 1935년에 일본과 독일이 탈퇴하였고, 이탈리아는 1937년 탈퇴하였다. 소련은 핀란드를 침략하여 1939년 국제연맹에서 제명되었다.

### 4. 기관

총회, 이사회, 상설사무국이 존재하였다. 총회는 모든 연맹국 대표로써 구성되어 연맹의 행동범위에 속하거나 세계평화에 영향을 미치는 모든 사항을 처리할 수 있었으며, 표결권은 1국 1표였다. 절차사항은 과반수로 의결하나 그 밖의 사항은 만장일치로 의결하였다. 이사회는 상임이사국과 비상임이사국 대표로 구성되며, 총회의 과반수 찬성투표로 그 수를 변경할 수 있었다. 이사회의 권한과 의결방법은 총회와 같았다. 상설사무국은 총회 과반수의 동의로 이사회가 임명하는 1명의 사무총장과 그가 임명하는 사무직원으로 구성되었다.

### 5. 분쟁의 평화적 해결 및 제재

국교 단절에 도달할 우려가 있는 분쟁이 연맹국 간 발생한 경우, 연맹국은 이를 국제재판이나 이사회의 심사에 부탁해야 하며, 판결이나 이사회보고가 있은 후 3개월간은 어떤 경우에도 전쟁에 호소할 수 없었다(제12조 제1항). 이사회에 부탁한 경우 그 보고는 구속력은 없으나 당사국을 제외한 연맹이사국 전부의 동의를 얻은 것일 경우 일방당사국이 이 보고에 응하면 타방당사국은 전쟁에 호소할 수 없었다. 위의 규약규정에 위반하여 전쟁을 일으킨 연맹국에 대하여는 당연히 연맹국 전체에 대해 전쟁을 일으킨 것으로 인정하고, 연맹국은 위반국에 대해 일체의 통상상 또는 금융상 관계를 단절하고, 자국민과 위반국 국민 간의 교통을 일절 금지하며, 연맹국 여부를 불문하고 다른 모든 국가의 국민과 위반국 국민 간의 일체의 금융상·통상상 관계 및 개인적 교통을 금지하였다. 다만, 군사적 제재조치의 경우 침략의 희생이 된 국가에 대한 군사상의 원조는 각 연맹국의 자유재량에 일임되어 있었고, 규약을 위반한 행위의 발생 여부, 발생시기 및 연맹국 전체에 대한 전쟁행위가 있었는지 여부 등 중대문제의 결정을 각 가맹국에 일임하고 있었다.

## 6. 국제연맹과 국제연합 비교

| 구분 | 국제연맹 | 국제연합 |
|---|---|---|
| 가입 | 미국 미가입, 소련은 추후 가입, 총회 결정으로 가입 | 미국·소련은 원회원국, 안전보장이사회 권고 + 총회 결정 |
| 주요 기관 | 총회, 이사회, 사무국 | 총회, 안전보장이사회, 사무국, 경제사회이사회, 신탁통치이사회, ICJ |
| 탈퇴 | 명문규정 | 규정 없음 |
| 제명 | 명문규정 | 명문규정 |
| 이사회 결의 | 권고적 효력 | 법적 구속력 |
| 표결 | 만장일치 | 다수결, 거부권 |

# 제2항 총회

## 1 구성

### 1. 모든 회원국

UN총회는 모든 회원국으로 구성된다. 그러나 국가는 국가의 대표자에 의해 대표되므로 '회원국의 대표자'로 구성된다고 표시되어야 할 것이다.

### 2. 회원국의 대표자

각 회원국은 5명 이하의 대표자를 낼 수 있다. 이에 더하여 각 회원국은 ① 5명의 '교체대표'와 ② 소요되는 수인의 고문, 기술고문, 전문가와 유사한 신분을 가진 인원을 임명할 수 있다.

### 3. 비회원국의 대표자

옵저버로서 총회에 참석하는 것이 인정되어 있다. 헌장상 명문규정은 없으나 UN의 관행으로 인정되어 왔다. 과거 남북한은 UN에 상주대표부를 두고 옵저버로서 총회에 참석해 왔다.

## 2 회기 · 회합장소 · 의장

### 1. 회기

#### (1) 정기총회

원칙적으로 매년 1회 9월 셋째 화요일에 소집된다. 사무총장은 적어도 소집일 6일 이전에 소집을 통고하도록 되어 규정되어 있다(절차규칙 제4조). 정기총회의 기간은 명문규정이 없으며 각 회기 초에 목표로 하는 기간을 정한다.

### (2) 임시총회

안전보장이사회의 요청이나 전회원국의 과반수 요청에 의하여 사무총장이 소집한다. 소집권자는 안전보장이사회 또는 총회이다.

### (3) 긴급총회

안전보장이사회가 평화에 대한 위협, 평화의 파괴 또는 침략행위가 있다고 생각하는 경우에 상임이사국의 전원일치의 찬성을 얻지 못하기 때문에 어떤 조치를 취하지 못하는 경우, 안전보장이사회의 단순 9개국의 동의투표에 의한 요청 또는 UN 회원국의 과반수의 요청에 의해 사무총장이 소집하는 총회이다(규칙 제8조, 평화를 위한 단결결의).

## 2. 회합장소

총회절차규칙에 따르면 원칙적으로 UN본부이다. 그러나 전 회기에서 UN본부 이외의 장소로 결정하였거나, 회원국의 과반수의 요구가 있는 경우 UN본부 이외의 장소에서 회합할 수 있다.

## 3. 의장

총회는 매 회기 초마다 의장 1인을 선출하며 16인의 부의장을 선출한다.

## 3 권한

### 1. 일반적 권한

헌장의 범위 내에 있는 모든 문제 및 헌장상 제 기관의 권한에 관한 모든 문제를 토의하고 안전보장이사회에서 심의 중인 문제를 제외한 모든 문제에 관하여 각 회원국 또는 안전보장이사회에 권고할 수 있다(제10조).

### 2. 회원국의 지위에 관한 권한

회원국의 가입, 회원국의 권리 및 특권의 정지, 회원국의 제명 등을 안전보장이사회의 권고에 기초하여 행한다.

### 3. 총회절차 · 재정 · 헌장 개정 등에 관한 권한

총회는 총회의 절차규칙의 제정과 의장의 선출, 보조기관의 설치, 예산심의와 승인, 경비의 할당, UN헌장 개정안의 채택 등의 권한이 있다.

### 4. 국제평화와 안전의 유지에 관한 권한

(1) 국제평화와 안전의 유지를 위한 협력에 관한 일반원칙, 군비축소와 군비규제원칙의 심의와 이의 회원국, 안전보장이사회에 권고할 수 있다.

(2) 총회에 부탁된 국제평화와 안전의 유지에 관한 일체의 문제를 토의하고 관계국과 안전보장이사회에 권고할 수 있다. (단, 안전보장이사회에서 토의 중인 문제는 안전보장이사회의 동의 없이 권고할 수 없다. 또한, UN의 행동을 요하는 문제는 총회에서 토의 전 또는 토의한 후에 안전보장이사회에 보고해야 한다)

(3) 일반적 복지와 각국 간의 우호관계를 해칠 우려가 있다고 인정되는 사태에 대하여 평화적으로 조정하기 위한 조치를 권고(제14조)할 수 있다.

(4) 안전보장이사회의 연차보고와 특별보고를 심사할 수 있다.

(5) 안전보장이사회의 비상임이사국을 선출할 수 있다.

## 5. 국제적 협력에 관한 권한

(1) 국제협력의 촉진과 국제법의 점진적 발달 및 법전화를 위한 연구의 발의와 권고를 할 수 있다.

(2) 경제적 · 사회적 · 문화적 · 교육적 · 보건적 분야에 있어서 국제협력을 촉진하기 위한 연구의 발의와 권고할 수 있다.

(3) 경제사회이사국을 선출할 수 있다.

## 6. 신탁통치에 관한 권한

(1) 국제신탁통치제도에 관한 임무를 수행한다.

(2) 신탁통치협정을 승인한다.

(3) 신탁통치이사국을 선출한다.

## 7. 국제사법재판에 대한 권한

(1) 권고적 의견의 요청

(2) UN 회원이 아닌 국가에 대한 '국제사법재판소(ICJ)규정' 당사자로서의 결정

(3) ICJ 재판관의 선출

**총회와 안전보장이사회의 권한관계**

| 권한관계 | 권한 |
|---|---|
| 총회의 단독권한 | 안전보장이사회, 경제사회이사회, 신탁통치이사회 이사국 선출 |
| | 안전보장이사회로부터 연례보고 및 특별보고의 수리 및 심의 |
| | UN의 다른 기관으로부터의 보고에 대한 심의 |
| | 비전략지역에 대한 신탁통치 승인 |
| | 예산의 심의, 승인 및 경비할당 |
| | 국제법의 점진적 발달 및 법전화 |
| | 국제협력의 촉진, 인권 및 기본적 자유의 실현 지원 |
| | 안전보장이사회가 수립한 군비규제체제 확립 계획 심의 |

| | |
|---|---|
| 안전보장이사회의 단독권한 | 국제평화에 대한 위협, 평화의 파괴, 침략의 존재결정 |
| | UN헌장 제7장에 따른 강제조치결정 |
| | ICJ규정 비당사국이 소송을 부탁하기 위한 조건 제시 |
| | 군비통제안의 작성, 군비통제체제 확립을 위한 계획 수립 |
| | 총회의 특별회기 소집 요청 |
| | UN 강제조치 대상국의 권리 및 주권 회복 |
| | 전략지역에 대한 신탁통치권한 |
| | 지역협정에 관한 권한 |
| 양자의 협력사항<br>(안전보장이사회 권고 + 총회결정) | UN 가입, 회원국의 권리정지, 제명 |
| | UN 비회원국의 ICJ규정 가입결정 |
| | UN사무총장 선출 |
| 양자가 별도로 보유하는 권한 | ICJ 재판관 선출 |

## 4 의결

### 1. 의결정족수

**(1) 원칙**

중요문제 이외의 문제에 대한 총회의 의결은 '출석하여 투표하는 회원국의 과반수'로 행한다. 출석·투표 3분의 2의 다수결에 의하여 결정될 문제의 새로운 부류도 기타문제와 같이 출석·투표 과반수로 결정한다.

**(2) 출석·투표 3분의 2로 의결하는 사항**

① 국제평화와 안전의 유지에 관한 권고, ② 안전보장이사회 비상임이사국, 경제사회이사국, 신탁통치이사국의 선거, ③ 신규가입의 승인, ④ 회원국의 권리와 특권의 정지, ⑤ 제명, ⑥ 신탁통치제도의 운용, ⑦ 예산문제

**(3) 회원국 전체의 3분의 2 다수결로 의결하는 사항**

① 헌장을 재검토하기 위한 전체회의의 개최, ② 헌장개정의 채택

### 2. 투표권

모든 회원국은 1개의 투표권을 보유한다. 국가의 대소에 따른 차등투표제는 인정되지 않는다.

### 3. 결의의 효력

**(1) UN 회원국에 대한 효력**

원칙적으로 권고적 성격을 가지므로 법적 구속력이 없다. 그러나 예외적으로 가입승인, 권리와 특권의 정지, 제명 등은 법적 구속력이 있다.

**(2) UN기관에 대한 효력**

원칙적으로 법적 구속력이 있다(이사국의 선출, 절차규칙의 채택, 보조기관의 설치, 예산의 승인 등). 다만, 안전보장이사회에 대한 권고 등은 법적 구속력이 없다.

## 제3항 안전보장이사회

### 1 일반적 성격

#### 1. UN의 주요기관
안전보장이사회는 총회, 경제사회이사회, 신탁통치이사회, 국제사법재판소(ICJ), 사무국과 더불어 UN의 주요기관의 하나이다. 따라서 보조기관이나 전문기관과는 구별된다.

#### 2. UN의 집행기관
안전보장이사회는 국제연합의 집행기관이다. 이 점에서 비판·심의·감독기관인 총회와 구별되며, 재판기관인 ICJ와도 구별된다.

#### 3. UN의 실질적 최고기관
총회가 국제연합의 최고기관이라 하는 것은 형식상의 것이며, 실질적으로는 안전보장이사회가 최고기관이다. 국제평화와 안전의 유지에 관한 문제는 안전보장이사회가 제1차적 책임을 지고 있다. 많은 중요한 문제에 관하여 총회에 권고할 수 있으며 이 권고 없이 총회의 의결은 불가능한 것이므로 안전보장이사회는 실질적으로 UN의 최고기관이다.

### 2 구성

안전보장이사회는 5개의 상임이사국과 10개의 비상임이사국으로 구성된다.

#### 1. 상임이사국
상임이사국은 미국, 영국, 러시아, 프랑스, 중국이다. 1971년 제26차 UN의 총회의 결의에 의하여 중국(중화민국, Republic of China)은 대륙중국(중화인민공화국)이 대표하도록 되어 있다. 헌장상 상임이사국에게는 몇 가지 특수한 지위가 인정된다.

(1) 안전보장이사회의 결정을 거부할 수 있는 권한을 가진다.
(2) 안전보장이사회의 보조기관인 군사참모위원회는 상임이사국의 참모총장 또는 그 대표자로서 구성된다.
(3) 헌장의 개정은 반드시 상임이사국의 비준이 있어야 효력을 발생한다.

#### 2. 비상임이사국
비상임이사국은 매년 5개국씩 출석·투표 3분의 2의 다수결로 총회에서 선출되며 임기는 2년이다. 계속적인 재선은 인정되지 않는다. 투표에 있어서 후보국의 국제평화와 안전의 유지, 기타 UN의 목적에 공헌한 정도와 공평한 지리적 분포를 고려해야 한다.

## 3 권한

### 1. 국제평화와 안전의 유지

안전보장이사회는 국제평화와 안전의 유지에 관하여 1차적 책임을 지고 있으며, 이를 위해 회원국을 대리하여 행동한다. 회원국은 안전보장이사회의 결정을 수락하고 이행하는 데 동의하고 있다. 이는 안전보장이사회의 '결정'이 법적 구속력을 가지고 있다는 의미이다. 그러나 분쟁의 평화적 해결에 관한 결의(제36조, 제38조)는 '권고'이므로 법적 구속력이 없고, 강제조치의 결정(제41조, 제42조)만이 법적 구속력이 있다.

### 2. 군비통제안의 작성

안전보장이사회는 군사참모위원회의 원조를 얻어 군비통제안을 작성하여 회원국이 이를 채택하도록 권고해야 한다.

### 3. 임시총회의 소집

안전보장이사회는 임시총회를 소집할 권한이 있다. 안전보장이사회가 임시총회의 소집을 결의하면 사무총장은 이를 소집해야 한다.

### 4. 기타

총회의 책임하에 신탁통치이사회가 신탁통치에 관한 모든 임무를 대행하나, '전략신탁통치지역'에 대해서는 안전보장이사회가 그 임무를 대행한다. 안전보장이사회는 국가의 UN에의 가입, 회원국의 권리와 특권의 정지, 회원국의 제명, 사무총장의 임명 등에 있어서 총회에 권고할 권한이 있다. 또한 국제사법재판소(ICJ)의 재판관 선거와 국제사법재판소(ICJ)에 권고적 의견을 요청할 권한이 있다.

## 4 회합 및 의결

### 1. 회합

#### (1) 정기회의

안전보장이사회는 정기적으로 회의를 개최한다. 정기회의에 관하여는 헌장에 규정이 없으며 이사회의 내규인 '잠정적 절차규칙'에 의하여 매년 2회의 정기회의를 개최하도록 되어 있다.

#### (2) 임시회의

안전보장이사회는 계속적으로 임무를 대행할 수 있도록 조직되며 각 이사국은 UN의 소재지에 대표를 상주시키지 않으면 안 된다(제28조 제1항). 임시회의에 관해 헌장에 명문규정이 없으나 이사회의 '잠정적 절차규칙'에 의해 다음의 경우 의장이 회의를 소집한다.
① 이사국이 회의의 개최를 요구한 경우
② 가맹국 또는 비가맹국이 국제평화와 안전의 유지를 위태롭게 할 우려가 있는 분쟁 또는 사태의 존재에 관해 이사회에 주의를 환기한 경우

③ 총회가 제11조에 의거 권고 또는 부탁하는 경우

④ 사무총장이 제99조에 의거 주의를 환기하는 경우

## 2. 의결

### (1) 투표권

안전보장이사국은 각기 1개의 투표권을 가지고 있다.

### (2) 의결정족수

① **절차문제**: 단순 9개 이사국의 찬성으로 성립한다. 절차상 문제(Procedural Matters)라고 하는 것은 주로 헌장 제28조 이하에 규정된 제 문제를 말한다. 예컨대, 정기회의의 기일, 임시회의 소집, 의장의 선임방법, 보조기관의 설치 등이다.

② **비절차문제**: 기타 모든 문제에 대해서는 상임이사국을 포함한 9개국 이상의 찬성을 요한다. 기타 문제(비절차상 문제, Other Matters)는 절차사항 이외의 모든 문제를 말한다. 이에는 국제평화와 안전의 유지의 책임에 관한 사항, 신 가맹국의 가입과 사무총장의 임명의 권고에 관한 사항 등이 포함된다.

## 3. 결의의 효력

절차사항에 관한 결의는 구속력을 가진다(제28조 ~ 제32조, 제43조). 반면, 헌장 제6장의 '분쟁의 평화적 해결'에 관한 결의는 권고로서 법적 구속력이 없다. 그러나 헌장 제7장의 '강제조치'에 관한 결정은 모든 회원국을 구속한다. 따라서 결의에 반대한 국가는 물론이고 결의에 참가하지 않은 모든 가맹국을 구속한다.

**한국전쟁 당시 UN의 조치**

1. **안전보장이사회결의 제82호(1950년 6월 25일)**
   북한의 남침공격에 대해 미국 정부는 이 사태를 UN헌장상에 규정된 평화의 파괴 및 침략행위로 간주하고, UN안전보장이사회를 긴급소집, 안전보장이사회는 '적대 행위의 즉각 중지와 북한군의 38선 이북으로의 즉시 철수'를 요구한 결의이다.

2. **안전보장이사회결의 제83호(1950년 6월 29일)**
   안전보장이사회가 6월 29일 'UN 회원국들이 대한민국에 대한 무력침공을 격퇴하고 이 지역의 국제평화와 안전을 회복하는데 필요한 원조를 제공할 것'을 권고하는 결의이다.

3. **안전보장이사회결의 제84호(1950년 7월 7일)**
   회원국들이 제공하는 병력 및 기타의 지원을 미국이 주도하는 통합 사령관(UN군사령부)하에 두도록 권고하고, 미국이 통합 사령관을 임명할 것을 요청하며, 통합사령부에 참전 각국의 국기와 함께 UN기 사용 권한을 부여하였다.

4. **소련의 안전보장이사회 참여(1950년 7월 27일)**
   소련이 그 동안 보이콧해 오던 안전보장이사회에 복귀, 1950년 8월 1일부터 윤번제 안전보장이사회의장직을 맡게 되었고, 이때부터 소련의 거부권 행사로 안전보장이사회는 한국사태와 관련된 어떠한 조치도 취할 수 없게 되었다.

5. 총회결의 제377(V)호(1950년 11월 3일)
UN총회는 미국이 제출한 '평화를 위한 단결 결의'(Uniting for Peace Resolution)를 채택[총회결의 377(V)호], 안전보장이사회가 국제 평화와 안전유지의 헌장상 1차적 책임을 다하지 못할 경우, UN총회에서 필요한 조치를 결의할 수 있도록 하였다.

6. 총회결의 제376(V)호
UN총회는 한국에 독립된 통일민주정부 수립과 한국 내 구호와 재건의 책임을 수행하기 위해 7개국으로 구성된 UN한국통일부흥위원단(UN Commission for the Unification and Rehabilitation of Korea: UNCURK) 설치를 결의하였다.

7. 총회결의 제410(V)호
한국 부흥계획을 추진하기 위해 UN한국재건단(UN Korean Reconstruction Agency: UNKRA)을 설치하였다.

8. 총회결의 제498(V)호
한국전에 개입한 중공군의 UN군에 대한 적대행위 중지와 한국에서의 철수를 촉구하였다.

9. 우리나라의 주 UN 옵저버대표부 설치(1951년 11월 6일)
우리 정부는 임병직 씨를 대사자격으로 초대 주 UN 상임옵저버로 임명하고 뉴욕에 대한민국 주 UN 옵저버대표부를 설치하였다.

## 제4항 기타 주요기관

### 1 경제사회이사회

#### 1. 구성
총회에서 선출되는 54개 이사국으로 구성되며, 각 이사국은 1명의 대표를 낸다. 임기는 3년이며 매년 정기총회에서 18개국씩 개선되며 연속해서 재선될 수 있다.

#### 2. 권한
(1) 경제·사회·문화·교육·보건 등의 국제사항에 관하여 연구·보고·발의하고 이러한 사항에 관하여 총회·회원국 및 관계 전문기관에 권고할 수 있다.

(2) 인권 및 기본적 자유의 존중과 준수를 조장하기 위하여 권고할 수 있다.

(3) 권한 내 사항에 관하여 총회에 제출할 조약안을 작성하거나 국제회의 소집할 수 있다.

(4) 총회의 승인을 받아 전문기구와 협정을 체결하고 활동을 조정할 수 있다.

#### 3. 의결
이사국은 1개의 투표권을 가지며, 결의는 출석·투표하는 이사국 과반수에 의해 성립한다. 결의는 원칙적으로 권고적 효력을 가진다.

## 2 신탁통치이사회

신탁통치이사회는 신탁통치국, 안전보장이사회 상임이사국 중 신탁통치국이 아닌 국가, 총회에서 3년 임기로 선출된 국가로 구성된다. 1994년 유일하게 남아있던 팔라우가 마지막으로 독립하여 신탁통치지역이 전부 없어짐으로써 신탁통치이사회의 임무는 사실상 종료되었다. 1994년 5월에 열린 제1706차 회의를 끝으로 정기회의는 더 이상 개최하지 않는다.

## 3 사무국

### 1. 구성
UN의 행정적 사무를 담당하는 기관으로 1인의 사무총장과 필요한 직원으로 구성된다. 1997년 12월에 사무부총장직이 신설되었고, 그 밑에 사무차장·사무차장보 등이 있다.

### 2. 사무총장 및 직원의 법적 지위
사무총장 및 직원은 임무를 수행함에 있어서 어떤 정부 또는 UN 이외의 당국으로부터 지시를 구하거나 받아서는 안 되며, 오직 UN에 대해서만 책임을 지는 국제공무원이다. UN헌장과 1946년에 채택된 'UN의 특권·면제에 관한 협약'에 의해 특권·면제를 향유한다.

### 3. 직무 보호권(Right of Functional Protection)
UN공무원이 공무수행 중 국제위법행위로 인하여 손해를 입은 경우 UN은 가해국에게 손해배상을 청구할 수 있고, 이를 직무 보호권이라 한다. 1949년 ICJ의 'UN근무 중 입은 손해배상에 관한 권고적 의견'에서 확립되었다.

## 4 사무총장

### 1. 지위
(1) 사무총장은 UN의 주요 기관인 사무국의 구성원이다. 헌장은 "사무국은 사무총장 1인과 이 기구가 필요로 하는 직원으로 구성된다."라고 규정하고 있다(제97조). 따라서 사무총장은 사무국의 구성원이다.

(2) 사무총장은 국제연합을 대표하고, 사무국직원을 임명하며(제100조 제1항), 직원의 행위에 대해 책임을 진다.

(3) 헌장은 "사무총장은 총회, 안전보장이사회, 경제사회이사회, 신탁통치이사회의 모든 회의에서 사무총장의 자격으로 행동하고 또한 이들 기관으로부터 위탁된 기타 임무를 수행한다."라고 규정(제98조)하여 사무총장의 집행관으로서의 지위를 명시하고 있다. 이 지위에서 안전보장이사회에 주의를 환기할 수 있고(제99조), UN을 대표한다.

## 2. 임명

사무총장은 안전보장이사회의 권고에 의하여 총회가 임명한다. 총회는 안전보장이사회의 권고에 구속되는 것은 아니므로 안전보장이사회가 임명한 후보자의 임명을 거절할 수 있다. 안전보장이사회의 지명권고에는 거부권이 적용되며 총회의 임명은 단순다수결에 의한다.

## 3. 임기

헌장에는 사무총장의 임기에 관해 규정이 없다. 총회는 1946년 그 임기를 5년으로 정했다. 총회와 안전보장이사회와의 협의하에 사무총장의 임기를 연장할 수 있다.

## 4. 권한

(1) 사무총장은 UN의 수석행정관으로서 부하직원을 임명하고 감독하며, 예산안의 준비에 대한 1차적 책임을 진다. 사무총장은 UN의 공식대표기관이며, 조약의 등록 및 공표에 대한 업무를 수행한다.

(2) 사무총장은 총회, 안전보장이사회, 경제사회이사회, 신탁통치이사회의 모든 회의에서 사무총장의 자격으로 행동한다(제98조 전단). 사무총장은 총회가 고려하고 있는 어떤 문제에 관해서도 구두 또는 서면으로 총회에 진술할 수 있다. 총회의 위원회나 소위원회에 대해서도 인정된다. 다른 기관에서도 출석, 발언권이 인정된다. 한편, 사무총장은 다른 기관으로부터 위탁된 임무를 수행한다(제98조 전단).

(3) 총회에 대한 권능으로는 ① 특별회의소집권이 있다. 안전보장이사회나 UN 회원국 과반수의 요청이 있을 때 사무총장은 특별회의를 소집한다(제20조 후단). ② 사무총장은 UN의 사업에 대하여 연차보고를 행한다(제98조 후단). ③ 사무총장은 국제평화와 안전의 유지에 관한 사항으로서 안전보장이사회가 취급하고 있는 것은 그 동의를 얻어 회기마다 총회에 대하여 통지해야 한다.

(4) 사무총장은 국제평화와 안전의 유지를 위협한다고 인정되는 사항에 대하여 안전보장이사회에 그 주의를 환기할 수 있다(제99조).

(5) 국제사법재판소(ICJ) 규정상 선택조항의 수락선언서를 기탁 받는다. 사무총장은 그 등본을 재판소규정의 당사국 및 재판소 서기에게 송부한다(제36조 제4항).

## 5. 특권과 면제

UN사무총장은 국제공무원으로서 UN헌장 또는 회원국과의 협정에 의하여 그 임무수행상 특권이 인정된다. 이 특권은 외교사절의 특권과 같이 일반국제법상의 특권으로서의 성질을 가지는 것이 아니라, 조약상의 특권이며 UN헌장 및 '국제연합의 특권 및 면제에 관한 협약'에 따라 부여된다. 사무총장, 그 배우자 및 미성년의 자녀에 대해 일반직원에게 부여된 특권과 면제 외에 국제법에 따라 외교사절에게 주어지는 특권, 면제 및 편익이 주어진다(국제연합의 특권과 면제에 관한 조약 제19조).

 **참고**

### 역대 UN 사무총장

1. **제1대 - 트리그베 리(Trygve Lie, 노르웨이, 1946 ~ 1952년)**
   1896년 오슬로에서 태어난 리는 1911년부터 노르웨이 노동당 당원으로 활동하였으며, 1919년에는 법학학사 학위를 받았다. 노동당 정부에서 법무장관, 무역 및 산업 장관을 역임했으며, 제2차 세계대전 발발 시에는 공급 및 수송장관을 담당하고 있었다. 1940년 독일이 침공하자 리는 동맹국들을 위해 노르웨이 함대를 파견하였으며, 1941년부터 외교부장관으로 활동하였다. 1945년 샌프란시스코 국제연합회의에서 노르웨이 대표단을 이끌었으며, UN헌장의 안전보장이사회 관련 초안을 작성하기 위한 3위원회 회장으로 활약하였다. 1946년 초대 UN사무총장에 선출되었다.

2. **제2대 - 다그 함마르셸드(Dag Hammarskjold, 스웨덴, 1953 ~ 1961년)**
   사무총장 재직기간 동안 전쟁방지와 UN헌장의 정신 구현을 위해 많은 업적을 남긴 그는 중동지역의 분쟁해결을 위해 휴전협정 체결 및 평화조성에 노력하였으며, <u>1956년 UNEF를 조직하여 최초로 UN평화유지활동을 시작하였다.</u> 1960년 벨기에령 콩고의 독립 직후 내전이 시작되자 UN평화유지군을 파견하였다. 이 과정에서 소련이 함마르셸드에 불만을 품고 그의 사임을 요구한 직후, 함마르셸드는 콩고령 카당가지역의 촘베 대통령을 만나러 가던 중 의문의 비행기 추락 사고로 사망하였다. 그는 UN안전보장이사회나 총회 승인 없이도 단독으로 긴급조치를 취하는 등 UN 창설 초기에 사무총장의 위상을 확립하는 데 크게 기여한 것으로 평가받고 있다. 그가 사망한 후인 1961년 노벨상을 받았다.

3. **제3대 - 우탄트(U Thant, 미얀마, 1961 ~ 1971년)**
   고등학교 교장과 미얀마의 교과서 위원회 위원을 역임하는 등 교육자로 다년간 활동하였으며, 그 후에는 미얀마 정부의 출판국 국장과 방송국 국장 등 정부 관료직을 역임하였다. 우탄트는 UN 주재 미얀마 대표부 대사로 근무하던 중 1961년 함마르셸드가 불의의 사고로 사망하자, 그의 뒤를 이어 UN사무총장에 선출되었다. 1966년 안전보장이사회의 만장일치 추천을 받아 재선되어 1971년까지 재직하였다. 프린스턴대학, 모스크바대학 등 세계 35개 대학에서 명예 학위를 수여받았다.

4. **제4대 - 발트하임(Kurt Waldheim, 오스트리아, 1972 ~ 1982년)**
   발트하임은 1945년부터 오스트리아 외교부에서 근무를 시작, 1955년 UN 주재 오스트리아 대표부에 부임하였으며, 1964년부터 대사로 근무하였다. 1968년 우주탐사 및 평화적 이용에 대한 최초의 UN회의에서 의장에 선출되었으며, 1982년 4대 사무총장에 임명되었다. 임기 초반부터 나미비아, 사이프러스, 중동 등에서의 분쟁 해결을 위해 여러 차례 현장을 방문하기도 하였다.

5. **제5대 - 페레스 데 쿠에야르(Javier Perez de Cuellar, 페루, 1982 ~ 1991년)**
   변호사였던 페레스는 1940년부터 외무부에서 근무를 시작, 프랑스, 영국, 볼리비아 등 여러 국가에서 외교관으로 활동하였다. 1974년 안전보장이사회에서 페루 대표로 활동하였으며, 사이프러스 관련 UN회의의 의장직을 맡기도 하였다. 1977년에는 사이프러스, 1979년에는 아프가니스탄 담당 사무총장 특사로 임명되었으며, 1982년에는 5대 사무총장에 선출되었다.

6. **제6대 - 부트로스 갈리(Boutros Boutros - Ghali, 이집트, 1991 ~ 1996년)**
   부트로스 갈리는 1977 ~ 1991년에 이집트 외무장관을 역임하였으며, 이 기간 동안 이집트와 이스라엘 간 평화협정을 이끌어냈다. <u>1991년 사무총장에 임명된 후, 1994년 르완다 내전과 대량학살에 소극적인 입장을 보인데 대해 많은 비난을 받았으며, 미국에 대한 비협조적인 태도로 미국의 극심한 반감을 초래하였다.</u> 여러 국가 특히 제3세계 국가들의 열렬한 지지에도 불구하고 미국의 거부로 연임에 실패한 최초의 사무총장이 되었다.

7. 제7대 - 코피 아난(Kofi Annan, 가나, 1996 ~ 2006년)

UN직원에서 시작해 34년 후에 UN사무총장에 이른 인물이다. 1938년 영국 식민지였던 골드코스트(현 가나)에서 부족장의 아들로 태어나 19세에 가나의 독립을 경험하고 이후 미국과 스위스에서 공부했다. 그는 세계보건기구(WHO)에서 행정예산담당관으로 일하면서 UN에 첫 발을 내딛었다. 1987년 쿠에야르 사무총장의 발탁으로 사무차장보로 승진, 부트로스 갈리 사무총장 때에는 평화유지군 담당 사무차장보로 일하며 탈냉전 분위기를 경험했다. 사무총장 첫 선출 당시 프랑스는 미국을 견제해 4번이나 거부권을 행사했지만, 전(前) 임기의 적극적인 사무총장으로서의 행보로 인해 2002년 재선 때에는 만장일치로 재임에 성공할 수 있었다. 아난은 정치가형 UN사무총장으로서 국제사회가 지향해야 할 이상을 제시했고, UN을 국제사회의 주요 행위자로 복귀시켰다는 평가를 받는다. 또한 방만했던 UN사무국 조직을 축소하고 1997년에는 UN사무부총장을 신설했다. UN활동을 안보, 개발, 인권 등으로 결집시키고 특히 국제사회에 인도주의적 위기가 닥칠 때 UN이 적극적으로 간섭할 수 있다는 '인도주의적 개입' 개념을 확산시켰다. 2000년 UN이 개최한 새천년정상회의에서 설정한 '새천년개발목표(Millennium Development Goals: MDGs)'는 빈곤과 저발전 등 전 지구적 8대 목표를 성공적으로 제시했다는 평가를 받는다. 그는 재임기간 동안 UN사무총장으로서의 균형추 잡기에 공을 들였다. 그러나 UN의 운영을 위해 미국의 지원과 협력이 절대적임을 인식하고 있었고, 그런 이유로 '친미 사무총장'이라는 비판이 꼬리표처럼 따라붙기도 했다. 미국의 이라크전쟁을 앞두고 "UN의 인증 없이 실시하는 무력 제재는 불법"이라고 강하게 주장했으나 끝내 이라크 전쟁은 개시되었고 그에 대한 비판은 피할 수 없었다. 2001년 UN과 공동으로 노벨 평화상을 받았다.

8. 제8대 - 반기문(대한민국, 2007 ~ 2016년)

1944년 대한민국 충북 음성의 농촌마을에서 태어났다. 그는 고등학교 때 에세이 경시대회에서 수상함으로써 미국을 방문해 존 F. 케네디 대통령을 잠시 만난 경험을 계기로 외교관이 되기로 결심했다고 한다. 1970년 외교부에 들어갔고, 1991년에는 외교부 UN과장이 되었다. 2004년 대한민국의 외교부장관에 올랐으며, 2006년 제8대 UN사무총장으로 선출되었다. 그는 아시아에 돌아갈 차례였던 당시 사무총장직을 놓고 인도 출신의 샤시 타루르와 경쟁하였다. 결국 수차례 예비투표를 거쳐 최종 후보로 결정되었고, 총회의 표결을 거쳐 제8대 사무총장으로 선출되었다. 그는 기후변화, 핵확산 방지, 8가지 새천년개발목표 달성 등을 안정적으로 수행해오고 있다는 평가를 받는다. 코피 아난과 같은 적극적 정치가 스타일은 아니지만, 중국과 미국 등의 강대국 사이에서 기후 문제 등 민감한 이슈들을 노련하게 협상해왔다는 평을 받고 있다. 2011년 6월에 2012년 1월부터 시작하는 두 번째 임기의 연임 추천 결의안에 대해 안전보장이사회의 만장일치와 지역그룹 전원이 서명한 가운데, 총회에서 192개 회원국의 박수로 통과되었다. 그는 연임수락연설에서 인류가 어느 국가도 혼자서 문제를 해결할 수 없는 시대를 살아가고 있음을 지적했다.

9. 제9대 - 안토니우 구테헤스(Antonio Guterres, 포르투갈, 2017 ~)

구테헤스는 리스본 태생으로, 대학에서 물리학과 전기공학을 전공했으며 1974년 사회당에 입당하면서 정치인이 됐다. 1995년 총선에서 사회당이 승리하면서 총리가 됐고 2연임을 한 뒤 2002년 사임했다. 구테헤스는 1999 ~ 2005년에는 160여개 사회·노동계 정당 협의체인 사회주의인터내셔널(SI)의 의장을 지냈다. 2005년부터 10년 동안 UN난민기구(UNHCR) 대표를 지내면서 서방 부국들에 난민을 받아들이고 국경을 열 것을 요구하는 등 난민 대책에 적극 나서 '난민의 아버지'라는 별명을 얻었다. 이로써 UN사무총장직은 1981년 오스트리아의 쿠르트 발트하임이 임기를 마친 이래 36년 만에 유럽으로 넘어가게 됐다.

# 제5항 UN 전문기구

## 1 개념

전문기구는 UN의 경제적·사회적 국제협력의 목적을 달성하기 위해 UN과 제휴관계(Relationship)를 가진 국제조직이다. 전문기구는 독립된 법인격자로서 UN 외부에 존재하며 UN과 구별된다.

## 2 보조기관과의 차이

첫째, 전문기구는 법인격자이나 보조기관은 총회와 안전보장이사회의 하부기관이다. 둘째, 전문기구는 정부 간 협정으로 설치되나 보조기관은 총회나 안전보장이사회 등의 결의에 의해 설치된다. 셋째, 전문기구는 경제사회이사회와 협정을 체결하여 UN과 제휴관계를 맺으나 보조기관은 이러한 협정을 체결하지 아니한다.

## 3 전문기구의 요건

첫째, 전문기구는 정부 간 협정에 의해 창설되어야 한다. 둘째, 전문기구는 경제사회이사회와 협정을 체결하여 UN과 제휴관계를 맺어야 한다. 그리고 이 협정은 총회의 승인을 받아야 한다.

## 4 전문기구

### 1. 국제통화기금(International Monetary Fund: IMF)

#### (1) 창설

IMF는 1944년 7월 미국 뉴햄프셔주 브레튼우즈에서 열린 회담에서 창설되었다. 당시 참석한 45개국은 1930년대 대공황을 초래한 경쟁적 평가절하의 악순환을 차단할 수 있는 국제적인 경제협력기구의 설립을 모색하였다. 국제통화기금(IMF)은 국제적인 통화 협력, 금융 안전성 확보, 국가 간 무역의 확대, 고용 및 지속 가능한 경제성장의 촉진, 그리고 전세계 빈곤의 감소를 목표로 활동하고 있다.

### (2) 주요 업무

① **회원국 감독**: IMF는 국제통화시스템의 안정성 유지 및 위기 방지를 위해 감독(Surveillance)으로 알려진 공식적 체계를 통해 각국, 각 지역 및 전세계의 경제 및 금융 발전상황을 검토한다. IMF는 186개 회원국에 자문을 제공하며, 경제안정 촉진, 경제 및 금융 위기에 대한 취약성 경감, 생활 수준의 향상을 담보할 수 있는 정책을 회원국들이 채택하도록 장려하고 있다. IMF는 각 지역의 경제전망에 관한 보고서를 발행하는 것을 비롯해 세계경제전망(World Economic Outlook) 보고서를 통해 세계경제전망에 관한 평가 및 세계금융안정보고서(Global Financial Stability Report)를 통해 국제자본시장에 관한 평가를 정기적으로 제공하고 있다.

② **금융 지원**: IMF는 국제수지 해결에 어려움을 겪고 있는 회원국에게 여유자금(Breathing Room) 제공을 위한 금융 지원을 한다. IMF 금융 지원에 수반된 경제개혁프로그램은 IMF와의 긴밀한 협력 속에 각국의 경제 당국에 의해 고안되며, 이러한 프로그램의 효과적인 이행을 조건으로 지속적인 금융 지원이 이루어진다. IMF는 세계경제 위기 시 회원국을 돕기 위해 융자 지급 여력을 강화하고, IMF의 융자 지급방법에 관한 주요 점검(Major Overhaul)을 수행하였다. IMF는 저개발국가에 양허성 융자제도를 통해 금융 지원을 제공한다. IMF는 최빈국에 대한 융자 한도액을 두 배로 증가시켰고, 2012년까지 제로(0)금리를 유지하면서 최빈국에 대한 융자 지급을 증대시키고 있다.

③ **기술적 지원**: IMF는 회원들의 경제정책 역량을 강화하기 위한 기술적 지원 및 교육을 제공한다. 기술적 지원은 세금정책 및 행정, 지출관리, 환율정책, 은행 및 금융시스템 감독 및 규제, 법률체계, 통계를 비롯한 여러 분야에 걸쳐 제공된다.

### (3) 재원

IMF의 재원은 주로 회원국의 쿼터 납입금으로 조달되며, 쿼터 납입금은 각국의 경제 규모를 반영한다. 2009년 4월에 열린 G20 정상회의에서 각국의 대표들은 IMF의 융자 재원을 약 2,500억 달러 규모에서 7,500억 달러 규모로 확충함으로써 신흥시장 및 개발도상국가의 성장을 지원할 것을 약속하였다. 2009년 11월 24일 이러한 약속 이행을 위해 신차입배정금(New Arrangements to Borrow: NAB) 프로그램의 현재 및 잠재적인 참가국들이 NAB를 6,000억 달러로 확대하는 것에 동의했다. IMF 운용에 필요한 연간 비용은 융자에 따른 이자수익과 쿼터에 대한 이자지불의 차에서 주로 조달되고 있다. 그러나 최근 회원국들은 IMF의 다양한 활동에 보다 적합한 다양한 수입원에 기초한 신 수입 모델의 채택에 동의하였다.

### (4) 특별인출권(Special Drawing Rights: SDRs)

IMF는 공적 준비자산을 보충할 수 있는 특별인출권으로 알려진 국제 준비자산을 발행한다. 2009년 8월과 9월의 두 차례에 걸친 할당으로 SDR 발행액이 거의 열 배가 증가해 총 2,040억 SDR(3,130억 달러)에 이르게 되었다. 또한 회원국들은 SDR을 회원국 간의 통용화폐로 사용할 수 있다.

### (5) 지배구조 및 조직

① **총회(Board of Governors)**: IMF 조직구조의 최상부에 총회가 있으며, 각 회원국이 임명한 1명의 위원이 총회를 구성한다. 모든 위원들은 매년 열리는 IMF - 세계은행 연례회의를 통해 한 차례 회동을 가진다.

② **국제통화금융위원회 및 이사회**: 총회 구성원 중 24명의 위원들이 국제통화금융위원회(International Monetary and Finance Committee, IMFC)의 구성원이 되며 매년 최소 두 차례 회동을 가진다. IMF의 일상 업무는 24명의 회원국으로 구성된 이사회(Executive Board)가 수행하고 있으며, 이러한 업무는 IMFC에 의해 통솔되며, IMF의 전문적인 직원들에 의해 수행된다. IMF 총재(Managing Director)는 IMF 직원의 수장이자 이사회의 의장이며, 부총재 세 명이 총재를 보좌한다.

## 2. 국제부흥개발은행[일명 세계은행(World Bank: IBRD)]

1945년 IBRD협정에 의거하여 1947년 전문기관이 되었다. IBRD를 비롯해 IBRD의 융자대상이 안 되는 개발계획에 대해 조건이 완화된 융자를 해주는 IDA(International Development Association, 국제개발협회)와 개발도상국의 민간기업을 융자대상으로 하는 IFC(International Finance Corporation, 국제금융공사), MIGA(Multilateral Investment Guarantee Agency, 다국간 투자보장기구) 등을 합하여 세계은행그룹이라고 부르고 있다.

## 3. 국제개발협회(International Development Association: IDA)

저개발국의 경우, IBRD의 대출조건하에서는 대출을 받을 수 없기 때문에 보다 관대한 조건으로 대출을 해주어야 할 필요성이 있었다. 유럽의 전후 복구 이후 IBRD의 관심은 개발도상국으로 맞추어졌고, 1960년 미국의 발의로 IBRD 회원국들은 특혜적 조건으로 저개발국에 대해 대출을 해주기 위해 IDA를 세계은행의 자매기관으로 설립하였다.

## 4. 국제금융공사(International Finance Corperation: IFC)

1956년 개발도상국의 민간기업을 지원하기 위해 설립하였다. IBRD를 보조하여 저개발국의 민간기업의 성장을 보조하여 경제적 발전을 지원하는 데 그 목적이 있다. IBRD 회원국들에게 그 자격이 개방되어 있으며, 회원국은 각 250표의 기본적 투표권과 10만 달러에 해당하는 각 주당 1표씩 투표권을 추가로 얻는다. 미국, 일본, 독일, 프랑스, 영국은 IFC 주식의 45.7%를 소유하고 있다. 한국은 1964년 3월에 가입하여 1960~1970년대에 많은 자금을 지원받았다. 가입국은 2022년 기준 181개국이다.

### 5. UN교육과학문화기구(UNESCO)

1945년 11월 16일 37개국 대표들이 영국 런던에 모여 '유네스코 헌장'을 채택함으로써 유네스코가 창설되었다. 목적은 교육 - 과학 - 문화의 협력을 통해 세계평화에 이바지하고, 이를 위해 라디오·TV·영화·신문·출판·종교 등의 정보 교환과 문화 보급 및 성인 교육에 힘쓰는 데 있다. 유네스코는 남북 갈등으로 1984년에 미국이 탈퇴하는 등 위기를 겪었으나 2003년에 미국이 복귀하는 등 제 모습을 되찾아 가고 있다.

### 6. 세계기상기구(World Meteorological Organization: WMO)

UN(United Nations, 국제연합)의 전문기구로, 1879년에 창립한 IMO(Inter - national Meteorological Organization, 국제기상기구)의 후신이다. 1947년 IMO 이사회에서 새로운 기구를 창설하고자 세계기상협약을 채택하였고, 1951년부터 44개 회원국으로 WMO가 활동을 시작하였다. 관측망 확립을 위한 세계 협력, 기상사업설비를 갖춘 기상중추의 확립·유지, 기상정보의 신속한 교환조직 확립, 기상관측 표준화와 관측 및 통계의 통일성 있는 간행 확보, 항공·항해·농업 및 인류활동에 대한 기상학 응용, 기상학 연구 및 교육의 장려와 국제적인 조정 등을 목적으로 한다.

### 7. 세계지식재산권기구(World Intellectual Property Organization: WIPO)

1883년 산업재산권문제를 위한 파리조약, 1886년 저작권문제를 위한 베른조약이 발효되었다. 이 두 조약을 관리하고 사무기구문제를 처리하기 위하여 1967년 스톡홀름에서 체결하고 1970년에 발효한 세계지적재산권기구설립조약에 따라 이 기구를 설립하였다. 1974년 UN(United Nations, 국제연합) 전문기구가 되었으며 정책 결정기관인 총회를 3년마다 개최하고 회의를 연다. 발명·상표·디자인 등 산업적 소유권과 문학·음악·사진 및 기타 예술작품 등 저작물의 세계적인 보호를 목적으로 한다.

### 8. 국제노동기구(International Labor Organization: ILO)

1919년 베르사유조약 제13편(노동편)을 근거로 창설되었다. 1948년부터 제29차 총회에서 채택된 국제노동헌장에 입각하여 운영되고 있다. 이에 따라 UN과 밀접한 관계를 가지고 있으며, 처음으로 UN의 전문기구가 되었다. 다른 국제기구는 대부분 정부가 회원국의 대표로 있지만, ILO의 경우, 사용자·노동자·정부의 대표가 이사회에 속해 있다(임기 3년). 상설기관으로는 총회, 이사회, 사무국이 있으며, 보조기관으로는 각 지역별 회의와 여러 노조위원회가 있다. 매년 1회 개최되는 총회에는 각 가맹국의 정부대표 2인과 노사대표 각 1인이 참석하며, 국제노동조약과 권고가 결정된다. 2022년 기준 187개국이 가입하였으며, 한국은 1991년 12월 152번째 회원국으로 가입하여 1996년부터 3년 임기의 이사국으로 활동하였다. 본부는 스위스 제네바에 있다.

## 9. 세계보건기구(World Health Organization: WHO)

1946년 61개국의 세계보건기구헌장 서명 후 1948년 26개 회원국의 비준을 거쳐 정식으로 발족하였다. 1923년에 설립한 국제연맹(League of Nations) 산하 보건기구와 1909년 파리에서 개설한 국제공중보건사무소에서는 약물을 표준화하고, 전염병을 통제하며 격리조치하는 업무를 수행하였다. WHO에서는 이 업무를 이어받아 세계 인류가 신체적·정신적으로 최고의 건강 수준에 도달하는 것을 목적으로 활동한다. 이를 위해 중앙검역소 업무와 연구자료 제공, 유행성 질병 및 전염병 대책 후원, 회원국의 공중보건 관련 행정 강화와 확장 지원 등의 일을 맡아 본다.

WHO의 본부는 스위스 제네바에 위치해 있다. 에티오피아의 외무장관인 테워드로스 아드하놈 거브러이여수스는 2017년 7월 중국의 지지를 받아 WHO 사무총장에 당선되었다. 2022년 기준으로 194개 회원국이 가입되어 있다. 몰타 기사단은 옵저버로 참가하고 있다. 대만은 2009년부터 2016년까지 옵저버로 참가하였으나 양안 관계문제로 인하여 참가하지 못하고 있다. WHO 회원국은 세계보건기구의 최고 의사 결정 기구인 세계보건총회(World Health Assembly: WHA)에 대표단을 파견한다. WHA는 통상적으로 제네바에서 매년 5월에 열리며 각국 대표가 모두 참가한다. 사무총장 임기는 5년이며 연임할 수 있다. 미국은 2020년 7월 탈퇴를 선언하였다.

## 10. 국제민간항공기구(International Civil Aviation Organization: ICAO)

민간항공의 안전과 발전을 주된 목적으로 하는 정부 차원의 국제협력기구이다. 1944년 시카고에서 52개국 대표가 모여 설립을 결정한 국제민간항공조약(시카고조약)에 의거하여 설립되었다. 1947년 UN경제사회이사회 산하 전문기구가 되었다. 국제민간항공운송의 발전과 안전의 확보, 능률적이고 경제적인 운송의 실현, 항공기 설계·운항기술 발전 등을 주요 목표로 삼고 있다.

## 11. 국제해사기구(International Maritime Organization: IMO)

1948년 2월 19일에 스위스 제네바에서 UN해사위원회가 열렸고 1948년 3월 6일 미국과 영국을 비롯한 12개국이 국제해사기구조약을 채택하였다. 이 조약은 1958년 3월 17일부터 발효되었고 1959년 1월 6일 UN의 전문기구인 정부간해사자문기구(IMCO)가 활동을 시작하였다.

## 12. 만국우편연합(Universal Postal Union: UPU)

1874년 스위스 베른에서 22개국 대표가 모인 국제회의에서 일반우편연합의 후신으로 1947년 설립되었고, 1948년 UN의 전문기관이 되었다. 우편물의 교환을 원활히 하여 세계의 경제·문화 교류를 도모하고자 하는 것이 그 목적이다. 회원국은 5년에 1회 우편대회를 개최하여 우편에 관한 조약을 심의·개정한다. 우편연합의 주요 기관으로는 연합의 활동을 계속적으로 행하기 위한 집행이사회, 각국의 국내우편사업을 개선하기 위하여 가맹국의 공동연구를 위한 우편연구 자문위원회가 있다. 기관지 『유니언 포스털: Union Postal』(월간)이 발행되고 있다. 1994년 제21차 총회가 서울에서 개최되었다.

### 13. 국제전기통신연합(International Telecommunication Union: ITU)

1865년 5월 17일에 국제전신연합으로 창설되어 1932년 마드리드 만국무선전신회의에서 지금의 명칭으로 바뀌었다. 1932년 국제전기통신협정에 따라 국제전신협정과 국제무선전신협정을 통합하였고 협정의 효력이 발생하는 1934년부터 국제전기통신연합이 국제전신연합을 계승하였다. 1947년부터는 UN의 전문기구가 되었으며 협정 내용도 몇 차례 개정되었다.

### 14. UN식량농업기구(UN Food & Agriculture Organization: UNFAO)

1943년 5월 미국 대통령 프랭클린 D. 루스벨트(Franklin D. Roosevelt)의 제창에 의해 개최된 식량농업회의를 모체로 하여, 1945년 10월 캐나다 퀘벡에서 소집된 제1회 총회에서 34개국의 헌장서명으로 발족하였다. 모든 사람의 영양기준 및 생활 향상, 식량과 농산물의 생산 및 분배 능률 증진, 개발도상국 농민의 생활상태 개선, 이를 통한 세계경제 발전에 기여하는 것을 목적으로 한다.

### 15. 국제농업개발기금(International Fund for Agricultural Development: IFAD)

개발도상국에 대한 농업 개발 촉진과 식량 생산 증대를 위하여 설치된 UN의 전문기관이다. 1974년 11월 WFC(World Food Conference, 세계식량회의)는 1970년대 초 아프리카 사헬지역 사람들이 식량 부족으로 기아에 시달리자 이를 해결하고자 조직되었다. WFC는 국제농업개발기금을 설립하여 즉각 개발도상국의 식량 생산을 늘리기 위해 재정적으로 지원할 것을 결정하였고, 1976년 6월 채택된 '국제농업개발기금 설립협정'이 1977년 11월 발효되면서 15번째 UN의 전문기관으로 발족하였다.

### 16. UN공업개발기구(UN International Development Organization: UNIDO)

1966년 제21차 UN총회의 결의로 종래의 UN공업개발센터를 계승하여 1967년 1월 UN총회의 보조기구로 발족하였다. 1979년 UNIDO헌장이 채택되고 1985년 그 효력을 발생함에 따라 1986년에 ECOSOC(Economic and Social Council, UN경제사회이사회)와 특별협정을 체결하여 UN의 16번째 전문기구가 되었다. 개발도상국 공업 개발 확대 및 근대화를 지원하고, 개발도상국 간 또는 개발도상국과 선진국 간의 협력과 기술원조를 촉진한다. UN 내의 공업활동과 관련한 중앙조정기관의 임무를 가지며, 개발도상국의 공업 개발에 필요한 연구·조사·계획 작성 및 기술원조를 행하고, 공업관계 표준화, 데이터 정보를 수집·분석·발행한다.

## 17. 국제투자분쟁해결센터(International Centre for Settlement of Investment Disputes: ICSID)

국제부흥개발은행(IBRD)의 후원하에서 체결된 '국가와 다른 국가의 국민 간에 투자분쟁해결에 관한 협약(워싱턴협약)'에 기초하여 1966년에 설립된 국제기구이다. 국제부흥개발은행(IBRD), 국제개발협회(IDA), 국제금융공사(IFC), 국제투자 보증기구(MIGA)와 함께 '세계은행그룹(World Bank Group)'을 구성한다. ICSID는 체약국과 다른 체약국의 국민 간의 투자와 관련된 분쟁을 조정 또는 중재에 의하여 해결하기 위한 여러 가지 편의를 제공하는 것을 그 목적으로 한다. ICSID는 직접 분쟁의 중재에 나서는 것은 아니며 중재절차를 관장할 뿐이다. 중재는 워싱턴협약이 정하는 바에 따라 선정되는 재판관이 한다. 따라서 실제의 조정 또는 중재는 사건이 부탁될 때마다 설치되는 조정위원회 또는 중재판정부에 의하여 행해진다.

## 18. 다자간 투자보증기구(Multilateral Investment Guarantee Agency: MIGA)

세계은행이 제안한 해외투자 관련 Risk를 담보하기 위한 국제보험기관으로 세계외채문제의 해결에 공헌하기 위하여 개발도상국들에 대한 민간투자를 촉진하여 개발도상국들의 경제 활성화를 도모하는 것을 그 목적으로 하고 있다. 이전위험, 권리박탈위험, 계약 위반위험, 전쟁 및 내란 위험 등의 비상업적 위험을 보증하고, 투자를 크게 늘려 개발도상국에 대한 투자를 촉진하고, 정보기술 제공, 투자촉진협정 체결, 관련국 사이의 분쟁 해결 등도 담당한다. 조직으로는 가입국 대표로 구성되는 최고 의결기관인 총회와 일반업무를 총괄하는 이사회, 실제 제반업무를 책임지는 사무국 등을 두고 있다. 국제투자보증기구는 세계은행의 산하기구로 설립되었기 때문에 여타 산하기구와의 관계를 고려하여 가입자격을 세계은행 전회원국과 스위스로 하였다. 2022년 기준 회원은 167개국이며 본부는 미국 워싱턴에 위치해 있다.

## 19. 세계관광기구(World Tourism Organization: WTO)

관광진흥과 발전을 통한 경제 발전, 국제 간 평화와 번영에 공헌하는 목적으로 1975년에 설립된 정부 간 기구로, 1925년 설립된 '국제관광연맹(International Union of Official Travel Organizations: IUOTO)'이 정부간기구로 개편된 것이다. 설립목적은 세계 관광정책을 조정하고, 회원국의 관광경제 발전을 도모하며, 각국의 사회문화적 우호관계를 증진하는 것에 있다. 이를 위해 세계관광통계자료를 제공하고, 정기간행물(WTO News)을 발간하고 있으며, 여행편의 촉진, 안전, 교육훈련, 정보교환 사업 등을 펼치고 있다. 본부는 스페인 마드리드에 있으며, 2년마다 총회가 개최된다. 사무국, 유럽, 미주, 동아태 등 6개 지역위원회와 집행위원회로 조직되어 있다.

## 제6항 UN의 평화유지활동

### 1 서설

#### 1. 개념

평화유지활동에 대한 헌장상의 정의규정은 없으나, 그 활동을 통해 개념을 추출해 보면, 평화유지활동이란 군사요원을 포함하되 강제력은 사용하지 않는 활동으로 분쟁지역의 국제평화와 안전을 유지하고 회복하는 것을 돕기 위해서 UN에 의해 취해지는 제반활동을 말한다.

#### 2. 구별개념

**(1) 헌장 제6장 및 제7장상의 조치와의 구별**

평화유지활동은 헌장 제6장에 규정된 외교적·사법적 수단에 의해 수행되는 평화창출(Peace Making)활동과 구별된다. 또한 헌장 제7장에 규정된 집단안전보장(Peace Enforcing)을 위한 활동과도 구별된다. 평화유지활동은 불완전하나마 현재 존재하는 평화를 유지하려는 목적을 가지는 것으로서, 이미 파괴된 평화를 회복하고자 하는 것은 아니다.

**(2) UN 상비체제와의 구별**

헌장 제정 당시부터 상비군 보유의 필요성을 인식하여 헌장 제43조에 근거를 두었으나, 실현되지 못하였다. 1992년 부트로스 갈리는 UN상비군(UN Stand - by Force)을 제안하였으나, 회원국의 반발로 'UN상비체제(UN Stand - by Arrangements System)'라는 보다 현실적인 대안이 추진되고 있다. UN상비체제는 UN회원국이 UN사무국과의 사전협의에 따라 평시 자국의 특정 부대와 장비 등을 UN 상비체제용으로 지정하여 자체적으로 유지하다가 유사 시 UN의 요청이 있을 경우 이를 일정 시일 내에 UN 측에 제공하는 제도이다. 현재 우리나라도 참여하고 있다.

**(3) 다국적군**

UN평화유지활동이 원칙적으로 분쟁당사자의 동의하에 제한된 범위 내의 무력을 사용하면서 임무를 수행해야 하는 한계가 있음을 고려하여 냉전 종식 후 헌장 제7장상의 평화집행에 해당하는 군사조치가 필요한 경우, 강대국들의 주도로 다국적군(Multilateral Forces)을 구성하는 방식이 적용되고 있다. 다국적군은 일반적으로 평화를 회복시켜 PKO가 가능한 상황을 조성함으로써 그 임무를 완수한다. 다국적군은 통상 UN안전보장이사회의 승인하에 구성되지만, UN의 직접적인 지휘·통제하에 있지 않고 UN예산으로 운용되지 않는다는 점에서 평화유지활동과 구분된다.

## ◐ PKF와 다국적군 비교

| 구분 | PKF | 다국적군 |
|---|---|---|
| 창설기관 | 안전보장이사회, 총회 | 안전보장이사회 |
| 헌장상 근거 | 없음(ICJ - 목적필요설) | 헌장 제7장(안전보장이사회 관행) |
| 분쟁당사국 동의 여부 | 동의 필요 | 동의 불필요 |
| 선제적 무력사용 | 불가 | 가능 |
| 법적 성격 | UN군 | UN군 아님 |
| 통제 | UN사무총장 | 파견국 |
| 비용부담 주체 | UN | 파견국 |

### 3. 취지

평화유지활동은 UN의 집단안전보장체제에 내재된 제도적 흠결을 보완하기 위해 UN의 관행으로 발전되어 오고 있다. 즉, 헌장 제6장에서 예정된 분쟁의 평화적 해결을 위한 방안이 무력화되고 분쟁이 국제평화와 안전의 유지를 위태롭게 할 우려가 있는 단계가 이미 지났음에도 안전보장이사회 상임이사국 간 의견 불일치 등의 이유로 헌장 제7장에 의거한 행동이 발동되지 못할 수 있기 때문이다.

### 4. 연혁

#### (1) 제1세대 PKO

냉전기의 PKO를 제1세대 PKO(전통적 PKO)라고 한다. 전통적 PKO는 ① 분쟁당사자들의 정전합의, ② 중립·불개입원칙에 따른 PKO 파견에 대한 현지당사자의 동의, ③ 무력불행사, ④ 상임이사국의 참여 배제 등의 원칙에 기초하여 활동하였다. 전통적 PKO는 소극적·중립적 태도로 뚜렷한 성과를 달성하지 못하였다는 평가를 받는다. 팔레스타인의 UNTSO, 인도·파키스탄의 UNMOGIP, 중동지역의 UNDOF 등이 주요 사례다.

#### (2) 제2세대 PKO

2세대 평화유지활동은 냉전 종식 이후 1990년대에 본격화된 형태로, 내전이나 국가 붕괴 상황에 대응하기 위해 기존의 단순한 정전 감시를 넘어 선거 지원, 인도주의 구호, 치안 유지, 정부 기능 복구 등의 복합 민군 임무를 수행하는 것이 특징이다. 1992년 부트로스 갈리 UN사무총장의 보고서 '평화를 위한 과제(Agenda for Peace)'에 따라 마케도니아의 PKO 사례와 같이 무력분쟁이 발생하기 전에 예방의 목적으로 파견되기도 하였다. 제2세대 PKO는 이른바 '제7장형 PKO'도 존재하였으며, UN헌장 제7장에 따라 반드시 분쟁당사국의 동의를 전제하지 않고도 파견되거나, 무력사용권한을 부여받기도 하였다.

> **참고**
>
> **평화를 위한 과제(Agenda for Peace)**
> 「평화를 위한 의제(An Agenda for Peace)」는 유엔 사무총장 부트로스 부트로스-갈리가 1992년 제출한 보고서로, 냉전 종식 이후 유엔의 평화기능 강화를 목표로 예방외교, 평화유지, 평화집행, 평화구축의 네 가지 개념을 체계화하고, 특히 유엔 헌장 제7장에 기반한 무력 사용을 포함한 평화집행(Peace Enforcement)의 필요성과 정당성을 강조하였다. 그러나 유고슬라비아 내전, 소말리아 실패, 르완다 집단학살 등 유엔이 수행한 강제적 개입의 한계가 드러나자, 갈리는 1995년 「평화를 위한 의제 보충 보고서(Supplement to An Agenda for Peace)」를 제출하여 그 한계를 반성하고 교정하고자 하였다. 이 보고서는 무력 사용의 확대가 유엔의 중립성과 정당성을 훼손할 수 있음을 경고하며, 무력 개입은 마지막 수단이어야 하며 안보리의 엄격한 통제와 명확한 법적 근거 아래 신중하게 이루어져야 한다고 강조하였다. 아울러 회원국의 정치적 의지 부족, 자원 제공의 한계, 복합임무 간 조정 실패, 지역기구와의 비효율적 협력 등을 지적하며, 향후 평화임무의 실효성을 높이기 위한 제도적 개선과 현실적 기준 정립을 촉구하였다. 이로써 두 문서는 유엔 평화활동의 이상적 비전과 현실적 조정 방향을 함께 제시하며, 제3세대 평화유지활동의 이론적·정책적 기반을 형성하는 중요한 연속선상에 놓여 있다.

### (3) 제3세대 PKO

3세대 평화유지활동은 2000년대 이후 등장한 강제적 성격의 임무로, 분쟁이 계속되는 지역에서 무력 사용을 포함한 '평화집행(Peace Enforcement)' 성격의 활동을 수행한다. 이는 무장단체의 공격 억제, 민간인 보호, 반군 소탕, 테러 대응, 국가 재건 등 고위험·고강도 작전을 포함하며, 때로는 분쟁 당사자의 동의 없이도 유엔 안보리 결의에 따라 개입이 이뤄진다. 자위 목적을 넘어선 공세적 무력 사용이 허용되며, 대표 사례로는 콩고의 MONUSCO, 남수단의 UNMISS, 말리의 MINUSMA 등이 있다.

## 2 주요 활동

### 1. 휴전의 감시와 확인

PKO의 가장 전통적이고 기본적인 기능으로서 통상 경무장한 평화유지군이 분쟁지역에 완충지대를 설정하고, 순찰 등을 통하여 휴전 또는 정전의 이행상황을 감시한다. 제2세대 PKO에서는 외국 군대의 철수 감시, 인권상황 감시 등의 기능이 추가되고 있다.

## 2. 인도적 구호활동 지원

분쟁지역에서의 난민 구호활동에는 군사적 측면의 역할이 중요하다는 인식하에 평화유지군은 인도적 구호활동을 지원하는 임무를 수행한다. 이들은 도로상 지뢰 제거·수색·통신서비스 제공 등을 통해 구호물자 호송을 보호하였다. 1992년의 '제2차 UN보스니아 평화유지군(UN Protection Force II : UNPROFOR II)'은 인도적 활동지원을 목표로 설치된 최초의 평화유지군이었으며, 같은 해 '제1차 UN소말리아활동단(UN Operation in Somalia I : UNOSOM I)'도 기아지역 주민들에 대한 구호활동을 원활히 하기 위한 인도주의적 성격의 임무를 수행하였다.

## 3. 무장해제

내전을 종식시키기 위한 포괄적인 정치적 타결에는 교전당사자의 무장해제가 필수적인 과제로 대두되자, UN은 내전종식을 위한 정파 간 협정이 체결되었을 때 신속히 각 정파의 부대를 일정한 지역에 집결시켜 무장해제와 동원해제를 시행하고 감독하는 기능을 평화유지활동에 포함시켰다. 1992년의 'UN엘살바도르감시단(UN Observer Mission in El Salvador: ONUSAL)', 1993년의 '제2차 UN소말리아활동단(UN Operation in Somalia II : UNOSOM ii)'이 주요 사례이다. UNOSOM II 사례는 강압적 무장해제는 충분한 군사력을 보유해야만 달성 가능함을 보여주는 한편, 무력을 행사하는 것은 PKO의 본래적 목표인 포괄적인 정치적 해결이나 인도적 지원에 지장을 초래할 수 있으므로 신중을 기해야 함을 보여주었다.

## 4. 지뢰 제거 지원

현대 무력분쟁의 특성 중 하나는 지뢰가 대량 사용되고 있다는 점이다. 따라서 지뢰로 인한 인명피해나 국가적 손실을 예방하고, 난민송환 등 인도적 구호활동을 효율적으로 전개하기 위해 PKO는 지뢰 제거활동을 전개하고 있다. PKO는 지뢰지대식별이나 제거임무를 직접 또는 민간회사를 통해 수행하거나, 지역주민의 요청에 따라 지뢰 제거훈련을 제공하거나 장비를 지원하기도 한다.

## 5. 선거 실시와 감시

냉전 종식 후 지역분쟁과 내란이 종식됨에 따라 다당제 선거의 실시와 감시는 평화회복과정에서 중요한 부분이 되었다. 이에 따라 UN평화유지활동은 분쟁지역에서의 선거실시와 감시에 직·간접적으로 관여하고 있다. 이와 관련한 PKO는 세 가지로 나누어지는 바, ① 선거관리당국에 대한 기능적 지원(교통·통신지원), ② 선거관리당국의 인원·시설장비의 보호, ③ 선거절차를 감시하고 지원하는 역할을 한다.

## 6. 예방적 조치

1992년 부트로스 갈리 UN사무총장의 'An Agenda for Peace'에 '예방적 배치(Preventive Deployment)' 개념이 제시되었다. 예방적 배치는 평화에 대한 위협이 될 수 있는 사태의 추이를 감시·보고하는 역할을 수행하는 것이다(1995년 UN마케도니아예방배치단).

## 3 활동원칙

UN평화유지군의 효시인 'UN긴급군(UNEF)' 창설 당시 다그 함마르셸드 UN사무총장에 의해 제시된 이후 수정을 거쳐 다음의 5개 원칙으로 정착되었으나, 현재는 UN PKO의 관행상 다소 탄력적으로 해석되는 경향이 있다.

### 1. 당사자 동의의 원칙

평화유지활동은 원칙적으로 분쟁당사자들의 동의(Consent)가 있을 경우에만 설립·배치될 수 있고, 실제로 분쟁당사자들로부터 지속적인 동의와 협력을 받아야만 임무를 성공적으로 수행할 수 있다. 당사자들의 비지속적(Sporadic) 동의나 부분적(Partial) 동의의 경우 평화유지활동의 목적 달성가능성이 낮다. 단, 당사자 동의의 원칙은 분쟁당사자의 확인이 어렵거나 다수의 분쟁당사자가 존재하는 경우에는 당사자 대부분의 동의하에 평화유지군이 배치되기도 한다(구유고슬라비아 또는 소말리아).

### 2. 중립성의 원칙

평화유지활동은 분쟁당사자 사이에서 중립성을 유지해야 하며, 분쟁당사자들의 입장이나 주장에 대해 편견을 가지지 않고 객관적이며 공정한 기준하에서 임무를 수행해야 한다. 그러나 최근에는 중립성의 원칙이 보다 탄력적으로 해석되는 관행도 있다. 분쟁당사자 중 일방은 평화유지활동에 협조적이나, 타방이 이를 방해하는 경우 쌍방에 대해 중립과 공평을 유지하는 것은 형평에 어긋난다고 평가되기 때문이다.

### 3. 무력불사용의 원칙

평화유지활동에서 무력사용은 자위(Self-defence)를 위하여 필요한 최소한의 수준으로 한정된다. 이는 원칙적으로 분쟁당사자의 동의 속에 중립성을 유지하는 가운데 임무를 수행하므로, 무력사용의 필요가 거의 없다는 전제에서 경무장한 상태로 활동하기 때문이다. 그러나 냉전 종식 이후 평화유지군의 활동이 인도적 구호활동이나 무장해제와 같은 역할로 확대되고, 부분적 동의에 기초해서도 활동하게 됨에 따라 무력불사용원칙이 보다 탄력적으로 적용되고 있다. 무장세력이 인도적 구호활동을 방해하는 경우 사실상 활동이 불가능하기 때문이다. UN사무국은 "자위목적의 경우 또는 무장한 자가 평화유지군의 임무수행을 저지하는 경우 최소한의 무력을 사용할 수 있다."라고 보고 있다.

### 4. 자발적 파견의 원칙

평화유지활동은 UN의 강제조치와 달리 UN 회원국에 대해 강제적으로 요구되는 조치가 아니라 참가국의 의사에 따라 결정되는 자발적 조치이다. 평화유지군은 중소·중립 국가의 자발적 파견에 의해 구성되는 것을 원칙으로 한다.

### 5. UN사무총장의 평화유지활동 관장원칙

유엔 사무총장은 평화유지활동(PKO)의 최고 책임자로서, 안보리 결의에 따라 임무를 계획하고 실행하며, 관련 정치·군사·인도적 조치를 조정·통합하는 핵심 역할을 수행한다. 구체적으로는 각 임무의 성격에 맞는 작전 계획을 수립하고, 평화유지군 지휘관 및 민간특별대표를 임명하며, 분쟁 당사국과의 협의, 회원국과의 병력·예산 협상, 안보리와의 정기 보고 및 권고 등을 통해 PKO의 전략적 방향과 운영을 총괄한다. 또한 사무총장은 유엔 사무국 산하의 평화작전국(DPO)과 협력하여 임무의 실질적 관리·감독을 수행하며, 분쟁 현장에 정치적 중재자를 파견하거나 현장 방문 등을 통해 유엔의 평화 임무에 대한 국제적 정당성과 정치적 영향력을 뒷받침한다.

## 4 법적 근거

### 1. 학설

안전보장이사회는 '국제평화와 안전의 유지를 위한 1차적 기관'임을 규정한 제24조에 기초하여, 총회의 경우는 헌장의 범위 내의 여하한 상황에 대해서도 권고할 수 있는 일반적 권한(제10조)에 기초하여 권고권을 가지고 있으므로 이러한 권고에 기초하여 PKO를 창설할 수 있다.

### 2. 국제사법재판소(ICJ)의 견해

1962년 국제사법재판소(ICJ)는 'UN경비에 관한 권고적 의견'에서 총회는 평화적 조정에 관한 권고 규정인 제14조를, 안전보장이사회는 안전보장이사회의 보조기관 설치권한을 규정한 헌장 제29조를 근거규정으로 판시하였다.

## 5 구성과 법적 지위 및 예산

### 1. 평화유지군의 구성 및 지휘체계

평화유지군의 편성을 최종적으로 결정할 권한은 UN에 있다. 평화유지활동의 중립적 성격을 보장하기 위해 5대 상임이사국과 특수이해관계국의 병력은 편성에서 제외된다. 평화유지군은 UN의 배타적 지배하에 놓여지며 사무총장의 지휘를 받는다. 국별 파견부대는 UN군으로 통합되며, 통일사령부의 지휘하에 국제적인 임무를 수행한다.

### 2. 평화유지군의 특권 면제

평화유지군은 UN헌장 제104조 및 제105조, UN의 특권면제에 관한 조약에 기초하여 그 임무 수행 및 목적 달성에 필요한 특권 및 면제를 향유한다.

### 3. 예산

유엔 평화유지활동의 예산은 매년 유엔 총회에서 승인되며, 회계연도는 7월 1일부터 다음 해 6월 30일까지를 기준으로 한다. 2024~2025 회계연도 기준 평화유지활동 예산은 약 56억 달러로, 이는 전 세계 군사비 지출의 0.5% 미만에 해당하는 비교적 소규모 예산이다. 이 예산은 현재 유엔이 수행 중인 9개의 주요 평화유지 임무뿐 아니라, 이들을 지원하는 글로벌 서비스 센터(이탈리아 브린디시, 우간다 엔테베)의 운영비 등을 포함한다. 일부 특별 임무(예) 중동 감시단 UNTSO, 인도 - 파키스탄 감시단 UNMOGIP)는 유엔 일반 예산(regular budget)에서 별도로 지원된다. 평화유지활동 예산은 각 회원국의 분담률에 따라 부담되며, 이는 유엔 총회가 정한 평가기준에 따라 국가별 경제력과 상임이사국의 특별 책임 등을 반영해 책정된다. 주요 분담국으로는 미국, 중국, 일본, 독일, 영국, 프랑스 등이 있으며, 한국도 약 2.6%의 분담률로 참여하고 있다.

## 6  주요 사례

### 1. 아랍 · 이스라엘 - UNTSO

UNTSO(United Nations Truce Supervision Organization in Palestine)는 최초의 UN평화유지군으로서 1948년 5월 이스라엘과 아랍 국가들 간에 벌어진 제1차 중동전쟁을 계기로 팔레스타인지역에 파견되었다. 파견에 있어서 동의성 · 중립성 · 비무장 등 전통적 평화유지원칙을 확립하였다. 이들의 활동은 사무총장이 전반적으로 통제하되, UN조정관의 위임하에 '참모장(Chief of Staff)'이 지휘하였다.

### 2. 수에즈 운하 - UNEF

1959년 7월 미국이 이집트가 나일강에 건축 중이던 아스완 댐에 대한 금융지원을 중단하자, 이집트는 수에즈 운하회사를 국유화하는 것으로 응수하였다. 이에 수에즈 운하에 막대한 이익이 걸려 있었던 영국과 프랑스의 지원을 받은 이스라엘이 이집트를 공격하였다. 안전보장이사회에서는 프랑스와 영국의 거부권으로 논의가 무산되자, 유고는 이 문제를 UN긴급총회에 회부하였다. 긴급총회는 '평화를 위한 단결결의'에 따른 조치였다. 총회는 결의안 제998호를 통해 휴전과 부대 철수를 촉구하는 한편, 사무총장이 48시간 내에 관련국들의 동의하에 적대행위 종식을 보장하고 감시하기 위한 국제 UN긴급군의 창설계획을 보고할 것을 요청하였다. 이에 따라 UN긴급군(UN Emergency Forces: UNEF)이 창설되었다. UNEF는 영 · 불군과 이스라엘군 및 이집트군 사이의 완충지대에 포진하여, 정전협정 준수 여부를 감시하는 임무를 수행하였다. 1967년 5월 이집트는 UNEF의 철수를 요청하였고, 이에 UNEF는 동년 6월 17일 철수를 완료하였다. UNEF는 UN안전보장이사회가 아닌 총회의 결의에 따라 창설된 최초의 평화유지활동이었다.

## 3. 콩고 - ONUC

벨기에로부터 독립한 콩고에서 폭동이 발생하자 벨기에가 콩고의 동의 없이 군대를 파견하고, 이후 벨기에는 카탕가지역에서 분리독립을 시도하던 세력을 지원하였다. 이에 대해 UN안전보장이사회는 ONUC를 파견하게 되었다. 1962년 내전이 종식되자 ONUC는 1964년 6월 30일 모든 활동을 종료하고 콩고에서 철수하였다. ONUC는 대체로 실패한 평화유지활동 사례로 평가되고 있다. 이는 무엇보다 냉전시기에 안전보장이사회 상임이사국들 상호 간 이념과 이익 갈등을 드러내면서 분쟁해결을 위한 중개자가 존재하지 않았기 때문이었다. ONUC는 냉전 기간 동안 UN안전보장이사회가 자위의 차원을 넘어 무력사용을 승인한 최초의 PKO 미션이었다. 한편, ONUC는 평화유지활동의 원칙 중 하나였던 '중립성의 원칙'을 손상시켰다. ONUC는 콩고 정부군과 분리독립 세력 사이에서 콩고 정부군 편을 들어 줌으로써 중립성의 원칙을 위반하였다.

## 4. 서부 뉴기니 - UNTEA

1949년 네덜란드로부터 독립한 인도네시아는 서부 뉴기니에 대해 영토주권을 주장하였다. 당시 서부 뉴기니의 법적 지위는 미정인 상태였다. 네덜란드는 서부 뉴기니의 지위는 서부 뉴기니 주민들이 스스로 결정해야 한다고 맞섰다. 1962년 초 UN사무총장 우탄트에 의해 평화적 해결을 모색하자 인도네시아는 서부 뉴기니에 군대를 투입하였다. UN사무총장의 중재로 뉴기니의 주권은 UN행정관이 이끄는 과도행정부(UN Temporary Executive Authority: UNTEA)에 이양하는 한편, 치안 유지를 위해 UN치안군(UN Security Force: UNSF)이 파견되었다. 1965년 5월 1일 UNTEA는 서부 뉴기니의 주권을 인도네시아 정부 대표에게 순조롭게 이양함으로써 모든 임무를 성공적으로 완료하였다. UNTEA는 UN이 정치 군사적 임무 수행과정에서 영토에 관한 전면적 행정권을 행사한 최초의 사례이다. 또한, UNTEA는 UNEF에 이어 총회의 결의에 따라 평화유지군이 파견된 역사상 두 번째 사례이다. 한편, 미국과 캐나다 공군이 UNSF 예하부대로 편성됨으로써 미국이 자국군을 UN군의 작전지휘를 받도록 한 최초의 선례를 남겼다.

## 5. 제2의 수에즈 운하 사태 - UNEF II

이집트, 시리아 및 요르단이 이스라엘을 기습공격함으로써 제2의 수에즈 운하 사태가 발발하였다. 수세에 몰린 이스라엘은 미국에 지원을 요청하였고, 미국의 지원으로 전세는 이스라엘에 유리한 방향으로 역전되었다. 이에 이집트는 미국과 소련에게 휴전을 중재해 줄 것을 요청하였다. 안전보장이사회는 결의 제340호를 통해 쌍방의 휴전과 원상회복을 요구하면서 평화유지군 창설을 회원국들에게 요청하였다. 발트하임(Kurt Waldheim)은 UNEF를 모체로 하여 몇 가지 수정조치들을 취하였다. ① 사무총장이 군사령관을 임명하되 안전보장이사회의 사전승인을 받을 것, ② 사무총장은 병력공여국 선정 시 안전보장이사회와 협의할 것, ③ 평화유지군 활동에 영향을 주는 사안에 대해 안전보장이사회에 보고하여 결정할 것, ④ 자위 목적의 무력사용금지원칙을 준수하되, 자위의 정의를 확대하여 평화유지군의 임무수행에 대한 저항에도 적용시킬 것 등을 제시하였다. UNEF II도 성공적으로 평화유지활동을 완수한 것으로 평가된다.

## 6. 레바논 - UNIFIL

레바논에서의 내전 끝에 1975년 신정부가 수립되었으나, 레바논 내에서는 기독교 민병대, PLO, 레바논 민족운동(Lebanese National Movement)세력 등의 투쟁으로 내정 불안이 지속되었다. 그 과정에서 1978년 이스라엘의 텔아비브에서 테러공격이 발생하여 이스라엘인이 사망 및 부상을 입었다. 이에 대해 이스라엘은 레바논을 공격하여 거의 전 영토를 장악하였다. 안전보장이사회는 결의안 제425호를 통해 이스라엘의 철수를 요구하는 한편, 이스라엘군의 철수 확인, 세계평화와 안전의 회복을 위해 레바논 임시군(UN Interim Force In Lebanon: UNIFIL) 창설을 요청하였다. UNFIL은 냉전시대에 안전보장이사회가 창설한 마지막 평화유지활동 미션이다. ONUC에 이어 UNIFIL은 냉전기간 중 가장 어려운 평화유지활동지역으로 평가되고 있다. 레바논에서 일단 철수하였던 이스라엘은 이후 UNIFIL이 주둔하고 있음에도 불구하고 레바논을 재침공하여 친이스라엘 정권을 수립하였다. 이스라엘의 2차 침공은 UN평화유지활동 역사에 심대한 타격을 주었으며, UNIFIL은 분쟁당사자 가운데 어느 일방의 군사행동으로 인하여 무력화된 최초의 사례로 기록되었다.

## 7. 나미비아 - UNTAG

제1차 세계대전 중 남아프리카공화국은 1884년부터 서남아프리카(나미비아)를 차지하고 있었던 독일을 물리치고 새로운 식민세력으로 등장하였으나, 국제연맹은 이를 인정하지 않고, 위임통치령으로 삼았으며, UN 역시 이를 승계하여 신탁통치이사회의 관할권에 포함시켰다. 그러나, 남아프리카공화국은 이를 인정하지 않고 서남아프리카를 계속 점령하면서 다섯 번째 주(Province)로 편입하고자 하였다. 서남아프리카에서는 서남아프리카 인민기구(South West Africa People's Organization: SWAPO)가 결성되었고 UN은 이를 유일한 합법적 대표로 인정하는 한편, 총회결의 제2145호를 통해 남아프리카공화국의 위임통치 종결을 확인하면서 나미비아에 대한 남아프리카공화국의 지배를 불법행위로 규정하였다. 국제사법재판소(ICJ) 역시 이를 확인하는 권고적 의견을 부여하였다. 1978년 안전보장이사회는 결의 제435호에서 나미비아의 조기독립을 보장하도록 지원하기 위해 UNTAG(UN Transition Assistance Group)을 1년간 설치하기로 결정하였다. 나미비아는 이후 1990년 헌법을 제정하고 5월 21일 정식으로 독립을 선포하는 한편 UN에 가입하였다. 나미비아 사례 역시 UN평화유지활동의 가장 성공적이고 모범적인 사례로 기록되었다. UNTAG는 정전협정 이행상태 감시와 같은 전통적 임무에 추가하여 민주적 선거 및 이와 관련된 정치적·인도주의적 활동을 동시에 전개함으로써 '제2세대 PKO'라 불리는 다차원적 평화유지활동의 모델이 되었다.

## 8. 앙골라 - UNAVEM Ⅰ, Ⅱ, Ⅲ

포르투갈로부터 독립한 앙골라는 내전 사태가 지속되는 과정에서 쿠바군 등 외국 군대가 주둔하게 되었다. 안전보장이사회결의 제602호(1987년)를 통해 앙골라로부터 쿠바 군대의 무조건적 철수를 요구하는 한편, 사무총장에게 이를 검증하는 임무를 부여하였다. 앙골라와 쿠바는 군대 철수에 합의하였고, 양국은 사무총장에게 UN감시단을 파견해 줄 것을 요청하였다. 안전보장이사회는 사무총장의 건의에 따라 쿠바군이 철수를 완료하는 1991년 7월 1일까지 31개월간 UNAVEM Ⅰ을 설치하기로 결의하였다. 1989년부터 시작된 UNAVEM Ⅰ은 협조적인 분위기 속에서 앙골라로부터 쿠바군 철수 감독이라는 명령을 완료하였다. 1991년 안전보장이사회는 UNAVEM Ⅱ를 창설하여 선거 감시 및 검증, 군대 해산 및 방위군 창설, 경찰력 감독 등을 위임하였다. UNAVEM Ⅱ 역시 2세대 평화유지활동에 속한다. 안전보장이사회는 1995년 UNAVEM Ⅲ를 창설하는 결의안을 통과시켰다. UNAVEM Ⅱ, UNAVEM Ⅲ는 대체로 실패한 사례로 평가된다. 실패요인으로는 인적·물적 자원의 부족과 분쟁당사자들의 분쟁 종식의지 약화 등이 거론된다.

## 9. 엘살바도르 - ONUSAL

1980년대 초 엘살바도르에서는 좌파 반정부 게릴라단체인 해방전선이 형성되자 이에 대항하여 미국의 지지를 받는 강경보수세력 연대인 민족주의공화연맹이 결성되어 내전을 벌였다. 내전이 장기화되자 UN사무총장을 중심으로 평화를 위한 중재가 진행되었고 1990년 7월 양측은 국제기준의 인권법 준수를 약속하는 인권협정을 체결하였다. 1991년 안전보장이사회는 ONUSAL(UN Observer Mission in El Salvador) 창설을 승인하고 엘살바도르에서의 인권상황 감독, 특정 인권 위반 사례 조사, 인권 증진 등의 임무를 부여하였다. ONUSAL은 1995년 성공적으로 임무를 마치고 활동을 종료하였다.

## 10. 모잠비크 - ONUMOZ

모잠비크는 1498년 포르투갈의 모험가 바스코 다가마(Vasco da Gama)가 발견한 이래 포르투갈의 지배를 받아 왔으며 제2차 세계대전 이후에도 지속되었다. 1962년 공산주의 노선의 모잠비크 해방전선이 결성되어 독립투쟁을 개시하였으며 1975년 독립이 선포되었다. 그러나 인접국인 남부 로디지아(지금의 짐바브웨)에서 모잠비크 민족저항운동이 결성되어 모잠비크 해방전선과 내전을 벌였다. 여기에 미국과 소련이 이념에 기초하여 지원함으로써 내전은 한층 복잡한 양상을 띠고 전개되었다. 이 내전은 1992년 이탈리아 중재로 평화협정이 체결됨으로써 종식되고 정부가 수립되었다. 동 평화협정 이행을 위해 안전보장이사회는 결의 제797호를 통해 ONUMOZ(UN Operation in Mozambique)를 창설하였다. ONUMOZ는 성공적으로 임무를 수행하고 1994년 12월 9일 임무를 완료하였다.

## 11. 캄보디아 - UNAMIC, UNTAC

1975년 크메르 루주(Khmer Rouge)에 의해 사회주의 정권이 수립된 이후 중국, 미국, ASEAN의 지원을 받은 반군세력과 내전을 치르게 되었다. 당초 안전보장이사회에서는 상임이사국들 간 이견으로 어떠한 조치도 취해지지 못하였다. 총회에서는 모든 외국군 철수와 캄보디아의 자결권을 지지하는 결의안을 채택하였다. 내전은 1991년 주요 정파들이 파리협정에 서명함으로써 종식되었다. 파리협정에 따라 안전보장이사회는 UNTAC(UN Transitional Authority in Cambodia) 창설을 승인하고 휴전협정 준수 및 군대 군축 감독, 전국적 규모의 선거 조직 및 시행, 인도주의적 구호 제공 및 인권 보호 등의 임무를 부여하였다. 1993년 정부가 수립되고 UNTAC는 성공적으로 임무를 완수하고 종료되었다.

## 12. 소말리아 - UNOSOM Ⅰ, Ⅱ

1989년 이후 소말리아에서는 아이디드(Farah Aidid)를 중심으로 한 통일소말리회의(United Somali Congress: USC)와 마흐디(Ali Mahdi Mohamed)세력 간 내전이 발생하였다. 내전 중 인구 절반 이상이 심각한 인도주의적 위기 사태에 직면하게 되었다. 전국에서 발호하는 군벌과 반도세력들로 인해 국제기구에 의한 구호품 배달도 제대로 이루어지지 못하였다. 1991년에는 50만 명 이상의 소말리아인들이 기아로 사망하였다. 1992년 1월 안전보장이사회는 이러한 사태를 평화에 대한 위협으로 규정하고 UN헌장 제7장에 따라 소말리아에 대한 모든 무기 및 군사 장비의 수출 금지를 결의하였다. 2월 초 UN사무총장의 중재로 소말리아 양대 파벌은 휴전협정을 체결하였으며, 이를 감시하기 위해 UNOSOM Ⅰ이 창설되었다. UNOSOM의 활동은 소말리아 파벌들의 구호차량 납치, 약탈 등으로 인해 제대로 수행되지 못하였다. 이에 안전보장이사회는 결의 제794호를 통해 미국이 필요한 모든 수단을 사용하여 인도주의적 구호활동을 위한 안전한 환경을 신속하게 조성할 권한을 부여해 주었다. 이에 따라 미국 주도하에 UNITAF(Unified Task Force)가 창설되었다. UNITAF의 활동으로 소말리아 제 정파는 휴전, 무기 감축 등에 합의하였다. 긴장 완화에 따라 사무총장은 UNOSOM Ⅱ 설치를 건의하여 평화유지활동을 확대하고자 하였고 안전보장이사회는 이를 승인해 주었다. 활동과정에서 UNOSOM Ⅱ를 지원하던 미군이 사살되면서 클린턴 대통령은 1994년 3월 미군을 철수시켰다. 1995년 3월 31일 UNOSOM Ⅱ는 소기의 목적을 달성하지 못한 채 모든 활동을 중단하였다.

## 13. 보스니아 · 헤르체고비나 - UNPROFOR

1929년 세르비아, 크로아티아, 슬로베니아 등이 합쳐진 유고슬라비아가 탄생하였으나, 1991년 슬로베니아, 크로아티아, 보스니아가 독립을 선언하면서 '대 세르비아' 건설을 추진하였던 밀로셰비치에 의해 인종청소가 자행되었다. 당초 UNPROFOR는 유고연방 해체 이후 평화적 방법으로 유고 사태가 해결될 수 있는 상황을 조성하기 위해 창설된 임시기구로서 크로아티아에 주둔하였으나 내전이 확산되면서 보스니아·헤르체고비나 및 마케도니아로 책임지역을 확대하였다. 보스니아·헤르체고비나에서는 보스니아계 회교도(Bosnian Muslims)와 보스니아계 크로아티아인(Bosnian Croats)을 한편으로 하고 보스니아계 세르비아인(Bosnian Serbs)을 다른 한편으로 하는 세력들 사이의 전투가 지속되어 인도주의적 물자 수송이 불가능해졌다. 보스니아·헤르체고비나 사태의 핵심은 인구의 31%에 불과하면서도 유고군(JNA)의 무력지원을 받아 국토의 70%를 차지하고 있었던 보스니아계 세르비아인들이 독립공화국을 수립한 후, '신 유고연방'을 구성하고 있는 세르비아 공화국과 통합하려고 기도하였던 것이다. 내전이 격화되자 안전보장이사회는 UNPROFOR에게 UN난민고등판무관 및 국제적십자사를 보호하고 인도주의적 구호작전을 지원하는 임무를 부여하는 한편, 보스니아·헤르체고비나 영공에 대한 비행을 금지하였다. 그러나, 이것이 지켜지지 않자 안전보장이사회는 UN헌장 제7장에 의거하여 UNPROFOR에게 '필요한 모든 수단'을 강구하여 비행 금지규정을 준수하도록 하는 권한을 부여하였다. 내전은 1995년 11월 21일 미국의 주선으로 보스니아·헤르체고비나, 세르비아, 크로아티아 대통령은 미국 데이튼(Dayton)에서 회담을 가지고 평화협정을 체결하였다. UNPROFOR의 임무는 1996년 1월 종료되었다.

## 14. 르완다 - UNOMUR, UNAMIR

인구 7백만 명의 르완다는 유목민족인 85%의 후투족(Hutu)과 농경민족인 14%의 투치족(Tutsi)으로 구성되어 있다. 투치족이 지배층을, 후투족이 피지배층을 형성하였다. 르완다는 제1차 세계대전 이후 벨기에의 위임통치를 받았으며, 벨기에는 투치족을 우대하고 후투족을 차별하는 식민정책을 구사하였다. 르완다는 1962년 독립국이 되었다. UN안전보장이사회는 UNOMUR를 창설하고 국경지대를 통한 무기 반입을 통제하는 임무를 부여하였다. 국경감시임무를 수행하는 UNOMUR에 추가하여 안전보장이사회는 UNAMIR를 창설하였다.

### 15. 콩고민주공화국 - MONUC / MONUSCO(1999년 ~ 현재)

1999년 유엔은 콩고민주공화국 내 제2차 내전의 확산을 억제하고 루사카 정전협정 이행을 감시하기 위해 MONUC(유엔 콩고 감시단)을 설치하였다. 이후에도 반군과 외국군 개입, 자원 갈등, 민간인 학살이 계속되자, 2010년부터 임무를 MONUSCO(유엔 콩고 안정화 임무)로 확대 개편하고 헌장 제7장에 따라 무장단체 소탕, 민간인 보호, DDR[Disarmament(무장해제), Demobilization(동원해제), and Reintegration(재통합)] 임무를 수행하도록 하였다. 유엔은 일부 지역에서 기동부대와 무력 사용 권한이 부여된 특수군(FIB)까지 배치하며 강도 높은 작전을 전개하고 있다. 대한민국은 MONUC/MONUSCO에 직접 병력을 파견하지는 않았으나, 유엔 평화유지 예산 분담국으로 재정 지원에 참여하고 있으며, KOICA를 통해 보건·교육·농업 등의 민간 재건 지원 사업도 병행하고 있다.

### 16. 남수단 - UNMISS(2011년 ~ 현재)

남수단이 독립한 직후인 2011년 설치된 UNMISS(유엔 남수단 임무단)는 초기에는 국가 건설 지원 및 치안 정비 중심이었으나, 2013년 내전이 발발하자 임무 성격이 급변하였다. 안보리는 헌장 제7장에 근거해 민간인 보호, 인권 감시, 인도주의 통로 확보, 무력 충돌 억제 등을 중심으로 임무를 재구성하였고, 다수의 유엔 보호소(PoC: Protection of Civilians Sites)가 설치되어 수십만 명의 난민 보호를 담당하였다. 무장 세력 간 교전이 계속되면서 강제적 성격의 평화임무로 운영되고 있다. 대한민국은 2013년부터 2022년까지 '한빛부대'를 보로(Bor) 지역에 파병하여 도로 건설, 교량 보수, 식수 및 의료 지원, 유엔 시설 방호 등 다양한 공병·인도주의 임무를 수행하였으며, 이는 한국의 대표적 PKO 파병 사례로 평가받고 있다.

### 17. 말리 - MINUSMA(2013년 ~ 2023년)

MINUSMA는 2013년 말리 북부에서 발생한 이슬람 반군과 투아레그 분리주의자들의 반란을 진압하고, 국가 통합을 지원하기 위해 유엔 안보리 결의 2100호에 따라 설치되었다. 이 임무는 테러 조직 대응, 치안 확보, 정치적 통합 촉진, 인권 감시, 민간인 보호 등을 수행했다. 그러나 지속적인 안보 악화, 다국적 연합군과의 조정 문제, 반유엔 정서 확대 등으로 2023년 말리 정부의 요청에 따라 철수하였다. 한국은 이 임무에 병력을 직접 파견하지는 않았지만, 유엔 평화유지 예산 분담국으로 재정적 기여를 하였고, 사헬 지역 안보에 관한 국제 협의에도 참여하며 외교적 연대를 유지하였다.

### 18. 수단 다르푸르 - UNAMID(2007년 ~ 2020년)

UNAMID는 수단 다르푸르 내 반군과 정부군 간 내전, 민병대의 민간인 학살 등을 억제하기 위해 아프리카연합(AU)과 유엔이 공동으로 수행한 첫 PKO 임무로, 2007년 유엔 안보리 결의 1769호에 따라 출범하였다. 헌장 제7장에 근거한 강제적 권한이 부여되어, 민간인 보호, 분쟁 중단 감시, 치안 확보, 인도적 지원 보장 등을 수행하였다. 그러나 현지 치안 불안, 정부의 방해, 자원 부족 등의 한계 속에서 2020년 임무가 종료되었다. 대한민국은 UNAMID에 직접 병력을 파병하지는 않았으나, 예산 분담 및 KOICA를 통한 인도적 지원(식수·보건 분야) 등을 통해 간접적으로 기여하였다.

### 19. 동티모르 - UNTAET(1999년 ~ 2002년)

UNTAET는 동티모르가 인도네시아로부터 독립한 후 발생한 무력 충돌과 혼란을 수습하기 위해 1999년 설치된 임무로, 유엔이 직접 행정·사법·경찰·재건 등 국가 전반을 통치한 국가건설형 임무였다. 무장세력의 위협에 대응하기 위해 헌장 제7장 권한이 부여되었고, 국제군(INTERFET)과 연계하여 무력 사용도 가능하였다. 이는 제3세대 PKO가 단순 군사 감시를 넘어 '전체 국가 통치'까지 수행한 예외적 사례로 꼽힌다. 대한민국은 이 임무에 '상록수 부대'를 1999년부터 2003년까지 파병하여, 건설·보안·의료·교육·인도적 지원 등 다양한 임무를 수행하였다.

### 20. 코소보 - UNMIK(1999년 ~ 현재)

UNMIK는 1999년 NATO의 공습 이후 유고슬라비아로부터의 실질적 분리를 겪은 코소보 지역에 설치된 유엔 임무로, 헌장 제7장에 따라 국제 보호령 수준의 임시 행정 권한을 행사하였다. 치안 유지, 사법체계 수립, 인종 갈등 조정, 선거 지원 등을 수행하며, EU와 NATO(KFOR) 등과 분업적으로 운영되었다. 정치적 중립 유지가 어려운 환경에서 민족 간 충돌 억제와 국가 정체성 문제를 다뤄야 했던 복합적 임무로 평가된다. 대한민국은 UNMIK에 병력을 직접 파견하지 않았으나, 국제기구를 통해 헌법재판소 자문관, 선거 전문가, 경찰관 등의 민간 인력을 파견하였고, KFOR(코소보군)와의 정보교류 및 협력도 간헐적으로 유지하였다.

## 7 우리나라의 평화유지활동

### 1. 배경

대한민국은 1991년 유엔에 가입한 이후, 국제사회 일원으로서의 책임을 다하고 국제 평화와 안보 유지에 기여하기 위해 유엔 평화유지활동에 적극 참여해 왔다. 특히 냉전 종식 이후 평화유지활동이 군사 감시를 넘어 국가 재건, 인도주의 지원, 민간 보호 등 복합임무로 확대되면서, 한국의 경제력·기술력·병력 운용 능력이 국제사회에서 중요한 역할로 부각되었다. 또한 PKO 파견은 단순한 국제 기여를 넘어서, 분쟁 지역에서의 국익 확대, 중견국 외교 위상 제고, 유엔 안보리 진출 등 외교 전략적 목표와도 연계되어 있다.

## 2. 사례

대한민국은 1993년 소말리아 유엔평화유지활동(UNOSOM Ⅱ)에 처음으로 '상록수부대'를 파병하며 평화유지활동(PKO)에 본격 참여하였다. 상록수부대는 군사관찰 임무뿐 아니라 공병부대로서 도로·교량·전력시설 복구, 학교 및 농장 지원 등 인도적 재건 임무를 수행했으며, 이는 한국의 첫 단독 유엔 파병이자 실질적 기능을 포함한 복합 임무의 시초였다. 이어 1999년 동티모르에도 상록수부대를 파견하여 국가건설형 PKO에 참여하였고, 2013년부터 2022년까지는 남수단에 '한빛부대'를 파병해 공병·의무·시설 방호, 주민 지원 등의 임무를 수행하였다. 또한 2007년부터는 레바논 유엔휴전감시단(UNIFIL)에 '동명부대'를 파견해 현재까지 작전을 지속 중이며, 이 외에도 아이티, 코트디부아르, 서부 사하라, 인도-파키스탄 국경 등지에 군사관찰관, 경찰관, 민간 전문가들을 파견하였다.

## 3. 관련법률

대한민국의 「국제연합 평화유지활동 참여에 관한 법률」은 2010년 1월 25일 국회에서 제정되어 4월 26일부터 시행되었으며, 유엔 PKO에 대한 파견 절차와 기준, 조직 운영, 국회의 권한 및 보고 의무 등을 규정하고 있다. 이 법은 PKO 참여 목적과 개념 정의, 상비부대 설치 및 준비 근거 설정, 국회 사전 동의를 전제로 최대 1,000명 규모의 병력 파견 허용, 파견 기간 연장과 종료 시 국회 사전 동의 및 요청권 부여, 연간 활동 실적 및 철수 계획 국회 보고, 참여자에 대한 교육, 신분·수당 보장, 부처 간 정책협의회 구성 등을 통해 한국형 PKO 시스템의 법적 기반을 마련한 것이다.

> **우리나라 국제연합 평화유지활동 참여에 관한 법률의 주요 내용**
> 1. 평화유지활동이란 국제연합의 안전보장이사회가 채택한 결의에 따라 국제연합 사무총장이 임명하는 사령관의 지휘하에 국제연합의 재정부담으로 특정 국가(또는 지역) 내에서 수행되는 평화협정 이행 지원, 정전 감시, 치안 및 안정 유지, 선거 지원, 인도적 구호, 복구·재건 및 개발 지원 등을 비롯한 제반활동을 말한다.
> 2. 개별 또는 집단의 국가가 국제연합의 승인을 받아 독립적으로 수행하는 평화유지 또는 그 밖의 군사적 활동은 평화유지활동에 포함하지 않는다.
> 3. 정부는 평화유지활동에의 참여를 위하여 상시적으로 해외파견을 준비하는 국군부대(상비부대)를 설치·운영할 수 있다.
> 4. 국제연합이 평화유지활동에 대한민국의 참여를 요청하면 외교부장관은 이를 국방부장관에게 통보하고 상비부대 등의 파견에 관한 사항을 협의하여야 한다.
> 5. 정부가 평화유지활동 참여를 위하여 국군부대를 해외에 파견하고자 할 때에는 사전에 국회의 동의를 받아야 한다.
> 6. 정부는 병력규모 1천 명 범위(이미 파견한 병력규모를 포함한다)에서 일정조건을 충족하는 평화유지활동에 국군부대를 파견하기 위하여 국제연합과 잠정적으로 합의할 수 있다.
> 7. 평화유지활동에 국군부대를 파견하기 위한 조건은, 해당 평화유지활동이 접수국의 동의를 받은 경우, 파견기간이 1년 이내인 경우, 인도적 지원, 재건 지원 등 비군사적 임무를 수행하거나, 임무 수행 중 전투행위와의 직접적인 연계 또는 무력사용의 가능성이 낮다고 판단하는 경우, 국제연합이 신속한 파견을 요청하는 경우이다.
> 8. 정부가 파견부대의 파견기간을 연장하고자 하는 경우에는 사전에 국회의 동의를 받아야 한다.

9. 파견부대의 파견기간 연장기간은 1년을 원칙으로 한다.
10. 정부는 파견연장 동의안을 파견부대의 파견 종료 2개월 전까지 국회에 제출하여야 한다.
11. 국회는 파견부대의 임무나 파견기간이 종료되기 전이라도 의결을 통하여 정부에 대하여 파견의 종료를 요구할 수 있으며, 정부는 특별한 사유가 없는 한 국회의 파견 종료 요구에 따라야 한다.
12. 정부는 매년 정기국회에 파견부대의 구체적인 활동성과, 활동상황, 임무 종료 및 철수 등 변동사항을 보고하여야 한다.
13. 정부는 파견 종료 후 3개월 이내에 활동결과보고서를 작성하여 국회에 제출하여야 한다.
14. 평화유지활동에 관한 정부정책의 효과적인 집행, 관계 부처 간의 협력 및 조정을 위하여 외교부에 평화유지활동 정책협의회를 둔다.
15. 정책협의회는 의장 1명을 포함한 10명 이내의 위원으로 구성하며, 외교부장관이 의장이 된다.

### 우리나라의 PKO 현황(2021년 2월 기준)

| 구분 | | 현재 인원 | 지역 | 최초 파견 |
|---|---|---|---|---|
| 부대<br>단위 | 동명부대<br>(레바논 평화유지군) | 275명 | 타르 | 2007년 7월 |
| | 한빛부대<br>(남수단 임무단) | 280명 | 보르 | 2013년 3월 |
| 개인<br>단위 | 인·파 정전감시단<br>(UNMOGIP) | 8명 | 스리나가 | 1994년 11월 |
| | 남수단 임무단<br>(UNMISS) | 11명(경찰 4명) | 주바 | 2011년 7월 |
| | 수단 다푸르 임무단<br>(UNAMID) | 1명 | 다푸르 | 2009년 6월 |
| | 레바논 평화유지군<br>(UNFIL) | 4명 | 나쿠라 | 2007년 1월 |
| | 서부사하라 선거감시단<br>(MINURSO) | 4명 | 라윤 | 2009년 7월 |
| 소계 | | 582명 | - | - |

# 제3절 | 지역기구

## 1 유럽지역

### 1. 북대서양조약기구(North Atlantic Treaty Organization: NATO)

#### (1) 성립과정

북대서양조약기구는 영국, 프랑스, 베네룩스 3국 상호 간 동맹조약인 '브뤼셀조약(1948)'이 체결되자, 미국과 캐나다가 이들과 협상을 개시함으로써 1949년 4월 북대서양조약(워싱턴조약)이 체결되었으며, 이를 통해 성립하였다. 12개 창설 회원국은 미국, 캐나다, 영국, 프랑스, 이탈리아, 네덜란드, 벨기에, 룩셈부르크, 덴마크, 노르웨이, 포르투갈, 아이슬란드이다.

#### (2) 성격

① **냉전시기**: NATO는 냉전시기 집단 방위체제로서의 성격을 띠었다. 제2차 세계대전 이후 냉전이 성립·공고화되는 과정에서 북대서양 지역회원국들의 집단 방위(Collective Defence) 및 자유민주주의 가치 수호를 목표로 하여 설립된 정치·군사 동맹체로서 냉전체제하 구소련을 중심으로 한 동구 사회주의권의 군사적 위협에 대항하기 위해 창설하였다. 동구 사회주의권은 대응 차원에서 1955년 바르샤바 조약기구(WTO)를 출범시킴으로 냉전의 고착화가 완결되었다.

② **탈냉전시기**: 냉전 종식 이후 NATO는 집단안보체제로 성격이 변경되었다. 냉전 종식 이후 타국에 의한 경성 위협은 크게 감소한 반면 테러·WMD 확산·인종분규 등 새로운 안보위협이 대두함에 따라 집단안보체제로 전환한 것이다. 특히, 9·11테러 이후 NATO는 새로운 안보위협에 대응하는 것에 중점을 두면서 기존의 유럽이라는 지역적 수준이 아닌 지구적 수준에 걸쳐 발생하는 초국가적·비대칭 안보위협에 적극 대응하기 시작하였다. 2010년 리스본 정상회의 시 새로운 전략 개념(Strategic Concept) 채택을 통해 ㉠ 집단방위(Collective Defence), ㉡ 위기관리(Crisis Management), ㉢ 파트너십을 통한 협력안보(Cooperative Security) 등을 핵심임무로 상정하였다.

#### (3) 기본역할 및 공동가치

NATO의 기본역할은 회원국의 자유와 안전보장을 위해 회원국에 대한 공격 억지 및 방어, 분쟁의 효과적 예방을 통한 위기관리, 유럽 대서양지역의 비NATO 회원국과의 협력 증진이다. 한편, NATO의 공동가치는 UN헌장의 정신에 따라 정치 군사적 수단에 의한 회원국의 자유와 안전 보장, 민주주의 및 인권보호, 법치원칙 준수이다.

### (4) 회원국

현재 32개 회원국이 있다. 12개의 창설 회원국 이외에 터키, 그리스, 독일, 스페인, 체코, 헝가리, 폴란드, 에스토니아, 라트비아, 리투아니아, 루마니아, 불가리아, 슬로베니아, 슬로바키아, 알바니아, 크로아티아, 몬테네그로(2017년), 북마케도니아(2020), 핀란드(2023), 스웨덴(2024)가 가입하였다. NATO는 설립 시부터 회원국으로서 의무와 책임 부담이 가능한 국가에 대해 회원국 가입 개방정책(Open Door Policy)을 추구하고 있다. NATO 가입조건으로는 1949년 워싱턴조약의 원칙을 심화하고 북대서양지역의 안보에 기여, 시장경제에 기반한 민주주의체제의 작동, OSCE 가이드라인에 따른 소수민족 대우, 주변국과의 주요한 분쟁 해결 및 분쟁의 평화적 해결에 대한 약속, 동맹에 대한 군사적 기여능력과 의지 및 여타 회원국과 군사작전상의 상호운용성(Interoperability) 확보 등이 있다. 한편, 현재 마케도니아, 보스니아-헤르체고비나, 우크라이나, 조지아 등이 가입을 추진하고 있다.

### (5) 구조(주요 기구)

① 북대서양이사회(North Atlantic Council: NAC): NATO의 최고 의사결정기구로서 모든 회원국의 상주 대사 또는 대표로 구성되며 동 이사회 의장인 NATO사무총장이 회의를 주재한다. 각 동맹국의 주권을 온전히 존중하는 차원에서 모든 결정은 컨센서스로 이뤄진다.

② 핵기획그룹(Nuclear Planning Group: NPG): NATO 집단 방위의 주요 자산인 핵억제력의 공유(Nuclear Sharing) 차원에서 1966년 설립하였다. NATO 핵정책 전반을 결정하는 최고위 협의체로서, 핵억제력 유지, 핵정책 개발, 핵태세 검토 역할을 담당한다. 독자적인 핵정책을 추구하는 프랑스는 참여하지 않고 있다.

③ 군사위원회(Military Committee: MC): NATO 최고의 군사기구로서 전 회원국의 합참의장(Chief of Defence)으로 구성되며, 최고위급 회의인 합참의장 회의는 연 3회 개최한다. 평시 NATO 군사력은 MC를 통해 북대서양이사회(NAC)에 귀속된다. 군사위원회 의장은 나토 회원국 합참의장들에 의해 선출되며 NATO사무총장 및 북대서양위원회의 최고위 군사 자문역할을 수행한다.

### (6) NATO의 확대

1949년 설립 이래 NATO는 냉전시기 세 차례, 냉전 이후 4차례 등 총 7번에 걸쳐 동맹의 범위를 확대하였으며, 각 시기별로 서로 다른 요인이 작용하였다. 냉전시기 NATO의 확대는 미국과 소련의 대립으로 인한 구조적 제약으로 인해 NATO의 확대는 주로 서유럽지역을 대상으로 이뤄졌다. 특히 동 시기 NATO의 확대는 양극 간의 대립의 경계선을 명확히 하는 결과를 야기하였다. 한편, 냉전 종식 후 NATO의 확대는 기본적으로 소련의 영향력에서 탈피한 중·유럽 국가들의 안보 확보 차원에서 적극 추진되었으며, 역사적으로 러시아의 주 공격대상이었던 폴란드 및 발틱 3개국이 주도적으로 가입을 희망하였다.

1994년 1월 브뤼셀 정상회의 시 중·동유럽으로의 NATO 확대를 공식 선언하였으며, 1997년 5월 NATO 확대로 인한 러시아의 안보 불안 해소를 위한 NATO-러시아 동반자관계조약에 관한 임시협정이 체결되었다. 1999년 4월 워싱턴 정상회의 시 폴란드, 헝가리, 체코가 정식 가입하였다.

**(7) NATO 전략 개념(Strategic Concept)의 변화**

① **개념**: NATO 전략 개념이란 NATO의 장기적 목표 및 기본 임무 등을 담은 공식문서로서, 새로운 안보환경의 주요 특징 및 그에 대한 NATO에 접근법을 규정함으로써 NATO 정치·군사적 발전에 대한 핵심 지침역할을 수행한다. 1949년 최초 채택 이후 안보환경의 변화에 따라 지속적으로 수정되어 왔으며, 2010년 11월 리스본 정상회의에서 채택된 현(現) 전략 개념(Active Engagement, Modern Defence)은 NATO의 7번째 전략 개념이다.

② **냉전시기의 전략 개념**: 방위와 억지(Defence & Deterrence)이다.
  ㉠ **제1차 전략 개념(1949)**: NATO의 방어적 성격, 전쟁억지(Deterrence) 및 집단방위의 중요성, 핵무기의 역할 등을 규정하였다.
  ㉡ **제2차 전략 개념(1952)**: 제1차 전략개념과 기본적으로 유사하나, 한국전쟁 발발에 따른 NATO 군사조직의 효율성 강화 및 그리스와 터키 가입에 따른 북대서양조약 제6조(적용범위)의 수정 보완 등을 반영하였다.
  ㉢ **제3차 전략 개념(1957)**: 미국의 핵전력 우위에 바탕을 둔 아이젠하워 행정부의 대량보복(massive retaliation)전략을 도입한 것으로서, 핵전력이 최초로 NATO 군사력에 도입되었다.
  ㉣ **제4차 전략 개념(1967)**: 1950년대 후반 이후 소련의 핵전력 증강, 제2차 베를린 위기(1958~1962) 및 쿠바 미사일 위기(1962) 등 냉전 분위기 고조 등에 따른 미국 케네디 행정부의 유연반응(Flexible Response)전략이 반영되었다. 제한적 공격에는 재래식 전력으로 대응하되, 위기 심화 시 핵무기 사용으로 대응하도록 하였다.

③ **냉전 종식 이후의 전략 개념**: 대화와 협력(Dialogue & Cooperation)이다.
  ㉠ **제5차 전략 개념(1991)**: 냉전 종식이라는 변화된 안보환경을 반영한 새로운 전략개념으로서 대결과 방위보다는 대화와 협력을 강조하였다. 집단안보라는 근본틀은 유지하되, 파트너국 및 구 동구권 국가와의 협력을 강조하고, 핵전력의 사용가능성은 최소화하였다.
  ㉡ **제6차 전략 개념(1999)**: 1999년 NATO 창설 50주년 기념 워싱턴 정상회의 시 채택된 것으로서, 안보를 국방 이외의 정치, 경제, 사회 및 환경 요소도 포함하도록 확대하고, 냉전 종식 이후 등장한 테러리즘, 인종갈등, 인권 침해, 정치적 불안정, 경제 위기, 대량살상무기 확산 등을 새로운 위협으로 상정하였다. 또한, 기존의 집단 방위에 더하여, 위기관리(Crisis Management) 및 파트너십(Partnership)을 NATO의 기본임무로 규정하였다.

④ **2010년 新전략 개념(New Strategic Concept)**: 2010년 11월 리스본 정상회의 시 9·11테러 이후의 변화된 안보환경에 따른 향후 10년간의 NATO의 정책방향과 군사력 운용의 지침이 될 새로운 전략 개념을 채택하였다. NATO를 자유, 민주주의, 인권 및 법치를 공유하는 가치공동체로 규정하였다. 또한, NATO의 핵심임무로서 집단 방위(Collective Defence), 위기관리(Crisis Management), 협력안보(Cooperative Security)를 설정하였다.

⑤ **2022년 신전략개념**: 2022년 6월 NATO정상회담에서 채택되었다. 주요 내용은 첫째, 러시아가 NATO에 가장 중대하고 직접적인 위협임을 지적했다. 둘째, 우크라이나, 조지아, 보스니아 - 헤르체고비나 등 NATO가입 희망국의 가입 가능성을 재확인했다. 셋째, 우크라이나 주권 수호에 대한 강력한 지지를 표명했다. 넷째, 중국이 NATO의 이익에 도전하고 있다고 규정하고 이에 대응함과 동시에 중국에 대해 건설적 관여를 할 의지가 있다고 하였다. 다섯째, 해양 안보가 NATO의 평화와 번영에 필수적이므로 NATO가 항행의 자유, 해양 통상로의 안정을 보장하도록 노력할 것임을 밝혔다. 여섯째, 인도 - 대평양이 유럽-대서양 지역 안보에 직접적으로 영향을 미칠 수 있어 NATO에게도 중요하다고 지적했다. 일곱째, NATO의 3개 핵심의무로서 억지와 방위, 위기방지와 관리, 협력안보를 유지했으나, 억지와 방위가 강조되면서 위기방지와 관리의 비중이 감소했다.

### (8) NATO 신속대응군(NATO Response Forces: NRF)

2002년 11월 프라하 정상회의에서 NRF 이니셔티브를 합의하고, 2004년 10월 공식적으로 임무를 개시하였다. 신속대응군은 세계 각지에서 발생하는 다양한 형태의 안보 위기에 대한 신속한 초기대응(NATO 집단 방위 수행이 아닌 여타 작전에도 투입)을 임무로 한다. 13,000명 규모의 육·해·공·특수부대로 구성되는 다국적군인 Immediate Response Force와 필요한 경우 이를 충원하기 위한 Response Forces Pool로 구성된다.

### (9) NATO의 역외활동 확대

① **개관**: NATO는 1949년 창립 이후 냉전기간 동안 군사공격에 방위와 억지(Defence and Deterrence)라는 기본 임무를 성공적으로 수행하였으며, 실제 군사작전은 1건도 수행하지 않았다. 그러나, NATO는 냉전 종식 이후 안보환경의 변화에 따라 보다 적극적인 역할을 수행하기 시작하였으며, 1995년 발칸반도에 대한 군사적 개입 이후 전투, 평화유지(Peace - keeping), 훈련, 병참지원, 정찰, 인도적 지원 등 다양한 범위의 작전을 수행하는 등 역외활동을 확대하였다. 9·11테러 이후에는 아프가니스탄 안정화과정 참여, 이라크 치안군 훈련 지원, 수단 다르푸르 사태 관련 아프리카연합(AU)에 대한 병참지원, 파키스탄 지진피해 복구 지원, 소말리아 해역에서의 인도물품 구호선박 호송 지원 등 역외 활동영역을 지속 확대하였다.

② **KFOR(NATO - led Kosovo Force) - 코소보**: NATO는 코소보지역의 평화와 안전을 회복하기 위한 국제적 노력을 지원하기 위해 UN안전보장이사회결의 제1244호에 근거하여 1999년부터 코소보지역에서 작전을 수행하였다. 작전 초기에는 코소보 해방군(Kosovo Liberation Army)의 무장해제 및 세르비아군의 침략 저지가 주된 임무였으나, 현재는 코소보지역의 안보 및 공공질서 확보, 국제사회의 인도적 지원 보조, 평화적이고 민주적인 코소보 재건 지원, 코소보 보안군(Kosovo Security Force) 설립 지원 등이 주 임무이다. 초기에는 약 5만 명으로 구성되어 있었으나, 코소보지역이 안정되면서 현재는 총 31개국으로부터 파견된 약 5천 명으로 구성되어 있다.

③ Operation Unified Protector - 리비아: NATO는 2011년 2월 리비아에서 발생한 카다피 정권에 대한 민중 반란(Uprising)과 관련하여, 카다피 정권의 공격 또는 공격 위협으로부터 리비아 민간인의 보호를 위해 UN안전보장이사회 결의 제1970호 및 제1973호에 근거하여 2011년 3월 31일 리비아에 대한 모든 군사작전의 지휘권을 인수하였다. 2011년 10월 31일, 작전 종료 시까지 공중작전, 무기 금수, 인도적 지원 등 임무를 성공적으로 수행하였다.

④ 발칸지역: 1991년 구유고연방의 해체 이후 NATO는 발칸지역에 3차례(1995년 보스니아·헤르체고비나, 1999년 코소보, 2001년 마케도니아) 개입하였다. NATO는 1995년 세르비아군에 대한 공중작전을 통해 발칸지역에 군사개입을 시작하였다. 1995년 데이튼 평화협정(Dayton Peace Agreement) 체결 이후에는 UN안전보장이사회결의 제1031호에 따라 협정이행군(IFOR: Implementation Force)을 파견하여 평화유지활동을 수행하였으며, 1996년에 규모가 축소된 안정화군(SFOR: Stabilization Force)으로 대체되었다. 2004년 SFOR 지휘권을 EU로 이양하면서 임무를 종료하였고, 이후 EU가 평화유지임무(Operation Althea)를 수행 중이다.

⑤ NATO의 반테러전 전개: 2001년 10월 NATO는 '북대서양조약 제5조 이행에 대한 이사회의 결정' 제하의 성명을 통해 대테러전쟁 시 회원국들의 집단적 대처방안을 제시하였다. 회원국 간 테러 관련 정보 공유 및 협력, 대테러전쟁 수행 회원국과 이에 협조하는 비회원국에 대한 지원 제공, 대테러작전 수행을 위해 회원국 영토 내 항만 및 비행장 사용 허가, NATO 해군력을 지중해에 배치('Operation Active Endeavor' 실행), 조기경보기의 미국 본토 배치 등이 이에 해당한다. 창설 후 최초로 북대서양조약 제5조(집단방위)를 발동, 미국의 대테러전쟁(아프가니스탄전쟁)에 동참함으로써 회원국 간 결속력을 강화하였다.

⑥ NATO의 사이버방위 동향: 2010년 리스본 정상회의에서 사이버공격을 동맹국의 정보 네트워크에 대한 위협으로 규정하고, 2011년 6월 NATO 국방장관회의에서 사이버방위정책 및 행동계획을 수립하였다. 회원국 간 정치·기술적 협력, 정보교류, 인적 자원 활용을 바탕으로 중앙집중화를 통해 NATO 기관 및 동맹국의 네트워크 방위효과 제고를 지향하고, 사이버방위를 NATO의 방위계획 프로세스에 통합되도록 정책을 추진하기로 하였다.

### (10) NATO - 러시아 협력 현황

냉전 종식 후, 테러와 대량살상무기(WMD) 확산, 마약, 해적 등 국제사회의 공동대처가 필요한 새로운 안보위협이 늘어나면서 상호 협력의 필요성을 공감하였다. 2002년 5월 설립된 NATO - 러시아 협의회(NATO - Russia Council: NRC)를 통해 동등한 파트너(28개 NATO 회원국 + 1국 형태가 아닌 29국 간 협의체)로서 안보 분야 상호 관심사를 협의 중이다. 2008년 8월 조지아 사태로 인해 NATO - 러시아 간 갈등이 고조되었으나, 미국 대통령 오바마의 동유럽 MD 배치계획 철회(2009.9.), NATO 사무총장 라스무센의 방러(2009.12.), 미러 간 신전략무기감축협정 서명(2010.4.) 등을 계기로 관계가 정상화되었다.

그러나 2014년 4월 NATO는 러시아의 크림반도 병합 이후 러시아와의 대사급 접촉을 제외한 모든 실무협력을 전면 중단하였다.

### 사이버안보와 탈린매뉴얼

1. **사이버안보의 개념**
   사이버안보는 다양한 사이버위협 및 사이버공격으로부터 국가 주요 정보통신망의 보호와 그 완전성의 보장을 위한 일체의 대응활동을 말한다. 사이버안보는 사이버위협 및 사이버공격으로부터 국가 정보통신망의 위험요인을 제거하여 안정성을 유지하는 상태를 뜻하는 사이버안전보다는 동적이고 적극적인 개념이다.

2. **사이버안보에 대한 위협**
   사이버위협은 국경을 넘나드는 사이버공간에서 악성코드(바이러스 등)를 유포시켜 개인정보나 기업 및 국가의 중요 정보를 해킹하여 얻어지는 정보를 불법사용하는 행위를 말한다.

3. **사이버공격의 특징**
   사이버공격의 특징은 공격 주체가 불분명하므로 책임소재를 명확하게 구별하기 어렵다. 사이버공격의 주체는 국가보다 해커집단이나 테러리스트 등과 같은 비국가행위자들이 나서는 경우가 많다.

4. **사이버안보에 대한 미국과 중국의 입장 차이**
   사이버공간의 안보 및 질서 구축에 있어서 미국은 다중이해당사자주의(Multistakeholderism)를, 중국은 정부간주의(Intergovernmentalism)를 선호한다. 미국, EU 등 서방 국가들은 2011년 런던 사이버스페이스 총회를 계기로 런던 프로세스를 수립하여, 기업 등 민간을 논의에 포함시키는 다중이해당사자주의를 표명하고 있다. 중국을 포함한 BRICS 및 제3세계 국가들은 정부간기구인 UN 및 ITU(International Telecommunication Union) 등 UN 산하기구에서의 논의를 통해 우위 확보를 추구하는 한편, 상하이협력기구(SCO) 등 지역협력을 통한 주도권 모색, 정부간 논의를 통한 규제체계 확립에 집중하고 있다.

5. **탈린 매뉴얼**
   2013년 북대서양조약기구(NATO)는 사이버전쟁의 교전수칙으로 탈린 매뉴얼(Tallinn Manual)을 발간하였다. 탈린 매뉴얼은 2008년 에스토니아에 대한 대규모 디도스 공격에 수도인 탈린의 인터넷이 마비된 사건을 계기로 사이버전 가능성에 대한 인식 제고, 사이버 교전 시 전쟁권(Jus ad bellum) 및 교전규칙(Jus in bello) 등 기존 전시국제법을 어떻게 적용할 것인가에 대한 고민을 바탕으로 작성하였다. 탈린 매뉴얼의 취지는 사이버공간 상의 합의된 국제규범이 부재한 상황에서 기존 국제법의 적용기준을 확인하는 것으로서 사이버공격 시 대응하는 일부 국가들의 국가관행을 축적하고 반영하여 국제법상 정당성을 확보하려는 것이다. 탈린 매뉴얼은 국제법적 구속력을 가지는 것은 아니다.

## 2. 경제협력개발기구(OECD)

### (1) 개관

경제협력개발기구(Organisation for Economic Cooperation and Development)는 1961년 9월 30일에 설립되었으며, 설립목적은 ① 회원국의 경제 성장과 금융안정을 촉진, ② 세계경제 발전에 기여, ③ 세계 각국의 건전한 경제 성장에 기여, ④ 다자주의와 무차별원칙에 입각한 세계무역의 확대에 기여하는 것이다.

### (2) 회원국

현재 OECD 회원국은 총 38개국으로 다음과 같다. 그리스, 네덜란드, 노르웨이, 뉴질랜드, 덴마크, 독일, 룩셈부르크, 미국, 멕시코, 벨기에, 스웨덴, 스위스, 스페인, 슬로바키아, 슬로베니아, 아일랜드, 아이슬란드, 에스토니아, 영국, 오스트리아, 이스라엘, 이탈리아, 일본, 체코, 칠레, 캐나다, 터키, 포르투갈, 폴란드, 프랑스, 핀란드, 한국(1996.12), 헝가리, 호주, 라트비아(2016), 리투아니아(2018.7), 콜롬비아, 코스타리카가 가입했다.

### (3) 설립배경 및 연혁

① **OEEC 설립(1948년 4월)**: 제2차 세계대전 이후 미국은 공산진영과의 대결구도하에서 유럽 경제부흥의 중요성을 인식하여 서유럽 국가에 대해 마샬플랜에 의한 원조를 실시하고자 하였다. 이에 1948년에 원조를 효율적으로 활용하기 위해 유럽경제협력기구(Organization for European Co-operation: OEEC)를 설립하였다. 소재지는 프랑스 파리였으며, 16개 서유럽 국가들로 구성(독일과 스페인이 추후 가입)되었다. OEEC는 생산의 증가, 생산설비의 현대화, 무역의 자유화, 화폐의 태환성 그리고 화폐가치 안정을 공동의 과제로 삼아 경제적 측면에서의 집단안보체제 기능을 수행하였다. 군사적 측면의 집단안보체제기능을 수행하는 북대서양조약기구(NATO)와 상호보완관계를 유지함으로써 대서양동맹(Atlantic Alliance)의 양대 지주를 형성하였다.

② **OECD 설립(1961년 9월)**: OEEC 설립 이래 미국과 유럽 간의 협조 여건이 변화하게 됨으로써 OEEC 개편의 필요성이 대두되었다. 전후 경제회복기간 동안 유럽의 달러 부족현상이 극복되고, 1958년 대부분 유럽 국가의 통화가 태환성을 회복함으로써, 유럽 내 지역적인 무역자유화 촉진만을 규정한 OEEC 규정의 개선이 필요하였다. 전후 자유세계에 대한 원조를 단독으로 수행해 오던 미국의 국제수지적자가 1950년대 후반 급증하게 되고, 서유럽 국가들도 후진국 원조에 참여할 필요성이 증대됨으로써 피원조기구로 출발한 OEEC의 성격 변화가 불가피하였다. 또한, EEC(1958)와 EFTA(1960)의 발족으로 이들 그룹을 포괄하는 복합적 기능의 경제협력체를 수립할 필요성이 제기되고, 서유럽과 북미에 속하지 않는 새로운 국가들의 가입도 허용하는 보다 개방적 형태로 OEEC가 개편되는 필요성이 증대하기도 하였다. 이에 따라 1960년 12월 18개 OEEC 회원국 및 미국, 캐나다 등 총 20개국이 OECD의 창설 회원국으로서 OECD설립협정에 서명(1961년 9월 협정문 발효)하였다.

③ **OECD의 발전**: 1964~1973년간 일본(1964), 핀란드(1969), 호주(1971) 및 뉴질랜드(1973)가 추가 가입하였다. 1989년 이후 비선진국권으로 협력관계가 확대되면서 아시아·중남미의 중진국 및 구공산권의 전환기 경제들과의 정책대화를 내용으로 하는 각종 비회원국 협력사업(Outreach Programme)을 실시하였다. 한편, 1994년 이후 신흥공업국 영입 및 동구 체제전환국의 시장경제 편입을 지원하기 위해 멕시코(1994.5), 체코(1995.12), 헝가리(1996.5), 폴란드(1996.11), 한국(1996.12) 및 슬로바크 공화국(2000.12) 등 6개 국가가 신규 가입하였으며, 이후 칠레(2010.5), 슬로베니아(2010.7), 이스라엘(2010.9), 에스토니아(2010.12), 라트비아(2016.7), 리투아니아(2018.7), 콜롬비아(2020.4), 코스타리카(2021)가 가입하였다. 현재 OECD 회원국은 38개국이다.

### (4) 목적 및 역할

OECD의 목적은 상호 정책조정 및 정책협력을 통해 회원국의 경제사회발전을 공동으로 모색하고 나아가 세계경제문제에 공동으로 대처하는 것이다. OECD협약 제1조에서는 ① 회원국의 경제 성장과 금융안정을 촉진하고 ② 세계경제 발전에 기여, ③ 세계 각국의 건전한 경제성장에 기여, ④ 다자주의와 무차별주의에 입각한 세계무역의 확대에 기여하는 것을 목적으로 규정하고 있다.

### (5) 의사결정의 과정과 방식

회원국 정부들이 의사결정주체로서 전원합의(Consensus)에 의하며, 최종 의사결정체인 이사회는 산하 위원회들로부터의 건의 및 그에 대한 심사에 입각하여 결정한다. 2006년 OECD 거버넌스 개혁(2006년 6월 1일부터 시행)을 통해 의사결정 대상이 되는 OECD 이슈를 4가지 범주로 구분하여 각기 다른 의사결정 방식(컨센서스, 가중다수결 등)을 적용하기로 하였다. 개별 회원국 정부의 의사에 반하는 결정이 있을 수 없으나, 명분이 없는 입장은 동료압력(Peer Pressure)으로 인해 분위기상 유지하기가 곤란하다. 사무국은 이사회 및 위원회에 대한 집행부서이자 하부구조나 전문적 분석과 각종 문서의 작성 및 회원국 간 중개자역할을 통해 큰 영향력을 행사한다.

### (6) 회원국의 의무

OECD 가입을 위한 기본자격요건은 다원적 민주주의 국가(Pluralistic Democracy)로서 시장경제체제(Market Economy)를 보유하고 인권을 존중하는(Respect for Human Rights) 국가여야 한다. 회원국의 의무는 크게 일반적 의무, 권고적 의무, 자유화 의무로 대별된다.

① **일반적 의무**: OECD 설립목적의 지지, OECD의 제규범의 원칙적 수락, 예산의 분담이 있다.

② **권고적 의무**: GATT 제11조국 및 IMF 제8조국으로의 이행이 있다. 또한, 개발도상국에 대한 일정 수준 이상의 원조 제공도 포함된다. 회원국은 GNP의 0.7% 이상의 개발원조 제공의무가 있으나 법적 강제성은 없고 권고적 효력만 지닌다.

③ **자유화의무**: 국가 간 서비스 및 자본거래의 자유화의무를 규정하고 있는 '경상무역외거래 자유화규약' 및 '자본이동자유화규약'(소위 양대자유화규약)을 준수해야 하는 의무가 발생한다. 다만 가입국의 경제여건에 따라 일부 규약의 유보 또는 면제가 가능하다.

### (7) 주요 조직

① **이사회(Council)**: 최고의사결정기구로, 각료급 이사회는 연 1회 개최한다. 세계경제의 주요 동향 진단과 OECD 회원국들의 정책적 대응과제 및 비전을 제시한다. OECD 회원국 상주대사가 참석하는 상주대표이사회는 각료이사회 위임사항 추진 및 각 위원회 활동, 사무국의 운영에 대한 감독을 담당한다.

② **사무국**: 사무총장과 사무차장 4인이 사무국을 지휘한다. 총 14개국(Directorate)이 이사회 및 각종 위원회를 지원한다.

(8) 분야별 주요 논의이슈

① **경제 성장과 안정**: OECD는 회원국 경제의 성장 및 안정을 위하여 각 회원국들의 경제동향을 파악하고 세계경제에 대한 전망을 제시한다. 회원국들의 장기적인 지속가능한 발전을 도모하기 위하여 바람직한 경제정책의 방향을 권고한다.

② **국제무역**: OECD 무역위원회는 다자간 무역체제를 기초로 하는 무역자유화를 증진하기 위하여 주요 통상이슈에 대한 분석작업을 통하여 각국 무역정책 수립에 기여한다. 무역활동에 관련되는 조직은 무역위원회산하 작업반, 무역·환경, 무역·농업 합동작업반, 수출신용보증작업반 등으로 구성되며 무역자유화 기반을 강화하고 민감한 통상이슈에 대한 이견을 좁혀 도하개발아젠다협상이 원활히 진행되도록 지원한다.

③ **개발원조**: 빈곤 퇴치를 주목적으로 하는 개발원조는 1961년 OECD 창설과 함께 설립된 OECD 개발원조위원회(DAC)를 통해 논의가 진행된다.

**원조 효과성 제고를 위한 파리선언**

1. 배경

원조가 효과적으로 전달되고 개발도상국의 빈곤 감소 및 사회·경제적 개발에 기여할 수 있도록 공여국 및 공여기관들의 원조관행을 제고하기 위한 노력의 일환으로 2005년 3월 OECD 파리본부에서 열린 OECD/DAC 원조공여국 고위급회의에서 '원조 효과성 제고를 위한 파리선언(Paris Declaration on Aid Effectiveness)'이 채택되었다.

2. 주요 내용

동 선언문 채택을 통해 DAC 회원국, 개발도상국, 공여국 등 91개국 대표, 26개 국제기구의 대표들은 아래 5개 원칙에 합의하였다.
① 수원국 주도의 개발협력(Ownership)
② 원조제공자 간 협력관계 수립(Harmonization)
③ 수원국의 기관과 제도체계를 사용한 일관된 원조수행(Alignment)
④ 성과중심 원조관리(Management for Results)
⑤ 상호책임(Mutual Accountability)

3. 평가

원조의 효과성 제고를 위한 파리선언은 단순한 선언에 그치지 않고 이행을 위한 성과측정지표, 목표 및 달성시점 등을 구체적으로 제시하고 있으며 현재 공여국과 수원국이 이행을 위해 각고의 노력을 기울이고 있다. 동 선언문의 이행은 MDG 달성 및 개발도상국 역량강화에 긍정적인 영향을 미칠 것으로 예상된다.

이 선언은 원조공여 당사자들과 수원국 모두를 아우르는 국제개발 커뮤니티에 모두가 참여하는 국제개발협력 파트너십의 구축을 위한 50개 항목의 구체적인 약속(Partnership Commitments) 및 이 약속을 실질적으로 진전시켜 나가기 위한 지표로서 12개 항목의 발전목표(Indicators of Progress)를 수립하였다.

④ **금융 · 다국적기업 · 투자**: OECD는 세계경제 발전을 위해 금융의 자유로운 이동과 국제적 투자 활성화가 필수적이라는 인식을 가지고, 설립 시부터 이를 위해 지속적으로 노력하고 있다. 1961년 12월 OECD이사회의 결정으로 양대자유화규약(자본이동자유화규약, 경상무역외거래자유화규약)을 채택하였다. 한편, 투자의 자유화와 더불어 개발도상국에서 책임성을 강조하기 위해 1991년 다국적기업 가이드라인을 제정하고, 투자위원회를 통해 이의 이행 정착을 위한 점검활동을 수행한다. 또한, 기업의 투명성 개선과 이해당사자 간 합리적 관계 규정을 위해 각 회원국들의 관행을 비교 검토하여 1999년 'OECD 기업지배구조원칙'을 제정하고, 기업지배구조조정그룹에서 이행을 관리한다. 선진국 기업의 개발도상국 및 후진국 진출 및 거래 과정에서 공정경쟁을 촉진하고 부패를 방지하기 위해 1999년 '국제상거래에 있어서 외국 공무원에 대한 뇌물제공행위 방지를 위한 협약'을 제정하고, '뇌물방지작업반'을 통해 협약의 이행을 강화한다.

> **참고**
>
> **다자간 투자협정(Multilateral Agreement on Investment: MAI)**
> 다자간 투자협정은 OECD에서 추진하였던 투자에 대한 다자협정이다. 기존의 양자간 투자협정과 OECD의 자본이동자유화규약 및 경상무역외거래자유화규약항목 중 자본거래관련항목, OECD의 다국적기업에 관한 지침, GATS의 상업적 주재에 의한 서비스관련공급규정을 포괄하고자 하였으며, 제조업뿐만 아니라 서비스 및 자연자원 분야, 투자자유화, 투자보호 및 투자 관련 분쟁해결절차 내용까지도 포함하려 하였다. 또한 GATS와는 달리 내국민대우, 최혜국대우 등을 일반의무사항으로 규정하고자 하였다. 그러나 국가 간 이해관계를 조정하지 못하고 1998년 프랑스의 불참선언으로 협상이 중단되었으며, 결국 1998년 협상이 결렬되어 결실을 맺지 못하였다.

⑤ **노동 · 사회**: OECD는 고용증진, 노동시장 정책연구, 이주정책, 직업훈련, 사회보험제도 등 다양한 방면의 연구와 논의를 진행한다. 특히, 회원국들의 높은 실업율을 감안하여 1994년 『Jobs Strategy』를 발간하였다. 우리나라는 1996년 OECD 가입 이래 노동법에 대한 모니터링을 매년 수립하여 왔으나, 2007년 가입 11년만에 우리 노동법이 국제기준에 부합하는 것으로 판정받고 모니터링이 종료되었다. OECD는 보건위원회를 통해 회원국들의 보건정책을 종합적으로 평가하고, 보건분야 효율성 증진을 위한 연구와 논의를 진행한다.

⑥ **환경, 기후변화 및 지속가능발전**: 1991년 환경위원회 설립 이후 OECD는 환경분과에서 3~5년 주기로 환경장관회의를 개최하는 등 환경논의를 강화하였다. 또한, 환경관리 분야에서 화학물질위원회를 별도로 두고, 화학물질의 안전관리, 유해성 평가, 실험실 관리, 사고예방 등에 관한 업무를 수행한다. 최근에는 기후변화에 대한 논의를 강화하고 있으며, OECD 전 위원회 차원에서 해당 분야의 기후변화대응논의를 진행한다.

⑦ **농·수산:** 농업위원회는 1998년 농업각료선언문에 기초하여 현재 논의하는 중으로 그 주요 내용은 시장 신호를 반영하면서 다자간 무역체제에 더욱 통합되도록 농업정책 개혁을 추구하는 것이다. 아울러 안전 및 품질에 대한 소비자들의 관심에 부응하고 자연자원의 지속가능한 관리 및 환경과의 조화, 농업의 다원적 기능 제고, 농촌지역의 사회경제발전 등을 논의한다. 수산 분야의 주된 관심사항은 지속가능한 수산업 발전방안의 모색으로, 수산 자원의 고갈가능성에 대한 우려를 반영하고, 인류 공동 자산이라고 할 수 있는 어족 자원의 경제적 가치를 높여 나가기 위해 노력한다. 이런 맥락에서 수산 위원회는 지속 가능한 수산업의 발전을 위한 어업 제도개혁 및 이와 관련된 경제 이슈를 분석한다.

⑧ **교육:** OECD는 교육을 통한 인적자본의 형성이 지속가능한 경제 성장과 사회 형평의 달성의 핵심적인 기능을 수행하는 것으로 보고, 교육의 질 향상, 평생학습의 증진, 교육접근에 대한 형평성 등에 많은 관심을 기울이고 관련 사업을 추진한다. 지식기반사회의 도래와 새로운 기술의 발달, 급격한 인구고령화에 따라 평생학습을 통한 인적 자본의 확충과 업그레이드가 개인과 국가의 성공에 필수적인 요소로 인식되고 있다.

### (9) OECD의 규범의 종류 및 효력

① **개관:** OECD의 규범은 크게 OECD 운영에 관한 규범과 OECD의 활동을 통해 만들어지는 규범 등 두 가지로 구분된다. OECD의 근간이 되는 규범은 1960년 체결된 OECD 협약과 부속의정서이다. OECD 규범의 두 번째 범주는 이사회에서 OECD의 목표를 달성하기 위해 채택되는 규범들인 바, 이를 통합하여 'the OECD Acts'라고 칭하며, 이에는 결정, 권고, 선언 및 협정·양해 등 총 220개 규범이 해당된다.

㉠ **결정(Decisions):** 결정 채택 시 기권하지 않은 모든 가맹국에 대하여 법률적으로 구속한다. 법률적 성격상 국제조약은 아니지만 회원국 간에는 이와 동등한 효력을 가지는 바, 회원국은 결정을 이행해야 하며 이행을 위해 필요한 조치를 취해야 할 의무를 부담한다.

㉡ **권고(Recommendations):** 권고는 법률적 구속력은 가지지 않지만 회원국들의 정치적 의지를 대변하는 도덕적 힘을 가지며, 회원국들이 최대한 권고를 이행할 것이 기대된다.

㉢ **선언(Declarations):** 정책수행에 대한 약속이 회원국에 의해 승인되지만, OECD의 정식규범은 아니며, 법적 구속력도 없다. 하지만 선언도 역시 이사회를 통해서 채택되고, 그 이행 여부는 OECD 관련 기구를 통해 점검된다.

㉣ **협정 및 양해(Arrangements and Understanding):** 선언과 비슷한 성격을 가지며 OECD의 정식규범은 아니고 법적 구속력이 없다.

② **OECD 양대자유화규약**: OECD는 보다 자유로운 거래가 보장되는 국제경제환경을 조성하기 위한 수단으로 1961년 12월 OECD 이사회의 결정으로 구속적인 규범인 양대자유화규약, 즉 '자본이동자유화규약'과 '경상무역외거래자유화규약'을 채택하였다. 각 규약은 본문에 일반적인 자유화원칙을 규정하고 부속서에는 상세한 자유화의무 항목을 열거한 뒤, 각 회원국들의 자유화 유보 내용을 첨부한다. '원칙적 자유화, 예외적 제한'이라는 Negative방식을 채택하고 있다. 회원국들은 자국의 경제사정에 따라 점진적 자유화를 추진하되 각국의 제한조치를 유보라는 형식으로 통보하게 되어 있으며 이미 자유화한 내용에 대해서는 새로운 규제조치를 도입할 수 없는 'Standstill원칙'이 적용된다. 유보된 내용의 타당성에 대한 검토회의(Review)를 정기적으로 개최하여 추가 자유화를 유도(Roll-back Mechanism)한다. OECD의 양대자유화규약은 서비스 거래의 비중 증대, 국제자본시장의 통합화 등 국제경제환경의 변화에 따라 지난 30여 년 동안 수 차례에 걸쳐 수정, 보완되었다. 1989년 5월에는 단기자본거래 및 은행·기타금융서비스를 새로 자유화 대상에 포함하는 등 대폭적으로 수정, 보완되었다.

㉠ **자본이동자유화규약(Code of Liberalization of Capital Movements)**: 그 본문에서 일반적인 자유화원칙을 규정하고, 부속서 형태로 직접투자를 포함하여 단기 및 장기 자본거래 등 국가 간의 가능한 모든 형태의 자본거래를 16개 분야, 91개 의무항목으로 규정하였다. 또한, 경상거래와 관련된 대외지급의 제한철폐를 의미하는 IMF 협정문 제8조보다 자유화범위가 포괄적이다.

㉡ **경상무역외거래 자유화규약(Code of Liberalization of Current Invisible Operations)**: 규약 본문에 일반적인 자유화원칙을 규정하고 부속서 형태로 11개 분야 57개 항목으로 분류하여 무역거래 및 서비스 거래에 따른 자금의 대외지급 및 이전, 국가 간 서비스 거래 관련 계약체결의 자유화의무를 규정하고 있다. 자유화규약은 주요 원칙으로 점진적 자유화(Principle of Progressive Liberalization), 내국민대우(National Treatment), 무차별대우(Non-Discrimination)를 규정하고 있다.

③ **국제투자 및 다국적기업에 관한 선언**: 대표적인 권고적 성격의 규범이지만, 이에 상충되는 제도나 조치를 회원국에 통고할 의무와 위원회에서의 협의 및 검토(Review) 등의 절차를 통해 본 규범의 원활한 이행을 도모한다. 주요 내용으로는 다국적기업의 영업형태에 관한 지침(Guideline), 내국민대우 부여, 다국적기업에 대한 회원국 간의 상충되는 규정(Conflicting Requirement) 적용 자제, 각국의 정책목표에 따른 투자유인제도 및 투자제한적 조치(Incentives and Disincentives)의 인정 등이 있다.

④ **뇌물방지협약**: 1989년 OECD는 국제상거래 시 부패문제를 처음 다루기 시작하였다. 이는 미국이 '해외부패방지법(Foreign Corruption Practices Act, 1977)'을 제정한 이후 국제상거래에 있어 미국 기업들이 이러한 법이 없는 다른 나라 기업에 비해 상대적으로 불리한 입장에 있다고 주장하고 이 문제를 적극적으로 제기한 데서 비롯한다. 이후 OECD는 국제상거래 시 부패를 퇴치하고 공정한 경쟁을 도모할 목적으로 부패의 성격을 분석하는 등 준비작업을 거쳐 1994년과 1997년에 '국제상거래 시 뇌물방지 권고(Recommendation on Bribery in International Business Transactions)'를 채택하였다.

### (10) 우리나라와 OECD

1980년대 말 냉전체제 붕괴 이후 국가관계가 경제적 이해관계 중심으로 변화하면서, 냉전체제를 전제로 한 우리의 안보·경제외교의 질적 변화가 불가피하고, OECD, WTO, APEC, ASEM, EU, NAFTA(북미자유무역지대), FTAA(범미주자유무역지대) 등 국제협력 확산 추세에 부응하여, 국제경제의 세계화와 개방경제체제 확산에 능동적 대응 필요성이 커짐에 따라 OECD에 가입하게 되었다. OECD 가입은 UN안전보장이사회 이사국 진출, APEC 활동의 적극 참여 및 2000년 ASEM 정상회의 유치 등 보다 광범위하고 중층적인 국제협력체제 참가의 일환으로 추진한 것이었다.

## 2 아시아·태평양지역

### 1. 동남아시아국가연합(Association of South East Asian Nations: ASEAN)

#### (1) 연혁

1967년 8월 동남아연합(ASA)을 발전적으로 해체하고 설립한 것이 ASEAN이다. 설립 당시의 가입국가는 필리핀·말레이시아·싱가포르·인도네시아·타이 등 5개국이었으나, 1984년의 브루나이에 이어 1995년 베트남이 정식으로 가입하고, 이후 라오스·미얀마·캄보디아가 가입하여 현재 10개국에 이르고 있다.

#### (2) 목적

동남아시아 내의 경제·사회·문화 발전의 촉진, 평화와 안전의 확보, 상호 협력 및 협조 등이다.

#### (3) 기관

조직은 회원국 수뇌들이 화합하는 정상회담, 회원국 외무장관으로 구성되는 각료회의, 주최국의 외무장관과 해당국 주재 회원국 대사로 구성되는 상임위원회, 전문위원회 그리고 각국의 국내 사무국 등으로 구성된다. 의장국은 매년 교체되며, 2018년 의장국은 싱가포르이다(2019년 - 태국, 2020년 - 베트남, 2021년 - 브루나이).

### (4) 주요 협력 현황

① **동남아 중립지대 및 비핵화 추진**: 1971년 11월 특별 외교장관회의 시 베트남전쟁 악화, 미중관계 개선 등 안보환경 변화에 대응하여 비동맹·중립주의적 안보개념을 표방한 '동남아 평화·자유 및 중립지대선언'을 발표하였다. 이의 실현을 위해 1995년 12월 '동남아 비핵지대화조약'을 체결하였다. 동 조약은 핵무기의 개발, 생산, 획득, 보유, 통제권 보유, 주둔, 수송, 실험 및 사용을 금지하고, 핵물질 및 핵폐기물 투기 및 처분을 금지하였다.

② **동남아 우호협력조약 체결(1976년 2월)**: 제1차 ASEAN 정상회의 시 동남아 비핵지대조약 실현의 수단으로 체약국 간 우호·협력의 증진 및 분쟁의 평화적 해결을 약속한 행동강령 성격의 조약이다. 1992년 UN총회의 동 조약 지지 결의안 채택 등에 힘입어 국제적 지지 확보에 주력하면서 역외국들에게 동 조약 가입을 권유하고 있다. 동 조약은 각국의 독립, 주권, 평등, 영토보전을 약속하고, 분쟁 발생 시 무력사용을 포기하고 협상을 통해 분쟁을 해결하며, 역외국들에게 ASEAN지역 안보협력노력에 동참할 것을 촉구하고 있다. 동 조약에 한국(2004년 11월), 북한(2008년 7월), 미국(2009년 7월), EU(2012년 7월) 등 주요국이 가입하고 있다.

③ **초국가적 범죄에 대한 공동대응**: 동남아는 테러, 마약밀매, 해적 등 초국가적 범죄에 취약한 지역이며, '제마 이스라미야' 등 알카에다와 연계된 과격 이슬람세력들의 테러위협에 노출되어 있다. 1997년 12월 '초국가적 범죄 각료회의'를 신설하고, 2001년 11월 대테러 공동행동계획을 채택하는 등 역내 협력을 강화하고 있다.

④ **ASEAN 자유무역지대(AFTA) 창설**: 1992년 1월 제4차 정상회의에서 '경협 증진에 관한 기본협정'과 역내 관세를 5%로 낮추는 내용의 '공동유효 특혜관세협정'을 체결하는 등 'ASEAN 자유무역지대' 창설 추진에 합의하였다. 1999년 11월 제3차 비공식정상회의에서 태국, 인도네시아, 싱가포르, 말레이시아, 브루나이, 필리핀 등의 ASEAN 선발 6개국은 2010년까지, 베트남, 라오스, 미얀마, 캄보디아 등의 후발 4개국은 2015년까지 각각 관세를 철폐하기로 결정하였다. 이에 따라 2002년 1월 선발 6개국 간 관세인하를 개시, 2006년 8월까지 0~5% 이하 관세 인하율이 99.77%에 이르는 등 사실상 AFTA가 출범하였다.

⑤ **AFTA 플러스정책 추진**: ASEAN은 자유무역지대를 기반으로 경제통합효과를 극대화하기 위해 'ASEAN 투자지대(AIA)', 'e-ASEAN' 등을 포함하는 'AFTA 플러스정책'을 추진하였다. 'e-ASEAN 구상'은 ASEAN을 하나로 묶는 종합적인 정보 인프라 구축 및 전자 상거래 개발 등을 목표로 하고 있으며, 2000년 11월 제4차 비공식 정상회의에서 'e-ASEAN 기본협정'에 조인하였다.

⑥ **ASEAN 통합 이니셔티브(IAI) 추진**: 2000년 11월 제4차 비공식 정상회의 시 ASEAN 선·후발국 간 경제 격차 해소를 골자로 한 'ASEAN 통합 이니셔티브'를 추진하기로 합의하였다. 2009년 3월 제14차 정상회의에서 2009~2015년간 IAI 2단계 실행계획을 승인하였다.

⑦ **역외국과의 대화 협의체 확대**: 1978년 6월 ASEAN - 일본 간 외교장관회의를 최초로 개최하고 역외국들과의 정기 협의체제를 구축하기 시작하였다. 1997년 이래 한·중·일과 개별 정상회의를 개최하고 있으며, 미국 및 러시아와도 양자 정상회의를 개최하였다.

⑧ **아·태 다자안보 논의 주도**: 1994년 7월 방콕에서 'ASEAN지역 포럼: ARF'를 발족시켰다. ARF는 역내 유일의 정부 간 다자안보협의체이다. ARF는 아태 안보정세 및 국제 현안 등 관심사에 대한 의견 교환의 장을 제공함으로써 역내외 신뢰 구축 증진에 기여하고 있다. 2009년 7월 제16차 외교장관회의 시 2020년까지 ARF가 지향해 나갈 방향을 제시한 'ARF Vision Statement'가 채택되어 향후 ARF가 보다 행동 지향적인 지역안보포럼으로 발전하는 데에 있어서 초석을 마련하였다. 2010년 7월 제17차 ARF 외교장관회의에서는 'ARF Vision Statement'의 구체적인 행동계획을 규정한 하노이 행동계획(Hanoi Plan of Action)을 채택하였다.

⑨ **아시아·유럽 정상회의(ASEM) 참여**: 1994년 10월 싱가포르 총리 고촉통이 프랑스 총리 발라뒤르와 회담 시 아시아·유럽 유대 강화 일환으로 ASEAN·EU 간 정상회의 개최를 제의하였다. 1996년 3월 방콕에서 아시아 10개국 및 EU 15국이 제1차 정상회의를 개최하여 아시아·유럽 간 협력 확대 및 포괄적 동반자관계를 선언하고 대화채널 구축에 합의하였다. 2006년 9월 제6차 ASEM 정상회의에서는 ASEAN사무국에 준회원국 자격을 부여하였다.

⑩ **APEC 참여**: 1989년 호주 캔버라에서 한국을 포함한 12개국 장관급 회의로 시작되었다가 1993년 전 미국 대통령 클린턴의 제안으로 매년 정상회의를 개최하고 있다. 브루나이, 인도네시아, 말레이시아, 필리핀, 싱가포르, 태국 등 ASEAN 선발 6개국이 참여해 오다가 후발국 중 최초로 베트남이 1998년 11월 공식 가입하여 역외국과의 경제협력 확대를 도모하고 있다.

### (5) 발전과정

① **비정치 분야 중심 협력 조성 단계(창설 ~ 1970년대 중반)**: 창설 초기에는 'ASEAN 협력기금' 창설(1969년 12월) 등 비정치 분야를 중심으로 협력을 전개하였다. 1970년대 초반 닉슨 독트린, 미중관계 개선 등 지역안보 환경변화를 반영하여, 1971년 11월 '동남아 평화·자유 및 중립지대선언'을 채택하였다.

② **정치 분야 포함 지역협력 강화단계(1970년대 후반 ~ 1980년대)**: 1976년 2월 제1차 ASEAN정상회의를 개최하여 정치·경제 각 분야에 있어서 회원국 간 역내 협력과 단결을 강조하는 'ASEAN 협력선언'을 채택하고, '동남아우호협력조약'을 체결하는 한편, ASEAN 사무국 설치 등을 통해 지역협력체로서의 발전 기반을 구축하였다. 경제 측면에서는 1977년 2월 'ASEAN 공업프로젝트', 'ASEAN 특혜무역협정(PTA)' 체결 등 협력 기반을 확충하고, 대외적으로도 호주, 뉴질랜드, 캐나다, 일본, 미국 등 역외국과의 정기 대화관계를 수립하고 있다.

③ **지역공동체로서의 확대발전 추구(1990년대 이후)**: 냉전 종식, 우루과이 라운드협상 등 국제정세 변화에 능동적으로 대응하기 위해 베트남 등을 추가 영입하고 1992년 1월 'ASEAN 자유무역지대(AFTA)' 창설에 합의하였다. 1994년 7월 역내 유일의 다자안보협의체인 'ARF' 창설을 통해 신뢰 구축 및 지역평화를 추구하고 있다. 특히 1997년 7월 태국의 금융위기를 시작으로 확산된 동남아 경제 위기를 극복하기 위해 ASEAN 회원국 상호 간 경제 통합 움직임을 가속화하고 있다. 1997년 제2차 비공식 ASEAN 정상회의에서 신규회원 가입을 통한 ASEAN의 확대, 선발 회원국과 후발 회원국 간 개발격차 해소를 위한 노력을 표명한 'ASEAN Vision 2020'을 채택하였다.

> **참고**
>
> **ASEAN Vision 2020**
> 1997년 제2차 비공식정상회의에서 채택되었으며, 2020년까지 ASEAN의 장기 발전계획을 채택하며 4대 목표를 제시하였다. 4대 목표로는 ASEAN 회원국 간 협력, ASEAN의 경제통합과 역동적 발전을 위한 파트너십 구축, 지역정체성 및 공동 역사·문화에 기초한 ASEAN 공동체 구현 및 대외지향적 ASEAN 실현이 있다. 한편, 하노이 행동계획(Hanoi Plan of Action)은 ASEAN Vision 2020 실천을 위한 1999 ~ 2004년간 경제협력, 무역·투자 자유화 및 지역안보 등에 대한 이행방안을 명시한 중기계획으로 1998년 제6차 정상회의에서 채택되었다.

④ **2015 ASEAN 공동체(ASEAN Community) 창설 추진(2000년대 이후)**
  ㉠ **ASEAN 협력선언 Ⅱ**: 2003년 10월 제9차 정상회의 시 2020년까지 정치·안보, 경제, 사회·문화 등 분야별 공동체 창설을 추진하기로 합의하고 '3개의 ASEAN 공동체' 형성을 목표로 하는 협력선언을 채택하였다. 세 개의 공동체는 '정치·안보공동체', '경제공동체', '사회·문화공동체'이다.
  ㉡ **비엔티엔 행동계획(Vientiane Action Program)**: 2004년 11월 제10차 정상회의에서 채택되었으며, ASEAN의 개발격차 해소와 통합이 목적이다.
  ㉢ **세부 선언(Cebu Declaration)**: 2007년 1월 제12차 정상회의에서 채택되었으며, ASEAN 공동체 설립을 가속화하기 위한 것이다. 당초 2020년까지 달성을 목표로 하던 3개의 ASEAN 공동체 창설을 2015년까지 조기 추진하기로 하였다.
  ㉣ **ASEAN헌장 발효**: ASEAN의 체계화 및 제도화를 구현하여 지역기구로서의 ASEAN의 역할 강화를 주요 내용으로 한다. 2007년 11월 싱가포르 ASEAN 정상회의에서 서명하고, 2008년 12월 15일 공식 발효하였다. ASEAN헌장은 ASEAN에 법인격을 부여하고 인권기구를 설치하는 한편, 독립적인 분쟁해결기구를 도입하였다. 지역기구로서의 ASEAN의 역할 강화를 위해 매년 ASEAN 정상회의 2회 개최와 사무국 조직 확대, 인도네시아에 주 ASEAN 상주대표위원회 설치 및 상주대사 파견을 결정하였다.
  ㉤ **ASEAN인권선언 채택**: 2012년 11월 제21차 ASEAN 정상회의에서 채택되었으며, 인권보호와 관련하여 ASEAN 국가들이 작성한 최초의 제도적 틀이다. 국가 차원의 행동 계획 수립, 지역별·기능별 협력의 틀이 최초로 마련되어 인권보호 및 증진의 출발점이 되었다.

- ⓑ **상주대표위원회 설치**: ASEAN 내부의 운영방식이 ASEAN 상주대표위원회 중심으로 변경됨에 따라, ASEAN 회원국들은 ASEAN헌장 발효와 함께 상주대사를 임명하였다. ASEAN 대표부는 ASEAN 사무국 소재지인 자카르타에 있다. 3개 ASEAN 공동체 이사회, ASEAN 분야별 장관급 협의체의 업무 지원 및 ASEAN 대화 상대국들과의 협력 활성화 역할을 수행한다.
- ⓢ **ASEAN 공동체를 위한 로드맵**: 2009년 3월 제14차 정상회의에서 'ASEAN 공동체를 향한 로드맵에 관한 후아힌선언'이 채택되었다. 동 로드맵은 정치·안보공동체 계획, 경제공동체 계획, 사회·문화공동체 계획 및 2단계 실행계획으로 구성되며, 비엔티엔 행동계획을 대체한다.

### (6) 아세안 외교정책의 변천 과정

① **냉전기**: 첫째, 독립과 함께 냉전체제가 시작되면서 자생적인 지역협력기구 발달이 저해되었고, 역외세력에 의한 이념적 배경의 동맹체제를 출현시켰다. 미국 주도로 1954년 만들어진 동남아조약기구(SEATO)는 당시 미국의 군사동맹국이었던 태국과 필리핀을 포함한 반공산주의 지역동맹체였다. 한편 베트남 전쟁기인 1966년 설립된 아시아태평양위원회(ASPAC)는 관련국들의 지지를 얻지 못하고 1972년 폐지되었다.

둘째, 1961년 동남아연합(ASA: Association of Southeast Asia)이 창설되었다. 1961년 7월 말레이시아의 라만(Abdul Rahman)총리가 역내 공산주의에 대응하기 위한 동남아정상회를 제안했고, 태국과 필리핀이 호응하여 7월 31일 방콕선언에 의해 결성되었다.

셋째, 1963년 마필린도(MAPHILINDO: Malaysia - Phillippines - Indonesia)가 창설되었다. 말레이계 국가들의 협력을 목적으로 출범하였으나, 실제로는 말레이시아연방의 영토확장을 견제하기 위해 인도네시아가 필리핀의 동조를 얻어 결성을 주도하였다. 마필린도는 반식민주의, 중립주의, 아시아 - 아프리카 연대를 강조하는 등 수카르노가 주도했던 인도네시아의 외교노선을 대폭 수용했다. 마필린도 결성 직후인 1963년 8월 말 말레이시아가 북부 보르네오의 사바와 사라와크 및 싱가포르를 포함한 말레이시아연방 결성을 강행함으로써 말레이시아와 인도네시아, 필리핀과 관계가 급격히 악화되어 ASA와 마필린도의 활동은 사실상 중단되었다.

넷째, 1965년 싱가포르가 말레이시아로부터 분리 독립하고, 1966년 인도 수하르토가 말레이시아와의 대결정책을 철회하면서 지역차원의 새로운 협력체를 구성할 필요가 있다는 공감대가 형성되었다.

다섯째, 1967년 8월 8일 태국, 필리핀, 싱가포르, 인도네시아, 말레이시아가 서명한 방콕선언(Bangkok Declaration)이 채택됨으로써 동남아시아국가연합(ASEAN)이 탄생하였다. 아세안의 성립에는 날로 확전되던 베트남전쟁과 이에 고무된 동남아 공산주의자들의 정부 전복활동이 증대됨에 따라 각국 지도자들이 느끼던 안보위협과 이에 대한 공동대처 필요성이 주요 배경이 되었다.

여섯째, 1971년 11월 27일 동남아시아를 어떤 형태의 외부 세력의 간섭에서도 배제하는 평화, 자유와 중립 지대(ZOPFAN: Zone of Peace, Freedom, and Neutrality)로 만들자는 공식 선언을 채택했다. 아세안이 안보문제에 관한 회원국 간의 이해관계 조정 등 정치분야까지 협력을 확대하는 계기가 되었다.

일곱째, 1976년 2월 아세안 각국 정상들의 최초 모임이 인도네시아 발리에서 성사되었다. 정상회담에서 인도차이나 공산화에 따른 각국의 공동대처방안으로 아세안을 통한 구체적인 지역협력을 발전시켜야 한다는 요지의 아세안친선협약선언과 동남아우호협력조약(TAC: Treaty of Amity and Cooperation)을 채택했다. 아세안친선협약선언은 ZOPFAN의 조속한 실현을 위해 각국이 공동보조를 맞추기로 합의하고, 안보문제는 필요에 따라 쌍무적 협력관계를 발전시켜 나가는 것이 바람직하다는 데 합의했다. 또한 아세안기구를 전체적으로 관리감독하기 위한 아세안 사무총장직을 신설하고 자카르타에 사무국을 두기로 함으로써 아세안은 상설화된 지역기구로서의 성격을 갖게 되었다. 한편, 동남아우호협력조약은 ZOPFAN 실현을 위한 수단으로서 분쟁 발생시 무력사용 또는 사용의 위협 포기 및 협상을 통한 분쟁해결을 추구한다는 분쟁의 평화적 해결원칙을 천명하였다.

여덟째, 1970년대 말 발생한 캄보디아 사태와 그 해결과정을 통해 아세안은 국제사회로부터 명실상부한 지역협력기구로 인정을 받게 되었다. 소련의 지원을 받은 베트남의 캄보디아 침공과 폴포트의 크메르 루즈 정권을 붕괴시켜 발생한 캄보디아 사태는 중국과 소련의 대리전 양상을 띠었다. 1991년 10월 평화협정이 체결되면서 종결되었다. 아세안은 이 사안을 UN에 회부하였고 UN은 1981년 캄푸치아문제 국제회의를 개최하였다. 이 회의는 아세안이 요구한 바대로 캄보디아에서 외국군대 철수, 유엔감시하 총선거 실시, 캄보디아의 중립화, 국제원조 등을 결정하였다.

② **탈냉전기**: 첫째, 1992년 1월 아세안 정상회의에서 싱가포르 선언(Singapore Declaration)이 채택되었다. 회원국들간 정치, 경제협력 강화, 선진국들의 경제블록에 대응하여 개방적 경제체제 촉진, 인도차이나 국가들과의 협력 등을 천명하였다. 이 회의에서는 아세안자유무역지대(AFTA)결성에도 합의했다. 1995년 아세안자유무역지대 플러스(AFTA+)도 추진하기로 하였다.

둘째, 정치안보협력을 위해 1994년 ARF를 창설했다. 1995년 제2차 ARF회의에서 신뢰구축, 예방외교, 분쟁해결 추진의 3단계 방식에 의해 점진적으로 안보협력을 증진시키고, 장관회의와 고위관료회의를 두기로 하였다.

셋째, 1995년 12월 방콕에서 개최된 아세안정상회의에서 캄보디아, 라오스, 미얀마가 옵저버로 참석한 가운데 동남아비핵지대조약(South-east Asia Nuclear Weapon Free Zone)이 채택되었다. 이는 아세안이 1971년 동남아 자유평화중립지대를 선언한 이래 추진해 온 동남아 평화전략의 연장선상에 있는 것이었다.

넷째, 경제적 측면에서 동남아경제협력(EAEC) 구상이 제기되었으나 성사되지 못했다.

다섯째, 1996년에는 아시아-유럽 회의(ASEM: Asia-Europe Meeting)를 창설했다.

③ **1997년 경제위기 이후**: 첫째, 1995년 베트남, 1997년 라오스와 미얀마, 1999년 캄보디아가 가입하여 아세안 10이 완성되었다.

둘째, 1997년 동남아와 동북아를 포괄하는 동아시아 공동체를 구성하기 위한 선도적 조치로 중국, 한국, 일본을 포함한 APT가 형성되었다. 1999년 12월 제3차 APT정상회의에서 APT를 공식화하였다.

셋째, 2000년 5월 APT재무장관회의에서 치앙마이이니셔티브(CMI)가 합의되었다.

넷째, 1998년 하노이 정상회의에서 아세안 비전 2020 실천을 위한 하노이행동계획(Hanoi Action Plan)을 채택했다. 1999년부터 2004년까지 거시경제, 무역 및 투자 자유화, 지역안보, 아세안 조직 운용 등 4개 분야에 대한 상세한 협력이행 방안을 제시했다.

다섯째, 2003년 10월 발리정상회의에서 2020년까지 아세안을 유럽연합에 버금가는 하나의 지역공동체로 완성해 나가고 이를 위해 정치, 경제, 사회문화 3개 분야에서 강한 유대를 구축해 나가 새로운 아세안공동체(ASEAN Community)를 만든다는 목표를 제시했다.

여섯째, 2005년 아세안헌장 제정을 위한 아세안 현인그룹이 소집되어 2006년 말 아세안정상회의에 보고서를 제출했다. 이를 바탕으로 2007년 11월 싱가포르 정상회의에서 이를 채택하고, 2008년 12월 발효되었다. 헌장 서문은 하나의 비전, 하나의 공동체, 서로 보살피고 나누는 하나의 공동체를 지향한다고 선언하고, 아세안의 목적으로 역내평화와 안보 유지, 민주주의 강화, 거버넌스와 법치 강화 등을 규정했다.

일곱째, 아세안이 추구하는 공동체는 유럽연합과 같은 초국가적 단위가 아니라 정부간 단위를 전제로 국가간 협력을 강화하는 것이다. 각 회원국의 독립성과 주권을 전제로 지역적 차원에서의 협력과 통합을 지향하는 것이다. 2015년 12월 31일을 기해 아세안공동체를 출범시켰다. 아세안공동체 건설은 기존의 지역협력과 지역주의에서 규칙에 기반한 공동체로의 전환에 따른 높은 수준의 통합으로의 전환을 의미한다.

**(7) 한 - ASEAN관계**

① **정치·외교협력 분야**: 한국은 ASEAN 10개국과 모두 수교하고 있다. 북한도 ASEAN과 모두 수교하고 있다. 정상회의와 외교장관회의를 정기적으로 개최하고 있다. 한국은 '동남아우호협력조약'에 서명하였고, '한 - ASEAN포괄적 동반자관계에 관한 공동선언'을 발표하고 '한 - ASEAN FTA'도 체결하였다. 2012년 9월 주 ASEAN 대표부도 설립하여 양자협력관계를 발전시켜 나가고 있다.

② **경제·통상협력 분야**: 한 - ASEAN 교역량은 2012년 1,310억 달러에 달한다. 한 - ASEAN은 FTA를 체결하기 위해 2004년부터 협상을 개시하였으며, 상품 분야는 2006년 타결, 2007년 6월 발효하였다. 서비스협정은 2007년 11월 서명하고 2009년 5월 발효하였다. 투자협정은 2009년 6월 서명, 2009년 9월 발효하였다. FTA 발효 후 양측 간 교역량이 약 2배 증가하였으며, ASEAN은 2010년 이래 한국의 제2대 교역상대지역을 유지하고 있다.

## 2. 아시아 - 태평양 경제협력체(Asia - Pacific Economic Cooperation: APEC)

### (1) 연혁

아시아 - 태평양 경제협력체(APEC)는 아시아 및 태평양 연안 국가들의 원활한 정책대화와 협의를 목적으로 1989년 설립된 경제협력체이다. APEC은 2003년 기준으로 전 세계 인구의 약 44.8%, GDP의 약 57%, 교역량의 약 46%를 점하는 성장잠재력이 크고 역동적인 국가들이 소재하고 있는 지역 간 경제협력체이다. 이러한 잠재성에도 불구하고 ① 국가주도의 경제 개발로 지역통합의 필요성이 상대적으로 적은 점, ② 인종·종교·문화적 차이 및 역사적 갈등이 존재하는 점, ③ 대일수입의존도와 대미수출의존도의 심화라는 기형적인 경제구조를 지닌 점 등이 지역경제통합의 장애로 작용하여 왔다.

그러나 1980년대 우루과이 라운드협상이 난관에 부딪치고 EU나 NAFTA 등과 같은 지역경제통합이 가속화되면서 이 지역에서도 경제통합의 논의가 시작되었으며, 1989년 APEC이 공식 출범하게 되었다. APEC의 논의주제는 출범 초기 무역자유화와 경제 개발을 위한 협력 등 경제 및 통상 분야에 집중되었으나 최근에는 점차 경제 및 통상 분야를 포함한 사회개발 분야로까지 확대되고 있다.

### (2) 목표

APEC은 회원국 간 경제·사회·문화적 이질성을 극복하여 역내 경제 성장에 기여, 궁극적으로 경제공동체를 형성하기 위해 설립되었다. 이러한 경제공동체를 형성하기 위해 역내의 무역·투자 자유화 로드맵을 작성하여 선진국은 2010년까지, 개발도상국은 2020년까지 자유화를 달성하려는 목표를 지니고 있다(보고르 선언).

### (3) 특징

① **개방적 지역주의(Open Regionalism)**: 개방적 지역주의란 지역공동체를 추구하되 역내뿐만 아니라 역외권에 대해서도 무역장벽 제거·완화의 혜택 부여를 추구하는 지역협력을 의미한다. APEC은 개방적 지역주의를 위해 WTO하에서 범세계적 자유화 추진, 가능한 최대 범위 내에서 일방적 자유화 추진, APEC 비회원국에 대한 무역·투자 장벽 추가 해소, 비회원국들을 대상으로 APEC무역자유화의 조건부 수용 또는 무조건 적용 등을 추구하고 있다.

② **자발적 및 비구속적 성격의 합의사항 이행**: 회원국의 자발적 의사에 기초한 협력을 추구한다. 전체 회원국의 합의(Consensus)에 의해 의사를 결정한다. 합의사항은 기본적으로 비구속적이나, 정상 합의사항의 경우는 대다수 회원국들이 정치적 약속(Political Commitment) 차원에서 접근한다.

③ **관료주의화의 배격과 점진적 제도화 추진**: 회원국 주도하에 각종 회의체가 운영되며, APEC 사무국의 기능과 역할은 제한적이다. 2010년 APEC 개혁의 일환으로 전문직 사무국장을 선발하였다. 출범 이후 협력대상 분야를 점진적으로 확대·발전시키며 제도화를 추구한다.

④ **Retreat 형태의 비공식회의방식 채택**: 정상회의 시 격식 없는 Retreat(비공식회의)방식을 통해 지도자들 간 자유롭고 진솔한 논의 기회를 제공한다. 특히 정상회의가 지도자들 간 인간적 유대관계의 구축의 계기가 됨으로써, 아태지역의 경제·안보협력 증진을 위한 정책 공조의 장으로서 역할을 하고 있다.
⑤ **역내 민간부문의 참여 메커니즘 확보**: 'APEC means Business'라고 할 정도로 APEC의 활동의 초점을 기업활동 촉진에 두고 있다. 정상들과 APEC 기업인자문위원회와의 대화, 최고경영자회의에서의 교류 및 태평양경제협력위원회, 태평양경제협의회 등 지역 차원의 민간기구와의 협력을 추구한다. 또한 업계대표가 직접 참여하는 민·관 협의체를 운영한다.

### (4) 회원국

1989년 총 12개국으로 출범한 APEC은 현재 한국을 비롯하여 오스트레일리아, 브루나이, 캐나다, 칠레, 중국, 홍콩, 인도네시아, 일본, 말레이시아, 멕시코, 뉴질랜드, 파푸아뉴기니, 페루, 필리핀, 러시아, 싱가포르, 대만, 태국, 미국, 베트남 등 총 21개의 회원국을 가진다. APEC은 신규 회원국에 대해서도 가입을 인정한다. 가입요건으로는 아시아·태평양지역에 위치, APEC 회원국들과 실질적이고 광범위한 경제·통상관계 유지, 대외지향적·시장지향적 경제정책 추구, 각종 APEC선언, 특히 정상회의 선언의 기본 목적과 원칙 수용 등이다. APEC에는 대만과 홍콩이 참가하고 있어 '국가' 명칭 및 국기를 사용하지 않는 것이 관례이다. 회원국을 '국가'가 아니라 '회원' 또는 '경제체(Economy)'로 표기하고, 대만과 홍콩은 각각 차이니스 타이페이(Chinese Taipei)와 홍콩 차이나(Hong Kong, China)로 표기한다.

### (5) 조직

APEC은 느슨한 포럼형식의 협의체이기 때문에 정상회의, 각료회의 및 고위관리회의 등 독특한 협의체계를 구축하고 있다. 그 밖에 기업인자문위원회 및 각종 산하 위원회, 실무그룹과 특별그룹 등이 존재한다.

### (6) 중점적인 활동 분야

① **APEC의 양대 축**
  ㉠ 무역·투자 자유화 및 원활화
  ㉡ 경제기술협력
② **무역·투자 자유화**: APEC은 1989년 창설 이래 지속적으로 역내 무역·투자 자유화를 추진하고 있다. 1994년 설정된 보고르 목표는 회원국 중 선진국은 2010년까지, 개발도상국 회원국은 2020년까지 무역·투자 자유화를 달성한다는 목표를 말한다. 2010년 13개 회원국들이 보고르 목표 이행평가에 참여하였다. 현재 APEC이 아태자유무역지대(FTAAP)를 추진하고 있는 2004년 APEC 기업인 자문위원회가 제안하였으며, 2006년 하노이 정상회의에서 미국의 제안에 따라 APEC의 장기 비전으로 FTAAP 창설방안에 대한 논의를 시작하였다. 우리나라는 2008년 이래 계속해서 FTAAP 창설방안 모색을 위한 사업을 주도하고 있다.

③ **무역·투자 원활화**: 관세인하로 국경에서의 무역·투자 자유화가 어느 정도 성과를 거두었다는 평가에 따라 최근 규제개혁, 거래비용 감축, 교역정보에 대한 접근 확대 등 역내 비즈니스 환경 개선이 주요 과제로 대두되고 있다. 2009년 APEC 의장국 싱가포르는 창업 등 5개 규제개혁 우선순위 분야를 선정하여 비즈니스 환경 개선을 추진하였다. 우선 개혁대상으로는 계약분쟁, 창업, 신용요건, 허가취득 및 교역 등 5개 분야가 선정되었다. 우리나라는 '계약분쟁' 주도국으로 참여하고 있다. 2001년 '상해 합의'에서는 2006년까지 거래비용 5% 감축, 2010년까지 5% 추가 감축 목표가 제시되었다.

④ **경제기술협력**: 회원국 간 경제력 격차 감소, 역내 지속 가능한 발전의 균형적 추구, 개발도상회원국의 무역·투자 자유화 및 원활화의 이행 역량 강화를 위해 경제기술협력을 지속적으로 확대하고 있다. 1996년 경제기술협력의 중점 추진 분야로 인적 자원 개발, 안전하고 효율적인 자본시장 육성, 경제 인프라 강화, 미래를 위한 기술 활용, 환경친화적 성장, 중소기업 육성 등 6개 분야를 선정하였다. 우리나라는 개발도상회원국의 역량 강화를 지원하기 위한 기금인 'APEC 지원기금'에 2007~2009년간 200만 달러를 출연하기도 하였다.

⑤ **인간안보 및 여타 분야 협력 증진**: 2001년 9·11테러 이후 테러, 보건, 재난 대응 등 비경제 분야로 APEC의 활동범위가 확대되어 왔으며, 기후변화에 따른 자연재해 급증으로 인하여 재난대응 협력방안 및 식량안보가 부각되어, 2013년에는 '형평과 지속가능한 성장' 의제 내의 해양, 여성, 중소기업 의제가 심도 있게 다루어졌다. 2001년 '대테러 정상성명'을 채택하고, 2003년 대테러대책반을 설치하였다. 2003년 조류독감 확산 이후 보건대책반을 설치하였으며, 2004년 인도양 쓰나미 참사를 계기로 긴급사태대책반을 설치하였다. 2010년 일본에서 제1차 APEC 식량안보 장관회의를 개최하였고, 2013년 9월 인도네시아 발리에서 제1차 여성과 중소기업 합동 각료회의를 개최하였다.

### (7) 주요 성과

① **WTO 출범을 비롯한 다자 무역체제 강화에 기여**: UR협상이 당초 목표 시한인 1990년 말까지 타결되지 못하고 난항을 겪던 시기에 APEC회의가 정상회의로 격상(1993년 11월 시애틀)되어 UR의 조기 타결을 촉구함으로써 UR협상 타결(1994년 4월)에 기여하였다. 2003년 칸쿤 WTO 각료회의 실패 이후 DDA협상이 사실상 모멘텀 상실 위기에 직면한 상황에서 2003년 10월 방콕 APEC 정상회의는 DDA협상 재개에 기여하였다. 2010년 요코하마 APEC 합동 각료회의에서는 DDA협상의 조속한 타결을 촉구하는 '특별성명'을 채택하고, '신규 보호조치의 도입 동결(Standstill)'을 2013년까지 재연장하기로 합의하였다. 2013년 수라바야 APEC 통상장관회의에서는 종래 보호주의조치 도입을 2015년까지 동결하기로 한 것을 2016년까지 연장하는 데 합의하고, WTO DDA협상 진전과 제9차 WTO 각료회의의 성공을 촉구하는 내용의 별도 성명서를 발표하였다.

② **자발적 무역자유화 추진**: 1994년 보고르 정상회의에서 무역·투자 자유화목표(선진국 2010년, 개발도상국 2020년)를 설정한 데 이어 1995년 개별 및 공동 실행계획 등을 마련하였다. 2010년 보고르 목표 이행평가서의 작성 및 채택이 있었다. 2012년 제3차 무역투자위원회에서 회원국들은 보고르 목표 이행방식 간소화 노력의 일환으로 보고르 목표 이행현황을 한눈에 파악할 수 있도록 1페이지로 정리한 일람표(Dashboard) 구성에 합의하였다.

③ **역내 비즈니스 여건 개선**: 통관절차, 표준적합, 전자상거래 등 분야에서 비즈니스 원활화를 통하여 무역·투자 자유화 구현에 실질적으로 기여하였다. 2002년 로스카보스 정상회의에서 무역원활화 행동계획을 승인한 데 이어 2007년 시드니 정상회의에서는 2010년까지 역내 거래비용 5% 추가 감축을 위한 제2단계 무역원활화 행동계획을 승인하였으며, 2011년 평가서에 따르면 거래비용을 5% 감축한 것으로 평가되었다. 한편 1995년 오사카 정상회의에서 비구속적 투자원칙(Non - binding Investment Principles)에 합의한 데 이어 2008년 6월 아레키파 통상장관회의에서 투자원활화 행동계획을 채택함으로써 역내 투자환경의 투명성·개방성 제고에 기여하였다.

④ **역내 국가 간 통상 마찰 해소 기여**: 미국의 일방적 통상조치가 APEC 정상회의 출범 이후 크게 완화되는 등 APEC 계기 당사국 간 접촉 및 협의 기회 증대가 통상 마찰 방지에 부분적으로 기여하고 있다.

⑤ **실질적인 민관협력 추진**: 역내 무역·투자 자유화와 원활화의 실질적인 수혜자가 기업인이라는 인식에 기초하여 1993년 태평양경제인포럼(Pacific Business Forum: PBF)과 1995년 APEC 기업인자문위원회(APEC Business Advisory Council: ABAC)를 설립하였다. ABAC는 회원국별 3명의 기업인으로 구성되며, 각국은 ABAC 위원의 선임에 있어서 대기업과 중소기업을 균형적으로 안배하도록 하였다. 그 밖에 산업대화, 정책파트너십 등 민·관 협의체를 운영하고 있다.

⑥ **역내 식량안보 구축을 위한 국제협력 강화**: 2008년 식량가격 급등 이후 시장기반적 접근을 통해 식량안보위협에 대응하기 위한 국제협력 강화에 기여하였다. 2008년 리마 정상회의는 식량가격 불안정문제에 대한 우려를 표명하고, DDA협상 타결을 통해 세계 농산물 교역의 시장왜곡조치 축소와 농산물의 시장접근 개선을 위해 노력하도록 하였다. 2010년 제1차 APEC 식량안보장관회의를 개최하여 '니가타 액션 플랜'을 채택하였다. 2011년 식량안보 고위급 대화를 미국 몬태나에서 개최하였다. 2012년 제2차 식량안보장관회의에서는 '카잔 선언문'을 채택하였다. 동 선언문에서는 무역 촉진과 식량시장 개발, 식품 안전과 품질 제고, 사회적 취약계층을 위한 식량 접근성 강화, 지속가능한 해양생태계 관리 및 불법어업 퇴치 등 5개 항목에 관한 협력방안을 제시하고 2010년 채택된 니가타 액션 플랜의 지속적 이행을 결의하였다.

⑦ **해양 관련 의제 논의를 통해 국제협력 강화**: 2012년 해양 관련 의제를 총체적으로 아우르는 '블루이코노미' 콘셉트가 등장하여 해양수산업실무그룹이 2012년 5월 카잔에서 첫 회의를 개최함으로써 해양 의제를 본격 논의하고 있다. 2013년 인도네시아는 '해양의 주의제화 이니셔티브(Mainstreaming Ocean Related Issues)'를 제안하여 실무그룹을 통한 구체적인 이행방안의 마련을 촉구하였다.

⑧ **여성과 경제 논의를 통한 형평적 성장에 기여**: 2010년 APEC 정상회의에서 채택된 '신성장전략'은 포용적 성장(Inclusive Growth)을 위한 여성의 경제적 기회창출 필요성을 지적하였다. 2013년 발리에서는 형평과 지속가능한 성장 달성을 위한 여성 중소기업 합동 장관회의를 개최하였다.

### (8) 주요국의 대APEC전략

① **한국**
  ㉠ 세계 최대 경제권인 아태지역과의 협력을 강화한다. FTA 선도국으로서 아태자유무역지대(Free Trade Area of Asia Pacific: FTAAP)의 창설을 위한 노력을 주도한다.
  ㉡ 다자간 무역체제의 불안정성 및 지역주의 추세에 따른 국제 경제·통상 환경의 불확실성에 대비한다.
  ㉢ 정상외교를 통해 한반도 평화 정착을 모색한다.

② **미국**: 1989년 APEC 창설 초기에는 자국을 배제한 아시아 경제협력체 출범을 방지한다는 차원에서 소극적으로 참여하였으나, 1993년 시애틀 정상회담을 계기로 APEC 프로세스 활성화에 견인차 역할을 하고 있다. 동아시아지역의 시장잠재력을 높이 평가하고, 이들 국가의 시장개방을 위한 APEC의 역할을 기대하면서 환태평양파트너십(Trans-Pacific Partnership: TPP) 추진을 통해 중국의 영향력을 견제하고자 한다. 2001년 9·11테러 이후 APEC에서 대테러 국제 공조를 모색하고 있다.

③ **일본**: APEC을 아태지역 내 미국의 안보·경제적 역할을 위한 연결고리로 활용하여 아태지역 내 안정을 모색하고 있다. 중국 및 ASEAN 등 역내 국가에 대한 일본 기업의 시장 접근을 확대하고자 한다. 2013년 3월 환태평양파트너십협상 참여를 공식 선언하고, 4월 수라바야 APEC 통상장관회의를 계기로 하여 전체 TPP협상 참여국의 지지를 확보하고자 한다.

④ **중국**: 역내 경제·통상 분야에 대한 대화와 협력의 창구로서 APEC의 역할을 기대한다. APEC의 제도화에는 소극적이며, 느슨한 형태의 협의체를 지향한다. 또한 안보공동체화하는 것에는 유보적 입장이다. 중국은 APEC 프로세스보다는 'ASEAN + 3' 등 동아시아 지역협력에 상대적으로 큰 비중을 두고 있다. 미국, 일본, 호주, 캐나다, 뉴질랜드 등 선진국 그룹의 시장접근 확대 요구에 대응하여, APEC의 자발성, 비구속성 원칙을 들어 구속적인 시장 접근 확대의무 부과보다는 역량 강화, 경험 공유, 기술 확산 등을 주장한다.

⑤ **ASEAN**: APEC 프로세스에 적극 참여하고 있으나, 강력한 APEC 출현에 따른 ASEAN 약화를 우려한다. APEC 역내 무역자유화 또는 금융협력보다는 개발도상회원국의 역량 강화를 골자로 하는 경제·기술 협력프로세스에 역점을 두고 있다. 1997년 아시아 금융 위기 당시 APEC이 효과적인 수습방안을 제시하지 못하였다는 이유를 들어 'ASEAN + 3'프로세스 가속화에 중점을 두었다. 미국 등 선진국 그룹의 시장접근 확대 요구에 대응하여 중국과 공조하여 APEC을 통한 개발도상국의 역량 강화 및 경험 공유 등을 주장하고 있다.

⑥ **호주**: 1989년 APEC의 창설 주역으로서 미국을 APEC에 묶어둠으로써 미국 주도의 배타적 경제블록 대두가능성을 방지하고, 아태지역의 안정적 발전을 지향한다. APEC을 대 동아시아 외교의 연결고리로 활용하는 동시에 자국 농산물의 역내시장 진출 확대를 모색한다. 2012년 환경상품자유화 논의 주도국으로 참여하여 미국, 일본, 캐나다, 뉴질랜드 등 선진국 그룹과 공조하여 역내 환경상품 시장접근 확대를 모색한다.

⑦ **러시아**: APEC을 통해 아태지역 외교의 행동반경 확대를 모색하며, 나아가 러시아의 WTO 가입을 위한 교두보로 활용하였다(2011년 WTO 가입). 실무차원의 협력보다는 정상회의, 각료회의 등 고위급 채널에 치중하고 있으며, 미국이 APEC 프로세스를 주도하는 것이 불가피하다고 인식하나, 선택적으로 중국, ASEAN과의 공조에 역점을 둔다. 2012년 APEC 정상회의 의장국으로서 에너지 자원 개발, 농업 생산 및 수출 확대 등 극동 러시아 개발과 관련한 사업 추진 및 외자 유치에 역점을 두었다.

### (9) 한국과 APEC

APEC은 2004년 6월을 기준으로 우리나라 총 교역의 70.4%를 차지하고 있다. 그리고 APEC 국가들에 의한 대한국 투자는 전체 투자의 63.3%를 차지하고 있으며, 우리나라의 APEC에 대한 투자는 69.6%에 달한다. 우리나라는 APEC이 출범할 당시에 호주와 함께 창설을 주도하였으며, 출범된 후에도 APEC의 활동에 주도적으로 참여해 왔다.

## 3 미주지역 - 미주국가기구(Organization of American States: OAS)

### 1. 연혁
1948년 8월 30일 콜롬비아의 산타페데보고타에서 개최한 제9회 미주회의에서 이 기구의 헌장을 채택하였다. 종전의 아메리카지역 협력기구인 미주연합(Pan American Union)을 개편·강화하여 지역적 집단안전보장기구로서 모양을 갖추었다.

### 2. 목적
서반구에서의 분쟁의 평화적 해결과 침략에 대한 공동방위, 미주의 평화 및 안전의 강화, 정치·사회·법률문제의 해결, 경제·사회·문화발전의 촉진 등이다.

### 3. 기관

조직의 최고기관은 총회로, 매년 개최한다. 회원국마다 1표씩 투표권이 있으며 거부권제도는 없다. 외무장관협의회는 총회를 보완하며 회원국가가 공격·침략을 당할 경우 집행기관 역할을 한다. 상설이사회는 회원국가의 대사로 구성되며 그 직속기관인 경제·사회·사법·문화 등의 전문이사회, 상설사무국 및 13개 산하 전문기관 등이 있다. 본부는 미국 워싱턴에 있다.

### 4. 회원국

1951년 12월 캐나다를 제외한 모든 아메리카지역 국가들이 참가하여 기구를 설립하였다. 쿠바는 회원국이었다가 1962년에 축출되었다. 2022년 기준 가맹국은 미국과 캐나다를 비롯해 35개국이며 한국은 1981년 영구 옵저버 국가로 가입하였다.

## 4 중동지역 - 석유수출국기구(OPEC)

### 1. 연혁

이란, 이라크, 사우디아라비아, 쿠웨이트, 베네수엘라 5대 산유국에 의해 국제석유자본에 대항하여 1960년 9월에 설립되었다.

### 2. 목적

석유수출국의 이익을 수호하기 위해 석유생산과 공급 및 가격 책정 등에서 공동정책을 추구하는데 목적이 있다. OPEC이 결성되기 전까지는 미국과 유럽의 거대 석유회사들이 국제석유시장을 지배하였다.

### 3. 성격

결성 당시에는 원유공시가격의 하락을 저지하고 산유국 간의 정책 협조와 이를 위한 정보 수집 및 교환을 목적으로 하는 가격카르텔 성격의 기구였으나, 1973년 제1차 석유 위기를 주도하여 석유가격 상승에 성공한 후부터는 원유가의 계속적인 상승을 도모하기 위해 생산량을 조절하는 생산카르텔로 변질되었다. 회원국들은 원유가격 인상과 더불어 석유시장 국유화로 말미암아 수입(收入)이 급속히 증가하였다. 거액의 재정자금을 보유하게 된 산유국들은 사회경제개발사업을 가속화함과 동시에 축적된 외화의 대부분을 국제금융시장에 단기자금으로 공급하여 기존의 국제금융질서를 재정립할 만큼 큰 영향력을 행사하였다. 오늘날 OPEC은 가격정책 외에 석유 이권의 국유화, 자원보호, 각종 석유산업으로의 진출, 석유시대 후의 국가 건설을 목표로 하고 있다. OPEC의 영향력은 대체재가 존재하지 않는 원유의 특성으로 가격이 탄력적이지 못하다는 점에 기인한다.

### 4. 기관

각료회의, 이사회, 전문위원회, 사무국이 있다. 본부는 비엔나에 소재하고 있다.

### 5. 회원국

1960년 창립회원국은 이란, 이라크, 쿠웨이트, 사우디아라비아, 베네수엘라 5개국이다. 추후 카타르(1961), 인도네시아(1962), 리비아(1962), 아랍에미리트연합(1967), 알제리(1969), 나이지리아(1971), 에콰도르(1973), 가봉(1975), 앙골라(2007), 적도 기니(2017) 및 콩고(2018)가 합류하였다. 에콰도르는 1992년 12월 회원국 가입을 중단하였다가 2007년 10월 OPEC에 재가입하였으나, 2020년 1월 1일부터 OPEC의 회원국 자격이 철회되었다. 인도네시아는 2009년 1월 회원자격이 중단되었다가 2016년 1월에 다시 활성화되었으나, 2016년 11월 30일 제171차 OPEC 회의에서 다시 한 번 회원자격이 정지되었다. 가봉은 1995년 1월 회원자격이 박탈되었지만 2016년 7월에 조직에 다시 가입하였다. 카타르는 2019년 1월 1일 회원자격을 해지하였다. 따라서, 현재 총 13개의 회원국을 보유하고 있다.

## 제4절 | 세계무역기구(WTO)

### 1 목적

세계무역기구는 국제통상에 관한 규범을 다루는 유일한 국제기구로서, 다음 세 가지를 목적으로 한다.
첫째, 보다 자유롭고 예측 가능한 무역환경을 조성한다.
둘째, 국제 간 및 국가 간 통상협상의 장으로서 역할을 수행한다.
셋째, 통상분쟁해결을 위한 규칙 및 절차를 규정하여 실시함으로써 국제 간 분쟁에 대한 해결의 장을 제공한다.

### 2 연혁

WTO는 1995년 출범하였지만 그 기원이 되는 것은 1947년 출범한 관세 및 무역에 관한 일반협정(General Agreement on Tariffs and Trade: GATT)이다. GATT는 비공식적인 국제기구의 성격으로 출범한 후, 몇 차례의 다자간 통상협상(Trade Round)을 거치면서 지금의 WTO로 발전되었다. 이러한 WTO의 출범은 1948년에 미국 의회의 비준 거부 등으로 인해 실패하였던 국제무역기구(International Trade Organization: ITO)의 창설노력을 현실화한 것이다. 초창기의 GATT 다자간 무역협상은 관세 인하에 초점이 맞추어져 있었다. 그 결과 1960년대 중반에 개최된 케네디 라운드에서는 미국, 일본 등 주요 선진국의 공산품 관세가 약 35% 정도 인하되었으며, GATT 반덤핑협정이 새롭게 제정되었다. 1970년대 열렸던 동경 라운드에서는 비관세장벽의 해결과 무역체제를 개선하기 위한 최초의 노력이 시작되었다. 그리고 1986년부터 1994년까지 7년 반 동안 열린 우루과이 라운드는 가장 폭넓은 분야에서 국제통상문제를 다루었으며, 이 협상의 성공으로 인하여 WTO가 창설되고 새로운 다자간 무역협정들이 만들어지게 되었다.

### GATT의 다자간 무역협상

| 연도 | 장소 / 이름 | 관련 주제 | 국가 수 |
|---|---|---|---|
| 1947년 | Geneva (제네바 라운드) | 관세 | 23개국 |
| 1949년 | Annecy (앙시 라운드) | 관세 | 13개국 |
| 1951년 | Torquay (토케이 라운드) | 관세 | 38개국 |
| 1956년 | Geneva (제네바 라운드) | 관세 | 26개국 |
| 1960 ~ 1961년 | Geneva (딜런 라운드) | 관세 | 26개국 |
| 1964 ~ 1967년 | Geneva (케네디 라운드) | 관세 및 덤핑방지 | 62개국 |
| 1973 ~ 1979년 | Geneva (동경 라운드) | 관세 및 비관세장벽, framework(골격)협정 | 102개국 |
| 1986 ~ 1994년 | Geneva (우루과이 라운드) | 관세, 반덤핑, 통상규범, 서비스, 지적재산권, 분쟁해결, 섬유, 농업, WTO의 창설 | 123개국 |
| 2002년 ~ 현재 | Geneva (도하개발아젠다) | 관세 및 통상 분야 전반 | 164개국 |

## 3 회원국

### 1. 자격

WTO 회원국은 WTO설립협정을 수락하고 자국의 양허 및 약속표가 GATT1994에 부속되며, 서비스무역에 관한 일반협정(GATS)에 자국의 구체적인 약속표가 부속된 국가로서, WTO설립협정 발효일 당시 GATT1947 체약당사국인 경우 WTO의 창설 회원국으로 인정된다. WTO 회원국의 자격은 권리이자 의무로서, 회원국들은 다른 회원국들이 주는 혜택을 누리는 동시에 자국의 시장 개방과 통상규범 준수 등을 약속해야 한다. 단, 회원국들은 UN이 최빈개발도상국으로 인정한 국가에 대해서는 호혜주의를 엄격히 적용하지 않고 이들의 국가별 경제 개발수준, 무역 및 금융의 발전단계에 합치하는 범위 내에서 약속 및 양허를 제공해 주어야 한다.

### 2. 가입

개별 국가 혹은 독자적 관세영역이 WTO의 가입을 원하는 경우 개별 회원국과 쌍무적으로 WTO 가입조건에 대한 합의를 이룸으로써 가능하다. 이 과정은 통상적으로 다음과 같은 네 단계를 거친다.

(1) 가입 신청국은 WTO협정과 관련된 자국의 무역 및 경제정책에 대한 상세한 보고서를 제출한다. 이는 WTO 실무작업단에 의해 검토된다.

(2) 신청국은 제공할 양허와 약속에 관하여 기존 회원국과 양자협상을 진행한다. 양자협상 형식으로 진행되는 것은 가입 희망국에 대해 기존의 WTO 회원국들이 저마다 다른 경제적 이해관계를 가지고 있기 때문이다. 그러나 이렇게 양자 간에 합의된 양허와 약속이라 하더라도 WTO의 기본원칙인 무차별원칙에 따라 WTO 모든 회원국에 동등히 적용되어야 한다.

(3) WTO 가입 실무작업단에서 가입신청국의 가입조건을 최종 결정하고 제반문서를 작성한다.

(4) 최종 타협안이 WTO의 일반이사회 또는 각료회의에 제출되어 통과되어야 한다. WTO에 대한 가입은 회원국의 3분의 2가 찬성하고 해당 WTO 가입신청국이 가입의정서에 서명함으로써 결정된다.

### 3. 탈퇴

WTO 회원국은 WTO에서 탈퇴할 수 있다. 탈퇴는 WTO협정 및 다자간 무역협정에 대해 적용되며 서면 탈퇴통보가 WTO 사무총장에게 접수된 날로부터 6개월이 경과한 날 발효한다. 복수국간 무역협정 탈퇴는 당해 협정의 규정에 따른다.

## 4 주요 기관

### 1. 각료회의(Ministerial Conference)

각료회의는 WTO의 최고기구로서 모든 회원국의 대표로 구성되며 최소 2년에 한 번 개최된다. 각료회의는 WTO의 기능 수행을 위하여 필요한 조치를 취하며 다자간 무역협정의 모든 사항에 대하여 결정한다.

### 2. 일반이사회(General Council)

일반이사회는 모든 회원국의 대표로 구성되고 필요에 따라 개최되며 각료회의의 비회기 중에 각료회의의 기능을 수행한다. 또한 일반이사회는 필요한 경우 분쟁해결기구(DSB)와 무역정책검토기구(TPRB)로서 소집된다.

#### ● 각료회의와 일반이사회 구성 및 권한 비교

| 구분 | 각료회의 | 일반이사회 |
| --- | --- | --- |
| 구성 | 전 회원국 대표 | |
| 개최시기 | 최소한 2년에 1회 | 필요에 따라 개최 |
| 주요 권한 | • WTO 기능 수행을 위해 필요한 조치, 즉 WTO 설립협정과 다자간 협정의 모든 사항에 대한 결정권<br>• 사무총장 임명<br>• 의무면제 결정<br>• 가입결정 | • 각료회의가 비회기 중인 경우 각료회의 기능 수행<br>• DSB<br>• TPRB<br>• 연간 예산안 승인 |

| 산하<br>위원회 | • 무역개발위원회<br>• 국제수지위원회<br>• 예산재정관리위원회<br>• 무역환경위원회<br>• 지역무역협정위원회<br>• 시장접근위원회 | • 상품무역이사회<br>• 서비스무역이사회<br>• 무역관련지적재산권이사회 |
|---|---|---|
| 공동 권한 | WTO설립협정 및 MTA에 대한 해석 권한 ||

## 3. 전문이사회(Specialized Councils)

일반이사회 산하에 상품무역이사회, 서비스무역이사회, 무역관련지적재산권이사회가 설치되어 각각의 관련협정과 일반이사회에 의해 부여된 기능을 수행한다. 또한 <u>각료회의는 무역개발위원회, 국제수지제한위원회 및 예산재정행정위원회 등을 설치한다.</u> 일반이사회에 의해 시장접근위원회, 무역환경위원회 및 지역무역협정위원회가 추가로 설치되었다.

## 4. 사무국

<u>WTO사무국은 각료회의가 지명하는 사무총장을 최고 책임자로 하며 사무총장의 권한, 임무 및 임기는 각료회의에서 채택되는 규정에서 정한다.</u> 사무총장과 사무국 직원의 임무는 전적으로 국제적인 성격을 가지며 어떠한 정부나 기타 당국으로부터도 지시를 구하거나 받아서는 아니 된다.

**WTO사무총장 선출 및 임기**

<u>WTO사무총장 선출 절차 관련 규정은 2002년 12월 10일 WTO 일반이사회에서 채택되었다.</u> 현직 사무총장 임기 만료 9개월 전 선출절차를 개시하며 현직 사무총장 임기 만료 3개월 전 일반이사회 회의 시 신임 사무총장을 결정하게 된다. 현직 사무총장은 재임 희망 시, 선출절차 개시 이전에 이를 일반이사회 의장에게 통보하여야 한다. <u>선출기한까지 컨센서스에 의한 선출이 불가능한 경우, 최후의 수단으로서 투표에 의한 선출가능성도 고려 가능하나, 투표는 컨센서스 관행의 예외로 이해되며, 이후 선출에 있어 어떠한 전례도 형성 불가하다.</u> 업무의 연속성을 고려하여 사무총장과 사무차장의 임기는 교차되며 사무차장의 임기는 사무총장의 임기가 만료된 이후에 만료가 된다. 사무총장 공석 시, 일반이사회는 신임 사무총장 선출 시까지 현직 사무차장 중 1인을 사무총장 대행으로 지명한다. <u>사무총장의 임기는 총 4년으로, 1회에 한하여 연임할 수 있다.</u>

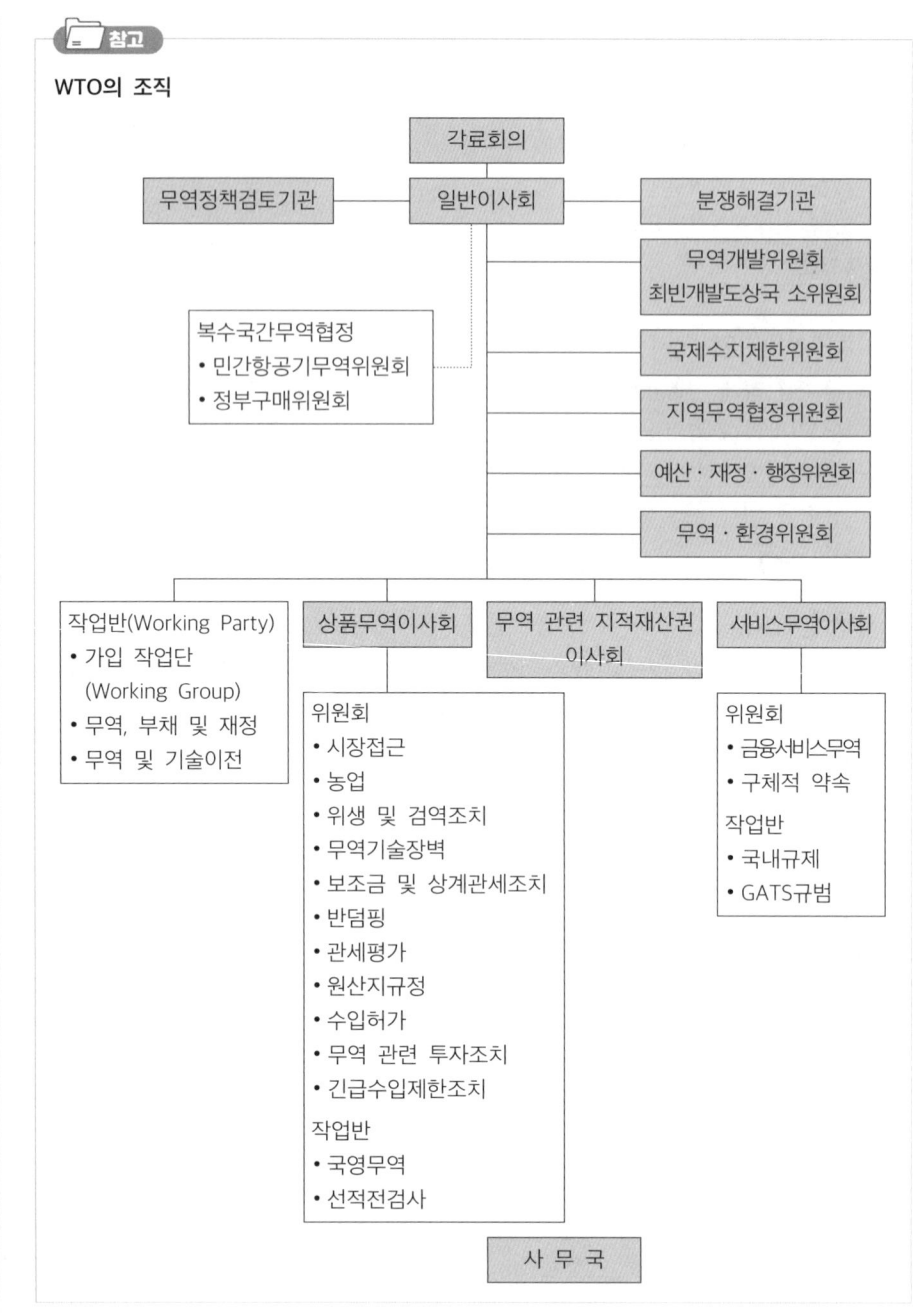

## 5 의사결정

### 1. 일반원칙

GATT1947은 의사결정에 있어서 컨센서스를 관행으로 하고 투표는 매우 예외적이었다. 그러나 WTO에서는 GATT의 컨센서스 관행을 따르되 컨센서스에 의해 의사결정을 할 수 없는 경우 투표로 간다는 것이 제도화되어 있다. WTO협정 또는 다자간 무역협정에서 달리 규정하고 있지 않는 한 각료회의와 일반이사회의 의사결정은 '일국일표'를 기초로 하여 던져진 투표수의 과반수로 채택된다. EC가 투표권을 행사하는 경우에는 WTO에 가입한 EC 회원국의 수와 동일한 투표권을 가진다.

### 2. 해석

WTO협정과 이에 부속된 다자간 무역협정의 해석에 관한 권한은 각료회의와 일반이사회가 배타적으로 행사한다. 이들 협정의 해석에 대한 각료회의와 일반이사회의 결정은 회원국들 4분의 3 다수결에 의한다.

### 3. 의무면제(Waiver)

WTO협정 또는 다자간 무역협정상 회원국의 의무는 예외적인 상황에서 면제될 수 있다. 각료회의는 궁극적으로 회원국들 4분의 3의 다수결로 WTO협정과 다자간 무역협정상 특정 회원국의 의무를 면제할 수 있다. GATT1947에서 의무면제 허가는 투표수의 3분의 2의 찬성을 요하였으며 찬성 투표수는 전체 체약국들의 과반수를 초과하여야 한다. WTO협정상의 의무면제의 허가의 경우 각료회의에 요청된 의무면제에 대해 90일 내의 검토기간을 거쳐 총의에 의해 결정되는 것이 원칙이나 동 기간 내에 총의가 도출되지 아니한 경우 회원국들 4분의 3 다수결로 결정된다. WTO협정에 부속된 다자간 무역협정에 대한 의무면제의 경우 관련이사회에 제출되어 90일 내 기간 동안 동 의무면제를 검토한 이후 각료회의에 보고한다. 각료회의는 절차규칙에 따라 총의에 의한 의사결정을 시도하고 총의가 도출되지 않는 경우 회원국들 4분의 3 다수결로 의무면제를 결정한다.

### 4. 분쟁해결기구(DSB)의 의사결정

분쟁해결기구(DSB)의 의사결정은 원칙적으로 총의제에 의한다. 다만, 분쟁해결양해(DSU)에 기초한 의사결정절차에서는 이른바 '역총의제(Reverse Consensus)'가 적용되고 있다. 역총의제란 당해 결정에 반대하는 컨센서스가 이루어지지 않는 한 동 결정을 채택한 것으로 간주하는 의사결정 방식을 말한다. 분쟁해결양해(DSU)에 따르면 패널설치, 패널보고서 채택, 상소보고서 채택, 보복조치 승인 등에 있어서 역총의제가 적용된다.

### 5. 신규 회원국의 가입승인

각료회의는 '전체 회원국'의 3분의 2에 의하여 신회원국의 가입조건에 관한 합의를 승인한다. 이 가입은 WTO협정과 다자간 무역협정에 대해 적용되며 복수국간 무역협정의 가입은 당해 협정의 규정에 의거하여 규율된다.

## 6. 개정

(1) WTO협정과 부속서 1의 다자간 무역협정의 경우 개정안은 WTO 회원국 및 다자간 무역협정을 관장하는 부문별 이사회가 각료회의에 제출할 수 있다. 각료회의는 90일 내에 개정안을 공식적으로 상정할 지 여부를 총의에 의해 결정한다. 총의를 얻지 못한 경우 회원국들의 3분의 2 다수결에 따라 개정안 제출 여부를 결정한다.

(2) WTO협정의 개정에 관한 조항(제10조), WTO 의사결정에 관한 조항(제9조), 최혜국대우에 관한 조항(GATT 제1조), 관세양허에 관한 조항(GATT 제2조), 최혜국대우에 관한 GATS조항(GATS 제2조), 최혜국대우에 관한 TRIPs조항(TRIPs 제4조) 등은 만장일치에 의해 개정한다.

(3) WTO설립협정의 개정조항 및 의사결정조항을 제외한 다른 모든 WTO설립협정의 조항은 회원국 3분의 2 다수결에 의해 개정한다.

(4) 분쟁해결양해(DSU)에 대한 개정은 총의에 의하여 결정되며, 각료회의의 승인을 얻어 모든 회원국들에게 효력을 가진다.

(5) 무역정책검토제도에 대한 개정은 각료회의의 승인을 얻어 모든 회원국에게 효력을 가진다. 이 경우 각료회의는 원칙적으로 총의에 의하여 개정을 승인하고, 총의가 이루어지지 않으면 과반수 다수결에 의하여 승인한다.

(6) 복수국간 무역협정에 대한 개정은 해당 협정의 절차에 따른다.

### 참고

**WTO 의사결정정족수**

| | |
|---|---|
| 컨센서스 | WTO 모든 의사결정에서 원칙적 방식 (WTO설립협정 제9조 제1항) |
| 단순 다수결(출석과반수) | 아래 이외의 모든 결정(제9조 제1항) |
| 회원국 과반수 포함 3분의 2 | 재정규정 및 연간 예산안 채택(제7조 제3항) |
| 회원국 3분의 2 | • 협정 개정(제10조 제3항)<br>• 가입조건 승인(제12조 제2항) |
| 회원국 4분의 3 | • 의무면제(제9조 제3항)<br>• 해석 채택(제9조 제2항)<br>• 개정반대국의 잔류(제10조 제3항) |
| 컨센서스로만 결정 | • 과도기간 동안 의무 불이행 시 의무면제<br>• 복수국간 무역협정 추가(제9조 제3항 주석) |
| 모든 회원국의 수락 | 개정(제10조 제2항)<br>(MFN, 관세양허, 의사결정규정, 개정절차규정) |

## 6 도하개발아젠다협상(DDA)

### 1. 의의
2001년 11월 카타르 도하에서 출범한 WTO DDA는 1947년 GATT 설립 이후 9번째, 1995년 WTO 설립 이후 1번째 다자간 무역협상이다. 2001년 출범하였지만, 현재까지도 협상이 타결되지 못하고 있다.

### 2. 출범 배경

#### (1) WTO규범의 문제
DDA의 출범 배경은 WTO협정 자체의 문제점과 9·11테러로 평가된다.
① 우루과이 라운드(UR)가 농업을 다자간 무역규범 아래로 편입시키는 데는 성공하였지만, 높은 관세를 대폭 낮추는 데 실패하였다.
② 서비스 분야 역시 우루과이 라운드 당시 처음으로 다자간 무역체제에 편입시켰으나 규범 제정에 주력한 나머지 높은 수준의 시장 개방을 이루는 데는 미진하였다. 농업 분야와 서비스 분야는 기설정 의제(Built-in Agenda)로서 2000년부터 다시 협상을 하기로 규정되어 있었다. 이와 함께 비농산물시장접근(Non-Agricultural Market Access: NAMA) 분야에서도 관세감축 및 우루과이 라운드 당시 양허하지 않은 품목의 시장 개방 필요성이 대두되었다.

#### (2) 9·11테러
뉴라운드를 출범시키자는 논의는 1999년 시애틀 각료회의에서도 있었으나, 시민단체들의 강력한 반대로 진전이 없었다. 그러다가 9·11테러로 글로벌 경제 침체에 대한 위기감이 고조되어 다자간 무역자유화를 통해 세계경제의 위기를 극복해야 한다는 데 공감대가 확산되어 뉴라운드 출범 논의가 힘을 얻게 되었다.

### 3. 협상 의제
DDA는 총 9개 협상 의제를 다루고 있다. 농업과 서비스는 2000년 초부터 협상이 시작된 기설정 의제이다. 나머지 7개는 비농산물 시장접근(NAMA), 규범(Rules), 무역 원활화, 무역과 개발, 지식재산권(TRIPS), 무역과 환경, 분쟁해결양해(DSU)이다. 무역 원활화는 DDA 출범 당시 싱가포르 이슈라고 하여 투자, 경쟁정책, 정부조달 투명성 등과 함께 논의되었다. 이후 2003년 9월 칸쿤 각료회의가 결렬되면서 2004년 8월 기본 골격이 도출될 때 싱가포르 이슈 중 여타 이슈는 제외되고 무역 원활화만 협상하기로 합의되었다. 규범 분야에서는 반덤핑, 보조금(수산보조금 포함), 지역무역협정 등이 논의되고 있다.

**DDA의 주요 의제**

| 시장 개방 관련 의제 | | 농업, 비농산물 시장접근(공산품, 임·수산물), 서비스 |
|---|---|---|
| 규범관련 의제 | 기존 협정 개정 | 규범(반덤핑, 보조금, 지역무역협정), 분쟁해결양해 |
| | 신규 규범 제정 | 무역 원활화 |
| 기타 | | 무역과 환경, 지식재산권 |
| 비고 | | 협상과 병행하여 개발도상국 개발문제를 별도로 검토 |

### 4. 협상추진체계

협상을 추진하는 가장 중요한 기구는 각료회의, 일반이사회산하에 설치된 무역협상위원회(Trade Negotiation Committee: TNC)이다. TNC는 WTO사무총장이 의장이며, 일반이사회 정례회의마다 협상 진행상황을 보고하고, 필요 시 협상기구를 설치하며, DDA 전반을 감독하는 역할을 한다. 의제별 협상 진행은 TNC에서 결정한 대로 분야별 특별회의 의장의 주재 아래 진행되고 있다.

### 5. 지연요인

#### (1) DDA에서 대두된 새로운 협상 구조

우루과이 라운드 협상에서는 소위 'Quad그룹(미국, EU, 일본, 캐나다)'이 협상을 주도하였으며, 호주는 농산물 수출그룹을 규합하여 케언즈그룹을 형성함으로써 협상과정에서 주요한 축의 역할을 하였다. 그러나, DDA는 '5대 이해관계국(Five Interested Parties: 미국, EU, 브라질, 인도, 호주)'에 중국과 일본이 포함된 G7그룹이 주도국 협의체로 부상하였다. 이에 대응하여 개발도상국들 간 또는 선진국 - 개발도상국들 간 다양한 전략적 유대가 나타나게 되었다.

#### (2) 미국변수

미국의 정치적 리더십이 부재하고 국내절차적 문제가 있다. 또한 행정부가 의회로부터 무역협상권한(Trade Promotion Authority: TPA)을 부여받지 못해 협상이 타결되더라도 미국 의회의 비준과정을 통과하기가 매우 어려운 상황도 협상 정체의 요인이 되고 있다. 국내보조금 감축에 동의하는 경우 TPA를 부여받기 위한 정치적 여건이 더욱 어려워질 수 있다.

#### (3) 유럽의 재정 위기

유럽의 재정 위기가 심화되고 지속되면서 WTO 다자협상의 중요한 구심점 역할을 해 오던 EU집행위원회의 역할을 기대하기 어렵게 되었다. EU 내에 경제통합 자체에 대한 위기의식이 고조되면서 WTO 차원의 무역협상을 위한 정치적 희생을 감수할 여력이나 의지가 상실되고 있다. 특히 유로화체제에 대한 위기로 번지면서 프랑스와 독일의 입장 대립이 격화되고 있어 정치적으로 첨예한 농업시장 개방과 관련된 문제들을 타결할 추동력이 거의 상실된 상황이다. 또한 재정 위기로 가속화된 구조조정의 여파로 회원국들의 국내 실업이 확대되고 산업생산이 격감하고 있는 현 시점에서 대폭적인 시장 개방과 국내보조금 감축 등을 추진하기에는 경제상황이 뒷받침되지 않는다.

### (4) 중국요인

중국의 부상과 이로 인한 무역에 관한 WTO 회원국들 간의 대립 고조도 합의 도출의 장애요소가 되고 있다. 대부분의 WTO 회원국들이 중국으로부터의 수입 급증을 겪으면서 공산품 시장 개방에 방어적인 입장을 취하고 있다. 또한 중국과 미국의 무역 갈등이 고조되면서 미국이 주도하는 DDA 의제에 대한 중국의 협력이 더욱 어려워지고 있다.

중국은 WTO 가입 당시 미국의 과도한 요구로 무역상의 불이익을 받고 있다는 인식이 높아져 있어 선진국이 제기하는 시장 개방안에 대해 적대적인 입장을 견지하고 있다.

### (5) FTA 확산문제

주요 국가들 상호 간 양자 또는 지역을 기반으로 하여 FTA가 확대되고 있다. 이와 같은 FTA를 통한 무관세시장 개방이 확산하면서 WTO를 통한 시장 개방의 효용과 필요성이 크게 손상되었다. 시장 개방 차원의 혜택은 상당 수준으로 훼손된 반면, 국내보조금 감축 등 정치적으로 수용하기 어려운 의제만 DDA에 남게 된 상황이어서 WTO 회원국들 간 합의 도출을 한층 어렵게 하고 있다. FTA에서는 개발 관련 의제가 다루어지지 않는 상황에서 무역과 개발문제는 WTO체제에서 핵심문제로 부각되어 있다. 이는 선진국들이 WTO체제를 기피하거나 소극적인 가능성이 있어서 WTO체제의 장기적인 안정성과 신뢰성 유지에 장애요소로 작용할 가능성이 높다.

### (6) 가입국 확대로 인한 문제

WTO체제 출범 이후 신규가입이 대폭 확대되어 회원국들 간 이해관계의 조정을 위한 역학구도가 한층 복잡해지고 있다. 특히 비시장경제권 국가들이 가입하면서 새로운 이해집단으로 부상할 가능성이 있으며, 이 경우 DDA협상에서의 합의 도출은 더욱 어려워질 것으로 전망되고 있다.

## 6. 무역원활화 협상 타결

### (1) 협상 경과

2004년 10월 무역협상위원회가 무역원활화에 대한 협상 그룹을 설립함에 따라 2005년부터 본격적인 무역원활화협정에 대한 협상이 시작되었다. 우리나라, 미국, EU, 일본 등 무역원활화 규범 제정을 지지하는 콜로라도 그룹(Colorado Group)이 회의를 주도했다. 무역원활화 협상은 2013년 12월 발리에서 개최된 제9차 각료회의에서 발리패키지(무역원활화, 농업 일부, 개발)의 일부로 타결되었다. WTO는 조속한 협정의 발효를 준비하기 위해 일반이사회 산하에 무역원활화 준비위원회를 설립하고, 무역원활화협정을 WTO협정 부속서 1A에 편입시키기 위한 의정서 작성 등을 수행했다. 2014년 11월 27일 회원국들은 무역원활화협정을 WTO 협정 부속서 1A에 편입시키기 위한 의정서를 채택하였다.

동 의정서에 따라 이후 WTO 회원국 2/3가 동 의정서를 수락하는 날 무역원활화협정이 발효하게 되었다. 우리나라는 무역원활화협정을 WTO 협정에 편입시키기 위한 동 의정서를 수락하기 위한 국내절차를 거쳐 2015년 7월 30일 WTO 회원국 중 10번째로 의정서 수락서를 WTO에 기탁하였다. 2017년 2월 22일 르완다, 오만, 차드, 요르단이 수락서를 추가 기탁하면서 WTO 164개 회원국 중 2/3 이상에 해당하는 112개국이 수락하여 무역원활화협정이 발효되었다.

### (2) 협정의 주요 내용

무역원활화협정은 통관규정의 투명성 강화, 통관절차의 간소화 등을 통한 상품의 이동, 반출 및 통관의 신속화, 수출입 관련 정보 교환 등 세관당국 간 협력 강화, 개도국과 최빈개도국에 대한 기술지원 및 능력배양 강화 등을 규정하고 있다.

### (3) 평가

무역원활화협정은 1995년 WTO 설립 이래로 최초로 타결된 다자간 무역협정이며, 특히 개도국과 최빈개도국은 협정의 조항별 이행 일정을 스스로 결정할 수 있고, 선진국은 개도국의 이행을 돕기 위해 원조와 지원을 제공하여야 함을 규정한 최초의 WTO 협정으로서 중요한 의의가 있다.

## 7. 수산보조금협상 타결

### (1) 협상 경과

2022년 6월 수산보조금 협상이 타결되었다. 수산보조금 협상은 당초 도하개발어젠다(DDA; Doha Development Agenda) 협상의 일부로 다뤄져 오다가 2015년 유엔 제70차 총회에서 지속가능개발목표(SDGs; Sustainable Development Goals)의 과제로 '2020년까지 과잉어획능력 및 남획을 초래하는 유형의 수산보조금을 금지하고, 불법·비보고·비규제(IUU; Illegal·Unreported·Unregulated) 어업을 초래하는 보조금 근절 및 이와 유사한 신규 보조금의 도입을 제한한다'는 목표가 포함되면서 오랫동안 지지부진하던 협상에 동력을 부여받았다. 협상 개시 이후 21년 만에 타결된 수산보조금 협상은 불법어업 및 과잉어획된 어종에 대한 보조금 지급금지를 다자간 합의로 도출한 것으로, 이는 2013년 발리 각료회의의 무역원활화 합의 이후 첫 WTO 다자간 협상성과이다. 또 WTO 수산보조금 협정은 164개 회원국들이 해양생태계를 보전하고 수산자원의 고갈을 막기 위한 목적으로 강제성 있는 다자규범을 만들었다는 점에서도 WTO에서 독특한 위치를 차지한다. 최근 환경 관련 논의가 활발하게 진행되고는 있으나 자원 고갈 방지를 위한 다자무역협정 체결은 수산보조금 협정이 WTO 역사상 첫 번째 사례인 것이다.

### (2) 주요 내용

첫째, 수산보조금 협정문에 따르면 IUU어업 또는 IUU어업에 기여하는 선박 또는 선주에게 보조금을 지급할 수 없으며 협정의 발효 시점에 존재하는 보조금을 포함해 IUU어업에 대한 보조금이 지급되지 않도록 관련 법률과 행정절차를 마련해야 한다. 다만 협정 발효시점부터 2년 동안 최빈개도국과 개도국에는 적용되지 않으며 우리나라는 선진국으로 2년간의 유예기간을 부여받지 못한다. 둘째, 남획된 어종을 어획하는 어업에 대한 보조금도 금지된다. 어떤 회원국도 남획된 수산자원에 대한 조업 또는 조업관련활동에 보조금을 지급하지 않아야 하며 어업 또는 어업관련 활동이 일어나는 지역을 관할하는 연안회원국이 결정하는 최대지속생산량(MSY)을 기준으로 하게 된다. 이 역시 LDC국가와 개도국에는 협정 발효일로부터 2년간 적용되지 않는다. 셋째, 수산보조금 협정의 이행을 위해 회원국은 보조금이 제공되는 어업이 어획하는 수산자원의 상태와 지역수산기구의 관리여부, 관련 수산자원에 대한 보존·관리조치, 보조금이 제공되는 선박의 규모, 보조금을 받는 어선의 이름과 식별번호, 보조금이 제공되는 어업의 수산자원종류와 그룹별 어획량 등의 자료를 제공해야 한다.

### (3) 미합의 사항

쟁점이 됐던 면세유와 원양어업보조금, 개도국 특혜 문제는 합의에 이르지 못했다. 따라서 협정 발효 후 4년간 이들 3가지 문제에 대해 합의하지 못하면 수산보조금 협상 전체가 실효되도록 규정했다. 이외에도 쟁점으로 제시됐던 강제노동을 IUU어업의 범주에 포함시키는 내용도 배제됐다.

# 제2장 | 비정부간국제기구(INGO)

> **출제 포커스 및 학습방향**
>
> 비정부간국제기구(INGO)들 중에서 저명한 단체들을 중심으로 서술하였다. 비정부간국제기구의 경우 각 기구의 활동분야에 대해 주로 출제되었으나, 잘 알려진 기구들은 세부내용들도 출제할 것으로 예상된다. 특히 오늘날 국제질서에서 중시되는 인권이나 환경 관련 기구들을 섬세하게 정리해 두어야 할 것이다.

## 제1절 | 총론

### 1 INGO의 정의

국제 비정부간기구(NGO)의 기준으로, 다음과 같은 다섯 가지가 제시되고 있다.
첫째, 최소한 3개 국가에서 활동하며 국제적인 목표를 가지고 있어야 한다.
둘째, 회원국가가 최소한 3개 국가에 걸쳐 있어야 한다.
셋째, 본부와 더불어 공식적인 구조를 가지고 있어야 하며 직원은 선출되고 바뀌어야 한다.
넷째, 재정적 자원은 최소한 3개 국가로부터 나와야 한다.
다섯째, 비영리기구여야 한다.

### 2 국제정치 패러다임과 비정부간기구(NGO)

#### 1. 현실주의

현실주의 패러다임 옹호자들은 정부간기구(IGO)를 자율성을 가지고 있지 않은 주권국가의 국익 추구의 수단으로 바라본다. NGO의 경우 그 자율성이라는 것이 궁극적으로 국가에 달려 있다고 보며, 기껏해야 부수적인 자문의 역할을 담당할 뿐임을 강조한다. 이들은 자유주의 패러다임 옹호자들이 MNCs나 NGO와 같은 비국가적 행위자들이 국가의 통제 혹은 국가들에 의해 만들어진 체계의 통제를 넘어 활동함으로써 국가를 손상시킨다는 주장에 반대하여, 주권국가가 이들의 활동영역에 틀을 제공한다고 주장한다. 즉, 이들의 활동범위는 국가의 정책 및 선택의 반영으로 보아야 한다는 것이다.

## 2. 전지구적 시민사회론(Global Civil Society)

전지구적 시민사회론은 전지구적인 규모에서 국경을 넘어 상이한 사회행위자들 간의 상호연계에 관심을 둔다. 특히 NGO를 전지구적 시민사회의 중요한 구성요소로서 간주하고, 국제적인 정치과정을 변화시키고 이에 영향을 미치고자 하는 행위자로 본다. 이들에게 있어 NGO는 국적의 원칙을 무시하고 사회적 연계를 형성하여 각기 다른 국가사회들을 연결하는 역할을 한다. 또한 NGO는 전세계적인 관심사를 국제적인 의제로서 제기하고, 이러한 과정에서 과학, 아이디어, 문화 등의 초국가적 상호교환을 촉진하고 국제적인 규범과 가치의 형성에 기여한다고 본다.

## 3. 세계정치의 두 세계론(The Two Worlds of World Politics)

로즈노(James N. Rosenau)는 1991년 『Turbulence in World Politics』에서 주권국가와 비국가적 행위자들이 국제체제에 공존하고 있으며 이를 후기 국제정치의 특징이라고 하였다. 즉, 국제체제에 외교와 국력이 중요한 역할을 하는 국가중심적 세계와 상대적 자율성을 지닌 다양한 비국가적 행위자들로서 구성되는 다중심적인 세계가 동시에 존재한다고 본다. 다중심적인 세계의 주요한 구성요소는 국가로부터 일정한 자율성을 향유하는 MNCs, 소수민족, 국가 내 하위정부와 관료, 정당, NGO 등의 행위자들이며 이들은 국가중심적 세계의 주권에 구속되는 행위자들과 개별적으로 또는 공동으로 상호작용을 통해 경쟁과 협력을 행한다고 본다.

## 4. 글로벌 거버넌스(Global Governance)

공존론적 패러다임을 가장 충실하게 대변하는 이론적 관점이 바로 글로벌 거버넌스라고 할 수 있다. 글로벌 거버넌스란 '주권적인 권위가 부재한 가운데 국경을 넘어 정부행위자와 비정부행위자들이 국제사회의 주요 이슈들을 다루어 나가는 협력적 방식들의 총합'을 말하는데, NGO는 글로벌 거버넌스에 있어 중요한 행위자로 이에 참여하고 있다.

## 3 NGO의 기능

### 1. 정보기능

정보기능이란 NGO가 공통적으로 관심을 가지는 일에 관련된 정보 즉 자료나 견해를 수집하고 분석하며 교환 및 전파하는 기능을 의미한다. 예컨대 국제위기그룹(International Crisis Group: ICG)이나 전지구적 증인(Global Witness)과 같은 NGO는 전쟁이나 다른 종류의 재해를 겪고 있는 지역처럼 일반행위자의 접근이 어려운 현장에서 자세한 정보를 수집한 후 자신들의 의견을 포함한 보고서를 발행한다. 부패 감시 국제 NGO인 국제투명성기구(Transparency International: TI)는 1995년과 1999년부터 각각 국가별 부패지수와 뇌물공여지수를 조사하여 국가별 순위를 매겨 해마다 발표하고 있다. 또한 국제적 언론단체인 국경없는기자회(Reporters Sans Frontières: RSF)는 2002년에 139개국의 언론자유의 수준을 국가별 순위로 매겨 발표하였다.

## 2. 교육기능

NGO는 대중교육 캠페인을 통해 일반대중들을 교육시켜 여론을 형성하고 이들 대중들을 동원함으로써 정부의 입장에 영향을 미치고, 나아가 정부로 하여금 특정 정부간기구에 참가하여 국가 간의 의사결정에 영향을 미치도록 한다. 국제사면위원회 한국지부가 시민들의 인권의식을 함양하기 위해 인권캠프를 여는 것과, 우리나라의 개발 NGO인 지구촌나눔운동이 지구촌시민학교를 열어 더불어 사는 국제사회의 시민을 양성하고자 하는 것들을 예로 들 수 있다.

## 3. 운용활동기능(Operational Function)

가장 많은 수의 NGO들이 재난의 구호와 난민들에게 원조를 제공하는 것과 같은 서비스를 제공하는데, 이러한 기능을 운용활동기능이라 한다. 이러한 운용활동은 재난구호 및 개발원조와 같은 유형의 자원 공급 이외에 기술자문과 같은 무형의 것도 포함한다. 또한 흔한 경우는 아니지만 소액대출서비스와 같은 것도 포함되고 있다. 예를 들어 플라넷 파이낸스(PlaNet Finance)라는 NGO는 빈민을 상대하는 전세계 7,000여 개의 소액금융기관에 대한 대출 및 지원을 통해 세계화의 그늘에 가려진 빈민들을 구제하고 있다.

## 4. 정책비판 및 제언기능

정책비판 및 제언기능이란 말 그대로 정부나 정부간기구 등의 정책을 비판하고 대안을 제시하는 등의 주장과 제안을 하는 기능이다. NGO는 현안에 대해 로비와 압력의 행사를 통해 자신들의 입장이 이들 주요한 의사 결정자들에 의해 수용되어 국내정책이나 국제공공정책에 반영되기를 희망한다. 이러한 기능을 통해 NGO는 국제적인 의제의 설정, 프로그램의 설계, 정부간기구활동의 총체적인 감시에 공헌한다.

## 5. 감시기능

NGO는 감시자(Watchdog)로서 인권규범과 환경규제의 실질적인 이행 여부를 감시하고, 나아가 이러한 것에 대한 위반을 경고하는 등의 일에 중요한 역할을 한다. 예컨대 그린피스는 인공위성 등 첨단장비를 동원하여 환경에 대한 감시를 수행하고 있으며 1997년 대만이 핵폐기물을 북한에 반입하려고 했을 때 한국의 NGO인 녹색연합과 연계하여 저지운동을 전개한 바 있다. 또한 국제사면위원회는 1997년 1월 말에 '북한의 공개처형에 관한 특별보고서'를 통해 북한이 지난 1970년 이후 최소한 23명을 공개처형하였다는 사실을 목격자의 말을 인용하여 폭로하고, 국제사회의 주의환기와 더불어 북한이 이러한 행위를 더 이상 하지 말 것을 촉구하였다.

## 6. 국제제도 관련 기능

### (1) 국제제도의 형성 및 저지기능

NGO들은 관련 분야에 있어서의 새로운 국제레짐의 형성을 돕기도 하고, 때로는 새로운 국제레짐의 형성을 저지하기도 한다. 예를 들어 국제 NGO인 국제지뢰금지운동(ICBL)은 대인지뢰금지협약, 즉 오타와협약을 이끌어 내었다.

### (2) 국제레짐의 유지

NGO들은 기존 국제레짐에 대한 감시와 검증의 일환으로서 이러한 국제레짐에 대한 위반을 조사하고 보고함으로써 국제레짐의 유지에 공식적 그리고 비공식적으로 중요한 역할을 한다.

### (3) 국제레짐의 변경

환경의 변화가 급속하게 전개되고 또한 그 복잡성으로 인하여 많은 경우 환경에 관한 국제협약들은 개정의 필요성에 직면하곤 한다. 환경 NGO들은 환경 악화의 성질과 정도에 대한 과학적인 증거를 제시하고, 이를 공개하여 여론화하고, 각국 정부에 압력을 가함으로써, 기존의 국제레짐을 변경하는 데 중요한 기능을 수행한다.

## 4 UN과 NGO의 관계

### 1. ECOSOC(경제사회이사회)

UN헌장 제71조를 통해 ECOSOC로 하여금 특별협정의 체결을 통해 일정한 자격요건을 갖춘 NGO에게 협의적 지위(Consultative Status)를 부여하는 권한을 주었다. 이에 따라 '일반 협의(General Consultation)' 자격을 가진 NGO들은 잠정적 아젠다 및 ECOSOC 산하기구들의 아젠다에 대해서도 특정 사항을 상정할 권리를 누린다. 산하 11개 위원회에 대해 의제를 제안하고 회의에 출석하여 발언하며 구두로 의견을 진술할 수 있고 UN의 문서로써 의견서(Written Statement)를 제출하는 것이 인정된다. 국제로터리클럽, 표준화기구(ISO)와 최근에는 굿네이버스가 이 지위를 획득하였다.

제2부류로서 '특별 협의(Special Consultation)' 자격을 가진 NGO들은 특정 분야에서의 공헌이 기대되는 국제적으로 잘 알려진 NGO들이다. 이들은 의제를 제출할 수는 없으나 동일한 주제를 다루는 하부기관 부재 시, ECOSOC에 출석, 발언, 의견서 제출이 인정된다. 앰네스티 인터내셔널과 YMCA 등이 그 예이다.

제3부류로서 '명부(Roster)' NGO들은 ECOSOC나 UN사무총장에 의해 ECOSOC 혹은 그 하부기관에 대해 때로 유효한 공헌을 할 수 있다고 간주되는 NGO들이다. 이들은 ECOSOC나 그 위원회, 하부기관에 공헌을 하도록 초청을 받아 관련 회의에 출석하여 의견을 제시한다.

### 2. 총회(General Assembly)

비록 총회는 ECOSOC과 달리 NGO들과 제도화된 관계를 가지고 있지는 않지만 총회의 주요 위원회들과 산하 위원회들은 NGO들이 비공식적으로 참여할 수 있도록 많은 기회를 제공하고 있다. 예컨대 제4위원회인 '특별 정치 및 탈식민화 위원회'에는 NGO들이 청원단체 자격으로 참여하고 있듯이, 총회의 거의 모든 위원회들이 청원기관으로서 NGO들의 참여를 장려해 왔다.

### 3. NGO위원회(CONGO)

CONGO는 궁극적으로 NGO와 UN의 관계를 향상시키고자 조직되었다. 구체적으로 협의적 NGO들의 기능 수행에서 최대한의 기회와 적절한 시설을 활용할 수 있도록 하고 협의과정에서 토론의 장을 제공하며 공동이익을 가져다줄 수 있는 일에 대한 견해를 교환한다.

## 제2절 | 주요 INGO

### 1 환경 분야

#### 1. Greenpeace

**(1) 역사**

1971년 캐나다 밴쿠버시의 기자였던 밥 헌터(Bob Hunter)를 비롯한 12명이 작은배를 타고 알래스카에서 실시되는 미국의 핵실험에 반대하기 위해 실험장에 접근하다가 체포된 것을 계기로 탄생하였다. 이후 Greenpeace는 전세계적으로 환경파괴의 현장에서 이를 행동으로 저지하고 동시에 환경문제 해결을 위한 다양한 대안들도 제시해오고 있다.

**(2) 주요 활동**

| 연도 | 내용 |
| --- | --- |
| 1975년 | 프랑스의 남태평양에서 지상핵실험 저지 |
| 1982년 | 국제포경위원회에서 고래잡이 금지선언 |
| 1983년 | 런던의 해양투기방지 연차총회에서 핵폐기물의 해양투기 금지 |
| 1985년 | 프랑스 해군에 의해 'Rainbow Warrior'호 피격 침몰 |
| 1986년 | 국제포경위원회에서 전세계적으로 상용 고래잡이 금지 |
| 1987년 | NGO로는 최초로 남극에 기지 건설 |
| 1991년 | 남극에 기지를 설치한 39개국이 50년 동안 자원 개발 금지안에 서명 |
| 1992년 | 전세계적으로 원양에서의 거대 저인망 어선의 어로행위 금지 |
| 1993년 | 독일에서 CFCs의 대체냉매 생산 시작 |
| 1993년 | 런던 해양투기방지회의에서 전세계적으로 핵을 포함한 산업폐기물의 해양투기 금지 |
| 1994년 | 바젤협약에 의해 유해폐기물의 제3세계로의 수출 금지 |
| 1994년 | 브라질의 마타 아틀란틱의 열대우림 파괴 저지 |
| 1995년 | 영국 쉘 정유회사의 시추선 Brent Spar호의 해양 침몰 저지 투쟁 |
| 1996년 | 중국 최초의 대체냉매 냉장고 생산 |

### (3) 조직

전세계 158개국에 약 290만여 명의 회원이 Greenpeace 활동을 후원하고 있다. 29개국의 지부와 3곳의 지역통합본부가 있고, 1989년에 암스테르담의 국제본부가 설립되었다. 국제본부는 Greenpeace 선단을 관장하고, 각국의 활동에 대한 정보를 취합하고, 국제적인 연대를 통해 전개되는 환경활동, 캠페인, 각 영역에서의 활동을 연계하여 성공적으로 이끌어내기 위한 각종 작업을 진행시키고 있다. 급변하는 사안이나 사건에 대한 신속하고 확실한 가시적 대응을 위해 소수정예의 국제집행위원회가 구성되어 정확한 정보수집능력 및 신속하게 대처 - 결정 - 집행할 수 있는 능력을 갖추고 있다. 이 위원회는 이사회에 정기적으로 보고한다. 각국의 지부는 국내운동에 집중하며, 동시에 국제적 차원의 운동과 이 운동의 전략을 마련하는데 동참한다. 모든 지부는 매년 개최되는 총회에 참석하며 의결권을 가진다. 총회에서는 예산과 결산에 대한 심의 및 승인하고, 활동방향과 범위에 대해 논의하고 결정하며, 운동의 방향과 정책에 대한 모든 결정권을 가지고 있다. 이사회는 지부의 의결을 거쳐 7명으로 구성되며, 7명으로 구성된 국제이사회는 총회에 버금가는 책임과 권한을 가진다. 그리고 이 이사회에서 1명의 이사장과 국제집행위원회 의장을 선출한다.

### (4) 활동원칙

Greenpeace는 모든 정치적 집단으로부터 영향력을 배제하고 완전한 독립성을 추구한다. 동시에 기업으로부터의 영향력으로부터도 배제한다. Greenpeace가 추구하는 목표는 환경보전이고, 더불어 비폭력 활동 및 평화적 활동을 통해 환경오염과 파괴의 현장에서 직접적인 시위를 함으로써 목적을 수행한다.

### (5) 활동영역

현재 Greenpeace는 유독성 물질, 기후변화, 해양자원, 원자력, 산림, 유전자공학 등의 영역에 관심을 가지고 국내·국제적인 활동을 전개하고 있다.

## 2. 세계자연보호기금(World Wide Fund for Nature: WWF)

### (1) 의의

세계자연보호기금은 자연보호를 위한 국제 비정부기구이다. 원래 명칭은 세계야생생물기금(World Wildlife Fund)으로, 미국과 캐나다에서는 이 이름으로 활동하고 있다. 생물학자로 유네스코 초대 사무총장을 역임하였던 영국의 줄리언 헉슬리(Julian Sorell huxley)경이 1960년 옵저버지에 동부아프리카지역에서의 동물 남획과 서식지 파괴실태를 경고하는 글을 기고한 것이 계기가 되었다.

### (2) 목적

인간과 자연의 공존을 궁극적인 목적으로 하고 기부금을 모아 세계 130개국 이상에서 자연보호 프로젝트를 추진하고 있다. 생물의 다양성 보전, 자원의 지속적 이용 추진, 환경오염과 자원 및 에너지의 낭비 방지를 3대 사명으로 하고 있다.

### (3) 활동

WWF는 출범 초기 인도의 야생나귀 보호사업을 지원한 것을 비롯하여, 멸종 위기에 처한 동물 보존을 위한 자연보호구역과 해양보호구역 설치와 함께 포경, 상아교역 제한을 위한 국제협정 체결 등의 성과를 올렸다. 그리고 1981년 영국 엘리자베스 2세 여왕의 부군인 필립공이 총재로 취임한 이후 WWF는 단순한 야생동물 보호기구의 틀을 벗어나 포괄적인 생태계 보존과 공해 방지, 자연자원의 지속적 이용 추진 등으로 활동범위가 확대되었다. 이렇게 활동영역이 넓어지면서 <u>1985년, 창립 25년을 기해 '세계자연보호기금(WWF)'으로 명칭을 변경하였다. 2001년 기준 29개의 각국 위원회와 공식협력단으로 구성</u>되었으며, 약 500만 명의 회원을 지니고 있다.

## 3. 지구의 친구들(Friends of the Earth: FOE)

### (1) 의의

<u>1971년 프랑스, 스웨덴, 영국, 미국의 4개 환경단체에 의해 처음 조직되었다.</u> 1981년 국제사무국이 설립되어 자원봉사자들에 의해 운영되었으나 1983년 25개 회원국으로 성장하면서 상임운영위원회가 선출되었다. '지구의 친구들'은 1986년 말레이시아에서 제1차 연례회원 총회를 개최하면서 세계적인 네트워크를 구축하게 된다. 이 총회에 참석한 31개 회원국들은 환경과 개발에 관한 논쟁을 벌였는데, 환경보호를 위해서는 인간의 라이프스타일과 소비 패턴에 변화가 필요함을 인식하는 계기가 되었다.

### (2) 활동목적

'지구의 친구들'이 지향하고 있는 활동목적은 다음과 같다.
① 인간의 부주의와 무차별적인 개발로 인해 손상된 지구가 악화되는 것을 방지하고, 지구의 생태적·문화적·민족적 다양성을 보존하는 것이다.
② 대중의 참여와 민주적 의사결정을 함양시키는 것인데, 이는 민주주의가 환경을 보호하고 자원을 운용하는데 있어 중요한 기준이 되기 때문이다.
③ 남북의 경제적 차이를 줄임으로써 세계적 수준에서의 사회 정의를 실현하고자 한다.

### (3) 활동

투쟁 일변도의 활동을 지양하고, 정확한 자료와 시민 참여를 바탕으로 정부와 기업을 설득하고 대중 캠페인을 통해 시민들의 관심을 불러일으키는 반면, 정부와 기업에 압력을 가하는 양면전략을 채택하고 있다. 일반 시민들에게는 환경문제가 곧 자신의 문제임을 깨닫게 하기 위해 음악가, 무용가 등 예술인들을 참여시켜 환경을 주제로 한 콘서트를 개최하여 젊은 세대들에게 관심을 불러일으키기도 한다.

## 4. 시에라클럽(Sierra Club)

### (1) 의의

설립된지 100년이 넘는 가장 오래된 환경운동단체의 하나로, 미국에서 금광 개발로 서부의 산림지대가 훼손되자 이를 지키기 위해 1892년 미국 국내조직으로 설립한 비영리 단체이다. 박물학자 존 무어(John Muir)가 초대 회장을 맡았으며 1972년에 국제적 조직으로 발전하였다. 미국 그랜드캐니언 댐 건설 저지로 유명해졌으며 북아메리카지역뿐만 아니라 전세계의 환경을 보전하기 위해 공공정책 결정, 입법, 행정, 사법, 선거 등을 통한 활동으로 영향력을 발휘하고 있다.

### (2) 활동

① 미국의 국립공원 및 자연보존지역의 지정과 보호운동을 활발히 벌여 왔고, 야생지역의 보호, 지구 생태계 및 자원의 책임 있는 이용 등을 위해 활동한다. 또한 일반인들에게 환경문제에 대하여 교육한다. 1960년 활발한 활동을 위해 시에라클럽재단을 설립하고, 1961년에는 알래스카에서 핵폭발실험을 진행하는 것에 반대하는 등 생태계 보존에 노력하였다.

② 1964년 이 단체의 노력으로 의회에서 야생보호법을 통과시킴으로써 세계 최초의 야생보호법이 탄생하였다. 1984년 680만 에이커의 숲과 140만 에이커의 공원을 보호구역으로 지정하는 데 성공하였다.

③ 1989년에는 국제부흥개발은행 또는 세계은행(International Bank for Reconstruction and Development: IBRD)에서 500만 달러를 대출 받아 브라질 아마존의 환경보호에 사용하였다. 1993년에는 10년 가까이 끌어오던 콜로라도 야생보호법을 통과시켰고, 1994년에는 이 단체에서 주도한 캘리포니아사막보호법이 제정되었다.

④ 1995년 환경보호법안을 위한 100만 명 서명운동을 벌였다. 1998년에는 스모그와 매연 투성이 환경에서 인간의 건강을 보호하기 위해 '우리 아이들을 위한 깨끗한 공기 만들기' 캠페인을 벌였다. 1999년 한국의 동강 댐 건설을 막기 위해 김대중 대통령에게 항의 서신을 보낸 바 있다.

## 5. 기후행동네트워크(Climate Action Network: CAN)

### (1) 의의

1979년 제1차 세계기후총회(World Climate Conference)가 열린 뒤로 인간의 행동으로 인한 세계기후시스템 붕괴가능성에 대한 관심이 증가해 왔다. 이러한 기후변화조치에 대해 국가들은 기후변화협약을 채택하였고, NGO들도 지구온난화 및 기후변화의 위협에 대응하기 위해 참여하였다. NGO들은 기후변화의 문제가 국제적 이슈의 문제로 제기됨에 따라 이에 대한 접근에 있어 정보, 의사소통, 공동작업의 다국적 시스템을 구축하는 것이 바람직함을 인식하였다.

1989년 3월 독일에서 열린 회합에서 서부 및 중앙 유럽, 미국, 개발도상국 등에서 참석한 NGO들은 온실효과에 대한 공통적 관심을 가지고, 장·단기 전략의 실행과 발전을 도모하는 NGO의 기후행동네트워크를 설립하기로 결정하였다.

**(2) 목적**

CAN의 총체적인 목적은 인간에 의해 야기되는 기후변화를 생태학적으로 적정한 수준으로 제한하기 위해 정부와 개인들의 인식제고와 직간접적인 행동을 촉진하는 것이다.

**(3) 활동**

CAN은 상기 목적을 달성하기 위해 다음과 같은 임무를 수행하고 있다.
① 국제적 - 지역적 - 국가적 기후정책에 대한 정보 교환
② 기후 관련 이슈에 대한 정책 고안
③ 지구온난화의 위협을 방지하기 위한 노력에 NGO들의 참여 촉진
④ 정부와 기업에 압력 행사

## 6. Wetlands International

**(1) 의의**

세계적으로 알려진 습지보호단체로서 습지 및 생물체 보존을 위해 설립된 단체이다.

**(2) 구성**

습지전문가, 세계적인 전문조직들 그리고 50여개국의 대표들로 구성된 국제지부에 의해 운영되는 비영리 단체이다. 세계 그리고 지역 프로그램은 120여개가 넘는 정부, 환경기구, NGO들에 의해 지원받고 있다. 이러한 세계적인 조직망은 습지 - 물새에 관한 권리와 보존에 전문가들을 연결시키고 있다.

**(3) 활동**

① Wetlands International - America는 여러 단체와 연계하여 프로그램을 진행하고 있는데, 특히 Manomet Center for Conservation Sciences와 공동으로 진행하는 프로그램은 주요한 프로그램 중 하나이다. 이들은 람사르협약과 연계하여 습지 연구와 보호에 중요한 역할을 하고 민간에게는 수집된 정보와 연구 결과를 알리기 위해 WetNet을 운영하고 있다.

② Western Hemisphere Shore bird Reserve Network(WHSRN)는 Wetlands International - America와 Manomet Center for Conservation Sciences가 공동으로 진행하는 프로그램이다. 1986년에 시작한 WHSRN은 바닷가 철새들에게 중요한 지역을 관리, 보호하기 위해 아메리카 대륙의 7개국(미국, 캐나다, 페루, 수리남, 브라질, 멕시코, 아르헨티나)과 연계하여 9백만 에이커에 이르는 지역에 걸쳐 이루어지고 있다. 철새들의 이동 경로와 시기를 알아내 이를 중심으로 이들의 서식지와 철새보호 프로그램을 실행하고 있다.

### (4) 람사르협약

① **의의**: 람사르협약은 세계에서 가장 오래된 환경회의로 1971년 최초로 이란에서 열렸던 개최지의 이름을 본딴 명칭이다. Wetland International - America를 포함한 전세계 국가 및 환경단체들과 긴밀하게 연계되어 있어 있다.

② **목적**: 세계 각국의 사람들이 모여 국제협력과 국가적인 행동으로 습지의 보호와 합리적인 사용을 유도하는 것이 협약의 목적이다.

③ **활동**: 전세계 국가 및 환경단체들의 긴밀한 협조관계와 정보 및 연구 교환을 위해 3년에 한 번 열리는 본 회의 보다, 단체별로 만나는 기회를 많이 제공하고 있다. 특히 주목 받고 있는 연구는 습지의 합리적 사용에 대한 연구와 그 결과의 발표인데, 이를 통해 습지 이용에 대한 방법을 제시하고 있다.

## 2 인권 분야

### 1. 국제사면위원회(Amnesty International: AI)

#### (1) 역사

1961년 5월 28일 영국인 변호사 피터 베넨슨(Peter Benenson)에 의해 창설되었다. 그는 어느 죄수들의 석방을 촉구하는 '잊혀진 수인들'이란 기사를 영국의 옵저버지에 기고하였고, 이 기사가 당시 유럽 사회에 큰 반향을 불러일으키면서, 알려진지 6개월만에 세계 최대의 국제인권운동단체가 탄생하게 되었다. 이후 슈바이처 박사, 맥브라이드, 피카소를 비롯한 저명인사들의 참여가 뒤따랐다.

#### (2) 조직

현재 160여개국의 140만 명 이상의 회원과 수백만 명의 지지자들을 확보하고 있다. 세계 전역에 약 110여개의 사무실과 60여개국에 지부를 두고 있다. 전세계 지역에 6,000여 개의 지역그룹을 두고 있는 세계 최대의 민간인권단체이다. 1972년에 국제사면위원회 한국지부가 설립되었으며, 사무국은 영국 런던에 있다.

#### (3) 활동

엠네스티가 활동하고 있는 영역은 다양하다. 양심 수석방, 모든 형태의 고문 반대, 사형제도 반대, 정치범에 대한 공정하고 신속한 재판의 촉구, 정치적 이유로 정부에 의한 '실종' 반대, 정치적 살인 반대, 난민보호, 아동의 권리보호 등이다. 이데올로기·정치·종교상의 신념이나 견해 때문에 체포·투옥된 정치범의 석방, 공정한 재판과 옥중에서의 처우 개선, 고문과 사형의 폐지 등을 목적으로 한다. 이를 위해 해당 국가의 사회체제에 관계없이 정부에 서신 등으로 요구하는 운동을 계속하여 이제까지 약 2만 명의 정치범을 석방시켰다.

## 2. Human Rights Watch

### (1) 의의
Human Rights Watch는 미국에서 가장 큰 인권단체 중 하나로 여러 인권감시단체가 연합하여 설립된 단체이다. 1975년에 체결된 헬싱키협약의 인권정신을 이어받아 소련의 인권실태를 모니터하기 위해 '헬싱키 워치(Helsinki Watch)'가 설립되었다. 1980년에는 중앙아메리카전쟁 당시 쌍방의 인권유린 실태를 고발하였던 '아메리카 워치(America Watch)'가 설립되었다. 이들 각각의 인권감시단체들은 다른 지역의 인권 실태에 대한 조사로까지 활동 영역을 확장하였는데, 이러한 개별 감시단체들이 연합해 1998년 'Human Rights Watch'를 설립하게 되었다.

### (2) 활동
이들은 세계 곳곳에서 인권유린문제, 특히 분쟁지역의 인권유린 실태를 감시하고 있기는 하지만, 종종 미국 정부에 인권수호를 위한 정책적 지지를 호소한다. 왜냐하면 심각한 인권 유린 상황에서 미국의 정책적 도움이 필요할 경우가 많은데, 그렇다고 미국 내 인권상황에 대해서 침묵하는 것은 아니다. 미국 내에도 범죄자에 대한 처우 개선, 경찰권 남용문제, 이민자에 대한 구류조치, 미성년 범죄자들과 정신지체아들에 대한 처형문제와 같은 미국의 인권문제에 대해서도 고발해오고 있다.

### (3) 성과
① '아동의 군복무 금지를 위한 국제연합(International Coalition to Stop the Use of Child Soldiers)'의 의장단체로서 아동의 군복무 금지조약이 통과되는데 큰 역할을 하였다.
② Human Rights Watch는 세계 어느 곳이든 극심한 인권유린이 자행되는 것이라면 어디서든지 조사권을 가질 수 있는 상설재판소로서 국제형사재판소(ICC)를 설립하기 위해 노력하였다. 이 결과 2002년 4월 11일 10개국이 비준서를 기탁함에 따라 총 비준 국가는 66개국으로, 창설조건인 60개 비준을 뛰어넘음으로써 국제형사재판소(ICC)가 설립되었다.
③ Human Rights Watch는 국제전범재판소에 전 유고슬라비아 대통령 밀로셰비치의 소환을 처음으로 요청한 바 있는데 기소사유 7가지 중 6가지가 코소보에서 Human Rights Watch가 제출한 증거 서류에 의한 것이다.
④ Human Rights Watch는 1999년 긴급회의를 통해 코소보에서의 인권유린행위, 폭격, 난민 학대 등을 비판하였고, 보고서를 출간하였는데, 이러한 코소보 인권문제에 대한 신뢰할 만한 정보를 가진 단체로 평가받았던 것은 현장에서 직접 작성된 것이었기 때문이다.
⑤ Human Rights Watch는 인도에서의 인권운동 발전에도 기여를 하고 있다.

## 3. 여성 및 소녀 매춘행위 반대 연합(Coalition Against Trafficking in Women: CATW)

뉴욕에 사무실을 두고 있는 비정부 페미니스트 인권조직으로 성적 착취에 대한 국제적 관심을 집중시키는 데 있다. 이들은 성적 착취를 인간의 존엄성, 평등, 자율성, 신체적·정신적 복지에 대한 권리를 폐기함으로써 성(Sexuality)을 악용하여 성적 만족이나 경제적 소득을 얻는 행위로 정의하고, 이에는 성희롱, 강간, 아내 구타, 포르노, 매춘을 포함시키고 있다.

## 4. MADRE

1983년 미국에서 출발한 MADRE는 미국의 정책이 사람들의 삶에 미치는 영향을 알리고, 중미에서의 미국의 개입을 종식시키며, 지원과 이해를 서로 교환하는 인간관계를 창조하기 위해 태동하였다. 정치적 투쟁에 인간의 모습을 부여하고, 사람들을 감동시켜 정부정책의 변화를 요구하기 위해 만들어진 단체이다.

## 5. ECPAT International(End Child Prostitution in Asian Tourism)

ECPAT는 국제적으로 벌어지고 있는 관광지에서의 어린이 매춘을 근절하기 위한 여러 단체의 연합을 말한다. ECPAT는 1990년 아시아에서 어린이 매춘을 근절하자는 캠페인을 계기로 관심 있는 NGO들과 개인에 의해서 발족하였다. 아시아 관광지역의 어린이 매춘문제를 다루는 국제적 캠페인이 1990년 태국에서 발족한 이래 이에 동참한 200여 개의 관련 단체가 현재 세계 25개국에서 활발한 활동을 벌이고 있다. 1990년 이후 ECPAT가 아시아 매춘관광산업 현황에 대해서 널리 알리고, 이런 문제의 해결에 뜻을 같이하는 단체와 개인을 결집하는 활동은 매우 성공적이었다. 1996년 이후 ECPAT 실행위원회는 그들의 활동을 아동 포르노 및 어린이를 성적인 목적으로 소개하는 것 등의 문제도 포함한 국제적인 캠페인으로 초점을 넓히기로 결정하였다.

## 6. 세계원주민연구센터(Center for World Indigenous Studies: CWIS)

문서보관센터 설립을 위한 미국의 종족정부협의회와 세계원주민협의회의 요구에 따라 Shuswap Nation의 루돌프 C. 라이저(Rudolph C. Ryser) 박사와 조지 마누엘(George Manuel) 의장의 주도로 1984년 독립적인 비영리 연구 및 교육 단체 조직으로 창설되었다. 원주민에 대한 일반인의 잘못된 편견을 바로잡고, 원주민의 사회·경제·정치적 현실에 대한 폭넓은 이해를 증진하기 위해 활동하고 있다. 더불어 종족간의 협력관계를 확립하고, 원주민 정부와 이들의 정부 사이에서 형성되는 국제적인 관계가 민주적인 절차에 의해 조정되도록 유도하는 것이다.

### 7. 국제지뢰금지운동(International Campaign to Ban Landmines: ICBL)

**(1) 의의**

1991년 11월, 미국의 베트남 퇴역군인재단과 독일인들이 중심이 된 국제의학협회 등의 단체들과 국제비정부기구(NGO)들이 모여 설립한 비정부 국제조직이다. 설립 이후 이 조직의 업무조정 책임자인 윌리엄스(Jody Williams)의 주도 아래 대인 지뢰 금지 및 인도주의적 지뢰 제거를 위한 국제적인 방안을 강구하는 한편, 각종 지뢰 제거 관련 지원프로그램을 펼쳐 왔다.

**(2) 목적**

대인지뢰의 제작·사용·비축·이송행위 금지 및 인도주의적 지뢰 제거이다.

**(3) 활동**

① 대표적인 활동으로는 1995년 10월, 오스트리아 수도 비엔나의 국회의사당 앞에 지뢰 희생자들을 추모하며 낡은 구두와 의족들을 수북이 쌓아놓고, 지뢰의 완전금지를 주장하는 53개국, 615만 명의 서명을 조약개정회의 의장에게 전달한 것을 들 수 있다.

② 1997년 12월 131개국 대표가 캐나다 오타와에서 만났고, 그 중 123개국이 대인지뢰전면금지조약에 서명하거나 서명할 뜻이 있음을 밝혔는데, 이 조약을 주도적으로 이끈 단체가 바로 국제지뢰금지운동이다. 그 밖에 벨기에에서는 국회의원을 설득해 국방부의 반대를 무릅쓰고 국내법으로 지뢰 금지를 선언하게 하였고, 미국의 대인지뢰 포기선언을 이끌어 내는 한편, 모의 지뢰밭 설치를 통한 지뢰의 위험성 경고, 인터넷을 통한 지뢰의 피해상 전달 및 폭로 등 다양한 활동을 전개해 왔다. 1997년 국제지뢰금지운동은 이 운동의 책임자인 윌리엄스와 함께 대인지뢰 사용 금지에 앞장선 공로로 노벨평화상을 받았다.

## 3 경제 및 개발 분야

### 1. Consumer International(CI)

1960년에 지역 및 국가 간의 연대를 통해 개인적인 힘을 규합할 수 있을 거라고 생각한 소규모의 소비자단체들에 의해 설립되었다. 곧바로 제품 표준, 환경, 건강, 사회정책 등과 같이 다양한 이슈에 대해 세계 소비자운동의 대변자로 인식되기 시작하였다.

### 2. Transparency International(TI)

1993년 세계은행에 근무하였던 페터 아이겐(Peter Eigen) 박사에 의해 베를린에서 설립되었다. TI가 매년 발표하는 국가선명도는 그 국가의 신용등급에 영향을 줄 정도로 국제적으로 인정받고 있다. 한국은 아직까지 국가선명도에서 항상 하위권에 머무르고 있을 정도로 부패지수가 매우 높은 편이다.

## 3. 시민 지원을 위한 금융거래 과세를 위한 연합(Association for a Taxation of financial Transactions in Assistance to the Citizens: ATTAC)

1998년 6월 프랑스의 진보적 잡지인 『르몽드 디쁠로마띠끄』의 제안에 의해 출발한 단체로 국제적인 반세계화 및 반신자유주의 운동단체이다. 신자유주의적 세계화의 대표적 특징으로 나타난 금융의 국제화가 전세계 국가의 경제적 불안정과 사회적 불평등을 야기하였다고 주장하는 국제 NGO이다.

## 4. Jubilee 2000

### (1) 의의

Jubilee 2000은 기아로 인한 극빈국의 사상자 수가 기하급수적으로 증가하고 있음에도 불구하고 외채부담으로 인해 자국의 기아문제조차 해결하지 못하고 있는 극빈국의 상황을 알리고 이들의 외채탕감을 주장하는 캠페인이다. 세계기독교협의회(World Council of Churches)를 위시한 수많은 기독교단체와 국제NGO 등 전세계 50여개국 비정부단체와 인권단체가 참여하고 있다.

### (2) 목적

경제의 세계화 · 시장경제화가 촉진되면서 빈곤국의 처지가 더욱 악화되고, 세계경제의 분열화가 심화되는 것을 우려하여, 10년 이상 중채무국의 채무를 삭감해주는 것이 주요 골자이다.

### (3) 활동

세계 160개국에서 받은 1,700만 명 이상의 서명을 1999년 6월 18일 독일 케른에서 개최된 제25회 선진 8개국 정상회담에 참석한 각국 정상에게 전달하고, 남북문제와 빈곤국의 채무문제에 대한 심포지엄 등을 개최하였다. 이들의 활동은 케른 정상회담의 폐회성명에서 중채무국의 채무 총액 1,300억 달러를 반 이하로 감소시킬 것을 제안한, 이른바 케른 채무 이니셔티브를 채택하게 한 원동력이 되었다.

**채무와 개발에 관한 유럽네트워크(1990년)**

The European Network on Debt and Development (Eurodad) is a network of 46 organisations in 19 European countries. Eurodad works for transformative yet specific changes to global and European policies, institutions, rules and structures to ensure a democratically controlled, environmentally sustainable financial and economic system that works to eradicate poverty and ensure human rights for all. Eurodad's focus is on strengthening the power of a network of European civil society organisations (CSOs), working as part of a global civil society movement, to push governments and powerful institutions to adopt transformative changes to the global economic and financial system. (출처: https://www.linkedin.com/company/eurodad)

### 5. NOVIB(Netherlands Organization for International Development Cooperation)

NOVIB는 아프리카, 라틴아메리카, 아시아의 빈곤퇴치사업을 하는 NGO들을 지원하는 개발 전문 NGO이다. 이 단체는 네덜란드, 유럽의 다른 정부기관과 함께 빈곤층을 위한 남반구에서의 사업이 성공할 수 있도록 북반구에서 필요한 조건을 조성한다. NOVIB는 1956년 네덜란드의 기금으로 빈국을 돕기 위해 창설되었다.

## 4 의료 및 구호 분야

### 1. 국경없는 의사회(Doctors Without Borders, 프랑스어: Medecins Sans Frontires)

1968년 나이지리아 비아프라 내전에 파견된 프랑스 적십자사 소속 베르나르 쿠시네(Bernard Kouchner)를 비롯한 의사와 언론인 12명이 1971년 파리에서 '중립·공평·자원'의 3대 원칙과 '정치·종교·경제적 권력으로부터의 자유'라는 기치 아래, 전쟁·기아·질병·자연재해 등으로 고통 받는 세계 각 지역의 주민들을 구호하기 위하여 설립한 국제 민간의료구호단체이다. 본부는 스위스 제네바에 있다. 1991년 '유럽 인권상'과 미국 필라델피아시가 주는 '자유의 메달'을 수상하였고, 1997년에는 북한에서 구호활동을 벌인 공로로 서울특별시가 제정한 '서울평화상'을 수상하였다. 세계 각지의 분쟁·참사 지역에 신속히 들어가 구호활동을 펼침으로써 인도주의를 실현하고 일반 대중의 관심을 촉구한 공로로 1999년 노벨평화상을 받았다.

### 2. 적십자(International Committee of the Red Cross: ICRC)

전쟁 희생자들을 돌볼 목적으로 만든 인도주의적 기관이다. 1859년 6월 이탈리아 통일전쟁 때 스위스의 앙리 뒤낭(Henry Dunant)이 전쟁 부상자의 참상을 보고 저서 『솔페리노의 추억 Un Souvenir de Solferino(1862)』에서 자발적인 구조협회의 창설을 역설하였다. 그리고 스위스 정부의 원조를 얻어 적십자 설립을 위한 국제회의를 열어 1864년 8월 제네바협약(적십자조약)에 조인함으로써 발족하였다. ICRC는 UN기구들과 다르지만 또한 다른 국제 NGO들과도 크게 구분된다. UN의 공식적인 기구는 아니지만, UNHCR이 UN헌장이 부여하는 국제법상의 지위와 권한을 누리듯이 ICRC도 1949년 제네바협약과 1977년 두 개의 의정서들이 부여한 특별한 지위와 권한을 가진다.

### 3. YMCA(Young Men's Christian Association)

세계적인 기독교 평신도 운동단체로서 1844년 6월 영국 런던의 히치콕로저스 상점의 점원이던 조지 윌리엄스(George Williams)가 12명의 청년들과 함께 산업혁명 직후의 혼란한 사회 속에서 젊은이들의 정신적·영적 상태의 개선을 도모하고자 설립하였다. 그 후 유럽 각국으로 급속히 전파되어 1855년 프랑스 파리에서 세계 YMCA연맹(The World Alliance of YMCAs)을 결성하였다.

## 4. OXFAM

제2차 세계대전의 와중이던 1942년, 영국 옥스퍼드의 주민들이 나치스 치하에서 고생하는 그리스인(人)을 구호할 목적으로 결성한 단체이다. 이후 활동 폭을 넓혀 전쟁이 끝난 뒤 벨기에 등에서 전쟁 난민 구호에 앞장서면서 국제적인 기아와 난민 구호 단체로 자리잡았다. 본부는 영국 옥스퍼드에 있다.

## 5. CARE International

국제적인 분쟁사태가 발생해서 난민들과 표류민들이 발생할 때마다 자체 홈페이지를 통해 모금활동을 활발히 벌리고 있는 국제구호 NGO이다. 제2차 세계대전의 발발과 함께 미국 정부는 교전국민의 곤궁을 구제하기 위하여 전시구제국(戰時救濟局: War Relief Control Board)을 설치하였는데, 한편 민간에서도 구제사업을 벌여 1943년 그 중심기관으로 대외봉사협회(對外奉仕協會: American Council of Voluntary Agencies for Foreign Service)를 설립, 이 협회에 의해 조직된 것의 하나가 케어이다. 1945년 케어가 설립되던 당시에는 유럽구제협회(Cooperative for American Remittances to Europe)라는 이름으로 유럽을 대상으로 하였으나, 1952년 명칭을 바꾸고 대상지역도 넓혔다. 한국에도 구호물자라는 이름으로 원조품이 들어온 적이 있었다.

## 6. Catholic Relief Services

1943년 미국의 로마 가톨릭 주교들이 미국 밖의 세계의 빈곤층과 소외층의 구호와 생활을 돕기 위해 조직된 인도적 구호기구이다.

## 7. Save the Children International

세이브더칠드런은 전세계의 빈곤아동을 돕는 국제기구이다. <u>1919년 영국에서 설립됐으며 교육과 보건, 경제적 지원을 통해 아동의 권리를 보호하고자 하는 취지를 주목표로 하고 있다.</u> 원래는 기아위원회의 일부였으나 제1차 세계대전 이후 독일과 오스트리아 - 헝가리 제국의 기아문제에 관여하면서 아동 기금을 출범하고 전쟁기간 동안 식량 부족 사태를 막기 위해 노력하였다. 1년 뒤 스웨덴에서도 동일한 의미의 Rdda Barnen이라는 단체가 출범하면서 함께 자매기구로서 활동하게 되었고 이러한 연합체는 여러 국가에도 영향을 끼쳐 국제아동보호협회(International Save the Children Union)를 1920년 제네바에 설립하였다.

## 8. World Vision International

아동에 초점을 두고, 구호와 개발을 지원하는 세계 최대의 NGO 중 하나이다. 1950년 9월 6·25전쟁 때 미국인 선교사 밥 피어스 목사가 한경직 목사 등과 함께 고아와 미망인을 돕기 위해 한국선명회로 설립하고 3년 뒤 세계 기독교선명회 본부로부터 한국지부로 승인받았다. 이후 12개국에 모금 사무실을 개설해서 순수 민간 차원의 모금에 의한 인도적 구호활동에 전념해 왔다.

# 학습 점검 문제 　제2편 | 국제기구

**01** 국제기구에 대한 이론적 설명으로 옳지 않은 것은? 　　　　　　　　　　　　　　　　　　　　　2024년 외무영사직

① 마르크스주의는 국제기구가 자신들의 프로그램과 정책을 통해 자본주의의 지구적 확장과 공고화를 추진한다고 설명한다.
② 신자유제도주의는 국제기구가 국가들 간의 거래비용을 줄이고 정보를 제공하며 기대보수를 최대화함으로써, 국가들이 협력을 통한 이익을 추구하도록 한다고 설명한다.
③ 현실주의는 국제기구가 국가들 간의 세력균형이 이루어지며 작동하는 제도적 영역이기 때문에, 국제기구를 통해 얻는 이익은 국가마다 동일하다고 주장한다.
④ 구성주의는 국제기구가 국제사회의 새로운 규범, 규칙, 행위자를 정의하고 확산시킬 수 있다고 주장한다.

### 총론
앞문장의 의미가 명확하게 전달되는지 의문이다. 아마도 미어샤이머가 이야기한 현존 권력관계의 단순한 반영물을 의미한 것으로 보인다. 그렇게 보면 앞문장은 옳다고 볼 수 있다. 그러나, 뒷 문장은 옳다고 보기 어렵다. 현실주의는 국제기구를 통한 이득이 국가들간 상이하게 배분될 수 있으므로 국가들이 제도를 통한 안보 달성에 소극적일 것이라고 주장한다.

### 선지분석
① 마르크스주의는 국제경제기구를 주요 분석대상으로 하여, 국제경제기구들은 자본주의 확장과 공고화를 통해 자본가계급이나 중심부의 이익을 확대재생산화는데 기여한다고 본다.
② 신자유제도주의는 국제제도가 국제협력에 긍정적 역할을 한다고 보는 것이다.
④ 구성주의는 국제기구를 규범이나 지식차원에서 규정한다.

답 ③

## 02 국제기구와 국제제도를 바라보는 시각에 대한 설명으로 옳은 것만을 모두 고르면?

2023년 외무영사직

ㄱ. 현실주의는 국제기구가 힘의 우위를 가지고 있는 강대국의 입장을 반영한다고 본다.
ㄴ. 구성주의는 국제제도를 국가 간 상호작용을 통해 얻은 정체성과 이익의 구현체로 본다.
ㄷ. 자유주의는 국제기구가 완전한 자율성을 바탕으로 국가 간 갈등을 중재하고 상호 협력을 이끌어낸다고 본다.
ㄹ. 구조주의는 국제제도가 국제자본의 이익을 반영하며 빈국과 부국의 상호 발전을 촉진한다고 본다.

① ㄱ, ㄴ
② ㄱ, ㄹ
③ ㄴ, ㄷ
④ ㄷ, ㄹ

### 총론
국제기구와 국제제도를 바라보는 시각에 대한 설명으로 옳은 것은 ㄱ, ㄴ이다.
ㄱ. 미어세이머는 국제기구가 강대국의 현존 권력관계를 단순히 반영할 따름이라고 하였다.
ㄴ. 구성주의는 국제제도가 간주관성의 산물이라고 보며, 규범적 측면을 강조한다.

#### 선지분석
ㄷ. 자유주의가 국제기구의 완전한 자율성을 가정한다고 보기 어렵다. 국가로부터의 어느 정도의 자율성을 가지고 긍정적인 기능을 할 수 있다고 보는 것이다.
ㄹ. 구조주의, 즉 마르크스주의는 국제제도는 부국(중심부)이 빈국(주변부)를 착취하는 수단이라고 본다. 따라서 빈국과 부국의 상호 발전을 촉진한다고 보지 않는다.

답 ①

## 03 유엔의 지속가능발전목표(SDGs)에 대한 설명으로 옳지 않은 것은?

2023년 외무영사직

① 개발도상국과 선진국 모두가 참여 주체이다.
② 2016년부터 시행하여 2025년까지 실현하기로 하였다.
③ 빈곤 종식, 성평등 달성, 국내 및 국가 간 불평등 감소 등을 목표로 하고 있다.
④ 인간, 지구, 번영, 평화, 파트너십이라는 5개 영역에서 인류가 나아가야 할 방향성을 제시하고 있다.

### 총론
2016년부터 15년간 추진하여 2030년에 목표를 달성할 것을 추구하고 있다.

#### 선지분석
① 유엔회원국이 모두 참여하여 유엔 차원에서 추진하는 개발목표이다.
③ 17개의 목표를 제시하였다. 빈곤퇴치, 기아종식, 건강과 웰빙, 양질의 교육, 성평등, 물과 위생, 깨끗한 에너지, 양질의 일자리와 경제성장, 혁신과 사회기반 시설, 불평등 완화, 지속가능한 도시와 공동체, 책임감있는 소비와 생산, 기후변화 대응, 해양생태계, 육상생태계, 평화와 정의의 제도, 파트너십 등이 목표이다.
④ 17개 목표는 인간, 지구, 번영, 평화, 파트너십이라는 5개 영역으로 나뉘어 인류가 나아갈 방향을 제시하며, 각 목표마다 더 구체적인 내용을 담은 세부 목표(총 169개)로 구성된다.

답 ②

**04** 다음 중 현실주의 정치사상이 제시하는 국제기구에 대한 설명 중 가장 옳지 않은 것은? 2005년 외무영사직

① 국제기구는 국가이익 추구라는 목적에 종속되어야 한다.
② 국제기구는 국가 간 권력관계의 단순한 반영물에 지나지 않는다.
③ 국제기구는 국제규범을 위반한 국가를 제재해야 한다.
④ 국가는 국제기구에 언제든지 가입할 수 있고 언제든지 탈퇴할 수 있다.

### 총론
현실주의는 국제기구란 주권국가들로 수평적으로 조직된 국제정치체제 속에 존재하며 이러한 체제의 본질적인 특성으로 인해 주권국가들은 국제기구를 포함한 초국가적 권위에 의한 결정에 그들의 동의 없이 구속되지 않는다고 본다. 따라서 국가가 국제법을 위반했다고 하더라도 국제기구가 그 국가의 동의 없이 제재를 가할 수는 없다고 본다.

답 ③

---

**05** 국제연합(UN) 안전보장이사회에 대한 설명으로 옳지 않은 것은? 2021년 외무영사직

① 5개 상임이사국과 10개 비상임이사국을 합쳐 15개국으로 구성되어 있다.
② 안전보장이사회의 결정은 구속력을 지닌다.
③ 상임이사국의 기권은 거부권의 행사로 보지 않는 것이 관례이다.
④ 안전보장이사회의 결정은 5개 상임이사국을 포함해 10개국 이상의 동의를 얻어야 한다.

### 국제연합(UN)
안전보장이사회의 의사결정은 절차사항과 비절차사항으로 구분된다. 절차사항은 상임·비상임을 불문하고 9개국 이상 찬성하면 의결된다. 비절차사항은 상임이사국 전부를 포함하여 9개국 이상 찬성해야 의결된다.

#### 선지분석
① 5개 상임이사국은 UN헌장 규정에 따라 미국, 중국, 러시아, 영국, 프랑스이다. 10개 비상임이사국은 매년 5개국씩 UN총회에서 선출하며 임기는 2년이다.
② 안전보장이사회의 모든 결정이 구속력을 가지는 것은 아니나, 헌장 제7장에 따른 비무력적 강제조치 등의 결의는 결정으로서 구속력을 가진다.
③ 상임이사국의 기권이나 불참은 관행상 거부권의 행사로 보지 않는다.

답 ④

## 06 UN에 대한 설명으로 옳지 않은 것은?

2016년 외무영사직

① UN은 1945년 51개 회원국으로 공식 출범하였다.
② 인권보호는 UN 창설의 주요한 목표 중 하나이다.
③ 한국은 1991년 북한과 UN에 동시 가입했다.
④ UN의 집단안보체제는 지금까지 작동된 적이 없다.

**국제연합(UN)**

집단안보체제는 냉전기 한국전쟁 시 북한의 남침을 '평화의 파괴'로 규정하고 회원국의 군대 파견을 요청한 것을 제외하고는 사실상 마비상태였다고 볼 수 있다. 그러나 탈냉전기 걸프전에 대한 다국적군 파견 결의 등을 통해 집단안보체제를 작동시키고 있다.

**선지분석**

② 인권보호는 UN헌장 제1조 제3항에 규정된 UN의 목적이다.

답 ④

## 07 UN에 대한 설명으로 옳지 않은 것은?

2012년 외무영사직

① 총회는 UN의 주요 심의기관으로 모든 회원국들은 1국 1표제 방식에 따라 평등하게 대표되며, 2/3 다수를 필요로 하는 중요 문제를 제외하고는 단순과반수 투표로 안건이 통과된다.
② 안전보장이사회는 국제평화와 안전에 대한 위협을 다루는 1차적 책임을 부여받고 있으며, 5개 상임이사국과 이들 상임이사국들이 선출하는 2년 임기의 10개 비상임이사국으로 구성된다.
③ 신탁통치이사회는 자치를 획득하지 못한 영토의 행정을 감독하는 임무를 담당하는 기관이다.
④ 사무국은 사무총장에 의해 지휘되며 UN의 행정 및 사무기능을 수행하는 국제공무원들을 포함하고 있다.

**국제연합(UN)**

UN안전보장이사회의 비상임이사국은 2년 임기의 10개국으로 구성된다. 비상임이사국 선출은 UN총회의 단독권한으로서 출석·투표 2/3 이상 찬성을 얻은 국가를 선출한다.

답 ②

**08** 동남아시아국가연합(ASEAN)의 외교적 행동규범으로 옳지 않은 것은? 2016년 외무영사직

① 독립, 주권, 평등, 영토보전 및 국가적 동일성의 상호존중 원칙
② 상호내정 불간섭 원칙
③ 상설안보기구를 통한 분쟁관리 원칙
④ 힘에 의한 위협 또는 힘의 사용 포기 원칙

**동남아시아국가연합(ASEAN)**

ASEAN에 상설안보기구는 없다. ARF와 같은 다자안보체제가 존재하나 이를 '상설적 안보기구'로 보기는 어렵다. 연 1회 개최되기 때문이다.

답 ③

**09** 북대서양조약기구(NATO)에 대한 설명으로 옳지 않은 것은? 2024년 외무영사직

① 냉전 종식 후 NATO의 존폐 여부와 미래에 대한 논쟁이 일어났으나, 대량살상무기 확산과 테러리즘 등 안보문제 발생이 NATO의 존속과 역할 확대에 중요한 기여를 하였다.
② 1990년대 발칸반도 위기 시 NATO는 외부군사 개입을 개시하였으며, 이후 러시아의 반대 속에서 바르샤바조약기구에 속했던 대다수 동유럽 국가들을 순차적으로 회원국으로 받아들였다.
③ NATO의 핵심 조항은 집단안보 조항으로, 특정 회원국이 무장공격을 받을 경우 다른 회원국들은 지역 내 안보 유지와 복구를 위해 공격당한 회원국을 도와야 하는 의무를 지닌다.
④ 제2차 세계대전 후 구(舊)소련 주도의 바르샤바조약기구에 대응하기 위해 미국 주도로 창설되었다.

**북대서양조약기구(NATO)**

NATO는 1949년에, 바르샤바조약기구(WTO)는 1955년에 창설되었다. 따라서 WTO에 대응하기 위해 NATO가 창설되었다는 지문은 옳지 않다.

선지분석
① NATO는 소련의 위협에 대한 방어동맹으로서 형성된 것이므로 소련 패망으로 냉전이 종식되자 그 존폐 논쟁이 일었던 것이다. NATO는 탈냉전기에도 팽창을 지속하고 있고, 최근 러시아의 우크라이나 침략으로 안보위협을 느낀 스웨덴과 핀란드도 NATO에 가입하였다.
② NATO는 1990년대 발칸 위기시 두 차례 군사 개입을 단행하였다. 첫째, 보스니아 전쟁(1992~1995) 당시 NATO는 비행 금지구역 집행과 세르비아군에 대한 공습(1995년 Operation Deliberate Force)을 통해 개입했고, 이로 인해 데이턴 평화협정이 체결되었다. 둘째, 코소보 전쟁(1998~1999)시 NATO는 유고슬라비아(세르비아)군의 인종 청소를 중단시키기 위해 공습 작전(1999년 Operation Allied Force)을 수행했으며, 이로써 코소보의 인도적 위기를 막아 내었다. 한편, 동유럽 국가들의 NATO가입은 다음과 같다. 1999년 폴란드, 체코, 헝가리, 2004년 불가리아, 루마니아, 슬로바키아, 슬로베니아, 리투아니아, 라트비아, 에스토니아, 2009년 알바니아, 크로아티아, 2017년 몬테네그로, 2020년 북마케도니아가 가입하였다.
③ NATO는 동맹국이 외부로부터 공격을 받을 경우 원조의무가 발생하는 방어동맹에 해당된다.

답 ④

**10** 에너지 관련 대표적 국제 카르텔인 석유수출국기구(OPEC)에 대한 설명으로 옳지 않은 것은? 2020년 외무영사직

① OPEC이 결성되기 전까지는 미국과 유럽의 거대 석유회사들이 국제석유시장을 지배했다.
② OPEC은 아랍 - 이스라엘 전쟁(1973년)에서 이스라엘을 지지한 미국 등 서방국들에 대해 석유 수출을 중단했다.
③ OPEC의 영향력은 대체재가 존재하지 않는 원유의 특성으로 가격이 탄력적이지 못하다는 점에 기인했다.
④ 2000년대 이후 사우디아라비아는 OPEC 내에서 자신들의 영향력이 줄어들게 되자 OPEC 내의 주도권을 놓고 러시아와 경쟁해 왔다.

> **석유수출국기구(OPEC)**
> OPEC 내의 주도권을 놓고 사우디아리비아와 러시아가 경쟁하였다는 것은 러시아가 OPEC 회원국이라는 것인데, 러시아는 OPEC 회원국이 아니다. OPEC 또는 사우디아리비아와 러시아가 메이저 산유국으로서 경쟁관계에 있는 것은 맞다.
> **선지분석**
> ② 제4차 중동전쟁 과정에서 일으킨 제1차 석유위기를 말한다.
> ③ OPEC은 현재 생산카르텔로서 세계 원유가격을 주도하고 있다.
>
> 답 ④

**11** 국제무역체제에서 법률적 구속력이 있는 분쟁해결기구(Dispute Settlement Body: DSB)를 공식적으로 출범시킨 무역협정은? 2021년 외무영사직

① 도쿄 라운드
② 도하 개발어젠다
③ 케네디 라운드
④ 우루과이 라운드

> **세계무역기구(WTO)**
> 우루과이 라운드는 1986년 개시된 협상으로서 WTO를 출범시켰다. GATT와 달리 서비스무역, 무역 관련 지적재산권문제 등을 다루었으며 무역정책검토제도(TPRB)나 분쟁해결기구(DSB) 창설에 합의하기도 하였다.
> **선지분석**
> ① 도쿄 리운드는 1979년 타결된 다자회담으로서 관세에 있어서는 '공식에 의한 감축'방식을 적용한 점이 특징이며, 9개의 협정도 채택하였다.
> ② 도하 개발어젠다(DDA)는 2001년 WTO 도하각료회의에서 출범한 다자간협상으로서 현재도 진행 중이다.
> ③ 1960년대 전개된 회담으로 관세감축에 있어서 '일괄감축방식'을 적용하는 한편, 반덤핑에 관한 협정을 채택했다.
>
> 답 ④

**12** 국제대인지뢰금지운동에 대한 설명으로 옳지 않은 것은?  2016년 외무영사직

① 미국, 한국, 러시아 등 주요 국가들이 대인지뢰전면금지협약을 승인하였다.
② 오타와협약을 이끌어 내는 데 중요한 역할을 하였다.
③ 국제 비정부기구들을 주요 구성원으로 하고 있다.
④ 국제대인지뢰금지운동으로 조디 윌리엄스(Jody Williams)는 노벨 평화상을 수상하였다.

**비정부간국제기구(INGO)**
대인지뢰전면금지협약(오타와협약)은 2015년 1월 기준 미국, 러시아, 중국, 인도, 파키스탄, 이란, 사우디아라비아, 이스라엘, 대한민국, 조선민주주의인민공화국 등 34개국은 이 협약에 가입하지 않았다.

답 ①

**MEMO**

해커스공무원 학원·인강
**gosi.Hackers.com**

해커스공무원 **패권 국제정치학** 기본서 이슈

# 제3편

## 국제 이슈

**제1장** | 국제체제
**제2장** | 국제안보
**제3장** | 국제정치경제 및 국제인권 이슈

# 제1장 국제체제

> **출제 포커스 및 학습방향**
>
> 국제 이슈가 작동하는 환경조건으로서의 국제체제에 대해 서술하고 있다. 국제체제의 시기를 거슬러 올라가면 1648년 근대체제 형성기까지 소급할 수 있으나, 냉전체제 이전의 국제체제는 외교사에서 다루기 때문에 여기서는 냉전체제와 탈냉전체제를 중심으로 정리하고 있다. 냉전체제 역시 외교사에서도 다루지만, 탈냉전체제와 비교하는 문제에 대비하기 위해 여기에서도 간략하게 서술하였다. 냉전체제는 냉전체제 형성에 대한 이론, 역사 등이 중요하며, 탈냉전체제는 냉전체제 해체원인, 단극체제의 안정성과 지속성에 대한 논쟁이 중요하다. 냉전체제와 탈냉전체제의 비교 역시 출제가 기대되는 논점이다.

## 제1절 냉전체제

### 1 의미

#### 1. 이념 - 자본주의 대 공산주의

냉전을 이념적 차원에서 보자면, 공산주의이념과 자본주의이념을 중심으로 전세계의 모든 국가들이 균열구조를 형성한 것으로 이해할 수 있다. 단순한 국가 간의 이해관계의 갈등이 아니라 이념 간의 대결이기 때문에 그 차이는 더욱 해소하기 어렵고 뿌리가 깊은 것이었다. 후쿠야마(F. Fukuyama)의 '역사의 종언(the End of History)'은 냉전 해체를 이념적 차원에서 규정한 것으로 볼 수 있다. 즉, 자본주의 또는 자유주의와 공산주의의 역사적 대결구도가 자본주의의 승리로 종결됨으로써 두 이념의 갈등적 역사가 종식되었다는 것이다.

#### 2. 극성(Polarity) - 양극체제(Bipolar System)

극성이란 강대국의 숫자를 말한다. 냉전체제는 극성의 관점에서 정의하면 양극체제로 정의된다. 즉, 두 개의 초강대국으로 힘이 집중 분포되어 있는 체제였다. 미국과 소련을 중심으로 정치·경제·이념적 블록이 형성되어 있었고, 미국과 소련은 각 진영에서의 지도세력으로 존재하였다.

## 3. 관계 - 갈등관계, 군비경쟁

냉전체제는 두 초강대국 간 전면전은 없었으나, 계속해서 다차원적으로 경쟁을 계속하는 체제였다. 미국과 소련은 군사적으로 우위를 점하기 위해 엄청난 군사비를 지출하며 경쟁하였다. 경쟁관계가 지속된 이유는 무정부상태에서 본질적이고 구조적으로 발생하는 '안보딜레마(Security Dilemma)' 때문이었다. 안보딜레마란 자국의 안보를 확고히 하기 위한 군비증강이 오히려 상대국의 더욱 강력한 군비증강을 유도하여 자신의 상대적 안보가 더욱 위태로워지는 현상을 말한다.

## 2 형성요인

### 1. 서설

냉전체제의 형성과 관련해서는 냉전의 원인, 냉전의 불가피성, 소련 및 미국 외교정책의 성향, 냉전의 1차적 책임 등이 쟁점이 되고 있다. 이와 같은 쟁점을 중심으로 전통주의학파(Traditional School), 현실주의 학파(Realist School), 수정주의 학파(Revisionist School), 후기 수정주의 학파(Post - revisionist School) 등으로부터 의견이 개진되어 왔다.

### 2. 전통주의 - 조지 케난(George F. Kennan), 아담 울람(Adam Ulam), 랜달 우즈(Randall B. Woods), 하워드 존스(Howard Jones)

전통주의는 냉전의 책임이 소련에 있다는 점을 강조하여, 소련의 세계 정복을 위한 야욕과 무제한적인 팽창주의 그리고 스탈린 개인의 편집광적인 성격을 냉전을 초래한 근본적인 요인들로 간주한다. 케난(Kennan)은 미소 간 전시 협조체제가 무너진 것은 스탈린의 야심이 근본적인 원인으로 그는 얄타협정의 정신을 파기하고 동유럽 지역 전체를 지배하고자 했을 뿐만 아니라, 전쟁의 후유증으로 정치·경제적으로 어려움을 겪고 있던 서유럽까지도 장악하려 했다고 본다. 우즈(Woods)와 존스(Jones) 역시 스탈린은 폴란드, 루마니아, 불가리아는 직접지배하고, 헝가리와 체코는 간접지배하고자 하였고, 서유럽, 근동, 아시아에서도 영향력 확장을 적극적으로 시도했다고 평가하였다.

### 3. 현실주의 - 한스 모겐소(Hans J. Morgenthau), 월터 리프만(Walter Lippmann)

현실주의 학파 역시 전통주의 학파와 마찬가지로 소련의 공격적인 성향과 팽창야욕을 지적하고, 냉전 초래의 중요한 책임이 소련에게 있다고 본다. 그러나 현실주의 학파는 소련과의 관계에서 보여준 미국의 대응방식이 대단히 잘못되었다고 주장하면서 미국의 외교정책을 신랄하게 비판하였다. 이들이 전통주의와 근본적으로 다른 점은 공산주의이념을 소련의 팽창주의의 원천으로 간주하지는 않는다는 점이다. 이들은 스탈린의 외교정책은 공산주의를 위한 세계혁명을 유발시키는 것이 아니라 러시아의 전통적인 팽창주의정책을 계승하였다고 주장하였다. 이들은 또한 냉전의 불가피성을 인정한다.

### 4. 수정주의 - 윌리암스(William Appleman Williams), 윌리엄 알렌(William F. Allen), 가브리엘 콜코(Gabriel Kolko)

수정주의 학파는 1960년대 미국 역사학계에 '신좌파(New Left)' 사가들이 등장하면서 새롭게 제기된 입장이다. 수정주의자들은 냉전의 일차적 책임이 미국에게 있다고 본다. 이들은 미국이 국내정치경제적 요인과 대외전략적 이념의 영향으로 지속적으로 팽창주의전략과 세계패권 구축을 위한 전략을 구사해 왔다고 주장한다. 콜코(Kolko)는 미국의 자본주의가 지속적으로 발전하기 위하여 세계경제질서는 안정되어야 한다고 미국의 지도자들은 굳게 믿어 왔다고 지적하고, 미국이 세계경제의 주도권을 계속 확보하기 위한 끊임없는 팽창주의적인 노력이 냉전을 초래시킨 근본적인 요인이라고 주장하였다. 한편, 수정주의 사가들은 냉전의 초래가 불가피하였다고 보지 않는다. 경제력과 군사력의 측면에서 소련보다 월등히 우월한 입장에 있었던 미국이, 여러 중요한 문제에 대하여 소련에게 보다 유화적이고 타협적인 태도를 취하였더라면 전후 세계의 모습은 매우 달라졌을 것으로 보기 때문이다.

### 5. 후기 수정주의 - 존 루이스 개디스(John Lewis Gaddis), 조지 헤링(George C. Herring), 토마스 패터슨(Thomas G. Paterson)

'후기 수정주의' 학파는 전통주의 학파, 현실주의 학파, 수정주의 학파의 입장을 수용 및 재평가한 입장으로서 '절충주의 학파'로 불리기도 한다. 이들은 냉전의 시작에 있어서 경제적인 요인의 중요성을 인정하는 한편 다른 국내적 요인들, 특히 여론과 의회의 태도가 보다 중요한 역할을 하였다고 주장한다. 후기 수정주의 학자들은 경제외교가 국내의 압력이 아니라 지정학적 고려에서 기인한 것으로 본다. 개디스(Gaddis)는 미국의 지도자들이 '제국 건설(Empire Building)'을 위해 적극적으로 노력하였고, 실제로 미국 '제국'이 존재하였다는 수정주의 학파의 주장에 원칙적으로 동의하였지만, 제국의 건설이 미국의 자본주의체제의 속성이 아니라 '외부로부터의 초청(Invitation from Abroad)' 때문에 이루어졌다고 강조하였다. 후기 수정주의자들은 냉전의 책임을 미국과 소련 모두의 공동책임이라고 본다. 다만, 중간우파는 소련의 책임을, 중간좌파는 미국의 책임을 상대적으로 강조한다.

## 3 형성과정

### 1. 냉전의 기원 - 트루먼 독트린과 마셜 플랜

냉전이 공식화된 것은 1947년 트루먼 독트린이지만, 그 전에도 미국과 소련은 전후 세력권 형성문제, 원자탄 제조기술 공유문제 등으로 갈등을 겪고 있었다. 트루먼 독트린은 소련의 공세적 팽창정책의 저지를 목적으로 하는 봉쇄전략선언의 성격을 가진다. 트루먼은 전후 유럽 재건을 위한 대규모 경제원조계획인 마셜 플랜을 제시함으로써 유럽의 재건과 서구의 결속을 꾀하였다.

## 2. 세계적 냉전체제 형성 - ATO(자본주의) 대 WTO(공산주의)

트루먼 독트린 이후 세계적 냉전체제가 형성되기 시작하였다. 미국은 1949년 북대서양조약기구(NATO)를 창설함으로써 자유주의진영을 군사적으로도 결속하였다. 소련은 마셜 플랜에 대응하여 1947년 코민포름을 창설하였으며, NATO에 대응하여 1955년 바르샤바조약기구(WTO)를 창설하였다.

## 3. 아시아 냉전체제 형성 - 중국의 공산화, 중소우호조약과 미일안보조약

아시아 냉전구조는 기본적으로 중공이 아시아 대륙을 장악하는 데서 기인하였다. 미국은 공산주의세력의 팽창을 저지하기 위해 일본의 재무장을 결정하였고, 이에 대응하여 중공과 소련은 1950년 중소우호조약을 체결하였다. 미국과 일본은 1951년 미일안보조약을 체결함으로써 중국과 소련 대 미국과 일본의 아시아 냉전체제가 형성되었다.

## 4. 한반도 냉전체제 형성 - 한국전쟁

전세계적 차원의 냉전체제는 제2차 세계대전 이후 일본의 식민지로부터 해방된 한반도에도 영향을 미치기 시작하였다. 한반도문제의 처리를 사이에 둔 미국과 소련의 대립은 한반도 북쪽의 공산진영과 한반도 남쪽의 자유진영이라는 이념적 분단을 가져왔다. 1950년 한국전쟁은 이념적 분단을 넘어 한반도에 영토적 분단을 가져왔고, 한반도에서는 냉전체제가 고착화되었다.

# 4 전개과정

## 1. 경양극체제(1950년대)

냉전이 시작된 이후 1960년대 양극체제가 이완되기 이전까지의 시기를 경양극체제라 한다. 미국과 소련은 각각 자유주의진영과 공산주의진영을 지배하면서 상호 군비경쟁과 세력권 경쟁을 가속화하였다. 미국은 유럽에서의 소련에 대한 재래식 열세를 극복하기 위해 핵무기를 지속적으로 증강하였다. 소련은 지속적으로 핵개발을 시도하여 1949년 성공함으로써 미국의 절대적 핵우위가 점차 상대적 우위로 변화되어 갔다.

## 2. 이완된 양극체제(1960년대) - 중국·소련분쟁, 미국·프랑스분쟁

1960년대 들어서서 양극체제는 점차 이완되기 시작하였다. 서방세계에서는 미국과 프랑스의 대립, 소련권에서는 중국과 소련의 분쟁으로 양 진영 모두 결속력이 약화되기 시작하였다. 프랑스의 드골은 집권 이후 유럽에서 프랑스의 영향력 강화를 꾀하여 미국의 정책에 반기를 들었다. 특히, 프랑스는 미국이 핵기술을 독점하는 것에 반발하고 독자적 핵무장을 추진하였다. 한편, 중국과 소련은 세계공산화전략을 두고 이념논쟁을 벌였고, 이후 국경분쟁으로 분쟁의 강도가 높아졌다. 1960년대 양극체제의 이완은 1970년대 동서 데탕트의 전주곡이었다고 볼 수 있다.

### 3. 동서 데탕트(1970년대) - 닉슨 독트린과 미국·중국 수교

미국의 베트남전쟁의 패배, 중국과 소련의 분쟁 등은 결과적으로 미국과 중국의 데탕트시대를 열어 주었다. 닉슨은 닉슨 독트린을 발표하여 아시아에 대한 개입을 축소시키는 한편, 중국과 수교함으로써 미중관계를 근본적으로 변화시켰다. 미국과 소련은 SALT와 ABM조약을 체결하여 핵군비통제에 합의하기도 하였다.

### 4. 신냉전(1980년대) - 미국·소련 군비경쟁

1970년대 동서 데탕트 분위기는 1980년대 레이건 대통령이 집권한 이후 다시 경색되기 시작하였다. 레이건은 소련의 아프가니스탄 침공과 엘살바도르 침략 이후 닉슨과 카터의 대외정책을 비판하고, 대소련 봉쇄전략을 적극적으로 구사하기 시작하였다. 레이건은 '전략방위구상(Strategic Defense Initiative: SDI)'을 본격화하는 한편, 닉슨 독트린에 기초한 아시아에서의 지상군 감축전략을 수정하고, 아시아 국가들과 양자동맹관계를 강화하였다. 또한, 레이건은 미중관계도 수정하였는바, 이는, 중국이 미국에 대해 전략적 가치나 경제적 가치가 생각보다 크지 않다고 생각하였기 때문이었다.

**중거리핵전력협정(INF, 1987년 12월 8일)**

미국과 소련이 양국이 보유하고 있는 핵탄두 장착용의 중거리와 단거리 지상발사 미사일을 철폐하기로 합의한 핵무기 감축협정(1987년)이다. 무기체계들 가운데 한 범주 전체를 폐지하기로 한 최초의 무기통제조약이었다. 게다가 이 조약에 부수된 2개의 의정서는 양국의 감시인들이 상대국의 미사일 파괴를 직접 확인할 수 있는 전례 없는 절차를 제정하였다. INF는 중거리 탄도미사일(IRBM)과 지상 발사 크루즈(운항)미사일(GLCM)을 사정거리 1,000 ~ 5,500km의 미사일로, 단거리 탄도미사일(SRBM)을 사정거리 500 ~ 1,000km의 미사일로 규정하였다. 조약은 1987년 12월 8일 워싱턴 D. C.에서 미국 대통령 로널드 레이건과 소련 서기장 미하일 고르바초프에 의해 서명되었고, 이듬해에 미국의 상원과 소련의 최고회의 비준을 받았다. INF는 2,619개의 미사일을 3년간에 걸쳐 점진적으로 해체할 것을 규정하였는데, 그 미사일의 절반은 서명 당시에 배치된 것이었다. 해체 대상이 된 미사일의 약 3분의 2는 소련 미사일이었고, 나머지는 미국 미사일이었다. 각각 파괴된 미사일의 탄두와 유도장치는 온전히 보존할 수 있도록 양국이 합의하였다. 미사일 발사기와 각종 지원장비 및 구조도 파괴하기로 하였다. 양국의 감시인에게는 미사일체계들의 철수와 파괴를 확인하기 위해 일정한 작전기지, 지원시설, 폐기시설들에 접근하는 것을 허용하기로 하였다. 중거리 미사일의 영구적인 폐기 여부를 확인하기 위해 양국은 13년 동안 작전기지와 지원시설들을 주기적으로 조사하고, INF의 범주에 드는 무기를 생산할 가능성이 있는 하나의 생산공장을 감시할 수 있는 권리를 각각 상대국에 부여하기로 하였다.

### 5. 냉전체제의 붕괴

냉전체제는 1989년 이후 독일의 통일, 동유럽권의 독립, 구소련권의 붕괴 등을 거치면서 점차 소멸되었다. 이념적으로 소련을 비롯한 동구권이 자유주의·자본주의를 채택함으로써 붕괴되었고, 극성 차원에서는 소련권이 붕괴되면서 양극체제가 단극체제로 변화되었다. 강대국 간 관계에 있어서도 적대적 관계를 공식 청산함으로써 냉전체제를 해체시켰다.

## 5 특징

### 1. 구조

#### (1) 양극체제

세력균형론자들은 냉전체제가 기본적으로 양극체제였다고 본다. 즉, 소련을 중심으로 하는 세력과 미국을 중심으로 하는 세력이 서로 대립하는 체제라는 것이다. 왈츠(K. Waltz)는 냉전체제를 극성의 관점에서 양극체제로 규정하고, 양극체제가 주는 단순성과 명확성으로 여하한 체제보다도 더욱 안정적인 체제라고 평가하였다.

#### (2) 패권체제

냉전체제는 구조적 차원, 즉 힘의 배분구조 차원에서 보면, 양극체제라고 보는 견해 이외에도 다양한 견해가 있다. 패권론자들은 냉전기를 '패권체제'로 본다. 즉, 제2차 세계대전 이후 초강대국으로 부상한 미국중심으로 세계질서가 형성되고 유지되던 시기라는 것이다. 이들은 소련은 초강대국이라기보다는 강대국 중의 하나로서 미국에 대한 도전세력의 지위에 불과하였으며, 탈냉전은 미국에 대한 소련의 도전 실패를 의미한다고 본다.

#### (3) 양다극체제

로즈크랜스(Richard N. Rosecrance)는 냉전체제를 양다극체제로 규정하였다. 양다극체제란 두 개의 초강대국과 다수의 강대국으로 구성된 체제를 말한다. 냉전기는 미국과 소련이 초강대국이었으나, 이들 외에 독일, 일본, 영국, 프랑스, 중국 등 강대국들도 존재하였다고 본다. 키신저(Henry Kissinger)는 1960년대에 양극체제가 끝나고, 군사적으로는 양극체제, 정치·외교적으로는 다극체제가 형성되었다고 주장하였다.

### 2. 이슈

냉전체제에서 국제정치의 주요 이슈는 '안보'문제였다. 국가들 간 상호 적대적 정체성을 내면화하고 적대적 상호작용을 지속하던 체제였기 때문에 생존유지가 최우선적 과제였던 것이다. 1970년대를 기점으로 국제경제문제, 환경문제, 남북문제 등이 국제이슈로 부상되기는 하였으나, 안보문제가 근본적으로 해결되지 않은 상황에서 다른 문제들은 부차적인 것으로 간주되었고, 그러한 문제들마저도 안보논리에 강하게 영향을 받았다.

### 3. 행위자

1970년대 상호의존론자들은 국가 이외에 비국가행위자, 즉 국제기구, NGO, 초정부 관료 등도 국제정치의 주요한 행위자로 부각되었다고 주장하고 있으나, 냉전기 국제정치의 주요 행위자는 국가, 특히 각 진영을 지배하고 있던 미국과 소련이었다. 냉전기는 유럽 통합이 정체된 시기가 상대적으로 많아 유럽이 국제정치의 전면에 부각되지 못하였던 것도 행위자 차원에서 보는 냉전체제의 특징이라고 볼 수 있다.

### 4. 관계

냉전기 국제관계는 근본적으로 갈등적 상호작용의 시기로 규정할 수 있다. 서방진영과 공산진영은 재래식 군비경쟁, 핵무기 경쟁, 및 세력권 경쟁을 지속적으로 전개하였으며, 한국전쟁이나 베트남전쟁에서 보듯이 냉전이 국지적 열전으로 확대되기도 하였다. 이러한 상호작용은 냉전 초기 형성한 적대적 집합정체성을 확대재생산하였으며, 적대적 정체성에 기초하여 선호, 이익, 정책이 규정되었다.

## 6  안정성

### 1. 양극적 세력균형론 - 왈츠(K. Waltz), 미어샤이머(John J. Mearsheimer)

왈츠 등은 냉전체제를 양극적 세력균형체제로 규정하고, 기본적으로 힘의 균형(BOP)에 의해 안정성을 유지하였다고 본다. 왈츠는 무정부체제에서 국가들은 균형화 경로 및 동질화 경로를 거쳐 세력균형을 자동적으로 형성한다고 본다. 한편, 왈츠는 같은 균형체제라도 양극체제가 다극체제보다 상대적으로 안정적이라고 본다. 신중성, 확실성, 책임전가나 연쇄적 패거리짓기 등의 불안요인 제어와 동맹안보딜레마 제어 등이 그 요인이라고 본다. 양극체제 안정론자들은 탈냉전기 국제체제를 다극체제(Multipolar System)로 규정하고 상대적으로 불안정성이 높아지고 있는 것으로 본다.

### 2. 패권론

오간스키(A.F.K Organski), 길핀(Robert Gilpin), 크라스너(Stephen Krasner) 등 패권론자들은 국제체제는 역사적으로 패권체제였다고 보고, 전쟁을 통해 새로운 패권국이 등장한다고 본다. 제2차 세계대전 이후 미국은 국제체제의 새로운 패권국으로 등장하였고, 미국은 정치·군사·경제질서의 형성을 주도하였다고 본다. 즉, 냉전체제는 패권체제였으며, 미국의 군사적·경제적 힘에 의해 안정이 유지되었다고 보는 것이다. 그러나 미국의 실질적인 정치·군사·경제적 영향력의 범위가 공산권을 제외한 자유주의진영에 국한되었다는 점에서 패권론의 입장은 한계가 있다.

### 3. 억지이론

핵억지이론가들은 미국과 소련이 제2차 보복공격능력을 모두 보유함으로써 핵억지(Nuclear Deterrence)가 형성된 것이 냉전체제 안정성의 핵심적인 요인이라고 본다. 냉전 초기 미국이 절대적 핵우위를 차지하였으나, 1950년대 소련이 핵무기 개발에 성공함으로써 미국의 절대적 핵우위는 약화되었고, 1960년대 미국과 소련은 상호억지력을 보유하게 되었다. 미어샤이머(Mearsheimer)와 개디스(Gaddis)는 냉전기 양국이 보유한 핵무기는 양극체제와 함께 냉전체제를 안정시킨 주요 요인이라고 평가하였다.

# 제2절 | 탈냉전체제

## 1 의미

### 1. 극성(Polarity) - 소련의 해체와 단극 또는 다극체제 형성

탈냉전체제는 기본적으로 냉전체제와 비교되는 개념이므로, 냉전체제와 다양한 차원에서 비교하는 것이 유익하다. 우선, 강대국 숫자로 정의되는 극성의 관점에서 보면, 양극에서 단극으로의 변화를 탈냉전이라고 규정할 수 있다. 1991년 12월 25일 고르바초프는 소련의 해체를 선언하고 독립국가연합을 출범시켰다. 이로써, 미국이라는 하나의 초강대국과 러시아, 일본, 중국, 독일, 영국, 프랑스 등 여러 개의 강대국으로 체제가 재구성된 것이다. 이 밖에도 다극체제로 전환되었다고 보는 견해도 있고, 패권체제로 전환 또는 강화되었다고 보는 견해도 있다. 요컨대, 극성의 차원에서는 양극체제가 단극·다극 또는 패권체제로의 전환을 탈냉전으로 규정할 수 있다.

### 2. 이념(Ideology)

이념적 차원에서의 탈냉전은 미국과 소련의 이념적 대립의 종식을 의미한다. 냉전체제에서 미국과 소련은 상대방과 이념 및 체제 경쟁을 지속하면서 자신의 체제의 우월성을 주장해 왔다. 그러나 소련은 자유주의 및 자본주의로의 체제 전환을 결정함으로써 공산주의 및 집단주의의 결함과 패배를 스스로 인정하였다.

### 3. 상호관계

상호관계 차원에서 보면, 미국과 소련이 냉전체제하에서 지속해 온 상호비방, 군비경쟁, 체제경쟁, 세력권 경쟁 등의 다차원적 경쟁과 적대관계를 종식하고 신뢰와 협력에 기초한 새로운 관계를 형성시킨 것을 탈냉전이라고 규정할 수 있다. 1989년 12월 미국 대통령 부시와 러시아 서기장 고르바초프는 몰타에서 열린 정상회담에서 미국과 소련은 더 이상 적대국이 아니며 냉전이 끝났음을 선언하였다. 양국 간 새로운 집합정체성(Collective Identity)이 형성된 것이다.

## 2 성립(냉전체제 해체)요인

### 1. 개인변수 - 고르바초프(Mikhail Gorbachev)의 결단과 정책

우선, 정치지도자의 개인의 역할에 초점을 맞춘 설명은 고르바초프의 개혁, 개방정책, 그의 정치적 결단의 중요성을 지적한다. 고르바초프는 1985년 3월 소련 공산당 서기장에 취임하면서 페레스트로이카(개혁), 글라스노스트(개방)를 슬로건으로 내걸고 전면적인 소련의 개혁을 단행하였다. 정치적으로는 공산당 1당 독재조항의 폐지와 강력한 권한의 대통령제 도입을, 경제적으로는 시장경제원칙을 도입하였다. 또한, 그는 '신사고'를 외교전략의 노선으로 제시하고 미국과의 협력적 국제질서를 형성하기 시작하였다.

## 2. 국가변수 - 미국의 봉쇄정책

탈냉전을 미국의 봉쇄정책의 결과로 보는 견해도 있다. 피터 시바이처(Peter Schweizer)는 소련의 붕괴는 소련 자체의 모순이 아니라 미국의 주도면밀하고 집요한 소련 붕괴전략 때문이라고 주장한다. 그에 따르면, 미국은 소련을 붕괴시키기 위해 경제전, 외교전, 군사전 등 총력전을 펼쳤다. 미국은 소련의 주요 외화 획득 품목인 석유와 천연가스를 통제하고 유가를 통제함으로써 소련 경제에 심각한 타격을 주었다. 또한, 전략방위구상(SDI)을 추진함으로써 서방과의 군사적 대등성을 확보하려는 소련으로 하여금 군사비를 과다 지출하게 하여 소련의 붕괴를 촉진하였다. 외교적으로도 폴란드 자유노조를 지원함으로써 소련을 궁지로 몰리게 하였다. 이러한 입장에서 보면, 고르바초프는 미국의 봉쇄정책에 더 이상 맞설 힘이 없는 것을 인식하고 그에 맞는 적절한 정책을 펼친 것에 불과한 것으로 평가절하된다.

## 3. 국내경제체제변수 - 사회주의체제의 문제

소련의 붕괴와 냉전의 종식을 보다 근본적인 차원에서 원인을 분석해 보면, 사회주의체제, 특히 경제체제의 문제점을 확인할 수 있다. 사회주의 경제는 시장이 아닌 정치에 의해 중앙집중적으로 자원이 배분되는 체제이다. 이러한 체제는 생산성 향상에 대한 유인을 부여하지 않아 장기적으로 근대화에 실패하게 된다. 1970년대와 1980년대 들어 경제가 침체기에 들어갔으며, 특히 1970년대 후반과 1980년대 초반 농산물 수확이 대폭 감소하여 경제에 큰 타격을 주었다. 사회주의 계획경제는 시장경제에 비해 생산성이 떨어지면서 상대적으로 체제경쟁에서 뒤처지기 시작하였고, 경제 영역에서의 상대적 열위는 군비경쟁 분야에서도 결과적으로 열세에 처하게 하였다. 고르바초프의 개혁개방정책은 소련 내부의 이러한 문제를 인식한 가운데서 실행에 옮겨진 것이었다.

## 4. 국제정치경제환경변수 - 세계화·민주화

세계화와 민주화를 냉전체제 해체의 요인으로 보는 견해도 있다.

### (1) 세계화

우선, 세계화 측면에서 보면 1990년대 들어 본격화된 세계경제의 글로벌화, 즉 시장경제의 전지구화 추세는 공산주의 경제체제를 견지해 온 공산국가들을 심각하게 압박하였고, 이것이 결국 동구권의 몰락과 소련의 붕괴를 초래하였다고 본다. 붕괴 직전 동구 공산국가들과 소련은 심각한 경제 위기에 봉착하고 있었다. 소련은 시장경제를 도입한 이후에도 재정적자와 소비재 부족에 시달리고 있었다.

### (2) 민주화

동구의 폴란드에서 시작한 민주화 물결은 동구권의 다른 나라들로 확산되었고, 이것이 결국 소련 내의 개혁파의 입지를 강화시키고 공산당이 이끄는 소련을 해체시키는 도화선이 되었다는 입장도 있다.

## 3 구조적 특징

### 1. 현실주의

#### (1) 의의

현실주의자들은 국제체제의 구조를 무정부상태와 힘의 배분구조의 관점에서 정의한다. 다만, 무정부상태는 세계정부가 형성되기 전까지는 유지될 것으로 보기 때문에 구조 정의에 있어서 '극성'을 가장 중요한 변수로 생각한다. 극성의 관점에서 논쟁이 되는 것은 '미국의 힘'을 어떻게 평가할 것인지와 얼마나 오랫동안 유지될 것인지이다. 이를 중심으로 패권체제, 단극체제, 다극체제의 논의가 있다.

#### (2) 왈츠(Kenneth N. Waltz) - 일시적 단극체제

왈츠는 냉전의 종식으로 양극체제가 무너지고 현재 단극체제에 머무르고 있으나, 궁극적으로는 다극적 세력균형체제로 갈 것으로 본다. 즉, 탈냉전의 시대를 다극체제로 가는 과도기에 존재하는 일극체제로 본다. 한편, 냉전의 종식으로 아시아에서 보다 다극적인 성격의 국제체제가 형성되고 있으며, 이는 아시아의 장래에 부정적으로 작용할 것으로 본다. 다극체제에서는 핵의 존재가 안정성의 주요 변수라고 본다.

#### (3) 미어샤이머(John J. Mearsheimer) - 다극체제

미어샤이머는 탈냉전체제를 다극체제라고 본다. 특히, 탈냉전 후 유럽의 국제체제는 독일, 프랑스, 영국, 이탈리아, 러시아로 구성되는 다극체제이며, 안정성은 양극체제에 비해 상대적으로 낮다고 본다. 미어샤이머는 유럽 국제체제의 안정성을 위해서는 무엇보다 핵억지력이 중요하다고 본다. 따라서 유럽의 안정을 위해 미국은 제한적이고 잘 관리된다는 것을 전제로 한 핵확산을 고무해야 하며, 특히 독일이 핵을 보유하는 것이 이상적이라고 본다.

#### (4) 레인(Christopher Layne) - 일시적 단극체제

레인은 탈냉전체제를 단극체제로 본다. 그러나 미국의 패권은 궁극적으로 도전을 받을 것이기 때문에 이러한 단극체제는 일시적인 순간(Fleeting Moment)에 불과하고 곧 다극체제, 즉 다극적 세력균형체제가 도래할 것으로 본다. 레인은 미국이 패권을 유지하기 위해 힘을 사용하기 보다는 강대국으로 부상한 독일 및 일본과 전략적 상호의존(Strategic Interdependence)을 통해 다극체제의 안정을 꾀해야 한다고 주장하였다.

#### (5) 마스딴두노(Michael Mastanduno) - 지속가능한 단극체제

마스딴두노는 탈냉전체제를 단극체제로 본다. 그러나 마스딴두노는 단극체제가 상당기간 유지될 수도 있다고 보는 점에서 레인(Layne)과 다르다. 다만, 단극질서가 지속되기 위해서는 미국이 다른 강대국들에게 위협을 가하지 않아야 한다. 구체적으로 미국이 강대국들의 도전을 피하고 단극질서를 지속시키기 위해서는 경쟁가능성이 있는 국가에게 그들이 더 큰 역할을 갈망할 필요가 없다는 것을 확신시켜서 이들이 미래의 전지구적 경쟁자로 등장하는 것을 배제해야 한다.

이를 위해 독일과 일본에게는 안보공약을 지속적으로 재확인하고, 러시아와 중국은 미국이 중심이 되는 국제질서의 실제와 제도에 관여시키고 통합시켜야 한다고 본다.

### (6) 요페(Josef Joffe) - 대항불가능한 패권체제

요페는 탈냉전체제를 단극체제로 본다. 여러 가지 요인으로 장기적으로도 균형체제가 형성되기 힘들 것으로 본다. 요페는 균형체제가 형성되기 어려운 이유로서 두 가지 이유를 든다.

① 미국은 영토적 야심을 가지고 있지 않기 때문에 미국에 대한 적대적인 동맹이 쉽게 결성되지 않을 것으로 본다.
② 미국은 19세기 독일 통일 이후 비스마르크가 전개하였던 동맹전략을 구사함으로써 적대국이 발생하는 것을 막는 전략을 쓰고 있다. 비스마르크가 독일에 적대적일 가능성이 있는 국가들을 자신을 중심으로 하는 동맹체제에 묶어둠으로써 프랑스의 보복전쟁을 막았듯이, 미국도 역시 미국에 적대적일 가능성이 있는 국가와 동맹을 체결하여 이익을 보장해 줌으로써 적대적 동맹형성을 막는 전략을 구사하고 있다.

#### ● 탈냉전체제의 구조에 대한 현실주의 내부 논쟁

| 구분 | 왈츠<br>(K. Waltz) | 마스딴두노<br>(Mastanduno) | 요페<br>(Josef Joffe) | 미어샤이머<br>(John Mearsheimer) |
|---|---|---|---|---|
| 구조의 형태 | 일시적 단극 | 단극 | 단극 | 다극 |
| 안정성 | 불안정(BOP) | 안정 가능(BOT) | 안정 | 불안정 |
| 지속성 | 일시적 | 지속 가능 | 지속 | 지속 |
| 전망 | 다극체제 형성 | 미국의 정책에 달림 | 패권체제화 | 지속 |

## 2. 자유주의

### (1) 복합적 상호의존

자유주의자들은 현실주의자들과 달리, 비국가행위자의 영향력이 강화되고, 정보화와 세계화에 기초하여 국가 및 비국가행위자들 상호 간 복합적 상호의존관계가 형성되고 있는 것으로 본다. 복합적 상호의존체제는 다양한 행위자들이 다양한 이슈를 중심으로 다층적 연계망을 형성하고 있는 체제로 개념화된다.

### (2) 전지구적 시민사회

전지구적 시민사회는 비국가행위자 중에서 NGO 또는 INGO의 역할이 상당히 강화되어 있는 사회를 말한다. 국내사회에서 정부가 NGO들의 영향력과 요구를 수용하지 않을 수 없는 것처럼, 세계정치에서도 국가 및 국제기구는 NGO들의 요구를 받아들여야 할 것으로 본다. 이 입장은 전세계적으로 시민사회가 활성화되어 있는 체제를 상정하나, 아직은 시민사회의 형성 및 영향력 증가가 북반구 서유럽 국가들에 국한된 현상이라는 점이 한계로 지적된다.

### (3) 세계정치의 두 세계론

① **의의**: 로즈노(James Rosenau)는 전통적인 패러다임이 더 이상 현재의 국제정치를 설명하는데 적합하지 않다고 보고, 새로운 인식방식으로서 '다중심패러다임'을 제시한다. 다중심세계는 주권에 의해 구속되지 않는 많은 다른 행위자들이 존재하는 세계를 말한다. 로즈노는 현 세계는 국가중심세계와 다중심세계가 혼존하며 서로 상호작용하는 세계라고 보며, 어느 세계가 우세한가에 따라 다양한 질서로 전개될 것이라고 본다. 그는 네 가지 사회모형을 제시한다.

② **네 가지 사회모형**
   ㉠ **전지구적 사회(Global Society)**: 전지구적인 틀 내에 국가 및 기타 조직들이 권위를 분할하여 가지면서 전지구적 규율을 지켜나가는 사회를 말한다.
   ㉡ **회복된 국가체제(Restored State - system)**: 전통적으로 존재해 왔던 체제로서 주권국가들이 지배하고 비국가조직들이 이에 종속되는 체제를 일컫는다.
   ㉢ **다원주의 질서(Pluralist Order)**: 초국가적인 기구가 지배적인 위상을 지니며 개인들은 그들의 조직을 통해 여전히 존속하고 있는 국가의 규제를 넘어 자신들의 이익을 추구하는 질서모형이다.
   ㉣ **지속적인 이원 질서(Enduring Bifurcation)**: 로즈노가 현재의 세계질서로서 그리고 있는 질서, 즉 국가권력이 결정적인 변수로 남아있는 국가 중심적 질서와 각기 자신들의 이익을 추구하는 다양한 조직, 집단, 개인들이 민족국가의 통제 밖에서 일종의 초국가적인 사회를 구성하고 있는 다중심적 질서가 공존하는 질서를 의미한다.

## 3. 문명충돌론

헌팅턴(Huntington)은 탈냉전체제를 문명체제로 본다. 즉, 종교를 핵심결집수단으로 하는 9개의 문명으로 세계정치의 구획이 재편될 것이며, 문명 간 관계는 갈등적 상호작용을 보일 것으로 본다. 헌팅턴은 인간의 정체성을 형성하는 근원이 종교이지만, 냉전체제에서는 이념에 가려져서 그것이 명확하게 드러나지 않았다고 주장한다. 이념적 장벽이 제거된 탈냉전체제에서는 문명을 중심으로 정치단위가 재편된다고 본다. 헌팅턴의 견해는 탈냉전기 새로운 갈등요인을 적절하게 부각시켜준 측면은 있으나, 최근의 국제정치에서 문명정치가 본격화되었다고 보기는 어렵다는 평가를 받고 있다.

## 4 이슈 · 행위자 · 과정

### 1. 이슈(Issues)

#### (1) 경제적 이슈의 부상

탈냉전체제의 특징을 이슈 차원에서 규명해 보자면, 무엇보다 경제적 이슈가 국제관계의 전면에 부상하였다는 점을 들 수 있다. 냉전체제의 해체로 국가 및 시민들의 안보에 대한 위협이 상대적으로 약화되었고, 사회주의 국가들이 시장경제로 체제 전환을 시도하면서 상품이나 자본 이동이 원활해진 것이 주요 원인이다.

#### (2) 새로운 안보 이슈 등장

탈냉전체제에서는 전통적인 국가안보 이슈 이외에 새로운 안보 이슈로서 포괄적 안보와 인간안보 이슈가 제기되고 있다. 포괄적 안보(Comprehensive Security)는 국제관계를 위협하는 요인이 군사 이슈라는 제한된 사고를 벗어나서, 환경, 경제, 국제범죄, 난민 등으로 그 위협의 범위를 확장시킨 개념이다. 한편, 인간안보(Human Security)는 안보의 대상, 즉 위협으로부터 보호하고자 하는 가치(Value) 차원에서 정의되는 개념으로서, 인간의 복지(Welfare)와 안위(Well - being)를 안보의 가치로 설정하는 개념이다. 새로운 안보 개념은 탈냉전, 세계화로 새롭게 나타나는 분쟁에 국제협력을 통해 대응하기 위해 제시된 개념들이다. 즉, 포괄적 안보나 인간안보는 개별 국가보다는 국가들 간 공동대응을 전제한 개념이라고 볼 수 있다.

### 2. 행위자(Actors)

#### (1) 국가의 영향력 약화

행위자 관점에서 보면, 국가의 영향력 약화와 비국가행위자의 영향력 강화로 탈냉전체제의 특징을 규정할 수 있다. 냉전체제에서는 주권국가가 전면에 나서는 웨스트팔리아체제의 성격을 강하게 보여주었으나, 탈냉전 국제체제에서는 국가의 위상이 상대적으로 약화되고 있다. 국가의 위상이 약화된 중요한 이유는 탈냉전 · 세계화시대에 국가가 해결해야 하는 문제의 성격이 국가가 가진 자원만으로 대응하기가 어려워지고 있기 때문이다. 예컨대, 자본 이동이 급격히 증가한 상태에서 국가의 경제정책의 실효성이 약화되기 때문에, 타국이나 비국가행위자들과 공동대응이 불가피하다.

#### (2) 비국가행위자(Non - state Actors)의 영향력 강화

비국가행위자란 국제기구, NGO, INGO, 다국적기업 등을 포괄하는 개념이다. 냉전체제에서 이들은 국가의 강력한 통제에 복종해야 했기 때문에 영향력 행사에 한계가 있었으나, 세계화 · 정보화시대에 국가의 통제력과 문제해결능력이 상대적으로 약화되면서 이들이 영향력을 발휘할 수 있는 기회구조가 형성되었다. 이들은 민족국가의 문제해결에 도움을 주기도 하지만, 민족국가에 정책 전환을 촉구하는 활동도 전개한다. NGO들이 전개하는 영향력의 정치(Politics of Influence)를 예로 들 수 있다.

### (3) 테러 및 범죄조직의 활성화

테러 및 범죄조직이 활성화되고 있는 것도 탈냉전 국제체제의 특징 중의 하나이다. 냉전체제에서도 테러가 문제시되었으나, 탈냉전기에 더욱 활성화되고 있다. 이는 이념적 정체성이 사라지면서 인종적, 종교적 정체성이 강화되는 것과 관련이 있으며, 세계화로 인해 남북 간 경제력의 격차가 확대되고 있는 것도 주요 원인인 것으로 평가된다.

## 3. 과정(Process)

### (1) 전쟁

국가 및 주요 행위자들 간 상호작용을 국제정치과정(Process)이라 한다. 탈냉전체제에서는 과거와 달리 전쟁의 양상이 변화되고 있는 것으로 평가된다. 특히 탈냉전 초기에 발생하였던 이라크와 미국을 중심으로 하는 동맹군의 전쟁은 첨단무기체제의 구축이 전쟁의 승패를 좌우하는 결정적인 요소라는 점을 보여주었다. 정보혁명의 시대가 도래하면서 '군사기술혁명(Revolution in Military Affairs: RMA)'에 기초한 첨단무기체계 구축 및 운영이 재래식 군사력 강화보다 중요하게 평가되고 있다.

### (2) 외교

탈냉전 국제체제에서는 세계화 및 정보화의 영향으로 정부간 외교에도 변화가 일어나고 있다. 정보화시대의 외교는 수단, 형태, 내용 및 주체 면에서 많은 변화를 가져왔다.

① **수단**: 인터넷 등 정보화기술의 발전으로 인하여 새로운 외교 커뮤니케이션수단이 활성화되었으며, 이를 누가 먼저 활발히 사용하는가에 따라 외교력이 좌우되게 되었다.
② **형태**: 정보화와 관련된 내용을 다루는 외교가 중시되어, 인터넷 거버넌스, 지적재산권 등이 외교의 중요한 내용이 되었다.
③ **주체**: 외교의 주체가 행정부에 국한되지 않고, 개인, 시민사회단체, 기업, 학계 등 전문가 집단으로 확장되어, 다차원적 외교가 가능한 시대가 되었다.

### (3) 국제문제 해결방식

냉전체제에서 주요 국제문제는 안보였으며, 이는 국방력 강화나 동맹에 의해 해결되었다. 그러나 탈냉전체제에서는 안보문제 이외에도 환경문제, 자본이동문제, 남북문제, 국제테러 및 범죄조직 문제 등 해결을 필요로 하는 문제가 증가하고 있다. 이러한 문제들은 개별 국가의 능력으로 통제하기 어렵기 때문에 '거버넌스(Governance)'가 필요하다. 거버넌스란 문제해결에 필요한 자원을 가진 다양한 주체들이 협력적 네트워크를 구축하여 문제를 해결해 나가는 방식을 말한다. 정부 및 국제기구만 참여하는 국제 거버넌스(International Governance)방식뿐만 아니라 INGO나 NGO, 다국적기업도 참여하는 글로벌 거버넌스(Global Governance)도 동원되고 있다.

## 5 안정성

### 1. 현실주의

현실주의 패러다임에서는 균형론과 패권론이 대립하고 있다. 균형론자들은 힘이 균등하게 분포된 극의 구조를 가장 안정적인 것으로 보고, 미국 중심의 단극질서는 그 구조적 불안정성이 매우 높은 체제라고 평가한다. 따라서 균형론자들은 균형체제가 형성되어야 하고, 또한 형성될 것으로 전망한다. 미어샤이머(Mearsheimer)는 독일이 핵을 가짐으로써 다극질서를 안정화 시켜야 한다고 본다. 반면, 패권론자들은 도전세력이 부상하지 않는 패권체제가 가장 안정적인 체제라고 보기 때문에, 현 체제를 매우 안정적인 체제로 본다. 탈냉전체제가 패권체제라고 전제할 때, 아직까지 미국이 다른 강대국을 선제공격하지 않았다는 점에서 패권론의 견해가 타당성이 있다. 그러나 전쟁의 부재가 핵억지력에 의해 유지되는 측면도 있다고 보면, 전적으로 타당하다고 볼 수는 없을 것이다. 강대국 간 전쟁의 부재는 자유주의적 관점에서 상업적 평화 등을 고려해야 한다고 본다. 결국, 패권체제 그 자체로서 안정성을 준다고 단정하기는 어렵고, 핵무기, 상호의존성 등 다른 변수도 영향을 주고 있다고 평가해야 할 것이다.

### 2. 상호의존론

상호의존론은 상업적 평화의 가능성을 주장한다. 즉, 국가들 간 경제적 상호의존 등 다차원적 상호의존성이 심화되면 군사력을 통한 정책 추구나 문제해결가능성이 낮아진다고 본다. 상호의존 단절의 비용이 군사력을 사용하려는 국가에게도 크게 지불될 수 있기 때문이다. 탈냉전체제의 특징 중의 하나는 세계화로 지칭되는 경제적 상호의존이 매우 심화되고 있다는 것이다. 이는 전쟁가능성이 있는 국가 간 분쟁가능성을 낮추는 결과를 낳을 것으로 본다.

### 3. 신자유제도주의

자유주의자들은 국가 간 분쟁을 제어할 수 있는 적절한 제도가 부재하기 때문에 전쟁이 쉽게 발생한다고 생각한다. 따라서 LN이나 UN과 같은 집단안전보장제도 또는 소규모 국가들 간 다자안보제도를 형성함으로써 전쟁을 억제할 수 있다고 본다. 현재 UN과 같은 집단안전보장제도는 냉전체제와 유사하게 잘 작동하지 않고 있다. 다만, 지역적 다자안보제도가 활성화되거나 형성됨으로써 제도적 평화의 가능성은 있다. 특히, 유럽지역은 제도화의 수준이 고도화된 지역의 통합을 통해 영구평화지대를 창설하려는 실험을 지속하고 있다.

## 4. 민주평화론

칸트(I. Kant)에 의해서 제시된 공화적 평화는 개별 주권국가들의 정치체제가 민주정으로 변모하는 경우 민주국가 상호 간에는 분쟁가능성이 줄어든다는 주장이다. 그 논거로는 규범모델과 제도모델이 있다. 즉, 민주국 상호 간 내면화하고 있는 분쟁의 평화적 해결규범 및 습관과 전쟁결정을 제어하는 국내정치, 여론, 투명한 정치제도 등이 분쟁가능성을 낮춘다는 것이다. 구소련권이 붕괴되고, 민주정체로 체제 전환을 시도함으로써 민주국가의 수가 점차 늘어나고 있음을 감안할 때, 민주평화가설이 타당하다면, 탈냉전체제의 안정화가능성은 매우 높다고 평가할 수 있다.

## 5. 구성주의

구성주의자들은 국제체제의 안정성을 결정하는 것은 국가들이 상호내면화하고 있는 규범이나 집합정체성이라고 본다. 즉, 국가들이 상호 간에 갈등적이고 적대적인 정체성을 내면화하고 있는 경우, 지속적인 갈등관계의 확대재생산 및 무력사용의 상호작용 패턴을 보여준다. 반면, 조화적이고 협력적인 집합정체성하에서는 협력적 상호관계가 형성된다. 탈냉전은 그동안 적대적인 정체성을 내면화하고 있던 미국과 소련이 협력적이고 우호적인 정체성을 재구성하는 계기를 형성시켜 주었다. 강대국들이 지속적으로 탈냉전적 정체성을 확대재생산하기 위해 대외전략을 구사한다면 안정적인 국제질서를 창출할 수 있을 것이다.

### ◉ 냉전체제와 탈냉전체제 비교

| 구분 | 냉전체제 | 탈냉전체제 |
| --- | --- | --- |
| 이념 | 자본주의 vs. 공산주의 | 자본주의 · 민주주의 |
| 극성 | 양극 | 단극 |
| 관계 | 진영 간 갈등 - 이념유대 | 국가 간 갈등 · 협력 공존 - 실용적 |
| 안보 | 국가안보 | 국가안보 + 인간안보 + 포괄적 안보 |

# 제2장 국제안보

> **출제 포커스 및 학습방향**
>
> 대량살상무기 확산문제, 그 중에서도 21세기 세계질서에도 핵심 의제로 부상한 핵확산문제 및 국제테러리즘의 문제를 다루고 있다. 대량살상무기의 경우 확산을 통제하기 위한 국제레짐이 빈번하게 출제되며, 특히 핵확산방지조약이나 핵확산방지를 위한 다자간 수출통제체제가 여러 차례 출제되었다. 국제테러리즘의 경우 현재 활동하고 있는 테러단체가 출제되었다. 핵실험금지조약, 비핵지대, 비핵화선언 등도 핵심논점들이다.

## 제1절 | 대량살상무기(WMD) 확산

### 1 대량살상무기(WMD)의 정의

#### 1. 개념

일반적으로 인명 살상 및 시설 파괴의 방법과 규모에 있어서 재래식 무기와 확연히 구별되는 핵·생물·화학무기를 포함하는 3대 무기체계를 지칭한다.

#### 2. 종류

**(1) 핵무기**

핵물질을 폭발에 의해 분열 또는 융합과정을 거치게 함으로써 대규모 폭풍 및 고열과 방사능을 방출하는 무기를 말한다. 핵무기 1개로 10만 명 이상을 살상할 수 있다. 방사능물질을 다이너마이트 등 재래식 폭약에 의해 터뜨림으로써 방사능을 살포시키는 '방사선 무기(Radiological Weapon)'도 핵무기와 같은 WMD로 분류된다. 안전보장이사회 상임이사국 5개국과 인도, 파키스탄이 보유하고 있으며, 이스라엘과 이란, 북한은 보유 또는 개발 의혹을 받고 있다.

**핵무기의 발전현황과 위력**

| 구분 | 1세대 | 2세대 | 3세대 |
|---|---|---|---|
| 종류 | 원자폭탄 | 수소폭탄 | 중성자탄 |
| 방식 | 핵분열 | 핵융합 | 핵분열 또는 융합 |
| 위력<br>(폭발력) | TNT 500kt 이하<br>(1945년 일본 나가사키에<br>투하된 원자폭탄은<br>TNT 21kt) | TNT 1Mt(100만t) 이상 | 물리적 폭발력 없이<br>강한 방사선이<br>건물을 투과해<br>생명체만 죽임 |

### (2) 생물무기

인명 살상을 위해 병원체와 같은 생물조직체 및 독소를 이용하는 무기로서, 현재 약 40가지가 존재하며 테러행위에 가장 간편하게 이용될 수 있는 무기이다. 이라크, 이란, 러시아가 실제 생산국이며, 북한과 중국은 생물무기 프로그램 보유국이다.

### (3) 화학무기

화학무기는 독성물질에 의한 인명 살상과 신체의 무력화를 목적으로 하는 무기로서 생산비용이 비교적 적게 소요되고 제조가 용이하여 가난한 자의 핵폭탄으로 불린다. <u>1997년 '화학무기금지협정(CWC)' 발효로 화학무기 보유분의 폐기 및 생산 금지가 결정되었으나 이라크, 북한, 이스라엘 등은 협정에 가입하지 않고 화학무기를 보유 중이다.</u> 러시아, 중국, 인도, 이란은 협정에 가입하였으나 이행을 하지 않고 있다.

### (4) 탄도미사일

무기 자체는 아니나 대량살상무기(WMD)의 발사 및 운반수단이 된다는 점에서 탄도미사일도 일반적으로 WMD의 범주에 포함되는 경향이 있다.

### (5) 재래식 대량살상무기(Conventional WMD)

재래식 무기에 의하더라도 비행기에 의한 미국 세계무역센터 충돌과 같은 9·11 테러가 보여주듯이 인구 밀집지역 또는 산업집중시설에 대한 공격이 이루어질 경우 대규모 인명 살상과 피해가 일어날 수 있다는 점에서 이 같은 공격방식도 WMD의 범주로 간주되는 경향이 있다.

## 3. 대량살상무기(WMD)의 핵심문제

### (1) 테러집단에 의한 사용가능성

9·11테러 이후 가장 우려되는 국제안보문제는 테러집단 또는 비정부조직에 의한 WMD의 사용가능성이다. 테러집단 또는 비정부조직에 의한 WMD 보유는 이른바 불량국가의 보유무기를 이전받는 형식을 통해 이루어질 가능성이 높은 것으로 지적되고, 이에 따라 불량국가의 WMD 보유문제가 국제적 관심사가 되고 있다.

### (2) WMD 규제협약의 위반 증대

WMD를 규제하는 국제협약이 존재하고 있으나 일부 국가가 가입하지 않고 있거나, 가입하였다 하더라도 협약 위반 및 비확산규범의 미준수 사례가 많아 효율적인 규제가 이루어지지 않고 있다. 인도와 파키스탄은 NPT에 가입하지 않고 핵실험에 성공하였으며, 북한은 NPT 당사국(2003년 탈퇴)이었음에도 불구하고 핵무기를 보유하였다. 한편, WMD 규제협약의 위반 및 비확산규범의 미준수 사례가 증가함에 따라 보수적 미국 안보문제 전문가들은 WMD 규제협약의 무용성을 지적하고 있다.

### (3) WMD와 미사일 확산의 상호연계

WMD를 보유한 국가들이 그 위협능력을 제고시키기 위해 미사일 개발을 서두르고 있고, 역으로 미사일의 개발은 WMD의 위력을 더욱 파괴적으로 만들고 있다. 즉, WMD와 미사일문제는 상호연계되어 있다.

## 2 생물무기금지협약(BWC)

### 1. 생물무기 발전 및 폐기

생물무기는 인간 또는 동식물을 사망시키거나 피해를 가하기 위해 고의적으로 병원성 물질을 사용하는 것으로, 화학무기 및 핵무기와 함께 대량살상무기로 분류된다. 인간은 오래 전부터 질병을 무기로 사용해 왔으나 생물무기의 현대적 기원은 1차 세계대전에서 찾을 수 있다. 미, 영, 일, 소련 등 강대국들은 이때를 전후하여 세균의 무기화에 착수하였고 미국, 영국 등은 2차 세계대전을 전후로 상당한 양의 세균 무기를 비축하였으나 1950~60년대에 폐기하였다. 미국의 닉슨 대통령은 1969년 모든 형태의 생물전을 포기한다고 선언하여 모든 생물작용제 생산 관련 시설의 폐쇄와 비축 생물무기의 폐기를 명령하였고 이로써 미국의 생물무기 프로그램은 종료되었다. 러시아의 옐친 대통령은 1992년 3월 공격용 생물무기 개발연구사업의 즉각 중단을 선언함으로써 세균무기의 존재를 공식 시인하였고, 러시아의 모든 생물무기활동의 중단과 기존에 비축된 생물무기의 폐기를 명령하였다. 러시아가 지난 1972~92년 동안 「생물무기금지협약」(BWC: Biological Weapons Convention)을 위반하면서 생물무기 프로그램을 개발해 온 데 대한 국제사회의 우려를 해소하기 위해, 1992.9.11. 러시아, 영국, 미국은 생물무기에 관한 공동 성명을 발표하여 BWC 규정의 완전한 준수 입장을 재확인하였다.

### 2. 규제 논의

생물무기 폐기 및 불사용 선언 등 개별 국가의 조치와는 별개로 범세계적인 규제 논의가 1차 대전 이후부터 진행되어 왔다. 1925년에 체결된 <질식성, 독성 또는 기타 가스 및 세균학적 물질의 전시 사용 금지를 위한 제네바 의정서>는 최초로 생물무기를 금지시켰다. 우리나라와 북한은 1989.1월 「질식성·독성 또는 기타 가스 및 세균학적 전장수단의 전시사용에 관한 제네바의정서」(1925.6월 채택, 1928.2월 발효)에 동시에 가입하였다.

## 3. BWC 체결 과정

1969년 제네바군축회의(CD)에서 생물·화학무기금지 협약 체결을 위한 협상이 본격적으로 시작되었다. 협상은 영국의 제안으로 생물무기금지협약(BWC)과 화학무기금지협약(CWC)으로 분리되었고 타결이 용이한 BWC부터 협상이 개시되었다. 1972.4.10. 개최된 군축위원회(CCD: Conference of the Committee on Disarmament)에서 BWC 협약안이 합의·채택되고, 런던, 모스크바, 워싱턴에서 서명이 개방되어 1975.3월 발효되었다. 2020.12월 현재 회원국은 183개국이며, 우리나라와 북한은 각각 1987.6월과 1987.3월에 가입하였다.

## 4. 주요 내용

협약의 정식 명칭은 「세균(생물) 및 독소무기의 개발, 생산 및 비축의 금지와 그 폐기에 관한 협약」(Convention on the Prohibition of the Development, Production and Stockpiling of Bacteriological(Biological) and Toxin Weapons and on Their Destruction, BWC 또는 BTWC로 약칭)이다. 미생물, 생물학 작용제 및 독소의 개발, 생산, 비축 및 획득을 금지하고, 협약발효 9개월 이내에 보유 중인 병원균, 독소, 장비 및 운송수단을 폐기하거나 평화적 목적으로 전환하도록 규정하고 있다. 또한, 협약 제1조상의 규제물질에 대한 이전을 금지하고 있는데, 협약 위반혐의 당사국에 대해서는 유엔 안보리 회부가 가능하고 피혐의 당사국은 안보리 조사에 협조하도록 되어 있다. 협약은 당사국간의 협력에 관해서도 규정하고 있으며, 안보리의 결정에 의거, 일방당사국의 협약의무 위반에 따른 위협에 처해 있는 당사국을 지원하도록 하고 있으며, 아울러 평화적 목적을 위한 생물산업 분야의 국제협력 증진을 위한 당사국들의 노력을 규정하고 있다.

## 5. 평가회의

협약 평가회의(Review Conference)는 1980.3월 제1차 회의를 시작으로 5년에 한번씩 개최되고 있다. 협약 평가회의에서는 주로 협약 이행상황 점검 및 향후 활동 계획 마련, 검증의정서 채택 문제 등이 논의된다. 2003년부터는 매년 전문가회의(6~8월 중)와 당사국회의(12월 중)가 개최되고 있다.

## 6. 한계

BWC는 대량살상무기의 전면적 금지를 규정한 최초의 협약임에도 불구하고, 효율적인 검증체제 결여로 군축협약으로써의 한계를 드러내 왔다. 특히, 1980년대 이후 생물공학의 급속한 발전 및 생물무기 생산에 필요한 이중용도 기술 및 장비의 범세계적 유통으로 생물무기 확산 위험성이 크게 증대된 가운데, 1991년 걸프전 당시 이라크에 의한 생·화학무기 사용 위협은 동 협약의 한계를 여실히 보여주는 계기가 되었다. 생물무기는 세균 배양의 상대적 용이함과 자기복제 특성상 화학무기에 비해 은닉 및 운반이 쉽고, 대량저장이 불필요하므로 우려국 또는 테러집단에게는 효과적인 무기가 될 수 있어 이에 따른 강력한 검증체제 필요성이 증대되어 왔다.

## 7. 검증의정서 협상

1994.9월 BWC 특별총회는 2001년 제5차 BWC 평가회의 전까지 검증의정서를 채택하기로 합의하고, 협상을 전개해 왔으나 최종의정서는 채택되지 못한 채 협상은 중단되었다. 2018년부터 전문가회의 내 '협약의 제도적 강화' 그룹이 설치되었으나 논의 재개 여부에 대해서는 회원국 간 의견차가 지속되고 있다.

## 8. 우리나라의 이행 현황

우리나라는 기존의 「화학무기금지법」을 전면 개정하여 2006.4.28. 「화학생물무기의 금지 및 특정화학물질·생물작용제 등의 제조, 수출입규제 등에 관한 법률」을 공포하여 BWC 이행을 완비하였다.

# 3 화학무기금지협약(CWC)

## 1. 역사

인류의 화학무기 사용에 관한 최초의 기록은 BC 400년경 「펠로폰네소스」 전쟁에서 발견되는데, 당시 스파르타군이 유황을 연소시켜 발생한 유독가스를 아테네 공격에 이용하였다고 한다. 이처럼 전투에서의 유독가스의 위력은 일찍이 알려졌으나, 18세기까지는 독성물질의 대량 제조가 어려워 화학무기 사용이 주목받지 못하였다. 19세기에 들어서서 화학공업의 눈부신 발전에 따라 독성물질이 계속 발견되고 대량 생산이 가능하게 되면서 군사적 목적으로 사용되게 되었다. 화학무기가 현대전에 사용된 것은 제1차 세계대전 당시 1915.4.22. 독일군이 벨기에 이프르(Ypres)에서 영·불 연합군의 방어진지를 유린하기 위하여 염소가스(chlorine)를 사용한 것이 최초이다. 당시 영·불 연합군 5,000여 명이 사망하는 등 화학무기의 살상 효과가 확인되자 연합군도 화학무기를 개발하여 보복에 나섬으로써 화학무기 사용은 본격화되었다. CWC 제정 논의가 본격화되기 전인 1990년 이전까지만 해도 많은 국가가 독성이 더욱 강화된 신경작용제를 개발하였으며, 저장 중에는 독성이 없으나 발사 후 목표지점에 도달하는 도중 폭탄 내부에서의 화학반응을 통하여 고독성 화학제로 변하여 막대한 인명 피해를 유발할 수 있는 이원화 화학탄(binary weapons) 개발에도 박차를 가해 왔다. 최근 생물공학 및 화학산업이 비약적으로 발전함에 따라 화학무기와 생물무기의 구분이 모호해지고 있다.

## 2. 과정

화학무기 문제는 1960년대말 ~ 1970년대 초 월남전에서 미국이 다량의 고엽제를 사용함에 따라 화학무기 사용에 대한 국제적인 관심이 고조되기 시작하였으며, 1969년부터 제네바군축회의(CD)에서 주요 의제로 토의되기 시작했다. 1985년 구소련의 고르바초프 정권의 출현에 따른 동·서 냉전의 종식은 화학무기 군축 논의에 새로운 자극제가 되었다. 1990년 화학무기의 최대 보유국인 미·소 양국이 자국이 보유 중인 화학탄을 대량으로 감축하기로 합의하고, 1991년 미국의 부시(George H. W. Bush) 대통령이 자국의 모든 화학무기를 무조건 폐기한다고 선언함으로써 CWC의 탄생에 크게 기여했다. CWC는 1992.9월 CD에서 채택되어 1997.4.29. 발효되었고, 2018.5월 팔레스타인이 동 협약을 비준함에 따라 2021.1월 현재 193개 당사국이 참여하고 있다. 우리나라는 1997.4월 비준서를 기탁함으로써 원당사국으로 참여하고 있다. 한편, 현재 이스라엘, 북한, 이집트, 남수단 등이 미가입국이다.

## 3. 주요 내용

첫째, 화학무기의 사용은 물론 화학무기와 관련된 다른 활동, 즉 개발, 생산, 획득, 비축, 보유, 이전은 전면 금지된다. 둘째, 화학무기를 사용하는 모든 군사 훈련은 금지된다. 셋째, 보유하고 있는 화학무기 및 생산시설을 신고하고, 이에 대한 국제 사찰이 실시된다. 넷째, 협약 발효 후 10년 이내에 화학무기를 완전 폐기해야 한다. 다섯째, 특정 화학물질을 생산하는 화학산업에 대해 국제 감시를 실시한다. 여섯째, 신고, 미신고 시설 구분없이 단기(최단기 12시간) 통고 후 현장점검을 실시하는 강제사찰제도를 도입하였다. 또한 어느 당사국의 협약 준수 여부에 관하여 의혹이 제기되는 경우 다른 당사국의 요청에 따른 강제사찰이 실시된다. 일곱째, 협약 비당사국은 화학무기 생산은 물론, 산업 발전에 중요한 특정 화학물질의 국제무역에서 배제한다.

## 4. 화학무기금지기구

협약발효 직후인 1997년 5월 헤이그에서 설립되었다. 총회, 집행이사회, 기술사무국으로 구성되어 있다. 2013년 시리아 내전에서 화학무기가 사용된 이후, 기구는 당사국 및 안보리 등과 긴밀히 협력하여 시리아의 협약 가입 및 화학무기 시설을 검증하는데 앞장서 왔다. 2013년 노벨평화상을 수상하였다. 당사국총회는 매년 1회 개최된다.

## 4 다자간 수출통제체제

### 1. 쟁거위원회(Zangger Committee)

**(1) 배경**

쟁거위원회는 핵물질 및 장비 등의 구체적 리스트(Trigger List)를 작성하기 위해 탄생한 것으로, 원래 명칭은 NPT 핵수출국위원회(NPT Exporters' Committee)이다. 쟁거위원회는 1974년에 설립되었으며, 회원국들은 NPT비당사국이면서도 핵을 보유하지 않은 국가에게 핵물질 및 장비를 수출하는 경우, 해당 수입국이 국제원자력기구(IAEA)의 안전조치를 적용하고 핵실험에 사용하지 않을 것을 보증하도록 하는 의무조항을 명기하기로 하였다. 쟁거위원회는 법적 구속력을 지니지 않는 비공식기구로 운영된다. 한국은 1995년 10월에 정식 회원국이 되었으며 현재 약 39개국이 회원국으로 있다.

**(2) 회원국들의 의무**

① NPT에서 통제하는 규제물질을 NPT 당사국이 아닌 여타 비핵보유국에 이전할 경우 각 회원국에게 관련정보를 통보한다.
② 자국이 수입한 핵물질과 장비가 핵무기 개발로 전용되는 것이 금지되며, 이를 위해 국제원자력기구(IAEA)의 안전조치가 적용된다.
③ 수입국이 동 물질과 장비를 제3국에 재수출해서는 안 된다.

### 2. 핵공급국그룹(Nuclear Suppliers Group, NSG)

**(1) 배경**

1974년 중반 인도의 핵실험, 원유가 상승에 따른 국제사회의 원자력에 대한 관심 증대, 프랑스와 독일의 제3세계 국가에 대한 농축·재처리시설 공급계약 등에 따른 핵확산 우려에 따라 미국과 캐나다 주도로 쟁거위원회보다 더 강력한 핵물질 수출통제체제인 핵공급국그룹이 1978년 설립되었다. 한국은 1995년 10월에 정회원국으로 가입하였고, 2003년 5월 부산에서 개최된 총회 이후 1년간 의장국 자격으로 활동하였다.

**(2) 내용**

원자력 전용 품목의 수출을 규율하는 Part I 통제리스트와 이중용도 품목의 수출을 규율하는 Part II 통제리스트로 구분된다. 전자는 핵물질, 원자로 및 관련장비, 재처리·농축·핵연료 제작 등에 필요한 공장설비 및 제반장치 그리고 핵활동과 관련된 기술로 구성되어 있다. 후자의 경우 핵 관련 이중용도 품목과 기술이 포함된다.

### (3) 이행

NSG 회원국이 여타 비핵보유국에게 통제리스트상의 품목을 이전할 경우 다음과 같은 전제조건을 충족시켜야 한다. 즉, 핵물질 또는 기술이 핵무기 제조에 전용될 위험을 방지하기 위한 최소 필요조건으로 ① 이전 대상국의 국내수출통제체제 완비 여부, ② 핵연료 주기상 민감물질에 대한 물리적 방호 여부, ③ 확산 우려국에 대한 재이전 금지 등이 전제조건이다. 최근에는 수입국이 국제원자력기구(IAEA)와 전면안전조치협정을 체결해야 한다는 전제조건이 강조되고 있다.

## 3. 호주그룹(Australian Group)

(1) 1984년 UN 사찰단은 이란·이라크전쟁에서 이라크가 화학무기를 사용하였으며 화학무기의 원료 및 기술이 서방 국가로부터 도입되었다는 사실을 확인하였고, 이에 따라 서방 국가들은 다자 차원에서 화학물질 이전을 제한할 필요가 있다는 것에 공감하였다.

(2) 1985년 호주의 제안으로 최초로 회의가 개최되었으며, 매년 1회 파리 주재 호주 대사관에서 개최되고 있다.

(3) 당초 화학무기용도 물질 및 제조장비 등의 수출통제에만 중점을 두었으나, 1990년 이후부터 생물무기 관련 물질 및 기술까지 통제하는 체제로 발전하였다.

(4) 회원국들은 통제리스트에 있는 물질과 기술의 수출 시 사전에 정부의 수출 허가를 받도록 법령에 규정해야 한다. 통제리스트에는 화학무기 원료·제조 설비, 생물무기 제조장비, 생물균, 식물성 병원체 등이 수록되어 있다.

(5) 한국은 1996년에 가입하였다.

## 4. 바세나르체제(Wassenaar Arrangement)

(1) 1949년 11월 미국 주도로 설립된 대공산권 수출통제체제(Coordinating Committee on Multilateral Export Controls: COCOM)가 공산권 붕괴와 함께 1994년 3월 해체되자 이를 대체하기 위한 후속체제로서 출범하였다. 1997년 7월에 공식 출범하였다.

(2) COCOM과 달리 수출통제대상을 공산권으로 명시하지 않았으며, 통제품목도 보다 세분화되었다. 또한, COCOM과 달리 주요 결정사항 이행에 강제력은 부여되지 않는다.

(3) 바세나르체제의 목적은 재래식 무기, 이중용도 품목 및 기술의 축적 방지를 위해 그 이전에 대한 투명성과 책임을 강화하고, 국내 입법을 통해 이러한 품목의 이전이 군비증강이나 무기 개발에 기여하지 않도록 보장하는 데 있다.

(4) 바세나르협정은 무기 관련 목록과 이중용도 목록의 두 가지 축으로 구성된다.

## 5. 미사일기술통제체제(MTCR)

(1) 탄두중량 500kg 이상, 사거리 300km 이상의 탄도미사일 및 순항미사일의 수평적 확산 방지를 위해 1987년 4월 미국 주도로 G7 간 설립된 수출통제체제이다.

(2) G7 이외에도 EC 및 NATO 회원국, 러시아, 남아프리카공화국, 우크라이나 등이 가입하고 있으며, 한국은 2001년 3월 정회원국으로 가입하였다.

(3) 출범 당시 핵무기 운반미사일만을 대상으로 하였으나 1993년부터는 화학무기 및 생물무기 등 모든 대량파괴무기 운반미사일로 범위가 확대되었다.

(4) MTCR 회원국들은 미사일 관련 물자와 기술 수출 시 대량파괴무기의 확산위협, 수입국의 미사일 개발 능력 등을 종합적으로 검토하여 수출허가 여부를 결정한다.

(5) MTCR은 국제법적 구속력을 가지지 않고, 회원국들이 가이드라인에 따라 자발적으로 통제물품의 수출을 통제하도록 한다.

(6) 통제대상은 카테고리 1과 카테고리 2로 나뉘어 있다. 카테고리 1은 미사일 관련 핵심기술 및 장비들로서 500kg 이상의 탄두를 최소 사정거리 300km 이상 운반할 수 있는 로켓 완성품과 무인항공기체계 등을 포함한다. 카테고리 2는 카테고리 1보다 덜 민감한 품목과 기술로서 주로 이중용도 품목들이다.

**자율살상무기(Lethal Autonomous Weapons: LAWS)체계 규범 창설 논의**

군사 분야에 인공지능 기술과 로봇 기술이 결합되면서 국가안보 및 국제안보에 미치는 파급효과가 확대됨에 따라 이와 관련된 규범체계가 등장하고 있다. UN에서의 논의는 2010년부터 시작되었고, 2013년 자율무기체계 개념을 정의한 보고서가 UN총회에서 채택되었다. 동 보고서는 국제사회에서 일정한 합의가 도출될 때까지 모든 국가들이 자율살상로봇의 시험, 생산, 이전, 획득, 개발을 중지하는 모라토리엄 선언을 권고하였다. 국제적십자위원회는 2011년부터 자율무기체계에 관한 논의를 해오고 있으며, 자율살상무기체계의 개발이나 사용의 제한을 주장하고 있고, 나아가 인간에 대해 공격을 실시하는 자율살상무기체계의 사용을 금지할 것을 주장하고 있다. 특정재래식무기금지협약(CCW) 당사국 총회도 2014년 5월부터 관련 논의를 하고 있다. CCW 전문가 위원회는 11개 이행원칙(Guiding Principle)을 제정하였다. 이행원칙에는 국제인도법을 자율살상무기체계에 적용함, 무기 사용 결정에 대한 책임은 인간에게 있음, CCW의 틀 내에서 신무기체계의 개발이 보장됨, 신무기의 연구나 개발은 국제법에 의해 금지되는지 여부에 따라 결정됨, 자율살상무기체계가 테러리스트에 의해 사용될 위험이 있음을 고려, 위험평가가 무기 개발 및 사용 전 단계에 포함되어야 함, AI기술의 평화적 사용의 발전을 막아서는 안 됨 등이 포함된다.

**국제 군축 · 비확산체제 현황(2020년 12월 기준)**

| 구분 | | 협약 발효 | 가입국 | 남 · 북한 현황 | 주요 미가입국 및 기타 |
|---|---|---|---|---|---|
| 국제협약 | NPT (핵확산금지조약) | '68.7 채택, '70.3 발효 | 191개국 가입 | 한국 '75.4 가입 북한 '85.12 가입, '03.1 탈퇴선언 | 파키스탄, 이스라엘, 인도 |
| | CTBT (포괄적핵실험금지조약) | '96.9 채택, 현재 미발효 | 168개국 가입 184개국 서명 | 한국 '99.9 가입 북한 미가입 | • 서명 후 미비준 국가: 미국, 중국, 이스라엘, 이집트, 이란<br>• 미가입 국가: 인도, 파키스탄, 북한 |
| | CWC (화학무기금지협약) | '93.1 채택, '97.4 발효 | 193개국 가입 | 한국 '97.4 가입 북한 미가입 | 북한, 이스라엘(서명 후 미비준), 이집트, 남수단 |

| | | | | | |
|---|---|---|---|---|---|
| | BWC (생물무기 금지협약) | '72.4 채택, '75.3 발효 | 183개국 가입 | 한국 '87.6 가입 북한 '87.3 가입 | 이스라엘 등 |
| | 대인지뢰 금지협약 (오타와협약) | '99.3 발효 | 164개국 가입 | 남·북한 미가입 | 미국, 중국, 러시아, 인도, 베트남 등 |
| | CCW (특정재래식 무기금지협약) | '83.12 발효 | 125개국 가입 | 한국 '01.5 가입 | 북한 등 |
| | 제1의정서 | '83.12 발효 | 118개국 가입 | '01.5 가입 | |
| | 개정 제1의정서 | '01.12 발효 | 104개국 가입 | '03.2 가입 | |
| | 개정 제2의정서 | '98.12 발효 | 116개국 가입 | '01.5 가입 | |
| | 제3의정서 | '83.12 발효 | 115개국 가입 | 미가입 | |
| | 제4의정서 | '98.7 발효 | 109개국 가입 | 미가입 | |
| | 제5의정서 | '06.11 발효 | 96개국 가입 | '08.1 가입 | |
| | CCM (확산탄금지협약) | '08.5 채택, '10.8 발효 | 121개국 서명 108개국 비준 | 남·북한 미가입 | 미국, 중국, 러시아, 터키, 인도, 이스라엘 |
| 국제기구 | IAEA (국제원자력기구) | '56.10 헌장 채택, '57.7 설립 | 172개국 가입 | 한국 '57.8 가입 북한 '74.9 가입, '94.6 탈퇴 | - |
| | CD (제네바군축회의) | '84.2 설립 | 65개국 가입 | 남·북한 '96.6 가입 | 레바논 |
| | COPUOS (외기권평화적 이용위원회) | '59.12 설립 | 95개국 가입 | 한국 '94.9 가입 북한 미가입 | 뉴질랜드 등 |
| 수출통제체제 | NSG (핵공급국그룹) | '78.1 설립 | 48개국 가입 | 한국 '96.10 가입 북한 미가입 | 파키스탄, 이스라엘, 인도 |
| | ZC (쟁거위원회) | '74.8 설립 | 39개국 가입 | 한국 '95.10 가입 북한 미가입 | 브라질, 파키스탄, 인도, 이스라엘 |
| | AG (호주그룹) | '85.4 설립 | 43개국 가입 (EU 포함) | 한국 '96.10 가입 북한 미가입 | 중국, 러시아 |
| | MTCR (미사일기술 통제체제) | '87.4 설립 | 35개국 가입 | 한국 '01.3 가입 북한 미가입 | 중국, 파키스탄, 시리아, 이스라엘 |
| | WA (바세나르체제) | '96.7 설립 | 42개국 가입 | 한국 '96.7 가입 북한 미가입 | 벨라루스, 이스라엘, 중국, 인도네시아 |
| | ATT (무기거래조약) | 13.6 설립 | 110개국 비준 | 한국 '17.2 가입 북한 미가입 | 미국, 중국, 러시아, 인도, 파키스탄 |
| 기타 | HCoC (탄도미사일 확산 방지를 위한 헤이그 행동지침) | '02.11 설립 | 143개국 가입 | 한국 '02.11 가입 북한 미가입 | 중국, 브라질, 파키스탄, 이스라엘 |
| | PSI (확산방지구상) | '03.5 설립 | 107개국 참여 중 | 한국 '09.5 정식 참여 | 중국, 인도, 이란, 파키스탄, 이집트, 인도네시아 |

## 제2절 | 핵무기의 확산과 비확산체제

### 1 서설

#### 1. 핵무기의 위력

핵무기의 위력은 엄청나며, 그 파괴력은 일반 폭발물과 비교할 수 없는 규모를 자랑한다. 예를 들어, 히로시마에 투하된 원자폭탄은 약 15킬로톤의 TNT 폭발과 동일한 위력을 가졌으며, 이로 인해 도시는 완전히 파괴되고 약 140,000명의 사망자가 발생했다. 한편, 현대 수소폭탄은 그 위력이 훨씬 더 커서 수 메가톤에서 최대 수십 메가톤에 이르기까지 강력하다. 차르 봄바는 인류가 실험한 가장 강력한 핵무기로, 그 위력은 50메가톤에 달했다. 이는 TNT 50,000,000톤이 폭발한 것과 동일한 폭발력으로, 히로시마 원폭의 약 3,300배에 해당하는 위력이다.

#### 2. 핵무기의 원리

**(1) 원자폭탄(핵분열 무기)**

핵분열을 이용한 원자폭탄은 주로 우라늄-235 또는 플루토늄-239와 같은 무거운 방사성 물질을 사용한다. 핵분열 과정에서 우라늄이나 플루토늄의 원자핵이 중성자를 흡수하여 불안정한 상태가 된다. 이 불안정한 원자핵이 둘로 분열하면서 엄청난 양의 에너지와 함께 추가적인 중성자를 방출한다. 방출된 중성자들은 다른 원자핵들과 충돌하여 또다시 핵분열을 일으킨다. 이 연쇄 반응이 빠르게 확산되면서 폭발을 유발한다. 히로시마에 투하된 리틀 보이는 우라늄-235를, 나가사키에 투하된 팻맨은 플루토늄-239를 사용하였다.

**(2) 수소폭탄(핵융합 무기)**

수소폭탄은 원자폭탄보다 훨씬 더 강력한 무기로, 핵융합을 이용해 폭발력을 얻는다. 수소폭탄은 원자폭탄의 핵분열을 이용하여 핵융합을 유도하는 이중 구조를 가지고 있다. 핵융합은 가벼운 원소, 주로 중수소와 삼중수소라는 수소의 동위원소들이 매우 높은 온도에서 결합하여 헬륨으로 변하면서 막대한 에너지를 방출하는 반응이다. 수소폭탄은 먼저 핵분열 폭발을 일으켜 매우 높은 온도를 발생시킨다. 이 고온은 핵융합 반응을 유도하는 데 필요하다. 융합 반응을 통해 중수소와 삼중수소가 헬륨으로 결합하면서 엄청난 양의 에너지가 방출된다. 수소폭탄 내부에는 원자폭탄이 들어있다. 이 원자폭탄이 먼저 핵분열을 일으켜 고온과 고압을 발생시킨다. 발생된 고온은 수소 동위원소들이 융합 반응을 일으킬 수 있는 조건을 만들고, 이로 인해 핵융합 반응이 발생한다. 융합 반응이 진행되면서 수백만 도의 온도가 발생하고, 그 결과 폭발력이 극대화된다. 차르 봄바와 같은 수소폭탄은 이러한 핵융합 과정을 통해 TNT 수십 메가톤에 해당하는 에너지를 방출한다.

## 3. 핵보유 현황

### (1) 미국

미국은 현재 약 5,244기 (2023년 기준)를 보유하고 있다. 미국은 1945년 세계 최초로 핵무기를 개발하고 사용한 국가로, 이후 냉전 기간 동안 대규모 핵무기 개발과 보유를 지속했다.

### (2) 러시아

현재 약 5,889기 (2023년 기준)를 보유하고 있다. 소련이 1949년 미국에 이어 핵실험에 성공하면서 핵보유국이 되었다. 냉전 동안 미국과 함께 가장 많은 핵무기를 개발하고 배치했다.

### (3) 중국

핵무기 보유량은 약 410기(2023년 기준)이다. 중국은 1964년에 처음으로 핵실험에 성공하여 핵보유국이 되었다.중국은 최근 몇 년간 핵무기 보유량을 늘리고 있으며, 미국과 러시아에 비하면 적지만, 꾸준히 현대화와 확장을 추진하고 있다

### (4) 기타

첫째, 프랑스는 현재 약 290기를 보유하고 있다. 1960년에 첫 핵실험을 통해 핵무기 보유국이 된 프랑스는 독자적인 핵억지력을 유지하고 있다. 둘째, 영국은 약 225기를 보유하고 있다. 1952년에 첫 핵실험을 통해 핵무기 보유국이 된 영국은 미국과 긴밀한 협력을 유지하며 핵전력을 발전시켜 왔다. 셋째, 인도는 1974년에 첫 핵실험에 성공하고 1998년 다시 핵실험을 하여 핵보유국임을 공식화했다. 넷째, 파키스탄은 인도와의 경쟁을 염두에 두고 1998년에 첫 핵실험을 성공시켜 핵보유국이 되었으며, 현재 약 170기를 보유하고 있다. 다섯째, 이스라엘은 약 90기, 북한은 약 30~45기를 보유한 것으로 추정되고 있다.

## 2 핵무기와 평화에 대한 주요 학자의 견해

### 1. 왈츠(Kenneth Waltz)

<u>왈츠는 핵무기가 특히 중동지역에 확산될 경우 재래식 무기로 얻기 힘든 지역안정을 확보할 수 있다고 하여 핵무기가 평화에 기여할 것이라고 본다. 로젠이나 펠드먼 등도 같은 견해이다.</u> 핵확산 낙관론자들은 국가 지도자들이 핵전쟁의 피해가 엄청나다는 것을 알기 때문에 핵전쟁이 일어날 가능성이 낮다고 주장한다.

## 2. 메스키타와 라이커(Bueno de Mesquita & William Riker)

메스키타와 라이커는 두 가지 가정에 바탕을 둔 간단한 모델을 통하여 핵확산문제와 체제안정에 관한 의미 있는 결과를 보여 주었다. 만일 두 경쟁국가가 모두 핵능력이 있을 경우 두 국가 간의 핵전쟁은 일어나지 않지만 한쪽만 핵능력이 있을 경우에는 핵국가가 비핵국가에 대해 핵무기를 사용할 수도 있다는 두 개의 가정을 바탕으로 가상적 국제체제에서 핵전쟁가능성을 분석하였다. 두 국가가 핵능력이 있는 경우 상황확증파괴체제를 형성할 수 있으므로 안정을 유지할 수 있다. 그러나 핵보유국과 비핵국가가 전쟁상태에 돌입할 때 핵보유국의 핵무기가 사용될 수 있다. 1945년 미국의 나가사키와 히로시마 핵투하에서 확인할 수 있다. 또한, 오랫동안 미국의 핵전략이었던 유연대응에서도 그 가능성을 확인할 수 있다.

## 3. 세이건(Scott Sagan)

세이건은 핵확산 비관론자이다. 핵확산은 선제공격의 가능성을 높이고 불안정한 위기상황을 조성하며 오인으로 인한 잘못된 판단을 유발하고 우발적 폭발의 가능성도 증대시켜서 국제체제의 불안정성을 높이게 된다고 주장하였다.

## 4. 나이(Joseph Nye. Jr)

나이는 핵확산을 막지 않을 경우 잘못된 추측으로 인한 피해가 엄청날 수 있음을 경고하였다. 예를 들어 체제 내에서 핵확산이 이루어지게 되었을 경우에 국가들 간의 전쟁가능성은 거의 없어지게 되어 국제체제는 확실히 안정을 유지하게 되는 것이 진리라고 하자. 그런데도 인간들이 잘못 판단하여 핵확산을 금지할 경우 체제 내에서는 재래식 무기에 의존하는 전쟁이 계속 일어날 가능성이 높을 것이다. 다시 말해 핵확산을 허용하는 것이 사실상 체제안정에 유리한데도 불구하고 핵확산을 금지한 경우에 볼 수 있는 피해는 재래식 전쟁가능성과 그로 인해 체제불안정이다. 이와는 반대로 체제 내에서 핵확산을 허용할 경우에 반드시 핵전쟁이 발발하는 것이 진리라고 하자. 이럴 경우에 잘못 판단하여 핵확산을 허용할 경우 체제 내에서는 상상할 수 없는 핵전쟁의 패해를 보게 된다는 것이다. 나이는 인간들이 핵확산 허용의 오판을 하였을 경우의 피해가 핵확산 금지의 오판을 한 경우보다 비교할 수 없을 정도로 크기 때문에 핵확산 금지를 위해서 노력해야 한다고 주장한다.

## 5. 스나이더(Glenn Snyder)

스나이더는 핵무기가 저강도분쟁을 유발하는 반면 고강도 전면전을 억제한다는 '안정 - 불안정 역설(Stability-Instability Paradox)'을 주장하였다. 핵 억제가 전략적 차원에서 전면전이나 핵전쟁을 방지하는 데 성공할수록, 오히려 재래식 무력 충돌이나 국지전과 같은 저강도 분쟁의 가능성은 높아질 수 있다는 역설을 설명하는 개념이다. 즉, 핵전쟁이 상호확증파괴(MAD)로 인해 억제되는 상황에서는 상대방이 핵 대응을 하지 않을 것이라는 계산하에 제한된 도발이나 국지전이 발생할 수 있다는 것이다. 대표적인 사례로는 냉전 시기 핵 억제가 작동하고 있었음에도 불구하고 발생한 1969년 중·소 국경 분쟁, 핵무장을 이룬 이후에도 국지 충돌이 이어진 인도 - 파키스탄 간 카르길 전쟁(1999), 그리고 핵전쟁 가능성이 낮다는 전제하에 지속된 북한의 군사 도발 등이 있으며, 이들은 모두 전략적 안정 속에서도 전술적 불안정이 나타날 수 있음을 보여준다.

## 6. 라우흐하우스(Rauchhaus)

라우흐하우스는 핵대칭성, 즉 분쟁당사국들의 핵무기 보유는 저강도분쟁에는 별로 영향을 미치지 못하지만, 고강도 전면전은 억제하는 효과가 있다고 주장하였다. 반면, 핵비대칭성, 즉 분쟁당사국 중 한쪽만 핵무기를 보유하고 상대방은 핵무기를 보유하지 않는 상황에서는 저강도분쟁과 전면전 가능성이 모두 높다고 주장했다.

## 7. 존 미어샤이머(John Mearsheimer)

미어샤이머는 국가들이 자국의 생존을 가장 중요한 목표로 삼는 국제 체제에서, 핵무기는 그 생존을 보장하는 중요한 수단이라고 보았다. 핵무기를 통해 국가들은 자신이 공격받을 경우 상대방을 치명적으로 타격할 수 있기 때문에, 전쟁을 선택하기 어렵게 된다고 설명했다. 냉전 시대 동안 NATO와 바르샤바 조약국 간의 긴장 속에서도 전쟁이 발생하지 않았던 이유는, 양 진영이 핵무기를 보유하고 있었기 때문이라고 주장했다. 그는 특히 냉전 이후, 유럽이 상대적으로 평화로웠던 이유가 미국의 핵우산 덕분이라고 보았다. 그러나 미어샤이머는 핵확산에 대해 왈츠보다 신중한 입장을 보였다. 그는 핵무기가 일부 권위주의적이고 불안정한 국가들에 확산될 경우, 전 세계적인 안보 불안정성이 커질 수 있다고 우려했다.

# 3 핵무기확산방지조약(NPT)

## 1. 의의

1968년 핵보유국의 증가를 방지할 목적으로 체결(1970년 발효)되었으며, 미국, 러시아, 중국, 프랑스 등 주요 핵 강대국들이 당사국이다. 한국에 대해서는 1975년 발효하였다. 한편, 1995년 당사국회의에서 동 조약의 효력을 무기한 연장하기로 만장일치 합의하였다.

## 2. 내용

(1) 미국과 러시아를 비롯한 핵보유국들은 핵무기와 이와 관련된 것은 누구에게나 양도할 수 없고, 따라서 비핵국의 핵제조에 어떠한 원조도 할 수 없다(제1조).

(2) 비핵국은 핵무기와 그 밖의 이에 관련된 어떠한 것도 수령할 수 없고 스스로 제조할 수도 없다(제2조).

(3) 비핵국은 원자력 이용을 평화적 목적에 한정하고 원자력의 군사적 목적에의 전용을 방지하기 위한 국제원자력기구의 보장조치를 수락해야 한다(제3조, 제4조).

(4) 이에 반해 핵보유국에 대해서는 군축을 직접 요구하지 않고 단순히 핵군축에의 노력을 목표로 부과하고 있다. 비핵국의 비핵지대 결성권을 인정하고 있다. 자국의 중대이익이 침해받을 경우 탈퇴 3개월 전에 타당사국 및 UN안전보장이사회에 사전 통보해야 한다.

**NPT 주요 조항**

**제1조**

핵무기 보유 조약당사국은 여하한 핵무기 또는 기타의 핵폭발장치 또는 그러한 무기 또는 폭발장치에 대한 관리를 직접적으로 또는 간접적으로 어떠한 수령자에 대하여도 양도하지 않을 것을 약속하며, 또한 핵무기 비보유국이 핵무기 또는 기타의 핵폭발장치를 제조하거나 획득하며 또는 그러한 무기 또는 핵폭발장치를 관리하는 것을 여하한 방법으로도 원조, 장려 또는 권유하지 않을 것을 약속한다.

**제2조**

핵무기 비보유 조약당사국은 여하한 핵무기 또는 기타의 핵폭발장치 또는 그러한 무기 또는 폭발장치의 관리를 직접적으로 또는 간접적으로 어떠한 양도자로부터도 양도받지 않을 것과, 핵무기 또는 기타의 핵폭발장치를 제조하거나 또는 다른 방법으로 획득하지 않을 것과 또한 핵무기 또는 기타의 핵폭발장치를 제조함에 있어서 어떠한 원조를 구하거나 또는 받지 않을 것을 약속한다.

**제3조**

1. 핵무기 비보유 조약당사국은 원자력을, 평화적 이용으로부터 핵무기 또는 기타의 핵폭발장치로 전용하는 것을 방지하기 위하여 본 조약에 따라 부담하는 의무이행의 검증을 위한 전속적 목적으로 국제원자력기구 규정 및 동 기구의 안전조치제도에 따라 국제원자력기구와 교섭하여 체결할 합의사항에 열거된 안전조치를 수락하기로 약속한다. 본조에 의하여 요구되는 안전조치의 절차는 선원물질 또는 특수분열성물질이 주요 원자력시설 내에서 생산처리 또는 사용되고 있는가 또는 그러한 시설 외에서 그렇게 되고 있는가를 불문하고, 동 물질에 관하여 적용되어야 한다. 본조에 의하여 요구되는 안전조치는 전기당사국 영역 내에서나 그 관할권하에서나 또는 기타의 장소에서 동 국가의 통제하에 행하여지는 모든 평화적 원자력 활동에 있어서의 모든 선원물질 또는 특수분열성물질에 적용되어야 한다.
2. 본 조약 당사국은, 선원물질 또는 특수분열성물질이 본조에 의하여 요구되고 있는 안전조치에 따르지 아니하는 한, (가) 선원물질 또는 특수분열성물질 또는 (나) 특수분열성물질의 처리사용 또는 생산을 위하여 특별히 설계되거나 또는 준비되는 장비 또는 물질을 평화적 목적을 위해서 여하한 핵무기 보유국에 제공하지 아니하기로 약속한다.
3. 본조에 의하여 요구되는 안전조치는, 본 조약 제4조에 부응하는 방법으로, 또한 본조의 규정과 본 조약 전문에 규정된 안전조치 적용원칙에 따른 평화적 목적을 위한 핵물질의 처리사용 또는 생산을 위한 핵물질과 장비의 국제적 교환을 포함하여 평화적 원자력 활동분야에 있어서의 조약당사국의 경제적 또는 기술적 개발 또는 국제협력에 대한 방해를 회피하는 방법으로 시행되어야 한다.
4. 핵무기 비보유 조약당사국은 국제원자력기구 규정에 따라 본조의 요건을 충족하기 위하여 개별적으로 또는 다른 국가와 공동으로 국제원자력기구와 협정을 체결한다. 동 협정의 교섭은 본 조약의 최초 발효일로부터 180일 이내에 개시되어야 한다. 전기의 180일 후에 비준서 또는 가입서를 기탁하는 국가에 대해서는 동 협정의 교섭이 동 기탁일자 이전에 개시되어야 한다. 동 협정은 교섭개시일로부터 18개월 이내에 발효하여야 한다.

**제4조**

1. 본 조약의 어떠한 규정도 차별 없이 또한 본 조약 제1조 및 제2조에 의거한 평화적 목적을 위한 원자력의 연구생산 및 사용을 개발시킬 수 있는 모든 조약당사국의 불가양의 권리에 영향을 주는 것으로 해석되어서는 아니 된다.
2. 모든 조약당사국은 원자력의 평화적 이용을 위한 장비 물질 및 과학기술적 정보의 가능한 한 최대한의 교환을 용이하게 하기로 약속하고, 또한 동 교환에 참여할 수 있는 권리를 가진다. 상기의 위치에 처해 있는 조약당사국은 개발도상지역의 필요성을 적절히 고려하여, 특히 핵무기 비보유 조약당사국의 영역 내에서, 평화적 목적을 위한 원자력 응용을 더욱 개발하는데 단독으로 또는 다른 국가 및 국제기구와 공동으로 기여하도록 협력한다.

**제5조**

본 조약당사국은 본 조약에 의거하여 적절한 국제감시하에 또한 적절한 국제적 절차를 통하여 핵폭발의 평화적 응용으로부터 발생하는 잠재적 이익이 무차별의 기초위에 핵무기 비보유 조약당사국에 제공되어야 하며, 또한 사용된 폭발장치에 대하여 핵무기 비보유 조약당사국이 부담하는 비용은 가능한 한 저렴할 것과 연구 및 개발을 위한 어떠한 비용도 제외할 것을 보장하기 위한 적절한 조치를 취하기로 약속한다. 핵무기 비보유 조약당사국은 핵무기 비보유국을 적절히 대표하는 적당한 국제기관을 통하여 특별한 국제협정에 따라 그러한 이익을 획득할 수 있어야 한다. 이 문제에 관한 교섭은 본 조약이 발효한 후 가능한 한 조속히 개시되어야 한다. 핵무기 비보유 조약당사국이 원하는 경우에는 양자협정에 따라 그러한 이익을 획득할 수 있다.

**제6조**

조약당사국은 조속한 일자 내에 핵무기 경쟁중지 및 핵군비 축소를 위한 효과적 조치에 관한 교섭과 엄격하고 효과적인 국제적 통제하의 일반적 및 완전한 군축에 관한 조약 체결을 위한 교섭을 성실히 추구하기로 약속한다.

**제9조**

본 조약은 본 조약의 기탁국 정부로 지정된 국가 및 본 조약의 다른 40개 서명국에 의한 비준과 동 제국에 의한 비준서 기탁일자에 발효한다. 본 조약상 핵무기 보유국이라 함은 1967년 1월 1일 이전에 핵무기 또는 기타의 핵폭발장치를 제조하고 폭발한 국가를 말한다.

**제10조**

1. 각 당사국은, 당사국의 주권을 행사함에 있어서, 본 조약상의 문제에 관련되는 비상사태가 자국의 지상이익을 위태롭게 하고 있음을 결정하는 경우에는 본 조약으로부터 탈퇴할 수 있는 권리를 가진다. 각 당사국은 동 탈퇴 통고를 3개월 전에 모든 조약당사국과 국제연합 안전보장이사회에 행한다. 동 통고에는 동 국가의 지상이익을 위태롭게 하고 있는 것으로 그 국가가 간주하는 비상사태에 관한 설명이 포함되어야 한다.
2. 본 조약의 발효일로부터 25년이 경과한 후에 본 조약이 무기한으로 효력을 지속할 것인가 또는 추후의 일정기간동안 연장될 것인가를 결정하기 위하여 회의를 소집한다. 동 결정은 조약당사국 과반수의 찬성에 의한다.

## 3. 핵안전조치협정

협약당사국은 협약 제3조 제1항에 의거하여 국제원자력기구(IAEA)와 핵무기의 비확산에 관한 조약에 관련된 안전조치의 적용을 위한 협정(핵안전조치협정)을 체결하고 핵연료재처리를 포함한 모든 핵시설에 대하여 국제적 사찰을 허용해야 한다.

## 4. 문제점

### (1) NPT의 구조적 취약성과 핵확산 위험 증가

P-5 국가 이외의 국가들에 대해 핵무기를 철저히 금지하고 있으나 핵비보유국에게 평화적 목적의 핵에너지 개발을 허용하고 있다. 이로 인해 일부 국가들이 평화적 목적의 핵에너지 개발 명목하에 핵무기 제조에 필요한 물질 및 기술을 확보한 뒤 NPT를 탈퇴하거나 탈퇴를 위협한다(NPT 내부로부터의 핵확산).

### (2) 안전조치 사찰 강화의 부진

NPT 제3조는 핵비보유국에 의한 평화적 목적의 핵에너지 개발이 군사적 용도로 이어지지 않도록 조약의무 이행에 관한 사찰 필요성을 규정하고 IAEA를 통해 이행하고 있으나 신고된 시설이나 장비에 대해서만 사찰이 허용된다는 한계가 있다. IAEA는 이러한 한계를 보완하기 위해 1997년 '추가의정서'를 통해 'Anytime, Anywhere'원칙을 도입하여 핵연료 주기에 관련된 모든 시설, 장비, 물질의 정보 접근 및 조기통보에 의한 사찰 허용 등을 포함한 강화된 사찰모델을 도입하고 당사국에게 수용할 것을 요구하였다.

### (3) 조약의무 불이행에 따른 NPT체제 불안정성 증대

NPT 검토회의 및 관련 국제협상에서 채택된 의무나 결의가 준수되지 않아 체제의 불안정성이 증가하고 있다. 예컨대 미국은 CTBT에 대해 상원이 비준동의하지 않았고, 부시 행정부는 새로운 유형의 핵무기를 개발하여 핵비보유국의 비판을 받았다. 또한 핵보유국의 핵감축의무보다 핵보유국의 비확산의무가 지나치게 강조됨으로써 핵비보유국의 비확산규범 준수의지에 부정적 영향을 초래하고 있다.

### (4) 조약의무의 불평등성

핵비보유국은 핵무기를 제조하거나 보유하는 것을 포기함은 물론 IAEA의 사찰을 받아야 하는 의무를 지게 되나, 핵보유국의 군축의무는 강제조항이 아닐 뿐만 아니라 더러 이들에게는 IAEA의 사찰의무도 없다.

**국제원자력기구(IAEA)**

1. 설립

    IAEA는 1953년 12월 제8차 UN총회에서 미국 대통령 아이젠하워의 'Atom for Peace'를 기치로 한 제창으로 설립이 추진되었다. 1956년 10월 기구가 창립되었으며, IAEA헌장은 1957년 7월 발효되었다. 2019년 8월 기준, 171개 회원국이 있다.

2. 설립 목적

    원자력의 세계평화, 보건 및 번영에 대한 기여 촉진과 확대를 모색하는 것과 IAEA가 제공한 지원, IAEA의 요청에 따라 또는 IAEA의 감독 및 통제하에서 제공된 지원이 군사적 목적으로 사용되지 않도록 보장하는 것이 설립목적이다.

3. 기능

    ① 원자력의 평화적 이용을 촉진한다.
    ② 핵물질 및 시설에 대한 사찰 및 검증: NPT 가입국이 아니더라도 당사국들의 요청이 있는 경우, 공급된 핵물질과 핵실험에 대한 사찰 및 검증조치를 실시한다.
    ③ 원자력의 안전 및 핵안보 증진: 개인의 건강을 보호하고 생명이나 재산에 대한 위험을 최소화하기 위한 안전기준을 설정하고 개발한다.

4. 주요기관

    총회, 이사회, 사무국이 있다. 정기총회는 매년 9월 개최되며 이사회 또는 전 회원국 과반수 요청으로 특별총회를 소집할 수 있다. 이사회는 35개국이며 총회를 대신하여 IAEA의 실질적인 정책을 결정한다. 사무총장은 이사회에서 지명하고 총회에서 승인하며 임기는 4년이며 연임할 수 있다.

5. 주요 활동
   ① **기술협력활동**: 원자력 발전 및 응용사업과 기술협력사업이 있다. 원자로 개발, 원전운영, 핵연료 주기 등에 관련된 기술현황 보고서를 작성하고, 원자력의 농업, 보건, 산업 이용 및 핵융합 등 기초과학 연구 개발활동을 지원한다. 기술협력사업으로는 개발도상국을 대상으로 평화적 목적의 원자력 기술 이전 및 회원국 간 교류를 증진한다.
   ② **안전조치활동**: 핵물질의 군사적 전용 방지 보장을 위한 국제적 안전조치체제를 운영한다. 안전조치체제의 구성요소로는 계량, 격납 및 감시, 사찰이 있다. 해당국의 시설 및 시설 외부에 존재하고 있는 핵물질에 관한 정보를 관리하고, 기구에 제출되는 각종 핵물질 보고서를 평가 검토하며, 핵물질 국제이전에 관한 정보를 관리한다. 회원국과 부분안전조치협정 및 전면안전조치협정을 체결한다. 핵투명성 확보를 위해 추가의정서가 채택되었으며 2021년 12월 기준 138개국이 발효하였다(14개국은 서명하였으나 미발효). 우리나라도 추가의정서에 가입하고 있다(2004년).
   ③ **안전조치 관련 활동**: 방사선 피해로부터 인체 및 재산 보호를 위한 안전성 관련 활동을 수행한다. 인명 및 재산에 대한 위험 최소화를 위한 안전기준을 설정하고 적용한다. 또한, 가동 중인 원자력 발전소의 안전성 점검 등 원전의 안전성 확보를 위한 서비스를 제공한다.
   ④ **핵안보 관련 활동**: 국제회의 및 세미나를 통해 핵물질의 위협의 개념을 정립하고 대처 방안에 대한 논의를 주도한다. 가입국들에 핵 물질, 여타 방사능물질 혹은 관련 시설에 대한 탈취, 무단접근, 불법이전 혹은 기타 악의적 행위에 대한 예방·억지·대응 관련 자문 서비스를 제공한다.
   ⑤ **정보 수집 및 제공**: 세계 각국에서 발행되는 원자력의 평화적 이용에 관련된 각종 정보를 수집, 처리, 관리하여 적시에 필요한 정보를 회원국에 제공하며, 이를 위해 국제원자력정보시스템 등 각종 정보시스템을 운영한다.

6. UN 등 여타 국제기구와의 관계
   'UN - IAEA 간 관계에 관한 협정'에 따라 매년 UN총회에 활동보고서를 제출하며, 안전조치 관련 회원국의 불이행 관련 사항은 안전보장이사회에 보고한다. 기타 WHO(세계보건기구), FAO(국제식량농업기구) 등 71개 정부 간 및 비정부간국제기구와 약정을 체결하고 협력하고 있다.

## 5. NPT 평가회의

### (1) 의의

NPT 평가회의(RevCon: Review Conference)는 조약 전문의 목적과 본문 각 조항의 이행을 점검하기 위해 NPT 8조 3항의 규정에 따라 매 5년마다 개최된다. 이에 따라 1975년부터 개최되고 있다. 1995년 뉴욕에서 개최된 NPT 평가 및 연장회의에서는 NPT 무기한 연장을 결정하고, 'NPT 평가절차 강화' 문건을 채택하였다. 동 문건의 요지는 5년 단위로 조약평가를 실시하고 각 평가회의 3년 전부터 매년 준비위원회 회의(PrepCom: Preparatory Committee)를 10일(working day 기준)간 개최한다는 것이다. 2000년 뉴욕에서 개최된 제6차 NPT 평가회의에서는 미래의 핵 군축 및 핵 비확산을 향한 13가지 실질적인 조치를 포함한 최종문서가 채택되었다. 동 회의에서는 스웨덴, 아일랜드, 뉴질랜드, 남아프리카공화국, 이집트, 멕시코, 브라질 등으로 구성된 「신의제연합」(NAC: New Agenda Coalition)의 활동이 두드러졌다. NAC은 핵보유국들이 핵무기의 완전제거 달성을 위해 분명한 조치(unequivocal undertaking)를 취해야 한다고 주장하였으며, 이러한 입장은 회의 결과에 반영되어 핵무기 제거 목표를 보다 구체화하고 현실화하는데 기여하였다.

### (2) 제8차 NPT 평가회의(2010년 5월 3일 ~ 5월 28일)

2010년 5월 제8차 평가회의가 뉴욕에서 개최되었다. 이번 회의는 북한이 2006년과 2009년 두 차례에 걸쳐 핵실험을 강행하고, 이란 또한 핵 개발 의심을 받는 가운데 개최되어 전세계적인 주목을 받았다. 이번 회의의 주요 쟁점과 최종 합의문서에 기술된 내용은 다음과 같다. 첫째, 비핵국들은 핵보유국들이 핵무기 감축의 구체적 시한을 제시하고 이를 합의서에 담을 것을 주장하였으나 구체적 시한은 규정되지 않았다. 다만, 핵보유국들이 핵군축을 위한 구체적인 조치를 취하고 이를 제9차 NPT 평가회의를 위한 준비회의(2014년)에 보고하기로 합의하였다. 둘째, 1995년 채택된 중동결의의 이행문제가 쟁점이 되었다. 중동결의는 중동을 대량살상무기가 없는 지대로 만들자는 것으로서, 그 선결조건으로 이스라엘의 비핵화와 NPT 가입이 제시되었다. 이에 대해 미국과 이스라엘은 이스라엘의 비핵화 이전에 중동국가들 간 전면적 평화조약이 체결되어야 한다고 반박하였다. 최종문서에서는 중동비핵지대 창설을 위해 중동국가들이 2012년에 회의를 개최하기로 하였다. 셋째, NPT조약 제3조에 기초하여 1997년 '추가의정서'가 채택되었으며 2021년 12월 기준 138개국에서 발효되었다(14개국은 서명하였으나 미발효). 금번 재검토 회의에서는 동 의정서 가입을 의무화한다는 주장이 강력하게 제기되었으나 의무화하는 데는 실패하고, 대신 추가의정서를 NPT 핵 검증의 '진일보된 기준(Enhanced Standard)'으로 인식하고, 모든 국가의 가입을 장려하였다. 넷째, NPT 탈퇴의 자유를 제한할 것인지가 쟁점이 되었으나 탈퇴의 권리를 인정하되, 탈퇴국이 핵관련 기술을 이전받은 경우 핵기술이나 핵물질 공급국이 이를 회수할 수 있는 권리를 가지도록 하기로 절충되었다.

### (3) 2015년 NPT 평가회의

2015년 제9차 NPT 평가회의는 최종 결과문서(final document) 채택에 실패했다. 특히, 중동 비WMD지대 창설회의 개최방식에 대한 이견을 좁히지 못했다. 이집트 등 아랍그룹은 중동 비WMD지대 창설회의의 구체적 시한을 설정한 계획을 제안하였으나, 미국 등은 인위적 시한 설정에 반대하며 이스라엘 포함 모든 중동지역 국가들이 합의하는 자발성에 기초한 회의 개최를 주장했다. 이와 더불어 NPT 3대 축(핵군축, 핵비확산, 원자력의 평화적 이용)을 둘러싼 대립도 지속되었다. 한편 '핵무기의 인도적 영향' 관련 오스트리아 공동발언에 159개국이 참여하는 등, 전면적 핵군축에 대한 구체적 진전 요구도 강화되었다.

## 4 비핵지대

### 1. 개념

비핵지대(NWFZ: Nuclear-Weapon-Free Zone)란 특정 지역 내에서 국가간 조약에 의해 핵무기의 생산, 보유, 배치, 실험 등을 포괄적으로 금지하고, NPT상의 5개 핵보유국들이 비핵지대 조약 당사국에게 핵무기 사용 및 위협금지를 내용으로 하는 소극적 안전보장(NSA: Negative Security Assurance)을 제공하는 핵 군축 방식이다. 해당 지역 내에서 핵무기를 배제하고 핵전쟁 연루 가능성을 축소하는 것이 목표로써, 성공적으로 기능하기 위해서는 핵보유국의 NSA 제공과 검증체제 구비가 중요하다. 한편, 비핵지대와 유사한 개념으로 비핵화(Denuclearization)가 있는데, 이는 특정지역 또는 국가로부터 기존 핵무기를 제거하는 것을 의미하며, 일반적으로 정치적 선언 형식으로 발표된다(예 한반도 비핵화 공동선언 등).

### 2. 목표

비핵지대(NWFZ)의 일반적 목표는 핵무기의 사용 및 사용 위협으로부터의 역내국가 보호, 핵무기의 횡적 확산 방지에의 기여 및 핵보유국의 핵 배치를 지리적으로 제한, 역내 국가들간 신뢰강화 및 관계개선, 핵 군축 과정은 물론 핵무기 없는 세계라는 궁극적 목표 달성에 기여, 평화적 목적의 핵에너지 개발 및 사용에 있어서 국제협력 강화 증진 등이다.

### 3. 관련 규범

#### (1) UN총회 결의

유엔 총회는 1975년 12월 11일 결의 3472B(XXX)에서 비핵지대 또는 비핵무기지대의 개념을 다음과 같이 정의하였다. 비핵지대는 일반적으로 조약을 통해 다음과 같은 핵무기 부재 규정 및 검증·통제 국제체제를 갖추고 유엔 총회에서 이를 인정해야 한다. 첫째, 지역 경계확정 절차를 포함해서 해당 지역에 구속력 있는 핵무기 완전부재 규정(statute of total absence of nuclear weapons) 확립. 둘째, 동 규정에서 유래하는 의무 준수를 담보하기 위해 검증 및 통제를 위한 국제체제 확립.

#### (2) NPT 제7조

NPT 제7조는 특정한 지역을 비핵지대로 창설하기 위한 국가의 권리를 규정하고 있다. 비핵지대는 핵 비확산 체제를 보완하는 중요한 요소일 뿐 아니라, 핵 없는 세상으로 나아가는데 있어 중요한 단계로 인식되고 있다. 특정 지역 내에서 핵무기의 완전 금지를 목표로 한 비핵지대 조약은 NPT보다 규제의 범위가 넓다. 비핵지대 조약과 NPT의 또 다른 차이점은 적용 범위에 있어서 NPT는 전세계적으로 적용되는데 비해 비핵지대는 지역적 노력을 대표한다는 점이다. NPT의 3대 축은 핵 비확산, 핵 군축, 원자력의 평화적 이용이다. 비핵지대조약은 이들 축을 포함하면서, 동시에 서명국인 핵무기 보유국으로 하여금 비핵지대 내 국가들에게 핵무기 사용 또는 사용 위협을 하지 않을 것을 보장토록 요구한다. 이러한 소극적 안전보장(NSA)은 모든 비핵지대 조약의 핵심요소로서 의정서에 포함되어 있다.

### (3) 1978년 제1차 유엔 군축특총 최종문서

동 문서에서는 비핵지대의 설치가 중요한 군축 조치의 하나로써 해당지역 국가 간 자유의사에 따른 조약에 기초하여 설치되어야 하며 동 설치과정에서 각 지역의 특수성이 고려되어야 한다고 언급하고 있다.

## 4. 비핵지대 핵심의무

비핵지대 핵심의무는 세 가지이다. 첫째, 역내 국가의 핵무기 비보유 의무. 둘째, 역내에의 핵무기 불배치 의무. 셋째, 역내 목표물에 대한 핵무기의 불사용 및 불위협 의무이다.

## 5. 현황

### (1) 중남미지역 핵무기 금지조약(1967채택/1968발효)

1967년 2월 멕시코를 포함한 15개국이 멕시코시티의 토라테로르코에서 서명하였으므로 '토라테로르코조약'이라고도 한다. 지구상의 광대한 가주지역(可住地域)을 비핵무장화하는 조약으로는 최초의 것으로 전문과 본문 32조, 경과규정, 부속의정서 2개로 되어 있다. 이 조약은 핵무기에 대하여 '원자력을 제어되지 않는 방법으로 방출할 수 있으며, 또 전쟁목적으로 사용되는 일군의 특질을 가진 장치'라 정의하고, 그것과 구별하여 평화목적을 위한 핵장치의 폭발을 인정하였다. 이러한 조약의 의무이행을 위하여 총회·이사회·사무국으로 된 상설국제기관이 있으며, 당사국의 의무 이행 검증을 위하여 국제 원자력보장조치의 적용, 정기보고, 특별보고, 특별사찰 등 4종의 관리제도를 채택하고 있다.

### (2) 남태평양 비핵지대설치조약(1985채택/1986발효)

1985년 8월 6일에 쿡제도의 라로통가(Rarotonga I.)섬에서 서명, 1986년 12월 11일 발효되었다. '라로통가조약'이라고도 하며, 당사국은 11개국(자치령의 쿡제도, 니베를 포함)이다. 남태평양에서의 프랑스의 핵실험의 계속과 일본의 방사성 폐기물의 해양투기계획 등을 동기로 오스트레일리아가 1983년의 제14회 남태평양 포럼(South Pacific Forum: SPF)에서 비핵지대(비핵무기지대) 설치를 제창한 것에서 본 조약작성을 위한 Working Group이 설치되어 본 조약을 기초하였다. 전문 및 16개조와 4개의 부속서, 3개의 의정서로 이루어진다. '남태평양 비핵지대'를 설치하여(제1조 제(a)호, 제2조, 부속서 제1조) 체약국에 대해 핵무기뿐만 아니라 평화목적의 것을 포함한 모든 '핵폭발장치'의 제조·취득·소유·관리의 금지, 그 영역에서의 핵폭발장치의 배치·실험의 방지, 지대 내의 해양에서의 방사성 폐기물의 투기 금지 등을 규정한다. 배치 방지의무는 있지만, 외국의 선박·항공기에 의한 기항·통과 등에 대해서는 각 체약국의 주권적 권리의 행사로 허가할 것인지의 여부를 결정할 수 있다(제5조 제2항). 조약상의 의무의 준수를 검증하기 위해 '핵무기비확산조약'과 동일한 보장조치가 적용된다.

### (3) 동남아 비핵무기지대조약(1995채택/1997발효)

동남아시아지역에 대한 비핵지대화가 논의되기 시작한 것은 1971년부터이다. 같은 해 11월 27일 동남아시아국가연합(ASEAN, 아세안) 5개 회원국은 말레이시아 수도 쿠알라룸푸르에 모여 '쿠알라룸푸르선언'을 채택하고, 역외 강대국들의 간섭을 배제하는 동남아시아 평화·자유·중립지대(ZOPFAN) 창설을 결의하였다. 이어 1976년에는 '아세안 일치선언'을 통해 동남아시아 평화지대를 조속히 달성하기로 결의하였다. 1984년에는 자카르타에서 열린 아세안 각료회의에서 비핵지대화 권고를 승인하고, 1992년 이후부터 본격적인 비핵지대화 작업에 들어갔다. 같은 해 UN총회의 지지를 얻은 뒤, 마침내 1995년 12월 15일 방콕에서 열린 아세안 각료회의에서 아세안 회원국들의 서명으로 비핵지대조약이 체결되었다. 방콕에서 서명되었기 때문에 방콕조약이라고도 한다. 2004년 현재 가입국은 필리핀·말레이시아·싱가포르·인도네시아·타이·브루나이·베트남·라오스·미얀마·캄보디아 등 아세안 10개국이다.

### (4) 아프리카 비핵지대조약(1996채택/2009발효)

1996년 4월 11일 채택되었다. 남아프리카공화국의 펠린다바에서 조약이 체결되었기 때문에 펠린다바조약, 펠린다바 비핵지대조약이라고도 한다. 아프리카의 비핵지대화는 1960년부터 논의되었는데, 직접적인 동기는 프랑스가 아프리카에서 핵실험을 한 데서 비롯되었다. 같은 해 아프리카 일부 국가들은 비핵지대화를 촉구하는 결의안을 UN총회에 제출하였다. 이어 UN총회에서 결의안이 통과된 뒤, 1964년 아프리카단결기구(현 아프리카통일기구)는 카이로선언을 통해 아프리카의 비핵화선언을 채택하였고, 이 선언은 이듬해 UN총회에서 승인받았다. 그 뒤 1974년 남아프리카공화국의 핵개발문제가 불거지면서 아프리카비핵지대화에 대한 관심은 다시 높아지기 시작하였다. 그러나 매년 UN에서 아프리카의 비핵지대 문제가 다루어지기는 했지만, 공식적으로 발효되지는 않았다.

그러다 1991년 7월 남아프리카공화국이 핵무기 개발을 포기하고 핵확산금지조약 (NPT)에 가입하면서 새로운 전기를 맞았다. 1995년 요하네스버그와 펠린다바에서 최종 조약문이 작성되고, 같은 해 아프리카단결기구와 UN총회에서 조약안에 대한 서명과 비준을 촉구하는 결의안이 채택되었다. 1996년 4월 11일 아프리카 50개국이 조약안에 서명하여 채택되었고, 2009년 7월 15일 발효되었다. 조약안은 전문과 본문 22조, 4개의 부록과 3개의 의정서로 이루어져 있다. 의정서의 주요 내용은 아프리카 역내에서 5대 핵무기 보유국들의 핵무기 사용 및 사용위협 금지 보장, 5대 핵무기 보유국의 핵실험 금지, 아프리카에 영토를 가지고 있는 프랑스와 스페인의 핵폭발장치 획득·보유·배치·실험 및 방사능물질 덤핑 금지 등이다.

### (5) 중앙아시아 비핵지대화 조약(2006채택/2009발효)

2006년 9월 8일 카자흐스탄, 키르기스스탄, 타지키스탄, 투르크메니스탄, 우즈베키스탄 등 중앙아시아 5개국은 '역내에서 핵무기의 생산, 취득, 보유 등을 금지하는 것' 등의 내용을 명기한 중앙아시아 비핵지대화조약을 체결하기로 합의하였고, 이 협정은 2009년 3월 21일에 발효하였다. 2014년에 미국과 러시아, 중국, 영국, 프랑스 등 세계 5대 핵 보유국이 동 조약에 가입하였다.

**비핵지대현황**

|  | 트라테롤코 조약 (중남미) | 라로통가 조약 (남태평양) | 방콕 조약 (동남아) | 펠린다바 조약 (아프리카) | 세메이 조약 (중앙아) |
|---|---|---|---|---|---|
| 서명 | 67.2.14 | 85.8.6 | 95.12.15 | 96.4.11 | 06.9.8 |
| 발효 | 68.4.25 | 86.12.11 | 97.3.28 | 09.7.15 | 09.3.21 |
| 당사국수 | 33 | 13 | 10 | 41 | 5 |
| 유효기한 | 무기한 | 무기한 | 무기한 | 무기한 | 무기한 |
| 탈퇴조항 | 3개월 전 통보 | 12개월 전 통보 | 12개월 전 통보 | 12개월 전 통보 | 12개월 전 통보 |
| 핵국의 NSA | 미, 영, 불, 중, 러 | 영, 불, 중, 러 (미 - 미비준) | 서명국 없음 | 영, 불, 중, 러 (미 - 미비준) | 영, 불, 중, 러 (미 - 미비준) |
| 핵실험 금지 | 미규정 | 영, 불, 중, 러 비준 (미 - 미비준) | 서명국 없음 | 영, 불, 중, 러 비준 (미 - 미비준) | 영, 불, 중, 러 비준 (미 - 미비준) |

## 6. 한반도 비핵화 선언

### (1) 한반도 비핵화 및 평화구축선언

1991년 11월 8일 대한민국이 행한 선언이다. 내용으로는 첫째, 핵에너지의 평화적 목적으로 사용하고 핵무기를 제조·보유·저장·배치·사용하지 않는다. 둘째, NPT와 핵안전조치협정을 준수하고, 핵시설과 핵물질은 철저한 국제사찰을 받으며, 핵연료의 재처리 및 핵농축 시설을 보유하지 않는다. 셋째, 북한이 국제 핵사찰 수락과 핵재처리 및 농축시설 보유포기의 상응조치를 취할 것을 촉구하였다.

### (2) 한반도 비핵화에 관한 공동선언

1991년 남북이 공동으로 채택하였다. 내용은 첫째, 남북은 핵무기의 시험·제조·생산·접수·보유·배치·사용을 하지 않는다. 둘째, 핵에너지를 평화적 목적에만 이용한다. 셋째, 핵재처리시설과 우라늄농축시설을 보유하지 않는다. 넷째, 비핵화 검증을 위해 상대 측이 선정하고 쌍방이 합의하는 대상물에 대해 남북핵통제공동위원회가 규정하는 절차와 방법으로 사찰을 실시한다. 다섯째, 남북핵통제공동위원회는 공동선언이 발효된 후 1개월 안에 구성·운영한다.

## 5 핵실험규제

핵실험은 기존 핵무기의 성능을 평가하고, 새로운 핵무기를 개발하는데 필수적 요소이기 때문에 핵실험의 규제는 곧 핵확산의 규제로 이어질 수 있다고 인식되기 시작하였다. 또한 핵실험이 인적·자연적 환경을 심각하게 훼손한다고 생각하여 핵실험을 규제하기 시작하였다.

### 1. 부분적 핵실험금지조약(Partial Test Ban Treaty: PTBT)

1963년 7월 15일 미국, 영국, 구소련 3국 간에 체결된 조약이다. 3국은 전면적 핵실험 규제에 앞서 논란의 여지가 적은 대기권 내·우주공간·수중에서의 핵실험을 금지하는 것을 합의하였다.

### 2. 지하핵실험제한조약(Threshold Test Ban Treaty: TTBT) 및 평화목적핵폭발조약

1974년 미국과 구소련은 폭발력 150Kt 이상의 지하핵실험을 금지하는 TTBT를 체결하였으며, TTBT만으로는 평화적 목적을 위한 지하핵폭발을 규율할 수 없다고 보고, 1976년 평화적목적핵폭발조약(Peaceful Nuclear Explosions Treaty: PNET)을 추가로 체결하였다. PNET는 핵무기 실험 장소 이외에서 행해지는 핵폭발 규모도 150kt으로 제한하는 조약이다.

### 3. 포괄적핵실험금지조약(Comprehensive Test Ban Treaty: CTBT)

#### (1) 연혁

1954년 10월 인도의 네루(Jawaharlal Nehru) 총리가 유엔 총회에서 핵실험 금지를 제창한 이래, 냉전 기간 중 3개의 핵실험 금지 관련 국제 조약이 체결되었다. 1994년 1월 제네바군축회의(CD)에서 일체의 핵실험 금지를 목표로 한 협상이 본격화되기 시작했으며, 1995년 5월 NPT 평가회의에서 1996년까지 「포괄적 핵실험금지조약」(CTBT: Comprehensive Nuclear Test Ban Treaty) 협상을 완료하기로 합의하였다. 협상 끝에 조약안이 제50차 유엔 총회에 제출되어, 절대 다수의 찬성으로 채택됨에 따라, 대기권, 외기권, 수중 및 지하에서의 핵실험을 포괄적으로 금지하기 위한 CTBT가 1996년 9월 24일 서명을 위해 개방되었다.

### (2) 주요 내용

CTBT는 전문 및 본문 17개조, 조약 부속서 및 3개의 의정서와 의정서 부속서 등으로 구성되어 있다. CTBT의 주요 기구로는 당사국회의, 집행이사회(51개 이사국) 및 기술사무국이 있다. <u>CTBT 당사국이 조약을 불이행할 경우 당사국회의는 동 국가의 조약상 권리 및 특권 행사를 제한 또는 정지시킬 수 있고, 그 불이행으로 인해 조약의 목표와 목적에 손상이 발생할 경우에는 국제법에 따라 집단적 조치를 취할 수 있다.</u> 또한 당사국회의(또는 집행이사회)는 필요하다고 인정할 경우 조약 불이행 관련사항을 유엔에 제기할 수 있다. <u>CTBT 발효 10년 후 그 목표와 목적의 이행상황을 점검하기 위해 평가회의를 개최하며, 동 회의 시 당사국의 요청을 기초로 평화적 목적의 지하 핵폭발 실시를 허용하는 문제를 검토할 수 있다.</u> CTBT는 국제감시체제(IMS: International Monitoring System)하에 전세계에 소재하는 321개의 관측시설로부터 탐지된 징후(event)를 비엔나 소재 국제데이터센터(IDC)에서 분석 및 판단케 하여, 필요 시 현장사찰(OSI: On - Site Inspections)을 통해 핵실험 여부를 확인하는 기능을 하게 된다. CTBT의 검증체제 중 국제감시체제(IMS)는 지진파, 수중음파, 공중음파 및 방사능 핵종의 4개 분야 기술을 동원하여 핵실험 실시 여부를 탐지하는 기능을 하게 된다.

### (3) 현황

2020년 12월 현재 CTBT에는 184개국이 서명하였고 비준국가는 168개국이다. <u>우리나라는 1999년 9월 24일 유엔 사무총장에게 비준서를 기탁함으로써 46번째 비준국이 되었다.</u> 핵보유국 중 미국, 중국은 미비준 상태이다. <u>CTBT가 발효되기 위해서는 미, 영, 불, 중, 러 및 한국, 인도, 파키스탄, 북한 등 원자력 능력이 있는 44개국(부속서 II에 규정, 발효요건국)의 비준이 필요하다.</u> 2020년 6월 현재 44개국 중 36개국만이 비준을 하였다. 특히 인도, 파키스탄, 북한은 서명조차 하지 않고 있다. CTBT 14조에 의하면, 조약이 서명에 개방된 지 3년이 경과하여도 발효되지 않을 경우, 비준국들이 회의를 개최하여 발효 촉진 방안을 협의토록 되어 있다. 이에 따라, CTBT 발효촉진회의(Conference on Facilitating the Entry into Force of the CTBT, 일명 Article XIV Conference)가 1999년 비엔나에서 최초로 개최된 이래, 매 2년마다 비엔나 또는 뉴욕에서 개최되고 있다. 또한 발효촉진회의가 개최되지 않는 해에는 CTBT 발효 촉진을 위한 우호국 장관회의(Friends of the CTBT Ministerial Meeting, 호주, 캐나다, 핀란드, 독일, 일본, 네덜란드 주도로 2002년부터 개최)가 통상 뉴욕에서 유엔 총회 고위급회기 계기에 개최되고 있다.

## (4) 전망

1999년 10월 미 상원에서 CTBT 비준안이 부결되었고, 그 이후인 2001년 출범한 부시 행정부는 CTBT 비준을 다시 추진하지 않을 것이라고 천명하였다. 2009년에는 오랜기간 CTBT 비준 지지 입장을 공개적으로 표명해 오던 오바마 대통령이 취임함에 따라 미국의 CTBT 비준에 대한 기대감이 형성되었으나, 미 상원 내 조약 비준안 통과에 필요한 충분한 찬성 확보가 어려운 상황이 지속되어 무산되었다. 이후 2017년 출범한 트럼프 행정부는 CTBT 비준 불추진을 공식화하였다. 향후 중국, 인도, 파키스탄 등 포함 여타 CTBT 발효요건국들의 비준을 비롯, 조약 발효를 위한 모멘텀 획득에는 미국의 CTBT 비준 문제 진전 여부가 크게 영향을 미칠 것으로 전망되고 있다.

## 6 핵무기 사용의 통제

### 1. UN헌장 제2조 제4항

동 조항은 "모든 회원국은 그 국제관계에 있어서 다른 국가의 영토보전이나 정치적 독립에 대하여 또는 국제연합의 목적과 양립하지 아니하는 어떠한 기타 방식으로도 무력의 위협이나 무력행사를 삼간다."라고 규정하여 포괄적으로 무력사용 및 그 위협을 금지하고 있다. 핵무기의 사용이나 그 위협 역시 무력사용금지원칙에 위반되므로 금지된다.

### 2. UN총회

1961년 UN총회는 핵무기 사용금지에 관한 첫 번째 결의를 채택하였다. 동 결의에서 핵무기의 사용이 UN의 정신에 반하며, 인류와 문명화에 범죄를 범하는 행위이라고 천명하였다.

### 3. 국제사법재판소(ICJ)의 권고적 의견

1994년 UN총회는 '모든 상황하에서 핵무기의 사용은 국제법상 허용되는가?'에 대한 권고적 의견을 국제사법재판소(ICJ)에 요청하였다. 국제사법재판소(ICJ)는 권고적 의견에서 핵무기 사용은 불법이라고 판단하였으나 특정한 경우, 즉 국가의 존립이 위태로운 상황에서 자위의 수단으로써 사용되는 경우에 대한 판단은 유보하였다.

## 7 핵무기금지조약(Treaty on the Prohibition of Nuclear Weapons: TPNW)

### 1. 의의

당사국의 영토에서 핵무기 또는 핵폭발장치를 제조·실험·취득·양여·저장·배치·사용하는 것을 금지하는 조약이다. 2017년 7월 7일 제72회 UN총회에서 122개 회원국의 찬성하에 채택되었다. 각국의 비준절차를 거쳐 50개국 이상이 가입해야 정식으로 발효된다(2021년 1월 22일 발효). 50개국이 비준을 마칠 경우, 이로부터 90일 이후에 조약이 발효한다. 채택과정에서 UN안전보장이사회 상임이사국을 비롯, 한국과 일본 등 미국 우방이 대거 불참하였다. 인도, 파키스탄, 북한, 이스라엘도 협상에 참여하지 않았다.

### 2. 체결과정

체결과정에서 핵무기폐지국제운동(ICAN)이라는 INGO는 본 조약 체결을 위해 노력한 공로로 2017년 노벨평화상을 수상하였다. UN총회 통과는 오스트리아와 브라질, 멕시코, 남아프리카공화국, 뉴질랜드 등이 주도하였다. 주도 국가들은 동 협약을 역사적인 업적으로 평가하면서 기존 핵보유국에 대한 핵무장 해제 압박이 커질 것으로 기대하고 있으나, 실제 핵무기 보유국들은 모두 빠져 있어 실효성에 대해서는 의문이 제기되고 있다.

### 3. NATO의 입장

NATO는 최고의사결정기구인 북대서양이사회(NAC)의 성명을 통해, UN이 채택한 TPNW가 비현실적이며 북한의 핵무기 프로그램에 대한 국제사회의 대응을 훼손할 위험이 있다고 비판하였다. NATO는 현행 NPT체제 내에서 핵 비확산 이행을 철저히 할 것임을 천명하였다.

> **참고**
>
> **핵무기 폐기 국제 운동(International Campaign to Abolish Nuclear Weapons: ICAN)**
> 노벨평화상을 수상(1985년)한 바 있는 핵전쟁방지국제의사회(IPPNW)가 제안해 2007년 결성되었다. 현재 101개국 소속 468개 NGO가 속해 있으며 본부는 스위스 제네바에 있다. 2017년 7월 기존 핵확산금지조약(NPT)을 대체해서 UN에서 채택된 'UN핵무기금지조약'이 ICAN의 주요 작품이다. 핵무기금지조약은 핵무기 개발·실험·생산·제조·비축·위협 등 모든 핵무기 관련 활동을 포괄적으로 금지하고 나아가 기존 핵무기의 완전폐기를 요구하는 내용을 담았다. 2017년에 노벨 평화상을 받았다. 핵무기금지협약에 공식, 비공식 핵보유국과 NATO, 한국, 일본 등은 표결에 불참하였다. 핵무기금지협약은 2021년 1월 22일에 발효되었다.

# 제3절 | 재래식 무기 군축 및 비확산

## 1 소형무기

### 1. 정의

국제적으로 소형무기에 대한 정의는 아직 확립되어 있지 않다. 1995년 제50차 유엔 총회 결의에 따라 구성된 「소형무기에 관한 정부 전문가 패널그룹」이 제52차 유엔 총회에 제출한 보고서에 따르면 소형무기(Small Arms)는 개인이 운용할 수 있는 무기를 말하며, 경화기(Light Weapons)는 소수의 인원이 운용할 수 있는 무기를 지칭한다. 광의의 개념으로 사용할 때는 이들 무기에 필요한 탄약 및 기타 폭발물까지도 포괄한다.

### 2. 성격

소형무기의 축적은 그 자체로써 분쟁을 야기하는 것은 아니나, 분쟁상태에 있거나 분쟁 가능 지역에서 상황을 악화시킬 수 있다는 점이 문제이다. 특히, 정치적 정당성이나 경제상황이 심각한 도전을 받고 있는 국가에서 테러집단 등 반정부 세력에 의한 소형무기의 불안정한 축적은 국가 안보를 위태롭게 하는 결정적 요소가 될 수 있다.

### 3. 불법이전

긴장상태에 있거나 분쟁 중인 지역으로의 소형무기 유입은 운송 및 은닉이 용이함에 따라 이전에 있어 투명성 확보가 극히 불확실하며, 분쟁이 종료된 이후에도 불법이전된 소형무기로 인한 인명피해가 발생하고 있다. 소형무기 불법이전에 사용되는 수법으로는 밀수, 은닉, 이전관련 문서 위조 등으로 다양하며, 범죄단체, 테러집단, 무기판매상 등이 소형무기 불법이전에 가담하고 있다. 또한, 소형무기 판매 및 수출입에 대한 국제규범 부재, 개별 국가차원의 효율적인 통제제도 미비, 그리고 당사국간 정보교환 등 협조체제 결여도 소형무기의 불법이전을 용이하게 하는 요인이 되고 있다.

### 4. 규제 논의 동향

소형무기 문제에 대한 국제사회의 관심이 증대되면서 유엔에서도 1974년 이후 관련 결의안이 매년 채택되어 오고 있다. 1998년 제53차 유엔 총회에서는 소형무기 불법거래에 관한 국제회의(UN Conference on the Illicit Trade in Small Arms and Light Weapons in All Its Aspects) 개최가 결정되어 소형무기 논의에 중요한 전기를 마련하였다. 이후 동 회의는 세 차례의 준비회의를 거쳐 2001.7월 뉴욕에서 개최되었다. 동 회의에서는 소형무기 불법거래 문제에 대처해 나가기 위한 정치적 합의이자 기본지침으로서의 성격을 가지고 있는 「소형무기 행동계획」(UNPoA: UN Programme of Action to Prevent, Combat and Eradicate the Illicit Trade in Small Arms and Light Weapons in All Its Aspects)이 컨센서스로 채택되었다. 한편, 2006년 유엔 총회 1위원회에서 무기거래조약(ATT: Arms Trade Treaty) 관련 결의가 채택되었다.

이후 재래식무기의 국제 이전에 관한 법적 구속력 있는 단일 규범 마련을 위해 UN 차원에서 무기거래조약 성안을 위한 협의가 진행되었으며, 2013년 ATT 성안회의 및 유엔 총회 결의를 통해 조약이 채택되고 6월 3일 서명식이 개최되었다.

## 2 무기거래조약(ATT)

### 1. 의의

「무기거래조약」(ATT: Arms Trade Treaty)은 재래식무기의 불법거래와 불법전용을 방지하고, 재래식무기의 국제 이전 규제에 관한 공통 기준을 수립함으로써, 국제평화와 안보를 도모하고, 재래식무기 이전에 관한 국가들의 책임성과 투명성 증진을 목표로 한다.

### 2. 경과

2006년 유엔 총회 결의 64/89 채택을 통해 유엔 차원에서 본격 논의가 개시된 이후로 2013년 4월 2일에 100여 개국(한국 포함)이 공동제안한 유엔 총회 결의를 통해 ATT 최종문안이 채택되었다. 2013년 ATT 성안회의 및 유엔 총회 결의를 통해 조약이 채택됨에 따라, 6월 3일부터 뉴욕 유엔본부에서 서명 개방 회의가 개최되어 총 67개국이 참가·서명하였으며, 2014년 12월 발효되었다. 우리나라는 ATT 원서명국으로 참여하였으며, 국내 비준절차를 거쳐 2017년 2월 26일부터 국내적으로 발효되었다. 2020년 11월 기준 110개 당사국이 조약 이행에 참여하고 있다.

### 3. 주요 내용

첫째, 조약의 목표는 재래식무기의 불법거래와 불법전용방지 및 재래식무기의 국제 이전 규제에 관한 공통 기준의 수립이다.
둘째, 통제 품목은 유엔 7대 재래식무기(전차, 장갑차, 대구경야포, 전투기, 공격용헬기, 전함, 미사일·발사체)와 소형무기이다.
셋째, 다음과 같은 경우 무기 이전이 금지된다. 유엔 헌장 7장에 따른 안보리 결의 위반 시(특히 무기금수 위반). 우리나라가 당사국인 재래식무기 관련 국제 협정 위반 시. 집단살해죄, 인도범죄, 1949년 제네바 협약 위반, 민간인 공격, 그 밖의 전쟁 범죄에 이용될 것임을 당사국이 인지한 경우이다.
넷째, 수출국은 관련 재래무기 수출 허가 시 다음 사항을 평가하여 동 무기거래로 인해 압도적 위험(overriding risk)이 존재한다는 부정적인 결과가 도출될 경우, 수출을 불허해야 한다. 평화와 안보 훼손 여부, 국제인권법 및 국제인도법의 중대한 위반에 기여 가능성, 거래되는 무기가 테러리즘과 초국경 조직범죄에 사용될 소지, 성(性)에 기반한 폭력(gender - based violence) 또는 여성 및 아동에 대한 심각한 폭력에 사용될 가능성에 대해서도 고려한다.
다섯째, 전용 위험성에 대해 평가하고 전용 경감을 위한 조치를 수립해야 하고, 전용 적발시 적절한 조치를 취해야 한다.

## 4. 기관

### (1) 당사국총회

ATT 사무국은 정기 당사국회의를 매년 1회 개최한다(8월 하순). 아울러 당사국회의 준비회의 및 실무그룹회의가 매년 2회 개최된다(2월 중순 및 4월 하순). 실무그룹은 효과적 조약이행 실무그룹(WGETI: Working Group on Effective Treaty Implementation), 투명성 및 보고 실무그룹(WGTR: Working Group on Transparency and Reporting), 조약 보편화 실무그룹(WGTU: Working Group on Treaty Universalization)으로 구성된다.

### (2) 의장

매년 당사국회의 회기에 따라 의장국(의장)이 선임되며, 현재까지 멕시코, 나이지리아, 핀란드, 일본, 라트비아, 아르헨티나 등이 의장국을 역임했다.

### (3) 사무국

사무국은 ATT의 효과적인 이행에 있어 당사국을 지원하기 위해 설립되었으며, 스위스 제네바에 위치하고 있다. ATT 사무국은 당사국이 제출한 정보를 수집·관리하며, 당사국회의 및 회기간 이루어지는 ATT 절차의 원활한 운영을 지원한다.

## 3 특정재래식무기금지협약(CCW)

### 1. 의의

「특정재래식무기금지협약」(CCW: Convention on Certain Conventional Weapons)의 정식 명칭은 「과도한 상해나 무차별한 영향을 초래하는 특정재래식무기의 사용 금지 또는 제한에 관한 협약(Convention on Prohibitions or Restrictions on the Use of Certain Conventional Weapons Which May Be Deemed to Be Excessively Injurious or to Have Indiscriminate Effects)」이며, 「비인도적 재래식무기협약(Inhumane Weapons Convention)」이라고도 한다. 1983년 12월 발효되었다. 1995년 9월 제1차 평가회의를 통해 제2의정서를 개정하고 제4의정서를 채택하였다. 2003년 11월 당사국회의 시 채택된 제5의정서는 2006년 11월 발효되었다. 2020년 3월 현재 당사국 수는 125개이다.

### 2. 조약의 구성

CCW는 본문 11조 및 5개 부속의정서로 구성되어 있다. 우리나라는 제1의정서, 개정 제2의정서(2001년 5월) 및 제5의정서(2008년 1월)에 가입하고 있다. CCW는 2개 의정서 이상 가입하면 당사국이 되도록 규정하고 있다. 각 의정서가 다루는 무기는 다음과 같다.

| 의정서 | 통제 대상 | 발효일 |
|---|---|---|
| 제1의정서 | X-Ray로 탐지 불가능한 파편 무기 사용 금지 | 1983년 12월 |
| 개정 제2의정서 | 지뢰 및 부비트랩 사용 금지 또는 제한 | 1998년 12월 |
| 제3의정서 | 소이성 무기의 사용금지 또는 제한 | 1983년 12월 |
| 제4의정서 | 실명 레이저무기의 사용 금지 | 1998년 7월 |
| 제5의정서 | 전쟁잔류폭발물(ERW)의 제거 및 협력 | 2006년 11월 |

## 4 대인지뢰금지협약(APLC)

### 1. 배경

지뢰는 제2차 세계대전에서 대규모로 사용되기 시작하여, 이후 한국전, 베트남전, 걸프전 등 많은 국가간 분쟁에서 사용되어 왔다. 냉전이 종식된 1990년대 이후에는 제3세계 국가들을 중심으로 인종·종교갈등에 기인한 내전 발생이 증가하면서 민간인에 대한 대인지뢰 사용이 급증하여, 대인지뢰 문제에 대한 국제사회의 우려가 증가하고 특히 민간인 희생자를 보호하는 문제에 대한 관심이 증대하였다.

### 2. 경과

국제사회의 우려에 대한 대응으로 1993년 유엔 총회는 '대인지뢰의 수출정지결의안(UNGA Res. 48/75K)'을 만장일치로 채택하였으며, 1996년 5월 재래식 대인지뢰의 사용을 제한하고 이전을 통제하는 내용을 골자로 하는 「특정재래식무기협약」(CCW: Convention on Certain Conventional Weapons)의 제2의정서(지뢰의정서)가 개정되었다. 그러나, CCW에 의한 부분적 금지가 대인지뢰 문제의 근본적 해결책이 되지 못한다고 판단한 캐나다, 오스트리아 등 일부 서방국가와 국제지뢰금지운동(ICBL: International Campaign to Ban Landmines), 국제적십자위원회(ICRC: International Committee of the Red Cross)을 비롯한 비정부간기구 등이 중심이 되어 대인지뢰의 전면적 금지를 요구하는 움직임이 대두되었다.

### 3. 오타와 프로세스(Ottawa Process)

1996년 10월 캐나다 오타와에서 대인지뢰문제를 논의하기 위한 국제회의가 개최되었고, 이것이 계기가 되어 대인지뢰 전면금지협약이 체결되었는데, 동 협약 체결까지의 과정을 '오타와 프로세스(Ottawa Process)'라 부른다. 1996년 10월에 개최된 오타와 회의에서는 대인지뢰 전면금지협약을 1997년까지 체결한다는 「오타와 선언」과 「행동계획」이 채택되었고, 이듬해 6월 이러한 목표 및 일정을 재확인하는 브뤼셀 선언이 97개국 서명 하에 채택되었다.

## 4. 조약 채택 및 발효

1997년 9월에 열린 오슬로 회의에서 대인지뢰금지협약(APLC: Anti-Personnel Mine Ban Convention)문안이 확정되었으며, 같은 해 12월 오타와협약 서명식(121개국 서명)을 거쳐 1999년 3월 1일 발효되었다.

## 5. 주요 내용

첫째, 지뢰탐지, 제거 및 폐기 기술의 개발을 위한 극히 제한된 양의 대인지뢰 보유 허용 외에 모든 대인지뢰의 사용, 개발, 생산, 비축, 이전을 포괄적으로 금지하였다. 둘째, 협약발효 후 4년 이내 대인지뢰 비축분을 폐기하고 10년 이내 기매설 대인지뢰를 폐기한다. 셋째, 특정 조항에 대한 유보를 부가할 수 없다.

## 6. 현황

오타와협약에는 2020년 12월 현재 164개국이 가입하고 있다. 다만, 한국, 북한, 미국, 중국, 러시아, 인도, 파키스탄, 이스라엘, 베트남 등 주요 국가들이 가입하지 않고 있어 협약의 보편성과 실효성 측면에서 한계를 갖고 있다. 오타와협약은 대인지뢰의 사용 및 생산을 전면 금지할 뿐 아니라 재고분 폐기, 기존 매설 지뢰의 제거까지를 규정하고 있기 때문에 안보 요인상 대인지뢰가 필요한 국가들은 가입을 하지 않고 있다.

# 5 확산탄금지협약(CCM)

## 1. 연혁

2006년 이스라엘이 남부 레바논을 공격할 때 사용한 확산탄(cluster munitions)은 막대한 인명피해를 가져왔다. 이를 계기로 국제사회에서는 확산탄 규제를 위한 여론이 비등하기 시작했다. 특히, 2006년 CCW 제3차 평가회의에서 확산탄 의정서 마련을 위한 협상 개시 노력이 국가들간의 이견으로 인해 좌절되자, 노르웨이를 비롯한 27개국은 신뢰도가 낮고 부정확한 확산탄의 개발·생산·비축·이전·사용 금지와 비축 확산탄의 폐기를 골자로 하는 협정 추진을 촉구하는 선언을 채택하였다.

## 2. 오슬로 프로세스

노르웨이 정부 주최로 2007년 2월 오슬로에서 확산탄 관련 국제회의가 개최되어 확산탄 규제 규범을 2008년까지 마련한다는 내용의 '오슬로 선언(Oslo Declaration)'을 채택하였다. 이후 세 번의 국제회의를 통해 협약 성안을 위한 협상이 진행되었는데, 이 과정을 '오슬로 프로세스(Oslo Process)'라 부른다.

## 3. 협약 채택 및 발효

2008년 5월 107개국이 참여한 가운데 「확산탄금지협약(CCM: Convention on Cluster Munitions)」문안이 채택되었고, 2010.2.16. 발효 요건(30개국 비준)이 충족됨으로써 6개월 후인 2010년 8월 1일 발효되었다.

## 4. 현황

2023년 7월 현재 CCM에는 111개국이 당사국으로 참여 중이다. 주요 가입국으로는 노르웨이, 일본, 영국, 독일, 프랑스, 캐나다, 아일랜드, 오스트리아, 레바논, 아프가니스탄 등이 있다. 우리나라를 비롯하여 미국, 러시아, 중국, 인도, 파키스탄, 이스라엘, 브라질 등 주요 확산탄 생산·보유국은 참여하지 않고 있다.

## 5. 주요 내용

첫째, 모든 확산탄의 사용, 개발, 생산, 획득, 비축, 보유, 이전을 금지한다. 둘째, 10개 이하의 자탄을 가지고 있고, 무게가 4kg 이상이며, 하나의 목표만을 설정하고 있고, 각 자탄에 전자 자폭장치(self-destruction mechanism) 및 자동불능화장치(self-deactivating feature)를 장착하고 있는 경우 확산탄의 정의에 포함되지 않는다. 셋째, 비축분은 협약의 발효 8년 내에 폐기한다. 단, 예외적으로 4년 연장 가능하다. 넷째, 협약 발효 후 180일 이내 보고서를 제출하고 매년 갱신 제출해야 한다. 다섯째, 협약 발효 5년 후 평가회의를 개최한다. 여섯째, 협약 조항에 유보를 부가할 수 없다. 일곱째, 협약은 무기한 지속된다. 여덟째, 탈퇴가 인정된다. 탈퇴서 제출 6개월 후 탈퇴 효력이 발생한다.

# 제4절 | 국제테러리즘

## 1 테러리즘의 정의

### 1. 의의

현재에도 테러리즘은 개념을 정의하는 입장에 따라서 다양하게 개념화되고 있다. 하지만 학자들이 정리한 내용을 보면 대체로 '테러리즘은 정치적 목적이나 동기가 있고 폭력의 사용이나 위험이 따르며 심리적인 충격이나 공포심을 불러일으키고 소기의 목표나 요구사항을 관철시키려고 한다'는 특징을 가진다(Pillar). 1968년을 기점으로 현대적 의미의 이러한 테러리즘이 나타나기 시작하였다. 나아가 냉전이 종식된 이후, 테러리즘의 규모가 거대해지고 목적이나 주체가 불분명해지는 등 테러리즘의 양상이 과거와 확연히 달라지자 이를 지칭하기 위해 '뉴테러리즘'이라는 용어가 생겨나기도 하였다. 그중 대량살상무기를 공격수단으로 하는 테러리즘을 '슈퍼테러리즘'이라 명명하기도 한다.

## 2. 개념 요소

테러리즘에 대한 수백 개의 다양한 정의를 비교 분석한 허쉬만(Hirschmann)에 따르면 이들 정의 중 83.5%가 폭력과 강제에 우선 주목하고 있으며, 65%는 정치적 배경을, 그리고 51%는 공포와 경악의 측면을 강조하고 있다고 한다. 따라서 테러리즘은 통상적으로 다음과 같은 측면을 포함한 행위라고 정의할 수 있다. ① 대중의 공포와 불안을 조성하기 위해 의도적이고 체계적으로 준비되며, ② 심리적 효과를 창출하기 위해 광범위한 공적 관심을 지향하고, ③ 자의적으로 선정된 상징적 목표와 인물에 대한 공격을 통해, ④ 적의 정치적 행동에 영향을 끼치려 시도하는 즉, 사회적 규범을 파괴하는 잔혹한 행위를 테러리즘이라고 할 수 있다.

**비대칭위협(Asymmetric Threat)**

비대칭위협은 약자가 강자의 취약한 면을 집중 공략하여 소기의 정치적 목적을 추구하는 전략이다. 대량살상무기(WMD)로 지칭되는 핵무기, 생물학무기, 화학무기가 주요 수단으로 사용될 수 있다. 민간인과 산업시설의 타격을 담보로 하는 무차별적 테러행위도 비대칭위협의 사례에 속한다. 미군의 경우 1990년대에 냉전에 승리함으로써 소련과 같은 대등한 국가에 의한 정규전의 위협이 감소되자 소규모 국가 및 단체의 비대칭위협에 대한 대비의 필요성을 강조하였고, 그때부터 이 용어가 사용되기 시작하였다. 미군이 원래 사용하게 된 배경에 충실할 경우 비대칭위협이라는 용어는 통상적인 위협에 대한 대비가 충분히 갖추어진 상태에서 그것 이외에도 추가적인 위협을 찾아서 대비해야 함을 강조하기 위한 용어이다. 통상적인 전력으로 수행되는 전쟁에서 우리가 승리할 가능성이 높으면 적은 기상천외한 수단과 방법을 사용할 수밖에 없을 것이고, 따라서 그것을 비대칭이란 용어로 분류하여 집중적인 대비태세를 강구하고자 하기 위한 용어이다.

## 2 테러리즘의 전개

### 1. 1960년대 - 현대적 테러리즘의 태동기

1964년 팔레스타인 해방기구(Palestine Liberation Organization: PLO)의 등장은 국제사회의 현대적 테러리즘의 발생을 초래하였다. 팔레스타인 난민들은 PLO를 중심으로 자신의 처지를 UN 및 강대국에 호소하면서 팔레스타인문제를 해결해줄 것을 촉구하였으나 국제적 메커니즘이 문제를 해결할 노력과 성의를 보이지 않아 테러리즘을 선택하였다. 1968년 팔레스타인 해방인민전선(PFLP) 소속의 테러리스트들이 이스라엘 항공기를 공중납치한 이래 1968년 한 해 동안 무려 35건의 항공기 납치를 단행하였다. 이처럼 20세기 후반의 현대적 테러리즘은 그 대상이 한정되어 있는 것이 아니라 민간인들에 대한 인질 납치, 무차별 살상, 여객기 납치, 공중폭파, 자살폭탄 등 반인륜적 행태의 잔혹한 테러리즘으로 전개되었다.

## 2. 1980년대 - 테러리즘의 지속적 증가

1980년대 들어 세계적으로 안정적인 경제 성장 추세가 이어지자 선진국의 극좌조직은 극적으로 쇠퇴하기 시작하였다. 그 대신 테러리즘의 주역은 리비아를 중심으로 하는 아랍과격파에게로 넘어갔다. 1980년대 테러리즘의 가장 큰 특징은 테러리즘 발생 건수가 증가하면서 규모도 대형화되었고, 국가지원 테러리즘이 두드러지게 나타났다. 이 시기의 대표적인 테러단체였던 중동지역의 회교지하드(Al al Islam)는 이란 회교 정부의 지원을 받는 시아파 과격단체로서 1983년 베이루트 주재 미국 대사관을 폭탄트럭으로 공격하여 63명을 살해하였으며 같은 해 미국 해병대 사령부와 프랑스군 사령부를 폭탄트럭으로 공격하여 299명의 사상자를 냈다.

## 3. 1990년대 - 테러리즘의 감소와 대형화 경향

1990년대를 고비로 국제테러리즘은 커다란 변화를 겪었다. 첫째, 공산진영의 붕괴로 냉전기 테러의 중심이었던 극좌조직들의 마지막 기반마저 상실되었다. 둘째, 걸프전쟁으로 인해 당시 국제테러리즘의 주역이던 아랍과격파들의 자금 유입이 동결되었다. 그리하여 1990년대에 들어서면서 테러리즘의 발생건수는 점진적으로 줄어들었으나 그 규모에 있어서는 더욱 더 대형화되었으며 무차별적인 양상이 심화되었다. 불특정 다수를 공격대상으로 하여 대량살상의 결과를 초래하는 새로운 유형의 테러리즘이 등장하기 시작하였는데 그 대표적인 사례가 1995년 도쿄에서 발생한 옴진리교 사린가스 공격 사건이다. 이 사건으로 13명이 사망하고 5,000명 이상이 부상을 당했다.

## 4. 2000년대 - 뉴테러리즘 양상의 심화

2000년대로 들어서면서 테러리즘 발생건수가 폭발적으로 증가하였다. 2001년 미국에서 있었던 오사마 빈 라덴에 의한 알카에다 조직의 9·11테러는 21세기의 새로운 전쟁 형태로 등장하였고, 테러리즘이 국제화·대형화되어 국가의 새로운 위협과 위기로 인식되기 시작하였다.

이러한 새로운 양상은 뉴테러리즘으로 분류되었으며 그 특징은 다음과 같다.

**(1)** 요구조건이나 공격주체가 불분명하여 추적이 곤란하다는 점이다. 종래 테러단체들은 테러 이후 성명을 통해 공격주체와 요구조건을 밝혔으나, 뉴테러리즘단체들은 서방 혹은 미국에 대한 적개심을 이유로 테러를 감행하였고 공격주체의 보호와 공포효과 극대화를 위해 아무것도 밝히지 않는 경우가 많다.

**(2)** 알카에다 조직에서 보듯 다원화되어 있는 조직, 즉 그물망조직으로 구성되어 무력화가 어렵다.

**(3)** 현대의 고도로 발달된 교통, 통신수단 및 무기체계의 구조적 변화로 인해 전쟁수준의 무차별 공격이 가능해졌다.

**(4)** 언론매체의 발달로 공포의 확산이 용이해졌다. 9·11테러에서처럼 CNN이 24시간 상황을 보도함으로써 테러리스트들이 노리는 공포가 확산되었다.

## 3 테러리즘의 유형

### 1. 종교적 극단주의

주로 이슬람 국가의 건립을 목표로 한 테러활동을 지칭한다. 대표적인 예로 1993년 세계무역센터 테러 사건에 연루된 이집트 조직(Al - Gama's al - Islamiyy, Al - Jihad), 라덴 조직(Al - Qaeda), 그리고 레바논 조직(Hezbollah)이다. 이러한 종교적 테러리스트들의 가치 구조는 세속적 테러리즘과 달라 대응하기 힘들다. 자신을 희생할 뿐만 아니라 테러로 인해 다수의 민간인이 사망하여도 그에 대해 죄책감을 가지지 않는다.

### 2. 영토 회복을 목적으로 한 테러리즘

영토 회복이 목표인 테러활동으로, 이스라엘을 축출하고 팔레스타인 국가를 건설하려는 하마스(Hamas)와 Islamic Jihad 등이 대표적인 예이다. 한편 상기한 바와 같이 팔레스타인 해방인민전선에 의해 팔레스타인 영토 회복을 위한 현대적 테러리즘이 촉발된 바 있다.

### 3. 분리주의

분리독립을 목표로 활동하는 테러단체들로서 주로 스페인, 영국, 필리핀 등에서 활동하고 있다. 스페인의 카탈루냐지방과 바스크지방의 분리독립을 위해 테러활동을 전개하고 있는 ETA, 아일랜드 독립을 목표로 하는 아일랜드 공화군(Irish Republican Army: IRA) 등이 그 대표적인 예이다.

### 4. 전통적 좌파 게릴라조직

전통적인 좌파 게릴라조직으로 콜롬비아와 페루에서 활동하는 조직을 지칭한다. 이들은 주로 좌우익의 이데올로기 대립, 빈부격차, 불평 등에서 기인하여 우익을 표방한 정부 및 극우단체들에 대항하는 좌익게릴라단체들이다. 마르크스 - 레닌주의 이념을 기반으로 1964년 결성된 민족해방군(ELN), 1966년 결성된 콜롬비아혁명군(FARC)이 대표적인 예로 꼽힌다.

## 4 주요 테러 단체

### 1. 알 카에다(Al - Qaeda Iraq: AQI)

1979년 소련(현 러시아)군이 아프가니스탄을 침공하였을 때 아랍 의용군으로 참전한 오사마 빈 라덴이 결성한 국제적인 테러 지원조직이다. 1991년 걸프전쟁이 일어나면서 반미세력으로 전환한 이 조직은 빈 라덴의 막대한 자금과 군사력을 바탕으로 파키스탄·수단·필리핀·아프가니스탄·방글라데시·사우디아라비아는 물론, 미국·영국·캐나다 등 총 34개국에 달하는 국가에서 활동하고 있는 것으로 알려져 있다. 이들은 철저한 점조직으로 움직이면서 계속 활동영역을 확장해 비(非)이슬람권 국가까지 세력을 뻗치는 한편, 1998년에는 이집트의 이슬람원리주의 조직인 지하드와 이슬람교 과격단체들을 한데 묶어 '알 카에다 알 지하드'로 통합하였다.

'유대인과 십자군에 대항하는 국제 이슬람전선'으로 일컬어지며, 조직원은 3,000 ~ 5,000명으로 추정되는데, 세계 각지의 산간이나 오지에서 은둔생활을 하는 것으로 알려져 있다. 본부 소재지나 활동에 대해서는 정확히 알려진 것이 없다. 주요 목적은 이슬람 국가들의 영향력 확대이며, 이를 위해 다양한 국적의 테러조직과 연결해 3억 달러에 달하는 오사마 빈 라덴의 막대한 자금력을 이용하여, 각종 테러에 자금을 지원해 왔다.

### 2. 헤즈볼라(Hezbollah)

레바논의 이슬람교 시아파(派) 교전단체이자 정당조직으로 신(神)의 당(黨), 이슬람 지하드라고도 한다. 이란 정보기관의 배후 조정을 받는 4,000여 명의 대원을 거느린 중동 최대의 교전단체이면서 레바논의 정당조직이다. 호메이니의 이슬람 원리주의에 영향을 받아 1983년 이슬라믹 아말(Islamic Amal)과 다와 파티(Dawa Patty) 레바논 지구당을 통합하여 결성하였고, 활동 본부는 레바논 동부쪽 비카에 있다. 이슬람 공동체로서 전 중동을 통일하기 위해 시아파 이슬람교 이데올로기와 상반되는 개인·국가·민족 등을 대상으로 테러도 한다. 주로 미국인과 미국 자산, 이스라엘과 이스라엘 사람을 대상으로 테러를 자행한다. 1983년 10월 23일 베이루트에 있는 미국 해병대 사령부 건물 정면으로 헤즈볼라 자살 특공대가 약 1만 2,000파운드의 폭약을 실은 벤츠 트럭을 몰고 돌진하여 미군 241명을 살상하였다. 1992년 3월 17일에는 유사한 방법으로 아르헨티나 부에노스아이레스 소재 이스라엘 대사관을 침범하여 29명이 죽고 242명이 부상당하였다. 이후 이스라엘과 민간시설 및 민간인에 대해 공격하지 않기로 하였으나 제대로 지켜지지 않고 있다. 2000년 이스라엘군이 레바논 남부에서 철수한 뒤에는 12명의 의석을 지닌 정당으로 변신하였다.

### 3. 하마스(Hamas)

반(反) 이스라엘 팔레스타인 무장저항단체이며, 이슬람 저항운동단체로, 아마드 야신(Ahmad Yasin)이 1987년 말에 창설하였다. 이 조직은 이스라엘이 요르단강 서안(西岸)과 가자지구를 계속 통치하는데 저항한 '인티파다(Intifada)'라는 팔레스타인 민중 봉기 시기에 PLO(Palestine Liberation Organization: 팔레스타인해방기구)를 대신할 만한 이슬람 단체로 두각을 나타내기 시작하였다. 하마스는 '용기'라는 의미로, 이슬람 수니파(派)의 원리주의를 내세우는 조직체이다. 이들은 팔레스타인의 해방 및 이슬람 교리를 원리원칙대로 받드는 국가를 건설하는 것이 목표이다. 기본적으로 이스라엘과 팔레스타인 자치정부 간의 평화협상을 반대하고, 이를 위한 테러활동을 벌인다. 이들의 조직은 정치·군사로 이원화되어 있다. 정치조직은 3개의 위원회로 된 중앙지도부 아래 활동분야별로 4개의 하위조직이 있다. 웨스트뱅크지역에 3명의 지역책임자를 두고 있으며, 가자지구에 1명의 책임자를 두고 있다. 또 각 지역마다 지역책임자 아래 세분화된 세포조직체제를 갖추고 있다. 군사조직으로는 '에즈 에딘 알 카삼(Ezz Eddin al - Qassam)'을 구심점으로 모든 무장저항활동을 계획하고 실행한다. 해외에 망명한 팔레스타인인(人), 이란을 비롯한 여러 아랍 국가의 후원자 등으로부터 자금을 지원받고 있으며, 영국·독일·벨기에·네덜란드 등 외국에도 자금조달망을 갖추고 있다.

## 4. 보코하람

### (1) 의의

보코하람(Boko Haram)은 서아프리카와 북아프리카지역에서 이슬람 극단주의인 이슬람 지하디스트를 표방하며 폭력적 테러활동을 벌이고 있는 테러 집단이다. 일반적으로 '서구식 교육 또는 비이슬람적 교육은 죄악'이라는 의미로 해석되는 '보코하람'이라는 명칭으로 더 잘 알려져 있지만, 이 집단의 정식명칭은 'Jama'atu Ahiss Sunna Lid da'awati Wal - Jihad (JASLWJ)'로, 그 의미는 '선지자와 지하드의 가르침을 전파하는 집단'이다.

### (2) 기원 및 발전

보코하람은 2002년부터 나이지리아 보르노(Borno)주의 주도인 마이두구리(Maiduguri)를 지역적 기반으로 급진적 이슬람 극단주의학자인 셰이크 무함마드 유수프(Sheik Muhammad Yusuf)에 의해서 조직되었다. 이 집단은 초기에 마르카즈(Markaz) 모스크에서 나이지리아의 젊은 청년들을 대상으로 서구의 교육·문화·민주주의·의학·과학 그리고 신앙 등은 모두 이슬람 코란(Qur'an)의 가르침을 위협하는 악한 것(evil)이며 죄악(sin)이라는 내용의 설교를 진행하며, 서구에 반하는 운동을 확산하고자 하는 급진적 이슬람 분파의 운동으로 시작되었다. 특히 유수프와 그의 추종자들은 세속화된 나이지리아 정부를 극단적 지하디즘과 샤리아(Sharia)에 의해 통치되던 과거로 회귀시킬 수 있는 정부로 대체해야 한다고 주장하면서 정부와 갈등을 빚기 시작한다. 2009년 7월, 격퇴 작전(Operation Flush Out)을 이끌던 나이지리아 경찰과 군대가 보코하람 조직원들에 대해 강경한 대응을 하다가 요베(Yobe)주에서 다수의 보코하람 조직원들이 사망하고 당시 지도자인 유수프와 그를 따르던 주요 제자들이 적법한 사법 절차 없이 처형되는 사건이 발생한다. 이 사건이 계기가 되어 보코하람은 더욱 끔찍하고 폭력적인 테러 집단으로 변모하게 된다. 보코하람이 극단적 폭력집단으로 변모하는 데 가장 중요한 역할을 한 것은 바로 유수프의 사망이후 보코하람의 새로운 리더로 부상한 아부바카르 셰카우(Abubakar Shekau)라는 인물이다. 그동안 지하조직으로 활동하던 보코하람은, 셰카우의 리더십 아래 나이지리아 공권력에 대한 복수를 다짐하며 나이지리아 정부를 폭력으로 전복시키고 이슬람 국가를 설립하겠다는 목표를 가진 테러 집단으로 변모한다.

### (3) 목표

셰카우가 이끄는 새로운 보코하람은 다음의 네 가지의 주요 교의(doctrine)을 표방하였다. 첫째, 서구 교육에 대한 반대. 둘째, 세속화된 현재 나이지리아 정부에 대한 반대. 셋째, 이슬람 신정국가(Islamic caliphate)의 건설 추구. 그리고 넷째, 이러한 목표 달성과 변화 도모를 위한 폭력적 수단의 사용이다. 구체적으로 보코하람은 나이지리아 북부의 12주를 장악하여 이슬람 신정국가를 건설하고 나머지 지역에 점차적으로 이러한 영향력을 확대하는 것을 목표로 삼았다.

### (4) 주요 활동

첫째, 보코하람은 모두스 오페란디(modus operandi, 범죄 수법)로 다양한 반정부 폭동전략과 게릴라전술, 그리고 때로는 범죄와 구별되지 않는 행위들, 즉 몸값을 받기 위한 납치, 자살 폭탄 테러, 지역주민들의 생명과 재산에 대한 공격, 살해, 폭탄 테러, 방화 및 약탈, 인신매매 등을 자행하였다. 둘째, 보코하람은 주로 나이지리아 북부의 정부 경찰, 군대 시설 등 공안기관을 공격 대상으로 삼았으나 민간인들도 예외는 될 수 없었다. 셋째, 기독교 교회, 모스크, 시장 등 기독교도와 이슬람교도 모두에게 테러를 자행하였다. 넷째, 2014년까지 보르노, 요베, 지가와(Jigawa), 잠파라(Zamfara) 그리고 아다마와(Adamawa) 등 나이지리아 북부에 위치한 약 22개 주의 주정부를 장악하였다. <u>보코하람은 이 주들을 칼리프(Caliph)에 의해 통치되는 다울라(Daula, 이슬람 영토)로 선포하고, 지역과 지역 주민들에 대하여 물리적·심리적으로 폭력적인 통제를 강화했다.</u> 다섯째, 2014년 나이지리아 보르노주 치복(Chibok)의 학교에서 276명의 여학생들을 인신매매를 위해 납치한 사건, 요베주의 부니 야디(Buni Yadi) 지역 대학에서 59명의 소년들을 살해한 사건, 그리고 2018년 110명의 여학생들을 요베주의 다프치(Dapchi)의 한 학교에서 납치한 사건 등을 자행했다.

### (5) 나이지리아 정부의 대응

나이지리아 정부는 보코하람이 폭력적 테러 공격을 시작한 굿럭 조나단(Goodluck Jonathan) 행정부 시절부터 현재 무함마두 부하리(Muhammmadu Buhari) 정부에 이르기까지 거의 전적으로 군사적 대응에 의존한 대테러 정책을 펼쳐왔다. 2016년에는 부하리 대통령이 보코하람은 '엄밀히 말해 패배(technically defeated)'했다고 주장한 바 있지만, 이러한 정부측의 발표는 신뢰를 얻지 못하였고 보코하람의 지속적인 테러공격은 이어졌으며, 여전히 건재한 것으로 평가된다. 정부와 정부군의 지속적인 보코하람 소탕 노력에도 불구하고 보코하람이 지금까지 건재한 이유는 기본적으로 보코하람이 북부 나이지리아 지역에서 창궐할 수 있었던 배경과도 일치한다. 보코하람이 장악하고 있는 북부 나이지리아 지역은 남부 나이지리아 지역에 비해서 높은 빈곤율과 청년 실업률·낮은 교육 수준과 그에 따른 높은 문맹률을 보이고 있으며, 정치적 불안정·정부의 부정부패가 심각하고, 다수의 무슬림이 거주하는 지역이다. 상대적으로 조금 더 나은 경제적 조건을 가지고 있으며 주로 기독교인들이 거주하는 남부 나이지리아 지역들과 나이지리아 중앙 정부에 대한 심각한 상대적 박탈감과 원망(grievance)이 해결되거나 개선되지 못한 부분이 있다. 더 나아가 나이지리아 정부와 정부군에 의해 사법절차를 벗어난 폭력, 고문, 살해 등이 자행된 경험으로 인해 정부와 정부군에 대한 피해의식이 팽배해 있고, 이에 더해 심각한 수준의 부정부패까지 정부에 대한 불신을 부채질하고 있다. 향후, 빈곤·불평등·교육격차·부패 등과 같은 심각한 사회적 문제의 근본적인 해결이 선행되지 않은 상태에서, 나이지리아 정부의 보코하람에 대한 대테러전략의 성공은 요원할 수도 있을 것으로 보인다.

# 5. 이슬람국가(IS)

## (1) 기원

IS의 모태는 요르단 출신의 알 카에다 간부였던 아부 무사브 알 자르카위(Abu Musab al-Zarkawi)가 2002년 조직하였던 '유일신과 성전(Al Tawhid al-Jihad)' 이며, 이 단체는 2004년 김선일 참수 사건 등 잔악한 폭력 선동을 일삼아 온 극단조직이다. 자르카위는 이후 '이라크 알 카에다(al-Qaeda Iraq: AQI)'로 조직의 이름을 바꾸고 시아파가 이끄는 이라크 중앙정부에 대항하는 이라크 내 최대 반정부조직으로 성장시킨다. 2011년 미군의 이라크 철수 이후 이름을 '이라크 이슬람 국가(Islamic State Iraq: ISI)'로 바꾸어 반정부 투쟁을 전개하였다. 시리아 내전이 격화되자 ISI는 시리아 반군진영에 가담한 이후 이름을 다시 '이라크-시리아 이슬람 국가(Islamic State of Iraq and al-Sham: ISIS)'로 변경하였다. 이후 ISIS는 명칭을 다시 IS로 바꾸고 시리아 일부 지역에서 영향력을 행사하던 중, 이라크 내 종파갈등이 심화되고 말리키 전 총리에 대한 국민들의 불만이 높아지자 일부 지하디스트(Jihadist)들이 다시 이라크로 귀환하기도 하였다.

## (2) 조직

IS의 조직은 아부 바크르 알바그다디 1인 지도체제로 스스로를 칼리프(이슬람 공동체의 통치권자)로 자임하며 휘하에 샤리아(이슬람법 통치), 슈라(조언·협의·입법기능), 군사 및 치안 등 4개 영역의 위원회를 설치하고 있다. 중앙 지도부하에 지역단위통치체제를 구성하여 4개 위원회를 설치하여 동일한 기능을 수행하게 한다.

## (3) 목적

IS의 목표는 중동지역에 이슬람 신정 칼리프 국가를 수립하여 이슬람 본원의 '움마 공동체(Ummah-t-al Islamyyah)'를 현실정치에서 직접 구현함으로써 이교도 및 배교도들을 몰아내고 이슬람 가치에 의해 통치되는 이념을 전파하는 것에 있다. 이슬람의 창시자인 선지자 무함마드(Mohammed) 사후 4대 칼리프 왕조가 들어서서 이슬람 공동체의 번영을 구가하였던 역사를 상기하며 과거 영화로운 칼리프의 시대, 즉 '칼리파 라시둔(Caliph Rasidun)' 시대의 21세기 구현을 목표로 하였다. IS는 이라크와 시리아 지방지역에서 이슬람 칼리프 국가 수립을 선포하고, 궁극적인 영토 복속의 목표를 동쪽으로는 이란, 남쪽으로는 이라크 전역, 서쪽으로는 레바논 지중해 연안을 잇는 거대한 지역으로 천명하기도 하였다.

## (4) 이념

IS의 이념은 극단적 수니파 근본주의라고 할 수 있다. 이들은 종교적 계율과 실행에 있어 전통적·보수적이라는 차원을 넘어서서 지하드과정에서 일반적인 이슬람의 통념과 전통을 넘어서는 극도의 잔인성과 공포를 통치수단으로 삼고 있다. 이슬람 주류는 이러한 비주류 극단주의자들을 탁피리스트(Takfirist)라고 칭하며, 보수적 이슬람 신학에서도 금기(Haram)로 규정하였고, 알카에다 조차도 그 잔인성으로 인해 통제가 불가능해지자 결별을 선언하였다.

### (5) 대외전략 - 이슬람 전선의 개인 네트워크 확대

IS는 특정 국가와의 연대 및 협력을 추구하지 않으며, 전세계에 흩어진 잠재적 지하디스트들을 포섭하여 전장에 참여시키면서 국제사회에 공포감을 조성하는 전략을 구사하였다.

### (6) 현황

IS는 2014년 6월 이라크의 경제 중심지 모술(Mosul)을 점령한 후 칼리프국가를 선포하고 파죽지세로 시리아와 이라크에서 점령지를 확보해 나갔다. 그러나, IS는 2019년 3월 23일 시리아 바구즈 패퇴를 끝으로 모든 점령지를 상실하였다. 그러나, 그 이후에도 확장에 대한 의지를 계속 드러내고 있다. IS는 물리적 점령지 소멸 등 쇠퇴 국면에도 민주콩고, 인도, 파키스탄에 윌라얏 신설을 발표하였으며, 2019년 10월 26일 미군의 군사작전으로 알 바그다디가 사망한 이후 알 쿠라이시가 새로운 수장으로 선임되자 전 세계 20여개의 프랜차이즈 단체들이 충성을 서약을 하면서 IS 네트워크의 건재를 과시하였다. 리더십 교체 이후에도 Islamic State West Africa Province (ISWAP, 서아프리카지부), Islamic State in the Greater Sahara(ISGS, 大사하라지부)가 2020년2월 23일에, Islamic State in Iraq and the Levant - Libya(리비아지부), IslamicState in Iraq and the Levant - Yemen(예멘지부), 그리고 인도네시아의 ISIS 연계단체 Jamaah Ansharut Daulah(JAD)가 2020년 3월 4일 UN 지정 테러단체에 대거 지정되면서 ISIS의 글로벌 존재감을 보여주고 있다.

## 5 세계화시대 테러리즘의 활성화요인

### 1. 문화적 요인

테러리즘의 문화적 요인은, 세계화시대 테러리즘의 활성화요인을 문화 또는 문명 간 충돌로 본다. 세계화가 서구문명 또는 서구적 가치의 지구화의 특징을 띠게 되면서 소수문화·소수문명이 보편문명에 대항하면서 나타나는 현상이라고 보는 것이다. 자신들의 문명이 약화되거나, 위협을 받거나, 정체되고 있다고 여기는 사람들과 다른 문명권에 속한 사람들 간의 관계에서는 충돌이 불가피할 수도 있다.

### 2. 경제적 요인

세계화는 빈부격차 확대, 부에 대한 기대감을 고조시켜 테러리즘의 요인이 되고 있다.

(1) 세계화로 세계시장에 대한 접근가능성이 높아지고 아시아의 경제 성장이 촉진되었지만, 지구화와 연계된 과학기술의 발전은 서방세계에 유리한 환경을 조성하여 새로운 형태의 경제적 제국주의를 만들어냈다. 경제적 제국주의체제에서 중심에 위치한 미국과 서유럽의 탈산업 국가들은 세계은행과 같은 국제경제제도에서의 압도적 위치를 통하여 주변부의 저발전 국가에게 불리한 교역과 재정정책을 결정한다. 이로써 세계화된 경제체제에서 이른바 남북문제가 심화되고 있다. 남북문제의 심화는 서구 자본주의를 상대로 하는 테러를 부추기고 있다.

(2) 세계화로 인해서 부에 대한 기대감은 높아졌으나, 그것이 실현되지 않은 절망감이 테러리즘의 요인이 되기도 한다. 부에 대한 기대와 꿈을 실현할 수 없는 경우, 범죄와 정치적 목적을 위해 폭력을 사용하는 것이다.

### 3. 종교적 요인

종교적 요인에 기초한 테러리즘을 '뉴테러리즘' 또는 '탈근대 테러리즘'이라고 한다. 탈근대 테러리즘은 이전의 테러리즘이 이슬람 국가 건설 등과 같은 주로 정치적 목적에 의해 추동된 것과 달리 종교적 목적을 띠고 있다. 즉, 사후세계에서의 보상 약속을 믿고, 믿지 않는 자와 종교적 교리를 성실하게 따르지 않는 자를 살해하는 것이다. 또한 이슬람을 전세계적으로 강요하기 위한 무장투쟁의 일환으로 테러가 자행되기도 한다.

## 6 대테러리즘을 위한 조치

### 1. 개별 국가에 의한 대테러리즘

미국은 기존의 대테러법을 대폭 강화한 내용의 법안인 '애국법(USA Patriot Act, 2001)'을 의회에 제출하여 발효하였다. 또한 반확산전략의 일환으로 MD체제의 구축, 선제공격 독트린, PSI 등을 통해 테러리즘에 대응하고 있다. 한편 영국은 2001년 2월 제정된 '대테러법(Terrorism Act, 2000)'에서 과격 민간단체의 폭력행위와 사이버공간에서의 파괴적 행위도 테러로 규정하는 등 테러의 개념을 포괄적으로 확대하였다. 나아가 일본은 사이버 및 화생방 공격에 대비한 국제테러 대책본부를 설치한 바 있다. 하지만 테러리즘의 성질상 사전적인 국가 간 협력을 요하는 성질을 가지고 있으므로 근본적인 한계를 지니고 있다.

### 2. 국가 간 협력을 통한 대테러리즘

9·11테러 이후 테러리즘에 대응하기 위해 미국과 EU뿐만 아니라 러시아와 중국 등 강대국 간 협력이 형성되었다. 미국이 주도하는 PSI체제에 러시아 등을 포함한 강대국들이 대거 참여하고 있다는 사실이 이를 대변한다. 나아가 NPT, PTBT, UN안전보장이사회 결의 등 기존 국제기구를 통한 대테러리즘 노력 또한 행해지고 있다. 하지만 이러한 국가 간 협력을 통한 대테러리즘은 국가들의 동의 및 의사를 바탕으로 하고 있으므로 협력의 지속성을 보장하기 힘들다. 특히 미국이 주도하고 있는 대테러 체제는 중국 봉쇄라는 이면적 목적을 지니고 있으므로 중국 혹은 러시아의 협력이 지속될 수 있을지에 대해 회의적인 시각이 많다.

### 3. 글로벌거버넌스를 통한 대테러리즘

상기한 바와 같이 9·11테러 이후 전개되는 뉴테러리즘 양상을 고려할 때 국가 간 협력 외에 비정부기구의 협력 또한 필수적이다. 정보기술의 발달로 인해 그물망 조직을 갖추고 있는 테러조직의 실체를 밝히는 것이 용이하지 않기 때문이다. 이를 위해 국제기구, NGO, INGO 등으로 구성된 글로벌거버넌스의 구축이 필요하다. 하지만 테러위협이 개별 국가의 안보위협과 직결되어 있는 바, 대테러리즘 관련 글로벌거버넌스는 주권국의 이기적인 태도로 발전에 제약이 있다.

## 제5절 | 시리아 사태

### 1 촉발 배경

2010년 12월 17일 26세 청년의 분신으로 튀니지에서 시작된 아랍 정치변동이 시리아에 확산되면서 시리아 사태가 촉발되었다. 시리아 사태는 2011년 3월 18일을 기점으로 전국적으로 확대되었으며, 이후 복잡한 내전상황이 전개되고 있다.

### 2 전개과정

#### 1. 초반 전황

2011년 초 정부군이 수세에 몰렸으나, 2012년 대공세를 전개하여 주요 반군 장악지역을 탈환하는데 성공하였다. 그러나 2013년 초반 사우디아라비아, 요르단이 반군에 대한 무기 지원을 확대하면서 정부군은 다시 수세에 몰렸으나, 이후 헤즈볼라(Hezbollah)의 도움으로 전략 거점인 쿠사이(Qusayr)를 다시 탈환하였다.

#### 2. 아사드의 화학무기 공격과 미국의 개입

2013년 8월 21일 아사드가 이끄는 시리아 정부군이 다마스쿠스 인근 구타의 교외 지역에서 사린 가스 공격을 감행해 1,300여명이 숨지는 사태가 발생하자, 미국은 영국, 프랑스 등 서방국가와 함께 시리아의 아사드 정권 축출을 위해 시리아 공습을 검토했다. 그러나, 미국은 시리아의 아사드 정권을 공습하는 대신 테러를 일삼고 있는 IS의 공격으로 정책을 변경한다. 2014년 들어 미국은 먼저 IS 기지가 있는 이라크 지역을 공습한데 이어 9월 10일 오바마 대통령은 시리아의 IS 근거지를 공습하기로 결정하였다. 그런데, 미국 등 서방국이 IS 공격에 몰두하는 동안 시리아 정부군은 대대적 반격에 나서 반군이 점령한 최대 도시인 알레포가 위기에 처했다. 반군의 알레포 점령이 실패하면 시리아 반군을 위한 서방의 노력이 물거품 된다는 점에서 프랑스는 미국 등 서방국가가 IS 공습 대신 반군을 도와야 한다고 주장했다. 미국의 IS에 대한 공습이 전혀 효과를 거두지 못하고 오히려 공습으로 시리아 반군에게 불리하게 전황이 돌아가자 미국은 대시리아 전략을 아사드 정권 제거로 선회하는 움직임을 보였다.

## 3. 러시아 군사 개입

2015년 들어 러시아가 개입했다. 러시아가 아사드 정부에 가장 큰 위협인 수니파 무장세력 이슬람국가(IS)를 공습하기 위해 전투기와 공격헬기 등 항공기, 조종사, 군사 고문단, 기술요원, 대공포 요원 등 수천 명의 병력으로 구성된 공군부대를 시리아에 파견했다. 러시아는 2015년 9월 30일 IS 반군 퇴치를 명분으로 시리아에 첫 공습을 단행하였으나 군사작전은 알아사드 대통령을 지원하기 위한 것이었다.

## 4. 휴전합의 및 철회

2016년 들어 바샤르 알아사드는 시리아 내전의 최대 격전지였던 북부 도시 알레포에서 승리했다. 2012년 7월 반군이 알레포 동부지역을 점령한 지 4년 반 만이었다. 시리아 정부군과 반군은 2016년 12월 30일 시리아 전역에서 전면적 휴전에 합의했다. 이번 휴전은 반군을 지원하는 튀르키예와 정부군을 지원하는 러시아가 적대행위의 중단을 보증하기로 약속했다. 그러나, 2017년 2월 전투가 재개되면서 아사드군과 반군사이의 휴전이 철회되었다.

## 5. 시리아의 화학무기 공격과 트럼프의 공습

시리아 북부 이들리브주(州) 칸셰이쿤 마을에서 정부군으로 추정되는 전투기의 화학무기 미사일 공격으로 어린이 30여 명 등 주민 100여 명이 사망하고 400여 명이 다쳤다. 시리아 정부군의 독가스 공격이 있은 후 미국은 시리아의 공군 비행장을 공습했다. 이는 미국이 시리아의 알아사드 정권을 상대로 한 첫 공격이었다. 오바마 행정부는 IS에 대해서만 공습을 해왔으나, 트럼프가 집권한 이후 시리아 정책이 급변했다.

## 6. 현황

2021년 기준 아사드정권은 시리아 대부분의 지역을 거의 탈환했고, 반정부 세력은 북부 터키 접경 지역으로 밀려났다. 그러나, 2021년까지 시리아 내전에서 우위를 점하던 바샤르 알-아사드 정권은 2024년 12월, 하야트 타흐리르 알-샴(HTS)이 주도하고 터키가 지원한 반군 연합의 전격적인 공세로 수도 다마스쿠스를 상실하며 붕괴되었다. 아사드는 러시아로 망명했고, HTS의 정치·군사 지도자인 아흐마드 알-샤라아가 임시 대통령으로 선출되어 2025년 3월 과도정부를 출범시키고 임시 헌법을 공포하였다. 이후 새 정부는 아사드 잔존세력 및 소수민족 집단과 충돌을 이어가고 있으며, 시리아는 여전히 불안정한 전환기를 겪고 있다.

## 3 반군세력 구도

### 1. 의의

시리아 내 반군세력은 크게 3개 세력으로 대별할 수 있으며, 각각 ① 반군 최대 세력을 자임하는 시리아 국민연합(SNC) 및 산하의 자유시리아군, ② 이슬람 전통주의 투쟁세력(Salafist), ③ 알카에다 류의 세력 등이다.

### 2. 시리아 국민연합(SNC)

온건 수니파를 중심으로 형성되어 있으며, 국내기반은 취약한 것으로 평가된다.

### 3. 이슬람 전통주의 투쟁세력(살라피스트, Salafist)

시리아 국내에서 이슬람 세력을 대표하며, '이슬람 전선'이라고도 한다. 이슬람 전선은 궁극적 목표를 이슬람 성법(Sharia)에 의해 통치되는 '시리아 이슬람 공화국 건설'로 설정하고, 강력한 이슬람 교의에 입각한 전통주의 이슬람 신정 공화국을 구축하려 하고 있으며, 현재 SNC의 자유시리아군보다 더 강력한 조직력과 전투능력을 보여주고 있다. 이슬람 전선은 시리아 정부군뿐 아니라 자유시리아군과도 갈등 국면을 유지하고 있다.

### 4. 알 카에다 류의 알 누스라 전선과 이라크 · 시리아 이슬람 국가

알 누스라 전선과 '이라크 · 시리아 이슬람 국가[Islamic State of Iraq and Levant: ISIL으로, ISIS(Islamic State of Iraq and al-Sham)이라고도 함]'는 국제사회의 지지를 얻지 못하고 감시대상이 되고 있다. ISIS에 대해 UN과 미국은 알 카에다 연계 세력으로 공식 지정하였으며, 이들은 1만 명 내외의 전투 병력으로 시리아 동부 전역에서 무장투쟁을 전개하고 있다. ISIS는 대표적인 자생 알 카에다 조직으로 주로 해외파 지하디스트들로 구성된 외인부대의 성격을 띠고 있으며, 반군 중 최고의 전투력을 자랑한다. 이들은 독자적으로 활동하면서 잔인하고 폭력적인 테러행위를 지속하고 있다.

## 4 주요국의 입장

### 1. 시리아 정부지지 세력

### (1) 러시아

러시아에게 시리아는 중동 내 유일한 군사동맹국이며, 향후 러시아의 대중동 진출 거점이자 파트너로 상정하고 있었다. 그런데 알아사드 정권이 퇴진하고 친미 · 친서방 정권이 등장할 경우 거점을 상실하게 된다는 우려로 인해 강경하게 대 시리아 개입을 반대하고 있다. 특히, 현 시리아 반군 내부의 알 카에다 테러세력은 물론, 지하디스트들이 알아사드 퇴진 이후 정치적 세력으로 약진할 경우 러시아 내 체첸 반군들이 득세할 것을 우려한 것도 미국 등의 개입을 반대하는 요인이 되고 있다.

### (2) 이란

시아파의 맹주 알 아사드 정권을 지원하는 가장 큰 세력은 시아파의 맹주 이란이다. 2014년 이란은 이라크 및 아프가니스탄의 시아파 민병대 전사들을 훈련시켜 시리아에 파견했고, 무기와 자금 등 포괄적인 영역에서 시리아 정부를 지원했다. 이란은 중동 지역 내 강력한 시아파 국가로 시리아와 오랜 협력관계를 이어오고 있으며, 시리아는 1980년 이란과 이라크 전쟁 당시 다른 아랍 국가들과 달리 이란을 지원했다. 2003년 이후 미국이 대(對)이란 제재를 통해 압박을 시작하고 시리아에 대한 제재가 본격화되면서, 시리아와 이란의 연대는 더욱 강화되었다. 특히 시리아가 레바논의 헤즈볼라(Hezbollah)에 대한 이란의 지원을 연결해 주는 역할을 담당하여 이를 차단하려는 미국, 이스라엘, 유럽 국가들과 대립적인 관계가 지속되고 있다.

## 2. 시리아 반정부세력 지지

### (1) 미국 및 자유주의 국가

미국은 영국 및 프랑스 등 서방 사회와 함께 알아사드 정권을 비판하며 이란과 헤즈볼라, 러시아의 지원에 맞서 시리아 반정부군을 지원하고 있다. 알 아사드 정권을 축출하여 시리아 땅에 자유 민주주의를 실현하기 위한 목적과 이란 및 러시아의 정치적, 군사적 세력 확장을 경계하기 위한 목적이 있다. 그러나 미국 및 자유주의 국가들은 시리아 내 희생자들이 기하급수적으로 발생하고 있지만, 적극적인 개입은 하지 않았다. 독재 정권을 시리아에서 직접 제거하는 대신, 알 아사드 정권의 퇴진을 위해 싸우는 시리아 반정부군에 군사 훈련 실시 및 무기 등을 제공하며 소극적인 자세를 취하였다.

### (2) 사우디아라비아

수니파 맹주 시리아 정부와 대립하는 가장 강력한 세력은 아랍권의 수니파 종주국인 사우디아라비아다. 전세계 무슬림의 인구를 약 16억 정도로 추산할 때, 이 중 수니파는 약 14억에 달한다. 2016년 1월 사우디아라비아가 시아파 종교 지도자들을 테러범들과 함께 처형하는 사건이 있었다. 이에 분노한 이란인들이 주이란 사우디아라비아 대사관에 불을 질렀고 국교가 단절되었다. 사우디아라비아와 이란의 전면적 대립은 현재 시리아 내전의 또 다른 축을 형성하게 되면서 갈등을 증폭시키고 있다. 지금까지 사우디아라비아는 막대한 자금으로 중동 지역의 종파전쟁에 관여해 왔다. 오일머니로 재정이 풍부해 '검은 돈', '테러의 자금줄'이라 불리기도 했다. 2016년 1월 뉴욕타임스는 시리아 반정부군을 지원하는 미국중앙정보국(CIA)의 자금이 사우디아라비아의 것이라고 밝혔다. 중앙정보국은 이자금을 통해 시리아 반정부군들을 훈련하고 무기를 구입한 것으로 나타났다. 미국의 오랜 우방인 사우디아라비아가 자금을 지원한 것은 처음 있는 일은 아니지만, 시리아 반정부군을 지원하는 문제에 대해서는 더욱 의지가 강하며 내전에 직접적으로 개입하여 정치적 영향력을 행사하고 있다.

### (3) 터키

터키는 남쪽으로 시리아와 국경을 마주하고 있는데, 양국은 쿠르드족 반정부군문제를 공유하고 있다. 2011년 시리아 내전이 발생하면서 터키는 알 아사드 정권의 학살을 강력히 비판했고, 시리아로부터 넘어오는 난민들을 위해 터키 국경지대에 난민소를 설치하면서 관계가 더욱 악화되었다. 그러나 터키는 알 아사드 정권과의 대립 이외에도 내부적으로 터키 쿠르드족 분리 독립의 문제를 가지고 있다. 이 때문에 미국 및 자유주의 국가들과 함께 북대서양조약기구(NATO)의 회원국이면서도 IS 격퇴보다는 자국의 안보에 위협이 되는 쿠르드족과의 전쟁에 몰입하고 있다. 국제사회의 주목과 함께 우려를 자아내며 초미의 관심으로 등장한 것은 2015년 11월, 러시아의 전투기를 격추시키면서였다. 2015년 9월 러시아가 시리아 내전에 본격적으로 병력을 투입하면서 개입하자, 터키는 알 아사드 정권이 시리아를 다시 장악하게 되는 것에 불안감을 느꼈다. 외신들은 터키가 러시아 전투기를 격추시킨 것은 미국의 적극적인 행동을 이끌어내려는 의도가 있는 '계획된 일'이라고 분석하고 있다. 터키의 공격이 러시아의 보복으로 이어지게 되면, 자연스럽게 미국이 군사적 개입을 할 것이라는 계산이다. 터키와 경제적 측면에서 관계강화를 추진하던 러시아는 터키와의 전쟁을 원치 않았고, 이에 따라 경고 이외에 추가적인 공격은 없었다.

## 제6절 | 우크라이나 사태

### 1 전개과정

#### 1. 오렌지혁명(2004 ~ 2005년)과 미국 · EU의 개입

미국과 EU는 2004 ~ 2005년 우크라이나 대선에 깊숙이 개입하여 '오렌지혁명(Orange Revolution)'을 성공시켜 친서방파 유셴코(Victor Yushchenko) 정부를 출범시켰다. 이후 부시 행정부는 러시아가 강력히 반대한 우크라이나의 NATO 가입을 추진하였으나 프랑스와 독일의 반대로 실패하였다. 한편, EU는 러시아의 반대를 무시하고 2009년 5월 탈소비에트 국가들과 통상, 경제전략, 여행협정 등의 분야에서 협력을 촉진·강화하는 'Eastern Partnership'을 출범시키고 우크라이나, 벨라루스, 몰도바, 조지아, 아르메니아, 아제르바이잔 등을 참여시키고 있다.

## 2. EU와 '제휴협정' 체결 중단과 반정부 데모

친러 성향의 야누코비치(Victor Yanukovych) 대통령은 2012년 3월부터 추진해온 EU와의 FTA 추진을 위한 제휴협정 체결을 2013년 11월 21일 전격 중단함으로써 수도 키예프를 중심으로 반정부 시위가 촉발되었다. 이는 러시아의 정치·경제적 지원 약속(150억 달러 지원 및 가스 공급가 30% 할인), 미국·EU의 소극적 경제·재정 지원, EU와 FTA 체결 시 취약한 국내 경제·산업 경쟁력을 고려한 결정이었다. 이에 대해 반정부 시위대들은 EU와 경제 통합 추진, 야누코비치 퇴진, 수감된 티모센코 전 총리의 석방 등을 요구하였다. 야누코비치는 이에 대해 '반시위법'을 제정하여 강경하게 진압하였고 그 과정에서 사망자가 발생하였다.

## 3. 2·21합의(Agreement on the Settlement of Crisis in Ukraine, 2014년 2월)

시위가 격화되어 사망자가 급증하자 독일, 프랑스, 폴란드 3국 외무장관, 러시아 대통령 특사 보증하에 야누코비치 대통령과 주요 야당 지도자 간 위기 종식을 위한 '2·21합의'가 채택되었다. 의회 권한 강화, 국민통합정부 출범, 12월까지 대선 실시, 유혈 사태 진상조사위원회 구성, 정부의 비상사태선언 포기 등이 합의되었다.

## 4. 야당의 '2·21합의' 파기와 크림 사태

2·21합의는 일부 강경파 시위대와 이에 동조한 야당에 의해 파기되었다. 야당은 2·21합의를 파기하고 신임 의회 의장 선출, 대통령 대행 선출, 티모센코 석방, 러시아어의 제2공용어 지위 박탈 등의 혁명적 조치를 취하였다. 러시아어의 제2공용어 지위 박탈은 3월 1일 투르치노프 대통령 대행에 의해 거부권이 행사되었다. 우크라이나 의회의 혁명적 조치들, 특히 러시아어의 제2공용어 지위 박탈은 크림 자치공화국의 잠재된 분리주의운동을 촉발시키는 요인이 되었다.

## 5. 크림 자치공화국의 분리독립 및 러시아와의 병합

크림 자치공화국 내 친러 세력들은 임시정부의 합법성을 부인하면서 러시아군의 도움을 받아 크림 자치공화국 내 주요 정부시설, 공항, 군사기지 등을 장악하기 시작하였다. 크림 자치공화국 의회는 주민투표를 앞두고 우크라이나로부터 독립을 선언하였으며, 이후 실시된 주민투표에서는 투표자의 96.7%가 러시아로의 병합을 찬성하였다. 푸틴 대통령은 크림 자치공화국의 독립을 승인하고 병합조약을 체결하여 병합을 완료하였다. ① 푸틴의 영토 회복과 세력권 유지정책, ② 크림 자치공화국 및 우크라이나가 NATO의 동진정책으로부터 러시아의 정치·안전상의 이익 보호, ③ 흑해 함대가 지중해, 대서양, 인도양으로 접근해 유럽, 중동, 아프리카, 코카서스 지역에서 전략적 이익을 보호하는 필수적인 군항이라는 지정학적 고려, ④ 크림 자치공화국 정부 및 의회 지도자들의 병합 추진을 외면할 수 없다는 점, ⑤ 구소련지역에 대한 미국과 EU의 지정학적 다원주의 추진전략에 대한 '불신'과 '불안감' 등이 신속한 병합 완료의 요인으로 지목된다.

### 6. 우크라이나 대통령 선거(2014년 5월 25일)

대선에서는 포로셴코(Petro Olekseyevich Poroshenko)가 당선되었다. 친서방 인물로서 친서방 정책 추진을 천명하였으나, 우크라이나의 NATO 가입은 반대하였다.

### 7. 우크라이나 동부지역의 분리독립 시도

2014년 3월 러시아의 우크라이나 크림반도 병합을 계기로 4월 '루간스크 인민공화국(LPR)'과 '도네츠크 인민공화국(DPR)'을 자체 선포한 뒤 그 해 5월 12일 우크라이나로부터 독립을 선언하였다. 이어 5월 24일 공동으로 노보로시야(新러시아) 연방국을 구성하였다고 발표하였다. 물론, 국제사회는 이들 지역의 독립과 노보로시야 연방을 인정하지 않고 있다. 2015년 2월 12일 러시아와 우크라이나, 프랑스, 독일 등 4개국 정상들이 나서 정부군과 반군 간 휴전, 교전지역에서 중장비 철수, 포로 교환을 위한 안전지대 구성 등을 골자로 하는 휴전협정(민스크협정)을 이끌어내기도 하였지만 교전은 중단되지 않고 있다.

## 2 주요 쟁점

### 1. 우크라이나 임시정부의 합법성

러시아와 미국·EU 간 우크라이나 임시정부의 합법성에 대한 논쟁이 있었다. 러시아는 반정부세력이 '2·21합의'를 파기하면서 불법적으로 대통령을 축출하고 임시정부를 구성한 것은 파시스트들에 의한 탈법적 쿠데타라고 주장하였다. 반면, 미국과 EU는 우크라이나 임시정부의 합법성을 인정하면서 각종 경제 지원을 약속하고 신임 야체뉵(Arseniy Yatseniuk) 총리를 공식 대화 및 협상 상대자로 삼았다.

### 2. 크림 자치공화국의 분리독립 및 병합문제

러시아는 크림 자치공화국 주민들의 러시아로의 합병 여부를 묻는 주민투표는 UN헌장의 '자결권'에 기초한 합법적인 투표이며 따라서 국제법에 어긋나지 않는다고 주장하였다. 반면, 미국과 EU는 러시아로의 크림 자치공화국 병합 여부를 묻는 주민투표는 우크라이나 전체 국민의 투표가 아니라 국제법 및 우크라이나 헌법 위반이며 러시아의 내정간섭에 의해 실시된 것이므로 무효라고 주장하였다. 또한 코소보와는 상황이 다르다고 주장하였다. 즉, 코소보 독립의 경우 세르비아의 코소보인에 대한 반인류적 인종청소와 학살 등을 막기 위해 UN 차원의 개입과 관리가 있었던 반면, 크림 자치공화국의 경우 러시아가 정치·군사적 개입을 통해 러시아로 병합시키려고 추진하였다는 점에서 다르다고 하였다.

## 3. '부다페스트협정' 위반 여부

미국은 러시아군의 크림 사태에 대한 개입은 1994년 12월 우크라이나의 핵무기 폐기와 핵확산금지조약(NPT) 가입을 보장하기 위해 러시아, 우크라이나, 영국, 미국이 체결한 '부다페스트협정(Memorandum on Security Assurance in Connection with Ukraine's Accession to the Treaty on the NPT)'을 위반하였다고 주장하였다. 동 협정은 우크라이나의 독립 및 주권 존중, 우크라이나에 대한 안보위협 및 군사력 사용 자제, 정치적 영향력 행사를 위한 경제적 압력 자제, 우크라이나에 대한 핵무기 위협 시 UN안전보장이사회의 대응 추구 등을 약속한 것이다. 이에 대해 러시아는 크림 자치공화국 내 러시아 군 이동은 우크라이나와의 양자조약에 기초한 것이며, 크림 자치공화국 내 무장군인들은 러시아 군이 아니므로 부다페스트협정을 위반하지 않았다고 반박하였다.

## 3 미국과 EU의 대응

### 1. 미국

미국은 크림반도 내 친러 분리주의자들이 분리독립과 러시아로의 합병을 추진하던 2014년 3월 초부터 대러시아 제재를 시작하여 점차 이를 확대해 왔다. 주요 제재조치는 다음과 같다.

(1) 우크라이나 사태를 조장한 인사들에 대해 자산동결조치를 취하였다.

(2) 크림반도의 러시아 병합에 직·간접적으로 연루된 러시아, 우크라이나, 크림반도 내 고위 인사들에 대하여 비자 발급 거부 및 미국 내 자산동결의 조치를 취하였다.

(3) G8 정상회담에서 러시아를 배제하고 G7들만 회합하기로 하였다.

(4) NATO - 러시아 위원회 운영을 중단시키는 한편, 발트 3국에서 전투기를 동원한 군사훈련을 실시하고 흑해지역에 전함을 파견하였다.

(5) 돈바스지역에 내전이 확대되자 포로센코 대통령의 요청에 따라 러시아 주요 에너지기업인 노바텍, 로스네프티, 가스프롬방크, 8개 무기생산업체에 대한 금융제재를 시작하였다.

### 2. EU - 미국과 유사

(1) 크림반도의 병합 이후 야누코비치 전 대통령을 포함한 관련 인사에 대해 여행 금지 및 자산동결조치를 취하였다.

(2) 흑해 함대 사령관 등 러시아 군부 인사 및 의회 의원들에 대해 비자 발급 거부 및 자산동결조치를 발동하였다.

(3) 미국과 함께 러시아의 OECD 가입협상을 중단시켰다.

(4) 미국과 공조해 러시아의 금융, 방산, 에너지 부문에 직접 타격을 주기 위해 러시아 국영은행과 금융 거래 금지, 방산 협력 금지, 군사적으로 사용될 수 있는 첨단기술의 거래 및 이전 금지, 석유 개발 관련 첨단기술 협력 금지 등의 조치를 취하였다.

## 4 러시아의 대응

### 1. 외교적 대응

러시아는 한편으로는 우크라이나 사태 책임론을 축소시키기 위한 대서방 외교를 강화하면서, 다른 한편으로는 BRICS 등 비서방 국가들에 대한 외교를 강화하고 있다. 또한 쿠바, 아르헨티나, 베네수엘라와 같은 중남미 국가들과 관계를 강화하는 한편, 이집트, 이란, 시리아, 북한, 베트남 등 중동 및 아시아 국가들과의 협력 강화를 시도하고 있다. 나아가, CIS 내 친러 국가들을 중심으로 경제·안보 협력을 강화하는 한편, '유라시아 경제연합'의 참여국 확대, 집단안보조약기구(Collective Security Treaty Organization: CSTO)의 군사력 강화와 역할 확대 등을 추진하고 있다.

### 2. 경제적 대응

(1) 러시아는 미국·EU산 육류, 어류, 과일 등의 수입을 1년 동안 전면 중단시키면서 대체 수입국(중남미, 중앙아, 남코카서스)의 확보와 이들 분야 수입 대체 산업을 발전시키기 위한 경제적 노력을 기울이고 있다.

(2) 우크라이나가 50억 달러가 넘는 가스대금 체불을 이유로 2014년 6월부터 가스 공급을 중단하였으며, EU에 대해 에너지 공급가의 인상을 고려하였다. 또한 세계 메이저 석유기업들이 대러시아 제재에 동참할 경우 러시아와의 에너지협력은 영원히 금지될 것이라고 경고하였다.

### 3. 군사·안보적 대응

러시아는 우크라이나 및 서방 세계와의 협상력 강화 및 비상 시 동부지역에 대한 군사적 점령을 위해 우크라이나 접경지역에 대한 군사력 증강 배치정책을 추진해 오고 있다. 또한 미국의 유럽 MD체제 구축을 반대하면서 New-START 이후 추가적 핵 감축 협상을 중단시켰으며, 미국의 이지스함 지중해 배치에 항의해 중거리핵전력조약을 사실상 무력화시킬 수도 있다고 경고하였다. 또한, 상하이협력기구를 통한 다자 차원의 군사안보 협력을 강화하는 한편, 중국, 인도, 쿠바, 이집트, 이란 등과 양자 차원의 군사안보 협력을 확대·강화시키는 조치를 취할 가능성도 있다.

# 제7절 | 러시아 - 우크라이나 전쟁

## 1 서설

2022년 2월 24일 새벽 러시아가 우크라이나의 영토를 침공하여 전쟁이 발발했다. 러시아는 도네츠크 인민공화국과 루간스크 인민공화국을 독립국으로 승인한 뒤, 2022년 2월 21일 동부우크라이나의 돈바스지역에 군대를 진주시켰다. 3일 뒤인 2월 24일, 러시아는 전면적인 침공을 개시했다. 러시아의 우크라이나 침공 이후 현재까지 전쟁의 승패는 가려지지 않고 있으며, 돈바스 지역을 중심으로 한 양측의 공방이 계속되고 있다.

## 2 탈냉전기 이후 우크라이나와 러시아의 관계

### 1. 초기 관계(1991년 ~ 2000년대 초반)

우크라이나는 1991년 소련의 해체와 함께 독립하였으나, 독립 이후에도 러시아와 깊은 경제적, 정치적 연결고리를 유지했다. 우크라이나는 독립 직후 러시아와 긴밀한 관계를 유지했으나, 독립국으로서의 정체성을 찾기 위해 서방과의 관계를 강화하려는 움직임도 있었다. 러시아는 우크라이나를 자국의 영향권 내에 두려 했다.

### 2. 주요 갈등의 시작(2004년 ~ 2010년)

2004년 우크라이나에서 '오렌지 혁명'이 일어나면서 친서방 성향의 빅토르 유센코가 대통령으로 당선되었다. 이는 러시아와의 긴장을 고조시켰으며, 러시아는 우크라이나의 친서방 성향에 강력히 반대했다. 러시아는 유센코 정부에 대해 정치적, 경제적 압박을 가하며 우크라이나의 나토 가입을 강하게 반대했다.

### 3. 크림반도 병합(2014년)

2014년 우크라이나의 유로마이단 혁명으로 친러 성향의 빅토르 야누코비치 대통령이 축출되자, 러시아는 이를 자국 안보에 대한 위협으로 간주했다. 그 결과 러시아는 크림반도를 병합하였고, 이는 국제 사회에서 큰 논란이 되었다. 서방 국가들은 이를 불법적인 병합으로 규정하고 러시아에 경제 제재를 가했다.

### 4. 돈바스 전쟁과 분쟁(2014년 ~ 현재)

크림반도 병합 후, 우크라이나 동부 지역인 돈바스에서는 친러시아 반군과 우크라이나 정부군 사이에 충돌이 발생했다. 이 충돌은 러시아가 우크라이나 내 친러 성향 세력들을 지원하면서 장기화되었다. 양국 관계는 점점 더 악화되었으며, 우크라이나는 서방과의 관계를 더욱 강화하게 되었다.

### 5. 2022년 러시아의 우크라이나 침공

2022년 2월, 러시아는 우크라이나에 대규모 군사 침공을 감행하였다. 푸틴 대통령은 이를 특별 군사 작전이라고 칭하며, 우크라이나의 나토 가입 가능성을 차단하고 자국의 안보를 지키기 위한 조치라고 주장했다. 이로 인해 양국 관계는 극단적인 적대 관계로 악화되었으며, 국제 사회는 러시아에 대한 강력한 경제 제재를 시행하고 우크라이나를 군사적으로 지원하기 시작했다.

## 3 전개과정과 전황

### 1. 러시아의 침공과 우크라이나의 항전

2022년 2월 24일 푸틴 대통령은 특별군사작전 개시 명령을 선포하였고 러시아군은 우크라이나로 대대적으로 침공하였다. 개전 초기 젤린스키 우크라이나 대통령은 "차량이 아닌 총알이 필요하다"라고 말하며 서방의 망명 권유를 거부하고 전쟁을 진두지휘하면서 리더십을 발휘하였다. 전쟁 이틀째인 2월 25일 키이우 외곽 호스토멜 공항을 점령하려고 러시아 공수부대가 투입되기도 하였지만 우크라이나군은 키이우를 성공적으로 방어하였다.

### 2. 서방측의 대러시아 제재 및 우크라이나 지원

개전 직후 서방은 러시아산 에너지 수입 금지 및 감축, 러시아 해외 자산 압류, 러시아 은행 SWIFT 퇴출, 전략물자 러시아 수출 금지, 서방 기업의 러시아 시장 철수, 러시아와의 인적·문화 교류 중단 등 러시아를 강력히 제재하였다. 또한 우크라이나의 무기 지원 요청을 받아들여 대전차 공격무기 재블린 등을 지원하였다. 러시아 국방부는 2022년 3월 25일 우크라이나의 군사 잠재력을 대폭 감소시켰고 돈바스 해방에 주력할 수 있게 되었다면서 1단계 주요 과업을 끝낸다고 밝혔다.

### 3. 휴전협상 결렬

특별군사작전 1단계에서 휴전 협상이 벨라루스에서 2차례, 튀르키예에서 2차례 진행되었다. 우크라이나가 유럽연합(EU) 가입과 안전을 보장받고 NATO 가입을 포기한다는 초안이 마련되었다는 보도가 있었지만, 러시아의 침공 목표가 우크라이나 중립화, 非나치화, 비무장화, 우크라이나 내 러시아어 사용 허가, 2014년 강제 합병한 크림반도 합병 인정 및 돈바스 지역의 독립국 인정 등 6가지가 포함되어 있다는 내용이 공개되면서 휴전 협상은 결렬되었다.

## 4. 돈바스 지역 공방

특별군사작전 2단계에 들어서 러시아는 돈바스 지역에 초점을 두었다. 러시아군은 신속한 진군보다는 치열한 포격전과 진지전을 이어가면서 양쪽의 피해는 점점 커졌다. 러시아군은 돈바스와 크림반도를 육로로 연결하는 마리우폴을 방어하던 우크라이나 아조프 연대를 궤멸시켰다. 또한 서방의 군수지원이 들어오는 보급선을 전투기와 미사일로 공격하면서 서방의 지원을 견제하였다. 전황이 불리하게 되자 서방은 고속기동포병로켓시스템(HIMARS·하이마스) 등을 제공하였다. 덕분에 우크라이나는 9월 러시아가 점령했던 북동부 하리키우 등을 수복하였다.

## 5. 러시아 New-START협정 폐기

푸틴은 우크라이나 침공 이후 처음으로 행한 국정연설에서 미국과 맺은 신전략무기감축협정(New START·뉴스타트) 참여 중단을 선언하였다.

## 4 전쟁원인

### 1. 근본적 요인: 서구세력과 중러세력의 충돌

#### (1) 탈냉전기 국제정치 구조

탈냉전기 미국의 압도적 영향력 아래 자유주의 정치·사회 모델과 세계화로 대변되는 글로벌 시장자본주의, 즉 자유주의국제질서(Liberal International Order)가 국제사회의 지배적 규율과 규범으로 작동해왔다. 그럼에도 불구하고 2000년대 중후반부터 미국의 국력과 영향력의 경향적 저하가 두드러지면서 중국과 러시아를 중심으로 한 수정주의(revisionist) 세력의 기존 질서에 대한 도전이 가시화되고 대립과 갈등이 심화되었다. 결국 이번 전쟁은 자유주의국제질서를 유지·강화하려는 서구 세력권과 새로운 대안질서(다극질서)로의 이행 경향성을 강화하려는 중러 세력권이 갈등을 축적해오다 지정학적 단층대인 우크라이나에서 충돌함으로써 발생한 현상이라 할 수 있다.

### (2) 러시아의 대외정책 기조 변경

러시아는 이번 전쟁을 통해 정치, 안보, 경제, 가치의 측면에서 범(汎)유럽적 틀로부터 이탈해 독자적 세력권 유지를 위해 전략적 기동을 단행했다. 1980년대 말부터 러시아 내에서는 '확대 유럽'(greater Europe) 개념이 지배적 담론으로 기능해 왔다. 그것은 냉전적 대립으로부터의 평화적인 이행과 정치·경제적 현대화라는 미래지향적 의제를 제공했다. 실제로 이 시기 러시아는 유럽의 일부일 뿐만 아니라, 그 안의 가장 선진적 사회들과 동등하거나 유사한 존재로 인식되기를 기대했다. 그러나 확대 유럽 노선의 효용에 대한 회의가 커짐에 따라 러시아는 2008년 조지아 전쟁 이후부터 서구 유럽 민주주의 규범으로부터 독자적인 정치·경제적 발전의 길을 탐색하기 시작했고, 2014년 크림 병합 이후 이를 본격화했다. 그리고 2010년대 초반부터 러시아 외교정책공동체 내에서 유럽연합(EU) 통합을 모델로 한 유라시아 지역 내 경제 통합의 추구와 과거 소비에트 시기의 영향력 회복에 관한 담론들의 조합을 위한 다양한 노력이 전개됐다. 이처럼 궁극적으로 러시아의 '확대 유럽'에서 '확대 유라시아'(greater Eurasia)로의 정책 전환은 다극질서의 일축으로서 러시아의 역할 증대에 대한 비전을 염두에 둔 행보였다. 이 때문에 러시아는 유라시아경제연합(EAEU)과 집단안보조약기구(CSTO) 등 탈소비에트 지역통합을 위한 여러 기제에 우크라이나를 참여시키고자 노력했다.

### (3) 우크라이나의 대러정책 기조

우크라이나는 2013~2014년 유로마이단 시위와 친서방 정부 수립 이후 탈러시아 행보를 본격화했고, 우크라이나의 참여 없이 러시아의 유라시아 지역통합 시도는 구체적 성과를 도출하기 어려웠다. 이 때문에 러시아는 '지정학적 경혈'인 우크라이나의 항구적 세력권 이탈을 용인할 수 없다고 판단하고 실력행사에 나선 것이다.

## 2. 핵심요인: NATO의 지속적인 확장과 '안보딜레마'의 발현

### (1) 탈냉전기 NATO 유지 결정

소련 붕괴와 사회주의 블록의 해체 이후 미국 조야 내에서는 북대서양조약기구(NATO)의 존속 문제에 대한 치열한 찬반 논란이 전개됐다. 일각에서는 나토의 존속과 확장이 러시아에 굴욕감을 주고 민주주의와 자본주의를 촉진하지 못할 것이며 오히려 훗날 큰 후과를 초래할 것이라 경고했다. 다른 한편에서는 중·동유럽에서 발생하는 초국가적 안보 위협의 서유럽 전파를 막고, 소련 붕괴로 인한 힘의 공백을 메우고 자유와 민주주의 확산을 위해 나토의 존속과 확장이 불가피하다고 주장했다. 치열한 논쟁 끝에 자유와 민주주의의 수호를 위해 나토의 존속과 확장을 결정했다고 주장했다. 다만, 그는 나토의 존속·확장으로 초래될 수 있는 여러 부작용과 역작용을 축소하기 위해 미국이 옐친 시기 러시아의 민주주의 전환과 증진을 지원하고, 탈공산주의 동유럽 국가들의 자유, 번영, 안보에 대한 요구를 수용했으며, 1997년 나토-러시아 기본조약 체결 등 협력 확대를 모색했다고 강조했다.

### (2) NATO의 동진

나토는 동 조직이 철저히 방어적 동맹임을 강조하면서 다섯 차례에 걸쳐 확장을 지속했다. 그러나 그들의 검증하기 어려운 '선한 의지'와는 별개로 러시아는 이를 명백한 '동진·팽창'으로 받아들였고 수용할 수 없는 위협으로 인식하였다. 나토의 지속적 확장과 러시아의 대응이라는 '연쇄 반응'(chain reaction) 게임에 의해 전형적인 '안보 딜레마'의 상황이 발생하고 이번 전쟁으로 비화한 것이다.

### (3) 부카레스트 NATO정상회담(2008.4)

나토의 지속적 확장 국면에서 2008년 4월 루마니아 부카레스트 나토 정상회담이 국제사회의 큰 주목을 끌었다. 왜냐하면 동 회의에서 나토 가입을 공식적으로 신청한 알바니아와 크로아티아뿐만 아니라 옛소련 소속 공화국이었던 우크라이나와 조지아의 가입 문제가 논의됐기 때문이다. 러시아의 반발을 고려한 프랑스와 독일 등 일부 유럽 국가들의 문제 제기가 있었지만, 당시 나토는 공동선언을 통해 우크라이나와 조지아의 나토 가입 열망에 대한 지지를 명문화했다.

### (4) 우크라이나의 NATO가입 추진 본격화

우크라이나는 2013~2014년 유로마이단 혁명과 2014년 러시아의 크림 병합 이후 나토 가입 의지를 본격적으로 실천에 옮기기 시작했다. 2019년 우크라이나는 '나토 가입 추구'에 대한 의지를 국가의 기본법인 헌법에 명시하는 상징적 조치를 취했다. 또한 2021년 10월 우크라이나는 미국과 '전략적 협력에 대한 파트너십 헌장'에 합의함으로써 러시아의 위협 인식을 증폭시켰다. 동 헌장의 전문 제2조에서는 양국 간 전략적 협력이 우크라이나의 유럽·대서양 제도로의 완전한 통합을 위한 노력에 기초함을 명시하고 있다. 또한 2008년 4월 부카레스트 정상회담과 2021년 6월 브뤼셀 나토 정상회담을 통해 확인된 바와 같이 미국이 우크라이나의 나토 가입에 대한 열망을 지지한다는 점을 확인하고 있다. 이에 러시아는 2014년 이후 미국의 우크라이나에 대한 군사적 지원 등이 지속적으로 강화되는 가운데 우크라이나의 나토 가입 저지를 위해 '공세적 방어' 개념에 입각해 선제적 행동에 나섰다.

## 3. 촉발요인: 우크라이나의 돈바스 영토 회복을 위한 군사적 조치

### (1) 우크라이나 동남부 지역 내전 발발

2014년 3월 우크라이나 동남부 돈바스 지역 두 개 주가 분리·독립을 선언하고 무장 투쟁에 나섬에 따라 정부군과 반군 사이에서 내전이 발발했다. 우크라이나 정부군과 러시아의 지원을 받은 반군 사이의 치열한 공방이 이어졌고 큰 인적·물적 피해가 발생했다.

### (2) 휴전 모색

내전을 중단하기 위한 다양한 모색이 이어졌다. 그 결과, 2015년 2월 러시아, 우크라이나, 프랑스, 독일이 참여하는 '노르망디 형식 회담'을 통해 제2차 민스크 평화협정이 체결됐다. 당시 '접촉 그룹'(OSCE, 러시아, 우크라이나, 도네츠크·루간스크인민공화국 대표로 구성)은 교전 중단, 비무장지대 조성을 위한 중화기 철수, 개헌을 통한 돈바스 지역에 대한 광범위한 자치권 부여를 골자로 하는 휴전협정에 서명했다.

### (3) 돈바스 지역의 분쟁지역화

러시아 휴전협정 체결 과정에서 돈바스 지역을 분쟁 지역화 하였다. 돈바스를 '분쟁 지역화'한 것은 우크라이나의 나토 가입을 저지하기 위한 이중 포석이었다. 러시아는 2014년 당시 크림반도를 직접 병합하면서도 돈바스 지역은 분쟁지역으로 남겨두었는데, 이는 첫째, 러시아는 내전 상황 유지를 통해 우크라이나의 나토 가입을 저지하려 했다. 실제로 나토 헌장에 따르면, 타 국가와 군사적 분쟁 또는 내전 중인 국가의 나토 가입은 원천적으로 불가하다. 둘째, 러시아는 우크라이나의 연방화와 특별 자치권을 갖는 도네츠크인민공화국(DPR)과 루간스크인민공화국(LPR)의 EU·나토 가입에 대한 비토권 행사를 모색했다. 만약, 우크라이나가 연방국가가 될 때 동 사안은 연방구성주체들(Federal Subjects)의 동의가 있어야 하는데 DPR과 LPR이 광범위한 자치권을 갖게 된다면 이를 거부함으로써 나토 가입을 저지할 수 있다고 판단한 것이다.

### (4) 우크라이나의 휴전협정에 대한 불만과 돈바스 지역 공격

2015년 당시 우크라이나는 불리한 전황 하에서 휴전협정을 체결했고, 이 때문에 그들은 동 협정에 불만을 갖고 끊임없이 현상 변경을 시도해왔다. 실제로 제2차 민스크 평화협정을 통해 조성된 '현상'에 대한 변경 또는 타파의 의지는 러시아보다 우크라이나가 훨씬 강했다. 지난 8년여 동안 우크라이나 정치권 내에서는 크림반도와 돈바스에 대한 군사적 수복 의지가 공공연히 표출됐고, 해당 지역 내 군사적 충돌도 대체로 우크라이나 측에 의해 촉발된 경우가 많았다. 더욱이 돈바스 지역 내의 휴전 상황을 모니터링하고 있던 유럽안보협력기구(OSCE) 보고에 따르면, 2022년 2월 우크라이나 정부군이 돈바스 지역에서 포격과 공세를 크게 확대했다. 이에 러시아는 우크라이나가 민스크 평화협정 준수 의지를 갖고 있지 않다고 보고, 해당국의 나토 가입 저지를 위한 최우선 전략 공간인 돈바스 지역을 사수하기 위해 군사력을 투사했다.

## 5 미국의 대응 전략

### 1. 전쟁 이전 미국의 대러 전략 기조

집권 초기 바이든 행정부는 푸틴이 있는 한 러시아와의 적대적인 관계를 변화시키는 것은 사실상 불가능하다고 판단하였다. 그럼에도 불구하고 바이든 행정부는 중국을 미국에 대한 최대의 위협이라고 평가하고 중국을 견제하는데 국가안보전략의 초점을 맞추기 위해 러시아와 안정적인 관계를 형성하려는 목표를 설정하였다. 2021년 미러 정상회담 이후 미국은 강력한 핵을 보유한 러시아와의 전략적 안정성을 유지하기 위해 New-START조약을 연장했다. 그리고, 사이버안보, 이란, 북한 등 특정 사안들에 대해서도 러시아와 협력을 통해 일정 정도 관계를 개선하려고 하였다.

### 2. 전쟁 이후 미국의 대러 전략 기조

러시아가 우크라이나를 침공한 후 미국은 러시아를 봉쇄하는 전략으로 전환했다. 현재 바이든 행정부의 대러정책 목표는 장기적으로 러시아의 국력을 약화시키는 것이다. 즉, 러시아가 더 이상 이웃 국가를 위협할 능력을 갖지 못할 정도로 전략적으로 실패하는 것을 보는 것이 미국의 목표이다. 러시아를 약화시켜 공격적 행동을 억제하고, 유럽에서의 관여를 일정한 수준에서 유지해 가장 중요한 적으로 인식하는 중국에 대한 견제에 전략적 초점을 유지하려고 한다.

### 3. 구체적 대응 전략

첫째, 바이든 행정부는 지속적으로 우크라이나에 대한 군사 지원을 제공하고 있다. 둘째, 미국은 30개 이상의 국가들과 협력해서 러시아에 대한 강력한 경제제재를 가하고 있다. 러시아에 대한 최혜국대우를 박탈하고, 반도체, 컴퓨터, 통신, 센서 등의 분야에서 수출통제를 시행하여 러시아의 군수산업에 상당한 타격을 가하고 있다. 셋째, 러시아의 주 수입원인 석유, 가스, 석탄 등 에너지 수입을 전면적으로 금지했다. 넷째, 미국은 유럽연합, 영국, 일본 등과 함께 국제금융체제에 깊이 통합되어 있던 러시아의 주요 은행들을 SWIFT시스템에서 배제하는 금융제재를 가했다.

## 6 전망

### 1. 종전 혹은 정전 협상

2023년 7월 현재 전쟁이 누구의 승리로 언제쯤 끝날 것인지 전망하는 것이 어려운 실정이다. 러시아가 2022년 9월 말 부분 동원령을 내린 이후 러시아의 공격은 우크라이나 전력망과 도로, 철도 등 주요 인프라에 집중되어 우크라이나의 전쟁 수행 역량을 약화하였다. 러시아보다 우크라이나의 전쟁 수행 능력이 전쟁을 지속하는 데 중요한 결정요인이 될 것이며 이는 우크라이나가 서방의 지원을 언제까지 받을 수 있을지에 의해 좌우될 것이다. 2023년에 들어 러시아군이 돈바스 지역의 점령지를 계속 늘리는 추세였지만, 5월에 들어서는 격전지 바흐무트에서 러시아군을 몰아붙이는 등 우크라이나의 항전 의지는 여전히 강하다. NATO 회원국 폴란드와 발트해 연안국이 가지고 있는 루소포비아(Russo phobia, 러시아 혐오)와 러시아에 대한 공포는 여전히 크다. 서방의 지원 없이 전쟁 수행이 불가한 우크라이나가 자급자족이 가능한 러시아를 이길 수는 없지만, 우크라이나가 패한다면 NATO는 러시아로부터 군사적 위협을 직면하게 될 것이다. 서방이 우크라이나 지원을 강화하는 것도 쉽지 않겠지만, 지원을 줄일 수도 없는 이유이다. 따라서 서방의 지원은 계속 이어질 것이며 우크라이나는 러시아군이 물러날 때까지 전쟁을 장기화할 것이다. 이 전쟁이 우크라이나의 일방적인 패배로 귀결될 것으로 예상하였다는 점에서 영토를 일부 상실하더라도 종전(정전) 이후 우크라이나가 러시아의 위협으로부터 벗어날 수 있다면 우크라이나에게는 의미 있는 결과가 될 것이다. 러시아는 전략적 목적을 달성한 것으로 인식할 수 있겠지만, 경제적인 면이나 군사적인 면에서 너무 많은 희생을 치렀고, 서방과의 관계를 회복하는 데 노력과 시간이 필요할 것이므로 결코 전쟁의 결과를 긍정적으로 해석하기는 어려울 것이다.

### 2. 서방의 대러 제재

서방이 러시아를 더욱 강하게 제재하고 조기에 대규모 무기 지원을 단행했다면 러시아의 패배로 전쟁이 빨리 끝났을 것이라고 생각할 수도 있다. 실제로, 서방의 대러 제재는 에너지, 금융, 전략물자, 수출입, 외환, 인적 및 문화 교류 등 총망라하는 역대급 수준이었고, 전쟁 초반 러시아 경제는 크게 동요하였다. 그러나 2022년 하반기에 들어 러시아 사회와 경제는 새로운 일상에 적응하기 시작하였다. UN의 2022년 3월 러시아의 우크라이나 침공 규탄(141개국 찬성), 10월 러시아의 우크라이나 점령지 합병 규탄(143개국 찬성) 결의안이 통과되었음에도 적지 않은 국가들이 대러 제재에 불참하였다. 중국, 인도, 튀르키예, 카자흐스탄, 브라질, 남아공, 사우디아라비아 등은 중립을 취하면서 자국의 실리를 추구하였다. 덕분에 러시아는 빠르게 사회경제를 안정화할 수 있었다. 대러 제재를 통해 러시아의 전쟁 수행 능력을 약화하려는 서방의 의도는 실제 성과를 내기까지 더 많은 시간이 걸릴 것이다.

## 3. 러시아의 핵무기 사용 가능성

서방의 대우크라이나 지원은 러시아가 핵무기 사용 가능성을 계속 언급하면서 견제받고 있다. 러시아는 전쟁을 수행하면서 NATO의 우크라이나 지원을 적절하게 차단하기 위해서 핵을 사용할 수 있다고 꾸준히 위협하였다. 2022년 2월 말 푸틴 러시아 대통령은 핵무기 운용 부대에 경계 태세를 강화하라고 지시하였고 3월 말 메드베데프 국가안보회의 부의장(전 대통령)은 러시아의 핵무기 사용의 근거를 언급하면서 핵전쟁 가능성이 있다고 공개적으로 국제사회를 위협하였다. 2022년 9월 부분 동원령을 내리고 우크라이나 점령 4개 지역을 합병한 다음에도 핵을 포함한 모든 무기의 사용 가능성을 시사하였다. 이처럼 핵무기 사용 위협은 NATO가 우크라이나에 새로운 무기를 지원하거나 전황이 러시아에 불리하게 돌아가는 시점마다 있었다. 물론 러시아가 핵무기를 사용할 가능성이 전혀 없는 것은 아니다. 러시아가 핵을 사용할 독트린은 정해져 있으며 현실적으로 전쟁에서 패색이 짙어지는 경우 사용할 수 있을 것이다. 러시아가 패배한다면 우크라이나에 막대한 배상금을 지급해야 하고 푸틴 체제는 붕괴할 수 있으며 이로써 러시아 연방이 해체될 위기도 발생할 수 있다. 러시아는 이러한 상황이 발생하지 않도록 핵무기 사용 가능성을 거론하면서 세계 대전으로 확전될 수 있다는 위협으로 전황이 불리하게 작용하지 않도록 할 것이다.

## 4. 복합적 무기 체제의 동원

이번 전쟁은 21세기 들어 강대국이 전략 자산을 제외한 무기들이 투입된 전쟁이기에 재래식 무기와 드론, 인공위성 등 다양한 첨단 과학기술을 활용한 미래형 무기가 혼용되어 사용되고 있다. 전쟁을 통해 무기사용과 관련한 기술적인 진보가 향후 4차 산업혁명을 가속할 것이다. 군비경쟁도 심화하고 첨단 기술을 적용한 무기 개발도 활발하게 진행될 것이다. 많은 국가가 이번 전쟁을 통해 얻게 된 교훈으로 군사 현대화를 서둘러 추진할 것이며 전략도 전투 교본도 많이 바뀔 것으로 예상할 수 있다.

## 5. 동맹과 틈새 국가

강대국 간 대립이 격화될 수 있는 지정학적 틈새에 놓인 국가는 동맹의 중요성을 절실하게 느끼고 있다. 이번 전쟁이 지정학적 단층선에 있는 우크라이나에서 벌어지고 있어 이와 비슷한 처지에 있는 유럽 국가들의 안보 불안과 군비 증강을 초래하였다. 오랜 기간 중립을 지켜왔던 스웨덴과 핀란드가 중립을 포기하고 2022년 5월 18일 NATO 가입 신청서를 제출하였다. 8월에는 바이든 대통령이 핀란드와 스웨덴의 NATO 가입에 대한 비준안에 서명하는 등 20여 개 국가가 비준을 마치며 NATO의 결속력은 강해지고 회원국은 확대되는 결과를 초래하였다. 스웨덴, 핀란드와 튀르키예 간 쿠르드족 문제를 두고 갈등이 있었지만 이 두 나라는 튀르키예가 요구한 조건을 모두 수용하였다. 핀란드는 2023년 3월 기존에 유보적 입장을 보였던 튀르키예가 가입을 승인함에 따라 4월 NATO 회원국이 되었고, 2023년 가을까지 스웨덴의 NATO 가입도 마무리될 전망이다. 러시아는 발트해에 핵무기를 배치하는 등 러시아의 모든 방어 수단을 쓸 것이라 으름장 놓고 있다. 틈새 국가의 안보 불안과 동맹 강화 추세는 동아시아에서도 나타나고 있다. 필리핀은 22년 만에 루손섬 북부 2곳에 미국 군사 기지를 설치하기로 하였다.

# 제8절 | 핵안보정상회의

## 1 의의

오바마 행정부는 핵안보정상회의 개최를 제안하고 2010년부터 2년마다 핵안보정상회의를 개최하였다. 핵안보정상회의는 핵안보문제를 집중적으로 논의하는 정상 간 협의체로서 글로벌 안보거버넌스의 하나라고 볼 수 있다. '핵안보(Nuclear Security)'란 핵 및 방사능 물질 혹은 그 시설과 관련된 도난, 파괴, 부당한 접근, 불법 이전 등을 방지, 탐색하거나 이에 대응하는 것을 말한다.

## 2 제1차 핵안보정상회의(2010년 4월 12일 ~ 4월 13일)

### 1. 의의

2010년 4월 12일 워싱턴에서 개최된 제1차 핵안보정상회의는 오바마의 제안에 의해 개최되었으며, 전세계 47개국 정상들과 UN, EU, IAEA 등 국제기구가 참석하였다. 핵안보정상회의는 9·11테러 이후 현실화되고 있는 핵테러의 가능성에 대한 국제사회의 관심을 효과적으로 촉구하는 계기가 되었다.

### 2. 합의사항

(1) 참가국들은 자발적으로 핵물질의 안전 관리 및 폐기를 약속하였다. 특히 우크라이나는 107kg의 고농축 우라늄과 56kg의 폐연료를 2012년까지 러시아로 이전하기로 합의하였다.

(2) 미국과 러시아는 68t의 무기용 플루토늄 제거에 합의하였다. 또한 미국은 자국 핵시설의 안정을 강화할 것과 글로벌 위협감축구상(GTRI) 예산 확충을 약속하고, 러시아는 자국 내 마지막 무기급 플루토늄 원자로의 폐쇄를 약속하였다.

(3) 핵안보정상회의의 연속성을 위해 2년마다 한 번씩 회의를 개최하기로 하고, 2012년 정상회의는 한국에서 개최하기로 하였다.

## 3 제2차 핵안보정상회의(2012년 3월 26일 ~ 3월 27일)

### 1. 의의

제2차 핵안보정상회의는 이틀간 53개 초청국과 4개 국제기구에서 모두 58명의 리더들이 참석한 가운데 서울 COEX에서 개최되었다.

## 2. 서울 코뮤니케 채택

'서울 코뮤니케'를 채택하였다. 여기에는 세계 핵안보구조의 조정과 통합, IAEA의 역할 강화, 고농축 우라늄과 분리플루토늄의 안전한 관리와 이용 최소화, 방사능물질의 안전한 관리, 핵안보와 원자력안전의 통합접근, 운송보안 강화, 불법핵거래 방지, 핵감식기술 발전과 협력, 핵안보문화와 역량 강화, 민감정보 보안 강화, 국제협력 확대 등의 합의사항을 담고 있다.

## 3. 주요 합의사항

(1) 개정 핵물질방호조약을 2014년까지 발효하도록 합의하였다.
(2) 아르헨티나, 호주, 체코 등이 고농축 우라늄을 완전히 포기하여 '고농축 우라늄 - 프리' 국가가 되었다.
(3) 대한민국의 주도적 역할로 방사성안보, 핵안보와 원자력안전의 통합접근 2개 의제가 새로운 의제로 채택되었다. 이들 의제는 워싱턴 정상회의에서는 미국의 반대로 의제가 되지 못하였던 것들이다.
(4) 핵안보정상회의와 병행하여 전문가 심포지엄과 산업계 회의가 각각 개최되어 핵안보를 위한 국가 - 전문가그룹 - 산업계 간 파트너십이 구축되었다.
(5) 다음 핵안보정상회의는 2014년 네덜란드에서 개최하기로 하였다.
(6) 북한문제가 정상회의의 주요 의제는 아니었으나, 북한의 '광명성 3호' 발사 위협에 대해 정상회의 안팎에서 북한에 대한 성토가 이어졌다.
(7) 대한민국은 고농축 우라늄 핵연료를 저농축용으로 대체하는 데 필요한 고밀도 저농축 우라늄 핵연료 제조기술을 다자공동사업에 제공하기로 공약하였다.

## 4 제3차 핵안보정상회의(2014년 3월 24일 ~ 3월 25일)

### 1. 의의

이틀간 53개국과 4개 국제기구 대표가 참석한 가운데 개최된 2014 헤이그 핵안보정상회의가 '헤이그 코뮤니케'를 채택하며 막을 내렸다. 헤이그 핵안보정상회의에서는 2010년 워싱턴 정상회의 및 2012년 서울 정상회의에서 약속된 실천조치의 이행성과를 확인하고, 핵안보정상회의의 미래 및 향후 과제에 대해서도 심도 있는 토의를 가졌다. 이번 제3차 회의에서는 2년 전 서울선언을 계승해 핵과 방사능 테러로부터 자유로운 세상을 건설하는 것을 목표로 국제사회의 역량을 결집하기로 합의하였다. 또한 국제 핵안보체제 강화라는 공동목표 달성을 위해서는 지속적인 노력이 필요하며, 평화적인 목적으로 원자력을 개발·이용하는 권리도 보장되어야 한다는 점도 재확인하였다. 헤이그 정상선언에는 핵군축, 핵비확산 및 원자력의 평화적 이용 등 핵심과제와 분야별 실행조치들을 담고 있다.

## 2. 주요 실행조치

(1) 아직 핵물질 방호협약과 핵테러억제협약에 비준하지 않은 국가들이 이를 비준할 것을 촉구한다.

(2) 고농축 우라늄(HEU)과 재처리를 통해 추출된 플루토늄 등 핵무기 개발에 전용될 수 있는 핵물질의 보유량을 최소화할 것을 각국에 권고한다.

(3) 핵테러위협에 대한 대응력을 강화하기 위해 핵·방사능 물질의 불법거래를 차단하고, 감식능력을 강화한다.

(4) 악의적 목적으로 핵물질을 획득하고, 핵물질을 사용하는 데 필요한 정보, 기술 및 전문성을 인터넷 등을 통해 획득하지 못하도록 사이버보안을 강화한다.

(5) 국제원자력기구(IAEA)에 정치적·기술적·재정적 지원 증대를 장려한다.

## 3. 고농축 우라늄(HEU) 폐기선언

일본, 이탈리아, 벨기에 등이 자국 내 고농축 우라늄에 대한 제거 성과나 폐기 계획을 발표하였다. 또한, 정상선언에는 포함되지 않았지만 한국과 미국, 네덜란드 등 35개국은 핵물질이 테러세력에게 넘어가지 않도록 국제기준에 부합하는 국가별 법제화를 추진하고, 이를 국제법으로 확립하기 위한 협력체계도 가동하기로 하였다.

## 4. 북핵문제

북핵문제는 제3차 핵안보정상회의에서 의제로 다루어진 것은 아니나, 박근혜 대통령의 개막식 기조연설과 핵안보정상회의를 전후로 열린 한중 수뇌회담, 미중 수뇌회담, 한미일 수뇌회담을 통해 북한의 핵무기 보유를 용납할 수 없고 비핵화를 실시해야 한다는 기본 원칙을 확인하였다.

## 5. 핵안보 강화를 위한 4개 항

우리나라는 핵안보 강화를 위해 네 가지를 제안하였다.

(1) 핵안보 - 핵군축 - 핵비확산 간 시너지를 가지는 통합적 접근

(2) 핵안보지역 협의체 모색

(3) 국가 간 핵안보 역량 격차 해소를 위한 국제협력 강화

(4) 원전시설 사이버테러에 대한 대응책 강구 등

## 6. 우리나라 신규 공약 사항

(1) 핵테러억제협약 및 개정 핵물질방호협약 비준

(2) 안전보장이사회결의 1540호 채택 10주년 기념 안전보장이사회 고위급 토의 개최

(3) 원전시설에 대한 사이버테러 위협 대응 주도

(4) 공동성과물 확대·발전에 기여 등

## 7. 차기 개최국

정상회의에 참가한 정상들은 워싱턴, 서울, 헤이그 정상회의에서의 모멘텀을 이어서 한층 더 심화된 핵안보 관련 국제협력방안을 논의하고, 핵안보정상회의의 미래를 논의하기 위하여 2016년 워싱턴에서 제4차 정상회의를 개최하기로 합의하였다.

## 5 제4차 핵안보정상회의

### 1. 의의

'핵 없는 세상'을 주제로 이틀 간 미국 워싱턴 D.C.에서 개최되었다. 제4차 정상회의를 끝으로 2010년부터 세계 핵안보·비확산을 이끌어온 핵안보정상회의는 공식 종료되었다. 핵안보정상회의에 참가한 52개 나라 정상과 반기문 UN사무총장 등 4개 국제기구 대표들은 회의 종료와 함께 그간 제1차~제3차 핵안보정상회의의 성과를 계승한 '2016 워싱턴 코뮤니케(정상성명)'를 채택하였다.

### 2. 코뮤니케 내용

각국 지도자들은 '2016 워싱턴 코뮤니케'에서 핵과 방사능테러 대응을 위한 국제공조가 지속되어야 하며, 지난 제1차~제3차 핵안보정상회의의 성과를 바탕으로 강력하고 포괄적인 국제 핵안보체제를 구축하기 위해 협력할 것을 결의하였다. 또한 핵군축, 핵비확산, 원자력의 평화적 이용에 대한 공약을 재확인하고, 정상회의 종료 후에도 참여국 정부 간 네트워크 유지 및 확대를 통해 모멘텀을 이어나가겠다는 의지를 표명하였다. 이를 위해 코뮤니케 부속서로 채택된 5개 '행동계획'을 통해 핵안보 관련 임무를 수행하는 5개 국제기구·협의체인 UN, 국제원자력기구(IAEA), 인터폴, 세계핵테러방지구상(GICNT), 글로벌파트너십(GP) 등의 활동에 대한 계속적인 지원을 약속하였다.

### 3. 국제원자력기구(IAEA) 관련 사항

국제원자력기구(IAEA)는 핵안보 관련 전문성을 바탕으로 고위급 정치적 모멘텀 확보, 개정 핵물질방호협약(CPPNM) 발효, 분야별 핵안보 지침 개발, 각국 역량 강화 지원과 국제협력 증진, 핵안보 문화 증진 등 향후 국제 핵안보 강화를 위한 중심적인 역할을 수행하도록 하였다.

### 4. UN행동계획 및 인터폴 행동계획

'UN행동계획'은 비국가행위자의 대량살상무기(WMD) 획득을 방지하기 위한 안전보장이사회결의 1540호와 핵테러억제협약(ICSANT) 이행 강화를, '인터폴 행동계획'은 핵테러 관련 사건 수사 관련 국제 공조 확대 등을 포함하고 있다.

### 5. 세계핵테러방지구상 행동계획 및 글로벌파트너십 행동계획

'세계핵테러방지구상 행동계획'은 핵테러 예방, 탐지, 대응 관련 각국의 역량 강화, '글로벌파트너십 행동계획'은 핵안보 증진을 위한 국가간 지원 등 각 기구·협의체의 역할 및 중점 분야를 지원하기 위한 조치 등을 내용으로 하고 있다.

### 6. 항구적인 국제 핵안보체제 구축

참여국들은 5개 행동계획 이행을 통해 정상회의 종료 후 국제기구·협의체를 중심으로 항구적인 국제 핵안보체제를 구축해 나가기로 하였다.

## 6 핵안보 관련 주요 문서

### 1. 핵테러 억제협약(International Convention on Suppression of Acts of Nuclear Terrorism: ICSANT)

1994년 12월 UN 총회 시 '국제테러리즘 근절조치에 관한 선언(Declaration on Measures to Eliminate International Terrorism)'이 채택된 이후 1996년 UN산하에 설치된 '국제테러리즘 억제 특별위원회' 내 협약안 토의를 거쳐 2005년 4월 UN총회에서 채택되었다. 서명을 위하여 2005년 9월 개방된 이후 현재까지 115개국이 서명하였고, 2007년 7월 발효되었으며 총 77개국이 비준(2012년 1월 12일)하였다. 우리나라는 2005년 9월 서명하였으며, 2014년 비준하였다. 주요 내용으로는 인명 살상, 재산·환경 파괴를 목적으로 한 핵·방사성 물질 및 장치의 제조·보유·사용 행위 및 핵·방사성 물질을 방출시키는 방법으로 핵시설을 사용·손상시키는 행위를 협약상 범죄로 규정하고, 이를 국내법상 형사범죄로 규정, 처벌하도록 규정하고 있다.

### 2. 개정 핵물질 방호협약(Amendment to the Convention on Physical Protection of Nuclear Materials: CPPNM Amendment)

핵물질의 불법거래를 방지하기 위해 IAEA가 제안한 국제협약으로 1980년에 채택(IAEA 문서번호: INFCIRC/274), 1987년에 발효되었다. 2005년 7월에는 협약 개정 회의가 개최되어 협약의 적용범위를 국가 간 운반 중인 핵물질에서 국내 소재 핵물질 및 원자력시설에 대한 물리적 방호까지 확대시킨 개정안이 채택되었으며 개정협약 발효를 위해서는 원협약 당사국(145개국) 3분의 2(97개국)의 비준동의가 필요하다. 우리나라의 경우 1987년 발효된 핵물질 방호협약의 경우 1982년 4월 비준하였으며, 개정협약은 2014년 비준하였다. 주요 내용으로는 각국 관할권 내 핵물질 및 국제 이동 중인 핵물질에 대한 적절한 물리적 방호조치를 이행하고, 핵물질 도난·횡령·강제탈취 시도 및 관련 위협 등을 국내법에 따라 처벌하도록 규정하고 있다.

2005년 주요 개정사항은 ① 협약 적용범위대상을 핵물질을 생산·처리·사용·취급·저장·처분하는 건물 및 장비 일체를 포함하는 원자력시설로 확대 적용, ② 2001년 IAEA총회에서 승인된 12개 물리적 방호 기본원칙(Fundamental Principle)을 협약 부속서로 수용하여 물리적 방호 규제 강화, ③ 핵물질 및 원자력시설의 물리적 방호를 위해 상호협력하고 위험 발생 시 사전통고에 관한 조항 신설, ④ 사보타주 범죄, 환경에 대한 손상, 정치범 불간주에 관한 조항 신설 등이다.

## 3. 안전보장이사회결의 제1540호(UN Security Council Resolution 1540: UNSCR 1540)

2003년 9월 UN총회 시 테러집단에 대한 WMD 확산 저지를 위하여 수출통제체제 강화를 요구한 미국 정부의 요청으로 2004년 4월 28일 UN안전보장이사회는 만장일치로 결의 제1540호를 채택하였다. 이후 안전보장이사회는 결의 제1673호(2006.4.27.), 제1810호(2008.4.25.), 제1977호(2011.4.20.)를 통해 1540위원회의 활동시한을 2021년 4월 25일까지 연장하였으며, 위원회 활동을 제도화하였다. 주요 내용을 보면 동 결의는 모든 회원국에게 비확산·수출통제 입법과 집행을 의무화하고 관련 국내적 조치를 담은 국가보고서(National Report)를 6개월 이내에 제출하도록 규정하고 있다. 구체적으로 보면 ① 비국가행위자의 WMD 제조, 획득, 보유, 운송, 사용 등에 대한 지원 금지, ② 비국가행위자의 테러 목적 WMD 획득, 보유, 운송, 사용 등을 위한 공범, 지원, 자금조달 금지, ③ WMD의 계량관리, 방호, 국경통제, 불법거래와 중개 탐지 및 저지 등 국내조치 집행, WMD의 국내 수출통제와 환적통제체제 수립 및 발전·유지, ④ 결의 1540위원회 설립 및 국가이행보고서 제출, ⑤ WMD 불법거래 방지를 위해 국가 간 협력 촉구 등이 규정되었다.

## 4. 세계핵테러방지구상(Global Initiative to Combat Nuclear Terrorism: GICNT)

핵물질 불법거래 방지 및 핵테러 대응 관련 정보 교환 촉진을 목적으로 2006년 7월 G8 정상회담 시 미국과 러시아 정상 간 합의에 따라 결성되었으며 2006년 11월 13개 원회원국 및 IAEA(옵저버)의 GICNT 원칙선언문(Statement of Principles: SOP) 채택을 통해 공식 출범하였다. GICNT 원칙선언문은 8개 협력 분야를 설정하였으며, 이는 ① 핵물질·시설 관리 및 보호 강화, ② 민간 핵시설 안전 강화, ③ 핵·방사성 물질 불법거래 방지를 위한 탐지능력 강화 및 연구, ④ 불법 핵·방사성 물질의 탐색, 압수 및 통제체제 확립, ⑤ 테러리스트에 대한 피난처 제공 및 재정지원금지, ⑥ 핵테러 처벌규정 도입, ⑦ 핵테러 대응·수사·경감능력 향상, ⑧ 회원국 간 정보 공유이다. GICNT 가입에 따른 별다른 법적 의무 또는 재정적 부담은 없으며 회원국들은 각국 관할권 내에서 핵물질 및 시설의 보호와 안전을 위해 핵물질 절취 및 유출 방지, 민간 핵시설 보안조치 등을 강구하고 국제훈련, 워크샵 등을 통해 핵테러 대응역량 강화 도모 및 정보 교환 촉진 등을 추구한다. 현재 82개 회원국과 4개 옵저버(IAEA, EU, 인터폴, UNODC)가 참여 중이다. 2011년 6월 대전에서 제7차 GICNT총회를 개최하였다.

## 5. G8 글로벌파트너십(G8 Global Partnership)

9·11테러 이후 핵테러 대응이 강조되면서 구소련지역의 WMD 관리를 위해 서방 국가들이 각자 운영하고 있는 다양한 프로그램을 조정하고 국제적인 기금 마련을 통해 WMD 통제를 강화할 필요성이 제기되었으며, 이에 따라 2002년 6월 G8 정상회의(Kananaskis)에서 창설하였다. 2002년부터 2012년까지 200억 달러 조성, 러시아 및 우크라이나 내 핵물질·화학물질 폐기, WMD 프로그램 종사 과학자의 재고용사업 등에 투입하였다. G8 글로벌파트너십 공식 참여국은 모두 23개국이며, 이 가운데 러시아와 우크라이나가 공식 수원국이고, 러시아는 공여국인 동시에 수원국이다. G8, EU, 한국, 핀란드, 네덜란드, 노르웨이, 폴란드, 스웨덴, 스위스, 호주, 벨기에, 체코, 덴마크, 아일랜드, 뉴질랜드, 우크라이나가 참여하고 있다.

> **참고**
>
> **핵위협구상(NTI)연구소의 핵안보지수(Nuclear Security Index) 보고서**
>
> 미국 워싱턴에 소재한 '핵위협구상(Nuclear Threat Initiative: NTI)'연구소가 2020년 7월 전 세계 핵물질 또는 핵시설 보유국의 핵안보(Nuclear Security) 실태를 평가한 NTI 핵안보지수(Nuclear Security Index) 보고서(이하 'NTI 보고서')를 발간했다. NTI 보고서에 의하면 <u>핵안보 고위험 국가에는 P5, NPT 밖의 핵무장 4개국(인도, 파키스탄, 이스라엘, 북한), 핵분열물질 보유 13개국이 포함된다.</u> 핵분열물질 보유 13개국은 호주, 캐나다, 이란, 스위스, 독일, 네덜란드, 노르웨이, 벨기에, 이탈리아, 카자흐스탄, 벨라루스, 일본, 남아프리카공화국이다. <u>저위험국가에는 153개국과 대만이 들어간다. 한국도 여기에 포함된다. 저위험국가들도 각종 방사성물질을 보유하고 있으므로 '방사능 살포장치'(일명, 더티밤)를 이용해 '방사능 테러'를 가하려는 집단들의 타겟이다.</u> 원자력발전소나 연구용 원자로와 같은 대형 원자력 시설을 가진 46개국과 대만 등이 세 번째 범주에 들어가며, 이 범주에는 한국도 포함된다. 고위험국 범주에서 이탈리아와 벨라루스를 제외한 국가들이 포함된다. 북한은 NTI 핵안보지수 평점 순위가 대체로 최하위이다. 한국은 전체적으로 18위로 평가하였다. 우리나라 2018년 국방백서는 북한이 무기용 플루토늄 50여kg과 고농축 우라늄 상당량을 보유한 것으로 평가하였다. 미국 국방정보국(DIA)은 북한이 2019년까지 65개 핵탄두를 만들 수 있는 무기용 핵물질을 확보하였고, 매년 최대 12개 분량의 무기용 핵물질을 생산할 수 있다고 분석하였다.

## 제9절 | 국제보건안보문제

### 1 보건안보의 개념 및 비교개념

#### 1. 보건안보의 개념

2000년 초 '글로벌 보건안보(Global Health Security)'가 보건 분야에서 지배적인 담론으로 자리를 잡았다. 보건안보담론의 요체는 신흥 전염병이 국가 및 국제안보에 위협이 되므로 이에 대한 특단의 대처가 필요하다는 것이다. 글로벌 보건안보 확보를 위해서는 발원국가에서의 격리나 국경통제조치를 넘어서, 국제적인 질병 감시 및 봉쇄체제 확립이 강조된다. <u>글로벌 보건안보담론은 2005년 국제보건규제(IHR) 개정을 통해 WHO를 중심으로 하는 글로벌 보건체제에 자리잡게 되었다.</u> 글로벌 보건안보화에 인간안보 개념이 논의되고 있으나, 현재는 국가중심적 보건안보가 지배적인 담론으로 자리를 잡았다.

#### 2. 보건안보에 대한 국가안보와 인간안보의 차이

보건안보를 국가안보 차원에서 접근하는 것과 인간안보 차원에서 접근하는 것은 차이가 있다.

**(1)** <u>국가안보는 보호대상이 국가나 국민이지만, 인간안보는 인간 개개인과 공동체이다.</u>

**(2)** <u>국가안보는 안보제공자가 국가이나, 인간안보는 국가뿐 아니라 비국가행위자들</u>이다.

(3) 국가안보에서 위협의 근원은 질병과 병원체 및 바이오테러리즘이나, 인간안보에서는 불평등과 빈곤 등 질병의 구조적 요인들이다.

(4) 국가안보에서 조치는 질병에 대한 감시 - 대응 - 봉쇄조치이나, 인간안보에서는 질병의 기저요인이 되는 구조적 문제의 해결이다.

(5) 국가안보의 목적은 소극적 평화이나, 인간안보의 목적은 적극적 평화이다.

## 2 코로나19 팬데믹과 글로벌 협력 현황

### 1. 세계보건기구(WHO)

1945년 이후 감염병에 대한 국제사회 전체의 제도화된 기제는 세계보건기구(WHO)와 국제보건규제(International Health Regulations, IHR)로 구현되어 있다. WHO는 감염병 통제에 대한 가이드라인을 제시하고, 감염병 예방·탐지·대응에 관한 유일한 조약 차원의 규정인 IHR상의 국가들의 의무 이행을 모니터링한다. 사스 위기 이후 개최된 세계보건총회에서 WHO 회원국들은 새로운 감염병 통제거버넌스를 승인하였다. 이를 IHR2005라고 한다. 최근 WHO는 WHO가 중국에서 코로나19 발병을 탐지한지 30일 만인 2020년 1월 30일에 국제적 공중보건 비상사태(PHEIC)를 발령하였다.

### 2. UN

UN안전보장이사회는 UN 에볼라긴급대응미션을 파견하고, 에볼라 확산 방지와 치료를 위한 UN 에볼라 대응 신탁기금을 조성하였다.

### 3. 중국

코로나19 팬데믹 상황에서 중국은 주권문제로 접근하여, 코로나19 발생을 WHO에 통보하지 않았고, 국내여행만 제한할 뿐 국제여행 제한조치는 취하지 않았다. 또한 WHO 전문가의 현지 방문조사도 허용하지 않았으며, UN안전보장이사회에서의 논의도 방해했다.

### 4. 미국

미국은 팬데믹 상황을 염두에 두고 2000년대 초반부터 생물방어(Biodefense)체제를 갖추어 왔고, 2014년 67개국들과 '글로벌 보건안보구상(Global Health Security Agenda)'를 수립하였음에도 코로나19의 최대 피해자가 되는 것을 방지하지 못하였다. 미국은 UN과 WHO가 합동으로 시작한 코로나19 백신 개발, EU가 주도하는 '글로벌 코로나 대응 기금' 마련에도 참여하지 않았다. 미국은 코로나19 발생과 피해를 중국의 책임으로 돌리고, WHO의 중국에 경도된 대응을 이유로 WHO 분담금 납부를 거부하고 WHO에서 탈퇴를 선언하였다.

## 3 국제보건안보 대응체제

### 1. 국제보건규제(IHR)

IHR은 1951년에 국제협약으로 체결되었고, 1969년에 개명하고 개정하였다. IHR에 의하면 초국경적 감염병이 발생하는 경우 국가는 통지의무가 있고, 이를 통제할 수 있는 적절한 수준의 공중보건체계를 수립할 의무가 있다. IHR은 국제공중보건에서 국가들의 주권적 권리와 경제적 이익을 중시한다. IHR은 통지의무대상을 콜레라, 장티푸스, 페스트, 황열병, 천연두, 회귀열에 한정하였다. IHR에 따른 국가들의 통지의무와 공중보건체계 수립의무가 제대로 이행되지 않았다.

### 2. 2005년 개정된 IHR

#### (1) 개관

2005년 개정된 IHR은 보고의무가 있는 질병의 범위를 확대하였다. WHO는 국제적 공중보건 비상사태(PHEIC)를 선포할 수 있다. 국가행위자뿐만 아니라 비국가행위자로부터 보고를 받을 수 있다.

#### (2) 세계보건기구(WHO) 회원국의 의무

① 회원국들은 WHO의 추가 정보 요청에 응할 의무가 있다.
② 회원국은 신속한 탐지, 접근, 통보, 보고, 봉쇄를 위한 핵심능력을 발전시키고 유지해야 할 의무가 있다.
③ 회원국은 질병 발발이 근원지에서 봉쇄될 수 있도록 최선을 다할 의무가 있다.
④ 다른 국가들은 보고와 봉쇄를 수행한 국가에 대해 징벌적 조치를 취하거나 부적절한 영향을 미칠 수 있는 조치를 삼갈 의무가 있다.
⑤ 회원국은 WHO가 제안하는 최대의 조치를 지켜야 한다.
⑥ WHO 회원국은 성격이나 원인에 무관하게 공중보건 함의를 가지는 모든 질병사례를 WHO에 보고할 의무가 있다.

#### (3) 세계보건기구(WHO)의 권한

① 과도한 통제조치가 초래할 수 있는 부정적인 사회경제적 파급효과를 줄이기 위해 WHO가 무역 및 여행에 대해 권고할 수 있다.
② WHO는 감염병 발병국의 반대에도 불구하고 국제 공중보건 비상사태(Public Health Emergency of International Concern: PHEIC)를 발령할 권한을 가진다.
③ WHO는 감염병 탐지, 무역 및 여행 제한, 집행에서 IHR을 준수하지 않는 국가들을 공개하고 비판할 권한을 가진다.
④ WHO는 보건 이슈에서 인권에 기반한 접근을 옹호하는 기관으로서 감염병 통제에서 국가들의 인권 준수를 감시할 수 있다.

### (4) 국제 공중보건 비상사태(Public Health Emergency of International Concern: PHEIC)

WHO는 PHEIC를 발동할 수 있다. PHEIC 발동은 법적 구속력은 없으나 공중보건 위기의 중대성을 강화하고 WHO가 자체 이니셔티브로 감염병에 대한 외교적·경제적·정치적 대응을 조율할 수 있게 하는 실질적 효과를 가진다. PHEIC가 발령되면 국가들은 발생한 감염병에 대해 바이러스 샘플을 공유해야 하며, 치료제와 백신 개발이 가능해진다. 2009년 신종플루 팬데믹은 WHO가 처음으로 PHEIC를 발령하고 국가들의 무역과 여행 제한조치에 반대하는 권고를 냈다. 2014년 서아프리카 에볼라 위기에서 WHO는 아프리카 국가들의 공개 반대로 초기 대응에 실패하였으며, 에볼라 위기로 완전히 발전한 이후에야 PHEIC를 발령하였다.

## 3. 글로벌 보건안보구상(GHSA)

IHR 2005는 주권 침해문제와 경제적 부담문제로 이행이 매우 저조하였다. 또한, IHR 2005는 국가에 대해 적용되므로, 비국가행위자에 의한 위협을 다루지 못하는 한계가 있다. 이를 극복하고, 감염병의 안보위협을 보다 효과적으로 다루기 위해 미국은 2014년 2월 '글로벌 보건안보구상(GHSA)'을 발족시켰다. GHSA는 감염병과 바이오테러를 동시에 다룬다. GHSA에는 국가뿐 아니라 WHO, 식량농업기구 등 국제기구도 되고, 민간도 포함되므로 글로벌 보건거버넌스로 규정된다. GHSA는 국가별로 수립되어 있는 기존 대응체계를 향상시키고 조화시켜 네트워크로 발전시키고자 한 것이다. GHSA는 감염병 관련 국제협정 체결을 목적으로 하지 않는다. GHSA는 IHR 2005를 대체하려는 것이 아니라 IHR 2005 이행에 정치적 의지를 제공하는 것이다.

# 제3장 국제정치경제 및 국제인권 이슈

> **출제 포커스 및 학습방향**
>
> 21세기 세계질서에서 그 중요성을 더해가고 있는 국제정치경제문제들을 다룬다. 이슈도 많고, 출제될 만한 논점들도 많다. 세계화의 경우 세계화에 대한 각 학파의 입장, 정보화의 경우 정보통신혁명이 국제정치의 구조와 과정에 미치는 영향이 출제될 수 있다. 국제환경 문제의 경우 환경문제를 관리하기 위한 국제조약이 주로 출제되었으며, 기후변화문제가 빈번하게 출제되고 있다. 국제무역질서의 경우 GATT체제의 형성과 역사가 중심 논점이며, 지역주의의 경우 지역주의의 형태, 지역주의의 사례를 정리하는 것이 중요하다. 2008년 미국발 금융 위기 이후 국제통화금융질서에 대한 문제가 빈번하게 출제되며, 2008년 이후 계속되고 있는 G20 정상회의 역시 주요 논점에 해당한다. 한편, 최근 출제경향을 반영하여 국제인권 및 국제개발 이슈도 별도로 정리하였다.

## 제1절 | 세계화(Globalization)

### 1 정의 및 현상적 특징

#### 1. 정의

세계화란 일반적으로 경제·사회·기술·문화·정치 그리고 생태적 영역에 있어서 급속히 증가하는 글로벌적 차원에서의 연계(Global Connectivity), 통합(Integration), 상호의존(Interdependency)을 지칭한다. 즉, 세계화는 국경을 뛰어넘는 상품, 서비스, 사람, 돈, 기술, 정보, 아이디어, 문화, 범죄 그리고 무기의 흐름이 증가하여 지구촌 전체가 점점 긍정적이든 부정적이든 하나의 단위 또는 생활권화되는 현상이다. 한편 영국의 사회학자 앤서니 기든스(Anthony Giddens)는 세계화를 '지방들 상호 간의 사회적 관계가 세계적으로 확대·심화되어, 어느 지방에서 일어나는 일이 다른 지방에서 일어나는 일을 형성하고, 다른 지방의 일 역시 그 지방의 일에 영향을 주는 현상'이라고 정의한다.

#### 2. 현상적 특징

세계화는 다차원적 현상으로 정보통신혁명을 배경으로 정치, 경제, 사회, 문화 전반에 걸쳐 지구촌 전체를 고도로 통합해가고 있다. 정보통신기술이 다양한 기술들과 결합하여 급속히 확산·발전되고 있고, 이에 따라 무역이 급속도로 확대되고 민간 자본과 투자가 국경을 넘어 자유롭게 이동함으로써 세계경제는 단일경제권화되고 있다. 세계화는 지구촌의 상호의존을 심화시키면서 우리 생활의 거의 모든 영역에서 영향을 미치고 있는데, 세계화가 의미하는 현상은 다음과 같다.

(1) 국가 간 국경선을 초월하여 정치·경제·문화·사회적 활동이 전지구적으로 상호연결되고 상호작용하여 한 곳의 사건이 다른 곳에 실시간으로 영향을 미치게 된다.
(2) 국경선을 넘어서는 흐름과 작용이 단지 간접적·임의적으로 발생하는 것이 아니고 거의 지속적·규칙적·제도적으로 반복되어 일어나고 있다.
(3) 이러한 현상이 전지구적으로 광범위하고 신속하게 일어나기 때문에 국내적 혹은 국지적 현상이 전지구적 결과를 초래하여 국내와 국외가 구별되지 않는 시공간을 초월하는 하나의 지구촌을 형성하기에 이른다.

## 2 세계화의 원인에 대한 각 패러다임의 관점

### 1. 현실주의

현실주의는 세계화를 탈냉전 및 단극체제로의 변화와 연관지어 설명한다. 현실주의는 중상주의적 관점에서 국가들이 국가이익을 극대화하는 과정에서 만들어지는 현상이라고 본다. 한편, 패권안정론자들은 양극체제의 해체로 패권국으로 등극한 미국이 자유무역질서를 강요하고 있는 현상이 세계화현상이라고 본다. 현실주의 입장에 따르면 세계화는 국가들이 '정책'에 의해 의도적으로 형성시킨 현상이므로 돌이킬 수 있는 현상이다.

### 2. 자유주의

자유주의는 세계화를 과학과 기술의 발전을 원동력으로 하여 발생하는 자연스러운 현상으로 본다. 즉, 세계화는 국가에 의해 규정되고 제약되는 것이 아니며 그 내부의 힘은 과학과 기술의 발전이라는 추동력에 의해 추진된다. 자유주의는 세계화가 국가의 선택이라기보다는 시장의 선택이라고 본다.

### 3. 마르크스주의

마르크스주의는 세계화를 자본주의 세계체제가 확대되고 심화되는 현상으로 본다. 즉, 마르크스주의는 세계화를 본질적으로 자본주의의 내적 논리, 즉 축적과 잉여가 추동하는 것으로 바라보는 동시에 위기에 봉착한 서구 자본이 이윤율의 저하를 극복하기 위해 자본주의 시장체제를 전세계적으로 확산시키고 있는 것으로 본다.

## 3 세계화의 명암

### 1. 경제적 측면

#### (1) 긍정적 측면

세계화는 경제적 측면에서 신자유주의에 입각한 무한경쟁을 통해 최대한의 경제적 효율성을 추구할 수 있도록 한다. 이를 통해 세계화는 전반적으로 경제적 자유화, 경제 발전 및 복지를 증진시키는 효과가 있다.

### (2) 부정적 측면

세계화는 혜택의 분배 측면에서는 문제가 있다. 즉, 세계화에 따른 경제 발전의 혜택이 소수에게만 편중됨으로 인하여 구성원 간의 '빈익빈 부익부'의 불평등이 심화되고 있으며, 이는 전세계적으로는 남북문제로, 국내적으로는 양극화문제로 대두되고 있다. 또한 경제적 효율성의 극대화를 추구하는 과정에서 현재 노동인구의 20%만 있어도 유지하는데 문제가 없게 되는 상황 때문에 80%의 소외자가 나타나게 되는 이른바 '80% 문제'가 발생한다.

## 2. 안보적 측면

### (1) 긍정적 측면

세계화는 국가들 간 상호의존을 심화시키고 일반적으로 정치적 자유 및 평화, 민주화를 증진시키는 효과가 있다. 이는 상호의존론적 관점에서 볼 때 국가들 간 민감성(Sensitivity) 및 취약성(Vulnerability)의 제고를 통해 전쟁 발발가능성을 낮춤으로써 안보적 측면에서 긍정적인 역할을 한다.

### (2) 부정적 측면

특히 세계화가 많은 구성원들에게 소외감과 박탈감을 느끼게 하는 현상은 향후 국제안보에 있어서 심각한 위협요인이 될 가능성이 있다. 특히 9·11테러에서 목격하였듯이 세계화가 초래한 불만세력과 새로운 정보기술이 결합되면서 과거 국가만이 가질 수 있었던 파괴력을 테러단체도 행사할 수 있게 되었다. 따라서 대량살상무기의 확산이 세계화에서 소외된 좌절감 및 증오심과 결합할 경우 상상을 초월하는 재앙을 가져올 수도 있으며 이는 국제안보에 있어 심각한 위협요인이 되고 있는 것이다.

# 제2절 | 정보화

## 1 의의

### 1. 개념

정보화는 1970년대 이래 컴퓨터 및 정보통신기술이 발달하여 정보, 지식, 커뮤니케이션 등과 관련된 활동에 적용됨에 따라 발생하는 다층적인 사회변화를 지칭한다.

### 2. 정보화의 세 차원

정보화에는 세 가지 측면으로는 정보산업화, 지식정보화 및 지식사회화가 있다.

### (1) 정보산업화

IT(Information Technology)로 대변되는 새로운 물질적 산물을 생산하는 기술의 발달과 이로 인한 산업 차원의 변화를 말한다.

### (2) 지식정보화

IT를 활용하여 정보를 처리하고 각종 지식을 생산·축적·배포·활용하는 과정의 변화를 말한다.

### (3) 지식사회화

IT를 매개로 한 정보 및 지식 생산활동을 효율적으로 뒷받침하는 조직제도 및 사회문화 차원의 변화를 말한다.

## 2 국제정치학적 관점

### 1. 현실주의 - 도구적 기술론

현실주의는 기술이 국가의 이익과 생존의 목표를 달성하기 위한 중요한 수단의 하나라고 본다. 즉, 기술은 상대방에 대한 영향력으로 전환될 수 있는 가장 중요한 물질적 권력자원이라고 보는 것이다. 첨단 IT를 바탕으로 제조된 군사무기는 현대전의 승패를 좌우하는 필수불가결한 요소가 되었다.

### 2. 자유주의

자유주의적 기술론은 기술과 변화에 대한 낙관론을 제시한다. 기술 변화는 곧 인류의 보편적 진보와 연결된다고 본다. 예컨대 IT는 커뮤니케이션의 양과 질을 증대시키고 비용을 감소시킴으로써 국가 간 또는 개인 간 상호이해와 상호협력의 가능성을 증대시키는 동력으로 인식된다. 또한, 자유주의적 인식에서 기술은 국제정치의 행위자들이 적응해야만 하는 특정한 형태의 제도환경을 창출한다. 예컨대 IT의 도입은 탈집중, 협력, 평화, 투명성 등으로 대변되는 제도환경을 창출함으로써 권위주의적 국가들이 개방, 개혁의 정책을 도입할 수밖에 없게 한다.

## 3 국제정치적 영향

### 1. 국가

#### (1) 국가주권 약화

정보화의 진전은 국민국가의 주권, 역할 및 영향력을 약화시키고 있다.
① 정보통신의 발달은 국제자본의 이동성을 증가시켜 주었다. 자본의 이동성의 증가는 개별 국가의 환율정책 및 금융정책의 자율성을 약화시킨다.
② 인터넷의 발달로 국제전자상거래가 급격하게 증가하고 있다. 그러나 전자상거래의 경우 국경을 넘어서는 거래로서의 성격이 불분명하기 때문에 관세선(관세영역)의 개념이 성립하기가 어렵다. 따라서 주권국가의 조세권한을 행사하기가 어려워진다.

③ 국민국가가 견고하게 유지되기 위해서는 일정한 영토 내의 국민들의 영토적 정체성에 기반한 충성심이 유지되어야 한다. 그러나 IT 발달로 국민들은 특정 영토 내로 한정되는 정체성을 견고하게 유지하기보다는 다양한 집단의 구성원으로서의 복합적 정체성을 내면화할 가능성이 있다. 이로써 특정 영토국가에 대한 충성심이 약화될 수 있다.

### (2) 국가의 변환 - 네트워크 지식국가의 부상

정보화로 국민국가의 전통적 영향력이 상대적으로 약화되고 있으나 국민국가가 소멸되지는 않을 것이다. 변화하는 환경에서도 공공재를 제공하는 국가의 역할을 반드시 필요하기 때문이다. 예컨대, 글로벌 정보격차 해소, 글로벌 네트워크의 안정성과 보안성 제공 및 다양한 행위자들의 사적 이해관계 조율은 여전히 국가의 몫이다. 따라서 국민국가는 소멸하기보다는 부단한 조정의 과정을 통해 그 형태가 일정한 정도로 변환될 것이다. IT를 매개로 하여 국가 안팎에서 다양한 네트워크가 형성되는 '네트워크 국가(Network State)'의 출현이 예상된다. 네트워크 국가는 '지식 국가(Knowledge State)' 영역에서 가장 많은 역할이 요구된다. 국가는 정책 결정에 있어서 해당 분야의 이해관계를 가진 국내외의 시민단체나 기관들이 참여하는 네트워크를 통해서 정책을 결정하고 문제를 해결해야 한다. 네트워크 지식 국가는 국가 - 비국가행위자의 연결망을 특징으로 하는 다층적 네트워크의 등장을 포괄하는 개념이다.

### (3) 국가정책의 결정패턴 변화

정보화는 국가정책의 결정패턴에도 변화를 주고 있다.
① 정부 내적 차원에서 보면, 정책 결정을 집중화시킨다. 정치지도자들이 대사나 대사관이 전달해 주는 정보에 대해 의존할 필요가 없고, 멀리 떨어져서도 군사적 상황이나 경제적 교섭에 참여할 수 있기 때문이다.
② 국가 - 시민사회관계에서 볼 때, 정보화는 정책 결정에 대한 시민참여를 증가시킨다. 정보의 정부 독점을 약화시키기 때문이다.
③ 정보화는 국가의 일방적 정책 결정을 어렵게 만듦으로써 정책 결정의 투명성을 증가시킨다.

## 2. 국제체제(International System)

### (1) 쟁점

국제체제란 특정한 행위자들로 구성된 체제를 말한다. 국제체제는 행위자, 행동원칙, 행위자와 구분되는 환경으로 구성된다. 정보화와 국제체제와의 관계의 논의에서 쟁점이 되는 것은 정보화가 현재까지 유지되어 온 국제체제에 어떠한 변화를 초래할 것인가의 문제이다. 특히 현실주의자들이 주장하는 이른바 '웨스트팔리아체제(Westphalia System)'의 변화가능성이 논쟁의 초점이 되고 있다. 웨스트팔리아체제는 주요 행위자로서의 주권국가, 무정부체제, 홉스적 자연상태, 권력정치를 그 특징으로 한다.

### (2) 현실주의

도구적 기술론을 주장하는 현실주의적 관점에서 정보기술의 발달은 국제체제에 별다른 영향을 주지 못한다고 본다. 무정부체제가 위계체제로 변화하는 것을 '체제 변화'라고 보는 왈츠(K. Waltz)는 IT를 국제체제의 구조에 영향을 주는 변수로 상정하지 않는다. 또한 인터넷과 통신기술 발달로 시민사회가 활성화되고 있으나, 최종적인 결정권은 국가가 보유하고 있고, 시민사회에 대한 통제력을 행사하기 때문에 주권약화 가설은 과장된 것이라고 본다. 요컨대 현실주의자들은 정보통신기술 발달에도 불구하고 웨스트팔리아체제의 지속을 주장하고 있다.

### (3) 자유주의

자유주의자들은 정보화가 다양한 차원에서 웨스트팔리아체제를 변화시키고 있다고 본다.

① 정보통신기술의 발달은 NGO 및 INGO, 국제기구 및 국제레짐을 활성화시켜 주권국가의 상대적 지위를 약화시키고 있다.
② 전지구적 시민사회의 형성가능성이 높아졌다. 전지구적 시민사회는 국가나 국제기구 등 전통적 행위자들보다 시민사회의 자율성과 영향력이 강화된 지구시민사회를 의미한다. 전지구적 시민사회에서는 권력정치보다는 '글로벌 거버넌스(Global Governance)'가 지배적인 정치패턴으로 작동한다.
③ 복합적 상호의존체제가 형성되고 있다. 다양한 행위자들이 다양한 의제를 중심으로 다차원적 상호작용을 전개하는 체제를 복합적 상호의존체제라고 한다. 요컨대 자유주의자들은 정보화로 인해서 주권국가의 상대적 약화, 비국가행위자의 영향력 강화, 권력정치의 약화 등 웨스트팔리아체제는 약화되고 있다고 본다.

### (4) 구성주의

구성주의자들은 웨스트팔리아 국제체제를 국제정치사의 전개에 있어서 특수한 시점에 행위자들의 간주관적 상호작용에 의해서 형성된 사회적 구성물로 본다. 행위자들은 상호작용과정에서 내면화된 정체성 및 규범에 기초하여 자신의 선호와 이익을 결정하고 그것을 실현하기 위해 행동한다. 따라서 정체성이나 규범이 변화되는 경우 행위자의 선호·이익·행동은 변화될 수 있는 것이다. IT의 발달은 행위자들 간 상호 공통의 문화나 관념 또는 정체성을 내면화할 수 있는 가능성을 높여서 보다 조화적인 상호작용패턴을 만들어낼 수 있을 것이다. 요컨대 구성주의입장에서 보면, 웨스트팔리아체제는 보편적이고 고정불변의 체제가 아니며, 내면화하는 규범에 따라 변화될 수 있는 사회적 구성물이다. 따라서 IT의 발달에 따라 웨스트팔리아체제가 변화할 가능성도 열려있는 것이다.

### 3. 행위자 - 비국가행위자(Non - State Actor)

**(1) 초국적 시민사회 활성화 - INGO, 영향력의 정치수단, 네트워크 형성**

정보혁명 및 글로벌 커뮤니케이션 증가는 전세계를 네트워크로 연결한 새로운 행위자를 탄생시켰다. 초국가적 단체(Transnational Organization)로 요약될 수 있는 이러한 행위자들은 정보혁명이라는 기술적 진보로 인해 전세계적인 네트워크를 구성하고 자신들의 의사와 요구를 실시간으로 표출할 수 있는 능력을 가지게 되었다. 새로운 행위자들은 전세계적인 네트워크를 통해 엄청난 회원을 보유하고 국가들에게 압력을 가하는 국제체제의 주인공으로 등장하고 있다.

**(2) 초국적 테러세력 활성화 - 네트워크의 조직화**

IT 발달은 초국적 테러세력을 활성화하는 데 영향을 주고 있으며 다양한 차원에서 테러활동을 활성화 하는 데 도움을 준다.

① 테러리스트들은 IT를 활용하여 자신들의 주장을 보다 쉽게 전 세계로 유포할 수 있다. 테러리스트들은 인터넷에 접속만 하면 다양한 형태의 정보를 전 세계에 동시다발적으로 전달할 수 있다.

② 테러리스트 조직과 집단들은 서로 멀리 떨어져 있으면서도 독자성을 유지하는 동시에 행동을 조정하며 활동할 수 있게 되었다. 이를 통해 동시다발적 테러를 감행하고 있다.

③ 기술진보에 의해 테러리스트 조직은 세부조직을 여러 곳에 분산배치하고, 세부조직을 이동시키며, 암호화된 통신을 활용함으로써 기밀유지가 용이해졌다.

### 4. 전쟁

**(1) 전쟁방식에 미치는 영향**

정보기술 발달은 전쟁방식과 승패요인에 영향을 주고 있다. IT 발달로 전통적 군사력의 크기보다 얼마나 많은 정보를 가지고 있으며, 그러한 정보를 정확히 분석할 수 있는 능력과 첨단 컴퓨터 기술의 보유 등이 승패 결정에 중요한 요인이 되었다. IT 발달과 전쟁은 '군사분야혁명(Revolution in Military Affairs: RMA)'의 범주에서 다뤄지고 있다. RMA는 기술과 무기체계의 융합형태로서 각기 독립적으로 존재하는 무기체계를 네트워크를 통해 하나의 종합적 시스템으로 통합시킴으로써 군사력 행사의 효율성을 제고하는 것을 목표로 하고 있다.

**(2) 정보전(Information Warfare)의 등장**

전쟁에 있어서 정보화로 나타난 근본적 변화는 정보전이라는 새로운 양상의 전쟁이 등장하게 되었다는 것이다. 정보전은 적의 공격으로부터 아군의 정보망을 보호하고 적의 정보망을 교란시키는 행위를 말한다. 적의 정보, 정보처리과정, 정보체계, 그리고 컴퓨터 네트워크를 교란시킴으로써 정보의 우위를 확보하고 적의 전쟁 수행능력을 무력화함으로써 전쟁을 승리로 이끌 수 있다. 현대전에서는 지휘, 통제가 정보통신망을 통해 이루어지며 전쟁에 있어서 감시, 정찰 등이 중요한 역할을 하기 때문에 적의 정보체계를 파괴하는 것은 적의 전쟁 수행능력을 무력화시킬 수 있다.

## 5. 외교

### (1) 전통적 외교의 변화

정보화시대의 외교는 수단·형태·내용 및 주체 면에서 많은 변화를 가져왔다.

① 인터넷 등 정보화 기술의 발전으로 인하여 새로운 외교 커뮤니케이션 수단이 활성화되었으며, 이를 누가 먼저 활발히 사용하는가에 따라 외교력이 좌우되게 되었다.

② 정보화와 관련된 내용을 다루는 외교가 중시되어, 인터넷 거버넌스, 지적재산권 등이 외교의 중요한 내용이 되었다.

③ 외교의 주체가 행정부에 국한되지 않고, 개인, 시민사회단체, 기업, 학계 등 전문가 집단으로 확장되어, 다차원적 외교가 가능한 시대가 되었다.

### (2) 공공외교(Public Diplomacy)의 활성화

IT 발달은 두 가지 차원에서 공공외교를 발전시키고 있다.

① 일반 시민들도 대외정책에 대한 정보를 쉽게 습득할 수 있고, 대외정책에 대한 정보가 투명하게 공개되기 때문에 대외정책 결정에 있어서 여론의 영향력이 증가하고 있다.

② 글로벌 커뮤니케이션이 발달함으로써 국가가 국민들이나 타국 시민들을 상대로 자국이 원하는 대외정책목표를 달성할 수 있는 수단을 가지게 되었다. 이러한 배경하에서 공공외교가 발전하였는바, 공공외교는 자국은 물론 타국의 시민들에게 영향을 미침으로써 자국의 국가이익을 달성하고자 하는 보다 적극적인 신외교를 말한다.

## 6. 권력

IT 발달과 권력은 두 가지 차원, 즉 경성권력과 연성권력 차원에서 그 영향을 평가할 수 있다.

### (1) 경성권력(Hard Power)

IT 발달은 군사분야혁명(RMA)에 기초한 첨단무기체계를 강화시킴으로써 군사력이라는 경성권력을 강화시켜 주고 있다. 또한 정보산업 또는 지식산업이 새로운 부의 창출수단이 되고 있다. 앞선 지식과 정보를 가진 국가는 이를 기반으로 경제력을 강화시킬 수 있으므로 경성권력을 강화시킨다고 볼 수 있다.

### (2) 연성권력(Soft Power)

IT 발달은 국가의 연성권력을 강화시켜 주는 수단이 될 수 있다. 정보화시대의 외교는 공공외교적 성격을 가진다. 공공외교 및 지식외교는 자국의 가치와 이념 및 문화를 타국민에게 전파하여 공감하게 함으로써 영향력을 행사하려는 것이다. 이는 공공외교가 연성권력을 획득할 수 있는 수단으로 작용한다는 것을 말한다.

# 제3절 | 국제환경문제

## 1 환경문제의 특징

### 1. 초국가적 성격
많은 환경문제는 설사 완전히 지구적이지 않더라도 국가의 경계를 넘어선다는 점에서 본질적으로 초국가적 성격을 지닌다. 일국에서의 이산화황의 방출이 타국에서 산성비를 내리게 하고, 폐쇄형 해역에 투기된 폐기물은 인접연안국에 피해를 미치는 등 피해범위가 한정되어 있지 않다. 이러한 특성으로 인해 지구적 차원의 협력이 필요하다.

### 2. 회복 불가능성
자원과 환경은 모든 인간 생활에 필수적이지만 그 양이 한정되어 있다. 그러므로 일단 파괴, 오염되면 회복이 불가능하거나 여러 세대에 걸친 노력을 필요로 한다.

### 3. 국제정치적 성격
과도한 개발이나 환경훼손에 이르는 과정은 지구적 차원에서 이루어지는 폭넓은 정치적, 사회적, 경제적 과정과 밀접히 관련되어 있다. 즉, 대부분의 환경문제들의 원인은 부의 창출과 분배, 지식과 권력, 에너지 소비, 산업화, 인구 증가, 부와 빈곤 등의 문제와 밀접히 관련되어 있어 환경 자체의 파괴에서 나아가 국제정치적 성격을 지닌다.

### 4. 높은 갈등가능성 내포
환경문제는 자연의 구성요소를 통해 전파된다. 그러므로 문제의 발생원인이 불분명하고 그 피해가 불특정 다수에게 전가된다. 따라서 문제의 발생에 대한 책임과 이의 해결에 소요되는 비용의 부담이 불분명하므로 환경문제와 관련된 국가 간의 갈등이 일어날 소지가 많다.

## 2 환경문제의 역사적 개관

### 1. 초기단계
오염과 자연환경의 보존에 대한 국제적 관심이 특히 선진국 중심으로 고조된 것은 1960년대 레이첼 카슨(Rachel Carson)의 저서 『침묵의 봄』이 발간되면서부터였다. 카슨은 이 책에서 DDT를 비롯한 살충제의 남용에 대해 강한 우려를 촉발하였으며, 현대 환경운동이 출범하는 계기를 제공하였다. 또한 1967년 유조선 Torrey Canyon호의 석유 유출 사고, 대기오염물질의 월경 및 산성비 등의 문제가 출현하여 환경에 대한 국제적 관심이 서서히 높아지기 시작하였다.

## 2. 스톡홀름회의

1960년대 급속히 고조된 국제환경문제에 대한 관심을 배경으로 1972년 UN인류환경회의가 스톡홀름에서 개최되었다. 스톡홀름회의는 폭넓은 대중적 관심의 대상이 되었으며 6개 분야에 걸친 109개 권고사항을 담은 행동강령과 제도적 재정적 사항에 관한 결의안이 채택되었다. 나아가 동 회의로 UN환경계획(UNEP)이 창설되었다. UNEP은 창설 이후 환경문제의 중요성에 대한 정치적 인식을 증진시키고, 문제의 성격과 대응방안에 관한 과학적 합의의 형성을 돕고, 협상을 촉진하며, 국가들의 환경관리능력을 증대시키는 데 핵심적인 역할을 수행하였다. 한편 스톡홀름회의로 인해 주로 유럽과 북미에 기반을 두고 있었던 NGO들이 회의 이후 개발문제와 개발도상국들에 대해 보다 적극적이고 체계적으로 접근하기 시작하는 등 정치적, 제도적 변화를 자극했다.

**UN인간환경선언(1972년 6월 16일)**

1972년 6월 5일부터 16일까지 스톡홀름에서 열린 UN인간환경회의는 인간환경의 개선과 보존으로 세계인들을 이끌고 고무하기 위한 공통의 원칙과 전망의 필요성을 고려해 다음을 선언한다.

1. 인간은 인간에게 물질적인 생계수단을 제공하고, 지성적·윤리적·사회적 그리고 정신적인 성장을 하게 해주는 환경의 창조물이자 형성물이다. 과학기술이 급속히 가속화되면서 이 지구에서 인류의 길고 험난했던 진보는 인간이 무수한 수단과 전례 없는 규모로 환경을 변화시킬 수 있는 힘을 갖게 되는 정도의 단계에 도달하였다. 자연적이든 인위적이든 인간의 환경에 대한 양 측면은 인간의 안녕과 기본권의 향유, 생존권을 위해 없어서는 안 되는 것이다.

2. 인간환경의 보호와 개선은 인류의 행복과 범세계적인 경제 발전을 위한 중요한 문제이다. 즉, 인간환경을 보호하고 개선하는 일은 세계인의 절박한 소망이며 모든 정부의 의무이기도 하다.

3. 인간은 항상 경험을 쌓고, 새로운 것을 발견하고, 발명하고, 창조하며 발전시켜 나간다. 지금 이 시대에는 인간이 주위환경을 변화시킬 수 있는 능력을 지혜롭게 사용한다면 삶의 질을 향상시키는 기회와 발전의 혜택을 모두에게 줄 수 있다. 이 능력을 부주의하고 잘못되게 사용한다면, 인류와 인간 환경에 막대한 해를 끼칠 수 있다. 우리는 주위의 지구 여러 지역에서 위험한 수준의 물과 공기와 토양오염, 생물권의 생태학적인 불균형을 야기하는 심각하고 바람직하지 않은 장애들, 대체할 수 없는 자원의 파괴와 고갈, 인간이 만들어낸 환경에서 특히, 생활과 작업 환경에서 인간의 신체·정신·사회 건강에 해를 끼치는 총체적인 결핍과 같이 인류가 만들어낸 피해현상이 증가하는 것을 볼 수 있다.

4. 개발도상국 환경문제의 대부분은 저개발에 원인이 있다. 수백만 명의 사람들이 적절한 의식주, 교육, 건강, 위생의 부족으로 생존을 위해 요구되는 최소한의 수준보다 크게 못 미치는 수준에서 살고 있다. 그러므로 개발도상국들은 환경의 개선과 보호를 위한 필요성과 그 우선순위를 마음에 새기고 개발 노력의 방향을 설정해야 한다. 같은 목적으로 산업화 국가들은 개발도상국들과의 차이를 줄이도록 노력해야 한다. 산업화된 국가에서 환경문제들은 일반적으로 산업화와 기술 발달과 연관되어 있다.

5. 인구 수의 자연증가는 항상 환경보전을 위한 문제들을 나타낸다 그러므로 이 문제들에 적절히 대처하기 위해 적절한 정책과 조치가 채택되어야 한다. 세상에서 가장 존귀한 존재는 인간이다. 사회적 진보를 추진하고, 사회복지를 창조하고, 과학기술을 개발하고, 근면한 노력으로 계속해서 인간환경을 변화시키는 주체는 인간이다. 사회화와 생산의 진보, 과학기술과 함께 환경을 개선하기 위한 인간의 능력은 나날이 향상된다.

6. 우리는 환경적인 결과를 위해 더욱 분별 있는 관심을 가지고, 세계 속에서 행동을 취해야 할 시점에 와 있다. 무지와 무관심으로는 우리가 살고 있고, 의존하고 있는 이 지구환경에 막대하고 돌이킬 수 없는 해를 입힐 수 있다. 반대로 더 많은 지식과 더 지혜로운 행동으로 우리는 인간의 필요, 소망과 더욱 조화를 이루는 환경에서의 더 나은 삶을 우리 자신과 후대에 전할 수 있다. 바람직한 삶을 창조하고 환경의 질을 증대하기 위한 폭 넓은 전망들이 있다. 이를 위해 필요한 것은 열정적이지만 고요한 마음과 강렬하지만 정열적인 작업이다. 자연세계에서 자유를 이룩하기 위한 목적으로 인간은 자연과 협력하여 더 나은 환경을 만들기 위해 지식을 사용해야 한다. 현재와 미래 세대를 위해 인간환경을 지키고 개선하는 것은 세계경제사회발전과 평화의 기본적이고 확립적인 목표와 함께 모두 추구해야 할 인류를 위한 필수적인 목표이다.

7. 이 환경목표를 달성하기 위하여 시민, 집단, 기업과 단체들 모두는 공통의 노력 안에서 공평하게 책임감을 나누어 가질 것을 요구 받는다. 여러 분야의 기관들뿐 아니라 모든 계층의 개개인은 스스로의 가치와 공동 행동으로 미래세계환경을 형성해 나갈 것이다.

지역과 국가 정부들은 법령 안에서 대규모 정책과 행동으로 커다란 짐을 지게 될 것이다. 이 분야에서 책임을 수행할 개발도상국들을 지원하기 위한 수단을 늘리기 위하여 국제협력 또한 필요하다. 환경문제는 지역적이기도 하고 국제적이기 때문에 또는 공통국제영역에 영향을 미치기 때문에 많아지는 환경문제는 공통이익에 따른 국제기구들의 행동과 국가 간의 광범위한 협력을 요구하게 될 것이다.

이번 회의는 정부와 사람들에게 후대와 모든 인간의 이익을 위한 인간환경의 보전과 개선을 위하여 공통의 노력을 발휘할 것을 요구한다.

### 원칙

다음과 같은 공통의 신념을 성명한다.

#### 원칙 1

인간은 인간의 삶에 행복과 존엄을 주는 환경 안에서 자유, 평등 그리고 합당한 삶의 지위를 영위할 기본권을 가지고 있고 동시에 현재와 미래세대를 위해 환경을 개선하고 보호해야 할 엄중한 책임을 가진다. 따라서 남아프리카공화국 인종차별, 식민주의, 기타 다른 형태의 압박과 다른 나라의 식민 지배를 조장하고 지속시키는 정책은 비난 받고 없어져야 한다.

#### 원칙 2

자연 생태계를 대표하는 공기, 물, 토양, 동식물과 같이 이 지구상의 천연자원은 적절하고 주의 깊게 계획 또는 준비되어서 현재와 미래세대를 위하여 보호되어야 한다.

#### 원칙 3

필수적인 재생 가능한 자원을 생산하는 지구의 능력은 반드시 유지되어야 하고 어디서든지 사용할 수 있게 복구되거나 향상되어야 한다.

#### 원칙 4

인간은 불리한 요인들로 인해 크게 위협받고 있는 야생동물들의 생득권과 서식지를 지혜롭게 관리하고 보호해야 할 특별한 책임이 있다. 그러므로 야생동물보호와 같은 자연보호는 경제개발계획 시 중요하게 다루어져야 한다.

#### 원칙 5

재생 불가능한 지구의 자원은 앞으로의 고갈위험에 대비하는 방식으로 사용되어야 하고 그로 인한 이득은 모든 인류가 공유해야 한다.

#### 원칙 6

자연의 정화능력을 넘는 정도의 양 혹은 농도의 유독성 물질이나 기타 다른 물질의 방출과 열의 배출은 생태계에 심각하고 회복할 수 없는 피해가 생기기 전에 중단되어야 한다. 오염된 국가의 국민들이 행하는 오염에 대한 정당한 저항은 반드시 지원되어야 한다.

##### 원칙 7
국가는 바다에서 얻는 유익함을 해치거나 바다의 다른 법률적 사용에 방해되고, 해양 생물과 생물자원에 해를 입히며 인간의 건강에 유해한 물질에 의한 바다 오염을 막기 위한 모든 가능한 방법을 취해야 한다.

##### 원칙 8
경제사회발전은 삶의 질을 향상시키기 위해 필요한 지구의 상태를 조성하고, 인간을 위한 편리한 생활, 작업환경을 보장하기 위해 필수적이다.

##### 원칙 9
저개발 상태와 자연재해로 인한 환경결핍은 막대한 문제를 일으키고, 이는 개발도상국들의 국내노력과 필요 시 적시에 지원하기 위한 보조로서 충분한 양의 재정적·기술적 지원의 전환을 통한 개발이 가속화될 때 가장 확실히 치유될 수 있다.

##### 원칙 10
개발도상국들에게는 생태학적 과정뿐만 아니라 경제적 요인들이 고려되어야 하므로 환경관리를 위해서 가격의 안정과 기초 일용품과 원료구입을 위한 적당한 수입이 필수적이다.

##### 원칙 11
모든 국가의 환경정책은 개발도상국들의 현재와 미래의 발전 잠재력을 높이고 그에 불리한 영향을 주어서는 안되며 모두를 위한 더 나은 환경조성달성에 방해가 되어서도 안 된다. 그리고 환경조치의 적용으로 인해 앞으로 일어날 국내, 국제 경제적 결과에 동의하는 국제기구와 국가들에 의해, 적절한 조치가 채택되어야 한다.

##### 원칙 12
개발도상국들의 특수한 요구사항과 상황, 개발계획에 환경보존장치를 포함시키면서 생기는 비용, 이를 위한 추가적인 국제적 기술, 재정지원의 필요성 모두를 고려하여 환경을 보존, 개선할 수 있는 자원이 마련되어야 한다.

##### 원칙 13
좀 더 합리적인 자원관리로 환경을 개선하기 위해서 국가는 그들의 개발계획이 전체의 이익을 위한 환경보존과 개선의 필요성에의 조화를 보장하는 통합되고 조정된 경제개발 접근을 해야 한다.

##### 원칙 14
합리적인 계획은 환경의 보전·개선의 필요성과 개발의 필요성 사이에서 야기될 수 있는 마찰을 조정하기 위한 필수도구이다.

##### 원칙 15
계획은 모두에게 사회적·경제적·환경적으로 최대로 이익이 되고, 환경에 부정적인 영향을 주지 않도록 인간의 거주지와 도시화에 적용되어야 한다. 이러한 관점에서 식민, 인종지배를 목적으로 하는 계획은 금지되어야만 한다.

##### 원칙 16
기본인권에 대한 편견이 없고 정부에게 인정받은 인구정책은 인구성장과 과잉인구집중도가 인간환경에 부정적인 영향을 미치고 개발에 방해가 될 것 같은 지역에 적용되어야 한다.

##### 원칙 17
환경질의 개선을 목적으로 국가의 9개 자원에 대한 계획, 관리 또는 조절의 임무는 적절한 국가 기관 에게 위임되어야 한다.

##### 원칙 18
경제사회 발전에 기여하는 과학과 기술은 환경위험에 대한 인식, 기피, 조절과 환경문제의 해결 그리고 인류 공통의 이익을 위하여 사용되어야 한다.

#### 원칙 19
혜택받지 못하는 이들에게 당연한 관심을 줌으로써 성인뿐만 아니라 젊은 세대들에 대한 환경문제 교육은 전체 인간의 범위에서 환경보존과 개발 시 개인, 기업, 집단의 책임 있는 역할 그리고 열린 의견의 근간을 넓히기 위하여 필수적이다. 언론이 환경악화에 기여하지 않고, 모든 점에서 긍정적인 환경 개발보호 필요성의 교육적인 자연정보를 전하는 것 또한 필수적이다.

#### 원칙 20
국내적이고 다국적인 환경문제에 관한 과학연구와 개발은 반드시 모든 국가, 특히 개발도상국에서 추진되어야만 한다. 이러한 관계로 최신 과학정보의 자유로운 소통과 경험의 이전은 환경문제해결을 용이하게 하도록 지원되어야 한다. 즉, 환경기술은 개발도상국에 경제적인 부담 없이 광범위한 보급에 기여하도록 이용되어야 한다.

#### 원칙 21
UN헌장과 국제법에 따라 국가는 그들의 환경정책에 따라 자국의 자원을 개발할 주권적 권리를 가지고 자국의 법령과 통제 내에서의 활동이 다른 국가 또는 국가 관할권의 범위를 벗어난 지역에 환경피해를 주지 않도록 할 책임을 가진다.

#### 원칙 22
국가는 오염피해자들과 법령 또는 이를 넘는 지역의 국가 통제 안에서의 활동으로 야기된 기타 환경피해에 대한 보상과 책임에 관한 국제법을 발전시키기 위해 협력한다.

#### 원칙 23
앞으로 국제사회에서 이루어질 합의나 개별 국가에서 확립될 표준에 대한 편견 없이 어떠한 경우에라도 각국의 우세한 가치시스템을 배려하며 개발도상국들에게 적절치 못하고 부당한 사회적 비용이 발생할 수 있는 최선진국의 표준적용범위를 고려해야 한다.

#### 원칙 24
환경의 보호와 개선에 관한 국제적 문제들은 크든 작든 대등한 입장에서 모든 국가의 협력 정신에 의해 협조되어야 한다. 모든 국가의 이익과 주권보호를 위한 행위에서 야기되는 환경에 대한 부정적인 영향을 효과적으로 제거, 감소, 보호, 통제하기 위하여 다국가 간 혹은 양국 간의 협력과 또는 다른 적절한 수단들이 필수적이다.

#### 원칙 25
국가는 환경의 보호와 개선을 위한 협력적, 효율적, 그리고 역동적인 국제기구의 역할을 보장한다.

#### 원칙 26
인간과 환경은 핵무기와 다른 대량살상무기의 영향 없이 살아야 하며, 국가는 관련된 국제 조직에서 그러한 무기들의 완전 파괴와 제거의 즉각적인 합의에 도달하도록 노력해야 한다.

## 3. 리우회의

1992년 리우회의는 약 150개국의 국가와 135개국 정상, 그리고 1,500여 개의 NGO 대표단들이 참가한 사상 최대 규모의 정상회의였다. 리우회의에서는 리우선언, 의제21, 삼림원칙선언이 모두 합의되었으며 기후변화협약과 생물다양성에 관한 협약에 각각 154개국과 150개국이 조인하는 등 전체적으로 성공적이라고 평가되나 동 회의의 진정한 영향은 이러한 합의들이 어떻게 발전, 실행되는가에 의해 판단될 것이다. 동 회의에서의 합의를 간략히 살펴보면 리우선언은 환경보호에 대한 국가의 책임, 국제적 협력, 빈곤퇴치 등 환경과 개발에 관한 행동을 가이드할 27개 항의 일반원칙을 천명하였다. 한편 의제21은 지속가능한 개발, 사막화 방지, 유해폐기물 관리 등 광범위한 주제에 관한 행동계획 제공을 목표로 한다.

기후변화협약은 아래에서 자세히 살펴볼 것이며 생물다양성협약은 생물종과 생태계 및 서식지 보호를 통해 생물학적 다양성을 보존하고 생명공학기술 사용에 대한 원칙을 수립하기 위한 기본협약이다. 삼림선언은 국가가 자국 영토 내 삼림자원에 대해 주권적 권한을 가진다고 강조하는 한편, 삼림보호와 관리원칙을 천명하였다.

 참고

**리우선언(1992년)**

국제연합 환경개발회의가, 1992년 6월 3일에서 14일까지 리우데자네이루에서 개최되어, 1972년 6월 16일에 스톡홀름에서 채택된 '인간환경에 관한 국제연합선언'을 재확인함과 동시에 그 선언에 입각하여, 모든 국가, 주요 사회 분야, 모든 사람들 사이에 새로운 차원의 협력 관계를 구축함으로써 새롭고도 공평한 범세계적 동반자 관계를 확립할 목적으로, 모두의 이익을 존중하고 지구 환경의 측면이나 지구 개발의 측면에서 완전무결한 체제를 보장하는 국제 협정을 체결하기 위해 노력하며, 지구는 우리의 삶의 터전으로서 없어서는 안 될 뿐만 아니라 서로 의존하는 성격을 지니고 있다는 점을 인식하면서, 다음과 같이 선언한다.

### 원칙 1
인류는 지속 가능한 발전에 관한 논의의 중심에 서 있다. 인류에게는 자연과 조화를 이루면서 건강하고 생산적인 삶을 향유할 권리가 있다.

### 원칙 2
모든 국가에게는 UN헌장과 국제법의 원칙을 준수하면서 자국의 환경과 개발에 대한 정책에 따라 자국의 자원을 이용할 수 있는 자주적 권리가 있으며, 자국의 관할권이나 통치권 범위 내에서 이루어진 활동이 다른 국가의 환경이나 자국의 관할권을 벗어난 지역의 환경에 피해를 입히지 않도록 보장해야 할 책임이 있다.

### 원칙 3
발전권은 개발과 환경에 대한 현재 세대와 미래 세대의 요구를 공평하게 충족할 수 있도록 실현되어야 한다.

### 원칙 4
지속가능한 발전을 이루기 위해 환경보호는 개발과정에서 절대로 필요한 구성요소이며 개발과정과 분리시켜 고려되어서는 안 된다.

### 원칙 5
모든 국가와 국민은 생활수준의 격차를 줄이고 세계 대다수 사람들의 수요를 한층 더 충족시키기 위한 목적에서, 지속가능한 발전의 필수조건으로서 빈곤 퇴치라는 가장 중요한 과업에 협력해야 한다.

### 원칙 6
개발도상국, 특히 개발이 가장 낙후된 국가와 환경이 파괴될 위험성이 가장 높은 국가의 특수한 상황과 요구 사항이 특히 우선적으로 고려되어야 한다. 또한 환경과 개발의 분야에서 이루어지는 국제적 조치는 모든 국가의 이해관계와 요구 사항을 반영해야 한다.

### 원칙 7
모든 국가는 지구의 생태계를 건강하고도 완전무결하게 보존하고 보호하고 복원하기 위해 범세계적 동반자의 정신에 입각하여 협력해야 한다. <u>지구환경의 악화에 영향을 준 정도가 제각기 다른 점을 감안할 때, 모든 국가에게는 공동책임을 지지만 차별화된 책임을 진다.</u> 선진국 사회가 지구환경에 끼친 부담과 선진국이 지닌 기술력과 자금력을 감안할 때, 선진국은 지속가능한 발전을 국제적으로 추구하는 과정에서 부담할 책임에 대해 인정한다.

### 원칙 8
지속가능한 발전을 이루고 모든 사람들에게 질적으로 보다 나은 생활을 보장하기 위해, 모든 국가는 지속 불가능한 생산과 소비의 유형을 줄이고 제거할 뿐만 아니라 바람직한 인구정책을 촉진해야 한다.

### 원칙 9
모든 국가는 과학 기술적 지식의 교류활동을 통해 과학수준을 향상시키고, 새롭고 혁신적인 기술을 포함하여 기술 개발과 적용, 보급, 이전을 증진함으로써, 지속 가능한 발전을 이룰 수 있는 잠재적 능력을 형성하고 강화하도록 협력해야 한다.

### 원칙 10
환경문제는 관심을 지닌 시민 모두가 적절한 수준으로 참여할 때 가장 효과적으로 다루어진다. 국내적 차원에서 각 개인은 자신이 거주하는 지역사회에 유해한 영향을 주는 물질과 실태에 관한 정보를 포함하여 공공기관이 보유하고 있는 환경 정보를 쉽게 이용할 수 있어야 하고, 의사 결정과정에 참여할 수 있는 기회를 보장받아야 한다. 모든 국가는 정보를 쉽게 이용할 수 있도록 널리 보급함으로써 대중의 자각과 참여를 촉진하고 권장해야 한다. 피해에 대한 배상과 구제책을 포함하여 사법적 절차나 행정적 절차를 효과적으로 이용할 수 있어야 한다.

### 원칙 11
모든 국가는 효력을 발생하는 환경 법규를 제정해야 한다. 환경기준과 관리 목표와 우선 순위는 적용되는 환경과 개발의 실상을 제대로 반영해야 한다. 특정 국가에서 적용된 기준은 다른 국가, 특히 개발도상국에게 부적절하거나 경제적으로나 사회적으로 지나치게 부담이 되는 비용을 초래할 수도 있다.

### 원칙 12
모든 국가는 환경을 악화시키는 제반문제에 대해 보다 더 적절하게 대처하기 위한 목적에서, 자국의 경제성장과 지속가능한 발전을 가능하게 하는 협력적이고 개방적인 국제경제 체제를 촉진하도록 협력해야 한다. 국제무역에 대해 자의적이거나 부당한 차별적 수단 혹은 위장된 제한조치가 환경적 목적을 실현하기 위한 무역정책수단으로서 사용되어서는 안 된다. 수입국의 관할권을 벗어난 지역의 환경문제를 처리하기 위해 일방적인 조치를 취해서는 안 된다. 국경을 초월하거나 국제적 차원의 환경문제를 해결하기 위한 환경적 조치는 가능한 한 국제적 합의에 기초해야 한다.

### 원칙 13
모든 국가는 환경오염과 기타 환경파괴로 인해 피해를 당한 피해자에 대한 책임과 배상에 관한 국내법을 발전적 방향으로 개정해야 한다. 또한 모든 국가는 자국의 관할권이나 통치권 범위 내에서 이루어진 활동으로 인해, 자국의 관할권을 벗어난 지역의 환경을 파괴할 정도로 악영향을 미친 행위에 대한 책임과 배상에 관한 사항을 규정한 국제법이 한층 발전적 방향으로 개정되도록 신속하고도 확고한 자세로 협력하여야 한다.

#### 원칙 14
모든 국가는 환경을 심각하게 악화시키거나 인간의 건강에 유해한 것으로 밝혀진 특정한 활동과 특정한 물질을 다른 국가로 재배치하거나 이전하는 행위를 방지하거나 예방하기 위한 활동에 효율적으로 협력해야 한다.

#### 원칙 15
환경을 보호하기 위한 예방조치가 국가의 역량에 따라 각 국가별로 폭넓게 취해져야 한다. 심각한 피해나 돌이킬 수 없는 피해가 우려되는 경우, 비용에 비해 효과가 높으면서도 환경악화를 방지할 수 있는 조치가 과학적 불확실성을 이유로 미루어져서는 안 된다.

#### 원칙 16
국가기관은 오염을 발생시킨 자가 원칙적으로 오염비용을 부담한다는 정책을 채택함으로써, 공공의 이익을 적절히 고려하면서도 국제적 교역과 투자를 왜곡시키지 않는 채, 환경 비용이 자체적으로 처리되고 경제적 수단이 활용될 수 있도록 촉진하는 노력을 기울여야 한다.

#### 원칙 17
환경영향평가는 환경에 심각한 악영향을 미칠 가능성이 있고, 국가 담당기관의 정책 결정을 필요로 하는 사업계획에 대해 국가의 제도로서 실시되어야 한다.

#### 원칙 18
모든 국가는 다른 국가의 환경에 갑작스러운 피해를 입힐 수 있는 어떤 자연재해나 기타 긴급 사태를 관련국에게 즉시 통고해야 한다. 국제사회는 그러한 피해를 입은 국가를 돕기 위해 모든 노력을 기울여야 한다.

#### 원칙 19
모든 국가는 국경을 넘어 다른 국가의 환경에 심각한 악영향을 초래할 수 있는 활동에 대해 피해가 예상되는 국가에게 미리 시의적절하게 통고함과 동시에 관련 정보를 제공해야 하며, 초기 단계에서 관련국과 성실하게 협의해야 한다.

#### 원칙 20
여성은 환경관리와 개발에서 중요한 역할을 맡는다. 따라서 지속가능한 발전을 이루기 위해 여성의 적극적 참여가 반드시 요구된다.

#### 원칙 21
지속가능한 발전을 실현하고 모두에게 보다 나은 미래를 보장하기 위해, 세계 청년들의 창조성과 이상과 용기가 결집되어 범세계적 동반자관계가 구축되어야 한다.

#### 원칙 22
토착민과 그들의 사회와 여타 지역사회는 그들의 지식과 전통적 관행 때문에 환경 관리와 개발에 있어서 중요한 역할을 맡는다. 모든 국가는 그들의 정체성과 문화와 관심사를 인정하고 마땅히 지원해야 하며, 그들이 지속가능한 발전을 실현하는 과정에 효과적으로 참여할 수 있도록 노력해야 한다.

#### 원칙 23
억압받거나 지배당하거나 점령당한 상태에 처해 있는 민족의 환경자원과 자연자원은 보호되어야 한다.

#### 원칙 24
전쟁은 본질적으로 지속 가능한 발전을 가로막는다. 따라서 모든 국가는 무력분쟁이 발생한 경우에 환경에 대한 보호조치를 규정한 국제법을 존중해야 하며, 필요한 경우에는 그 국제법을 발전적 방향으로 개정하는 활동에 협력해야 한다.

#### 원칙 25
평화와 개발과 환경 보호는 상호의존적이면서도 불가분의 관계에 놓여 있다.

### 원칙 26
모든 국가는 국제연합 헌장에 따라 적절한 수단을 활용하여 상호 간의 환경분쟁을 평화적으로 해결해야 한다.

### 원칙 27
모든 국가와 국민은 이 선언에 구현된 원칙이 실현되고, 지속가능한 발전분야에서 국제법이 한층 발전적 방향으로 개정되도록 협동 정신에 입각하여 진심으로 협력해야 한다.

## 4. 요하네스버그 세계정상회의

동 회의는 우선 106개국의 정상급 대표와 189개 UN 회원국의 정부 및 비정부기구의 대표단 6만여 명이 참여하는 사상 최대의 환경회의라는 점에서 의의가 크다. 회의의 쟁점은 크게 다음 세 가지로 요약할 수 있다.

### (1) ODA(정부개발원조)문제

1992년 리우회의 당시 선진국의 원조액을 GNP의 0.7%로 올리기로 합의하였으나 제대로 이행되지 못하였다. 회의에서는 동 사안에 대해 GNP의 0.7% ODA 목표 달성을 위한 노력을 촉구하되 개발도상국들에게 ODA의 효율적 사용을 권장하는 수준에서 합의하였다.

### (2) 교토의정서 비준문제

미국과 호주는 선진국들만이 배출량 감소의무를 부담하는 것이 불공평하다고 주장하였으나, 일본과 EU, 중국이 비준하였고 러시아 또한 비준의사를 밝혔다. 회의에서는 '의정서 비준을 강력히 권고한다'는 문안의 이행계획을 담는 선에 그쳤다.

### (3) 에너지문제

EU는 2010년까지 화석연료 의존도를 10% 감축하고 대체에너지를 15%까지 확대하자는 안을 내놓았으나, 미국과 산유국들이 이에 반대하였다. 결국 재생에너지 기술이전, 에너지 공급 다양화, 재생에너지 비율을 확대하자는 수준의 합의에 그쳤다. 결국 동 회의에서는 '권고'나 '촉구' 등과 같은 타협을 보는데 그쳐 환경문제를 해결할 의지가 없었다는 부정적 평가를 받고 있다.

**국제환경보호의 기본원칙**

1. **환경손해를 야기하지 않을 책임**
   국제환경법상의 원칙의 하나로서 '환경손해를 야기하지 않을 책임'은 국가가 자국의 관할권 또는 통제하에 있는 활동으로 인해 다른 국가 또는 국가관할권 밖에 있는 지역의 환경에 손해를 가하지 않도록 보장해야 할 책임을 말한다.

2. **환경보호와 증진을 위한 협력원칙**
   국가는 선린과 신의성실의 원칙에 기초하여 국제환경의 보호와 증진을 위해 협력해야 한다는 원칙으로서 위험의 통보의무, 조력의무, 국제환경법의 준수 및 국제환경법의 발전을 위한 협력의무, 환경영향평가의 실시 및 정보제공의무 등 절차적 협력을 주요 내용으로 한다.

3. **지속가능한 개발(Sustainable Development)의 원칙**

   지속가능한 개발원칙이란 국가가 자연자원을 개발하고 사용함에 있어 지속가능하도록 보장해야 한다는 것이다. 지속가능한 개발이란 '미래 세대의 그들의 필요에 응할 능력과 타협함 없이 현세대의 필요에 응한 개발'을 말한다(세계환경개발위원회 보고서, 1987년). Sands에 의하면 이 원칙은 구체적으로, 미래세대의 이익을 위한 자연자원을 보존하는 것(세대 간 형평의 원칙), 합리적인 방법으로 자연자원을 이용하는 것(지속가능한 사용의 원칙), 다른 국가의 필요를 고려하여 자연자원을 형평하게 이용하는 것(형평한 이용의 원칙 또는 세대 내 형평의 원칙), 경제개발 및 기타 개발 계획에 반드시 환경적인 고려를 하도록 보장하는 것(통합의 원칙)을 의미한다.

4. **사전주의원칙(Precautionary Principle)**

   사전주의원칙이 국제환경법에 등장하기 시작한 것은 1980년대 중반이다. 이 원칙이 등장하게 된 것은 인간의 과학적 지식은 한계가 있고 환경오염의 위협은 심각하다는 것을 인식하게 되면서부터이다. 원칙적으로 환경문제에 대한 대응은 그에 대한 과학적 사실이 입증된 후에 이루어져야 할 것이나, 그러한 과학적 사실의 입증이 오랜 기간이 소요되어 입증되었을 때에는 이미 일정한 대응이 불가능하거나 엄청난 비용과 시간이 소요되어야 하는 오염이 발생할 수 있다는 것을 국제사회가 인식하게 된 것이다.

5. **오염자 비용부담원칙(Polluter - Pays - Principle)**

   오염비용과 그 결과비용을 오염을 야기한 책임 있는 주체가 부담해야 한다는 원칙이다. OECD는 동원칙을 "오염자가 공공당국이 환경을 받아들일만한 상태로 유지되는 것을 보장하기 위하여 결정한 조치를 수행하는 비용을 부담해야 한다. 즉, 이들 조치의 비용이 생산 또는 소비함에 있어 오염을 야기하는 상품 및 용역의 비용에 반영되어야 한다."라고 정의하고 있다. 오염자 비용부담원칙은 책임에 관한 원칙이 아니라 오염통제비용의 배분을 위한 원칙이다.

6. **공동의 그러나 차별적 책임원칙**

   '공동의 그러나 차별적 책임원칙'은 인류가 공유한 환경을 보호할 책임은 인류가 공동으로 부담하나, 부담해야 할 구체적인 책임의 정도는 환경의 상태악화에 기여한 정도와 국가가 가지고 있는 능력을 고려하여 차별적으로 정한다는 원칙이다.

## 3 환경문제와 남북문제

### 1. 개발도상국의 입장

후진국의 입장에서는 선진국들이 과도한 에너지·자원 소비를 줄여서 환경문제를 해결해야 하며, 후진국의 환경오염 감소노력을 기술적·재정적으로 지원해야 한다는 입장이다. 나아가 선진국이 주도하는 각종 국제환경협약은 기술수준이 높은 선진국의 이익을 대변하고 있으며 선진국들이 환경협약 미가입 혹은 위반을 빌미로 개발도상국의 자원, 생산 공정, 상품의 국제교역에 제약을 가하는 것은 부당하다는 입장이다.

### 2. 선진국의 입장

선진국들은 지구환경문제의 원인이 후진국들의 책임이라는 인식을 가지고 있다. 또한 문제의 근원이 후진국에 있는 만큼 그 해결도 후진국이 해야 한다는 입장으로, 환경기술 이전에 소극적이며, 스스로가 환경문제를 개선하기 위해 오염물질 배출을 줄이고, 환경기준을 엄격히 하는 등의 노력을 기울여야 한다는 입장이다.

### 3. 평가

선진국과 후진국은 환경문제의 책임소재뿐만 아니라 환경문제의 해결방법 그리고 그 비용의 분담문제에서도 상반된 견해를 보이고 있다. 이러한 선·후진국 간 갈등은 요하네스버그 세계정상회의가 사실상, 성과 없이 끝난 주요인으로 지적되고 있다. 한편, 성공적인 환경협력 사례로 꼽히는 오존층보존협약이 미국의 적극적 참여로 인해 가능하였던 점을 고려할 때, 풍부한 자금력과 높은 환경기술수준을 보유한 선진국의 참여는 추후 환경문제 해결에 불가결할 것이다. 이러한 점에서 강대국들의 참여를 제도 형성의 원동력으로 인식하는 현실주의적 관점이 적실성을 가진다고 평가된다.

## 4 주요 국제환경 레짐

### 1. 광역월경대기오염협약(1979년 11월 13일 채택)

1975년 유럽안보협력회의에서 스웨덴 등 북유럽 국가들의 주장으로 UN경제사회이사회 산하에 설치된 UN유럽경제위원회가 중심이 되어 초안이 작성되었다. 동 조약은 산성비의 원인이 되는 이산화황($SO_2$)과 산화질소($NOx$) 등을 대상으로 한다. 동 조약은 대기환경을 다룬 최초의 다자협약으로서 당사국에 구체적 의무를 부과하지는 않았으나 관련 정보의 교환을 촉진하고 대기오염물질의 방출을 감소하기 위한 기반을 마련한 데에 그 의의가 있다. 동 협약의 시행을 위해 '유럽에서의 광역대기오염의 감시·평가를 위한 협력계획에 대한 장기재정지원에 관한 의정서', '유황의 방출 또는 월경유동을 최소 30% 감소시키기 위한 의정서', '산화질소의 방출 또는 월경유동을 규제하기 위한 의정서' 등 3개의 의정서가 채택되었다.

### 2. 오존층보호협약(1985년 3월 22일 채택)과 몬트리올의정서(1987년 9월 6일 채택)

#### (1) 오존층보호협약(비엔나협약)

정식명칭은 '오존층의 보호를 위한 비엔나협약'으로서 오존층 파괴물질의 생산과 소비를 억제하여 오존층의 소실을 방지하기 위해 채택되었다. 오존층 파괴의 주범인 염화불화탄소(CFCs)와 할론의 규제를 위한 협약이나 EC 국가들과 미국·캐나다 등 북유럽 국가들의 견해 차이로 구체적인 규제조치는 협약에 규정되지 못하고 몬트리올의정서에서 규정하고 있다. 협약은 오존층에 대한 조사 및 체계적 관측을 위한 협력, 법률·과학·기술 분야의 정보 교환, 관련정보의 교환 등을 위한 당사국회의의 설치 등에 대해 규정하고 있다.

### (2) 몬트리올의정서

몬트리올의정서는 오존층보호협약을 이행하기 위한 조약이다. 오존층의 보호를 위해 오존층 파괴물질의 생산과 소비를 원천적으로 규제하고 비당사국에 대해 매우 엄격한 무역금지조항을 둠으로써 환경문제와 무역문제를 직접 연계시킨 최초의 환경협약이다. 개발도상국에 대해 10년간의 유예기간을 부여하는 한편 규제조치를 준수할 수 있도록 재정지원과 기술지원을 보장하는 다자간기금을 설치·운영하도록 하였다. 동 의정서는 당사국이 규제물질이나 규제물질을 포함한 제품 또는 규제물질을 포함하지는 않으나 동 물질을 사용하여 생산한 제품에 대해 비당사국과 무역하는 것을 단계적으로 금지하고 있다. 단, 비당사국이 의정서에 따른 규제조치를 완전히 준수하고 있음을 당사국회의에서 확인하고 보고자료가 제출된 경우 당해 비당사국과의 규제물질교역이 허용될 수 있다.

## 3. 폐기물 및 기타 물체의 투기에 의한 해양오염방지를 위한 런던협약(1972년 12월 채택)

런던협약의 적용범위는 각국의 내수를 제외한 전세계 해양이다. 오슬로협약과 마찬가지로 금지품목, 특별허가품목, 일반허가품목으로 대별하여 규제한다. 금지품목은 해양투기가 금지된 물질로서 수은·플라스틱 등이 포함된다. 특별허가품목은 해양투기를 위해 매건마다 당국의 사전특별허가를 받아야 하는 물질로서 은·동·아연 등이 포함된다. 일반허가품목은 금지품목 및 특별허가품목에 포함되지 않는 모든 물질로서 당사국의 사전적 일반허가를 받아 투기할 수 있다. 협약은 불가항력에 의한 해양투기, 비상투기 등의 예외를 허용하고 있다.

## 4. 폐기물로 인한 오염방지 - 유해폐기물의 월경이동 및 처리의 통제에 관한 바젤협약

유해폐기물의 생산 증가를 억제하고 인간의 건강을 보호하기 위해 1989년 스위스 바젤에서 UNEP 주최로 개최된 회의에서 채택된 협약이다. 협약상 유해폐기물은 의료폐기물, 중금속함유폐기물, 독성함유폐기물, 폐유 등 총 47개 품목이다. 주요 내용은 다음과 같다.

(1) 유해폐기물의 수입을 금지하는 경우 이를 통보하고 자국도 타방당사국에 대해 유해폐기물의 수출을 금지해야 한다. 또한 수입 금지를 하지 않은 경우 타방당사국이 서면동의하지 않는 한 수출을 금지해야 한다.

(2) 당사국은 비당사국과의 유해폐기물의 수출입을 허가해서는 안 된다.

(3) 당사국은 남위 60도 이남지역으로의 유해폐기물의 수출을 허가하지 않아야 한다.

(4) 당사국은 수출국에 적절한 처리장소가 없는 경우나 당해 폐기물이 수입국의 재생산업용 원료로 필요한 경우 등의 경우에만 유해폐기물의 국경 간 이동이 허용되도록 적절한 조치를 취해야 한다.

### 5. 생물학적 다양성에 관한 협약(1992년 5월 23일 채택)

인간의 개발활동, 산업공해, 지구온난화 등으로 인한 생물종과 생태계의 파괴현상을 방지·회복하기 위해 채택되었다. 생물학적 다양성의 보존 및 지속가능한 이용은 증가하는 세계인구의 식량·건강 및 기타 필요를 충족하는 데 매우 중요하다는 인식에 기초한다. 동 협약은 현재와 미래세대를 위해 생물다양성을 보존하고 유전자원을 지속가능하게 이용하며 그 이용에서 발생하는 이익을 형평하게 분배하는 것을 목적으로 한다. 당사국들의 주요 의무는 다음과 같다.

(1) 당사국은 생물다양성의 보존 및 지속가능한 이용을 위한 국가적 전략·계획을 발전시켜야 한다.

(2) 당사국은 보호구역을 설치하고, 동 구역의 관리기준을 설정하며, 보존해야 할 중요한 생물학적 자원을 규제·관리하고, 멸종위기의 종을 보호하기 위해 필요한 입법을 제정해야 한다(現地保存).

(3) 당사국은 생물다양성요소의 현지외보존을 위한 조치를 채택하고, 보존시설을 설치하며, 위기종의 회복을 위한 조치를 채택해야 한다(現地外保存).

(4) 당사국은 가능한 한 생물다양성에 악영향을 줄 가능성이 있는 사업이 환경영향평가를 거치도록 하고, 해당 정책의 환경에 대한 결과가 충분히 고려되도록 확보하는 조치를 도입한다.

(5) 선진당사국은 개발도상국이 협약상 의무 이행조치의 시행비용을 충당할 수 있도록 신규의 추가적 재정지원을 제공한다.

### 6. 멸종위기에 처한 야생동식물의 국제적 거래에 관한 협약(1973년 3월 3일 채택)

인간의 남획으로 멸종위기에 있는 야생동식물의 회복을 위해 채택된 협약이다. 동 조약은 야생동식물의 서식지 보호에 대한 언급이 없으며 멸종위기에 처한 종을 죽이는 것도 위법으로 규정하지 않았다. 다만, 멸종위기에 처한 종의 국제적 상거래에 대해 일정한 규제를 가하고 있다. 협약은 관련 야생동식물을 부속서 1, 2, 3 세 부류로 나누고 각각 다른 의무를 부과하고 있다. 부속서 1은 무역거래로 인해 멸종위기에 처한 종들로서 국제거래를 위해서는 수입허가와 수출허가가 모두 필요하다. 부속서 2는 현재 멸종위기에 처해 있지 않지만 보호받지 못하면 그렇게 될 수 있는 종들에 관한 것이며 국가 간 거래를 위해서는 수출허가를 요한다. 부속서 3에 해당하는 종의 경우 당사국들은 그러한 종들이 멸종의 위기에 들지 않도록 하기 위해 이들 종의 수출과 개체 수 상황을 감시해야 할 책임이 있다.

### 국제환경문제 관련 연표

| 연도 | 내용 |
|---|---|
| 1946년 | 국제포경규제협약 |
| 1958년 | 유류에 의한 해양오염방지 국제협약 |
| 1959년 | 남극조약 |
| 1962년 | 레이첼 카슨의 『침묵의 봄』 출간 |
| 1967년 | 유조선 Torrey Canyon호 난파 사고 |
| 1969년 | 그린피스 창립 |
| 1972년 | 스톡홀름 UN인간환경회의, UN환경계획 창설 |
| 1973년 | 선박으로부터의 오염방지를 위한 국제협약, 멸종위기에 처한 야생동식물의 국제거래에 관한 협약 |
| 1979년 | 대기오염물질의 장거리 이동에 관한 협약 |
| 1980년 | 남극해양생물자원보존협약 |
| 1982년 | UN해양법협약(1994년 발효) |
| 1985년 | 오존층보호를 위한 비엔나협약 |
| 1986년 | 체르노빌 원자력발전소 폭발 사고 |
| 1987년 | 브룬트란트위원회 보고서 발간, 오존층 파괴물질에 관한 몬트리올의정서 |
| 1988년 | 기후변화에 관한 정부간위원회(IPCC) 설치 |
| 1989년 | 유해폐기물의 국가 간 이동에 관한 바젤협약 |
| 1991년 | 환경보호에 관한 마드리드의정서 |
| 1992년 | UN환경개발회의(리우회의) 개최, 리우선언과 의제21 공표, UN기후변화협약 채택, 생물다양성협약 채택, 지속가능개발위원회 설립 |
| 1997년 | UN기후변화협약의 교토의정서 |
| 2000년 | 카르타헤나 생명안전의정서, 새천년개발목표(MDG) 설정 |
| 2001년 | 미국 대통령 부시의 교토의정서 서명 거부 |
| 2002년 | 지속가능한 개발에 관한 세계정상회의 요하네스버그 개최 |
| 2005년 | 교토의정서 발효, 유럽연합에서 세계 최초로 국제배출권거래제 도입 |
| 2006년 | 2012년 이후의 기후변화레짐에 관한 국제협의 개시 |
| 2007년 | 제4차 IPCC 평가보고서 발간 |
| 2008년 | 교토의정서 제1차 의무부담기간 개시 |
| 2009년 | 코펜하겐 정상회담 개최 |
| 2011년 | 더반 플랫폼협상 개시 합의 |
| 2015년 | 기후변화 관련 '파리협정' 채택 |
| 2017년 | 미국, 파리협정 탈퇴 선언 |
| 2018년 | (10월) 제48차 기후변화에 관한 정부간 협의체(IPCC)총회에서 <지구온난화 1.5℃ 특별보고서> 채택 |
| 2021년 | (1월 20일) 미 바이든 대통령, 파리협약 재가입 행정명령에 서명 |
| 2022년 | (11월) 제27차 기후변화협약 당사국 총회(COP 27) 개최 |

# 제4절 | 지구온난화 문제

## 1 지구온난화의 의미

### 1. 지구온난화의 개념
지구온난화는 지구의 평균 기온이 점차 상승하는 현상을 의미한다. 이는 주로 인간 활동으로 인해 발생한 온실가스가 증가하면서 대기의 온실효과가 강화된 결과이다. 온실가스는 태양에서 받은 열을 대기 안에 가두어 지구의 온도를 높인다.

### 2. 지구 온난화의 주요 원인

#### (1) 화석연료 사용
지구온난화의 가장 큰 원인은 화석연료(석탄, 석유, 천연가스)의 연소다. 산업혁명 이후 화석연료 사용이 급격히 증가하면서 대량의 이산화탄소($CO_2$)가 대기 중으로 배출되었다. 이산화탄소는 지구 대기 중에 머물며 태양으로부터 받은 에너지를 열로 바꾸고, 이를 대기 안에 가둠으로써 지구의 온도를 높인다. 화석연료의 사용은 전력 생산, 교통, 산업 활동 등에 널리 퍼져 있으며, 이는 지구온난화에 매우 큰 영향을 미친다.

#### (2) 산업화와 공장 배출
산업화는 에너지 소비를 증가시켜 많은 온실가스를 배출했다. 특히 철강, 시멘트, 화학공장 같은 산업에서 다량의 이산화탄소와 메탄($CH_4$)이 발생한다. 이들 가스는 대기 중에서 오랜 시간 동안 열을 가두어 지구온난화를 가속화시킨다.

#### (3) 농업과 가축 사육
농업에서 사용하는 비료는 질소산화물($N_2O$) 같은 강력한 온실가스를 방출한다. 또한 가축(특히 소와 양)의 소화 과정에서 메탄이 배출된다. 메탄은 이산화탄소보다 훨씬 강한 온실효과를 일으키기 때문에 상대적으로 적은 양이라도 큰 영향을 미친다.

#### (4) 삼림 파괴
나무는 이산화탄소를 흡수해 산소를 배출하는 중요한 역할을 한다. 하지만 삼림 벌채가 진행되면서 이산화탄소를 흡수할 수 있는 숲의 면적이 감소했다. 나무를 태우거나 벌목하면 저장된 탄소가 대기 중으로 방출되면서 지구의 온실가스 농도를 더욱 높인다. 특히 아마존 같은 열대 우림의 파괴는 매우 심각한 영향을 미친다.

### (5) 도시화와 인프라 확장

도시화는 자연적인 공간을 인공구조물로 대체한다. 아스팔트와 콘크리트는 태양열을 흡수하고 그 열을 방출해 도시 지역의 온도를 높인다. 이 현상은 도시 열섬 효과라고 하며, 주변 환경에 비해 도시 내부의 온도가 높아지게 된다. 이는 추가적인 에너지 사용(에어컨 등)을 유도해 더 많은 온실가스를 배출하게 한다.

### (6) 화학물질과 냉매 사용

냉매로 사용되는 화학물질(예 프레온가스, CFCs)은 대기 중으로 방출될 때 지구온난화뿐만 아니라 오존층 파괴에도 기여한다. 비록 국제적으로 CFC 사용이 규제되었지만, 다른 냉매와 화학물질들도 여전히 온실효과에 기여하고 있다.

## 3. 지구온난화가 야기하는 문제

### (1) 극단적인 기후 변화

지구온난화로 인해 폭염이 빈번해지고 강도가 증가하고 있다. 고온 현상은 농업 생산성을 감소시키고, 물 부족 문제를 악화시킨다. 일부 지역에서는 가뭄이 길어지며 식량과 물 자원이 크게 줄어든다. 또한, 온도가 상승하면서 대기의 수증기량이 증가하여 강수량의 변동성이 커진다. 그 결과로 폭우와 홍수의 빈도가 증가하고 있으며, 이는 도시와 농촌 지역 모두에서 인프라와 주거지에 큰 피해를 준다. 한편, 지구온난화는 열대성 폭풍(허리케인, 태풍 등)의 빈도와 강도를 증가시키는 경향이 있다. 따뜻한 바다에서 더 많은 열 에너지를 흡수한 폭풍은 더 강력해지고, 더 큰 피해를 유발한다.

### (2) 해수면 상승

지구온난화로 인해 극지방의 빙하와 그린란드, 남극의 빙상이 녹으면서 해수면이 상승하고 있다. 해수면 상승은 저지대 해안 지역과 섬 국가에 심각한 영향을 미치며, 이 지역에서 거주하는 수백만 명의 사람들이 홍수 위험에 노출된다. 많은 도시들이 해안에 위치해 있어 이주와 경제적 손실이 발생할 수 있다. 한편, 해수면 상승은 지하수와 담수 자원에 염수 침투를 일으킬 수 있다. 이는 농업용 물과 식수 자원을 오염시켜 사람들과 동식물의 생존에 큰 위협이 된다.

### (3) 생태계 파괴와 종의 멸종

기온 상승은 생물들의 서식지를 파괴하거나 변화시켜 많은 종이 적응하지 못하고 멸종 위기에 처하게 된다. 특히 북극곰 같은 북극 동물들은 빙하가 녹아가면서 서식지를 잃고 있으며, 산호초 역시 바다 온도의 상승과 산성화로 인해 죽어가고 있다. 또한, 기후 변화로 인해 많은 동물과 식물들이 생존하기 위해 더 시원한 지역으로 이주하고 있다. 하지만 이주할 수 없는 생물들은 서식지를 잃고 멸종 위험에 직면한다. 또한 생물의 이동은 생태계의 균형을 깨뜨려 새로운 경쟁 관계나 질병의 확산을 초래할 수 있다.

### (4) 식량과 물 부족

기후 변화는 농업에 직접적인 영향을 미친다. 극단적인 날씨 변화, 가뭄, 폭염 등은 작물의 성장과 수확을 방해한다. 특히 가뭄과 고온은 물 부족을 악화시켜 농작물의 생산량을 줄이고, 이는 전 세계 식량 공급망에 위협을 가한다. 한편, 해수 온도가 상승하고 바다가 산성화되면서 어류와 해양 생물의 서식지가 변화하거나 감소하고 있다. 이는 전 세계적으로 어업 종사자와 해양 생태계를 의존하는 지역 사회에 심각한 경제적 타격을 줄 수 있다.

### (5) 건강 문제

온난화로 인해 더운 기후를 선호하는 질병(예 말라리아, 뎅기열, 지카바이러스 등)을 옮기는 모기나 곤충들의 서식 범위가 확대되고 있다. 이는 전염병의 확산을 가속화시켜 공중 보건에 심각한 위협이 된다. 한편, 폭염은 인간의 건강에도 직접적인 영향을 미친다. 고온 환경에서는 열사병, 탈수, 심혈관 질환 등의 건강 문제가 발생할 가능성이 크다. 특히 노약자나 어린이 등 취약한 계층에게 더욱 위험하다.

## 2 기후변화협약

### 1. 채택 배경

20세기 후반부터 대기 중 이산화탄소, 메탄, 아산화질소 등 온실가스의 농도가 급격히 증가하면서 지구 평균기온이 상승하고, 이상기후, 해수면 상승, 생태계 변화 등 다양한 환경 문제가 전 세계적으로 나타나기 시작했다. 이에 따라 국제사회는 기후변화가 국경을 초월한 공동의 위협이라는 인식 아래 협력의 필요성을 제기하게 되었고, 1992년 브라질 리우데자네이루에서 열린 '유엔 환경개발회의(지구정상회의)'에서 「기후변화에 관한 유엔 기본협약(UNFCCC)」이 채택되었다. 이는 기후변화 문제에 대응하기 위한 최초의 전 지구적 협약으로서, 1994년에 발효되었다.

### 2. 기본원칙

기후변화협약은 몇 가지 핵심 원칙을 바탕으로 운영된다. 첫째, '공통의 그러나 차별화된 책임(Common But Differentiated Responsibilities, CBDR)' 원칙에 따라 선진국과 개발도상국은 모두 책임을 지되, 역사적 배출 책임과 능력의 차이에 따라 그 수준이 달라야 한다. 둘째, 기후변화 대응은 환경 보호와 경제발전의 조화를 추구해야 한다. 셋째, 과학적 근거와 신중한 접근의 원칙에 따라 조치를 취해야 하며, 기후변화로 인한 피해를 줄이기 위해 선제적 조치가 장려된다. 과학적 근거가 불분명하더라도 필요한 조치를 취해야 한다(사전주의 원칙). 또한 당사국 간의 협력, 기술 이전, 재정 지원, 정보 공유도 핵심 원칙으로 강조된다.

## 3. 주요 내용

기후변화협약의 주요 내용은 전 지구적인 온실가스 농도의 안정화를 통해 기후시스템에 대한 인간의 위험한 영향을 방지하는 데 목적을 둔다. 이를 위해 모든 당사국은 자국의 온실가스 배출과 흡수량을 파악하여 정기적으로 보고하고, 기후변화 완화(mitigation)와 적응(adaptation)을 위한 정책을 수립하도록 권장된다. 특히 선진국(부속서 I 국가)은 감축 목표 설정과 정책 이행, 온실가스 보고서의 작성·보고 의무가 있으며, 개발도상국(비부속서 I 국가)에는 감축 의무는 없지만 자발적인 감축 행동을 촉진하고 있다. 또한 협약은 선진국에게 개발도상국의 감축 및 적응을 지원할 수 있도록 재정적, 기술적 지원의 의무를 부과하며, 이를 위해 기술이전 메커니즘, 기후기금, 능력배양 제도 등을 마련하였다. 협약의 이행 상황은 매년 열리는 당사국총회(COP)를 통해 점검되고 발전되며, 이후 교토의정서, 파리협정 등 구체적인 이행 체계가 추가로 도입되어 강화되었다.

## 4. 당사국별 의무

### (1) 부속서 I 국가(Annex I Parties)

부속서 I 국가는 1992년 기후변화협약 채택 당시의 OECD 회원국과 구소련 및 동유럽의 경제 전환국들을 포함한다. 이들은 산업화 과정에서 온실가스를 대량으로 배출한 책임이 있다고 간주되며, 온실가스 배출을 감축하기 위한 선도적인 의무를 부여받는다. 구체적으로, 온실가스 배출을 1990년 수준으로 안정화시키기 위한 정책을 수립·시행하고, 매년 국가 온실가스 인벤토리(배출 목록)를 작성해 보고해야 한다. 또한 교토의정서에서는 이들 중 일부 국가들에게 구속력 있는 감축 목표를 부여하여, 실질적인 국제 감축 체계의 핵심 주체로 설정하였다.

### (2) 비부속서 I 국가(Non-Annex I Parties)

비부속서 I 국가는 부속서 I에 포함되지 않은 개발도상국들로 구성되며, 기후변화 대응에 있어 역사적 책임과 기술적·재정적 능력이 상대적으로 낮다고 평가된다. 이들 국가는 법적으로 온실가스 감축 의무는 지지 않지만, 자발적으로 감축 행동을 취하도록 장려되며, 특히 기후변화의 영향에 취약한 국가일수록 적응(adaptation) 조치가 강조된다. 또한, 국가 보고서를 통해 온실가스 배출 현황과 대응 정책을 주기적으로 제출해야 하며, 이를 통해 국제적 투명성과 신뢰를 높이고 있다. 기후기금, 기술이전, 역량 강화 등의 측면에서 선진국의 지원을 받을 권리도 가진다.

### (3) 부속서 Ⅱ 국가(Annex Ⅱ Parties)

부속서 Ⅱ 국가는 부속서 Ⅰ 국가 중에서도 비교적 경제력이 충분한 선진국(OECD 회원국)에 해당하며, 기후변화 대응을 위한 재정적·기술적 지원 의무를 추가로 부여받는다. 이들은 개발도상국의 온실가스 감축 노력과 기후변화 적응을 돕기 위해 기후기금 조성, 청정기술 이전, 역량 강화 지원 등을 수행해야 하며, 이러한 지원은 협약의 형평성과 실효성을 뒷받침하는 핵심 요소이다. 특히 파리협정 이후에는 손실과 피해(loss and damage)에 대한 지원 요구도 확대되면서 부속서 Ⅱ 국가의 역할은 더욱 중요해지고 있다.

**기후변화협약에서 규정하고 있는 국가별 의무**

| 구분 | 부속서 Ⅰ | 부속서 Ⅱ | 비부속서 Ⅰ 국가 |
|---|---|---|---|
| 해당 국가 | OECD(한국 제외) + 동구권 | 부속서 Ⅰ 국가 중 동구권 국가를 제외한 OECD 선진국 | 기후변화협약 서명 국가 중 부속서 Ⅰ 이외 국가 |
| 특별의무사항 | 온실가스 배출을 2000년까지 1990년 수준으로 감축 | 개발도상국에 협약 이행을 위한 재정 및 기술적 지원 제공 | 해당 없음 |
| 일반의무사항 | • 온실가스 배출감축을 위한 국가전략을 자체적으로 수립, 시행, 공개<br>• 온실가스 배출, 흡수현황 및 국가전략 보고의무 | | |

## 3 교토의정서

### 1. 의의

교토의정서(Kyoto Protocol)는 1997년 일본 교토에서 열린 제3차 기후변화협약 당사국총회(COP3)에서 채택된 의정서로, 기후변화협약의 원칙을 실질적인 감축 행동으로 옮기기 위한 첫 번째 구속력 있는 국제 협약이다. 교토의정서 제1차 공약기간(2008~2012)이 종료된 이후, 국제사회는 그 이후의 감축 체계를 마련하기 위해 협상을 진행하였고, 2012년 카타르 도하에서 열린 제18차 당사국총회(COP18)에서 도하 수정안(Doha Amendment)이 채택되었다. 이 수정안은 제2차 공약기간(2013~2020)을 설정하며, 참여국들에게 새로운 감축 목표를 부여하고 교토체제를 연장하고자 하였다. 그러나 미국, 캐나다, 러시아, 일본, 뉴질랜드 등 주요 선진국들이 제2차 공약기간에 불참하거나 탈퇴하면서 실효성이 크게 약화되었다.

### 2. 주요 내용

교토의정서의 주요 내용은 선진국(부속서 Ⅰ 국가)에게 온실가스 감축에 대한 법적 구속력을 부여한 최초의 국제 협약이라는 점에 있다. 2008년부터 2012년까지인 제1차 공약기간 동안, 선진국 전체가 1990년 대비 평균 5.2%의 온실가스를 감축해야 하며, 국가별로 차등 감축 목표가 설정되었다. 감축 대상은 이산화탄소($CO_2$), 메탄($CH_4$), 아산화질소($N_2O$), 수소불화탄소(HFCs), 과불화탄소(PFCs), 육불화황($SF_6$) 등 6대 온실가스로 규정되었다.

## 3. 마라케시 협정

마라케시 협정(Marrakesh Accords)은 2001년 모로코 마라케시에서 열린 제7차 기후변화협약 당사국총회(COP7)에서 채택된 문서로, 교토의정서를 실질적으로 이행하기 위한 구체적 규칙과 운영지침을 담고 있다. 이 협정은 배출권 거래, 공동이행, 청정개발체제 등 세 가지 신축성 체제의 절차와 기준을 명확히 하고, 온실가스 감축 이행의 투명성과 신뢰성을 확보하기 위한 보고 및 검토 체계를 정비하였다. 또한 산림 및 토지 이용 변화에 따른 탄소 흡수량 산정 방식, 국가별 준수 체제, 개도국 지원을 위한 재정 및 기술이전 체계 등도 포함되었다. 마라케시 협정은 교토의정서를 선언적 수준에서 실제로 작동 가능한 국제 감축 체제로 발전시키는 데 핵심적인 역할을 하였으며, 이후 2005년 교토의정서 발효의 제도적 기반이 되었다.

## 4. 신축성체제

### (1) 의의

교토의정서는 당사국들의 의무 이행 부담을 경감시켜주기 위해 신축성체제(flexibility mechanism)를 도입하고 있다. 3대 신축성체제로 배출권거래, 공동이행, 청정개발체제를 두고 있다. 그 밖에 배출적립(banking system)도 도입하고 있으나, 상반되는 배출차입(borrowing system)은 도입되지 않았다.

### (2) 배출권 거래(Emissions Trading)

배출권 거래는 온실가스 감축 목표를 정량적으로 부여받은 국가 간에 온실가스 배출권을 사고파는 제도이다. 교토의정서 제17조에 근거하며, 감축 목표량보다 더 많은 온실가스를 감축한 국가는 그 초과분을 배출권 형태로 다른 국가에 판매할 수 있다. 반대로 감축 목표를 채우지 못한 국가는 타국으로부터 배출권을 구매하여 부족분을 보충할 수 있다. 이 제도는 시장 기능을 활용하여 감축 비용이 낮은 곳에서 효율적으로 감축이 이루어지도록 유도하며, 전 세계적인 감축 비용 절감과 자원의 최적 배분을 목표로 한다. 다만, 감축을 실질적으로 수행하지 않고 매매로만 목표를 달성하려는 '면죄부' 논란도 있었다.

### (3) 공동이행(Joint Implementation, JI)

공동이행은 부속서 I 국가들 간의 협력 메커니즘으로, 한 선진국이 다른 선진국이나 경제 전환국에서 온실가스 감축 프로젝트를 수행한 후 그 성과를 자국의 감축 실적으로 인정받을 수 있는 제도이다. 예를 들어 독일이 우크라이나에서 에너지 효율 개선 사업을 수행하여 온실가스를 감축하면, 그 실적을 독일의 감축 목표 달성에 반영할 수 있다. 공동이행은 통상적으로 기술력과 자본을 가진 국가가 감축 비용이 낮은 국가에서 사업을 시행하여 상호 이익을 추구할 수 있도록 고안되었다. 같은 부속서 I 국가 간 거래이므로, 총량적 감축 효과보다는 감축 비용 절감과 기술 협력에 의의가 있다.

### (4) 청정개발체제(Clean Development Mechanism, CDM)

청정개발체제는 선진국이 개발도상국에서 온실가스 감축 또는 흡수 사업을 시행하고, 그로 인한 감축 실적(Certified Emission Reductions, CERs)을 자국의 감축 목표 달성에 사용할 수 있도록 한 제도이다. 예를 들어 일본 기업이 인도에서 신재생에너지 발전소를 설치하고 그로 인해 이산화탄소가 감축되면, 그 감축량을 일본의 감축 실적으로 인정받을 수 있다. CDM은 선진국에게 비용 효율적 감축 수단을 제공함과 동시에, 개발도상국에는 지속가능한 발전, 기술이전, 고용 창출 등 긍정적 효과를 가져올 수 있도록 설계되었다. 그러나 일부 프로젝트에서 환경적 실효성과 개발도상국의 이익 환원 문제가 제기되며, 제도의 투명성과 형평성에 대한 비판도 있었다.

### (5) 배출적립

배출적립(Emission Banking)은 온실가스 감축 목표를 초과 달성한 국가나 기업이 그 초과 감축분을 다음 기간에 사용할 수 있도록 저장해 두는 제도이다. 즉, 감축 의무가 부여된 기간 동안 배출량을 목표보다 더 줄였을 경우, 그 잉여분을 다음 감축 기간으로 이월하여 감축 실적으로 인정받을 수 있도록 한 것이다. 이 제도는 조기 감축을 유도하고, 감축 이행 과정에서 유연성을 제공하여 경제적 부담을 줄이는 데 목적이 있다. 예를 들어, 어떤 국가가 1차 공약기간에 설정된 감축 목표보다 100만 톤을 더 감축했다면, 그 100만 톤을 2차 공약기간에 활용할 수 있게 되는 식이다. 그러나 과도한 적립이 누적되면 실제로는 온실가스를 줄이지 않고 감축 목표를 형식적으로 달성하는 결과를 낳을 수 있어, 기후변화 대응의 실효성을 약화시킨다는 비판도 존재한다.

## 4 파리협정

### 1. 의의

파리협정(Paris Agreement)은 2015년 12월 프랑스 파리에서 열린 제21차 유엔기후변화협약 당사국총회(COP21)에서 채택된 지구 온실가스 감축을 위한 새로운 국제협정으로, 2020년 이후의 기후변화 대응체제의 핵심이다. 이 협정은 기존의 교토의정서와 달리 선진국과 개발도상국 모두가 자발적으로 감축 목표(NDC, 국가결정기여)를 설정하고 이행하는 것을 원칙으로 한다. 또한 감축뿐 아니라 기후변화 적응, 기후재정 지원, 기술 이전, 역량 강화 등을 균형 있게 포함하고 있다. 파리협정은 2016년 11월에 발효되었다.

### 2. 목표

파리협정은 지구 평균온도 상승을 산업화 이전 대비 2°C 이하로 억제한다는 기후변화협약의 장기목표를 재확인하고, 기후변화 취약국들의 최대 요구사항인 1.5°C 내 목표제한을 위해서도 노력한다는 점을 명기함으로써 기후변화 대응을 위한 국제사회의 광범위한 공감대를 구축하고, 온실가스 감축목표를 이전보다 한층 더 강화할 수 있는 토대를 마련하였다.

## 3. 신(新)기후체제의 법적 성격

파리협정은 국제법상 협약(Treaty)에 해당하지만, 협정문이 포함하고 있는 모든 요소가 국제법적 구속성을 띠고 있지는 않으며, 전체 협정문의 요소 중 특정한 요소들만을 국제법적 의무로 규정하고 있다. 교토의정서에서 하향식으로 선진국에만 국제법적 의무로서 강제적 할당되었던 국가별 온실가스 감축 목표는 신기후체제에서는 국가별로 자국의 사정에 맞게 자발적으로 설정하고, 이를 UN기후변화협약 사무국에 설치될 별도의 감축등록부(Public Registry)에 5년마다 주기적으로 제출하도록 하고 있다. 국가별로 자국의 사정에 맞게 자율적으로 작성하는 기후변화 대응 행동계획인 '국가결정공약(NDC)'에 포함될 국가별 온실가스 감축목표는 국제법적 의무로서의 성격을 가지지 않고, 전적으로 비구속적인 자발적 감축목표로서의 성격을 가진다. 다만, 당사국들은 국가결정공약(NDC)의 내용구성 및 그 이행에 대해서는 명확한 법적 의무가 없지만, 국가결정공약(NDC)을 5년마다 주기적으로 제출해야 하는 법적 의무는 가지게 된다.

## 4. 주요 내용

### (1) 차별화(Differentiation)

신기후체제의 구성의 핵심 쟁점 중 하나는 공통의 차별화된 책임과 상대적 국가능력(CBDR-RC)의 원칙을 新기후체제에서 어떻게 반영하느냐의 여부였다. 파리협정은 교토의정서와 같이 명확한 선진·개발도상국의 이분법이 아니라, 단일한 법적 원칙에따라 각 조항을 선진·개발도상국 구별 없이 적용하는 것을 원칙으로 하여 구성되었다. 다만, 개별 조항에서 선진·개발도상국의 능력에 따른 차별화를 부분적으로 인정하는 유연한 접근법(Built-in Flexibility)을 채택하고 있다. 하지만 교토의정서처럼 선진국과 개발도상국을 법적으로 명확히 구분하는 UN기후변화협약상 '부속서 Ⅰ국가군(Annex I parties)'과 '비부속서 Ⅰ국가군(Non-annex I parties)'이라는 용어를 전혀 사용하지 않고 있다.

### (2) 온실가스의 감축(Mitigation)

파리협정은 감축목표의 설정과 이행방법의 선택 등은 전적으로 개별 국가가 자율적으로 결정할 사항이지만, 국가결정공약(NDC) 관련 절차적 사항은 국제법적 의무로 규정하고 있다. 즉, 국가결정공약(NDC)의 준비, 제출 및 유지, 국가결정공약(NDC)의 명확성과 투명성을 위해 필요한 정보의 제공, 5년마다 새로운 국가결정공약(NDC)의 제출 등은 파리협정상 구속적 의무로 규정되고 있다. 파리협정은 법적 의무는 아니지만, 새로운 국가결정공약(NDC)은 이전에 제출한 국가결정공약(NDC)보다 더 진전된 내용(A Progression Beyond the Previous One)을 담고 있어야 하며, 당사국이 할 수 있는 최고 의욕수준(Highest Possible Ambition)을 설정해야 함을 명시하고 있다.

### (3) 글로벌 종합검토(Global Stocktake)

파리협정은 당사국들이 제출하는 국가결정공약(NDC)의 감축목표를 향후 점진적으로 상향하도록 촉진하기 위해 5년 단위의 주기적인 글로벌 종합검토(Global Stocktake)의 개념을 도입하고 있다. 글로벌 종합검토는 개별 국가의 국가결정공약(NDC)을 대상으로 하는 것이 아니라 당사국들이 제출한 국가결정공약(NDC)을 모두 종합하여 글로벌 차원에서 온실가스 감축노력이 장기목표 달성에 얼마나 근접한지의 여부를 과학적으로 검토하는 절차이다. 첫 번째 글로벌 종합검토는 2023년으로 예정되어 있었는데, 2018년부터 2023년까지 5년 동안의 감축노력을 검토하기로 하였다.

### (4) 투명성(Transparency)

파리협정은 국가별 능력에 따른 차이를 인정하는 내재적 유연성(Built-in Flexibility)을 가지고 있지만, 기본적으로 모든 당사국에 구속적인 절차적 의무로서 부과되는 새로운 투명성 제도를 도입하고 있다. 최빈개발도상국과 군소도서국가를 제외한 모든 당사국은 국가결정공약(NDC) 이행보고서를 격년 단위로 2년마다 UN기후변화 사무국에 제출해야 하는 국제법적 의무를 가진다. 국가결정공약(NDC) 이행보고서는 온실가스 배출현황(Emission Inventories)과 국가결정공약(NDC)의 목표달성 이행을 추적하는 데 필요한 정보를 담고 있어야 한다. 아울러 선진국은 개발도상국에 대한 재정 및 기술 지원 등에 대한 지원(Support) 내용을 보고해야 하는 구속적 의무를 가지며, 개발도상국은 지원받은 내용에 대해 보고해야 하는 비구속적 의무를 가지고 있다.

### (5) 파리협정의 이행과 준수(Implementation and Compliance) 메커니즘

파리협정은 당사국들의 국가결정공약(NDC) 이행을 촉진하고 협정의 준수를 독려하기 위한 새로운 메커니즘을 구축하기로 하였다. 전문가 위원회(Committee of Experts)로 구성될 새로운 이행·준수 메커니즘은 촉진적 성격을 가지며, 비적대적 및 비처벌적 형태(Non-adversarial and Non-punitive Manner)로 운영되며, 전문가 위원회는 당사국총회(COP)에 대한 보고의무를 가진다.

### (6) 기후재원(Finance)

선진국들은 개발도상국의 감축 및 적응을 위한 재정 지원을 제공하기로 약속하였다. 또한, 파리협정은 선진국이 아닌 개발도상국들도 자발적으로 재정 지원을 하도록 권장하고 있다. 하지만 선진국의 재정 지원에는 '기후변화협약하 선진국의 기존 의무의 연속 선상(in continuation of their existing obligations under the Convention)'이라는 단서 조건이 붙어 있는데, 이는 앞서 지적한 바와 같이 파리협정이 국제법적으로 구속적 성격의 새로운 재정 지원의무를 선진국에 부과하지 않는 방향으로 협정문 조항을 구성하도록 강력하게 요구한 미국의 의견을 반영한 것이다. 재정 지원문제는 5년 주기의 글로벌 종합검토(Global Stocktake)의 대상으로 포함되도록 하고 있다.

## (7) 적응(Adaptation)

新기후체제의 새로운 특징 중 하나는 온실가스의 감축뿐만 아니라 기후변화의 영향에 대한 적응(Adaptation)노력도 중요한 요소로서 다루고 있다는 점인데, 이는 기후변화에 상대적으로 취약한 개발도상국들의 강력한 요구가 반영된 결과라고 할 수 있다. 파리협정은 적응능력의 향상, 복원력의 강화 및 기후변화에 대한 취약성의 감소를 新기후체제에서 개발도상국 및 선진국, 공히 모든 당사국이 추구해야 할 중요한 목표로 설정하고 있다. 이에 따라 모든 당사국은 국가적 차원의 기후변화 적응계획을 수립하고 이행해야 하며, 자국의 적응노력 또는 (개발도상국의 경우 재정 지원을 받기 위한) 적응필요성에 대한 보고서를 제출하도록 권고되고 있다.

## (8) 손실과 피해(Loss and Damage)

파리협정은 '손실과 피해에 관한 바르샤바 국제 메커니즘(Warsaw International Mechanism for Loss and Damage)'을 계승한 조항을 포함하고 있는데, 이는 기후변화에 취약한 군소도서국가 및 최빈개발도상국들의 요구가 반영된 결과이다. 손실과 피해에 관한 바르샤바 메커니즘은 가뭄 및 홍수와 같은 이상기후현상과 해수면 상승과 같이 피할 수 없는 기후변화의 영향에 취약한 국가들을 돕기 위한 방안들을 모색하기 위한 프로세스라 할 수 있다.

## 5. 파리협정 후속 논의

### (1) 파리협정 이행규칙(Paris Rulebook)

2018년 폴란드 카토비체에서 열린 제24차 당사국총회(COP24)에서 채택되었으며, 파리협정의 조항을 실질적으로 이행하기 위한 세부 운영 지침을 마련하였다. 이 규칙은 국가결정기여(NDC)의 제출 방식과 형식, 온실가스 인벤토리 및 투명성 보고체계, 재정지원 보고, 글로벌 이행점검(Global Stocktake)의 절차, NDC 상향 시기 및 절차, 시장 메커니즘(탄소시장 관련 규칙) 등에 관한 합의를 포함한다.

### (2) 국제탄소시장 관련 세부 규칙

2021년 글래스고에서 열린 COP26에서는 파리협정 제6조에 규정된 국제탄소시장(협력적 접근 및 배출권 이전 등) 관련 세부 규칙이 합의되었다. 이로써 파리협정은 규범적 틀뿐 아니라 이행 체계까지 완비된 국제 기후 체제로 정착하게 되었다.

### (3) 1.5도 목표치 설정

2018년 10월 대한민국 인천 송도에서 열린 제48차 총회에서 기후변화에 관한 정부간 협의체(IPCC)에 의해 <지구온난화 1.5도 특별보고서>가 공식 채택되었다. 파리협정이 제시한 지구 평균기온 상승을 1.5℃ 이내로 제한하자는 목표의 과학적 근거와 실현 가능성을 분석한 문서이다. 이 보고서는 2℃ 상승 대비 1.5℃로 억제할 경우 폭염, 해수면 상승, 생물 다양성 손실, 식량 및 물 부족 등 기후위험이 크게 줄어든다고 평가하며, 목표 달성을 위해 전 세계가 2030년까지 온실가스 배출을 2010년 대비 약 45% 감축하고, 2050년까지 탄소중립(net-zero)을 달성해야 한다고 제시한다. 이를 위해 에너지 시스템의 탈탄소화, 재생에너지 확대, 화석연료 감축, 산업 및 도시 시스템의 전환이 필요하며, 특히 개발도상국에 대한 재정 지원과 기술 이전, 기후 정의 실현의 중요성도 강조되었다.

## 5 기후변화협약당사국총회

### 1. 의의

기후변화협약 당사국총회(COP, Conference of the Parties)는 1992년 유엔기후변화협약(UNFCCC) 채택 이후 기후변화 대응을 위한 국제사회의 최고 의사결정기구로 매년 열리고 있다. 이 회의는 전 세계 국가들이 온실가스 감축, 기후 적응, 재정 지원 등 다양한 문제를 협의하고 공동의 목표와 실행 계획을 수립하는 중요한 장이다. 주요 당사국 총회는 다음과 같다.

### 2. 발리

교토의정서 제1차 감축의무 이행기간이 2012년에 완료됨에 따라, 그 이후의 감축을 위한 포스트교토(Post-Kyoto)체제 논의의 필요성이 제기되고 있으며, 그 일환으로 2007년 12월에 기후변화협약 당사국회의가 개최되었다. 동 회의에서 채택된 협약 내용을 발리 로드맵(Bali Roadmap) 이라고 한다. 최종협상 결과는 2년간 협상을 거쳐 덴마크 코펜하겐에서 마무리될 예정이며, 선진국은 '상당히, 감축, 개발도상국은 '측정가능하고 검증가능한 방법으로' 감축해가도록 촉구하고 있다. 또한 개발도상국의 삼림 황폐화를 방지하기 위해 삼림 보호가 명시되어 있으며, 개발도상국 온실가스 축소를 위해 기술이전을 촉구하는 제도 확립을 목표로 하고 있다.

## 3. 코펜하겐

발리 로드맵에 따라 UN기후변화총회가 2009년 12월 덴마크 코펜하겐에서 개최되었다. 당사국총회의 중심주제는 2012년 이후 각국의 기후변화 대처방안이었으나 참가국들은 합의를 형성하는 데 실패했다. 미국 등 산업국들은 감축이행에 대한 '약속과 검증(Pledge and Review)'방식을 주장하였으나 개발도상국들은 강제성을 부과하는 데 반대하였다. 또한 중국, 인도 등은 GDP 한 단위당 탄소배출량을 측정하는 '탄소배출강도(Carbon Emission Intensity)'를 온실가스 감축의 측정기준으로 삼을 것을 주장하였으나, 산업국은 탄소배출량이 오히려 증가할 수 있다고 반대하였다. 다만 몇 가지 당사국 간 합의된 사항은 '코펜하겐협정(Copenhagen Accord)'으로 채택하였다. 주요 내용은 다음과 같다. ① 기온 상승을 산업화 이전에 비해 2℃를 넘지 않도록 억제하기로 하였다. ② 선진국들은 개발도상국들의 기후변화 적응 조치 실행을 지원하기 위해 적절하고, 예측가능하며, 지속가능한 재원·기술 등을 제공하기로 하였다. 2020년까지 선진국들은 공공, 민간, 양자, 다자 지원 등을 통해 연간 1천억 달러의 '코펜하겐 그린 플래닛 펀드(Copenhagen Green Planet Fund)'를 공동으로 조성한다. 2010년부터 2012년까지 3년간은 300억 달러를 긴급 지원한다. ③ 개발도상국은 각국의 감축 노력을 모니터링하고 2년마다 보고서를 UN에 제출한다. ④ 삼림 황폐화에 따른 온실가스 배출 증가문제의 중요성을 감안해 선진국들은 삼림 보호를 위한 개발도상국의 노력을 지원한다. ⑤ 온실가스 배출 억제를 위한 효율적인 노력을 장려하기 위해 시장을 활용하는 등 다양한 접근방식을 추진한다.

## 4. 더반

2011년 11월 남아프리카공화국 더반(Durban)에서 제17차 기후변화 당사국총회가 개최되었다. 더반 총회의 합의사항은 다음과 같다. ① 2012년 말에 종료되는 교토의정서를 2017년 또는 2020년까지 연장, ② 2020년부터 선진국뿐만 아니라 개발도상국에도 적용되는 새로운 법적 감축체제의 출범을 위한 '더반 플랫폼(Durban Platform)' 협상 개시, ③ 매년 1,000억 달러 규모의 개발도상국 재정지원을 위한 새로운 재정기구인 '녹색기후기금(Green Climate Fund)'의 이사회 및 사무국 설치 합의에 관한 사항이다. 더반 총회는 핵심 이슈의 향후 추진방향에 대한 대략적인 합의만 도출한 것에 불과하고, 주요국들이 협상에서 격렬하게 대립해 온 세부적 쟁점사항에 대한 합의는 이끌어내지 못하고 향후 협상으로 미루어졌다.

## 5. 도하(Doha)

195개국이 참가한 카타르 도하의 제18차 당사국총회는 도하 기후 게이트웨이(Doha Climate Gateway)로 불리는 최종 합의를 통해 교토의정서의 효력을 2020년까지 연장하기로 하였다. 본 총회에서 2차 온실가스 감축기간을 2013년~2020년의 8년으로 하였으나 일부 국가들이 2차 기간 참여를 거부함으로써 교토의정서의 실효성에 의구심을 낳게 되었다. 미국은 애초에 교토의정서를 비준하지 않았고, 캐나다는 2011년 공식 탈퇴하였으며, 일본과 러시아는 제1차 공약기간에는 참여했지만 제2차 기간에는 감축의무를 거부하였다. 뉴질랜드 역시 자발적 감축을 선언하며 제2차 기간의 공식 참여를 거부하였다. 한편, 도하 총회에서는 녹색기후기금(Green Climate Fund: GCF) 사무국을 인천 송도에 설치하기로 한 GCF 이사회의 결정이 인준되어 GCF의 운영을 가시화하였다.

## 6. 바르샤바(2013년)

2013년 바르샤바에서 개최된 기후변화협약 당사국총회는 2020년 이후의 온실가스 감축의무를 규정하는 신기후체제 출범을 위해 당사국의 자발적 감축목표 설정을 전제로 하는 '의도된 국가결정공약'이라는 새로운 개념을 채택하였다. 다만, 선진국들은 이 개념을 온실가스 감축의무 부담, 감축목표와 감축행동 등과 같은 감축 분야에만 국한되어야 한다고 주장하는 반면, 중국을 비롯한 개발도상국 진영은 교토의정서가 만료되는 2020년 이후의 신기후체제에서도 온실가스 배출에 대한 선진국의 역사적 책임은 사라지지 않고 그대로 존재하며, 기후변화의 피해자인 개발도상국의 감축 및 적응에 대한 선진국의 지원의무는 지속되어야 한다는 입장을 보이고 있어 이견이 있다.

## 7. 리마(2014년)

제20차 UN기후변화협약 당사국총회(COP20)가 2014년 12월 1일 시작되어 COP 결정문인 'Lima Call for Climate Action'을 채택하고 14일 오후 4시 30분경(한국시간) 폐막하였다. 협상 결과로는 Post-2020 감축목표 등 각국의 기여(INDC) 제출범위, 제출시기, 협의절차, 제출정보 등을 담은 당사국총회 결정문을 채택하는 한편, 2020년 이후 신기후체제를 규정하는 협정문 작성을 위한 주요 요소를 도출하였으며, GCF의 초기 재원조성 목표액인 100억 달러를 초과 확보하는 성과를 도출하였다. 특히 이번 협상의 핵심으로 지적되었던 각국의 기여와 관련해 제출 준비가 된 국가는 2015년 3월까지, 여타 국가는 2015년 12월에 열리는 파리 총회 이전에 제출하기로 하였다.

## 8. 파리(2015년)

2015년 제21차 당사국총회(COP21, 파리)에서는 2020년부터 모든 국가가 참여하는 신기후체제의 근간이 될 파리협정(Paris Agreement)이 채택되었다. 이로써 선진국에만 온실가스 감축의무를 부과하던 기존의 교토의정서체제를 넘어 모든 국가가 자국의 상황을 반영하여 참여하는 보편적인 체제가 마련되었다.

## 9. 모로코(2016년)

파리협정의 발효 며칠 후인 11월 7일부터 2주간 모로코 마라케시에서 제22차 UN기후변화협약 당사국총회(COP22)가 열렸다. 2018년까지 파리협정 이행지침을 마련할 수 있도록 각 당사국들이 자국의 분야별 이해상황을 반영하는 국가제안서를 작성하여 2017년 5월에 있을 협상회의 전까지 사무국에 제출하도록 하였으며, 제출된 국가제안서를 바탕으로 차후 심층적으로 분야별 실무 논의를 진행하기로 하였다. 또한, 기후변화 이슈의 시급함을 강조하며 기후행동을 촉구하고 빈곤 퇴치 및 식량안보 차원에서의 기후변화 대응노력의 강화와 기업, 시민사회단체 등 다양한 관계자의 참여가 필요함을 내용으로 담고 있는 '기후 및 지속가능개발을 위한 마라케시 행동선언문(Marrakech Action Proclamation for Our Climate and Sustainable Development)'을 채택하였다.

## 10. 독일(2017년)

COP23 회의에서는 2018년까지 파리협정 이행규칙을 위한 협상의 기반을 마련하는 징검다리 총회였던바 군소도서국인 피지가 의장을 수임하여 기후변화 위협에 대한 '적응'을 중심으로 많은 논의와 성과가 있었다. 개발도상국들의 기후변화 적응을 위한 주요 재원 중 하나인 적응기금(Adaptation Fund) 관련 논의에 진전이 있었으며, 손실과 피해, 여성 및 토착민 관련 문서도 채택되었다.

## 11. 폴란드(2018년)

2016년 제22차 총회에서 당사국들은 COP24까지 파리협정 이행지침(rulebook)을 마련하기로 합의한 바 있으며, 이번 총회에서 실제 이행지침을 만들었다. 온실가스 감축, 기후변화 영향에 대한 적응, 감축 이행에 대한 투명성 확보, 개발도상국에 대한 재원 제공 및 기술 이전 등 파리협정을 이행하는 데 필요한 세부 이행지침(rulebook)이 마련되었다.

## 12. 스페인(2019년)

제25차 총회는 스페인 마드리드에서 개최되었다. 칠레가 의장국을 맡았다. 이번 당사국총회의 최대 목표는 탄소시장 지침을 타결하여 2015년 채택된 파리협정의 이행에 필요한 17개 이행규칙을 모두 완성하는 것이었다. 그러나 여러 쟁점에 대해 개발도상국과 선진국, 잠정 감축분 판매국과 구매국 간 입장이 대립되면서 국제탄소시장 이행규칙에 합의하지 못하고 2020년에 다시 논의하기로 하였다. 또한, 이번 총회에서 중국 등 주요 개발도상국은 파리협정체제로의 전환에 앞서 기존 교토체제에 의한 선진국들의 '2020년까지의 온실가스 감축 및 기후재원 1,000억 달러 지원 계획'이 이행되고 있는지를 점검·평가해야 한다고 강하게 주장하였고, 그 결과로 향후 2년 동안 라운드테이블 개최 등을 통해 2020년 이전까지의(pre-2020) 공약 이행 현황을 점검하기로 하였다.

### 13. 영국(2021년)

제26차 총회는 영국 글래스고에서 개최되었으며, 의장국은 영국이었다. 당사국총회의 최대 성과는 지난 6년간 치열한 협상을 진행하였던 국제탄소시장 지침을 타결하여 2015년 채택된 파리협정의 세부이행규칙(Paris Rulebook)을 완성한 것이다. 이번 총회에 핵심 쟁점 중 하나인 투명성 의제는 격년 투명성 보고서(Biennial Transparency Report: 모든 당사국이 2024년부터 격년 주기로 작성·제출)구조와 이를 검토하기 위한 전문가 교육과정 개발 등에서는 협상 초기에 합의가 이루어졌다. 기후변화로 인한 손실과 피해를 지원하는 산티아고네트워크에 대해서는 개발도상국의 요구가 일부 수용되어 기술, 재정 등 지원에 대한 접근성(access)을 보다 강화하는 방향으로 기능을 확대하기로 하였다. 산티아고네트워크는 기후 취약국의 손실과 피해를 방지·최소화·해결을 위해 조직·기관·네트워크와 전문가들의 기술지원 촉진을 목적으로 설립되었다(COP25, 마드리드).

### 14. 이집트(COP27)(2022년)

이집트 샤름 엘 셰이크에서 열린 제27차 유엔기후변화협약 당사국총회(COP27, 의장국: 이집트)가 당초 폐막일(11월 18일)을 이틀 넘겨 11월 20일 최종합의문인 '샤름 엘 셰이크 이행계획(Sharm El-Sheikh Implementation Plan)'을 채택하고 폐막했다. 기후변화로 인한 '손실과 피해' 대응을 위한 재원 마련 문제가 유엔기후변화협약(UNFCCC) 채택 이후 30년 만에 처음으로 당사국총회 정식의제로 채택되었으며, 제27차 당사국총회 기간 내내 치열한 협상 끝에 기후변화에 가장 취약한 국가를 위한 기금(fund)을 설립하기로 합의했다. 또한, '감축 작업프로그램' 운영, 전지구적 적응 목표(Global Goal on Adaptation)달성을 위한 프레임워크 설치 등도 합의 되었다.

### 15. 두바이(COP28)(2023년)

2023년 11월 말부터 12월 초까지 두바이에서 열린 제28차 당사국총회(COP28)에서는 파리협정 이행 현황을 평가하는 첫 글로벌 스톡테이크(Global Stocktake) 결과가 발표되었으며, 개도국 피해보상을 위한 손실과 피해(Loss and Damage) 기금이 공식적으로 운용화되었다. 2050년까지 탄소중립 달성, 2030년까지 재생에너지 용량 3배, 에너지 효율 2배 확대 등의 구체적 목표도 수용되었다.

### 16. 바쿠(COP29)(2024년)

2024년 11월 바쿠에서 개최된 제29차 당사국총회(COP29)는 '공정하고 야심적인 새로운 집단 정량 목표(NCQG)'를 설정해, 2035년까지 연간 최소 3000억 달러 이상의 기후재정 조성을 약속토록 한 점이 핵심이었다. 그러나 일부 개발도상국(인도 등)이 이 목표에 이의 제기를 하며 반대 입장을 표명했다. 동시에 파리협정 제6조(탄소시장 관련) 조항의 운용준칙 전면 확정으로 국제 탄소거래체계 구축이 완성되었으며, 손실과 피해 기금의 본격적 운영도 강화되었다 . 마라케시 파트너십 등 글로벌 기후행동 네트워크를 통해 민간 및 지자체의 기후 대응도 활성화되었다.

## 6 지구온난화 문제에 대한 주요국 입장

### 1. 미국

미국은 세계에서 가장 큰 온실가스 배출국으로, 역사적으로 산업화 과정에서 많은 배출을 해왔다. 이러한 배경은 미국의 지구온난화 문제에 대한 입장에 영향을 미친다. 도널드 트럼프 대통령 하에서 미국은 파리협정에서 탈퇴했으며, 기후 변화 문제를 경제적 부담으로 간주했다. 이 정부는 규제를 완화하고 석유 및 석탄 산업을 보호하려는 정책을 추진했다. 이는 미국의 에너지 자원 개발을 촉진하고, 고용 창출을 목표로 했다. 한편, 조 바이든 대통령은 기후 변화를 국가안보의 핵심 문제로 삼고, 파리협정에 재가입했다. 그는 기후 변화 대응을 위한 대규모 인프라 투자와 청정 에너지 개발을 추진하였으며, 2030년까지 온실가스를 2005년 대비 50~52% 감축하겠다는 목표를 세웠다.

### 2. 중국

중국은 세계에서 가장 많은 온실가스를 배출하는 국가로, 급속한 산업화와 도시화가 주된 원인이다. 그러나 중국은 선진국에 비해 상대적으로 낮은 1인당 배출량을 유지하고 있다. 중국은 경제 발전을 우선시하여, 기후 변화 문제 해결을 위한 국제적 의무에 대한 회의적인 입장을 보였다. 중국 정부는 자국의 발전 필요와 국제적 규범 간의 균형을 강조한다. 한편, 중국은 최근에는 기후 변화 대응에 대한 의지를 보이며 2030년까지 탄소 배출 정점을 찍고, 2060년까지 탄소 중립을 달성하겠다는 목표를 세웠다.

### 3. 유럽연합(EU)

EU는 기후 변화 문제 해결에 있어 선도적인 역할을 자처하고 있으며, 국제 기후 협약에서 주도적인 입장을 취하고 있다. EU는 파리협정의 주요 지지국으로, 강력한 온실가스 감축 목표를 세우고 이를 실천하고 있다. EU는 2030년까지 온실가스를 1990년 대비 최소 55% 감축하겠다는 목표를 설정했다. 이는 유럽 그린딜(European Green Deal)이라는 포괄적인 정책의 일환으로, 경제의 녹색 전환을 목표로 한다. EU는 탄소세 도입, 재생 에너지 확대, 에너지 효율 개선 등의 다양한 정책을 추진하고 있으며, 회원국들이 이러한 목표를 달성하도록 지원하고 있다.

## 7 지구 온난화 문제에 대한 우리나라 입장

### 1. 온실가스 감축 목표

한국 정부는 2030년까지 온실가스를 2018년 대비 40% 감축하겠다는 목표를 세웠다. 이 목표는 2030 국가 온실가스 감축 목표(NDC)로 공식 발표되었으며, 한국의 기후 변화 대응 의지를 반영한다. 한편, 한국 정부는 2050년까지 탄소 중립을 목표로 하겠다고 선언하였다.

## 2. 기후 정책 및 계획

2020년 7월, 한국 정부는 한국판 그린 뉴딜을 발표하여 지속 가능한 경제 전환을 추진하고, 기후 변화 대응을 위한 다양한 정책을 포함하였다.

## 3. 재생 가능 에너지 확대

한국 정부는 재생 가능 에너지의 비중을 확대하기 위해 다양한 정책을 추진하고 있다. 2030년까지 신재생에너지 비중을 20%로 늘리겠다는 목표를 세우고, 태양광, 풍력 등의 발전을 활성화하고 있다.

# 제5절 | 국제무역질서

## 1 유형

### 1. 다자주의

다자주의는 '셋 또는 그 이상의 국가 사이의 관계를 일반화된 행위원칙에 기초하여 조정하는 제도적 형태'로 정의할 수 있다(Ruggie). 이러한 의미에서 GATT1947을 통해 정립된 무역관계는 최혜국대우원칙 및 상호주의원칙이라는 규범하에 성립된 다자주의적 무역질서라고 할 수 있다. 다자주의에 입각한 무역질서는 아래에서 살펴보듯 GATT1947체제에서 WTO체제로 나아가 DDA협상체제로 발전해 왔다.

### 2. 지역주의

지역주의는 지리적으로 인접한 국가들 사이의 협력으로 정의되기도 한다(Alagappa). 이러한 지역주의는 주로 지역 내 RTA(Intra - regional RTA) 혹은 지역 간 RTA(Inter - regional RTA)로 구성되어 있다. 남미지역의 남미공동시장(MERCOSUR), NAFTA, 혹은 EU 내 무역질서 등이 그 대표적 예이다.

### 3. 양자주의

양자주의는 양국 간의 협정을 통한 무역질서의 확립을 지칭한다. 주로 양자 간 FTA 혹은 CU의 체결로 자유무역을 규율하는 형태로 나타난다. 상기 지역주의에서 언급한 지역 내 RTA 및 지역 간 RTA 외에도 지역을 초월하여 체결되는 RTA 또한 양자주의에 포함된다. 현재 비준단계에 있는 한국 - 미국 FTA, 혹은 한국 - 칠레 FTA, 중국 - 뉴질랜드 FTA 등 현재 지역초월 FTA의 체결이 증가하는 추세이다.

## 2 국제무역의 발생원인에 대한 이론

### 1. 중상주의(Mercantilism)

중상주의는 국부를 '귀금속의 보유'로 보고 국부를 늘리기 위해 수출을 수입보다 크게 유지하려고 하였던 사상으로 15~18세기 서유럽 사회를 지배하였다. 미라보 후작(侯爵)의 1763년 저서인 『농업 철학(Philosophie Rurale)』에 의한 경제 개혁 제안과 1600년대 프랑스의 재무장관이었던 장밥티스트 콜베르의 경제정책에 의해 중상주의가 본격적으로 발현하였다고 평가된다. 중상주의의 입장을 대표하는 최후의 저작은 1767년 출판된 제임스 스튜어트(James Steuart)의 『정치경제학 개론』이다. 아담 스미스(Adam Smith)는 1776년 출판한 『국부론』에서 기존의 경제학을 비판하면서 이들을 '중상주의'로 표현하였다. 중상주의자들은 경제체제를 제로섬게임으로 파악하였다.

### 2. 절대우위이론

#### (1) 의의

생산비가 타국에 비해 절대적으로 적은 상품의 생산에 각각 특화하여 교역하면 양국 모두에게 이익이 발생한다는 것이 아담 스미스(Adam Smith)가 주장한 절대우위론이다. A국 국민이 7명, B국 국민이 9명이며, A국과 B국이 모두 쌀과 밀을 1단위씩 생산하고 있다고 하자. 쌀 1단위 생산에 필요한 노동자는 A국이 5명, B국은 3명이고, 밀 1단위 생산에 필요한 노동자는 A국이 2명, B국은 6명이라고 한다. 절대우위론에 따르면 A국은 밀 생산에 특화하고, B국은 쌀 생산에 특화한다. A국은 밀 생산에 7명을 전부 투입해 3.5(= 2분의 7)단위의 밀을 생산하고, B국은 쌀 생산에 9명을 투입해 3(= 3분의 9)단위의 쌀을 생산한다. 특화 이후 A국과 B국이 쌀과 밀 1단위를 서로 교환하면 A국은 특화 전에 비해 1.5단위 밀을 더 가지게 되었고, B국은 1단위 쌀을 더 가지게 되었다. 양 국가 모두 이득을 얻은 것이다.

#### (2) 절대우위를 가지기 위한 방법

일반적으로 한 국가가 절대우위를 갖기 위한 방법에는 두 가지가 있다.
① 한 국가가 극히 희소하거나 다른 어떤 곳에도 없는 물품을 보유한 경우이다. 남아프리카공화국의 다이아몬드나 산유국들의 석유는 다른 나라와의 교역에서 절대우위를 가진다.
② 어떤 재화와 서비스를 다른 국가에 비해 싸게 생산하는 경우이다. 예를 들어 미국이 쌀을 생산하는데 있어 투입하는 생산요소의 양이 우리나라보다 적다면 미국은 한국보다 쌀 생산에 있어 절대우위를 가진다고 말한다.

#### (3) 한계

절대우위론에 따르면 한 국가가 모든 분야에서 절대우위에 있는 경우에도 무역이 발생하는 현실을 설명할 수 없다. 이것은 비교우위론으로 해결이 가능하다.

## 3. 비교우위론

비교우위론은 아덤 스미스(Adam Smith)의 절대생산비이론의 한계를 극복하기 위해서 리카도(Ricardo)가 그의 저서 『정치경제와 조세의 원리』에서 주장한 이론이다. 절대우위론의 한계는 양국 중 한 나라가 모든 재화에 절대우위가 있는 경우에는 무역의 발생을 설명할 수 없다는 점이다. 이런 문제는 비교우위론으로 해결할 수 있다. 비교우위론이란 한 나라가 두 상품 모두 절대우위에 있고 상대국은 두 상품 모두 절대열위에 있더라도 생산비가 상대적으로 더 적게 드는(기회비용이 더 적은) 상품에 특화하여 교역하면 상호이익을 얻을 수 있다는 이론이다. 리카도의 이론은 비현실적인 노동가치설을 바탕으로 하고 있고, 국가 간 생산요소의 이동이 없어야 한다. 또한 각 국가 간의 운송비용을 배제하였으며, 무역당사국들의 공급 측면만을 강조한다는 한계도 있다. 그러나 각국이 비교우위를 가지는 상품을 특화하여 다른 나라와 교역하게 되면 모든 국가에 경제적 이익이 발생한다는 이론적 근거를 마련하였으며, 이는 이후 많은 국가들이 자유무역을 신봉하게 된 계기가 되었다. 비교우위론은 다른 나라가 시장을 닫으려고 할 때 설득하는 수단으로 활용되기도 한다.

## 4. 기회비용설(theory of opportunity cost)

기회비용설은 하블러(G. Harberler)가 주장한 이론이다. 하블러는 비교우위설의 입장을 수용하면서도 노동비용 대신 기회비용 개념을 도입하였다. 기회비용이란 어떤 행위의 비용이나 가치를 평가할 때 실제로 취한 행위가 아니라 그 행위를 선택하였기 때문에 포기해야 하는 다른 행위의 가치로 평가하는 것이다. 하블러에 따르면, 노동이 생산에 있어서 가치의 전부는 아니며, 다른 생산요소도 고려해야 하며, 이들 생산요소의 상호관계가 더욱 중요하다. 그리고 재화의 가격은 재화의 기회비용에 따라 정해진다. 각국은 노동비용이 아니라 기회비용이 적은 상품에 비교우위를 가지고 무역을 한다. 기회비용설은 무역에 있어서 수요 측면을 고려하지 못한다는 점, 기회비용의 차이가 발생하는 원인을 규명하지 못한다는 점에서 한계가 있다.

## 5. 헥셔 - 올린이론

### (1) 의의

비교우위론은 비교우위가 발생하는 원인을 국가 간 노동생산성의 차이로 보고 있으나, 노동생산성의 차이가 발생하는 원인에 대해서는 설명을 하지 못한다. 헥셔 - 올린모형은 비교우위가 발생하는 원인을 국가 간 부존요소의 차이로 설명하고 있다. 헥셔(E. Heckscher)와 올린(B. Ohlin)에 의해 정립된 이 이론은 헥셔 - 올린 정리, 생산요소가격 균등화의 정리, 스톨퍼 - 사뮤엘슨 정리, 립진스키 정리로 구성되어 있다.

### (2) 헥셔 - 올린 정리(Heckscher - Ohlin theorem)

헥셔 - 올린 정리는 국가 간 요소 부존도의 차이에서 생산비의 차이가 발생하고, 그로부터 무역패턴이 결정된다는 이론이다. 즉, 노동풍부국은 노동집약재에 비교우위가 있고, 자본풍부국은 자본집약재에 비교우위가 있으므로, 노동풍부국은 노동집약재를 수출하고, 자본풍부국은 자본집약재를 수출하는 무역패턴이 형성된다고 본다.

### (3) 생산요소가격 균등화의 정리(price equalization theorem)

생산요소가격 균등화의 정리는 국가 간 생산요소의 이동이 불가능하다고 해도 교역을 통해 국가 간 생산요소 가격이 균등하게 된다는 것이다. 노동풍부국이 노동집약재를 특화하면 노동의 수요가 증가하여 임금이 상승하고, 반대로 자본집약재 생산이 감소함으로써 자본의 수요가 감소하여 자본의 가격이 하락한다. 반면, 자본풍부국이 자본집약재 생산에 특화하면 자본수요가 증가하여 자본의 가격이 상승하고, 노동집약재 생산이 감소함으로써 노동수요가 감소하여 임금이 하락하게 된다. 따라서 두 나라의 생산요소 가격이 균등화 되어 국제무역을 통해 생산요소가 이동하는 것과 동일한 결과에 도달한다는 것이 이 정리의 의미이다.

### (4) 스톨퍼 - 사뮤엘슨 정리(Stolper - Samuelson theorem)

스톨퍼 - 사뮤엘슨 정리는 어떤 재화의 상대가격이 상승하면, 그 재화에 집약적으로 사용되는 생산요소의 실질소득은 증가하고 다른 생산요소의 실질소득은 감소한다는 것이다. 따라서 이 정리는 국제무역이 생산요소 간 소득분배에 어떤 영향을 주는지 보여주고 있다. 노동풍부국은 노동집약재 생산에 특화할 것이므로 무역을 하려고 할 때 노동자는 찬성하나, 자본가는 반대할 것이다. 반대로 자본풍부국은 자본가들은 자유무역에 찬성하고, 노동자는 반대할 것이다.

### (5) 립진스키 정리(Rybczinski theorem)

립진스키 정리는 한 생산요소의 부존량이 증가하면, 그 생산요소를 집약적으로 사용하는 재화의 생산량은 증가하고 여타 재화의 생산량은 감소한다는 것이다. 이 정리는 경제 성장과 산업구조 변화의 관계를 보여준다.

## 6. 레온티에프의 역설(Leontief's Paradox)

레온티에프의 역설은 레온티에프가 헥셔 - 올린 정리를 미국을 대상으로 검증한 결과 헥셔 - 올린 정리와 달리 자본풍부국으로 여겨지는 미국이 오히려 노동집약재를 수출하고, 자본집약재를 수입하는 점을 지칭하는 것이다. 이러한 결과는 미국의 노동생산성이 타국에 비해 월등히 높으므로 노동풍부국으로 볼 수 있다는 해명이 제시되기도 하였다.

## 7. 대표수요이론(Theory of Representative Demand)

린더(S. B Linder)의 대표수요이론은 전세계 무역의 약 40%를 차지하는 산업 내 무역(intra-industry trade)을 설명하는 이론이다. 절대우위론이나 비교우위론 등 기존 이론들은 산업 간 무역(inter-industry trade)을 설명하는 이론이다. 대표수요이론에 의하면 공산품의 국제무역은 동일한 경제발전 수준에 있는 국가들 내 소비자 간 선호의 유사성 때문에 발생하며 무역당사국의 수요패턴이나 선호가 유사하면 할수록 무역규모는 확대된다. 대표수요이론은 요소부존량이 비슷하고 비교생산비의 차이가 거의 없는 국가 간, 즉 소득구조나 산업구조가 비슷한 국가 간의 무역을 설명한다. 헥셔-올린이론은 공급의 이질성이, 대표수요이론은 수요의 동질성이 무역을 일으키는 원인이라고 파악한다. 헥셔-올린이론은 선진국-개발도상국 간 무역 및 이종산업 간 무역을 잘 설명하는 반면, 대표수요이론은 선진국 간 무역 및 동종산업 간 무역을 잘 설명한다.

## 8. 제품수명주기이론(Product Life Cycle Theory: PLC)

제품수명주기이론은 버논(R. Vernon)이 제시하고 웰스(Wells) 등에 의해 발전된 이론으로서 이 이론은 선진국 기업들이 신제품을 개발한 후 그 제품이 점차 성숙단계에 접어들게 됨에 따라 이들 제품의 생산을 비용이 낮은 개발도상국으로 이전하는 과정에 따라서 무역형태가 나타난다는 것을 밝힌 이론이다. 제품수명은 대체로 도입(introduction) - 성장(growth) - 성숙(maturity) - 쇠퇴(decline) 4단계로 구성된다. 어떤 제품이 선진국에서 개발되어 수출되기 시작하면, 그 제품은 해외의 수요자들에게 서서히 알려지면서 수출이 완만히 증가하다가, 대량생산으로 저가로 수출하게 되면 수출이 급증한다. 이 기간이 지나면 수출규모는 정체되다가 중진국 등에 의해 대체제품의 출현으로 수요가 급격히 줄고 대체제품의 수입이 늘어나게 된다.

## 9. 다이아몬드 국가경쟁력모형

### (1) 의의

마이클 포터(Michael Porter)는 국가경쟁력을 설명함에 있어서 '다이아몬드(Diamond)모형'을 제시하였다. 포터는 부존자원을 국가경쟁력의 원천으로 여기는 비교우위가설 등 기존 모형이 현대사회처럼 역동적이고 고도화되고 있는 산업구조를 설명하기에는 부족하다고 보았다. 다이아몬드모형은 이 같은 한계를 보완하고 국가경쟁력을 종합적으로 분석하기 위해 제시하였다. 마이클 포터는 국가경쟁력의 원천에 기존의 부존자원 이외에 산업 요소와 기업 요소를 추가하였다.

### (2) 국가경쟁력의 네 가지 조건

모형에 따르면 국가의 경쟁우위에는 중요한 네 가지 조건이 있다. ① 요소 조건, ② 수요 조건, ③ 관련 및 지원 산업 조건, ④ 기업 전략·구조 및 경쟁 조건이다. 이 네 가지 조건이 충족될 경우 기업은 국제적으로 경쟁력 있는 제품들을 개발할 수 있다. 그는 국가의 경쟁우위란 특정 산업에서 경쟁력을 갖추는 것으로, 이 조건들을 확대할 수 있는 전반적인 시스템의 구축 여부가 핵심이라고 주장하였다. 즉, 한 국가의 특정 산업이 경쟁력 있게 유지되기 위해서는 이들 조건이 서로에게 항상 유리하게 작용할 수 있도록 환경을 만들어야 하는 것이다.

① **요소 조건**: 숙련된 노동력이나 자본 그리고 원재료가 풍부한지 그리고 이를 합리적인 가격으로 이용할 수 있는지의 개념이다.

② **수요 조건**: 이러한 자원으로 만든 제품을 구입하려는 소비자들이 있는지의 관점이다.

③ **관련 및 지원 산업 조건**: 이 제품의 생산에 집중할 수 있게 산업 내 부품이나 관련 서비스 분야가 충분하게 받쳐주는지의 관점이다.

④ **기업 전략·구조 및 경쟁 조건**: 기업들이 제품이나 서비스 개선에 의지가 있으며 시장이 경쟁적인지를 의미한다.

### (3) 사례

포터(Porter)의 모형은 경쟁력이 전략적 선택에 의해 능동적으로 결정되고 수요의 질적인 측면도 고려해야 한다고 본다. 예를 들어 이탈리아의 여성 신발에 명품이 많은 까닭은 다른 국가의 소비자들보다 까다로워서 디자인이나 품질 등을 꼼꼼하게 살피는 경우가 많기 때문이다. 프랑스에서 화장품산업이, 독일에서 기계산업이 발전한 것도 이들 국가의 시장 자체의 크기가 아니라 그 나라 소비자들의 안목 높은 소비행위 때문인 것이다. 마찬가지로 느린 것을 좋아하지 않는 한국인의 특성이 인터넷과 통신 산업을 발달시킨 것도 좋은 사례가 된다.

## 10. 신무역이론

### (1) 의의

폴 크루그먼(Paul Krugman) 등에 의해 제시된 신무역이론은 '산업 내 무역'을 설명하는 이론이다. 20세기 초반 국가들은 자신들이 가지지 못한 상품을 수입하기 위해 힘을 썼다. 가령, 유럽 국가들이 인도에만 있는 향료를 수입하려 했던 식이다. 굳이 자신들과 비슷한 국가들과 무역을 할 유인은 없었다. 그러나 오늘날의 무역패턴은 과거와 달리 서로 비슷한 국가끼리 무역(similarity), 서로 같은 산업 내 무역(Intra-Industry Trade), 같은 산업에 속해있지만 차별화된 상품을 수출입(differentiated products)이라는 특징을 보여주고 있다. 이러한 현상을 설명하기 위해 제시된 것이 신무역이론이며, 신무역이론 개발을 이끈 대표적인 경제학자는 바로 폴 크루그먼이다. 그는 1979년 논문 「Increasing returns, monopolistic competition, and international trade」를 통해 '신무역이론'을 제시하였다. 그리고 엘하난 헬프먼(Elhanan Helpman), 진 그로스먼(Gene Grossman) 등도 신무역이론가들이다.

### (2) 주요 내용

① 국제무역을 하는 이유는 '내부 규모의 경제를 실현'하고 '상품다양성의 이익'을 얻기 위해서이다. 1세대에서의 국제무역 목적은 내가 가지지 못한 상품을 얻기 위해서였다. 따라서 1세대에서의 무역 상대방은 노동생산성이 다르거나 (기술수준이 다르거나) 다른 자원을 가졌다. 그러나 신무역이론에서의 무역 상대방은 나와 동일한 특징을 지닌 국가여도 괜찮다. 국제무역을 통해 싼 가격에 여러 상품을 소비하는게 중요할 뿐이다. 즉, 비슷한 국가들 사이에서도 국제무역은 발생(similarity)한다.

② 신무역이론에서는 비슷한 산업끼리도 무역을 통해 상품을 교환한다. 1세대에서의 무역은 내가 가지지 못한 혹은 부족한 상품을 수입하기 위해서 행해졌다. 하지만 신무역이론에서의 무역은 똑같은 산업에 속해있는 상품을 교환하는 방식으로 이루어진다. 같은 산업에 속해 있다 하더라도 서로 '차별화된 상품'이기 때문에, 무역을 통해 '상품다양성의 이익'을 얻는 것이 신무역이론의 목적이다. 따라서, 1세대 무역은 '산업 간 무역(Inter - Industry Trade)'만을 이야기하지만, 신무역이론은 '산업 내 무역(Intra - Industry Trade)'을 설명할 수 있다.

③ 국제무역을 유발하는 것은 '고정비용(fixed costs)'과 '내부 규모의 경제(internal economies of scale or increasing returns)'이다. 만약 이것들이 없었더라면 국내 소비자는 다양성의 이익을 무한대로 누릴 수 있다. 하지만 '고정비용'과 '내부 규모의 경제'로 인해 시장 내 상품다양성의 제약이 생기게 되고, 결과적으로 국제무역을 해야 할 유인을 제공해준다.

④ 국제무역의 효과는 국내인구 증가의 효과와 동일하다. 인구가 적은 소국도 국제무역을 통해 인구 대국만큼의 상품다양성의 이익을 향유하고 내부 규모의 경제를 실현할 수 있다.

## 3 국제무역에 대한 국제정치이론의 입장

### 1. 현실주의

현실주의는 국제무역에 있어 중상주의적 시각을 견지한다. 즉, 국제무역은 국제정치에 있어 주요 행위자인 국가가 자신의 생존을 위해서 부를 획득하기 위해 추구되는 행태인 것이다. 특히 탈냉전으로 인해 국제환경이 변화하여 권력의 근원이 경제력으로 옮겨가자 패권국인 미국이 신자유주의적 이데올로기를 동원하여 자국의 국익을 추구하기 위한 수단으로 자유무역을 추진하고 있는 것으로 본다. 국가에 의해 의도적으로 추진되고 있는 것이므로 국가의 필요에 따라 되돌릴 수 있다.

## 2. 자유주의

자유주의는 중상주의에 비판적 관점을 취하는 고전학파 경제학에서 출발한다. 대표적인 고전적 자유주의자 리카도(David Ricardo)에 의해 제시된 비교우위론에 따르면 자유무역이 이루어지는 경우 각 국가는 비교우위산업에 특화를 하게 되고 전 세계의 모든 자원은 효율적으로 이용되어 모든 국가는 무역을 통해 이득을 얻게 된다. 따라서 국가는 시장에 대한 개입을 최소화하고 시장의 자유로운 작동을 보장해야 한다.

## 3. 마르크스주의

마르크스는 중상주의·자유주의 접근법과 상이한 입장을 취하고 있다. 마르크스주의적 관점에서는 사회체제 분석론을 세계체제에 적용하면서 국제경제관계를 국가나 기업 간 상호작용이라기보다는 계급 간 상호작용으로 본다. 한 국가 내에서 자본가 계급이 노동자 계급을 착취하는 것과 유사하게 중심부 국가가 주변부 혹은 반주변부 국가를 착취하는 세계체제를 상정한다. 국제무역 또한 이러한 착취의 일종이며 국제무역을 통한 이득은 중심부 국가로 귀속된다. 이러한 관계는 세계자본주의체제 구조의 산물이므로 체제 변화 없이 착취관계를 해소할 수 없다.

## 4 제2차 세계대전 이후 국제무역질서의 전개

### 1. GATT체제의 탄생

GATT는 국제무역기구(International Trade Organization: ITO)가 창설될 때까지 한시적으로 국제무역의 제반절차와 관세의 인하를 위한 잠정적 성격의 협정으로 탄생하였다. 그러나 국제무역기구의 창설이 무산되자 사실상 상설기구와 같은 역할을 대행하게 된다. GATT는 가맹국 간 상행위에 대해서 법적 구속력을 가진 규칙을 조문화해 놓은 것으로 몇 가지 원칙에 기초하고 있다.

#### (1) 비차별·최혜국대우(Most-Favored-Nation Treatment)원칙

체약국 간 차별을 두어서는 안 된다는 비차별원칙 혹은 최혜국대우원칙이다.

#### (2) 호혜(Reciprocity)원칙

호혜원칙이란 국제무역에 있어서 일방주의가 아닌 상호주의에 입각해서 어떤 국가가 다른 국가에게 혜택을 베풀었을 때 상대국가도 동등한 혜택을 제공해야 한다는 것이다.

#### (3) 내국민대우(National Treatment)원칙

국내세금 및 규제와 관련하여 모든 수입제품을 동종의 국내제품과 동일하게 취급해야 한다는 것이다.

⇨ 이러한 세 가지 원칙에 입각하여 GATT 체결국 간 자유무역을 확대시켜 나간다.

## 2. GATT체제의 성과와 위기

### (1) GATT체제의 성과

GATT의 체약국은 창설 당시의 23개국에서 우루과이 라운드에 123개국으로 크게 늘어났고 8차례의 다자간 무역협상을 통해 제조품 및 반제품에 관한 관세를 현격히 낮추었다. 특히 케네디 라운드에서 품목별 관세인하가 아닌 선형 관세인하(Linear Tariff Reduction) 원칙을 도입하여 관세율을 일괄적으로 3분의 1 인하하는데 합의하였다. 또한 도쿄 라운드에서는 비관세장벽, 즉 시장질서유지협정(Orderly Marketing Arragements: OMAs), 수출자율규제(Voluntary Export Restraints: VERs)에 관한 규약을 마련하였다.

### (2) GATT체제의 위기

이러한 다자간 협상 성과에도 불구하고 세계무역질서는 점차 자유무역에서 보호무역주의로 되돌아가고 있었다. 1960년대 말부터 석유파동 이후 세계경제가 악화되면서 높은 관세 및 수량 제한과 같은 무역장벽이 강화되었다. 경기침체로 인해 자유무역질서의 패권적 역할을 담당하던 미국 또한 중상주의적 무역정책을 취하기 시작하였다. 닉슨 행정부는 1971년에 22억 6,000만 달러의 적자를 경험하게 되자 달러화 10% 평가절하 및 달러화의 금태환 정지를 골자로 한 '신경제정책(New Economic Policy)'을 발표하게 된다. 또한 1988년 종합무역경쟁법을 제정, 그 법조항 중 하나인 슈퍼 301조에 입각하여 불공정무역에 대해 일방적 관세인상을 단행하는 등 GATT규정에 위배되는 일방주의를 시도함으로써 GATT체제에 균열을 초래하였다. 이와 더불어 서비스, 지적재산권, 투자 등의 새로운 문제들이 부상하고 농산물 보호무역에 대한 조치의 필요성이 제기됨에 따라 새로운 무역체제를 제정하기 위해 우루과이 라운드(1986년)가 정식으로 개최된다.

## 3. WTO체제의 출범과 활동

### (1) WTO체제의 출범

우루과이 라운드가 종결되면서 협상에 참여한 국가들은 국제무역을 관할할 새로운 국제기구의 필요성에 공감, 세계무역기구(World Trade Organization: WTO)를 출범시켰다.

### (2) WTO체제와 GATT의 차이점

WTO는 1948년부터 존속해 온 GATT의 조직구조를 근간으로 탄생하였으나, GATT와 근본적으로 다른 특성을 지닌다.
① GATT가 엄밀한 의미의 국제협정에 불과한 데 반해 WTO는 정식 국제기구이며 법적 제재를 갖추고 회원국의 무역관계를 관할할 수 있게 되었다. 특히 무역정책검토기구(Trade Policy Review Body)를 설치하여 각 회원국은 일정 주기마다 자국의 무역정책과 관련된 제도에 대해 검토를 받게 된다.
② WTO는 GATT가 종전에 다루지 않았던 의제를 다루게 되었다. 서비스교역, 무역관련 투자조치, 지적재산권 보호 등이 새롭게 다자간 무역체제의 영역 내로 들어온 것이다.

③ 법적 구속력이 강화된 분쟁해결기구(Dispute Settlement Body: DSB)를 설치하게 되었다는 점이다. 새로운 분쟁해결절차는 시한이 설정되고 패널보고서 채택이 용이하게 되었으며 효율적인 집행권한이 부여되었다.

### 4. 도하 개발아젠다(DDA)와 WTO의 미래

2001년 11월 카타르 도하에서 열린 제4차 WTO 각료회의에서 뉴라운드의 협상 개시를 선언하였다. 뉴라운드는 국제무역의 새로운 질서를 확립하는 초석을 다지는 협상으로 1999년 12월 시애틀에서 출범하려다 실패하고 2001년에 공식적으로 개시된 것이다. WTO는 뉴라운드라는 명칭 대신 개발도상국의 관심을 반영하는 도하 개발아젠다(Doha Development Agenda: DDA)라는 명칭을 쓰기로 하였다. 도하 개발아젠다의 주요 쟁점은 ① 서비스(법률, 교육, 의료, 유통, 통신, 건설, 에너지 망라)시장의 전면개방이다. ② 농산물 관세와 보조금 문제로 WTO에서는 관세인하와 보조금 삭감을 목표로 하고 있다. ③ 임·수산물의 관세인하문제이다. ④ 반덤핑조치의 남용을 막기 위한 기존 협정의 문제이다. ⑤ 환경보호정책을 통한 무역규제를 어떻게 할 것인가가 문제되고 있다. 그러나 현재 도하 개발아젠다는 농산물 개방 및 보조금 폐지, 반덤핑관세문제, 서비스무역의 자유화 등 의제에서 발생하는 선진국과 후진국 간 갈등으로 타결을 보지 못하고 좌초될 위기에 처해 있다. 다자간 무역체제에 대한 우려가 커지면서 양자간 FTA 체결이 늘어나고 있다는 사실은 다자주의적 무역체제의 위기를 반증한다.

> **참고**
> 
> **세계무역에 관한 국제기구 현황**
> 
> | 구분 | 관세 및 무역에 관한 일반협정<br>(General Agreement on Tariffs and Trade: GATT) | 국제무역기구<br>(International Trade Organization: ITO) | 세계무역기구<br>(World Trade Organization: WTO) |
> |---|---|---|---|
> | 개요 | ITO가 비준받을 때까지 한시적으로 운영하기로 한 국제조약 | 세계무역질서를 규율하고 자유무역체제를 확립하기 위해 설립된 국제기구 | GATT를 대신하여 세계무역질서를 세우고 UR(우루과이 라운드)협정의 이행을 감시하는 국제기구 |
> | 설립일자 및 소재지 | 1947년<br>스위스 제네바 | 1948년 | 1995년<br>스위스 제네바 |
> | 특성 | 관세장벽과 수출입 제한의 제거, 국제무역과 물자교류의 증진 | 1948년 미국이 IMF, IBRD(국제부흥개발은행)와 함께 설립하려 했으나 미국 의회의 비준 거부로 무산되고 이에 따라 GATT체제가 유지됨 | 세계교역 증진, 국가 간 경제분쟁에 대한 판결권과 그 판결의 강제집행권을 이용, 규범에 따라 국가 간 분쟁과 마찰 조정 |
> | 참가국 | 116개국 | 52개국(1948년) | 149개국(2005년) |

## 5 국제무역과 국제질서의 안정성

### 1. 현실주의

현실주의에서는 중상주의적 관점에 입각하여 국가들이 제로섬 관계로 이해되는 무역이익을 극대화하기 위해 국제무역을 실시한다고 본다. 특히 국제무역을 실시하는 국가들은 안보외부재효과(Security Externalities)를 고려하며 국제무역으로 상호의존 관계가 형성되는 경우 취약성을 우려하게 된다. 국제무역이 심화될수록 안보외부재 효과로 인해 상대적 이득의 배분상태가 변화하며 특정 국가들의 취약성이 증가하여 국제질서의 안정성에 부정적 영향을 줄 것으로 본다. 왈츠(Waltz)는 국가 간 경제적 상호의존관계가 강화되는 경우 갈등이 표출될 가능성이 높아짐으로써 국제질서를 불안정화 할 수 있다고 본다.

### 2. 상호의존론

상호의존론자들은 상호의존, 특히 경제적 상호의존이 증가하는 경우 국제안보에 긍정적인 효과를 가져 올 수 있다고 본다. 상호의존관계에 있는 국가 간 관계에서 일국이 무력을 사용하는 경우 이들 간의 경제관계 단절로 인해 자국도 피해를 받게 되기 때문에 무력사용을 자제하고 타협과 협상 등 평화적 수단을 통한 해결방식을 선호하게 된다는 것이다. 현재 GATT체제에서 DDA에 이르기까지의 국제무역체제 발전양상을 고려해보면 국제무역 범위 및 정도가 확대되어 국가 간 상호의존도가 증가하고 있는 것으로 평가되므로 상호의존론에 따르면 국제질서는 안정화될 가능성이 높다.

### 3. 민주평화론

민주평화론자들은 민주주의 국가 간에는 전쟁을 하지 않는다고 주장한다. 이는 국내적으로 평화적 해결수단을 선호하는 규범적 요인이 국가 간의 관계에도 투영되며 국내여론 및 국내정치적 제약을 반영해야 하는 제도적 요인에서 기인한다. 국제무역을 실시하는 경우 무역을 통한 이익은 주로 중산층에 의해 향유되며 국제무역이 심화될수록 중산층이 성장하게 된다. 이러한 중산층은 정치적 자유를 옹호하는 민주주의를 선호하는 경향이 강하며 민주주의를 촉진한다. 이러한 민주주의의 심화는 국제질서를 보다 안정화할 것이다. 나아가 중산층은 기득권을 유지하기 위해 전쟁에 반대할 것이므로 전쟁개시에 대한 국내정치적 제약을 심화시켜 전쟁가능성을 낮추게 된다.

### 4. 마르크스주의

마르크스주의는 기본적으로 국제무역관계를 제로섬관계로 보고 계급론적 관점에서 분석한다. 월러스타인(Wallerstein)의 세계체제론에 기초하여 보면 국제무역의 확대 및 심화는 곧 세계체제의 확대 또는 심화과정으로 볼 수 있고 이는 주로 중심부 국가들에 의해 추동되는 현상이다. 국제무역의 심화는 중심부 국가들의 무역이익을 강화하고 주변부나 반주변부 국가들의 이익을 축소시켜 결국 남북 간 경제력의 격차를 심화시킬 것으로 본다. 남북문제가 심화되면 이를 둘러싼 국가 간 갈등이 나타날 가능성이 높기 때문에 전반적으로 국제질서는 불안정화될 가능성이 높다.

# 제6절 | 지역무역협정(Regional Trade Agreement: RTA)

## 1 의의

1990년대 이후 다양한 형태의 지역무역협정(RTA) 체결이 크게 증가하였다. 이는 WTO체제하 최혜국대우원칙의 예외로서 인정되던 RTA가 이제 국제무역질서의 한 축으로서 자리잡게 되었음을 보여준다.

## 2 개념 및 유형

### 1. 개념

체결 국가 간에 배타적인 무역특혜를 서로 부여하는 지역통합협정을 지칭한다.

### 2. 유형

#### (1) 자유무역협정(FTA)

회원국 간 역내 관세 철폐를 중심으로 한다. 북미자유무역협정(North American Free Trade Agreement: NAFTA), 유럽자유무역연합(European Free Trade Association: EFTA) 등이 이에 속한다.

#### (2) 관세동맹(Customs Union)

회원국 간 역내 관세 철폐와 함께 역외국에 대해 공동관세율을 적용한다. 베네룩스관세동맹, 남미공동시장(Mercardo Común del Sur: MERCOSUR) 등이 이에 속한다.

#### (3) 공동시장(Common Market)

관세동맹에 추가해서 회원국 간에 생산요소의 자유로운 이동이 가능한 형태를 말한다. 유럽경제공동체(European Economic Community: EEC), 중앙아메리카공동시장(Central American Common Market: CACM), 카리브공동시장(Caribbean Common Market: CCM), 안데스공동시장(Andean Community: ANCOM) 등이 이에 속한다.

#### (4) 경제공동체(Economic Community)

공동시장에 추가하여 회원국 간 금융·재정정책 등에서 공동의 정책을 수행한다. 마스트리히트조약 이전의 EC가 이에 속한다.

#### (5) 단일시장(Single Market)

단일통화, 회원국의 공동의회 설치와 같은 정치·경제적 통합을 통해 완전경제통합을 달성하는 것으로, 마스트리히트조약 이후의 EC인 현재의 EU가 이에 속한다.

## 3 FTA 형성요인

### 1. 경제적 요인

FTA는 근본적으로 경제적 동기에서 체결된다. FTA를 통해 시장접근을 강화함으로써 경제적 효율성을 확대하기 위한 것이다. FTA 체결이 급증하고 있는 것은 무역창출(Trade Creation)과 함께 무역전환(Trade Diversion)을 방지하기 위한 것이다. 경쟁이 치열한 상품의 경우 미미한 관세율의 차이라도 시장지배력에 결정적인 영향을 줄 수 있기 때문이다.

### 2. 국제정치적 요인

FTA가 경제적 성격을 강하게 가지고 있으나 국제정치적 요인도 강하게 작동하고 있다. 미국은 동맹 강화나 정치적 영향력 확보 등을 위해 요르단이나 이스라엘과 FTA를 체결하였다. 한편, ASEAN과 동남아시아 시장을 사이에 둔 중국과 일본의 경쟁적 FTA는 동아시아에서 중국과 일본의 역내 패권경쟁을 강하게 반영하고 있는 것이다. FTA를 체결함으로써 다자협상에서 유사한 국가 간 연대를 형성하여 협상력을 강화시키고자 하는 동기도 있다.

### 3. 국제정치경제적 요인

WTO를 중심으로 하는 다자무역질서의 성쇠와도 관련이 있다. 우선 WTO를 통한 다자무역질서가 확대됨으로써 RTA가 확대되는 측면이 있다. 반면 다자무역협상이 정체되는 것도 FTA 체결을 강화시킨 요인이 된다. 최근 DDA 정체가 지속됨으로써 국가들이 지역초월 FTA 체결에 박차를 가하고 있는 측면이 있다. FTA와 다자주의와의 관계는 아래에서 자세히 논한다.

### 4. 국내정치적 요인

(1) 자유주의적 정부주의의 입장에 따르면 국내경제 개방을 위해서는 개방을 지지하는 세력의 영향력이 반대파를 지배해야 한다. 다자주의 혹은 지역주의에 의해 FTA가 점진적으로 확산됨에 따라 각 국가 내에서 자유무역을 옹호하는 집단의 영향력이 점차 증가하고 있다.

(2) 정부 내부의 엘리트들이 국내산업의 구조조정을 촉진하기 위해 의도적으로 FTA를 체결하기도 한다.

산업의 구조조정이 국내 자원 배분의 효율성을 높여 국가경쟁력을 높이기 때문에 국가엘리트들은 보다 거시적 관점에서 국가경쟁력을 제고하기 위해 의도적으로 구조조정을 추진하고자 하는 요인이 있다.

## 4 FTA와 다자주의

### 1. FTA가 다자주의에 미치는 영향

#### (1) 무역창출(Trade Creation) · 무역전환(Trade Diversion)효과를 통한 평가

무역창출이란 FTA 체결에 의해 비효율적인 재화공급원이 효율적인 역내공급원으로 대체됨을 의미하며, 무역전환이란 FTA에 따른 차별적 대우로 인해 비효율적인 역내공급원이 효율적인 역외공급원을 대체함을 의미한다. FTA 체결에 따라 무역이전효과보다 무역창출효과가 클 때 FTA는 다자주의에 긍정적인 효과를 미칠 수 있는 반면, 반대의 경우 부정적인 효과를 미칠 수 있다.

#### (2) 정태적 · 동태적 효과를 통한 평가

정태적 관점에서 볼 때, FTA를 통한 지역통합은 구성국들에게 공급 측면에서는 재원의 효율적 재배치가 가능하게 하고 무역에 수반되는 거래비용을 감소시키며 투자, 생산 및 마케팅에서 규모의 경제를 실현하게 해준다. 동태적 관점에서도 투자의 위험성을 감소시키며 기업경쟁력을 강화하고 요소이동성을 증대시켜 효율성을 상승시킨다. 하지만 역내국 상호 간에 이러한 긍정적 효과를 향유하게 되면 역외국과의 다자무역을 실행할 유인이 낮아질 수 있으므로 다자주의에 부정적인 결과를 초래할 수 있다.

### 2. 다자주의가 FTA에 미치는 영향

신자유주의적 제도주의이론의 주장에 따르면 국제제도는 국가의 선호 및 행위에 대한 정보를 제공함으로써 국제협력을 촉진하게 된다. WTO체제 이후 진행되는 대부분의 지역협정이 WTO - Plus방식으로 이루어지는 점을 고려할 때 다자무역협상과정과 체결과정이 지역협정의 추진을 위한 정보를 제공하고 지역무역협상의 초점을 제공함으로써 지역주의를 촉진하는 경향이 있다. 더불어 다자협정을 통해 합의된 내용적 · 절차적 법규들이 FTA 협상의 출발점과 기준으로 직접 활용됨으로써 FTA 협상에 임하는 국가들이 신속하고 효율적으로 협상을 타결할 수 있도록 한다.

### 3. WTO체제하에서의 지역주의

GATT 제24조에서는 GATT체제에 합치하기 위한 지역주의의 요건을 규정해두고 있다. 그러나 역내국에 대한 특혜를 전제하고 있는 지역주의는 모든 체약국에 대한 무조건적 · 무차별적 최혜국대우를 규정하고 있는 WTO의 다자주의와 본질적으로 상충될 수밖에 없다. 실제로 GATT 시기 제24조에 근거한 지역주의의 규제는 규정의 모호성과 국가들의 의지 부족으로 실효를 거두지 못했다. 하지만 WTO체제하에서는 독립적인 사법기구에서 판정이 이루어지는 법제화된 분쟁해결기구(DSB)가 도입되면서 지역주의를 다자주의 규정과 합치시킬 수 있는 가능성이 제기되고 있다. 제한적인 수준에서나마 제24조 조항이 허용하는 다자주의의 예외적인 방법과 조치들에 제한을 가함으로써 지역주의가 다자주의의 통제 속에 놓일 수 있게 된 것이다.

## 5 주요 지역무역협정

### 1. 유럽자유무역연합(European Free Trade Association: EFTA)

1959년 11월 스톡홀름협약을 체결함에 따라 1960년 5월에 영국·덴마크·노르웨이·스웨덴·스위스·오스트리아·포르투갈 7개국의 합의로 자유무역지역을 결성하였다. 당시 핀란드는 준가맹국이었다. 1970년 3월 아이슬란드가 가맹하였으나 1973년 1월 영국과 덴마크가 EC에 가입하면서 탈퇴하였다. 1986년에는 포르투갈이 탈퇴하였다. 1994년 EC와 통합하여 EEA(European Economic Area: 유럽경제지역)를 결성하였다. 이 기구는 유럽 전체를 결집하는 자유무역지역 설립의 구상이 깨진 뒤 영국이 중심이 되어 EEC에 대항하여 결성한 것이며 각 회원국은 독자적인 통상정책을 구사한다. 초기 창설 회원국은 영국·덴마크·노르웨이·스웨덴·스위스·오스트리아·포르투갈 총 7개국이었으나, 이후 1970년 아이슬란드와 1971년 리히텐슈타인이 가입하였다. 그러나 1972년 영국과 덴마크가, 1985년 포르투갈이, 1995년 스웨덴, 핀란드, 오스트리아가 EU에 가입하기 위해 탈퇴하여 현재 아이슬란드, 리히텐슈타인, 노르웨이, 스위스 4개국이 활동하고 있다. 한국과는 2005년 7월 FTA협상을 타결하고 2006년 9월 1일 한 - EFTA FTA협정이 발효되었다.

### 2. 북미자유무역협정(North American Free Trade Agreement: NAFTA)

#### (1) 의의

NAFTA는 다자간 무역을 지향하면서 지역적 경제통합을 허용하는 GATT의 제24조에 부합하는 자유무역지대를 형성하기 위하여 미국, 캐나다, 멕시코 3국 간에 1992년 체결되고, 1994년 발효된 무역협정이다. 이는 미국의 자본과 기술, 캐나다의 풍부한 천연자원, 멕시코의 풍부한 노동력과 저렴한 임금을 상호보완적으로 결합시킨 것으로서 인구 부문에서 전세계의 약 7%, GDP 부문에서 전세계의 약 25%를 차지하는 거대한 경제블록을 탄생시켰다.

#### (2) 창설배경

NAFTA를 출범시킨 요인을 각 국가별로 고려해보자면, 미국의 결정은 ① 기존의 캐나다 - 미국자유무역협정의 성공, ② 다자협상인 우루과이 라운드 협상의 지연, ③ 1980년대 이후 일본 및 아시아 신흥공업국의 급부상 및 사회주의 국가의 개방화로 세계시장에 대한 지배력 약화, ④ 유럽 경제통합에 따른 지역주의의 확산 등을 배경으로 하였다. 이러한 환경 속에서 미국은 자국의 기술력과 자금력, 캐나다의 자원, 멕시코의 저임금 및 노동력을 결합시켜 북미지역의 경제발전을 도모하여 국제시장에서 잃어버린 시장지배력을 되찾고자 한 것이다. 그밖에 멕시코의 참여는 미국 시장에 대한 접근 강화 및 멕시코로의 자본 유입 촉진을 목표로 한 것이었으며, 캐나다는 양국에 비하여 소극적인 입장이었으나 미국 - 캐나다 자유무역협정에 따른 기존 이득을 확보하는 방어적 계기로서 NAFTA 출범에 동의하였다.

### (3) 성격

NAFTA는 가맹국 상호 간의 무역장벽의 제거에 목적을 둔 소극적 경제통합체이다. 이는 기존의 지역경제통합체를 대표하는 EU가 역내 국가 간 노동 및 자본 등의 생산요소의 자유로운 이동뿐만 아니라 금융 및 재정정책의 단일화를 도모하려는 적극적인 경제통합인 점과 비교하여 차이가 난다. 또한 NAFTA는 정치 및 군사적 결속까지 목표로 하는 완전경제통합까지는 고려하지 않은 경제통합체이다.

### (4) USMCA

NAFTA를 업그레이드하여 2018년 9월 30일 최종 타결되었다. 주요 내용은 다음과 같다.

① 협정당사국들이 특혜관세 대상이 되기 위해서는 원산지 기준뿐 아니라, 철강·알루미늄 구매요건과 '노동 부가가치(Labor Value Content)' 기준을 모두 충족시켜야 한다.

② 분쟁해결에 있어서 미국은 NAFTA 당사국 간 반덤핑 및 상계관세 등 무역구제조치와 관련하여 별도의 분쟁해결패널 설치규정 폐지를 요구하였으나, 관철되지 않았다.

③ 미국이 폐지를 원하였던 ISDS규정도 USMCA 제14장(투자)에 포함돼 있으나, 이는 미국과 멕시코 사이에만 적용되고, 미국과 캐나다 간에는 3년 후에 폐지하기로 결정하였다.

④ 당사국에 대하여 국제수지의 효과적 조정 및 불공정한 경쟁우위를 확보하기 위한 환율 조작 행위를 자제할 것을 명시하고 있다.

⑤ USMCA 제34조 제7항은 협정 발효 16년이 지난 시점에 각 협정당사국이 협정 연장을 희망하지 않을 경우 종료할 수 있다고 명시하고 있다.

⑥ 온라인으로 전송되는 디지털 제품의 수출입에 대한 무관세적용을 규정하였다.

⑦ 국영기업에 대한 정부 보조금 제공 금지를 규정하였다.

⑧ 강제노동 사용 국가로부터의 수입 금지 등을 규정하고 있다.

⑨ 북미지역을 통해 미국으로 유입되는 중국산 수출품의 미국 시장 진입을 원천적으로 차단하고, 미국 기업들의 중국 등 제3국 시장으로부터 미국 본토로의 복귀를 유도하여 기존의 중국중심의 글로벌 생산망을 붕괴시키는데 그 부수적인 목적이 있다.

⑩ USMCA는 협정당사국들에 대하여 비시장경제국과의 FTA 체결을 사실상 제한하는 내용의 규정을 도입하였다. 이는 캐나다와 멕시코가 앞으로 중국과 FTA를 체결하지 못하도록 하여 캐나다, 멕시코와 형성하고 있는 미국중심의 지역 경제블록에 중국이 들어올 틈이 없도록 원천적으로 차단하기 위한 조치인 것으로 파악된다.

## 3. 중미공동시장(Central American Common Market: CACM)

1961년 7월 중미경제통합협정[일명, 마나구아협정(Tratado de Managua)]에 의거하여 창설되었으며 창설목적은 역내무역자유화와 관세동맹 설립을 위한 협력과 역내 공동시장의 창설에 있다. 회원국은 엘살바도르, 니카라과, 온두라스, 과테말라, 코스타리카 등 5개국이며 파나마가 옵저버로 참여 중이다. 역내무역(域內貿易)의 자유화, 역외관세(域外關稅)의 통일화, 산업통합을 포함한 공동시장의 형성을 목적으로 하며, 이미 역내무역의 자유화와 역외관세의 통일화는 달성된 상태이다.

## 4. 남미공동시장(MERCOSUR)

남미공동시장은 1980년대 브라질과 아르헨티나 두 나라의 경제협력 프로그램으로 출발하였으며, 1991년 인접국인 우루과이와 파라과이가 참여하고 파라과이에서 아순시온협약을 맺음으로써 성립하였다. 정회원국은 아르헨티나, 브라질, 파라과이, 우루과이, 베네수엘라 5개국이며, 준회원국은 칠레, 볼리비아, 페루, 에콰도르, 콜롬비아, 수리남, 가이아나 7개국이고, 멕시코는 옵저버이다. 남미공동시장은 남아메리카지역의 자유무역과 관세동맹을 목표로 결성되었다. 대외 공동관세제도를 채택하여 관세동맹의 형태를 띠고 있으나 일정기간 예외품목규정을 두고 있어 자유무역지역과 관세동맹의 중간단계로 볼 수 있다.

## 5. 안데스공동체

남아메리카의 콜롬비아, 페루, 에콰도르, 볼리비아, 칠레, 5개국이 1969년 콜롬비아의 카르타헤나에서 조약(카르타헤나조약) 조인으로 발족한 지역적 경제통합으로 약칭은 ANCOM이며, 본부는 페루의 리마에 있다. 1973년 베네수엘라가 가맹(2006년 탈퇴)하였고, 1976년 외국자본 규제에 반대하여 칠레가 탈퇴(2006년 준회원국으로 재가입)하였다. 2005년 7월 7일 MERCOSUR 회원국인 아르헨티나, 브라질, 파라과이 및 우루과이가 준회원국으로 가입하였다. 한편, 2011년 8월 스페인이 옵저버로 가입하였다. ANCOM은 라틴아메리카자유무역연합(LAFTA) 내의 중소국가인 안데스그룹이 브라질·아르헨티나·멕시코와 같은 LAFTA 내의 대국에 대항하여 그룹의 입장을 개선하고, 국내시장의 협소로 인한 불이익을 극복할 것을 목적으로 결성되었다. ANCOM의 특색으로는 ① 지역 내 무역 장애의 자동 철폐 및 공통지역 외 관세 설정, ② 산업통합, 즉 부문별로 지역 내 모든 산업의 계획적 분배 실시, ③ 대외공동경제정책, 특히 공동외자정책 실시를 들 수 있다.

## 6. 라틴아메리카자유무역연합(Latin American Free Trade Association)

1960년 발족한 지역적 경제통합조직이다. 당초 가맹국은 아르헨티나·브라질·칠레·파라과이·페루·우루과이·멕시코 등의 7개국이었는데, 그 후 콜롬비아·에콰도르·볼리비아·베네수엘라가 가입하였다. 역내무역에 대한 관세 및 기타의 제한을 12년 이내에 점차적으로 철폐하여 역내무역의 확대와 공업부문의 상호보완을 그 목적으로 한다.

1980년까지 연기되었던 역내관세의 철폐도 실현될 가능성이 없어 결국 현실의 경제정세에 맞추어서 LAFTA를 재편성하고 과도기를 재연장하자는 것으로 가맹국 간에 의견이 모아졌다. 그리하여 LAFTA를 발전적으로 해체한 후 1980년 LAIA(Latin American Integration Association, 라틴아메리카통합연합)가 발족되었다.

## 7. 남아메리카국가연합(Unasur)

2008년 5월 23일 창립된 남미국가연합체이다. 이는 메르코수르와 안데스공동체 12개국이 유럽연합형의 국가연합을 목표로 기구를 창설한 것이다. 남아메리카국가연합의 기초가 된 남아메리카국가공동체는 2004년 12월 8일 남아메리카 12개국 대표들이 페루 쿠스코에서 열린 제3차 남아메리카 정상회의에서 출범을 결의하고, 남아메리카연합으로 가기 위한 중간단계로 남아메리카국가공동체(Comunidad Sudamericana de Naciones) 기본헌장에 서명해 출범된 것이다. 회원국은 안데스공동체 회원국(볼리비아, 에콰도르, 콜롬비아, 페루), 메르코수르(MERCOSUR) 회원국(베네수엘라, 브라질, 아르헨티나, 우루과이, 파라과이), 가이아나, 수리남, 칠레 등 12개국이다. 멕시코와 파나마는 옵저버이다.

## 8. CPTPP

미국이 TPP에서 탈퇴한 이후 일본 주도로 창설되었다. 참가국은 일본, 캐나다, 멕시코, 호주, 뉴질랜드, 베트남, 말레이시아, 싱가포르, 칠레, 페루, 브루나이이다. 2018년 1월 23일 타결되고, 2018년 12월 30일 발효되었다. 가입의 경우 협정 발효 후 CPTPP 회원국과 가입희망국 간 합의된 조건에 따라 가입할 수 있다. 미국의 주장으로 포함되었던 지식재산권, 투자, 서비스, 정부조달 등 상당부분의 적용이 유예되었다. 미국이 CPTPP에 복귀할 경우 유예사항이 자동 복귀되는 '스냅백(Snap Back)'조항은 마련되지 않았다.

## 9. 일본 - EU 경제동반자협정(EPA)

2017년 12월 타결되어, 2019년 2월 발효되었다. 특히 서비스시장 개방 폭의 확대에 합의하였다.

## 10. 미주대륙을 위한 볼리바르동맹(ALBA)

ALBA는 미국 주도의 FTAA에 반대하던 베네수엘라 대통령 차베스가 2001년 12월에 최초로 제안하였다. 베네수엘라 대통령 차베스와 쿠바 국가평의회의장 카스트로의 합의로 2004년 12월 정식 출범하였다. ALBA는 '시몬 볼리바르'정신을 바탕으로 라틴·카리브 국가 간 통합을 달성하고자 한다. ALBA의 회원국은 총 9개국이며, 베네수엘라·쿠바·볼리비아·니카라과·도미니카연방·에콰도르·안티구아바부다·세인트빈센트그레나딘·세인트루시아가 참여한다. 온두라스는 2008년 8월 ALBA에 가입하였으나 2009년 12월 쿠데타로 인해 탈퇴하였다. ALBA는 회원국 간 공동통화인 SUCRE를 창설하였고, 회원국 중 5개국 간 무역거래 결제수단으로 활용하고 있다.

### 11. 이베로아메리카 공동체

이베로아메리카 공동체(Communidad)는 이베리아반도와 중남미 22개국의 문화적·언어적 일체성을 기반으로 하여 1991년 출범하였다. 설립목적은 스페인어·포르투갈어 국가들 간의 교류협력 증진이다. 2022년 기준 현재 공동체의 정회원국은 총 22개국이며, 한국을 포함한 9개국이 옵저버로 참여하고 있다. 한국은 2016년 10월 이베로아메리카 공동체에 옵저버로 가입하였다.

### 12. 카리브국가연합(ACS)

25개의 카리브 연안국 정상이 1994년 7월 창설협정에 서명한 후, 1995년 8월 17개 회원국의 협정 비준으로 공식 출범하였다. 역내 경제권을 창설하기 위해 지역협력과 통합과정을 촉진하는 한편, 역내 공동유산인 카리브해의 환경유지와 보전을 위해 노력하며, 카리브 국가의 지속가능한 발전을 추구한다. 정회원국은 25개이고, 준회원국은 5개국과 6개의 속령으로 구성된다. 옵저버로 한국을 포함한 20개 국가와 9개 기구가 참여하고 있다. 단일시장을 만들려는 카리브공동체(CARICOM)와 달리, ACS는 공동관심사에 대한 협력지대를 구축하고자 한다.

### 13. 카리브공동체(CARICOM)

1973년 8월 CARICOM 설립협정이 체결되었다. 2001년 설립협정이 개정되어 단일 경제시장을 추진하고 재판소를 설치하였다. CARICOM은 단일시장을 형성하여 회원국 간 경제통합을 목표로 한다. CARICOM은 정회원국으로 14개국과 1개의 속령이 있으며, 준회원국으로 5개의 속령이, 옵저버로 4개국과 1개의 속령이 있다. 한국은 CARICOM에 옵저버로 참여하지는 않으나, 대화협의체를 구성하여 정책 협의를 진행한다.

### 14. 태평양동맹(PA)

PA는 2011년 4월 콜롬비아·칠레·멕시코·페루 4개국의 '리마선언'에 의해 설립되었다. 리마선언은 페루 대통령 가르시아가 주도하여, 4개국의 FTA에 기초한 통합 및 태평양동맹을 설립하고자 한 것이다. 2015년 7월 태평양동맹기본협정이 발효되어 법적 기반을 마련하였다. PA는 경제통합의 장을 마련하고, 회원국의 경제력을 제고하며, 아태지역에 중점을 둔 협력과 통합을 위한 발판(Platform)을 모색한다. PA에 가입하기 위한 3대 조건은 '민주주의', '권력분립', '인권보장'이며, 신규 가입희망국은 여타 회원국과 각각 FTA을 체결해야 한다. 한국은 2013년 6월 PA 옵저버에 가입하고 2018년부터는 준회원국 가입을 추진하고 있다. 한국은 이미 PA 회원국인 칠레, 페루, 콜롬비아와 FTA를 체결하고 있다.

### 15. 프로수르(PROSUR)

2019년 3월 창설에 합의되었다. 창설에 참여한 국가는 아르헨티나, 브라질, 콜롬비아, 칠레, 에콰도르, 가이아나, 파라과이, 페루의 8개국이며, 모두 베네수엘라의 니콜라스 마두로 독재정권과 대립한다.

즉, PROSUR는 사실상 '마두로 포위망'을 구축하는 성격을 띠고 있다. 인프라와 에너지, 국방, 범죄와 재해대책 등 분야에서 지역 통합을 추진한다. 가입조건으로 민주주의와 헌정질서, 삼권분립을 완전히 실현하고 인권과 기본적인 자유를 보장해야 한다고 명기한 점에서 베네수엘라와 쿠바 등 사회주의 좌파 정권을 배척하는 모양새를 취하고 있다.

## 16. FTAA

북미 알래스카에서 남미 아르헨티나에 이르는 아메리카대륙의 경제를 단일 자유무역체제로 통일하기 위하여 쿠바를 제외한 34개국 정상들이 1994년 12월 미국 마이애미에 모여 마이애미 정상선언문을 발표함으로써 추진되었다. 그러나 2005년 마르델플라타(Mar del Plata) 정상회의에서 공식 합의에 도달하지 못하면서 사실상 실패로 끝났다. 이후 버락 오바마 행정부도 더 이상 FTAA 추진 의사를 보이지 않아 사실상 무산되었다.

# 제7절 | 국제통화금융질서

## 1 금본위제도

### 1. 금본위제도의 개념

금본위제도는 국가의 화폐가치를 금과 직접적으로 연결하는 통화 제도이다. 이 제도에서는 각국의 중앙은행이나 정부가 일정량의 금을 기준으로 화폐를 발행하며, 그 화폐는 금과 고정된 비율로 교환할 수 있다. 금본위제도 하에서는 금이 통화 가치의 기준이자 화폐 공급의 제한 요소가 된다.

### 2. 금본위제도의 작동 방식

금본위제도에서 화폐는 일정한 금의 양에 대해 발행된다. 예를 들어, 1달러가 1그램의 금과 교환 가능하다면, 중앙은행은 금을 그만큼 보유하고 있어야 한다. 사람들이 화폐를 중앙은행에 가져가면 약속된 금의 양으로 교환할 수 있다. 또한, 국제적으로 금본위제를 채택한 나라들은 고정된 환율을 유지하게 되는데, 이는 각국의 통화가 금의 가치에 고정되어 있기 때문이다. 이 제도의 작동은 다음과 같다. 첫째, 중앙은행은 보유하고 있는 금의 양을 기준으로 화폐를 발행한다. 둘째, 금본위제를 유지하는 국가는 자국 화폐를 일정 비율의 금과 교환해준다. 셋째, 국제 무역에서 국가 간의 환율은 금의 가치에 따라 고정된다. 넷째, 국가의 금 보유량이 증가하면 그만큼 통화를 더 발행할 수 있고, 금 보유량이 감소하면 통화 발행이 줄어든다.

## 3. 금본위제도의 장점

첫째, 금본위제는 화폐의 남발을 막아 인플레이션을 억제하는 효과가 있다. 금 보유량에 맞춰 화폐가 발행되기 때문에 화폐가치가 안정적이다. 둘째, 금본위제를 채택한 나라들 간에는 고정환율이 유지되기 때문에 국제 무역에서 환율 변동의 위험이 적어진다. 셋째, 정부는 금 보유량에 기반해 화폐를 발행하므로 무분별한 화폐 발행을 억제하고 재정적 책임을 강화할 수 있다.

## 4. 금본위제도의 단점

첫째, 금본위제는 금의 보유량에 따라 통화량이 결정되므로 경제 상황에 따라 유연하게 통화 정책을 조정하는 것이 어렵다. 경기 침체 시 통화 공급을 늘리기 어려워 경제 회복이 더디게 될 수 있다. 둘째, 금의 채굴량이나 보유량에 지나치게 의존하게 되며, 금이 부족할 경우 화폐 발행이 제한되고 이는 경제 위축으로 이어질 수 있다. 셋째, 금본위제 하에서는 통화 공급이 제한적이기 때문에 금 보유량이 감소하거나 금이 고갈될 경우 디플레이션(물가 하락)이 발생할 수 있다. 이는 경제 전반에 악영향을 미칠 수 있다. 넷째, 금본위제를 채택한 국가들 간에 금이 한 국가로 집중되면 다른 나라들의 경제가 불안정해질 수 있다.

## 5. 금본위제 폐기 원인

영국은 1931년 세계 대공황과 함께 금본위제를 폐기했다. 폐기 이유는 여러 가지가 있다. 첫째, 1929년 미국에서 시작된 대공황이 전 세계로 확산되면서 영국 경제도 큰 타격을 입었다. 대공황으로 인해 국제 무역이 감소하고, 실업률이 급증하는 등 경제가 심각하게 침체되었다. 둘째, 경제 위기로 인해 영국의 금 보유량이 급격히 감소했다. 외국 투자자들이 불안을 느끼고 영국 파운드화를 금으로 교환하며 금이 대규모로 국외로 유출되었다. 영국 중앙은행은 이를 막기 위해 금 준비금을 유지할 필요가 있었으나, 금 유출이 지속되면서 더 이상 금본위제를 유지할 수 없는 상황에 처했다. 셋째, 금본위제 하에서 파운드화가 고정되어 있었기 때문에 영국은 통화를 평가절하할 수 없었고, 이는 국제 무역에서 영국의 경쟁력을 저하시켰다. 금본위제를 폐지함으로써 영국은 파운드화를 평가절하해 수출 경쟁력을 회복하려고 했다. 넷째, 대공황 시기 금본위제는 경제 회복에 걸림돌이 되었다. 금의 제한된 공급 때문에 중앙은행이 유동성을 확대하는 데 제약이 있었고, 이는 경제를 활성화시키는 데 어려움을 겪게 했다. 영국은 금본위제를 폐기하고 관리통화제도를 도입하여 더 유연한 통화정책을 통해 경제를 회복시키고자 했다. 이러한 요인들로 인해 영국은 1931년 9월 금본위제를 공식적으로 폐지하고, 파운드화의 금 교환을 중단했다.

## 2 금환본위제

### 1. 의미
금환본위제(Gold Exchange Standard)는 제2차 세계대전 이후 미국 주도로 성립된 국제통화금융질서로, 브레튼우즈체제(Bretton Woods System)라고도 한다. 이 체제는 미국 달러를 중심으로 한 금환본위제를 통해 전 세계 통화의 안정성을 유지하려는 목적에서 도입되었다. 금환본위제는 기본적으로 미국 달러를 기축통화로 하고, 다른 나라의 통화는 달러에 고정된 환율을 유지하는 방식으로 운영되었다.

### 2. 성립 배경

#### (1) 미국의 경제력과 금 보유량
제2차 세계대전 이후 미국은 세계에서 가장 강력한 경제력을 보유하고 있었고, 금 보유량도 세계의 절반 이상을 차지했다. 미국은 달러를 국제 거래와 금융의 중심으로 만들 수 있는 충분한 경제적 기반을 가지고 있었다.

#### (2) 세계 경제의 안정 필요성
전후 세계 경제는 불안정했고, 이를 안정시키기 위해 고정환율 제도와 국제 금융질서를 재정립할 필요가 있었다. 국제무역과 투자를 촉진하고, 전쟁으로 황폐화된 국가들을 재건하기 위한 새로운 시스템이 요구되었다.

### 3. 금환본위제도의 장점

#### (1) 환율 안정성
금환본위제는 미국 달러를 기준으로 다른 나라 통화를 고정환율로 유지하게 함으로써 국제 무역과 투자에서 환율 변동의 위험을 줄였다. 고정된 환율은 기업들이 국제 거래에서 더 안정적으로 거래할 수 있게 만들었다.

#### (2) 달러의 기축통화 역할
미국 달러가 기축통화로 사용됨에 따라 각국은 달러를 보유함으로써 금으로 교환할 수 있었고, 이는 국제 경제에서 달러에 대한 신뢰를 높였다. 달러는 국제 거래와 금융에서 널리 사용되었고, 세계 경제의 원활한 흐름을 유지하는 데 기여했다.

#### (3) 경제 재건 지원
브레튼우즈 체제는 전후 복구와 경제 재건을 위해 대출을 제공하고, 개발도상국의 경제 성장을 지원하는 세계은행과 IMF의 역할을 통해 세계 경제 안정에 기여했다.

## 4. 단점

### (1) 미국 달러에 대한 과도한 의존

금환본위제는 미국 달러를 기축통화로 삼았기 때문에, 미국 경제의 안정성에 전 세계 경제가 의존하게 되었다. 특히 달러를 과도하게 발행할 경우, 금과의 교환 약속을 지키기 어렵게 되어 시스템의 취약성이 드러날 수 있었다.

### (2) 유동성 문제

세계 경제가 성장하고 국제 거래가 증가하면서 금 보유량에 비해 달러 공급이 부족해지는 유동성 문제가 발생했다. 이는 국제 거래에서 필요한 달러를 충분히 공급하는 데 어려움을 초래했다.

### (3) 미국의 경제 정책에 대한 불만

미국은 전 세계에서 기축통화를 발행하는 역할을 맡고 있었지만, 자국의 경제 문제와 물가 상승 등을 해결하기 위해 통화량을 늘리는 정책을 펼쳤다. 이는 국제 사회에서 불신을 초래했고, 금으로 달러를 교환하는 능력에 의문을 가지게 했다.

## 5. 금환본위제도의 붕괴 요인

금환본위제는 1971년 미국이 금과 달러의 교환을 중단하면서 사실상 붕괴되었다. 이 붕괴의 주요 요인들은 다음과 같다.

### (1) 달러의 과잉 발행

미국은 1960년대 베트남 전쟁과 대규모 사회복지 프로그램('위대한 사회' 프로그램 등)을 위해 대규모 재정 지출을 단행했다. 이에 따라 달러가 과도하게 발행되었고, 이는 금과 달러의 교환 비율을 유지하는 데 어려움을 초래했다. 미국이 보유한 금보다 발행된 달러의 양이 많아지면서, 달러의 가치가 약화되었다.

### (2) 달러에 대한 신뢰 약화

유럽 국가들과 일본 등은 달러의 과잉 발행과 미국의 경제정책에 불만을 품기 시작했다. 특히 프랑스는 미국 달러에 대한 신뢰를 잃고, 보유한 달러를 금으로 교환하려 했다. 다른 국가들도 이를 따라 하면서 금환본위제의 기본 원칙이 흔들리기 시작했다.

### (3) 미국의 금 보유량 감소

미국은 다른 국가들이 달러를 금으로 교환하려는 움직임에 직면하면서 금 보유량이 급격히 줄어들었다. 미국이 금 보유량으로는 달러의 가치를 유지하기 어려운 상황에 놓이자, 닉슨 대통령은 1971년 8월 15일에 달러와 금의 교환을 중단하는 닉슨 쇼크를 발표했다. 이는 금환본위제의 붕괴를 촉발했다.

### (4) 변동환율제 도입

금환본위제 붕괴 이후, 각국은 고정환율 대신 변동환율제를 도입하게 되었다. 달러는 더 이상 금과 교환되지 않게 되었고, 환율은 시장의 수요와 공급에 따라 변동하게 되었다. 이는 브레튼우즈 체제가 끝나고, 관리통화제도가 주류가 되는 새로운 국제통화질서가 확립된 계기가 되었다.

## 3 1971년 닉슨의 신경제정책 선언

### 1. 의의

1971년 8월 15일, 미국의 리처드 닉슨 대통령은 닉슨 쇼크(Nixon Shock)로 알려진 신경제정책(New Economic Policy)을 발표하면서 달러의 금태환을 정지했다. 이 결정은 국제금융체제, 특히 금환본위제의 붕괴로 이어졌으며, 달러와 금의 연계가 끊기면서 관리통화제도로의 전환을 촉발했다.

### 2. 배경

#### (1) 달러의 과잉 발행과 인플레이션

1960년대 미국은 베트남 전쟁과 대규모 사회복지 프로그램(위대한 사회 프로그램) 등을 추진하면서 재정 적자가 심화되었다. 미국은 이를 해결하기 위해 달러를 과도하게 발행했고, 이에 따라 달러의 가치가 떨어지기 시작했다. 달러 가치의 하락은 미국 내 인플레이션을 촉발했고, 해외에서는 달러의 신뢰성이 점점 약화되었다.

#### (2) 국제 무역 불균형과 달러 유출

미국의 경제 상황이 악화되면서 국제 무역에서도 적자가 계속 누적되었다. 그 결과, 미국에서 유출된 달러가 많아졌고, 많은 국가들이 이 달러를 금으로 교환하려는 움직임을 보였다. 특히 프랑스와 서유럽 국가들은 미국 달러를 금으로 교환하면서 미국의 금 보유량이 급격히 감소했다.

#### (3) 미국의 금 보유량 감소

브레튼우즈 체제 하에서 미국은 보유한 금에 기반해 달러와 금의 고정 비율을 유지해야 했다. 그러나 달러의 과잉 발행과 달러의 금태환 요구가 증가하면서 미국의 금 보유량이 크게 줄어들었다. 1950년대 말 미국의 금 보유량은 약 2만 톤이었지만, 1971년에는 1만 톤 이하로 감소했다. 금 보유량으로 달러를 충분히 뒷받침할 수 없는 상황에서 금태환을 지속하는 것이 불가능해졌다.

### (4) 달러에 대한 신뢰 약화

유럽 국가들, 특히 프랑스는 미국이 계속해서 달러를 과도하게 발행하면서 금태환 약속을 지킬 수 없을 것이라는 불신을 가지게 되었다. 프랑스는 적극적으로 달러를 금으로 교환하려는 정책을 취했고, 이러한 압박은 미국의 금태환 능력을 더 위태롭게 했다. 이처럼 달러의 금태환을 요구하는 국가들이 늘어나면서 미국은 금 보유량을 유지하는 데 한계를 느꼈다.

## 3. 닉슨 신경제정책의 구체적 내용

### (1) 달러와 금의 태환 중단

닉슨은 미국이 더 이상 외국 정부나 중앙은행이 보유한 달러를 금으로 교환하지 않겠다고 선언했다. 이로써 브레튼우즈 체제 하에서 유지되었던 달러와 금의 연계가 끊어졌으며, 사실상 금환본위제가 종료되었다. 이 결정은 달러가 이제 금에 고정되지 않고, 미국 정부가 더 이상 금으로 달러의 가치를 보증하지 않게 되었음을 의미했다.

### (2) 임금 및 가격 동결

닉슨은 미국 경제 내에서 급증하는 인플레이션을 억제하기 위해 90일 동안 임금과 가격을 동결하는 조치를 발표했다. 이를 통해 물가 상승을 억제하고, 경제 안정화를 도모하려는 의도였다. 이 조치는 단기적으로 효과가 있었지만, 장기적인 해결책은 되지 못했다.

### (3) 10% 수입 관세 부과

미국의 무역 적자를 줄이고, 미국 기업들의 경쟁력을 보호하기 위해 닉슨은 수입품에 대해 10%의 추가 관세를 부과했다. 이는 외국 제품이 미국 시장에서 너무 많은 점유율을 차지하는 것을 방지하고, 미국 산업을 보호하기 위한 보호무역적 조치였다.

### (4) 달러 평가절하

달러와 금의 고정 환율이 깨지면서, 사실상 달러는 금에 비해 평가절하되었다. 닉슨은 달러의 가치를 금으로부터 분리함으로써 국제 시장에서 달러의 유동성을 높이고, 무역 적자를 줄이려 했다. 달러 평가절하는 미국의 수출 상품 가격을 낮추어 국제 시장에서 경쟁력을 강화하는 효과를 가져왔다.

## 4. 신경제정책의 파급효과

### (1) 브레튼우즈 체제의 붕괴

달러와 금의 태환이 중단됨으로써 브레튼우즈 체제는 사실상 붕괴되었다. 이후 각국은 고정환율제를 포기하고, 환율은 시장의 수요와 공급에 의해 변동하는 변동환율제로 전환되었다. 이는 오늘날의 국제 통화 체제의 기반이 되었다.

## (2) 인플레이션 문제 해결 지연

닉슨의 임금 및 가격 동결 정책은 단기적으로 인플레이션을 억제했으나, 이는 장기적인 해결책이 되지 못했다. 이후 인플레이션은 계속해서 미국 경제의 주요 문제로 남았다.

## 4 스미소니언체제

### 1. 의의

스미소니언 체제(Smithsonian Agreement)는 1971년 브레튼우즈 체제가 붕괴한 후, 국제 통화 질서의 혼란을 막기 위해 1971년 12월에 미국 워싱턴 D.C.의 스미소니언 박물관에서 열린 국제회의에서 체결된 새로운 국제 통화 체제이다. 이 체제는 미국 달러와 주요 통화들 간의 고정환율을 부분적으로 유지하면서, 금본위제를 이어받은 일종의 수정된 금환본위제였다. 그러나 이 체제는 오래 지속되지 못했고, 이후 변동환율제로 전환되는 과정에서 중요한 역할을 했다.

### 2. 스미소니언 체제의 내용

#### (1) 달러 평가절하 및 금 가격 인상

닉슨이 금태환을 중단한 이후, 스미소니언 협정에서는 미국 달러의 평가절하가 이루어졌다. 달러는 공식적으로 금에 대해 평가절하되었고, 금의 공식 가격은 1온스당 35달러에서 38달러로 인상되었다. 이는 금본위제의 종식을 의미하진 않았지만, 금의 가격을 조정함으로써 달러의 가치를 떨어뜨리려는 시도였다.

#### (2) 고정환율제 유지

브레튼우즈 체제와 유사하게, 스미소니언 체제도 고정환율제를 유지하려 했다. 그러나 이전의 고정환율보다는 더 유연한 형태로 운영되었으며, 각국 통화의 환율 변동폭을 2.25%로 확대했다. 이는 각국이 경제 상황에 따라 일정 범위 내에서 자국 통화의 가치를 조정할 수 있도록 허용한 것이다.

#### (3) 미국 달러를 중심으로 한 국제 통화 체제

스미소니언 협정은 달러를 기축통화로 유지하면서, 다른 국가들이 달러에 대한 고정환율을 유지하는 방식으로 작동했다. 달러는 여전히 중심적 역할을 했고, 다른 국가들은 자국 통화와 달러의 환율을 일정 범위 내에서 조정했다.

#### (4) 통화 협력 및 균형 무역 유지

스미소니언 협정은 국제 경제의 균형을 유지하기 위해 주요 국가들 간의 협력을 강화하는 방향으로 진행되었다. 무역 불균형이나 경제 불안정에 직면했을 때, 주요 국가들은 협력을 통해 문제를 해결하려고 했으며, 미국과 유럽, 일본 등 주요 국가들이 이에 동참했다.

### 3. 스미소니언 체제의 한계

#### (1) 달러 과잉 발행 문제 해결 실패

스미소니언 체제는 브레튼우즈 체제와 마찬가지로 달러를 중심으로 한 고정환율 체제를 유지하려 했다. 그러나 미국은 여전히 무역 적자와 재정 적자를 겪고 있었고, 이를 해결하기 위해 달러를 과잉 발행했다. 이는 국제 사회에서 달러에 대한 신뢰를 더욱 약화시키는 결과를 낳았고, 다른 국가들이 금태환을 요구할 수 없는 상황에서도 달러의 과잉 공급 문제가 지속되었다.

#### (2) 미국 경제 문제

스미소니언 체제는 달러 중심의 체제를 유지했지만, 미국 경제가 장기적으로 달러 가치를 뒷받침할 수 있을 만큼 강력하지 않았다. 미국의 무역 적자와 인플레이션 문제는 스미소니언 체제 하에서도 계속되었고, 달러 가치가 계속해서 하락하는 압박을 받았다.

#### (3) 고정환율 유지의 어려움

스미소니언 체제는 각국 통화의 환율 변동 폭을 2.25%로 확대했지만, 이는 경제 상황에 따라 충분히 유연하지 않았다. 특히 1970년대 들어 오일 쇼크와 같은 세계적인 경제 충격이 발생하면서, 고정환율제 하에서는 각국이 자국 경제에 맞는 통화 정책을 유연하게 적용하는 데 어려움을 겪었다. 이러한 경제적 압박은 스미소니언 체제의 지속 가능성을 약화시켰다.

#### (4) 달러와 금의 연계 종료

달러가 금과의 교환을 중단하면서, 금환본위제의 근본적인 뒷받침이 사라졌다. 스미소니언 체제는 달러와 금의 연결을 복구하려 하지 않았고, 이는 금본위제에서 완전히 벗어나게 되는 과정의 일환이었다. 달러는 금으로 환산되지 않으면서 통화 가치를 유지하기 위한 근거를 잃게 되었고, 이는 고정환율 체제의 신뢰성을 약화시켰다.

### 4. 스미소니언 체제 이후의 상황

<u>스미소니언 체제가 무너지면서 1973년, 세계 주요 국가들은 변동환율제로 전환했다.</u> 변동환율제는 시장의 수요와 공급에 따라 통화의 환율이 자유롭게 변동하는 체제로, 각국은 더 이상 고정환율을 유지할 필요가 없어졌다.

## 5 킹스턴체제

### 1. 의의

킹스턴 체제(Kingston System)는 1976년 자메이카의 킹스턴에서 열린 국제통화기금(IMF) 회의에서 채택된 새로운 국제 통화 질서로, 이는 스미소니언 체제가 붕괴된 후 국제 통화 체제를 재편하는 중요한 계기가 되었다. 킹스턴 체제는 변동환율제의 공식화를 핵심으로 하며, 금환본위제를 완전히 종식시키고 달러 중심의 관리통화제도를 확립하는 국제 금융 체제의 기본 틀을 마련했다.

### 2. 킹스턴 체제의 내용

#### (1) 변동환율제의 공식화

킹스턴 체제는 각국이 자국의 통화를 변동환율제로 운영할 수 있도록 허용했다. 즉, 각국의 통화 가치는 시장의 수요와 공급에 따라 자유롭게 변동되며, 고정환율제를 유지할 필요가 없어졌다. 이는 스미소니언 체제 하에서 고정환율제가 실패한 이후, 국제 통화 시스템을 보다 유연하게 만들기 위한 조치였다.

#### (2) 금본위제의 공식 종식

킹스턴 체제는 금환본위제와의 연결을 완전히 끊었다. 1971년 닉슨의 금태환 중단 이후 금환본위제는 사실상 종식되었지만, 킹스턴 회의를 통해 금은 더 이상 국제 통화 시스템에서 공식적인 역할을 하지 않게 되었다. IMF는 금의 역할을 축소하고, 금 가격의 공식적인 고정 가격도 폐지했다. 그 결과 금은 국제 통화 체제에서 기축통화로서의 역할을 상실하게 되었다.

#### (3) IMF의 역할 재정립

킹스턴 체제는 IMF의 역할을 변동환율제 하에서 강화했다. 각국이 환율을 자유롭게 변동시키게 됨에 따라, IMF는 국제 경제의 안정성과 유동성을 지원하는 역할을 맡았다. IMF는 회원국들이 필요할 때 금융 지원을 제공하고, 국제 통화 시스템의 균형을 유지하는 데 기여했다.

#### (4) 특별인출권(SDR)의 강화

킹스턴 체제는 IMF가 발행하는 특별인출권(Special Drawing Rights, SDR)을 보다 중요한 국제 준비 자산으로 인정했다. SDR은 IMF 회원국들이 보유할 수 있는 자산으로, 주로 환율 안정 및 국제 유동성을 촉진하는 데 사용된다. 이는 금본위제를 대신하는 새로운 준비 자산으로서의 역할을 강화한 것이다.

### 3. 킹스턴 체제의 장점

**(1) 유연한 통화 정책**

변동환율제를 공식화함으로써 각국은 경제 상황에 맞는 통화 정책을 유연하게 운영할 수 있게 되었다. 이전의 고정환율제 하에서는 경제 충격에 대응하기 위해 환율을 인위적으로 조정하는 데 제약이 있었지만, 변동환율제에서는 시장의 수요와 공급에 따라 환율이 자연스럽게 변동되었다. 이는 경제 위기 시 적절한 조치를 취할 수 있는 유연성을 제공했다.

**(2) 금본위제의 부담에서 벗어남**

킹스턴 체제는 금본위제와의 연계를 공식적으로 끊음으로써, 금 보유량에 의존하지 않고 통화를 발행하고 경제 정책을 운영할 수 있게 했다. 금 보유량의 제약에서 벗어난 각국은 통화 발행을 경제 성장에 맞춰 조정할 수 있었으며, 이를 통해 인플레이션과 디플레이션에 더 유연하게 대응할 수 있게 되었다.

**(3) IMF의 역할 강화**

킹스턴 체제 하에서 IMF는 국제 경제의 유동성 제공과 통화 안정성을 유지하는 데 중요한 역할을 하게 되었다. IMF는 금융 지원과 정책 조언을 통해 회원국들이 경제 불균형을 해결하고, 국제 금융 시스템의 안정성을 유지하는 데 기여했다.

**(4) 특별인출권(SDR)의 확대**

SDR의 역할을 강화함으로써, 국제 통화 시스템에서 새로운 준비 자산을 제공하게 되었다. 이는 금에 의존하지 않고도 국제 통화 간의 균형을 유지할 수 있는 대체 수단을 마련한 것으로, 국제 유동성을 보완하는 중요한 기능을 수행했다.

### 4. 킹스턴 체제의 문제점

**(1) 환율 변동성 증가**

변동환율제의 도입으로 환율이 시장의 수요와 공급에 따라 자유롭게 변동하면서, 환율 변동성이 크게 증가했다. 이는 국제 무역과 투자에서 불확실성을 높였고, 기업과 국가가 환율 변동에 따른 리스크를 더 많이 감수해야 했다. 환율 변동성은 특히 수출 의존도가 높은 국가들에게 큰 부담으로 작용했다.

**(2) 투기적 자본 흐름**

<u>변동환율제 도입 이후, 국제 금융 시장에서는 투기적 자본의 흐름이 커지게 되었다.</u> 환율 변동을 예측해 단기적인 이익을 노리는 투기적 거래가 활성화되었고, 이는 일부 국가의 경제에 불안정성을 초래했다. 변동환율제 하에서는 외환 시장의 투기적 거래가 환율을 급격히 변동시킬 수 있는 위험이 있었다.

### (3) 개도국의 불안정성

선진국과 달리 많은 개발도상국들은 변동환율제 하에서 자국 통화의 가치를 안정적으로 유지하기 어려웠다. 환율 변동이 심하면 자본 유출이나 인플레이션 등 경제적 불안정성이 심화될 수 있으며, 특히 외채가 많은 국가들은 환율 변동에 취약할 수 있었다. 개도국들은 이러한 문제로 인해 고정환율제 또는 다른 형태의 관리환율제를 유지하려는 경향이 많았다.

### (4) IMF의 제도적 한계

킹스턴 체제에서 IMF의 역할이 강화되었으나, IMF는 각국의 경제적 문제를 해결하는 데 충분한 자원을 제공하지 못하거나, 때로는 지나치게 엄격한 조건을 요구하는 경우가 있었다. 특히 IMF가 제공하는 구조조정 프로그램은 많은 개발도상국에게 정치적, 사회적으로 어려움을 초래하기도 했다.

## 6 플라자합의

### 1. 의의

플라자 합의(The Plaza Accord)는 1985년 9월 22일, 미국 뉴욕의 플라자 호텔에서 열린 주요 5개국(G5) 회담에서 체결된 국제 경제 및 환율 조정 합의이다. 이 합의는 미국의 무역 적자와 달러화 강세로 인한 글로벌 경제 불균형을 해소하기 위한 목적에서 이루어졌다. 주요 참가국은 미국, 일본, 독일(당시 서독), 영국, 프랑스였다.

### 2. 플라자 합의의 배경

#### (1) 미국 달러화의 강세

1980년대 초 미국은 금리 인상을 통해 인플레이션을 억제하고, 자본을 유치하려는 정책을 시행했다. 그 결과 달러화의 가치가 크게 상승했다. 강한 달러는 미국의 수입품 가격을 낮추고 소비를 촉진했지만, 동시에 미국의 수출품 가격을 상승시켜 미국의 무역적자를 악화시켰다.

#### (2) 무역적자의 급증

달러 강세로 인해 미국의 수출 경쟁력이 떨어졌고, 특히 일본과 독일로부터 수입이 급증하면서 미국의 무역 적자가 심각해졌다. 1985년 미국의 무역 적자는 당시 사상 최대 규모에 이르렀다. 이러한 무역 적자는 미국 경제에 부담이 되었고, 정치적으로도 큰 논란이 되었다.

#### (3) 일본과 독일의 무역 흑자

미국의 주요 무역 상대국인 일본과 독일은 달러 강세로 인해 자국 통화가 상대적으로 저평가되면서 무역 흑자를 누리고 있었다. 일본과 독일의 수출품은 미국에서 더 싸게 팔리게 되어, 두 국가의 경제는 미국과 달리 매우 강력한 성장을 보였다. 이는 글로벌 경제 불균형을 심화시켰다.

### (4) 미국의 정치적 압박

미국은 무역 적자 문제를 해결하기 위해 일본과 독일에 자국 통화(엔화와 마르크화)의 절상을 요구했다. 미국은 수출 경쟁력을 높이고 무역 균형을 맞추기 위해 달러 약세를 유도하고자 했다. 이에 따라 주요 선진국들은 달러를 의도적으로 절하하고, 다른 국가들의 통화를 절상하는 합의를 마련하게 되었다.

## 3. 플라자 합의의 내용

### (1) 달러화 가치의 절하

참여국들은 협조하여 미국 달러화의 가치를 절하하기로 합의했다. 이는 달러 강세를 완화하여 미국의 무역 적자를 줄이고, 미국의 수출 경쟁력을 회복하려는 목적이었다. 합의에 따라 주요 국가들은 외환시장 개입을 통해 달러를 매도하고, 엔화와 마르크화 등의 통화를 매입함으로써 달러의 가치를 인위적으로 낮추기로 결정했다.

### (2) 엔화와 마르크화의 절상

일본과 독일은 자국 통화인 엔화와 마르크화의 가치를 절상하는 데 동의했다. 이는 미국의 무역 적자를 완화하고, 일본과 독일의 무역 흑자를 축소하기 위한 조치였다. 절상된 엔화와 마르크화는 이들 국가의 수출품 가격을 상승시켜 수출을 억제하고, 미국 제품의 상대적 경쟁력을 강화시키는 효과를 의도했다.

### (3) 다자간 외환시장 개입

참여국들은 외환 시장에 적극 개입하여 달러화 절하와 엔화, 마르크화 절상을 유도하기로 합의했다. 각국 중앙은행들은 이를 실현하기 위해 협조적인 외환시장 개입을 통해 통화 가치를 조정하였다. 이 과정에서 달러 매도와 엔화·마르크화 매입이 이루어졌다.

## 4. 플라자 합의의 파급 효과

### (1) 달러화 절하

플라자 합의 이후 미국 달러는 빠르게 절하되었다. 1985년부터 1987년까지 달러화는 주요 통화 대비 약 30% 이상 절하되었다. 이는 미국의 수출 경쟁력을 회복시키는 데 기여했으며, 무역 적자도 일부 완화되었다. 미국 내 제조업 부문은 달러 절하 덕분에 활기를 되찾았고, 수출이 증가했다.

### (2) 엔화와 마르크화의 절상

플라자 합의 이후 일본 엔화와 독일 마르크화는 급격히 절상되었다. 엔화는 1985년 약 240엔에서 1987년에는 150엔 이하로 절상되었다. 이는 일본 경제에 큰 영향을 미쳤다. 엔화 절상으로 인해 일본 수출품의 가격이 상승하면서 수출이 감소했고, 일본 내 수출 산업은 타격을 입었다.

### (3) 일본의 자산 버블 형성

엔화 절상 이후, 일본 기업들은 해외로 자금을 투자하거나 국내 자산에 투자하면서 대규모 자산 버블이 형성되었다. 절상된 엔화는 일본 내 유동성을 확대시키며 부동산과 주식 시장에서 투기를 부추겼다. 결과적으로 1980년대 후반 일본 경제는 부동산과 주식 버블로 인해 과열되었고, 1990년대 초에는 버블 붕괴로 경제 불황에 빠지게 되었다.

### (4) 독일 경제의 안정과 유럽 통화 협력

독일은 플라자 합의 이후 마르크화 절상으로 인해 수출 경쟁력이 다소 약화되었으나, 독일 경제는 비교적 안정적인 성장을 유지했다. 독일은 이후 유럽 통화 협력체제의 강력한 주축으로 자리매김하며, 유럽 경제 통합 과정에서도 중요한 역할을 하게 되었다.

### (5) 세계 경제의 구조적 변화

플라자 합의는 단기적으로는 미국 무역 적자를 완화시키고, 달러 절하로 인한 수출 증가를 유도했지만, 장기적으로는 세계 경제에 구조적인 변화를 가져왔다. 특히 일본 경제는 엔화 절상과 자산 버블로 인해 장기적인 경제 침체로 이어졌고, 미국은 이후에도 무역 적자 문제를 근본적으로 해결하지 못했다. 또한 플라자 합의 이후 국제 통화 시장에서 외환 시장 개입의 중요성이 부각되었으며, 환율 조정이 세계 경제 안정에 중요한 변수로 작용하게 되었다.

## 7 1987년 루브르회의

### 1. 의의

1987년 루브르 회담(Louvre Accord)은 1985년 플라자 합의 이후 계속된 국제 경제와 환율 변동을 안정시키기 위한 목적으로 개최된 회담이다. 루브르 회담은 미국, 일본, 독일(당시 서독), 영국, 프랑스, 캐나다 등 주요 6개국이 참여했으며, 플라자 합의에서 발생한 환율의 지나친 변동을 완화하고 안정적인 환율 시스템을 구축하려는 의도로 열렸다.

### 2. 루브르 회담의 배경

#### (1) 플라자 합의 이후의 환율 변동

플라자 합의 이후 달러화는 빠르게 절하되었다. 1985년부터 1987년까지 약 30% 이상의 절하가 이루어졌고, 이는 미국의 수출 경쟁력을 강화하는 데 기여했다. 그러나 달러화의 급격한 절하는 과도한 변동성을 초래했고, 일본과 서독의 통화는 반대로 큰 폭으로 절상되었다. 특히 일본 엔화는 큰 폭으로 절상되어 일본 경제에 부정적인 영향을 미쳤다.

**(2) 달러화 안정 필요성**

달러화의 급격한 절하가 미국 무역 적자를 어느 정도 완화했지만, 지나친 절하는 글로벌 금융 시장의 불안정성을 초래할 수 있었다. 특히 유럽과 일본의 통화 가치가 지나치게 높아지면서 이들 국가의 경제에도 부정적인 영향을 미쳤다. 이에 따라 <u>달러 절하를 멈추고, 주요 통화들의 환율을 더 안정적인 수준에서 유지할 필요성이 제기되었다.</u>

### 3. 루브르 회담의 세부 합의 사항

**(1) 달러화의 추가 절하 중단**

루브르 회담에서는 달러화의 추가 절하를 멈추기로 합의했다. 플라자 합의 이후 이미 달러가 크게 절하되었기 때문에, 더 이상의 절하가 불필요하다고 판단되었다. 따라서 달러 환율을 안정시키고, 과도한 변동성을 억제하기 위한 조치가 필요했다. 미국은 달러화의 가치를 더 이상 인위적으로 낮추지 않고, <u>환율을 안정적인 수준에서 유지하기로 약속했다.</u>

**(2) 주요 통화의 협조적 환율 관리**

참여국들은 외환시장에서 협조적인 개입을 통해 주요 통화의 환율을 일정 범위 내에서 안정적으로 유지하기로 합의했다. 이를 통해 달러화가 지나치게 절하되거나, 엔화나 마르크화가 과도하게 절상되지 않도록 조정할 수 있었다. 이는 플라자 합의에서 발생한 급격한 환율 변동을 완화하려는 조치였다.

**(3) 환율 조정을 위한 다자간 협력**

G7 국가들은 외환 시장에서 통화의 과도한 변동을 억제하기 위해 협력할 것을 합의했다. 각국 중앙은행은 필요할 때 외환 시장에 개입해, 자국 통화가 지나치게 평가되거나 저평가되지 않도록 관리할 것을 약속했다. 이는 안정적인 환율을 통해 세계 경제의 균형을 유지하려는 목적에서 이루어졌다.

**(4) 경제 정책 협력 강화**

루브르 회담에서는 환율 조정뿐만 아니라 각국의 경제 정책에 대한 협력도 논의되었다. 참여국들은 각국의 경제 정책이 상호 충돌하지 않도록 조율하고, 글로벌 경제의 안정성을 유지하기 위해 공동의 노력을 기울이기로 했다. <u>특히 미국은 재정 적자를 줄이기 위한 정책을 추진하고, 독일과 일본은 내수 확대를 통해 무역 불균형을 해소하려 했다.</u>

### 4. 루브르 회담의 파급 효과

**(1) 달러화 안정**

루브르 회담 이후 달러화는 더 이상 급격하게 절하되지 않고 안정적인 수준에서 유지되었다. 이는 달러 가치의 급격한 하락으로 인한 글로벌 경제 불안을 완화하는 데 기여했다. 미국 무역 적자는 여전히 해결되지 않았지만, 환율의 급격한 변동성은 억제되었다.

### (2) 글로벌 경제 안정화

루브르 회담은 플라자 합의 이후의 환율 변동성을 억제하고, 글로벌 경제를 안정시키는 데 기여했다. 주요 통화의 지나친 절상과 절하를 막기 위해 외환 시장에서의 개입이 이루어졌으며, 이는 세계 경제가 더 이상 큰 충격을 받지 않도록 하는 데 중요한 역할을 했다. 그러나 환율 조정의 장기적 효과는 제한적이었다.

## 8 기축통화

### 1. 의의

기축통화(reserve currency)란 국제 무역 및 금융 거래에서 세계적으로 널리 사용되는 통화로, 주로 국가 간의 무역 결제, 외환 보유고, 국제 투자에서 표준으로 사용된다. 기축통화는 국제 통화 시스템에서 중심적 역할을 하며, 그 통화에 대한 수요는 세계 각국에서 발생한다. 현재 미국 달러(USD)가 대표적인 기축통화로 사용되고 있으며, 유로(EUR), 일본 엔(JPY), 영국 파운드(GBP), 중국 위안(CNY) 등도 기축통화로 부분적인 역할을 하고 있다.

### 2. 기축통화 발권국가의 장점

#### (1) 영향력

기축통화를 발행하는 국가는 세계 경제에 막대한 영향력을 행사할 수 있다. 그 나라의 통화가 국제 무역과 금융에서 널리 사용되기 때문에, 그 통화 발행국의 통화 정책은 전 세계 경제에 파급 효과를 미친다. 예를 들어, 미국의 통화 정책(금리 인상/인하 등)은 전 세계 경제에 큰 영향을 끼친다.

#### (2) 국제 거래에서 환율 리스크 회피

기축통화 발권국가는 자국 통화로 국제 거래를 할 수 있기 때문에 환율 변동에 따른 리스크를 회피할 수 있다. 예를 들어, 미국은 달러를 발행하고, 많은 나라들이 미국 달러로 국제 거래를 하기 때문에, 미국은 자국 통화를 사용하여 무역 거래를 할 수 있다.

#### (3) 무역 적자 해결에 유리한 위치

기축통화 발권국은 국제 무역에서 적자가 발생해도 상대적으로 유리한 상황에 놓인다. 다른 나라들이 기축통화를 필요로 하기 때문에 발권국은 자국의 통화를 발행하여 외부 자본을 유치할 수 있다. 예를 들어, 미국은 무역 적자를 겪더라도 달러를 발행해 외국에서 자본을 유입시키는 방식으로 재정 적자를 메울 수 있다.

#### (4) 저금리로 자금 조달 가능

기축통화에 대한 수요가 전 세계적으로 존재하기 때문에, 기축통화 발권국은 저금리로 자금을 조달할 수 있는 이점이 있다. 외국 정부와 기업들이 기축통화를 보유하려고 하기 때문에, 발권국은 상대적으로 낮은 금리로 채권을 발행하고, 자본을 조달하는 데 유리한 위치에 있다.

### (5) 통화 정책의 자유

기축통화 발권국은 유연한 통화 정책을 시행할 수 있다. 그 나라의 통화는 세계적인 수요를 받기 때문에, 그 나라 중앙은행은 국내 경제 상황에 맞게 금리나 통화량을 자유롭게 조정할 수 있는 정책적 유연성을 가지고 있다.

## 3. 기축통화 발권국가의 단점

### (1) 과도한 통화 발행 유혹

기축통화 발권국은 무역 적자를 보완하거나 재정적 문제를 해결하기 위해 자국 통화를 과도하게 발행할 유혹에 빠질 수 있다. 지나치게 많은 통화 발행은 인플레이션을 유발하고, 국제 사회에서 자국 통화에 대한 신뢰를 떨어뜨릴 수 있다. 이러한 문제는 장기적으로 경제에 부정적인 영향을 미칠 수 있다.

### (2) 쌍둥이 적자 발생

기축통화 발권국가는 경상수지 적자와 재정적자라는 쌍둥이 적자에 직면할 수 있다. 무역 적자가 발생하면 달러(기축통화)를 해외로 보내고, 이는 자국 경제의 자금 유출을 의미한다. 그로 인해 국가 재정이 적자 상태에 빠지기 쉽고, 이를 해결하기 위해 대규모 재정 지출이 필요할 수 있다. 이는 미국이 자주 겪는 문제 중 하나이다.

### (3) 자국 경제에 미치는 부담

기축통화 발권국은 세계 경제 불균형을 조정하기 위해 자국 경제를 희생해야 할 수도 있다. 예를 들어, <u>세계 경제가 불황일 때, 기축통화 발권국은 유동성을 공급하기 위해 통화 완화 정책을 펼쳐야 하고, 이는 자국 내 인플레이션 압력을 가중시킬 수 있다.</u> 반대로 글로벌 경제가 과열될 경우, 발권국은 금리를 인상해야 하지만, 이는 자국의 경제 성장에 제약을 줄 수 있다.

### (4) 국제 의존성 증가

기축통화 발권국은 자국 통화가 전 세계적으로 사용되기 때문에, 다른 나라의 경제 상황에 더 많은 영향을 받을 수 있다. 예를 들어, 달러가 전 세계적으로 쓰이기 때문에, 미국은 다른 나라의 경제 불황이나 통화 정책 변화로 인해 자국 경제가 영향을 받을 수 있다.

### (5) 통화 가치 관리의 어려움

기축통화 발권국은 통화 가치를 안정적으로 유지해야 하는 압박을 받는다. 자국 통화의 가치가 지나치게 높아지면 수출 경쟁력이 약화되고, 지나치게 낮아지면 인플레이션과 외환 보유국들의 불만을 초래할 수 있다. 이러한 상황에서 기축통화 발권국은 통화 가치를 안정적으로 유지하기 위한 적절한 통화 정책을 찾는 데 어려움을 겪을 수 있다.

## 9 특별인출권(SDR)

### 1. 의의
특별인출권(SDR, Special Drawing Rights)은 국제통화기금(IMF)이 1969년에 창설한 국제 준비 자산으로, 세계 여러 나라의 외환 보유고를 보충하고 국제 유동성을 제공하기 위해 도입되었다. SDR은 특정 국가의 통화가 아니며, IMF 회원국들이 사용할 수 있는 자산의 형태로 존재한다. SDR은 무역 결제나 외환 시장에서 직접적으로 사용되지는 않지만, 회원국 간에 자국 통화와의 교환, 국제 거래에 대한 지급 준비금으로 활용할 수 있다.

### 2. SDR 도입 배경
SDR은 1960년대 후반에 국제 유동성 부족을 해결하기 위한 목적으로 도입되었다. 당시 브레튼우즈 체제 하에서 미국 달러는 금에 연계되어 있었고, 미국은 달러를 발행하면서 국제 무역에서 기축통화 역할을 맡았다. 그러나 미국이 금 보유량을 유지한 채로 무역 적자를 해결하기에는 한계가 있었고, 국제 사회는 달러 이외의 추가적인 준비 자산이 필요했다.

### 3. SDR의 가치 계산
SDR은 특정 국가의 통화가 아니며, 여러 주요 통화의 가치를 바탕으로 그 가치가 결정된다. SDR 가치는 IMF가 지정한 통화 바스켓에 따라 정해지며, 이 바스켓은 주기적으로 조정된다. 2022년 기준 SDR 통화 바스켓에 포함된 통화는 미국 달러(USD), 유로(EUR), 중국 위안(CNY), 일본 엔(JPY), 영국 파운드(GBP)이다. SDR의 가치는 이러한 5개 통화의 가중치를 반영한 합산 가격으로 산정되며, IMF는 SDR의 환율을 매일 발표한다. SDR 환율은 국제 외환시장의 변동에 따라 달라진다. 각 통화의 가중치는 해당 통화가 국제 무역 및 금융 시장에서 차지하는 비중에 따라 결정되며, 이는 주기적으로 검토되어 조정된다.

### 4. SDR의 주요 기능

#### (1) 국제 준비 자산
SDR은 IMF 회원국들이 보유할 수 있는 국제 준비 자산으로, 외환 보유고의 일부로 사용된다. 국가가 외환 부족에 직면할 경우, SDR을 통해 추가적인 유동성을 확보할 수 있다. 회원국들은 SDR을 다른 회원국의 통화로 교환할 수 있으며, 이는 외환 위기를 극복하는 데 도움을 준다.

#### (2) 국가 간 결제 수단
IMF 회원국들은 SDR을 사용하여 국가 간 결제를 수행할 수 있다. SDR은 특히 IMF의 대출 프로그램에서 사용되며, 회원국들은 IMF에서 대출을 받을 때 SDR을 사용할 수 있다. 이로 인해 SDR은 국가 간의 금융 거래와 결제에서 중요한 역할을 한다.

### (3) IMF 내에서 사용

SDR은 IMF에서 회원국들이 출자금을 납부하거나, IMF가 제공하는 금융 지원을 받을 때 내부 결제 수단으로도 사용된다. IMF는 SDR을 통해 회원국들 간의 금융 조정 역할을 수행하며, 국제 통화 체제의 안정성을 유지한다.

### (4) 통화 스왑

IMF 회원국들은 자국이 보유한 SDR을 이용해 다른 회원국들과 통화 스왑을 할 수 있다. 이를 통해 SDR을 자국 통화로 교환하거나, 필요한 외환을 조달할 수 있다. SDR은 글로벌 유동성 문제를 완화하는 중요한 역할을 한다.

## 5. SDR의 장점

### (1) 국제 유동성 공급

SDR은 IMF 회원국들이 외환 보유고를 보충할 수 있는 유동성 자산을 제공함으로써, 국제 금융 시스템의 안정성을 높인다. 이를 통해 외환 위기 시 국가들이 추가적인 유동성을 확보할 수 있다.

### (2) 달러 의존도 완화

SDR은 달러화 의존도를 줄이는 대안으로 작용한다. IMF 회원국들은 SDR을 통해 자국 통화를 달러가 아닌 여러 통화로 교환할 수 있으며, 이는 특정 통화에 대한 의존도를 줄이는 역할을 한다.

### (3) 금융 위기 대응

IMF는 글로벌 금융 위기 시 SDR을 배분하여 각국의 외환 보유고를 증대시켜 위기 대응을 지원한다. SDR은 특히 외환 부족으로 인한 위기를 겪고 있는 국가들에게 효과적인 대책이 될 수 있다.

## 6. SDR의 한계와 문제점

### (1) 실제 사용 제한

<u>SDR은 국제 거래에서 직접적으로 사용되지 않는 자산이다.</u> SDR은 회원국들 간의 거래나 IMF 내부에서만 사용될 수 있으며, 일상적인 무역 결제에서는 사용되지 않는다. 이로 인해 SDR의 사용은 상대적으로 제한적이다.

### (2) 기축통화 대체의 한계

SDR은 기축통화(미국 달러 등)를 대체할 수 있는 기능을 수행하지만, 그 범위가 매우 제한적이다. SDR은 국제 거래에서 달러화와 같은 기축통화를 대체할 수 없으며, 실제로 기축통화에 대한 의존을 완전히 해결하지는 못한다.

### (3) 제한된 유동성 제공

SDR의 양은 IMF가 배분한 한정된 범위 내에서만 사용할 수 있기 때문에, 유동성 제공의 한계가 존재한다. 국제 유동성 문제를 해결하는 데는 SDR만으로는 충분하지 않을 수 있다.

# 10 2008년 미국발 금융위기

## 1. 2008년 금융위기의 원인

### (1) 서브프라임 모기지 사태

<u>서브프라임 모기지는 신용등급이 낮은(서브프라임) 차입자들에게 제공된 고위험 주택담보대출을 말한다.</u> 2000년대 초반, 미국의 주택 가격이 빠르게 상승하면서 서브프라임 모기지가 급격히 늘어났다. 금융기관들은 신용이 낮은 사람들에게도 대출을 해주며 주택 가격이 계속 상승할 것이라는 기대를 바탕으로 위험을 간과했다. 그러나 2006년부터 주택 시장이 침체되기 시작하면서 서브프라임 모기지 차입자들이 대출 상환에 실패하는 경우가 급증했다. 주택 가격이 하락하자 담보 가치가 줄어들었고, 금융기관들은 손실을 피할 수 없었다.

### (2) 금융 파생상품의 확대

서브프라임 모기지를 기반으로 한 파생상품(CDO, Collateralized Debt Obligations)의 급격한 성장은 위기의 중요한 원인 중 하나였다. 금융기관들은 서브프라임 모기지를 포함한 대출을 묶어 파생상품으로 판매했다. 이러한 파생상품은 고수익을 기대할 수 있는 매력적인 투자처로 보였지만, 그 기초 자산인 서브프라임 모기지의 위험성을 간과했다. 파생상품은 복잡한 구조를 가지고 있어 투자자들이 위험을 충분히 이해하지 못한 채 대규모로 투자하게 되었다. 이로 인해 금융기관들은 막대한 위험을 떠안게 되었고, 모기지 상환이 불가능해지자 파생상품의 가치는 급락했다.

### (3) 과도한 레버리지

많은 금융기관들은 대출과 파생상품 투자를 통해 과도한 레버리지를 사용했다. 레버리지는 금융기관이 자기자본보다 훨씬 많은 금액을 차입해 투자를 확대하는 것을 의미한다. 이로 인해 금융기관들은 적은 손실에도 대규모 자산 감소를 겪게 되었고, 자본금이 급격히 소진되면서 파산 위기에 처했다.

### (4) 금융 규제의 부실

<u>2000년대 들어 금융 규제는 완화되었고, 금융 기관들은 자본 비율을 낮추고 위험을 감수하면서 이익을 추구했다. 규제 당국은 이러한 금융 기관들의 활동을 제대로 감독하지 못했으며, 신용평가 기관들도 파생상품의 위험성을 제대로 평가하지 못했다.</u> 특히 파생상품 시장의 투명성 부족과 규제 공백이 금융 시스템 전반에 걸쳐 위험을 확대했다.

### (5) 주택 버블

미국 주택 시장의 버블은 금융위기의 핵심 배경이었다. 2000년대 초반 저금리와 완화된 대출 기준으로 인해 주택 가격은 급등했으나, 이는 지속 가능한 경제적 기초 없이 부풀려진 가격이었다. 주택 가격이 하락하면서 주택 소유자들은 모기지 상환을 못하게 되었고, 금융 기관들이 보유한 주택담보대출 관련 자산의 가치가 급락하게 되었다.

## 2. 금융위기의 파급효과

### (1) 금융기관 파산

위기의 가장 대표적인 사건은 <u>2008년 9월 리먼 브라더스(Lehman Brothers)의 파산</u>이다. 리먼 브라더스는 당시 세계 4위 규모의 투자은행이었지만, 서브프라임 모기지 관련 자산에서 발생한 손실로 파산하게 되었다. 이는 금융위기가 본격적으로 시작되었음을 알리는 상징적 사건이었다.

### (2) 글로벌 금융 시장 붕괴

미국 금융 시스템의 붕괴는 곧바로 글로벌 금융 시장으로 확산되었다. 금융 기관들이 신뢰를 잃고 자금을 빌려주는 것을 꺼리면서 신용 경색이 발생했고, 국제 금융 시장에서 자금 유동성이 급격히 줄어들었다. 주식 시장도 급락했으며, 투자자들은 안전 자산을 찾아 자산을 대규모로 매도했다.

### (3) 실물 경제 침체

금융위기는 금융 시장을 넘어 실물 경제에도 심각한 영향을 미쳤다. 미국과 유럽에서는 기업들이 자금 부족으로 투자와 고용을 줄였고, 소비자들도 대출을 받기 어려워지면서 소비가 감소했다. 그 결과로 미국을 포함한 많은 국가에서 실업률이 급증하고, 경제 성장률이 크게 하락했다. 특히 제조업과 주택 건설 부문은 심각한 침체에 빠졌다. 미국뿐 아니라 유럽, 아시아의 주요 경제국들도 경기 침체를 겪었으며, 특히 유럽의 몇몇 국가(그리스, 스페인 등)는 재정위기로까지 번졌다.

### (4) 주택 시장 붕괴

미국 주택 시장은 서브프라임 모기지 사태로 인해 심각한 타격을 입었다. 수백만 명의 주택 소유자들이 대출 상환을 못하게 되면서 주택 압류가 급증했고, 주택 가격은 빠르게 하락했다. 미국 전역에서 주택 시장은 붕괴되었고, 이는 금융 기관들이 보유한 주택 관련 자산의 가치를 더욱 악화시켰다.

### (5) 세계 경제의 침체

금융위기는 미국뿐 아니라 전 세계 경제를 위축시켰다. 글로벌 무역과 투자 흐름이 위축되면서 특히 수출 의존도가 높은 국가들은 심각한 경기 침체에 빠졌다. 세계 경제는 2008년부터 2009년까지 심각한 글로벌 경제 위축을 경험했으며, 이는 이후 수년간의 경기 회복에도 영향을 미쳤다.

## 3. 해결 과정

### (1) 긴급 구제 금융

미국 정부는 금융위기에 직면한 대형 금융 기관을 구제하기 위해 TARP(Troubled Asset Relief Program, 부실자산구제프로그램)을 시행했다. 7000억 달러 규모의 구제금융을 통해 은행과 금융기관에 자본을 투입하고, 부실 자산을 매입해 금융 시스템의 붕괴를 막았다. 이 프로그램을 통해 AIG와 골드만삭스 등 주요 금융기관들이 정부의 지원을 받아 파산을 면할 수 있었다.

### (2) 양적 완화 정책(QE, Quantitative Easing)

미국 연방준비제도(연준)는 금리를 대폭 인하하고, 양적 완화(QE)라는 비전통적인 통화 정책을 도입했다. 연준은 국채와 모기지담보증권(MBS)을 대규모로 매입하여 시중에 유동성을 공급했다. 이를 통해 신용 경색을 완화하고, 경제 회복을 촉진하려 했다. 양적 완화는 이후 유럽중앙은행(ECB)과 일본은행(BoJ) 등도 채택한 정책으로 확산되었다.

### (3) 국제 공조

미국뿐 아니라 유럽연합(EU), 일본, 중국 등 주요국들도 금융위기 대응을 위해 금리 인하, 구제금융, 재정 지출 확대 등의 정책을 펼쳤다. G20 정상회의는 국제 경제 협력을 강화하고, 글로벌 금융 시스템의 안정을 도모하기 위한 대책을 논의했다. 세계 각국은 대규모 경제 부양책을 통해 침체된 경제를 회복하려 노력했다.

### (4) 금융 규제 강화

금융위기 이후 금융 시스템의 투명성과 안전성을 강화하기 위해 여러 금융 규제 개혁이 이루어졌다. 미국은 도드 - 프랭크 법(Dodd-Frank Act)을 통해 대형 금융기관의 리스크 관리를 강화하고, 파생상품 시장과 은행 자본 규제를 개선했다. 또한, 금융 안정성 위원회(FSB)와 같은 국제 기구가 설립되어, 글로벌 금융 시스템의 리스크를 감시하고 조정하는 역할을 수행했다.

## 11 2008년 금융위기 이후 신브레튼우즈체제

### 1. 의의

신브레튼우즈 체제(New Bretton Woods System)는 2008년 글로벌 금융위기 이후 새로운 국제 경제 질서를 설명하는 용어로 사용된다. 이 용어는 1944년 제2차 세계대전 직후에 수립된 브레튼우즈 체제와 유사한 방식으로, 글로벌 경제의 안정과 성장을 위해 국가 간 협력과 규제를 강화하는 것을 목표로 하는 체제를 의미한다. 신브레튼우즈 체제는 공식적으로 존재하는 체제는 아니지만, 위기 이후 국제 금융 및 통화 시스템에서 새로운 규범과 질서가 형성된 것을 설명하는 개념으로 사용된다.

### 2. 신브레튼우즈 체제의 배경

브레튼우즈 체제는 1944년 뉴햄프셔주 브레튼우즈에서 44개국이 모여 국제통화기금(IMF)과 세계은행을 설립하고, 고정환율제를 도입한 국제 경제 협력 체제였다. 당시 미국 달러는 금과 연계되어 있었고, 세계 경제의 안정성과 성장을 도모했다. 그러나 1971년 닉슨 쇼크로 달러의 금태환이 중단되면서 브레튼우즈 체제는 붕괴했고, 이후 변동환율제가 도입되었다. 2008년 금융위기는 금융 시스템의 규제 부족과 글로벌 경제의 불균형을 극명하게 드러내면서, 새로운 글로벌 경제 질서에 대한 요구가 커지게 되었다. 이에 따라 2008년 이후 형성된 신브레튼우즈 체제는 기존의 브레튼우즈 체제처럼 국제 금융 시스템을 안정시키고, 경제 협력을 통해 위기를 예방하려는 노력이 반영된 질서로 볼 수 있다.

### 3. 신브레튼우즈 체제의 주요 내용

#### (1) 국제 금융 규제 강화

2008년 금융위기 이후, 각국은 금융 시스템의 투명성을 강화하고 리스크를 줄이기 위해 금융 규제를 대폭 강화했다. 특히 미국의 도드 - 프랭크 법(Dodd-Frank Act)은 대형 금융기관에 대한 자본 규제를 강화하고, 과도한 리스크를 감수하는 행위를 제한하는 데 중점을 두었다. 또한 바젤Ⅲ와 같은 글로벌 금융 규제 프레임워크가 도입되어 금융기관들이 더 많은 자본을 보유하고, 리스크 관리 능력을 강화하도록 요구되었다.

#### (2) IMF와 국제통화기금의 역할 강화

신브레튼우즈 체제에서 IMF는 글로벌 금융 시스템의 안정성 유지와 위기 대응에서 중요한 역할을 맡았다. IMF는 위기 이후 글로벌 유동성 공급을 조율하고, 위기 상황에서 자금 지원을 통해 각국이 금융위기에 대처할 수 있도록 지원했다. 특히 IMF는 금융위기에 직면한 유럽 국가들과 개발도상국들을 구제하기 위해 대규모 자금을 지원했다. 또한 특별인출권(SDR)이 중요한 국제 준비 자산으로 역할을 확대하였다. SDR은 달러와 같은 기축통화에 대한 의존도를 줄이고, 국제 유동성 문제를 해결하는 수단으로 강화되었다.

#### (3) G20의 부상

2008년 금융위기 이후, G20 정상회의가 국제 경제 협력의 주요 플랫폼으로 부상했다. 과거에는 G7(주요 7개국)이 국제 경제 정책을 주도했으나, 글로벌 금융위기 이후 더 많은 국가들이 경제 협력에 참여해야 한다는 인식이 확산되었다. 이에 따라 중국, 인도, 브라질과 같은 신흥국들이 참여하는 G20이 국제 경제 협력과 글로벌 금융 시스템 개혁을 논의하는 주요 기구로 자리잡았다. G20은 위기 해결을 위한 재정 자극책, 글로벌 금융 규제 강화, IMF 자금 확충, 보호무역주의 반대 등을 논의하고 합의하며 글로벌 경제의 회복을 촉진했다.

#### (4) 중앙은행 간의 협력 강화

2008년 금융위기 이후, 중앙은행 간 협력이 크게 강화되었다. 특히 미국 연방준비제도(Fed), 유럽중앙은행(ECB), 일본은행(BoJ) 등 주요 중앙은행들은 긴급 상황에서 통화 스왑 라인을 확장하여 글로벌 금융 시스템에 유동성을 공급하는 협력을 진행했다. 이는 국제 금융 시장에서 신용 경색을 완화하고, 금융 불안정을 억제하는 데 중요한 역할을 했다.

#### (5) 구제금융과 양적 완화 정책

신브레튼우즈 체제는 각국 정부와 중앙은행이 대규모 구제금융과 양적 완화(Quantitative Easing, QE)를 통해 경제 회복을 도모한 과정을 포함한다. 미국은 TARP(부실자산구제프로그램)과 양적 완화 정책을 통해 금융 시스템을 안정시키고, 실물 경제의 회복을 촉진했다. 이후 유럽, 일본 등 다른 국가들도 비슷한 방식으로 대규모 자산 매입 프로그램을 도입해 경기 부양을 추진하였다.

### (6) 세계 금융 시스템의 개혁

글로벌 금융위기 이후 금융 시스템의 투명성과 안전성을 강화하기 위한 개혁이 추진되었다. 특히 금융 안정성 위원회(FSB)가 설립되어 국제 금융 규제와 감독을 강화하는 역할을 맡았다. FSB는 글로벌 금융 시스템의 취약점을 점검하고, 금융기관들이 위험 관리와 자본 기준을 충족하도록 조정하는 역할을 했다.

## 3. 신브레튼우즈 체제의 장점

### (1) 글로벌 협력 강화

금융위기 이후 각국은 국제 경제의 상호 의존성을 인식하고 협력을 강화했다. G20을 중심으로 한 국제 협력은 경제 위기에 대한 신속한 대응과 재정 자극책을 조율하는 데 중요한 역할을 했다. 이를 통해 금융 시스템의 불안정성을 완화하고, 글로벌 경제의 회복을 촉진했다.

### (2) 금융 규제 강화

금융 시스템의 투명성과 안전성을 높이기 위한 글로벌 금융 규제가 강화되면서, 금융기관들은 과거보다 더 많은 자본을 보유하고 위험 관리를 철저히 하도록 요구받게 되었다. 이러한 규제는 금융위기 재발을 방지하고, 금융 시스템을 더욱 견고하게 만들었다.

### (3) IMF와 국제금융기구의 역할 증대

IMF를 비롯한 국제 금융기구들은 위기 시 자금을 지원하고, 글로벌 유동성을 조절하는 역할을 수행했다. 이러한 국제 금융기구의 역할 증대는 위기 대응 능력을 강화하고, 경제 불안정성을 완화하는 데 기여했다.

### (4) 유동성 공급 및 경기 부양

양적 완화와 같은 비전통적 통화 정책은 금융위기 이후 경기 부양에 중요한 역할을 했다. 이를 통해 경제는 빠르게 회복할 수 있었고, 중앙은행 간의 협력으로 글로벌 금융 시장의 안정성이 강화되었다.

## 4. 신브레튼우즈 체제의 문제점과 한계

### (1) 글로벌 불균형 해결의 한계

<u>신브레튼우즈 체제는 글로벌 경제의 불균형 문제를 완전히 해결하지는 못했다.</u> 미국과 같은 선진국은 여전히 무역 적자를 겪고 있으며, 신흥국과의 경제 불균형이 지속되고 있다. 이는 여전히 글로벌 경제의 취약성을 증가시키는 요소로 남아 있다.

### (2) 자산 버블과 부채 문제

양적 완화 정책과 저금리는 자산 가격을 급격히 상승시켰으며, 부채 문제를 악화시키기도 했다. 이는 향후 금리 인상과 함께 자산 가격 하락이나 신용위기가 발생할 수 있는 잠재적 위험을 내포하고 있다. 이러한 부작용은 경제 회복을 저해할 수 있는 요인으로 작용할 수 있다.

### (3) IMF와 G20의 한계

IMF와 G20이 글로벌 경제 관리에 중요한 역할을 하고 있지만, 이들 기구의 영향력에는 한계가 있다. 일부 국가들은 IMF의 구조조정 요구를 과도하다고 비판하고 있으며, G20은 협력의 한계와 각국의 정치적 이해관계로 인해 합의 도출에 어려움을 겪을 때가 많다.

## 12 국제통화기금(IMF)

### 1. IMF 설립 배경

### (1) 대공황과 세계 경제 불안정

1930년대 대공황은 세계 경제에 심각한 타격을 입혔다. 각국은 무역 장벽을 높이고, 자국 통화를 절하하여 경쟁적으로 무역을 촉진하려 했다. 이는 세계 경제를 더욱 불안정하게 만들었고, 금본위제가 붕괴하면서 환율이 큰 폭으로 변동하는 등 국제 금융 시스템이 붕괴 위기에 놓였다. 이러한 경험은 전후 경제 질서를 재정비할 필요성을 강화했다.

### (2) 브레튼우즈 회의와 IMF 설립

<u>1944년, 미국의 뉴햄프셔주 브레튼우즈에서 열린 브레튼우즈 회의에서 44개국은 전후 경제 재건과 세계 경제 안정을 위한 국제 금융 기구 설립에 합의했다.</u> 이 회의에서 IMF와 세계은행이 설립되었으며, IMF는 주로 환율 안정과 국제 유동성 공급, 경제 위기 방지를 담당하는 역할을 맡게 되었다. IMF는 고정환율제를 바탕으로 회원국 간 협력을 통해 환율 안정을 도모하고, 무역 및 자본 흐름을 원활하게 유지하는 것을 목표로 했다.

### 2. IMF의 주요 업무

### (1) 환율 안정 및 국제통화 협력

IMF는 회원국들이 안정적인 환율 정책을 유지하도록 지원하며, 각국 통화 간의 협력을 촉진한다. 환율이 지나치게 변동할 경우, 국제 무역과 투자에 큰 영향을 미칠 수 있기 때문에 IMF는 회원국들이 적절한 환율 정책을 운영하도록 감시하고 조언을 제공한다.

### (2) 금융 및 경제 감시(Surveillance)

IMF는 회원국들의 경제 상황을 모니터링하고, 경제 정책에 대한 분석과 권고를 제공한다. 이를 통해 각국이 경제 불균형을 해결하고, 지속 가능한 경제 성장을 도모할 수 있도록 돕는다.

### (3) 대출 프로그램 및 금융 지원

IMF는 경제적 어려움에 처한 회원국들에게 긴급 대출과 구제금융을 제공한다. 주로 외환 위기나 재정적자를 겪는 국가들이 IMF의 금융 지원을 받으며, IMF는 자금을 제공하는 대가로 경제 구조조정 프로그램을 요구한다. 이러한 대출 프로그램에는 긴축 정책, 재정 개혁, 시장 개방 등의 조건이 포함될 수 있다.

### (4) 기술 지원 및 역량 강화

IMF는 개발도상국 및 신흥국들에게 경제 관리 역량을 강화할 수 있도록 기술적 지원을 제공한다. 세금 제도 개선, 금융 시스템 구축, 통계 역량 강화 등을 통해 이들 국가가 지속 가능한 경제 발전을 이룰 수 있도록 돕는다.

### (5) 국제 유동성 공급

IMF는 국제 유동성을 관리하는 역할도 한다. 특별인출권(SDR)을 발행해 회원국들이 외환 보유고를 보충할 수 있도록 하며, 글로벌 금융 위기 시 유동성을 확대해 위기를 완화하는 데 기여한다.

## 3. IMF에서의 미국의 역할

### (1) 최대 출자국

미국은 IMF에서 가장 많은 출자금을 납부한 최대 회원국으로, 전체 IMF 자본에서 약 17%의 비중을 차지하고 있다. 이는 미국이 IMF에서 중요한 의사결정권을 가지고 있음을 의미한다. IMF에서 주요 결정을 내리기 위해서는 회원국들의 출자금 비율에 따라 85% 이상의 찬성이 필요하며, 미국은 단독으로 이러한 결정을 막을 수 있는 거부권을 사실상 보유하고 있다.

### (2) 정책 결정에서의 영향력

미국은 IMF의 주요 정책과 프로그램에서 핵심적인 영향력을 행사한다. 예를 들어, IMF가 특정 국가에 구제금융을 제공하거나 경제 구조조정 프로그램을 권고할 때, 미국의 의견이 크게 반영된다. 이는 미국이 국제 금융 질서에서 중요한 역할을 하면서, 자국의 경제적 이익을 보호하는 데에도 활용된다.

### (3) 글로벌 경제 리더십

미국은 IMF뿐만 아니라 G20, 세계은행 등 국제 경제 기구에서 글로벌 경제 리더십을 발휘해 왔다. 미국은 IMF를 통해 세계 경제의 안정성과 성장을 촉진하며, 특히 금융 위기 시 IMF를 통해 다른 국가들에 자금을 지원하고 국제 금융 시스템의 붕괴를 막는 역할을 수행해 왔다.

## 4. IMF의 문제점

### (1) 구조조정 프로그램의 부작용

<u>IMF는 대출을 제공할 때 주로 긴축 정책과 시장 개방을 요구한다. 이러한 구조조정 프로그램은 IMF가 제공하는 자금을 받기 위한 조건으로 시행되는데, 이는 수혜국의 경제에 큰 부담을 줄 수 있다.</u> 예를 들어, 긴축 정책은 정부 지출을 줄이고, 공공 서비스에 대한 투자를 감소시키기 때문에 실업 증가, 빈곤 확대 등 사회적 불안을 초래할 수 있다. 또한, 시장 개방과 민영화는 외국 기업들의 이익을 우선시하면서 국내 산업의 경쟁력을 약화시킬 수 있다.

### (2) 선진국 중심의 결정 구조

IMF의 결정 구조는 선진국에 유리하게 설계되어 있다. 미국, 유럽 등 선진국들이 출자금 비중이 높고, 의사결정 과정에서 강력한 영향력을 행사할 수 있는 반면, 개발도상국과 신흥국들은 상대적으로 의사결정에서 소외되는 경우가 많다. 이는 IMF가 선진국의 이익을 중심으로 운영된다는 비판을 받는 이유 중 하나이다.

### (3) 정책 유연성 부족

IMF의 정책 권고는 일률적이고 경직된 경우가 많다는 비판이 있다. IMF는 주로 재정 적자를 줄이기 위해 긴축 정책과 공공지출 삭감을 권고하지만, 이는 각국의 상황을 충분히 고려하지 못한 처방일 수 있다. 특히 경제적 불평등이 심한 국가에서 이러한 정책은 국민 생활 수준을 악화시킬 수 있다.

### (4) IMF의 위기 예측 능력 부족

IMF는 금융 위기 발생 전 금융 시스템의 문제를 사전에 인식하지 못한 경우가 많았다. 1997년 아시아 금융위기나 2008년 글로벌 금융위기에서 IMF는 위기를 충분히 예측하지 못하고, 사후 대처에만 집중했다는 비판을 받았다. 이는 IMF의 감시 기능이 충분하지 않다는 지적이다.

## 5. IMF 문제점 해결 방안

### (1) 구조조정 프로그램의 유연성 강화

IMF는 수혜국에 요구하는 구조조정 프로그램을 유연하게 설계할 필요가 있다. 각국의 경제적, 사회적 상황을 충분히 고려하여 긴축 정책이나 개혁 프로그램을 시행할 수 있도록 하고, 국민들의 생활 수준을 크게 악화시키지 않도록 정책적 유연성을 발휘해야 한다. 특히, 장기적인 경제 성장을 위한 사회적 안전망을 강화할 수 있는 정책을 권고하는 것이 중요하다.

### (2) IMF 의사결정 구조 개혁

IMF의 의사결정 구조는 선진국에 과도하게 집중되어 있다. 이를 해결하기 위해서는 개발도상국과 신흥국의 발언권을 강화하고, 출자금 비율을 재조정하는 것이 필요하다. 특히, 중국, 인도, 브라질 등 경제 규모가 큰 신흥국들이 글로벌 경제에서 더 큰 역할을 할 수 있도록 IMF의 거버넌스를 개혁해야 한다.

### (3) 위기 예측 능력 강화

IMF는 글로벌 경제 위기를 더 효과적으로 예측하고 대비하기 위해 경제 감시 기능을 강화해야 한다. 특히 금융 시스템의 리스크와 불균형을 조기에 감지할 수 있는 지표를 개발하고, 글로벌 경제 흐름을 면밀히 분석하여 조기 경보 시스템을 개선할 필요가 있다.

### (4) 지속 가능한 성장 정책 강조

IMF는 각국의 경제 정책 권고에서 지속 가능한 성장을 더 중시해야 한다. 단기적인 재정 균형만을 강조하는 것이 아니라, 장기적인 경제 성장을 위해 필요한 교육, 인프라, 보건 등에 대한 투자를 촉진하는 정책을 권장해야 한다. 이를 통해 경제 성장과 사회적 안정이 조화를 이루는 방향으로 나아갈 수 있다.

## 13 동아시아 금융 위기

### 1. 원인

#### (1) 대외적 요인

동아시아의 금융 위기는 1990년대 들어 범세계적으로 금융 및 자본 자유화가 급진전되면서 헤지펀드 등 투기성 단기자본을 포함한 자본의 유출입이 빈번해진 데 원인이 있었다. 동아시아 국가들의 취약한 금융체제하에서 1990년대 초 국제 금융자본의 신흥시장에 대한 투자액이 대폭 증대됨에 따라 민간부문의 단기자본 유입이 크게 확대되었다. 이러한 자본 유입에 의한 유동성 증가는 인플레이션을 유발하였고 물가 상승은 실질환율의 절상을 초래하여 수출위축과 경상수지 악화로 귀결되었다. 이는 무역수지 악화를 다시 자본 유입으로 충당해야 함을 의미하였기 때문에 재정건전도가 악화되었다. 결국 무디스와 같은 국제신용평가기관들에 의한 신용등급의 하향조정을 초래하게 되어 대규모의 자본 유출이 발생하게 되었고 경제 위기가 촉발되었던 것이다.

#### (2) 대내적 요인

동아시아 금융위기는 그 동안 고도성장을 지속하기 위해 유지한 높은 외채비율의 문제에서 기인한다. 1990년대 후반부터 시작된 금융자율화 과정에서 특히 한국 대기업은 국내시장점유를 최우선 목표로 했기 때문에 대규모 외채를 차입했다. 정부들 또한 경제성장을 최우선 목표로 하고 있었으므로 외채에 대한 묵시적 지급보증을 제공, 기업들의 도덕적 해이(Moral Hazard)를 조장하였다. 기업은 도산위험을 신중히 고려하지 않고 무분별한 투자를 감행했으며 그 결과 금융기관의 부실을 초래, 단기외채의 상환기간에 직면하자 금융위기로 귀결된 것이다.

## 2. 결과

### (1) 동아시아 국가의 경제침체

금융 위기 이후 동아시아 국가들의 통화가치는 큰 폭으로 하락하여 수출상품의 가격경쟁력은 향상되었지만 수출 증대에는 기여하지 못하였다. 수출상품 생산에 필요한 중간재의 높은 수입의존도, 전체 수출에서 차지하는 높은 역내교역비중, 수출보조금 지원 감소가 수출 부진의 주요 요인으로 꼽힌다. 하지만 그보다 더 근본적인 요인은 한국, 인도네시아, 태국의 동아시아 3개국 수출시장의 급격한 축소에 있었다. 3개국 중 경기 침체가 가장 심각하였던 인도네시아는 6개월 동안 -12%의 경제성장률을 경험하였을 정도이다.

### (2) IMF의 지원

동아시아 금융 위기를 해결하기 위해 IMF는 저성장과 고금리, 긴축재정을 제시하였다. 하지만 이러한 방안은 동아시아 국가들의 경제를 더욱 악화시켰고 채무상환을 어렵게 만들었다. IMF는 외환 보유고 증대를 위해 고금리정책이 필수적이라는 입장이었으나, 고금리는 대출금 상환압력에 직면해 있는 기업의 도산을 초래하였고 외채상환을 위해 수출 성장에 의존해야 하는 국가들에 있어 저성장 정책은 장애가 된 것이다.

## 3. 동아시아 국가들의 대응

동아시아 금융 위기 이후 동남아와 동북아의 경제협력에 대한 움직임이 활발해졌으며, 1997년 ASEAN 정상회담이 열린 베트남 하노이에서는 ASEAN 9개국과 한국, 중국, 일본 3국으로 구성되는 ASEAN+3 회의를 상설화하기로 결정하였다. 그 결과 동남아와 동북아 경제협력이 제도화되기 시작하였고, 아시아 금융 위기 시 IMF의 한계가 노정되면서 일본은 1997년 9월 IMF, World Bank 연차총회에서 아시아 통화기금(AMF) 창설을 제안하였다. 더불어 1998년에는 당시 일본 재무장관이었던 미야자와가 아시아재무장관회의에서 금융 위기를 겪고 있는 아시아 국가들에게 300억 달러를 지원한다는 내용의 미야자와구상을 발표한 바 있다.

# 제8절 | G20 정상회의

## 1 G20 정상회의 개요

### 1. G20정상회의 의의
G20이란 G8과 선발개발도상국을 합쳐서 부르는 명칭이다. 선발개발도상국에는 중국, 인도, 브라질, 멕시코, 남아프리카공화국, 한국, 호주, 인도네시아, 사우디아라비아, 터키, 아르헨티나가 포함된다. G20 정상회의는 G20 재무장관회의에서 출발하였다. G20 재무장관회의는 1999년 12월 베를린에서 제1차 회의가 개최되었다. 2008년에는 프랑스 대통령 사르코지의 제안에 이어 미국 대통령 부시의 초청으로 G20 정상회의가 개최되었다.

### 2. G20회원국

| | |
|---|---|
| G7 | 미국, 일본, 영국, 프랑스, 독일, 캐나다, 이탈리아 |
| 아시아 및 대양주 | 한국, 중국, 인도, 인도네시아, 사우디아라비아, 호주 |
| 라틴아메리카 | 아르헨티나, 브라질, 멕시코 |
| 유럽 | EU, 러시아, 터키 |
| 아프리카 | 남아프리카공화국 |

## 2 배경

### 1. 서설
서브프라임 모기지 사태로 촉발된 미국의 금융 위기가 전세계적 차원에서의 경제 위기로 확산되고 있는 가운데, 2008년 11월 15일 미국 워싱턴에서 세계 주요 경제국 정상들이 참석한 '금융시장 및 세계경제에 관한 정상회의(Summit on Financial Markets and the World Economy, G20 정상회의)'가 개최되었다. 프랑스 대통령 사르코지의 제안에 이어 미국 대통령 부시의 초청으로 개최된 G20 정상회의는 신자유주의질서 확산에 따른 위기의 발생, 미국발 경제 위기의 확산에 대한 우려, 경제 위기를 해결하고 예방하기 위한 기존 거버넌스체제의 한계 등이 그 배경이라고 볼 수 있다.

## 2. 신자유주의질서의 확산

제2차 세계대전 이후 형성된 브레턴우즈체제는 자본유동성의 증가, 미국 달러화의 신뢰성 약화, 주요국의 재정 위기 심화 등을 원인으로 하여 1970년대 이후 신자유주의(Neo - Liberalism)질서로 전환되었다. 자본자유화, 무역자유화, 기간산업의 민영화, 노동시장의 유연성 강화, 탈규제 등을 주요 전략으로 하는 신자유주의질서는 탈냉전기 들어 강대국의 압력과 국가들의 자발적 개혁조치 추진 등을 배경으로 하여 전세계적 질서로 정착되었다. 확대된 신자유주의질서는 분배적 차원의 문제와 함께 금융질서의 불안정이라고 하는 시장적 차원의 문제를 배태하였다.

## 3. 미국의 경제 위기

2008년 후반 발생한 미국발 경제 위기는 G20 정상회의체 출범의 결정적 계기를 마련해 주었다. G20 정상회의는 미국에서 시작된 금융 위기가 미국만의 문제가 아닌 전세계적 차원의 금융 위기라는 것을 인식하고, 또한 금융 위기가 점차 실물 경제의 위기로 전이되어 전세계적인 경제 침체가능성에 대한 우려가 심화되는 가운데 개최되었다.

## 4. G7 및 G8체제의 한계

G20 정상회의체가 출범한 배경에는 그동안 글로벌 경제거버넌스체제로 작동해온 G7 및 G8체제의 한계를 G7 및 G8 국가들이 인식하였기 때문이다. 그동안 G7 및 G8 국가들은 그 밖의 국가들에 대해 통치의 대상으로 인식하고 통치 또는 협치의 파트너로 간주하지 않았다. 그러나 중국, 브라질, 인도, 러시아 등 신흥개발도상국들이 경제적으로 부상하면서 신흥개발도상국들의 협력 없이는 국제경제질서를 안정화하거나, 국제문제를 해결하기가 어렵다는 인식을 가지게 하였다.

## 3 주요 의제

### 1. 금융감독 강화

미국의 금융 위기가 금융회사의 도덕적 해이 및 무분별한 투자행태에서 비롯된 것으로 인식하고 금융기업에 대한 감독을 강화하기 위한 방안이 주요 의제로 다루어지고 있다. 다만 금융감독 강화의 '정도' 및 '방안'에 대해서는 유럽 국가들과 미국의 입장에 차이가 있다. 프랑스, 독일 등 유럽 국가들은 국제적 차원에서 강력한 금융규제제도의 창설을 주장하는 반면, 미국은 금융감독 및 규제체제의 개혁에 소극적인 것으로 평가된다. 오바마 행정부는 신용평가회사 및 모기지업체에 대한 규제 강화, 모기지업체와 헤지펀드 등의 금융상품 거래에 대한 감시체계 마련, 금융회사 최고경영자에 대한 성과급 제한 등을 금융감독 주요 방안으로 제시하였다. 이는 영국의 '국제금융감독단' 창설이나 독일의 'UN경제이사회' 창설 제안에 비해 상당히 소극적인 방안으로 평가된다.

## 2. 국제금융기구 개혁

국제금융체제의 안정성 확보를 위해 IMF, WB, FSF 등 주요 국제금융기구의 역할 강화를 위한 개혁방안이 주요 의제가 되고 있다. 특히 IMF의 감시감독기능 강화, IMF 재원 확충을 통한 개발도상국의 유동성 공급능력 확대, 개발도상국의 지분 및 투표권 확대를 통한 지배구조의 개선 및 정당성 제고 등이 핵심 쟁점으로 제기되고 있다. IMF 개혁에 대해서는 미국, 유럽, 신흥개발도상국들의 입장이 상이하다. 미국은 IMF 개혁에는 동의하나, IMF의 국제금융체제에서의 역할 확대 및 영향력 제고에는 소극적인 입장을 견지하고 있다. 반면, 유럽국은 IMF의 역할 및 영향력을 확대함으로써 IMF의 '탈미국화'를 주장하고 있으며, 중국 등 신흥개발도상국들은 IMF의 지배구조 개혁을 통한 IMF의 '탈선진국화'를 추진하려는 의도를 가지고 있다.

## 3. 경기부양을 위한 거시경제정책 공조 및 보호주의 방지

G20 정상회의 참가국들은 금융 위기 이후 심화되고 있는 경기 침체를 극복하기 위해 거시경제정책에 대한 공조체제를 구축하고, 자국 산업보호를 위한 보호주의조치를 취하는 것을 방지하는 것에 대해 논의하고 있다. 구체적인 공조체제 구축에 있어서는 각국의 재정지출능력, 국내경제상황의 상이성 및 국내정치적 요인 등이 장애물이 되고 있다. 경제 위기하에서 국내산업을 보호하기 위한 각국의 조치들이 자유무역질서를 위축시켜 위기를 심화시키지 않아야 한다는 점에 대해 동의하고 보호주의 조치 방지를 위해 협의하고 있다.

## 4. G20 정상회의의 위상 및 제도화

경제 위기 극복을 위해 G20체제가 출범하였으나, 참여국의 범위, 대표성과 정당성, G8과의 관계 등 다양한 문제점들로 인해 글로벌 경제거버넌스체제로서 존속할 수 있을지에 대한 의문이 제기되고 있다.

# 4 G20 서울정상회의(2010년 11월) 합의사항

## 1. 강하고 지속가능한 협력체계

(1) G20의 정책 공조방안과 개별 국가별 정책약속들을 종합한 서울 행동계획(Seoul Action Plan) 합의
(2) 환율 관련 정책 공조(시장결정적 환율제도로 전환, 경쟁적 평가절하 자제 등) 재확인
(3) 내년 상반기 중 경상수지 가이드라인에 대한 재무장관·중앙은행 총재들의 논의
(4) 구조개혁으로 녹색성장, 세제개혁 등 강조

## 2. 금융규제 개혁

(1) 은행자본·유동성 규제(바젤 Ⅲ), 체계적으로 중요한 금융기관(SIFI) 규제 등에 대한 승인

(2) 유사은행(Shadow Banks) 규제

(3) 신흥국 관점의 규제개혁 등 합의

## 3. 국제금융기구 개혁

(1) 신흥경제국의 변화된 비중을 반영하여 IMF의 쿼터 및 지배구조의 개혁 달성

(2) 신흥개발도상국으로 6% 이상의 쿼터 이전

(3) 우리나라 쿼터는 1.4% ⇨ 1.8%로 증대

(4) 선진유럽국의 IMF 이사직(총 24석) 2석을 신흥개발도상국으로 이전

## 4. 무역

(1) DDA의 조속한 종결을 위한 정치적 의지 표명

(2) 2011년이 중요한 기회(a critical window of opportunity)라는 것을 감안, 막바지 협상(Endgame)의 필요성 강조

(3) 보호무역주의 동결공약 재확인

## 5. 글로벌 금융안전망

(1) 탄력대출제도(FCL) 개선, 예방대출제도(PCL) 신설 등 글로벌 금융안전망 구축을 위한 IMF의 성과 환영

(2) 공동의 위기에 처한 여러 국가에 동시에 IMF의 대출을 제공하는 MFCL(Multi-country Flexible Credit Line) 도입

## 6. 개발

(1) 단순한 재정원조를 넘어 개발도상국 능력 배양(Capacity Building)을 통한 자생력 확충을 중심으로 하는 '서울 개발 컨센서스'에 합의

(2) 성장과 연관된 분야(인프라, 인적자원 개발, 무역·투자, 개발 경험 공유 등) 다년간 행동계획(Multi-Year Action Plan) 채택

## 7. 비즈니스 서밋

(1) 비즈니스 서밋 개최 환영 및 지속 개최 기대

(2) 34개국 120여 명의 글로벌 CEO와 G20 12명의 정상 참석

## 8. 아웃리치

(1) 비G20 회원국 및 국제기구와의 협의를 확대하기로 합의

(2) 5개국 이하의 비회원국(아프리카 2개국 이상 포함)을 초청

## 5  G20 정상회의 주요 합의사항

### 1. 제1차 워싱턴 정상회의(2008년 11월 15일, 미국 워싱턴)

**(1) 정책 공조 강화**

실물경제 활성화를 위해 경기대응적 재정·금융정책 등의 적극적 거시경제정책 공조 추진

**(2) 금융시장 개혁**

금융시장 개혁을 위한 5개의 공통원칙 및 47개 중·단기 실천과제 추진
① **5개 공통원칙**: 금융시장의 투명성·책임성 강화, 금융감독·규제 개선, 금융시장의 신뢰성 제고, 금융당국 간 국제 협력 강화, 국제금융기구 개혁 등이 합의되었다.
② G20 의장국단 주도로 47개 중·단기 과제 이행실적을 차기 정상회의에 보고하기로 합의하였다.

**(3) IMF 역할 및 기능 강화**

금융 위기의 효율적 대응을 위해 IMF의 재원확충 및 조기경보 등 위기대응능력 강화

**(4) 신흥개발도상국 지위제고**

신흥개발도상국의 경제력 변화를 반영하여 IMF, WB, FSF 등 국제금융기구의 지배구조 개선

**(5) G20 역할 강화**

G20 역할 강화의 필요성에 공감하면서, 2009년 4월 말 이전에 차기 G20 금융·경제정상회의 개최

**(6) 보호무역주의 경계**

자유시장경제원칙을 준수하고, 향후 12개월간 새로운 무역·투자장벽 신설을 자제

### 2. 제2차 런던 정상회의(2009년 4월 2일 ~ 4월 3일)

(1) 세계경제 성장 및 고용 회복을 위해 회원국이 공조하여 재정확대정책 적극 추진
(2) 금융시장 신뢰 회복을 위한 부실자산 처리 및 금융규제 개선
(3) FSF(Financial Stability Forum)를 FSB(Financial Stability Board)로 확대 개편하고, 금융시스템 평가, 국제기준 제정 등 광범위한 임무를 부여
(4) 보호주의 저지를 위한 실용성 있는 시스템을 마련하여, 워싱턴에서 합의한 무역장벽신설 금지(Standstill)원칙을 재확인하고 2010년 말까지 연장
(5) 신흥개발도상국에 대해 국제금융기구 등을 통해 1.1조 달러 지원
(6) IMF의 회원국 감독, 조기경보활동 등 기능 확대

### 3. 제3차 피츠버그 정상회의(2009년 9월 24일 ~ 9월 25일)

(1) 2010년 11월에 한국에서 G20 정상회의를 열기로 합의

(2) G20을 세계경제협력을 위한 최상위의 포럼으로 지정

(3) 2011년부터는 연 1회의 정기적인 개최 합의

(4) 출구전략은 경제회복이 확고해질 경우 국제 공조하에서 시행

(5) 은행의 자본규제를 강화하고, 상여금 지급규제를 대폭 강화하여 금융기관의 과도한 위험부담 방지

(6) IMF 쿼터를 과다대표국에서 과소대표된 신흥개발도상국으로 최소 5% 이전

(7) 화석연료보조금을 중기에 걸쳐 철폐(Phase Out)해 나가기로 합의

### 4. 제4차 토론토 정상회의(2010년 6월 26일 ~ 6월 27일)

(1) 지속가능 균형성장을 위한 유사 국가그룹별 정책대안 마련

(2) 은행자본 유동성 규제, 대형 금융기관(SIFI) 규제 등을 서울 정상회의 시 마무리하기로 합의

(3) IMF 쿼터 개혁시한을 서울 정상회의로 단축

(4) 재무장관들에게 글로벌 금융안전망 강화와 관련된 국내·역내·국제적 수준의 정책대안 마련 지시

(5) 서울 정상회의 시 개발도상국의 경제 개발을 위한 다년간 행동계획(Multi - year Action Plan)을 마련하기로 합의

(6) 각국의 화석연료보조금 합리화계획 점검

(7) 보호주의 저지(Standstill)공약을 2013년까지 3년 연장

### 5. 제5차 서울 G20 정상회의(2010년 11월 11일 ~ 11월 12일)

(1) 강하고 지속가능한 협력체계 구축 관련 G20의 정책공조방안과 개발국가별 정책약속들을 종합한 서울 행동계획(Seoul Action Plan) 합의

(2) 금융규제 개혁 관련 은행자본, 유동성 규제(바젤 Ⅲ), 체계적으로 중요한 금융기관(SIFIs) 규제 등을 승인

(3) 개발 관련 단순한 재정원조를 넘어 개발도상국 능력배양(Capacity Building)을 통한 자생력 확충을 중심으로 하는 '서울 개발 컨센서스'에 합의

(4) 성장과 연관된 분야(인프라, 인적자원 개발, 무역·투자, 개발경험 공유 등) 다년간 행동계획(Multi - Year Action Plan) 채택

(5) 비즈니스 서밋의 개최 환영 및 지속적 개최를 기대함으로써 한국의 이니셔티브가 향후 G20 정상회의에서도 지속되는 계기 마련

(6) 아웃리치 관련 비G20 회원국 및 국제기구와의 협의를 확대하기로 합의함으로써 G20의 신뢰성과 대표성 제고

## 6. 제6차 깐느 G20 정상회의(2011년 11월 3일 ~ 11월 4일)

(1) 거시경제 공조 관련 단기적인 신뢰 회복과 성장 지원을 위한 각국별 정책 명시, 중장기적으로도 구조조정 등 성장기반 강화를 위한 개혁과제 합의

(2) 2013년까지 무역 관련 보호무역조치 동결(Standstill) 및 신규무역제한조치 원상회복 원칙에 대한 기존 합의 재확인

(3) 국제경제협력의 최상위 포럼으로서 G20의 독보적(Unique) 지위 확인

(4) 대형금융기관(SIFIs) 종합규제체계 마련

(5) 금융안전위원회(FSB)에 대한 법인격 부여 및 기능 강화

(6) 농업, 에너지, 고용, 반부패 등 분야별 실무그룹 및 장관회의에서 채택한 결과물 승인

## 7. 제7차 로스카보스 정상회의(2012년 6월 18일 ~ 6월 19일)

(1) 유럽안정메커니즘(ESM)의 조기 설립 및 스페인 은행부문 자본확충 지원결정 지지

(2) 유가안정을 위한 G20의 추가 조치 및 사우디의 충분한 공급 보장 확인

(3) 경상흑자국의 내수 증진 및 경상적자국의 저축 확대를 통한 리밸런싱 촉진

(4) 시장결정적 환율제도로의 신속한 전환 및 경쟁적 평가절하금지 약속 재확인

(5) 보호무역조치 동결 및 무역제한조치 원상회복(Roll Back)원칙 연장

(6) 다자무역체제 강화를 위한 DDA 진전 필요성 재확인

(7) IMF 재원 확충 금액을 4,560억 달러를 초과하는 규모로 확정

(8) 시스템적으로 중요한 금융회사 규제 확대 지지

(9) 과도한 원자재 가격변동성의 축소 필요성에 대해 인식

(10) 청년 및 취약계층의 실업문제 해결을 위한 노동시장 개혁 약속

(11) 자금세탁, 테러자금조달 방지를 위한 자금세탁방지기구의 개선 지지

(12) 개발도상국 인프라 투자 확대를 위한 다자개발은행(MDB) 행동계획 지지

(13) 포용적 녹색성장 관련 개발도상국 발전을 위한 지원 약속

## 8. 제8차 상트페테르부르크 정상회의(2013년 9월 5일 ~ 9월 6일)

제8차 정상회의에는 G20 회원국 및 초청국(스페인, 세네갈, 에티오피아, 카자흐스탄, 브루나이, 싱가포르)이 참가하여 정상선언문과 9개 부속서 채택

**(1) 거시경제정책 공조 및 일자리 창출**

① 세계경제 회복, 재정건전화, 국제금융시장 위기 관리를 위한 G20정책 공조방향을 담은 '상트페테르부르크 행동계획' 채택

② 청년과 여성 등 취약계층의 고용 촉진과 양질의 일자리 창출을 위해서 거시경제정책, 고용정책 등을 포괄하는 정책 추진

**(2) 국제금융체제 강화**

① 2010년 IMF 쿼터 및 지배구조 개혁안의 조속한 비준을 촉구하고, 차기 쿼터 개혁에 대해 기한(2014년 1월) 내 합의할 것을 재확인
② IMF 중심의 국제금융체제를 보완하고 금융위기 대응능력을 높이기 위한 지역금융안전망(RFAs)역할 강화에 합의

**(3) 금융규제 및 조세**

① 그림자 금융(Shadow Banking)에 대한 포괄적인 규제·감독안 마련
② 역외 조세회피 방지를 위한 액션 플랜(15개의 작업으로 구성)과 다자·양자 간 조세정보 자동교환을 위한 글로벌 모델 개발계획 승인

**(4) 개발**

G20 서울 정상회의 시 개발의제 도입 이후 3년간의 G20 개발의제 성과를 평가하고 신규 행동계획(Development Outlook) 채택

**(5) 무역**

① 제9차 WTO 각료회의에서 조기수확성과[DDA 중 무역원활화, 농업 일부, 개발·최빈개발도상국(LDC) 분야] 도출 촉구
② 보호주의 동결(Standstill)공약을 2014년에서 2016년까지 연장

**(6) 에너지/기후변화**

① 석유, 천연가스 가격변동 완화에 노력하고, 핵 안전 제고 및 글로벌 핵 안전성 책임체제 구축을 위한 다자협력 권고
② 기후변화 대응을 위해 HFCs 생산·소비 감축을 위한 몬트리올의정서체계 등을 포함 다자적 접근을 통한 보완적 조치를 지지

## 9. 제9차 브리즈번 정상회의(2014년 11월)

**(1)** 참석 정상들은 성장전략과 일자리 창출, 투자, 무역, 금융, 에너지, 기후변화, 에볼라 등 범세계적 이슈에 대해 논의하고, '정상선언문' 및 '브리즈번 행동계획'을 포함한 12개 부속서 채택

**(2)** 지속적이고 포용적인 성장과 세계경제 회복력 강화를 위해 향후 5년간(2014~2018년) G20 GDP를 현 추세 대비 2% 이상 제고를 위한 종합적 성장전략과 브리즈번 행동계획을 마련하는 한편, 인프라 투자 활성화를 위한 글로벌 투자 인프라 허브 설립에 합의하고, 고용률 제고를 위한 남녀 간 경제활동 참가율 격차 25% 감축(단, 각국별 사정 고려)하기로 함. 또한, 국제송금비용 5% 감축노력에 합의하고, G20 식량안보 및 프레임워크를 승인하는 한편, 역외 조세회피 대응을 위한 BEPS(소득이전을 통한 세원잠식) 대응방안을 2015년까지 마무리하며, 역외 조세회피 방지를 위한 조세정보 자동교환을 2017년 또는 2018년 말까지 이행하기로 함

**(3)** 에너지시장 강화, 에너지 분야 협력과 제도 강화를 위한 에너지 주요 원칙을 마련

(4) 에볼라 확산 차단을 위한 긴급한 국제적 공조 필요성 지지, G20 정상들은 에볼라 위기의 심각성 고려, 에볼라 대응을 위한 G20 차원의 공조의지를 담은 에볼라에 관한 별도 정상성명서 발표

## 10. 제10차 터키(안탈리아) G20 정상회의(2015년 11월)

2015년 G20 정상회의는 '포용적이고 견고한 성장'을 주제로 하여 터키 안탈리아에서 개최되었다. G20 회원국과 6개 초청국(스페인, 싱가포르, 짐바브웨, 세네갈, 말레이시아, 아제르바이잔) 그리고 국제연합(UN), 금융안정위원회(FSB), 국제기국(ILO), 국제통화기금(IMF), 세계은행(WB), 경제협력개발기구(OECD), 세계무역기구(WTO)의 대표가 참석하였다. 참석한 정상들은 '포용적이고 견고한 성장'을 목표로 세계경제, 성장전략, 고용, 투자전략, 금융규제, 국제조세, 반부패, IMF 개혁, 개발, 기후변화, 무역, 에너지, 테러리즘, 난민 등 범세계적 이슈에 대한 G20 차원의 정책 공조방향을 논의하고, '정상선언문'과 '안탈리아 액션플랜'을 포함한 22개 부속서를 채택하였다. 또한, 테러리즘 및 난민위기는 당초 G20 의제가 아니었으나 테러 및 시리아 난민 위기 고조에 따라 의장국 터키 주도로 정식 논의(11월 15일 업무만찬)되어, '테러 대응에 관한 G20 성명'이 별도 정상성명으로 채택(난민보호 강화는 정상선언문에 반영)되었다.

(1) 2025년까지 G20 국가 내 취약 청년의 비율을 15% 감소시키기로 합의

(2) 2010년 IMF 개혁안에 대한 미 의회의 빠른 비준 촉구

(3) 2030 개발의제 이행에 부합하는 방향으로 G20 업무를 조정하기 위한 행동계획을 2016년 수립하기로 함

(4) 모든 G20 회원국을 포함한 160여개 국가들의 INDC(국가별 기여방안) 제출의 환영, 파리기후총회(COP21)의 성공적인 결과를 위한 협력의 약속

(5) 난민보호 및 지원부담을 모든 국가가 공유할 것을 촉구하고, 난민 관련 국제기구의 역량 강화를 위한 원조 규모 확대 요청

(6) 2016년 정상회의는 2016년 9월 중국 항저우에서 개최하고, 2017년은 독일에서 개최하기로 함

## 11. 제11차 중국(항저우) G20 정상회의(2016년 9월)

(1) 주요 의제
① 정책 공조 강화 및 성장을 위한 신활로 개척
② 효과적인 글로벌 경제·금융 거버넌스
③ 견고한 국제무역·투자
④ 포용적이고 연계적인 개발
⑤ 세계경제에 영향을 미치는 기타 중요한 글로벌 도전 등

**(2) 주요 합의사항**

① 세계경제의 저성장·고실업문제에 대응하여 새로운 성장경로를 개척하기 위해 혁신, 신산업혁명, 디지털경제의 발전방안 논의 및 '혁신적 성장을 위한 청사진', '혁신 액션플랜' 등을 채택하고, 청사진 이행을 위한 TF 설치 합의
② 세계무역 및 투자의 성장 둔화에 우려 표명, 개방경제 증진을 위한 무역, 투자 촉진 및 자유화노력 강화, G20 무역투자실무그룹 설치의 환영, '세계무역성장전략' 및 '국제투자정책수립 지도원칙' 승인
③ 연내 WTO 무역원활화협정(TFA) 비준 약속, 2016년 말까지 WTO 환경상품협정(EGA) 협상 완료 목표를 위한 노력 배가 촉구
④ 파리협정 조기 비준을 위한 국내 절차 완료 약속 및 2016년까지 협정 발효 노력의 환영
⑤ 난민에 대한 인도적 지원과 재정착 및 개발 원조 강화 촉구, 국제기구에 대한 지원 확대 독려, 2017년 난민 논의 지속 및 이주(Migration)문제를 논의 예정

## 12. 제12차 독일(함부르크) G20 정상회의(2017년 7월)

**(1) 국제사회가 직면한 공동의 도전**

세계화·기술변화가 야기하는 도전 및 테러, 난민, 빈곤 일자리 창출, 불평등 등 국제사회가 직면한 공동의 도전에 대처, 규범에 기반한 국제질서에서 함께 노력

**(2) 세계경제**

현재 성장전망은 고무적이나, 성장 강화 및 하방위험으로부터의 보호, 경제 및 금융회복력 제고 등을 위한 협력의지 재확인, 구조개혁의 공약 강화

**(3) 무역**

적법한 무역방어수단을 인정하며 모든 불공정무역관행을 포함한 보호주의 배격, 상호 호혜적인 무역의 중요성에 주목하며 시장 개방을 유지, 규범에 기반한 국제무역시스템 역할 강조

**(4) 과잉공급**

보조금 및 기타 정부지원 철폐 촉구, 공정경쟁의 장 확보를 위한 공동 해법 마련 노력, 2017년 8월까지 철강 글로벌포럼 회원국들의 정보 공유공약 이행, 2017년 11월까지 구체정책 해결책을 포함한 보고서 제출 기대

**(5) 디지털화**

2025년까지 모든 시민들의 디지털 연계 추구 및 저소득 국가의 인프라 개발 환영, 디지털 경제 발전에 우호적인 조건 조성, 디지털 기술에 대한 신뢰 구축 및 정보통신기술 활용에 있어 보안문제의 공동 해결 필요

**(6) 기후변화**

미국의 파리협정 탈퇴 결정 주목, 미국을 제외한 여타 국가들은 파리협정은 '되돌릴 수 없다(irreversible)'는 입장 표명, 파리협정의 완전한 이행에 대한 의지 재확인

**(7) 여성**

노동시장에서의 성평등 및 여성고용의 질적 개선 강조, 개발도상국 여성기업가 지원을 위한 G20 여성기업가기금(Women Entrepreneurs Finance Initative: We‑Fi) 및 개발도상국 여성·소녀의 디지털 역량강화 이니셔티브(eSkill4girls) 출범

**(8) 이주·난민**

안전하고, 질서있고, 정규적 이민이 기회와 혜택을 가져올 수 있으나 대규모 강제피난과 비정규적 이주는 복합적 도전을 야기, 피난의 근본적 원인 해결, 난민·정규적 이주 관련 글로벌 컴팩트에 대한 UN 논의 결과 기대

**(9) 테러**

대테러 국제의무 이행 및 협력 증진, 테러자금 차단, 테러를 조장하는 극단화 및 테러 목적의 인터넷 활용 대응 등 21개 항의 별도 성명 채택

## 13. 제13차 아르헨티나 정상회담(2018년 11월)

(1) 신뢰 증진을 위한 대화와 행동을 강화함으로써 강하고 지속가능하며 균형적인 포용적 성장을 달성하고, 하방 위험으로부터 지키겠다는 다짐을 재확인

(2) 장애인을 포함하여 취약계층뿐 아니라 과소대표된 집단의 노동시장 참여 확대

(3) 노동의 세계에 있어 아동노동, 강제노동, 인신매매 및 현대판 노예제도 근절조치 취할 것

(4) 혁신적 디지털 경제 비즈니스모델의 채택을 공유하고 장려하기 위한 'G20 디지털 정책 저장소(G20 Repository for Digital Policies)'의 개설을 환영

(5) '투자자산으로서 인프라 개발 로드맵(Roadmap to Infrastructure as an Asset Class)'과 'G20 인프라 프로젝트 준비원칙(G20 Principles for Project Preparation)'을 승인

(6) 'G20 식량 안보 및 영양 프레임워크(G20 Food Security and Nutrition Framework)'에 기반하여 식량안보 달성 노력

(7) 여성과 소녀들에 대한 모든 형태의 차별과 성에 기반한 폭력을 근절하기 위한 정책을 증진

(8) 'G20 금융 포용 정책 가이드(G20 Financial Inclusion Policy Guide)'와 작업계획 및 구조 간소화절차의 골격을 담고 있는 '금융포용 글로벌 파트너십 로드맵(Global Partnership for Financial Inclusion Roadmap)' 승인

(9) 2030년까지 보건 관련 지속가능개발목표(SDGs) 달성 행동계획을 이행하기 위한 모든 관계자들과 세계보건기구(WHO)의 활동을 장려

(10) 경제협력개발기구(OECD)가 국제노동기구(ILO), 국제이주기구(IOM)와 UN난민기구(UNHCR)와의 협업하에 작성한 2018 G20 국제이주 및 이재이주 동향 연례보고서에 주목하고, G20 회원국과의 협의하여 차기 의장국하에서도 이 주제에 관한 대화 계속

(11) <u>기후변화 관련 카리브해와 같은 도서국을 포함하여 특별히 취약한 개발도상국의 행동과 협력을 지지</u>, 제24차 UN기후변화 당사국총회의 성공적인 결과와 탈라노아 대화에 관여하기를 고대

(12) 파리협정 가입국 가운데 함부르크 기후행동계획에도 참여한 회원국은 상이한 국가별 여건에 따라, 공통의 그리고 차별적 책임과 각자의 능력을 반영한 파리협정의 비가역성을 재확인하고, 이의 완전한 이행을 약속

(13) IMF, WBG, 파리클럽이 저소득국의 부채 관련 업무를 지속하는 것과 파리클럽이 신흥국 채권자를 광범위하게 포용하기 위한 지속적 노력 지지

(14) 조세조약과 이전가격 규칙에 기반한 전세계적으로 공정하고 지속가능하며 현대화된 국제조세시스템을 위한 우리의 작업을 지속할 것이며, 친성장 조세정책을 진전하기 위한 국제협력을 환영

(15) WTO가 그 기능을 개선하는 데 필요한 개혁을 지지

(16) 모든 형태의 테러리즘에 대한 우리의 강력한 규탄을 재확인

(17) 2019년 일본, 2020년 사우디아라비아에서의 차기 회의

## 14. 제14차 일본 정상회의(2019년 6월 28일 ~ 6월 29일)

(1) WTO 개혁에 대한 지지 재확인, WTO 분쟁해결절차 기능 관련 행동 필요성 인식

(2) 데이터의 자유로운 이동을 위한 노력 증진, 데이터보호 등 보안 관련 문제에 대한 대응 강조

(3) <u>기후변화와 관련하여 파리협정 가입국은 공통의 차별화된 책임과 각자의 능력을 반영, 파리협정의 완전한 이행에 대한 공약을 재확인, 파리협정 탈퇴국인 미국은 환경보호와 경제성장 간 균형 강조</u>

(4) <u>2050년까지 추가적 해양 플라스틱 쓰레기 제로화를 위한 공동 비전 공유</u>

## 15. 제15차 사우디아라비아 정상회의(2020년 11월 21일 ~ 11월 22일)

2020년 11월 21일부터 11월 22일까지 사우디아라비아 리야드에서 개최되었으며, 코로나19 범유행의 여파로 인하여 화상회의 형식으로 진행되었다. 정상들은 <u>3월 특별 정상회의 이후 성과를 점검하고, 코로나19 대응 및 성장·일자리 회복, 지속가능한 발전 및 포용성 증진을 달성하는 포스트 코로나시대에 대한 정책 공조방안을 제시하였다.</u>

## 16. 제16차 이탈리아 정상회의(2021년 10월 30일 ~ 10월 31일)

사람(People), 환경(Planet), 번영(Prosperity)을 주제로 개최되었다. 참석국들은 코로나 백신 접종목표(내년 중반까지 전세계 인구 70%) 지지, 국제 보건거버넌스 강화, 디지털세 합의 환영, 저소득국 재정지원 확대 등을 강조하였다. 기후위기·환경문제의 시급성에 대한 참석국 간 공동인식을 확인하고 선진국들은 목표수준을 강화하고, 과감한 탄소 감축노력(메탄 감축, 석탄 퇴출)을 하기로 하였다. 이와 관련하여 탄소 가격제 도입 필요성이 강조되었다. 개발도상국들은 '공동의 차별 책임'원칙을 강조하면서 기후재원의 확대와 기술지원 필요성을 역설하였다. 참석국들은 코로나19의 차등적인 충격을 고려한 개발도상국 재정 지원, 식량안보, 백신의 공평한 배분 등에 대한 인식을 공유하였다.

## 17. 제17차 발리 정상회의(2022년 11월 15일 ~ 11월 16일)

인도네시아가 의장국이었다. 함께하는 회복, 보다 강한 회복을 주제로 식량, 에너지 안보, 보건, 디지털 전환 등의 의제를 다뤘다. 스페인이 상시초청국으로서 참여했고, 그 밖에 네덜란드, 싱가포르, 아랍에미리트 등 9개국 정상이 참여했다. 주요 합의사항을 보면 첫째, 힘에 의한 현상변경 시도가 식량과 에너지 위기를 더욱 심화시키고 있다고 언급하고 G20의 연대와 협력을 추구한다. 둘째, 글로벌 보건체제 강화를 위해 창설된 팬데믹 펀드(Pandemic Fund)의 중요성을 강조한다. 셋째, 포용적 지속가능발전을 위해 디지털 전환이 갖는 중요성을 강조하고, 디지털 인프라 확대와 디지털 격차 해소를 위해 협력할 필요가 있다.

## 18. 제18차 뉴델리 정상회의(2023년 9월)

2023년 9월 9일부터 10일까지 인도 뉴델리에서 열린 제18차 G20 정상회의는 "One Earth, One Family, One Future"를 주제로 개최되었다. 이 회의에서는 아프리카연합(AU)을 G20의 정회원으로 포함하기로 합의했고, 기후변화 대응을 위해 2030년까지 재생에너지 용량을 세 배로 확대하며 연간 4조 달러 규모의 기후 금융이 필요하다는 점을 강조했다. 디지털 공공 인프라 구축, AI 및 디지털 금융포용에 관한 정책 로드맵도 승인되었고, 다자개발은행(MDB) 개혁 및 식량 안보 관련 문제도 논의되었다.

## 19. 제19차 리우데자네이루 정상회의(2024년 11월)

2024년 11월 18일부터 19일까지 브라질 리우데자네이루에서 열린 제19차 G20 정상회의는 "건강한 세계와 지속가능한 지구 건설"을 주제로 열렸다. 기아와 빈곤 퇴치, 에너지 전환과 기후 금융, 글로벌 거버넌스 및 유엔 안보리 개혁 등이 핵심 의제로 다뤄졌다. 브라질은 '글로벌 기아·빈곤 퇴치 연합' 출범을 주도하며 다수 국가의 지지를 이끌었고, 기후 대응 자금 마련과 다자개발은행 개혁에 대한 논의도 진전시켰다. 또한 최고 부유층에 대한 과세, 플라스틱 오염 방지를 위한 국제협약 추진, 우크라이나 및 가자지구의 인도주의 위기 대응 방안도 논의되었다.

# 제9절 | G7 정상회의

## 1 G7 창설배경과 과정

### 1. 창설배경
G7은 1970년대 국제사회가 세계경제의 위기에 대처하는 과정에서 출범했다. 출범 당시 세계경제는 브레튼우즈체제의 붕괴, 1973년 1차 석유파동을 겪으면서 통화가치의 팽창, 저성장으로 인한 스태그플레이션, 경기후퇴, 보호무역주의 대두 등 어려운 상황에 직면하고 있었다. 이에 따라 미국, 영국, 프랑스, 독일, 일본 등은 새로운 경제질서 수립 방안을 모색하였다.

### 2. 창설과정

#### (1) Library Group 및 G5
1971년 미국의 금태환 중지 선언 이후 스미소니언 합의를 도출하는 과정에서 미국 슐츠 재무장관이 영국, 프랑스, 독일 재무장관에게 백악관 도서관에서 만날 것을 제의했다. 1973년 미국, 영국, 프랑스, 독일 재무장관은 백악관 도서관에서 Library Group을 결성하여 세계금융 이슈를 논의했다. 이후 1975년 일본의 참여로 G5 재무장관 체제가 형성되었다.

#### (2) G6
G5 창립 당시 각국 재무장관이었던 프랑스 데스탱 대통령과 독일 슈미트 총리가 국가원수로 승격함에 따라 G5 재무장관회의를 정상회담급으로 격상할 것을 추진하였다. 1975년 프랑스 랑부이예에서 개최된 회의에 이탈리아가 참여하여 최초로 G6 정상회의가 개최되었다. 당시 G6 회원국 자격요건으로 자유민주주의체제, 안정적이며 높은 경제 발전 정도(1인당 GDP 최소 11,000불), 세계 경제운영에 영향을 미칠 수 있는 규모(세계 총 GDP의 4%)를 제시했다.

#### (3) G7
캐나다는 1975년 1회 G6 정상회의부터 참여를 희망하였으나, 세계경제에서 차지하는 비중이 약 2.3%로 낮아 참여하지 못했다. 그러다 1976년 산 후안 회의시 미국의 강력한 희망에 따라 캐나다가 참여하여 G7 정상회의로 확대되었다.

#### (4) G8
냉전 종식 이후 구소련은 G7에 참여를 희망했다. 이에 따라 미국은 1992년 뮌헨 정상회의를 러시아가 참여하는 G8 정상회의로 제안하여 이후 러시아는 초청국 지위로 G7 정상회의에 참여하기 시작했다. 1998년 러시아가 버밍엄회의에서 정식회원이 됨으로써 G8 체제가 완성되었다.

### (5) 기타

EC집행위원장은 1978년부터 참여하고 있다. 한편 G7 국가들은 우크라이나 사태에 대한 제재 조치의 일환으로 러시아의 G8 국가로서의 자격을 잠정 정지했다.

## 2 G7 회의 및 운영체제

### 1. 개관

G7은 별도의 사무국이 없다. 정상회의 개최국이 의장국으로서 회의를 준비한다. 의장국은 정상회의 및 각료회의를 주도하여 G7의 관심사항을 협의한다.

### 2. 정상회의

G7정상간 대화협의체로서 국제정치나 국제경제 사안에 대해 자유로운 토론의 장이다. 의장국은 매년 번갈아 개최하며, 순서는 영국(2021), 독일(2022), 일본(2023), 이탈리아, 캐나다, 프랑스, 미국 순이다.

### 3. 각료급 회의

G7 정상회의 사전에 분야별 각료급 회의를 개최하여 정상회의를 준비한다. 우리나라는 2008년 처음으로 환경, 에너지, 개발, 재무 등의 장관회의에 초청되었다.

## 3 최근 G7 정상회담(2023년)

### 1. 개요

2023년 G7 정상회의는 2023년 5월 일본 히로시마에서 개최되었다. G7, EU, 초청국(8개국) 정상, 국제기구(7) 수장이 참여했다. 초청국은 한국, 호주, 베트남, 인도, 인도네시아, 브라질, 코모로, 쿡제도이다. 국제기구는 UN, IMF, WB(세계은행), OECD, WTO, IEA(국제에너지기구), WHO이다.

### 2. 주요 결과

첫째, 식량위기에 대응하기 위해 회복력있는 세계 식량 안보를 위한 히로시마 행동성명을 채택했다. 둘째, 2030 지속가능개발목표(SDG) 달성을 위한 재원 확대 필요성에 대해 논의했다. 셋째, 기후변화 및 에너지 위기 극복을 위해 지속적으로 협력하기로 하였다. 넷째, 러시아의 우크라이나 침공이 초래하는 에너지, 식량 위기 등의 악영향에 대해 우려를 표명하고 대화와 협상을 통한 전쟁의 조속한 종결 필요성을 강조했다.

# 제10절 | BRICS

## 1 서설

BRICS는 브라질(Brazil), 러시아(Russia), 인도(India), 중국(China), 남아프리카공화국(South Africa)의 다섯 개 신흥 경제국을 의미하는 다자간 협력 기구이다. 원래는 2001년 골드만삭스의 경제학자 짐 오닐(Jim O'Neill)이 브라질, 러시아, 인도, 중국을 가리켜 "BRIC"이라는 용어를 사용하며 급성장하는 경제국으로 소개한 것에서 시작되었고, 2010년 남아프리카공화국이 합류하면서 "BRICS"로 확장되었다. 최근 이집트, 에티오피아, 이란, UAE, 인도네시아가 참가하였다.

## 2 창설 과정

### 1. 개념의 출발: BRIC 용어의 등장 (2001년)

2001년, 미국 투자은행 골드만삭스의 수석 경제학자 짐 오닐(Jim O'Neill)은 "Building Better Global Economic BRICs"라는 보고서를 발표했다. 그는 브라질, 러시아, 인도, 중국(BRIC)이 장기적으로 세계 경제를 이끌 신흥 경제 대국이 될 것이라고 주장하였다.

### 2. 외교장관 회담: 협의체의 출범 (2006년)

2006년 9월, 유엔총회 기간 중 BRIC 4개국 외교장관들이 뉴욕에서 비공식 회담을 가지며 정례적 외교대화를 시작했다. 이 회담을 계기로 경제적 유사성과 국제정치적 공통 이해를 바탕으로 한 다자 협력의 틀이 마련되었다.

### 3. 첫 정상회의: 공식 협력체의 시작 (2009년)

2009년 6월 16일, 러시아 예카테린부르크에서 제1차 BRIC 정상회의가 열렸다. 글로벌 금융위기 이후 선진국 중심의 국제 금융질서에 대한 불만과 개혁 요구가 이 회의에서 표출되었으며, 다극적인 세계 질서, 개발도상국의 권익 확대, 국제금융기구(IMF, WB 등)의 개혁이 공동 의제로 제시되었다. 이 회의를 계기로 BRIC은 정치·경제 협력체로 공고화되기 시작했다.

### 4. 남아공 가입: BRICS의 완성 (2010 ~ 2011년)

2010년 12월, 남아프리카공화국이 BRIC에 초청되어 참여 의사를 밝혔고, 2011년 4월 중국 하이난에서 열린 제3차 정상회의부터 'BRICS'라는 명칭이 공식 사용되었다. 남아공의 합류는 BRICS에 아프리카 대륙의 대표성을 부여함으로써 글로벌 대표성을 강화하는 계기가 되었다.

### 5. 이후 회원국 확대: 신(新)BRICS의 출범 (2024년)

2023년 8월 남아프리카공화국 요하네스버그에서 열린 제15차 BRICS 정상회의에서는 대규모 회원국 확대가 결정되었다. 2024년 1월 1일부터 이란, 이집트, 에티오피아, 아랍에미리트, 사우디아라비아, 아르헨티나 등 6개국이 BRICS에 초청되었으며, 이 가운데 이란, 이집트, 에티오피아, 아랍에미리트, 사우디아라비아가 가입을 수락하였다. 아르헨티나는 정권 교체 이후 가입을 철회하였다.

## 3 BRICS의 설립 배경과 목적

### 1. 다극화된 세계질서 추구

BRICS 회원국들은 미국과 서방 중심의 단극적 세계질서에 도전하고, 보다 균형 잡힌 다극적 세계질서를 구축하려는 목표를 가지고 있다. 이들은 국제사회에서 자국의 발언권을 높이고, 글로벌 거버넌스 구조의 변화를 촉진하고자 한다.

### 2. 경제 협력과 공동 발전

BRICS는 회원국 간의 경제 협력을 강화하고, 무역, 투자, 금융 분야에서 상호 협력을 통해 공동의 경제 성장을 도모하고자 한다. 이를 위해 브릭스 개발은행(New Development Bank, NDB)과 같은 다자간 금융 기구를 설립하여 인프라 개발과 지속 가능한 성장을 지원하고 있다.

### 3. 글로벌 거버넌스 개혁

BRICS 회원국들은 국제통화기금(IMF)과 세계은행(World Bank) 등 기존 국제기구의 개혁을 통해 신흥 경제국과 개발도상국의 발언권을 확대하고자 한다. 이들은 글로벌 거버넌스 체제의 불균형을 해소하고, 보다 포용적인 경제 및 정치적 체제를 구축하기 위해 협력하고 있다.

## 4 주요 활동 사례

### 1. 연례 정상회담 개최

BRICS는 매년 정상회담을 개최하여 회원국 간의 협력 강화와 주요 국제 현안에 대한 공동의 입장을 조율한다. 이를 통해 경제 협력, 안보 문제, 기후 변화, 코로나19 팬데믹 대응 등 다양한 이슈에 대해 논의하고 공동의 입장을 표명한다.

### 2. BRICS 개발은행(NDB) 설립

2014년 브라질 포르탈레자 정상회담에서 BRICS 개발은행이 설립되었다. NDB는 인프라 개발과 지속 가능한 성장을 촉진하기 위한 다자간 금융 기관으로, BRICS 회원국을 포함한 신흥 경제국들의 프로젝트에 자금을 지원한다.

### 3. 컨티전시 리저브 어레인지먼트(CRA)

BRICS는 글로벌 금융 위기 등 경제적 불안정에 대비하기 위해 2014년에 컨티전시 리저브 어레인지먼트(CRA)를 도입했다. CRA는 외환 위기와 같은 급변하는 경제 상황에서 유동성을 지원하기 위한 협력 메커니즘이다.

## 5 주요 참여국 입장

### 1. 브라질의 입장

브라질은 BRICS를 통해 개발도상국과 신흥 경제국으로서의 목소리를 내고, 글로벌 경제 및 정치적 영향력을 확대하려 한다. 브라질은 국제통화기금(IMF)과 세계은행(World Bank) 등의 국제기구에서 개혁을 추진하여, 보다 공정하고 포용적인 글로벌 거버넌스를 구축하는 데 관심이 있다. 한편, 브라질은 BRICS 개발은행(NDB)을 통해 자국의 경제적 이익을 확대하고, 인프라 개발과 같은 분야에서 협력 프로젝트에 적극적으로 참여하려 한다. 이를 통해 경제 성장을 촉진하고, 지역 내 개발도상국들과의 경제적 연대를 강화하고자 한다. 또한, 브라질은 BRICS를 통해 남남 협력(South-South Cooperation)을 강화하고, 글로벌 남반구 국가들 간의 협력을 촉진하여 자국의 외교적 입지를 강화하려 한다. 이를 통해 서방 주도의 국제 질서에 대한 대안적 협력 체제를 구축하고자 한다.

### 2. 러시아의 입장

러시아는 BRICS를 서방(특히 미국과 EU)의 정치적, 경제적 영향력을 견제하기 위한 플랫폼으로 활용하고 있다. 러시아는 BRICS를 통해 다극적 세계 질서를 추구하고, 미국 중심의 국제질서에 도전하는 전략적 협력체를 지향하고 있다. 또한, 서방의 경제 제재로 어려움을 겪고 있는 러시아는 BRICS 회원국들과의 무역, 투자, 에너지 협력을 강화하여 제재의 영향을 완화하고 경제를 안정시키려 한다. 또한, 러시아는 BRICS를 통해 군사적 협력 가능성을 탐색하고 있다.

### 3. 인도의 입장

인도는 BRICS를 통해 경제 성장과 개발 협력을 촉진하고, 자국의 경제적 이익을 극대화하려 한다. BRICS 개발은행을 통해 인프라 개발과 지속 가능한 성장을 위한 프로젝트에 자금을 지원받고, BRICS 회원국들과의 무역 및 투자 협력을 강화하고 있다. 또한, 인도는 BRICS를 통해 국제 무대에서의 발언권을 확대하고, 글로벌 거버넌스의 개혁을 지지하고 있다. 인도는 국제통화기금(IMF)과 유엔(UN)과 같은 국제기구에서의 개혁을 촉진하고, 개발도상국과 신흥 경제국의 목소리를 강화하고자 한다. 한편, 인도는 BRICS 내에서 중국과의 협력과 견제를 동시에 추구하고 있다. 인도는 BRICS를 통해 중국과의 경제 협력을 강화하지만, 동시에 국경 문제와 정치적 갈등으로 인한 중국의 영향력을 견제하고자 한다. 이를 위해 인도는 러시아와의 전략적 파트너십을 강화하며, 균형 있는 외교를 추진하고 있다.

### 4. 중국의 입장

중국은 BRICS를 자국의 경제적 이익을 증대시키기 위한 중요한 플랫폼으로 활용하고 있다. BRICS 개발은행과 기타 경제 협력 메커니즘을 통해 일대일로 구상을 지원하고, 글로벌 경제에서 중국의 리더십을 강화하려 한다. 또한, 중국은 BRICS를 통해 미국 중심의 일극적 질서에 도전하고, 보다 균형 잡힌 다극적 세계질서 형성을 지지하고 있다. 이를 위해 중국은 BRICS 회원국들과의 정치적 연대와 협력을 강화하고 있다.

### 5. 남아프리카공화국의 입장

남아프리카공화국은 BRICS 내에서 아프리카 대륙을 대표하는 유일한 국가로서, 아프리카 국가들의 목소리를 국제사회에서 대변하는 역할을 하고 있다. 이를 통해 아프리카 국가들과의 연대를 강화하고, 자국의 외교적 입지를 확대하려 한다. 한편, 남아프리카공화국은 BRICS를 통해 경제 개발과 투자 유치를 촉진하고자 한다. BRICS 개발은행을 통한 자금 조달과 인프라 개발 프로젝트 참여를 통해 자국 경제를 활성화하고, 개발도상국으로서의 경제 성장을 도모하고 있다.

## 제11절 | 공적개발원조(ODA)

### 1 개념

OECD 개발원조위원회는 공적개발원조의 개념을 중앙 및 지방 정부를 포함한 공공기관이나 이를 집행하는 기관이 개발도상국 및 국제기구에 제공한 자금의 흐름(Resource Flows)으로 정의하며, 이는 각각 다음의 조건을 충족하여야 한다.

(1) 중앙정부와 지방정부를 포함한 공공부문 또는 그 실시기관에 의해 개발도상국, 국제기구 또는 개발NGO에 공여될 것

(2) 개발도상국의 경제개발 및 복지증진에 기여하는 것 주목적일 것

(3) 차관일 경우, 양허성이 있는(Concessional) 재원이어야 하며 증여율(Grant Element)이 25% 이상이어야 할 것

(4) 개발원조위원회 수원국 리스트에 속해 있는 국가 및 동 국가를 주요 수혜대상으로 하는 국제기구를 대상으로 할 것

## 2 개발원조의 동기

### 1. 인도주의적 동기

인도주의적 동기는 절대 빈곤해소를 통한 민주주의와 인권과 같은 인간의 보편적 기본가치 실현을 위하여 필요할 뿐만 아니라 도덕적 의무라는 생각에서 비롯되었다. 비록 제2차 세계대전 이후 사회개발 측면에서 인류사회는 역사상 가장 괄목할 만한 성과를 거두었으나 아직까지도 극심한 빈곤문제는 해결하지 못하였다. 이러한 현실 앞에 인간이 인간답게 살아야 한다는 것은 인류의 보편적인 가치이며, 잘 사는 국가들이 어려움을 겪고 있는 사람들이 인간다운 기본적인 생활을 유지할 수 있도록 돕는다는 것은 도덕적인 의무라는 것이다. 이러한 인도주의적 고려의 관점은 1969년 인류는 하나의 세계사회에 살고 있는 세계공동체라는 관념을 기조로 하고 있는 피어슨 보고서(Pearson Report)가 발표된 이후 개발원조사회에서 크게 확산되기 시작하였다.

### 2. 정치·외교적 동기

과거 냉전체제하에서 공적개발원조의 정치적 목적은 공산화 방지 또는 국제질서의 안정이라는 의견이 많았다. 이러한 정치·외교적인 동기에 의한 원조의 대표적인 예로 서유럽의 공산화를 막기 위한 제2차 세계대전 후 경제부흥계획인 마샬 플랜(Marshall Plan)을 들 수 있다. 우리나라도 같은 이유로 과거 서방 국가들로부터 많은 원조를 받은 바 있다. 오늘날도 많은 국가들이 국가안보이익 차원에서 전략적인 원조를 제공하고 있다.

### 3. 경제적 동기

경제적 동기는 장기적인 안목에서 개발도상국에 원조를 공여하여 그 나라의 경제가 발전하면 수출시장이 확대되며 자국 기업들의 해외진출발판이 되고 나아가 자원 확보에 기여할 수 있다는 논리에서 비롯된 것이다. 실질적으로 우리나라도 중국, 동남아시아 등을 비롯한 대개발도상국 수출이 전체 수출의 매우 큰 비중을 차지하고 있는 만큼 개발도상국들의 발전을 통해 선진국들도 많은 이득을 볼 수 있다. 뿐만 아니라 자국 물품 및 용역으로 개발원조를 실시하여 수출을 촉진시키는 타이드 원조(Tied Aid)를 통해 경제적인 이익을 추구하는 관행도 있다. 그러나 이는 수원국 경제발전을 왜곡시키고 원조비용을 증가시키는 문제를 감안하여 공여국들은 이런 관행을 지양하는 추세이다.

## 4. 상호의존의 인식

상호의존의 인식은 1960년대에 대두되기 시작한 남북문제가 1970년대 제1차 석유파동, 신국제경제질서 선언 등으로 대두되어 남북대결 양상으로 심화되면서 등장하였다. 오늘날과 같이 정보와 인구의 유동성이 높고 국가·지역 간 연계성이 높아지는 사회에서 한 지역이나 국가에서 발생한 사건이 다른 지역 및 국가에 미치는 영향이 커지고 있다. 개발도상국에서 일어나는 환경 파괴 및 질병의 기후변화와 질병확산 등은 선진공업국가에 지대한 영향을 미칠 수 있다. 뿐만 아니라 빈곤과 정치적 불안정은 9·11테러와 난민 사태 등 안보문제로 이어질 수 있다는 인식이 확산되고 있다. 이런 변화된 지구촌 환경 속에, 선진공업국들은 개발도상국을 공업제품 수출시장 및 원료공급원이라는 종래의 인식에서 자신들의 생존과 번영을 유지하기 위한 국제정치적 역학관계와 경제적 필요성에 따른 남북 간 상호의존관계의 대상으로 인식을 전환하게 된 것이다.

## 3 양자원조와 다자원조

### 1. 의의

국제개발협력을 위한 양자 간 원조는 다양한 지원형태를 통해 집행된다. 여기에는 프로젝트 및 프로그램 지원, 기술 협력, 예산 지원, 식량원조, 재난구호, 부채탕감, 시민단체기관 및 다른 비정부기구를 통한 간접원조 등이 포함될 수 있다. 공여국 및 개발협력 관련 기관들은 수원국의 다차원적인 개발협력 니즈(Needs)를 충족시키기 위해 다음과 같은 다양한 지원도구를 활용한다.

### 2. 양자원조

원조 공여국에서 수원국(개발도상국)으로 원조 자금 및 물자를 직접 지원하는 것을 말하는데, 무상원조와 유상원조로 구분할 수 있다.

#### (1) 무상원조

<u>법적 채무를 동반하지 않는 수원국 앞 현금 또는 현물이전을 말한다.</u> 즉, 개발도상국은 공여된 원조자금에 대한 상환의무가 없다(예 기술 협력, 식량원조, 재난구호 등).

#### (2) 유상원조

<u>법적 채무를 동반하는 수원국 앞 현금 또는 현물이전을 말한다.</u> 즉, 개발도상국은 공여된 원조자금에 대한 상환의무가 있다(예 개발도상국의 공공 개발프로그램 및 사업에 대한 지원).

### 3. 다자원조

수원국에 직접 자금을 제공하지 않고 세계은행(World Bank), UN개발계획(UNDP) 등 국제개발기구에 대한 출자 및 출연(분담금) 등을 통해 간접적으로 지원하는 것을 말한다.

## 4 지원형태

### 1. 프로젝트 및 프로그램형 지원(Project and Program Aid)

프로젝트는 경제적 및 기술적으로 가능한 최소한의 투자이며 자원을 활용하여 혜택을 추구하는 활동들의 집단이다. 대표적인 예로 설비투자 프로젝트 지원은 주로 물리적 자본을 증가시키기 위한 투자프로그램으로 구성되어 있으며 현지 및 운영비용을 포함할 수 있다. 프로그램형 지원은 일반적인 개발목적을 위해 수원국이 활용할 수 있도록 제공되는 모든 종류를 의미한다. 즉, 특정한 프로젝트 활동을 위해 지원되지 않는 예산 지원, 국제수지 지원, 자본재 및 물자의 재정적 지원을 포함한다. 그러나 포괄적인 의미에서 프로그램형 지원은 명확히 정의된 정책목표, 거시경제적 또는 분야별 프로그램을 지원하는데 기여하는 모든 도구들의 활용이기도 하다. 최근 공여국들은 수원국 내에 원조활동의 조정을 통해 보다 큰 분야별 프로그램(Sectoral Program)에 대한 지원을 확대해 가고 있다.

### 2. 기술 협력(Technical Co-operation)

기술 협력이란 기술수준, 지식, 기술적 노하우 및 생산능력의 향상을 통해 인적자원(Human Resource) 개발을 위해 기획된 지원활동을 포괄한다. 기술 협력의 가장 중요한 목표 중 하나는 제도 개발(Institutional Development)이고, 제도 개발의 필요조건은 인적자원 개발이다. 기술 협력은 다양한 도구를 통해 이루어질 수 있는데, 교육훈련, 전문가 파견, 정책 및 기술 자문, 조사 및 연구 준비를 위한 지원 그리고 과학, 연구 및 기술개발을 위한 기여금이 모두 기술 협력에 해당한다.

### 3. 예산 지원(Budget Support)

예산 지원은 수원국 정부가 개발한 개발정책, 주로 수원국의 빈곤감소를 위한 전략적 계획(Poverty Reduction Strategy Paper)을 효과적으로 지원해주기 위해 고안된 원조양식으로 현재 공여국 원조프로그램에 확대되고 있다. 예산 지원은 프로그램 원조의 형태로 수원국의 금융관리, 책임성 그리고 조달시스템을 활용해 개발을 위한 자금을 직접 투입시킨다. 예산 지원은 일반예산 지원 그리고 분야별·지정된 예산 지원으로 분류된다.

### 4. 부채경감(Debt Relief)

부채경감은 부채탕감, 재조정, 재융자 또는 재구성 등 다양한 형식으로 이루어질 수 있다. 부채탕감은 채권자의 동의하에 채무국에 대한 원금과 이자를 포기하는 것이다. 채무의 재조정은 상환기한 조정 또는 새로운 재융자를 확대하는 것을 포함하고, 부채경감은 예산 지원과 유사한 거시경제적 효과를 낳는다고 볼 수 있다.

## 5. 식량원조(Food Aid)

식량원조는 기근, 전쟁, 생산력 부족 등으로 수원국 내 식량공급이 부족할 경우 공여국들이 자국 식량을 직접적으로 지원(Tied Food Aid)하거나 수원국 정부에 현금을 지원하여 인근지역 등에서 식량을 조달(Untied Food Aid)하도록 하는 지원이다. 식량원조는 크게 긴급식량 지원과 개발식량 지원으로 구분할 수 있다.

## 6. 긴급지원 및 고통경감(Emergency and Distress Relief)

긴급지원은 비정상적인 사건으로 야기된 긴급한 상황을 해당 정부가 자국 자원으로 상황을 해결하지 못할 때 이루어지는 지원으로, 인간의 고통 또는 농작물·가축의 손실을 초래할 경우 이루어져야 한다. 이러한 긴급상황은 ① 뜻밖에 자연재해 또는 전쟁 또는 국내불과 같은 인재를 초래하거나 ② 기근, 병충해 또는 질병으로 인한 농작물의 실패로 인한 식량부족을 야기할 수도 있다는 것이다.

## 7. 시민사회(CSO) 등 비정부기구(NGO)를 통한 간접원조

많은 경우 NGO는 공여국들의 개발협력프로그램에 있어서 중요한 역할을 수행한다. 지속적인 개발을 도모하기 위해서는 정부 및 시민단체 사이의 관계 강화가 필요하며, 선진국 및 개발도상국 NGO 모두 매우 중요한 역할을 가진다. 특히 최근에는 주인의식 강화, 참여주의적 개발, 현지화의 중요성이 대두되고 있다.

이러한 움직임에 맞추어 몇몇 공여국들은 공공-민간 파트너십에 대한 기부금(Contributions to Public-Private Partnership) 및 NGO에 대한 지원금(General Support to NGOs)을 통해 현지 NGO와 자국 NGO 간 파트너십 형성을 지원해주고 있다.

## 5 세계 ODA 현황

### 1. ODA 규모 및 추이

(1) 2016년 DAC 회원국 전체 ODA 규모는 명목상 1,426억 달러이다. GNI 대비 ODA비율은 평균 0.32%이며, UN이 제시한 ODA 목표치인 GNI 대비 0.7%를 넘어서는 회원국은 노르웨이, 룩셈부르크, 스웨덴, 덴마크이다. DAC 회원국 중 ODA 지원규모 상위 5개국은 미국(335억 달러), 영국(180억 달러), 독일(246억 달러), 일본(103억 달러), 프랑스(95억 달러)이다.

(2) 전체 ODA 규모는 증가하고 있는 반면 각국의 국민소득(GNI) 대비 ODA 비율은 2005년 이후 정체되어 있다. 국민총소득(GNI) 대비 ODA 비율로 볼 때, 스웨덴, 룩셈부르크 등 북유럽 국가들은 UN의 권고인 0.7%를 초과 달성하여 경제수준 대비 높은 ODA 비율을 보이고 있다. 그러나 DAC 회원국 전체 평균은 2016년 기준 0.32%로, UN 권고 비율의 절반을 밑돌고 있어, 국제사회의 인식 제고와 조치가 필요하다. 우리나라 역시 UN 권고 비율보다 다소 낮은 2016년 0.16%의 수치를 보이고 있다.

## 2. 유형별 지원 현황

DAC 회원국의 전체 ODA에서 양자원조가 차지하는 비율은 약 72%로 ODA 규모가 증가함에 따라 양자원조 규모도 지속적으로 증가하였다. 다자원조도 2000년대 이후 꾸준히 증가해, 전체 ODA 규모의 약 28%를 차지하고 있다. OECD DAC 회원국들은 지난 10여 년간 평균적으로 전체 양자원조의 1.4%를 유상원조에, 98.6%를 무상원조에 지원해 왔다. 총지출 기준으로 볼 때는, 지난 2000년대 초반 그 규모가 감소하기 시작하여 2006년 10.3%였던 유상원조의 비율은 2007년 이후 점진적으로 늘어나, 2015년 기준으로 약 16 : 84의 유·무상원조 비중을 보이고 있다.

## 3. 지역별 지원 현황

최근 5년간 아프리카지역에 가장 많은 ODA가 지원되고 있으며, 그 규모는 2015년 기준으로 270억 달러에 달한다. 특히 대아프리카 ODA 중 약 89%가 사하라이남지역에 집중되어 있으며, 이는 DAC 회원국의 지역별 총 ODA 지원 현황의 약 26%에 해당한다. 아프리카에 이어 아시아지역에는 총 233억 달러가 지원되었으며, 이 중에 약 49%가 서남 및 중앙아시아지역에 집중되는 현상을 보이고 있다. 그 밖에 아메리카지역에 59억 달러, 유럽지역에 30억 달러 등이 지원되었다.

# 6 OECD DAC

## 1. 개요

OECD에 속해 있는 개발원조위원회(Development Assistance Committee: DAC)는 공적개발원조 공여국들의 대표적인 협의체로서 30개 회원으로 구성되어 있다. DAC회원국들은 매년 ODA 실적을 DAC에 보고하여 회원국 전체의 ODA 실적을 집계하고 있다. DAC은 ODA 실적 파악 외에도 ODA의 효과성을 제고하기 위하여 ODA의 양적 확대와 질적 제고를 위한 다양한 노력을 기울이고 있다. DAC 산하에는 8개의 작업반이 있어서, 개별 이슈에 대하여 ODA 효과성 제고를 위하여 회원국 간에 동료평가(Peer Review), 상호학습 및 토론 등을 거쳐 국제적 규범을 정립하고, 3~4년에 한번씩 개최되는 원조효과성에 관한 고위급 포럼(High Level Forum on Aid Effectiveness, HLF)를 계기로 DAC 회원국은 물론 DAC 비회원국, 개발도상국, 시민사회 등으로 규범 확산 및 공약 이행 촉진의 역할을 하고 있다.

> **참고**

**DAC 회원국들의 가입연도**

| 가입연도 | 가입국 | 가입국 수 |
|---|---|---|
| 1961년 (창립) | 벨기에, 캐나다, 프랑스, 독일, 이탈리아, 일본, 네덜란드, 포르투갈, 영국, 미국, EU | 11개국 |
| 1960년대 | 노르웨이(1962), 덴마크(1963), 스웨덴(1965), 오스트리아(1965), 호주(1966), 스위스(1968) | 6개국 |
| 1970년대 | 뉴질랜드(1973), 핀란드(1975) | 2개국 |
| 1980년대 | 아일랜드(1985) | 1개국 |
| 1990년대 | 포르투갈(1991), 스페인(1991), 룩셈부르크(1992), 그리스(1999) | 4개국 |
| 2000년대 이후 | 한국(2010), 체코공화국(2013), 아이슬란드(2013), 폴란드(2013), 슬로바키아(2013), 슬로베니아(2013), 헝가리(2016) | 7개국 |

* 포르투갈은 1960년 DAC 가입 후 1974년에 탈퇴, 1991년 재가입

## 2. DAC 산하기관

DAC 산하기관은 작업반(Working Parties), 네트워크(Network), 합동 사업팀(Joint-ventures and Task Team) 등 3개의 단위로 구분된다. 작업반은 DAC 핵심업무의 질적 향상을 위해 기술적 전문성 및 자문을 제공하는 업무를 담당하며, 네트워크는 원조효과 제고와 DAC 핵심전략 이행을 위한 모범사례를 발굴하고 정책을 교환하는 장으로 활용된다. 합동 사업팀은 특정 업무(Targeted Work)를 통해 DAC의 연간 및 다년도 우선순위사업을 지원한다.

## 3. DAC 산하 6개 네트워크

DAC 산하 6개의 네트워크는 DAC 핵심전략 이행을 위해 중점 분야(Area of Focus) 별로 운영되며, 정기적인 회의를 통해 분야별 가이드라인 제공 및 모범사례 발굴, 실태분석 보고서 제공 등의 활동을 수행하고 있다.

# 7 공적 개발 원조가 수원국에 미치는 효과 논쟁

## 1. ODA가 수원국에게 도움이 된다는 입장

### (1) 제프리 삭스(Jeffrey Sachs)

제프리 삭스는 공적 개발 원조가 개발도상국의 빈곤 문제 해결에 매우 중요한 역할을 한다고 주장한다. 특히, 극심한 빈곤을 겪는 국가들이 초기 발전 단계를 넘어서기 위해서는 외부의 재정적 지원이 필수적이라고 본다. 그는 특히 보건, 교육, 인프라와 같은 분야에서 ODA가 효과적으로 사용될 수 있으며, 이를 통해 경제적 성장을 촉진하고 빈곤 문제를 완화할 수 있다고 본다. 삭스는 그의 책 <빈곤의 종말(The End of Poverty)>에서 ODA를 통해 말라리아와 같은 질병을 통제하고, 기본 인프라를 개선하며, 교육과 보건 서비스를 확장하는 사례를 들어 ODA의 효과를 강조한다.

### (2) 폴 콜리어(Paul Collier)

콜리어는 저서 <The Bottom Billion>에서 개발도상국, 특히 극빈국(저소득 국가)은 외부 지원 없이는 극복하기 어려운 구조적 빈곤에 처해 있다고 주장한다. 그는 이들 국가가 '빈곤의 덫'에 빠져 있는데, ODA는 그들이 자립할 수 있는 기반을 마련하는 데 기여할 수 있다고 본다. 콜리어는 적절하게 관리된 원조가 분쟁 후 국가의 재건이나 경제적 회복에 매우 중요한 역할을 할 수 있다고 본다. 그러나 ODA가 효과적이기 위해서는 투명성과 책임성이 보장되어야 하며, 이를 위한 제도적 지원이 필요하다고 강조한다.

### (3) 아마르티아 센(Amartya Sen)

아마르티아 센은 개발의 개념을 단순한 경제적 성장에 국한하지 않고, 인간 개발과 자유의 확장에 초점을 맞추었다. 그는 ODA가 개발도상국 국민들의 기본적 능력(capability)을 확대하는 데 기여할 수 있다고 주장한다. 특히, 보건과 교육 분야에서의 원조는 인간 개발에 큰 도움이 된다고 본다. 센은 원조가 단기적 경제 성과에만 초점을 맞추는 것이 아니라, 수원국 국민들의 삶의 질을 향상시키는 방향으로 사용될 때 장기적으로 더 큰 혜택을 가져올 수 있다고 본다.

## 2. ODA의 효과성에 회의적인 입장

### (1) 윌리엄 이스털리(William Easterly)

이스털리는 공적 개발 원조에 대해 매우 비판적이다. 그의 책 <The White Man's Burden>에서 그는 원조가 종종 수원국에 긍정적인 결과를 가져오지 못하며, 비효율적이라고 주장한다. 그는 원조가 자주 부패, 비효율적인 관료주의에 의해 낭비되고, 경제적 발전에 실질적인 기여를 하지 못한다고 본다. 이스털리는 시장 메커니즘과 자율적인 경제 발전이 더 중요한데, 원조는 이를 방해하고 수원국의 의존성을 심화시킨다고 주장한다. 그는 지속 가능한 발전은 외부 원조가 아니라, 내부에서 자생적인 경제 성장을 촉진해야 가능하다고 본다.

### (2) 담비사 모요(Dambisa Moyo)

담비사 모요는 원조가 수원국의 경제적 자립을 저해하고, 오히려 부패와 비효율성을 조장한다고 비판한다. 그녀는 저서 <Dead Aid>에서 원조가 아프리카의 발전을 방해하는 주요 요인이라고 주장하면서, 외부 원조보다는 민간 투자와 시장 중심의 개발 전략이 더 중요하다고 주장한다. 모요는 원조가 아프리카 정부들을 부패와 책임성 결여로 이끌고 있으며, 수원국 국민들 또한 원조에 의존하게 되어 경제적 독립을 이루지 못한다고 본다. 그녀는 민간 투자를 통해 경제 성장을 이끄는 것이 더 효과적이라고 주장한다.

### (3) 앵거스 디턴(Angus Deaton)

노벨 경제학상 수상자인 앵거스 디턴은 ODA가 수원국의 정치적 구조를 왜곡시키고, 부패와 비효율성을 부추긴다고 비판한다. 그는 공적 원조가 수원국 정부가 국민에 대한 책임을 다하지 않도록 만들며, 오히려 내부 정치적 문제를 악화시킬 수 있다고 본다. 디턴은 특히 원조가 수원국의 정치적 책임성을 약화시킨다고 지적한다. 원조로 인해 정부는 국민이 아닌 외부 원조 제공국에 더 의존하게 되며, 이는 수원국 내부의 정치적 구조를 왜곡할 수 있다는 것이다.

## 제12절 | 국제개발이슈

### 1 국제개발이슈의 의의

국제개발문제란 빈곤, 불평등, 보건, 교육, 식량, 성평등, 기후변화 등 전 세계적으로 지속가능한 발전을 저해하는 다양한 구조적 문제를 의미하며, 주로 개발도상국의 삶의 질 향상을 목표로 한다. 국제사회는 이러한 문제에 대응하기 위해 유엔의 지속가능발전목표(SDGs)를 중심으로 국제기구(예 UNDP, 세계은행), 국가 개발원조기관(KOICA, USAID 등), NGO(옥스팜, 세이브더칠드런 등)들이 협력하여 원조, 기술지원, 정책조언 등을 제공하며, 최근에는 남남협력, 젠더 주류화, 포스트식민주의적 접근 등 다양한 시각에서 포괄적이고 참여적인 개발 전략을 모색하고 있다. 국제개발 관련 다양한 논점들을 출제경향에 맞춰 정리한다.

### 2 국제개발 관련 주요 이슈

#### 1. 빈곤과 불평등 해소

빈곤은 국제개발의 핵심 과제로, 소득 부족뿐 아니라 보건, 교육, 주거, 물 접근 등 삶의 전반적인 조건과 관련된다. 도시와 농촌 간 격차, 여성과 소수자의 배제 등 구조적 불평등도 함께 문제시된다. 유엔개발계획(UNDP)은 전 세계에서 빈곤 감소를 위한 정책 자문과 프로그램을 운영하고 있으며, 세계은행(World Bank)은 소득 지원, 고용 창출, 사회안전망 구축을 위한 대규모 개발 프로젝트에 자금을 제공한다. 아프리카개발은행(AfDB)이나 아시아개발은행(ADB) 등도 지역 특화된 빈곤 감축 사업을 실시하고 있다.

## 2. 보건과 교육 접근성 확대

보건과 교육은 인간 역량 개발의 핵심 요소이다. 세계보건기구(WHO)는 코로나19, 말라리아, HIV/AIDS 등 질병 대응 및 보건 시스템 강화에 주력하며, 백신보급, 위생교육, 의료진 훈련 등을 지원한다. 유엔아동기금(UNICEF)은 아동 보건과 교육, 특히 소녀교육을 중심으로 한 개발 사업을 펼친다. 글로벌교육파트너십(GPE)이나 유네스코(UNESCO)는 교육 형평성 제고, 교사 역량 강화, 교육 인프라 확대에 기여하고 있다. 이러한 기구들은 현지 정부 및 NGO와 협력하여 지역사회 중심의 접근을 추구한다.

## 3. 기후변화와 지속가능성

기후변화는 개발도상국의 농업, 보건, 식수 등에 심대한 영향을 미치며, 지속가능한 개발을 가로막는 주요 위협이다. 유엔기후변화협약(UNFCCC)은 파리협정을 통해 온실가스 감축과 기후 적응을 목표로 하고 있으며, 녹색기후기금(GCF)은 개도국의 기후대응을 위한 재정지원을 담당한다. 유엔식량농업기구(FAO)는 기후변화에 강한 지속가능 농업을 촉진하며, 유엔환경계획(UNEP)은 환경 보호, 생태계 복원, 녹색경제 전환을 이끌고 있다. 각 기구는 기후와 개발을 통합하는 다자협력의 구심점 역할을 한다.

## 4. 젠더 평등과 사회적 포용

국제개발에서 여성과 사회적 소수자의 권리 보장은 중요한 과제로, 교육·보건·정치·노동 등 다양한 분야에서의 불평등이 지속되고 있다. 유엔여성기구(UN Women)는 여성의 정치적·경제적 권한 강화, 성폭력 근절, 젠더 기반 예산제도 도입 등을 촉진하며, 젠더 주류화 전략을 각국 개발 정책에 통합하는 데 주력한다. 국제노동기구(ILO)는 여성 노동자의 권리 보호, 비공식 부문에서의 성차별 해소 등에도 기여하고 있다. 이외에도 세이브더칠드런(Save the Children)이나 옥스팜(Oxfam)과 같은 국제 NGO들도 젠더 기반 개발을 실천하고 있다.

## 5. 개발 재원과 원조의 효과성

국제개발은 자금 조달과 효과적인 집행이 핵심이며, 이를 위해 다양한 국제기구가 원조의 투명성과 수원국의 주도성을 강화하고 있다. OECD 개발원조위원회(DAC)는 공적개발원조(ODA) 기준을 제정하고 회원국의 원조 정책을 모니터링하며, '효과적인 개발 협력'을 위한 글로벌 기준을 제공한다. 세계은행과 국제통화기금(IMF)은 개발 자금 지원과 동시에 구조조정 프로그램 및 재정개혁을 통해 수원국의 거버넌스를 강화한다. 최근에는 남남협력 촉진을 위한 유엔 남남협력사무국(UNOSSC)이나, 민간자본과 원조를 결합하는 블렌디드 파이낸스 플랫폼들도 활발히 활용되고 있다.

## 3 국제개발에 관한 이론

### 1. 근대화이론(Modernization Theory)

근대화이론은 1950~60년대 서구에서 발전한 이론으로, 개발도상국이 서구 선진국의 발전 모델을 모방하면 자연스럽게 발전할 수 있다고 본다. 산업화, 도시화, 교육 확대, 민주주의 확산 등이 발전의 필수 경로로 간주되며, 전통 사회에서 근대 사회로의 단계적 이행이 강조된다. 이 이론은 미국식 자유주의 자본주의 모델을 이상적 발전 형태로 제시하며, 개발의 지체 원인을 내부의 전통적 가치나 제도에서 찾는다. 그러나 문화적 다양성과 구조적 불평등을 간과하고, 서구 중심의 시각이라는 점에서 비판을 받는다.

### 2. 종속이론(Dependency Theory)

종속이론은 1960~70년대 라틴아메리카 학자들을 중심으로 제기된 비판적 이론으로, 개발도상국의 저개발은 단순한 발전의 미달이 아니라 세계 자본주의 체제 내에서의 구조적 종속의 결과라고 본다. 중심부(선진국)는 주변부(개도국)로부터 자원과 이윤을 흡수하며, 이러한 불평등한 무역 구조가 개발도상국의 자립적 발전을 방해한다는 입장이다. 이에 따라 수입대체산업화, 경제적 자립, 남남협력 등의 대안이 제시되었고, 국제개발 원조 역시 새로운 형태의 지배로 간주된다. 대표 학자로는 안드레 군더 프랑크, 라울 프레비시 등이 있다.

### 3. 신자유주의 이론(Neoliberalism)

신자유주의는 1980년대 이후 국제개발을 주도한 지배적 담론으로, 시장의 자율성과 자유무역, 민영화, 규제 완화를 통해 경제 성장을 유도하면 개발도 자연스럽게 이루어진다는 입장을 취한다. 세계은행과 IMF는 이 이론에 기반해 구조조정 프로그램(SAPs)을 통해 개발도상국의 공공부문 축소, 재정 긴축, 시장 개방 등을 요구했다. 이는 '워싱턴 컨센서스'로 대표되며, 경제 효율성과 외국인 투자 유치에 초점을 맞췄다. 그러나 사회 불평등 심화, 빈곤층의 피해, 공공서비스 약화 등의 부작용으로 광범위한 비판을 받았다.

### 4. 포스트식민주의 이론(Postcolonial Theory)

포스트식민주의는 개발 담론 자체가 서구 중심의 식민적 시각에서 형성되었음을 비판하며, '개발'이라는 개념이 과거 제국주의의 연장선상에서 작동하고 있다고 본다. 개발도상국은 종종 수동적 수혜자로 묘사되고, 서구의 문명화·근대화 모델이 보편적 진리처럼 강요된다는 것이다. 이 이론은 개발의 정의, 주체, 지식체계에 대해 비판적 질문을 던지며, 토착 지식과 현지 주체의 자율성을 강조한다. 대표 학자로는 에드워드 사이드, 가야트리 스피박, 호미 바바 등이 있다.

## 5. 페미니즘 개발이론(Feminist Development Theory)

페미니즘 개발이론은 국제개발이 성중립적이지 않으며, 여성과 소외된 집단의 경험과 권리를 배제해 왔다는 점을 비판한다. 여성은 개발의 수혜자가 아니라 주체로서 참여해야 하며, 교육, 건강, 고용, 정치 등 모든 개발 분야에서 성별 권력관계를 고려해야 한다는 입장이다. 초기의 여성중심개발(WID)에서 젠더와 개발(GAD)로 발전하면서, 남녀 간 구조적 불평등을 해소하고, 돌봄노동, 젠더폭력, 성별 예산 등의 이슈가 통합되었다. 유엔여성기구(UN Women) 등은 젠더 주류화 전략을 통해 국제개발 정책에 성인지적 시각을 확산시키고 있다.

## 6. 오티(Richard Auti)의 자원의 저주

자원의 저주(Resource Curse, Paradox of Plenty)는 천연 자원(화석 연료와 특정 광물 등)이 풍부한 국가가 천연 자원이 더 적은 국가들보다 낮은 수준의 경제 성장, 낮은 수준의 민주주의를 보이는 역설을 의미한다. 광물 자원이 풍부한 국가가 어떻게 자국의 경제를 상승시키기 위해 부를 사용하지 못하는지, 또 어떻게 이러한 국가들이 천연자원이 풍부하지 않은 국가들에 비해 더 낮은 경제 소득을 가졌는가를 기술하기 위해 1993년 리처드 오티(Richard Auty)에 의해 처음 사용되었다. 이들 국가들에서는 이권 다툼으로 풍부한 자원의 이익이 국가가 아닌 특정 집단에 돌아감으로써 국민은 빈곤을 면하지 못한다. 자원과 관련된 산업은 자본집약적(Capital Intensive)인 특성을 가지고 있고, 따라서 고용 창출효과가 미미하다. 대다수 개발도상국들에서는 천원자원을 채굴하고 정제하는 등의 제대로 된 기술조차 가지고 있지 않아서 외국 자본에 의존한다. 이런 특성이 정치적인 부패와 결합하여 자원을 이용하여 벌어들인 돈은 극소수 부유층으로만 흘러들어가고 대다수 국민들은 빈곤에서 벗어나지 못하는 것이다. 최악의 경우 자원으로 벌어들일 수 있는 이득을 차지하기 위한 권력다툼이 내전양상으로 번지기도 한다.

# 4 신국제경제질서(NIEO)

## 1. 설립 배경

신국제경제질서(NIEO)는 1970년대 초, 개발도상국들이 중심이 되어 기존의 불균형한 세계 경제 질서를 개혁하고자 제기한 국제운동이다. 2차 세계대전 이후 독립한 아시아, 아프리카, 라틴아메리카 국가들은 선진국 중심의 무역, 금융, 기술 체제에 편입되면서 자립적 발전이 어려운 구조에 놓여 있었고, 이에 따라 보다 공정한 국제경제 규칙을 요구하게 되었다. 특히 1973년 제1차 오일쇼크를 계기로 석유수출국기구(OPEC)가 국제 경제 질서에 영향력을 행사하게 되면서, 비동맹운동(NAM)과 G77은 집단적으로 NIEO를 제안하며 국제사회의 주목을 받았다.

## 2. 주요 요구 사항

NIEO는 개발도상국의 경제 주권과 자립적 발전을 보장하기 위해 다양한 개혁을 요구했다. 첫째, 불공정한 무역 구조를 바로잡기 위해 원자재 가격 안정, 수입대체산업화 지원, 개도국 제품의 시장 접근성 확대를 요구했다. 둘째, 기술이 선진국에 독점되어 있다는 점을 문제 삼으며, 개도국에 대한 기술 이전을 제도화할 것을 주장했다. 셋째, 공적개발원조(ODA) 확대와 국제금융체제의 개혁을 통해 개발 재원의 형평성을 보장해야 한다고 보았다. 넷째, 다국적기업의 활동을 규제해 개발도상국 내 자원 착취를 방지해야 하며, 마지막으로 각국의 자원에 대한 완전한 경제주권을 인정할 것을 강하게 주장했다.

## 3. 전개 과정

NIEO 운동은 1974년 유엔총회에서 정점을 맞았으며, 제6차 특별총회에서 「신국제경제질서 수립 선언」(A/RES/S-6/3201)이 채택되었다. 같은 해 「국가의 경제적 권리와 의무에 관한 헌장」(UN Charter of Economic Rights and Duties of States)도 채택되어 NIEO의 이념을 구체화하려는 시도가 이어졌다. 이후 유엔무역개발회의(UNCTAD), 비동맹운동 정상회의, G77 회의 등에서 반복적으로 NIEO 요구가 제기되었고, 개발도상국들은 연대를 통해 선진국과의 협상력을 높이고자 했다. 그러나 선진국의 소극적 대응과 개도국 내부의 경제 격차, 세계 경제의 불안정성 등으로 인해 NIEO는 제도화 단계까지 나아가지 못했다.

## 4. 한계와 평가

NIEO는 개발도상국의 정치적 요구를 국제무대에서 집단적으로 제기한 중요한 이정표였지만, 현실적인 실현에는 큰 한계가 있었다. 선진국들은 기술 이전이나 무역 구조 개혁 등에서 자국 이익에 반한다고 판단해 대부분의 요구에 소극적으로 대응했다. 또한 1980년대에 들어 세계 경제가 침체에 빠지고, 신자유주의가 국제경제의 주류 이념으로 자리잡으면서 NIEO는 점차 후퇴하게 되었다. 그럼에도 불구하고 NIEO는 국제개발이 단순한 경제 성장의 문제가 아니라 국제 권력 구조와 제도적 불평등의 문제라는 점을 국제사회에 각인시킨 역사적 운동으로 평가된다.

## 5. 영향

NIEO 운동은 그 자체로는 제도적 성과를 내지 못했지만, 이후 국제개발 담론과 정책에 장기적인 영향을 미쳤다. 무엇보다 개발도상국의 집단적 연대를 기반으로 한 남남협력(South-South Cooperation)의 이론적 기초를 마련했고, 유엔무역개발회의(UNCTAD)와 G77의 협상력을 제고하는 기반이 되었다. 오늘날에도 기후변화 대응, 지속가능발전목표(SDGs), 글로벌 거버넌스 개혁 논의에서 NIEO의 정신은 계승되고 있으며, 개발도상국들은 여전히 공정한 무역, 기술 이전, 경제적 자결권을 핵심 과제로 제기하고 있다. NIEO는 국제개발의 정치성과 구조적 불평등 문제를 정면으로 제기한 상징적 사건으로 남아 있다.

## 5 국제개발 관련 국제기구(국제협력)

### 1. UNCTAD

#### (1) 설립 배경과 목적

유엔무역개발회의(UNCTAD)는 1964년 개발도상국의 요구에 따라 설립된 유엔 산하 기구로, 국제무역과 개발 사이의 불균형을 시정하고, 특히 개발도상국의 경제 성장과 통합을 촉진하는 것을 목표로 한다. 당시 세계무역은 선진국 중심으로 구조화되어 있었으며, 개발도상국은 원자재 수출에 의존하면서 불공정한 교역 조건에 놓여 있었다. UNCTAD는 이러한 문제를 해결하기 위해 공정무역, 기술 이전, 개발 재원 확대, 남남협력 등을 촉진하고자 했다.

#### (2) 조직 구조와 본부

UNCTAD의 본부는 스위스 제네바에 있으며, 최고 의사결정기구는 4년마다 개최되는 총회(Conference)이다. 이 총회에서는 회원국의 장관급 대표들이 모여 주요 개발 아젠다를 논의하고, 전략 방향을 결정한다. 상설기구로는 무역개발이사회(Trade and Development Board)가 있으며, 연 1회 정기회의와 여러 기술 전문가 회의를 통해 정책 조율과 프로그램 평가를 수행한다. UNCTAD는 유엔 사무국 산하 기구로서, 사무총장은 유엔 사무총장의 승인을 받아 임명된다.

#### (3) 주요 기능과 활동

UNCTAD는 개발도상국을 위한 정책 연구, 기술 지원, 역량 강화, 데이터 분석 등의 기능을 수행한다. 주요 활동 영역은 무역 정책 자문, 외국인 투자 환경 개선, 디지털경제 분석, 부채 문제 연구, 여성의 경제참여 촉진 등이다. 또한 무역·개발보고서(Trade and Development Report), 세계투자보고서(World Investment Report) 등 권위 있는 연례 보고서를 발간하여 글로벌 경제 현안에 대한 분석과 정책 제언을 제시한다. 특히 개도국의 입장을 대변하고 선진국과의 협상에서 기술적 근거를 제공하는 싱크탱크 역할도 수행한다.

#### (4) 국제개발과의 관계

UNCTAD는 국제개발 분야에서 개도국의 경제주권과 자립적 발전을 옹호하는 중심적 기구로 기능해 왔다. 특히 1970년대에는 G77, 비동맹운동과 연계하여 신국제경제질서(NIEO) 수립을 주장하고, 개도국이 직면한 불공정 무역 구조 개혁을 촉진하는 데 앞장섰다. 이후에도 UNCTAD는 지속가능발전목표(SDGs) 이행 지원, 디지털 격차 해소, 글로벌 가치사슬 분석 등 시대 변화에 맞춘 다양한 개발 이슈를 다루며, 개도국의 경제 정책 수립을 뒷받침하고 있다.

### (5) 회원국과 위상

UNCTAD는 195개국(모든 유엔 회원국 포함)이 가입한 전 지구적 기구이며, 선진국과 개발도상국 모두가 참여하지만, 특히 개발도상국의 이익 대변에 초점을 맞추고 있다. WTO나 IMF와 달리 법적 구속력 있는 규범을 만들지는 않지만, 개도국 중심의 정책 협의체로서 정치적·이데올로기적 균형을 이루는 독립적 목소리를 제공하는 것이 강점이다. 국제무역과 개발정책의 연계를 강조하면서, 보다 포괄적이고 공정한 글로벌 경제 질서 수립을 위한 지속적 논의를 이끌고 있다.

### (6) 한국 관련 사항

한국은 1964년 유엔무역개발회의(UNCTAD)가 창설될 당시부터 초기 회원국으로 참여하였으며, 당시에는 국제사회에서 대표적인 개발도상국으로 분류되었다. 이후 급속한 경제성장과 산업화, 1996년 OECD 가입 등을 계기로 국제사회에서 선진국으로의 위상이 점차 강화되었고, 마침내 2021년 7월 2일, UNCTAD 제68차 무역개발이사회는 만장일치로 한국을 '개발도상국'에서 '선진경제국(developed economy)'으로 공식 재분류하였다. 이는 UNCTAD 설립 이후 최초로 회원국의 경제 지위를 상향 조정한 사례로, 한국은 기존의 개도국 그룹(Group A)에서 선진국 그룹(Group B)으로 이동하게 되었다. 이 결정은 한국의 경제력과 개발 경험을 국제사회가 인정한 결과이며, 이후 한국은 UNCTAD 내에서 개발도상국을 지원하는 중재자이자 공여국으로서 보다 적극적인 역할을 수행하게 되었다.

## 2. 비동맹운동

비동맹운동(Non-Aligned Movement, NAM)은 냉전기 미국과 소련의 이념 대립 속에서 어느 진영에도 공식적으로 속하지 않겠다는 원칙을 내세운 제3세계 중심의 국제 정치운동으로, 1961년 유고슬라비아의 티토, 인도의 네루, 이집트의 나세르 등의 주도로 결성되었다. 이 운동은 단순한 중립을 넘어서 식민주의와 제국주의에 반대하며, 신생 독립국들의 주권 존중, 내정 불간섭, 평화공존, 경제적 자립 등을 핵심 원칙으로 내세웠다. 특히 비동맹국들은 유엔에서 집단적인 목소리를 통해 새로운 국제경제질서(NIEO)를 주장하고, 공정한 무역 조건과 개발도상국에 대한 기술·재정 지원 확대를 요구하는 등 국제개발과도 밀접한 관련을 맺었다. 비동맹운동은 냉전기의 강대국 중심 국제질서에 대한 도전이자, 제3세계 국가들의 정치적 연대와 자율적 발전의 상징이었다. 냉전기 북한은 공식 회원국은 아니었으나 옵저버로 참여한 바 있다. 한국은 회원국이나 옵저버 지위를 갖지 않았다.

## 3. G77

### (1) 설립과 역사

G77은 1964년 6월 15일, 스위스 제네바에서 열린 제1차 유엔무역개발회의(UNCTAD)에서 77개 개발도상국이 공동 선언을 채택하면서 출범하였다. 초기에는 선진국 중심의 국제경제질서에 대한 대항축으로서 개발도상국의 단결과 협력을 도모하기 위해 형성되었으며, 회원국 수는 현재 약 134개국으로 늘어났지만 '77'이라는 이름은 역사적 기원을 반영해 그대로 유지되고 있다. G77은 정치적 블록이라기보다는 경제·사회적 협의체로서, 개발도상국의 공동 이익을 국제사회에서 효과적으로 대변하기 위한 플랫폼이다.

### (2) 조직 구조와 본부

G77의 주요 사무국은 유엔본부가 있는 뉴욕에 설치되어 있으며, 그 외에도 제네바(UNCTAD, WTO 관련), 빈(국제원자력기구 등 관련), 나이로비(UNEP 관련), 로마(FAO, IFAD, WFP 관련)에 지역 사무소를 두고 있다. G77은 매년 1개국이 순번제로 의장국을 맡으며, 의장국은 연례 회의의 주재, 성명 초안 작성, 회원국 간 의사 조율 등을 담당한다. 공식적인 사무총장이나 상설 집행기관은 없으며, 각국의 외교대표단이 유엔 회의나 기타 국제 회의에서 G77의 입장을 공동으로 대변하는 구조다.

### (3) 회의 운영과 결정 방식

G77은 매년 유엔총회 개막 주간에 뉴욕에서 외교장관회의를 개최하며, 이를 통해 주요 현안에 대한 공동 입장을 조율한다. 또한 제네바, 빈, 나이로비 등지에서는 개발, 환경, 무역 등 특정 주제에 대한 전문가 회의나 대표회의가 수차례 열린다. G77의 의사결정은 주로 컨센서스(합의) 방식으로 이루어지며, 회원국 간의 다양성을 고려해 신중한 입장 조율이 이루어진다. 공식 문서 형태는 공동성명, 공동발언문, 유엔 결의안 공동제안 등으로 나타난다.

### (4) 주요 활동과 의제

G77은 설립 이래 개발도상국의 경제적 권리 보장을 위해 다양한 활동을 펼쳐 왔다. 1974년에는 유엔총회를 통해 '신국제경제질서(New International Economic Order, NIEO)' 수립을 주장하며, 무역·금융·기술이전 구조의 개혁을 요구하였다. 이후에도 G77은 남남협력(South-South Cooperation) 촉진, 지속가능발전목표(SDGs) 이행, 기후변화 대응, 디지털 격차 해소, 코로나19 이후 보건불평등 문제 등 현대 국제개발 아젠다에서도 활발한 역할을 해왔다. G77은 개발도상국의 공동 이해를 반영하는 유엔 결의안 채택 및 협상 과정에서 핵심적 주체로 기능한다.

### (5) 특징과 의의

G77은 법적 구속력을 가진 조약기구가 아닌 느슨한 협의체이지만, 유엔 내에서 가장 규모가 큰 개발도상국 블록으로서 정치적·외교적 영향력이 크다. 아프리카, 아시아, 중남미 등 다양한 지역의 국가들이 참여하며, 내부적으로는 개발 수준과 이해관계의 차이가 크지만, 국제협상에서 집단적 발언권 확보라는 공통 목표 아래 결속을 유지하고 있다. 특히, 유엔총회나 UNCTAD 등 주요 무대에서 선진국 주도의 의사결정 구조에 대응해 개도국의 목소리를 하나로 모으는 기능을 하며, 선진국과의 협상에서 균형을 이루는 데 중요한 역할을 한다.

## 4. UNDP

### (1) 설립과 목적

UNDP는 1965년 유엔총회 결의(UNGA Resolution 2029(XX))에 따라 설립된 유엔의 주요 개발지원 기구로, 전 세계 개발도상국의 빈곤 감소, 지속가능한 발전, 민주적 거버넌스, 위기대응 역량 강화 등을 목표로 활동한다. 특히 유엔 내에서 개발 협력의 조정자 역할을 수행하며, 각국의 개발 전략 수립과 이행을 지원하는 핵심 기관이다. UNDP는 지속가능발전목표(SDGs)의 달성을 위한 실행기관 중 하나로 간주된다.

### (2) 법적 지위 및 회원

UNDP는 유엔총회의 보조기관으로서 설립되었다. 총회의 지침과 감시 아래 각국의 개발 현장에서 실질적인 실행을 담당하는 역할을 맡고 있다. UNDP(유엔개발계획)는 유엔 산하의 기금·계획 기구로, 별도의 회원국 가입 절차 없이 유엔에 가입한 모든 193개국이 자동적으로 참여하는 범세계적 개발 협력 기구이다. 정책 결정과 예산 심의 등 주요 의사결정은 36개국으로 구성된 집행이사회(Executive Board)를 통해 이루어진다.

### (3) 조직 구조와 본부

UNDP의 본부는 미국 뉴욕에 있으며, 전 세계 170개국 이상에 현지 사무소를 두고 있다. 최고 책임자는 UNDP 사무총장(Administrator)으로, 유엔 사무총장의 제청을 받아 유엔총회에서 임명된다. 주요 의사결정기구는 집행이사회(Executive Board)로, 유엔 회원국 중 일부가 임기제로 선출되어 정책 방향과 예산 등을 결정한다.

### (4) 주요 활동 영역

UNDP는 개발도상국의 빈곤 감소, 민주주의 및 법치 증진, 기후변화 대응, 성평등, 재난 대응 및 회복력 강화 등 다양한 분야에서 프로젝트를 수행한다. 특히 지역 주민의 역량을 강화하는 기술지원(technical assistance)과 정부정책 자문을 통해 수원국의 자립적 개발을 촉진한다. 또한 선거 지원, 법제도 개선, 부패 방지, 젠더 예산 도입 등 제도 구축 및 거버넌스 향상에도 집중하고 있다. 최근에는 디지털 전환, 녹색경제 전환, 사회적 보호제도 구축 등 시대 변화에 맞춘 과제도 적극 다루고 있다.

## 5. 국제통화기금(IMF)

국제통화기금(IMF, International Monetary Fund)은 원래 국제 금융 안정과 통화 협력을 주요 목적으로 설립된 기구지만, 국제개발 분야에서도 거시경제 안정을 위한 기반 조성과 재정 지원을 통해 중요한 역할을 수행하고 있다. 특히 개발도상국이 외환위기나 재정위기에 직면했을 때 IMF는 구제금융(긴급 자금 지원)을 제공하고, 그 대가로 경제 구조조정 프로그램(Structural Adjustment Program)을 요구함으로써 재정 건전성, 물가 안정, 외환시장 안정 등을 유도한다. 또한 저소득국을 대상으로는 빈곤감축·성장지원기금(PRGT) 등을 통해 장기 저금리 자금을 제공하며, 세수 개혁, 중앙은행 운영, 통계 역량 강화 등 제도 구축을 위한 기술 지원(technical assistance)도 함께 제공한다.

## 6. 세계은행(WB)

세계은행(World Bank)은 1944년 브레튼우즈 회의에서 설립된 국제금융기구로, 개발도상국의 빈곤 감소와 경제 개발을 지원하기 위해 장기 저리 대출, 보조금, 기술 지원, 정책 자문 등을 제공하는 것을 주요 임무로 한다. 본부는 미국 워싱턴 D.C.에 있으며, 세계은행 그룹은 국제부흥개발은행(IBRD), 국제개발협회(IDA), 국제금융공사(IFC), 다자간투자보증기구(MIGA), 국제투자분쟁해결센터(ICSID) 등 5개 기구로 구성되어 있다. 이 중 IBRD와 IDA가 가장 핵심적인 개발 금융 기능을 담당하며, 특히 저소득 및 중소득 국가의 인프라, 교육, 보건, 기후 대응 등 다양한 분야에서 지속가능한 발전을 위한 자금과 전문지식을 제공한다.

# 6 국제 개발 관련 주요 INGO

## 1. 옥스팜(Oxfam)

옥스팜(Oxfam)은 1942년 영국에서 설립된 세계적인 국제구호 및 개발 NGO로, 현재 약 90개국에서 활동하며 빈곤과 불평등 해소를 위한 다양한 프로그램을 운영하고 있다. 옥스팜은 긴급구호뿐만 아니라 식량안보, 깨끗한 물과 위생, 여성 권리, 공정무역, 기후 정의 등 구조적 문제에 대응하는 장기 개발사업에 중점을 둔다. 특히 다국적 기업과 부유층의 조세 회피, 불공정 무역 구조 등에 대한 비판과 캠페인 활동을 통해 정책 변화와 사회정의 실현을 함께 추구하는 활동가적 INGO로 평가받는다.

## 2. 세이브더칠드런(Save the Children)

세이브더칠드런은 1919년 영국에서 시작된 세계 최초의 아동권리 NGO로, 현재 전 세계 100여 개국에서 활동하며 아동의 생존, 보호, 교육, 참여 권리를 실현하기 위해 노력하고 있다. 국제개발 분야에서는 특히 아동 보건, 기초 교육, 긴급구호 상황에서의 아동 보호, 영양 개선 사업 등에 집중하고 있으며, 유엔 아동권리협약(CRC)을 기반으로 정책 옹호 활동도 병행한다. 세이브더칠드런은 아동을 단순한 지원 대상이 아닌 주체적 권리 보유자로 바라보며, 지역사회 기반 접근을 통해 지속가능한 개발 효과를 추구한다.

## 3. 월드비전(World Vision)

월드비전은 1950년 한국전쟁 고아들을 돕기 위해 설립된 기독교 기반 국제 NGO로, 현재는 전 세계 약 100여 개국에서 활동하며 아동 중심의 개발협력, 긴급구호, 식수·위생 사업, 교육 및 보건 지원 등 폭넓은 영역에서 활동하고 있다. 특히 후원자와 아동 간 1:1 결연 프로그램을 통해 장기적인 지역개발 모델을 구축하며, 지역사회 주민의 자립 역량을 키우는 것을 강조한다. 신앙 기반 조직이지만 종교나 국적에 상관없이 지원 대상을 포괄하며, 현장 기반의 통합적 개발 접근법으로 국제개발 분야에서 지속적인 영향력을 발휘하고 있다.

## 4. CARE International

CARE International은 1945년 제2차 세계대전 직후 유럽 난민을 지원하기 위해 설립된 국제 NGO로, 현재는 전 세계 100여 개국에서 활동하며 빈곤과 사회적 불평등 해소를 목표로 개발협력과 인도적 지원을 수행하고 있다. CARE는 특히 여성과 소녀의 권리와 역량 강화에 중점을 두며, 식량안보, 재난위험 경감, 교육, 보건, 기후변화 대응 등의 분야에서 지역사회 기반의 통합적 프로그램을 운영한다. "빈곤은 단순한 자원의 부족이 아니라 권력의 불균형에서 비롯된다"는 철학을 바탕으로, CARE는 사회구조 변화를 통한 지속가능한 개발을 추구한다.

## 5. 국경없는의사회(Médecins Sans Frontières, MSF)

국경없는의사회는 1971년 프랑스 의사와 기자들이 공동 설립한 국제 NGO로, 분쟁지역, 재난현장, 전염병 발생지 등 의료 접근성이 극도로 제한된 지역에서 긴급 의료 지원을 제공하는 데 중점을 둔다. MSF는 정치적 중립성과 독립성을 강조하며, 정부나 군사세력의 개입 없이 순수 인도주의 원칙에 따라 의료 활동을 수행한다. 국제개발과 관련해서는 보건 시스템이 붕괴된 취약국에서 감염병 대응, 백신 보급, 영양실조 치료 등을 통해 개발의 기초가 되는 보건 인프라 회복을 지원한다. MSF는 현장성과 전문성을 바탕으로 국제사회에서 높은 신뢰를 받고 있다.

# 7 새천년 개발 목표(MDG)

## 1. 설립 배경과 채택 과정

MDG는 2000년 9월, 뉴욕에서 열린 유엔 새천년 정상회의(Millennium Summit)에서 유엔 회원국 189개국이 채택한 「새천년 선언(Millennium Declaration)」을 바탕으로 수립되었다. 이후 유엔 개발계획(UNDP), 세계은행, OECD 등 국제기구들이 협력하여 구체적인 목표와 지표를 정리하고, 2001년 공식적으로 8개 개발 목표와 21개 세부 목표, 60여 개의 지표가 설정되었다. MDG는 2000년부터 2015년까지 15년간 국제사회가 공동으로 추구할 개발 프레임워크로 작동하였다.

## 2. 주요 목표 내용

MDG는 총 8개 목표(Goals)로 구성되어 있으며, 주로 인간의 기본적 삶의 질 개선에 중점을 두었다. 이 목표들은 극심한 빈곤과 기아 퇴치, 초등교육 보편화, 양성평등과 여성 권한 강화, 유아 사망률 감소, 모성 건강 개선, HIV/AIDS·말라리아 등 질병 퇴치, 환경 지속가능성 확보, 개발을 위한 글로벌 파트너십 구축 등을 포함한다. 각 목표는 구체적인 수치 목표와 연도별 지표로 측정되도록 설계되었으며, 다양한 국제기구와 정부, 시민사회가 이행에 참여하였다.

## 3. 이행 성과와 주요 진전

MDG는 국제사회가 처음으로 공통된 글로벌 개발 목표를 설정하고 측정 가능한 지표를 통해 추진한 시도라는 점에서 큰 의의를 가진다. 일부 분야에서는 실질적 성과가 나타났는데, 특히 절대 빈곤층 비율 감소, 초등교육 취학률 증가, 아동 및 모성 사망률 감소, HIV/AIDS 감염률 둔화 등의 지표에서 긍정적인 진전이 있었다. 또한 MDG는 선진국의 공적개발원조(ODA) 확대와 저소득국가 보건·교육 투자 증가를 유도하며 국제개발 흐름을 선도하였다.

## 4. 한계와 비판

MDG는 개발을 글로벌 어젠다로 전면화했다는 점에서 역사적 의미를 가지지만, 동시에 여러 한계점도 드러났다. 첫째, 목표 자체가 과도하게 단순화되어 국가 간 맥락과 구조적 원인을 간과했다는 비판이 있었다. 둘째, 지표 중심 접근이 정책의 질적 개선보다는 수치 달성에 치중하게 만들었고, 셋째, 기후변화, 불평등, 정치참여, 경제적 구조 개혁과 같은 중요한 주제가 충분히 반영되지 못했다. 또한 국가 내 소외 집단에 대한 고려가 부족해 성별·지역별 격차는 여전히 지속되었다.

## 5. 이후 전개: SDGs로의 전환

MDG는 2015년을 끝으로 종료되었으며, 이를 계승하고 확대·심화한 후속 체계로 지속가능발전목표(SDGs: Sustainable Development Goals)가 2015년 유엔 총회에서 채택되었다. SDGs는 MDG보다 훨씬 포괄적인 17개 목표와 169개 세부목표를 담고 있으며, 모든 국가에 적용되는 보편적 개발 의제로 설정되었다.

# 8 Post-2015 개발어젠다(SDG)

## 1. 개념 및 정의

Post-2015 개발 아젠다는 2015년을 끝으로 종료된 새천년개발목표(Millennium Development Goals, MDGs)를 계승하고 확대하기 위해 국제사회가 채택한 새로운 글로벌 개발 의제이다. 이 아젠다는 2015년 9월 유엔 총회에서 채택된 「지속가능발전목표(Sustainable Development Goals, SDGs)」를 중심으로 구성되며, 2030년까지 전 세계가 공동으로 달성해야 할 포괄적·보편적·통합적 발전 목표를 담고 있다. 이는 빈곤 퇴치를 넘어 경제, 사회, 환경의 균형 있는 지속가능한 발전을 추구하며, 모든 국가와 모든 사람을 대상으로 적용된다.

## 2. 배경 및 필요성

MDGs는 2000년부터 2015년까지 국제사회가 추진한 첫 번째 개발 목표 체계로, 주로 개발도상국을 대상으로 한 빈곤감소, 교육 확대, 보건 향상 등을 핵심 목표로 삼았다. 그러나 MDGs는 환경문제나 불평등 해소, 선진국의 책임 문제 등에 대한 고려가 부족했으며, 목표의 보편성과 포괄성에서도 한계를 보였다. 이에 따라 2015년 이후에는 모든 국가가 공동 책임을 지는 보다 광범위하고 통합적인 개발 의제가 필요하다는 인식이 확산되었고, 이를 바탕으로 Post-2015 개발 아젠다가 수립되었다.

## 3. 핵심영역

유엔의 지속가능발전목표(SDGs)는 인간(People), 지구(Planet), 번영(Prosperity), 평화(Peace), 파트너십(Partnership)의 다섯 가지 핵심 영역으로 대별된다. 이는 모든 인간의 존엄과 기본권 보장, 지구 생태계의 보호와 기후변화 대응, 포용적이고 지속가능한 번영의 추구, 정의롭고 평화로운 사회의 구축, 그리고 다양한 이해관계자 간의 글로벌 협력을 통해 지속가능한 발전을 실현하겠다는 국제사회의 공동 의지를 반영한 것이다.

## 4. 핵심 구성: 지속가능발전목표(SDGs)

Post-2015 개발 아젠다의 중심은 2015년 유엔 총회에서 채택된 지속가능발전목표(SDGs)이다. SDGs는 2016년부터 2030년까지 적용되며, 총 17개 목표와 169개의 세부목표, 232개의 지표로 구성되어 있다. 목표에는 빈곤 종식, 기아 해소, 양질의 교육, 성평등, 기후변화 대응, 지속가능한 도시 건설 등 사회·경제·환경 전반의 이슈가 포함된다. 이는 모든 국가가 자국 상황에 맞게 자발적으로 이행해야 할 공동 과제로 설정되었다.

## 5. SDGs의 특징과 MDGs와의 차이

SDGs는 MDGs와 달리 보편성과 포괄성, 통합성을 핵심 가치로 한다. MDGs가 개발도상국 중심의 원조 기반 접근이었다면, SDGs는 선진국과 개도국 모두에게 적용되는 보편적 목표이다. 또한 목표 수와 범위가 크게 확대되어, 사회적 이슈뿐 아니라 환경 보전과 경제 성장, 제도적 평화와 정의까지 포함한다. 이와 함께 다자주의와 글로벌 파트너십의 중요성이 강조되어, 정부 외에도 시민사회, 민간, 지방정부 등 다양한 주체의 협력이 필수적이다.

## 6. 이행 체계 및 거버넌스

SDGs는 각국 정부가 자국 실정에 맞게 이행 계획을 수립하고 실행해야 하며, 국제적으로는 유엔의 '고위급 정치포럼(HLPF)'을 통해 이행 현황을 정기적으로 검토한다. 또한 목표 달성을 위해 공적개발원조(ODA), 민간 재원, 혁신 금융, 국내 자원 동원 등 다양한 재원 조달 방식이 요구된다. 유엔은 SDGs 이행을 위한 국제협력 및 데이터 기반 점검 체계를 강화하고 있으며, 글로벌 지표 체계를 통해 정량적 평가도 병행하고 있다.

### 7. 핵심 원칙: 누구도 소외되지 않도록(Leave No One Behind)

Post-2015 개발 아젠다의 핵심 가치 중 하나는 "어느 누구도 소외되지 않도록(Leave no one behind)"이라는 원칙이다. 이는 평균적인 발전 성과만을 추구하는 것이 아니라, 소외되고 취약한 계층을 우선적으로 고려하여 모든 사람이 개발 혜택을 누릴 수 있도록 하는 데 초점을 둔다. 이 원칙은 인권 기반 접근법과도 연결되며, SDGs의 이행과정에서 불평등 해소와 포용성 강화를 위한 정책적 노력을 촉진하는 기준이 된다.

## 제13절 | 국제인권보호문제

### 1 국제인권규범

#### 1. 세계인권선언(1948년)

세계인권선언은 1948년 12월 10일 유엔 총회에서 채택된 국제 인권 규범의 출발점으로, 제2차 세계대전의 인권 유린에 대한 반성에서 비롯되었다. 이 선언은 생명권, 자유권, 사상·양심·종교의 자유, 표현의 자유, 노동권, 교육권, 사법적 권리 등 인간으로서의 기본권을 포괄적으로 명시하고 있으며, "모든 인간은 태어날 때부터 자유롭고 존엄과 권리에 있어 평등하다"는 보편적 인권의 원칙을 제시한다. 법적 구속력은 없지만, 이후 제정된 거의 모든 국제인권조약과 헌법, 국내법의 해석에 영향을 미치는 규범적 기준으로 자리 잡았다. 대한민국은 당시 유엔 회원국이 아니었으나, 이후 세계인권선언의 원칙을 수용하여 헌법 제10조를 비롯한 인권 관련 조항을 구성하였으며, 다양한 인권조약 가입을 통해 그 내용을 실질화하고 있다.

#### 2. 유럽인권협약(1950년)

유럽인권협약(European Convention on Human Rights, ECHR)은 제2차 세계대전 이후 유럽 내 인권 보장을 제도화하기 위해 1950년 유럽평의회(Council of Europe)에 의해 채택되고, 1953년 발효된 조약으로, 유럽 지역에서 가장 핵심적인 인권 보호 체계이다. 이 협약은 생명권, 고문 금지, 자유와 안전, 공정한 재판, 사생활 보호, 표현의 자유, 집회 및 결사의 자유 등 시민적·정치적 권리를 중심으로 규정하며, 가입국 국민은 협약 위반에 대해 유럽인권재판소(European Court of Human Rights, ECtHR)에 제소할 수 있다.

## 3. 난민의 지위에 관한 협약(1951년)

제2차 세계대전 이후 발생한 대규모 난민 문제에 대응하기 위해 제정된 국제조약으로, 박해로 인해 국적국을 떠난 개인에게 '난민' 지위를 부여하고 그들의 권리와 보호를 보장하는 것을 핵심 내용으로 한다. 협약은 인종, 종교, 국적, 특정 사회집단의 구성원 신분, 정치적 의견 등을 이유로 박해받을 우려가 있는 경우를 난민으로 정의하며, 난민에게는 강제송환 금지(Non-refoulement), 노동과 교육의 권리, 종교의 자유, 사법 절차의 접근 등 기본적 인권을 보장한다. 아울러 체류국은 난민을 차별 없이 대우하고 생존과 자립을 도울 의무를 지닌다. 이후 1967년 의정서가 채택되어 지역적·시간적 제한을 철폐하면서 난민의 정의가 전 세계로 확대되었다. 대한민국은 1992년 12월 3일 이 협약과 1967년 의정서에 모두 가입하였으며, 2013년에는 아시아 최초로 독립적인 난민법을 제정해 난민 심사 및 보호 제도를 제도화하였다.

## 4. 유럽사회헌장(1961년)

유럽평의회(Council of Europe)가 1961년 채택하고 1965년 발효시킨 조약으로, 유럽지역에서 경제적·사회적 권리를 보장하기 위한 핵심 인권 문서이다. 이 헌장은 노동권, 적절한 근로 조건, 공정한 임금, 결사의 자유, 노동자 단체 결성 및 단체교섭권, 사회보장, 주거권, 교육받을 권리, 건강 보호, 아동·노인·장애인 보호 등 사회 전반에 걸친 권리를 포괄적으로 규정하고 있다. 1996년에는 권리 범위와 감독 절차를 확대한 개정 유럽사회헌장이 채택되어 기존 조약을 보완하고 강화하였다. 이 헌장의 이행 여부는 유럽사회권위원회(European Committee of Social Rights)가 감시하며, 각국의 정기적 보고서를 통해 권고를 내리거나 집단 진정 절차를 통해 시민단체가 직접 위반을 제기할 수도 있다.

## 5. 시민적 및 정치적 권리에 관한 국제규약(ICCPR, 1966년)

ICCPR은 개인의 자유와 참여권을 보장하는 핵심 인권조약으로, 생명권, 고문 금지, 사상·종교의 자유, 표현의 자유, 집회 및 결사의 자유, 공정한 재판을 받을 권리, 법 앞의 평등, 자의적 체포·구금 금지, 참정권 등 민주적 시민사회의 기초가 되는 권리들을 폭넓게 보장하고 있다. 이 조약은 제2선택의정서를 통해 사형을 폐지하였다. 이행 상황은 유엔 인권위원회(Human Rights Committee)가 감시한다. 대한민국은 1990년 4월 10일 ICCPR에 가입하였다.

## 6. 경제적·사회적 및 문화적 권리에 관한 국제규약(ICESCR, 1966년)

ICESCR은 교육권, 노동권, 건강에 대한 권리, 주거권, 사회보장권, 문화생활 향유권 등 인간의 생활조건과 밀접한 권리들을 보장하는 조약으로, 당사국이 가용 가능한 자원을 최대한 활용하여 점진적으로 실현할 의무를 진다. 또한 차별금지, 노동조합 결성, 가족 보호, 적정한 생활 수준 보장 등이 주요 내용으로 포함되어 있다. 이행은 경제사회문화권위원회(CESCR)가 국가보고서를 통해 점검하며, 최근에는 선택의정서에 따라 개인통보제도도 가능하다. 대한민국은 ICCPR과 함께 1990년 4월 10일 이 조약에도 가입하였다.

### 7. 인종차별철폐협약(ICERD, 1965년)

ICERD는 모든 형태의 인종차별을 철폐하고 인종 간의 평등을 촉진하기 위한 조약으로, 인종, 피부색, 혈통, 민족적 또는 종족적 출신에 근거한 차별을 금지하며, 인종차별을 조장하는 단체나 표현을 법적으로 금지하고 처벌할 것을 요구한다. 당사국은 교육, 문화, 고용, 공공서비스 접근 등 모든 분야에서 인종 평등을 실현할 의무가 있다. 이행은 인종차별철폐위원회(CERD)를 통해 점검되며, 차별 피해자의 진정 제도도 가능하다. 대한민국은 1978년 2월 5일 이 협약에 가입하였다.

### 8. 여성차별철폐협약(CEDAW, 1979년)

CEDAW는 모든 형태의 여성에 대한 차별을 철폐하고, 남녀의 실질적 평등을 실현하기 위한 국제조약으로, 정치 참여, 교육, 고용, 보건, 가족관계 등 전반에서 여성의 권리를 보장한다. 또한 여성에 대한 편견과 고정관념 제거, 여성의 법적 지위 향상, 생식권 보장 등도 핵심 내용으로 포함되어 있다. 당사국은 정기적으로 보고서를 제출하여 여성차별철폐위원회(CEDAW Committee)의 검토를 받는다. 대한민국은 1984년 12월 27일 이 협약에 가입하였으며, 이후 양성평등기본법 제정, 공공기관 여성 할당제 도입, 성희롱·성폭력 방지 법제도 강화 등을 추진해 왔다. 다만 일부 가족 관련 조항에 대해 유보를 선언한 바 있다.

### 9. 아프리카인권조약(1981년)

1981년 아프리카 통일기구(OAU, 현 아프리카연합 AU)가 채택하고, 1986년 발효된 아프리카 지역의 대표적인 인권 규범이다. '반줄 헌장(Banjul Charter)'으로도 불린다. 이 헌장은 개인의 권리뿐 아니라 '인민의 권리'와 개인의 의무까지 규정한 것이 특징으로, 생명권, 고문 금지, 재판받을 권리, 언론·결사·종교의 자유 등 시민적·정치적 권리는 물론, 자결권, 발전권, 환경권, 민족 간 평등권 같은 집단적 권리도 포함하고 있다. 또 독특하게도 헌장은 개인이 공동체와 국가에 대해 갖는 의무(예 가족 보호, 국익 존중 등)도 명시하고 있다. 조약의 이행 감시를 위해 아프리카인권위원회가 설치되었고, 이후 2004년에는 아프리카인권재판소도 설립되어 사법적 심리와 판결을 병행하고 있다.

### 10. 고문방지협약(CAT, 1984년)

CAT는 고문 및 잔혹하거나 비인도적, 굴욕적인 처우와 처벌을 전면 금지하는 국제조약으로, 고문을 명백한 범죄로 규정하고 형사 처벌, 피해자 구제, 고문 가해자의 인도, 강제송환 금지(Non-refoulement) 등을 당사국에 요구한다. 이행은 고문방지위원회(CAT Committee)가 담당하며, 선택의정서에 따라 국가 내 구금시설에 대한 정기적 방문도 허용된다. 대한민국은 1995년 1월 9일 이 협약에 가입하였다.

## 11. 아동권리협약(CRC, 1989년)

CRC는 아동을 권리의 주체로 인정하며, 생존권, 발달권, 보호권, 참여권 등 네 가지 기본 원칙에 따라 아동의 권리를 포괄적으로 보장하는 조약이다. 부모의 보호, 교육 기회 보장, 아동노동 금지, 폭력 및 학대 방지, 장애 아동·난민 아동에 대한 특별 보호 등 다양한 조항이 포함된다. 아동의 최선의 이익, 의견 존중, 차별 금지 원칙도 중심 개념이다. 대한민국은 1991년 11월 20일 이 협약에 가입하였다.

## 12. 이주노동자 권리협약(CMW, 1990년)

CMW는 이주노동자와 그 가족의 권리를 보호하기 위한 조약으로, 국적, 체류 자격과 무관하게 이주민의 기본적 인권을 보장하며, 고용 조건, 교육, 가족 결합, 송금권, 차별 금지 등이 핵심 내용이다. 특히 불법체류 이주자에게도 인간의 존엄성과 안전, 노동권 일부를 인정한다. 하지만 선진국 대다수는 자국 이민정책과 충돌을 우려하여 가입하지 않았으며, 이행은 이주노동자위원회(CMW Committee)가 감시한다. 대한민국은 이 협약에 가입하지 않았다.

## 13. 장애인권리협약(CRPD, 2006년)

CRPD는 장애인을 단순한 보호 대상이 아니라 자율적 권리의 주체로 인정하며, 기존의 시혜적·의료적 접근에서 탈피한 권리 기반 패러다임을 반영한 조약이다. 물리적·정보적 접근성, 교육·고용의 평등, 자립생활, 사회참여, 정치적 권리 등이 포함되며, 장애에 대한 차별과 낙인을 금지한다. 이행은 장애인권리위원회가 담당하며, 선택의정서를 통해 개인 진정도 가능하다. 대한민국은 2008년 12월 11일 이 협약에 가입하였다.

## 14. 강제실종방지협약(CPED, 2006년)

CPED는 강제실종을 독립된 국제범죄로 규정하며, 개인의 자유권과 가족의 알 권리를 보호하기 위한 조약이다. 국가 또는 그 대리인에 의해 자의적 구금, 생사 미확인 상태에 빠지는 강제실종은 고문·살해·억류 등 다양한 인권침해를 동반하므로, 이 협약은 예방, 처벌, 피해자 보상 및 진상 규명을 국가에 의무화한다. 이행은 강제실종위원회(CPED Committee)가 담당한다. 대한민국은 2023년 이 협약에 가입하였다.

## 15. 아세안인권선언(2012년)

아세안인권선언은 2012년 11월 캄보디아 프놈펜에서 개최된 제21차 아세안 정상회의에서 채택된 문서로 아세안(ASEAN) 지역에서의 인권 보호와 증진을 위한 공동 기준을 제시한 선언이다. 이 선언은 인간의 존엄과 평등, 생명권, 표현·종교·결사의 자유, 교육권, 적정 수준의 삶 등 보편적인 인권 원칙을 포함하고 있으며, 경제·사회·문화적 권리뿐 아니라 발전권, 평화롭게 살 권리 등 아시아적 맥락을 반영한 집단적 권리도 강조한다. 선언에는 "국가와 지역의 특수성, 문화적·역사적 배경을 고려한다"는 문구가 포함되어 있어, 보편적 인권 원칙에 대한 후퇴 우려와 상대주의 논란도 제기되었다. 이 선언은 법적 구속력은 없지만, 아세안 정부 간 인권 협력의 출발점으로서 아세안정부간인권위원회(AICHR)의 활동 기반이 되며, 향후 아세안 인권 규범 체계의 발전을 위한 기초 문서로 평가된다.

## 2 국제인권 보호 기관

### 1. 유엔 인권최고대표사무소(OHCHR)

유엔 인권최고대표사무소(Office of the High Commissioner for Human Rights, OHCHR)는 1993년 제2차 세계인권회의의 권고에 따라 설립된 유엔 사무국 산하 기구로, 국제사회에서 인권 증진과 보호를 총괄하는 중심 기관이다. OHCHR는 인권 규범의 실행을 감시·조정하고, 유엔 인권이사회(UN Human Rights Council) 및 조약기구(예 ICCPR, ICESCR 등)의 활동을 지원하며, 인권침해에 대한 조사, 국가별·주제별 특별보고관 운영, 기술 지원 및 역량 강화 활동을 수행한다. 또한 각국의 인권 이행 상황을 정기적으로 검토하는 보편적 정례검토(UPR) 절차를 운영한다. UN사무총장은 단일후보를 선정, 총회에 추천하고, 총회는 이를 승인 또는 거부의 양자택일을 할 수 있다. 인권최고대표의 임기는 4년이며, 1회 연임할 수 있다.

### 2. 유엔난민기구(UNHCR)

유엔난민기구(United Nations High Commissioner for Refugees, UNHCR)는 1950년 유엔 총회의 결의로 설립된 기구로, 전쟁·박해·폭력 등으로 인해 국적국을 떠난 난민, 망명신청자, 무국적자, 국내실향민 등을 국제적으로 보호하고 지원하는 역할을 수행한다. UNHCR의 주요 임무는 난민의 생존과 안전 보장, 긴급 구호와 재정착 지원, 자발적 귀환 촉진, 난민지위 인정 절차에 대한 자문 제공, 그리고 강제송환 금지 원칙 준수 등이며, 각국 정부, NGO, 시민사회와 협력하여 현장 중심의 인도주의 활동을 펼친다. 또한 제네바 난민협약(1951)과 1967년 의정서의 수호기관으로서, 조약의 해석과 적용에 있어서 중심적 권위를 갖는다.

### 3. 유엔인권센터

유엔인권센터(United Nations Centre for Human Rights)는 오늘날의 유엔 인권최고대표사무소(OHCHR)의 전신으로, 1982년 유엔 인권위원회의 사무국 기능을 수행하기 위해 설립된 기관이다. 이 센터는 주로 인권 관련 자료 수집, 연구, 기술 지원, 개발도상국 대상 인권 교육 및 역량 강화 등을 담당했으며, 각국 정부와 시민사회에 인권 증진을 위한 실질적 지원을 제공하였다. 그러나 냉전 종식 이후 세계 인권 문제의 중요성이 급부상하면서 기존의 역할을 넘어서는 기능과 권한이 요구되었고, 이에 따라 1993년 오스트리아 빈에서 개최된 제2차 세계인권회의의 권고에 따라 1994년 유엔 인권최고대표사무소(OHCHR)가 새롭게 설치되면서 기존 유엔인권센터는 통합·흡수되었다.

## 4. 유엔인권이사회(Human Rights Council)

유엔인권이사회는 2006년 유엔 총회의 결의에 따라 기존의 유엔인권위원회(Commission on Human Rights)를 대체하여 설립된 기구로, 유엔 산하에서 전 세계 인권 상황을 감시·촉진·보호하는 역할을 수행한다. 총 47개 이사국으로 구성되며, 유엔 회원국 가운데 지역별 안배를 통해 총회에서 선출되고, 이사국은 3년 임기의 임무 수행 중 인권 기준을 충실히 이행할 의무를 지닌다. 인권이사회는 특정 국가의 인권 침해 상황을 조사하기 위한 특별보고관이나 조사위원회를 설치할 수 있으며, 모든 유엔 회원국의 인권 상황을 정기적으로 검토하는 보편적 정례검토(UPR) 제도를 운영한다. 또한 주제별 특별 절차와 국제인권조약 이행 감시 기구들과 협력하여 인권 기준 정립과 국제적 공조를 강화하고 있다. 유엔 제네바 본부에 본부를 두고 있으며, 오늘날 국제사회에서 인권 문제를 다루는 가장 포괄적이고 대표성 있는 다자 기구로 평가된다.

## 5. 국제인권위원회(Human Rights Committee)

유엔 인권위원회(Human Rights Committee)는 「시민적 및 정치적 권리에 관한 국제규약(ICCPR)」의 이행을 감시하기 위해 설립된 조약기구(Treaty Body)로, ICCPR 제28조에 따라 설치되었으며, 조약 당사국들로부터 독립적으로 선출된 18명의 전문가로 구성된다. 임기는 4년이며 1회 연임할 수 있다. 인권위원회는 각국이 제출하는 정기적인 국가보고서를 심사하고, 위원회의 일반논평(General Comment)을 통해 조약의 해석 기준을 제시하며, 당사국이 선택의정서에 가입한 경우에는 개인통보제도(individual complaints)를 통해 개인이 직접 권리 침해를 제소할 수 있도록 한다.

# 3 보호책임

## 1. 개념

보호책임(Responsibility to Protect, 약칭 R2P)은 국제사회가 대량학살, 전쟁범죄, 인종청소, 반인도 범죄로부터 자국민을 보호하지 못하는 국가를 대신해 개입할 수 있는 원칙을 말한다. 이는 전통적인 국가주권 개념과 비간섭 원칙에 도전하는 새로운 국제규범으로 등장했다.

## 2. 논의과정

1990년대 르완다와 보스니아에서의 학살 사태를 계기로, 국제사회는 "인도주의적 개입"의 정당성 문제를 본격적으로 논의하기 시작하였다. 이에 따라 2000년 유엔 밀레니엄 보고서에서 코피 아난 사무총장은 국가 주권이 국민 보호 책임을 수반한다고 강조하며 새로운 국제규범의 필요성을 제기하였다. 2001년 캐나다 정부 주도로 구성된 국제위원회(ICISS)는 보고서 「보호책임(The Responsibility to Protect)」을 통해 R2P 개념을 체계화하였다. 2005년 유엔 세계정상회의(World Summit)에서 모든 회원국은 대량학살, 인종청소, 전쟁범죄, 반인도범죄로부터 자국민을 보호할 책임이 있으며, 국제사회는 이를 지원하거나 필요 시 개입할 책임이 있다는 R2P 원칙에 합의하였다. 이후 유엔 총회와 안보리는 R2P의 실행 원칙, 범위, 한계 등을 논의하였고, 2009년에는 반기문 사무총장이 '3개 기둥(Pillars)' 개념을 명확히 제시하며 제도적 기초를 강화하였다.

## 3. 보호책임의 세 기둥

### (1) 제1기둥: 국가의 보호 책임(The State carries the primary responsibility)

각 국가는 자국민을 집단학살, 전쟁범죄, 인종청소, 반인도범죄로부터 보호할 1차적·주권적 책임을 가진다. 이 기둥은 R2P의 출발점이다. 전통적으로 주권은 외부 개입을 배제하는 권리로 여겨졌지만, R2P는 주권이란 '책임을 수반하는 권리'라는 관점에서 출발한다. 국가는 자국 내에서 발생할 수 있는 대규모 인권침해와 집단 폭력으로부터 국민을 보호할 의무를 갖는다. 이 보호는 단지 범죄 발생 이후의 조치만이 아니라, 예방(prevention)과 처벌(accountability)을 포함하는 적극적 의무이다.

### (2) 제2기둥: 국제사회의 지원과 역량 강화(The international community has a responsibility to assist)

국제사회는 각국이 자국민을 보호할 수 있도록 지원하고, 역량을 강화할 책임이 있다. 이 기둥은 R2P가 개입이 아닌 협력에 기초한 규범임을 강조한다. 국제사회는 개입 이전에, 해당 국가가 내부적으로 보호책임을 이행할 수 있도록 외교적, 기술적, 경제적 지원을 제공해야 한다. 이를 통해 사태가 악화되기 전에 국가의 자율적 역량을 강화하고 예방적 접근을 유도할 수 있다.

### (3) 제3기둥: 국제사회의 대응 책임(The international community has a responsibility to take timely and decisive action)

국가가 보호 책임을 이행하지 못하거나 거부할 경우, 국제사회는 적절한 수단을 동원하여 신속하고 단호하게 대응할 책임이 있다. 이 기둥은 R2P의 개입 가능성을 규정하는 조항이다. 만약 특정 국가가 보호책임을 고의로 방기하거나 인권범죄의 주체가 되는 경우, 국제사회는 외교적 압박, 제재, 국제형사재판소 회부, 그리고 최후에는 군사적 개입까지 고려할 수 있다. 이 과정은 유엔 헌장에 따라 유엔 안보리의 승인을 받아야 하며, 개입은 합법적이고 정당한 절차를 따라야 한다. 다만 군사개입은 최후의 수단(last resort)으로 간주되며, 모든 평화적 방법이 실패한 경우에만 선택되어야 한다.

## 4. 보호책임 적용 범죄

### (1) 집단학살(Genocide)

집단학살은 특정 인종, 민족, 종교, 또는 국민 집단을 전체 또는 일부 말살하려는 의도적인 행동을 의미한다. 이는 단순한 대량학살과 구별되며, '말살 의도'(intent to destroy in whole or in part)라는 요소가 국제법상 핵심으로 작용한다. 집단학살은 주로 계획적이고 조직적인 국가 또는 집단의 정책 형태로 나타나며, 피해자 집단의 신체적·정신적 파괴, 생존 조건의 박탈, 출산 방해, 아동 강제 이전 등 다양한 형태로 실행될 수 있다. 국제사회는 1948년 《집단학살방지협약》에서 이를 국제범죄로 규정하였다. 역사적으로 대표적 사례로는 나치 독일의 유대인 학살, 1994년 르완다의 투치족 학살이 있다. 유엔 보호책임 원칙에서는 집단학살을 방지하지 못하거나 자국 정부가 가담하는 경우 국제사회의 개입이 정당화된다. 이는 국제법상 가장 심각한 범죄 유형 중 하나로 평가되며, ICC에서도 관할권을 가진다. 집단학살은 R2P의 도입 배경 중 가장 중심적인 문제였다.

### (2) 전쟁범죄(War Crimes)

전쟁범죄는 국제 또는 내전적 무력충돌 중에 발생하는 국제인도법 위반 행위를 의미한다. 이는 무력 분쟁 중 민간인을 고의로 공격하거나, 포로를 학대하거나, 병원·학교 등의 보호시설을 공격하는 등 정해진 전쟁 규칙의 중대한 위반을 포함한다. 전쟁범죄는 제네바협약과 그 추가의정서를 근거로 정의되며, 법적으로 전투원과 비전투원 간 구분을 존중하지 않는 행위가 핵심이다. 유엔과 ICC는 전쟁범죄에 대한 책임을 명확히 규정하고 있으며, 최근 우크라이나 전쟁과 시리아 내전에서도 문제로 부각되었다. 특히 국가가 해당 범죄를 저지르거나 처벌을 회피할 경우 R2P의 개입 조건이 성립한다. 전쟁범죄는 전시라는 특수 상황을 악용한 비인도적 폭력을 억제하기 위한 국제적 합의의 산물이다.

### (3) 인종청소(Ethnic Cleansing)

인종청소는 특정 민족·종교·인종 집단을 지리적으로 완전히 제거하려는 폭력적·강제적 행위를 말한다. 이는 국제법상 공식적으로 정의된 범죄는 아니지만, 보호책임(R2P) 문서에서는 명시적으로 R2P 적용 범위에 포함된다. 인종청소는 학살뿐 아니라, 강제이주, 강간, 협박, 재산 몰수 등을 포함하는 복합적 폭력과 인권침해 행위로 구성된다. 인종청소는 종종 국가 정책이나 무장 민병대의 지원을 받아 수행되며, 특정 지역에서 대상 집단을 아예 사라지게 하려는 목적이 있다. 이 범죄는 집단학살과 유사하나, 말살보다는 추방과 배제에 더 초점을 둔다는 점에서 구별된다.

### (4) 인도에 반하는 범죄(Crimes Against Humanity)

반인도범죄는 전시나 평시를 불문하고, 광범위하거나 체계적인 방식으로 민간인을 대상으로 한 공격 행위를 말한다. 이는 살인, 고문, 강간, 노예화, 강제실종, 정치적 박해 등 다양한 범죄를 포함한다. 가장 큰 특징은 조직성(systematic)과 광범위성(widespread)이며, 단발적이거나 우발적인 범죄는 해당되지 않는다. 이러한 범죄는 국가 또는 조직적 집단의 지시에 의해 발생하며, 피해자는 특정 인종, 종교, 정치 성향, 민족 등을 기준으로 선택된다. 국제형사재판소(ICC)는 반인도범죄를 관할범죄로 간주하며, 냉전 이후 국제인권법의 핵심 개념으로 부상하였다.

## 5. 사례

### (1) 리비아(2011년)

2011년 아랍의 봄 당시, 카다피 정권은 반정부 시위대를 무차별적으로 공격하며 민간인 학살을 자행했다. 유엔 안보리는 결의 1970호로 제재를 부과하고, 결의 1973호를 통해 민간인 보호를 명분으로 비행금지구역 설정과 무력 개입을 승인했다. NATO가 이를 근거로 공습을 시작해 카다피 정권은 붕괴되었고, 반군이 정권을 장악했다. 이 사건은 R2P 원칙에 따라 군사개입이 처음으로 정당화된 사례로 평가된다.

### (2) 코트디부아르(2011년)

2010년 대선에서 패배한 로랑 그바그보 대통령이 선거 결과를 인정하지 않고 집권을 고수하면서 유혈 충돌이 발생했다. 이 과정에서 수백 명의 민간인이 학살당하고, 정치적 폭력이 심각하게 확대되었다. 유엔은 R2P 원칙에 근거해 평화유지군(UNOCI)과 프랑스군을 동원해 민간인을 보호하고 무력 충돌을 중단시켰다. 결국 그바그보는 체포되었고, 당선자인 알라산 와타라가 평화적으로 정권을 인수하였다.

### (3) 케냐(2007년 ~ 2008년)

2007년 케냐 대선 결과를 둘러싼 갈등이 민족 간 폭력으로 확산되었고, 수천 명이 사망하고 수십만 명이 난민이 되었다. 유엔은 공식적으로 R2P를 선언하지는 않았지만, 국제사회는 R2P 원칙에 기반해 외교적 중재에 착수하였다. 아프리카연합(AU)과 국제 인사들(코피 아난 전 유엔 사무총장 등)의 중재를 통해 연립정부가 수립되었고, 사태는 수습되었다. 이후 일부 가해자는 국제형사재판소(ICC)에 회부되었다. 이 사례는 무력 개입 없이도 R2P의 예방과 외교적 대응이 가능하다는 사례로 평가받는다.

### (4) 시리아(2011년 ~)

시리아 내전은 2011년 아사드 정권의 반정부 시위 탄압에서 시작되었으며, 이후 수십만 명의 민간인이 사망하고 수백만 명이 난민이 되었다. 유엔 안보리에서 R2P 적용을 위한 제재나 군사개입 결의안이 제안되었지만, 러시아와 중국이 거부권을 행사하며 무산되었다. 국제사회는 시리아에 대해 사실상 R2P를 적용하지 못했고, 그 결과 민간인 보호 실패와 국제규범의 한계가 드러났다. 아사드 정권의 화학무기 사용과 인도적 위기에 대해 일부 국가들이 개별적으로 공습을 감행했지만, 이는 유엔 승인 없는 자의적 개입이라는 비판을 받았다.

## 4 국제인권보호를 위한 무력간섭의 허용성

### 1. 의의

보호책임은 안보리의 승인을 전제로 한 무력간섭에 대한 것이다. 이 경우 안보리의 승인을 받은 국가가 국제인권 침해 문제에 개입하는 것의 적법성 문제는 존재하지 않는다. 그러나, 안보리의 승인을 받지 못한 상태에서 심각한 인권침해 문제에 개입할 수 있는지에 대해서는 첨예한 논쟁이 있다.

### 2. 찬성론

유엔 안보리의 허가가 없더라도 대규모 인권 유린(예 집단학살, 인종청소 등)이 발생한 경우, 국제사회는 주권국가의 내정 불간섭 원칙을 초월해 인도적 개입을 통해 민간인을 보호할 도덕적 책임이 있다는 것이 찬성론의 핵심이다. 니콜라스 J. 휠러(Nicholas J. Wheeler)는 「Saving Strangers」(2000)에서, 코소보 사태 당시 NATO의 안보리 미승인 개입을 예로 들며 "관습법상 정당한 인도적 개입의 관념"이 점차 발전하고 있다고 주장한다. 또한 개입의 정당성은 '최후의 수단', '비차별적 보호', '비례성' 등 조건을 충족할 경우 확보될 수 있으며, 안보리가 마비된 상황에서 대규모 민간인 학살을 방치하는 것은 국제법보다 더 큰 정의 위반이라고 본다. 따라서 UNSC 승인이 없더라도 정당한 목적과 절차를 갖춘 경우, 인도적 개입은 예외적으로 국제법적 정당성을 가질 수 있다는 주장이다.

### 3. 반대론

반대론자들은 유엔 헌장 제2조 4항이 모든 무력 사용을 금지하며, 안보리의 명시적 승인 없이 행해지는 인도적 간섭은 명백한 국제법 위반이라고 본다. 대표적으로 국제법 학자인 사이먼 체스터맨(Simon Chesterman)은 「Just War or Just Peace?」(2001)에서, 인도주의라는 명분 아래 승인 없는 무력 개입이 허용될 경우, 국제 질서가 혼란에 빠지고 강대국들이 자의적으로 개입을 정당화하는 수단으로 악용할 위험이 있다고 경고한다. 특히 개입국의 정치적 이해와 개입의 결과가 인도적 목적과 어긋날 가능성이 높으며, 이를 국제법적으로 허용하면 유엔 집단안보체계 자체가 무력화될 수 있다고 지적한다. 따라서 인도주의적 목적이라 하더라도 유엔 안보리 승인 없이 이루어지는 무력 개입은 원칙적으로 불법이며, 국제법적 예외를 인정해서는 안 된다는 입장이다.

### 4. 마이클 왈저의 견해

정치철학자 마이클 왈저(Michael Walzer)는 그의 저서 「정의로운 전쟁과 부당한 전쟁(Just and Unjust Wars, 1977)」에서, 일반적으로 주권과 내정불간섭은 존중되어야 하지만 특정한 경우에는 무력 간섭이 정당화될 수 있다고 주장하였다. 왈저가 제시한 정당한 개입 사유는 세 가지로 요약된다. 첫째, 국민의 동의에 기반하지 않은 정권이 대규모 학살이나 탄압을 자행할 경우, 외부 개입이 정당화될 수 있다. 둘째, 민족 학살, 인종청소 등 심각한 인권 침해가 발생하여 집단의 생존 자체가 위협받는 경우, 개입은 "다른 선택이 없는 유일한 수단"이 될 수 있다. 셋째, 민족 해방 전쟁이나 외세 점령 하에서 억압받는 집단이 국제적 연대를 요청할 경우, 그 요청이 정당하고 진정성을 가진다면 외부 개입은 가능하다고 본다. 다만 왈저는 무력 간섭의 정당성은 도덕적 책임과 신중한 절차, 제한적 수단 사용을 전제로 해야 하며, 개입이 오히려 더 큰 해악을 초래해서는 안 된다고 강조한다.

## 5 보편적 정례검토(Universal Periodic Review: UPR)

### 1. 의의

보편적 정례검토는 UN인권위원회가 UN인권이사회로 격상되며 새롭게 도입된 제도로서 193개 UN회원가입국의 인권상황을 주기적으로 평가하는 새로운 인권검토 메커니즘이다. UPR의 목적은 검토대상국의 인권상황을 실질적으로 개선시키고, 인권 의무를 충족시키는 것이다. 검토는 대상국이 제출하는 보고서, NGO보고서, UN인권고등판무관실(UN OHCHR)에서 준비하는 보고서 등을 토대로 이루어지며, 4년(2012년부터는 5년)을 주기로 하여 모든 UN 회원국들을 한 번씩 평가한다. 1년에 총 48개국씩 검토한다.

### 2. 검토절차

보편적 정례검토는 총 세 단계로 진행된다.

(1) 검토대상국이 3시간 동안 실무그룹(Working Group)으로부터 검토를 받는다. 그 결과는 여러 국가들로부터 받은 권고사항들과 검토대상국의 발언을 담은 문서(Working Group Report)로 정리된다.

(2) 이 문서의 통과 여부는 실무그룹 세션 2주의 기간 안에 결정된다. 하지만 검토 이후 48시간 이내에 결정할 수는 없다.

(3) 문서의 최종 채택(Outcome Report)은 UN인권이사회 본 회의에서 결정한다.

## 3. 검토주체

검토는 UPR 실무그룹이 주관한다. 실무그룹은 인권이사회의 47개 회원국으로 구성되어 있다. 하지만 UN 가입국이라면 검토대상국과 토론 및 대화에 참여할 수도 있다. 또한 실무그룹에는 각국 NGO단체들도 참여할 수 있으나 발언권은 가지지 못한다. 실무그룹의 보고서 초안 작성을 책임지고 있는 3개 국가(트로이카 Troika)도 실무그룹을 보조하고 있다. 실무그룹의 검토가 이루어진 후에 트로이카와 OHCHR이 실제 토의내용을 요약하여 '최종 보고서'를 작성한다. 보고서에는 질문, 의견, 권고사항 그리고 해당 국가의 답변내용이 포함된다.

## 4. 보고서 채택과정

실무그룹의 검토기간이 끝나면 결과보고서를 작성하게 된다. 검토대상국은 각 권고사항에 대해 찬성 혹은 반대 입장을 선택할 수 있고, 찬성 혹은 반대 의사를 밝힌 권고사항은 모두 보고서에 기록된다. 보고서가 통과된 후에는 다음 UN인권이사회 본회의 때 최종 채택 여부가 결정된다. 본 회의에서 검토대상국은 실무그룹 세션에서 충분히 답변하지 못하였던 사안이나 권고사항에 대해 답할 수 있다.

## 5. UN인권이사회(Human Rights Council) 자문위원회

2006년 6월 인권이사회(HRC) 출범 이후 기존의 '인권소위원회'는 인권이사회 자문위원회(Advisory Committee)로 대체되어 2008년 신설되었다. 과거 인권소위원회와 비교할 때, 독자적인 결의를 채택할 수 없으며 오직 인권이사회의 결의나 지침에 따라서만 활동하도록 기능과 활동이 대폭 축소되었다. 총 18명의 전문가(아프리카 및 아시아 각 5명, 동구 2명, 중남미 및 서구 각 3명)로 구성되며, 임기는 3년이고, 1회에 한해 재임할 수 있다. 매년 최대 10일간 두 차례 회의를 개최한다.

## 6 북한 인권 문제

### 1. 북한 인권 현황

북한은 인권 최악 수준 국가 중 하나로 평가받고 있으며, 여전히 체계적이고 조직적인 인권 침해가 이어지고 있다. 2014년 유엔 인권조사위원회(COI)는 정치범 수용소, 고문 및 처형, 강제 실종, 식량권 침해, 표현·이동·종교의 자유 박탈 등이 반인도범죄 수준으로 광범위하게 자행되고 있다고 결론지었다. 이에 대한 후속 관찰을 맡은 유엔 인권최고대표사무소(OHCHR)의 보고서 및 인권단체 분석에 따르면, 김정은 정권하에서 억압은 더욱 강화되었고, COVID-19 이후 국경 봉쇄와 사회 통제를 통해 정치적 자유와 일상적 자율성이 더욱 심각하게 축소되었다. 언론과 인터넷은 완전히 통제되며, 주민들은 대규모 감시체제 속에서 살아가고 있고, 여성 이주민들은 중국에서 인신매매, 성 착취 피해에 노출되는 등 인권 회복이 요원한 실정이다.

## 2. UN에서 논의 현황

### (1) 초기 대응(1990년대 중반 ~ 2000년대 초)

북한 인권문제는 <u>1993년 유엔 인권위원회(현재의 유엔 인권이사회)에서 처음 공식적으로 다뤄졌고, 2004년부터 북한인권특별보고관(Special Rapporteur on the situation of human rights in the DPRK)이 임명되어 매년 보고서를 제출</u>하기 시작했다. 이 보고관 제도는 북한 당국이 협력하지 않음에도 불구하고, 탈북자 증언, 위성 사진, NGO 자료 등을 토대로 북한 내 정치범 수용소, 공개 처형, 식량권 침해 등 중대한 인권 침해를 지속적으로 기록하고 국제사회에 보고하는 중요한 역할을 했다.

### (2) 강화된 조사와 국제 형사책임 논의(2013 ~ 2014년)

가장 중대한 전환점은 <u>2013년 유엔 인권이사회 결의에 따라 '북한 인권 조사위원회(COI)'가 설치된 것이다.</u> 이 독립 조사기구는 2014년 2월 최종 보고서를 발표했는데, 이 보고서는 <u>북한 당국이 조직적이고 광범위하며 중대한 인권 침해를 자행하고 있으며, 그 성격은 반인도범죄(crimes against humanity)에 해당한다</u>고 결론지었다. 특히, 이 보고서는 북한 최고지도부의 책임 가능성을 명시하고, <u>국제형사재판소(ICC) 회부 또는 특별법정 설치를 유엔 안보리에 권고하였다.</u> 이는 북한 인권문제가 단순한 인도주의 사안이 아닌 국제형사법적 문제로 격상된 전환점이었다.

### (3) 유엔총회 및 안보리 논의 확대 (2014 ~ 현재)

<u>2014년 이후 유엔총회는 북한 인권결의안을 매년 채택해 왔으며</u>, 이들 결의안은 북한 내 인권 침해 실태를 규탄하고 책임자 처벌, 피해자 구제, 국제사회의 공동 대응을 촉구하고 있다. 같은 해 유엔 안보리는 사상 처음으로 북한 인권 문제를 <u>안보리 정식 안건으로 상정하여 토의하였으며</u>, 이후에도 미국, 유럽 국가들의 주도로 정기적 회의가 개최되었다. 다만 <u>중국과 러시아의 반대로 ICC 회부나 제재 확대 등 실질적 조치는 제약</u>을 받고 있다.

### (4) 서울 인권사무소 설치 및 피해자 중심 접근(2015년 ~ 현재)

<u>2015년에는 유엔 인권최고대표사무소(OHCHR)가 서울 유엔 북한인권 현장사무소를 개소하였다.</u> 이 사무소는 북한 내 인권침해 증거를 수집·보존하고, 장기적으로 책임자 처벌에 기여할 수 있는 자료를 체계적으로 구축하는 역할을 수행하고 있다. 아울러 최근에는 피해자 중심 접근(victim-centered approach), 진상규명, 강제실종 문제 해결, 생존자 인터뷰 등 보다 실질적이고 구체적인 접근이 강화되고 있다.

## 3. 주요국의 대응

### (1) 미국

미국은 2004년 10월, 북한 주민의 인권 개선, 정보 유입 촉진, 탈북자 보호 및 지원을 목적으로 「북한인권법(North Korean Human Rights Act)」을 제정하였다. 이 법은 매 5년마다 갱신되고 있으며, 가장 최근에는 2022년까지 연장되었다. 주요 내용으로는 미 국무부 산하 '북한인권특사' 임명, 자유아시아방송(RFA)·VOA 등을 통한 대북 정보전 확대, 탈북자의 미국 망명 지원, 북한 인권 실태에 대한 연례 보고서 제출 의무 등이 포함된다.

### (2) 일본

일본은 2006년 6월 「북한인권문제에 관한 대처에 관한 법률」(일명 '북한인권법')을 제정하였다. 이 법의 핵심 목적은 북한에 의한 일본인 납치문제 해결, 북한 주민의 인권 개선을 위한 국제적 협력, 북한 내 정보 유입 촉진 등이다. 특히 일본 정부는 이 법을 바탕으로 북한 납치 피해자 가족에 대한 지원, 국제사회와의 공조, 납북 실태 규명 자료 보존 등에 집중하고 있다. 일본의 북한인권법은 일반적인 북한 인권 문제뿐 아니라 납치자 문제에 방점을 두고 있어 정치적·외교적 색채가 강한 특징을 지닌다.

### (3) EU

유럽연합(EU)은 북한 인권 상황에 대해 깊은 우려를 표명하며, 이를 개선하기 위한 다양한 외교적·제도적 조치를 취해 왔지만, 미국이나 한국과 달리 '북한인권법'이라는 단일 입법은 존재하지 않는다. 대신 EU는 유엔 인권이사회 및 총회에서 채택된 북한 인권결의안을 꾸준히 공동제안하거나 지지해 왔으며, 2014년 유엔 북한인권조사위원회(COI) 보고서 이후에는 북한 정권의 반인도범죄 가능성에 대한 책임 규명을 지지하고 국제형사재판소 회부를 주장해 왔다. 2020년에는 'EU 글로벌 인권 제재 제도(EU Global Human Rights Sanctions Regime)'를 도입하여, 북한의 고위 인사와 기관을 인권 침해 책임자로 지정하고 자산 동결 및 비자 제한 등의 제재를 부과하고 있다. 이 외에도 EU는 북한 인권 상황 개선, 주민의 식량권·정보 접근권 보장, 난민 보호 등 구체적인 기준을 제시하고 있으며, 인도주의 원칙에 따라 관여를 지속하고 있다.

### (4) 중국

중국은 북한 인권 문제와 관련하여 미국이나 한국, 일본과 달리 '북한인권법'과 같은 독립적인 입법을 제정하지 않았으며, 북한 인권 개선을 위한 국제적 노력에도 소극적인 입장을 유지하고 있다. 중국은 1982년에 유엔 난민협약과 1967년 의정서에 가입했음에도 불구하고, 탈북자를 정치적 박해를 피해 도피한 '난민'이 아닌 단순 '불법 경제이주자'로 간주하며, 국제사회의 비판에도 불구하고 탈북자들을 체포 후 강제송환하는 정책을 지속해오고 있다. 이 과정에서 중국 당국은 유엔난민기구(UNHCR)의 접근을 제한하고, 탈북자에 대한 보호 요청을 기각하는 등 난민 보호 의무를 회피하고 있다는 지적을 받고 있다. 국제 인권단체와 유엔 특별보고관은 이러한 조치가 고문금지협약과 난민협약에서 규정한 '강제송환 금지 원칙(non-refoulement)'에 위배된다고 비판하고 있으며, 이는 탈북자들이 북송 후 처형, 고문, 강제노역 등 중대한 인권 침해에 직면할 수 있다는 점에서 심각한 문제로 간주된다. 중국은 전통적으로 북한 체제를 옹호하며, 인권 문제를 내정 간섭으로 간주하는 외교 원칙을 유지하고 있어 북한 인권 개선을 위한 국제사회와의 협력에는 매우 제한적으로 참여하고 있다.

### (5) 대한민국

대한민국은 2016년 3월 「북한인권법」을 제정하고 같은 해 9월부터 시행에 들어갔다. 주요 내용은 통일부 산하 '북한인권기록센터' 설치, 법무부 산하 '북한인권기록보존소' 설치, 북한 인권 실태에 대한 조사 및 보고, 탈북자 인도적 보호와 정착 지원, 국가 차원의 인권 정책 수립, 민간과의 협력 강화 등이다. 다만 '북한인권재단' 설립은 정치적 갈등으로 인해 2025년 현재까지도 출범하지 못한 상태이다.

## 7 우리나라의 인권외교활동

### 1. UN인권이사회 및 UN총회 활동

1991년 UN 가입 이래, 한국은 주요 UN인권기구활동에 적극 참여해 왔다. 먼저, 1946년부터 2006년까지 국제인권논의의 중심 역할을 담당해 온 인권위원회(Commission on Human Rights)활동에 적극 참여하였으며, 특히 1993년부터 2006년까지는 인권위원회 위원국으로서 활동하였다. 2006년에는 인권위원회를 계승하여 인권이사회(Human Rights Council)가 UN총회 산하기관으로 새롭게 설립되었는데, 우리나라는 인권이사회 창설 시 이사국으로 피선되었고, 2008 ~ 2011년 임기 이사국으로 재선되었다. UN인권이사회는 모든 UN 회원국의 인권상황을 보편적 기준에 따라 검토하자는 취지에서 보편적 정례인권검토(Universal Periodic Review: UPR)를 도입하여 시행해 오고 있는데, 우리 정부는 2008년 5월 우리나라에 대한 UPR을 성실히 수검하였다.

## 2. 여성인권 분야

우리 정부는 1984년 여성차별철폐를 위한 당사국의 의무를 규정한 여성차별철폐협약(CEDAW)에 가입하였다. 2006년에는 동 협약의 선택의정서에도 가입하였다. 우리 정부는 UN체제 내의 관련 논의에도 적극적으로 참여하여 1994년 이래 경제사회이사회(ECOSOC)산하 여성지위위원회(CSW) 위원으로 연임하고 있다. 2010년 1월 제정된 국제개발협력기본법은 우리 정부가 여성의 인권 향상 및 성평등 실현을 개발협력의 기본 정신으로 해야 함을 명시하고 있다.

## 3. 아동인권 분야

우리 정부는 2004년부터 매년 한-UNICEF 양자협의회를 가지고 있으며, 2009년에는 한-UNICEF 기본협력협정(ROK-UNICEF)을 체결하여 아동인권 보호를 위한 국제협력 강화의 기반을 구축하였다. 또한, 우리 정부는 아동인권의 법적 보호를 위한 기본 틀인 UN아동권리협약(UNCRC, 1989년 채택) 및 2개의 선택의정서를 비준하는 등 UN 설립 시부터 전개되어 온 국제적 아동권리 신장 노력에 적극 참여하고 있다.

## 4. 난민보호 분야

우리 정부는 1992년 난민보호에 관한 핵심문서라고 할 수 있는 '1951년 난민의 지위에 관한 협약' 및 '1967년 난민의 지위에 관한 의정서'에 가입하였고, 2001년부터 난민을 인정하기 시작하였다. 또한, 우리 정부는 2000년부터는 UN 내 난민구호 총괄기구인 UN난민기구(UNHCR)의 집행이사국으로 국제난민보호활동에 기여하고 있으며, 2001년에는 UNHCR 주한대표부가 서울에 설치되어 국내외 난민보호를 위한 한국과 UNHCR 간의 협력이 더욱 확대되어 가고 있다.

## 5. 장애인인권 분야

2006년 12월 장애인권리협약이 채택됨에 따라, 권리주체로서의 장애인 인식이 점차 확대되었다. 현재 우리나라는 동 협약의 당사국으로서 장애인 권익 증진 및 보호를 위한 국제적 논의에 적극 참여하고 있다.

 **주요개념** 국제정치경제 및 국제인권 이슈

- **국제화(Internationalization):** 민족국가 간의 상호작용의 증대를 말한다. 이 용어는 보통 세계경제와 관련하여 높은 수준의 국제적 상호작용과 상호의존을 나타내기 위해 사용된다. 국제화는 지구화와 구별되는데, 지구화는 상호작용에 있어서 국가경제의 구별이 더 이상 없다고 전제한다. 국제화과정은 민간부문의 해외거래를 허가한 국내정책뿐만 아니라, 무역, 투자, 자본에 관한 국가 간 합의에 의해 촉진되었다.

- **탈영토화(Deterritorialization):** 사회적 활동의 조직이 점차 지리적 근접성과 국가 영토의 경계에 의한 통제를 덜 받게 되는 과정이다. 기술혁명에 의해 가속화되며, 영토적 장소, 거리, 국경이 사람들의 집단적인 자기 인식과 정치적 승인의 추구에 미치는 영향력이 감소되는 것을 일컫는다. 이는 지구 시민사회를 확대시키지만, 동시에 지구적 범죄 혹은 테러리스트 네트워크도 확대시킨다.

- **시공간압축(Time-space Compression):** 기술적으로 가능해진 것으로서 거리와 시간의 압축을 말한다. 커뮤니케이션 관점에서 축소되고 있는 세계의 모습을 보여준다.

- **지구화(Globalization):** 멀리 떨어진 공동체를 연결하고 지역과 대륙을 넘어 권력관계의 범위를 확장하는 인간사회 조직의 공간적 범위의 근본적 변화나 변형을 포함한 역사적 과정이다. 공산주의 붕괴 후 단일 세계경제를 묘사하기 위해 주로 사용되나, 전후 국제 자본주의체제의 통합의 확산을 정의하기 위해 사용되기도 한다.

- **비대칭적 지구화:** 오늘날 지구화가 세계적으로나 다른 사회집단들 간에 불평등하게 진행되어 지구적 체제에 포함된 지역과 배제된 지역으로 나누어지고 있다.

- **지구화 국가(Globalized State):** 지구화의 압력에 대응하고 지구화를 유지하도록 도와주는 특정 유형의 국가이다. 국가가 '쇠퇴한' 것이 아니라 다르게 행동함을 강조하는 개념이다.

- **지구정치:** 권력, 이해관계, 질서 및 정의의 추구가 지역 및 대륙을 초월하는 지구적 사회관계의 정치를 말한다.

- **해체된 국가:** 지구적 문제를 다룰 때 초정부적인 지구 정책네트워크의 확산을 통해 국가 기구의 모든 부분이 외국 상대 기관과 얽히게 되면서 국가가 지구정치에서 점점 파편화된 행위자로 변하는 경향을 보인다.

- **세계화:** 한국에서는 지구화란 용어가 세계화란 용어와 혼동되어 있다. 이 두 용어는 모두 영어의 'Globalization'을 번역한 용어이다. 경우에 따라 구별해서 사용되는 경우도 있지만 대체로 구별되지 않고 사용되고 있다.

두 용어가 구별 없이 사용된 것은 김영삼 정부 시절 국정방향을 세계화로 삼고 국가정책을 홍보, 실행한 데서 세계화란 말이 빠른 속도로 퍼져나갔기 때문이다. 김영삼 정부의 홍보책자에 세계화란 단어가 'Segyewha'로 표기된 것을 보면 세계화는 고유명사라고 할 수 있다. 한자어인 '세계'가 시간 차원과 공간 차원을 동시에 포함하지만 '지구'란 용어는 '공간'만을 의미하는 면에서 'Globalization'은 지구화로 번역하는 것이 정확할 것이다. 세계적으로 경제·평화·인권·환경 등 지구적 의식이 증대되고 지구촌화되어 간다는 점에서 지구화라는 용어가 보다 적절하다. 지구화를 주권국가 차원을 넘어 전 세계를 하나의 단일공동체로 만들어가는 과정으로 보고, 국제화-세계화-지구화 순으로 변화하는 순차적 개념으로 보는 사람들도 있다. 이런 점에서 보면 지구화는 국제화의 완성형이고, 세계화는 국제화와 지구화 사이의 과도기적 단계라고 할 수 있다. 세계화를 시장과 사회단위가 대외 개방성에 목표를 두고 활동한다는 의미에서 세계화를 정치경제적인 영역에 국한시켜 사용하는 사람들도 있다. 다만, 한국에서는 세계화란 말이 일상생활에서 관행처럼 매우 포괄적으로 사용되고 있기 때문에 세계화란 말을 사용해도 무방할 것이다. 중요한 것은 지구화 혹은 세계화의 본질을 이해하고 그것이 가져다주는 영향을 자각하는 일이다.

- **최소질서:** 정의와 인권 같은 가치의 습득문제보다는 평화와 안정의 관점에서 파악되는 국제질서이다.

- **세계질서:** 국제질서보다 더 넓은 의미의 질서이다. 세계질서에서는 기본 단위가 국가가 아니라 인류 개인이며, 질서 심화 정도를 안보, 인권, 정의와 같은 공공재가 인류에게 전달되는 정도에 따라 파악한다.

- **지역화(Regionalization):** 유럽연합과 같이 지리적으로 근접한 국가들 사이의 상호의존의 증대를 말한다.

- **네트워크(Network):** 정보를 교환하고 경험을 공유하며 정치적 목표와 전술을 논의하려는 목적의 개인 혹은 조직을 위한 커뮤니케이션 구조를 말한다.

- **네트전쟁(또는 사이버 전쟁, Netwar or Cyberwar):** 전쟁이나 테러리즘 행위로 적을 공격하기 위해 디지털 네트워크와 커뮤니케이션을 이용하는 것을 말한다.

- **공개 소프트웨어:** 소프트웨어는 자유롭게 배포되고 잠재적인 사용자들이 배제되지 말아야 한다는 아이디어에 의해 개발된 소프트웨어이다.

## 주요개념 국제정치경제 이슈

- **표준전쟁:** 어떠한 표준을 채택할 것이냐를 둘러싼 국가 또는 기업 간의 갈등을 말한다.

- **무선네트워크:** 마이크로파와 위성 연결을 통한 데이터 및 음성통신을 말한다.

- **의제 형성:** 문제가 인식되어 정치적 무대로 올려지고, 관련 정책기관들에 의한 검토 및 토의를 위해 문제의 틀이 짜여진 다음, 국제협상을 통해 다루어질 국제정치 안건으로 제기되는 과정이다.

- **집단적 거버넌스:** 비위계적인 관리 혹은 거버넌스의 체계이다.

- **환경레짐:** 환경문제를 다루는 국제레짐이다.

- **지식공동체:** 어떤 문제에 대한 이해와 정책대응에 대한 의견을 공유하는 전문가들의 초국가적 지식 기반 공동체를 말한다.

- **기본협약:** 기본적 목적과 원칙, 규범, 제도, 국제적 공동행동을 위한 절차를 수립하는 국제협약으로서 추후에 규칙 개정 또는 체약국 의무 강화가 가능할 수 있도록 신축성을 위한 조항을 포함한다.

- **국제제도:** 어떤 특정 분야에서의 활동을 관리하기 위해 국제적으로 합의된 원칙, 규범, 공동 이해, 조직 및 정책 결정절차를 말한다.

- **지속가능한 개발:** 미래 세대가 자신들의 필요를 충족할 수 있는 능력을 훼손하지 않으면서 현재의 필요를 충족시키는 경제적·사회적 발전, 즉 경제개발, 사회개발, 환경보호 간의 적절한 균형을 유지하는 프로그램이다. 그러나 사실상 이 개념은 서로 다른 정치적·경제적·사회적·환경적 관점을 가지는 그룹들이 정확한 의미에 대해 견해를 달리 한다는 점에서 대단히 논쟁적이다.

- **공유지의 비극:** '합리적으로' 자신의 개별적 이익을 추구하는 사용자에 의해 접근이 자유로운 자원이 과도 이용되는 현상이다.

- **초국가적:** 국경을 초월하는 것이다. 국내영역과 국제영역을 연결하는 것이다. 그러므로 예를 들어 초국가적 과정이란 국경을 초월하는 비국가적 과정을 지칭한다.

- **이행:** 구공산주의진영에서 공산주의 계획경제가 종식되고 민주주의적 자본주의체제가 출현하여 가능할 때까지의 장기간을 의미하는 용어이다.

- **통화제도:** 통화제도는 특정 기축통화를 중심으로 나머지 국가들의 환율을 연계시키는 고정환율제와 환율을 외환시장의 결정에 맡기는 변동환율제로 구분할 수 있다. 고정환율제는 기축통화에 따라 금, 은, 달러본위제로 구분할 수 있다.

영국이 처음 채택한 금본위제는 1870년대에서 제1차 세계대전까지 자유주의적 국제경제질서의 축으로 중요한 역할을 했다. 금본위제가 붕괴한 전간기에 경쟁적 환율인하로 인해 증가한 국제금융질서의 불안정성을 해결 하기 위해, 브레턴우즈에서는 미국의 달러화(금태환기능)를 기축통화로 한 달러본위제를 출범시켰다. 1971년 닉슨 대통령의 금태환 중지선언 이후 미국, 독일, 일본을 비롯한 대부분의 선진국들은 다양한 형태의 변동환율제를 채택하였다. 1980년대 이후 부채 및 외환위기에 시달린 개발도상국들의 통화제도는 자유로운 변동환율제 또는 통화위원회제도와 같은 강력한 고정환율제로 양분되었다. 1990년대 이후 유럽통화동맹에 가입한 국가들은 각국의 통화를 포기하고 유로라는 공동화폐를 창설하였다.

- **트리핀 딜레마:** 트리핀 딜레마는 금 1온스를 35달러에 태환할 수 있는 고정환율제도에 기반해 있는 브레턴우즈 금융체제에 내재된 근본적 모순을 의미하는 개념이다. 1960년대 초, 로버트 트리핀은 달러화의 금태환이 장기적으로 불가능하다고 예측하였다. 1960년대 후반 미국정부가 대대적인 사회복지 투자와 베트남전쟁 전비로 금 보유량보다 훨씬 더 많은 통화를 발행함으로써 이 문제가 현실화되었고, 결국 닉슨 행정부는 1971년 8월 금태환을 공식적으로 포기하였다.

- **플라자합의:** 1985년 9월 22일 뉴욕 플라자호텔에서 미국, 일본, 서독, 영국, 프랑스가 미국 달러화에 대한 일본 엔화와 서독 마르크화의 환율을 절상시키기로 한 협정을 말한다. 이 합의 이후 서독에 대한 미국의 무역적자는 줄어들었지만, 일본에 대한 무역적자는 줄어들지 않았다. 미국 달러화에 대한 투기가 활성화되자 5개국 및 캐나다는 1987년 2월 22일 프랑스 파리에서 더 이상의 평가절상을 막기 위해 루브르합의를 체결하였다.

- **지구화:** 지구화는 보통 사회관계가 지리적 영토라는 준거에서 점차 벗어나 인간이 단일공간 세계 속에서 활동하게 되는 현상을 뜻한다. 실체이든 환상이든 지난 10여년 동안 지구화현상은 매력적인 개념으로 사람들의 주목을 끌어왔다. 이 용어는 학계에서뿐만 아니라 일상어의 범주 속에서 널리 사용되고 있다. 지구시장, 지구통신, 지구회의, 지구위협 등의 용어가 새로 만들어졌다. 지구거버넌스, 지구환경, 지구젠더관계, 지구정치경제학 등에 대한 토론도 활발해졌다. 지구화에 대해 보편적이고 유일한 정의를 내릴 수 있는 것은 아니다. 지구화 현상이 냉전 이후에만 존재했던 것도 아니다. 사회과학의 다른 모든 개념이 그렇지만 그 정확한 의미는 여전히 논쟁적이다.

## 주요개념: 국제정치경제 이슈

- **국제화:** 세계질서의 핵심 행위자인 민족국가를 바탕으로 정치·경제·문화·사회적 교류가 증대되는 현상이라는 점에서 지구화와 구별된다. 지구화는 국민국가를 포함해서 국제기구, 다국적기업, 지방, 비정부기구 그리고 개별 시민들의 초국경적 활동을 의미한다.

- **자유화:** 세계경제가 국가 간 왕래를 활발히 하기 위해 정부 제한을 철폐하면서 개방과 통합되는 현상이다. 보통 자본과 상품의 국제적 거래 등을 의미하기 때문에 주로 국가 간 무역이나 통상관계, 그리고 자본의 국제화현상을 가리킨다.

- **보편화:** 다양한 사물과 경험이 지구적으로 모든 인간에게 확산되는 현상을 의미한다. 특정 지역이 보편화를 이루는 주체로 인식될 필요는 없다. 다만, 역사적으로 서구에서 출발한 여러 문명표준이 전세계의 표준으로 확산된다는 점에서 서구화와 동일시되는 경향이 있다. 서구화는 전세계 사람들의 관행과 습관이 서구적으로 변형되는 현상이다. 최근에는 초강대국인 미국적 요소, 즉 미국적 문화와 미국적 가치가 전 세계적으로 확산되므로 미국화 현상과 같은 맥락에서 이해되는 경우도 있다.

- **탈영토화:** 주로 영토적 관점에서 장소·거리·국경 등이 지배력을 상실해가는 지리적 변화를 가리킨다. 개별 민족국가가 보유하고 있던 배타적 권리인 국가주권이 점차로 그 세력이 약화되는 현상을 가리킨다. 이런 차원에서 지구화는 다른 개념보다 훨씬 포괄적이다.

- **윈텔리즘과 실리우드:** 미국이 지식패권을 장악하고 있는 증거 중의 하나는 미국의 IT기업들이 세계 IT산업에서 장악하고 있는 주도권에서 발견된다. 윈텔리즘으로 알려진 미국 컴퓨터기업들의 지배가 대표적인 사례이다. 마이크로소프트의 컴퓨터 운영체계인 윈도와 인텔의 두 단어를 합성하여 만든 윈텔은 PC아키텍처 표준을 장악하고 있는 두 기업의 구조적 지배력을 빗대어서 붙여진 용어이다. 실제로 1980년대 초반 이래 윈텔표준 또는 IBM호환표준은 PC아키텍처의 사실상 표준을 주도하면서 세계 PC업계에서 지배적 지위를 누려왔다. 이러한 윈텔의 패권은 단순한 기업경쟁력의 의미를 넘어서 컴퓨터산업에 진입하려는 기업이라면 누구라도 받아들여야 하는 '게임의 규칙'이었다. PC시대에 출현한 윈텔리즘의 지배력은 네트워크시대에 이르기까지도 그 형태를 바꾸면서 확대·재생산되고 있다. 이러한 IT 분야의 패권이 영화산업과 만나면서 등장하는 사례가 바로 실리우드이다. 실리우드는 실리콘밸리와 할리우드를 합성해서 만든 말이다. 지난 반세기 동안 세계 영화산업의 종주로 군림해 왔던 할리우드의 스튜디오들이 최고의 기술을 자랑하는 실리콘밸리의 IT기업들과 제휴하는 현상을 지칭한다. 구체적으로 실리우드의 이 현상은 영화제작에 컴퓨터 그래픽과 같은 특수효과가 도입되는 것으로 나타난다. 실제로 이러한 실리우드의 영향력은 세계적으로 대단한 것이어서 국내외에서 흥행에 성공한 영화 중에서 실리콘밸리에서 개발된 첨단 IT의 특수효과를 사용하지 않은 영화가 없을 정도이다. 이러한 실리우드의 등장은 기술의 우위가 문화의 지배로 전환되는 정보화시대 세계지식질서의 단면을 극명하게 보여준다. 미국은 이러한 정보문화산업의 패권을 기반으로 하여 유비쿼터스시대를 맞이하는 다른 산업 분야에 대한 통제도 노리고 있다.

- **정보격차(Digital Divide):** 선진 커뮤니케이션 및 정보에 접근할 수 있는 사람들과 너무 가난해서 접근할 수 없거나 접근이 차단된 농촌이나 외딴 지역에 사는 사람들 사이의 기술접근에서의 격차이다. 대체로 인터넷을 가진 자와 못 가진 자 사이의 격차를 말한다.

- **e - 정부:** 사람들을 정치과정에 참여시키는 데 기술을 사용하는 것을 말한다.

- **글로벌 네트워크:** 즉각적인 음성과 데이터 통신을 허용하는 지구적 디지털 네트워크, 즉 글로벌 정보고속도로를 말한다.

- **지적재산권:** 저작권, 특허권, 상표권, 업무상 비밀 등의 콘텐츠의 소유자를 보호하는 규칙이다.

- **대공황:** 1929년 10월 미국 월가 주식시장의 붕괴에 따라 진행된 지구적인 경제 불황에 대한 별칭이다. 경제적 충격파는 이미 무역과 해외직접투자의 그물망으로 밀접히 상호연계된 세계를 곧바로 덮쳤다. 그 결과 1929년 10월의 사건들은 브라질과 일본처럼 멀리 떨어진 국가에서도 체감할 수 있었다.

- **경제자립정책:** 자급자족할 수 있는 국민경제를 추구하는 것이다. 대공황의 결과, 일부 국가들이 자국 경제를 불안정한 지구 상품 시장과 해외 차관으로부터 격리시키려는 의도로 추구된 정책이다.

- **근린궁핍화정책:** 자국의 이익을 위해서 다른 국가에게 손해를 입히는 정책을 의미한다. 제1차 세계대전 후 극심한 경기침체에 시달리던 서구 열강들은 내수 진작보다는 수출 진흥을 통해 경기를 부양하기 위해 환율의 평가절상과 관세율 인상으로 대표되는 보호주의 무역정책을 추진하였다. 많은 국가들이 이 정책을 동시에 수행함으로써 세계경제는 더욱 위축되었다. 제2차 세계대전 이후 등장한 브레턴우즈체제는 이 정책의 재발을 막기 위해 자유주의에 기반한 국제경제기구와 제도들을 발전시켜 왔다.

 **주요개념** 국제정치경제 이슈

- **경쟁정책:** 기업, 특히 국영기업을 포함하는 독점기업에 의한 반경쟁적 행위와 상호작용을 금지하는 정책들이다.

- **탈규제:** 모든 규제를 제거하여 정부정책이 아닌 시장세력이 경제발전을 통제하도록 하는 것을 말한다.

- **지구화:** 공산주의 몰락 이후 하나의 단위가 된 세계경제를 묘사하기 위해 사용된 용어로서, 제2차 세계대전 이후 국제자본주의체제의 통합의 진전을 정의하기 위해 사용되기도 한다.

- **이슬람:** 예언자 마호메트에 의해 발전된 종교적 믿음으로, 현재 수백만 명의 정치적 정체성과 현대 서방의 가치관에 반대하는 가장 중요한 이념적 성향을 일컫는 개념으로 사용된다.

- **시장 스탈린주의:** 권위적 정치질서와 매우 역동적인 자본주의를 결합한 중국의 체제를 묘사하기 위해 비판자들이 사용하는 용어로, 모순적인 두 용어를 하나로 합쳐놓았다.

- **제3세계:** 1950년대 말 처음 사용된 용어로, 저발전된 세계와, 이들의 저발전을 극복하도록 도울 수 있는 정치적 외교적 계획을 함께 일컫는다. 탈냉전기에는 용례가 줄어들고 있다.

- **초국가기업:** 가장 일반적인 의미로는 한 나라에 속하면서 다른 나라의 사회 또는 정부와 거래하는 기업을 의미한다. 그런 초국가기업은 보통 해외에 모기업과 관련을 맺는 지점을 가지고 있는 기업으로 한정되어 사용된다. 해외 지점은 모기업의 지사로서 별도 법인 형태를 갖추고 있고 소수지분을 소유한 형태로 유지된다.

- **내부자 거래:** 국제무역의 한 형태로 초국가 기업의 한 지사가 같은 기업의 다른 국가에 있는 지사와 거래하는 방식을 말한다. 알루미늄 원광인 보크사이트는 모든 무역거래가 내부자거래 형식으로 이루어지고 있어서 세계 보크사이트 시장이 존재하지 않는다.

- **이전가격:** 초국가기업이 내부자거래를 할 때 그 대상이 되는 재화와 용역의 가격을 말한다. 회계의 문제 때문에 수출품에 매겨지는 가격은 과도한 징세를 피하기 위해 조작된다. 이때 정해지는 가격은 시장가격과 별로 관계가 없다. 이전가격의 변화가 상품판매량과 회사의 세금 지불 이전의 이득에 반드시 영향을 주는 것은 아니다.

- **삼각무역:** 두 나라 간의 무역이 제3국을 통해 간접적으로 이루어지는 형태를 말한다.

- **차액거래:** 상품을 한 시장에서 사서 다른 시장에서 팔아 시세차액을 얻는 거래를 말한다.

- **회전차액거래:** 금융계에서 펀드자금을 회전시키거나 한 국가에서 다른 국가로 금융행위를 회전시키는 행위를 말한다. 이는 정부규제로 인해 생기는 제한을 피해서 이익을 증가시키기 위해 행해진다. 좀 더 넓게 해석하면 회전차액거래는 정부정책에 대응해서 특정 기업의 활동지역이 한 나라에서 다른 나라로 옮겨지는 경우에도 적용된다.

# 학습 점검 문제  제3편 | 국제 이슈

**01** 베스트팔렌조약으로 시작된 근대 국제사회의 역사적 전개과정을 시기 순으로 바르게 나열한 것은?

2015년 외무영사직

① 비엔나체제 ⇨ 베르사유체제 ⇨ 비스마르크체제 ⇨ 몰타체제 ⇨ 얄타체제
② 베르사유체제 ⇨ 비엔나체제 ⇨ 얄타체제 ⇨ 비스마르크체제 ⇨ 몰타체제
③ 비엔나체제 ⇨ 비스마르크체제 ⇨ 베르사유체제 ⇨ 얄타체제 ⇨ 몰타체제
④ 비스마르크체제 ⇨ 비엔나체제 ⇨ 베르사유체제 ⇨ 몰타체제 ⇨ 얄타체제

> **국제체제**
> 국제체제는 웨스트팔리아체제(1648) ⇨ 비엔나체제(1815) ⇨ 비스마르크체제(1871) ⇨ 베르사유체제(1919) ⇨ 얄타체제(1945) ⇨ 몰타체제(1989)로 전개되어 왔다. 비엔나체제는 강대국 간 협조체제를, 비스마르크체제는 동맹체제를, 베르사유체제는 집단안보체제를, 얄타체제는 국제연합의 집단안보체제를, 몰타체제는 탈냉전체제를 의미한다.
>
> 답 ③

**02** 「핵무기의 비확산에 관한 조약(NPT)」에 대한 설명으로 옳지 않은 것은?

2023년 외무영사직

① 수평적 핵 확산을 통제하려는 노력의 산물이다.
② NPT가 공식적으로 인정하는 핵보유국은 5개 국가뿐이다.
③ 어떤 국가라도 60일 전에 통고만 하면 NPT를 자유롭게 탈퇴할 수 있다.
④ 비핵국가가 핵을 평화적으로 이용할 경우에도 국제원자력기구의 정기적인 사찰을 받을 것을 의무화하였다.

> **국제이슈**
> NPT탈퇴를 위해서는 국가이익을 침해할 수 있는 비상사태가 존재해야 하고, 탈퇴의사를 타당사국과 UN안전보장이사회에 통보해야 한다. 탈퇴효력은 3개월 후 발생한다.
>
> **선지분석**
> ① 수평적 확산이란 비핵보유국이 핵보유국으로 전환되는 것을 말한다.
> ② NPT는 1967년 1월 전에 핵무기를 개발한 나라를 핵보유국으로 인정한다. 미국, 영국, 프랑스, 중국, 러시아 5개국이다.
> ④ 원자력의 핵무기로의 전환을 막기위해 비핵보유국은 IAEA와 안전조치협정을 체결하고 정기적으로 사찰을 받아야 한다.
>
> 답 ③

**03** 대량살상무기 통제협정에 대한 설명으로 옳은 것만을 모두 고르면?  　　　　　　　　　　　2021년 외무영사직

> ㄱ. 1925년 「제네바의정서(Geneva Protocol)」는 독가스와 세균의 전시 사용금지에 관한 의정서이다.
> ㄴ. 「핵확산금지조약(NPT)」은 1968년 체결되고, 1970년에 효력이 발생하였다.
> ㄷ. 1997년 발효된 「화학무기금지협약(CWC)」은 화학무기의 개발, 생산, 타국으로의 이전을 금지하였으나 기존 비축분은 보유를 허용하였다.
> ㄹ. 1965년 발효된 「생물무기금지협약(BWC)」은 생물무기 및 독소무기의 개발, 생산, 비축, 사용의 금지를 목적으로 한다.

① ㄱ, ㄴ
② ㄱ, ㄹ
③ ㄴ, ㄷ
④ ㄷ, ㄹ

#### 대량살상무기(WMD) 확산

대량살상무기 통제협정에 대한 설명으로 옳은 것은 ㄱ, ㄴ이다.
ㄱ. 「제네바의정서(Geneva Protocol)」는 1997년 「화학무기금지협약(CWC)」에 의해 계승되었다고 평가된다.
ㄴ. 「핵확산금지조약(NPT)」은 핵무기의 수평적 확산 방지체제이다. 한국은 1975년, 북한은 1985년 가입하였다가 2003년 1월 탈퇴하였다.

<u>선지분석</u>
ㄷ. 「화학무기금지협약(CWC)」은 기존 보유 중인 화학무기의 폐기도 규정하였다.
ㄹ. 「생물무기금지협약(BWC)」은 1972년 서명되고, 1975년 발효되었다.

답 ①

**04** 핵무기와 핵확산에 대한 설명으로 옳은 것만을 모두 고르면? 2020년 외무영사직

> ㄱ. 핵확산금지조약(NPT)은 1970년 3월 5일에 발효되었고, 조약 당사국들은 1995년부터 조약의 시효를 무기한 연장하기로 했다.
> ㄴ. '수평적 핵확산'이란 기존 핵무기 보유국이 핵 보유량을 확대하거나 운반 수단을 정교화하는 것을 말한다.
> ㄷ. 보스턴 프로젝트(Boston Project)의 결과로 최초로 핵무기가 히로시마와 나가사키에 투하됐다.
> ㄹ. 스콧 세이건(Scott Sagan)은 새로운 핵무기 보유국의 등장이 예방전쟁을 초래할 수 있으며 심각한 핵무기 사고를 발생시킬 수 있다고 주장한다.

① ㄱ, ㄴ
② ㄱ, ㄹ
③ ㄴ, ㄷ
④ ㄷ, ㄹ

#### 핵무기의 확산과 비확산체제
핵무기와 핵확산에 대한 설명으로 옳은 것은 ㄱ, ㄹ이다.
ㄱ. 핵확산금지조약(NPT)은 1968년에 체결되었다. 우리나라는 1975년에 가입하였다.
ㄹ. 스콧 세이건(Scott Sagan)은 핵확산과 평화에 있어서 비관론자로서, 핵확산에 반대한다.

**선지분석**
ㄴ. '수직적 핵확산'에 대한 개념이다. 수평적 핵확산은 비핵국이 새롭게 핵무기를 보유하는 것을 말한다. 핵확산금지조약(NPT)은 수평적 핵확산 방지를 위한 체제이다.
ㄷ. 미국의 핵무기 개발계획을 '맨해튼 프로젝트(Manhattan Project)'라고 한다.

답 ②

---

**05** 탈냉전 시기에 체결된 핵무기 군비통제 협정이 아닌 것은? 2023년 외무영사직

① 중거리핵무기폐기협정(INF)
② 전략무기감축협정 Ⅱ(START Ⅱ)
③ 전략공격무기감축협정(SORT)
④ 포괄적 핵실험금지조약(CTBT)

#### 군비통제
중거리핵무기폐기협정(INF)은 1987년 미국과 소련간 체결된 조약이므로 탈냉전기 체결된 협정이 아니다.

**선지분석**
② 전략무기감축협정 Ⅱ(START Ⅱ)은 START Ⅰ이 1991년 체결된 이후인 1993년 1월 3일 체결되었으나 발효되지 않았다.
③ 전략공격무기감축협정(SORT)은 2002년 5월 체결되었고 2012년에 만료되었다.
④ 포괄적 핵실험금지조약(CTBT)은 1996년 체결되었으나 현재 미발효상태이다.

답 ①

## 06 주요 핵무기 군비통제협정을 체결된 순서대로 바르게 나열한 것은?

2014년 외무영사직

> ㄱ. 핵확산금지조약(NPT)  
> ㄴ. 포괄적 핵실험금지조약(CTBT)  
> ㄷ. 전략무기제한협정(SALT I)  
> ㄹ. 전략무기감축협정(START I)

① ㄱ ⇨ ㄷ ⇨ ㄹ ⇨ ㄴ
② ㄱ ⇨ ㄴ ⇨ ㄷ ⇨ ㄹ
③ ㄴ ⇨ ㄱ ⇨ ㄹ ⇨ ㄷ
④ ㄷ ⇨ ㄹ ⇨ ㄱ ⇨ ㄴ

#### 핵무기의 확산과 비확산체제

ㄱ. 핵확산금지조약(NPT, 1968) ⇨ ㄷ. 전략무기제한협정(SALT I, 1972) ⇨ ㄹ. 전략무기감축제한협정(START I, 1991) ⇨ ㄴ. 포괄적 핵실험금지조약(CTBT, 1995) 순으로 체결되었다.

답 ①

## 07 세계화(Globalization)에 대한 입장을 설명한 것으로 옳지 않은 것은?

2007년 외무영사직

① 현실주의: 세계화가 영토와 주권 중심의 현 국제체제의 현실을 근본적으로 변형시킬 수 있다.
② 자유주의: 세계화로 인해 국가들 간의 상호연결성이 증대됨으로써 이전과는 다른 세계정치가 전개될 수 있다.
③ 마르크스주의: 세계화는 자본주의 발전의 최종단계에 불과한 것으로서, 세계정치의 질적 전환을 의미하는 것은 아니다.
④ 구성주의: 세계화는 국제 주체들로 하여금 다양한 사회운동을 형성할 수 있는 기회를 제공할 수 있다.

#### 세계화(Globalization)

현실주의 입장에서 국가의 주권은 영구불변의 절대적인 것이다. 현실주의자인 길핀(R. Gilpin)은 세계화가 주권국가에 미치는 영향과 관련하여 세계화가 기존의 주권국가를 단위로 하는 국제체제의 기본적인 성격을 근본적으로 변화시키지 않을 것이며 주권국가는 창조적이고 혁신적인 국가 운영을 통해 국가가 직면하고 있는 문제를 극복할 수 있을 것이라고 보고, 그 결과 주권국가를 단위로 하는 국제체제가 지속될 것임을 강조하고 있다. 이처럼 길핀을 비롯한 현실주의자들은 세계화의 진전 속에서 국가를 소멸이나 쇠퇴의 대상이 아니라 오히려 세계화의 주체로 바라보고자 하며 세계화가 국가주권을 훼손하기보다는 보강하는 기제로서 작용한다고 보는데, 이는 국가가 자신의 이익을 극대화하기 위한 방편으로 세계화를 이용한다고 보기 때문이다.

답 ①

## 08 기후변화 거버넌스에 대한 설명으로 옳지 않은 것은?

2023년 외무영사직

① 교토의정서는 온실가스 감축을 위한 시장주의적 제도로 배출권 거래제와 공동이행제도를 도입하였다.
② 파리기후변화협정은 선진국과 개발도상국 모두 국가별 기여 방안의 제출을 통해 자발적으로 감축 목표를 이행하도록 하였다.
③ 2012년 제18차 당사국 총회(COP18)에서는 교토의정서의 시효를 2020년까지 연장하기로 합의하였고, 일본과 캐나다는 이에 적극적으로 참여하기로 결정하였다.
④ 파리기후변화협정은 온실가스 감축목표 설정방식과 관련하여 하향식(top-down)방식을 채택한 교토의정서와는 달리 상향식(bottom-up)방식을 채택하였다.

### 국제환경문제

2012년 총회는 도하총회로서 교토의정서를 8년 연장하기로 하였다. 일본과 캐나다 등은 개도국이 온실가스 감축에 동참하지 않는다는 이유로 교토의정서 이행에 소극적 태도를 보여 주었다.

#### 선지분석
① 배출권거래제도, 공동이행제도 이외에도 청정개발체제나 배출적립 등의 신축성 체제를 규정하였다.
② 파리협정은 '국가결정공약'에 따른 자발적 감축에 기초한 보편적 체제를 특징으로 한다.
④ 파리협정에서는 당사국들이 온실가스 감축 목표치를 정하고 이행하는 상향식 방식을 채택한 점이 주요 특징이다.

답 ③

## 09 국가 간 경제통합의 단계를 순서대로 바르게 나열한 것은?

2023년 외무영사직

(가) 관세동맹(Customs Union)
(나) 자유무역협정(Free Trade Agreement)
(다) 화폐동맹(Currency Union)
(라) 공동시장(Common Market)

① (가) ⇨ (다) ⇨ (라) ⇨ (나)
② (나) ⇨ (가) ⇨ (라) ⇨ (다)
③ (나) ⇨ (가) ⇨ (다) ⇨ (라)
④ (라) ⇨ (가) ⇨ (다) ⇨ (나)

### 지역주의

국가 간 경제통합의 단계를 순서대로 바르게 나열한 것은 (나) ⇨ (가) ⇨ (라) ⇨ (다)이다.
(나) 자유무역협정(Free Trade Agreement)은 역내국간 관세나 비관세조치를 폐지한, 역외국에 대해서는 독자적 경제조치를 취하는 단계이다.
(가) 관세동맹(Customs Union)은 역내국간 관세나 비관세조치를 폐지하는 한편, 역외국에 대해 공동조치를 취하는 형태이다.
(라) 공동시장(Common Market)은 관세동맹 단계에서 더 나아가 생산요소의 자유 이동을 허용하는 경제통합체이다.
(다) 화폐동맹(Currency Union)은 단일시장(Single Market)이라고도 한다. 경제통합의 최종단계로서 공동통화를 사용한다. 지금의 유럽연합이 화폐동맹단계이다.

답 ②

## 10 국제무역체제에 대한 설명으로 옳지 않은 것은?

2021년 외무영사직

① GATT는 비차별, 투명성, 호혜주의 원칙에 입각하였다.
② GATT체제하에서 제네바 1차 라운드를 시작으로 딜런, 케네디, 도쿄, 우루과이 라운드, 그리고 도하 개발어젠다협상이 진행되었다.
③ 무역자유화를 통한 국제교역의 급격한 성장에도 불구하고, 국제무역체제에서 보호무역주의의 영향력은 사라지지 않았다.
④ 1990년대 중반 이후 지역 및 양자 간 무역협정이 확산되었다.

**국제무역질서**

도하 개발어젠다협상(DDA)은 WTO체제하에서 2001년에 출범한 것이다.

**선지분석**

① 비차별원칙은 최혜국대우나 내국민대우를 의미한다. 최혜국대우만을 지칭하기도 한다.
③ 제2차 세계대전 이후 1970년대가 보호주의 시대로 평가되기도 하며, 현재도 국가들은 특히 비관세장벽(Non-Tariff Barriers: NTB)을 통해 자국 시장을 보호하고자 하는 강한 동기를 가지고 있는 것으로 평가된다.
④ WTO 출범 이후 지역주의가 활성화되었다. 이에는 다양한 요인이 제기되나, 제도적 차원에서는 WTO 창설과정에서 공개된 정보가 지역주의를 위한 파트너 선정에 도움을 주기 때문이라고 본다. DDA 출범 이후에는 DDA가 정체되면서 지역주의가 활성화되고 있다고 분석되기도 한다.

답 ②

## 11 국제통화 · 금융질서에 대한 설명으로 옳지 않은 것은?

2023년 외무영사직

① 미국과 일본은 2016년에 설립된 아시아인프라투자은행(AIIB)에 참여하지 않았다.
② 국제통화기금은 '트리핀 딜레마'를 완화하기 위하여 특별인출권(SDR)을 제안하였다.
③ 1985년 플라자합의는 미국 달러화에 대한 일본 엔화와 서독 마르크화를 평가 절상하기로 합의한 것이다.
④ 일본, 중국, 미국은 동아시아 금융위기를 극복하기 위해 아시아통화기금(AMF) 창설에 합의하였다.

**국제금융질서**

아시아통화기금(AMF)은 당초 일본이 제안하였으나 미국의 반대로 무산되었다. 중국은 당초 일본의 제안에 반대하였으나, ASEAN국가들이 이에 동조하자 입장을 변경하여 지지하기로 하였었다.

**선지분석**

① 유럽의 주요국들은 대거 가입하고 있으나 미국과 일본은 AIIB에 가입하지 않고 있다.
② 트리핀의 딜레마는 특정국 화폐를 기축통화로 설정한 경우 내재되는 문제로서 '유동성'과 '신뢰성'의 상충관계를 말한다. 1960년대 미국의 학자 트리핀이 명명한 문제이다.
③ 플라자합의는 미국 달러화의 평가절하, 즉 마르크나 엔화의 평가절상을 통해 미국 상품의 대외적 가격 경쟁력을 강화하여 무역적자를 줄이기 위해 합의된 것이다.

답 ④

## 12 브레턴우즈(Bretton Woods)체제에 대한 설명으로 옳지 않은 것은? 

2015년 외무영사직

① 내재적 자유주의(embedded liberalism)에 기초하여 국가와 시장이 타협을 이룬 체제이다.
② 국제무역의 다자화와 안정성과 함께 국제금융통화체제의 자유화와 개방성을 확보하기 위해 만든 체제이다.
③ 미국 달러의 가치가 금의 가치에 일정비율로 고정되고, 다른 화폐의 가치가 미국 달러의 가치에 일정비율로 고정되는 고정환율제였다.
④ 국제통화기금(IMF)은 일시적 국제수지 적자국을 지원할 목적에서, 세계은행(World Bank)은 다른 국가들의 개발을 지원할 목적에서 만들어졌다.

### 국제통화금융질서
브레턴우즈(Bretton Woods)체제의 기본 구도는 무역의 자유화 및 금융의 통제와 안정으로 요약할 수 있다. 금융질서의 안정화는 무역자유화를 위한 수단 또는 토대로 간주되었다. 즉, 국제금융통화체제는 자유화나 개방성 확보가 아니라 통제에 초점을 둔 것이다.

### 선지분석
① 내재적 자유주의 또는 배태된 자유주의는 고전적 자유주의와 달리 국가의 시장개입을 통한 금융질서나 국내질서의 안정을 추구한다.
③ 미국 달러의 가치를 금 1온스당 35달러로 고정한 금환본위제였다. 환율제도의 경우 조정 가능한 고정환율제도를 채택하여 환율 안정을 추구하였다.
④ 제도적 차원에서 브레턴우즈체제는 국제통화기금(IMF) 및 세계은행(IBRD, World Bank)을 창설하였다.

답 ②

**MEMO**

해커스공무원 학원·인강
**gosi.Hackers.com**

# 제4편

# 동아시아 및 기타 지역 이슈

**제1장** | 동아시아 정치군사안보 이슈
**제2장** | 동아시아 정치경제 이슈
**제3장** | 동아시아 국제관계
**제4장** | 동아시아 영토분쟁
**제5장** | 기타 지역 이슈

# 제1장 | 동아시아 정치군사안보 이슈

> **출제 포커스 및 학습방향**
>
> 동아시아에서 핵심 안보 이슈가 되고 있는 북핵문제와, 북핵문제 해결 이후 중요한 이슈가 될 수 있는 동북아 다자안보문제를 다루고 있다. 이 두 이슈 이외에도 영토분쟁이 중요한 의제이나 영토분쟁은 제4장에서 집중적으로 다루고 있으므로 여기서는 배제하였다. 북핵문제의 경우 1990년대와 2000년대 두 차례 전개되었다. 시험에서는 북핵문제와 연관된 문서들이 주로 출제되었으며, 주요국의 입장도 출제가 예상된다. 동북아 다자안보의 경우 각국의 입장이나 현재 존재하고 있는 아세안지역포럼(ARF)의 출제 빈도가 높다.

## 제1절 | 북핵문제

### 1 의미와 성격

#### 1. 의미

북핵문제란 북한이 핵무기를 제조하고자 하는 능력과 의사를 가지고, 이것이 확인됨으로써 유발된 문제를 말한다. 여기에는 핵보유 의지, 핵물질 취득, 핵실험, 핵물질이나 핵기술 또는 핵무기의 확산 등이 포함된다. 또한, 핵무기의 운반체 역할을 하는 장거리 미사일 역시 핵문제의 일부를 구성한다.

#### 2. 성격

**(1) 국제체제 - 패권에 대한 도전과 안보위협**

북핵문제는 미국이 의도하는 미국중심 패권질서에 대한 중대한 도전의 성격과 미국에 대한 직접적 안보위협의 성격을 같이 가지고 있다. 우선, 북한이 핵을 보유하고 이를 확산하는 경우 핵을 보유한 국가들은 미국의 영향력을 수용하기 보다는 저항할 유인을 가지게 된다. 이는 상대적으로 미국의 힘과 영향력의 약화를 초래할 것이다. 특히, 만약 핵무기들이 반미친중적 성향을 가진 나라에 확산되는 경우 미국 패권구축 시도에 치명적인 영향을 줄 것이다. 한편, 북한의 핵과 북한을 통해 확산된 핵무기, 특히 테러세력이나 이른바 불량국가(Rogue States)에 확산된 핵무기는 9·11테러에서 보듯이 직접 미국과 미국인을 겨냥함으로써 미국에 직접적인 안보위협을 초래할 수 있다.

### (2) 동북아지역체제 - 핵도미노 유발

현재 동북아에서는 중국, 러시아, 미국만이 핵을 보유하고 있다. 그런데, 북한이 핵을 보유하는 경우 미국을 고려하지 않은 남북한의 군사력의 균형이 순식간에 무너질 수 있다. 일본 역시 북한의 미사일 사정거리에 들어와 있기 때문에 북한의 핵은 일본에도 직접적인 안보위협을 초래할 것이다. 따라서 한국, 일본, 나아가 대만도 핵무장 유인을 가지게 되어 동북아에 핵도미노현상을 초래할 것이다. 이는 전반적으로 군비경쟁과 안보딜레마를 초래하여 동북아질서를 불안정화할 것이다.

### (3) 한반도체제 - 남북 간 군사력 역전

북한의 핵보유는 우선 남북 간의 한반도비핵화 공동선언을 정면으로 위반하며, 보다 중요한 의미는 남북한의 군사력의 균형을 일거에 역전시킬 수 있다는 것이다. 일반적으로 북한은 재래식 무기 차원에서 한국을 앞서고 있는 것으로 평가되나 한미동맹관계 때문에 전반적으로는 한국에 열세인 것으로 평가된다. 그러나 북한의 핵보유는 남한에 비해 더욱 군사력의 우위를 차지하게 됨으로써 한국의 안보를 직접적으로 위협할 수 있다. 한국에 대한 미국의 핵우산 제공이 철회된다면 한국으로서도 핵무장을 할 수 밖에 없을 것이다.

## 2 북한의 핵보유 동기

### 1. 북한의 한반도 군사력의 균형

북한의 핵무기 개발 의혹이 최초로 제기된 것은 1990년대 초로 냉전 해체기와 맞물린다. 이는 냉전 해체로 소련의 핵우산이 더 이상 유효하지 못할 것이라는 판단에 따라 독자적 방어체제 구축에 나선 것으로 해석할 수 있다. 재래식 군사력에서 어느 정도 우위를 유지해 왔지만, 주한미군의 존재와 미국의 핵무기 위협에 대응할 방법이 없는 북한으로서는 핵무기 개발필요성을 절감하였다. 핵무기는 첨단무기에 비해 비용이 적게 든다는 점을 고려하였을 것이다.

### 2. 북한의 대외 협상카드

북한이 미국에 대해 진정으로 원하는 것은 김정은 정권의 안보라고 볼 수 있고, 핵무기 보유 또는 핵개발은 이를 위한 대미 협상카드적 성격을 가진다. 북한이 애초부터 핵개발을 협상카드로 고려한 것은 아니나, 1994년 제네바합의 등을 통해 북한이 원하는 것을 미국으로부터 얻어낼 수 있는 가능성이 생기자, 핵개발을 협상카드로 생각하기 시작하였다. 현재 진행 중인 2차 위기에서도 북한은 핵포기를 대가로 정권안보, 체제 유지, 테러지원국 명단 삭제, 중유 지원, 경제제재 등의 보상을 요구하고 있다.

### 3. 북한의 대내 선전용

북한이 핵무기를 대내 선전용으로 사용한 것은 '대포동 2호' 미사일 발사에 성공한 다음부터이다. 사정거리가 미국 본토에 이르는 대포동 2호의 성공적 발사는 북한이 핵강국으로 등장할 가능성을 보여주는 것이었다. 북한 군부는 핵개발을 통해 국제적 고립과 경제난으로 체제에 대한 신뢰를 잃어가는 북한 주민들에게 체제의 굳건함과 군사력을 과시함으로써 체제를 유지하고자 하였다. 핵무기가 주민들의 식량난을 해결해 주지는 못할지라도 체제 유지에 필수적인 충성심과 자존심, 북한 주민으로서의 긍지를 지켜줄 수 있다고 믿고 있다.

 참고

**핵확산동기에 대한 국제정치이론적 설명**

1. 스캇 세이건(Scott D. Sagan)

    핵비확산 전문가로 저명한 스캇 세이건 스탠포드 교수는 국가들의 핵무장 결정의 이유를 설명하기 위하여 안보모델, 국내정치모델, 규범모델 등 3개 모델을 제시하고, 이 중에서도 '안보'를 가장 핵심적인 핵무장 결정요인으로 제시하였다.

    ① **안보모델**: 안보모델에 따르면, 한 국가로 다른 국가로부터 핵위협을 받을 경우, 핵확산의 '전략적 연쇄반응' 또는 '핵 도미노'가 발생할 수 있다. 그 사례로 미국 핵위협에 대응한 소련의 핵무장, 소련의 핵위협에 대응한 영국과 프랑스의 핵무장, 미국과 소련의 핵위협에 대응한 중국의 핵무장, 중국의 핵위협에 대응한 인도의 핵무장, 인도의 핵위협에 대응한 파키스탄의 핵무장, 미국의 핵위협에 대응한 북한의 핵무장 등이 있다. 안보모델에 따르면, 안보위협이 해소되면 핵무장의 포기도 가능한데, 그 사례로 남아프리카공화국의 핵무기 포기, 아르헨티나와 브라질의 핵개발 포기 등이 있다.

    ② **규범모델**: 규범모델에 따르면, 현 NPT체제가 작동하면서 대부분 국가들은 핵무장할 경우, 이에 대한 주변국의 제재와 견제 등으로 인해 오히려 자국의 안보가 취약해지는 '부정적 안보효과'를 우려하여 '핵자제(Nuclear Forbearance)'를 선택한다. 예를 들면, 한국, 스웨덴, 리비아, 남아프리카공화국, 이란 등이 이에 해당한다. 규범모델의 또 다른 설명방식에 따르면, 일부 국가는 핵 비확산의 국제규범을 무시하고, 핵무기가 대변하는 강대국 지위, 자주성 등의 상징성을 중시하여 핵무장을 선택하는데, 이는 유사한 안보환경에서 핵무장의 선택을 달리한 프랑스와 독일 그리고 남북한의 차이를 설명하고 있다.

2. 케네스 왈츠(Kenneth Waltz)

    국제체제의 성격이 국가의 행동을 결정한다는 신현실주의 관점에서, 현 무정부적인 국제체제에서 적대국가의 핵무장에 대해 자국의 핵무장만이 군사적 균형을 위한 최선의 선택이 될 것이며, 이때 평화가 보장된다는 '핵 평화론(Nuclear Peace)'을 주장하였다. 반면, 세이건(Sagan) 교수는 안보모델이 핵무장의 주요 근거가 되고 있음에도 불구하고, 핵무장에 기반한 핵억제의 비합리성과 위험성에 주목, 핵확산이 평화를 보장하지 못한다고 주장하였다.

3. 자크 하이만(Jacques Hymans)

    규범모델의 한 부류에 속하는 자크 하이만 캘리포니아주립대학 교수에 따르면, 핵무장 결정 여부는 결국 정치지도자의 국가정체성(National Identity)에 대한 인식에 달려 있다고 주장하며, '적대적 민족주의자(Oppositional Nationalist)' 성향을 가지는 정치지도자들이 핵무장을 결정하는 경향이 있다고 분석하였다. '적대적 민족주의자' 성향의 정치지도자들은 적국에 대해 영합적 안보관을 가지고 자국의 능력에 대한 강한 자부심을 보이는 지도자들이다. 예를 들면, 인도와 파키스탄의 핵무장 결정과정에서 그런 정치지도자의 사례를 찾을 수 있으며, 아르헨티나와 브라질의 핵개발 경쟁과정에서는 그런 극단적인 정치지도자의 부재가 핵무장 포기의 요인으로 작용하였다.

## 3  제1차 북핵문제의 전개과정

### 1. 북핵문제의 기원

북핵문제의 기원은 1956년 3월 북한이 소련과 원자력협정을 체결하면서 소련의 드브나 핵연구소에 과학자를 파견하면서 시작되었고, 그 후 북한은 1962년 1월 소련의 지원을 받아 IRT-2000형 소형 연구용 원자로를 착공하면서 원자력을 운용하기 위한 첫 조치를 취하였다. 북한은 1980년 30MW급의 제1원자로를 착공하였고, 1987년 2월에는 제2원자로의 시험가동에 성공하여 원자력의 운용능력을 향상시켰다.

### 2. 북한의 핵확산금지조약(NPT) 가입

북한은 소련의 압력으로 1985년 12월 12일 NPT에 가입하였으나 이에 요구되는 18개월 이내 국제원자력위원회(IAEA)의 핵안전조치협정에 가입해야 할 의무를 이행하지 않았다. 오히려 북한은 자신의 원자력 능력을 바탕으로 1991년 12월 31일 한국 노태우 정부로부터 '한반도 비핵화 공동성명'을 이끌어 냄으로써 자체의 원자력 능력을 활용한 최초의 외교적 승리를 거두었다. 그리고 나서야 1992년 1월 30일 IAEA 핵안전조치협정에 서명하였다.

### 3. 북한의 국제원자력기구(IAEA) 특별사찰 거부 및 핵확산금지조약(NPT) 탈퇴

북한은 1993년 2월 10일 미신고 시설 2곳에 대한 IAEA의 특별사찰을 거부하였고 IAEA는 이에 대응하여 동년 2월 25일 특별사찰 결의안을 채택하였다. 북한은 이후 한미 팀스피리트 훈련을 대규모로 재개하자 이를 빌미로 3월 12일 NPT 탈퇴를 선언하면서 제1차 북핵 위기가 본격화되었다. 이에 UN안전보장이사회는 북한에 대해 5월 11일 IAEA 사찰을 수용하고 NPT 탈퇴를 철회할 것을 요구하는 결의안을 채택하였다.

### 4. 북미회담

북미 간의 군사적 긴장이 높아지는 가운데 이 긴장을 완화하기 위해 6월 2일~6월 11일 사이에 뉴욕에서 북미 간 고위급 회담이 처음으로 개최되었다. 1993년 7월에는 제네바에서 제2차 회담이 개최되어 북한의 흑연감속로 및 관련시설을 경수로로 대체하는 문제가 집중 논의되었다.

### 5. 갈등고조

북미 간의 합의에 따라 1994년 3월 추가 사찰이 실시되었으나 북한이 다시 극단적인 방식의 외교전략을 구사하여 방사화학 실험실에 대한 시료채취를 거부하고, 1994년 5월에는 5MW 원자로의 폐연료봉을 임의로 인출함으로써 상황은 더욱 악화되었다. 이에 대해 미국은 특별성명을 발표하고 안전보장이사회의 대북제재 논의를 촉구하였고 IAEA 정기이사회는 대북 제재결의안을 채택하였다. 북한은 6월 13일 IAEA 공식 탈퇴를 선언하면서 제재는 선전포고로 간주하겠다고 언명하였다.

## 6. 해결

미국은 이에 상응하여 6월 15일 대북제재 결의안 초안을 발표하여 대북 압박의 강도를 높이는 것과 동시에 다른 한편으로는 전 미국 대통령 카터의 방북을 통하여 극적인 타결을 모색하였다. 그 결과 6월 24일 ~ 10월 21일의 기간 동안 북미 간 실무접촉 및 고위급 회담을 거쳐 제네바 기본합의문을 체결하기에 이르렀다. 북한은 안보 측면에서 미국으로부터 하나의 정치적 실체로서 인정받았으며, 북미관계를 개선하고, 한반도 비핵화에 대한 합의를 받아내었다. 경제적 측면에서는 흑연감속로를 1,000MW급 경수로 2기로 대체하고, 건설기간 동안 대체에너지로 연간 50만 톤의 중유를 제공받기로 하였다. 이에 대한 대가로 북한은 북측의 비핵화 의무 이행 및 남북대화를 재개할 것을 합의하였다. 이 합의를 바탕으로 북한이 1994년 11월 1일 핵활동 동결을 선언함으로써 제1차 북핵 위기는 종료되었다.

**한반도에너지개발기구(The Korean Peninsula Energy Development Organization: KEDO)**

1. **배경**

   한반도에너지개발기구는 미국과 북한 간 체결된 북미 제네바 기본합의(1994.10.21.)에 따라, 북한이 핵무기 개발에 사용한 것으로 추정되는 흑연감속형 원자로 2기를 동결하는 대가로 미국이 제공하기로 한 1,000MWe급 경수로 2기를 건설하기 위해 설립된 국제 컨소시엄을 말한다.

2. **임무**

   KEDO는 북한에 대한 한국표준형 경수로 지원 및 자금조달을 추진하기 위해 한국·미국·일본 3국이 KEDO의 설립에 관한 협정에 합의함으로써 1995년 3월 9일 설립하였다. 경수로 제공 외에도 경수로 1호기 완성 때까지 매년 대체에너지로 중유(Heavy Fuel Oil: HFO) 50만 톤을 제공하는 것과 북한의 폐연료봉 처리, 기존 핵시설 해체 등이 주 임무였다.

3. **조직**

   KEDO의 조직은 회원국 대표들로 구성되는 총회와 한국·미국·일본 등 원회원국 대표와 기타 회원국(EU) 대표 1인으로 구성된 집행이사회, 사무총장 1명·사무차장 2인을 두는 사무국, 그 외에 경수로 기술자문과 법률자문을 맡는 자문위원회로 구성되었다. KEDO 사무국은 뉴욕에 설치되었으며 경수로 공사 현장인 북한 신포(금호)지구에 연락대표를 파견했다.

4. **회원국**

   KEDO 회원국은 원회원국인 한국·미국·일본과 집행이사국으로 새로이 참여한 EU 외에도 핀란드, 캐나다, 뉴질랜드, 호주, 인도네시아, 칠레, 아르헨티나, 폴란드, 우즈베키스탄 등 9개국이 일반 회원국으로 참여하였으며 그 외 영국, 싱가포르, 네덜란드, 태국 등 20여 개 국가들이 KEDO에 기여금을 납부하는 방식으로 KEDO의 활동에 지지와 관심을 표명하였다.

5. **KEDO의 활동과 해체**

   KEDO의 활동은 크게 ① 경수로사업 추진을 위한 자금 조달 및 집행, ② 경수로사업 관련 북한과의 협의 및 의정서 체결, ③ 미국 측의 대체에너지 제공 집행, ④ 경수로사업 관련 집행이사국 간 의견 조율 등으로 나눠볼 수 있다. KEDO의 의사결정과 집행은 집행이사회를 중심으로 이루어졌으며, 집행이사회의 결정은 집행이사회 대표들의 전원합의제 방식을 원칙으로 하되 전원합의가 이루어지지 못할 경우 다수결로 정하도록 하였다.

## 6. 자금조달

자금조달과 관련해서 KEDO는 1998년 11월 9일 집행이사회를 통해 경수로 건설 예상 사업비를 미화 46억 달러(환율: 1달러 1,100원, 물가상승률 연 2.1%)로 하는 '재원분담결의'를 채택·서명하였다. 우리 정부는 실제 공사비의 70%(예상 사업비 46억 달러 기준 32.2억 달러, 3조 5,420억 원)를 원화로 부담하기로 했으며, 일본은 1,165억 엔(10억 달러 상당)을 엔화로 기여하기로 했다. 미국은 중유 비용과 KEDO의 여타 소요재원을 조달하는데 노력하고, 집행이사국들의 기여액이 부족할 경우 부족분 조달에 있어 지도적인 역할을 수행하기로 하였으며, EU는 약 8,300만 달러를 부담하기로 하였다.

## 7. 법적 체제

KEDO는 북한과 경수로사업 추진에 필요한 의정서를 체결, 시행하였다. 공사 착공 이후 KEDO와 북한은 2002년 10월 제2차 북한 핵 위기가 대두될 때까지 '특권면제 및 영사보호 의정서', '통행의정서', '통신의정서', '훈련의정서'와 '품질보장 및 보증의정서' 등 '경수로 공급협정' 이행을 위한 13개 의정서 중 8개 의정서를 체결·발효시켰다. 또한 KEDO와 북한은 수차례의 각종 전문가 회의를 개최하고 여객선·바지선 운항, 통신망 운용, 직항공로 개설·운용 등을 합의·시행하였다. KEDO가 북한과 체결한 의정서들과 협의 과정에 우리 측이 준비한 자료들은 남북경제협력과 관련한 합의서 체결에 기초자료로 활용되었다.

## 8. 중단

2002년 제2차 북한 핵 위기가 불거진 후, 미국이 그해 12월 북한의 핵개발 의혹을 이유로 대북 중유공급을 중단하고 북한이 이에 반발하면서 KEDO의 활동은 크게 위축되기 시작했다. 결국 2003년 12월 KEDO는 대북 경수로사업을 중단하기로 결의해 2년 여간 공사가 멈춘 상태로 있다가 2005년 11월 22일 경수로 건설을 완전히 중단하기로 최종 결정하였다. 그리고 2006년 1월, 북한 금호지구에 남아 있던 잔류인력(57명) 전원이 현지에서 모두 철수함으로써, 북한 신포 경수로 건설사업이 사실상 완전 종료되었다.

## 9. 해체

KEDO 집행이사회는 2006년 5월 31일 대북 경수로사업의 공식종료를 결정하면서, 2007년 4월 말을 목표시한으로 KEDO 사무국 해체를 추진하기로 하고, 향후 대북손실보상청구권 유지·행사의 필요성, 금호부지 내 자산에 대한 소유권 유지문제 등을 고려하여 KEDO의 법인격은 당분간 유지한다는 원칙에 합의하였다. 2006년 12월 12일 북한 신포의 금호지구 경수로사업에 대한 '사업종료이행협약(TA)'이 발효됨에 따라 동 사업의 공식종료선언과 아울러 청산작업에 들어가게 되었다. 관련 업체들의 클레임 해결 등이 해결되면서 KEDO 뉴욕사무국도 2007년 5월 말 문을 닫았으며, 이후 뉴욕 인근에 1인 연락사무소를 5년간 운영하며 집행이사국 사이의 연락업무를 담당하도록 결정하였다.

1997년 8월 사업 착공 이후 사업이 중단되기 전인 2003년 11월 말까지 경수로 사업은 시공 21.6%, 종합설계 62.3%, 각종 기자재 제작·구매 43.2% 등 약 34.5%의 진척도를 보였다. 사업비는 집행이사국 간 '재원분담결의'에 따라 조달하여, 2005년 12월 말까지 총 미화 15억 7,500만 달러(한국 11억 4,600만 달러, 일본 4억 1,100만 달러, EU 1,800만 달러)를 투입하였다.

## 4 제2차 북핵문제의 전개과정

### 1. 발단

직접적인 발단은 2002년 10월 미국 국무부 동아태담당 차관보 제임스 켈리가 특사 자격으로 평양을 방문하였을 때 북한이 농축우라늄(HEU)프로그램을 시인하였다고 미국이 주장한 것에서 시작되었다. 그러나 제2차 북핵 위기는 2001년 부시의 공화당 집권 이후 배태되었다고 볼 수 있다. 부시 행정부는 전 정부의 북핵합의의 문제점을 지적하고, 북한의 핵개발 지속을 의심하였다. 9·11테러 이후 이러한 의구심은 보다 강화되고 급기야 2002년 1월 29일 연설에서 북한을 '악의 축(Axis of Evil)'으로 지목하여 북미관계는 급격히 악화되기 시작하였다. 미국은 경수로 제공, 중유 공급 등의 약속을 파기하였다.

### 2. 북한 핵시설 재가동과 핵확산금지조약(NPT) 탈퇴선언

미국과 북한은 HEU 프로그램의 존부와 폐지를 놓고 설전을 벌였으며, 미국이 중유공급을 중단하자 북한은 이에 대해 핵개발 재시도를 천명하고 국제원자력기구(IAEA)에 핵시설 봉인해제 및 감시카메라 철거를 요구하고, 2002년 12월 27일 IAEA 감시단을 추방하였다. 2003년 1월 10일에는 NPT 탈퇴를 선언하였다.

### 3. 이라크전쟁과 협상국면

미국의 이라크전쟁 결정은 북한에 대한 중대한 위협으로 대두되었고 북한은 다음 타겟이 될 수 있다는 불안감 속에서 북미 양자회담을 제안하였다. 그러나 미국은 북한 핵문제를 주변국과 다자간 협의 등 외교적 해결을 모색하겠다고 주장하면서 북한의 제안에 응하지 않았다. 북한은 핵문제를 북미 적대관계의 산물로 보고 북미 간 직접 협상을 통해 불가침조약 체결을 원하였으나, 미국은 북핵문제를 세계적 핵확산 방지 차원에서 보고, 미국뿐만 아니라 한반도 주변국가들이 참여해서 해법을 찾아야 한다고 맞섰다.

### 4. 6자회담의 개최와 교착

이라크전쟁이 미국 측 승리로 종결될 가능성이 높아지자, 북한은 6자회담을 전격 수용하기에 이르렀고 여기에는 중국의 설득도 영향을 주었다. 제1차 6자회담은 2003년 8월 27일에 개최되었다. 이후 6자회담은 미국의 선 핵폐기·후 체제 보장 논리와 북한의 선 체제 보장·후 핵폐기 논리가 첨예하게 대립하여 실질적인 진전을 이루어내지 못했다.

### 5. 북한의 핵보유선언과 9·19공동성명

2004년 6월 제3차 6자회담 이후 회의는 장기간 교착국면에 빠져들었고, 양자 간 긴장도는 더욱 높아졌다. 미국은 '북한인권법안'을 통과시키는 한편, 부시는 재선에 성공하였다. 이에 북한은 2005년 2월 10일 외무성 성명을 통해 6자회담 참가의 무기한 중단과 핵무기 보유사실을 공식선언하였다. 그리고 미국의 대북 적대 시 정책 철회와 체제 보장을 6자회담 복귀의 전제조건으로 제시하였다.

이는 북한이 2기 부시 행정부를 압박하기 위한 고도의 전술로 풀이되었으며, 중국의 중재로 2005년 9월 제4차 6자회담이 개최되고 9·19공동성명이 채택되었다. 2005년 9월 19일 발표된 6자회담 9·19 공동성명은 북핵 문제 해결을 위한 첫 다자 간 정치적 합의로, 북한은 모든 핵무기와 기존 핵 프로그램을 포기하고, NPT 복귀 및 IAEA 안전조치 수용을 약속했으며, 이에 대해 미국과 한국 등은 북한의 주권 존중과 관계 정상화, 경수로 제공 문제를 포함한 에너지 지원 등을 협의하기로 했다. 또한 한반도 비핵화 원칙을 재확인하며, 북미·북일 관계의 정상화, 한반도 평화체제 구축, 에너지 및 경제 협력 등이 주요 합의 내용으로 담겼다. 그러나 이후 이행과정에서 합의 해석 차이와 상호 불신으로 실질적 진전은 이루어지지 않았고, 2006년 북한의 1차 핵실험으로 사실상 무력화되었다.

## 6. 미국의 대북 금융제재와 북한의 핵실험

9·19공동성명에는 미국이 반대하였던 '핵에너지의 평화적 이용'과 '경수로 제공을 위한 논의'가 명시되었고, 공동성명의 이행을 놓고 북한과 미국은 다시 갈등국면에 빠져들었다. 미국은 북한의 달러화 위조혐의를 근거로 북한이 위조지폐를 거래한 것으로 추정되는 마카오의 방코델타아시아(BDA)은행 등 국제금융기관에 대한 제재에 나섰고, 북한은 이의 철회를 6자회담 복귀의 전제조건으로 내세웠다. 미국은 북한인권문제와 탈북자문제를 이슈화하면서 북한을 더욱 압박하였고, 북한은 미사일 발사로 대응하였다. 미국과 일본은 안전보장이사회 대북결의안을 채택하게 하여 북한을 더욱 압박하였으나, 북한은 2006년 10월 9일 핵실험을 강행하였다. 이에 대해 안전보장이사회는 헌장 제7장에 기초하여 대북 경제제재조치를 결정(결의 제1718호)하였다. 안전보장이사회결의 제1718호는 북핵실험이 '국제평화와 안전에 대한 명백한 위협'임을 확인하고 회원국들로 하여금 재래식 무기, WMD 및 미사일 관련 물품, 사치품에 대한 수출을 금하도록 하였다.

## 7. 북미의 입장선회와 2·13합의

미국은 중간선거 패배와 이라크전쟁 장기화 등 외교적 부담 증가를 배경으로, 북한은 국제적 고립 탈피를 목적으로 6자회담 재개에 합의하고 12월 18일 제5차 2단계 6자회담이 열렸으나, 대북 금융제재문제로 결렬되었다. 이후 2007년 1월 16일 베를린 양자회동에서 미국이 BDA 동결 자금의 부분적 해제를 약속함으로써 3단계 제5차 6자회담이 열렸고 2·13합의가 도출되었다. 2007년 2월 13일 발표된 2·13 합의는 2005년 9·19 공동성명의 이행을 위한 초기 조치에 관한 합의로, 북한은 60일 이내에 영변 핵시설의 가동을 중단하고 IAEA 사찰단 복귀를 수용하며, 이에 대한 대가로 중유 5만 톤 상당의 긴급 에너지 지원을 받기로 했다. 또한 북미는 관계 정상화를 위한 실무 그룹을 구성하고, 북일 간에도 국교 정상화를 위한 협상을 재개하기로 했다. 이와 함께 6자회담 틀 내에 핵폐기, 에너지·경제 협력, 동북아 평화안보체제, 북미관계, 북일관계 등 5개 실무그룹을 설치하고, 한반도 평화체제 논의의 공식 개시, 북한의 모든 핵 프로그램에 대한 신고 및 불능화 단계로의 진입 협의 등도 포함되었다. 특히 이 합의는 '행동 대 행동' 원칙에 기반하여 상호주의적 비핵화 절차의 첫 이행 로드맵을 명시한 점에서 중요한 진전을 의미했으나, 이후 자금 동결 해제 지연, 검증 방식 불일치, 상호 불신 등의 문제로 이행이 지체되었고, 결국 6자회담은 2009년 북한의 탈퇴 선언과 핵실험 재개로 교착 상태에 빠지게 되었다.

## 8. 2·13합의 이후 북핵문제 전개

2007년 2월 13일 9·19공동성명의 초기 이행조치에 합의한 이후 2008년까지 중유 제공, 북한의 핵시설 동결, 미국의 테러지원국 명단 삭제 등의 조치가 진행되었다. 그러나 남북관계 경색, 오바마 행정부의 국내정치문제 치중 등의 정세 변화로 북한은 2009년 5월 제2차 핵실험을 실시하고, 이에 대해 UN안전보장이사회는 새로운 대북 제재결의안(결의 제1874호)을 채택하였다. 제1874호는 제1718호를 심화하는 것 외에 확산 관련 금융서비스 및 기술훈련 거부, 핵 혹은 군사물질을 가진 것으로 의심되는 북한 화물 검열 등의 조처를 포함하였다.

## 9. 북미대화와 2·29합의

미국과 북한은 2012년 2월 23일~2월 24일 베이징에서 북미대화를 개최하고 그 합의사항을 2월 29일 동시에 발표하였다. 북미대화에서 북한은 전향적으로 한국과 미국의 공동요구사항인 비핵화 사전조치 5개항에 합의하였다. 사전조치 5개항은 ① 우라늄농축프로그램(UEP)의 가동중단, ② 국제원자력기구(IAEA)의 사찰단 복귀, ③ 핵실험 및 미사일 발사 유예(모라토리엄), ④ 9·19공동성명 이행의지 재천명, ⑤ 정전협정 준수의지 천명이다.

## 10. 북한의 핵실험 지속

북한은 2013년 2월 12일 국제사회의 반대 속에 제3차 핵실험을 단행하였다. 북한은 핵실험을 통해 핵무기의 폭발력 증대와 함께 소형화·경량화·다종화에 성공하였다고 발표하였다. 북한이 제3차 핵실험을 한 이유는 핵실험을 통해 핵무기 기술수준을 높여가야 하는 필요성 외에 북한의 오바마 대통령에 대한 배신감과 미국의 대북 적대시정책 지속에 대한 북한의 반복된 경고 그리고 북한의 인공위성 로켓 발사 관련 UN의 대북 제재 결의에 대한 반발이 복합적으로 결합된 것으로 평가되었다. 북한의 제3차 핵실험에 대해 UN안전보장이사회는 3월 7일 결의 제2094호를 채택하였다. 결의 제2094호는 기존의 선별적 금융제재를 더욱 강화하였으며, 처음으로 북한 외교관들의 불법행위 감시, 금수품목적재가 의심되는 항공기에 대한 이·착륙 및 영공 통과 금지를 제재범주에 포함시켰다. 이후 북한은 세 차례에 걸쳐 핵실험을 반복하였으며, 거기에 맞추어 안전보장이사회 대북 제재결의도 만들어졌다.

## 11. 핵보유국법(2013년)

북한의 2013년 핵보유국법(자위적 핵보유국의 지위를 더욱 공고히 할 데 대한 법)은 최고인민회의에서 채택된 법으로, 북한의 핵무기 보유를 국가 전략의 핵심으로 제도화한 첫 공식 법률이다. 이 법은 핵무기의 주된 목적을 "적대 세력의 침략이나 공격을 억제 및 격퇴하고, 침략의 본거지에 대해 파괴적 보복타격을 가하는 것"으로 명시하며, 김정은 국무위원장을 최고사령관으로 하는 단일 지휘 체계 하에서 핵사용 권한이 집중됨을 규정하였다. 또한 "핵무기를 비핵국에 대해 사용하지 않거나 위협하지 않는다"는 조항을 포함하고 있지만, 이는 핵확산 억제 차원의 최소한의 제한이며 실제로는 선제 사용 가능성을 열어두는 광범위한 조건들이 담겨 있다. 핵의 안전한 관리와 비확산 규범 준수, 핵무력의 양적·질적 강화에 대한 조항도 포함하고 있다.

**12. 핵무력정책법(2022년)**

북한의 '핵무력정책법'은 2022년 9월 최고인민회의에서 채택된 법률로, 북한의 핵무기 보유와 운용 원칙을 국가 차원에서 제도화한 것이다. 이 법은 핵무력의 기본 사명을 전쟁 억제에 두되, 억제가 실패할 경우에는 적의 공격을 격퇴하고 전쟁에서 승리를 확보하기 위한 수단으로 핵무기를 사용할 수 있다고 명시하고 있다. 핵무기 사용 조건으로 북한의 지도부나 핵시설에 대한 공격, 핵·미사일 통제 시스템에 대한 타격, 전쟁의 장기화 차단, 주권과 인민의 생존에 중대한 위협이 초래되는 경우 등을 포함하고 있어, 선제 사용 가능성도 열어두고 있다. 또한 이 법은 핵무력의 지휘권을 최고지도자에게 일원화하고, 핵무기의 안전한 저장, 지속적인 현대화 및 양적·질적 강화, 그리고 비확산 원칙 준수 등을 명문화함으로써, 핵무기를 실전 운용 가능한 전략무기로 규정하고 있다. 이는 북한이 핵무기를 단순한 억제 수단을 넘어 전쟁 수행 수단으로 간주하고 있음을 보여준다.

## 5 쟁점 및 특징

### 1. 쟁점

**(1) 핵폐기의 범위**

6자회담과정에서 쟁점이 된 사안 중의 하나는 핵폐기의 범위로 구체적으로는, 우라늄농축(HEU)프로그램의 포함 여부에 대한 것이었다. 북한은 HEU프로그램의 존재 자체를 부인하고, 미국이 북한의 핵위협을 강조하기 위해 조작한 것이라고 주장하였다. HEU문제가 제2차 북핵 위기를 유발하였음에도 불구하고 그 존재 여부에 대해서는 명확하지 않다. 해리슨(Sellig S. Harrison)은 부시 행정부가 북핵문제의 부각을 위해 정보를 왜곡하여 활용하였다고 본다. 2·13합의 이행과정에서 다시 문제가 될 수 있는 사안이다.

**(2) 핵폐기와 체제 보장의 순서**

미국은 선 핵폐기·후 체제 보장을, 북한은 선 체제 보장·후 핵폐기를 주장함으로써 6자회담을 교착시킨 주요인으로 작용하였다. 물론, 근본적으로는 양국 간의 불신이 원인이었다. 북한으로서는 미국의 북한 침략을 배제할 수 없는 상황에서 최후수단인 핵무기를 폐기하기 어려웠다. 미국 역시 클린턴 행정부 시절의 합의를 위반한 북한의 행동에 대해 별도의 보상을 해주기는 어려웠다. 한편, 신보수주의 정권교체(Regime Change)전략하에서 북한이 받아들이기 어려운 주장을 함으로써 북한 선제공격의 명분을 쌓고 싶어 했을 수도 있다.

**(3) 당사자**

북한은 북핵문제를 북미 양자문제로 인식한 반면, 미국은 동북아 국가 모두에 관련된 사안으로 보고 다자 차원의 문제로 접근하였다. 이는 북한이 핵을 안보의 문제로 인식하나, 미국은 반테러, 반확산 차원에서 인식하는 것과 관련된다. 한편, 미국은 다자문제로 인식시킴으로써 북핵문제를 미국이 유발하였다는 비판을 불식시키고, 향후 이행과정에서 미국의 부담을 축소시키려는 의도도 가지고 있었다.

## 2. 특징

**(1) 미국변수**

북핵문제의 전개과정에서 특징적인 점 중의 하나는 문제를 유발한 당사자도, 6자회담을 진척시키거나 교착시킨 당사자도 미국이라는 점이다. 제2차 북핵 위기는 부시가 집권하면서 클린턴 행정부와의 차별성을 위해 제네바합의를 폐기하고, 북한에 대해 악의 축으로 규정하면서 대화상대자로 인정하기를 거부하였다. 또한, 6자회담 내에서도 선 핵폐기·후 체제 보장 논리를 굽히지 않으면서 회담을 장기간 교착시켰다. 9·19공동성명 이후 대북 금융제재문제와 북한인권문제, 탈북자 문제 등을 거론하면서 북한을 압박함으로써 북한의 미사일 발사와 핵실험을 초래하였다. 또한 북한의 핵실험 이후 대북 금융제재 완화 또는 철회를 먼저 제안함으로써 2·13합의조치를 이끌어내었다. 6자회담을 패권안정론의 관점에서 보게 하는 상황들이다.

**(2) 중국의 중재**

제1차 북핵 위기와는 달리 제2차 북핵 위기에서는 중국의 대북 영향력에 기초한 중재가 상당한 역할을 하였다. 중국은 책임대국론의 견지에서 북핵문제에 적극적인 입장을 취하여, 설득과 중재안의 마련을 통해 교착국면을 타개시켰다. 예컨대, 6자회담의 출범에 있어서 북한의 북미 양자회담의 고집스런 요구를 설득을 통해 거두어들이게 함으로써 중요한 역할을 하였다. 한편, 부시의 재집권 성공과 북한의 핵보유 선언으로 형성된 교착국면에서 중국은 특사를 파견하여 후진타오 주석의 구두친서를 전달함으로써 북한이 다시 6자회담에 나오게 하였다. 중국의 중재자로서의 역할은 19세기 유럽협조체제의 전개에서 영국과 러시아의 대립을 중재해 내던 오스트리아의 역할을 연상시킨다. 중국은 중재국 및 6자회담 개최국으로서 대외적 이미지를 제고하는 한편, 동북아정세 안정이라는 전략적 목표 역시 달성한 것으로 평가할 수 있다.

### (3) 북한의 전략

북한은 6자회담에서도 이른바 '벼랑끝외교'를 지속함으로써 자신의 이해관계를 관철시키는 전략을 보여주었다. 그러나 특징적인 점은 김정일 정권에 대한 비난이나 김정일 정권의 생존에 영향을 줄 만한 사안이 발생할 경우 협상의 진전상황에 관계 없이 가장 호전적인 반응을 보였다는 것이다. 이는 북한의 대외전략의 최고 목표가 김정일의 생존이라는 점을 반영한 태도이다. 또한, 한 가지 정형적인 태도는 북한의 도발적 행위가 미국의 군사제재를 촉발할 가능성이 크지 않을 경우 계속 긴장수위를 의도적으로 높여 간다는 것이다. 2006년 10월 9일 북한의 핵실험은 미국이 중간선거 패배와 이라크전쟁의 장기화 전망 및 여론 악화로 대북 군사조치를 취하지 못할 것이라는 판단하에 긴장도를 최고조로 높인 것으로 해석할 수 있다. 이를 통해 북한은 선 대북 금융제재 해제와 후 6자회담 복귀라는 자신의 입장을 미국에 대해 관철시킬 수 있었다. 이는 겁쟁이게임(Chicken Game)상황에서 미국이 핸들을 먼저 꺾는 형국으로 해석할 수 있다.

## 6 주요국의 입장

### 1. 미국

미국은 북핵문제를 자국의 핵심적인 안보사안이자, 세계패권전략에 대한 도전으로 본다. 따라서 북핵문제에 적극적으로 개입하고 있다. 미국의 기본입장은 북한이 CVID 방식으로 핵을 폐기해야 체제 보장과 물질적 보상을 해 줄 수 있다는 것이다. 미국은 북한의 핵폐기를 위해 군사적 위협, 경제제재조치 등 강압외교를 구사하였으나, 국제적 지지 확보 및 여론 동원에서 실패하여 강압외교는 성공하지 못하였다. 2006년 10월 북한 핵실험 이후 핵확산문제에 있어서 가시적 성과를 내기 위해 외교적 방식으로 급선회하여 2·13 합의조치를 도출하였다. 최근, 미국은 북한과 정상회담을 개최하고 비핵화를 추진하였으나, 성과를 거두지 못했다. 북한의 비핵화문제는 근본적인 변화나 진전은 없었고 하노이회담은 결렬되었지만 미국의 대북정책은 관여와 대화를 중심으로 진행되고 있다. 트럼프 행정부는 핵폐기 방향으로 FFVD(Final, Fully Verified Denuclearization)를 제시하였다. 이 표현은 싱가포르 북미정상회담에서 양측이 합의한 '완전한 비핵화(Complete Denuclearization)'의 개념을 보다 명료하게 제시한 것이다. 'FFVD'라는 새로운 용어는 비핵화 '검증(Verifiable)'에 강조점이 있다.

### 2. 북한

북한은 기본적으로 핵무장을 방어적 억지력 구축 차원에서 사고하고 있다. 탈냉전으로 중국 및 구소련과 이념적 유대가 약화되고 국제적으로 고립되면서 김정일의 생존과 체제 안전에 심각한 위협을 인식하게 되었다. 이라크전쟁은 미국의 북한 공격가설의 현실화 가능성을 보여주었고, 핵무장을 통해 대응하고자 하였다. 6자회담에 있어서 북한의 기본입장은 미국이 북한을 인정하고, 체제의 안정을 보장하며, 핵폐기에 대한 대가를 보상하라는 것이다.

## 3. 중국

### (1) 완충지대론(the Buffer Zone School)과 북한부담론(the Liability School)

중국은 북핵문제를 포함한 북한에 대한 기본입장에 있어서 '완충지대론'과 '북한부담론'의 딜레마를 안고 있다. 완충지대론은 북한의 전략적 중요성을 고려하여 북한지역에서 전쟁 발발을 억제하고 북한의 정권 연장에 적극 협력해야 한다는 입장이다. 완충지대론적 관점에서는 북핵문제가 6자회담을 통해 해결되고 미국의 대북 영향력이 강화되는 것이 중국에게 유익이 되지 못한다. 한편, 북한부담론은 북한의 핵보유는 대만과 일본의 핵무장을 부추기고 동북아정세를 불안정화하여 중국이 최우선시하는 경제성장 우선전략에 차질을 빚을 것으로 보는 견해이다. 북한부담론의 견지에서는 6자회담을 통해 북핵문제를 완전히 해결하는 것이 중국에게 유익이 된다. 중국은 완충지대론과 북한부담론의 절충을 시도하고 있다. 즉, 6자회담을 중재하여 책임대국의 이미지를 강화하여 연성권력을 획득하고, 북핵문제가 악화되지 않도록 관리하고자 하는 것이다. 또한, 대북제재에 있어서도 미국과의 공조를 유지하고 있다.

### (2) 한반도 3원칙과 북핵문제

중국은 '한반도 3원칙'하에서 북핵문제를 보고 있다. 한반도 3원칙은 '한반도의 평화와 안정 유지', '한반도의 비핵화 실현', '대화와 협상을 통한 문제 해결'이다. '한반도의 평화와 안정'과 '한반도의 비핵화'는 한반도에 대한 중국의 양대 목표이고 '대화와 협상'은 이런 목표를 실현하기 위한 수단에 해당한다. 최근 중국은 한반도 비핵화와 한반도평화체제가 동시에 추진되어야 한다고 주장하고 있다.

## 4. 일본

일본은 자국까지 사정거리에 두는 미사일을 보유한 북한이 핵무기를 보유하는 것은 일본에 대한 직접적인 안보위협이라고 본다. 따라서 미국과 같은 입장을 취하여 북한이 CVID방식으로 핵을 폐기해야 한다고 주장하고 있다. 북한과의 국교 정상화를 중대한 외교적 과제로 설정하고 있는 일본은 그 전제로서 북한의 핵폐기, 납치자문제 해결을 요구하고 있다. 미일동맹 강화의 맥락에서 북한의 핵은 전세계적인 반확산 노력에 대한 중대한 위협이라고 본다.

## 5. 러시아

러시아는 기본적으로 한반도 비핵화를 지지하며 북한의 핵무기 개발은 절대 용인할 수 없다는 입장을 취하고 있다. 러시아는 북한의 핵무기 개발, 중장거리 미사일 개발은 불가피하게 일본 등 역내 국가들의 핵무장과 군비증강을 촉진시킬 것이고, 여타 지역, 특히 러시아 남부 이슬람권 국가들로 이들 대량살상무기 및 이의 운반수단이 확산될 것을 우려하고 있다. 러시아는 지속적으로 '일괄타결(Package Deal)방안'을 제시하고 있다. 일괄타결에는 한반도 비핵화, 제네바합의 등 국제의무 준수, 양자 및 다자 차원의 대화 및 이를 통한 대북 안전보장 제공, 대북 인도적 지원 및 경제적 지원 재개 등을 포함하고 있다.

## 6. 한국

한국은 6자회담에서 핵폐기와 북한의 체제 보장에 대해서는 일단 북핵의 불용과 한반도 비핵화를 촉구하였고, 북한의 안보 우려를 해소하기 위해 상호 신뢰의 기반을 구축하고 북미 간에 단계별 동시조치의 필요성을 강조하는 입장을 취하고 있다. 북핵문제는 관련당사국 간 대화와 협상을 통해 평화적인 방법으로 해결되어야 하고 완전하고, 검증 가능하고 되돌릴 수 없는 방식으로 이루어져야 한다고 강조하였다. 또한, 한국은 북핵문제의 해결을 위해서는 북한의 안보 우려도 해소될 필요가 있다고 지적하고, 북한이 핵을 포기하면 북한의 안보 우려를 해소하는데 노력할 용의가 있다고 밝혔다.

## 7 북한 핵실험과 안전보장이사회결의

북한은 현재까지 총 여섯 차례 핵실험을 실시했으며, 그때마다 유엔 안전보장이사회는 제재 결의를 채택했다. 1차 핵실험은 2006년 10월 9일에 있었고, 이에 대해 결의 1718호가 10월 14일 채택되었다. 2차 핵실험은 2009년 5월 25일에 이루어졌고, 결의 1874호가 6월 12일 채택되었다. 3차 핵실험은 2013년 2월 12일에 발생했고, 결의 2094호가 3월 7일 채택되었다. 4차 핵실험은 2016년 1월 6일에 있었고, 결의 2270호가 3월 2일 채택되었으며, 5차 핵실험은 같은 해 9월 9일에 실시되었고, 결의 2321호가 11월 30일 채택되었다. 마지막으로 6차 핵실험은 2017년 9월 3일에 단행되었고, 이에 대한 대응으로 결의 2375호가 9월 11일 채택되었다.

### 1. 제1차 핵실험과 안전보장이사회결의 제1718호

#### (1) 배경

북한은 2006년 7월 5일 미사일 시험발사에 이어 10월 9일 핵실험을 강행하였다. 북한의 미사일 시험발사에 대해 UN안전보장이사회는 북한의 행동을 규탄하고 조건 없는 6자회담 복귀와 '9·19공동성명'의 조속한 이행을 촉구한 데 이어, 북한의 핵실험에 대해서도 10월 14일 북한의 미사일 및 대량살상무기(WMD) 관련 물자 이전과 금융거래 금지 및 북한 화물에 대한 검색 등을 골자로 하는 UN안전보장이사회결의 제1718호를 만장일치로 채택하였다. UN안전보장이사회결의 제1718호는 1991년 북한의 UN 가입 이후 UN헌장 제7장을 인용한 최초의 대북제재조치이다. 안전보장이사회결의 제1718호는 북한의 핵실험을 UN헌장 제7장이 규정한 '평화에 대한 위협, 평화의 파괴 및 침략행위'로 규탄하면서, 비군사적 강제조치를 담은 UN헌장 제7장 제41조에 따른 조치들을 국제사회가 취할 것을 촉구하였다.

### (2) 주요 내용

UN안전보장이사회 대북제재 결의 제1718호는 전문과 17개 조항으로 구성되어 있으며, 북한에 대한 요구사항과 UN 회원국에게 부과하는 의무사항인 대북한 제재조치를 담고 있다. 주요 내용으로는 다음 10가지가 있다.

<u>첫 번째, 모든 회원국은 전차, 장갑차량, 중화기, 공격용 헬기, 전함, 미사일이나 미사일 시스템 일체와 관련 물품, 부품 등 관련 물자를 자국의 영토, 국민, 국적선, 항공기 등을 이용해 북한으로 직간접적으로 제공되거나 판매, 이전되지 못하도록 막아야 한다. 두 번째, 북한의 핵이나 탄도미사일, 기타 대량 살상프로그램에 이용될 수 있는 모든 품목과 물질, 장비, 상품, 기술 등이 자국의 영토, 국민, 국적선, 항공기 등을 이용해 북한에 직간접적으로 제공되거나 판매, 이전되지 못하도록 막아야 한다.</u> 세 번째, 사치품도 규제대상이다. 네 번째, 북한은 회원국의 수출제한품목의 수출을 중단해야 한다. 다섯 번째, 제재품목의 비축, 제조, 유지, 사용 등에 도움이 될 수 있는 기술훈련, 자문, 서비스, 지원이 자국민에 의해서 북한에 제공되거나 그들의 영토로부터 북한에 이전되지 못하도록 금지한다. 여섯 번째, 북한으로부터 이와 같은 훈련이나 자문, 서비스, 자원 등이 자국민이나 영토로 이전되는 것도 금지된다. 일곱 번째, 북한의 핵, 대량살상무기, 탄도미사일 관련 프로그램을 지원하는 자국 내 자금과 기타 금융자산, 경제적 자원들을 결의안 채택일부터 즉각 동결한다. 여덟 번째, 북한의 지시에 따라 움직이는 개인이나 단체들도 자국 내 자금이나 금융자산, 경제적 자원들을 사용하지 못하도록 조치한다. 아홉 번째, 회원국은 재량으로 북한의 핵, 탄도미사일, 대량살상무기와 연루된 것으로 지정된 자와 그 가족들이 자국에 입국하거나 경유하지 못하도록 적절한 조치를 취한다. 열 번째, 핵 및 화생방무기의 밀거래와 이의 전달수단 및 물질을 막기 위해 안전보장이사회의 결의가 이행될 수 있도록 북한으로부터의 화물 검색 등 필요한 협력조치를 국내법과 국제법에 따라 취한다.

## 2. 제2차 핵실험과 안전보장이사회결의 제1874호

### (1) 배경

북한의 핵신고에 대한 검증문제로 6자회담이 공전되고 있는 상태에서 새로 출범한 오바마 행정부의 대북정책 검토가 늦어지자, 북한은 미국을 협상장으로 조속히 끌어내기 위한 위협조치들을 단계적으로 시행해 나갔다. 북한은 2009년 4월 5일 국제사회의 경고에도 불구하고 장거리 로켓을 발사한 데 이어 5월 25일 제2차 지하 핵실험을 강행하였다. UN안전보장이사회는 6월 12일 북한의 두 번째 핵실험을 강력히 규탄하면서 2006년 제1차 핵실험 시 채택한 안전보장이사회결의 제1718호보다 한층 강화된 대북 결의안 제1874호를 만장일치로 채택하였다. UN안전보장이사회헌장 제7장 제41조에 의거한 결의 제1874호는 북한의 제2차 핵실험을 "가장 강력하게 규탄한다(Condemn in the Strongest Terms)."라고 명시하였다. 결의 제1718호가 전문과 17개 조항으로 구성되어 있는데 비해, 제1874호는 전문과 34개 조항으로 세분화되었으며 그만큼 북한에 대한 제재 역시 구체화되었다.

### (2) 화물검색

화물검색은 북한을 떠나거나 향하고 있는 모든 선박이 자국 영토 내에 진입하였을 때 핵·미사일 등 대량살상무기와 관련된 금지품목, 무기 또는 무기와 관련된 물자를 싣고 있다고 믿을 만한 합리적인 근거가 있는 경우 실시하도록 하고 있다. 이러한 의심선박이 공해상에 있을 때도 기국(Flag State, 선박 소속 국가)의 동의를 얻어 검색 가능하고, 동의를 얻지 못한 경우에는 적절한 항구로 유도하여 해당국이 검색하도록 하였다. 검색 결과 금지품목이 발견되면 압류·처분하도록 규정하고 있다.

### (3) 금융·경제재재

핵·미사일·여타 대량살상무기 프로그램과 연관 있는 북한의 자산을 동결하고 금융거래를 금지하는 내용이다. 지난 제1718호상에서는 UN안전보장이사회와 산하 제재위원회에서 지정한 개인·단체에 한해 금지되었으나, 이번에는 그 대상을 '북한'으로 포괄적으로 규정하고 있다. 북한에 대한 무상원조와 재정지원, 인도주의·개발·비핵화증진 목적을 제외한 양허성 차관(유상원조) 신규 제공 등도 금지된다. 또한, 북한의 핵·미사일·여타 대량살상무기 프로그램과 활동에 기여할 가능성이 있는 금융서비스 제공이 금지되며, 금융자산과 재원 동결, 수출 신용·보증·보험을 포함한 무역 관련 공적 금융 지원이 금지되었다.

### (4) 무기 금수 및 수출통제대상

대상이 대폭 확대되었다. 모든 무기 및 관련물자에 대한 수출입 금지와 공급·제조·유지·사용과 관련된 금융거래, 기술훈련, 자문, 서비스, 지원제공 금지 조치가 규정되었다. 제1718호상에서는 회원국에 대해 탱크, 장갑차, 대포, 전투기, 공격용 헬기, 전함, 미사일 등 7대 재래식 무기 및 관련물자로 한정하여 북한 수출·입을 금지하였으나 이를 확대한 것이다. 다만, 자위권 차원에서 북한이 소형 무기를 수입하는 것은 예외적으로 허용하였다.

### (5) 기타

안전보장이사회결의 제1874호는 회원국들이 이번 결의에 따른 금융제재조치와 무기금수 확대, 제1718호의 조치들을 효과적으로 이행하기 위해 취한 조치들을 45일 내에 안전보장이사회에 보고하도록 요구하고 있다.

## 3. 제3차 핵실험과 안전보장이사회결의 제2094호

### (1) 배경

김정은의 집권 이후인 2013년 2월 12일 북한은 제3차 핵실험을 단행하였다. 이에 대해 UN안전보장이사회는 2013년 3월 7일 북한의 행동을 강력 규탄하고 대북 제재를 확대 강화하는 내용의 추가 결의 제2094호를 만장일치로 채택하였다. UN안전보장이사회결의 제2094호는 북한의 핵 및 미사일 개발에 이용될 가능성이 있는 것으로 판단되는 현금 등 금융자산의 이동이나 금융서비스의 제공 금지, 북한을 출입하는 선박에 금지물품이 적재되었다는 정보가 있으면 화물검사를 의무적으로 시행하게 하는 내용을 담고 있다.

### (2) 캐치올 수출 통제

UN안전보장이사회결의 제2094호는 북한의 육·해·공의 돈줄을 차단하는 '캐치올(Catch All)'방식을 적용함으로써 수출통제를 더욱 강화한 것이 특징이다. 이는 북한의 핵, 미사일 등 대량살상무기(WMD)와 관련된 전 과정을 감시·통제하겠다는 전략이다.

### (3) 금융제재

UN안전보장이사회결의 제2094호는 회원국들이 핵이나 탄도 미사일 개발에 기여할 가능성이 있다고 판단할 경우 금융서비스의 제공을 금지하도록 하였으며, 위반활동을 지원하는 개인이나 단체 또는 북한 주민은 추방하도록 요구하였다. 따라서 핵과 미사일 개발과 관련이 있다고 판단될 경우 UN 회원국들은 북한사무소나 은행 계좌 개설행위를 차단해야 한다.

### (4) 화물검색

북한 출입 선박에 대해 금수물품 적재정보가 있을 경우 의무적으로 화물검사를 시행하고, 검사를 거부할 경우 입항을 금지하도록 했다. 항공기가 금수물품을 적재한 것으로 판단될 경우 긴급착륙을 제외하고 이착륙과 상공통과를 금지하도록 하였으며, 북한에 대한 항공 관련 제재가 포함된 것은 이것이 처음이다. UN안전보장이사회결의 제1718호와 제1874호 등 기존의 제재가 WMD 관련 품목과 '이중용도'의 물자 수출입 통제에 중점을 둔 반면, UN안전보장이사회결의 제2094호에 적용된 캐치올방식은 전용가능성이 있는 상용품까지 통제하는 것이다.

### (5) 북한 외교관 감시

UN안전보장이사회결의 제2094호는 북한의 외교관이 핵이나 탄도미사일 계획을 지원하는 행위와 아울러 보석, 귀금속, 요트, 고급차, 경주용 자동차 등과 관련한 밀수 및 밀매 행위를 감시하도록 하고 있다.

### (6) 기타

결의안은 북한의 핵·미사일 및 화학·생물 무기와 이 무기의 운반수단의 확산은 국제평화와 안전에 대한 명백한 위협이라는 점을 강조하고, 북한이 6자회담 재개 등 국제사회와 대화에 나서야 한다고 촉구하였다. 아울러 미사일의 재발사나 추가 핵실험을 실시할 경우 보다 강력한 조치를 취할 것임을 경고하였다.

## 4. 제4차 핵실험과 안전보장이사회결의 제2270호

### (1) 배경

2016년 3월 2일 UN안전보장이사회가 결의 제2270호를 채택하였다. 북한의 제4차 핵실험 이후 57일만에 그리고 광명성 4호 발사로부터 25일만이다. 전문 12개항과 본문 52개항 그리고 부속서 5개로 구성된 결의 제2270호는 북한에 대해 대외교역, 대량살상무기(WMD) 관련 수출입, 금융 및 재정 등 광범위한 분야에 대해 제재조치를 명시하고 있으며, 북한의 많은 조직과 단체 그리고 개인을 제재대상에 포함시키고 있다.

## (2) 대외교역 제재

북한의 대외교역과 관련해서 동 결의는 무기 거래 금지, 광물 수출 금지, 해상 및 항공 운송 통제 등의 내용을 담고 있다. 지금까지 소형무기 수입 및 판매는 허용되었지만 이제부터는 어떠한 무기도 수입 또는 판매할 수 없으며 수리나 서비스 목적의 무기 운송도 금지되었다. 동시에 무기는 아니더라도 무기 개발에 사용될 수 있거나 북한군의 작전수행능력에 기여할 수 있는 방산품을 포함한 모든 물품이 금수대상이 되었으며, 군사조직, 준군사조직, 경찰 등을 훈련시키기 위한 훈련관 및 자문관의 초청 또는 파견도 금지되어 UN 회원국들이 이 결의를 준수한다면 북한이 아프리카 국가들에 파견 중인 군사교관들도 모두 철수해야 한다. 이와 함께, 민생 목적을 제외한 광물 수출도 금지되었다. 이에 따라 북한은 주요 외화 수입원인 석탄, 철, 철광석 등을 수출할 수 없게 되었으며, 금, 바나듐, 티타늄, 희토류 등도 금수대상이 되었다. 항공유와 사치품도 금수대상에 포함되었는데, 북한의 민항기들은 북한으로 돌아가기 위한 항공유 재급유만 받을 수 있다. 사치품의 경우 종전의 5가지에서 12가지로 금수대상이 확대되었다. 즉, 진주, 보석, 보석용 원석, 요트, 고급 자동차, 귀금속, 경주용 차량 등이 종전의 금수품목이었으나, 이제는 고급시계, 귀금속, 레크레이션 스포츠 장비, 개인선박, 수상 레크레이션 장비 등도 수출입이 금지되었다.

## (3) 해상 운송 및 항공 운송의 통제

해상 운송 및 항공 운송을 통제하기 위해 동 결의는 북한을 입출입하는 모든 화물의 전수조사를 의무화하였고, 불법품목 적재가 의심되는 항공기의 이착륙 및 영공통과를 금지하였으며, 제재대상의 단체나 개인이 소유·운영하거나 불법활동에 연루된 것으로 의심되는 선박의 입항도 금지시켰다. 이와 관련하여 북한의 원양해운관리회사 소속 선박 31척을 동결대상으로 지정함으로써 북한이 이 선박들을 국외에 매각하거나 폐선하는 것을 불가능하게 했다. 또한, 북한이 제재를 기만하는 것을 막기 위해 북한에 항공기나 선박을 대여하거나 승무원을 제공하는 것도 민생목적을 제외하고는 금지하였으며 외국 선박을 북한 국적선으로 등록하는 행위도 금지하였다. 이러한 내용은 불법품목 적재가 의심되는 합당한 이유가 있을 때에만 북한 선박을 검색하도록 한 종전의 제재보다 확연하게 강화된 것이다. 동 결의는 대량살상무기 수출통제를 위해서도 캐치올방식을 크게 강화하였다. 즉, 핵실험 및 탄도미사일기술을 이용한 모든 발사행위를 금지한 종전의 결의에 더하여, 탄도미사일 발사, 위성 발사, 우주 발사체 관련 모든 형태의 기술협력을 금지하였으며 탄도미사일 개발에 사용될 수 있는 물품의 목록도 크게 확대하였는데 여기에는 핵무기는 물론 생물무기와 화학무기에 사용될 수 있는 품목들도 포함되었다.

### (4) 금융 및 재정에 대한 제재

금융 및 재정에 대한 제재는 북한 지도부의 돈줄을 차단하는데 초점을 맞추고 있다. 즉, 북한은행의 해외사무소 폐지, 신설 금지, 송금활동 금지 등이 명시되었으며, 결의가 제대로 준수된다면 중국에 있는 북한은행 사무소 수십 개는 폐쇄되어야 하고 해외지사나 사무소가 북한으로 달러나 위안화를 송금하는 것도 불가능해진다. 북한 외교관이 외교특권을 악용하는 행위, 예를 들어 외교행낭을 통해 벌크캐쉬(대량현금)를 반입하는 것도 금지하였다.

### (5) 제재대상 기관

제재대상 기관과 개인이 크게 늘어난 것도 이번 결의의 특징이다. 지금까지의 안전보장이사회결의들은 20개 단체와 12명 개인에 대해 제재하고 있었지만, 이번 결의는 단체 12개와 개인 16명이 추가되어 총 32개 단체와 28명 개인을 제재대상으로 지정하였으며, 12개월 단위로 제재대상 단체 및 개인을 업데이트하기로 했다. 이번에 국방과학원, 원자력공업성, 국가우주개발국, 노동당 군수공업부, 39호실, 제2경제위원회, 정찰총국 등 핵무기 및 미사일 개발과 관련한 정부기관들이 추가되었으며, 청천강해운, 대동신용은행, 혜성무역회사, 조선광선은행, 조선광성무역회사 등 자금조달에 관여해 온 단체들도 포함되었다. 지금까지 은행이나 회사로 위장한 해외조직들이 노동당 39호실의 지휘 아래 매년 10억 달러 규모의 자금을 운영하면서 북한 지도부에 자금을 조달해 왔지만, 앞으로는 이런 일이 매우 어렵게 되었다.

### (6) 제재대상 개인

개인으로는 현광일 국가우주개발국 과학개발부장, 리만건 군수공업부장, 최춘식 제2자연과학원장, 미사일 및 재래무기 수출 금융업무를 지원해온 단천상업은행의 최성일 베트남 대표 등이 제재대상으로 추가되었다. 리만건은 이병철, 박도춘 등과 함께 군수공업부에서 핵과 미사일 개발을 지휘하는 핵심인물이다. 제재대상이 된 단체와 개인들은 자산동결, 재원 이전 금지, 비자 발급 거부, 입국금지, 여행금지 등의 조치를 당한다. 이와 함께, 해외에 있는 이들 단체 또는 개인의 사무소나 지사도 폐쇄하고 인원을 추방하도록 하였고, 해외에서 UN의 제재를 회피하거나 위반하는 단체나 개인도 추방하도록 하였으며, 북한의 불법행위에 연루된 제3국인도 추방하도록 의무화했다.

## 5. 제5차 핵실험과 안전보장이사회결의 제2321호

### (1) 의의

UN안전보장이사회는 2016년 11월 30일 북한의 제5차 핵실험(9.9)에 대해 UN헌장 제7장 제41조(비군사적 제재)에 따라 기존 안전보장이사회 대북제재조치를 보다 더 확대·강화한 결의 제2321호를 만장일치로 채택하였다. 금번 결의는 과거 4번의 북한 핵실험에 대응하여 안전보장이사회가 채택한 대북제재 결의 제1718호(2006년), 제1874호(2009년), 제2094호(2013년), 제2270호(2016년)에 이은 핵실험 관련 5번째 대북 제재결의이다.

### (2) 석탄 수출 상한제

북한 석탄을 연간 약 4억 달러 또는 750만 톤 중 보다 낮은 쪽(2015년 대비 38%)을 기준으로 이를 초과해 수출하는 것을 금지하였다. 수출 허용요건도 강화하여 WMD 개발과 무관하며, 오직 북한 주민의 '민생 목적'으로, 제재대상 및 관련자들과 무관한 거래만을 허용한다.

### (3) WMD 및 재래식 무기 관련 제한

특별 교육·훈련 금지 분야(고등 산업공학, 고등 전기공학, 고등 기계공학, 고등 화학공학, 고등 재료공학)가 추가되었고, 북한과의 과학·기술 협력을 금지하였다. 또한, 재래식 무기 관련 이중용도 품목의 이전을 금지하였다. 이는 북한의 핵·미사일능력과 직접 관련된 분야뿐만 아니라 연구·개발 관련 분야까지 기술 협력 금지를 확대하여, 북한의 WMD 기술 습득 경로를 원천적으로 차단하고자 한 것이다. 재래식 무기 생산·개발에 활용 가능한 상용물품에 대해서도 통제를 강화함으로써 북한의 재래식 무기능력 증강을 억제한 것이다.

### (4) 검색 및 차단

북한인의 여행용 수하물도 검색대상임을 명확화 하였고, 철도 및 도로 화물 검색 의무를 강조하였다. 제재대상 개인의 공항 경유 금지를 명시하였다. 제재위원회가 의심선박의 기국 취소(De-flagging), 특정 항구 입항 명령, 입항 금지, 자산동결 등을 할 수 있도록 권한을 부여하였다.

### (5) 운송

북한에 대한 항공기나 선박 대여 및 승무원 제공을 금지하였다. 북한 내 선박 등록, 북한기 사용, 북한 선박에 대한 인증, 선급, 보험 서비스 제공을 금지하였다. 북한 소유·운영·통제 선박에 대한 보험이나 재보험을 금지하였다. 북한 선박의 등록 취소나 재등록 금지를 의무화하였다(결의 제2270호에서는 촉구조항이었다). 북한 항공기 이착륙 시 화물검색의무를 강조하고, 북한행 및 북한발 제3국 기착 민간항공기에 필요 이상의 항공유를 제공하지 않도록 주의를 촉구하였다. 회원국 선박이나 항공기에 북한 승무원 고용을 금지하였다.

### (6) 대외교역

북한의 수출 금지 광물에 은, 동, 아연, 니켈을 추가하였다. 기존 금지 광물은 석탄, 철, 철광석(민생 예외 허용), 금, 바나듐광, 티타늄광, 희토류이다. 북한의 조형물(Statue) 공급·판매·이전이 금지되었다. 북한에 신규 헬리콥터와 선박의 공급·판매·이전이 금지되었다.

**(7) 금융**

회원국 금융기관의 북한 내 활동을 금지하고, 90일 내 기존 사무소·계좌를 폐쇄하도록 하였다. 안전보장이사회결의 제2270호상의 WMD 연관성조건을 삭제하여 북한 내 제3국 금융기관 전면 폐쇄 및 대북 무역 금융 지원을 전면 금지한 것이다. 대북 무역 관련 공적·사적 금융 지원을 금지하였다. 북한 은행 또는 금융기관 지시하에 또는 대리하여 일하는 개인을 추방하도록 하였다. WMD 개발에 사용되는 외화를 벌기 위해 북한 노동자가 해외에 파견되는데 대해 우려를 표명하였다. 북한 해외노동자 착취문제를 결의 본문에 최초로 포함시킴으로써, 향후 제재조치 도입의 근거를 마련하였다.

**(8) 외교활동**

회원국 내 북한 공관 인력 규모 감축을 촉구하였다. 회원국이 WMD 프로그램 또는 불법활동에 연루되어 있다고 결정한 북한 인사, 관료, 군인의 자국 내 입국 또는 경유를 거부하도록 하였다. 북한 공관 및 공관원 당 은행계좌를 1개로 제한하였다. 비엔나협약에 따라 북한 공관원의 외교임무 이외 활동이 금지됨을 강조하였다. 북한 공관 소유 부동산 임대를 통한 수익 창출을 금지하였다. 안전보장이사회에 의해 예방조치 또는 강제조치를 받고 있는 UN 회원국의 경우 권리나 특권의 정지가 가능함을 상기하였다.

**(9) 인권**

북한 주민의 고통에 우려를 표명하고, 주민의 필요가 충족되지 못한 가운데 핵이나 미사일 개발을 추구하는 북한을 규탄하였다. 주민의 복지와 존엄성 보장의 필요성을 강조하였다. 북한 관련 안전보장이사회결의 중 최초로, 결의 본문에 북한 주민의 인권문제를 거론함으로써 향후 동 문제에 개입할 근거를 마련하였다.

## 6. 제6차 핵실험(2017년 9월 3일)과 안전보장이사회결의 제2375호

대북 정유제품 공급량에 연간 상한선(2017년 10월~12월간 50만 배럴 / 2018년부터 연간 200만 배럴)을 부과하고, 대북 원유 공급량을 현 수준으로 동결하였다. 콘덴세이트 및 액화천연가스 공급을 전면 금지하고, 북한의 섬유 수출을 금지하였다. 북한 해외노동자에 대한 신규 노동 허가 발급이 금지되었으며, 결의상 금지된 물품(석탄, 섬유, 해산물 등)의 공해상 밀수를 막기 위한 공해상 북한 선박과의 선박 간 이전 금지조치가 도입되었다. 공공 인프라사업 등을 제외한 북한과의 합작사업을 전면 금지하였으며, 북한의 주요 당·정 기관 3개 및 개인 1명을 제재대상으로 추가 지정하였다.

### 세컨더리 보이콧(Secondary Boycott)

'Boycott'은 사전적으로는 항의의 의미로 구매를 거부하는 것을 뜻한다. 따라서 항의대상에 대한 직접적인 불매운동은 1차 보이콧이라고 하고, 1차 보이콧 대상과 관계된 대상까지 거부하는 것을 2차 보이콧이라고 한다. 세컨더리 보이콧은 제재 국가와 거래하는 제3국 정부뿐 아니라 기업·금융기관·개인까지 제재하는 행위를 말한다. 세컨더리 보이콧은 제3국이 그 제재에 동의하였는지와 관련이 없고, 제재발동국의 일방적 조치이다. 세컨더리 보이콧은 제재대상국과의 거래방식이 합법이든 불법이든 관계없다. 석유가 제재대상품목이라고 한다면 석유 밀수뿐 아니라 합법적으로 석유 거래를 주고받았다고 하더라도 세컨더리 보이콧 대상이 된다. 세컨더리 보이콧 제재대상국가가 되면 사실상 세계 전체로부터 거의 모든 분야에 걸쳐 거래가 끊기게 된다. 대북제재의 경우 핵·미사일을 포함한 대량살상무기(WMD) 개발 중단에 초점을 맞추었지만, 단순히 직접 관련된 품목이나 기술뿐 아니라 그를 위한 자금줄이나 원자재까지 모조리 봉쇄할 수 있도록 설계되어 있다. 세컨더리 보이콧은 주로 미국이 주도하므로 미국 금융기관과 거래를 계속하려면 세계 모든 나라들은 미국이 지정하는 제재 대상 국가와의 거래를 끊을 수밖에 없다. 미국 대통령 버락 오바마는 2010년 6월 이란 원유를 수입하는 제3국에 대해 미국 내 파트너와 거래하지 못하도록 하는 내용의 세컨더리 보이콧 조항을 담은 '이란 제재법'을 통과시켰다.

이란은 이 결과 2013년 경제성장률이 -6%대까지 추락하고 통화 가치가 2012년 대비 3분의 1 수준으로 하락하는 등 극심한 민생고에 시달렸고, 오바마 행정부는 결국 2015년 이란을 협상 테이블로 끌어내 이란 핵협상(JCPOA)을 타결시키게 되었다. 미국 대통령 도널드 트럼프는 미국의 독자 대북 제재이자 세컨더리 보이콧에 해당하는 '행정명령 제13810호'에 서명했다. 이는 북한과 재화와 용역을 거래하는 어떤 개인이나 기업의 자산도 미국 정부가 압류할 수 있도록 하였다.

### 캐치올(Catch - all)제도

캐치올제도란 국제수출통제체제에서 규정하고 있는 Control List상의 통제품목 여부와 상관없이 대량살상무기(WMD) 및 이의 운반수단인 미사일 개발에 전용될 수 있는 모든 품목(All)을 통제(Catch)하는 제도를 말한다. 캐치올규제에 따라 非전략물자라도 대량파괴무기(WMD) 등으로 전용될 가능성이 높은 물품을 수출할 경우 정부의 허가를 받아야 한다. 캐치올제도는 미국이 1994년 시행한 이래 유럽연합(EU)이 2000년 6월부터 시행해 오고 있으며, 9·11 테러 이후 WMD 비확산문제가 국제안보 분야의 핵심현안으로 부상하자 2002년 일본, 캐나다 등이 뒤이어 도입하였다. 만약, 우리 수출기업이 최종 용도와 사용자를 확인하지 않고 수출한 물품이 WMD 개발에 이용될 경우, 해당 기업은 캐치올 시행 국가로부터 수출입금지조치를 당할 수 있다. 미국의 '거래부적격자 목록(Denial Persons List)'에 등재되는 경우, 당해 기업은 1 ~ 20년간 미국과의 수출입이 금지된다. 우리나라는 1989년 대외무역법시행령에 전략물자 수출허가제도를 도입한 이래 1992년 대외무역법상에 전략물자의 고시 및 수출허가 등 수출통제를 법제화하였다. 한국은 2003년부터는 캐치올제도를 시행하고 있으며, UN 안전보장이사회결의 제1540호를 이행하기 위해 중개허가제를 도입하였고 2009년 10월부터는 전략물자에 대한 경유·환적 허가제를 도입하였다. 일본은 2019년 7월 1일 신뢰관계 훼손 및 부적절한 사안 발생 등 모호한 사유를 들어 우리나라에 대한 수출통제 강화조치를 발표하였다. 일본은 한국을 '화이트국가'에서 배제하고, 한국으로 수출하는 비전략물자에 대해 캐치올(Catch - all) 통제 적용대상으로 전환하였다. 국가별 적용기준을 보면 한국은 화이트국가에도 캐치올 통제를 부분 적용하고 있는 반면, 일본은 화이트국에 대해서는 적용을 제외하는 등 한국이 일본에 비해 더 엄격한 요건을 적용하고 있으며, 재래식 무기 캐치올 통제에 있어서도 한국의 요건이 일본보다 더 엄격하다. 한국은 바세나르체제(WA), 핵공급국그룹(NSG), 호주그룹(AG), 미사일기술통제체제(MTCR) 등 4대 국제수출통제체제에서 회원국에 캐치올 통제 도입을 권고하는 지침을 모두 채택하였다.

### 북핵문제 관련 일지(1959년 ~ 2019년)

| 연도 | 월 | 일 | 내용 |
|---|---|---|---|
| 1959 | 9 | - | 북한과 구소련 원자력 협정 체결 |
| 1974 | 9 | - | 북한 국제원자력기구(IAEA) 가입 |
| 1977 | 9 | - | 북한, IAEA와 연구용 원자로에 대한 안전조치협정 체결 |
| 1985 | 12 | 12 | 북한, NPT 가입 |
| 1989 | 9 | - | 프랑스, 영변 핵시설 사진 촬영 및 공개 |
| 1990 | 3 | 6 | IAEA, 북한의 전면안전조치협정 체결 권고 |
| 1991 | 10 | 28 | 한미, 주한미군 전술 핵무기 전면 철수 합의 |
| | 11 | 8 | 노태우 대통령, '한반도 비핵화 선언' 발표 |
| | 12 | 13 | 남북기본합의서 채택 |
| | 12 | 31 | 남북, '한반도 비핵화 공동선언' 채택 |
| 1992 | 1 | 30 | 북한, IAEA와 핵안전협정 서명 |
| | 4 | 10 | 북한, IAEA 핵안전협정 발효 |
| | 5 | 26 | IAEA, 대북한 임시 사찰 |
| 1993 | 1 | 26 | 한미, 팀스피리트 훈련 계획 발표 |
| | 1 | 29 | 북한, 모든 남북대화 중단선언 |
| | 2 | 25 | IAEA 정기이사회, 대북한 특별사찰 수락 촉구 결의 |
| | 3 | 12 | 북한, NPT 탈퇴선언 |

| | 5 | 11 | UN안전보장이사회, 대북결의안 채택 - NPT 탈퇴 재고 및 NPT 준수 촉구 |
|---|---|---|---|
| | 6 | 11 | 북미공동성명 - 핵불사용, 주권존중, 평화통일 지지 |
| | 6 | 12 | 북한, NPT 탈퇴 유보선언 |
| | 6 | 14 | 한국, 팀스피리트 훈련 중단선언 |
| | 8 | 4 | • IAEA 사찰단 방북<br>• 북한, 영변 핵시설 사찰 거부 |
| | 9 | 22 | 미국 하원, 대북 무역·금융 제재 결의안 채택 |
| | 10 | 1 | IAEA 총회, 북한의 핵안전협정 완전 이행 촉구 |
| | 11 | 11 | 북한, 미국에 핵문제 일괄타결 제의 |
| 1994 | 1 | 7 | 북한 - IAEA, 사찰협상 시작 |
| | 1 | 25 | 사찰협상 결렬 |
| | 2 | 25 | 북한, 사찰 개시에 동의 |
| | 3 | 3 | 팀스피리트 훈련 중단 발표 |
| | 3 | 19 | 북한, '전쟁 땐 서울 불바다' 발언 |
| | 3 | 21 | 한미, 팀스피리트 훈련 재개 합의 |
| | 3 | 31 | UN안전보장이사회, 북한의 추가사찰 수락 촉구 |
| | 5 | 17 | IAEA 새 사찰단 북한 도착 |
| | 6 | 10 | IAEA, 북한제재 결의안 채택 |
| | 6 | 13 | 북한, IAEA 공식 탈퇴 선언 |
| | 6 | 16 | 미국, UN안전보장이사회에 대북제재 결의안 초안 제시 |
| | 6 | 15~18 | • 카터 전 미국 대통령 방북<br>• 남북정상회담 제의 및 수락 |
| | 7 | 8 | 김일성 사망 |
| | 10 | 21 | 북미 제네바합의문 체결 |
| | 11 | 1 | 북한, 핵동결선언 |
| 1995 | 3 | 9 | 한반도에너지개발기구(KEDO) 설립협정 체결 |
| 2000 | 2 | 3 | 대북 지원 경수로 본공사 시작 |
| | 6 | 15 | 남북정상회담 및 남북공동선언 발표 |
| 2001 | 1 | 20 | 조지 W. 부시 취임 |
| | 9 | 11 | 9·11테러 |
| | 9 | 25 | IAEA총회, 대북 핵안전협정 준수 촉구 결의 |
| 2002 | 1 | 29 | 부시, '악의 축' 발언 |
| | 3 | 9 | 미국, 핵태세검토보고서(NPR)발표, 북한 - 선제핵공격대상 포함 |
| | 3 | 13 | 북한, NPR에 반발. 미국과 모든 합의 재검토 주장 |
| | 9 | 16 | 럼스펠드, 북한의 핵무기 보유 주장 |
| | 10 | 17 | 켈리 특사, '북 핵개발 계획 시인' 발표 |
| | 11 | 14 | 미국 국가안보회의(NSC), 12월분부터 대북 중유 지원 중단 결정 |
| | 11 | 21 | 미국 중앙정보국(CIA), 북한 핵 1~2개 보유 주장 |
| | 11 | 30 | IAEA 이사회, 북한 핵개발 포기 및 사찰수용 결의안 채택 |
| | 12 | 12 | 북한, '핵동결 해제'선언 |
| | 12 | 22 | 북한, 영변 폐연료봉 저장시설 봉인 제거, 감시 카메라 무력화 |
| | 12 | 25 | 북한, 연료봉 재장전 |
| | 12 | 28 | 북한, IAEA 사찰관 추방 |
| 2003 | 1 | 10 | 북한, NPT 및 IAEA 안전조치협정 탈퇴 |
| | 3 | 20 | 미국, 이라크 침공 |
| | 8 | 27 | 제1차 6자회담 |
| | 11 | 21 | KEDO 집행이사회, 경수로 건설 중단 공식 결정 |

| | | | |
|---|---|---|---|
| 2004 | 2 | 25 | 제2차 6자회담 |
| | 6 | 23 | 제3차 6자회담 |
| | 11 | 2 | 부시 대통령 재선 |
| 2005 | 1 | 19 | 콘돌리자 라이스, '폭정의 전초기지' 발언 |
| | 2 | 10 | 북한, 6자회담 참가 무기한 중단과 핵보유선언 |
| | 5 | 11 | 북한 외무성 '8천여개 폐연료봉 인출 작업 완료' 발표 |
| | 5 | 13 | 북미, 뉴욕 접촉 |
| | 6 | 17 | 정동영 통일부장관, 김정일 면담 |
| | 7 | 29 | 제4차 6자회담 |
| | 9 | 19 | 제4차 6자회담 2단계 회의, 9·19공동성명 채택 |
| 2006 | 1 | 18 | 북한, 금융제재 해제 요구 |
| | 7 | 5 | 북한, 대포동 2호 등 미사일 발사 |
| | 10 | 9 | 북한, 핵실험 실시 발표 |
| | 10 | 15 | UN안전보장이사회 대북제재결의안 통과(안전보장이사회결의 제1718호) |
| | 10 | 31 | 북·미·중, 6자회담 조기 재개 합의 |
| | 12 | 18 | 제5차 6자회담 2단계 회의 |
| 2007 | 1 | 16 | 북미, 베를린 회동 |
| | 2 | 13 | 2·13합의(중유 100만 톤 지원과 60일 안에 영변 핵시설 폐쇄 및 향후 핵 불능화 합의) |
| | 7 | 14 | 중유 6,200톤 제공, 북한 영변 원자로 폐쇄, IAEA 사찰단 방북 |
| | 10 | 3 | 9·19공동성명 이행을 위한 제2단계 조치 이행 합의 - 핵 불능화 및 핵 프로그램 신고 2007년 말까지 완료, 미국은 북한을 테러지원국 명단에서 삭제 등 합의 |
| 2008 | 4 | 8 | 북미, 싱가포르 회담. UEP 및 핵 확산 신고 이견 및 핵 신고 내용 조율 |
| | 5 | 8 | 북한, 미국 측에 1만 9,000여쪽 핵 신고 관련 서류 제출 |
| | 6 | 26 | 북한, 핵 신고서 중국에 제출. 미국, 대북 테러지원국 지정 해제 절차 착수 |
| | 6 | 27 | 북한, 영변 원자로 냉각탑 폭파 |
| | 9 | 3 | 북한, 미국이 테러지원국 명단 해제에 소극적이라는 이유로 핵시설 복구 시작 |
| | 9 | 22 | 부시, 북한과 이란의 핵개발을 용인할 수 없다는 연설(UN총회) |
| | 9 | 24 | 북한, IAEA 사찰단 철수 명령 |
| | 10 | 12 | 미국, 북한을 '테러지원국' 명단에서 삭제 |
| 2009 | 1 | 30 | 북한, NLL 포함 남북 간 모든 정치·군사적 합의 무효화선언 |
| | 4 | 5 | 북한, 장거리 로켓 발사 |
| | 4 | 13 | UN안전보장이사회 의장성명 발표 - 북한은 안전보장이사회결의 제1718호 위반, 추가 발사 중지 요구, 결의 제1718호 이행촉구, 6자회담 재개 촉구 |
| | 5 | 25 | 북한, 제2차 핵실험 실시 |
| | 5 | 26 | 한국, PSI 정식 참여 발표 |
| | 6 | 12 | UN안전보장이사회, 북한 핵실험 관련 결의안 채택(제1874호) - 무기금수조치 확대, 화물 검색 강화, 금융·경제제재 강화, 제재 이행 메커니즘 강화 |
| | 11 | 3 | 북한, 폐연료봉 8,000개 재처리 성공 및 추출된 플루토늄의 무기화 성공 선언 |
| | 12 | 21 | 북한, NLL 남측 우리 수역을 '평시 해상사격 구역'으로 선포 |
| 2010 | 3 | 26 | 천안함 피격 사건 |
| | 5 | 24 | 5·24조치 발표(남북교역 중단, 대북지원사업보류, 대북 신규투자 불허, 우리국민의 방북 불허) |

| | 11 | 09 | 지그프리드 해커 박사 방북, 영변 핵 단지 내 현대식 우라늄 농축시설 방문 |
|---|---|---|---|
| | 11 | 23 | 연평도 포격 사건 |
| 2011 | 7 | 28 | 뉴욕 북미 고위급 대화(미 - 우라늄 농축 임시 중지 요구, 북 - 대북제재 임시 중지 요구, 식량제공 요구) |
| | 9 | 21 | 남북 비핵화회담(한 - 우라늄 농축 중단 요구, 북 - 조건 없는 6자회담 재개 주장) |
| | 10 | 24 | 북미 고위급 대화(우라늄 농축 중단, IAEA사찰단 복귀, 핵실험 중단 등 논의) |
| | 12 | 17 | 김정일 사망 |
| 2012 | 2 | 29 | 2·29합의(9·19공동성명 이행, 평화협정 체결 전까지 정전협정이 한반도 평화의 초석, 양자관계 개선 노력, 주권존중, 민간 교류 확대) |
| | 5 | 30 | 북한, 개정 헌법에 '핵보유국' 명기 |
| | 12 | 12 | 북한, 장거리 로켓인 은하 3호 발사 |
| 2013 | 1 | 23 | UN안전보장이사회결의 제2087호 채택 |
| | 2 | 12 | 북한, 제3차 핵실험 |
| | 3 | 5 | 북한, 정전협정 백지화 선언 |
| | 3 | 7 | UN안전보장이사회 대북제재 결의 제2094호 채택 |
| | 4 | 1 | 북한, 핵보유국법 제정 |
| 2014 | 3 | 28 | 박근혜 대통령, 드레스덴 선언 |
| | 9 | 26 | IAEA, 북한의 핵활동 중단 촉구 결의안 채택 |
| 2016 | 1 | 6 | 북한, 제4차 핵실험 |
| | 9 | 9 | 북한, 제5차 핵실험 |
| 2017 | 9 | 3 | 북한, 제6차 핵실험 |
| 2018 | 6 | 12 | 제1차 북미정상회담 |
| 2019 | 2 | 27 | 제2차 북미정상회담 |
| | 6 | 30 | 북미정상회담 |
| 2021 | 10 | 19 | 미니SLBM 발사 |
| 2022 | 1 | 11 | 탄도미사일 발사 |
| | 9 | 8 | 북한, 핵무력정책법 제정(공식 명칭은 「조선민주주의인민공화국 핵무력정책에 관한 법」) |

### 제네바합의문 전문(1994년 10월 21일)

미합중국(이하 '미국'으로 호칭) 대표단과 조선민주주의인민공화국(이하 '북한'으로 호칭) 대표단은 1994년 9월 23일부터 10월 21일까지 제네바에서 한반도 핵문제의 전반적 해결을 위한 협상을 가졌다.

양측은 비핵화된 한반도의 평화와 안전을 확보하기 위해서는 1994년 8월 12일 미국과 북한 간의 합의 발표문에 포함된 목표의 달성과 1993년 6월 11일 미국과 북한 간 공동발표문상의 원칙과 준수가 중요함을 재확인하였다.

양측은 핵문제 해결을 위해 다음과 같은 조치들을 취하기로 결정하였다.

1. 양측은 북한의 흑연감속원자로 및 관련 시설을 경수로 원자로발전소로 대체하기 위해 협력한다.
   ① 미국 대통령의 1994년 10월 20일자 보장서한에 의거하여 미국은 2003년을 목표시한으로 총발전용량 약 2,000MWe의 경수로를 북한에 제공하기 위한 조치를 주선할 책임을 진다.

- 미국은 북한에 제공할 경수로의 재정조달 및 공급을 담당할 국제 컨소시엄을 미국의 주도하에 구성한다. 미국은 동 국제 컨소시엄을 대표하여 경수로 사업을 위한 북한과의 주 접촉선 역할을 수행한다.
- 미국은 국제컨소시엄을 대표하여 본 합의문 서명 후 6개월 내에 북한과 경수로 제공을 위한 공급 계약을 체결할 수 있도록 최선의 노력을 경주한다. 계약 관련 협의는 본 합의문 서명 후 가능한 조속한 시일 내 개시한다.
- 필요한 경우 미국과 북한은 핵에너지의 평화적 이용 분야에 있어서의 협력을 위한 양자협정을 체결한다.

② 1994년 10월 20일자 대체에너지 제공 관련 미국의 보장서한에 의거 미국은 국제컨소시엄을 대표하여 북한의 흑연감속원자로 동결에 따라 상실될 에너지를 첫 번째 경수로 완공 시까지 보전하기 위한 조치를 주선한다.
- 대체에너지는 난방과 전력생산을 위해 중유로 공급된다.
- 중유의 공급은 본 합의문 서명 후 3개월 내 개시되고 양측 간 합의된 공급일정에 따라 연간 50만t 규모까지 공급된다.

③ 경수로 및 대체에너지 제공에 대한 보장서한 접수 즉시 북한은 흑연감속원자로 및 관련 시설을 동결하고 궁극적으로 이를 해체한다.
- 북한의 흑연감속원자로 및 관련 시설의 동결은 본 합의문서 후 1개월 내 완전 이행된다. 동 1개월 동안 및 전체 동결기간 중 IAEA가 이러한 동결 상태를 감시하는 것이 허용되며, 이를 위해 북한은 IAEA에 대해 전적인 협력을 제공한다.
- 북한의 흑연감속원자로 및 관련 시설의 해체는 경수로 사업이 완료될 때 완료된다.
- 미국과 북한은 5MWe 실험용 원자로에서 추출된 사용 후 연료봉을 경수로 건설기간 동안 안전하게 보관하고 북한 내에서 재처리하지 않는 안전한 방법으로 동 연료가 처리될 수 있는 방안을 강구하기 위해 상호협력한다.

④ 본 합의 후 가능한 조속한 시일 내에 미국과 북한의 전문가들은 두 종류의 전문가 협의를 가진다.
- 한쪽의 협의에서 전문가들은 대체에너지와 흑연감속원자로의 경수로로의 대체와 관련된 문제를 협의한다.
- 다른 한쪽의 협의에서 전문가들은 사용 후 연료 보관 및 궁극적 처리를 위한 구체적 조치를 협의한다.

2. 양측은 정치적·경제적 관계의 완전 정상화를 추구한다.
   ① 합의 후 3개월 내 양측은 통신 및 금융거래에 대한 제한을 포함한 무역 및 투자 제한을 완화시켜 나아간다.
   ② 양측은 전문가급 협의를 통해 영사 및 여타 기술적 문제가 해결된 후에 쌍방의 수도에 연락사무소를 개설한다.
   ③ 미국과 북한은 상호관심사항에 대한 진전이 이루어짐에 따라 양국관계를 대사급으로까지 격상시켜 나아간다.

3. 양측은 핵이 없는 한반도의 평화와 안전을 위해 함께 노력한다.
   ① 미국은 북한에 대한 핵무기를 불위협 또는 불사용에 관한 공식 보장을 제공한다.
   ② 북한은 한반도 비핵화공동선언을 이행하기 위한 조치를 일관성 있게 취한다.
   ③ 본 합의문이 대화를 촉진하는 분위기를 조성해 나아가는 데 도움을 줄 것이기 때문에 북한은 남북대화에 착수한다.

4. 양측은 국제적 핵 비확산체제 강화를 위해 함께 노력한다.
   ① 북한은 핵비확산조약(NPT) 당사국으로 잔류하며 동 조약상의 안전조치협정 이행을 허용한다.
   ② 경수로 제공을 위한 계약 체결 즉시 동결 대상이 아닌 시설에 대하여 북한과 IAEA간 안전조치 협정에 따라 임시 및 일반사찰이 재개된다. 경수로 공급계약 체결 시까지 안전조치의 연속성을 위해 IAEA가 요청하는 사찰은 동결 대상이 아닌 시설에서 계속된다.

③ 경수로 사업의 상당 부분이 완료될 때, 그러나 주요 핵심 부품의 인도 이전에 북한은 북한 내 모든 핵물질에 관한 최초보고서의 정확성과 완전성을 검증하는 것과 관련하여 IAEA와의 협의를 거쳐 IAEA가 필요하다고 판단하는 모든 조치를 취하는 것을 포함하여 IAEA 안전조치협정(INFCIRC/403)을 완전히 이행한다.

조선민주주의 인민공화국 수석대표 조선민주주의인민공화국 외교부 제1부부장 강석주
미합중국 수석대표 미합중국 본부대사 로버트 갈루치

 참고

**제4차 6자회담 공동성명(2005년 9월 19일, 베이징)**

제4차 6자회담이 베이징에서 중화인민공화국, 조선민주주의인민공화국, 일본, 대한민국, 러시아연방, 미합중국이 참석한 가운데 2005년 7월 26일부터 8월 7일까지 그리고 9월 13일부터 19일까지 개최되었다.

우다웨이 중화인민공화국 외교부 부부장, 김계관 조선민주주의인민공화국 외무성 부상, 사사에 켄이치로 일본 외무성 아시아대양주 국장, 송민순 대한민국 외교통상부 차관보, 알렉세예프 러시아 외무부 차관, 그리고 크리스토퍼 힐 미합중국 국무부 동아태 차관보가 각 대표단의 수석대표로 동 회담에 참석하였다. 우다웨이 부부장은 동 회담의 의장을 맡았다.

한반도와 동북아시아 전반의 평화와 안정이라는 대의를 위해, 6자는 상호 존중과 평등의 정신하에, 지난 3회에 걸친 회담에서 이루어진 공동의 이해를 기반으로, 한반도의 비핵화에 대해 진지하면서도 실질적인 회담을 가졌으며, 이러한 맥락에서 다음과 같이 합의하였다.

1. 6자는 6자회담의 목표가 한반도의 검증 가능한 비핵화를 평화적인 방법으로 달성하는 것임을 만장일치로 재확인하였다. 조선민주주의인민공화국은 모든 핵무기와 현존하는 핵계획을 포기할 것과, 조속한 시일 내에 핵확산금지조약(NPT)과 국제원자력기구(IAEA)의 안전조치에 복귀할 것을 공약하였다. 미합중국은 한반도에 핵무기를 갖고 있지 않으며, 핵무기 또는 재래식 무기로 조선민주주의인민공화국을 공격 또는 침공할 의사가 없다는 것을 확인하였다. 대한민국은 자국 영토 내에 핵무기가 존재하지 않는다는 것을 확인하면서, 1992년도 '한반도의 비핵화에 관한 남·북 공동선언'에 따라, 핵무기를 접수 또는 배비하지 않겠다는 공약을 재확인하였다. 1992년도 '한반도의 비핵화에 관한 남·북 공동선언'은 준수, 이행되어야 한다. 조선민주주의인민공화국은 핵에너지의 평화적 이용에 관한 권리를 가지고 있다고 밝혔다. 여타 당사국들은 이에 대한 존중을 표명하였고, 적절한 시기에 조선민주주의인민공화국에 대한 경수로 제공 문제에 대해 논의하는데 동의하였다.

2. 6자는 상호관계에 있어 국제연합헌장의 목적과 원칙 및 국제관계에서 인정된 규범을 준수할 것을 약속하였다. 조선민주주의인민공화국과 미합중국은 상호 주권을 존중하고, 평화적으로 공존하며, 각자의 정책에 따라 관계정상화를 위한 조치를 취할 것을 약속하였다. 조선민주주의인민공화국과 일본은 평양선언에 따라, 불행했던 과거와 현안사항의 해결을 기초로 하여 관계 정상화를 위한 조치를 취할 것을 약속하였다.

3. 6자는 에너지, 교역 및 투자 분야에서의 경제협력을 양자 및 다자적으로 증진시킬 것을 약속하였다. 중화인민공화국, 일본, 대한민국, 러시아연방 및 미합중국은 조선민주주의인민공화국에 대해 에너지 지원을 제공할 용의를 표명하였다. 대한민국은 조선민주주의인민공화국에 대한 2백만 킬로와트의 전력공급에 관한 2005년 7월 12일자 제안을 재확인하였다.

4. 6자는 동북아시아의 항구적인 평화와 안정을 위해 공동 노력할 것을 공약하였다. 직접 관련 당사국들은 적절한 별도 포럼에서 한반도의 항구적 평화체제에 관한 협상을 가질 것이다. 6자는 동북아시아에서의 안보협력 증진을 위한 방안과 수단을 모색하기로 합의하였다.

5. 6자는 '공약 대 공약', '행동 대 행동' 원칙에 입각하여 단계적 방식으로 상기 합의의 이행을 위해 상호조율된 조치를 취할 것을 합의하였다.
6. 6자는 제5차 6자회담을 11월 초 북경에서 협의를 통해 결정되는 일자에 개최하기로 합의하였다.

### 9·19공동성명 이행을 위한 초기 조치(2007년 2월 13일)

제5차 6자회담 3단계회의가 베이징에서 중화인민공화국, 조선민주주의인민공화국, 일본, 대한민국, 러시아연방, 미합중국이 참석한 가운데, 2007년 2월 8일부터 13일까지 개최되었다. 우다웨이 중화인민공화국 외교부 부부장, 김계관 조선민주주의인민공화국 외무성 부상, 사사에 켄이치로 일본 외무성 아시아대양주 국장, 천영우 대한민국 외교통상부 한반도평화교섭본부장, 알렉산더 로슈코프 러시아 외무부 차관, 그리고 크리스토퍼 힐 미합중국 국무부 동아태 차관보가 각 대표단의 수석대표로 동 회담에 참석하였다.
우다웨이 부부장은 동 회담의 의장을 맡았다.

1. 참가국들은 2005년 9월 19일 공동성명의 이행을 위해 초기단계에서 각국이 취해야 할 조치에 관하여 진지하고 생산적인 협의를 하였다. 참가국들은 한반도 비핵화를 조기에 평화적으로 달성하기 위한 공동의 목표와 의지를 재확인하였으며, 공동성명상의 공약을 성실히 이행할 것이라는 점을 재확인하였다. 참가국들은 '행동 대 행동'의 원칙에 따라 단계적으로 공동성명을 이행하기 위해 상호 조율된 조치를 취하기로 합의하였다.
2. 참가국들은 초기단계에 다음과 같은 조치를 병렬적으로 취하기로 합의하였다.
   ① 조선민주주의인민공화국은 궁극적인 포기를 목적으로 재처리 시설을 포함한 영변 핵시설을 폐쇄·봉인하고 IAEA와의 합의에 따라 모든 필요한 감시 및 검증활동을 수행하기 위해 IAEA 요원을 복귀토록 초청한다.
   ② 조선민주주의인민공화국은 9·19공동성명에 따라 포기하도록 되어있는, 사용 후 연료봉으로부터 추출된 플루토늄을 포함한 공동성명에 명기된 모든 핵프로그램의 목록을 여타 참가국들과 협의한다.
   ③ 조선민주주의인민공화국과 미합중국은 양자 간 현안을 해결하고 전면적 외교관계로 나아가기 위한 양자대화를 개시한다. 미합중국은 조선민주주의인민공화국을 테러지원국 지정으로부터 해제하기 위한 과정을 개시하고, 조선민주주의인민공화국에 대한 대적성국 교역법 적용을 종료시키기 위한 과정을 진전시켜 나간다.
   ④ 조선민주주의인민공화국과 일본은 불행한 과거와 미결 관심사안의 해결을 기반으로, 평양선언에 따라 양국 관계 정상화를 취해 나가는 것을 목표로 양자대화를 개시한다.
   ⑤ 참가국들은 2005년 9월 19일 공동성명의 제1조와 제3조를 상기하면서, 조선민주주의인민공화국에 대한 경제·에너지·인도적 지원에 협력하기로 합의하였다. 이와 관련, 참가국들은 초기 단계에서 조선민주주의인민공화국에 긴급 에너지 지원을 제공하기로 합의하였다. 중유 5만 톤 상당의 긴급에너지 지원의 최초 운송은 60일 이내에 개시된다.
   참가국들은 상기 초기 조치들이 향후 60일 이내에 이행되며, 이러한 목표를 향하여 상호 조율된 조치를 취한다는데 합의하였다.
3. 참가국들은 초기 조치를 이행하고 공동성명의 완전한 이행을 목표로 다음과 같은 실무그룹(W/G)을 설치하는데 합의하였다.
   ① 한반도 비핵화
   ② 미·북관계 정상화
   ③ 일·북관계 정상화
   ④ 경제 및 에너지 협력
   ⑤ 동북아 평화·안보체제

실무그룹들은 각자의 분야에서 9·19공동성명의 이행을 위한 구체적 계획을 협의하고 수립한다. 실무그룹들은 각각의 작업진전에 관해 6자회담 수석대표회의에 보고한다. 원칙적으로 한 실무그룹의 진전은 다른 실무그룹의 진전에 영향을 주지 않는다. 5개 실무그룹에서 만들어진 계획은 상호조율된 방식으로 전체적으로 이행될 것이다. 참가국들은 모든 실무그룹회의를 향후 30일 이내에 개최하는데 합의하였다.

4. 초기 조치기간 및 조선민주주의인민공화국의 모든 핵프로그램에 대한 완전한 신고와 흑연감속로 및 재처리 시설을 포함하는 모든 현존하는 핵시설의 불능화를 포함하는 다음 단계 기간 중, 조선민주주의인민공화국에 최초 선적분인 중유 5만 톤 상당의 지원을 포함한 중유 100만 톤 상당의 경제·에너지·인도적 지원이 제공된다.

   상기 지원에 대한 세부사항은 경제 및 에너지 협력 실무그룹의 협의와 적절한 평가를 통해 결정된다.

5. 초기조치가 이행되는 대로 6자는 9·19공동성명의 이행을 확인하고 동북아 안보협력 증진방안 모색을 위한 장관급 회담을 신속하게 개최한다.

6. 참가국들은 상호신뢰를 증진시키기 위한 긍정적인 조치를 취하고 동북아에서의 지속적인 평화와 안정을 위한 공동노력을 할 것을 재확인하였다. 직접 관련 당사국들은 적절한 별도 포럼에서 한반도의 항구적 평화체제에 관한 협상을 갖는다.

7. 참가국들은 실무그룹의 보고를 청취하고 다음 단계 행동에 관한 협의를 위해 제6차 6자회담을 2007년 3월 19일에 개최하기로 합의하였다.

**9·19공동성명 이행을 위한 제2단계 조치(2007년 10월 3일)**

제6차 6자회담 2단계회의가 베이징에서 중화인민공화국, 조선민주주의인민공화국, 일본, 대한민국, 러시아연방, 미합중국이 참석한 가운데, 2007년 9월 27일부터 30일까지 개최되었다. 우다웨이 중화인민공화국 외교부 부부장, 김계관 조선민주주의인민공화국 외무성 부상, 사사에 켄이치로 일본 외무성 아시아대양주국장, 천영우 대한민국 외교통상부 한반도평화교섭본부장, 알렉산더 로슈코프 러시아 외무부 차관, 그리고 크리스토퍼 힐 미합중국 국무부 동아태 차관보가 각 대표단의 수석대표로 동 회담에 참석하였다. 우다웨이 부부장은 동 회담의 의장을 맡았다.

참가국들은 5개 실무그룹의 보고를 청취, 승인하였으며, 2·13합의상의 초기조치 이행을 확인하였고, 실무그룹회의에서 도달한 컨센서스에 따라 6자회담과정을 진전시켜 나가기로 합의하였으며, 또한 평화적인 방법에 의한 한반도의 검증 가능한 비핵화를 목표로 하는 9·19공동성명의 이행을 위한 제2단계 조치에 관한 합의에 도달하였다.

1. **한반도 비핵화**
   ① 조선민주주의인민공화국은 9·19공동성명과 2·13합의에 따라 포기하기로 되어 있는 모든 현존하는 핵시설을 불능화하기로 합의하였다.
   영변의 5MWe 실험용 원자로, 재처리시설(방사화학실험실) 및 핵연료봉 제조시설의 불능화는 2007년 12월 31일까지 완료될 것이다. 전문가 그룹이 권고하는 구체 조치들은, 모든 참가국들에게 수용 가능하고, 과학적이고, 안전하고, 검증가능하며, 또한 국제적 기준에 부합되어야 한다는 원칙들에 따라 수석대표들에 의해 채택될 것이다. 여타 참가국들의 요청에 따라, 미합중국은 불능화 활동을 주도하고, 이러한 활동을 위한 초기 자금을 제공할 것이다. 첫 번째 조치로서, 미합중국측은 불능화를 준비하기 위해 향후 2주 내에 조선민주주의인민공화국을 방문할 전문가 그룹을 이끌 것이다.
   ② 조선민주주의인민공화국은 2·13합의에 따라 모든 자국의 핵프로그램에 대해 완전하고 정확한 신고를 2007년 12월 31일까지 제공하기로 합의하였다.
   ③ 조선민주주의인민공화국은 핵 물질, 기술 또는 노하우를 이전하지 않는다는 공약을 재확인하였다.

2. 관련국 간 관계정상화
   ① 조선민주주의인민공화국과 미합중국은 양자관계를 개선하고 전면적 외교관계로 나아간다는 공약을 유지한다. 양측은 양자 간 교류를 증대하고, 상호 신뢰를 증진시킬 것이다. 조선민주주의인민공화국을 테러지원국 지정으로부터 해제하기 위한 과정을 개시하고 또 조선민주주의인민공화국에 대한 대적성국 교역법 적용을 종료시키기 위한 과정을 진전시켜 나간다는 공약을 상기하면서, 미합중국은 미·북 관계정상화 실무그룹 회의를 통해 도달한 컨센서스에 기초하여, 조선민주주의인민공화국의 조치들과 병렬적으로 조선민주주의인민공화국에 대한 공약을 완수할 것이다.
   ② 조선민주주의인민공화국과 일본은 불행한 과거 및 미결 관심사안의 해결을 기반으로, 평양선언에 따라 양국 관계를 신속하게 정상화하기 위해 진지한 노력을 할 것이다. 조선민주주의인민공화국과 일본은 양측 간의 집중적인 협의를 통해, 이러한 목적 달성을 위한 구체적인 조치를 취해 나갈 것을 공약하였다.
3. 조선민주주의인민공화국에 대한 경제 및 에너지 지원
   2·13합의에 따라, 중유 100만 톤 상당의 경제·에너지·인도적 지원(기전달된 중유 10만 톤 포함)이 조선민주주의인민공화국에 제공될 것이다. 구체 사항은 경제 및 에너지 협력 실무그룹에서의 논의를 통해 최종 결정될 것이다.
4. 6자 외교장관회담
   참가국들은 적절한 시기에 북경에서 6자 외교장관회담이 개최될 것임을 재확인하였다. 참가국들은 외교장관회담 이전에 동 회담의 의제를 협의하기 위해 수석대표 회의를 개최하기로 합의하였다.

### 안전보장이사회결의 제1718호 주요 내용(2006년 10월 15일)

1. 북한이 결의 제1695호와 의장성명(2006년 10월 6일) 등 관련 결의와 성명 등을 무시하고 2006년 10월 9일 핵실험을 선언한 것을 비난한다.
2. 북한에 대해 추가핵실험을 실시하거나 탄도미사일을 발사하지 말 것을 요구한다.
3. 북한에 대해 NPT 탈퇴선언을 즉각 철회할 것을 요구한다.
4. 나아가 북한에 대해 NPT와 국제원자력기구(IAEA) 안전규정에 복귀할 것을 요구하며 NPT의 모든 조약당사국들은 조약상의 의무를 계속 준수할 필요성을 강조한다.
5. 북한은 탄도미사일 프로그램과 관련된 모든 활동들을 중지하고 기존의 미사일 발사 유예 공약을 재확인할 것을 결의한다.
6. 북한은 모든 핵무기들과 핵프로그램들을 완전하고 검증가능하며 돌이킬 수 없는 방법으로 제거할 것을 결의하며 NPT와 IAEA 안전규정상의 의무를 엄격히 준수할 것을 결의한다. IAEA에 개인들과 문서, 장비 및 시설들에 대한 접근 등 IAEA가 요구하거나 필요하다고 간주한 것들을 포함한 투명한 조치들을 제공할 것을 결의한다.
7. 북한은 다른 대량살상무기와 탄도미사일 프로그램들을 완전하고 검증가능하며 돌이킬 수 없는 방법으로 폐기할 것을 결의한다.
8. (a) 모든 회원국들은
   (i) 전차, 장갑차량, 중화기, 전투기, 공격용 헬기, 전함, 미사일이나 미사일 시스템 일체와 관련 물품, 부품 등 관련 물자 및 안전보장이사회나 안전보장이사회 위원회가 결정하는 품목들 (ii) 북한의 핵이나 탄도미사일, 기타 대량살상 프로그램에 도움이 될 수 있는 모든 품목과 물질, 장비, 상품, 기술 등과 각국의 통제 리스트나 공동 리스트에 입각한 모든 국내 조치들 (iii) 사치품들이 그 원산지를 불문하고 각국의 영토나 국민, 국적선, 항공기 등을 이용해 북한으로 직간접적으로 제공되거나, 판매, 이전되지 못하도록 막는다.

(b) 북한은 위에 명시한 모든 품목들의 수출을 중단해야 하며, 모든 회원국들은 자국민이나 국적선, 항공기 등이 북한으로부터 위와 같은 물품들을 획득하지 못하도록 금지한다.
(c) <u>모든 회원국들은 위에 명시된 품목들의 비축, 제조, 유지, 사용 등에 도움이 될 수 있는 기술훈련, 자문, 서비스, 지원이 자국민에 의해서 북한에 제공되거나 그들의 영토로부터 북한에 이전되지 못하도록 금지한다.</u> 북한으로부터 이 같은 훈련이나 자문, 서비스, 지원 등이 자국민이나 영토로 이전되는 것도 금지한다.
(d) <u>모든 회원국들은 각국의 법절차에 따라 북한의 핵, 대량살상무기, 탄도미사일 관련 프로그램을 지원하는 자국 내 자금과 기타 금융자산, 경제적 자원들을 결의안 채택일부터 즉각 동결하며, 북한의 지시에 따라 움직이는 개인이나 단체들도 자국내 자금이나 금융자산, 경제적 자원들을 사용하지 못하도록 조치한다.</u>
(e) 모든 회원국들은 각국의 재량에 따라 북한의 핵, 탄도미사일, 대량살상무기와 연루된 것으로 지정된 자와 그 가족들이 자국에 입국하거나 경유하지 못하도록 적절한 조치를 취한다.
(f) 모든 회원국들은 국내법과 국제법에 따라, 특히 핵 및 화생방무기의 밀거래와 이의 전달수단 및 물질을 막기 위해 안전보장이사회결의가 이행될 수 있도록 북한으로부터의 화물 검색 등 필요한 협력조치를 취하도록 요구한다.

9. 위에 명시된 금융자산이나 자원들 중
   (a) 식료품비, 임대료나 모기지, 의료비, 세금, 보험료, 공과금 등의 기본적 지출에 필요한 경비
   (b) 관련국이나 안전보장이사회 위원회에 통지되어 승인받은 특별 경비
   (c) 이 결의 채택 이전에 이뤄진 행정적 또는 사법적 결정의 대상이 되는 자금이나 자원 중 특별한 경우는 예외로 한다.
10. 위의 여행제한 규정 중 인도적 필요나 종교 의무 등으로 위원회가 개별적으로 결정한 경우는 예외로 한다.
11. <u>이 결의 채택 30일 이내에 모든 회원국들은 상기 8항의 규정들을 효과적으로 이행하기 위해 취한 조치들을 안전보장위원회에 보고할 것을 촉구한다.</u>
12. 임시 의사절차법 제28조에 따라 다음 임무를 수행하기 위해 모든 안전보장이사회 이사국들로 구성되는 위원회를 구성하기로 결의한다.
    (a) 8(a)항에 언급된 품목과 물자, 장비, 상품기술 들을 생산, 보유 중인 국가들에, 그들이 8항에 의해 부과된 조치들을 효과적으로 이행하기위해 취한 행동들에 대한 정보 및 유용하다고 간주되는 추가정보들을 요청한다.
    (b) 8항 조치 위반 의심사항들에 관련된 정보에 대해 조사 및 적절한 조치를 취한다.
    (c) 상기 9항·10항에 언급된 예외요청을 고려·결정한다.
    (d) 상기 8(a ii)항 목적에 부합되는 추가적인 품목과 물자, 장비, 상품 및 기술들을 결정한다.
    (e) 8(d)및 8(e)항에 부과된 조치들에 적용될 추가적인 개인이나 단체들을 지명한다.
    (f) 이 결의의 조치들의 이행을 촉진시키는데 필요한 지침들을 공표한다.
    (g) 최소한 매 90일마다 관찰과 건의 등과 함께 업무를 안전보장이사회에 보고하며 특히 8항 조치들의 효율성을 강화하기 위한 방안들을 보고토록 한다.
13. 6자회담 조기재개를 촉진하고, 긴장악화 행동을 자제하며, 외교적 노력을 강화하려는 모든 당사국들의 노력을 환영하고 고무한다.
14. 북한에 대해 조건 없이 즉각 6자회담에 복귀할 것과 2005년 9월 19일 공동성명의 신속한 이행을 위해 노력할 것을 촉구한다.
15. 북한의 행동들을 지속적으로 평가할 것이며, 북한의 결의규정 준수에 비춰 필요할 경우, 강화, 수정, 중지 또는 조치의 해제 등을 포함한 8항 조치들의 적절성에 대한 평가 준비도 갖춘다.

16. 추가결정들과 추가조치들의 요청 및 필요성을 강조한다.
17. 적극적으로 사안에 전념할 것을 결정한다.

 참고

**안전보장이사회결의 제1874호의 주요내용(2009년 6월 12일)**

1. 북한이 2009년 5월 25일에 행한 핵실험이 관련 안전보장이사회결의, 특히 2006년의 제1718호와 2009년 4월 13일의 의장성명을 부당하게 무시하고 위반한 것으로 가장 강력한 어조로 비난한다.
2. 북한은 더 이상 핵실험을 하거나 탄도미사일 기술을 사용하지 말 것을 요구한다.
3. 북한이 탄도미사일 프로그램과 관련된 모든 활동을 중단하고, 이런 맥락에서 북한은 기존의 미사일 발사 유예조치에 관한 이행을 재확립할 것을 결정한다.
4. 북한이 즉각적으로 관련 안전보장이사회결의, 특히 결의 제1718호에서 규정된 의무를 완전히 따를 것을 요구한다.
5. 북한은 NPT 탈퇴선언을 즉각 철회할 것을 요구한다.
6. 북한이 빠른 시일 내에 NPT와 국제원자력기구의 안전장치에 복귀할 것을 요구한다. 또 안전보장이사회는 NPT 참가국 모두가 그 조약에 의거한 자국의 의무를 계속할 필요성을 강조한다.
7. 모든 회원국들은 결의 제1718호에 따른 그들의 의무 및 제1718호에 의해 수립된 (제재)위원회에 의해 만들어진 지시와 4월 13일 의장성명에 의해 지정된 지시를 시행할 것을 촉구한다.
8. 북한은 모든 핵무기와 기존의 핵 프로그램을 완전하고 검증가능하며 되돌릴 수 없는 방법으로 폐기하고 모든 관련 활동을 즉각 중단해야 하며 NPT하의 당사자들에 적용되는 의무 및 국제원자력기구(IAEA)의 안전조치 합의 조건들을 준엄하게 지키고, IAEA에 의해 요구될 수 있는 개인 및 문서, 장비, 시설에 대한 접근을 포함해 투명성 조치들을 제공해야 한다고 결정한다.
9. 결의 제1718호 제8조 b항의 조치들을 모든 무기들 및 관련 물자는 물론 이런 무기 및 물자의 제공이나 제조, 유지나 사용과 관련된 금융거래, 기술훈련, 자문, 서비스나 지원에도 적용할 것을 결정한다.
10. 결의 제1718호 제8조 a항의 조치들을 모든 무기들 및 관련 물자는 물론 이런 무기 및 물자의 제공이나 제조, 유지나 사용과 관련된 금융거래, 기술훈련, 자문, 서비스나 지원에도 적용할 것을 결정한다. <u>다만, 소형 무기와 경화기, 관련 물자는 예외로 하되 회원국들에게 소형 무기 및 경화기를 북한에 직·간접적으로 제공, 판매, 이전하는 것에 경계를 취할 것을 촉구하고 이에 더해 회원국들은 북한에 소형 무기나 경화기의 판매, 제공, 이전에 앞서 적어도 5일 전에는 위원회에 통보할 것을 결정한다.</u>
11. <u>모든 회원국들은 북한을 오가는 화물이 제1718호 제8조 a, b, c항이나 이번 결의 제9조 및 제10조에 의해 공급, 판매, 이전, 수출이 금지되는 품목을 포함하고 있다고 믿을 만한 합당한 이유가 있다면 이 조항의 엄격한 시행을 위해 자국의 법적 권한 및 국제법에 맞춰 북한을 오가는 모든 화물을 자국의 항구와 공항을 포함한 영토에서 검색할 것을 촉구한다.</u>
12. 모든 회원국들은 공해상에서 선박이 제1718호 제8조 a, b, c항이나 이번 결의 제9조 및 제10조에 의해 공급, 판매, 이전, 수출이 금지되는 품목을 포함하고 있다고 믿을만한 합당한 이유가 있다면 이 조항의 엄격한 시행을 위해 기국(旗國)의 동의를 거쳐 해당 선박을 검색할 것을 촉구한다.
13. 모든 회원국들은 제11조 및 제12조에 따라 검색에 협조할 것을 촉구하고, 만약 기국이 공해상의 선박 검색에 동의하지 않는다면 기국은 선박을 각국의 권한에 의해 필요한 검색을 할 수 있기에 적합하고 편리한 항구로 가도록 지시할 것을 결정한다.

14. 모든 회원국들은 제1718호 제8조 a, b, c항이나 이번 결의 제9조 및 제10조에 의해 공급, 판매, 이전, 수출이 금지되는 품목을 검색해 결의 제1540호(2004년)를 포함한 안전보장이사회결의들과 NPT, 화학무기금지조약, 생물무기금지조약 등에 의해 적용되는 의무와 불일치하지 않는 방법으로 압류 처분할 권한이 부여되고 그렇게 해야 하며 그런 노력에 협력할 것을 결정한다.
15. 어떠한 회원국이라도 이번 결의 제11조, 제12조, 제13조에 따라 검색을 수행하거나 제14조에 따라 화물을 압류, 처분할 때는 검색, 압류, 처분과 관련된 상세한 내용을 포함한 보고서를 즉각 위원회에 제출할 것을 요구한다.
16. 어떠한 회원국도 이번 결의 제12조, 제13조에 따라 기국의 협력을 받아내지 못할 때는 이와 관련된 상세한 내용을 포함한 보고서를 위원회에 즉각 제출할 것을 요구한다.
17. 모든 회원국들은 제1718호 제8조 a, b, c항이나 이번 결의 제9조 및 제10조에 의해 공급, 판매, 이전, 수출이 금지되는 품목을 운송하는 것으로 믿을만한 합당한 이유가 있을 경우 북한 선박에 연료나 물자 및 기타 서비스와 같은 것을 자국인이나 영토 내 시설에서 제공하는 것을 인도주의적 목적을 위해 필요하지 않거나 화물 검색과 압류, 처분이 이뤄질 때까지는 금지할 것을 결정한다. 그리고 이 조항은 합법적 경제활동에 영향을 주려는 의도가 아니라는 점을 강조한다.
18. 회원국들은 제1718호 제8조의 d, e항에 따르는 의무를 실행하는 것에 더해 북한의 핵이나 탄도미사일 또는 기타 대량살상무기 관련 프로그램이나 활동에 기여할 수 있는 금융 서비스를 제공하거나 금융 또는 기타 자산 및 자원이 이전되는 것을 막을 것을 촉구한다. 여기에는 이런 프로그램 및 활동과 관련된 어떠한 금융 및 기타 자산 및 자원을 동결하고 회원국의 권한과 법에 따라 이런 모든 거래를 방지하는 모니터링을 강화하는 것을 포함한다.
19. 모든 회원국과 국제 금융 및 신용기관은 북한 주민에게 직접적으로 도움이 되는 인도주의 및 개발 목적이거나 비핵화를 증진시키는 용도를 제외하고는 북한에 새로운 공여나 금융지원, 양허성 차관을 제공하지 말 것을 촉구한다. 또 회원국은 현재의 금융 활동을 줄이는 쪽으로 경계 강화를 시행할 것을 촉구한다.
20. 모든 회원국들은 금융지원이 북한의 핵관련 또는 탄도미사일 또는 다른 대량살상무기 관련 프로그램이나 활동에 이용될 수 있는 북한과의 교역을 위해 공적인 금융 지원(그런 거래에 연루된 자국민이나 기업에 수출 신용, 보증 또는 보험을 제공하는 것을 포함)을 제공하지 말 것을 촉구한다.
21. 모든 회원국들은 북한 내 외교 공관 활동의 권리를 침해하지 않는 식으로 결의 제1718호의 제8조 a항 iii호와 제8조 d항의 조항들을 따라야 한다는 것을 강조한다.
22. 모든 회원국들은 이 결의 채택 이후 위원회의 요구에 따라 이 결의의 제18조, 제19조, 제20조에 규정된 금융조치뿐 아니라 제9조, 제10조, 그리고 결의 제1718호의 제8조 조항을 효과적으로 이행하기 위해 그들이 취한 확실한 조치들을 채택일로부터 45일 내에 안전보장이사회에 보고할 것을 촉구한다.
23. 결의 제1718호의 제8조 a, b, c항에 규정된 조치들이 국제원자력기구 안전조치협정 (INFCIRC)/254/Rev.9/Part 1a와 INFCIRRev.7/Part 2a에 열거된 항목들에게도 적용된다고 결정한다.
24. 기업과 물품, 개인의 지정을 포함해 결의 제1718호 제8조에 의해 부과된 조치들을 조정하기로 결정하고, 제재위원회는 이 결의 채택으로부터 30일 내에 안전보장이사회에 보고하도록 명령하고, 위원회가 행동하지 않으면 안전보장이사회가 보고 접수일로부터 7일 내에 조치를 조정하기 위한 행동을 완료할 것임을 결정한다.
25. 제재위원회는 2009년 7월 15일까지 안전보장이사회에 제출할 실무 프로그램을 통해 결의 제1718호, 2009년 4월 13일 안전보장이사회 의장성명, 이 결의의 충실한 이행을 촉진할 노력을 강화해야 한다고 결정한다.

26. UN사무총장이 위원회와 협의하에 첫 1년간 위원회의 지시에 따라 다음의 직무를 수행할 7인의 전문가 그룹을 창설할 것을 요청한다.
    (a) 이 결의 제25조에 명기된 기능들과 결의 제1718호에 명기된 위임사항들을 위원회가 이행하는 것을 보조
    (b) 결의 제1718호와 이 결의에서 부과된 조치들의 이행과 관련해 특히 불이행의 경우 국가들과 관련 UN기구들, 다른 관련 당사자들로부터 정보를 수집하고 검토·분석
    (c) 안전보장이사회 또는 위원회 또는 회원국에게 이 결의와 결의 제1718호에서 부과된 조치의 이행을 개선하기 위한 행동들을 권고
    (d) 이 결의 채택 후 90일 내에 안전보장이사회에 잠정 보고를 제출하고 임기 만료 30일 전까지 최종 보고 제출
27. 모든 국가들과 관련 UN기구들, 다른 관련 당사자들에 대해 특히 결의 제1718호와 이 결의에 의해 부과된 조치의 이행에 관해 정보를 제공함으로써 위원회와 전문가 패널에 적극 협조할 것을 권한다.
28. 모든 회원국은 자국민들이, 또는 자국 영토 내에서 북한의 민감한 핵 활동 확산과 핵무기 운반 시스템 개발에 기여할 수 있는 활동을 북한 국민에게 가르치거나 훈련시키는 것을 금지하고 면밀히 관찰할 것을 촉구한다.
29. 북한에 대해 가능한 한 빨리 포괄적핵실험금지조약(CTBT)에 동참할 것을 촉구한다.
30. 평화적 대화를 지지하고, 북한에 대해 조건 없이 6자회담에 즉각 복귀할 것을 촉구하고, 모든 참가국들에게 한반도의 검증 가능한 비핵화와 한반도 및 동북아의 평화와 안정 유지를 달성하기 위해 중국과 북한, 일본, 한국, 러시아, 미국이 2007년 10월 3일 내놓은 합의문과 2005년 9월 19일과 2007년 2월 13일에 발표된 공동성명의 충실한 이행을 위한 노력을 강화할 것을 촉구한다.
31. 이 사태에 대한 평화적이고 외교적, 정치적인 해결방안에 대한 결의를 표명하고, 대화를 통해 평화적이고 광범위한 해결방안을 촉진하고 긴장을 악화시킬 어떤 행동도 자제하는 안전보장이사회 회원국과 다른 회원국들의 노력을 환영한다.
32. 북한의 행위를 지속적 검토할 것임을 확인하며, 결의 제1718호의 제8조와 이 결의의 제8조, 제9조에 포함된 조치의 적절성을 검토할 준비가 돼 있음을 확인하며, 이는 북한이 결의 제1718호를 준수하는 양상에 따라 그 때마다 조치들을 강화, 변경, 정지 또는 해제하는 것을 포함한다.
33. 추가의 조치가 필요해진다면 추가의 결정이 필요할 것임을 강조한다.
34. 이 문제에 대해 적극적으로 임하는 것을 지속키로 결정한다.

**안전보장이사회결의 제2087호(2013년 1월 23일)**

안전보장이사회는, 안전보장이사회결의 제825호(1993), 제1540호(2004), 제1695호(2006), 제1718호(2006), 제1874호(2009), 제1887호(2009)를 포함한 이전 관련 결의들과 2006년 10월 6일 의장성명(S/PRST/2006/41), 2009년 4월 13일 의장성명(S/PRST/2009/7) 및 2012년 4월 16일 의장성명(S/PRST/2012/13)을 상기하며, 관련 안전보장이사회결의에 의해 부과된 제한을 포함하여 국제법에 따라서, 외기권의 탐사와 이용에 대한 모든 국가의 자유를 확인하면서,

1. 탄도미사일 기술을 이용하고 안전보장이사회결의 제1718호(2006)와 제1874호(2009)를 위반한 조선민주주의인민공화국의 2012년 12월 12일 발사를 규탄한다.

2. 조선민주주의인민공화국이 탄도미사일 기술을 이용한 어떠한 추가적인 발사도 진행하지 말 것과, 탄도미사일 관련 모든 활동을 중단으로써 안전보장이사회결의 제1718호(2006)와 제1874호(2009)를 준수하고, 이러한 맥락에서 미사일 발사 모라토리움에 관한 기존의 약속을 재확립할 것을 요구한다.

3. 조선민주주의인민공화국이 완전하고, 검증 가능하며, 불가역적인 방식으로 모든 핵무기와 현존하는 핵프로그램을 폐기하고, 모든 관련 활동을 즉각 중단할 것과, 탄도미사일 기술을 이용한 어떠한 추가적인 발사, 핵실험 또는 어떠한 추가 도발도 하지 말 것을 포함하여, 결의 제1718호(2006)와 제1874호(2009) 상의 의무를 즉각 완전하게 준수할 것을 요구한다.

4. 결의 제1718호(2006)와 제1874호(2009)에 담긴 현 제재조치들을 재확인한다.

5. 결의 제1718호(2006) 8항에 의해 부과되고, 결의 제1874호(2009)에 의해 수정된 조치들을 상기하고, 다음을 결정한다.
    (a) 결의 제1718호(2006) 8항 (d)호상의 조치들이 부속서 Ⅰ과 부속서 Ⅱ상의 개인과 단체에 적용되며, 결의 제1718호(2006) 8항 (e)호상의 조치들이 부속서 Ⅰ상의 개인에 대해 적용된다.
    (b) 결의 제1718호(2006) 8항 (a), (b), (c)호상의 조치들이 INFCIRC/254/Rev.11/Part 1, INFCIRC/254/Rev.8/Part 2 및 S/2012/947상의 품목에 적용된다.

6. 결의 제1874호(2009) 18항을 상기하고, 이러한 맥락에서 회원국들이 자국 국민, 자국 영토 내 개인, 금융기관 및 자국 국내법에 따라 설립된 기타 단체(해외지부 포함)가 조선민주주의인민공화국 내 금융기관과 함께 또는 이를 대신하여 하는 활동, 또는 조선민주주의인민공화국 금융기관의 지점, 대표자, 대리인, 해외 자회사를 포함하여 조선민주주의인민공화국 금융기관을 대신하거나 이의 지시에 따라 행동하는 자들의 활동을 감시하는 것을 포함하여, 강화된 주의를 기울일 것을 촉구한다.

7. 제재위원회로 하여금 어떠한 선박의 기국이 결의 제1874호(2009) 12항에 따른 검색을 승인한 후에 동 선박이 검색을 수용하는 것을 거부하거나, 또는 조선민주주의인민공화국을 기국으로 하는 선박이 결의 제1874호(2009) 12항에 따른 검색을 거부하는 상황에 관한 이행안내서(Implementation Assistance Notice)를 발간할 것을 지시한다.

8. 결의 제1874호(2009) 14항을 상기하고, <u>국가들이 결의 제1718호(2006), 제1874호(2009) 및 금번 결의 규정과 부합하는 물품을 압류하고 처분할 수 있음을 또한 상기하면서(Recall), 국가들이 처분하는 방법은 폐기, 사용불능화, 저장 또는 출발지국 또는 목적지국이 아닌 다른 국가로의 이전을 포함하되 이러한 방법들에 한정되지는 않는다는 것을 명확히 한다.</u>

9. 결의 제1718호(2006)와 제1874호(2009)상의 조치들은 만약 어떤 거래와 관련된 국가가 제재대상으로 지정된 개인 또는 단체가 해당 물품 이전 관련 발원자, 의도된 수령인, 또는 조력자라는 것을 믿을만한 합리적인 근거를 제공하는 정보를 갖고 있는 경우, 어떠한 해당 물품의 이전도 금지하는 것임을 명확히 한다.

10. 결의 제1718호(2006)와 제1874호(2009)의 규정을 이행하기 위해 취한 조치들을 아직 보고하지 않은 회원국은 이를 보고할 것을 촉구하며, 여타 회원국은 결의 제1718호(2006)와 제1874호(2009)의 규정 이행과 관련한 추가적인 정보가 있는 경우 이를 제출할 것을 장려한다.

11. 국제기구들이 조선민주주의인민공화국과 관련된 모든 활동이 결의 제1718호(2006)와 제1874호(2009)상의 규정과 반드시 부합되도록 필요한 조치를 취할 것을 장려하고, 나아가 관련 기구들이 동 결의 조항들과 관련될 수 있는 조선민주주의인민공화국 관련 활동에 대해 제재위원회와 협의할 것을 또한 장려한다.

12. 제재 회피를 위해 대량의 현금(Bulk Cash)을 이용하는 것을 포함하여 결의 제1718호(2006)와 제1874호(2009)상의 조치들에 대한 위반을 개탄하며, 결의 제1718호(2006)와 제1874호(2009)에 의해 금지된 활동들에 기여할 수 있는 어떠한 물품이 조선민주주의인민공화국으로 또는 조선민주주의인민공화국으로부터, 또는 국가들의 영토를 통해 공급, 판매 또는 이전되는 것에 대한 우려와 그리고 이와 관련한 국가들의 적절한 조치의 중요성을 강조한다. 국가들이 제재 대상으로 지정된 개인 또는 단체를 대신하거나 이들의 지시에 따라 활동하는 개인들의 자국 영토로의 입국 또는 경유와 관련하여 주의를 기울이고 제한할 것을 촉구한다. 제재위원회가 신고된 위반사례를 검토하고, 제재 회피 또는 결의 제1718호(2006)와 제1874호(2009) 규정의 위반을 지원한 단체들과 개인들을 제재 대상으로 지정하는 것을 포함하여 적절한 조치를 취할 것을 지시한다.

13. 조선민주주의인민공화국을 포함하여 모든 국가들이 결의 제1718호(2006)와 제1874호(2009)에서 부과한 조치를 사유로 금지된 어떠한 계약 또는 여타 거래와 관련하여, 조선민주주의인민공화국이나 조선민주주의인민공화국 내 개인 또는 단체, 또는 결의 제1718호(2006)와 제1874호(2009)에 따라 지정된 개인 또는 단체, 또는 이들을 통하거나 이들의 이익을 대변하는 개인의 의뢰로 보상청구가 이루어지지 못하도록 필요한 조치를 취하는 것의 중요성을 강조한다.

14. 상황의 평화적·외교적·정치적 해결에 대한 소망을 재확인하고, 대화를 통한 평화적이고 포괄적인 해결을 증진하기 위한 안전보장이사회 이사국들과 여타 국가들의 노력을 환영하며, 긴장을 악화시킬 수 있는 어떠한 행동도 자제할 필요를 강조한다.

15. 6자회담에 대한 지지를 재확인하고, 동 회담의 재개를 촉구하며, 모든 참가국들이 한반도의 검증 가능한 비핵화를 평화적인 방식으로 달성하고 한반도와 동북아의 평화와 안정 유지를 달성하기 위해 중국, 조선민주주의인민공화국, 일본, 대한민국, 러시아, 미국이 발표한 2005년 9월 19일 공동성명을 완전하고 신속히 이행하기 위한 노력을 강화하도록 촉구한다.

16. 모든 UN 회원국들이 결의 제1718호(2006)와 제1874호(2009)에 따른 의무를 완전히 이행할 것을 촉구한다(Call Upon).

17. 모든 회원국들이 외교관계에 관한 비엔나 협약에 따라 조선민주주의인민공화국 내 외교공관들의 활동을 저해하지 않으면서, 제1718호(2006) 8항 (a)호 (iii)목과 8항 (d)호의 규정을 준수하여야 함을 재강조한다.

18. <u>결의 제1718호(2006)와 제1874호(2009)에 의해 부과된 조치들은 조선민주주의인민공화국 주민들에게 부정적인 인도주의적 결과를 의도한 것이 아님을 강조한다.</u>

19. 안전보장이사회가 조선민주주의인민공화국의 행동을 지속적으로 검토할 것이고, 조선민주주의인민공화국의 준수 여부에 비추어 필요에 따라 조치들을 강화·조정·중단 또는 해제할 준비가 되어 있음을 확인하고, 이와 관련하여 조선민주주의인민공화국의 추가 발사 또는 핵실험이 있을 경우 중대한 조치(Significant Action)를 취할 것이라는 결의를 표명한다.

20. 동 사안이 안전보장이사회에 계속 적극 계류됨을 결정한다.

### 안전보장이사회결의 제2094호(2013년 3월 7일)

안전보장이사회는, 안전보장이사회결의 제825호(1993), 제1540호(2004), 제1695호(2006), 제1718호(2006), 제1874호(2009), 제1887호(2009), 제2087호(2013)를 포함한 이전 관련 결의들과 2006년 10월 6일 의장성명(S/PRST/2006/41), 2009년 4월 13일 의장성명(S/PRST/2009/7) 및 2012년 4월 16일 의장성명(S/PRST/2012/13)을 상기하며(Recall), 핵, 화학, 생물 무기 및 그 운반수단의 확산이 국제평화와 안전에 대한 위협을 구성함을 재확인하며(Reaffirm), 조선민주주의인민공화국이 국제사회의 여타 안보 및 인도주의적 우려에 호응하는 것의 중요성을 다시 한 번 강조하며(Underline), 조선민주주의인민공화국이 2013년 2월 12일 (현지시각) 결의 제1718호(2006), 제1874호(2009) 및 제2087호(2013)를 위반하여 행한 핵실험에 대해, 그리고 이러한 핵실험이 핵확산금지조약(NPT)과 범세계적 핵무기 비확산체제를 강화해 나가기 위한 국제사회의 노력에 대한 도전이 되고 있는 데 대해, 그리고 동 핵실험이 역내외의 평화와 안정에 야기하는 위험이라는 데 대해 가장 엄중한 우려를 표명하며(Expressing the gravest concern), 조선민주주의인민공화국이 외교관계와 영사관계에 관한 비엔나협약이 부여하는 특권과 면제를 남용하고 있음을 우려하며(Concerned), 확산 관련 선별적 금융제재에 관한 자금세탁방지기구(FATF)의 신규 권고 7을 환영하고(Welcome), (UN) 회원국들이 확산 관련 선별적 금융제재의 효과적인 이행을 위해 동 기구의 권고 7에 대한 해석안내서(Interpretative Note) 및 관련 지침문서들을 적용할 것을 촉구하며(Urge), 조선민주주의인민공화국의 핵과 탄도미사일 관련 활동이 역내외 긴장을 더욱 고조시켰다는 데 대해 가장 엄중한 우려를 표명하고(Express its gravest concern), 국제평화와 안전에 대한 명백한 위협으로 지속되고 있음을 규정하며(Determine), UN헌장 제7장하에 행동하고(Act), 제41조에 따른 조치들을 취하면서,

1. 조선민주주의인민공화국의 2013년 2월 12일 (현지시각) 핵실험은 관련 안전보장이사회 결의들에 대한 위반이자 명백한 무시로서 이를 가장 강력한 수준으로 규탄한다(Condemn in the strongest terms).
2. 조선민주주의인민공화국이 탄도미사일 기술을 이용한 어떠한 추가적인 발사, 핵실험 또는 다른 어떠한 도발도 진행하지 말 것을 결정한다(Decide).
3. 조선민주주의인민공화국이 NPT 탈퇴선언을 즉각 철회하도록 요구한다(Demand).
4. 조선민주주의인민공화국이 NPT 당사국의 권리와 의무를 유념하면서, 조속한 시일 내 NPT 및 국제원자력기구(IAEA) 안전조치에 복귀하도록 또한 요구하며(Demand), NPT 모든 당사국이 동 조약상 의무를 계속 준수할 필요가 있음을 강조한다(Underline).
5. 우라늄 농축을 포함하여, 조선민주주의인민공화국이 진행 중인 모든 핵 활동을 규탄하고(Condemn), 이러한 모든 활동들이 결의 제1718호(2006), 제1874호(2009) 및 제2087호(2013)에 대한 위반이라는 데 주목하며(Note), 조선민주주의인민공화국이 완전하고, 검증 가능하며, 불가역적인 방식으로 모든 핵무기와 기존 핵 프로그램을 포기하고, 모든 관련 활동을 즉각 중단할 것과, NPT에 의거 당사국들에 적용되는 의무와 IAEA 안전조치협정(IAEA INFCIRC/403)의 규정 및 조건들에 따라 엄격히 행동해야 한다는 결정을 재확인한다(Reaffirm).
6. 조선민주주의인민공화국이 현존하는 모든 여타 대량파괴무기(WMD)와 탄도미사일 프로그램을 완전하고, 검증 가능하며, 불가역적인 방식으로 포기한다는 결정을 재확인한다(Reaffirm).

7. 결의 제1718호(2006) 8항 (c)호에 의해 부과된 조치들이 결의 제1718호(2006) 8항 (a)호 (i)목과 8항 (a)호 (ii)목 그리고 결의 제1874호(2009) 9항과 10항에 의해 금지된 품목에 적용됨을 재확인하며(Reaffirm), 결의 제1718호(2006) 8항 (c)호에 의해 부과된 조치들이 금번 결의 20항과 22항에도 적용됨을 결정하고(Decide), 이러한 조치들이 금지 품목의 조달, 유지 또는 사용을 다른 국가에서 주선하는 것이나, 다른 국가에 대한 공급, 판매 또는 이전, 또는 다른 국가로부터의 수출을 주선하는 경우를 포함하여 중개 또는 여타 매개 서비스에도 적용된다는 데 유의한다(Note).

8. 결의 제1718호(2006) 8항 (d)호의 조치들이 금번 결의 부속서 Ⅰ과 Ⅱ의 개인과 단체, 그리고 이들을 대신하거나 이들의 지시에 따라 행동하는 개인과 단체, 그리고 불법적인 수단을 포함하여 이들이 소유하거나 통제하는 단체에도 적용됨을 또한 결정한다 (Decide). 결의 제1718호(2006) 8항 (d)호의 조치들이 기지정된 개인과 단체를 대신하거나 이들의 지시에 따라 행동하는 모든 개인과 단체 그리고 불법적인 수단을 포함하여 이들이 소유하거나 통제하는 단체에도 적용됨을 또한 결정한다(Decide).

9. 결의 제1718호(2006) 8항 (e)호의 조치들이 금번 결의 부속서 Ⅰ의 개인에게도 적용 되며, 이들을 대신하거나 또는 이들의 지시에 따라 행동하는 개인에 대해서도 적용됨을 결정한다(Decide).

10. 결의 제1718호(2006) 8항 (e)호의 조치들과 결의 제1718호(2006) 10항에 규정된 예외들이 기지정된 개인이나 단체를 대신하거나 이들의 지시에 따라 행동하는 개인, 그리고 제재의 회피 또는 결의 제1718호(2006), 제1874호(2009), 제2087호(2013) 및 금번 결의의 조항들의 위반을 지원하는 것으로 국가가 결정하는 개인에게도 적용됨을 결정한다(Decide). 이러한 개인이 조선민주주의인민공화국 국민일 경우, 국가들은 동 조항이 UN 업무 수행을 위한 조선민주주의인민공화국 정부 대표들의 UN본부로의 이동을 저해하지 않는다는 전제하에, 동 개인의 출석이 사법절차의 진행을 위해 요청되거나 오직 의료, 안전 또는 기타 인도주의적 목적을 위한 경우를 제외하고는, 동 개인을 적용 가능한 국내법과 국제법에 따라 조선민주주의인민공화국으로의 송환을 목적으로 자국 영토에서 추방할 것을 결정한다(Decide).

11. 회원국들이 결의 제1718호(2006) 8항 (d)호와 8항 (e)호에 따른 의무 이행에 추가하여, 조선민주주의인민공화국의 핵 또는 탄도미사일 프로그램, 또는 결의 제1718호 (2006), 제1874호(2009), 제2087호(2013) 및 금번 결의상 금지된 여타 활동, 또는 결의 제1718호(2006), 제1874호(2009), 제2087호(2013) 및 금번 결의에 의해 부과된 조치들을 회피하는 데 기여할 수 있는 금융 서비스 또는 자국 영토에 대해, 자국 영토를 통해 또는 자국 영토로부터 이루어지거나, 자국 국민, 자국법에 따라 조직된 단체 (해외지부 포함), 자국 영토 내 개인 또는 금융기관에 대해 또는 이들에 의해 이루어지는 대량현금(Bulk Cash)을 포함한 어떠한 금융·여타 자산 또는 재원의 제공을 방지할 것을 결정한다(Decide). 여기에는 회원국 권한과 법령에 따라, 상기 프로그램 및 활동과 연관된 자국의 영토 내 있거나, 장래 자국의 영토 내로 들어오거나, 자국 관할권 내에 있거나, 장래 관할권 내로 들어오는 어떠한 금융·여타 자산 또는 재원들도 동결하고, 모든 여사한 거래들을 방지하기 위해 강화된 모니터링을 적용하는 것이 포함된다.

12. 국가들이 해당 활동들이 조선민주주의인민공화국의 핵 또는 탄도미사일 프로그램, 또는 결의 제1718호(2006), 제1874호(2009), 제2087호(2013) 및 금번 결의상 금지된 여타 활동, 또는 결의 제1718호(2006), 제1874호(2009), 제2087호(2013) 및 금번 결의에 의해 부과된 조치들을 회피하는 데 기여할 수 있다고 믿을 만한 합리적 근거를 제공할 정보가 있는 경우, 금융 서비스의 제공을 방지하기 위해, <u>조선민주주의인민공화국 은행들이 자국 영토에 신규 지점, 자회사 또는 대표 사무소를 개소하지 못하도록 적절한 조치를 취할 것을 촉구하고(Call upon), 조선민주주의인민공화국 은행들이 자국 관할권 내 은행과 신규 합작투자를 설립하거나, 자국 관할권 내 은행의 지분을 매수하거나, 자국 관할권 내 은행과 환거래 관계를 설립하거나 유지하는 것을 금지할 것을 또한 촉구한다(Call upon).</u>

13. 국가들이 해당 금융 서비스가 조선민주주의인민공화국의 핵 또는 탄도미사일 프로그램, 또는 결의 제1718호(2006), 제1874호(2009), 제2087호(2013) 및 금번 결의상 금지된 여타 활동에 기여할 수 있다고 믿을 만한 합리적 근거를 제공할 정보가 있는 경우, 자국 영토 또는 자국 관할권 내에 있는 금융기관들이 조선민주주의인민공화국 내 대표사무소나 자회사, 또는 은행계좌를 개설하는 것을 금지하기 위해 적절한 조치를 취할 것을 촉구한다(Call upon).

14. 조선민주주의인민공화국에 대한 대량현금의 이전이 결의 제1718호(2006), 제1874호(2009), 제2087호(2013) 및 금번 결의에 의해 부과된 조치들을 회피하는 데 사용될 수 있다는 데 우려를 표명하며(Express concern), 모든 국가들이 대량현금의 이전이 조선민주주의인민공화국의 핵 또는 탄도미사일 프로그램, 또는 결의 제1718호(2006), 제1874호(2009), 제2087호(2013) 및 금번 결의상 금지된 여타 활동, 또는 결의 제1718호(2006), 제1874호(2009), 제2087호(2013) 및 금번 결의에 의해 부과된 조치들을 회피하는 데 기여하지 않도록 금번 결의 11항의 조치들을 현금 수송자(Cash Courier)에 의한 이전을 포함한 조선민주주의인민공화국발 및 조선민주주의인민공화국행 현금 이전에도 적용해야 함을 명확히 한다(Clarify).

15. 모든 회원국들이 조선민주주의인민공화국의 핵 또는 탄도미사일 프로그램, 또는 결의 제1718호(2006), 제1874호(2009), 제2087호(2013) 또는 금번 결의상 금지된 여타 활동, 또는 결의 제1718호(2006), 제1874호(2009), 제2087호(2013) 및 금번 결의에 의해 부과된 조치들을 회피하는 데 기여할 수 있는 조선민주주의인민공화국과의 무역에 대한 공적 금융 지원(이러한 무역과 연관된 자국 국민 또는 단체에 대한 수출신용, 보증 또는 보험 제공을 포함)을 제공하지 말 것을 결정한다(Decide).

16. 모든 국가들이 자국 영토 내에 있거나 자국 영토를 경유하는 모든 조선민주주의인민공화국발 또는 조선민주주의인민공화국행 모든 화물, 또는 조선민주주의인민공화국이나 조선민주주의인민공화국 국민, 또는 조선민주주의인민공화국을 대신하여 활동하는 개인 또는 단체가 중개하였거나 이전을 촉진한 모든 화물에 대하여, 해당 화물이 결의 제1718호(2006), 제1874호(2009), 제2087호(2013) 또는 금번 결의에 따라 공급, 판매, 이전 또는 수출이 금지된 품목을 포함하고 있다고 믿을 만한 합리적 근거를 제공하는 신뢰할 만한 정보를 갖고 있을 경우, 상기 조항들의 엄격한 이행을 위해 동 화물을 검색할 것을 결정한다(Decide).

17. 어떠한 선박이 그 선박의 기국에 의해 검색 승인이 이루어진 후에 검색을 수용하는 것을 거부하거나, 조선민주주의인민공화국 국적 선박이 결의 제1874호(2009) 12항에 따른 검색을 거부할 경우, 동 선박의 입항이 검색을 위해 필요하거나, 비상시이거나, 출발지 항구로 회항하는 경우를 제외하고는 모든 국가들이 동 선박에 대해 자국 항구로의 입항을 거부할 것을 결정한다(Decide). 선박에 의해 검색을 거부당한 국가들은 동 사건을 위원회에 신속히 보고할 것을 또한 결정한다(Decide).

18. 국가들이 어떠한 항공기가 결의 제1718호(2006), 제1874호(2009), 제2087호(2013) 또는 금번 결의상 공급, 판매, 이전 또는 수출이 금지된 품목을 적재하고 있다고 믿을 만한 합리적 근거를 제공하는 정보를 갖고 있을 경우, 비상 착륙의 경우를 제외하고는 동 항공기의 자국 영토 내 이착륙 및 영공 통과를 불허할 것을 촉구한다(Call upon).

19. 모든 국가들이 항공기와 선박의 개명 또는 재등록을 포함하여 제재를 회피하거나 결의 제1718호(2006), 제1874호(2009), 제2087호(2013) 또는 금번 결의 조항들을 위반하기 위해 다른 회사로 이전된 조선민주주의인민공화국 항공기 또는 선박과 관련된 어떠한 가용 정보도 위원회에 보고할 것을 요청하고(Request), 위원회가 동 정보를 널리 이용 가능하도록 할 것을 요청한다(Request).

20. 결의 제1718호(2006) 8항 (a)호 및 8항 (b)호에 의해 부과된 조치들이 금번 결의 부속서 Ⅲ의 품목, 물질, 장비, 물자 및 기술에도 적용됨을 결정한다(Decide).

21. 위원회가 금번 결의가 채택된 시점으로부터 12개월 이내에, 그리고 그 이후로는 연례적으로, 결의 제2087(2013) 5항 (b)호에 지정된 목록들에 포함된 품목들을 검토하고 갱신할 것을 지시한다(Direct). 만일 위원회가 그때까지 동 정보를 갱신하는 작업을 수행하지 않으면, 안전보장이사회가 30일의 추가 기간 내에 동 작업을 완료하도록 결정한다(Decide).

22. 모든 국가들이 조선민주주의인민공화국의 핵 또는 탄도미사일 프로그램, 또는 결의 제1718호(2006), 제1874호(2009), 제2087호(2013) 및 금번 결의상 금지된 여타 활동, 또는 결의 제1718호(2006), 제1874호(2009), 제2087호(2013) 및 금번 결의에 의해 부과된 조치들을 회피하는 데 기여할 수 있는 것으로 국가가 결정하는 어떠한 품목에 대하여 그 원산지와 관계없이 자국 영토를 통하여 또는 자국인에 의하여, 또는 자국 국적 선박이나 항공기를 사용하여 조선민주주의인민공화국이나 조선민주주의인민공화국 국민으로, 또는 조선민주주의인민공화국이나 조선민주주의인민공화국 국민으로부터 직간접적으로 공급, 판매 또는 이전되는 것을 방지할 것을 촉구하고 허용한다(Call upon and Allow). 위원회가 동 조항의 적절한 이행에 관한 이행안내서(Implementation Assistance Note)를 발간할 것을 지시한다(Direct).

23. 결의 제1718호(2006) 8항 (a)호 (iii)목에 의해 부과된 사치품 관련 조치들을 재확인하고(reaffirm), '사치품'이라는 용어가 금번 결의 부속서 IV에 명시된 품목들을 포함하되 이러한 품목들에 한정되지는 않음을 명확히 한다(Clarify).

24. 국가들이 조선민주주의인민공화국 외교 사절단원이 조선민주주의인민공화국의 핵 또는 탄도미사일 프로그램, 또는 결의 제1718호(2006), 제1874호(2009), 제2087호(2013) 및 금번 결의상 금지된 여타 활동, 또는 결의 제1718호(2006), 제1874호(2009), 제2087호(2013) 및 금번 결의에 의해 부과된 조치들을 회피하는 데 기여하지 않도록 이들 개인들에 대해 강화된 주의를 기울일 것을 촉구한다(Call upon).

25. 모든 국가들이 금번 결의가 채택된 시점으로부터 90일 이내에, 그리고 그 이후에는 위원회의 요청이 있는 경우, 금번 결의의 조치들을 효과적으로 이행하기 위해 취한 구체적 조치들에 대해 안전보장이사회에 보고하도록 촉구하고(Call upon), 결의 제1874호(2009)에 의하여 설치된 전문가 패널이 다른 UN제재 감시 그룹들과 협력하여 국가들이 이러한 보고서를 적시에 준비하고 제출할 수 있도록 지원하는 노력을 지속해 줄 것을 요청한다(Request).

26. 모든 국가들이 결의 제1718호(2006), 제1874호(2009), 제2087호(2013) 및 금번 결의에 의해 부과된 조치들에 대한 불이행 사례와 관련된 정보를 제공해 줄 것을 촉구한다(Call upon).

27. 위원회가 결의 제1718호(2006), 제1874호(2009), 제2087호(2013) 및 금번 결의에서 결정된 조치들에 대한 위반에 효과적으로 대응할 것과, 결의 제1718호(2006), 제1874호(2009), 제2087호(2013) 및 금번 결의에 의해 부과된 조치들의 대상이 될 개인과 단체를 추가 지정할 것을 지시한다(Direct). 위원회가 조선민주주의인민공화국의 핵 또는 탄도미사일 프로그램, 또는 결의 제1718호(2006), 제1874호(2009), 제2087호(2013) 및 금번 결의상 금지된 여타 활동, 또는 결의 제1718호(2006), 제1874호(2009), 제2087호(2013) 및 금번 결의에 의해 부과된 조치들을 회피하는 데 기여한 어떠한 개인[결의 제1718호(2006) 8항 (d)호와 8항 (e)호의 조치를 위해]과 단체[결의 제1718호(2006) 8항 (d)호의 조치 적용을 위해]도 제재 대상으로 지정할 수 있음을 결정한다(Decide).

28. 결의 제1718호(2006) 12항에 명시된 위원회의 임무가 결의 제1874호(2009)와 금번 결의에 의해 부과된 조치에 관해서도 적용됨을 결정한다(Decide).

29. 결의 제1874호(2009) 26항에 제시된 작업을 수행할 목적으로 동 조항에 의하여 위원회의 감독하에 전문가 패널이 설치된 점을 상기하며(Recall), 결의 제2050호(2012)에 따라 갱신된 바 있는 전문가 패널의 임무를 2014년 4월 7일까지 연장하기로 결정하고(Decide), 동 패널의 임무가 금번 결의에 의해 부과된 조치들에 대하여 적용됨을 또한 결정한다(Decide). 금번 결의가 채택된 시점으로부터 12개월 이내에 패널의 임무를 검토하고, 임무의 추가 연장과 관련하여 적절한 조치를 취할 것이라는 의도를 표명하고(Express its intent), 이를 위하여 사무총장에게 최대 8명의 전문가 그룹을 구성하고 필요한 행정적 조치를 취해 줄 것을 요청하며(Request), 위원회가 패널과의 협의를 통해 패널의 보고 일정을 조정할 것을 요청한다(Request).

30. 조선민주주의인민공화국을 포함하여 모든 국가들이 금번 결의와 기존 결의들이 부과한 조치를 사유로 금지된 어떠한 계약 또는 여타 거래와 관련하여, 조선민주주의인민공화국이나 조선민주주의인민공화국 내 어떠한 개인 또는 단체, 또는 결의 제1718호(2006), 제1874호(2009), 제2087호(2013) 및 금번 결의에서 부과된 조치를 위해 지정된 개인 또는 단체, 또는 이들을 통하거나 이들의 이익을 대변하는 개인의 의뢰로 보상 청구(Claim)가 이루어지지 못하도록 필요한 조치를 취하는 것의 중요성을 강조한다(Emphasize).

31. 결의 제1718호(2006), 제1874호(2009), 제2087호(2013) 및 금번 결의에 의해 부과된 조치들이 조선민주주의인민공화국 주민들에게 부정적인 인도주의적 결과를 의도한 것이 아님을 강조한다(Underline).

32. 모든 회원국들이 외교관계에 관한 비엔나협약에 따라 조선민주주의인민공화국 내 외교공관들의 활동을 저해하지 않으면서, 제1718호 8항 (a)호 (iii)목과 8항 (d)호의 조항들을 준수하여야 함을 강조한다(Emphasize).

33. 상황의 평화적, 외교적, 정치적 해결에 대한 의지를 표명하고(Express), 대화를 통한 평화적이고 포괄적인 해결을 증진하고 긴장을 악화시킬 수 있는 어떠한 행동도 자제하기 위한 안전보장이사회 이사국들과 여타 국가들의 노력을 환영한다(Welcome).

34. 6자회담에 대한 지지를 재확인하고(Reaffirm), 동 회담의 재개를 촉구하며(Call for), 모든 참가국들이 한반도의 검증 가능한 비핵화를 평화적인 방식으로 달성하고 한반도와 동북아의 평화와 안정 유지를 달성하기 위해 중국, 조선민주주의인민공화국, 일본, 대한민국, 러시아, 미국이 발표한 2005년 9월 19일 공동성명을 완전하고 신속히 이행하기 위한 노력을 강화하도록 촉구한다(Urge).

35. 조선민주주의인민공화국의 행동을 지속적으로 검토할 것이고, 조선민주주의인민공화국의 준수 여부에 비추어 필요에 따라 조치들을 강화·조정·중단 또는 해제할 준비가 되어 있음을 확인하고(Affirm), 이와 관련하여 조선민주주의인민공화국의 추가 발사 또는 핵실험이 있을 경우 추가적인 중대한 조치들(Further significant measures)을 취할 것이라는 결의를 표명한다(Express its determination).

36. 동 사안이 안전보장이사회에 계속 계류됨을 결정한다(Decide).

**2·29합의(미국 발표문)**

미국 대표단은 제3차 미북대화를 마치고 베이징으로부터 귀국하였다. 북한은 대화 분위기를 개선하고 비핵화에 대한 의지를 보이기 위해 장거리 미사일 발사, 핵실험 및 우라늄 농축 활동을 포함한 영변에서의 핵활동에 대한 모라토리엄 이행에 동의하였다. 북한은 또한 영변 우라늄 농축 활동에 대한 모라토리엄을 검증·감시하고, 5MW 원자로 및 관련 시설의 불능화를 확인하기 위한 IAEA 사찰단의 복귀에도 동의하였다. 미국은 여러 분야에 걸쳐 북한의 행동에 대해 아직 깊은 우려를 가지고 있다. 그러나 금일 발표는 상기 우려 중 일부를 다루는데 있어 제한적이나마 중요한 진전을 반영한다. 우리는 영양지원 24만톤과 함께 이러한 지원 전달시 요구되는 철저한 감시 문제를 진전시키기 위해 필요한 행정적인 세부사항을 확정하기 위해 북한과 협의를 갖기로 하였다.

아래 사항들은 2월 23일~2월 24일간 베이징협의에서 나온 것이다.

첫째, 미국은 대북 적대의사를 보유하고 있지 않고, 상호 주권 존중과 평등의 정신에 입각하여 양자 관계를 개선할 조치를 취할 준비가 되어있다는 것을 재확인한다.

둘째, 미국은 9·19공동성명 준수 의지를 재확인한다.

셋째, 미국은 1953년 정전협정을 한반도 평화·안정의 기초로서 인정한다.

넷째, 미·북 양측의 영양지원팀은 가까운 장래에 만나, 행정적인 세부사항을 확정할 것이다. 지원대상을 특정하고 있는 미국의 프로그램은 최초 24만 톤의 영양지원으로 구성되고, 지속적인 필요에 기초하여 추가 지원가능성을 열어놓고 있다.

다섯째, 미국은 문화·교육·스포츠 분야 등에서 인적 교류를 증대시키기 위한 조치를 취할 준비가 되어있다.

여섯째, 미국의 대북제재조치는 북한 주민의 일상생활에 대한 제재를 목표로 하는 것이 아니다.

## 제2절 | 동북아 다자안보

### 1 현황

#### 1. 아세안지역포럼(ASEAN Regional Forum: ARF)

**(1) 의의**

ARF는 아세안의 주도적 역할에 의해 1994년 7월에 창설되었다. 이는 1974년 베트남 통일 이후 급격히 증가한 동남아지역의 불안정성을 관리하기 위한 노력이 결실을 맺은 것이다. ARF는 정치 및 안보 문제에 있어서 공동의 이익과 관심사에 관한 건설적인 대화와 협력을 추구하는 한편, 아태지역에서의 신뢰구축과 예방외교를 위한 다양한 노력에 의미 있는 기여를 하기 위한 것이다. ARF는 동아시아지역 최초의 정부레벨(TrackⅠ)의 다자안보대화체로서 협력안보를 지향한다. 가입국은 ASEAN 10개국, 한국, 중국, 일본, 몽골, 북한, 미국, 캐나다, 호주, 뉴질랜드, 러시아, 인도, 유럽연합, 파푸아뉴기니, 파키스탄, 스리랑카, 동티모르 총 27개국이다. EU는 국가는 아니지만 회원국이다. 한국, 중국, 일본, 미국, 러시아는 창설멤버이나 북한은 2000년에 가입하였다.

**(2) 특징**

① **Two - Track방식**: ARF는 연 1회 개최되는 각료회의에 한정되어 있는 것이 아니라 다양한 연계망을 가지고 있으며, 그 기능적 연계구조들이 상호작용을 하면서 ARF의 활동에 직접 또는 간접적으로 기여하고 있다. ARF는 제1트랙(정부 차원)과 제2트랙(민간 차원)으로 분리되어 보완적으로 운영된다. 제1트랙은 ARF 각료회의, ARF 고위관료회의 및 회기 간 회의 등으로 구성되어 있다. 제2트랙은 정부레벨의 공식회의가 가지는 결함과 민감성을 보완하기 위해 마련된 비공식적 민간포럼으로서 CSCAP, ASEAN - ISIS, 아태지역 두뇌집단들(Think Tanks)이 있다.

② **ASEAN 주도**: ARF에는 아태지역의 27개 국가가 참여하고 있으나, 아세안의 이니셔티브에 의해 창설되었기 때문에 아세안의 경험과 양식이 투영되고 있으며, 아세안에 의해 주도되고 있다. 아세안은 동남아지역의 신뢰구축과정에서 축적한 자신의 성공적 경험들을 보다 광역의 아태지역에 확대 적용해 가고 있다. 정책 결정에서의 합의제, 점진적 접근법 등이 아세안방식의 특징이다.

③ **포괄적 협력안보레짐**: ARF는 솔리덤(E. D. Solidum)의 지적처럼 '정치, 안보 문제에 관한 건설적 대화와 협의의 습관을 조성하기 위한 고위협의포럼(High - level Consultative Forum)'의 성격을 가지고 있다. 즉, ARF는 집단안보가 아니라 협력안보를 지향하여 지역안보대화를 통해 관련당사국 모두가 자신의 견해를 밝힐 수 있는 기회를 제공하고 군사적 대결과 전쟁을 방지하기 위해서 대화의 습관을 가지도록 하는 것이다. 또한, ARF는 포괄적 안보 개념에 입각하여 안보협력을 논의하고 있으며, 지역안정과 평화에 대한 비군사적 조치의 의의를 인식하고, 만남과 대화 자체가 신뢰구축에 기여함을 중시하고 있다.

(3) 평가

① ARF의 가장 큰 의의는 아태지역 최초의 공식적인 다자안보대화체로서 동남아시아를 위한 평화, 안정 및 협력의 새로운 장을 열었다는 것이다. 문제해결에는 시간이 걸리겠지만, 논의과정이 시작되었다는 것이 큰 의미가 있다.

② ARF는 예방외교의 수단이 되고 있다. <u>ARF는 신뢰구축, 예방외교, 문제해결이라는 3단계의 점진적 발전방안을 제시해 주고 있다.</u> 참여자의 '건설적 개입(Constructive Engagement)'이 이해와 신뢰, 커뮤니케이션과 안정을 촉진시킴으로써 지역안보에 기여하게 된다.

③ ARF의 가장 큰 실질적 성과는 동남아지역의 최대 불안정요인이 될 수 있는 중국을 안보대화의 광장으로 끌어들인 것이다. 중국은 최근 양자접근 선호에서 다자접근 중시로 정책이 변화되었다. 이는 전략환경의 변화와 중국의 부상에 따른 국제사회의 책임 있는 강대국으로서의 역할을 전제로 한 진정한 변화의 과정으로 볼 수 있다. 중국이 다자안보체제에 참여함으로써 외교행태에 영향을 준 것으로 해석할 수 있다.

## 2. 아시아태평양협력이사회(Council for Security Cooperation in the Asia-Pacific: CSCAP)

CSCAP는 1993년 6월 아태지역 10개국의 정부와 연계된 연구소를 이끌고 있는 두뇌집단들을 중심으로 창설되었다. <u>아태지역 국가 민간 안보문제연구소 간 비정부 차원(Track Ⅱ) 협력기구로서 안보문제에 대한 연구와 정책건의를 통해 정부 차원(Track Ⅰ)의 안보협의를 촉진하고 지원하는 기능을 한다.</u> CSCAP 조직의 최상부에는 총회(General Meeting)가 있고, 하부 조직으로 운영위원회(Steering Committee)가 있다. 운영위원회 아래에는 6개의 연구팀(Study Groups)이 있는데 WMD 확산 방지, 동북아 다자협력, 해양 안보협력, 평화 유지 및 구축, 마약 밀매, 반테러문제 등을 연구하고, 연구 결과는 ARF에 보고된다. 총회는 부정기적으로 개최되는데, 매년 6월과 12월 정기적으로 개최되는 운영위원회가 실질적으로 조직을 이끌고 있다. ARF와 마찬가지로 공동의장은 ASEAN 및 비ASEAN 회원국에서 각각 1명씩이 선출된다. 사무국 역할은 말레이시아 전략 및 국제문제연구소(ISIS)가 대신 수행하고 있다. 아시아·태평양 원탁회의(Asia Pacific Roundtable: APR)에 의해 창설된 CSCAP <u>회원국은 한국, 북한, 미국, 일본, 중국, 러시아, 호주, 캐나다, 인도네시아, 말레이시아, 필리핀, 싱가포르, 태국, 베트남, 몽골, 뉴질랜드, 인도, 파푸아뉴기니, 캄보디아, 브루나이 및 유럽연합 등 21개국이다.</u>

## 3. 동북아 다자안보대화(Northeast Asia Security Dialogue: NEASED)

<u>동북아 다자안보대화는 한국이 1993년 5월 제26차 태평양경제협의회 및 1995년 5월 제1차 ARF-SOM(Senior Official Meeting)에서 제의하였으나, 아직까지 구체화되지 못하였다.</u>

## 4. 동북아협력대화(NEACD)

미국 캘리포니아주립대학(UCSD) 산하 세계분쟁협력연구소(Institute on Global Conflict and Cooperation)가 주관하여 남북한 및 미국·일본·중국·러시아 등 6개국의 외교, 국방 관리 및 학계 인사들을 개인 자격으로 초청, 개최하는 Track 1.5 안보대화로서, 한반도 및 동북아지역의 안보·군사환경에 대한 동북아지역 국가 간 대화를 통한 상호이해, 신뢰구축 및 협력증진이 목적이다. 1993년 5월 미 국무성 동아태 담당 차관보 윈스턴 로드(Winston Lord)의 제의로 1993년 10월 제1차 회의를 개최하였으며, 이후 매년 북한을 제외한 5개국을 순회하면서 현재까지 20차례 개최하였다. 회의는 2일간 개최되며, 1일차는 Track 1.5로 동북아 정세에 대한 참가국 정부 대표들의 발표 및 질의응답을, 2일차는 Track 1.5 또는 Track 2로 동북아 정세 관련 특정 주제를 다루는 Workshop으로 진행한다.

## 5. 샹그릴라대화

정식 명칭은 아시아 안보회의(Asian Security Summit)이며, 매년 싱가포르 샹그릴라 호텔에서 개최되기에 '샹그릴라대화'라는 별칭이 붙었다. 아태지역에 국방·군사 분야 최고위급 협의체를 설립하고자 하는 영국 국제전략문제연구소(International Institute for Strategic Studies: IISS)의 구상과, 지역 다자안보협력을 주도하려는 싱가포르 국방부의 전략이 결합되어 2002년 싱가포르에서 출범하였다. 아태 및 유럽 지역 30여 개국의 국방장관, 고위관료, 안보전문가 등이 참가하여 국방정책·안보현안에 대해 의견을 교환한다. 아태지역 최고 권위의 국방장관급 다자간 안보협의체로서 정부인사와 민간인사가 같이 참여하는 Track 1.5에 해당한다.

## 2 동북아 다자안보(NEASED)에 대한 주요국 입장

### 1. 미국 - 원칙적 지지, 실현에는 미온적

미국은 탈냉전기 아태지역에 대한 전략방향을 참여와 확대(Engagement and Enlargement)로 설정하고 동아시아지역에 대한 개입을 강화하였다. 그 수단으로서 다자안보협력을 상정하였으나, 실현에는 적극적 입장을 보이지 않았다. 현재 미국의 기본입장은 기존 양자동맹관계를 강화하는 가운데 다자안보대화를 추진하되, 그 수준과 파급효과를 상징적 차원에 국한하거나 선택적 협력을 도모하는 것이다. 테러와의 전쟁, 대량파괴무기 확산 저지 등의 문제가 선택적 협력의 대상이다. 특히, 미국은 중국이 다자안보협력을 적극적으로 추진하는 점에 대해 부정적인 입장인 바, 이는 다자안보협력이 중국의 지위와 영향력의 제도화를 위한 장치로 작용할 가능성을 우려하기 때문이다.

## 2. 중국 - 유보적 입장에서 적극적 지지 및 선도 입장으로 선회

1990년대 중반까지 중국은 다자안보에 유보적 입장이었다. 중국은 다자안보협의체 창설을 중국에 대한 포위전략(Encirclement)으로 인식하였고, 중국의 이해관계가 걸려 있는 문제도 국제화되기 보다는 당사자 사이의 협의에 의해 해결되는 것이 바람직하다고 보았다. 그러나 중국은 1990년대 중반부터 다자안보협력에 적극성을 띠면서 주도하기 시작하였다. 중국은 ① 중국이 배제된 상태에서 중국과 관련된 문제가 논의되는 것을 예방하고, ② 중국의 지속적인 성장과 발전에 필요한 우호적 외부환경을 조성하며, ③ 미국중심의 지역구도와 일본의 부상에 대한 견제필요성 등으로 인해 다자안보에 적극성을 띠고 있다.

## 3. 일본 - 적극적 지지에서 양자동맹중심으로 전환

탈냉전 초기 일본은 미일동맹관계를 강화함과 동시에 다자안보에 적극성을 띠었다. 탈냉전기 동북아의 다양한 안보불안을 관리하는 한편, 일본의 군사대국화나 보통국가화에 대한 아시아 국가들의 우려를 해소하고, 정치적 영향력을 제고시키고자 하였기 때문이다. 그러나 9 · 11테러 이후 일본은 다자안보대화에 대한 적극적 입장을 유보한 채, 미일 양자동맹 강화방향으로 급격히 선회하였다. 일본이 다자안보의 효용성을 부인하는 것은 아니나, 전면적 다자안보협력의 실현가능성이 불확실하고 미국중심의 세계 및 지역 질서가 상당기간 지속될 것이라는 판단하에 다자안보 보다는 미국과의 동맹관계 강화를 통해 자국 입지와 위상 강화를 추구하고 있다.

## 4. 러시아 - 일관된 지지

러시아는 탈냉전기 동아시아지역에서의 안보 확보와 자국의 영향력 확대를 위해 다자안보협력체 창설을 지속적으로 제의하였으나, 별다른 호응을 얻지는 못하였다. 현 러시아 대통령 푸틴도 경제이익 우선 추구라는 정책과 병행하여 국제질서의 다극화를 통한 영향력 확대 차원에서 다자안보협력을 강조하고 적극적인 지역으로의 접근을 추진하고 있다.

## 5. 북한 - 지속적 거부

북한은 국제적 고립 탈피 차원에서 다자협의에 최소한의 참여를 유지해 오고 있으나, 다자안보협력에 대해서는 매우 부정적 입장을 견지해 오고 있다. 북한은 기본적으로 양자관계, 특히 미국과의 관계 개선을 우선적 목표로 하고 있다. 제4차 6자회담에서 다자협력에 합의하였으나, 근본적으로 양자관계의 정상화를 다자협력의 전제로 하는 기존 입장에는 변화가 없는 것으로 평가된다.

## 3 한국의 입장

한국은 1990년대 초반부터 동북아 다자안보대화 및 협력을 지속적으로 추진해 오고 있다. 1988년 10월 노태우 대통령이 UN총회 연설을 통해 다자안보를 제안하였고, 1994년에는 ARF - PMC에서 동북아안보대화(NEASED)를 제안하였다.

# 제2장 동아시아 정치경제 이슈

 **출제 포커스 및 학습방향**

동아시아지역에서도 매우 활발하게 전개되고 있는 지역주의의 문제와 지역주의의 형성을 위한 전제로 인식되고 있는 문화공동체에 대해 서술하고 있다. 동아시아 지역주의와 관련된 다양한 협의체나 제도들을 하나하나 정리하는 것이 중요하다. 최근 협상 중인 한중일 FTA나 타결되어 발효된 RCEP에 대해서도 출제될 수 있다.

## 제1절 동아시아 공동체

### 1 논의배경

#### 1. 역내 상호의존 강화

공동체는 경제적·안보적·문화적 성격을 함께 가진다. 따라서 우선 공동체가 형성되기 위해서는 다차원적 상호의존이 강화되어야 한다. 역내 국가들 간 경제통합 정도를 측정하는 지표로 사용되는 역내 교역비중을 보면, 동아시아 역내 교역비중은 1990년 이래 아시아 금융 위기 시기인 1997~1998년을 제외하고는 지속적으로 증가하고 있다. 또한, 동아시아지역에 대한 전세계의 직접투자 중 동아시아 국가들에 의해 이루어진 역내 투자의 비중은 약 53.6%에 이르고 있다. 동아시아 직접투자에 있어서 역내 투자비중이 높아진 것은 높은 성장잠재력으로 인한 동아시아 내수시장 증대가능성 및 우회 수출 증가가능성을 감안하여 홍콩, 대만, 싱가포르, 일본으로부터 대 ASEAN 및 중국 투자가 증가한 것에서 기인한 것이다.

#### 2. 1997년 아시아 경제 위기

오랫동안 세계적인 지역주의의 흐름 속에서 침묵을 지켜왔던 동아시아에서 지역주의의 논의가 활성화된 것은 1997년 경제 위기 이후이다. 경제 위기와 동아시아 공동체 논의와의 관계는 몇 가지로 정리할 수 있다.

(1) 동아시아 경제 위기를 극복하는 과정에서 일부 동아시아 국가들은 기존의 중상주의적이고, 국가주의적인 경제정책을 포기하고 영미식 경제관리모델을 실험하기 시작하였다. 이는 대외적으로 경제장벽을 완화함으로써 역내 상호의존을 증가시켰다.

(2) 금융 위기 재발을 방지하기 위한 지역제도의 필요성에 대한 인식을 공유하게 되었다. 경제 위기는 동아시아 국가들이 과도하게 국제금융기구에 의존하고 있다는 사실을 자각하도록 하였고, IMF나 미국과 같은 국제금융의 실세들에 대항하기 위해서는 자신들의 힘을 모을 필요가 있다는 점을 인식하게 되었다.

(3) 경제 위기는 공동의 정체성을 만들어 내는데 기여하였다. 지역 차원의 경제 위기에 직면해서 외국 기관이나 미국 정부에 의해서 억울하게 협박당하거나 착취당하고 있는 동아시아라는 역경에 처한 지역이미지는 자신을 공동운명체로 인식하도록 만들었다.

### 3. 타 지역주의에 대응

1990년대 초반 유럽지역에서는 그동안 정체되어 있던 EU 통합이 가속화되고, 북미지역은 NAFTA로 제도화 수준을 높이게 되면서, 동아시아 국가들 역시 대응블록을 형성해야 할 필요성에 대해서는 공감하고 있었다. 대응블록 형성을 통해 타지역과의 협상에서 협상력을 강화시킬 뿐 아니라, 역내 자유무역협정을 통해 무역 전환을 상쇄시킬 수 있을 것으로 기대하였다.

### 4. 중일지역 패권경쟁

중일 간 지역 패권경쟁 역시 동아시아지역주의 담론을 활성화시키는 계기가 되고 있다. 중국은 미국의 중국 포위전략에 대응하고 자국의 영향력을 강화하기 위해 ASEAN에 대한 적극적 접근전략을 강화하고 있다. 한편, 일본도 기존의 동남아 국가에 대한 정치·경제적 영향력을 유지하기 위해 ASEAN에 대한 접근을 강화하고 있다. ASEAN을 사이에 둔 중일 양국의 패권경쟁은 양자 FTA를 활성화시킬 뿐만 아니라, 중일 간 패권경쟁을 완화시키기 위한 수단으로서 동아시아경제공동체 논의를 가속화시키고 있다.

## 2 형성요인 - 이론적 접근

### 1. 신기능주의(Neo - functionalism)

지역통합 또는 지역공동체 형성에 있어서 민간부문과 초국가적 제도의 역할을 강조하는 이론이 신기능주의이다. 즉, 공통의 문제가 존재하고, 민간부문에서 이익집단, 전문가단체, 생산자 집단, 노동조합 등이 문제해결을 위한 강력한 요구를 정부부문에 투사함으로써 지역통합이 추동된다고 본다. 또한, 초국가적 제도 역시 지역통합을 추동해 나가는 중요한 역할을 한다고 본다. 기능주의 접근법에서는 발달된 자본주의나 민주주의 등의 배경조건, 다차원적 상호의존의 심화라는 과정조건, '파급효과(Spill over)'를 만들어 내는 조건 등이 통합을 위해 필요하다고 본다.

## 2. 자유주의적 정부간주의

모라프칙(Andrew Moravcsik)에 의해 제안된 자유주의적 정부간주의는 통합이 정부 간 협상에 의해 형성됨을 강조하면서도, 정부의 선호 형성에 대한 시민사회의 영향력을 추가적으로 고려하고 있다. 이 입장에서는 통합이 3단계로 진행된다고 본다. 즉, 사회적 선호 형성단계, 정부 간 협상단계, 제도 형성단계가 그것이다. 이 입장은 통합이 개별 국가들의 이익 추구라고 규정함으로써 현실주의 입장과 친화적이다.

## 3. 구조적 현실주의

현실주의 입장은 지역협력이나 지역통합과는 친화적이지 않다. 무정부적 국제체제를 국가 선호와 선택에 핵심변수로 상정하고, 무정부상황으로 인한 안보불안 및 죄수의 딜레마상황(Prisoner's Dilemma) 때문에 국가들이 협력에 소극적일 것이라고 본다. 다만, 현실주의 입장에서는 국가 간 안보불안이 매우 감소되어 있는 상황이나 경제적 다극화상황에서는 지역통합이 발생할 수 있다고 본다. 유럽통합의 경우 소련이라는 공동의 적이 존재하고, 유럽 국가들이 NATO에 가입하여 안보불안이 약화되었기 때문에 가능하였다고 해석한다. 한편, 왈츠(Kenneth Waltz)는 1970년대 이후 경제적 다극체제 등장과 이들 상호 간 경쟁의 격화가 지역주의의 요인이라고 본다. 즉, 경제적 다극화 및 경쟁의 격화 상황에서 강대국은 자신과 밀접하게 연계된 국가들에 대한 영향력을 강화하기 위한 지역적 기반을 형성하고자 한다고 본다.

## 4. 패권안정론

패권안정론은 패권체제의 붕괴가 경제의 블록화를 초래한다고 본다. 즉, 국제경제체제의 개방과 안정은 패권국가가 존재할 때 가능하다는 전제하에 패권의 하락은 경제적 불안정과 차별적 무역협정(Preferential Trading Agreement: PTA)을 초래한다고 본다. 맨스필드(Edward E. Mansfield)는 미국의 패권이 하락함에 따라 PTA의 숫자와 이에 가입하는 국가의 수효가 증가하였음을 실증적으로 보여주었다.

## 5. 구성주의

구성주의는 통합이나 국제제도 형성에 있어서 '관념'이나 '의식' 또는 '문화'의 역할을 강조한다. 즉, 통합에 앞서 대상국가들이나 시민사회에서 정치·경제·사회·문화적 이질성이 약하고, '우리의식(We - Feeling)'이 강한 경우 통합이 용이하다고 본다. 반대로, 대상 국가들 간 동질성이나 공동체의식이 결여되어 있는 경우 제도적 통합이 어렵다고 본다.

### ⊕ 지역통합에 대한 이론적 접근 비교

| 구분 | 신기능주의 | 자유주의적 정부간주의 | 현실주의 | 구성주의 |
|---|---|---|---|---|
| 목적 | 거래비용 삭감 | 거래비용 삭감 | 전략적 필요 | 공동의 문제 해결 |
| 주체 | 초국가적 사회 및 제도 | 국가(행정부) | 국가 | 엘리트 |
| 성공 조건 | 민주주의, 발전된 자본주의 | 국가 간 선호도의 공유 | 양극체제, 공동의 안보위협 | 정체성, 의식, 규범의 공유 |
| 안정성 | 안정적·점진적 발전 | 제도화 여부에 좌우 (Lock - in Effect) | 낮음 | 높음 |

## 3 동아시아 공동체 추진 현황

### 1. ASEAN + 3

말레이시아의 이니셔티브에 의해 1997년 출범하였다. 동남아 10개국과 한국·중국·일본이 참가하여 연례 정상회의 및 외무, 재무, 통상장관 등 13개 각료회의, 각국의 중앙은행장과 기타 17개 고위급 관리회의 등이 주기적으로 개최되고 있다. ASEAN + 3은 아직 높은 수준의 제도화를 이룩하였다고 볼 수는 없지만, 상대적으로 짧은 기간 내에 예상보다 큰 성과를 거두고 있는 것으로 평가된다.

### 2. 동아시아 정상회의(East Asian Summit: EAS)

2001년 ASEAN + 3 정상회의에서 채택된 EAVG(East Asian Vision Group) 보고서의 제안에 따라 추진되었다. ASEAN과 동북아 국가들 간 주도권 다툼 속에서 중국이 ASEAN의 입장을 지지하여 2005년 12월 제1회 EAS가 개최되었다. 제1회 EAS에서 채택된 '쿠알라룸푸르 EAS 선언'에 따르면 EAS는 향후 참여국들 간의 폭넓은 정치, 경제, 전략적 쟁점 등 공동의 이해와 관심사를 다루는 포럼이 될 것이며 이 과정에서 ASEAN이 주도적 역할을 담당해 나가야 한다는 점을 밝혔다. 한편, 미국과 러시아는 2010년 EAS 가입을 희망하였고, 2010년 제17차 ASEAN 정상회의에서 가입이 결정되었으며, 2011년부터 공식적 멤버로서 참여하고 있다.

### 3. 아시아통화기금(Asian Monetary Fund: AMF)과 미야자와 플랜

아시아 경제 위기 이후 일본이 주도적으로 제안한 아시아지역 국가들 간 금융협력 논의가 AMF와 미야자와 플랜이다. AMF 구상에 대해서는 중국을 제외한 아시아 국가들의 지지를 받았으나, 미국 및 IMF의 강한 반대에 부딪혔다. 한편, 미야자와 플랜은 일본이 금융 위기를 겪고 있는 아시아 국가들을 위해 300억 달러를 지원하는 구상을 말한다. 이 플랜은 아시아 국가들의 경제 위기 원인 중 하나가 달러화에 대한 지나친 의존이라고 분석하고, 일본 엔화의 적극적인 역할을 추구한 것이다. AMF가 통화 안정에 목표를 두고 있다면, 미야자와 플랜은 경제 위기를 겪고 있는 아시아 국가들을 구제하고 국제금융시장을 안정화하는데 목표를 두고 있다.

## 4. 동아시아경제회의(East Asian Economic Caucus: EAEC)

EAEC는 1990년 말레이시아의 마하티르가 제안한 아시아 국가들만의 협력체이다. 애초에는 동아시아경제단체(East Asian Economic Group: EAEG)로 제안되었으나 미국과 비아시아 국가들의 강력한 반발에 부딪쳐 그 조직적 성격을 약화시켜 EAEC로 다시 제안되었다. EAEG의 활성화를 위해서는 일본의 적극적 역할이 기대되었으나, 일본은 미국이 중시하는 APEC과 대립되는 협력체 형성에는 부정적 입장을 피력함에 따라 실질적으로 무산되었다. 다만, 일본이 동남아 국가들과 경제적 연계를 지속적으로 확대하면서 그 가능성은 여전히 남아있는 것으로 평가된다.

## 5. 보아오 아시아 포럼(BOAO FORUM for ASIA)

필리핀의 전 대통령 라모스가 아시아경제공동체를 위한 구상으로 제안하였다. 아시아판 다보스 포럼으로 불리는 이 포럼은 2001년 2월 26일 첫모임을 가졌으며, 매년 중국 하이난다오 보아오에서 아시아 내 정계, 학계, 경제계 인사들이 모여 경제, 무역, 환경, 자원개발, 지역협력 문제를 논의한다. 이 포럼은 중국이 적극적인 지지를 보내고 있고 중심 역할을 하고 있다.

## 6. RCEP

역내포괄적경제동반자협정(RCEP, Regional Comprehensive Economic Partnership)은 아세안 10개국이 주도하고 한국, 중국, 일본, 호주, 뉴질랜드 등 15개국이 참여한 세계 최대 규모의 자유무역협정으로, 2012년 11월 협상 개시를 선언한 이후 8년간의 협상을 거쳐 2020년 11월 15일 정식 서명, 2022년 1월 1일 발효되었다. RCEP은 상품·서비스 무역 자유화, 투자 촉진, 지재권, 전자상거래, 원산지 규정 통일 등을 포함하는 포괄적 협정으로, 특히 역내 통일된 원산지 규정과 누적 기준 도입을 통해 기업의 공급망 효율성과 무역 확대를 도모하고 있다. RCEP은 세계 인구의 약 30%, 세계 GDP의 약 30%를 포괄하며, 기존의 양자 FTA 체계를 지역 차원에서 통합한 첫 협정으로 평가받는다. 인도는 초기 협상에 참여했으나 국내 산업 보호 우려로 2019년 협상에서 이탈하였다.

## 7. 아시아 협력 대화(Asia Cooperation Dialogue: ACD)

### (1) 설립배경

2000년 9월 태국의 총리 탁신이 ASEAN + 3체제를 넘어 동서를 포괄하는 아시아 전체의 협력 달성을 위한 협의체를 주창함에 따라 2002년 6월에 설립되었다.

### (2) 주요 목표

ACD는 자유로운 의견, 경험 교환을 위해 비제도화된 환경조성에 힘쓴다. ACD는 아시아가 역외 지역들과 더욱 긴밀한 파트너십을 맺을 수 있도록 국가적, 지역적 능력을 높이는데 일조하기로 한다. ACD는 아시아와 직접적 연관이 있는 국제 이슈 및 개발 관련 사항들에 대해 솔직한 상호 의견 교환을 목적으로 한 포럼이 될 것이다.

### (3) 회원국

총 34개국이다. 동북아시아(4개국)는 한국, 중국, 일본, 몽골이 가입하고 있으며, 동남아시아(10)는 브루나이, 캄보디아, 인도네시아, 라오스, 미얀마, 말레이시아, 필리핀, 싱가포르, 태국, 베트남이 가입하고 있다. 한편, 서남아시아(7)는 방글라데시, 부탄, 인도, 파키스탄, 스리랑카, 아프가니스탄, 네팔이, 중앙아시아(5)는 러시아, 카자흐스탄, 타지키스탄, 우즈베키스탄, 키르기스스탄이 가입하고 있다. 중동(8)은 바레인, 이란, 쿠웨이트, 오만, 카타르, 사우디, UAE, 터키가 가입 중이다.

### (4) 구성 및 운영방식

<u>2002년에 출범한 ACD외교장관회의는 정책대화(Dialogue Component)와 협력사업(Project Component)으로 구분하여 운영된다.</u> 정책대화의 경우 지역 및 국제정세, 역내 협력증진방안 등에 관해 회원국 외교장관 간 의견을 교환한다. 한편, 협력사업은 역내 협력 강화를 위해 현재 20여개가 협력 분야별로 선도국가(Prime Mover)를 지정하여 협력사업을 추진한다. 우리나라는 IT협력 분야의 선도국가로 활동 중이다.

## 8. 한중일 FTA협상

### (1) 논의배경

동북아 FTA가 다소 정체되어 있는 상황에서 ASEAN + 3를 중심으로 하는 동아시아 FTA(EAFTA) 논의는 '동아시아비전그룹', '동아시아스터디그룹'을 통한 연구에 기초하여 구체화단계에 접어들고 있다. 현재 ASEAN + 3의 협력체제는 ASEAN에 의해 주도되고 있는 바, 이는 동남아 국가들 간 이해관계를 조정해 내는 메커니즘이 존재하기 때문이다. 반면, 동북아 3국은 경제규모에 있어 ASEAN을 압도함에도 불구하고 주도권을 행사하지 못하고 있는데, 그 이유 중의 하나는 동북아 3국 간 실질적인 협의체가 형성되어 있지 못하기 때문이다. <u>동북아 3국 간 경제협력 논의이자, 나아가 FTA 논의는 동북아 3국이 ASEAN + 3 협력 내에서 영향력을 확대하고자 하는 의도와 관련되어 있다.</u>

### (2) 현황

2012년 5월 중국 베이징에서 개최된 제5차 한중일 정상회의에서 3국 정상은 역내 FTA협상의 연내 개시를 위한 국내절차 및 실무협의를 포함한 준비작업을 즉시 실행하기로 하였다. 당초에 한중일 협상 개시는 2012년 11월 동아시아 정상회의를 계기로 한중일 정상회의에서 선언하기로 하였으나, 3국 정상회의가 개최되지 않음에 따라 3국 통상장관회의에서 협상 개시선언이 이루어졌다.

한편, 한중일 3국은 1999년 ASEAN + 3 계기로 3국 정상회의를 개최해 오고 있으며, 2008년부터는 3국 간 별도 정상회의를 정례화하여 다양한 분야에서 협력을 추진 중이다. 현재 외교·재무·통상·환경·문화·농업·인적 교류 등 18개 장관급 회의를 포함한 약 60개의 정부간 협의체를 운영 중이다. 2011년 9월 서울에 3국 협력 사무국(Trilateral Cooperation Secretariat) 설립으로 3국 협력의 제도화를 진전시키는 전기를 마련하기도 하였다.

### (3) 국가들의 입장

① **중국**: 중국은 한중일 FTA에 대해 적극적인 입장을 보여주고 있다. 중국은 2002년 11월 ASEAN + 3 정상회의에서 한중일 FTA 체결의 타당성 검토를 제의하고 우선 3국 연구기관이 FTA 경제적 효과에 대해 공동연구할 것을 제안하여 합의한 바 있다. 중국은 자국 경제의 자신감, 한일 FTA에 대한 견제, 한미일 3국 간 협력체에 비견할 만한 협력체 구성 등의 이유 때문에 한중일 FTA에 적극성을 보이고 있는 것으로 해석된다.

② **일본**: 일본은 3국 간 FTA 추진은 시기상조라고 보고 동아시아 국가와의 무역 원활화 및 이를 위한 양자 FTA 체결을 우선 추진한다는 입장이다. 즉, 일본은 우선 ASEAN 및 한국과 FTA를 타결하여 확고한 경제관계를 구축하고 이러한 토대 위에서 중장기적으로 중국을 포함한 여타 동아시아 국가와의 FTA 추진이 필요하다는 입장을 취하고 있다.

③ **한국**: 한국은 한중일 3국 간 협력에 적극 참여하는 것이 경제 및 안보 측면에서 국익에 부합하다고 본다. 한국은 경제 발전단계상으로도 일본과 중국의 중간에 위치하고, 경제규모 면이나 안보 면에서 중국과 일본 모두에 위협이 되지 않으므로 3국 협력체 내에서 중개자 역할이 가능하다고 본다. 다만, 한중일 FTA에 대한 공동 연구는 하되, 우선 한일 FTA를 선행시키고 이를 토대로 3국 간 FTA를 중장기적으로 실현하는 것이 바람직하다고 생각하고 있다.

## 9. 아시아 - 유럽 정상회의(Asia - Europe Meeting: ASEM)

### (1) 창설과정

아시아 및 유럽 정상, EU 집행위원장과 ASEAN 사무총장이 참석하여, 2년에 한 번씩 개최하는 '아시아 - 유럽 정상회의(ASEM)'를 의미한다. 1994년 10월 싱가포르가 ASEM 창설을 제안하고, 한국·중국·일본 동북아 3국, ASEAN 및 EU가 동의함으로써 아시아 - 유럽 정상회의 개최에 합의하였다. 1995년 3월 ASEAN 고위관리회의(SOM, 3월 17일 ~ 3월 19일, 싱가포르)에서 동아시아 - EU 정상회의 개최에 대한 Concept Paper를 작성, EU 및 한국·중국·일본 동북아 3국에 회람 ASEAN 고위관리회의(SOM) 회의 결과로 유럽이 주도하는 인상을 주는 Europe Asia Summit라는 명칭 대신 아시아가 주도하는 인상을 주는 A(S)EM으로 변경하였다. 1995년 5월 싱가포르에서 개최된 EU - ASEAN SOM 회의와 제1차 회의를 태국에서 개최하는 것을 합의하는 등 구체적인 개최 방안, 의제 등에 대해 협의했다. 1996년 3월 제1차 ASEM 정상회의가 태국에서 개최됨으로써 본격 출범하였으며, ASEAN 7개국 및 한국·중국·일본, EU 15개국과 EU 집행위원회가 참여한다.

### (2) 회원국

ASEM 51개 회원국, EU 집행위원회, ASEAN 사무국으로 구성된다. 동북아에서는 한국·러시아·일본·중국이 참여하며, 미국과 북한은 참여하지 않는다.

### (3) 특징

① **비공식적 협력체(Informality)**: 모든 참가자들이 정치, 경제, 사회·문화 분야의 공통의 관심 사안에 대해 자유롭게 논의한다.
② **다차원성(Multi-dimensionality)**: 아시아와 유럽지역에 관계된 모든 이슈를 포괄하며, 정치, 경제, 문화·사회 3개 분야에 동일한 비중을 두고 협력한다.
③ **동등한 파트너십(Equal partnership)**: 동등한 동반자관계, 상호존중과 호혜를 바탕으로 한 대화와 협력을 강조한다.
④ **다중심 협력(Dual focus on high-level and people-to-people)**: 정상회의를 중심으로 한 정부 간 협력뿐 아니라 사람과 사람, 사회와 사회 등 다양한 사회적 계층 간 교류를 통해 아시아-유럽지역 간 소통 확대를 위한 노력을 경주한다.

### (4) 의사 결정방식

<u>ASEM에서 모든 의사 결정은 ASEM의 운영규칙인 AECF 2000에 따라 전원합의(Consensus)원칙에 따라 결정한다.</u> 컨센서스는 정상회의는 물론 각료급 회의 및 고위관리회의 등 ASEM 프로세스 내 모든 단계에서 공히 통용되는 의사결정 방식이다.

### (5) 성과

① 글로벌 이슈에 대한 비공식적이고 자유로운 토의를 통해 아시아-유럽 양 지역 간 신뢰 증진과 협력 확대를 추구하고 있다.
② 한반도문제, 중동문제 등 주요 지역정세와 국제테러, 기후변화, 인권, 문명 간 대화 등을 주제로 논의한다. 최근에는 UN의 역할 강화, 군축 및 WMD 비확산, 이민문제, 초국가범죄, 자연재해 등 다양한 글로벌 이슈에 대해 협의한다.
③ 재무장관들은 매 2년마다 재무장관회의를 개최하여 세계 경제의 동향을 진단하고, 국제 금융시스템 개편, 거시경제정책 조화, 세관 분야 협력 등 양 지역의 공동 관심사안에 대해 논의하고 협력방안을 모색한다.
④ 아시아-유럽 지역 국민들 간 인적 교류 확대를 통한 상호 이해 증진 및 새로운 문화적 유대관계 구축을 목적으로 ASEM의 유일한 상설기구인 아시아-유럽 재단(Asia-Europe Foundation: ASEF)을 1997년 싱가포르에서 설립하고, 다양한 교육·문화·인적 교류사업을 추진 중이다.

## 10. 동아시아 - 라틴아메리카 협력포럼(FEALAC)

FEALAC은 동아시아와 중남미 간 협력과 상호이해 증진을 목표로 1999년도에 출범한 지역 간 대화협의체이다. 21세기 세계경제 성장의 원동력이 되고 있는 동아시아와 중남미 지역 간 이해 증진, 대화와 협력 강화를 위해 1998년 9월 칠레를 방문한 고촉동 싱가포르 총리가 제안하였고, 1999년 9월 싱가포르에서 '동아시아 - 라틴아메리카 포럼(East Asia - Latin America Forum: EALAF)' 제1차 고위관리회의를 개최함으로써 공식 출범하였다. 2001년 칠레 산티아고에서 제1차 외교장관회의를 개최하였고, 포럼 명칭을 EALAF에서 FEALAC으로 변경하고, 포럼의 목적과 협력범위, 운영방향 등을 담은 '기초문서(Framework Document)'를 채택하였다. <u>우리나라는 2011년 3월 15일 사이버사무국을 공식 개소하였다.</u> 2011년 8월 아르헨티나 부에노스아이레스에서 개최된 제5차 외교장관회의에서 우리나라가 FEALAC의 중장기적인 발전방안으로 제시한 '비전그룹(Vision Group)' 설립이 최종 승인되었으며, 2012년 3월 우리나라 주최로 제1차 비전그룹회의가 서울에서 개최되었고 공식 출범하였다.

> **참고**
>
> **동아시아 지역협력체**
>
> | 이름 | 지역구분 | 회원국 |
> |---|---|---|
> | 동남아시아국가연합<br>(ASEAN) | 동아시아 | 필리핀, 말레이시아, 싱가포르, 인도네시아, 태국, 브루나이, 베트남, 라오스, 미얀마, 캄보디아 |
> | | 역외 | 없음 |
> | 아세안지역포럼<br>(ASEAN Regional Forum) | 동아시아 | ASEAN 10개국, 한국, 중국, 일본, 몽골, 북한 |
> | | 역외 | 미국, 캐나다, 호주, 뉴질랜드, 러시아, 인도, 유럽연합, 파푸아뉴기니, 파키스탄, 스리랑카, 동티모르 |
> | 동아시아 - 라틴아메리카<br>협력포럼(FEALAC) | 동아시아 | 한국, 중국, 일본, ASEAN 10개국 |
> | | 역외 | 호주, 뉴질랜드, 브라질, 멕시코, 아르헨티나, 칠레, 볼리비아, 콜롬비아, 에콰도르, 베네수엘라, 파나마, 파라과이, 페루, 우루과이, 쿠바, 엘살바도르, 코스타리카, 니카라과, 과테말라 |
> | 아시아 - 태평양경제협력체<br>(APEC) | 동아시아 | 필리핀, 말레이시아, 싱가포르, 인도네시아, 태국, 브루나이, 베트남, 한국, 중국, 일본, 홍콩, 대만 |
> | | 역외 | 미국, 캐나다, 호주, 뉴질랜드, 러시아, 파푸아뉴기니, 멕시코, 칠레, 페루 |
> | 아시아 - 유럽정상회의<br>(ASEM) | 동아시아 | ASEAN 10개국 + 3(한국, 중국, 일본) |
> | | 역외 | 유럽 25개국 |

# 제2절 | ASEAN + 3(APT)

## 1 발전과정

### 1. ASEAN + 3 정상회의

ASEAN + 3 협력체제는 말레이시아의 이니셔티브에 의해 1997년 출범하였다. 여기에는 아세안 10개국과 한국, 중국, 일본이 참여하여 연례적 정상회의를 개최하고 있다. 그 밖에도 외무, 재무, 통상장관회의 등 13개 각료회의도 주기적으로 개최되고 있다. 동아시아 정상들은 1999년 제3차 ASEAN + 3 정상회의에서 동아시아 지역협력에 대한 강력한 정치적 의지를 표명한 바 있다. 또한, 2000년 5월 ASEAN + 3 재무장관회의에서는 '치앙마이 이니셔티브(Chiang Mai Initiative: CMI)'에 합의하고, 금융 위기 시 역내 국가 간 공동대응방안을 제시하였다. 의장국은 ASEAN 10개국이 매년 돌아가면서 수임하며, 주요 의제는 ASEAN + 3 협력 현황 점검 및 미래방향, 주요 지역 및 국제 정세에 대한 의견 교환이다.

### 2. 한중일 3국 정상회의

ASEAN + 3 정상회의와 연계하여 1999년 한국, 중국, 일본 등 동북아 3국 간 정상회의가 처음 개최되고, 이후 지속되고 있다. 한중일 3국 정상회의는 동아시아지역협력 및 동북아지역협력의 중요한 전기를 제공하고 있다. 처음에 3국 정상회의는 비공식적 협의체로 출범하였으나, 2002년부터 공식회의 형태로 격상되어 보다 공식적이고 포괄적인 협의체로 발전하였다.

### 3. 동아시아 비전그룹(East Asia Vision Group: EAVG)

EAVG는 한국이 주도한 민간 차원의 연구그룹으로서 2001년 최종보고서를 제출하였다. EAVG 보고서가 제시하고 있는 동아시아협력의 비전은 동아시아 국가들 간 정치, 경제, 사회, 문화 등 다양한 분야의 협력을 통해 궁극적으로 역내 국가들 간 '동아시아 공동체(East Asian Community: EAC)'를 형성하는 것이다. 동 보고서는 동아시아지역협력에서 가장 중요한 기능적 협력 분야는 무역·투자·금융부문이라고 밝히고, 동아시아 자유무역지대, 동아시아 투자지역, 동아시아 통화기금 등의 설립을 제안하고 있다.

### 4. 동아시아 연구그룹(EASG)

한국에 의해 주도된 프로젝트로서 EAVG와 달리 정부 차원의 연구그룹이다. 2002년 제6차 ASEAN + 3 정상회의에서 채택된 EASG 보고서는 ASEAN + 3 국가들이 동아시아 공동체를 구현하기 위한 구체적인 행동계획을 제시하고 있다. 단기적으로는 동아시아 비즈니스 협의회(East Asia Business Council) 형성, FDI를 위한 우호적 투자환경 조성, 동아시아포럼(East Asia Forum: EAF) 설립 등을, 중장기적으로는 동아시아 자유무역지대(East Asia Free Trade Area: EAFTA) 형성, 역내 금융협력기구 설립, 동아시아 투자지역 추진 등을 과제로 제시하고 있다.

## 5. 동아시아 정상회의(East Asian Summit: EAS)

동아시아 정상회의는 ASEAN + 3와 달리 한중일 3국이 동남아 국가들과 동등하게 정상회의를 개최할 수 있는 새로운 정상회의체제로서, 동아시아협력의 궁극적 목표인 동아시아 공동체(EAC)의 형성을 본격화하는 가시적 조치이다. 2004년 11월 제8차 ASEAN + 3 정상회의에서 결정되었고, 2005년 12월 제1차 동아시아 정상회의가 개최되었다. 현재, ASEAN은 내부적으로 EAS 출범으로 ASEAN + 3 협력 틀에서 ASEAN의 위상 약화를 우려하고 있다. 특히 ASEAN의 리더십을 자처하는 인도네시아, 싱가포르, 베트남의 거부감이 강한 것으로 알려지고 있다.

## 6. ASEAN + 3 협력사업계획(Work Plan)

제2차 공동성명의 이행을 위한 구체적인 협력사업 추진 분야 및 방향을 제시하기 위해 마련되었으며, 2007년 11월 정상회의 시 공동성명과 함께 채택되었다. 반테러, 해양안보, 금융협력, 에너지협력, 환경 및 지속가능 개발, UN새천년개발목표 달성을 위한 협력 등에 관한 내용을 담고 있다.

## 7. 제2기 동아시아 비전그룹(East Asia Vision Group Ⅱ)

2010년 10월 하노이 ASEAN + 3 정상회의 시 2012년 ASEAN + 3 출범 15주년을 맞이하여 ASEAN + 3 협력 현황에 대한 전반적 점검 필요성 및 EAS 확대 등 동아시아 지역 환경의 변화에 따른 ASEAN + 3 협력체제의 역할 및 미래발전방향 연구의 필요성을 공감하면서 이명박 대통령이 제안하였다. ASEAN + 3 회원국의 전·현직 관료, 씽크탱크 소장 등 동아시아지역협력 전문가 및 ASEAN 사무국 대표 각 1명씩으로 구성되었다. 수차례 회의를 통해 ASEAN + 3 협력 성과 및 동아시아지역협력의 미래 방향을 검토하여 2012년 캄보디아 ASEAN + 3 정상회의에 제출하였다.

## 8. ASEAN + 3 거시경제조사기구(ASEAN + 3 Macroeconomic Research Office: AMRO)

2011년 4월 치앙마이 이니셔티브 다자화(CMIM)체제하에서 역내 각국의 경제상황에 대한 감시·분석을 통해 신속한 자금을 지원하기 위해 설립된 기구로서, 사무국은 싱가포르에 있다. 2013년 5월 ASEAN + 3 재무장관회의 시 싱가포르 상법상 법인으로 운영되고 있는 AMRO를 정식 국제기구로 전환하기 위한 조약에 합의하였다. 동 조약은 발효되어, ASEAN + 3 금융협력에서 국가 차원의 조약으로 설립된 최초의 정식 국제기구가 되었다.

## 9. 아시아 채권시장 발전방안(Asian Bond Market Initiative: ABMI)

역내 통화 표시 채권시장을 발전시켜 역내 여유자금의 역내 투자를 활성화시키고, 금융 위기 재발을 막기 위해 2003년 우리나라가 제안한 의제이다. 2012년 5월 ASEAN + 3 재무장관회의 시, ABMI 출범 10주년을 맞아 'ABMI New Roadmap+'를 채택하였다. 이는 그간 성과를 종합·평가하여 아시아 채권시장 선진화를 위한 ABMI의 기본방향을 설정하고 실질적 성과가 예상되는 12개 과제를 선정하였다.

### 10. ASEAN + 3 비상쌀 비축협정(ASEAN+3 Emergency Rice Reserve: APTERR)

ASEAN + 3 회원국의 식량 위기에 대한 효과적인 대응을 위해, 동아시아지역 내 비상사태 발생 시 쌀의 안정적 공급 및 쌀의 가격 안정 등을 위한 쌀 비축시스템을 구축한 것이다. 총 비축량은 78만 톤으로 회원국이 자율적으로 정한 약정물량을 비축한다. 2011년 10월 제11차 ASEAN + 3 농림장관회의 시 APTERR협정에 서명하였으며, 2012년 7월 발효되었다. 사무국은 방콕에 소재하고 있다.

## 2 주요 국가들의 입장

### 1. ASEAN - 주도

ASEAN이 ASEAN + 3협력을 추진한 배경은 경제적으로 독자적 생존이 어려운 동남아 국가들이 한중일 동북아 3국의 협력과 지원을 확보하여 내부적인 취약성을 극복하고자 한 것이었다. 따라서 이들은 ASEAN + 3과 EAS에서 주도권을 유지해야 한다는 것이 기본 입장이다. ASEAN은 한국, 중국, 일본과 양자 FTA를 체결함으로써 동아시아 FTA 형성을 주도해 나가고자 한다. 또한, 동아시아지역통합에 선행하여 'ASEAN 공동체(ASEAN Community)'를 조기 구축하여 자신들의 정체성의 공고화와 대외 협상력 강화를 도모하고 있다. 나아가, 중국과 일본 간 패권경쟁을 적절히 활용함으로써 양측으로부터 최대한의 실리를 확보하고자 한다.

### 2. 중국 - 미국 배제

동아시아지역의 경제통합에 가장 적극성을 띠는 국가가 중국이다. 중국은 ASEAN + 3, EAS 형성을 적극적으로 지지할 뿐 아니라, 그 과정에서 ASEAN 주도를 지지함으로써 ASEAN과 관계 강화에 노력하고 있다. 중국은 ASEAN에게 2007년 상호정치적 신뢰, 경제·무역관계 강화, 비전통적 안보 분야 협력, ASEAN 통합과정 지지, 사회적·문화적·인적 교류 확대를 강조하는 5대 제안을 하였다. 중국의 대 ASEAN 접근 강화 이유는 명백하다. 중국은 미국의 대중국정책의 핵심이 중국 봉쇄에 있다고 본다. 이를 위해 미국이 기존 동맹국 및 군사협력국을 묶어 아시아판 mini - NATO와 같은 집단방위동맹체를 구상하고자 한다고 생각하고 있다. 중국은 이에 대응하여 ASEAN 국가들을 최소한 중립화하고, 최대한 친중국화하는 것을 목표로 ASEAN에 대한 외교적 노력을 강화해 나가고 있다. 이러한 노력이 성공하는 경우 일본과의 지역패권경쟁에서도 쉽게 일본을 극복할 수 있을 것으로 본다.

## 3. 일본 - 중국 견제

일본은 1980년대 이후 ASEAN 국가들에 대한 대규모 직접투자와 대외원조 등 경제적 지원을 바탕으로 양자 차원에서 동남아 국가들에 대한 정치적 영향력을 증대시키려는 노력을 꾸준히 해오고 있으나, 일본은 동아시아지역통합보다는 APEC과 같은 광역 아태협력에 보다 중점을 두고 있다. 2000년대 이후 중국의 ASEAN 접근에 대응하여 이를 상쇄하기 위한 노력을 하고 있으나, 적극적인 조치는 취하지 않고 있다. 일본은 중국 주도의 지역경제통합이 가속화되는 상황을 우려하여 EAS에 미국, 호주를 포함한 역외국을 포함시키기 위한 노력을 지속하고 있다. 일본은 자신이 동아시아 지역협력을 주도하지 못할 바에야 차라리 이를 희석시키는 것이 바람직하다는 판단을 하고 있다.

## 4. 미국 - 무산 시도

미국은 최근 중국 주도로 ASEAN + 3 및 EAS 협력이 가속화되는 것을 보면서 동아시아지역에서 중국의 영향력이 강화되어 나가는 것에 경계심을 늦추지 않고 있다. 미국은 ASEAN이 주도해야 한다는 입장을 천명하면서 EAS에 가입하였다. 또한, 동아시아지역의 통합이 중국의 일방적 주도로 전개되거나 반미 또는 탈미적 성향을 띤다는 판단하에 직접적인 개입을 통해 이를 저지 또는 무산시키려 하고 있다.

## 제3절 | 환태평양 파트너십(TPP)

### 1 의의

TPP는 2002년 10월 싱가포르, 뉴질랜드, 칠레 3국이 멕시코 APEC 정상회의를 계기로 3국 간 자유무역지대 창설을 위한 협상에 합의함으로써 시작되었고 2005년 4월 브루나이가 협상에 참여하였다. 협상은 2005년 제주 APEC 통상장관회의를 계기로 협상이 타결되어, 2006년 4국 간 자유무역협정이 발효되었다. 2008년 미국 부시 행정부가 참여를 선언한 이래 오바마 행정부에서 협상을 전개하여 2015년 10월 가입협상을 타결지었다. 이 협상에는 미국을 비롯하여 일본·캐나다·페루·호주·베트남·말레이시아·멕시코도 참여하였다. 2017년 집권한 트럼프 행정부는 TPP 탈퇴를 선언하였으며, 이후 일본이 주도하여 CPTPP가 새롭게 출범하였다.

## 2 내용

TPP의 목적은 아태지역의 무역자유화에 기여할 수 있는 높은 수준의 FTA를 형성하고, 회원국 상호 간 상업적 연계의 틀을 강화하는 친기업적 FTA를 추진하는 것이다. TPP 협정문은 포괄적이고 높은 수준의 FTA로서, 주요 품목에 대한 관세를 폐지하기로 합의하는 한편, SPS, TBT, 경쟁정책, 지적재산권, 정부조달, 분쟁해결 등에 관한 내용을 규정하고 있다. TPP는 개방조약으로서 신규회원국의 가입을 인정하고 있다.

## 3 미국의 TPP 참여 추진배경

### 1. 통상전략

미국이 TPP에 참여하고자 하는 이유는 글로벌 경제 위기 이후 경기침체와 실업률 상승으로 어려움을 겪고 있는 미국 경제를 살리기 위해 오바마 행정부가 새롭게 제시한 수출 증대방안의 일환으로 추진되었다. 미국은 아태지역 국가들 사이에 폭발적으로 증가하고 있는 FTA협정에 단지 부분적으로만 참여함으로써 아태지역 시장에서의 자국의 수출점유율이 지난 10년간 감소해 왔다는 인식을 가지고 있다. 이러한 인식에 기초하여 오바마 행정부는 TPP를 포괄적 FTA로 확대하여 아태지역 핵심국가를 포괄하는 자유무역지대로 확대·발전시켜 나가겠다는 구상을 하게 되었다.

### 2. 중국 견제

동아시아 및 아태지역의 경제통합모델은 그동안 미국이 추진해 왔던 APEC 중심의 아태지역을 아우르는 환태평양 경제통합(Asia Pacifism)과, 중국이 미국이 참여하지 않는 형태의 ASEAN + 3을 중심으로 추진해 온 동아시아 국가들만의 경제통합(East Asianism), 일본이 중국을 견제하면서도 호주, 인도, 뉴질랜드 등 아시아지역의 민주시장경제국가들을 포함시키는 ASEAN + 6 중심의 동아시아 정상회의(EAS)를 모태로 한 범아시아 경제통합(Pan Asianism) 등으로 구분할 수 있다. 지난 10년간 ASEAN + 3 중심의 경제협력이 발전을 이룬 가운데, APEC 중심의 경제협력은 답보상태에 빠져 있다. 또한 중국이 아시아 국가들과의 FTA 체결을 통해 무역량과 무역액을 급격하게 증가시키고 있다. 이러한 상황에서 미국의 TPP를 중심으로 한 새로운 아태지역경제통합전략은 전방위적으로 확대되고 있는 중국의 아시아지역에서의 영향력을 차단하고, 아시아지역과의 경제적 연계를 강화하려는 미국의 대아시아정책의 일환이다.

### 3. 높은 수준의 아태지역 FTA 체결을 위한 교두보 확보

미국이 TPP에 참가하여 무역자유화를 확대하는 것은 단기적으로 미국에 큰 이익이 되지는 않는다. TPP 참가국인 칠레, 싱가포르와는 이미 FTA를 체결하고 있고, 베트남, 브루나이 등은 교역규모 자체가 크지 않기 때문이다. 그럼에도 불구하고 미국이 TPP 조기 참가를 추구하는 것은 TPP를 기반으로 하여 향후 보다 경제적 규모가 큰 국가들을 가입시켜 포괄적이고 확대된 자유화를 추진할 수 있다고 보기 때문이다. 즉, 미국의 관점에서 보면 TPP에 참여해 다자무역자유협정을 체결하는 것은 최소한의 비용으로 아태지역을 포괄하는 FTA를 자국이 원하는 수준으로 유도하여 체결할 수 있는 방안이며, 이를 바탕으로 추후 상대적으로 시장규모가 큰 국가들을 추가 가입시킴으로써 무역 개방과 시장 확대를 도모할 수 있는 것이다.

## 4 미국 탈퇴와 일본 주도 CPTPP 출범

2017년 1월 미국이 탈퇴를 선언한 이후 일본이 주도한 '포괄적·점진적 환태평양 경제동반자협정(CPTPP·Comprehensive and Progressive Agreement for Trans-Pacific Partnership: CPTPP)'이 체결되었다. 일본·캐나다·멕시코·페루·칠레·뉴질랜드·호주·브루나이·베트남·싱가포르·말레이시아 등 11개국은 칠레에서 CPTPP 협정문에 서명하였다. CPTPP는 2018년 12월 발효되었다.

## 제4절 | 동아시아 금융협력

## 1 치앙마이 이니셔티브(CMI)

### 1. 배경

2000년 5월 태국 치앙마이(Chiang Mai)에서 개최된 제33차 아시아개발은행(Asian Development Bank: ADB) 연차 총회를 계기로 개최된 ASEAN + 3 재무장관회의는 AMF의 대안으로 기존의 ASEAN 통화스와프협정(ASEAN Swap Agreements: ASA)을 확대하고, 한중일 3국이 참여하는 양자 간 통화스와프협정(Bilateral Swap Agreements: BSA)을 별도로 체결하는 방식으로 AMF와 같은 기구의 창설 없이 유동성을 지원하는 장치를 만들기로 합의한바, 이것이 동아시아경제협력의 대표적 성공사례라고 할 수 있는 치앙마이 이니셔티브(CMI)이다. CMI는 아세안 5개국이 체결한 ASA를 아세안 10개국으로 확대하고 한국, 중국, 일본이 참여하여 동아시아(ASEAN + 3) 차원의 양자 스와프협정네트워크(Network of BSAs)를 구축하는 것이다.

## 2. 주요 내용

BSA의 발동에 있어서 스와프 자금 규모의 90%는 긴급 유동성이 필요한 국가가 IMF와 합의하여 IMF 프로그램을 체결하는 경우에만 인출(IMF Link)되며, 인출국의 IMF Conditionality(대출조건)의 이행을 전제로 제공된다. 즉, 스와프 금액의 10%만이 당사국의 합의에 따라 즉시 제공된다. 이러한 이유로 CMI의 자금 지원은 현실적으로 IMF로부터 자금 지원에 대한 승인이 확정되거나 자금 지원에 대한 승인이 예상되는 경우에만 가능하여, 실질적으로는 IMF 긴급 유동성 지원의 부속적 성격을 가지게 된다.

## 3. IMF Link

IMF Link를 설정한 표면적인 이유는 CMI에 효과적인 모니터링 및 감시장치가 마련되어 있지 않은 상황에서 CMI 자금 인출에 수반되는 리스크인 도덕적 해이를 방지하기 위해서는 강력한 감시·감독체제를 갖추고 있는 IMF에 의존할 수밖에 없기 때문이다. 그러나, IMF Link를 설정한 이유로 보다 현실적인 것은 미국과 IMF의 반대로 무산된 AMF의 전철을 밟지 않기 위한 정치적 고려이다. 즉, CMI 긴급 유동성 공급체제를 IMF 긴급 구제금융 제공의 부속적 성격으로 만들어 IMF를 대체하는 독자적 지역 금융체제로서의 색채를 희석시킴으로써, 미국의 이익을 침해하거나 금융 영향력을 약화시키고자 하는 의도가 없음을 명백히 하고자 한 것이다.

## 4. 진전사항

2005년 제8차 ASEAN + 3 재무장관회의는 CMI의 추가적 진전에 대한 합의를 이루었는데, 외환 위기 시 유동성 지원을 위한 통화스와프의 규모를 400억 달러에서 800억 달러로 2배 확대하고, IMF 연계 지원 통화스와프 비율(IMF Link)을 80%로 낮추어 IMF 프로그램과 상관 없이 지원할 수 있는 통화스와프의 비율을 20%로 상향 조정하였다.

## 2 치앙마이 이니셔티브의 다자화
### (Chiang Mai Initiative Multilateralization: CMIM)

### 1. 배경

2007년 5월 개최된 제10차 ASEAN + 3 재무장관회의는 CMI를 보다 결속력 있는 단일의 공동 펀드로 만드는 CMI의 다자화에 관해 합의하고, 공동 펀드의 재원을 각 회원국이 자국의 외환보유고에서 출자하고, 해당 출자금은 각국 중앙은행이 직접 관리·운영하는 방식(Self - managed Reserve Pooling)을 채택하였다. 즉, 기존 CMI의 양자 간 통화스와프계약은 위기 시 자국 통화를 상대국에게 맡기고 외국 통화(주로 미국 달러)를 단기 차입할 것을 약정하는 느슨한 형태의 중앙은행 간 계약이기 때문에, 자금 공여국이 자금 제공을 거부할 수 있는 권한(Opt - out Option)을 보유하였다. CMI 다자화는 긴급 유동성 공급에 관한 이러한 CMI의 제도적 취약성을 제거하고, 자금 공급의 결정을 법적 구속력을 가지는 단일의 다자 간 협약으로 제도화시킴으로써 자금 지원의 확실성을 확보하고자 하였다.

## 2. 분담금 배분

분담금 배분에 관해서는 한국 16%, 중국 32%, 일본 32%, 아세안 20%씩 분담하기로 합의하였으며, 위기 시 인출 가능 금액은 분담금 × 인출 배수(Borrowing Multiple)로 결정하였는데, 분담금 대비 인출 배수는 중국과 일본 각각 0.5, 한국 1.0, 아세안 Big 5국가 2.5, Small 5국가 5.0으로 결정하였다.

## 3. 의사 결정방법

근본적인 사안인 경우에는 합의제로 결정하고, 자금 지원 관련 사안인 경우에는 다수결방식으로 하기로 하였다.

## 4. 기금규모

CMIM 기금규모는 초기의 800억 달러에서 1,200억 달러로 50% 확대하고, 이어서 2012년 5월 ASEAN + 3 재무장관회의에서 다시 100%인 2,400억 달러로 증액하기로 합의하였다. IMF link는 80%에서 70%로 축소되어 IMF 비연계 인출 비중이 30%로 확대되었다.

 참고

### 각 국가별 분담금 및 인출 가능 규모(2021년 3월 기준)

| 구분 | 한국 | 중국 | 일본 | 아세안 | 계 |
|---|---|---|---|---|---|
| 분담금규모<br>(비중) | 384억 달러<br>(16%) | 768억 달러<br>(32%)<br>• 중국: 28.5%<br>• 홍콩: 3.5% | 768억 달러<br>(32%) | 480억 달러<br>(20%) | 2,400억 달러<br>(100%) |
| 인출배수 | 1 | 0.5(홍콩 2.5) | 0.5 | • Big 5: 2.5<br>• Small 5: 5 | - |
| 인출가능규모 | 384억 달러 | 405억 달러 | 384억 달러 | 1,262억 달러 | 2,435억 달러 |

## 5. CMIM협정문 개정

### (1) 2019년 5월 개정(2020년 6월 발효)

첫째, IMF 지원 프로그램 도입이 조건으로 제시되는 IMF 연계자금에 대해서는 연장 횟수와 지원 기한을 폐지하였다. 기존 협정문에는 위기 발생 시 쓸 수 있는 위기해결용 자금인출의 경우 만기가 1년이고, 2회까지만 연장할 수 있도록 되어 있었다.

둘째, 위기 발생 전에 예비적 성격으로 지원체계를 구축해 놓는 위기 예방용 스와프라인은 만기가 6개월이고 3회까지 연장이 가능하다. 그동안 CMIM의 자금지원기간이 IMF에 비해 짧았는데 이번 개정을 통해 CMIM이 IMF에 대응해서 충분히 자금을 지원하도록 한 것이다.

셋째, 위기 예방용 지원제도(Precautionary Line: PL) 외에 위기 해결용 지원제도(Stability Facility: SF)에도 신용공여조건을 부과할 수 있도록 강화되었다. 신용공여조건은 자금지원 프로그램을 제공하는 대가로 해당국에 제시되는 경제·금융 분야의 정책조건을 의미한다.

넷째, IMF와 공동 자금 지원이 원활히 이루어질 수 있도록 CMIM과 IMF의 조기 정보 공유를 위한 절차가 마련되었다.

다섯째, CMIM 자금 지원 시 회원국에 대한 시장의 신뢰를 확보하기 위해 필요한 경우 관련 정보를 언론에 제공할 수 있도록 하였다.

### (2) 2021년 개정(2021년 3월 31일 발효)

첫째, IMF 비연계비율이 30%에서 40%로 상향조정되었다.

둘째, 미국 달러화 대신 역내 통화로도 지원 가능한 제도가 도입되었다.

## 6. AMRO의 국제기구화

### (1) 배경

CMI의 다자화와 더불어 동아시아 금융협력 제도화의 최근 가장 중요한 성과는 CMI의 부속기구인 동아시아 역내 거시경제 조사기구(AMRO)가 2016년 2월 다자간 협약에 기초한 국제기구로 승격되었다는 점이다. 2010년 5월 ASEAN + 3 재무장관회의에서 합의되어 2011년 5월부터 활동을 시작한 AMRO는 동아시아 금융협력의 틀에서 설립된 역내 거시경제 모니터링기구로서, CMIM 기금이 위기 시 긴급유동성을 공급하기 위해서 필요한 감시체제(Surveillance Mechanism)의 기능을 지향하고 있다.

### (2) 기능

AMRO가 지향하는 주된 기능은 ASEAN + 3 국가들의 금융 위기 시 CMIM 기금으로부터 달러 유동성 지원에 필요한 감시·분석 기능을 수행하여 치앙마이 이니셔티브의 다자화 기금 운영에서 발생할 수 있는 도덕적 해이행위를 방지하는 것이다. 보다 구체적으로 AMRO는 크게 세 가지 기능을 부여받았다.

① ASEAN + 3 회원국의 거시경제상황과 금융시장의 건전성을 감시·평가하고 분기별 보고서를 발간하는 것이다.

② ASEAN + 3 회원국 중 거시경제 및 금융시장의 취약성이 높은 국가의 상황을 평가하고, 필요하다고 판단되는 경우에 신속하게 위험요인을 극복할 수 있는 정책방안을 마련하여 해당 국가에게 적절한 방식으로 권고하는 것이다.

③ 스와프를 요청하는 회원국이 CMIM 기금의 협약상 명시된 유동성 제공 관련 규정을 준수하도록 감시하는 것이다.

📁 **참고**

**동아시아지역주의 현황**

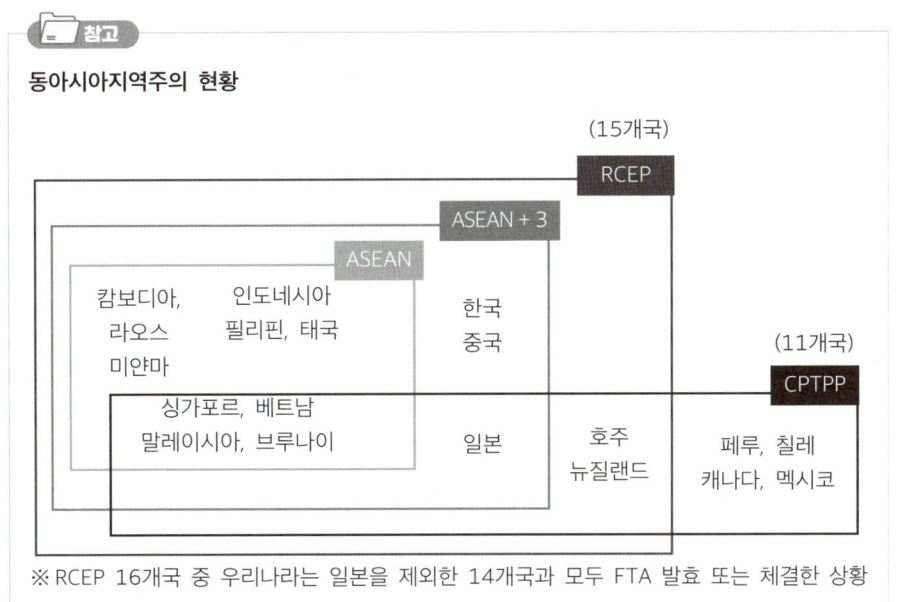

※ RCEP 16개국 중 우리나라는 일본을 제외한 14개국과 모두 FTA 발효 또는 체결한 상황

# 제5절 | 아시아인프라투자은행(AIIB)

## 1 설립목적 및 과정

AIIB는 인프라투자를 통하여 아시아 경제·사회 발전 및 지역 내 연결성과 지역 간 협력을 증진하는 것이다. 2013년 10월 시진핑 주석이 AIIB 설립 구상을 최초로 발표하였으며, 2014년 10월 AIIB 설립을 위한 MOU가 21개국에 의해 싱가포르에서 서명되었다. 2015년 3월 창립회원국 신청을 마감(한국은 2015년 3월 26일 신청)하였으며, 2015년 5월 싱가포르에서 제5차 교섭대표회의를 개최하였다. 2015년 6월 57개국 중 50개국이 협정문에 서명하였다. 2015년 9월 총재를 선출하고, 2016년 1월 창립총회를 개최하였으며, 2016년 4월에 첫 번째 이사회를 개최하였다. 2015년 12월 25일 17개 창립회원국이 비준서를 제출하였으며, 2016년 1월 16일 공식 출범하고, 2016년 4월에 첫 번째 이사회를 개최하였다. 2019년 7월 룩셈부르크에서 열린 제4차 연차총회에서 베냉, 지부티, 르완다 등 아프리카 3개국의 신규 회원 가입을 승인함에 따라 AIIB 회원국은 2016년 1월 출범 당시 57개국에서 100개국으로 증가하였다.

## 2 창립회원국

창립회원국은 총 57개국으로서 역내 37개국과 역외 20개국이 창립회원국으로 참여하였다. UN지역 분류방식상의 아시아와 오세아니아를 역내로 하되, 러시아는 협의를 통해 역내국으로 구분하였다.

## 3 자본구조

수권자본금(Authorized Capital)은 1,000억 달러이며, 납입자본금(Paid - in Capital)과 최고자본금(Callable Capital) 간 비율은 20 : 80이고, 역내 지분율은 75% 이상이다. 창립회원국 중 일부가 배분된 지분 일부의 인수를 포기하여 출범 시 청약자본금(Subscribed Capital)은 982억 달러, 미인수지분은 총회 의결에 의해 추후 배분된다. 한국은 37.4억 달러를 배분(역내 4위, 전체 5위)받아 지분율이 3.81%이다.

> **참고**
> 
> **AIIB 회원국 지분율 및 투표권**
> 회원국별 지분율 및 투표권(단위: %)

| 37개 역내국 중 상위 10위 | | | 순위 | 20개국 역외국 중 상위 10위 | | |
| --- | --- | --- | --- | --- | --- | --- |
| 국가 | 지분율 | 투표권 | | 국가 | 지분율 | 투표권 |
| 중국 | 30.34 | 26.06 | 1 | 독일 | 4.57 | 4.15 |
| 인도 | 8.52 | 7.51 | 2 | 프랑스 | 3.44 | 3.19 |
| 러시아 | 6.66 | 5.93 | 3 | 브라질 | 3.24 | 3.02 |
| 한국 | 3.81 | 3.5 | 4 | 영국 | 3.11 | 2.91 |
| 호주 | 3.76 | 3.46 | 5 | 이탈리아 | 2.62 | 2.49 |
| 인도네시아 | 3.42 | 3.17 | 6 | 스페인 | 1.79 | 1.79 |
| 터키 | 2.66 | 2.52 | 7 | 네덜란드 | 1.05 | 1.16 |
| 사우디아라비아 | 2.59 | 2.47 | 8 | 폴란드 | 0.85 | 0.98 |
| 이란 | 1.61 | 1.63 | 9 | 스위스 | 0.72 | 0.87 |
| 태국 | 1.45 | 1.5 | 10 | 이집트 | 0.66 | 0.83 |
| 기타 | 9.95 | 15.54 | | 기타 | 3.18 | 5.32 |
| 합계 | 74.77 | 73.29 | | 합계 | 25.23 | 26.71 |

자료: 기획재정부

## 4 업무

대출, 보증, 지분투자, 기술원조 등을 통해 자금을 제공하는 것이다. 수혜자는 회원국, 회원국의 기관 및 기업 등에 자금을 제공할 수 있으나, 총회 의결로 비회원국에도 자금을 제공할 수 있다. 지원 자금 잔액이 자본금, 준비금 및 유보이익의 합계를 초과할 수 없으나, 총회 의결로 250%까지 지원할 수 있다. 건전한 은행업의 원칙을 따라 자금을 제공하고, 환경·사회적 영향이나 수혜자의 조달능력을 고려해야 하며, 조달 관련해서는 어떠한 제한도 두지 않았다.

## 5 지배구조

### 1. 총회

회원국은 위원(Governor) 및 대리위원 1인을 임명하여 총회를 구성한다. 은행의 모든 권한은 총회에 귀속되며 이사회에 위임될 수 있다.

### 2. 이사회

이사회는 12명이 이사(역내 9명, 역외 3명)로 구성되고 임기는 2년이며 연임될 수 있다. 이사회는 협정문에서 정한 사항과 총회의 위임권한을 행사하며, 은행의 정책 수립, 총재에 대한 권한 위임, 은행업무에 대한 감독, 은행의 전략·연례계획 및 예산 승인 등의 권한을 보유한다. 이사회는 비(非)상주로 하되, 총회 의결로 상주로 전환할 수 있다.

### 3. 총재 및 부총재

총재는 총회에서 최대다수결 투표(국가 수 3분의 2, 투표권 4분의 3 이상 찬성)로 선출되며, 임기는 5년이며 재선될 수 있다. 1인 이상의 부총재를 두며, 공개·투명·능력주의에 기초하여 이사회에 의해 임명된다.

## 6 투표

투표권은 지분에 비례하는 지분 투표권, 회원국들에 균등 배분되는 기본 투표권, 창립회원국 투표권으로 구성된다. 한국의 투표권은 40,462표로 전체의 3.5%이다. 사안별 표결방식은 다음 표와 같다.

#### ◆ AIIB 표결제도

| 표결제도 | 의결정족수 | 해당 사안 |
| --- | --- | --- |
| 단순다수결<br>(Simple Majority) | 행사된 투표권의<br>2분의 1 이상 찬성 | 일반사항 |
| 특별다수결<br>(Special Majority) | 위원(회원국)의 2분의 1<br>+ 투표권의 2분의 1 찬성 | 신규회원국 가입, 비액면주 발행,<br>기타 금융 제공, 부속기관 설립 등 |
| 최대다수결<br>(Super Majority) | 위원(회원국)의 3분의 2<br>+ 투표권의 4분의 3 찬성 | 비회원국 지원, 수권자본금 변경,<br>이사회 규모·구성 변경,<br>협정문 개정 등 |

# 제3장 | 동아시아 국제관계

> **출제 포커스 및 학습방향**
>
> 동아시아 주요국 상호관계에 대해 기술하고 있다. 강대국 간 상호관계는 앞에서 정리하였으므로, 여기에서는 북한과 강대국 간 관계를 중심으로 정리하였다. 북미관계는 북핵문제 및 수교 문제가 중요하며, 북중관계에서는 최근 들어 관계가 강화되고 있는 이유가 중심 논점이라 볼 수 있다. 북일관계의 경우 미사일이나 핵실험문제, 수교문제, 납치자문제 등이 쟁점이 되고 있다. 본 장의 직접적인 출제가능성은 낮지만 배경지식이나 정세인식 차원에서 중요한 부분이므로 가볍게나마 읽어 두기 바란다.

## 제1절 | 북한 - 미국관계

### 1 상호전략

#### 1. 북한

**(1) 냉전기**

냉전시대 북한의 대미정책 목표는 한반도에서 6·25전쟁을 조속히 종료하고 정전체제를 평화체제로 전환함으로써 한반도에서 미군을 철수시키고 UN군 사령부를 해체시키는 것이었다. 북한은 미국을 한반도의 분단을 고착시킨 제국주의세력으로 간주하며 적대적이고 부정적으로 인식하였다. 북한은 진영 외교를 기반으로 하여 중국 및 소련과 우호적인 관계를 유지하면서, 미국은 적으로 규정하였다.

**(2) 탈냉전기**

냉전이 종식되면서 북한의 대미정책 목표는 적대적 대립에서 적극적 관계 개선으로 전환되었다. 사회주의권이 붕괴되고 미국이 단극패권으로 대두되고 러시아와 중국이 한국과 관계를 개선하는 가운데, 북한은 군사안보 및 경제 측면에서 생존의 위협을 인식한다. 전통적으로 적으로 상정하였던 미국에 비해 북한의 국력은 매우 약한 비대칭관계였고 한국의 군사력은 현대화되고 있는 것에 비해 북한의 군사력은 노후화되었다. 무엇보다 그동안 의존해 왔던 러시아와 중국이 자본주의를 적극적으로 받아들이고 여러 사회주의 국가에서 체제 전환이 일어나면서, 북한에게는 체제 유지가 절실한 목표가 되었다. 체제 유지를 위해서는 패권국인 미국의 체제 보장 약속, 경제 발전을 위한 자체적인 동력이 결여된 상황에서 외부의 경제적 지원이 필요하였다.

## 2. 미국의 대북한정책

탈냉전기 미국의 대북한정책의 기본구도는 세계 및 동북아전략적 차원에서 그려지고 있다. 미국의 목표는 초강대국의 지위를 유지하면서 역내에서 자국에 대한 도전국의 부상을 견제하며 자국에게 유리한 국제질서를 안정적으로 유지하는 것이다. 따라서 미국에 적대적인 북한의 핵 및 미사일 개발을 억제하여 동북아의 안정을 유지하려고 한다. 동시에 한반도에서의 전쟁 예방과 억지에 초점을 두고 이를 위해 북한의 군사적 위협을 억제해 지역 긴장을 완화시키려고 한다. 요컨대 핵확산 방지와 지역적 분쟁의 억지를 통해서 한반도의 안정과 평화를 유지하면서, 궁극적으로는 북한을 자유시장 경제체제로 유도하여 지역국가의 일원으로 편입시키고자 한다.

## 2 북미관계 주요 쟁점

### 1. 평화협정 체결과 관계 정상화

북한은 체제 생존을 위해 미국과의 관계 정상화를 추진하며 그 과정에서 정전 상태를 종전 상태로 전환하여 안보적 위협을 완화하기 위한 평화협정 체결을 추진하고자 한다. 미국의 입장에서도 동북아질서의 안정적인 관리를 위해 평화협정 체결 및 북한과의 관계 정상화가 국익에 부합한다. 그러나 평화협정 체결 및 관계 정상화를 위해서는 우선 북한의 핵문제가 먼저 해결되어야 한다는 입장이다.

### 2. 북한 핵문제

#### (1) 북한의 핵 개발 동기 및 대미 핵전략

북한은 낮은 비용으로 확실히 안보를 확보하는 수단으로 그리고 미국으로부터 체제 보장을 받기 위한 협상 테이블로 미국을 유도하기 위한 도구로서 핵을 개발해왔다. 공산권이 붕괴되고 북한이 적으로 상정해 왔던 미국이 단극 패권으로 부상하면서 북한은 체제 생존에 위협을 느꼈다. 한국과의 체제 경쟁에서는 패배하고, 러시아 및 중국이 한국과 수교하면서 국제적 고립도 심화되었다. 이러한 배경에서 핵무기의 성격상 소량의 핵무기로도 적대국의 핵전력을 무력화시키고 재래식 전력의 극대화를 달성하며 경제적으로 우세한 남한과의 군사력 경쟁에서도 뒤처지지 않을 수 있다고 판단하였을 것이다. 동시에 핵 개발은 체제가 당면한 문제를 미국과의 관계 개선을 통해 해결하기 위해 '대미협상용'으로 기능하는 것으로 증명되었다. 그 외에도 핵 보유 시 동맹국들에 대한 안보의존도를 줄여 자주성을 제고할 수 있으며 북한의 과학능력을 대내외에 과시하는 효과도 있다.

#### (2) 미국의 북핵정책

① **클린턴 행정부(1993)**: 클린턴 행정부 때는 개입과 관계 개선을 목표로 최초로 북한과 고위급 회담을 시작해 핵 프로그램의 동결과 경제 원조, 관계 정상화 추진을 교환하였다.

② **부시 행정부(2001)**: 부시 행정부에서는 철저한 상호주의원칙을 기반으로 북핵에 대한 근본적인 해결책을 모색하였지만 열매를 거두지 못하였다.

③ **오바마 행정부(2009)**: 오바마 행정부는 '전략적 인내'라는 모호한 정책을 사용하였으나 결과적으로 북핵문제 해결에 진전을 이루지 못하였다. 잘못된 행동을 하면서 보상만 얻으려는 북한에 대해 근본적인 태도 변화가 없는 한 대화나 관여(Engagement)를 하지 않겠다는 '전략적 인내'정책은, 사실 제재의 틀 안에서 북한의 자발적 비핵화 또는 북한 정권의 붕괴를 마냥 기다리는 무정책에 가까운 노선이라고 볼 수 있다.

④ **트럼프 행정부(2017)**: 트럼프 행정부는 FFVD방식으로 북한의 핵폐기를 압박하는 한편, 북한과 정상회담을 개최하였다. 미북 정상은 2018년 6월 싱가포르에서 정상회담을 가졌다. 당초 싱가포르 북미 공동성명이 '비핵화 합의'가 될 것이라는 기대가 많았지만, 결과는 그렇지 못했다. 대신에 양 정상은 새로운 북미관계 수립, 한반도 영구평화체제 구축, 한반도 완전한 비핵화 등 양국 간 3개의 포괄적인 전략목표를 제시하고 이를 달성하기 위한 노력을 약속하는 '정치합의'를 채택했다.

⑤ **바이든 행정부(2021)**: 바이든 행정부의 기본적인 접근방식은 북한과 협상을 통해 비핵화 목표를 설정하고 로드맵을 구축한 후 단계적·점진적 비핵화 조치에 따라 상응조치를 제공하는 형태이다. 이는 이미 1994년 『북미 제네바 합의』, 2005년 『9.19 공동성명』과 이를 이행하기 위한 2007년 『2.13 합의』 『10.3 합의』 등을 도출하는 과정에서 시도된 바 있다. 바이든 행정부의 대북정책은 사실상 북한이 자신들의 주장을 철회하고 대화에 복귀, 즉 북한이 먼저 변화하라는 오바마 행정부의 전략적 인내와 차별화되지 않는다는 평가를 받고 있다.

## 3. 미사일문제

### (1) 미국의 입장

미국이 북한의 미사일문제에 민감하게 반응하는 이유는 다음과 같다.

① 북한의 미사일은 주한미군 및 주일미군을 겨냥하고 있는 점에서 한반도 안보는 물론 동북아 안보에 위협이 된다.

② 북한의 미사일과 미사일 기술이 중동지역 반미 국가들에게 이전될 경우, 미국의 이들 국가에 대한 대응에 제한을 가할 수 있다.

③ 북한의 미사일이 테러세력에게 유입되면 9·11테러와 같이 미국 본토가 공격을 받는 등 미국의 안보에 지대한 위협이 될 수 있고, 나아가 현재 세계 도처에서 발생하는 테러의 양상이 심화되어 미국의 세계전략에 차질을 빚을 수 있다.

따라서 미국은 북한의 MTCR 가입과 검증 가능한 개발 규제와 수출 금지를 원한다.

## (2) 북한의 입장

북한은 안보용, 내부 단속용, 대미 협상용으로 미사일 기술을 발전시켜 왔다. 소련 및 동구권이 무너지고 한국에는 미군이 계속 주둔하고 있으며 군의 현대화 면에서 한국에 뒤처진 가운데, 안보를 위해 미사일 개발을 해왔다. 동시에 미사일 개발 및 시험발사는 선군정치라는 정치담론을 뒷받치며, 경제난으로 힘들어 하는 주민들에게 경각심을 주며 결속력을 다질 수 있는 수단이다. 미국을 북한의 체제 생존과 밀접한 관계를 맺는 북미관계 정상화를 위한 협상 테이블로 유도할 수 있는 도구도 된다. 북한은 미사일은 자주권에 관한 문제로 미국이 관여할 문제가 아니며, 미국이 MCTR 가입이나 수출 중단을 강요할 수 없다는 입장이다. 이러한 요구를 관철시키려면 그에 상응하는 보상, 특히 현금보상이 필요하다는 주장이다.

> **참고**
>
> **북미정상회담선언문(2018년 6월 12일)**
>
> 트럼프 대통령과 김정은 위원장은 미국과 조선민주주의인민공화국의 새로운 관계 수립과 한반도의 지속적이고 견고한 평화체제 구축과 관련한 사안들을 주제로 포괄적이고 심층적이며 진지한 방식으로 의견을 교환하였다. 트럼프 대통령은 조선민주주의인민공화국의 안전보장을 제공하기로 약속하였고, 김정은 위원장은 한반도의 완전한 비핵화를 향한 흔들리지 않는 확고한 약속을 재확인하였다.
>
> 새로운 북미관계를 수립하는 것이 한반도와 세계의 평화·번영에 이바지할 것이라는 점을 확신하고, 상호 신뢰를 구축하는 것이 한반도 비핵화를 증진할 수 있다고 인정하면서 트럼프 대통령과 김정은 위원장은 아래와 같은 합의사항을 선언한다.
>
> 1. 미국과 조선민주주의인민공화국은 평화와 번영을 위한 양국 국민의 바람에 맞춰 미국과 조선민주주의인민공화국의 새로운 관계를 수립하기로 약속한다.
> 2. 양국은 한반도의 지속적이고 안정적인 평화체제를 구축하기 위해 함께 노력한다.
> 3. 2018년 4월 27일 판문점선언을 재확인하며, 조선민주주의인민공화국은 한반도의 완전한 비핵화를 향해 노력할 것을 약속한다.
> 4. 미국과 조선민주주의인민공화국은 신원이 이미 확인된 전쟁포로, 전쟁실종자들의 유해를 즉각 송환하는 것을 포함해 전쟁포로, 전쟁실종자들의 유해 수습을 약속한다.
>
> 역사상 처음으로 이루어진 북미정상회담이 거대한 중요성을 지닌 획기적인 사건이라는 점을 확인하고, 북미 간 수십 년의 긴장과 적대행위를 극복하면서 새로운 미래를 열어나가기 위해 트럼프 대통령과 김정은 위원장은 공동성명에 적시된 사항들을 완전하고 신속하게 이행할 것을 약속한다. 미국과 조선민주주의인민공화국은 북미정상회담의 결과를 이행하기 위해 마이크 폼페이오 미국 국무장관, 관련한 조선민주주의인민공화국 고위급 관리가 주도하는 후속 협상을 가능한 한 가장 이른 시일에 개최하기로 약속한다.
>
> 도널드 트럼프 미합중국 대통령과 김정은 조선민주주의인민공화국 국무위원장은 북미관계의 발전, 한반도와 세계의 평화·번영·안전을 위해 협력할 것을 약속하였다.

# 제2절 | 북한 – 중국관계

## 1 냉전기 북한·중국관계의 전개과정

### 1. 국교 수립

북한은 1949년 10월 1일 중화인민공화국을 수립한 중국과 10월 6일 공식 수교하였다. 양국의 수교는 이념적 동질성과 항일투쟁의 공동경험을 보유하는 등 그 이전부터 유지해온 밀접한 교류와 협력의 연장선상에 있었다. 이러한 배경은 곧이어 발발한 한국전쟁에 중국이 참전하는 결과로 이어졌다. 중국의 참전은 양국이 미국에 공동 대항하는 과정에서 상호지지와 우호협력 그리고 순망치한(脣亡齒寒)의 혈맹관계를 형성하는 계기가 되었다. 그러나 양국 간의 마찰과 갈등이 전혀 없었던 것은 아니다. 냉전구도에서 북한은 중국, 소련과의 협력을 통해 미국의 위협에 대응하였는데, 중소관계가 변화함에 따라 북중관계도 영향을 받지 않을 수 없었기 때문이다.

### 2. 북한·중국관계 형성기

국교 수립 이후 1950년대 말까지는 북중관계 형성기로 볼 수 있다. 이 시기는 소련을 중심으로 하는 사회주의 진영이 형성되는 시기였고, 중소관계도 우호적이었기 때문에 북중관계도 긴밀하게 형성될 수 있었다. 중국은 한국전쟁에 참전하였고, 경제적으로도 북한의 재건을 위해 전쟁 후 4년 동안 약 8조 위안에 상당하는 지원을 하였다. 또한 장기무역협정과 차관 제공에 관한 협정을 체결하기도 하였다.

### 3. 우호기

1950년대 말부터 1960년대 초반까지는 우호관계를 유지한 시기이다. 1950년대 후반부터 중소관계가 이완되기 시작하였고, 북한은 중국과 소련 중 어느 일국을 선택해야 하는 문제에 직면하였다. 하지만 북한은 중립을 유지하였고, 1961년에 소련과 '북소우호협력상호원조조약'을, 중국과 '북중우호협력상호원조조약'을 잇달아 체결할 수 있었다.

### 4. 소원기

1960년대 중후반까지는 소원기에 해당한다. 이 시기에는 중소 갈등이 악화되기 시작하였고, 중국에서는 1965년부터 문화대혁명이 발발하였다. 당시 북한은 소련과 군사원조협정, 경제기술원조협정을 체결하는 등 실익을 추구하였는데, 소련을 수정주의자로 비난하던 중국은, 북한도 수정주의자라고 비난하기 시작하였다. 이에 북한 역시 중국을 교조주의자로 비난하면서 양국 관계는 경색국면으로 변화되었다.

## 5. 회복기

1970년대는 중국과 북한관계의 회복기이다. 이 시기에는 중·미 접근이 모색되면서 국제환경에 커다란 변화가 발생하였다. 중국은 문화대혁명의 오류를 일부 시정하기 시작했고, 좌경이념의 영향을 받은 대외노선도 일부 조정하기 시작하였다. 북한 역시 북중관계의 악화가 국익에 도움이 되지 않는다는 인식하에, 국제적 데탕트 분위기에 맞춘 대외중립정책을 강화하였다.

## 6. 발전기

1978년 이후의 시기이다. 중국은 1978년 이후 개혁개방정책을 추진하면서 미국과 소련 간의 등거리외교정책이라 할 수 있는 '독립자주외교노선'을 채택하였다. 따라서 전 단계에서 회복된 북중관계는 안정적으로 유지·발전되었다. 이상에서와 같이, 1949년부터 1992년까지 약 40여 년 동안 북중관계는 혈맹관계의 틀 속에서 커다란 갈등 없이 비교적 안정적으로 전개되었다.

## 2 탈냉전기 북한·중국관계의 전개과정

### 1. 냉담기

탈냉전 이후 1999년 6월 김영남 최고인민회의 상임위원장의 방중 이전까지이다. 특히, 한중 수교 이후 북중관계는 인적 교류 및 경제 지원이 저조해지고, 상호협력 채널이 약화됨에 따라 긴밀한 협력을 유지하였던 냉전기와는 질적으로 다른 변화를 보이기 시작하였다. 무역에 있어 과거 물물교환방식은 외환결제방식으로 전환되었고, 대북 유·무상 원조와 우호가격 제공방식도 중지 내지 폐기되었다. 이에 따라 북중 교역액은 급격히 줄어들었다. 경제 교류의 감소와 함께 인적 교류도 감소하였는데, 특히 정상외교의 부재는 한중 수교 이전에 보여주었던 긴밀한 협조에 한계를 드러냈으며, 양국 간의 마찰로도 이어졌다. 이는 1993년 북한이 중국과 사전협의 없이 NPT를 탈퇴함으로써 제1차 북핵 위기가 발생한 사례에서도 확인할 수 있다.

### 2. 회복기

회복기는 1999년 김영남의 방중 이후 2002년 제2차 북핵 위기 발발 이전까지이다. 이 시기에 북중관계는 1999년 6월 김영남의 방중을 계기로 급속히 회복되기 시작하였다. 이러한 관계 회복은 북한의 경제난에서 비롯되었으나, 중국도 대외전략상 북한과의 우호협력관계를 유지 내지는 강화할 필요성이 있었기 때문이었다. 정상외교도 9년 만에 재개되기 시작하였다. 2001년 김정일은 중국을 방문하였고, 곧이어 장쩌민도 방북하였는데, 이는 양국 간 정상외교의 완전한 회복을 의미하는 것이었다. 하지만 양국 관계가 혈맹관계로 상징되는 이전의 특수한 관계로 복원된 것은 아니었다.

### 3. 강화기

강화기는 제2차 북핵 위기가 발생한 이후 2006년 북한의 미사일·핵실험 이전까지이다. 제2차 북핵 위기는 양국의 전략적 협력관계를 강화하는 데 커다란 밑거름으로 작용하였다. 북핵문제를 평화적으로 해결하려는 중국의 적극적인 노력과 정치경제적 위기에서 벗어나려는 북한의 의도는 상호 긴밀한 협력을 필요로 했다. 고위층 인사의 상호 방문은 물론 실무 차원에서도 접근이 이루어져 양국의 협력채널이 본격적으로 재건되고 가동되기 시작하였다. 2004년 중국의 후진타오는 '전통계승, 미래지향, 선린우호, 협력강화'라는 북중 간 우호협력관계를 상징하는 16자 방침을 재확인하였다.

### 4. 소원기

소원기는 2006년 7월 북한의 미사일 시험발사와 10월 핵실험을 단행한 이후부터 현재까지이다. 북한은 미국이 인권, 마약, 위폐 등 다양한 문제를 제기함으로써 대북 압박을 강화하자 대중관계 강화를 통해 미국의 대북 강경정책에 대응하고 경제난을 해소하고자 하였다. 그러나 미국의 대북 압박이 완화되지 않자, 북한은 중국의 우려와 만류에도 불구하고 2006년 7월 5일 미사일 시험발사를 단행하였고, 10월 9일에는 핵실험을 감행하였다. 핵실험 직후 중국은 북한의 행위에 분노감을 표시하였고, UN 안전보장이사회의 대북제재안에 찬성하고 대북 경제제재를 가동함으로써 북중관계는 경색국면으로 접어들었다.

## 3 북중관계의 주요 현안 및 쟁점

### 1. 북핵문제

#### (1) 제1차 북핵 위기

북한이 1992년 국제원자력기구(IAEA)의 핵사찰을 수용하고, '한반도 비핵화 공동선언'을 단행함으로써 합의를 이루어 가던 북핵문제는 탈냉전의 시대적 상황과 한중 수교로 인해 외교적으로 고립되었던 북한의 돌발행동으로 위기를 맞이했다. 북한은 중국과의 상의 없이 1993년 핵확산금지조약(NPT) 탈퇴를 선언하였을 뿐만 아니라, 핵문제의 해결을 위한 북미 간 직접협상의 과정에서도 한반도 휴전체제의 무력화를 주장하였다. 이러한 북한의 조치는 경제 발전을 위해 평화로운 주변환경 조성에 주력하고 있던 중국의 입장과 한반도에서의 영향력 강화라는 중국의 국가이익에 위배되는 것이었다. 결과적으로 제1차 북핵 위기는 1994년 북미 간 제네바합의에 서명함으로써 일단락되었다. 그러나 이 과정에서 나타난 북중관계의 특성은 중요 사안에 대해 이전에 보여주었던 사전통보 내지 긴밀한 협조의 전통보다 사후의견 조율을 위한 실무적 차원의 접근이 더 큰 비중을 가지는 것으로 변화되었다.

### (2) 제2차 북핵 위기

중국은 2003년 4월 중·북·미 3자회담을 개최하고, 8월에는 6자회담을 성사시킨 이후 지금까지 적극적인 중재자 역할을 수행해 왔다. 이와 동시에 북한의 위기수준 관리와 대북 영향력 확보를 위해 중국의 대북 지원도 강화되었다. 북한도 체제 보장과 경제 지원을 위해 중국의 협조가 필요하기 때문에 양국 간의 관계도 상당 수준으로 회복되고 개선, 강화되고 있었다. 그러나 북한의 핵개발 목표는 궁극적으로 대내결속 강화와 대미관계 개선을 통한 체제 유지 및 보장에 있었다. 이는 중국과의 협력을 통해서만 해결할 수 없는 문제로서 북한의 핵실험은 이러한 양국의 협력관계에 균열을 초래하였다. 중국이 설득 위주에서 압박을 병행하는 대북정책으로 선회하였다.

## 2. 개혁개방과 경협문제

표면상 양국은 '위로부터'의 점진적 개혁을 통해 체제를 유지한 채 경제 발전을 이룬 중국식 발전노선의 북한 원용에 대해 인식을 공유하고 있다. 다만, 중국은 북한체제의 개혁 개방을 지지·유도하나, 일방적인 시혜 차원의 지원을 고려하지 않고 상호주의 차원에서 접근하고 있으며, 북한은 지나친 대중 의존도를 경계하고 있다. 아울러 개혁 개방이 체제 유지에 미칠 영향을 우려해 개혁 개방 부작용에 많은 관심을 가지고 있으며, 특히 대미관계 개선을 통한 개혁 개방을 중시하고 있다.

## 3. 남북관계 및 통일문제

### (1) 중국의 한반도정책 기조

중국의 한반도정책 기조는 한반도의 평화와 안정 유지, 한반도에 대한 영향력 확보, 한반도의 자주적 평화통일 지지로 압축된다. 그동안 중국은 내정불간섭을 대외관계의 주요 원칙으로 일관되게 주장, 제시해 왔다. 따라서 중국은 원칙상 한반도문제에 대해서도 남북 당사자 간 대화와 협상을 통해 평화적으로 해결되기를 바라는 입장이다.

### (2) 평화협정의 당사자문제

종전선언 및 평화협정의 당사자문제에 대해 중국은 정전협정 당사자로서 당연히 여기서도 당사자가 되어야 한다는 입장이다. 반면, 북한은 평화체제는 북한과 미국 간 평화공존을 실현하는 것으로 인식하고, 북미 양자만을 당사자로 고집해 왔다. 그러나 최근 6자회담을 통해 남한·북한·미국 3자 또는 중국도 인정하는 입장으로 변화하고 있다.

### (3) 평화협정의 내용문제

평화협정의 내용에 있어서도 북한은 주한미군 철수와 한미군사합동훈련 반대를 주장해 왔으며, 주한미군 철수문제를 평화협정과 북미 수교를 위한 전제조건으로 밀접히 연계시키고 있다. 반면, 중국은 평화협정과 주한미군의 지위문제를 별개의 사안으로 간주하고, 평화협정 체결 후 관련당사국 간 논의를 통해 해결하려는 입장이다. 이는 미국과의 불필요한 갈등을 촉발하지 않으면서 한반도에서의 영향력을 유지하려는 중국의 의도로 해석된다.

### (4) 북미관계의 정상화

북미관계의 개선 및 수교에 대해 중국은 반대하지 않는데, 북미관계의 정상화는 한반도의 평화와 안전 유지에 기여할 것이기 때문이다.

### (5) 한반도 통일방안

한반도 통일방안에 대해서 과거 중국은 북한의 통일방안인 '고려연방제'를 자국의 '일국양제(一國兩制)'와 같은 맥락에서 동의하였으나, 한중 수교 이후에는 북한에 의한 통일방식을 공개적으로 지지하지 않고 있으며, 자주적·평화적 통일에 대한 지지만을 밝히고 있다. 구체적으로 중국은 한반도 평화와 안정 유지를 저해할 수 있는 급진적 통일을 반대하며, 평화통일을 희망한다.

## 제3절 | 북한 - 일본관계

### 1 상호전략

#### 1. 북한의 대일정책 방향 및 목표

(1) 외교적 고립을 탈피함과 동시에 일본으로부터 식민통치 배상이나 전후보상을 받아 경제·기술 협력을 진전시킴으로써 심각한 경제난을 해결하고자 한다.

(2) 일본과의 관계 개선을 이용해 주변국들과의 관계도 재정립한다. 특히 동북아에서 일본과 패권경쟁을 벌이고 있는 중국이 북일관계 긴밀화를 경계하며 북한에 대해 더 많은 지원을 하도록 획책할 수 있다. 또한 북일관계 정상화를 통해 북한에 대한 이미지가 개선되어 미국 및 서방 국가들의 대북 태도도 우호적인 방향으로 변할 수 있다.

(3) 남북대결에서 일본을 중립화함으로써 핵문제나 미사일문제 등과 관련해 한국과 일본 간 및 한국, 미국, 일본 간의 공조체제를 방해한다.

(4) 체제 유지에도 도움이 될 수 있다. 체제 생존을 위해서는 미국으로부터의 보장이 필수적이나 핵문제 등으로 미국과 관계 개선이 용이하지 않으므로, 안전보장의 차선책으로 일본과의 관계 개선을 먼저 도모한 후 대미관계 개선의 효과를 노릴 수 있다.

## 2. 일본의 대북정책 방향 및 목표

(1) 전후 처리 종결과 역내 영향력 확보라는 전략적 관점에서 북한과의 관계 정상화를 추구한다. 제2차 세계대전의 전후 처리 차원에서 북한과의 국교 정상화는 러시아와의 북방 영토 문제와 함께 대외관계에서 마지막으로 남아 있는 미해결 과제이다. 전후 처리 외교를 종결짓는 것은 일본이 UN안전보장이사회의 상임이사국 진출 등 국제사회 복귀작업의 기반이 된다. 또한 일본은 탈냉전기를 맞이하여 아시아에서의 국제적 역할 증대를 모색하면서, 북한과의 관계 개선을 통해 동북아 신질서 형성의 유리한 지점을 차지하겠다는 장기적인 전략적 사고를 하게 된다.

(2) 북한의 핵무기와 미사일 개발을 자국 안보에 대한 위협으로 인식하며 이 문제 해결에 주력한다.

(3) 국민 여론을 고려할 때 납북자문제와 군사적 위협요인이 해소되지 않는 한 관계가 정상화되기 어렵다.

## 2 주요 쟁점

### 1. 관계의 정상화

(1) 수교교섭 및 정상회담 전개

1990년부터 2003년 사이에 진전과 결렬의 과정을 반복하면서 13차례의 북일 수교교섭이 이루어졌다. 2002년과 2004년에는 일본 총리 고이즈미가 평양에서 김정일 위원장과 정상회담을 가지며 양측은 관계 개선 의지를 표명하였다. 그럼에도 불구하고 북핵문제, 과거사 사죄문제, 일본인 납치문제 등 주요 현안에 대해 이견을 좁히지 못하고, 미국의 견제와 양국의 대내외적인 문제로 진전되지 못하고 있다.

(2) 북일 국교 정상화 현안 관련 양국의 주장

| 현안 | | 북한 측 주장 | 일본 측 주장 |
|---|---|---|---|
| 기본 인식 | 사죄 | 일본국 및 일본국 총리대신에 의한 구두 및 문서에 의한 사죄 | 과거 식민지 지배에 대해 반성과 유감 표명 |
| | 보상 | • 전전 교전국으로서의 보상<br>• 재산청구권에 의한 물질적 보상<br>• 전후 45년간의 피해와 손실에 대한 보상 | • 배상 또는 보상 개념은 불가능<br>• 경제적 제문제 재산청구권으로 처리 |
| 역사인식 | | • 한일합방조약 등 구조약 무효<br>• 조선과 일본은 전쟁상태에 있었음 | • 구조약은 합법적으로 체결·유효이나 지금은 무효<br>• 일본으로부터 조선이 분리 독립 |
| 핵문제 | | 북미 간 문제로 일본이 관여할 문제 아님 | 북한은 무조건 핵사찰을 받아야 함 (국교 정상화의 전제 조건) |
| 일본인 납치문제 | | 정치적 모략극 | 생사 확인 요구(전제조건) |
| 국교정상화방법 | | 외교관계 수립에 합의한 후 보상 문제 협의·해결 | 전체 일괄적으로 해결한 후 정상화 |

## 2. 북한 핵문제

### (1) 일본의 입장

① 다자회담의 틀 내에서 북핵문제 해결에 참여하고 주변국들과 협력해 한반도 비핵화를 실현하고자 한다.
② 반복되는 북한의 핵실험 및 미사일 발사를 자국 안보에 대한 위협이자 국제사회 평화와 안전에 대한 위협으로 인식하고, 북한의 핵 개발·보유·이전을 결코 용인하지 않는다는 입장이다. 핵·화학·생물 무기나 미사일의 개발·보유·배치를 폐기시키기 위해 한국·미국·중국·러시아 등 국제사회와 협력하면서 화물 검사를 포함한 단호한 조치를 취하고자 한다. 북한은 모든 국제합의를 준수하여야 하며, 모든 핵 프로그램을 완전히 불가역적이며 검증 가능한 형태로 조속히 폐기하여야 한다.
③ 핵문제 해결과정에서 일본 국내여론이 중시하는 납치문제와 관계 정상화를 연계시킨다. 6자회담에서 일본은 북한에 대해서는 납치문제를 논의할 것을, 다른 참가국들에게는 납치문제를 핵·미사일과 함께 6자회담 의제로 다룰 것을 요구하였다.
④ 북핵이라는 안보위협을 이용해 미일동맹을 강화하고 일본의 군사력을 강화하여 경제력에 걸맞는 정치적 영향력을 행사하기 위한 기반을 마련한다.

### (2) 북한의 입장

북한에게 있어 핵 개발은 '자위수단'이자 '대미협상용'이다. 과거에 북한은 핵 폐기와 체제 보장의 교환을 원하였지만, 근래에는 핵 비확산 대신 미국으로부터 핵 보유 묵인 및 체제 보장을 받기를 바라는 것으로 보인다. 북한은 기본적으로 다자회담보다 미국과의 협상을 중시한다. 결국 북한에게 가장 절실한 체제 생존·유지는 미국과의 관계에 직접적으로 연관되기 때문이다.

## 3. 북한 미사일문제

### (1) 갈등의 배경

1990년대 이래 북일 정치안보관계에 있어 초미의 관심사가 되고 있는 것은 북한의 미사일일 것이다. 1993년 북한의 핵실험을 계기로 북한을 자국의 안보에 대한 위협 요소로 인식하기 시작한 일본은, 1998년 대포동 1호 발사로 충격에 휩싸인다. 자국의 영토 전역이 북한의 미사일 사정거리 안에 놓이게 되었기 때문이다. 북한은 1980년대 이란에서 수입한 스커드 미사일을 변형·발전시켜 왔고, 1993년에는 사정거리 1,000km의 노동 미사일을 발사하고, 실전 배치하였다.

### (2) 일본의 입장

일본은 안보위협으로 인식되는 북한의 미사일 개발을 저지하기 위한 외교적 노력과 함께, 미사일문제를 활용해 자국의 보통국가화를 추진하는 전략을 취한다. 2009년 북한의 장거리 로켓 실험 직후, 일본은 북한의 미사일 실험 및 개발을 금지한 안전보장이사회결의 제1718호에 위반을 이유로 UN안전보장이사회에서 북한에 대한 추가제재 논의를 적극 주도하였다.

### (3) 북한의 입장

미사일 개발은 자국의 주권문제로, 이에 대해 간섭하고 저지하려는 일본의 시도에 대해 일체 반대한다. 북한에게 있어 미사일은 안보적 측면에서 자위의 수단 및 주변국의 공격을 억지하는 수단이다. 또한 미국의 대북협상을 유도해 미국으로부터 체제 안전을 담보받으려는 북한의 목적을 달성하기 위한 수단이 되기도 한다. 동시에 대내적으로 주민들의 단속을 강화하고, 선군통치라는 정치 담론을 뒷받치는 정책이기도 하다.

### 4. 일본 납치자문제

1977년부터 1983년까지 10여 명의 일본인이 행방불명되었다. 일본은 이 배후에 북한이 있는 것으로 확신하고, 북한에 대해 줄곧 이들의 생사 확인 및 조속한 귀국조치를 촉구해 왔다. 북한은 납치문제는 처음부터 존재하지도 않는다는 입장을 보여 왔으나, 2002년 9월 일본 총리 고이즈미가 북한을 방문하였을 때, 김정일 국방위원장이 납치 사건은 특수기관원들의 일본어 교육과 남한 잠입을 위해 이루어졌다고 인정하였다. 피랍자 14명 중 8명이 사망하였다는 소식에 일본에서는 북한에 대한 적대적 감정이 일었고, 납치문제의 조속한 해결에 대한 여론이 높아졌다. 일본 납치자문제는 북한 핵·미사일문제와 함께 북일관계 정상화의 장애물이 되어 왔다. 현재 일본 정부는 국내여론을 인식해 납치문제의 해결이 전제되지 않고서는 북한과 관계 정상화를 할 수 없다는 입장이다.

## 제4절 | 중국 – 대만관계

### 1 양안관계 전개과정

#### 1. 무력충돌시기(1949년 ~ 1978년)

중국은 1949년 반드시 대만을 해방해야 한다는 호소문을 발표하였으며, 1954년에 대만의 지배지역인 진먼다오[금문도(金門島)]에 포격을 가하면서 제1차 대만해협 위기가 발발하였다. 같은 해 12월 미국은 대만과 상호방위조약을 체결해 대만의 안전을 보장하였지만 이듬해 1, 2월에 중국군은 저장성(浙江省) 장산다오(江山島), 옌하이다오(沿海島) 등을 점령하였다. 직후 미국과의 회담을 통해서 대만해협의 위기는 진정되었다. 하지만 1957년 미국이 대만에 핵무기 탑재 미사일을 배치하자 1958년 8월 중국이 진먼다오에 재포격함으로써 제2차 대만해협 위기가 발발하였다. 미국은 제7함대를 이 지역에 파견하였고, 이듬해 1월에 중국이 군사행동을 중단함으로써 더 이상의 확전은 없었다.

## 2. 평화공세기(1979년 ~ 1998년)

### (1) 중국의 대대만정책 기조

등소평이 등장한 1978년 중국은 대만문제에 있어서 군사력이 아닌 평화적인 방법으로 해결책을 찾고자 하였다. 1979년 1월 전국인민대표대회가 군사충돌을 지양하며, 통신·통항·통상의 삼통(三通)을 촉구한다고 발표하였다.

### (2) 대만의 대중국정책 기조

대만은 1970년대 후반 미국과 중국이 수교하고 대만과 단교하는 외부적인 변화와 중국의 대만정책의 변화로 이에 어떤 식으로든 대응책을 강구해야 하였다. 비록 대만은 1979년 불접촉·불담판·불타협의 삼불(三不) 정책의 불변을 강조하였지만, 장징궈 총통은 1981년 민족·민권·민생의 삼민주의로 중국을 통일한다는 '삼민주의통일중국안'을 제출하였는데, 이는 기존의 반공수복(反共收復)에서 화평반공(和平反共)으로의 전환을 의미하였다.

### (3) 중국의 '일국양제(一國兩制)' 구상

1982년 등소평은 대만정책에 있어서 이정표적인 '일국양제(一國兩制)' 구상을 발표하였다. 대만문제는 국내문제이며 대만은 중국의 지방 특별행정구로서 기능한다는 것이다. 이후 1984년에는 일국양제를 정식으로 중국의 대만정책으로 채택했다. 이에 대만도 1986년에 계엄을 해제하고 대륙과의 간접무역과 대만 기업의 대대륙 간접투자를 허용하였고, 1988년에는 반공산주의와 삼불정책의 수호를 여전히 재결의하면서도 시대상을 반영해 친척 간 상호 방문과 서신 교환을 허용하였다. 그리고 1991년에는 공산당과의 내란상태 종식을 선언하였다.

### (4) 장쩌민의 8개항 원칙 발표(1995년)

제3세대 지도부의 대만 구상으로서 몇 가지 중요한 의의를 가진다. 하나의 중국 원칙을 견지하면서 정치와는 별개로 경제협력을 가속화하며, 무력사용은 대만 독립의 분리세력에게만 해당하되 대만 인민의 의견을 존중하지만 대만문제가 무기한 계속될 수는 없다는 내용이었다.

## 3. 분열갈등기(1999년 ~ 현재)

### (1) 리덩후이의 7개 지역론(1995년)

1997년 홍콩이 중국에 반환된 후 대만의 중국정책은 급격하게 변하였다. 이전에는 여전히 형식적으로나마 통일을 강조하는 모습을 취했지만 이제부터는 본격적으로 분리주의적 성향을 드러내기 시작한 것이다. 리덩후이 총통이 1999년 5월 전중국 영토를 대만, 티베트, 신장, 몽골, 동북 등 7개 지역으로 분할되어야 한다는 7개의 지역론을 발표한데 이어, 7월에는 '대만은 중국과 별개의 국가'라는 양국론을 발표하면서 양안 간 긴장이 고조되었다.

### (2) 천수이벤의 '일변일국론'(2002년)

2000년 민진당의 천수이벤이 총통에 당선된 후 양안관계는 본격적인 갈등기로 진입하였는데, 2002년 천수이벤 총통은 "대만해협을 사이에 두고 한 쪽에 한 나라씩 존재한다."라는 '일변일국(一邊一國)'론을 제시하였다.

### (3) 후진타오의 4개항 원칙(2005년)

2005년 중국인민정치협상회의에서 '후진타오의 4개항 원칙'이 제시되었다. 이는 ① '하나의 중국'원칙은 결코 흔들리지 않을 것, ② 평화통일 노력을 결코 포기하지 않을 것, ③ 대만 인민에 희망을 건다는 방침은 결코 바꾸지 않을 것, ④ 대만 독립 분열주의세력과의 타협은 없다는 것이었다. 강경책으로는 상기 회의에서 법리적으로 대만의 독립 시 무력사용을 정당화하는 반분열국가법을 통과시킨 것을 들 수 있다.

### (4) 천수이벤의 4요1무론(2007년)

천수이벤은 2006년 대만이 '정상적이고 완전한 국가'로 거듭날 것임을 공언하였고, 2007년에는 "대만은 독립해야 하고, 이름을 바로 잡아야 하며, 신헌법이 필요하고, 발전이 필요할 뿐, 좌우노선의 문제가 없다."라는 '4요1무(四要一無)'론을 선언하였다.

## 2 중국의 통일정책

### 1. 모택동 정부의 무력통일론

중국 정부 수립 이후부터 1950년대에 중국은 대만에 대한 무력통일정책을 구사하였으며 1958년 8월 23일 금문도 포격을 통한 제2차 대만해협 위기 이후에는 정치적 해결전략으로 변화하였다.

### 2. 등소평 정부의 일국양제론

일국양제란 일국이, 그 헌법과 법률에 의거하여, 그 나라의 일정한 지역에 주 제도(Main System)와 다른 정치·경제·사회제도를 채택할 수 있음을 의미한다. 이러한 지역의 지역정부는 지방정부들로서 국가주권을 행사하지 못한다. 등소평 정부의 예젠잉은 9조 방침을 제시하였다. ① 쌍방 합작을 위한 대표 파견, ② 상호이해 증진을 위한 서신 거래, ③ 통상·통합 후 대만은 특별행정구로 자체 군대 보유 등 고도의 자치권 향유, 중앙정부는 대만 지방사무에 불관여, ④ 대만의 현행 사회경제제도, 생활방식 및 외국과의 경제문화 관계불변, ⑤ 대만 당국과 각계 대표들의 국가관리 참여, ⑥ 대만의 재정 곤란 시 중앙정부가 지원, ⑦ 대만인의 본토거주권과 자유왕래 보장, ⑧ 대만의 본토투자자들의 합법적 권익과 이윤 보장, ⑨ 통일을 위한 대만 각계의 건의 환영 등이다.

> **참고**
>
> **영국 - 중국 간 홍콩 반환협정**
> 1. 홍콩은 중국 중앙정부에 직속되는 특별행정구가 되며, 외교와 국방 이외 분야에서는 고도의 자치권을 보유한다.
> 2. 홍콩 특구에는 독자적인 입법·사법·행정권이 부여되며, 현존 사법제도는 유지한다.
> 3. 홍콩 정부는 현지 주민으로 구성되며, 행정부 수반은 선거 혹은 협의에 의해 홍콩에서 선출하고 중국이 임명한다.
> 4. 현행 사회경제제도 및 생활양식은 그대로 존속하며, 사상, 언론, 집회, 파업, 종교, 인신의 자유는 법률로 보장되고, 개인의 소유권, 재산상속권, 외국 자본은 법률의 보장을 받는다.
> 5. 홍콩은 자유항, 국제금융 중심지로서의 지위와 독립된 관세구역을 유지하며, 홍콩 달러의 통용이 보장된다.
> 6. 홍콩은 독립재정을 수립·집행하며, 중국은 홍콩에서 세금을 징수하지 않는다.
> 7. 홍콩은 '홍콩차이나'란 이름으로 세계 각국 및 국제조직과 상호호혜의 경제, 문화관계를 수립하며 필요한 협정을 체결할 수 있다.
> 8. 홍콩 자체의 치안은 홍콩에서 책임진다.

### 3. 장쩌민 정부의 평화통일론

1993년 8월 31일 '대만문제와 중국의 통일 백서'는 평화통일과 일국양제를 강조하였다. 즉, 하나의 중국, 두 체제의 병존, 고도의 자치, 평화적 협상을 강조하였다. 장쩌민은 1995년 1월 31일, '조국의 통일 대업 완성을 촉구하기 위해 계속 투쟁하자'에서 8개항을 발표하였다. 구체적으로 ① 중국의 주권과 영토 분할 불허용, 대만독립, 분리통치, 단계적인 두개의 중국 등 반대, ② '두개의 중국', '하나의 중국 하나의 대만'을 목표로 하는 국제적 생존공간 확대 반대, ③ 양안 간의 적대상황 청산 및 평화통일협상 촉구, ④ 중국인은 중국을 때리지 않는다. 다만, 외국의 간섭과 대만독립 움직임에 대해서는 무력사용 불포기, ⑤ 양안 경제교류 협력 확대, 대만의 상업적 투자의 민간 간의 협의 보장, ⑥ 중국 문화 발전의 공동 추진, ⑦ 대만 동포의 권익 보호, ⑧ 당국자들의 상호방문이다.

### 4. 후진타오 정부의 통일정책

#### (1) 호사점적(胡四点的) 통일정책

① 하나의 중국원칙을 견지한다는 것에는 변함이 없다. 대만은 구이공식을 승인해야 한다. 구이공식(九二共識)이란 1992년의 합의를 말한다. 하나의 중국을 인정하되 중국과 대만이 각자의 명칭을 사용하는 일중각표(一中各表)를 말한다.
② 평화적 통일을 쟁취하기 위한 노력을 절대 포기하지 않는다.
③ 대만인들에 대한 방침이 절대 변화되지 않는다. 대만독립 분열활동을 억제하는 것이 중요 역량이다.
④ 대만독립을 반대하며 분열활동에 절대 타협하지 않는다. 대만독립 분열세력은 반드시 대만독립 분열 입장을 포기해야 한다.

## (2) 반분열국가법

2005년 3월 후진타오 주석 공식 선출회의에서 채택되었다. 대만의 독립을 불허하며, 독립을 추구하는 세력에 대해서는 비평화적 방법으로 대응할 것이라는 강경책을 천명하였다.

**반분열국가법**

1. 대만독립 분열세력의 국가분열을 반대, 억제하고 조국평화통일을 추진하고, 대만해협지역의 평화를 수호하고, 국가주권과 영토보존을 수호하고, 중화민족의 근본이익을 수호하기 위하여 헌법을 근거로 하여 이 법을 제정한다.
2. 세계에는 오직 중국이 하나이며, 대륙과 대만은 하나의 중국에 속하며, 중국의 주권과 영토는 분할할 수 없다. 국가주권과 영토보존의 유지는 대만동포를 포함한 전 중국인민의 공동의무이다. 대만은 중국의 일부분이다. 국가는 대만독립 분열세력이 어떠한 명의, 방식으로도 대만을 중국으로부터 분열하여 나아가는 것을 허용하지 않는다.
3. 대만문제는 중국의 내전에서 남겨진 문제이다. 대만문제의 해결, 조국 통일의 실현은 중국 내부의 일이다. 따라서 어떤 국외세력의 간섭도 수용할 수 없다.
4. 조국 통일의 대업완성은 대만동포를 포함한 전 중국인민의 신성한 직무이다.
5. 하나의 중국원칙 견지는 조국평화통일 실현의 기초이다. 평화방식으로 조국 통일 실현은 대만해협 양안 동포의 근본이익에 부합되어야 한다. 국가는 최대한의 성의, 최대의 노력으로 평화통일을 실현해야 한다. 국가 평화통일 완성 후 대만은 대륙제도와 다른 고도의 자치를 실시할 수 있다.
6. 국가는 아래 열거한 것을 실시함으로써 대만해협지역의 평화안정을 수호하고 양안관계 발전을 기한다.
7. 국가는 대만해협 양안의 평등적 협상과 담판을 통하여 평화통일이 실현되기를 원한다. 협상과 담판은 절차 또는 단계적으로 나누어 진행할 수 있다. 방식은 원활하고 다양하게 할 수 있다. 대만해협 양안은 아래 열거한 사항으로 협상과 담판을 진행할 수 있다.
8. 대만독립 분리세력이 어떤 명의, 어떤 방식으로 대만이 중국으로부터 분리하려는 사실을 조성하거나 대만이 중국으로부터 분열하려는 중대한 사태가 발생하거나 평화통일의 가능성을 완전히 상실하였을 경우 국가는 비평화적 방식 혹은 기타 필요한 조치를 채택하여 국가주권과 영토보전을 방위할 수 있다. 이 법의 규정에 의하면 비평화방식 및 기타 필요한 조치를 국무원, 중앙군사위원회가 결정하고 실시할 경우 속히 전국인민대표대회 상무위원회에 보고해야 한다.
9. 이 법의 규정에 의하면 비평화방식 및 기타 필요한 조치를 실시할 경우 국가는 최선을 다하여 대만 국민과 대만 내 외국인의 생명, 재산, 안전, 및 기타 정당한 권익에 대해 손실을 감소시키고, 동시에 국가는 이 법에 의거 대만동포의 중국 및 기타지역의 권익과 이익을 보호한다.
10. 이 법은 공포한 날로부터 실행한다.

## (3) 호육점적(胡六点的) 통일정책

호육점이란 '후진타오 6가지 의견(호육점)'을 말한다.
① 하나의 중국을 엄수하고 정치적 신뢰를 증진한다.
② 경제적 합작을 추진하고 공동의 발전을 촉진한다.
③ 중화문화를 선양하고, 정신적 유대를 강화한다.

④ 사람의 왕래를 강화하고, 각계의 교류를 확대한다.
⑤ 국가의 주권을 수호하고, 외교적 사무를 협상한다.
⑥ 적대적 상황을 종결하고, 평화적 협의로 해결한다.

### 5. 시진핑정부의 통일정책

시진핑의 대(對)대만 정책은 '하나의 중국' 원칙을 핵심 기반으로 하며, 평화통일을 추구하되 무력 사용 가능성도 명확히 열어둔 강경한 입장을 취하고 있다. 그는 대만을 중국의 핵심이익이자 내정 문제로 규정하고, "평화통일·일국양제"를 제안하지만, 대만의 독립 시도나 미국 등 외부세력의 개입에는 군사적 대응도 불사하겠다는 입장을 반복해 왔다. 이러한 기조는 2005년 제정된 「반분열국가법」(Anti-Secession Law)을 법적 근거로 삼고 있으며, 이 법은 "대만이 평화통일을 거부할 경우 비평화적 수단을 사용할 수 있다"고 명시하고 있다. 시진핑은 3기 집권 과정에서 중화인민공화국 헌법에 '대만 독립 반대' 조항을 추가하여, 통일 문제를 헌법상 국가 의무로 격상시켰다. 또한 2025년에는 대만의 군사 및 이중용도 기술 기업 8곳을 대상으로 수출 통제를 가하는 등, 법적·경제적 수단을 결합한 압박 정책도 병행하고 있다. 특히 2022년 낸시 펠로시 미국 하원의장의 대만 방문 이후에는 군사훈련과 무력시위가 급격히 강화되었으며, 같은 해 20차 당대회에서 시진핑은 "통일은 반드시 실현해야 할 역사적 과업"이라며 무력 포함 가능성을 공식화하였다.

## 3 대만 주요 정당의 입장과 중국의 전략

### 1. 범람진영(泛藍聯盟)

대만 내 주요 정당은 대중국관계 설정을 놓고 크게 두 진영으로 나눌 수 있는데, 범람진영과 범녹진영이다. 범람진영은 국민당과 친민당이 주축이 되고, 범녹진영은 민진당과 우호세력인 대만연맹이 해당된다. 범람진영의 경우 대만은 이제 더 이상 '중국과 통일을 원하지 않지만 그렇다고 독립을 원하는 것은 결코 아니라는(不統不獨)' 입장이다. 이들은 역사적으로 볼 때 대만은 중국의 일부분이라는 시각을 가지고 있다. 그러나 시대상황의 변화로 대만주민을 대변해야 하기에 '중국우선'이 아닌 '대만우선' 정책을 내세우게는 되었으나 대만의 정치, 경제적 안정을 위협할 수 있는 대만의 독립을 굳이 추진할 필요가 없다고 본다.

### 2. 범녹진영(泛綠聯盟)

범녹진영은 대만은 하나의 주권국가이며, 중국은 법적·역사적으로 대만을 지배하지 않고 있다고 주장한다. 1949년 이래 대만은 사실상의 독립국가이며, 1943년 카이로선언과 1945년 포츠담선언은 대만을 중국 영토로 인정하였지만 효력을 가진 조약이 아니라 의사의 표명에 불과하고, 1951년 일본이 샌프란시스코 평화조약에서 대만을 포기한다고 하였지만 중국 혹은 기타 국가가 대만 통치의 법적 승계자라고 표현하지는 않았다고 주장한다.

## 3. 대만 국내 세력에 대한 중국의 전략

중국은 대만을 중국의 주권하에 있는 영토로 인식한다. 공산당이 국공내전에서 승리해 중화인민공화국을 건국한 후 마침내 서양이 강탈한 홍콩과 마카오를 귀속시켰으며 이제 마지막으로 대만만 남겨놓고 있다. 카이로선언과 포츠담선언에서 대만은 중국 영토라고 밝히고 있으며, 1951년 샌프란시스코 평화조약 체결에서 일본도 대만의 주권을 포기한다고 선언하였다. 그리고 미국 역시 1978년 수교 이후 베이징이 전 중국을 대표한다고 승인하고 있다. 이로 미루어 역사적·국제법적으로 대만은 중국의 분명한 영토이기 때문에 대만은 절대 중국으로부터 분리될 수 없다는 것이다. 중국은 이와 같은 목표를 달성하기 위해 민간 분야 교류를 강화하고 있으며, 세계적으로 반독촉통(反獨促統)세력을 조직화하고 있다. 중국은 경제적 상호의존관계를 이용해 반독정치세력과 친중경제세력을 연계하여 대만 독립세력의 역량을 직·간접적으로 약화시키고자 한다.

## 4. 중국의 대만 고립화전략

중국은 대만을 국제사회에서 고립시키기 위해 대만의 외교공간을 전방위적으로 봉쇄하고자 한다.

(1) 2007년 기준 중국의 수교국은 168개, 대만은 24개국이다. 중국도 대만의 원조외교처럼 경제협력이란 이름하에 제3세계 국가들에 경제원조와 투자를 강화하고 있는데, 이의 대가로 이들 국가들에게 대만과의 국교 단절을 요구하고 있다.

(2) 중국은 대만의 국제기구 가입을 원천적으로 봉쇄하고 있다. 중화인민공화국이 유일한 합법정부이기 때문에 대만은 원칙적으로 국제기구에 가입할 수 없다. 그러나 하나의 중국원칙을 대만이 받아들인다면 일부 국제기구에 가입하는 것에 대해서는 선택적으로 가능하다는 입장이다.

(3) 중국은 대만과의 통일에 가장 큰 장애요인으로서 대만의 후견국인 미국을 들고 있다. 따라서 중국은 대만과 미국과의 관계를 적극적으로 차단하고자 한다.

# 제4장 동아시아 영토분쟁

> **출제 포커스 및 학습방향**
>
> 최근 들어 동아시아 지역안보에 중대한 이슈로 등장한 영토분쟁을 정리하고 있다. 동아시아에는 독도, 센카쿠열도, 북방4도 및 남사군도 분쟁 등 대부분의 동아시아 국가들이 연루된 영토분쟁이 현재 진행 중이다. 시험과 관련해서는 영토 분쟁에 있어서 당사자가 누구인지 그리고 각 당사자의 입장이 무엇인지 정리해야 할 것으로 보인다. 그리고 영토 분쟁이 전개되어 온 과정에서 형성된 합의 문건의 내용 역시 출제될 수 있을 것이다.

## 제1절 | 독도

### 1 일본의 독도 강제편입과정

일본은 20세기 들어 러일전쟁을 유리하게 수행하기 위한 전략적 필요에 따라 독도의 강제 편입을 수행하였다. 공식적으로는 일본은 1904년 한일의정서를 통해 "한국 내의 전략적 요충지를 일본이 필요로 할 경우 임의로 수용할 수 있다."라는 조문을 명시함으로써 정치적·군사적 간섭을 합리화하였다. 이후 1904년 한일협정서를 통해 일본은 고문정치를 통해 한일합방의 기초를 다진다. 1905년 일본의 외무성은 러시아와의 전쟁을 위해 '리앙쿠르島(Liancourt Rocks)의 영토 편입 및 대하원(貸下願)'을 내각회의에 상정하였다. 본 안건은 국제법상 선점이론에 근거한 것으로, 이후 지방자치단체장의 고시인 '시마네현 고시 제40호'의 법률상 기초를 제공한다. 시마네현 고시 제40호는 독도를 다케시마로 명명하고 시마네현 소속으로 편입하는 것을 내용으로 한다. 일본은 러일전쟁의 강화조약인 '포츠머스조약'을 통해 러시아의 간섭을 배제하고 한국에 대한 일본의 배타적인 주권선을 보장을 약속받는다.

### 2 독도 관련 국제적 선언 및 조약

#### 1. 카이로선언(1943년)

카이로선언에 의하면 미국·영국·중국 3대국은 한국의 독립을 약속하며, 일본의 독도 강점에 대해서도 "일본국 시마네현으로부터의 영토 편입조치는 일개 지방 관청의 고시로, 자의로 이루어진 '폭력과 탐욕에 의한 약취행위'임"을 명시한 바 있다.

## 2. 포츠담선언(1945년)

포츠담선언에서도 카이로선언의 이행을 재확인한다. "일본국의 주권은 혼슈, 홋카이도, 큐슈, 시코쿠 및 연합국이 정하는 제 소도(小島)에 국한된다."라고 명시한 바 있다.

## 3. 연합국 최고사령부각서(SCAPIN 제677호)

미국은 1945년 10월의 '맥아더라인(MacArthur Line)', 11월에 '점령을 위한 기본 지령', 12월의 맥아더 사령관 훈련, 1946년 1월의 '연합국 최고사령부각서(SCAPIN 제677호)'의 일련의 전후처리 문서를 통해 울릉도, 독도, 제주도 그리고 북위 30도 이남의 유구 남서제도와 쿠릴열도, 치무군도 등은 일본의 통치권에서 배제됨을 명시한 바 있다.

## 4. 샌프란시스코 강화조약(1951년)

샌프란시스코 강화조약은 "일본국은 한국의 독립을 승인하고, 제주도·거문도·울릉도를 포함한 한국에 대한 모든 권리·권원 및 청구권을 포기한다."라고 규정하고 있다.

# 3 한일 간 영유권분쟁과정

## 1. 한국의 평화선선언

한국 정부는 1952년 1월 18일에 대한민국 인접해양의 주권에 대한 대통령선언(일명 '평화선선언')을 선포하여 독도에 대한 한국의 영토권을 확립하였다. 이에 일본은 바로 외무성 구상서와 후속적인 항의각서를 통해 독도가 1905년 한일 쌍방의 합의에 의해 일본 영토로 편입된바, 위와 같은 한국의 주장은 일본 영토에 대한 한국의 불법적 주권 행사라며 강경한 항의를 제기한다. 이를 계기로 한일 간 독도 영유권 분쟁이 야기된다.

## 2. 한일갈등

일본 정부는 1954년 9월 독도문제를 영유권에 관한 법적 분쟁으로 간주하여 국제사법재판소(ICJ)에 제소할 것을 결정한 후, 주일 한국대표부를 통해 구상서를 전달한다. 한국은 즉각 반박하고 국제사법재판에 의해서 주권을 증명해야 할 하등의 이유가 없다는 입장을 전달한다. 1960년대에도 일본의 고위 관료들과 정치인은 독도문제의 국제재판소 제소를 지속적으로 요구하였다. 그러나 한국은 독도문제를 제소는 물론이고 한일회담의 의제로 상정하는 것조차 반대하였다. 대한민국 정부는 1963년 12월 일본의 위와 같은 요구는 대한민국에 대한 내정간섭이라는 엄중한 항의문을 발송한다.

### 3. 한일협정 체결

1965년 6월 22일 한일 국교관계 정상화를 위한 '한일협정'이 정식으로 조인된다. 협정 이후 독도문제에 관해서 일본이 사실상 현상 유지를 인정하고, 독도 주변 12해리를 어업전관수역으로 설정함으로써 독도 영유권문제는 일시적으로 교착상태에 접어든다. 그러나 1977년 일본 수상이 독도가 일본의 영토라는 발언을 함으로써 다시 독도문제는 현안으로 등장하게 되고, 이후 간헐적인 일본 어선과 해상보안청 순시선의 영해 침범은 독도의 영유권분쟁을 재연하고 있다.

## 4 일본의 영유권 주장 논리

### 1. 원시적(原始的) 권원(權原)

일본은 독도에 대한 원시적 권원을 주장한다. 일본은 독도를 먼저 발견하였으며 1618년 막부의 공인하에 독도를 중간 기항지와 어장으로 전용함으로써 원시적 권원을 취득하였다는 주장이다. 일본은 한국이 독도에 대한 실효적인 증거를 제시하지 못할 뿐 아니라, 비록 일본의 권원이 불완전하더라도 상대적으로 일본보다 강한 권원이 존재하지 않으므로 영유권을 향유한다고 주장한다.

### 2. 시마네현 고시 제40호

일본은 1905년 2월 22일 '시마네현 고시 제40호'를 통해, 한국령 독도를 '竹島'로 개명·영토 편입조치를 취하였으며, 이는 선점행위로서 죽도(竹島)에 대한 영유권은 국제법에 의한 확정적 권원으로부터 확립된다고 주장한다. 일본은 이후 죽도에 관하여 일련의 국가 기능을 구체적으로 발현함으로써 지배를 계속해 왔다고 주장한다.

### 3. 제2차 세계대전 이후 전후 처리과정

제2차 세계대전 후 연합국에 의하여 취해졌던 일련의 조치는 영유권 배제가 아닌 행정권 배제의 문제이므로 일본의 독도에 대한 영유권엔 문제가 없으며, 샌프란시스코 조약 제2조 제(a)호는 독도를 영토주권 포기대상으로 명시하지도 않았다는 점("일본은 한국의 독립을 승인하고 제주도, 거문도 및 울릉도를 포함한 한국에 대한 모든 권리, 권원, 청구권을 포기한다.")을 들어 일본은 독도에 대한 주권을 주장한다.

## 5 일본의 영유권 주장 논리에 대한 비판

### 1. 원시적 권원 주장의 문제

일본은 일본이 일찍부터 독도를 발견하였음을 들어 원시적 권원을 주장하나 이는 허구이다. 일본은 1667년이 되어서야 비로소 울릉도와 독도를 인지하였으며, 독도는 우산도로, 울릉도는 현재의 이름대로 표기되어 있는 것을 미루어 보아 일본인들은 울릉도의 속도로서 독도를 이해하고 있었다.

또한, 고지도와 지리서는 한결 같이 울릉도는 '竹島', 독도는 '松島'로 표기하여, 오늘날 일본 측이 독도를 '竹島'로 부르는 것과는 차이를 보인다. 또한, 1849부터 1905년 간 일본에서 독도는 프랑스 포경선이 명명한 '리앙쿠르도'로 통용되었다. 따라서 역사적 지도와 지리서를 통해 일본이 독도를 고유영토로서 일관적으로 인식해 왔다는 주장은 받아들일 수 없다.

## 2. 시마네현 고시 제40호의 문제

선점이론에 기반한 '시마네현 고시 제40호'를 통한 독도의 강제편입은 원천적으로 무효이다. 선점이란 어떤 국가가 타국에 속하지 않은 무주물에 대하여 실효적인 점유를 함을 의미한다. 선점은 국가의 영토 취득 의사, 실효적 지배, 국가 의사의 대외적 공표의 세 가지 실효적 점유의 요건을 취득해야 정당하다. 그러나 ① 신라 지증왕 이래 독도는 울릉도의 부속 도서로서 무주지가 아닌 대한 제국의 영토였음이 63종의 고문헌에 의해 증명되었고, ② '시마네현 고시 제40호'은 국가가 아닌 일개 지방관청의 일방적인 은밀한 고시이므로 국가 의사의 대외적 공표로 볼 수 없으며, ③ 대한민국 정부가 1900년 독도를 울릉군수의 행정 관할하에 둔 것에 비하여, 일본이 취한 사인에게 해구엽업을 허용한 행위는 정부에 의한 영유의사로 보기 어려우며, ④ 일본 정부가 '시마네현 고시 제40호'를 경쟁적 주권자인 대한제국 정부에 통지하지 않은 것은 통지의무 위반으로 절차적 하자를 의미하기 때문에, 일본의 선점이론에 기반한 독도의 강제편입은 원천적으로 무효이다. 이와 더불어 '시마네현 고시 제40호'를 한국이 묵인하였다는 주장 역시 허구인데, 당시 한일의정서와 한일협약으로 대한제국은 실질적으로 외교권을 박탈당하였기 때문에 독도 편입조치에 대해 항의할 수 없었다.

## 3. 샌프란시스코 강화조약문제

샌프란시스코 강화조약 제2조 제(a)호에서 독도가 명시적으로 언급되어 있지 않다고 해서 일본이 독도에 대한 권리를 종전 후에도 유지한다는 것은 잘못된 해석이다. 1946년 작성된 '연합국 최고사령부각서(SCAPIN 제677호)'는 일본의 영토를 정의할 때 일본은 4개 본도와 약 1,000개의 작은 인접 섬들을 포함한다고 정의한 다음, 제3항에서 일본 영토에서 제외되는 섬들의 그룹으로서 울릉도, 독도, 제주도를 들었다. 이는 독도와 일본을 분리시키는 인식을 가지고 있었음을 보여준다. 또한 샌프란시스코 강화조약 제2조 제(a)호에서 언급된 제주도, 거문도, 울릉도는 망라적으로 해석할 수 없으며 예시적인 조문으로 볼 수 있다. 왜냐하면 만약 제주도, 거문도, 울릉도가 국토의 최외측에 있기 때문에 언급되었다는 일본의 논리를 따르면 마라도 역시 우리나라에 귀속되지 않는 것이 일관성 있기 때문이다. 엄연히 마라도는 우리나라의 영토이며 같은 맥락에서 독도 역시 그렇다. 그리고 해당 조약이 명시적으로 일본의 영토로 독도를 언급하고 있지 않다는 사실 역시 일본의 주장이 독도의 영유권을 주장하는 데 결정적 증거가 될 수 없다는 것을 보여준다.

**4. 한국의 실효적 지배**

한국 정부는 독도에 대한 실효적 점유를 계속하고 있다. 미 군정청 시절에도 독도에 관한 실황 연구를 한 기록이 있고, 대한민국 정부 수립과 함께 경상북도 울릉군에 독도를 편입시키는 행정적인 조치를 취하였다. 1953년에는 미국과 일본의 군사합동작전 영역에서 독도를 제외해줄 것을 요청하여 인정받은 바 있다. 1955년에는 독도에 새로이 등대를 설치하였고, 1965년 이후 독도에 주민등록을 준 주민이 계속해서 존재하고 있는 바이다.

# 제2절 | 센카쿠열도

## 1 조어대열도의 중요성

조어대열도는 중국·일본·대만이 각각 영유권을 주장하는 동중국해에 위치한 작은 도서군으로, 중국명 '댜오위다오(釣魚島: Diaoyu Dao)', 일본명 '센카쿠열도(尖閣列島: Senkaku Islands)', 대만명 '釣魚臺(Tiaoyutai)'로 불린다. 조어대열도는 주변 해역에 고등어·정어리 등 어족자원이 풍부한 황금어장이 산재해 있고, 동중국해의 대륙붕에는 석유 및 천연가스와 같은 해저 광물자원의 부존가능성이 높아 높은 경제적 가치를 지니고 있는 것으로 알려져 있다. 뿐만 아니라 조어대열도는 중동으로부터 동아시아 국가들에 이르는 석유 수송로의 길목에 위치하고 있어 전략적으로 중요하다. 현재 센카쿠열도를 실효적으로 지배하고 있는 것은 일본으로 1972년 5월 15일 오키나와현의 일부로 편입하였다. 한편 중국은 일본이 센카쿠열도를 청일전쟁을 통해 약취했다며 중국의 영역으로 포함할 것을 주장하고 있다.

## 2 조어대열도의 분쟁 경위

**1. 청일전쟁**

중국과 일본 간에 영유권문제로 외교 쟁점화된 조어대열도는 옛날부터 중국의 영토였으며, 15세기 명조 당시 저술된 사료에서 복건성과 오키나와를 연결하는 해상항로의 지표였다는 기록이 있다. <u>일본은 청일전쟁에 승리한 후 중국으로부터 대만과 팽허도를 할양받았다. 중국은 조어대열도(센카쿠열도)는 대만의 부속도서이므로 청일전쟁 강화조약(시모노세키조약)을 통해 대만이 일본에 할양되면서 조어대열도 같이 할양되었다는 입장이다.</u> 한편, 일본은 청일전쟁 이후 시모노세키조약을 통해 타이완을 할양받은 뒤, 1895년부터 1945년까지 약 50년간 '대만총독부'를 통한 식민지 통치를 실시하며 타이완을 일본의 별도 행정구역으로 편입하고 정치·경제·문화적으로 강력한 통제를 가하였다.

## 2. 제2차 세계대전 이후 관련 문서

1945년 7월 28일 발표된 '포츠담선언'의 무조건 수락은 조어대열도의 반환의무를 발생시킴에도 불구하고, 미국 군정청이 조어대를 제외한 일본의 점령 영토를 중국에게 반환한다.

센카쿠열도는 제2차 세계대전 연합국들과 일본 사이에 발효된 1951년 '샌프란시스코 강화조약'에서 명시적으로 규정되지는 않았으나 류큐열도(Nansei-shoto)에 포함된 신탁통치지역의 지위였다가 1972년 일본이 미국과 '오키나와반환협정'을 맺고 오키나와, 즉 류큐가 일본에게 반환되면서, 센카쿠열도는 일본으로 편입된다.

## 3. UN 아시아극동경제위원회(ECAFE)의 보고서

조어대열도의 영토분쟁은 1968년 ECAFE가 조어대 인근에 다량의 석유가 매장되어 있을 가능성을 발표하면서 시작된다. 대만 정부는 걸프(Gulf)사에 이 조어대 부근 대륙붕의 해저자원 탐사권을 부여하면서 센카쿠열도문제가 가시화된다. 일본 정부는 곧바로 센카쿠열도가 오키나와현에 속한다는 사실상의 영유선언을 발표한다. 1978년 10월, 중국 어선단이 조어대 수역 내에서 조업을 단행함으로써 영유권분쟁이 발생하고, 이에 대응하여 일본의 극우단체인 일본청년사가 이곳에 등대를 설치함에 따라 분쟁의 정도가 더욱 심해졌다.

## 4. 탈냉전기

1992년 2월 중국은 '영해 및 접속수역법'을 제정하였고, 조어대열도를 중국 영토에 포함시키면서 분쟁은 재점화되었다. 이에 일본 정부는 주일 대사를 외무성으로 소환하여 센카쿠열도는 역사적으로 국제법의 선점이론상 일본의 고유 영토임을 분명히 하였다. 이후 중일 양국 정부의 노력으로 영유권 주장의 대립으로 인한 격화된 논쟁은 잠시 진정되는 듯 하였으나, 1997년 4월 27일 오키나와현 의원이 이 섬에 상륙을 시도함으로써 분쟁이 다시 시작되었다. 일본은 유감의 뜻을 표명하였으나 중국의 분노는 가라앉지 않고 홍콩 및 대만의 과격파 청년단원이 조어대 상륙시도를 하였다. 일본은 해상자위대 대신 순시선을 파견하여 상륙시도를 저지하나 선박 간의 충돌은 피할 수 없게 되고 인명피해까지 발생하였다.

# 3 영유권의 주장 근거

## 1. 중국

(1) 중국은 시기적으로 일본보다 앞서 조어대를 발견·선점하였다.

(2) 1895년 '시모노세키조약' 제2조의 '대만에 인접하거나 부속된 도서'를 할양하는 조항은 조어대에 대한 일본의 약취행위를 뒷받침한다.

(3) '카이로선언' 및 '포츠담선언'에 의거, '일본이 중국으로부터 빼앗은 모든 영토' 또는 '탐욕과 폭력의 수단으로 빼앗은 모든 다른 지역'에 조어대열도가 당연히 포함된다.

(4) 1952년 중일 간의 '대만강화조약'에 따라 1941년 이전에 일본의 강압에 의하여 체결된 모든 조약들이 본질적으로 무효인 것으로 합의되었으므로, '시모노세키조약'이 합법적으로 성립되었다고 하더라도 무효이다.

### 2. 일본

일본은 선점이론에 근거하여 영유권을 주장한다. 일본의 센카쿠열도연구회의 주장으로 대변되는 일본의 선점 주장은 다음과 같다. "중일 간의 분쟁의 대상인 센카쿠열도는 본래 무주지역이었으므로, 1895년 1월 14일 일본이 각의 결의, 그리고 1896년 4월 1일 칙령 제13호에 입각하여 4월의 '시모노세키조약'을 통해 센카쿠열도의 선점 및 강제할양이라는 순서에 따라 오키나와현의 관할하에 두고 관리하였다. 이와 같은 일본의 센카쿠열도 선점에 대하여 청국을 비롯하여 세계 어느 나라도 전혀 항의나 이의를 신청한 국가는 없었다.". 그러나 일본의 주장은 설사 중국에 의해 조어대열도가 주의 깊게 통치되지 못하였다 하더라도, 선점의 요건에 해당될 만한 무주지역은 아니었고 중국 고유의 영토였다라는 점에서 정당화되기 어렵다. 메이지 정부의 각의 결정과, 영토 편입 칙령 자체는 공시된 바가 없기 때문에 중국은 당연히 이의를 제기할 수 없었다. 게다가 조어대열도를 최초로 발견한 것은 사료에 따르면 중국인이고 그 시기는 일본이 처음 발견한 것으로 밝히는 1884년보다 이르다. 따라서 선점을 근거로 일본이 조어대열도에 대한 영유권을 주장하는 것은 무리가 있다.

## 제3절 | 북방 4도

### 1 북방 4도의 중요성 및 현황

#### 1. 위치

러일 양국 간에 영유권을 둘러싸고 분쟁 중인 이른바 북방 4도는 홋카이도 북쪽 러시아 쿠릴열도 남쪽에 위치한 전체적으로 약 5000km$^2$에 이르는 지역으로, 시코탄섬, 하보마이섬, 쿠나시리섬, 에토로후섬의 네 개의 섬으로 구성되어 있다.

#### 2. 중요성

북방 4도의 중요성은 다음과 같이 다양한 차원에서 설명될 수 있다.

(1) 경제적으로 중요한 가치를 지니고 있다. 러시아의 어획고의 약 50%는 이 부근에서 기록하고 있으며, 시코탄섬은 러시아의 극동 포경기지이며, 에토로후섬은 세계 최대의 연화 부화장이 있으며 북방 4도는 황금 어장을 형성하고 있다.

(2) 군사전략상의 가치 측면에서도 중요하다. 북방 4도는 러시아의 극동과 미국 본토를 연결하는 육교적인 위치를 차지하고 있다.

(3) 러시아의 동북아전략의 교두보로 간주되어오고 있다. 태평양에서 사할린으로 진출하기 위해서는 반드시 쿠나시리섬을 통과해야 하므로 러시아에게 군사전략상 매우 중요한 해로이다.

(4) 북방 4도는 육·해·공군 및 특수부대의 군사기지로 사용되고 있으며 구소련시대에는 델타급 핵잠수함을 배치하기도 하였으며 이는 일본과 미국에 대한 정치적 심리적 압박으로 사용되었다.

## 3. 양국의 입장

일본 정부는 러시아가 제2차 세계대전 이후 북방 4도를 강제점령하고 있다고 주장하며 이를 일괄반환할 것을 요구하고 있으며 러시아는 강력한 군사력을 바탕으로 구소련의 '현상고정론'을 답습하여 북방 4도의 문제만은 절대 일본 정부와 타협하지 않겠다는 입장을 고수하고 있다.

## 2 영유권분쟁의 배경

### 1. 제2차 세계대전 이전

#### (1) 시모다조약

제2차 세계대전 이전 러일 간의 북방 4도 귀속 주체를 밝혀주는 중요한 역사적 사건에는 1855년 시모다조약, 1875년 사할린 - 치시마 교환조약, 1905년 포츠머스 강화조약이 있다. 1855년 흔히 시모다조약으로 불리우는 '러일 통상우호조약'은 러일 양국의 정치외교사상 최초의 국경협정이다. 시모다조약 제2조에 의하면 '금후 러일 양국의 국경은 에토로후섬과 우르프섬 사이로 결정하여, 에토로후 이남은 일본의 영토로 하고, 우르프 이북의 쿠릴열도는 러시아의 영토로 각각 확인하였으며, 사할린은 양국이 공유하는 양국의 잡거지'로 확정한다. 이로써 이전부터 일본의 영토였던 시코단섬, 하보마이섬과 더불어 에토로후섬과 쿠나시리섬까지 소위 북방 4도는 모두 법적으로 일본의 고유 영토로 인정된 것이다.

#### (2) 사할린 - 치시마 교환조약

1875년에 러시아와 일본은 오랫동안 갈등해온 사할린문제와 쿠릴열도문제를, 사할린은 러시아가 차지하고 쿠릴열도는 일본 영토로 인정하는 취지의 조약인 사할린 - 치시마 교환조약을 성사시킴으로서 일단락시킨다.

#### (3) 포츠머스 강화조약

러일전쟁의 전후처리과정의 일환인 포츠머스 강화조약이 성립하면서 문제가 복잡해진다. 러일전쟁에서 승리한 일본은 포츠머스 강화조약 제9조에서 러일전쟁의 전리품으로 북위 50도 이남의 남사할린과 그 부근에 산재되어 있는 모든 도서를 러시아로부터 강제 할양받게 될 것이다.

## 2. 제2차 세계대전 이후

### (1) 카이로선언

제2차 세계대전 이후 미국·영국·중국이 합의한 '카이로선언'에는 일본이 청일전쟁과 러일전쟁을 포함한 전쟁에서 전리품으로 약취한 영토에 대해서는 원래의 소유자에게 돌려주는 취지의 원칙이 담겨있다. 따라서 <u>일본은 러일전쟁의 결과 전리품으로 약취한 남사할린은 반환할 수밖에 없는 입장이었다</u>. 물론 사할린 - 치시마교환조약이 여전히 성립하였으므로 쿠릴열도에 대해서는 여전히 일본이 영유권을 유지할 수 있었다.

### (2) 얄타협정

1945년 2월 11일 체결된 얄타협정은 소련의 참전 대가로 남사할린과 쿠릴열도에 대한 영토권을 보장받는다. <u>"만일 소련이 구주전쟁이 종료된 후 2~3개월 이내에 대일전에 참전한다면, 그 대가로 1905년 '러일강화조약'의 전리품으로 약취 당한 북위 50도 이남의 남사할린 및 그에 소속된 도서들을 소련이 반환 받을 것이며, 북해도 동부 첨단에서 북쪽으로 캄차카반도에 이르는 쿠릴열도의 영토권 및 뤼순의 조차권을 소련에 이관시키겠다."</u>라는 내용을 루스벨트와 처칠이 스탈린에게 약속하였다. 따라서 스탈린은 러일전쟁 패배에 대한 복수심과 극동 변경의 안전 확보라는 이유로 1945년 8월 8일 일본의 포츠담선언 거부를 참전 구실로 내세워 150만 명의 대군을 거느리고 남사할린과, 우르프섬 그리고 남쿠릴열도와 에토로후섬에 상륙하여 주둔 중인 일본군 병력을 강제로 무장해제시키고 북방 4도를 강제로 점령한다.

### (3) SCAPIN 제677호

소련은 연합군 지령인 'SCAPIN 제677호'에서 <u>"일본은 4대 도서와 약 1천 개에 달하는 인접 도서들을 포함할 뿐 쿠릴열도 하보마이군도와 시코단섬을 포함하지 않는다."</u>라고 기술한 것을 들어 점령을 정당화한다. 또한 '샌프란시스코 평화조약' 제2조 C항에서 "일본국은 쿠릴열도와 포츠머스조약의 결과로써 약취한 사할린 일부 및 이에 인접한 도서들에 대한 모든 권리·권원 및 청구권을 포기한다."라고 규정하고 있는 바를 들어 쿠릴열도 전체에 대한 영유권 논리를 강화한다.

 참고

**SCAPIN 제677호(1946년 1월 20일)**

1. The Imperial Japanese Government is directed to cease exercising, or attempting to exercise, governmental or administrative authority over any area outside of Japan, or over any government officials and employees or any other persons within such areas.
2. Except as authorized by this Headquarters, the Imperial Japanese Government will not communicate with government officials and employees or with any other persons outside of Japan for any purpose other than the routine operation of authorized shipping, communications and weather services.

3. For the purpose of this directive, Japan is defined to include the four main islands of Japan (Hokkaido, Honshu, Kyushu and Shikoku) and the approximately 1,000 smaller adjacent islands, including the Tsushima Islands and the Ryukyu (Nansei) Islands north of 30° North Latitude (excluding Kuchinoshima Island); and excluding (a) Utsuryo (Ullung) Island, Liancourt Rocks (Take Island) and Quelpart (Saishu or Cheju) Island, (b) the Ryukyu (Nansei) Islands south of 30° North Latitude (including Kuchinoshima Island), the Izu, Nanpo, Bonin (Ogasawara) and Volcano (Kazan or Iwo) Island Groups, and all the other outlying Pacific Islands [including the Daito (Ohigashi or Oagari) Island Group, and Parece Vela (Okino-tori), Marcus (Minami-tori) and Ganges (Nakano-tori) Islands], and (c) the Kurile (Chishima) Islands, the Habomai (Hapomaze) Island Group (including Suisho, Yuri, Akiyuri, Shibotsu and Taraku Islands) and Shikotan Island.

4. Further areas specifically excluded from the governmental and administrative jurisdiction of the Imperial Japanese Government are the following: (a) all Pacific Islands seized or occupied under mandate or otherwise by Japan since the beginning of the World War in 1914, (b) Manchuria, Formosa and the Pescadores, (c) Korea, and (d) Karafuto.

5. The definition of Japan contained in this directive shall also apply to all future directives, memoranda and orders from this Headquarters unless otherwise specified therein.

6. Nothing in this directive shall be construed as an indication of Allied policy relating to the ultimate determination of the minor islands referred to in Article 8 of the Potsdam Declaration.

7. The Imperial Japanese Government will prepare and submit to this Headquarters a report of all governmental agencies in Japan the functions of which pertain to areas outside a statement as defined in this directive. Such report will include a statement of the functions, organization and personnel of each of the agencies concerned.

8. All records of the agencies referred to in paragraph 7 above will be preserved and kept available for inspection by this Headquarters.

### (4) 일소 공동선언

양국의 대립은 1956년 '일소 공동선언'을 통해 일시적으로 타협점을 찾는 것으로 보였다. 일본은 1950년대 초반부터 수차례 쿠릴열도의 해석을 제한적으로 할 것을 주장하며, 북방 4도에 대해서는 일본의 영유권이 인정된다는 입장을 고수하였다. 장기간의 교섭 끝에 '일소 공동선언' 제9단은 "소련은 일본의 희망과 이익을 충분히 고려하여, 남쿠릴의 북방4도 중 하보마이군도와 시코탄섬을 일본에 실제 인도하기로 동의한다. 단, 이들 도서는 일본과 소련 간의 평화조약이 체결된 이후에 인도될 것이다. 평화조약은 일본에서 외국 군대가 완전히 철수한 후에 체결된다."라고 규정하며 북방 4도 중 하보마이군도와 시코탄섬, 즉 2개의 도서를 소련이 일본에게 반환한다는 규정을 명문화하고 있다. 그러나 소련은 미국과 일본의 새로운 안보조약을 의식하여 일본과 소련 사이에 영토 반환조건으로서의 평화조약이 성립하지 않았음을 들어 약속 이행을 번복하였다.

## 3 양국의 영유권 주장 근거

### 1. 러시아

러시아 측은 앞서 살펴본 바와 같이 '카이로선언', '얄타협정', '포츠담선언', 'SCAPIN 제677호', '상하이 평화조약', '일소공동선언' 제9단 등 일련의 국제협정에 의해 쿠릴열도는 합법적으로 소련의 영토가 되었고, 북방 4도도 쿠릴열도의 일부이므로 이들 조약에 의해 이미 영토문제는 해결되었다고 주장한다. 러시아는 '포츠담선언'에서 쿠릴열도는 일본의 주권하에 남아 있는 영토를 명시하는 규정에서 제외되었고, '상하이 평화조약' 제2조 C항에 의하여 일본이 권리를 포기한 쿠릴열도는 북방 4도를 포함한다는 점을 들어 자국의 영유권을 정당화하며, 오늘날까지 러시아에서 간행된 지도에서 쿠릴열도는 하보마이군도와 시코단섬을 포함하여 넓게 해석되고 있다.

### 2. 일본

일본은 북방 4도의 일괄반환을 요구하고 있는데 그 근거는 다음과 같다.

(1) 역사적으로 북방 4도가 일본의 영토였으며, 결정적으로 사할린 - 치시마교환조약으로 1875년 사할린과 쿠릴열도가 일본과 소련 간에 상호 교환된 영토이므로 북해도의 일부로서 일본의 영토라는 것이다.

(2) 얄타협정은 영국·미국·소련 3국 수뇌들이 소련을 대일전에 참전시키기 위해 그 유인책으로 일본 영토인 남사할린과 쿠릴열도를 반환하기로 비밀협의한 것이므로, 제3국인 일본에게는 무효라는 것이다. 게다가 얄타협정 체결 당시 루스벨트 대통령이 러일전쟁으로 일본이 약취한 지역은 남사할린에 제한됨에도 불구하고 이를 쿠릴열도까지로 착오로 인식하여 러시아의 참전대가로 포함하였기 때문에 일본은 얄타협정을 거부하는 바임을 밝혔다.

(3) 일본이 '샌프란시스코 평화조약'에서 포기하기로 한 쿠릴열도의 범위가 불분명하다는 점을 근거로 제시한다. 일본이 포기하기로 한 쿠릴열도의 범위가 러시아가 채택하는 광의가 아닌 일본 고유의 영토인 남쿠릴의 북방 4도는 제외된다는 입장인 것이다.

(4) '일소공동선언'은 일소 국교 정상화 이후 영토문제를 포함하여 평화조약 체결 교섭을 계속 추진할 것임을 확인하는 조약이므로, 러시아의 "일본과 소련 간에는 영토문제가 전혀 존재하지 않고 있다."라는 주장은 억지이다.

# 제4절 | 남사군도 / 남중국해

## 1 위치 및 중요성

### 1. 위치

남사군도는 지리적으로 남중국해의 남단에 위치한 80만km²의 해역으로서, 약 100여개의 소도·사주·환초·암초로 구성되어 있는 군도이다. 남사군도는 중국, 베트남, 말레이시아, 필리핀, 인도네시아, 브루나이, 대만 등 주변 여러 나라의 한가운데에 위치하는 지리적 특성 때문에 영유권분쟁이 가장 치열한 곳이다. 이곳의 국제적 명칭은 영국의 고래잡이 어선의 선장의 이름을 따서 'The Spratly Islands'로 표기되며 영유권을 주장하는 분쟁당사국들이 각자 명명한 다양한 명칭들이 존재한다. 중국은 '난샤(南沙)'로 통칭하며, 베트남은 '트루옹 사(truong Sa)', 필리핀은 '칼라얀(Kalayaan)'군도로 부르고 있다. 이처럼 남사군도의 영유권분쟁은 단일 섬이 아닌 군도로 이루어진 지역의 분쟁으로서, 영유권 분쟁에 개입하고 있는 당사국이 다수이면서, 국력의 분포로는 강대국 및 약소국들과의 힘의 역학관계, 영유권 주장의 범위로는 전면적 영유와 부분적 영유가 중층적으로 복합되어 있는 성질을 보인다.

### 2. 중요성

남사군도의 중요성은 그 지리적·경제적·군사적 차원의 가치에서 발견된다.

(1) 지리적으로 중요성을 차지한다. 남사군도는 위에서 언급하였듯이 주변 다수 국가가 해양으로서 접하고 있는 유역의 중심에 자리 잡고 있다는 점에서 중요하다.

(2) 경제적으로 가치가 높다. 남사군도에는 어족자원은 물론 석유 및 가스와 같은 천연자원이 매장되어 있다.

(3) 전략적으로 중요성을 가진다. 남사군도가 위치한 남중국해는 해상교통로의 요충지이다. 이 해역은 해상교통 및 군사전략상의 수송을 포함하여 전세계 해상수송의 25%, 아시아 수입 석유의 70% 이상이 이 해로를 통과하고 있다. 한국의 입장에서도 전체 원유 수입의 3분의 2를 중동산에 의존하고 있기 때문에 해상 수송로의 테러로부터의 안전성을 보장받는 것은 국익과 직결되어 있다.

**남중국해 도서영유권 주장 현황**

| 분쟁지역 | 구성 | 영유권 주장국 |
| --- | --- | --- |
| 남사군도<br>(Spratly Islands) | 11개 섬, 6개 사주, 105개 암초 | 중국, 대만, 베트남, 말레이시아, 필리핀, 브루나이 |
| 서사군도<br>(Paracel Islands) | 15개 섬, 5개 산호 환초, 5개 사주, 4개 모래톱 및 암초 | 중국, 베트남<br>(1974년 중국의 무력점령 후 중국이 실효적 지배) |
| 황암도(스카버러섬)<br>(Scarborough Shoal) | 수개의 바위와 사주 | 중국, 필리핀 |

## 2 영토분쟁의 전개과정

### 1. 분쟁 발발

남사군도의 영유권문제는 1970년대 이전에는 제기되지 않았다. 그러나 이 지역에 석유와 천연가스의 부존가능성이 제기되면서 분쟁이 시작되었다. 남사군도가 국제적인 관심을 끌게 된 것은 지난 1966년 발족한 아시아 연안지역 광물합동탐사조정위원회가 이곳을 석유와 천연가스 등 지하자원의 보고임을 확인하였기 때문이다. 군도의 석유 추정 매장량은 177억 톤으로 쿠웨이트의 석유 매장량보다 47억 톤 많은 규모로 세계 4위의 매장량을 보이며, 이외에도 천연가스, 구리 알루미늄, 주석과 같은 자원과 어족이 풍부하다.

### 2. 분쟁 가시화

최초로 분쟁이 가시화된 것은 1988년 3월 14일 남사군도 적과초(Johnson Reef)에서 중국과 베트남 간의 무력충돌이 발생하였을 때이다. 이 사건 이후 어선 조업 및 석유 시추활동을 둘러싸고 두 나라 사이의 외교 공방은 오늘날까지 지속되고 있다. 이 때 베트남 국방장관이 방문을 하고, 양국이 서로 해·공군 훈련을 실시하기도 하면서 초기에는 중국과 베트남의 개별 국가 사이의 영토분쟁으로 진행되었다.

### 3. 중국의 영해법 제정

1992년 중국이 남사군도 전체를 자국의 영토로 귀속시키는 영해법을 제정하면서 이 지역 분쟁은 국제법적인 논쟁이 되었다. 이윽고 1994년 베트남은 미국의 석유회사와 분쟁지역 내 석유시추를 계약하고 유사 시 해군의 지원을 약속함으로써 외교분쟁으로 격화되었다. 필리핀 역시 미국의 발코에너지사에게 석유 시추권을 부여한다. 1995년 베트남이 ASEAN 회원국으로 정식 가입하고, ASEAN이 남중국해문제의 중재자로 개입하면서 남사군도 문제가 국제정치상의 공식의제로 떠오르게 된다.

### 4. 중국의 구조물 설치

1995년 필리핀은 미스치프 암초(Mischief Reef)에서 중국의 구조물을 발견하고 관련 6개국이 회동하여 공동사업을 추진하기로 한다. 그러나 1999년 중국은 미스치프 암초를 포함한 모든 남사군도의 영유권을 주장한다. 중국은 이후 인근에 전투함을 주둔시키고, 새로운 구조물을 설치하면서 긴장이 고조시키고 미국은 6개 당사국 회의를 통해 분쟁해결을 시도하나 이는 거부된다. 필리핀은 이 문제를 해결하기 위한 국제재판소 창설을 제의한다. 그럼에도 불구하고 중국이 미스치프 암초에 구조물을 추가로 건설하면서 필리핀의 추가적인 공동사용협정 제안마저 거부한다. 이에 필리핀은 미스치프 암초 주변에서 해·공군 초계활동을 유지하고, 미국의 개입을 암시하는 외국군 방문협정을 비준하면서 남사군도에서 긴장이 고조된다.

## 5. 대만의 미사일 설치

2000년 대만은 중국을 포함한 다수 국가의 영유권 주장이 존재하는 남중국해기지에 단거리 대공미사일을 배치하고 중국 해군은 사상 최초로 미사일 함정을 동원한 해상훈련을 실시한다. 이에 필리핀 해군은 중국과의 분쟁수역에서 초계활동을 강화하고, 중국 어선은 베트남 무장선박에 피격되는 사건이 일어난다.

## 6. 남중국해 당사국 행동선언문

2002년 11월 2일 ASEAN과 중국은 '남중국해 당사국 행동선언문'에 합의함으로써 분쟁의 평화적 해결을 위한 진전을 보인다. 이 합의는 정치외교적인 돌파구의 성격을 지니며 행동선언문 초안에는 ASEAN 회원국과 중국이 남중국해에서 당사국 간에 긴장을 고조시키거나 상황을 복잡하게 하는 행위를 스스로 자제할 것을 규정하고 있다. 그러나 같은 해 중국 외교부가 서사군도와 남사군도는 엄연히 중국의 영토임을 확인하였다고 발표하고 잇달아 베트남 외무부도 역사적으로나 현실적으로나 베트남의 영토가 분명하다고 주장하였다.

## 3 영유권 주장 논리

### 1. 중국과 대만

중국은 역사적 이유를 들어 남중국해 대부분에 대한 영유권을 주장하고 있다. 중국은 이미 전한(前漢) 때 남사군도를 발견하였다고 주장하고 있으며, 1868년 영국에서 발간된 지도에 언급된 남사군도 관련 기록을 증거로 내세운다. 이외에도 조약 역시 영유권 주장을 뒷받침하는 것으로 제시하는데 구체적으로 '샌프란시스코 강화조약'을 통해 일본이 상실한 남사군도와 서사군도에 대한 지배권은 '카이로선언'과 '포츠담선언'에 의거하여 중국에게 환원되었다는 주장이다. 대만 역시 자국이 전통 중국임을 내세우며 중국과 동일한 논리를 주장한다.

### 2. 베트남

중국이 가장 경계하는 국가인 베트남 역시 역사적 증거 및 대륙붕원칙에 입각하여 남사군도 전체가 자국 칸호하성(Khanh Hoa)성 근해지역이라고 주장한다. 베트남은 현재 25개의 섬을 점령하고 있다. 베트남은 17세기 베트남의 남사군도에 관한 영유권이 공식적으로 인정되었다고 주장한다. 프랑스의 베트남 식민지 지배 당시에 프랑스 역시 남사군도 가운데 9개의 섬에 대해 실질적 지배와 점유를 유지하였다는 점에서 베트남의 영유권을 뒷받침한다고 주장한다.

### 3. 필리핀

필리핀은 위치상의 근접성과 1947년 필리핀인에 의해 남사군도에 대한 탐사가 이루어진 사실에 입각하여 남사군도에 대한 영유권을 주장하고 있다. 필리핀은 '발견에 의한 선점'이론을 영유권의 권원으로 주장한다. 필리핀은 클로마(Tomas Cloma)라는 사인에 의해 개발된 남사군도의 일부(8개의 섬)를 '카라얀(Kalayaan) 자유지역'으로 명명하고, 이 섬들은 남사군도의 일부가 아니며, 어느 나라에도 소속된 적이 없고 영유권이 주장된 적도 없다. 따라서 이 지역은 필리핀에 의한 '발견에 의한 선점'이 이루어진 곳으로 필리핀의 영유권이 인정된다고 주장한다. 필리핀은 1972년 이 섬들을 팔라완주로 편입시켰으며, 오늘날까지 사실상 점유를 유지하고 있다.

### 4. 말레이시아

말레이시아는 '대륙붕 연장이론'과 '무주물 선점'을 영유권 주장의 근거로 내세우고 있다. 말레이시아는 자국의 대륙붕지역에 속한다고 생각되는 5개의 섬을 점령하고 있다.

### 5. 인도네시아 및 브루나이

인도네시아는 남사군도에 대한 영유권을 주장하지는 않으나 중국과 대만이 주장하는 해양경계선이 인도네시아의 배타적 경제수역(EEZ)과 대륙붕에까지 연장되어 논쟁의 여지가 있으며, 브루나이의 배타적 경제수역(EEZ)을 선포하여 자국에 인접한 도서에 대한 영유권을 주장하고 있다.

## 4 분쟁 해결을 위한 외교적·사법적 노력

### 1. 아세안지역포럼(ARF)

ARF의 설립은 남사군도문제를 평화적으로 해결하려는 ASEAN 회원국들이 노력한 결과이다. ASEAN 주도의 ARF 성립을 통하여 아시아태평양지역의 국가들 간의 신뢰구축과 예방외교를 증진시킴으로서 궁극적으로 안보이슈를 평화적으로 해결하고자 한다. 1990년 '남중국해 잠재적 갈등 처리에 관한 워크숍'은 인도네시아의 주도로 이루어졌으며, 남중국해 연안국가들 사이의 협력관행을 축적하고, 신뢰구축과 평화적 해결을 촉진시키기 위해 개최되었다. 이러한 노력은 1992년에는 '남중국해에 대한 아세안선언'이 이루어짐으로써 결실을 맺었다. 이 선언은 남사군도문제 해결원칙들에 대한 합의를 이끌어내는 데 성공하였고, 오늘날 이것이 남중국해 연안 국가들의 행동준칙이 되고 있다. 1999년에는 필리핀을 중심으로 한 남중국해 행동 규범안이 ARF에 제출되었지만 의장성명에는 포함되지 못하였다. 2002년 ASEAN 정상회담에서도 '남중국해에 대한 당사국 행동선언'이 이루어졌으며 중국, 말레이시아, 브루나이, 필리핀, 베트남, 인도네시아 등 주요 당사자들이 가입되어 있다.

## 2. 중국

중국은 주요 행위자로서 남중국해 영유권문제를 둘러싸고 일어났던 무력 충돌 및 긴장의 완화를 위한 일련의 군사적 신뢰구축조치를 취하기 위한 일환으로 동아시아 지역협력을 중시하고 있다. 그러나 이는 미국이 제외된 ASEAN + 3을 통해 미국의 영향력을 약화시키고 아세안을 친중국화하려는 정치적 목표와 무관하지 않다. 이런 일련의 과정은 남중국해문제 해결을 위한 최종 세부 행동강령을 포함하고 있는 것은 아니지만, 다음 단계의 과제 특히 행동규약의 초석이 될 수 있는 원칙을 마련할 수 있다는 점에서 의의가 있다.

## 3. 중재판정

2013년 필리핀은 중국의 남중국해 영유권 주장(특히 '9단선')이 국제법에 위반된다고 주장하며 유엔해양법협약(UNCLOS)에 따른 중재재판을 제기했고, 중재재판부는 2016년 7월 12일 필리핀의 손을 들어주는 판정을 내렸다. 중재재판부는 중국이 주장하는 9단선에 대해 "역사적 권리에 대한 법적 근거가 없으며 UNCLOS와 양립할 수 없다"고 결론지었고, 스프래틀리 군도의 일부 암초와 암석들은 영해 또는 배타적 경제수역(EEZ)을 생성할 수 없는 '간조노출지'이거나 '암초'로 간주하여, 중국이 이 지역들에 대해 EEZ나 대륙붕을 주장할 수 없다고 판단하였다. 또한 중국이 필리핀 어민의 조업을 방해하고 해양 환경을 파괴한 것은 UNCLOS 위반이라고 지적하였다. 이 판정은 구속력 있는 결정이지만, 중국은 재판 절차에 불참하며 판정의 효력을 인정하지 않고 있으며, 이후에도 남중국해에서 군사기지화와 실효지배를 강화하고 있다.

**남중국해분쟁에 대한 국제중재재판소 판결(2016년 7월 12일)**

### 1. 필리핀의 중재재판 청구배경

2009년 들어 남사군도 분쟁당사국 간 영유권 강화와 관련한 일련의 조치와 외교성명전이 전개된 이후, 그간 베트남 - 중국의 갈등에 가려져 있던 필리핀과 중국 간의 갈등이 2011년 3월 중국 순시선과 필리핀 탐사선과의 충돌 사건 이후 2012년 초부터 본격화되었다. 즉, 2012년 4월 10일 남중국해 스카버러섬 인근에서 조업 중이던 중국 어선 8척의 선원들을 필리핀 해군함정이 체포하는 과정에서 중국 측 초계정이 필리핀 해군함정을 가로막은 사건이 발생하였고, 필리핀 해군과 중국 초계정이 대치 중에 필리핀 정부는 4월 17일 스카버러섬 영유권 분쟁을 국제해양법재판소(ITLOS)에 회부하자고 중국에 제안하였다. 상기 분쟁이 미국의 중개로 일시적으로 수습되었지만, 중국은 남중국해 관할 샨샤(Shansha, 三沙)시를 정식으로 설립(2012년 6월 21일)하는 등 남중국해 도서에 대한 행정적·군사적 권리 행사를 강화하였다. 이에 대한 대응으로 필리핀 아키노(Aquino) 대통령은 남중국해 일부를 '서필리핀해'로 명명하는 행정명령 제29호를 공포하였다(2012년 9월 13일). 중국은 '하이난성연안변경치안관리조례' 수정안을 통과(2012년 11월 22일)시켜 하이난성 관할 해역(남중국해 전체 포함)에 진입하는 선박에 대한 승선 및 조사, 나포, 축출 조치를 취할 수 있는 근거를 마련하였다. 2013년 1월 1일자로 베트남이 선포한 영해법(남중국해 일부 도서를 자국령으로 명시)이 발효되자, 중국은 동법이 무효임을 주장하며 강력히 반발하였다. 상기한 일련의 배경하에 필리핀은 중국을 상대로 2013년 1월 22일 남중국해 문제에 대한 중재재판을 청구한바, 중국의 '섬의 유인화'정책에 대해 필리핀은 UNCLOS의 유권해석으로 대응한 것이라 할 수 있다.

## 2. 재판부 구성

중재재판은 핀토(Pinto) 재판장의 사퇴 후 가나 출신의 멘쉬(Mensh) 재판장을 다시 선임하는 논란 속에서 5인의 중재재판부가 상설중재법원(PCA)에 구성되었다(2016년 6월 21일). 필리핀은 15개 항목으로 나누어 재판을 청구하였는바, 네 가지 주된 청구요지인 △UNCLOS상 구단선의 효력과 역사적 권리, △중국과 필리핀이 권리를 주장하는 남중국해 지형지물의 UNCLOS상 법적 지위, △남중국해에서의 중국 측 행위의 UNCLOS상 위법성 여부, △중국의 매립 및 인공섬 건설행위의 환경 파괴여부와 분쟁 악화 여부에 대한 판단을 중재재판부에 요청했다. 중재재판부는 중재재판부의 관할권이 있음을 결정하였고(2015년 10월 29일) 심리종결(2015년 11월 30일) 후 필리핀의 주장을 대부분 인용한 최종 결정을 발표하였다(2016년 7월 12일).

## 3. 중재재판의 관할권 성립 여부

중국은 필리핀의 중재재판 요청 초기부터 중재재판부의 관할권이 없음을 주장하면서 일체의 중재절차에 응하지 않은 관계로 재판의 선결적 문제로서 중국의 불출석에 따른 관할권 성립 여부가 대두되었다. 같은 맥락에서 중국은 재판부에 제출한 포지션 페이퍼(Position Paper, 2014년 12월 7일)에서 동 중재재판의 본질이 UNCLOS의 해석과 적용이 아닌 영토주권의 문제이며, 양국은 남중국해 이슈를 평화적 방법으로 해결하는 데 합의한 여러 법적 문서를 근거로 관할권 성립의 전제조건이 충족되지 않았음을 주장하였다. 또한 중국은 설사 본 사건이 UNCLOS의 적용 및 해석의 문제일 경우라도 중국이 제298조에 따른 △해양경계획정, △역사적 만(bay)이나 권원, △군사 활동, △법집행 활동에 관한 분쟁에 대하여 강제절차의 적용 배제를 선언한(2006년 8월 25일) 범주에 포함되기 때문에 중재재판부가 관할권을 행사할 수 없다고 주장하였다. 중재재판부는 상기의 중국 주장에 대해 우선 중국이 제출한 포지션 페이퍼를 관할권의 '선결적 항변'으로 간주하면서, 중국의 불출석은 제7부속서 제9조(궐석재판)에 따라 중재재판부의 관할권이 제한받지 않을 뿐만 아니라 필리핀의 일방적 제소가 권리 남용에 해당하지 않는다고 결정하였다. 또한 중재재판부는 본 분쟁은 영유권 및 해양경계획정과 무관한 분쟁으로 중국이 주장하는 여러 평화적 해결수단에 대한 합의 문서들은 법적 구속력이 없거나(DoC) UNCLOS상의 강제절차 적용을 배제하지 않는다는 점(동남아시아우호친선조약, 생물다양성협약)을 지적하면서 재판의 전제조건이 충분하다고 결정하였다. 제298조의 강제절차 적용 배제의 예외와 관련하여서는 대부분의 필리핀의 주장을 인용하면서, 본 분쟁의 성격이 △역사적 권리와 UNCLOS와의 관계, △남중국해 지형지물의 법적 지위, △중국의 EEZ와의 비중첩성, △해양 환경 보호·보존 의무, △군사 활동 및 법집행 활동과의 무관련성 등의 이유로 및 영유권 및 해양경계획정과 무관하고 따라서 중재재판부의 관할권이 성립한다고 판시하였다.

## 4. 구단선과 역사적 권리

중재재판부는 중국이 주장하는 구단선 내의 주권 및 역사적 권리와 관련 UNCLOS상 해역에 대한 권리 및 권원은 포괄적이지만 해양 권원에 대한 모든 분쟁이 해양경계획정 분쟁이라는 중국 측 주장을 배척하면서 관할권이 있다고 판단하였다. 사실 중국은 그동안 구단선에 대해 전략적 모호성을 유지하면서 △구단선 전체 해역에 대한 관할권인지, △지형지물에 대한 영유권인지, △자원에 대한 권리인지에 대한 입장을 명확히 표명하지는 않았다. 이에 대해 중재재판부는 중국이 주장하는 역사적 권리는 '역사적 권원'이 아닌 '자원에 대한 권리(Rights to Resources)'를 의미하고, 제298조의 '역사적 권원'은 만 또는 연안 해역에 대한 역사적 주권을 의미한다고 판단하였다. 중재재판부는 남중국해 구단선 내 자원에 대한 역사적 권리는 UNCLOS 발효 이전에 성립된 권리라는 중국의 주장을 배척하면서 구단선 내 역사적 권원은 UNCLOS에 따른 권리 및 해역에 대한 권리와 일치하지 않으며 설사 과거에 그러한 권리를 가지고 있었다고 하더라도 동 역사적 권리는 UNCLOS 가입에 따라 소멸되었다고 판단하였다. 또한 중재재판부는 UNCLOS 이전의 남중국해는 영해의 범위를 벗어나서 법적으로 공해에 속하였고, 어느 국가든지 자유롭게 항행하고 어업에 종사할 수 있었다는 점도 확인하였다. 같은 맥락에서 중국의 남중국해 항행 및 어업은 공해 자유권의 행사로 볼 수 있고, 중국이 남중국해를 배타적으로 독점하면서 다른 국가의 자원 개발을 금지시켜 왔다는 증거는 없다는 점을 강조하였다.

결론적으로 중재재판부는 중국이 UNCLOS가 허용하는 범위를 넘어 구단선 내 자원에 대한 역사적 권리를 주장할 법적 근거가 없음을 분명히 하면서 필리핀 측 주장을 인정하였다.

### 5. 남중국해 지형지물의 법적 지위

남중국해 지형지물의 UNCLOS상 법적 지위 문제와 관련 중재재판부는 해양 지형지물이 섬, 암석 또는 간조노출지에 해당하는지 여부는 간척 등에 의한 변형 이전의 '자연적 상태(Natural Condition)'가 기준이 된다는 점을 강조하였다. 특히, 간조노출지 판단 여부에 있어 자연적 상태와 관련 중재재판부는 고문서 자료(Archival Materials) 및 역사적 수로학 조사(Historical Hydrographic Survey)의 기준을 제시하였다. 간조노출지의 경우 간조노출지 및 그 위에 설치된 시설물의 크기는 무관하다는 점을 확인하면서, 간조노출지의 법적 지위는 자체로서 영해를 가질 수 없음은 물론 특히 영해 밖에 있는 간조노출지의 경우 점유될(Appropriated) 수도 없다고 판단하였다. 중재재판부는 UNCLOS 제121조 (3)항의 섬과 암석의 판단기준으로 △해양 지형지물의 객관적 능력(Objective Capacity of a Feature), △자연적 상태(Natural Condition), △안정적 주민집단(Stable Community of People) 또는 △독립적 경제 활동(Economic activity that is neither dependent on outside resources nor purely extractive in nature) 유지 등의 요건을 구체화하였다. 또한 어부들에 의한 일시적인 지형물의 사용은 안정적 주민집단의 거주로 보지 않았고 남중국해에서 행해진 모든 역사적 경제 활동은 본질적으로 채집적인 경제활동으로 확인하여 문제된 남중국해 지형지물의 섬으로서의 요건이 미흡하다고 판단하였다.

### 6. 중국 측 행위의 UNCLOS상 위법성 여부

중재재판부는 남중국해에서의 중국의 일련의 행위들이 UNCLOS를 위반하였는지 판단한 바, 중국은 △필리핀의 석유 시추 및 탐사 방해, △EEZ에서의 필리핀 어선의 어업 방해, △자국 어민의 필리핀 EEZ 내에서의 조업행위 방지 실패, △시설물 및 인공섬 건설행위 등은 필리핀의 EEZ와 대륙붕에서의 주권적 권리를 침해하였다고 결정하였다. 즉, 중국은 미스치프 암초, 세컨드토머스 사주 등에서 필리핀 측의 석유 시추 및 탐사, 어업을 불법적으로 방해함으로써 필리핀의 EEZ 및 대륙붕 내 생물·무생물 자원에 대한 주권적 권리를 침해(UNCLOS 제56조, 제77조)하였다고 확인하여 필리핀의 주장을 인정하였다. 특히, 중국은 자국 선박 및 어민이 필리핀 측 EEZ인 미스치프 암초, 세컨드토머스 사주 내에서 어업 행위에 대한 '적절한 고려(due regard)'를 않고 방치함으로써 필리핀의 어업자원에 대한 권리를 침해하였다고 결정하였다[UNCLOS 제58조 (3)항 위반]. 중재재판부는 스카버러 사주에서의 중국, 필리핀, 베트남의 '전통적 어업(Traditional Fishing)'에 대해서도 판단하였는바, 전통적 어업은 UNCLOS에서도 유효하고 중국은 스카버러 사주에서의 필리핀 어민의 전통적 어업 활동을 방해하였다고 판단하였다. 중재재판부는 해양 환경 보호·보전과 관해서도 판단한바, 중국 측의 스카버러 사주 및 세컨드코마스 사주 등에서의 환경적으로 유해한 방법에 의한 멸종위기 바다거북 등의 대규모 포획 행위와 쿠아르테론 암초 등에서의 대규모 건설행위 등은 UNCLOS 제192조 및 제194조에 따른 해양 환경 보호·보존 의무 위반이라고 판단하였다. 주목할 점은 중재재판 개시 이후 미스치푸, 쿠아르테론, 피에리, 게이븐, 존신, 휴지스, 수비 암초에서의 대규모 간척 등 인공섬 건설행위는 UN 헌장 제2조 3항에 따른 분쟁의 평화적 해결의무를 규정한 UNCLOS 제279조의 위반이라는 필리핀의 주장을 인정한 것이다. 중국 측의 대규모 간척 및 인공섬 건설행위 등 중국의 행위에 대해 재판부는 동 행위가 분쟁을 악화시켰고 해양 환경에 영구적이고 회복할 수 없는(Irreparable) 손해를 야기하였으며, 분쟁의 목적물인 해양 지형지물의 자연적 상태에 관한 증거를 파괴하였다고 판단하였다.

# 제5절 | 카슈미르 분쟁

## 1 역사적 배경

인도와 파키스탄 간의 영토 분쟁은 1947년 영국의 인도 식민지 독립에서 비롯되었다. 독립 당시 힌두교 중심의 인도와 이슬람교 중심의 파키스탄이 각각 독립하였으며, 무슬림 다수 지역이었던 카슈미르는 귀속이 결정되지 않은 상태였다. 카슈미르의 힌두교 군주는 초기에는 독립을 선호했지만, 파키스탄 민병대의 침입을 계기로 인도에 귀속을 요청하였고, 인도는 이를 수용하며 군대를 파견하였다. 이로 인해 1947 ~ 1948년 제1차 인도 - 파키스탄 전쟁이 발발하였고, 이후 유엔의 중재로 휴전이 성립되어 카슈미르는 인도령(잠무카슈미르)과 파키스탄령(아자드 카슈미르)으로 분할된 상태가 현재까지 지속되고 있다.

## 2 분쟁의 원인

### 1. 역사적 분할과 귀속 결정의 모호성

1947년 영국의 식민지 인도에서 힌두교 중심의 인도와 이슬람교 중심의 파키스탄이 분할 독립할 당시, 수많은 왕공국들이 있었고, 그중 하나였던 잠무카슈미르는 무슬림 다수 인구를 가진 지역이었으나 통치자는 힌두교도였다. 이 지역은 어느 국가에도 즉시 귀속되지 않았고, 통치자는 독립을 시도했으나 파키스탄 민병대의 침입으로 인해 결국 인도에 합병을 요청하였다. 이 귀속 결정의 정당성과 강제성 여부가 양국 간 갈등의 출발점이 되었다.

### 2. 종교 · 민족적 대립

카슈미르는 이슬람교 인구가 절대다수인 지역이며, 파키스탄은 이를 자국의 정체성과 연계된 민족적 · 종교적 이익의 대상으로 간주한다. 반면, 인도는 다종교 · 다민족 국가로서 자국 영토의 종교적 구성에 따른 차별은 인정할 수 없다는 입장을 취한다. 이처럼 카슈미르의 종교 구성이 자결권 논리와 영토보전 논리를 충돌시키는 구조가 되어 분쟁을 구조화시키고 있다.

### 3. 주민투표 불이행과 자결권 논란

1948년 유엔안보리는 카슈미르 주민들이 인도 또는 파키스탄 중 귀속 국가를 결정하는 주민투표(plebiscite)를 실시할 것을 권고하였다. 그러나 인도는 파키스탄의 선결조건(군사 철수 등)이 이행되지 않았다는 이유로 주민투표를 거부했고, 그 이후로 주민 자결권은 실현되지 못한 채 갈등이 고착되었다. 파키스탄은 이를 국제법적 의무 불이행이라 주장하며, 인도는 군사안보적 현실을 근거로 거부하고 있다.

## 4. 무장세력과 비국가행위자의 개입

1980년대 후반부터 카슈미르 지역에서는 이슬람 무장세력의 활동이 활발해졌고, 일부는 파키스탄 정보기관(ISI)과 연계된 것으로 의심받고 있다. 인도는 이를 국가 테러 지원 행위로 규정하며 강경 대응하고 있으며, 파키스탄은 카슈미르 민중의 자발적 '저항'이라 주장하거나 모호한 태도를 취해왔다.

## 5. 영토적 민감성과 핵 억지의 상호작용

카슈미르는 지리적으로 전략적 요충지로, 양국 모두 안보와 국익의 핵심 지대로 간주하고 있다. 특히 두 나라는 1998년 핵실험을 통해 공식 핵보유국이 된 이후, 카슈미르 분쟁은 단순한 국지전 문제가 아니라 핵전쟁 가능성을 동반한 고위험 분쟁으로 전환되었다.

## 3 당사국 입장

### 1. 인도

인도는 잠무카슈미르가 자국의 헌법상 불가분의 영토라고 주장한다. 1947년 당시 카슈미르 지역의 힌두교 군주가 인도에 귀속을 요청하였고, 이에 따라 "인도 - 카슈미르 합병 문서(Instrument of Accession)"가 합법적으로 체결되었기 때문에, 카슈미르는 인도 영토라는 것이다. 인도는 유엔이 제안한 주민투표는 파키스탄의 선행 조건(군 철수 등)이 이행되지 않아 무의미하다고 보고 있으며, 자국의 영토 보전 원칙에 따라 국제사회의 중재나 개입을 강하게 반대한다. 2019년에는 인도 헌법 제370조를 폐지하여 카슈미르의 특별지위를 철폐하고, 이를 다른 연방지역과 동등한 행정구역으로 편입시켰다. 인도는 카슈미르 내 분쟁과 테러 활동이 파키스탄이 지원하는 무장세력 때문이라며, 안보 차원에서 단호한 대응을 정당화하고 있다.

### 2. 파키스탄

파키스탄은 카슈미르가 무슬림 다수 지역이며, 인도 - 파키스탄 분할 당시 원칙에 따라 자국에 귀속되어야 한다고 주장한다. 인도의 병합은 무슬림 민족의 자결권을 침해한 부당한 조치로 간주하며, 카슈미르 문제는 국제 분쟁이며 유엔 안보리 결의에 따라 주민투표를 통해 해결되어야 한다는 입장을 고수한다. 파키스탄은 인도가 헌법 제370조를 폐지하고 카슈미르를 연방직할지로 전환한 조치를 국제법 위반이자 점령 행위로 간주하며, 국제사회에 적극적인 중재와 개입을 요구하고 있다. 또한 파키스탄은 카슈미르 내 무장 투쟁을 '자결권 운동'으로 간주하는 경향이 있으며, 무장세력과의 연계 의혹에 대해서는 공식적으로 부인하거나 애매한 태도를 취하고 있다. 전반적으로 파키스탄은 카슈미르 문제를 자국 정체성과 이슬람 세계의 정의 문제로 인식하고 있다.

## 4 주요 분쟁 사례

### 1. 제1차 인도 - 파키스탄 전쟁(1947년 ~ 1948년)

1947년 영국의 인도·파키스탄 분할 독립 직후, 귀속이 미정이던 카슈미르 지역에 파키스탄 민병대가 침입하자, 카슈미르의 힌두계 통치자는 인도에 도움을 요청하고 인도는 즉시 군을 파견하여 개입하였다. 이에 따라 인도와 파키스탄 간 제1차 전면전이 발발하였고, 약 1년간의 교전 끝에 유엔의 중재로 1949년 휴전선이 설정되었다. 이 전쟁의 결과로 카슈미르는 인도령(잠무카슈미르)과 파키스탄령(아자드카슈미르)으로 분단되었다.

### 2. 제2차 인도 - 파키스탄 전쟁(1965년)

1965년 파키스탄은 인도령 카슈미르 내 무슬림 주민들의 반인도 감정을 이용해, 무장세력을 비밀리에 침투시켜 봉기를 유도하고자 하였다. 이에 인도는 이를 국가 간 무력 도발로 간주하고 대규모 군사 작전을 개시하였으며, 양국은 국경 전역에서 치열한 전투를 벌였다. 전쟁은 약 한 달간 지속되었고, 수천 명의 사상자를 낸 후 유엔과 소련의 중재로 1966년 타슈켄트 협정(Tashkent Agreement)을 통해 휴전이 성립되었다.

### 3. 카르길 분쟁(1999년)

1999년 파키스탄군과 연계된 무장세력이 인도령 카슈미르의 카르길 고지대에 침투하여 인도군의 보급로를 위협하면서 카르길 분쟁이 발발하였다. 인도는 대규모 군사 작전을 전개하여 점령지를 탈환하였고, 미국과 국제사회의 압박을 받은 파키스탄은 병력을 철수시켰다. 이 분쟁은 두 핵보유국 간의 최초의 무력 충돌이라는 점에서 세계적 우려를 낳았으며, 파키스탄 내 정치 불안을 초래해 무샤라프 장군의 군부 쿠데타로 이어졌다. 인도의 군사적 승리로 끝났지만, 카슈미르 분쟁의 위험성이 국제적으로 재조명되는 계기가 되었다.

### 4. 뭄바이 테러(2008년)

2008년 11월, 파키스탄 무장단체 라슈카르 - 에 - 타이바(LeT) 소속 테러범 10명이 인도 금융 중심지인 뭄바이 시내 호텔, 기차역, 유대인 센터 등 12개 지역을 동시다발적으로 공격하여 170여 명이 사망하고 수백 명이 부상당하는 대규모 테러가 발생하였다. 인도 정부는 이 사건의 배후로 파키스탄 내 테러조직과 정보기관(ISI)의 연계를 강하게 비난하였고, 인도 국민 사이에서 반파키스탄 여론이 극도로 고조되었다. 이 사건은 양국 간 외교적 단절로 이어졌으며, 국제사회에서 파키스탄의 테러 지원 의혹을 심각하게 제기하는 계기가 되었다.

## 5. 풀와마(Pulwama) 자폭 테러와 보복 공습(2019년)

2019년 2월, 인도령 카슈미르 남부 풀와마 지역에서 자살 폭탄 공격으로 인도 경찰 40명이 사망하는 사건이 발생하였다. 공격의 배후는 파키스탄 내 거점을 둔 자이쉬-에-모하마드(JeM)로 지목되었고, 이에 인도는 파키스탄 영공을 넘어 발라콧(Balakot)에 있는 무장세력 훈련소를 공습하였다. 이로 인해 파키스탄도 보복 공습을 감행하며 양국 공군이 교전, 인도 조종사 1명이 포로로 잡히는 등 양국 간 실질적 전투에 가까운 충돌이 벌어졌다.

## 6. 인도의 헌법 제370조 폐지(2019년)

2019년 8월, 인도 모디 정부는 잠무-카슈미르에 부여된 특별지위를 보장하던 헌법 제370조를 전격 폐지하고 해당 지역을 두 개의 연방직할지로 재편하였다. 이 조치는 카슈미르를 인도 본토와 동등하게 통합하겠다는 의도였지만, 파키스탄은 이를 불법적인 병합 조치로 간주하며 강하게 반발했고, 외교관계 단절과 국제사회 제소 등을 시도하였다. 중국 또한 인도의 조치를 비판하며 자국의 이해관계가 있는 라다크 지역의 지위 변경에 반대 입장을 밝혔다.

## 7. 최근 현황

2025년 인도와 파키스탄 간 카슈미르 지역을 둘러싼 긴장이 다시 고조되었다. 4월 파키스탄 무장세력의 파할감 테러로 다수의 인도군이 사망하자, 인도는 5월 'Operation Sindoor'을 통해 파키스탄 점령지 내 테러조직 근거지를 공습했고, 이에 파키스탄은 이를 침략 행위로 규정하며 강하게 반발하였다. 양국은 일촉즉발의 군사 충돌 상황에 직면했으나, 미국과 유엔 등 국제사회의 중재로 5월 10일 긴급 휴전에 합의하였다. 인도는 국내 민방위 훈련을 강화하고 무장세력 색출 작전을 확대하는 한편, 인도-파키스탄 간 수자원 협정(Indus Waters Treaty)의 일시 중단을 발표하며 압박 수위를 높였고, 파키스탄은 대화를 시사하면서도 무슬림 저항권을 강조하는 등 강온 양면 전략을 구사하고 있다.

# 제5장 | 기타 지역 이슈

> **출제 포커스 및 학습방향**
>
> 유럽지역과 중동지역의 핵심 이슈를 다루고 있다. 유럽의 경우 무엇보다 유럽통합이 중심 논점이다. 유럽통합과 관련해서는 유럽 통합의 배경, 통합과정 및 통합 관련 조약이 출제된 바 있다. 유럽연합의 각 기관이 상세하게 출제되지는 않았지만, 이사회와 집행위원회의 차이, 유럽의회 등은 출제될 것으로 보인다. 중동지역의 경우 중동 정세의 핵심 위협이 되고 있는 이스라엘과 팔레스타인 분쟁을 정리하였다. 출제가능성이 높아 보이지는 않지만 밸푸어선언 등 핵심 사례에 대해서는 정리해 둘 필요가 있다.

## 제1절 | 유럽 통합

### 1 역사

**1. 유럽 석탄·철강공동체(European Coal and Steel Community: ECSC)의 창설**

1949년 NATO 설치, 1948년 유럽경제협력기구(Organization for European Economic Cooperation: OEEC) 설치, 1949년 유럽평의회(Council of Europe)설치에 이어서 <u>1951년 유럽 석탄·철강공동체(ECSC)가 설치되었다.</u> ECSC는 당시 프랑스와 독일의 최대 산업인 석탄과 철강산업 부흥을 통해 전후복구를 이룩한다는 경제적인 목적 외에 두 나라 간 협력을 통해 적대관계를 해소한다는 정치적 목적을 가지고 있었다. ECSC는 프랑스인 모네가 '슈만플랜'이라는 이름으로 1950년에 제출하였다. 이 플랜은 철강·석탄 공동시장을 만들고 이 공동시장은 초국가적 기구에 의해 공동관리하자는 것이었다.

**2. 유럽경제공동체(EEC) 및 유럽원자력공동체(EURATOM) 설립**

ECSC는 석탄과 철강 생산에 크게 기여하였으나, 1950년대 후반 원유의 도입과 함께 위기를 맞았다. 이에 석탄·철강공동체 6개국은 <u>1957년 유럽경제공동체와 유럽원자력공동체를 설립하는 로마조약에 서명하였다.</u> 로마조약은 1958년 발효되어 유럽경제공동체(EEC)가 브뤼셀에 설치되었다. 경제공동체는 발족되자마자 대대적인 관세인하를 추진하였고, 공동 대외관세를 실시하였다. <u>EEC, ECSC, Euratom 세 공동체는 1967년 7월 1일부터 공동체의 제 기관이 통합되어 EC(European Communities 또는 European Community)라고 총칭되었다.</u>

이는 <u>1965년 체결(1967년 발효)된 통합조약(Merger Treaty)에 기초한 것이며, 통합조약은 세 공동체 자체를 통합한 것이 아니라, 고등관청(High Authority)과 두 위원회(Commissions)를 하나의 위원회로 그리고 세 이사회(Councils)를 하나의 이사회로 통합시킨 것이었다.</u>

## 3. 단일시장의 완성

EEC는 1968년 역내 교역관세 철폐 및 역외 공동관세를 실시하는 관세동맹(Customs Union)을 완성하였다. 그러나 이는 로마조약이 규정한 상품 · 사람 · 자본 · 서비스의 자유이동을 통한 공동시장(Common Market) 달성과 거리가 먼 것이었다. 공동시장의 달성을 위해서 <u>1986년 단일유럽의정서(Single European Act: SEA)가 채택, 1987년 발효되었다.</u> SEA는 상품 · 사람 · 자본 · 서비스 등 4대 생산요소의 자유이동을 보장하기 위해 물리적 · 기술적 · 재정적 장벽을 제거 · 단일유럽시장을 완성하였다. 의사결정방식을 만장일치에서 가중다수결로 전환하였다.

## 4. 유럽연합(European Union: EU)으로 개편

### (1) 마스트리히트조약(Treaty on European Union: TEU)의 주요 내용

단일유럽의정서로 4대 생산요소의 자유이동이 보장되었으나, 각국은 독자적인 통화단위를 사용함으로써 광범위한 환율변경이 인정되어 역내 가격체계가 왜곡되었다. <u>이를 시정하기 위해 경제 · 통화동맹조약인 TEU가 채택, 1993년 발효되어 유럽공동체(EC)는 유럽연합(EU)으로 개편되었다.</u> 이로써 유럽은 단일시장에서 정치 · 경제 · 안보동맹으로 격상되었다. TEU는 유럽시민권 제도를 도입하여 회원국 국민은 국적에 관계없이 거주지 지방선거 및 유럽의회 선거에 참여할 수 있도록 하였고, 의회의 입법기능과 집행위원회 견제기능을 대폭 강화하였다. TEU에 의해 창설된 EU는 광범위한 공동목표를 지붕으로 하여 세 기둥(기존 세 개의 공동체에 의한 EC의 여러 가지 활동, 공동외교안보정책, 사법 및 내무업무)으로 형성되었다. 공동결정절차를 도입하여 의회의 권한을 강화하였다. 의회는 각료이사회가 지지하는 법안에 대해 거부권을 행사할 수 있다. 의회에 신규회원국 가입 및 공동체 예산 집행에 대한 승인권을 부여하였으며, 공동외교안보정책을 처음으로 명문화하였다.

### (2) 경제통화동맹(Economic and Monetary Union: EMU)

TEU는 '들로르보고서'에 기초하여 EMU를 3단계로 나누어 시행하기로 결정하였다. 1단계는 1990년 7월 1일부터 시작되었고, 2단계는 1994년 1월 1일부터 시행되었다. 그리고 3단계는 1999년 1월 1일부터 실시되었는데, 유럽중앙은행이 1998년에 설립되고 공동화폐(Euro)가 2002년부터 발행되었다. 영국과 덴마크는 이 단계에 대한 '선택적 참가(Opt-out)'가 인정되고 있다. 그리스는 당초 조건을 충족하지 못해 유로존에서 배제되었으나, 이후 조건을 충족시켜 2001년 1월부터 유로존 회원국이 되었다. 이후 슬로베니아, 슬로바키아, 에스토니아, 라트비아, 리투아니아(2015)가 유로화를 도입하여 총 19개국이 유로존을 형성하고 있다.

## 5. 유럽의 확대

1958년 경제공동체(EEC, 당시 6개국)가 설치되고 1960년 자유무역연합(EFTA)이 발족되어 서유럽은 양분되어 있는 상황이었다. 그러나 1973년 영국, 덴마크, 아일랜드 등 3개 국가가 공동체에 가입하고(총 9개국) 이후 1981년 그리스의 가입으로(10개국) 공동체의 남진정책이 본격화되었으며, 1986년에는 포르투갈과 스페인 등 상대적으로 소득이 낮은 국가들이 가입하였다(총 12개국). 공동체는 1993년부터 단일시장을 실시하며 유럽통합을 구체화시켰으며(EC ⇨ EU로 전환), 이에 따라 기존 EFTA국가들도 유럽연합쪽으로 전환하게 되어, 1995년 스웨덴, 핀란드, 오스트리아가 유럽연합에 가입하였다(총 15개국). 1999년 공산권의 붕괴와 함께 몰타, 슬로베니아, 헝가리, 체코 등 동구권 10개 국가들이 유럽연합에 대거 가입하였으며(총 25개국), 근래 들어 2007년 1월 루마니아와 불가리아 두 국가가 가입하여 오늘날 유럽연합이 완성되었다. 한편, 2013년 7월부터 크로아티아가 EU 회원국이 됨으로써 EU 회원국은 2013년 11월 현재 총 28개국이 되었다. 또한, 2004년 12월 정회원 후보국의 지위를 획득한 터키는 2013년 11월 5일부터 EU 가입을 위한 협상을 재개하였다(연합뉴스, 2013년 11월 5일).

> **참고**
>
> **코펜하겐기준**
> 중동부유럽으로의 EU 확대를 위해 1993년 6월 코펜하겐 유럽이사회는 소위 코펜하겐기준이라 부르는 EU 가입기준을 제시하였다.
> 1. 정치적 기준으로 정치적 민주주의, 법치주의, 인권 존중 및 소수자의 권리 보호
> 2. 경제적 기준으로 공동시장에서 경쟁력을 유지할 수 있는 시장경제체제
> 3. 법적 기준으로 가입과 동시에 EU의 법적 권한과 의무의 준수
> 4. 정치적 공동체, 경제통화동맹의 목표에 대한 동의
> 5. 기존 EU의 흡수 능력, 즉 신규회원국을 수용해도 문제가 없을 것

## 6. 암스테르담조약

### (1) 체결배경

1997년 유럽연합(EU) 15개국 사이에 체결된 유럽 통합에 관한 기본협정으로, 신유럽연합조약이라고도 한다. 1997년 6월 유럽연합(EU) 15개국 정상들이 암스테르담에 모여 회의를 열고 체결한 협정이다. 마스트리히트조약이 1992년 6월부터 시작된 각국에서의 조약 비준단계에서, 덴마크가 국민투표에서 비준을 얻는 데 실패하고, 프랑스에서는 근소한 차이로 가까스로 과반수 찬성을 얻는 데 그치는 등 커다란 장애에 부딪혔다. 이로 인해 이 조약에 대한 개정론이 대두되자 암스테르담조약이 체결된 것이다.

### (2) 주요 내용

① 다단계 통합의 방안을 도입하여 과반수의 국가들 사이에서 합의가 성립되면 이들 국가 간에서 먼저 통합을 실시할 수 있다는 것을 명문화하였다.

② 사회헌장(社會憲章)을 부속문서에서 조약 본문으로 옮겨 넣고, 조약에 참가하지 않았던 영국도 여기에 참가시킨다.
③ 공통외교·안보정책에 관한 의사결정에 관해서는 전 회원국의 일치를 원칙으로 하지만, 다수결로 공동행동을 결정할 수 있는 경우도 있도록 한다.
④ EU의 법적 성격을 확인하고, 유럽위원회와 유럽위원장이 이 권한을 대표한다는 것을 정하여 집행력에 법적 근거를 부여하였다.
⑤ 서유럽연합(WEU)과의 관계를 강화한다.
⑥ 신규 가맹국이 6개국 이상인 경우에는 가맹 1년 전까지 기구 개혁을 하기 위한 정부 간 협의를 한다.

 참고

**솅겐조약(Schengen agreement, 1985년 6월 14일)**

솅겐조약은 유럽 각국이 공통의 출입국 관리정책을 사용하여 국경시스템을 최소화해 국가 간의 통행에 제한이 없게 한다는 내용을 담은 조약이다. 이 조약은 벨기에, 프랑스, 독일, 룩셈부르크, 네덜란드 5개국이 1985년 6월 14일에 프랑스, 독일과 국경을 접하고 있는 룩셈부르크의 작은 마을 솅겐 근처 모젤 강에 떠 있던 선박 프린세스 마리아스트리드 호(Princesse Marie - Astrid) 선상에서 조인하였다. 또한 그 5년 후에 서명 된 솅겐조약 시행협정은 솅겐조약을 보충하는 내용이며, 협정 참가국 사이의 국경을 철폐할 것을 규정하고 있었다. 솅겐조약이라는 용어는 이 두 문서를 총칭하는 것으로도 사용된다. 아일랜드와 영국을 제외한 모든 유럽연합 가입국과 유럽연합 비가입국인 EFTA 가입국 아이슬란드, 노르웨이, 스위스, 리히텐슈타인 등 총 26개국이 조약에 서명하였다. 솅겐조약 가맹국들은 국경 검사소 및 국경 검문소가 철거되었고, 공통의 솅겐 사증을 사용하여 여러 나라에 입국할 수 있다. 조약의 목표는 솅겐 국가(Schengenland)란 이름으로 알려진 솅겐 영역 안에서 국경 검문소, 국경 검사소를 폐지하는 것이다.

## 7. 니스조약

2000년 12월 7일부터 11일까지 프랑스 니스에서 유럽연합(EU) 15개국 정상이 모여 신규 회원국의 가입과 유럽연합의 확대에 따른 제도개혁을 논의하고, 이 논의에 따라 합의된 내용을 규정한 국제조약이다. 조약의 주요 내용은 다음과 같다.

(1) <u>유럽연합이사회에서 회원국들의 가중치 투표수의 결정과 유럽위원회 위원수의 결정을 들 수 있다. 이 조약에서는 만장일치의 적용범위를 축소하고 가중다수결 제도를 채택하였다.</u>

(2) 유럽연합의 집행기관인 유럽위원회의 위원수를 20명으로 제한하고, 현재 2명의 위원을 보유하고 있는 5개 회원국이 자국 위원을 2005년까지 1명으로 감축하되, 이후 신규 회원국의 수가 증가하게 되면 순번제를 도입해 회원국들이 번갈아 가며 위원을 보유하도록 하였다.

(3) 중동부유럽(CEE)의 신규 회원국 가입을 위한 제도적 개혁에 대한 합의를 들 수 있다. 이와 같이 니스조약은 유럽연합의 확대와 내부기구 개혁, 유럽의회 의석 재할당 등을 규정한 조약으로, 유럽 대륙의 첫 평화적 통일을 위한 길을 마련하였다는 평가를 받는다.

## 8. 유럽헌법조약

2004년 6월 채택되었으나 발효되지 않았다. 주요 내용을 보면 다음과 같다.

(1) EU 대통령직을 신설하여 EU를 대표하는 역할을 한다.

(2) EU 외무장관직을 신설하여 공동외교안보정책을 담당한다.

(3) 유럽의회 의석을 조정하고 권한을 강화한다. 입법과정에서 유럽의회의 공동결정 권한을 확대하고 유럽위원장 및 위원에 대한 임명동의권을 부여한다. 소규모 국가의 의석을 4석에서 6석으로 상향조정하고 한 국가의 최대의석은 96석으로 제한한다.

(4) 신속한 의사 결정을 위해 가중다수결을 도입한다.

(5) 니스 정상회의에서 채택된 기본인권헌장을 유럽헌법 제2부에 포함하여 법적 구속력을 부여한다.

(6) EU 탈퇴규정을 둔다.

## 9. 리스본조약

### (1) 의의

리스본조약의 정식 명칭은 '유럽연합조약과 유럽공동체 창설조약을 개정하는 리스본조약'이다. 리스본조약은 기존의 EU와 완전히 차별화되는 EU라기 보다는 EC를 승계하여 EU가 보다 확대되고 심화된 통합의 기능을 수행하도록 EU를 개혁하는 조약이라 할 수 있다.

### (2) 조약명칭의 변경

리스본조약은 기존의 조약들을 개정하였다. EU조약은 동일명칭을 유지하였으나, 유럽공동체(EC) 설립조약은 EU기능조약(Treaty on the Functioning of the European Union)으로 명칭을 변경하였다. EU기능조약은 연합의 기능을 조직하고, 그 관할권 행사 분야, 한계 결정 및 관할권 행사방식을 결정한다. EU는 동일한 법적 가치를 갖는 EU조약과 EU기능조약에 근거하며, EC는 EU로 대체·승계되었다. 유럽원자력공동체설립조약은 리스본조약에 부합되도록 개정되어 계속 존재한다.

### (3) EU의 법인격

EU는 리스본조약하에서 단일한 법인격을 가지게 되었다. 기존 EU체제에서는 EC조약 제281조에 EC의 법인격이 명시적으로 규정되었으나, EU의 법인격은 리스본조약에서 처음 명시되었다. 리스본조약에 의해 EU는 EC를 대체하며, EC의 모든 권리와 의무를 승계하게 되었다.

### (4) 의사 결정방식의 변화

이사회 결정에 있어서 만장일치 대신 가중다수결(Qualified Voting System)로 의결하는 분야를 확대함과 동시에 가중다수결방식에 변화를 주었다. 변화된 가중다수결은 '이중다수결(Double Majority)'이라고 한다. 이중다수결하에서는 적어도 이사회 구성원의 55%에 해당되고, 적어도 27개 회원국 중 15개국을 포함하고, EU인구의 65% 이상을 포함하는 회원국을 대표하면 가결된다.

### (5) 협력의 새로운 분야

리스본조약은 국경 간 범죄, 불법 이주, 인신매매, 마약 및 무기 매매문제에 대처하기 위해 EU능력을 강화하는 다수의 새로운 정책 분야를 포함하고 있다. 그리고 이들 분야 외에 기후변화와 에너지 분야를 새로운 협력 분야로 설정하였다.

### (6) 유럽이사회 의장 신설

기존의 순회의장국제도 대신 임기 2년 6개월에 1차례 연임할 수 있는 유럽이사회 의장직을 신설하였다. 이사회 회의 관장, 유럽이사회 내 일관성과 총의 촉진 노력, 이사회 회의 이후 유럽의회에 보고서 제출 등의 기능을 수행한다. 국내 공직을 겸임할 수 없다.

### (7) 외교안보정책 고등대표 신설

임기는 5년이다. 외교이사회를 주재한다. EU 대외조치의 일관성을 확보하고 유럽위원회 내에서 대외관계에 있어서 자신에게 주어진 책임을 수행한다. 공동 대외정책 및 안보정책과 관련된 사안에 대하여 EU를 대표하고 EU를 대표하여 제3국과 정치적 회담을 수행할 수 있다.

### (8) 유럽의회 권한 강화

이사회와 공동결정절차로 입법하는 분야의 수를 확대하고, 예산권한을 강화하였다. 공동결정절차가 리스본조약에 의해 '통상적인 입법절차'가 되었다. 유럽위원회 의장을 선출한다. 의원수를 의장 외에 750명으로 한정하였다. 의석 수 배분은 체감비례대표에 의한다. 이에 따르면 회원국의 최소의원수는 6명, 최대의원수는 96명이다.

### (9) 유럽이사회

리스본조약에 의해 EU의 공식적 기관의 지위를 가지게 되었다. 입법권한을 갖는 이사회와는 법적으로 구별된다. 이사회는 정상, 이사회 의장, 유럽위원회 위원장으로 구성된다. 상임의장을 가중다수결로 선출한다. 6개월에 2회 회합한다. 유럽이사회 결정은 달리 규정된 경우가 아니면 총의(Consensus)에 의한다. 표결 시 유럽이사회 상임의장과 집행위원장은 표결에 참여하지 않는다.

### (10) 탈퇴조항 신설

> **참고**
>
> **EU 탈퇴절차**
>
> 1. **국내 헌법절차에 따른 탈퇴 결정**
>    리스본조약 제50조는 탈퇴규정을 처음으로 신설하였다. 탈퇴의 첫 단계는 각 회원국이 자국 헌법에 따라 탈퇴를 결정하는 것이다. 탈퇴 결정은 회원국의 자율적 판단에 맡겨져 있으며, 동 조약에서는 탈퇴요건이나 심사기준을 명시하지 않았다.
>
> 2. **탈퇴의사 통고**
>    탈퇴를 결정한 회원국은 유럽이사회(European Council)에 그 의도를 통고해야 하며, 통고에 의해 비로소 EU가 유럽이사회의 방침에 따라 당해국과 탈퇴협정에 관한 공시적인 교섭을 개시한다.
>
> 3. **탈퇴협상의 개시**
>    <u>탈퇴협정 체결을 위한 협상은 EU와 탈퇴국 간의 장래의 관계를 위한 틀을 고려하면서 유럽이사회의 협상방침(Guidelines)에 따라 진행되어야 한다. 유럽이사회는 컨센서스를 통해 탈퇴협상을 위한 협상방침을 제공한다.</u> 탈퇴의사를 표현한 국가는 유럽이사회의 심의와 결정과정에 참여할 수 없다. 탈퇴협상 개시의 승인, 협상책임자 또는 협상단장의 지명 등은 유럽이사회의 권한이다.
>
> 4. **탈퇴협정 체결**
>    EU 탈퇴의 법적 절차는 원칙적으로 유럽의회의 동의를 얻은 이사회의 가중다수결을 통하여 탈퇴협정을 체결함으로써 완료된다. <u>탈퇴협정 체결을 위한 이사회의 가중다수결(이중다수결)은 회원국의 72% 및 EU 회원국 총 인구의 65% 이상을 만족해야 한다.</u> 탈퇴의사를 표명한 회원국은 표결에 참여할 수 없으므로 총 27개 회원국 중 20개 이상이 찬성하여야 탈퇴협정이 체결될 수 있다. 한편, 탈퇴협정 체결을 위한 유럽의회의 동의는 단순한 과반수 찬성으로 결정된다. 리스본조약 제50조는 탈퇴 통고국의 유럽의회 표결에서의 배제를 명시하지 않았으므로 당해 국가도 유럽의회 표결에 참여할 수 있다. 주의할 점은 탈퇴의사를 통고받는 주체는 유럽이사회인 반면, 탈퇴협정을 체결하는 주체는 이사회라는 것이다.
>
> 5. **협상기한**
>    탈퇴의사를 통고한 국가에 대해 유럽연합조약과 기능조약은 탈퇴협정의 발효일로부터 또는 그렇지 않은 경우에는 유럽이사회가 해당 회원국과 합의하여 이 기간을 연장하는 것을 만장일치로 결정하지 않는 한, 탈퇴의사의 통지 후 2년이 되는 해에 적용이 중단된다.

## 2 기관

### 1. 서설

EU의 기관은 크게 '1차 기관(Institutions)'과 '2차 기관(Bodies)'으로 나뉜다. 리스본조약에 의하면, 전자에는 유럽의회(European Parliament), 유럽이사회(European Council), 이사회(Council), 유럽집행위원회(European Commission), EU 사법재판소(Court of Justice of the European Union), 유럽중앙은행(European Central Bank), 감사원(Court of Auditors) 등이 있다. 1차 기관은 입법권을 가지고 있고, 유럽재판소에서 당사자적격을 향유하며, 그 행위는 선결적 부탁의 대상이 된다.

2차 기관은 유럽의회, 이사회 및 집행위원회에 대한 자문기능을 수행하며 경제사회위원회(Economic and Social Committee), 지역위원회(Committee of the Regions), 유럽투자은행(European Investment) 등이 있다.

한편, 유럽이사회와 이사회는 정부 간 기구로서 각 회원국을 이익을 대표하고, 유럽집행위원회, 유럽의회, 유럽사법재판소 등은 초국가적 기구로서 유럽연합 전체의 이익을 대표한다.

## 2. 유럽의회

### (1) 구성

유럽의회는 EU 시민들의 대표로 구성되며, 의원총수는 의장 외에 750명을 넘을 수 없다. 회원국 간 의석할당은 '체감비례대표(Degressively Proportional Representation)' 원칙을 적용하여 국가 간 인구비례를 원칙으로 하되 어떤 회원국도 96석을 넘을 수 없고 아무리 작은 국가도 최소 6석은 보장받는다. 의원의 임기는 5년이며, 출신국별로 행동하지 않고 '정치단체(Political Group)'를 형성하여 행동한다. 유럽의회 의원은 원칙적으로 겸직이 금지된다.

### (2) 주요 기능

유럽의회는 이사회와 공동으로 입법 및 예산기능을 수행하며, 제조약에 규정된 바에 따라 정치적 통제와 협의기능을 수행한다. 또한 집행위원회 의장을 인준한다. 최근의 EU헌법 개정에도 불구하고 유럽의회는 제한된 입법권만을 가진, 주로 자문역할을 하는 기관으로 남아있다. 유럽의회는 EU의 제반 사안을 통의하고, 각료이사회와 집행위원회에 권고하며 공동정책의 이행을 감시한다. 그러나, 마스트리히트조약에 공동결정절차조항이 도입된 후 의회는 그 기능을 강화하였다. 이에 따라 의회는 정책결정의 15개 분야에서 각료이사회가 승인한 입법을 거부할 수 있다. 유럽의회는 집행위원회 불신임권, 예산의결권, 신규 가입국에 대한 동의권을 가진다.

## 3. 유럽이사회

유럽이사회는 회원국의 국가 또는 정부 수반과 유럽이사회 상임의장 및 집행위원회 의장으로 구성된다. 유럽이사회 상임의장은 리스본조약에서 신설되어 구성원으로 포함되었다. 유럽이사회 의장은 EU의 공동외교안보정책에 관련된 문제에 있어서 EU를 대외적으로 대표한다. 유럽이사회에서 가중다수결로 선출되며 임기는 2년 6개월이고 1차에 한해 연임할 수 있다. 유럽이사회는 EU의 발전을 위해 필요한 자극을 제공하고, EU의 일반적인 정치적 방향과 우선순위를 분명히 하는 것이 그 기능이다. 유럽이사회의 결정은 컨센서스가 원칙이나 가중다수결이나 만장일치가 적용되는 경우도 있다. 유럽이사회 의장과 집행위원회 의장은 표결에 참여하지 않는다.

## 4. 각료이사회

### (1) 구성

각료이사회는 각 회원국의 장관급 대표로 구성된다. 이사회 의장직은 두 부류로 구분된다. 외무이사회(Foreign Affairs Council)의 의장은 'EU 외교안보정책 고등대표'가 맡으며, 외무이사회를 제외한 다른 이사회 의장직은 회원국 대표들이 돌아가며 맡는다. 이사회 결정은 제조약에서 특별히 정한 바가 아닌 한 가중다수결(Qualified Majority)로 의결한다. 각료이사회는 하나의 기구이나 실제로는 안건에 따라 총괄, 대외관계, 경제·재무, 법무·내무, 고용·사회정책·보건, 경쟁력, 수송·통신·에너지, 농업·수산, 환경, 교육·청소년·문화의 9개 부문에 걸쳐 회원국 장관들로 각각 구성된다.

### (2) 주요 기능

각료이사회는 EU 내 주된 의사 결정기구이다. 집행위원회의 제안에 기초하여 원칙적으로 최종결정권을 행사할 수 있는 EU의 입법기관이다.

## 5. 유럽집행위원회

### (1) 구성

유럽집행위원회는 의장, EU 외교안보정책 고등대표, 부의장, 위원으로 구성된다. 집행위원장은 유럽이사회가 제안하여 유럽의회에서 인준하며 임명은 유럽이사회가 한다. 나머지 세 구성원은 유럽이사회가 임명권을 행사한다. EU 외교안보정책 고등대표는 유럽이사회가 집행위원회 의장과 합의하여 임명하며 그는 집행위원회 부의장(Vice-Presidents) 중의 한 명이다. 회원국은 1명씩 집행위원을 지명한다. 집행위원의 임기는 5년이다.

### (2) 역할

집행위원회는 초국가적 기관으로서 제조약과 EU 1차 기관들이 채택한 조치의 적용을 확보하고 EU 사법재판소의 통제 아래 EU법의 적용을 감독하는 것이다. EU의 입법적 행위는 제조약에서 달리 규정한 경우를 제외하고 집행위원회의 제안(Proposal)에 기초해서만 채택할 수 있다. 대외적으로는 양자 또는 다자협상 시 회원국들을 대표하여 협상한다. 공동농업정책이나 공동통상정책을 비롯한 모든 공동정책의 운영을 책임지며, 예산을 관리하고, 공동체 프로그램의 추진을 담당한다.

## 6. EU 사법재판소

리스본조약에 따라 EU 사법재판소는 사법재판소 또는 유럽재판소(Court of Justice), 일반재판소(General Court), 전문재판소들(Specialised Courts)로 구성된다. EU 사법재판소들은 제조약을 해석하고 적용함에 있어 법이 준수됨을 확보하는 것이 임무이며, 사법재판소는 각 회원국으로부터 1명의 재판관으로 구성된다. 일반재판소는 회원국당 적어도 1명의 재판관을 포함한다. 사법재판소 및 일반재판소의 재판관 임기는 6년이며 회원국정부의 일치된 합의에 의해 임명되며, 재임명될 수 있다.

## 3 유럽통화협력

### 1. 전개과정

#### (1) 베르너보고서(1970년 10월)

1960년대 말 브레튼우즈체제가 동요되고 있었을 때 관세동맹을 조기 완성하고 CAP(공동농업정책)를 실시하고 있던 EU는 헤이그 정상회담(1969)에서 경제통화동맹 결성의지를 확인하였으며, 이듬해 베르너보고서가 발표되었다. 베르너보고서는 3단계로 나눠서 경제통화동맹을 형성하도록 하였다. 제1단계는 외환시세 변동폭 축소와 유럽통화기금(European Monetary Cooperation Fund: EMCF) 설립, 제2단계는 각국의 단기 및 중기에 걸친 경제정책의 조정과 중기 금융원조기구의 설립, 제3단계는 회원국 중앙은행 간 협력체제 강화와 공동중앙은행제도 설립을 목표로 하였다.

#### (2) 공동변동환율제(1972년 4월)

브레턴우즈체제 붕괴 이후에도 베르너 보고서의 몇 가지 내용은 실천되었다. 1972년 4월 터널 속의 뱀[Snake in the (dollar) Tunnel]이라는 공동변동환율제도가 실시되었다. 그러나 1973년 3월 달러가 변동되기 시작하자 터널(상하 2.25%) 없는 공동변동환율제도가 실시되었다. 그러나 1970년대 중반 이후 국가들 간 이견으로 통화통합노력은 중단되었다.

#### (3) EMS와 유럽통화단위 창설(1979년)

1979년 EMS와 유럽통화단위(European Currency Unit: ECU)의 창설로 통화통합 과정이 재개되었다. EMS의 성공적 운영으로 SEA(단일의정서) 작성 시 진전된 통화통합조항의 삽입을 가능하게 하였다. 1989년 4월에는 들로르(Delors) 집행위원장이 주도하는 통화문제위원회는 경제통화동맹을 위한 '들로르보고서'를 제출하였다.

#### (4) EMU의 단계별 실시 합의

1991년 12월 EU 정상은 EMU의 단계별 실시에 합의하였다. 제1단계에서는 경제 및 통화정책의 협력을 강화하며, 모든 회원국의 환율조정메커니즘(Exchange Rate Mechanism: ERM) 가입을 실현시키고, 제2단계는 1994년 1월부터 시작되는데, 이 기간의 초기에 유럽통화기구(European Monetary Institute: EMI)를 창설하기로 하였다. 1999년 1월부터 출범한 제3단계에서는 유럽중앙은행제도(European System of Central Bank: ESCB)와 유럽중앙은행(European Central Bank: ECB)의 창설과 단일통화를 창출하기로 합의하였다.

#### (5) 마드리드 정상회담(1995년 12월)

1995년 12월 개최된 마드리드 정상회담에서는 단일통화의 명칭을 '유로(Euro)'로 확정하고 향후 일정을 조정하였다.

### (6) 유럽중앙은행 출범(1998년 1월)

1994년 EMU 2단계로의 이행과 함께 출범한 유럽통화기구(EMI)를 계승하여 1998년 1월에 유럽중앙은행(ECB)이 출범함으로써 본격적인 단일통화체제가 시작되었다. 1999년 1월 EMU의 3단계가 시작되고, 2002년 1월부터 EU 12개국에서 단일통화인 유로가 사용되기 시작하였다.

**유로존(Eurozone)**

1. **유로존의 개념**

   유로존이란 EU 회원국 중 유로화를 사용하는 국가를 말한다. 현재 유로존은 독일, 프랑스, 이탈리아, 벨기에, 네덜란드, 룩셈부르크, 스페인, 포르투갈, 오스트리아, 핀란드, 아일랜드(이상 1999년), 그리스(2001년), 슬로베니아(2007년), 키프러스, 몰타(2008년), 슬로바키아(2009년), 에스토니아(2011년), 라트비아(2014년), 리투아니아(2015년), 크로아티아(2023년) 총 20개국이다.

2. **유로존 미가입국**

   EU 회원국 중 비유로존 국가는 덴마크, 불가리아, 체코, 헝가리, 폴란드, 루마니아, 스웨덴 7개국이다.

3. **유로화 도입을 위한 수렴조건(Convergence Criteria)**
   ① 명목 GDP 대비 정부부채비율 60% 이내
   ② 명목 GDP 대비 재정적자비율 3% 이내
   ③ 장기금리가 최근 1년간 물가상승률이 가장 낮은 3개 EU 회원국 장기금리 평균의 2%p 이내
   ④ 물가상승률이 최근 1년간 물가상승률이 가장 낮은 3개 EU 회원국 물가상승률 평균의 1.5%p 이내
   ⑤ 과거 2년 동안 ERM II 내에서 ±1% 유지
   ⑥ 중앙은행의 독립성 확보

## 2. 마스트리히트조약과 EMU의 제3단계

### (1) EMI

마스트리히트조약에 기초하여 1994년 1월부터 EMU의 제2단계가 시작되었다. 이 기간에는 EMI가 ESCB와 ECB를 대리하여 업무를 수행하였다. EMI의 주된 업무는 가격안정을 기본틀로 하는 회원국 간 경제실적의 수렴을 용이하게 하는 것이다. 이를 위해 EMI는 금융정책과 환율정책에 관한 권고를 할 수 있다.

### (2) 제3단계로의 이행

통화통합 제3단계로의 이행은 집행위원회와 EMI가 수렴과정과 실적을 충분히 검토한 후 내려야 할 사항이었다. 제3단계로의 이행은 가격안정성, 금리, 재정적자, 공공채무, 통화안정성 등 다섯 가지 기준을 충족시키는 회원국이 7개국 이상에 이를 경우 1996년 말까지 이사회의 다수결투표방식에 의해 결정하기로 합의되었다.

### (3) ECB

ECB는 가격안정을 위주로 한 금융정책을 독자적으로 수행하며, 공동체 내에서 은행지폐의 발행을 허가할 배타적 권리를 갖는다. ECB와 국내 중앙은행이 발행하는 지폐는 EU 내에서 법정화폐(Legal Tender)의 지위를 가지는 유일한 은행권이다.

## 4 EU 외교안보정책

### 1. EU외교정책의 태동기: 초창기 외교안보협력의 실패와 유럽정치협력의 등장

#### (1) ECSC

유럽통합은 무엇보다 독일과 프랑스의 화해를 통해 유럽지역에 항구적 평화를 정착시키기 위한 노력의 일환이었다. 프랑스는 1950년 슈만선언을 통해 독일과의 적대관계를 청산하고 유럽통합의 구도 속에서 유럽의 평화를 구현하고자 하는 노력을 구체화하였다. 그 결과 ECSC가 탄생했다. 유럽통합은 제2차 세계대전 종전 이후 냉전체제의 등장과 밀접한 관련이 있다. 냉전체제가 형성되면서 미국은 소련에 효과적으로 대항하기 위해서는 서유럽국가들의 내적 결속이 우선적으로 필요하다는 판단하에 서유럽국가들의 지역통합을 적극 찬성하였다.

#### (2) EDC와 EPC

ECSC창설에 고무된 유럽인들은 1952년 유럽방위공동체(EDC)와 유럽정치공동체(EPC) 창설을 시도했으나, 1954년 제안당사국이었던 프랑스가 의회 비준에 실패함으로써 조약의 발효가 무산되었다.

#### (3) 푸쉐플랜

1961년 유럽정치협력위원회의 설립과 이 위원회의 활동 결과로 프랑스의 주도하에 푸쉐플랜이 제안되었으나, 무산되었다. 푸쉐플랜은 모든 자유민주주의국가들과의 협력을 바탕으로 유럽의 외교방위공동정책 설정과 유럽국가 간의 과학 및 문화 분야 협력 증진을 주요 내용으로 담고 있었다. 이후 1965년 공석의 위기(empty chair crisis)가 발생하고 1980년대 중반 단일유럽의정서 제정기까지 유럽통합의 암흑시대로 접어들었다.

#### (4) 유럽정치협력(EPC)

푸쉐플랜 무산 이후 프랑스대통령 죠르쥬 퐁피두의 제안으로 유럽정치협력(EPC: European Political Cooperation)이 지속되었다. 1969년 헤이그정상회담에서 제안된 EPC는 국제관계상의 중요문제에 대해 회원국 간 정보와 의견을 교환하고 나아가 공동대응방안도 강구할 수 있도록 회원국 간 사전협의를 제도화하고자 한 시도였다. 이 제안에 대해서도 회원국은 냉소적으로 반응하여 궤적 성과를 낸 것은 아니었다. EPC는 EU공식기관이 아니었으며 유럽공동체 설립조약과는 무관하게 존재했다. 그러나, 1986년 단일유럽법안에 규정되어 조약상 근거를 갖게 되었고, 브뤼셀에 사무국이 설치되었다. 그러나 EPC 틀 내에서 구속력있는 결정을 내릴 수는 없었고, 모든 결정은 합의에 의해 이뤄졌으며, 회원국이 개별 행동을 취했을 때 제재조치를 취할 수 없다는 한계가 있었다.

### (5) 대서양주의와 유럽주의 대립

EU공동외교정책이 순조롭게 발전하지 못한 것은 냉전의 환경 속에서 유럽의 안보문제가 철저히 미국이 주도하는 NATO의 틀 속에서 다루어졌기 때문에 상대적으로 EU가 차지할 수 있는 공간 자체가 존재하지 않았기 때문이었다. NATO를 주축으로 하는 대서양주의적 외교안보시스템을 유럽의 독자적 역량의 구축을 필요로 하는 유럽주의적 시스템으로 대체할 수 있는 의지와 능력을 EU 회원국들은 갖고 있지 않았다.

### (6) 대외정책 협력 필요성 고조와 TEU

1990년대 들어 유럽의 공동 외교안보정책의 필요성이 커졌다. 필요성이 커진 계기는 냉전의 종식, 독일 통일, 걸프전 발발, 유고연방 해체, EU의 창설을 위한 노력 등이다. 특히 걸프전과 유고슬라비아사태를 맞아 EPC의 허약성이 드러나자 EC회원국들은 대외정책에서 좀 더 긴밀한 결합을 보장할 수 있는 강화된 협력체계의 필요성을 절감하게 되었다. 이러한 필요성에 의해 EU회원국들은 마침내 1993년 발효한 유럽연합조약에서 공동외교안보정책의 기틀을 마련하게 되었다.

## 2. EU외교정책의 제도적 기반 조성

### (1) 유럽연합조약과 공동외교안보정책

첫째, 유럽연합조약의 두 번째 기둥인 공동외교안보정책(CFSP: Common Foreign and Security Policy)은 EPC가 발전된 것으로 EPC 틀 속에서 이루어져 오던 협의 및 조절 기능을 넘어 공동입장의 채택과 공동조치를 추구한 것이다.

둘째, 유럽연합조약상 EU외교정책 목표는 다섯 가지이다. ① EU의 공동의 가치, 기본 이익, 독립성의 보호. ② EU와 회원국의 안보 강화. ③ UN헌장 및 CSCE 헬싱키 선언 원칙과 파리헌장의 목적에 따른 국제평화 및 안보 유지 강화. ④ 국제협력 증진. ⑤ 민주 법치 발전 및 인권과 기본자유 존중.

셋째, 이러한 목표는 공동입장(Common Position)과 공동조치(Common Action)를 통해 수행된다. 공동입장은 외교정책의 수행에 있어서 회원국 간의 체계적인 협조를 도모하는 것으로서 회원국의 외교정책방향은 공동입장과 일치해야 하며 국제회의에서 발언하거나 표결할 때에도 공동입장과 일치해야 한다. 공동조치는 회원국의 공통이해가 있는 국가에 대해 경제제재 등 구체적 행동을 취하는 것으로서 회원국을 구속한다. 각 회원국은 이사회에서 합의되지 못한 사안이나 긴급한 상황일 경우 예외적 조치를 취할 수 있으나 이사회에 사전통보해야 한다. 이스라엘 - 팔레스타인 평화협상(1994.12), 보스니아 평화정착과 인도적 지원(1995.12), 가자지구와 이집트 국경지대 통제 감시단 파견(2005.11) 등에 관한 공동조치를 취한 바 있다.

넷째, 마스트리히트조약(유럽연합조약)은 EU외교정책 수행에 있어서 다섯 가지 중요한 제도적 변화를 가져왔다. ① 유럽이사회는 공동외교안보정책의 원칙과 일반적 방향을 정하는 역할을 부여받았다. ② 각료이사회는 필요하다고 판단될 시 언제라도 공동입장을 수립하는 책임과 함께 공동조치의 대상이 되는 사안을 결정하고 집행하는 권한을 갖게 되었다. ③ 공동외교안보정책 관련 각료이사회 의장국 역할이 강화되었다. 의장국은 공동외교안보정책에 해당하는 사안에 있어서 EU를 대표하고 공동조치의 집행을 책임진다. ④ 집행위원회가 공동외교안보정책에 대해서도 처음으로 발안권을 가지게 되었다. ⑤ <u>유럽의회가 공동외교안보정책과 관련하여 자문하거나 협의를 하는 등 위상이 제고되었다.</u>

다섯째, 공동외교안보정책의 수립과 이행에 있어 중추적 역할을 담당하게 된 각료이사회 의결에 있어서 다수결방식이 적용될 여지를 마련하였다. 유럽 외교안보협력 분야가 정부간 협상의 골격을 유지하면서도 다수결 방식을 도입함으로써 초국가적 성격이 가미된 것이다.

여섯째, 암스테르담조약(97/99)에서는 공동외교안보정책에 세 가지 중요한 변화를 규정했다. ① <u>공동외교안보정책에 관련된 정책을 준비할 책임을 진 고위급대표(High Representative)를 임명한다.</u> ② 각료이사회 사무국 내에 정책 수립 및 조기 경보 기능을 담당할 부서를 신설하고 고위급대표의 관할하에 두었다. ③ <u>기존의 공동입장, 공동 조치에 추가하여 공동전략(Common Strategies)을 도입하여 회원국들의 공동 이익이 존재하는 사안에 있어 목표 설정, 정책집행 기간, 그리고 집행 수단에 대한 합의를 도출하는 메커니즘을 신설하였다.</u>

### (2) 발칸 사태와 공동외교안보정책의 한계

첫째, 제도적 발전과 맞물려 발생한 발칸 위기는 EU 회원국들로 하여금 공동외교안보정책의 강화를 모색하게 하는 강력한 동기를 제공했다.

둘째, 발칸사태는 여섯 단계로 나눠볼 수 있다. 첫째 단계는 1987년부터 1991년까지 시기로서 세르비아의 밀로세비치가 유고슬라비아를 대세르비아 국가로 전환하고자 하면서 슬로베니아, 크로아티아가 독립을 시도하는 시기이다. 이 단계에서 미국이나 유럽국가들은 개입 의지를 보이지 않았다. 두 번째 단계는 슬로베니아가 분리독립하는 1991년 시기이다. 세 번째 단계는 1991년에서 1992년까지 시기로서 크로아티아 분리독립시도로 세르비아와 유혈 충돌이 발생하여 UN평화유지군이 파견되었다. 네 번째 단계는 1992년부터 1995년까지로서 보스니아가 독립을 선언하면서 보스니아의 분점을 둘러싼 유혈사태가 지속된 시기이다. 이 단계에서 EU와 UN의 외교적 노력이 시도되었으나 실패하고 미국 주도하에 군사개입으로 데이튼협정 체결이 체결되어 휴전에 돌입하게 되었다. 다섯 번째 단계는 데이튼협정 체결 이후 협정 이행기로서 보스니아 정세를 복원시키기 위한 노력이 경주되는 시기이다. <u>여섯 번째 단계는 보스니아 사태 진정 후 코소보 사태 발발과 NATO의 무력 개입을 통해 코소보 지역을 세르비아의 영향력으로부터 보호하게 되는 시기이다.</u>

셋째, <u>보스니아 내전과 코소 사태 해결과정에서 EU는 무엇보다 내부조율의 어려움을 극복하지 못하고 분쟁해결을 위한 별다른 실질적 역할을 하지 못했다.</u> 마스트리히트조약으로 제도적 기반을 마련한 EU가 보스니아 사태에 실효적 역할을 할 것으로 기대되었으나 몇 건의 공동입장이나 선언을 발표하는데 그치고 말았다.

넷째, EU가 실효적 조치를 취하지 못한 이유는 무엇보다 EU가 어느 정도로 국방정책이나 군사정책을 수행할 것인지에 대한 합의가 결여되었기 때문이었다. 영국은 일관되게 대서양주의를 취하여 NATO의 위상과 역할을 약화시키거나 미국과의 동맹관계를 훼손할 수 있는 어떤 조치에도 합의하지 않았다. 유럽주의 성향이 강했던 프랑스마저 자국의 군사주권을 제약할 가능성을 우려하여 EU의 군사 분야 역할 확대에 소극적 태도를 보여 주었다.

## 3. EU 독자적 안보 역량 구축

### (1) 유럽안보방위정책의 태동

첫째, EU가 독자적 군사행동을 취할 수 없었던 데는 군사력의 미비도 원인이 있었다. 병력을 해외파견할 여력이 있는 나라는 영국과 프랑스 정도였다. 이는 유럽의 국방군사정책 목적이 냉전시대 소련의 침공에 대비한 방어적 개념에 입각하여 수립된 결과였다.

둘째, 발칸사태 해결 과정에서 EU는 철저하게 미국에 의존적이었고 미국과의 군사 기술 격차의 확대를 목도하면서 유럽지도자들은 강력한 공동방위정책 수립이 필요하다는 점에 공감대를 형성하게 되었다.

셋째, 1999년 6월 독일의 쾰른에 모인 EU 회원국들의 정상들은 EU를 군사적 실체로 발전시키는데 합의했다. 향후 코소보나 보스니아와 같은 분쟁지역이 발생했을 때 평화유지나 평화창출의 임무를 수행할 수 있도록 EU 자체의 사령부, 참모진, 그리고 병력을 갖추기로 했다.

넷째, 이를 위해 EU정상들은 NATO 설립 이전에 창설되었으나 NATO의 그늘에 가려 거의 아무런 활동을 하지 않고 있던 서유럽연합(WEU)의 기능을 EU가 흡수할 것에 합의하였다. 이러한 결정은 EU가 미국 주도의 군사동맹 활동과는 별도의 군사력을 전개할 수 있는 능력을 갖추는 것이 필수적이라는 인식에서 비롯된 것이었다.

다섯째, 서유럽연합(WEU)은 1948년 영국, 프랑스, 벨기에, 네덜란드, 룩셈부르크 5개국이 독일의 유럽 국가 침략 정책의 부활 저지를 목적으로 브뤼셀 조약을 체결, 지역 안보 체제로서 발족되었으며, 1954년 10월 21일 서독, 이탈리아가 추가된 파리 협정이 체결됨으로써 서유럽연합으로 확대 개편되었다. 1990년에는 스페인과 포르투갈이, 1995년에는 그리스가 가입하면서 회원국은 10개국으로 확대되었다. 서유럽연합의 집단 방위 정책은 2009년에 발효된 리스본 조약에 편입되었다. 2010년 3월 31일을 기해 브뤼셀 조약의 효력이 정지되었고 2011년 6월 30일을 기해 공식적으로 해체되었다.

여섯째, 유럽연합의 독자적 방위태세 구축 노력의 결과, 유럽안보방위정책(ESDP: European Security and Defense Policy)의 수립과 신속대응군 창설, 그리고 공동외교안보 고위대표 임명이었다.

### (2) 쌩말로선언과 퀼른 정상회담: 영국 - 프랑스의 대타협과 유럽안보방위정책의 발전

첫째, 퀼른 정상회담에서 EU의 방위능력 구비에 대한 합의가 태동하게 된 것은 코소보 사태의 영향이었다. 특히 EU 공동외교안보정책 발전에 소극적이던 영국이 적극적 태도로 변화하게 되었다.

둘째, 1998년 영국과 프랑스는 쌩말로정상회담을 하고 공동선언문(쌩말로선언)을 발표하였다. EU가 독자적 군사 역할을 수행하기 위해 수단과 준비태세를 갖춰야 한다는데 합의하고, 새로운 위기 상황이 발생했을 때 신속히 대응할 수 있는 강화된 군사력을 보유할 필요성이 있음을 밝혔다. 대서양주의를 견지하던 영국과 유럽주의를 주장했던 프랑스가 타협함으로써 EU의 독자적 역외 군사활동에 대해 큰 걸림돌이 제거된 것이다.

셋째, 쌩말로선언과 퀼른 정상회담을 거쳐 수립된 유럽안보방위정책(ESDP)은 EU의 공동외교안보정책을 획기적으로 발전시키는 계기가 되었다. ESDP는 서유럽연합이 수행하고자 상정되었던 페테르스베르크 과업(Petersberg tasks)의 이행을 공동외교안보정책의 영역 속으로 포함시킨 것으로, 이를 계기로 서유럽연합은 그 역할을 마치게 되고 사실상 역사 속으로 사라지게 된다.

넷째, 페테르스베르크 과업이란 군사력의 활용을 통해 인도적 지원과 구조활동, 평화유지, 평화조성을 포함한 위기관리의 임무를 수행하는 것을 말한다.

다섯째, EU는 ESDP의 틀 속에서 구유고연방, 콩고, 수단의 다르푸르, 가자지구와 이집트의 국경지대 등에서 페테르스베르크 과업에 해당하는 임무를 수행하였다.

여섯째, 9.11테러 이후 EU는 2003년 브뤼셀 정상회담에서 더 나은 세계의 안전한 유럽을 기치로 내건 유럽안보전략(ESS: European Security Strategy)을 발표했다. 이 문서는 21세기 새로운 안보위협으로 테러리즘, 대량살상무기 확산, 지역분쟁, 실패국가, 조직범죄 등을 들고, 이러한 위협에 대한 대응으로 다자주의적 협력의 필요성을 역설했다.

## 4. EU의 법인격 획득과 외교안보정책의 강화

### (1) 유럽헌법조약과 리스본조약

EU의 대외적 역할 강화를 위해 EU에 법인격을 부여하는 유럽헌법조약을 체결하였으나 프랑스와 네덜란드에서의 비준 실패로 무산되었다. 후속 조약으로 2007년 리스본조약이 체결되어 2009년 12월 1일 발효되었다.

### (2) 유럽이사회상임의장과 외교안보정책고위대표

리스본조약은 유럽이사회 상임의장(EU대통령)과 외교안보정책 고위대표를 신설했다. 상임의장은 외교안보정책 고위 대표의 권능을 침해하지 않는 범위 내에서 EU를 대외적으로 대표한다. 초대 상임의장으로 헤르만 반 롬푸이(Herman Van Rompuy)를 선출했다. 외교안보정책고위대표는 기존의 이사회 소속 공동외교안보정책 고위대표의 업무와 집행위원회의 대외관계 담당 집행위원의 업무를 통합해 맡는 동시에 집행위원회 부위원장직을 겸직토록 함으로써 명실공히 EU의 외교장관의 직무를 수행하게 된다. 리스본조약은 고위대표의 업무를 지원하기 위해 유럽대외관계청을 신설했다.

### (3) 의사결정

리스본조약에서도 공동외교안보정책은 과거와 같이 정부 간 절차의 성격으로 존재하며 기본적으로 정책결정은 회원국의 만장일치를 요구한다. 다만, 예외적으로 EU정상회의 결정사항의 이행과 특별 대표 임명과 같은 경우 가중다수결을 적용할 수 있다.

### (4) 법규범의 일원화

리스본조약은 과거 공동외교안보정책의 맥락에서 채택되어 온 다양한 형태의 법규범(공동행동, 공동입장, 공동전략 등)을 결정(decision)으로 일원화하였다. 또한 공동외교안보정책의 범위 내에서 공동방위정책을 강화하기 위해 공동외교안보정책(CFSP)이 공동방위정책을 포함하는 것으로 규정하고 있다.

## 5 EU의 대한반도정책

### 1. 외교관계 수립

한국은 6개 EU창설국가들과 1962년 수교를 완료하고, EU와는 1963년 7월 외교관계를 수립하였다. 1949년 프랑스, 1955년 서독, 1956년 이탈리아, 1961년 벨기에, 1961년 네덜란드, 1962년 룩셈부르크와 수교하였다. 2010년 한 - EU간 전략적 동반자관계가 구축되었다.

### 2. 한 - EU기본협력협정

첫째, 한국과 EU사이에 정치, 경제, 문화 등 포괄적 협력을 가능케 하는 한 - EU기본협력협정이 1996년 체결되었고, 2001년 4월 1일 발효되었다. 둘째, 무역, 산업협력, 과학기술, 정치 등 다양한 분야에서 양측 간의 포괄적 협력을 규정하고 있다. 셋째, 2010년 5월 개정안이 서명되었다. 개정에서는 대량살상무기 비확산 및 소형 무기 관련 협력 등이 추가되었다. 넷째, 분쟁해결을 위해 중재절차가 도입되었다.

### 3. EU의 대북정책

#### (1) 국교수립

EU와 북한 간 공식 외교관계는 2001년 5월 14일 수립되었다. 한편, 북한은 1971년 몰타, 1973년에 덴마크, 핀란드, 아이슬란드, 노르웨이, 스웨덴, 1974년에 오스트리아, 스위스, 1975년에 포르투갈과 수교했다. 또한, 북한은 2000년 이탈리아를 시작으로 대부분의 EU국가들과 수교했으며, 2001년에는 유럽연합과 공식외교관계를 수립했다.

### (2) 주요 사례

첫째, 1990년대 북한이 심각한 경제난에 봉착하자 EU는 북한에 식량원조와 인도적 지원을 제공하였다. 둘째, 1993년 발생한 제1차 북핵위기 해결을 위해 KEDO가 설립되자 EU는 1995년 12월 KEDO에 참여할 것을 결정하고 1996년부터 KEDO에 대한 재정지원을 시작하였다. 셋째, 1998년부터 EU와 북한 사이에 정치대화가 시작되고 2001년에는 유럽연합이 KEDO에 대한 지원을 확대하였다. 넷째, 2001년 5월 스웨덴의 페르손 총리가 유럽연합 의장국 대표의 자격으로 북한을 방문했으며, 북한에 대한 지원의 목적과 전략을 담은 대북한국가전략보고서를 작성했다.

## 제2절 | 중동 외교 정책

### 1 서설

중동(Middle East)지역은 북아프리카서단 모리타니아로부터 이란까지 25개 국가를 포괄하는 지역이다. 지리적으로 광범할뿐 아니라 다양한 인종, 민족, 부족, 종교, 종파 등 복합적인 정체성을 구성하는 요인들이 넓게 분포하고 있다. 한편, 종교는 이슬람이 다수이지만 유대교, 기독교, 정교, 조로아스터 등 소수 종파가 지역에 따라 흩어져 있다. 또한, 제1차 세계대전 종전 이후 중동의 다양한 정체성과는 상관없는 국가들이 형성됨으로써 큰 문제가 되었다. 하나의 공동체가 여러 나라로 분리되거나, 갈등관계에 있는 문화적 공동체들이 하나의 나라로 묶이기도 하였다. 영국과 프랑스 등 제1차 세계대전 승전국들의 자의적 국가수립과 이에 따른 국경획정에 따라 혼란의 씨앗이 배태되었다.

### 2 중동지역 외교 환경

#### 1. 분쟁의 만연화

#### (1) 이스라엘 - 팔레스타인 분쟁

냉전 종식 후 미국의 중재로 양자간 오슬로협정을 체결하고 팔레스타인 분리독립의 가능성을 열었으나 여전히 상황은 불안정하고 양자는 적대적이다. 오슬로협정은 양국가 해법(two states solution)에 기초하여 서안지구와 가자지구를 중심으로 팔레스타인은 독립하고, 이스라엘과 공존함을 규정하였다. 이 - 팔 분쟁은 유대 - 기독교문명을 상징하는 시온주의에 반대하는 범아랍, 범이슬람권의 분노가 결집된 싸움이다.

### (2) 수니 - 시아 종파분쟁

이슬람공동체를 이끌었던 선지자 무함마드가 632년 사망하자, 권력승계를 둘러싸고 수니(Sunni)파와 시아(Shiite)파 간의 갈등구조가 현대 중동 정치에 중요한 이슈로 작동하고 있다. 역내 강국을 자처하는 수니파 사우디아라비아와 시아파 이란 간 갈등이 심화되었다. 이슬람권에서는 수니파가 약 85%로서 압도적이다. 시아파는 13%내외로서 이란, 이라크, 바레인, 아제르바이잔 4국에서만 인구의 다수를 점하고 있다. 2015년 7월 이란핵협상 타결 이후 이란이 패권국으로 부상할 가능성이 우려되자 수니파 국가들의 견제가 심화되었다.

### (3) 내전 및 테러리즘 확산

이슬람교조주의에 근거한 중동의 폭력적 극단주의는 알카에다의 확산 및 변환과정에서 더욱 심화되었다.

## 2. 정치체제의 다양성

왕정, 공화정, 신정(theocracy)이 혼재하고 있다. 사우디아라비아와 오만은 절대왕정 체제이나 UAE, 카타르, 쿠웨이트, 요르단, 모로코 등은 입헌왕정이다. 이집트, 리비아, 예멘 등이 권위주의적 공화정이라면 이스라엘, 튀니지, 터키는 민주주의 공화정으로 부를 수 있다. 신정체제로는 이슬람의 절대적 가치를 수호하는 통치이념을 명시한 사우디아라비아(신정주의 절대왕정)와 반대로 이슬람 공화주의를 설파하며 이슬람 법학자 통치를 통해 신이 다스리는 공화국을 만들겠다는 이란을 들 수 있다. 정치체제의 다양성 때문에 왕실 비밀주의, 도덕적 절대주의, 민주주의 등이 외교형태에 혼재되어 나타나게 되었다.

## 3. 복합적 정체성

중동국가들의 외교는 국가형성 이전에 이 지역에 뿌리내린 부족, 종족 및 종교 등 다양한 정체성의 구조에 기반한다. 개인이 아닌 집단성을 바탕으로 한다. 중동지역의 집단적 문화를 아싸비야(Assabiyyah, 연대의식, 집단의식)라고 한다. 아싸비야 의식을 통해 사막에서 유목의 삶을 영위할 수 있었고 외부세력의 위협을 이겨 내기 위한 내부 결속이 가능했다. 아싸비야는 다양한 층위로 대별할 수 있다. 부족단위의 그룹인 까빌리야, 아랍대의(Arab Cause)를 추구하는 까우미야, 이슬람 정체성을 준거로 삼는 움마(Ummah) 등이다. 최근에는 이슬람을 중심으로 하는 연대의식이 강화되고 있다.

## 4. 미국 중동정책의 변화

### (1) 냉전기

냉전기에는 바그다드조약을 통해 소련 봉쇄를 주도했다. 바그다드조약은 소련의 남진을 봉쇄하기 위한 중동 - 서남아권 방어망으로 파키스탄부터 영국에 이르는 안보조약이다. 중동조약기구(Middle East Treaty Organization)로도 불렸다.

### (2) 탈냉전기

탈냉전기 문명 담론이 부상하면서 미국은 중동에서 기독교 문명권을 대표하면서 균형자 역할을 하는 존재로 인식되었다. 이-팔 분쟁 등 주요 갈등의 중재자 역할을 자임했고, 걸프지역과의 연대를 통해 이란을 견제해 왔다.

### (3) 9·11테러 이후

9·11테러 이후 테러와의 전쟁 국면에서 부시독트린이 설정되어 미국은 중동 전역을 민주화하여 분쟁 및 테러의 단초를 원천차단하고자 하였다.

### (4) 오바마 정부

미국 중동정책의 핵심은 두 가지로 압축할 수 있다. 이스라엘-팔레스타인 평화협상과 석유와 관련된 걸프지역 안보 두 축이다. 이 과정에서 미국은 역내 최대 우방국인 이스라엘과 사우디아라비아의 안보를 책임져왔다. 그런데, 오바마 행정부는 중동정책에 변화를 가져왔다. 중동에 대한 관여를 줄이고 해외투사 전력의 상당부분을 아시아로 이동시킨다는 아시아재균형(Asia rebalancing) 전략을 추구하였다. 오바마 행정부는 이스라엘을 압박하여 서안지구 정착촌 확장의 동결을 요구하며 평화협상 추진을 압박했다. 네타냐후 수상이 반대하면서 양국은 갈등을 빚었다.

## 3 중동 국가들의 다자외교

### 1. 부족(까빌리야)기반 외교: GCC

첫째, 부족이 주도하는 국가는 주로 아라비아 반도에 위치한 절대왕정국가들이다. 사우디아라비아를 위시한 걸프 연안의 산유국가들이며 이들 국가들은 걸프협력회의(GCC: Gulf Cooperation Council)를 결성하여 부족 왕정의 연합체 차원에서 대외정책을 펼치고 있다. GCC는 1981년 5월 25일 사우디아라비아, 아랍에미레이트(UAE), 카타르, 쿠웨이트, 오만, 바레인이 결성했다.

둘째, 통화이사회가 설치되어 GCC역내 단일통화 도입을 추진하고 있다. 반도방위군이 1984년 조직되었으나 존재감이 미약하다 2011년 바레인 사태 발생 이후 사우디 및 UAE의 적극적 역할로 재가동되었다.

셋째, GCC는 냉전기 이란의 호메이니 이슬람혁명과 이란-이라크 전쟁의 위협에 공동대응하기 위해 설립되었다. 신정주의(theocracy)의 성격을 갖는 이란의 고유한 정치체제는 걸프 지역 왕정에게는 심각한 위협이었다. 또한 아랍민족주의를 주장하며 세속적 공화정을 추구하는 이라크 사담 후세인 역시 왕정국가에는 부담이었다. 이러한 이중 위협은 왕정 간 결속력을 이끌어냈고, 이후 GCC의 주요 외교정책 기조는 왕실의 안정으로 수렴되었다.

## 2. 아랍(까우미야)기반 외교: 이집트 주도 아랍연맹(AL)

첫째, GCC가 부족단위의 왕정 연합체로 특정한 지역 및 정권유형의 안보 이익을 외교적으로 추진해왔다면, 아랍연맹은 까우미야(Qawmiyyah)에 기반한 아랍 대의(Arab Cause)를 추구하고 있다. 전체 아랍 22개국의 공동이익 달성을 목표로 1945년 3월 22일 설립되었다.

둘째, 까우미야는 언어적, 문화적 동질성을 지닌 아랍전체와 연관된 연대의식을 말한다. 특정 부족이나 특정 국가에 대한 귀속 의식을 넘어서는 아랍 대의가 포괄적인 정체성으로 자리잡은 것이다.

셋째, 까우미야의 근저에는 박탈감과 피해의식이 자리잡고 있다. 제1차 세계대전 이후 오토만제국이 패망하고 현재 아랍의 주요지역인 샴(Sham)지방 및 북아프리카 지역에서 신생 아랍국이 등장했지만 결국 식민주의의 산물이었기 때문이다. 전후 처리 과정에서 단일 아랍국가가 형성되지 못하고 자의적 국경획정에 따라 사분오열되면서 생겨난 현재의 분쟁과 갈등구도에 대한 박탈감이다.

넷째, 아랍연맹은 제2차 세계대전 종전 직전인 1945년 3월 22일 이집트, 이라크, 요르단, 레바논, 시리아, 사우디아라비아 6개국을 중심으로 출범했다. 설립초반에는 안보적 관심사보다는 경제분야에 역점을 두었다.

다섯째, 아랍 연맹의 설립 강령은 중동의 평화와 안보 및 아랍 각국의 주권과 독립 및 공공이익의 수호이다.

여섯째, 1948년 이스라엘의 국가수립 및 1952년 이집트 낫셀 군사혁명이 발발하면서 정치, 군사분야의 활동을 강화하기 시작했으나 아랍민족주의인 낫세리즘(Nasserism)과 바티즘(Baathism)이 점차 약화되자 통합의 구심점이 사라졌다.

일곱째, 아랍연맹 국가들의 가장 중요한 의제는 이스라엘 - 팔레스타인 문제이다. 1967년 제3차 중동전쟁이후 이스라엘이 서안지구 및 가자지구를 점령하자 대이스라엘 3대불가원칙을 천명했다. 화해불가, 승인불가, 교섭불가이다. 1979년 카터의 중개로 이집트 사다트대통령과 이스라엘 베긴 수상 간에 캠프데이비드협정 체결로 아랍연맹은 위기를 맞았다.

## 3. 종교(Ummah)기반 외교: 사우디 주도 이슬람협력기구(OIC)

첫째, 이슬람에 귀의하고 가르침에 복종하는 모든 구성원들은 자동적으로 움마공동체의 성원이 된다. 이슬람의 궁극적 목표는 움마 공동체의 확장이며 신성한 이슬람법 샤리아에 의해 통치되는 국가체제 및 외교관계를 상정하고 있다.

둘째, 부족주의와 범아랍주의라는 양대기반을 중심으로 GCC와 아랍연맹이 활동하고 있다면, 가장 폭넓은 정체성의 축인 이슬람 종교 공동체의 이익을 위한 중동 내 행위자는 이슬람협력기구(OIC: Organization of Islamic Cooperation)이다.

셋째, 이슬람은 이분법적 세계관을 가지고 있다. 이슬람의 영역(Dar al-Islam)개념과 전쟁의 영역(Dar al - Harb)개념의 대립구도로 세계를 이해한다. 이슬람의 가르침이 받아들여지지 않은 모든 전쟁의 영역은 선교(dawa)와 투쟁(Jihad)의 대상이 된다.

넷째, OIC는 1969년 이슬람의 3대 성지 중 하나인 예루살렘의 알 아크사 성원(Masjid al Aqsa)방화사건을 계기로 동년 9월 25일 이슬람세계의 연대와 권익보호 차원에서 결성되었다. 현재 57개 회원국이 가입해 있고, 중동, 아프리카, 동남아, 중앙아시아를 포괄하는 거대기구이다. 사우디의 영향력이 가장 크며, 본부도 사우디의 젯다(Jeddah)에 위치하고 있다.

다섯째, 이슬람 공동체의 이념을 증진시키고 회원국의 종교적 자유보장을 목표로 하는 OIC의 외교분야는 군사안보나 경제협력과는 거리가 있고, 문화, 종교, 교육 분야에 중점을 두어 왔다.

## 4 중동 주요 국가의 외교정책

### 1. 사우디아라비아

걸프 왕정 및 이슬람권에서 선두 국가 위상을 유지해 온 사우디아라비아의 외교목표는 역내 패권의 유지에 있다. 사우디의 위상의 기초는 이슬람의 양대 성지를 관할하는 소프트파워, 막대한 석유수입을 바탕으로 한 재정 능력, 미국과의 견고한 안보동맹 세 가지이다. 사우디는 미국과의 고전적 우호관계 구축을 통해 중동지역 내 외교적 주도권을 유지하는 데 역점을 두고 있다.

### 2. 이란

이란은 지역 패권 추구세력이다. 특히 2015년 7월 핵협상 타결을 기점으로 경제적 어려움을 타개하고 경제성장에 기반한 정치적 영향력을 확보하고자 한다. 이란은 페르시아의 후예라는 자존감을 계승시켜 왔고, 걸프와 카스피해를 아우르는 원유 매장량과 천연가스 부존량으로 자원강국이다. 이점이 패권이 될 역량이다. 또한 이란은 자국의 고유한 정치체제인 이슬람 법학자의 통치 구조를 전 이슬람권에 확장하고자 한다. 한편, 이란은 미국이나 유럽에 편중되는 것을 피하고 독자적 외교노선이나 러시아와 연대하는 구도를 선호하고 있다.

### 3. 터키

유럽연합 가입을 국가의제로 설정하고 있는 터키는 동시에 중동 및 중앙아시아 외교에도 역점을 기울이고 있다. 국가정체성은 유럽으로 설정하되, 외교활동 주무대는 중동 이슬람권에 무게중심을 둔 것이다. 터키는 중동지역 내의 중재자 역할 및 동서양의 문명 교류의 허브역할 외교를 천명하고 있다. 터키는 수니파 국가임에도 시아파 이란과의 경제관계가 돈독한 편이며, 팔레스타인 문제에도 깊이 관여해 와서 중동내 존재감이 높은 편이다. 한편, 유럽과 아시아를 아우르는 지정학적 입지를 활용하여 기독교 문명권과 이슬람 문명권을 화해시키는 조정자적 역할에 대한 외교목표를 갖고 있다.

### 4. 이스라엘

이스라엘의 외교적 당면과제는 어떻게 팔레스타인 자치정부를 분리독립시킬 것인가의 문제이다. 궁극적으로 이스라엘은 자신들이 점령한 서안지구와 가자지구에서 팔레스타인을 주권국가로 분리, 독립국가로 전환하는 원칙에는 동의하고 있다. 그러나 독립이후 팔레스타인의 최종 지위, 난민 귀환문제, 동예루살렘 영유권, 정착촌 철수 문제 등의 협상에서 진척이 없다. 한편, 이스라엘은 미국과의 우호관계 유지를 축으로 중동 지역 내 일부국가들과 우호관계를 맺는 데 관심을 기울이고 있다. 현재 이집트, 요르단, 터키와 수교하고 있으나, 수교범위를 확대하고자 한다.

## 제3절 │ 이스라엘 - 팔레스타인 분쟁

### 1 이스라엘의 건국

#### 1. 시온주의 운동의 시작

19세기 유럽에서 유대인들은 오랜 박해와 차별을 겪으며 민족적 자각을 가지게 되었다. 이를 바탕으로 유대 민족은 고대 이스라엘 왕국이 존재했던 팔레스타인 지역에 독립 국가를 재건하고자 시온주의(Zionism) 운동을 시작했다. 시온주의는 1897년 테오도어 헤르츨(Theodor Herzl)의 주도로 바젤에서 열린 첫 시온주의 회의에서 본격화되었다. 이 회의에서 유대인들은 팔레스타인에 유대인 국가를 세우겠다는 목표를 공식화했다. 이후 유럽과 러시아 등지에서 유대인들이 팔레스타인으로 이주하면서 첫 번째 이주 물결인 알리야(Aliyah)가 시작되었다.

#### 2. 제1차 세계대전과 영국의 외교적 약속

제1차 세계대전 중 팔레스타인 지역을 차지한 영국은 유대인과 아랍인에게 상반된 약속을 했다. 1915년 후세인 - 맥마흔 서한에서 영국은 아랍인에게 독립국을 세울 수 있도록 돕겠다고 약속했다. 1917년에는 아서 밸푸어(Arthur Balfour)가 유대인에게 팔레스타인에 "민족적 고향"을 세우는 것을 지원하겠다는 밸푸어 선언을 발표했다. 이는 유대인들에게 큰 희망을 주었지만, 팔레스타인에 살고 있던 아랍인들에게는 큰 불안감을 초래했다.

### 3. 영국의 팔레스타인 위임통치와 갈등 심화

제1차 세계대전 후 국제연맹은 영국에 팔레스타인 지역의 위임통치권을 부여했다. 영국은 이 지역을 통치하며 유대인의 이주를 허용했다. 1920년대부터 유대인의 이주가 증가하면서 아랍인과의 갈등이 고조되었다. 1936년부터 1939년까지 팔레스타인 아랍인들은 대규모 반란을 일으키며 영국과 유대인 이주에 저항했다. 영국은 이 반란을 진압하고 유대인 이주를 제한하는 정책을 발표했지만, 제2차 세계대전 중 유대인 학살(홀로코스트)이 발생하면서 유대인의 이주 압력은 더욱 커졌다.

### 4. 유엔 분할안 채택

제2차 세계대전 후 국제사회는 유대인의 고통과 팔레스타인 문제 해결의 필요성을 인식했다. 1947년 유엔은 팔레스타인을 유대인 국가와 아랍 국가로 나누고 예루살렘은 국제 관할 아래 두는 분할안을 제안했다. 유대인 공동체는 이 분할안을 수용했으나 팔레스타인 아랍인과 주변 아랍 국가들은 이를 거부했다. 이로 인해 팔레스타인에서 유대인과 아랍인 간의 충돌이 더욱 격화되었다.

### 5. 이스라엘 독립 선언과 제1차 중동 전쟁

1948년 5월 14일, 영국이 팔레스타인에서 철수하기 직전, 유대인 지도자 데이비드 벤구리온(David Ben-Gurion)은 이스라엘의 독립을 선언했다. 독립 선언 직후 이집트, 요르단, 시리아, 이라크, 레바논 등 주변 아랍 국가들이 이스라엘을 공격하면서 제1차 중동 전쟁이 발발했다. 이스라엘은 이 전쟁에서 승리하여 유엔이 할당한 영토보다 넓은 지역을 확보하게 되었다.

## 2 이스라엘 건국 관련 주요 선언

### 1. 후세인 - 맥마흔 선언 (1915년 ~ 1916년)

제1차 세계대전 중, 영국은 오스만 제국을 무너뜨리고 중동에서 영향력을 확대하려 했다. 이를 위해 영국은 아랍 민족주의 세력과 손을 잡고 오스만 제국에 맞선 아랍인들의 반란을 유도하려 했다. 영국의 맥마흔 대사와 메카의 아랍 지도자 후세인 빈 알리 사이에 서한이 교환되었고, 이 과정에서 맥마흔은 전쟁 후 아랍인들이 오스만 제국으로부터 독립을 얻을 수 있도록 지원하겠다는 약속을 했다. 후세인은 이 약속을 믿고 아랍 반란을 일으켜 오스만 제국에 맞섰다. 그러나, 후세인 - 맥마흔 선언에서 구체적으로 약속된 영토의 범위가 명확하지 않았고, 이로 인해 영국은 이 선언을 유연하게 해석했다. 이후 영국이 유대인과도 별도의 약속을 하면서 아랍인들의 기대와 달리 팔레스타인 지역의 독립 약속은 지켜지지 않았다.

## 2. 사익스 - 피코 협정 (1916년)

제1차 세계대전 중 영국과 프랑스는 오스만 제국이 붕괴할 경우 중동을 어떻게 분할할지에 대한 논의를 비밀리에 진행했다. 양국은 각각의 이익을 확보하기 위해 사익스 - 피코 협정을 체결했다. 이 협정에 따라 영국은 팔레스타인 남부, 요르단, 이라크를, 프랑스는 시리아와 레바논을 차지하는 것으로 합의했다. 또한 팔레스타인은 영국, 프랑스, 러시아의 공동 관리하에 두기로 결정되었다. 그러나, 이 협정은 아랍인들이 기대했던 독립을 무시한 것으로, 후세인 - 맥마흔 선언과도 모순되었다.

## 3. 밸푸어 선언 (1917년)

제1차 세계대전 중 영국은 유대인들의 정치적, 경제적 지지를 확보하기 위해 팔레스타인 지역에 유대인 민족 국가를 세우겠다는 약속을 하게 되었다. 영국은 특히 유럽과 미국 내 유대인들의 지원을 이끌어내기 위해 이 선언을 발표했다. 1917년 11월 2일, 영국 외무장관 아서 밸푸어는 유대인 지도자 라이오넬 월터 로스차일드에게 서신을 보내 "팔레스타인에 유대인 민족적 고향을 세우는 것을 지지한다"고 밝혔다. 단, 팔레스타인에 살고 있던 아랍인들의 권리와 지위를 해치지 않는다는 조건이 붙었다. 밸푸어 선언은 아랍인들에게 독립국을 약속했던 후세인 - 맥마흔 선언과 상충되었고, 아랍인들에게는 자신들의 땅에서 자신들 모르게 유대인 국가가 세워지는 상황을 맞이하게 되었다. 이후 팔레스타인 지역에서 유대인들의 이주가 급격히 증가하며 아랍인들과의 갈등이 심화되었고, 이 갈등은 오늘날 이스라엘 - 팔레스타인 분쟁의 중요한 배경이 되었다.

## 3 중동전쟁

### 1. 제1차 중동 전쟁(1948년 ~ 1949년) - 이스라엘 독립 전쟁

유엔이 1947년 팔레스타인을 유대인 국가와 아랍 국가로 나누는 분할안을 제안하면서 양측의 갈등이 심화되었다. 유대인들은 분할안을 받아들였으나, 아랍 국가들은 이를 거부했다. 1948년 5월 14일 이스라엘이 독립을 선언하자 이집트, 요르단, 시리아, 이라크, 레바논 등 아랍 연합군이 이스라엘을 공격하며 전쟁이 시작되었다. 이스라엘은 초기에는 열세였으나, 결국 전세를 역전시켜 유엔이 할당한 영토보다 더 넓은 지역을 차지하게 되었다. 전쟁 과정에서 팔레스타인 아랍인들 중 수십만 명이 난민이 되었고, 이스라엘과 팔레스타인 간의 난민 문제의 시발점이 되었다.

## 2. 제2차 중동 전쟁(1956년) - 수에즈 위기

1956년 이집트의 가말 압델 나세르 대통령이 수에즈 운하를 국유화하면서 영국과 프랑스의 반발을 불러일으켰다. 수에즈 운하는 영국과 프랑스에 중요한 경제적, 전략적 통로였기 때문에 양국은 이를 되찾기 위해 이스라엘과 동맹을 맺게 되었다. 이스라엘은 이집트를 공격하며 시나이 반도를 점령했고, 영국과 프랑스는 이집트에 압박을 가하며 수에즈 운하를 탈환하려 했다. 이로 인해 이집트와의 전면전이 벌어졌다. 그러나, 미국과 소련의 개입으로 인해 영국과 프랑스, 이스라엘은 철수하게 되었으며, 수에즈 위기는 종결되었다. 이 전쟁을 계기로 중동에서 영국과 프랑스의 영향력은 크게 줄어들었고, 나세르 대통령의 위상은 아랍 세계에서 높아지게 되었다.

## 3. 제3차 중동 전쟁(1967년) - 6일 전쟁

이스라엘과 주변 아랍 국가들 간의 긴장이 계속되던 중, 이집트가 티란 해협을 봉쇄하고 시나이 반도에 병력을 집결시키며 이스라엘을 압박했다. 시리아와 요르단도 이집트와 협력하며 전쟁 준비에 나섰다. 이스라엘은 1967년 6월 5일 선제 공격을 감행해 이집트, 시리아, 요르단을 단기간에 제압했다. 이 전쟁은 6일 만에 끝났고, 이스라엘은 압도적인 승리를 거두었다. 이 전쟁으로 이스라엘은 시나이 반도, 가자 지구, 서안 지구, 동예루살렘, 골란 고원을 점령했다. 이로 인해 이스라엘의 영토가 크게 확장되었고, 점령지에서의 영토 문제는 이스라엘 - 팔레스타인 및 이스라엘 - 아랍 국가 간 갈등의 핵심 요소로 자리 잡았다. 국제사회는 이 점령지 문제를 해결하기 위해 유엔 결의 242호를 채택하며, 점령지 반환을 통한 평화를 촉구했다.

## 4. 제4차 중동 전쟁(1973년) - 욤키푸르 전쟁

제3차 중동 전쟁의 패배로 이집트와 시리아는 이스라엘의 영토 점령에 불만을 품고 있었다. 특히 이집트의 안와르 사다트 대통령은 외교적 방법이 실패하자 군사적 수단을 선택했다. 이집트와 시리아는 유대교의 성일인 욤키푸르에 맞춰 기습 공격을 계획했다. 1973년 10월 6일 이집트와 시리아는 이스라엘을 기습 공격해 전쟁을 개시했다. 이스라엘은 초기에는 전선이 밀렸으나, 결국 반격에 성공해 전쟁을 종료했다. 전쟁이 끝난 후 미국과 소련이 중재에 나서 휴전이 이루어졌다. 이후 이집트와 이스라엘은 관계 개선을 시도했으며, 1979년 이집트와 이스라엘은 캠프 데이비드 협정을 통해 평화 조약을 체결했다. 이 협정으로 이집트는 이스라엘을 인정한 첫 번째 아랍 국가가 되었고, 이스라엘은 시나이 반도를 반환했다.

## 5. 중동전쟁의 여파와 현재

중동전쟁은 중동 지역의 불안정성을 심화시켰으며, 이스라엘과 팔레스타인 문제는 여전히 해결되지 않은 상태로 남아 있다. 특히 제3차 중동 전쟁 이후 이스라엘이 점령한 서안 지구와 가자 지구의 문제는 오늘날까지도 이스라엘과 팔레스타인 간의 갈등의 주요 원인이 되고 있다.

## 4 평화협정

### 1. 캠프 데이비드 협정(1978년)

제4차 중동 전쟁 이후 이집트와 이스라엘은 미국의 중재 하에 관계 개선을 시도했다. 이스라엘이 시나이 반도를 점령한 후 양국 간 긴장은 계속되었고, 이집트 대통령 안와르 사다트는 평화를 위한 외교적 노력을 기울였다. 1978년 미국 대통령 지미 카터의 초청으로 이집트의 사다트 대통령과 이스라엘의 메나헴 베긴 총리가 메릴랜드의 캠프 데이비드에서 회담을 가졌다. 이 협정에서 이스라엘은 시나이 반도를 이집트에 반환하기로 합의했고, 이집트는 이스라엘을 공식적으로 인정하기로 했다. 협정은 또한 팔레스타인의 자치권 문제를 해결하기 위한 틀을 마련했다. 1979년 이집트와 이스라엘은 정식 평화 조약을 체결했으며, 이집트는 이스라엘과 평화 조약을 체결한 첫 번째 아랍 국가가 되었다. 이로 인해 이집트는 아랍 세계에서 일시적으로 고립되었으나, 협정은 중동 평화에 중요한 기여를 했다.

### 2. 오슬로 협정(1993년)

1987년 제1차 인티파다(팔레스타인 봉기) 이후 이스라엘과 팔레스타인 간 갈등이 격화되었고, 국제사회는 평화적인 해결을 위해 개입했다. 비밀리에 시작된 노르웨이의 중재로 이스라엘과 팔레스타인 해방기구(PLO) 간 협상이 진행되었다. 1993년 이스라엘 총리 이츠하크 라빈과 PLO 지도자 야세르 아라파트는 오슬로에서 협정에 서명했으며, 이 협정에 따라 PLO는 이스라엘의 존재를 공식 인정했고, 이스라엘은 PLO를 팔레스타인 민족의 대표로 인정했다. 협정은 또한 가자 지구와 서안 지구의 일부에 팔레스타인 자치정부를 수립하고, 팔레스타인 주민들에게 제한적인 자치권을 부여하는 내용이 포함되었다. 1993년 9월 백악관에서 라빈과 아라파트가 공식적으로 악수를 나누었고, 오슬로 협정은 이스라엘과 팔레스타인 간의 첫 공식적인 평화 합의로 큰 주목을 받았다. 그러나 주요 영토 문제와 정착촌 문제 등에서 양측이 합의하지 못하면서 오슬로 협정은 실질적 성과를 거두지 못했다.

### 3. 오슬로협정 II(1995년 9월)

가자지구와 요르단강 서안의 나머지 팔레스타인지역에서의 이스라엘 철수계획안, 공동 치안 협의와 향후 팔레스타인 자치정부가 이스라엘로부터 돌려받을 요르단강 서안 지역을 A, B, C 3개의 지역으로 나누는 계획안으로 구성되었다. 오슬로협정의 가장 큰 위기는 1995년 11월 4일 라빈 총리가 이스라엘 극우파 청년 이갈 아미르에게 암살되면서 갑자기 찾아오게 되었다. 총리직을 이어 받은 페레스는 약속대로 12월 6개 주요 팔레스타인 도시에서 완전히 철수하였다.
오슬로협정(I)은 1994년 이스라엘이 요르단과 평화협정을 체결하는 데 큰 도움을 주었지만 완전한 이행에 실패하면서 요르단강 서안지구에 이스라엘의 점령을 더 쉽게, 값싸게 더 공고히 하는 역효과를 가져오게 되었다. 오슬로협정의 이행을 위한 수차례의 협상이 있었지만 번번이 실패하였다.

## 4. 헤브론협정(1997년 1월)

1997년 1월 이스라엘 총리 베냐민 네타냐후는 오슬로협정을 이행하라는 미국 대통령 빌 클린턴의 압박에 밀려 헤브론협정에 합의했다. 헤브론의 80%에 해당하는 H-1지역은 팔레스타인 측의 통치하에(A지역) 두고, 20% 정도의 H-2지역(B지역)은 유대인 정착민이 거주하는 구시가지와 팔레스타인 거주 지역으로 나누고, 유대인 보호를 위해 이스라엘 군을 주둔시키는 것이 골자다. 이스라엘 군은 헤브론의 80% 지역에서 철수했지만 정착민 보호를 위해 나머지 20% 지역에 주둔하면서 갈등의 씨앗은 제거되지 않았다. 그해 3월부터 동예루살렘에 이스라엘 정착촌이 건설되고 7월과 9월에 하마스가 연쇄 폭탄테러를 벌이면서 합의 이행은 난항에 빠지게 되었다.

## 5. 와이리버의정서(1998년 10월)

1998년 10월 23일 클린턴 대통령은 다시 한번 이스라엘과 팔레스타인 양측을 미국의 메릴랜드주 와이리버로 초청하였다. 이 회담을 통해 요르단강 서안에서 이스라엘의 철수와 팔레스타인 정치범 석방 등을 포함하는 와이리버의정서를 이끌어 냈다. 합의 일부가 이행되었지만 이후 네타냐후 총리는 리쿠드당 내부 반발에 부딪히면서 나머지 사안의 이행이 지연되고 1999년 5월 결국 조기총선을 선언하면서 사실상 합의 이행은 멀어지게 되었다.

## 6. 캠프 데이비드협정 Ⅱ 실패

1999년 총선에서 에후드 바라크가 승리하면서 새로운 총리가 되자 임기가 얼마 남지 않은 클린턴 대통령은 중동평화협상에 마지막 노력을 기울였다. 클린턴의 지원하에 바라크 총리와 아라파트 의장은 2000년 메릴랜드 캠프 데이비드에서 2주 동안 협상을 이어 나갔지만 캠프 데이비드협정 Ⅱ는 큰 진전을 이루지 못했다. 캠프 데이비드협정 Ⅱ의 실패와 이스라엘 강경파 정치인 아리엘 샤론이 성전산에 출입하는 사건은 팔레스타인의 민심을 자극하였고, 제2차 인티파다로 이어졌다.

## 7. 아나폴리스 중동 평화회담

2005년 아리엘 샤론 총리는 요르단강 서안협상을 미루기 위한 전략으로 오슬로협정에서 팔레스타인 자치권을 약속한 가자지구에서 이스라엘군과 정착촌을 철수하였다. 그러나 2년 후 하마스가 가자지구를 차지하면서 상황은 더 나빠지게 되었고, 이후 이스라엘과 하마스는 수차례 무력충돌 하게 되었다. 팔레스타인 정파가 가자지구의 하마스와 요르단강 서안의 온건파 파타로 양분되었다. 이스라엘 여론은 이스라엘이 요르단강 서안에서 철수하면 가자지구와 동일하게 하마스가 요르단강 서안을 통제하게 될 것이라며 평화협상에 반대하며 더 우경화(右傾化)되었다. 미국 대통령 조지 W. 부시는 이스라엘과 팔레스타인, 그리고 관련 아랍 국가들이 참여한 가운데 2007년 11월 메릴랜드주에서 아나폴리스(Annapolis) 중동평화회담을 개최했다. 에후드 올메르트 이스라엘 총리와 마흐무드 압바스 수반은 긴밀한 회동을 통해 '두 국가 해결안'에 바탕을 둔 최종지위 협상에서 진전을 이루었다. 그러나 올메르트 총리가 뇌물수수 혐의로 2008년 9월 총리직을 사임하고 12월 하마스가 이스라엘과 무력충돌하면서 평화협상은 중단되었다.

### 8. 아브라함 협정(2020년)

2010년대 후반, 이스라엘과 일부 아랍 국가들은 안보와 경제적 협력의 필요성으로 인해 관계 개선을 모색했다. 특히 미국의 트럼프 행정부는 이스라엘과 아랍 국가 간 관계 정상화를 중재하고자 했다. 2020년 8월과 9월에 아랍에미리트(UAE)와 바레인이 이스라엘과 외교 관계를 공식적으로 수립하는 협정인 아브라함 협정에 서명했다. 이후 수단과 모로코도 이스라엘과 관계를 정상화했다. 이 협정은 팔레스타인 문제 해결 없이도 이스라엘과 아랍 국가들이 관계를 맺을 수 있음을 보여주는 전환점이 되었다. 아브라함 협정으로 이스라엘은 아랍 국가들과 경제적, 외교적 협력을 확대했으나, 팔레스타인 지도부는 이를 비판하고 아랍 세계가 팔레스타인을 외면했다고 평가했다.

## 5 이스라엘 - 팔레스타인 분쟁 원인

### 1. 영토와 주권 문제

#### (1) 이스라엘 건국과 팔레스타인 영토 분할

1947년 유엔이 팔레스타인을 유대인 국가와 아랍 국가로 나누는 분할안을 제안하면서 갈등이 본격화되었다. 유대인들은 이를 수락했지만, 아랍 국가들과 팔레스타인 아랍인들은 이를 거부했다. 1948년 이스라엘이 독립을 선언하고, 제1차 중동 전쟁에서 승리하며 이스라엘은 유엔 분할안에서 정한 영토보다 넓은 지역을 차지하게 되었다. 팔레스타인 아랍인들은 이 과정에서 강제 이주와 난민이 되었으며, 영토와 주권에 대한 권리를 잃었다고 인식하게 되었다.

#### (2) 서안 지구와 가자 지구 점령 문제

1967년 6일 전쟁에서 이스라엘은 서안 지구, 가자 지구, 동예루살렘, 골란 고원을 점령했다. 이로 인해 팔레스타인은 자신들의 영토로 간주하는 서안 지구와 가자 지구에서의 통제권을 상실하게 되었고, 이 지역의 주권 문제는 오늘날까지도 분쟁의 중심이다. 이스라엘은 안보와 역사적, 종교적 이유를 들어 이 지역에 대한 통제를 지속하고 있으며, 팔레스타인은 이 지역에 대한 독립적 권리를 요구하고 있다.

### 2. 유대인 정착촌 문제

이스라엘은 서안 지구와 동예루살렘에 유대인 정착촌을 계속해서 확장해 왔고, 이를 통해 점령지를 사실상 자국 영토로 통합하려는 정책을 이어가고 있다. 이스라엘은 이러한 정착촌이 자국 안보와 종교적 이유에서 필요하다고 주장하지만, 팔레스타인 측은 이를 팔레스타인 국가 수립을 방해하는 행위로 보고 반발하고 있다. 유엔과 국제사회는 이스라엘의 정착촌 확장을 국제법 위반으로 간주하며, 정착촌 철거를 요구하고 있다. 이 정착촌 문제는 이스라엘과 팔레스타인 간의 협상에서 가장 큰 장애물 중 하나로 남아 있다.

## 3. 예루살렘 지위 문제

예루살렘은 유대교, 이슬람교, 기독교 모두에게 성스러운 도시로 여겨지며, 이스라엘과 팔레스타인 양측 모두 예루살렘을 자신들의 수도로 삼고자 한다. 이스라엘은 예루살렘 전체를 자국의 수도로 선언했지만, 팔레스타인은 동예루살렘을 미래의 수도로 삼으려 한다. 대부분의 국가들은 예루살렘을 이스라엘의 수도로 인정하지 않으며, 미국과 몇몇 국가를 제외하고는 대사관을 예루살렘이 아닌 텔아비브에 두고 있다.

## 4. 팔레스타인 난민 문제

이스라엘 건국과 제1차 중동 전쟁으로 인해 수십만 명의 팔레스타인 아랍인들이 난민이 되었다. 이후에도 갈등과 전쟁이 반복되면서 많은 팔레스타인인들이 고향을 떠나 주변국으로 피신하게 되었다. 팔레스타인 측은 난민들의 귀환을 요구하고 있지만, 이스라엘은 이를 반대하고 있다. 이스라엘은 팔레스타인 난민의 귀환이 자국의 유대인 정체성을 위협할 수 있다고 보고 있으며, 난민 문제는 이스라엘 - 팔레스타인 평화 협상에서 가장 큰 쟁점 중 하나이다.

## 5. 종교적 갈등

예루살렘은 유대교와 이슬람 모두에게 신성한 장소로 여겨지며, 특히 템플 마운트(Temple Mount)와 하람 알 샤리프(Haram al-Sharif)지역은 유대교와 이슬람교 모두의 성지로 인정된다. 이곳은 유대인들에게는 솔로몬 성전과 제2성전이 있었던 장소로, 이슬람에서는 무함마드가 승천한 장소로 여겨진다. 이스라엘과 팔레스타인 간의 영토 분쟁은 종교적 정체성과 깊은 연관이 있으며, 서로의 정체성을 인정하려 하지 않는 태도가 갈등을 지속시키고 있다. 양측의 극단주의자들은 성지를 둘러싼 갈등을 심화시키며 타협을 거부하고 있다.

## 6. 팔레스타인 자치와 정치적 분열

1993년 오슬로 협정 이후 팔레스타인 자치정부(PA)가 설립되어 팔레스타인은 서안 지구와 가자 지구에서 제한적 자치를 누리고 있다. 그러나 2006년 하마스가 가자 지구의 통제권을 장악한 이후, 팔레스타인 내부는 파타(Fatah, 서안 지구)와 하마스(Hamas, 가자 지구)로 분열되었다. 하마스는 이스라엘과 평화 협상을 거부하고 무장 투쟁을 고수하고 있어, 이스라엘과의 주기적인 무력 충돌이 발생하고 있다. 이 분열로 인해 팔레스타인 측은 통일된 정치적 목소리를 내기 어렵고, 이스라엘과의 협상에도 큰 장애물이 되고 있다.

## 6 이스라엘 - 팔레스타인 갈등의 핵심 쟁점

### 1. 영토와 국경 문제

**(1) 서안 지구와 가자 지구**

이스라엘은 1967년 6일 전쟁에서 서안 지구, 가자 지구, 동예루살렘을 점령했다. 팔레스타인은 이 지역들을 미래 독립 국가의 영토로 간주하고 있으며, 점령지에서 이스라엘이 철수해야 한다고 주장한다. 그러나 이스라엘은 안보를 이유로 이 지역의 일부에 대한 통제를 유지하려 하고 있다.

**(2) 1967년 이전 국경(그린 라인)**

팔레스타인은 1967년 이전 국경선(그린 라인)을 기준으로 국경을 설정하고 이스라엘이 철수해야 한다고 주장하고 있다. 하지만 이스라엘은 그린 라인을 반드시 기준으로 삼을 필요는 없다고 주장하면서 협상에 난항을 겪고 있다.

### 2. 예루살렘의 지위

이스라엘은 예루살렘 전체를 자국의 수도로 선언했고, 1980년 이를 법으로 공식화했다. 반면 팔레스타인은 동예루살렘을 미래 팔레스타인 국가의 수도로 삼기를 희망하고 있다. 예루살렘은 유대교, 이슬람교, 기독교 모두에게 중요한 성지가 있다. 특히 템플 마운트와 하람 알 샤리프(알 아크사 사원과 바위 돔이 위치한 곳)는 유대교와 이슬람 모두에게 성스러운 장소다. 양측 모두 예루살렘을 자신들의 역사적, 종교적 정체성의 중심으로 간주해 왔기 때문에 이 문제는 매우 민감하게 생각하고 있다.

### 3. 유대인 정착촌 문제

이스라엘은 서안 지구와 동예루살렘에 유대인 정착촌을 지속적으로 확장해 왔다. 현재 이 지역에는 수백 개의 정착촌과 60만 명이 넘는 유대인들이 거주하고 있다. 이스라엘은 이 정착촌이 안보상 필요하며 역사적으로 유대인의 땅이라고 주장한다. 국제사회와 유엔은 이스라엘의 정착촌 건설을 국제법 위반으로 보고 철회를 요구하고 있다. 또한, 팔레스타인은 정착촌 확장이 자신들의 국가 건설을 방해한다고 주장하고 있으며, 정착촌 철거를 요구하고 있다.

### 4. 팔레스타인 난민 문제

1948년과 1967년 전쟁을 거치며 팔레스타인인들은 대규모로 고향을 떠나 주변 아랍 국가로 피난을 가야 했다. 이들은 난민이 되어 현재까지 요르단, 레바논, 시리아 등지에서 거주하고 있다. 팔레스타인은 난민들이 고향으로 돌아갈 권리를 가져야 한다고 주장한다. 반면, 이스라엘은 난민들의 대규모 귀환이 자국의 유대인 정체성을 위협할 수 있다고 주장하며 반대하고 있다. 이스라엘은 난민 문제는 현지에서 정착을 통해 해결해야 한다는 입장을 고수하고 있다.

## 5. 안보 문제

이스라엘은 팔레스타인과의 분쟁 지역에서의 안보를 매우 중시하고 있다. 특히 하마스와 같은 무장 단체가 가자 지구에서 로켓 공격을 감행하면서, 이스라엘은 강경한 군사 대응을 통해 이 지역의 안정을 확보하려고 한다. 팔레스타인인들은 이스라엘의 군사적 통제와 검문소, 봉쇄 조치를 억압으로 인식하며 저항 운동을 벌이고 있다. 팔레스타인은 독립을 위한 정당한 저항이라고 주장하지만, 이스라엘은 이를 자국 안보에 대한 심각한 위협으로 간주하고 있다.

## 6. 정치적 분열

현재 팔레스타인 지역은 팔레스타인 자치정부와 하마스로 분열되어 있다. 팔레스타인 내부에서 파타(서안 지구)와 하마스(가자 지구) 간의 분열이 심화되면서 통일된 협상 대표를 내기 어려운 상황이다. 팔레스타인 자치정부는 이스라엘과의 협상을 지지하지만, 하마스는 강경한 저항을 고수하고 있다. 한편, 이스라엘 내부에서도 팔레스타인 문제를 둘러싼 여론이 양분되어 있다. 일부 보수파는 정착촌 확장과 강경한 안보 정책을 지지하지만, 진보파는 두 국가 해법을 지지하며 팔레스타인과의 평화를 선호하는 입장이다.

## 7 주요국 입장

### 1. 미국

미국은 이스라엘의 가장 강력한 동맹국으로, 이스라엘에 군사적, 경제적 지원을 아끼지 않고 있다. 특히 이스라엘의 안보를 매우 중시하며, 중동에서 이스라엘을 지지하는 정책을 펼친다. 현재 미국은 이스라엘과 팔레스타인이 독립적인 두 국가로 공존하는 '두 국가 해법'을 공식적으로 지지하고 있다. 하지만 미국의 정책은 이스라엘을 우선시하는 경향이 강하다. 2017년 트럼프 행정부는 예루살렘을 이스라엘의 수도로 인정하고 대사관을 예루살렘으로 이전했다. 이는 팔레스타인과 아랍 세계의 큰 반발을 불러일으켰다. 이후 바이든 행정부는 두 국가 해법을 강조하며, 이스라엘에 대한 지지를 유지하면서도 팔레스타인과의 관계 회복을 시도하고 있다. 미국 내부적으로 보수파와 기독교 복음주의자들은 이스라엘 지지 성향이 강하며, 이에 따라 미국의 대중동 정책에 이스라엘 편향적 요소가 반영되기도 한다. 일부 진보파는 팔레스타인의 인권과 독립을 지지하는 목소리를 내고 있지만, 전체적으로 미국의 주류 입장은 이스라엘 지지를 공고히 하고 있다.

### 2. 러시아

러시아는 이스라엘과 팔레스타인 양측 모두와 외교적 관계를 유지하며 중립적 입장을 취하고자 한다. 러시아는 유엔 결의에 따라 두 국가 해법을 공식적으로 지지하며, 팔레스타인 독립국의 권리를 인정한다. 러시아는 이스라엘과 팔레스타인 양측과 관계를 유지함으로써 중동에서의 외교적 영향력을 확대하고자 한다.

### 3. 중국

중국은 팔레스타인 독립과 이스라엘의 안보를 모두 존중하는 입장을 유지하며 두 국가 해법을 지지하고 있다. 중국은 중동 문제에 대해 전통적으로 중립적이고 비개입적인 입장을 견지해 왔다. 이스라엘이나 팔레스타인 어느 한쪽에 대해 강력히 편을 들지 않으며, 외교적 관계를 균형 있게 유지하고 있다. 최근 중국은 '일대일로' 프로젝트를 통해 중동 지역과 경제적 관계를 확대하고 있다. 이를 위해 이스라엘과 팔레스타인 모두와 협력하면서 중동 내 영향력을 강화하고 있다.

### 4. 유럽연합(EU)

유럽연합은 두 국가 해법을 강력히 지지하며, 팔레스타인 독립과 이스라엘 안보를 동시에 보장하는 방안을 선호한다. 유럽연합은 특히 인권과 국제법을 중시하며, 팔레스타인 자결권을 강조한다. 유럽연합은 이스라엘의 서안 지구와 동예루살렘 정착촌 건설을 국제법 위반으로 간주하며 강하게 반대하고 있다. 유럽연합은 팔레스타인 자치정부에 대한 경제적 지원을 제공하고 있으며, 이스라엘과 팔레스타인 간 평화협상을 중재하려고 노력해 왔다. 유럽연합은 이스라엘의 군사적 대응에 대해서는 비판적인 입장을 유지하고, 인도적 차원에서 팔레스타인의 권리를 옹호하는 입장을 견지하고 있다. 유럽내부적으로 독일은 역사적 이유로 이스라엘에 대한 지지를 강하게 표명하는 반면, 프랑스와 스페인 등은 팔레스타인 문제에 더 적극적으로 개입하려는 경향이 있다.

## 8 주요 아랍국가들의 입장

### 1. 사우디아라비아

사우디아라비아는 오랫동안 팔레스타인의 독립을 지지하며, 이스라엘이 1967년 이전 국경으로 돌아가야 한다는 입장을 견지해 왔다. 사우디아라비아는 팔레스타인에 대한 인도적 지원을 제공하며, 팔레스타인 민족 자결권을 중시한다. 사우디아라비아는 2002년 아랍 연맹 정상회의에서 이스라엘이 1967년 이전 국경으로 철수하고 팔레스타인 국가를 인정할 경우 아랍 국가들이 이스라엘을 인정하고 관계를 정상화할 수 있다는 아랍 평화 계획을 제안하기도 하였다. 한편, 최근 사우디아라비아는 이스라엘과 비공식적인 접촉을 늘려왔으며, 특히 이란 견제와 경제적 협력을 이유로 이스라엘과 관계 정상화를 검토하고 있다.

## 2. 이집트

이집트는 중동에서 이스라엘과 팔레스타인 간의 평화 중재자로서 역할을 해왔다. 특히 가자 지구를 통한 물품 통제와 이스라엘과 하마스 간 충돌 중재 등을 통해 팔레스타인 평화를 위해 노력하고 있다. 이집트는 아랍 국가 중 최초로 1979년 이스라엘과 평화 조약을 체결하고 공식 외교 관계를 수립하였다. 이로 인해 일시적으로 아랍 세계에서 고립되었지만, 이후 중동 평화 과정에서 중요한 역할을 담당하게 되었다. 기본적으로 이집트는 이스라엘과 평화 조약을 체결했지만, 팔레스타인의 독립과 자결권을 지지하며, 팔레스타인 국가 수립을 지지하는 입장을 지속하고 있다.

## 3. 요르단

요르단은 전체 인구 중 상당수가 팔레스타인 출신이기 때문에 팔레스타인 문제에 대해 민감한 입장을 가지고 있다. 요르단 정부는 팔레스타인의 독립을 강하게 지지하며, 두 국가 해법을 옹호하고 있다. 요르단은 1994년에 이스라엘과 평화 조약을 체결하며 외교 관계를 수립했다. 그러나 요르단은 예루살렘의 종교적 성지 관리권을 가지고 있어 이스라엘과의 관계에서 갈등 요소가 남아 있다. 요르단은 이슬람 성지인 알 아크사 사원 관리권을 보유하고 있으며, 예루살렘 문제에 대해 매우 민감하게 반응하고 있다. 요르단은 이스라엘이 예루살렘을 통제하는 것에 반대하며, 팔레스타인의 수도로 동예루살렘을 지지하고 있다.

## 4. 시리아

시리아는 이스라엘에 대해 강경한 반대 입장을 유지하고 있으며, 이스라엘이 점령한 골란 고원을 반환할 것을 요구하고 있다. 시리아는 이스라엘과의 관계 정상화를 거부하고 있으며, 팔레스타인과의 연대 의식을 강조하고 있다. 시리아는 이란과의 동맹 관계를 통해 팔레스타인 저항 단체들에 대한 지지를 표명하며, 이스라엘을 견제하려는 입장을 보인다.

## 5. 레바논

레바논은 공식적으로 이스라엘과 적대 관계에 있으며, 이스라엘과의 평화 협정을 맺지 않고 있다. 레바논에는 팔레스타인 난민이 다수 거주하고 있으며, 팔레스타인 독립을 지지하고 있다. 레바논의 시아파 민병대인 헤즈볼라는 이란의 지원을 받아 이스라엘에 대한 강경 저항 노선을 이어가고 있다. 헤즈볼라는 팔레스타인 저항 운동의 일부로 이스라엘에 대한 공격을 감행하며 이스라엘 - 레바논 국경의 긴장을 유지하고 있다.

## 6. 아랍에미리트(UAE)와 바레인

아랍에미리트(UAE)와 바레인은 2020년에 아브라함 협정을 통해 이스라엘과 공식 외교 관계를 수립했다. 이들 국가는 이란의 위협과 경제적 협력 강화를 이유로 관계 정상화를 결정했다. UAE와 바레인은 관계 정상화 후에도 팔레스타인 독립과 두 국가 해법에 대한 상징적 지지를 표명하고 있다. 그러나 실질적으로는 팔레스타인 문제보다 자국의 경제적, 군사적 이익을 우선시하고 있다.

### 7. 카타르

카타르는 팔레스타인 가자 지구의 재건을 위해 많은 인도적 지원을 제공하고 있으며, 팔레스타인 주민들에게 재정적 지원을 계속하고 있다. 카타르는 이스라엘과 비공식적 관계를 유지하면서도, 팔레스타인 독립을 지지하고 있다. 중동 문제에 있어 독자적인 외교 노선을 유지하며, 팔레스타인 문제에 대한 지원을 지속하고 있다.

## 9 전망

### 1. 두 국가 해법의 약화

전통적으로 국제사회는 두 국가 해법을 지지해 왔으나, 서안 지구의 유대인 정착촌 확대로 인해 두 국가 해법의 실현 가능성이 약화되고 있다. 이스라엘은 서안 지구와 동예루살렘에 정착촌을 확장해 왔으며, 현재는 팔레스타인 독립국을 세울 수 있는 영토가 점차 축소되고 있는 상황이다. 이러한 영토 현실로 인해 두 국가 해법이 실현될 가능성은 점차 줄어들고 있다. 두 국가 해법의 실현 가능성이 줄어들면서 하나의 국가 내에서의 공존이나 자치권 확대와 같은 대안적인 해결 방안이 제시되기도 하지만, 이러한 방안은 민족적, 종교적 갈등을 내포하고 있어 현실적으로 어려운 과제로 남아 있다.

### 2. 이스라엘과 아랍 국가들의 관계 정상화

2020년 아랍에미리트(UAE), 바레인, 수단, 모로코가 이스라엘과 아브라함 협정을 통해 관계를 정상화하면서 중동 내 지정학적 변화가 발생했다. 이러한 관계 정상화는 팔레스타인 독립 문제를 해결하지 않은 상태에서 이루어졌으며, 아랍 국가들의 팔레스타인 지지 의지를 약화시키는 요인으로 작용하고 있다. 아랍 국가들이 자국의 경제적, 군사적 이익을 위해 이스라엘과 협력하려는 실리적 접근을 취하면서 팔레스타인 문제는 중동 내 주요 외교 과제로서의 위상이 다소 낮아졌다. 이로 인해 팔레스타인의 독립 국가 수립 가능성은 더욱 약화될 수 있다.

### 3. 미국과 국제사회의 역할

미국은 이스라엘의 최대 동맹국으로, 이스라엘의 안보를 강력히 지지하고 있다. 미국은 공식적으로 두 국가 해법을 지지하지만, 이스라엘에 대한 편향적 입장으로 인해 팔레스타인 측에서는 미국을 중재자로 신뢰하지 않는 것으로 평가된다. 미국이 중동에서 공정한 중재자로서의 역할을 할 수 있을지에 따라 분쟁 해결의 전망이 크게 좌우될 것이다. 유럽연합과 유엔은 두 국가 해법을 지지하며, 팔레스타인 자치 정부에 인도적, 경제적 지원을 제공하고 있다. 국제사회는 이스라엘의 정착촌 확장과 팔레스타인 권리 문제에 대해 이스라엘에 압력을 가하고 있지만, 이스라엘의 정책을 바꾸는 데는 큰 한계를 보이고 있다.

## 4. 내부 정치적 갈등과 분열

팔레스타인 자치정부와 하마스 간의 내부 정치적 갈등과 분열이 분쟁 해결의 큰 장애물이 되고 있다. 서안 지구를 통제하는 팔레스타인 자치정부와 가자 지구를 통제하는 하마스 간의 대립이 해결되지 않는 한 팔레스타인은 통일된 협상 대표로 나서기 어려우며, 이는 이스라엘과의 협상에서도 큰 난관으로 작용한다. 이스라엘 내부에서도 팔레스타인 문제와 관련한 여론이 양분되어 있다. 보수적인 세력은 정착촌 확장과 강경한 안보 정책을 지지하는 반면, 진보 세력은 두 국가 해법을 지지하고 팔레스타인과의 평화 협상을 촉구하고 있다. 이스라엘 정치권의 양극화로 인해 정부가 일관된 해결 정책을 수립하기 어려운 상황이다.

# 학습 점검 문제　제4편 | 동아시아 및 기타 지역 이슈

**01**　북한의 핵 문제와 관련된 사건을 시기가 이른 순서대로 바르게 나열한 것은?　2023년 외무영사직

> (가) 개성공단 폐쇄
> (나) 북한의 6차 핵 실험
> (다) 핵무력정책법 채택
> (라) 유엔안보리 대북제재 결의안 제2270호 채택

① (가) ⇨ (나) ⇨ (라) ⇨ (다)
② (가) ⇨ (라) ⇨ (나) ⇨ (다)
③ (나) ⇨ (가) ⇨ (다) ⇨ (라)
④ (라) ⇨ (가) ⇨ (나) ⇨ (다)

**북핵문제**

북한의 핵 문제와 관련된 사건을 순서대로 바르게 나열한 것은 (가) ⇨ (라) ⇨ (나) ⇨ (다)이다.
(가) 개성공단 폐쇄는 2016년 2월 박근혜정부에서 북한의 미사일 발사 실험에 대한 대응으로 단행되었다.
(나) 북한의 6차 핵 실험은 2017년 9월 3일 시행되었다. 이후 유엔안전보장이사회는 9월 11일 결의 제2375를 통해 대북 제재조치를 강화하였다.
(다) 핵무력정책법은 북한이 2022년 9월 채택되었다. 동법은 핵무기 관련 결정권은 오직 김정은한테만 있다는 걸 명시했다. 특기할 점은 '핵 선제 불사용 원칙'을 명시적으로 밝히지 않았다는 사실이다. 오히려 '핵무력정책법'은 6조에서 "핵무기의 사용조건"을 상세하게 밝혀놨다. 모두 5가지 경우다. 첫째, 조선민주주의인민공화국에 대한 핵무기 또는 기타 대량살육무기 공격이 감행됐거나 임박했다고 판단되는 경우. 둘째 국가지도부나 국가핵무력지휘기구에 대한 적대세력의 핵 및 비핵공격이 감행됐거나 임박했다고 판단되는 경우. 셋째 국가의 중요전략적 대상들에 대한 치명적인 군사적 공격이 감행됐거나 임박했다고 판단되는 경우. 넷째 유사시 전쟁의 확대와 장기화를 막고 전쟁의 주도권을 장악하기 위한 작전상 필요가 불가피하게 제기되는 경우. 다섯째 기타 국가의 존립과 인민의 생명안전에 파국적인 위기를 초래하는 사태가 발생해 핵무기로 대응할 수밖에 없는 불가피한 상황이 조성되는 경우. 또한, 비핵국가라도 다른 핵무기 보유국과 야합하여 조선민주주의인민공화국을 반대하는 침략이나 공격행위에 가담(5조 2항)하는 경우 핵무기를 사용할 수 있다고 하여 미국과 군사동맹을 맺고 정기적으로 연합훈련을 하고 있는 한국과 일본 등을 견제하고 있다.
(라) 유엔안보리 대북제재 결의안 제2270호 채택은 북한의 2016년 1월 제4차 핵실험을 배경으로 2016년 3월 채택되었다.

답 ②

## 02 1992년 한반도의 비핵화에 관한 공동선언 내용으로 옳지 않은 것은?

2012년 외무영사직

① 남과 북은 핵에너지를 평화적 목적에만 이용한다.
② 남과 북은 핵재처리시설과 우라늄농축시설을 보유하지 아니한다.
③ 남과 북은 핵무기의 시험, 제조, 생산, 보유, 저장, 사용 등을 하지 아니한다.
④ 남과 북은 공동선언의 이행을 위하여 1년 안에 '남북핵통제공동위원회'를 구성·운영하며 한반도의 비핵화를 객관적으로 검증하기 위하여 제3국에 사찰을 맡긴다.

**북핵문제**

비핵화 검증을 위해 '상대방이 선정하고 쌍방이 합의하는 대상물'에 대해 남북핵통제공동위원회가 규정하는 절차와 방법으로 사찰을 받기로 합의하였다.

답 ④

## 03 2009년 6월 12일 대북 안전보장이사회결의 1874호의 주요 내용이 아닌 것은?

2012년 외무영사직

① 소형무기 대북수출을 제외한 모든 무기에 대한 대북 수출입 금지
② 북한 핵 실험 규탄, 추가 핵실험 및 탄도미사일 발사 금지
③ 북한이 완전하고, 검증 가능하며, 불가역적인 방식으로 모든 핵무기와 현존 핵프로그램 포기 및 관련 활동 즉각 중단
④ 인도주의적 목적을 포함한 모든 대북 무상원조 및 금융지원 전면 금지

**북핵문제**

대북 안전보장이사회결의 1874호 제19항에는 "모든 회원국과 국제 금융 및 신용기관은 북한 주민에게 직접적으로 도움이 되는 인도주의 및 개발 목적이거나 비핵화를 증진시키는 용도를 제외하고는 북한에 새로운 공여나 금융지원, 양허성 차관을 제공하지 말 것을 촉구한다. 또 회원국은 현재의 금융활동을 줄이는 쪽으로 경계 강화를 시행할 것을 촉구한다."라고 규정되어 있다.

답 ④

**04** 아세안지역포럼(ARF)과 동북아협력대화(NEACD)에 대한 설명으로 옳지 않은 것은?  
2013년 외무영사직

① 아세안지역포럼은 아·태지역의 정부간 다자안보협의를 위하여 1994년 출범하였다.
② 북한은 2002년 방콕의 제8차 회의를 통하여 아세안지역포럼에 가입하였다.
③ 동북아협력대화는 1993년 미국 국무부 후원 하에 캘리포니아 주립대학 세계분쟁협력연구소(IGCC) 주도로 조직되었다.
④ 동북아협력대화는 동북아 지역 국가간 상호이해와 신뢰구축 및 협력증진을 목적으로 조직되었고, 외교 및 안보분야의 민간 전문가와 정부대표가 참여한다.

### 동아시아 공동체
북한은 2000년 7월 아세안지역포럼(ARF)에 가입하였다.

답 ②

---

**05** 동아시아 지역협력에 대한 설명으로 옳은 것은?  
2024년 외무영사직

① 1995년 공식 합의된 아시아-유럽 정상회의(ASEM)는 아세안과 유럽연합 회원국 간의 경제문제에만 초점을 두었다.
② 1997년 아시아금융위기 당시 일본은 위기극복을 위하여 아시아통화기금(AMF) 창설을 제안하였고, 미국은 이를 지지하였다.
③ 동아시아 정상회의(EAS) 출범과정에서 중국과 말레이시아는 미국을 포함한 비(非)동아시아 국가들의 참여를 끝까지 반대했다.
④ 미국은 2009년 「동남아시아 우호협력조약」(TAC)을 체결하고, 2010년 미국 영토에서 아세안 정상들과 정상회의를 개최했다.

### 동아시아 공동체
미국은 2009년 7월에 동남아시아 우호협력조약(Treaty of Amity and Cooperation, TAC)에 서명했다. TAC는 아세안(ASEAN) 회원국들 간의 평화, 협력, 상호 존중을 촉진하기 위한 조약이며, 미국은 이를 통해 아세안과의 관계를 강화하려는 의지를 보여주었다. 한편, 2010년 9월, 미국은 뉴욕에서 아세안 정상들과 정상회의를 개최했다. 당시 버락 오바마 대통령이 아세안 회원국 정상들과 회담을 가졌으며, 이 정상회의는 미국과 아세안 간의 협력을 강화하고, 동남아시아에서의 미국의 영향력을 증대하기 위한 회담이었다.

선지분석
① 아시아-유럽 정상회의(ASEM)는 1995년에 공식적으로 합의되었고, 이후 1996년 3월에 첫 번째 회의가 태국 방콕에서 개최되었다. 그러나, ASEM은 경제 문제에만 초점을 맞춘 것이 아니라 정치, 경제, 사회문화 협력 등 다양한 분야에서 아시아와 유럽 간의 협력을 증진하는 것을 목표로 하고 있다.
② 미국은 일본의 AMF 창설 제안에 대해 반대했다. 미국은 국제 금융 시스템에서 IMF가 중심적인 역할을 해야 한다고 주장했고, 일본의 AMF 제안이 IMF의 역할을 약화시킬 것으로 우려했다.
③ 중국과 말레이시아는 초기에 동아시아 중심의 협의체가 되는 것을 선호했기 때문에, 미국과 같은 비동아시아 국가들의 참여에 대해 소극적이거나 반대하는 입장을 보였다. 그러나 끝까지 반대하지는 않았고, 최종적으로 비동아시아 국가들의 참여를 허용했다. 미국은 초기 EAS 출범에는 참여하지 않았으나, 2010년 참여 의사를 밝혔고 2011년에 러시아와 함께 정식으로 EAS에 참여하게 되었다. 이는 동아시아 지역 내 협력뿐만 아니라 광범위한 지역 협력을 촉진하기 위한 결정이었다.

답 ④

**06** 동아시아 지역협력과 관련한 각국의 외교정책을 설명한 것으로 옳지 않은 것은?  2009년 외무영사직

① 미국은 ASEAN+3 협력체제에 대해 대체로 관망적 태도를 취해 왔으나 중국이 동아시아 지역에서 급속하게 영향력을 확대해 나가는 것을 우려하고 있다.
② 중국은 ASEAN에게 2007년 상호 정치적 신뢰, 경제 및 무역관계 강화, 비전통적 안보분야 협력, ASEAN 통합과정 지지, 사회·문화·인적 교류 확대를 강조하는 5대 제안을 하였다.
③ 일본은 미국과의 공조보다는 중국과 협력하여 동아시아 공동체의 주도적 일원이 되고자 노력하고 있다.
④ ASEAN 국가들이 ASEAN+3 협력을 추진하게 된 배경은 한·중·일 3국의 협력과 지원을 확보하여 동반성장을 도모함으로써 내부적 취약성을 극복하기 위한 것이다.

**동아시아 공동체**
일본은 중국이 아닌 미국과의 공조를 중시한다.

답 ③

**07** 유럽과 동아시아의 지역협력의 특징들을 설명한 내용이다. 옳은 것을 모두 고른 것은?  2012년 외무영사직

> ㄱ. 냉전기간 미국은 유럽에서 상대적으로 독립적인 다자간안보(NATO) 및 경제(유럽경제공동체)협력기구를 통해 동맹관계를 유지한 반면, 동아시아에서는 쌍무적 동맹관계(한미 및 미일 동맹 등)를 유지하였다.
> ㄴ. 유럽에서는 냉전질서가 거의 종식된 데 반해, 동아시아의 경우 냉전적 질서가 부분적으로 잔존하고 있어 지역협력이 저해되고 있다.
> ㄷ. 유럽의 지역협력체들은 상당한 정도로 제도화되고 법제화된 반면에, 동아시아의 지역협력체들은 비공식적 채널과 미흡한 제도화 속에서 운영되고 있다.
> ㄹ. 아세안지역포럼(ARF)은 동아시아 안보협력을 위한 정부 간 다자협력기구이다.
> ㅁ. 유럽사법재판소(ECJ)는 유럽연합법의 회원국 국내법에 대한 우위의 원칙(principle of supremacy)을 확립하고 있다.

① ㄱ, ㄴ
② ㄴ, ㄷ, ㄹ
③ ㄷ, ㄹ, ㅁ
④ ㄱ, ㄴ, ㄷ, ㄹ, ㅁ

**동아시아 지역협력**
유럽과 동아시아의 지역협력의 특징으로 ㄱ, ㄴ, ㄷ, ㄹ, ㅁ 모두 옳은 설명이다.
ㄴ. 지역협력을 위해서는 국가 간 협력의지가 중요하다. 유럽의 경우 적대국이었던 독일과 프랑스의 협력의지가 존재하였던 반면, 동아시아의 경우 중국과 일본의 지역패권경쟁이 지속되면서 동아시아 지역통합 논의가 장기 표류하고 있다.
ㄷ. 유럽의 경우 유럽연합(EU)의 경우에서 보듯이 이사회, 위원회, 재판소, 의회, 중앙은행 등 높은 제도화 수준을 자랑하지만, 동아시아의 경우 아세안지역포럼(ARF)과 같이 제도화의 수준이 낮다. 이는 동아시아 지역의 경우 국가들이 주권침해에 상당히 민감하여 의사 결정에 있어서도 만장일치를 고수하고, 비구속적 합의방식을 선호하기 때문으로 평가된다.
ㄹ. 동아시아 다자안보의 경우 정부 차원의 아세안지역포럼(ARF), 민간 차원의 아태안보협력이사회(CSCAP) 또는 동북아협력대화(NEACD) 등이 존재하고 있다.
ㅁ. 유럽연합법은 회원국 국내법에 대해 우위이고, 회원국에 대해 직접적용성 및 직접효력성을 가진다. 즉, 별도의 입법조치 없이 회원국 국내 법체계에 도입되고(직접적용성), 회원국 국민은 유럽연합법을 원용할 수 있다(직접효력성).

답 ④

## 08 유럽연합의 기관에 대한 설명으로 옳은 것만을 모두 고르면?

2024년 외무영사직

ㄱ. 유럽이사회(European Council)는 상임의장, 회원국 정부수반, EU집행위원장으로 구성된다.
ㄴ. 유럽집행위원회는 입법안을 제안하며 정책집행을 책임진다.
ㄷ. 유럽의회는 회원국 의회에서 선출하고 대통령 또는 총리가 승인한 의원들로 구성된다.
ㄹ. 유럽사법재판소는 유럽연합법과 조약을 해석하고 판결한다.

① ㄱ, ㄴ, ㄷ
② ㄱ, ㄴ, ㄹ
③ ㄱ, ㄷ, ㄹ
④ ㄴ, ㄷ, ㄹ

### 유럽통합

유럽연합의 기관에 대한 설명으로 옳은 것은 ㄱ, ㄴ, ㄹ이다.
ㄱ. 유럽이사회는 입법기관은 아니나 EU의 우선순위나 방향을 정하는 중요한 역할을 한다.
ㄴ. 유럽집행위원회는 유럽연합의 행정부 역할을 수행하는 초국가적 기관이다.

#### 선지분석
ㄷ. 유럽의회는 유럽연합 회원국 시민들의 직접선거로 선출된다. 임기는 5년이다.

답 ②

## 09 EU의 외교정책에 대한 설명으로 옳지 않은 것은?

2021년 외무영사직

① 1990년대 유고슬라비아 내전 등과 같은 국제정치적 환경 변화는 EU의 공동외교안보정책에 대한 필요성을 강화시켜 주는 계기가 되었다.
② EU는 「유럽헌법조약」에 따라 유럽이사회 상임의장과 외교안보정책 고위대표직을 신설하였다.
③ EU의 공동외교안보정책은 정부 간 절차의 성격을 지니며, 정책결정은 기본적으로 회원국의 만장일치를 요구한다.
④ EU와 NATO의 동진은 러시아와의 갈등을 야기하고 있다.

### 유럽통합

2004년의 유럽헌법조약은 발효되지 못했다. 유럽이사회 상임의장과 외교안보정책 고위대표직은 2007년 체결된 리스본조약을 통해 신설되었다.

#### 선지분석
① EU의 공동외교안보정책은 1992년 유럽연합조약(마스트리히트조약)에 처음 명시된 것이다. 1990년대 구유고 내전에 공동외교안보정책이 투영되었으나 영국은 독일 및 프랑스와 입장차를 노정하면서 성공적으로 전개되지 못하였다는 평가를 받는다. 이는 오히려 공동외교안보정책 강화의 필요성을 제기한 것이기도 하다.
③ 공동외교안보정책 결정은 원칙적으로 만장일치를 요구한다. 그러나 1998년 암스테르담조약은 공동외교안보정책 결정에서도 다수결제도를 일부 도입하기도 하였다.
④ EU와 NATO의 동진(東進)이란 과거 소련권 국가들이 EU와 NATO에 편입되는 것을 말한다. 현재는 조지아나 우크라이나가 EU와 NATO 가입을 추진하면서 러시아와 갈등을 빚고 있다.

답 ②

**10** 유럽연합의 주요 조약들을 연대순으로 바르게 나열한 것은?  　　　　　　　　　　　　　　　2009년 외무영사직

> ㄱ. 니스(Nice)조약
> ㄴ. 마스트리히트(Maastricht)조약
> ㄷ. 암스테르담(Amsterdam)조약
> ㄹ. 로마(Rome)조약

① ㄹ ⇨ ㄴ ⇨ ㄷ ⇨ ㄱ
② ㄴ ⇨ ㄹ ⇨ ㄱ ⇨ ㄷ
③ ㄴ ⇨ ㄱ ⇨ ㄹ ⇨ ㄷ
④ ㄷ ⇨ ㄹ ⇨ ㄴ ⇨ ㄱ

**유럽통합**

유럽연합의 주요 조약들을 연대순으로 바르게 나열한 것은 ㄹ. 로마(Rome)조약(1957) ⇨ ㄴ. 마스트리히트(Maastricht)조약(1992) ⇨ ㄷ. 암스테르담(Amsterdam)조약(1997) ⇨ ㄱ. 니스(Nice)조약(2000) 순서이다.

답 ①

**11** 아시아 지역 영토분쟁에 대한 설명으로 옳지 않은 것은? 　　　　　　　　　　　　　　　2021년 외무영사직

① 러시아 - 일본은 쿠릴열도·북방 4개도서 분쟁 해결의 실마리를 찾고자 다양한 접촉을 시도하였다.
② 남중국해 분쟁과 관련하여 UN 안전보장이사회는 중국이 주권을 주장하는 경계선인 구단선에 국제법상의 근거가 없다고 발표했다.
③ 일본은 센카쿠열도·댜오위다오를 자국의 영토라고 주장하며 현재까지 실효적 지배를 하고 있다.
④ 인도와 파키스탄은 카슈미르 지역을 둘러싸고 분쟁을 지속하고 있다.

**동아시아 영토분쟁**

UN안전보장이사회의 결의는 존재하지 않는다. 다만, 중국 - 필리핀 중재재판소는 구단선이 UN해양법협약과 불일치하여 국제법적 효력이 없다고 판단한 바 있다.

**선지분석**

① 쿠릴열도 분쟁은 러시아와 일본의 영토 분쟁 대상지역이다. 일본은 당해 지역은 19세기 러시아와 양자조약을 통해 영유하게 되었다고 주장하나, 러시아는 당해 지역이 1905년 포츠머스 강화조약을 통해 일본이 약탈한 영토로서 1945년 2월 얄타협정 등을 통해 적법하게 반환받았다고 주장하고 있다.
③ 센카쿠열도는 중국과 일본의 분쟁대상지역이다. 중국은 1895년 시모노세키조약 이전 자국이 선점을 통해 영유하고 있었으나 일본이 동 조약을 통해 약취한 영토로서 반환의무가 있다고 주장한다. 반면, 일본은 동 조약 이전 일본이 선점하고 있었으므로 조약으로 약취한 영토가 아니므로 반환의무가 없고 적법하게 지배하고 있다는 입장이다.
④ 카슈미르지역은 인도와 파키스탄의 분쟁지역으로 상당부분을 인도가 실효적으로 지배하고 있다. 당해 지역은 인도, 파키스탄 이외에 중국도 특히 인도와 마찰을 빚고 있는 지역이기도 하다.

답 ②

해커스공무원 학원 · 인강
**gosi.Hackers.com**

해커스공무원 **패권 국제정치학** 기본서 이슈

# 제5편

# 한반도 이슈

**제1장** | 한국의 대외정책
**제2장** | 한국의 대북정책 및 남북한관계

# 제1장 | 한국의 대외정책

> **출제 포커스 및 학습방향**
>
> 우리나라의 대외정책에 대한 총론과 각론을 다룬다. 각론에서는 안보전략, 한미동맹, 통상전략, FTA전략으로 대별하여 정리하였다. 최근에는 한국의 FTA전략이 평이하게 출제되고 있으나, 한미동맹 재조정 내용이나 한미상호방위조약의 내용도 출제될 것으로 보인다. 특히 주한미군의 전략적 유연성, 전시작전통제권 전환 등의 한미동맹 재조정 내용에 유의해야 한다.

## 제1절 | 한국의 안보 정책

### 1 의의

한국의 국가안보전략의 목표는 한국의 다차원적 국가이익을 달성하는 것이다. 21세기 한국의 국가목표는 생존, 번영, 통합, 동북아 질서의 안정 등으로 설정할 수 있을 것이다. 이러한 국가안보전략의 목표를 달성하는 방안은 각 패러다임 진영에서 다양하게 제시될 수 있다. 한국의 안보가 전통적 안보와 함께 비전통적 안보를 지향한다고 할 때 현실주의적 안보전략만으로 21세기 안보위협을 모두 제거하기는 어려울 것이다. 따라서 자유주의적 수단이나 구성주의적 수단이 병행되어야 할 것이다.

**참고**

**국가안보전략의 종류**

| 분류기준 | 힘에 의한 전략 | | 협력에 의한 전략 | |
| --- | --- | --- | --- | --- |
| 종류 | 자주국방 | 동맹 | 공동안보 | 군비통제 |
| 내용 | 스스로의 힘에 의존 | 다른 국가와 힘을 합침 | 이해당사국들과 안보문제 공동관리 | 군사력의 직접 조정 |

## 2 현실주의전략

### 1. 자주국방

자주국방이란 '한 국가의 사활적·핵심적 이익을 보호 및 관철하기 위한 방법으로 자체적인 힘의 사용을 우선순위에 두는 국가안보전략의 한 종류'를 말한다. 자주국방은 유사 시 동맹을 비롯한 외부 세력의 지원 가능성을 포함시키느냐의 여부를 기준으로 '단독방어(Sole Defense)'와 '능력자립(Self-sustenance in Capability)'으로 구분된다. 한국의 국가안보전략으로서 자주국방전략은 한국의 안보를 달성할 수 있는 가장 확실한 방안일 것이나, 비용 면에서 효과적인 전략이라 볼 수는 없을 것이다. 더구나 핵전력을 보유하지 않은 상황에서 자주국방에는 근본적인 한계가 있다. 북한을 포함하여 대부분의 주변국가들이 핵무장을 하고 있기 때문이다.

> **참고**
>
> **자주국방의 유형**
>
> | 단독방어(Sole Defense) | 능력자립(Self-sustenance in Capability) |
> |---|---|
> | 타국의 도움을 상정하지 않고 100% 스스로의 능력에만 의존하여 국가생존을 책임지는 것 | 평시 혹은 무력충돌이 발생한 직후부터 외부의 지원이 도착하는 시점까지 자국의 안전보장을 달성할 수 있는 힘을 갖추는 것 |

### 2. 동맹

동맹이란 2개국 이상의 주권국가 간에 명확하게 맺어진 상호 군사협력의 약속을 말한다. 동맹이란 자주국방의 가능성 여부를 떠나서 보다 적은 비용으로 안보를 달성할 수 있는 수단이다. 그러나 동맹의 형성이 언제나 안보를 확실하게 해 주는 것은 아니다. 의도하지 않은 분쟁에 연루될 수도 있고, 결정적인 순간에 동맹국으로부터 배반을 당할 가능성도 있다. 또한, 잠재적 적대국의 군비증강이나 대항동맹 형성을 초래하여 안보딜레마에 직면할 수도 있다. 한국은 현재 한미동맹을 국가안보전략의 근간으로 삼고 있으나 미국의 패권안정전략 추구로 재조정국면에 들어서 있다. 21세기에도 한미동맹은 유지할 필요가 있으나, 한국의 다차원적 국가이익을 반영할 수 있는 방향으로 재조정되어야 할 것이다.

## 3 자유주의전략

자유주의자들은 현실주의적 안보전략이 오히려 안보딜레마를 통해 안보를 저해할 수 있다고 보고, 다양한 대안들을 제시하고 있다. 자유주의전략은 국가 간 무력분쟁의 발생가능성 자체를 낮추는 한편, 무력분쟁의 가능성을 사전적으로 예방하는 전략이라 평가할 수 있다. 대표적인 전략으로는 다자안보, 협력안보, 통합, 경제적 상호의존의 심화, 민주정체로의 전환 지원 등을 들 수 있다. 한국이 전적으로 자유주의전략에 집중하는 것은 가능하지도 바람직하지도 않을 것이나, 동북아 정세나 양자관계의 안정화를 위해 안보전략적 관점에서 이러한 방안들을 구체적으로 집행할 필요도 있다.

### 4 구성주의전략

최근 대안적 안보론으로 부상하고 있는 구성주의 안보론에서는 안보위협의 요인을 재평가하고 새로운 안보 패러다임을 제시하고 있다. <u>구성주의 안보론은 안보위협이 물리적 실재라기보다는 관념적 요소라고 본다. 또한 안보위협은 주체들 간 상호작용 과정에서 간주관적으로 형성된 것이라고 주장한다. 따라서 상호내면화하고 있는 관념의 변화를 통해 안보위협을 제거하거나 완화할 수 있다고 본다.</u> 구성주의 안보 패러다임에 따르면 한국은 현재 적대국으로서 적대적 정체성을 공유하고 있는 북한, 중국과의 관계에 있어서 조화적 집합정체성을 형성하는 것이 중요하다.

## 제2절 | 한미동맹

### 1 한미동맹의 배경과 의의

#### 1. 배경

현대적 의미의 한미동맹관계는 제2차 세계대전 이후 미군의 한국 진주, 6·25전쟁 시 미군의 참전, 그리고 6·25전쟁 직후 '한미상호방위조약'의 체결을 거치면서 오늘날의 틀을 갖추게 되었다. <u>'한미상호방위조약'은 1953년 10월 1일 워싱턴에서 체결되어 1954년 11월 18일에 발효되었다.</u> 이 조약에 따라 한국과 미국 간의 공식적인 군사동맹관계가 수립되었고, 한미 양국은 외부로부터의 무력공격을 공동방위하고 미국은 한국방위를 위해 한국 내에 미군을 주둔시키게 되었다. 또한 '한미상호방위조약'은 주한미군의 주둔을 포함한 한미연합방위체제의 법적 근간으로서 '주한미군 지위협정(SOFA)'과 정부 간 또는 군사 당국자 간 각종 안보 및 군사 관련 후속협정에 대한 기초를 제공하고 있다.

#### 2. 의의

'한미상호방위조약'에 근거한 한미동맹과 한미연합방위체제는 외부세력의 침략에 대해 한미 양국이 공동으로 대응하기 위하여 마련한 기본틀로서 국가안보적 차원은 물론 정치외교적 차원에서도 커다란 의의가 있다. 먼저 한미동맹은 지난 반세기 동안 한국에 대한 외부의 위협을 억제하여 장기적인 평화를 유지함으로써 한국의 국가안보뿐만 아니라 동북아지역의 안정에도 크게 기여하였다.

이를 바탕으로 양국 관계는 경제교류 및 민간협력 분야까지 확대되고 있으며, 한미동맹은 이제 단순한 군사동맹을 넘어 자유민주주의와 시장경제라는 가치를 공유하면서 양자·지역·범세계적 범주의 포괄적 전략동맹으로 발전하고 있다. 또한 한국의 경제성장으로 보다 호혜적이고 성숙한 동맹관계를 모색할 필요가 생김에 따라 한국의 방위 분담도 확대되고 있다.

## 2 한미 군사관계의 변천사

### 1. 초창기(1949년)

한미 간에는 1866년 제너럴 셔먼호 사건으로 비롯된 1871년의 신미양요에서 최초의 군사관계가 시작된 이래, 1882년 5월 '수호 통상 및 항해에 관한 조약' 체결을 계기로 공식적인 국교관계가 수립되었다. 당시 조선은 국가 위급 시 미국이 호의적 지원을 제공해 줄 것으로 기대했지만, 미국은 1905년 7월의 가쓰라-태프트 밀약(Katsura-Taft Agreement)으로 일본의 한반도 지배를 인정하였고, 그 결과 양국관계는 일시 단절되었다. 한미 양국 간의 실질적인 협력관계는 패전한 일본군의 무장해제를 위해 1945년 9월 2일 미 육군 제24군단이 한반도에 진주하면서부터 이루어지기 시작했다. 종전 당시 한국에서 가장 가까운 오키나와에 주둔하고 있던 제24군단은 제7사단과 제40사단, 제96사단 등 3개 주력부대와 제308전폭비행단 및 군수지원 부대로 편제되어 있었다. 미 육군성의 한국 점령계획에 따라 그해 9월 초에는 제7사단이 서울 및 경기·충청·강원 일대에, 9월 말에는 제40사단이 부산 및 경남·북 일대에, 10월에는 제96사단을 대체한 제6사단이 전남·북 일대에 각각 진주하였다. 그리하여 1945년 11월까지 남한 각 지역에 배치된 제24군단 병력은 약 7만 명에 이르렀다.

### 2. 미국의 한국전 개입과 공식적 한미 군사관계 수립기(1950년 ~ 1953년)

#### (1) 미군의 한국전 참전

1950년 6월 25일 북한이 전면 기습 남침을 개시하자 미국은 UN안전보장이사회 소집을 요청하였고, 워싱턴 시간으로 25일 14시에 안전보장이사회가 개최되어 북한에 대하여 전쟁도발행위의 즉각적인 중지와 38도선 이북으로 철수할 것을 요구하는 결의안을 의결하였다. 하지만 북한군이 동(同) 결의를 무시하고 침략행위를 계속하자 6월 27일 UN안전보장이사회는 재차 북한에게 전쟁행위를 즉각 중지할 것과 대한민국의 지원 호소에 따라 북한군의 무력공격을 격퇴시키고 국제평화와 안전을 회복하기 위하여 필요한 지원을 제공할 것을 권고하는 결의안을 통과시켰다.

그리고 7월 7일, UN안전보장이사회는 영국과 프랑스의 발의로 UN군사령부 설치를 결의하는 제안을 채택하였다. 이 결의안의 주요 내용은 북한의 무력공격이 평화를 파괴하는 요인이며, UN 회원국은 한국에 군부대 및 기타 지원을 제공할 것을 권고하고 미국 주도하에 통합군사령부 설치, 군사령관 임명 및 UN기 사용 권한 부여, 미국은 통합군사령부에서 취한 조치에 대한 보고서를 안전보장이사회에 제출할 것 등이었다.

7월 7일의 UN안전보장이사회결의 제84호에 따라 7월 8일 트루먼 대통령은 당시 미 극동군 사령관인 맥아더 장군을 UN군 사령관에 임명하였으며, 맥아더 장군은 7월 24일 일본 도쿄에 위치하고 있던 미 극동군 사령부에 UN군 사령부를 창설하였다. 당시 UN기의 깃발 아래 북한군의 불법적인 무력공격을 저지하고 평화를 유지하기 위하여 참전한 국가는 미국, 호주, 네덜란드, 벨기에, 뉴질랜드, 캐나다, 터키, 필리핀, 태국, 에티오피아, 남아연방, 프랑스, 그리스, 영국, 룩셈부르크, 콜롬비아 등 16개국이다.

### (2) 한국군에 대한 지휘권의 위임

1950년 7월 15일 이승만 대통령은 한국전쟁 당시의 긴박한 상황 속에서 군사작전의 효율성을 제고하기 위한 잠정적 조치로서 UN 통합군사령관인 맥아더 장군에게 공한을 발송, "현재의 적대행위가 계속되는 동안 전(全) 한국군의 지휘권을 UN사령관에게 이양한다."라는 의사를 표명하였고, 18일 맥아더 사령관이 이를 수락하는 답신을 전달함으로써 한국군에 대한 지휘권이 UN군 사령관에게 위임되었다.

### (3) 한미상호방위조약 체결

1953년 7월 27일 휴전협정이 조인된 후, 북한의 도발방지를 위해 1953년 10월 1일 한미상호방위조약이 체결되었으며, 1954년 11월 18일 발효되어 공식적인 한미 군사동맹관계가 수립되었다. 이 조약의 제3조는 상대국에 대한 무력공격은 자국의 평화와 안정을 위태롭게 하는 것으로 간주하여 헌법상의 절차에 따라 공동의 위협에 대처하도록 규정하였으며, 제4조에는 미군의 한국 내 주둔을 인정한다는 것을 명시함으로써 동(同) 조약은 한미연합방위체제의 법적 근간이 되었다.

**한미상호방위조약(1953년 10월 1일)**

본 조약의 당사국은 모든 국민과 모든 정부와 평화적으로 생활하고자 하는 희망을 재인식하며 또한 태평양지역에 있어서의 평화기구를 공고히 할 것을 희망하고 당사국 중 어느 일방이 태평양지역에 있어서 고립하여 있다는 환각을 어떠한 잠재적 침략자도 가지지 않도록 외부로부터의 무력공격에 대하여 그들 자신을 방위하고자 하는 공통의 결의를 공공연히 또한 정식으로 선언할 것을 희망하고 또한 태평양지역에 있어서 더욱 포괄적이고 효과적인 지역적 안전보장 조직이 발생될 때까지 평화와 안전을 유지하고자 집단적 방위를 위한 노력을 공고히 할 것을 희망하여 다음과 같이 합의한다.

제1조
당사국은 관련될지도 모르는 어떠한 국제적 분쟁이라도 국제적 평화와 안전과 정의를 위태롭게 하지 않는 방법으로 평화적 수단에 의하여 해결하고 또한 국제관계에 있어서 국제연합의 목적이나 당사국이 국제연합에 대하여 부담한 의무에 배치되는 방법으로 무력에 의한 위협이나 무력의 행사를 삼가할 것을 약속한다.

제2조
당사국 중 어느 일방의 정치적 독립 또는 안정이 외부로부터의 무력침공에 의하여 위협을 받고 있다고 어느 당사국이든지 인정할 때에는 언제든지 당사국은 서로 협의한다. 당사국은 단독적으로나 공동으로나 자조와 상호원조에 의하여 무력공격을 방지하기 위한 적절한 수단을 지속하여 강화시킬 것이며, 본 조약을 실행하고 그 목적을 추진할 적절한 조치를 협의와 합의하에 취할 것이다.

제3조
각 당사국은 타 당사국의 행정관리하에 있는 영토 또한 금후 각 당사국이 타 당사국의 행정관리하에 합법적으로 들어갔다고 인정하는 영토에 있어서 타 당사국에 대한 태평양지역에 있어서의 무력공격을 자국의 평화와 안전을 위태롭게 하는 것이라고 인정하고 공통한 위험에 대처하기 위하여 각자의 헌법상의 수속에 따라 행동할 것을 선언한다.

> **제4조**
> 상호합의에 의하여 결정된 바에 따라 미합중국의 육군, 해군과 공군을 대한민국의 영토 내와 그 주변에 배치하는 권리를 대한민국은 이를 허여(許與)하고 미합중국은 이를 수락한다.
>
> **제5조**
> 본 조약은 대한민국과 미합중국에 의하여 각자의 헌법상의 절차에 따라 비준되어야 하며, 그 비준서가 양국에 의하여 워싱턴에서 교환되었을 때에 효력을 발생한다.
>
> **제6조**
> 본 조약은 무기한으로 유효하다. 어느 당사국이든지 타 당사국에 통고한 일년 후에 본 조약을 종지시킬 수 있다.
> 이상의 증거로서 하기 전권위원은 본 조약에 서명하였다.
> 본 조약은 1953년 10월 1일 워싱턴에서 한국문과 영문의 2통으로 작성되었다.
> 대한민국을 위하여 변 영 태
> 미합중국을 위하여 존 포스터 델레스

## 3. 보호 - 피보호(Patron - Client)동맹관계(1954년 ~ 1968년)

### (1) 갈등과 협력의 병존

공식적인 한미 군사동맹관계가 체결된 이후 1960년대 말까지의 한미관계는 '보호 - 피보호'의 관계가 지속된 시기였다. 이 시기는 한국전쟁 후부터 제1·2공화국 시기까지이며, 한국에 대한 미국의 경제 및 군사원조와 냉전대결구조에서의 상호 지원이라는 협력이 이루어진 반면, 한편으로 미국으로부터 자주성을 확보하려는 갈등관계도 존재하는 협력과 갈등이 병존했던 기간이라고 볼 수 있다. 동(同) 기간 동안 한국은 토지와 시설을 주한미군에 제공하고, 미국은 한국에 안보·군사 및 경제 지원을 제공하였으며 주한미군이 한국방위를 주도하였다. 1960년대 중반 이후부터는 베트남전쟁 파병을 계기로 정치적 갈등관계의 청산과 함께 상호보완적 동맹관계로 발전하였으며, 1960년대 후반에는 북한의 빈번한 대남도발에 기인하여 한미 군사관계는 더욱 결속되었다.

### (2) 한미 연례회의 제도화

1968년 박정희 대통령 암살미수 사건(1월 21일), 푸에블로호 납치 사건(1월 23일), 울진·삼척 무장공비 침투 사건(10월 30일 ~ 11월 1일) 등으로 한반도에서 긴장이 고조되자, 한미 간 긴밀한 안보협의의 필요성이 대두되었다.

이에 1968년 4월 17일 하와이 정상회담(박정희 - 존슨)에서 '한미 연례국방각료회의'를 교대로 개최하기로 합의, 1968년 5월 워싱턴에서 제1차 회의가 열린 것을 시작으로 그 후 매년 한미 양국에서 교대로 개최되었으며, 1971년 2월 제4차 회의 시 '한미 안보협의회의(Security Consultative Meeting: SCM)'로 개칭되어 오늘에 이르고 있다.

### (3) 주한미군 철수

1953년 7월 27일 휴전협정이 조인된 지 5개월 후 미국 정부는 주한 미국 육군 2개 사단 철수를 발표하였다. 1955년 초까지 2개 사단 병력만이 남게 되었고, 참전국 군대도 대부분 철수하였다. 또한 주한 미8군 사령부는 주한미군 병력 감축으로 한국에 사령부를 유지해야 할 명분이 감소됨에 따라 1954년 11월 20일 일본으로 이동하여, 미국 극동지상군 사령부(Camp Zama)와 통합되었다. 주한 미국 지상군 철수와 함께 미국 공군도 철수하여 일본, 필리핀 등지로 이동하였다. 주한미군은 1958년 2월 미 국방성의 추가 감축계획 부재 성명에 따라 1971년 3월 철수재개 때까지 6만 3천 명 수준을 유지하였다.

## 4. 한국 참여의 군사관계 발전 모색(1969 ~ 1979년)

### (1) 닉슨 독트린과 주한미군의 철수

베트남전쟁의 전황이 교착상태에 빠지고 미군의 적극적 군사개입정책에 대한 미국의 국내외적 반발이 크게 일면서 발표된 1969년 3월의 닉슨 독트린은 '아시아인의 방위는 아시아의 힘으로'라는 정책방향을 천명하였다. 미국 정부는 의회와 NSC의 권고에 따라 이를 구체화하여 1971년 6월까지 아시아에서 총 42만 명의 미군을 철수시키기로 하고, 그 가운데 한국으로부터 2만 명의 미군을 철수하고 동시에 한국군의 현대화를 위한 5개년 계획을 지원해 주기로 결정하였다. 1971년 2월, 주한미군 감축과 한국군 현대화의 조건에 대한 한미 간 합의가 이루어짐에 따라 미국 육군 7사단으로 이루어진 2만 명의 병력에 대한 철수가 완료되었다.

### (2) 한미연합사령부 창설

1978년의 한미연합사령부(Combined Forces Command: CFC)의 창설은 한미연합방위체제를 진일보시키는 계기가 되었다. 1950년 맥아더 장군에게 '현재의 적대행위가 계속되는 동안' 위임되었던 '일체의 지휘권(command authority)'은 1954년 11월 17일 한미 간 체결된 '한미합의의사록'에 따라 'UN사령부가 한국방위를 위한 책임을 부담하는 동안'으로 변경되었고, '지휘권'은 '작전통제권(Operational Control)'으로 수정되었다. 1978년 10월 17일 한미연합사령부의 창설과 더불어 '전략지시 1호'에 의거, 연합사령관은 구성군사령부를 통해 한미 양국군을 작전통제할 수 있게 되었다.

## 5. 한미군사동맹관계의 재결속(1980년 ~ 1989년)

1981년 취임한 레이건 대통령은 카터 행정부의 인권외교를 전면 백지화하고 소련에 대한 전략적 우위를 점하기 위해 국방비를 대규모로 증액하는 한편, 우방국들과의 군사적 결속을 강화하였다. 레이건 대통령은 1981년 2월 한미정상회담에서 전두환 대통령에게 미국이 한반도로부터 미국 지상군 전투병력을 철수할 계획이 없다는 것을 분명히 하였다. 레이건 대통령의 대소 강경정책으로 인해 한미연합군의 대북 억지력은 더욱 강화되었다.

## 6. 냉전종식과 새로운 '안보 동반자관계' 모색(1990 ~ 1999년)

### (1) 미국의 '동아시아 전략구상'(EASI)

1995년 2월의 아태지역에서의 미국의 안보전략(United States Security for the East Asia Pacific Region), 일명 신 아태전략(East Asia Strategic Report: EASR)을 통해 주한미군을 포함한 아태지역 주둔 미군을 적어도 20세기 말까지 10만 명 수준으로 유지할 것을 밝힘으로써 1990년대 초반부터 시작된 주한미군 철수 논의는 일단 종지부를 찍게 되었다.

### (2) 한국방위의 한국화를 위한 조치

EASI는 주한미군의 역할을 한국방위에 있어 '주도적 역할'에서 '보조적 역할'로 변경하고 우리 정부가 더 많은 방위비 분담금을 지불할 것을 요구하였다. 이에 따라 이 기간 동안 군정위 수석대표에 한국군 장성 임명, 판문점 공동구역(Joint Security Area: JSA) 경비책임의 일부를 한국군에 이관, 한미 야전사 해체, 지상구성군사(Ground Component Command: GCC) 분리 및 한국군 장성을 GCC 사령관에 임명, 평시 작전통제권 회수 등 한국군이 한반도 방위에서 주도적 역할을 담당하기 위한 일련의 조치가 이루어졌다.

## 7. 한미동맹의 미래지향적 발전(2000년 이후)

### (1) 용산기지 이전

서울 도심에 주둔하고 있는 외국군대의 이전을 원하는 국민적 여망에 부응하고, 주한미군의 안정적 주둔 여건을 조성하기 위하여 2003년에 용산기지 조기 이전 원칙에 합의하였다.

### (2) 전시작전통제권 전환

전시작전통제권 전환문제와 관련하여 한미 양국은 변화된 안보환경과 우리 군의 능력신장 등을 바탕으로 공동연구를 추진해오던 중, 2005년 제37차 SCM에서 전시작전통제권에 관한 논의를 가속화하기로 하였고, 2006년 제38차 SCM에서 새로운 동맹군사구조 로드맵에 합의, 2009년 10월 15일 이후 그러나 2012년 3월 15일 보다 늦지 않은 시기에 신속하게 한국으로의 전시작전통제권 전환을 완료하기로 하였다. 이후 2007년 2월 한미 국방장관회담 시 2012년 4월 17일로 전시작전통제권 전환일자를 합의하였고, 2007년 6월 한국 합참의장과 주한미군 선임장교가 전시작전통제권 전환을 위한 공동이행과제와 추진일정 등을 명시한 전략적 전환계획에 합의, 2007년 11월 39차 SCM에서 동(同) 계획을 승인하고 이의 이행을 위해 한미 간 공동으로 노력하기로 하였다.

최근 천안함 피격 사건 등 북한의 실질적 위협과 한국군의 독자작전 수행능력 등 한반도를 둘러싼 안보환경 변화를 고려하여 한미 양국 정상은 2010년 6월 26일 주요 20개국(G20) 정상회의에서 열린 정상회담에서 전시작전통제권 전환을 2015년 12월 1일로 연기하기로 합의하고 이를 발표하였다. 한편, 박근혜 정부는 전시작전통제권 전환 시기를 2020년 이후로 재연기하였다.

## 3 한미동맹관계의 현안

### 1. 한미 유대강화 노력

1990년대 이후 한국사회의 민주화와 개방화는 국가 주요정책에 대한 국민들의 참여와 의견개진의 기회를 증대시켰다. 특히, 외국에 비해서 불공평한 것으로 인식된 SOFA 개정문제, 미 2사단 훈련 중 여중생 사망사고 등에 국민들의 관심이 집중되어 한미동맹에 부담요인이 되었고 이 과정에서 한미동맹과 주한미군에 대한 일부 부정적인 시각이 제기되기도 하였다. 이에 따라 국방부는 '한미동맹강화대책(2002.8.24.)'을, 주한미군사는 '한국 - 주한미군 관계강화전략(Good Neighbor Program, 2002.11.15.)'을 수립하여 시행하고 있다. 현재 이들 계획에 따라 시행되고 있는 시책들은 주한미군 및 한미동맹의 중요성 등에 대한 홍보, 한미 군부대 간 상호교류, 부대 초청 행사, 지역 학생들에 대한 영어 학습 지원 등 친선 교류활동에 중점을 두고 있다.

### 2. 용산기지 이전사업

용산기지 이전사업은 서울 도심에 주둔하고 있는 외국 군대의 이전을 원하는 국민의 여망에 부응하고, 이전 후 서울 도심의 균형 발전과 주한미군의 노후화된 시설을 개선하여 안정적인 주둔여건을 보장함으로써 미래지향적 한미 안보동맹관계를 구축하기 위해 우리 정부와 미국 간에 1988년 3월부터 논의를 시작하였다. 한미 양국은 '미래 한미동맹정책 구상(FOTA)'을 통해 2008년까지 용산기지를 평택지역으로 이전하기로 합의하여 '용산기지이전협정(UA/IA)'을 체결하였고, 2004년 12월 국회 비준 동의를 받았다.

### 3. 방위비 분담

동맹국 간에 안보비용을 적절히 분담하는 것은 국제사회의 일반적인 추세이며, 일본·독일 등 미군이 주둔하고 있는 모든 국가들은 일정수준의 방위비를 분담하고 있다. 주한미군은 전쟁 억제전력으로서, 한국의 방어에 있어 중요한 역할을 하고 있으며, 한국의 안보 부담을 경감해주고 있다. 그러므로 주한미군에 대한 적정수준의 방위비 분담은 한국의 안보를 보장하기 위해 필요한 투자로 볼 수 있다. 한국 정부는 우리의 재정적 능력, 주한미군의 한국방위에 대한 기여도 및 주한미군의 안정적 주둔여건 등 제반 요소들을 종합적으로 고려하여 1991년부터 주한미군의 주둔비용 중 일부를 분담해오고 있다.

## 4. 주한미군의 전략적 유연성

해외주둔 미군재배치계획(GPR)은 미국이 세계 어디서든 신속하게 대응할 수 있도록 해외주둔 미군을 유연하게 배치하려는 전략이다. 미국은 2000년 11월 부시(George Walker Bush)가 대통령에 당선되면서부터 해외주둔 미군을 유연하게 배치해, 세계 어디에서든 신속하게 대응할 수 있도록 하는 해외주둔 미군재배치계획(GPR)을 추진하였다. 이 계획은 미국 정부가 21세기 새로운 안보환경에 맞추어 추진하는 해외주둔 미군의 전면적인 개편계획으로, 유사 시 해외에 주둔하고 있는 미군을 세계 곳곳의 분쟁지역에 신속하게 파견해 전쟁임무를 수행할 수 있도록 하는 계획이다. 주한미군의 전략적 유연성은 주한미군이 더 이상 북한의 남침에 대비하는 붙박이 군이 아니라, 주한미군을 동북아시아 신속기동군으로 재편해 중국과 타이완의 분쟁을 비롯한 동북아시아와 기타 분쟁지역에 투입하는 방향으로 전개되고 있다. 2006년 1월에 한국은 주한미군의 전략적 유연성을 존중하되 미국은 한국민의 의지와 관계 없이 한국이 동북아지역분쟁에 개입되는 일은 없을 것이라는 한국의 입장을 존중하는 방식으로 주한미국의 전략적 유연성에 합의하였다.

## 5. 전시작전통제권 전환

한반도에서 전쟁이 일어났을 경우 한국군의 작전을 통제할 수 있는 권리. 한국군의 작전권은 평시작전통제권과 전시작전통제권으로 이분되어 있다. 원래 주권국가의 작전권은 해당 국가의 군 통수권자에게 있는 것이 원칙이지만, 한국의 경우에는 6·25전쟁 발발 직후인 1950년 7월 17일 대통령 이승만(李承晩)이 맥아더(Douglas MacArthur) UN사령관에게 '작전지휘권(Operational Commands)'을 위임하면서 이양되었다. 이후 1954년 11월 한미상호방위조약이 발효되면서 작전지휘권은 '작전통제권(Operational Control)'으로 명칭이 바뀌었다. 작전통제권은 관련 부대를 전개하고 전술적 통제를 보유하거나 위임하는 권한으로, 작전지휘권보다는 권리가 제한된다. 1978년 11월 한미연합사령부가 창설되면서 한국군의 작전통제권은 다시 국제연합군 사령관으로부터 한미연합사령관으로 위임되었는데, 한미연합사령관을 미군 4성 장군(대장)이 맡고 있어 한국군의 작전통제권은 사실상 미국에 있는 것이나 다름없다. 그러다 1994년 12월 1일 평시작전통제권은 한국군에 환수되었으나, 전시작전통제권은 아직도 한미연합사령관이 행사하고 있다. 실제로 전쟁이 일어나면 한국군은 수도방위사령부 예하부대를 뺀 모든 부대가 한미연합사령관의 작전통제권 안에 들어간다. 한국과 미국은 합의를 통해 2012년까지 전시작전통제권을 한국에 전환해 주기로 하였다. 그러나 이명박 정부는 남북관계 경색과 천안함 침몰 사건 이후 2015년 12월로 전환 시점을 연기하였다. 또한, 박근혜 정부 역시 2014년 12월 정상 간 합의를 통해 전시작전통제권 전환 시기를 2020년 이후로 재연기하였다.

## 제3절 | FTA정책

### 1 의의

한국의 FTA전략은 대외경제전략에 있어서 최우선적 과제로 부상하였다. 김대중 정부에 들어 FTA전략을 추진하기 시작한 이래 노무현 정부에서 '동시다발적 FTA 체결'을 기조로 하여 다양한 국가들과 FTA를 성사시켰으며, 2007년에는 한미 FTA를 성사시켰다. 통상국가를 지향하는 한국으로서 FTA의 전 세계적 확산흐름에 편승·적응하는 것은 사활적 국가이익이라 할 것이나, 추진과정에서 보여준 조급함과 그로 인한 심각한 국내정치·사회적 불안정은 국내적으로 신랄한 비판을 받고 있다. 따라서 한국은 FTA 확산을 지향하되 무엇보다 그로 인해 피해를 입는 국내이익집단과 소통을 강화하고 피해를 최소화할 수 있는 방안을 마련하는 것에도 중점을 두어야 할 것이다. 이로써 안정적이고 지속적인 FTA전략을 구사해 나갈 수 있을 것이다.

### 2 한국의 FTA 로드맵과 FTA전략의 특징

#### 1. 한국의 FTA 로드맵

한국은 2003년 8월 FTA를 적극화하기 위한 로드맵을 공개하고, FTA 추진대상국 선정기준으로 경제적 타당성, 정치·외교적 함의, 한국과의 FTA 체결에 대한 적극성 및 거대 선진 경제권과의 FTA 추진에 유용한 국가들임을 밝힌 바 있다.

#### 2. 추진전략상의 특징

**(1) 동시다발적으로 추진**

한국의 FTA 추진방향의 특징 중 하나는 동시다발적으로 추진한다는 데 있다. 가속화되고 있는 FTA의 확산 추세 속에서, 상대적으로 완만하게 진행되어 왔던 FTA를 다수 국가들을 대상으로 동시에 진행시킴으로써 FTA 추진 지연에 따라 나타날 수 있는 부정적 효과를 최소화하는 한편, 동시 추진에서 기대할 수 있는 제 FTA 간 상호보완적 기능의 이점을 최대화한다는 것이다.

**(2) 전략적 수단으로 활용**

한국은 한일·한중 FTA를 동아시아 경제협력과의 유기적 연관성을 상정한 바탕 위에서 추진하고, 또 동북아 협력도 대북 정책과의 상관관계를 감안하여 추진하는 등 FTA를 추진함에 있어서 경제 외적인 요소를 포함한 전략적 고려를 해왔다. 또한 궁극적으로 거대 경제체인 미국, EU 등 선진 경제권과의 FTA 체결을 염두에 두고 인접 지역 경제, 예를 들어 멕시코 또는 유럽자유무역연합(EFTA) 등과 우선적으로 협상을 진행시키는 특징을 보여줌과 동시에 중국, 인도 등 BRICs 국가들에 대한 FTA 체결도 추진함으로써 거대시장과 신흥유망시장 등 거점지역에 대한 전략적 접근을 강화해 왔다.

### (3) 무역 외 규범을 포괄

관세장벽 철폐를 통한 상품 분야에서의 교역 증대를 넘어 투자, 서비스, 지적재산권 등의 분야를 포함하는 전반적인 경제관계의 심화를 목표로 현행 WTO규범을 넘어서는 수준의 포괄적 접근을 시도하고 있다는 점도 한국 FTA 추진방향의 또 다른 특징이라고 할 수 있다.

## 3 한국의 주요 FTA

### 1. 한미 FTA

#### (1) 체결과정

한미 자유무역협정(FTA)은 2006년 6월 협상 개시 후 2007년 6월 30일 체결되었으며, 양국 비준을 거쳐 2012년 3월 15일 정식 발효되었다. 이후 미국 트럼프 행정부는 무역 불균형을 이유로 2017년부터 재협상을 요구했고, 양국은 2018년 3월 개정안에 합의하여 미국산 자동차 수입 기준 완화, 철강에 대한 쿼터 도입, 투자자 - 국가 분쟁해결(ISDS) 제한 등 일부 조항이 수정되었으며, 개정협정은 2019년 1월 1일 발효되었다.

#### (2) 쌀시장 개방문제와 미국의 존스법(Jones Act)

미국의 존스법(Jones Act)은 1920년에 제정된 미국 해운법으로, 미국 내 항구 간 화물 운송은 미국 선박(미국 건조, 미국 국적, 미국 선원)에만 허용하는 강력한 해운 보호주의 규정이다. 한미 FTA 협상에서 한국은 이 법이 해운 분야에서 외국 선사에 대한 차별이라는 점을 들어 예외 조항 철폐를 요구했지만, 미국은 국가 안보와 조선산업 보호를 이유로 이를 강력히 유지하며 협정에서 존스법의 적용을 명확히 제외시켰다. 한국은 쌀이 식량 안보와 농민 생계에 직결되는 초민감 품목임을 내세워 쌀 시장 개방을 강하게 거부했고, 미국은 해운 산업과 국가 안보를 이유로 존스법의 예외 허용을 단호히 거부했다. 결국 양국은 각자 국내 정치적 민감성이 극단적으로 높은 분야에 대해 양보하지 않기로 상호 동의하면서, 쌀과 존스법 모두 FTA 협정문에서 제외되었다.

#### (3) 한미 FTA의 주요 내용

① 승용차 관세의 경우 미국은 4년차까지 2.5% 적용하고 이행 5년차에 관세 완전 철폐를 약속하였다. 한국은 발효되는 날 관세율을 8%에서 4%로 인하하고 이행 5년차에 완전폐지하기로 하였다.
② 농산물의 경우 쌀 및 쌀 관련 제품은 양허에서 제외하였으며, 농업긴급수입제한조치를 도입하였다.
③ 개성공단을 역외가공지역으로 합의하지 못하고 한반도역외가공지역위원회를 설치하기로 하였다.

> **참고**
>
> **역외가공지역**
>
> 역외가공지역(Outward Processing Zone, OPZ)은 FTA 당사국 외의 특정 지역에서 일부 공정이 이루어진 경우에도 일정 조건을 충족하면 원산지로 인정하여 FTA 혜택을 부여할 수 있도록 허용한 제도이다. 한국은 개성공단을 대표적인 역외가공지역으로 설정하여 여러 FTA에서 이를 포함시키기 위해 노력해 왔으며, 실제로 한 - ASEAN FTA, 한 - EFTA FTA, 한 - 인도 CEPA, 그리고 한중 FTA에서는 개성공단에서 생산된 일부 품목에 대해 역외가공지역으로 인정하여 원산지 혜택을 부여하도록 명시하였다. 특히 한중 FTA에서는 310개 품목에 대해 개성공단 생산품을 원산지로 인정하며, 일정 비율 이상의 한국산 자재 사용 요건을 충족할 경우 관세 혜택을 적용받을 수 있도록 규정하였다. 반면 한미 FTA에서는 북한의 정치·안보 상황을 이유로 개성공단을 즉시 포함하지 않고, 향후 남북관계 진전에 따라 공동위원회 협의를 통해 지정 가능하도록 규정하여 사실상 보류된 상태이다.

④ 투자자 재산의 수용 및 국유화를 인정하되 신속·적절·효과적 보상을 규정하였다. 보상은 지체 없이 지불하되, 수용 직전의 공정한 시장가격과 동등한 수준으로 보상해야 한다. 명의의 공식적 이전 또는 명백한 몰수 없이도 당사국의 행위가 직접수용과 동등한 정도로 재산권을 침해하는 경우(간접수용)에 정당한 보상을 제공해야 한다.

⑤ 투자자 - 국가 간 분쟁해결절차(ISD)를 규정하였다. 투자유치국 정부의 조치로 투자자에게 손실이 발생하는 경우 투자자가 투자유치국 정부를 상대로 국제중재를 청구할 수 있다. 중재는 3인으로 구성된다. 투자자와 정부가 각각 1인을 지명하고 의장 중재인을 선임하되, 75일 이내에 합의되지 않는 경우 ICSID사무총장이 당사자 간 합의하지 않는 한 제3국 국적을 가진 자를 의장 중재인으로 선임한다. 중재판정은 단심제로서 확정력을 가진다.

⑥ 국경 간 서비스 무역의 경우 도박서비스, 금융서비스, 항공운송서비스, 정부서비스는 양허에서 제외하였다.

⑦ MFN 및 NT를 의무화하였으며, 시장접근 제한조치 도입을 금지하고, 현지주재 의무 부과도 금지하였다.

⑧ 시장 개방한 분야에 있어서는 현재유보와 미래유보제도를 도입하였다. 현재유보는 협정상 의무에 합치되지 않는 현존 조치를 나열한 목록으로, 자유화후 퇴방지 메커니즘(Ratchet Mechanism)이 적용된다. Ratchet Mechanism은 현행 규제를 보다 자유화하는 방향으로 개정할 수는 있으나, 일단 자유화된 내용을 뒤로 후퇴하는 방향으로 개정하지 못하도록 하는 원칙을 말한다. 한편, 미래유보는 향후 규제가 강화될 가능성이 있는 현존 비합치조치 또는 전혀 새로운 제한조치가 채택될 수 있는 분야를 나열한 목록을 말한다. 현재유보와 미래유보에 기재되지 않은 서비스분야는 일반적 의무가 적용되는 것으로 간주된다(소극적 방식, Negative 방식).

⑨ 국내 전문직 서비스(법무·회계·세무)의 단계적 개방을 규정하였다. 미국 변호사 자격 소지자가 국내에서 일부 국제공법 및 미국법에 대한 자문 서비스를 제공하는 것을 허용한다. 회계사·세무사의 경우도 유사하게 개방한다.

## 2. 한국 - EU FTA의 경과 및 주요 내용

### (1) 추진경과

한국과 EU는 2007년 5월 협상을 개시하여 2009년 7월 협상을 타결하였다. 협상과정에서 관세환급문제와 원산지기준문제가 쟁점이 되었으나 막판 합의를 통해 협상을 타결하였다. 한국은 세계 최대 경제권인 EU에 대한 수출 확대의 돌파구를 마련하기 위해 협상을 추진하였다.

EU는 한국의 제2대 교역국이자 최대 무역흑자국이다. EU는 한미 FTA로 인한 동아시아 시장 내 미국의 영향력 확장에 대한 견제와 한국 내수시장 자체에 대한 매력 때문에 FTA를 서둘러 추진하였다.

### (2) 주요 타결 내용

① 전 공산품목에 대해 EU측은 5년 내에, 한국 측은 7년 내에 관세를 철폐하기로 하였다.
② 양측 관심품목인 자동차의 경우 양측 모두 3~5년 내에 관세를 철폐하기로 하였다.
③ 관세환급의 경우 현행 관세환급제도를 유지하되 협정 발효 후 5년 후부터 역외산 원자재 조달방식에 중대한 변화가 있을 경우 해당 품목의 환급 관세율 상한을 설정할 수 있는 보호장치제도를 도입하기로 하였다.
④ 지적재산권 분야의 지리적 표시품목을 협정 부속서에 기재하여 상호 보호하기로 합의하였다.
⑤ 서비스시장은 한미 FTA의 개방 수준을 유지하되 일부 추가 개방하기로 하였다. 한미 FTA보다 추가 개방하는 분야는 일부 통신서비스와 환경서비스 분야이다.
⑥ 농산물은 한국이 유리하도록 예외적 취급범위를 최대한 확보하였다. 쌀은 관세 대상에서 제외하였다.

## 3. 한중 FTA의 배경 및 주요 내용

### (1) 배경

중국은 한국의 최대교역국이자 투자대상국이다. 한국과 중국은 2012년 5월 협상 개시를 선언하고 2014년 11월 협상을 타결하였다. 2015년 2월 25일 가서명, 2015년 6월 1일 정식서명을 거쳐 2015년 12월 발효하였다.

### (2) 주요 내용

① 상품 양허 분야에 있어서 품목수 기준 91%(7,428개), 수입액 기준 85%(1,417억 달러)에 해당하는 품목에 대해 최장 20년 내에 중국 시장의 수입 관세를 철폐하기로 하였다. 협정 발효일에 1년차 관세를 인하하고, 차년도 1월 1일부터 매년 단계적으로 관세를 낮추는 방식을 채택하였다.
② 농업 분야의 경우 국내 농업의 민감성을 최대한 반영하여 쌀을 비롯하여 주요 농산물 대부분을 개방대상에서 제외한 반면, 중국은 전통적 민감품목(쌀, 설탕, 밀가루, 담배)을 제외하고 모두 개방하였다.

③ 서비스 분야의 경우 양측 모두 DDA협상에서 제시한 양허 수준 이상으로 서비스시장을 개방하였으며, 특히 중국은 법률, 건설, 환경, 유통, 엔터테인먼트 등 분야의 의미 있는 시장개방을 약속하였다.
④ 자연인의 이동 관련해서 비자 원활화, 상용 방문자 등의 일시입국과 체류허용 요건 등을 규정하고, 단순 인력의 입국 및 체류 관련 내용은 포함하지 않았다.
⑤ 투자의 경우 설립 후 투자 보호를 위한 다양한 의무를 규정하고, 투자자 - 국가 간 분쟁해결절차(ISD)를 규정하였다.
⑥ 원산지와 관련하여 개성공단에서의 역외가공을 인정하여 협정 발효와 동시에 개성공단 생산 품목에 대해 특혜관세 혜택을 부여하기로 하였다.
⑦ 국내산업 보호를 위한 양자 세이프가드 제도를 두는 한편, 발동 및 재발동 제한 등 남용 방지를 위한 장치를 마련하였다.
⑧ 중국이 체결한 FTA 중 최초로 전자상거래를 별도 챕터로 수용하여 전자서명, 종이 없는 무역, 개인정보 보호 등 양국 간 전자상거래의 촉진 기반을 마련하였다.
⑨ 비관세조치 관련 분쟁에 대한 중개(Mediation)제도를 도입하여 분쟁해결의 신속성과 효율성을 제고하였다.
⑩ 지속가능하고 책임있는 어업을 통한 건전한 수산물 교역 활성화 등 불법어업 방지를 위한 수산협력을 규정하였다.

# 제4절 | 우리나라의 중견국 외교

## 1 중견국의 개념 및 특징

### 1. 중견국의 개념

중견국(middle power)은 국제 관계에서 강대국(superpower)과 소국(small power) 사이에 위치한 국가로, 군사적 초강대국은 아니지만 국제 문제에 대한 외교적, 경제적 영향력을 통해 중요한 역할을 하는 국가를 의미한다. 중견국은 자국의 힘을 과시하는 대신 협력과 규범을 중시하며, 다자주의적 접근을 통해 국제 평화와 안정을 도모하는 것을 특징으로 한다.

### 2. 중견국의 주요 특징

#### (1) 다자주의와 규범 강화

중견국은 국제 규범과 다자주의를 지지하며 국제 기구에서의 협력을 중시한다. 유엔(UN), G20, WTO와 같은 다자기구에서 활발히 활동하며 국제 규범을 강화하고, 강대국의 일방적 행동을 견제하는 역할을 수행한다.

### (2) 평화 유지와 중재자 역할

중견국은 군사적 강대국이 아니기에 강대국들 사이의 갈등을 조정하고 평화를 유지하려는 중재자 역할을 수행한다. 예를 들어, 캐나다와 스웨덴, 노르웨이 등은 국제 분쟁 중재와 평화 유지 활동에 적극 참여하며, 강대국 간의 갈등을 완화하고 균형을 잡는 역할을 한다.

### (3) 글로벌 이슈에 대한 기여

중견국은 환경, 인권, 개발 협력 등 글로벌 이슈에 적극적으로 참여하여 국제사회의 공공선을 창출하고자 한다. 기후변화 대응, 빈곤 퇴치, 여성 인권과 같은 글로벌 문제에서 책임을 다하며, 이를 통해 긍정적인 국가 이미지를 구축하고 국제사회의 신뢰를 얻는다.

### (4) 경제적 협력과 상호 의존성 확대

중견국은 경제적 안정과 성장을 위해 다른 국가들과의 경제적 연계를 강화하며, 무역과 투자, 기술 교류를 촉진한다. 강대국에 비해 제한된 경제력과 자원을 보완하기 위해 다자주의적 경제 협력을 중요시한다.

## 2 중견국에 관한 이론

### 1. 앤드루 쿠퍼(Andrew F. Cooper)

### (1) 서설

앤드루 쿠퍼(Andrew F. Cooper)는 중견국을 강대국과 소국 사이에서 고유한 역할을 수행하는 국가로 정의하며, 이들이 국제사회에서 창의적이고 규범적인 리더십을 발휘한다고 본다. 그는 중견국이 전통적인 군사적, 경제적 강대국의 접근법과는 다른 방식으로, 다자주의와 협력적 외교를 통해 국제 문제 해결에 기여한다고 강조한다. 쿠퍼는 중견국의 외교 활동에서 다자주의와 협력, 규범적 리더십, 그리고 소프트 파워의 중요성을 특히 중시한다.

### (2) 창의적 외교와 다자주의적 접근

쿠퍼는 중견국을 "창의적 외교국가"로 규정하며, 이들이 군사력과 경제력이 아닌 창의적 외교 전략을 통해 국제 사회에서 영향력을 발휘한다고 본다. 중견국은 다자주의적 협력과 연대를 바탕으로 국제 문제에 접근하며, 이를 통해 자국의 자원 한계를 극복하고 글로벌 이슈에 의미 있는 변화를 만들어내려고 한다고 설명한다. 예를 들어, 캐나다와 스웨덴은 인권과 평화 문제에서, 한국은 한반도 평화와 경제적 연대에서 창의적 외교를 통해 중견국으로서의 역할을 수행한다고 본다.

### (3) 글로벌 공공재 제공자로서의 역할

쿠퍼는 중견국이 국제사회에 "글로벌 공공재"를 제공하는 데 중요한 역할을 한다고 강조한다. 중견국은 국제 규범과 평화 유지, 개발 협력 등을 통해 공공재 창출에 기여하며, 자국의 이익뿐 아니라 공동 이익을 추구하려 한다고 본다. 그는 중견국이 국제적 책임감을 가지고 인권, 기후변화, 빈곤 퇴치 등 전 지구적 문제에 참여함으로써 강대국과 소국 사이에서 균형을 유지하고, 국제사회 질서 유지에 기여한다고 설명한다.

### (4) 규범적 리더십

쿠퍼는 중견국이 국제사회에서 규범적 리더십을 발휘하며, 도덕적 기준과 보편적 가치를 중심으로 활동한다고 본다. 중견국은 인권, 민주주의, 평화와 같은 국제적 규범을 강화하려는 노력을 통해 국제사회에서 신뢰를 얻으며, 이를 통해 강대국의 실질적 권력에 도전하지 않고도 영향력을 확대할 수 있다고 주장한다. 그는 캐나다의 다문화주의, 스웨덴의 인권 외교, 노르웨이의 평화 중재 활동 등을 중견국의 규범적 리더십 사례로 제시한다.

### (5) 소프트 파워와 외교적 매력

쿠퍼는 중견국이 소프트 파워를 통해 국제 사회에서 긍정적 이미지를 구축하고, 이를 통해 영향력을 확대한다고 본다. 군사적, 경제적 자원이 제한적인 중견국들은 문화, 교육, 가치 공유 등을 통해 외교적 매력을 발휘하며, 이를 바탕으로 신뢰와 호감을 얻고자 한다고 설명한다. 예를 들어 한국은 K-팝과 영화 등 문화 외교를 통해, 캐나다는 다문화주의와 환경 보호 활동을 통해 소프트 파워를 발휘하며 국제 사회에서 긍정적 이미지를 구축해 왔다고 설명한다.

### (6) 강대국 간 갈등 속에서의 균형 유지

쿠퍼는 중견국이 강대국들 간의 경쟁 속에서도 중립적이고 균형 잡힌 입장을 유지하려는 특징을 가진다고 본다. 그는 중견국이 강대국 간 갈등을 완화하고 협력적인 환경을 조성하는 중재자 역할을 통해 국제사회의 안정에 기여한다고 본다. 중견국들은 강대국의 패권적 영향력에 도전하지 않으면서도, 다양한 글로벌 이슈에서 협력의 촉매 역할을 수행하여 소국들에도 발언권을 부여하고 국제 질서를 안정시키는 역할을 한다고 설명한다.

## 2. 현실주의

### (1) 의의

현실주의는 국제 관계를 무정부 상태의 체제로 보며, 국가들은 자국의 생존과 안보를 최우선으로 하여 행동한다고 본다. 현실주의적 관점에서 중견국은 강대국에 비해 군사력과 경제력이 부족하기 때문에 강대국의 힘에 도전하기보다는 그들의 질서에 적응하며 자국의 이익을 지키려는 방어적 외교를 선택하는 국가로 해석된다. 중견국은 강대국의 질서에 반발하기보다는 그 안에서 협력과 타협을 통해 자국의 위치를 지키고자 한다고 해석된다. 예를 들어, 한국과 호주는 자국의 안보를 보장받기 위해 미국과의 동맹 관계를 유지하고 있으며, 이로 인해 강대국 간 갈등 속에서 자국의 안보와 이익을 보호하려고 한다고 설명된다.

### (2) 연합과 동맹을 통한 힘의 확보

현실주의적 관점에서 중견국은 강대국과의 동맹을 맺거나 유사한 중견국 간 연합을 통해 힘의 균형을 맞추려는 전략을 추구한다고 본다. 중견국이 다자기구에서 활동하거나 다른 중견국들과 연합하는 것도 자국의 생존을 위해 협력을 통한 안정적 지위를 확보하려는 방편으로 해석된다.

### (3) 국익을 최우선으로 하는 다자주의적 활동

현실주의는 중견국이 다자주의적 협력에 참여하는 이유도 자국의 이익을 최우선으로 하기 때문이라고 본다. 중견국이 유엔, WTO, G20과 같은 다자기구에서 적극적으로 활동하는 이유도 궁극적으로 자국의 경제적 안정과 안보를 보장하기 위한 전략적 선택으로 해석된다. 현실주의적 관점에서는 중견국 외교가 평화와 규범 강화를 목적으로 하는 것이 아니라, 자국의 생존과 경제적 이익을 보호하기 위한 방어적 전략으로 평가된다. 이는 중견국이 강대국 질서 속에서 자국의 이익을 최대한 확보하고, 위험을 최소화하기 위해 다자주의적 외교를 활용한다고 보는 해석이다.

## 3. 구성주의적 관점

### (1) 규범적 리더십을 통한 국제적 역할 수행

구성주의는 중견국이 국제 사회에서 규범적 리더십을 발휘하며 국제적 가치를 수호하려 한다고 본다. 중견국은 강대국처럼 군사적 강압이 아닌 규범과 가치를 기반으로 국제 사회에서 긍정적 변화를 추구하려 한다고 설명된다. 예를 들어, 캐나다와 스웨덴은 인권 보호, 환경 보호, 다문화주의와 같은 가치를 내세워 국제 사회에서 신뢰받는 국가로 자리 잡았다고 본다. 중견국은 이러한 규범적 리더십을 통해 국제 사회에서 영향력을 확대하고, 긍정적인 국가 이미지를 구축하려 한다고 구성주의는 해석한다.

### (2) 국제 규범 강화와 공공선 창출

구성주의적 관점에서 중견국은 자국 이익을 넘어서, 국제 사회에서 공공선을 창출하고 국제 규범을 강화하려 한다고 본다. 중견국은 다자기구에서 활동하며 인권, 기후변화, 빈곤 퇴치 등 글로벌 이슈에 대한 책임 있는 역할을 수행하고자 한다. 구성주의적 시각에서는 중견국의 다자주의적 외교 활동이 단순히 자국 이익을 위해서가 아니라, 국제사회의 공동 이익을 증진하려는 행위로 평가된다. 예를 들어, 한국이 기후변화 대응을 위한 다자 협력이나 개발 원조(ODA)에서 책임 있는 역할을 하려는 모습은 국제사회의 공공선을 위한 책임감에서 비롯된 것으로 해석된다.

### (3) 국제 공동체에 대한 책임과 연대

구성주의적 시각에서 중견국은 국제 공동체의 일원으로서 책임감을 가지고 규범 강화와 협력을 통해 국제 사회의 발전에 기여하려 한다고 본다. 유엔이나 국제적 다자기구에서 중견국이 적극적으로 활동하는 이유도 국제 사회에 대한 연대와 책임을 다하기 위해서라고 구성주의는 설명한다. 이러한 중견국 외교는 단순히 자국의 국익을 보호하려는 것이 아니라, 국제 사회가 함께 발전하고 평화를 지향할 수 있도록 돕는 규범적 역할을 강조한다.

## 3 중견국의 외교 사례

### 1. 캐나다: 다자주의와 인권 외교

캐나다는 다자주의와 인권 외교를 통해 국제 사회에서 중요한 역할을 하고 있다. 캐나다는 유엔, G7, G20 등 다양한 다자기구에서 활발히 활동하며 평화와 인권 보호에 기여하고 있다. 1995년에는 '인간 안보' 개념을 외교 정책의 중심으로 삼아 분쟁과 폭력으로부터 민간인을 보호하는 데 주력했고, 2005년에는 '보호책임' 개념을 주도하며 인권 보호와 국제 평화에 기여했다. 캐나다는 환경 문제와 기후변화 대응에서도 국제적인 리더십을 발휘하며, 글로벌 기후 정상회의(COP) 등에 적극적으로 참여하고 있다.

### 2. 호주: 인도 - 태평양 지역의 평화 유지와 경제 외교

호주는 인도 - 태평양 지역에서 중견국 외교를 실천하며 안보와 경제 협력을 강화하고 있다. 호주는 미국, 일본, 인도와 함께 '쿼드'(Quad) 협력체에 참여하여 지역의 안정을 도모하고 있다. 이를 통해 호주는 강대국과의 협력을 유지하면서도 인도 - 태평양 지역의 평화에 기여하는 역할을 하고 있다. 또한 호주는 태평양 섬나라들에 대한 개발 원조와 기후변화 대응 지원을 통해 태평양 제도 포럼(PIF)에서 리더십을 발휘하며, 지역의 경제적 안정을 지원하고 있다.

### 3. 스웨덴: 인권 외교와 평화 중재

스웨덴은 인권 보호와 평화 구축을 목표로 하는 규범적 리더십을 강조하는 외교를 실천하고 있다. 2014년 세계 최초로 '페미니스트 외교정책'을 도입하여 여성의 권리와 평등을 증진하고 있으며, 유엔과 EU에서 여성, 평화, 안전 의제를 주도하고 있다. 스웨덴은 중립국으로서 다양한 분쟁에서 중재자 역할을 수행해 왔고, 예멘 분쟁에서는 유엔 주도의 평화협정에 참여해 중재자 역할을 맡았다. 이를 통해 스웨덴은 국제 사회에서 신뢰받는 평화 중재국으로 자리잡았다.

### 4. 노르웨이: 평화 중재와 인도적 지원

노르웨이는 평화 중재와 인도적 지원을 통해 국제 사회에서 중요한 역할을 하고 있다. 노르웨이는 1993년 이스라엘과 팔레스타인 간 오슬로 협정을 중재하며 평화 중재국으로서의 역할을 확립했고, 이후에도 필리핀, 스리랑카 등 다양한 분쟁에서 중재자로 활동해 왔다. 노르웨이는 인도적 지원을 위한 공적 개발 원조(ODA) 비율이 높은 국가로, 분쟁 지역과 개발도상국에 대한 지원을 통해 국제 사회의 긍정적 평가를 받고 있다.

## 4 한국의 중견국 외교 사례

### 1. MIKTA

#### (1) 설립

MIKTA는 2013년 한국, 멕시코, 인도네시아, 터키, 호주가 창립한 중견국 협의체로, 각국의 영문 이니셜을 따서 명명되었다. MIKTA는 강대국과 소국 사이에 위치한 중견국들이 국제 사회에서 공동의 입장을 표명하고, 글로벌 이슈에 대해 협력하기 위해 만들어진 비공식 협력체이다. MIKTA는 군사력이나 경제력 면에서는 강대국 수준은 아니지만, 다자주의와 규범을 통해 국제 사회의 질서를 유지하고 공공선 창출에 기여하려는 중견국 외교의 대표적 사례로 평가받고 있다.

#### (2) 설립목적

MIKTA의 주요 목적은 중견국들이 다자주의적 접근을 통해 국제사회에서 독립적인 외교적 입지를 구축하고, 다양한 글로벌 이슈에 대한 공동 대응을 도모하는 것이다. MIKTA는 다음과 같은 목적과 목표를 가지고 활동하고 있다. 첫째, MIKTA는 국제 평화와 안정을 위해 국제 규범을 강화하고, 다자기구와의 협력을 통해 글로벌 거버넌스를 개선하는 것을 목표로 한다. 다자주의에 기반한 협력을 통해 강대국의 일방적 결정에 대한 견제를 도모하고 있다. 둘째, MIKTA는 기후변화, 인권, 빈곤, 보건 위기와 같은 다양한 글로벌 이슈에 대해 공동의 입장을 내고, 이를 해결하기 위한 공동의 노력을 기울이고 있다. 특히, 코로나19 팬데믹 동안 백신 접근성 확대와 보건 협력 강화에 대한 논의를 주도하며 보건 안보 문제에 대응하고 있다. 셋째, MIKTA 회원국들은 경제 성장 잠재력을 가진 국가들로, 무역과 투자, 경제 협력을 통해 상호 경제적 이익을 도모하고 있다. MIKTA는 지속 가능한 발전을 위한 경제 협력 방안을 모색하며, 포용적이고 지속 가능한 성장을 위해 협력하고 있다. 넷째, MIKTA는 인권 보호, 법치주의 강화, 민주주의 진전을 주요 가치로 삼고 있으며, 국제사회에서 규범적 리더십을 발휘하고 있다. 이를 통해 국제사회에서 규범을 존중하고, 강대국의 패권적 접근을 견제하는 역할을 수행하려 한다.

### (3) 특징

믹타는 국제사회의 주요 이슈를 중심으로 자유롭게 의견을 교환하는 비공식 협력체이다. 경제규모(GDP) 기준 세계 11위 ~ 17위(2014년 기준, IMF)에 해당하며 각각의 지역에서 상당한 영향력을 가진 국가들로 구성되었다. <u>믹타 5개국은 G20 회원국 가운데 G7 또는 BRICs 어느 쪽에도 속하지 않으며 UN 등 국제무대에서 활동한다.</u>

### (4) 운영원칙 및 기능

<u>믹타 의장국은 1년 임기로, 회원국 간 컨센서스로 결정한다.</u> 다양한 분야, 다양한 채널을 통한 협의를 진행하며, 지역 간 협의체로서의 기능을 수행한다. 또한, 선진국, 개발도상국 간 교량 역할도 수행하며, 글로벌 거버넌스 개혁 이니셔티브를 제시하고, 비회원국 및 여타 지역 협의체, 국제기구와의 협력 등도 추진한다.

### (5) 성과

MIKTA는 다양한 글로벌 이슈에 대해 회원국 간 회의를 통해 공동 입장을 조율하고, 국제 기구와의 협력을 통해 실질적인 영향력을 발휘하려 하고 있다. 주요 활동과 성과는 다음과 같다. 첫째, <u>MIKTA는 유엔, G20 등 주요 국제회의에서 공동 성명을 발표하며,</u> 회원국들이 국제적 이슈에 대해 일관된 입장을 표명하고 있다. 이를 통해 기후변화, 개발 협력, 경제 회복, 인권 등의 글로벌 이슈에 대한 중견국들의 입장을 국제사회에 전달하고 있다. 둘째, 코로나19 팬데믹 동안 MIKTA는 백신 접근성 확대와 보건 협력을 위한 논의를 주도하며, 보건 안보 문제에 공동 대응했다. 각국은 백신 공동 구매와 배포를 논의하며, 글로벌 공공재로서의 백신 공급을 중요하게 다뤘다. 이를 통해 국제 사회에서 중견국들이 보건 위기에서 책임 있는 역할을 수행할 수 있음을 보여주었다. 셋째, MIKTA는 기후변화 문제에 대해 적극적으로 대응하며, 탄소중립 목표를 향한 다자 협력의 중요성을 강조하고 있다. 기후변화 정상회의에서 회원국들은 공동으로 탄소 배출 감축과 지속 가능한 발전 목표 달성을 위해 협력하겠다는 입장을 표명했다. 넷째, MIKTA는 매년 정기적인 외교장관 회의, 회원국 간 전문가 회의를 통해 중견국 외교의 방향성을 논의하고 있으며, 중견국 간의 연대와 협력을 강화하고 있다. 이러한 회의는 다자기구에서 중견국의 목소리를 높이고, 글로벌 거버넌스에서의 역할을 확대하는 데 기여하고 있다.

### (6) 평가

MIKTA는 중견국들이 강대국 중심의 국제 질서에서 독립적이고 균형 잡힌 입장을 유지하며, 협력을 통해 국제사회에서 자국의 영향력을 확대할 수 있는 기회를 제공한다는 점에서 큰 의미를 갖는다. 다자주의적 접근을 통해 국제 규범과 가치의 중요성을 강조하고, 글로벌 이슈에 대해 독자적인 목소리를 낼 수 있게 한다. 그러나, MIKTA는 비공식 협의체로서 강력한 집행력을 가지지 못하고 있으며, 각국의 정치적, 경제적 이해관계가 상이해 특정 이슈에 대해 일관된 정책 추진이 어려운 경우가 있다. 회원국 간 외교적 우선순위와 정책적 관심사가 다르기 때문에 일부 사안에서 공동의 입장을 조율하는 데 한계가 존재한다.

## 2. 공적개발원조(ODA)

### (1) 우리나라의 ODA 역사

한국의 공적 개발 원조(ODA) 역사는 한국이 원조를 받던 수원국에서 원조를 제공하는 공여국으로 전환하는 과정을 거쳐 발전해 왔다. 한국은 1950년대부터 1980년대까지 전쟁과 빈곤을 극복하기 위해 외국으로부터 원조를 받아 경제 성장을 이루었고, 이후 경제 성장을 통해 원조를 제공하는 국가로 전환했다. <u>1991년부터 본격적인 ODA 제공을 시작했으며, 2010년 경제협력개발기구(OECD) 개발원조위원회(DAC)에 가입하면서 국제사회에서 공식적으로 공여국으로 자리 잡았다.</u>

### (2) ODA 정책의 목표와 방향

한국의 ODA는 '지속 가능한 발전 목표(SDGs)' 달성에 기여하고, 개발도상국의 경제적 자립과 빈곤 퇴치를 지원하는 것을 목표로 한다. 한국은 이를 위해 개발도상국의 필요와 여건에 맞춘 맞춤형 지원을 강조하며, 자국의 경제 발전 경험을 바탕으로 실질적인 성과를 이루려는 전략을 추진하고 있다. 주요 정책 목표는 빈곤 감소, 인프라 구축, 질 높은 교육과 보건 서비스 제공, 기후변화 대응 능력 강화 등이다. 한국은 ODA를 통해 개발도상국의 지속 가능한 성장을 돕고 있으며, 글로벌 개발 협력에서 책임 있는 중견국으로서의 역할을 수행하고 있다. ODA 정책의 기조는 인도적 지원뿐 아니라 자립을 위한 역량 강화에 중점을 두고 있으며, 이를 위해 연수와 기술 교육, 협력 프로그램을 함께 운영한다.

### (3) ODA의 형태와 분야

한국의 ODA는 양자원조와 다자원조로 나뉘며, 이를 통해 다양한 분야에서 개발 협력을 수행하고 있다. 양자원조는 개별 국가를 대상으로 하는 직접적인 지원으로, 한국국제협력단(KOICA)과 같은 기관이 담당하며, 교육, 보건, 인프라, 농업 등 다양한 분야에서 사업을 수행하고 있다. 다자원조는 국제기구를 통해 지원을 제공하며, 한국은 유엔, 세계은행(WB), 아시아개발은행(ADB) 등과 협력하여 다자간 협력을 강화하고 있다.

### (4) 주요 ODA 기관과 프로그램

한국의 ODA는 주요 기관인 한국국제협력단(KOICA)과 한국수출입은행(EDCF)이 주관하고 있다. <u>KOICA는 무상 원조를 담당하며, 개발도상국의 교육, 보건, 환경 등 다양한 분야에서 사업을 추진한다.</u> KOICA의 주요 프로그램으로는 교육, 농업, 보건, 연수 등이 있으며, 특히 개발도상국 공무원과 전문가들을 대상으로 하는 연수 프로그램은 한국의 발전 경험을 전수하고 현지의 자립을 지원하는 데 중요한 역할을 하고 있다. 한편, <u>한국수출입은행의 대외경제협력기금(EDCF)은 유상 원조를 담당하며</u>, 주로 인프라와 경제 개발을 위한 대출과 자금을 제공한다. EDCF는 아시아, 아프리카, 라틴아메리카 등지에서 철도, 도로, 전력 등의 인프라 개발을 지원하며, 개발도상국의 경제 성장과 자립을 돕는 역할을 수행하고 있다.

### (5) 한국 ODA의 특징과 성과

한국의 ODA는 한국의 경제 발전 경험을 바탕으로 실용적이고 맞춤형 지원을 제공하는 데 중점을 둔다. 한국은 개발도상국의 특성과 요구에 맞춘 프로젝트를 설계하여 자립 기반을 제공하고 있으며, 이를 통해 수원국의 지속 가능한 발전을 목표로 한다. <u>한국의 ODA는 특히 보건과 인프라 분야에서 실질적인 성과를 보</u>이며, 개발도상국의 긍정적인 반응을 얻고 있다. 또한, 한국은 ODA를 통해 국제 사회에서 신뢰를 쌓고 있으며, 중견국으로서 글로벌 공공재 제공자로서의 역할을 강화하고 있다. 한국의 ODA는 인도적 지원을 넘어 개발도상국의 자립을 촉진하는 데 초점을 맞추고 있으며, 이를 통해 한국은 글로벌 파트너로서의 입지를 확립하고 있다.

### (6) 한국 ODA의 과제와 향후 방향

한국의 ODA는 발전을 거듭하고 있지만, 여전히 몇 가지 과제를 안고 있다. 첫째, 한국의 ODA 비율은 OECD 평균보다 낮은 편이므로, 보다 적극적인 재정 투자가 필요하다. 둘째, ODA의 투명성과 효율성을 높이기 위해 사업 평가와 관리 체계를 강화해야 한다. 마지막으로, 개발도상국의 요구와 상황에 맞춘 장기적이고 지속 가능한 협력 방안을 모색할 필요가 있다.

## 3. 평화유지활동

### (1) 의의

한국은 국제 평화와 안보 유지를 위해 다양한 유엔 평화유지활동(Peacekeeping Operations, PKO)에 참여하며, 세계 여러 분쟁 지역에서 군사적, 인도적 지원을 통해 안정과 재건을 도모하고 있다. 한국은 <u>1991년 유엔 가입</u> 이후 평화유지활동에 적극적으로 참여해 왔으며, 특히 <u>1993년 소말리아에 첫 공병부대(상록수부대)를 파견</u>하면서 유엔 평화유지군 파견을 본격화했다. 이후 다양한 지역에서 공병, 의료 지원, 인도적 구호 활동을 통해 평화유지 활동을 수행하며 국제 사회에서 신뢰받는 중견국으로서의 역할을 확대하고 있다.

### (2) 사례

우리나라는 소말리아 상록수 부대를 시작으로 다양한 평화유지활동에 참여하고 있다. 몇 가지 사례를 보자. 첫째, 한국은 남수단의 분쟁 상황을 해결하고 평화 구축을 지원하기 위해 <u>2013년 유엔 남수단 임무단(UNMISS)의 일환으로 한빛부대를 파견</u>했다. 한빛부대는 현재까지 남수단에서 도로와 건물, 병원 등의 인프라 재건을 지원하며, 주민들에게 의료 지원과 식수 공급 등의 인도적 지원을 제공하고 있다. 특히, 남수단의 불안정한 정세와 열악한 환경 속에서도 한빛부대는 지역 사회의 안정에 크게 기여하고 있다. 둘째, 한국은 <u>2007년부터 레바논 남부에 동명부대를 파견</u>하여 유엔 평화유지군(UNIFIL)과 함께 지역의 안정 유지와 평화 구축에 힘쓰고 있다. 동명부대는 유엔의 요청에 따라 레바논 - 이스라엘 국경 지역에서 감시, 정찰, 인도적 지원을 통해 평화 유지 임무를 수행하고 있으며, 현지 주민들에게 의료 서비스와 교육 프로그램도 제공하고 있다. 동명부대는 민군 협력을 통해 지역 주민들과의 신뢰를 구축하고, 지역 사회와의 긴밀한 소통을 통해 평화 유지에 긍정적인 영향을 미치고 있다. 이 활동은 한국이 분쟁 지역의 민군 협력과 인도적 지원을 통해 평화유지활동에 기여하는 사례로 평가된다. 그 밖에도 동티모르, 앙골라, 남수단 등에서 평화유지활동을 하였다.

# 제5절 | 기타 정책

## 1 개발협력정책

### 1. 개요

우리나라는 지속가능개발목표(SDGs) 등 개발 관련 범지구적 과제 달성에 대한 지원을 통해 세계 평화와 번영에 기여하기 위하여 개발협력을 확대, 발전시켜 나가고 있다. 이를 위해 정부는 2010년 '국제개발협력기본법'을 제정하고 'ODA 선진화 방안'을 채택하였으며, 2015년에는 '제2차 국제개발협력 기본계획(2016 ~ 2020)'을 수립하였다. 제2차 국제개발협력 기본계획에 따라 우리나라는 ODA 규모를 점차 확대하여 2020년까지 국민총소득(GNI) 대비 ODA 비율을 0.20%로 높일 계획이며, ODA 시스템의 선진화도 지속적으로 추진해 나갈 예정이다.

### 2. 국별협력전략

정부는 국제개발협력 선진화의 일환으로 ODA의 선택과 집중을 강화하고자 유·무상 원조를 통합한 중점협력대상국을 선정하고 해당국에 대한 국별협력전략(Country Partnership Strategy)을 수립하고 있다. 이와 함께 '무상원조 관계기관 협의회'를 통해 무상원조사업의 중복 방지 및 연계 강화 등을 도모함으로써 우리 무상원조사업이 보다 효과적으로 시행될 수 있도록 노력하고 있다. 아울러, ODA 협력대상국 내 재외공관이 우리 ODA 시행기관들과 현지 협의체를 주기적으로 개최하도록 함으로써 현장중심의 ODA가 시행될 수 있도록 하고 있다.

### 3. 다자개발협력

정부는 다자개발협력도 적극 확대하여 국제기구의 전문성과 네트워크를 활용하는 동시에 우리의 양자원조와 시너지 효과를 창출해 나가고 있다. 다자기구를 통한 개발협력을 보다 효과적으로 이행하기 위하여 2016년 2월 '다자협력 추진전략'을 수립하였으며, UN개발계획(UNDP), 세계식량계획(WFP), UN아동기금(UNICEF), UN난민기구(UNHCR) 등 주요 개발 및 인도적 지원 분야 UN기구들과 전략적 협력을 강화하고 있다.

### 4. 부산 글로벌 파트너십

정부는 향후 15년간 국제사회의 새로운 개발목표로 채택된 지속가능개발목표(SDGs) 달성에 기여하고자, 매년 부산 글로벌 파트너십 포럼을 개최하고 있다. 지난 4년간 동 포럼은 공여국, 개발도상국, 국제기구, 시민단체, 기업 등 350여 명의 개발협력 주체들을 대상으로, 효과적인 개발협력을 위한 부산원칙(① 주인의식, ② 성과 중심 개발, ③ 포용적 파트너십, ④ 투명성 및 상호책무성)의 이행을 촉진하는 활발한 협력의 장으로 기능해 왔다.

## 2 인도적 지원정책

### 1. 의의

인도적 지원이란 자연재해, 분쟁, 질병 등으로 위기에 처한 사람들의 생명과 기본 권리를 보장하기 위한 국제사회의 활동이다. 정부는 국제사회 중견 공여국으로서 인도적 지원의 기본 원칙인 인류애(Humanity), 공평성(Impartiality), 중립성(Neutrality), 독립성(Independence)을 바탕으로 국제사회의 인도적 지원 노력에 적극 동참하고 있다.

### 2. 법적체계

정부는 '해외긴급구호에 관한 법률'(2007년 3월 제정)에 따라 '해외긴급구호 기본대책'(2015년 9월)을 수립하고, 인도적 지원의 효과적인 수행을 위해 '우리나라의 인도적 지원 전략'(2015년 3월)을 마련하는 등 국내적 차원의 법적·제도적 체계를 구축하고 있다. 인도적 지원 대상국 결정 시, 우리 정부는 수요에 근거한 지원을 원칙으로, 재난상황, 피해국의 자체적인 대응 역량, UN 등 국제사회의 요청, 여타국 지원 동향 등 다양한 요소를 고려하고 있다. 특히, 지원의 효과성 및 가시성 제고를 위하여, 가장 취약계층인 '아동 및 여성'을 대상으로 우리나라가 비교우위를 가지는 '교육 및 보건' 분야에 집중 지원하고 있다.

### 3. 최근 동향

2017년에는 시리아, 이라크 등의 만성적 재난을 포함, 총 40여 건의 재난에 6,500만 달러 규모의 인도적 지원을 제공하였다. 2017년 4월 '시리아 지원 관련 브뤼셀 회의'에서 시리아 및 그 주변국에 대해 1,400만 달러 규모의 인도적 지원 공약을 발표하는 등 국제사회의 인도적 위기 해결 노력에 적극 동참하였다. 앞으로도 우리 정부는 우리의 국제적 위상에 걸맞은 기여를 위하여 인도지원 예산을 지속 확대하는 한편, 국제사회의 관련 논의에 주도적으로 참여해 나갈 예정이다.

# 3 동북아플러스 책임공동체 형성

## 1. 의의

동북아플러스 책임공동체 구상은 문재인 정부의 핵심 국정과제 중 하나로서, 동북아 지역에서 지정학적 갈등과 경쟁구도 속에서 중장기적으로 우리나라의 생존과 번영에 우호적인 환경 조성을 추진한다는 구상이다. 지정학적으로 볼 때, 동북아플러스는 동북아뿐 아니라, 전세계를 포함한다. 플러스는 공간적 확장, 이슈의 확장을 통해 동북아 지역의 업그레이드를 추진한다. 즉, 동북아를 넘어, 아세안, 몽골, 인도, 호주, 러시아, 유럽까지 협력의 대상을 확대할 수 있다는 유연성을 견지하는 것이다. 이슈의 확대 관련, 단순히 국가 생존을 위한 안보 논의에 그치는 것이 아니라, 경제적 공영과 사회문화, 가치·공공외교의 차원까지 포함하는 것이다. 책임의 의미는 평화와 공동번영을 도모하는 과업에는 공동체적 책임의식이 바탕에 깔려있어야 함을 의미한다. 동북아플러스 책임공동체 구상은 한국판 중장기 미래 번영전략이다. 동북아플러스 책임공동체는 동북아 다자안보협력 추진을 위한 '동북아 평화협력 플랫폼', 아세안 및 인도와의 관계 강화를 위한 '신남방정책' 그리고 '신북방정책'으로 구성되어 있다.

## 2. 동북아 평화협력 플랫폼

### (1) 필요성

① 긴장과 경쟁이 심화되는 동북아에는 평화공존과 번영을 위한 우호적인 환경 조성이 긴요하다. 지정학적 긴장과 경쟁 구도가 강한 동북아에서 대화와 협력의 질서를 가꾸어 나가기 위한 노력을 지속해 나가야 한다. 역내 긴장과 갈등이 여전한 상황에서 동북아 평화협력 플랫폼이 가능할지 여부에 의구심이 제기될 수도 있겠으나, 당사국 간 대화가 어려운 외교안보 환경일수록, 대화를 추진하면서 장기적인 협력의 기반을 만들려는 공동의 노력이 필요하다.

② 동북아지역은 대화를 통한 협력의 경험이 부족하다. 동북아에는 국가 간 이견과 갈등을 다룰 다자협력체제가 없다. 초국가적 위협에 효율적으로 대응하기 위해서도 협력이 필요하다.

③ 국경을 넘어 확산되는 초국가적 위협(테러, 전염병, 자연재난, 사이버범죄 등)은 여러 국가가 공동으로 대처해 나가야 한다.

④ 동북아지역의 평화와 협력 없이는 우리의 안보와 번영도 생각할 수 없다. 동북아의 긴장과 갈등을 힘이 아닌 대화로 풀어나가는 것이 국익에 부합한다. 협력 기반 구축을 통해 줄어든 안보 비용을 경제에 투자할 수 있어 공동번영에 이를 것이다.

### (2) 추진 방향

동북아 평화협력 플랫폼은 관련 이해당사자들이 자유롭게 모여 역내 다자협력방안을 논의하는 장(場)을 구축하려는 우리 정부의 노력이다. 동북아 평화협력 플랫폼에 여러 관계 국가들을 적극적으로 초청해서 실효성 있는 논의의 장을 만들어 나가는 것이 중요하다. 동아시아지역에는 이미 많은 협의체들이 있으나, 동북아지역의 대화협력체는 아직 초보적인 실정이다. 이러한 점에서 동북아 평화협력 플랫폼은 동북아지역협력의 장으로서, 기존의 협력체들과 다층적으로 상호보완적인 역할을 수행하여 평화와 안정에 기여할 것이다. 동북아 평화협력 플랫폼은 동북아지역을 넘어, 동북아의 평화와 협력에 뜻을 같이하는 국가와 기구도 참여가 가능하다. 안보, 경제, 사회, 문화 등으로 협력 의제를 다양화하고, 구체적인 성과물 도출 노력도 기울여 나가는 것이 중요하다. 이는 역내 대화·협력의 관행을 축적하고 동북아 주요 국가 간 다자협력의 제도화를 촉진한다. 그리고, 동북아 다자안보협력의 진전을 위해서 정부 간 협의회의 정례화 및 제도화를 모색한다.

## 3. 신남방정책

### (1) 의의

동북아플러스 책임공동체의 핵심축 중 하나가 신남방정책이다. 아세안, 인도와의 관계 강화 등 해상전략으로서의 신남방정책을 추진하고, 아세안과 인도의 수요에 기반한 실질 협력을 강화해서, 주변 4대 강대국들과 유사 수준으로 격상시킨다. 또한, 인도와의 전략적 공조를 강화하고, 실질 경제 협력을 확대해서 특별 전략적 동반자관계로 발전시켜 나간다는 것이다. 문재인 대통령은 2017년 11월 9일 '한 - 인도네시아 비즈니스 포럼' 기조 연설을 통해 공식 천명하였다.

 참고

**문재인 대통령 발화 내용**
"아세안과 한국의 관계를 한반도 주변 4대국과 같은 수준으로 끌어올리는 것이 저의 목표입니다. 이를 위해 한국 정부는 아세안과의 협력관계를 획기적으로 발전시켜 나가기 위한 신남방정책을 강력하게 추진하고자 합니다. 상품교역 중심이었던 관계에서 기술과 문화예술, 인적교류로 확대하겠습니다. 교통과 에너지, 수자원 관리, 스마트 정보통신 등 아세안 국가에 꼭 필요한 분야에서부터 협력을 강화할 수 있을 것입니다. 양측 국민의 삶을 잇는 인적교류 활성화는 모든 협력을 뒷받침해주는 튼튼한 기반이 될 것입니다. 이를 통해 사람과 사람, 마음과 마음이 이어지는 '사람(People) 공동체', 안보협력을 통해 아시아 평화에 기여하는 '평화(Peace) 공동체', 호혜적 경제협력을 통해 함께 잘사는 '상생번영(Prosperity) 공동체'를 함께 만들어 가기를 희망합니다."

### (2) 추진배경 및 필요성

우리 정부의 신남방정책 추진은 일차적으로는 사드문제로 어려움을 겪었던 중국에 대한 의존도를 줄이기 위해 협력 대상의 다변화 추구에서 시작한 측면이 있다. 그러나 본질적으로 중요한 것은 한국과 동남아·인도 간 공통의 운명, 문화적 친밀성, 경제적 보완성, 외교적 공동 대응의 필요성 등 진정한 동반자관계를 구축하려는 정치적 의지로 해석된다.

### (3) 추진 방향

2017년 정부 출범 후 우리 역사상 처음으로 ASEAN 특사를 파견하였고, 향후 ASEAN과 인도를 미국·중국·일본·러시아 등 한반도 주변 4대 강국들과 대등한 전략적 비중을 가지는 협력 파트너로 만들겠다는 입장을 피력해 왔다. 2017년 개최된 한-ASEAN 정상회의의 가장 중요한 성과는 역사상 처음으로 한국 정부의 일관된 대 ASEAN 중시 입장과 정책 기조를 '한-ASEAN 미래 공동체'라는 청사진을 통하여 공개적으로 천명하였다는 점이며, 동남아 국가들도 이를 높이 평가하고 큰 기대감을 나타냈다는 점이다. 양측 간 동반자관계 구축의 키워드는 '사람중심(People-Centered)'이라는 사고와 철학이다. 사람중심의 새로운 한-ASEAN 관계는 기존의 정치·외교안보·경제 분야의 협력보다는, 양측 간 정서적 유대를 심화시키기 위한 민간 차원의 사회문화협력이 중심이 되어 나갈 필요가 있다.

또한 남방에서 주목할 나라는 인도로서 인도는 미래 잠재력이 엄청난 나라이다. 시장으로서의 가치도 높고, 인적 교류의 잠재력도 크다. 2017년 독일 함부르크 G20 정상회의에서 한·인도 정상회담을 가지고 북핵문제를 해결하는데도 인도와 전략적 협력관계를 발전시켜 나가겠다는 구상을 밝혔다.

## 4. 신북방정책

### (1) 의의

동북아플러스 책임공동체의 또 하나의 축이 유라시아 대륙 국가들과 중국 동북 3성 일대를 중심으로 교통물류와 에너지 및 인프라의 연계를 통해서 새로운 경제영역을 확보하고 공동번영을 추구하는 신북방정책을 펼치자는 구상이다.

### (2) 추진배경과 필요성

① **추진배경**: 최근 역내 경제 통합 및 개방 움직임이 가속화되고 있다. 러시아의 경우, '유라시아 경제연합(EAEU)'을 출범시키고, '신동방정책'으로 아태지역 협력을 강화하고 있다. 중국의 경우 '일대일로'정책을 앞세우며, 실크로드 경제벨트로 유라시아, 아프리카중심의 내륙 회랑을 추진하고 있다. 21세기 해상 실크로드로서, 인도양을 허브로 하는 유라시아 해상 회랑을 두고 있다. 몽골의 경우, '몽·중·러 경제회랑 프로그램'을 추진하고, 교통, 물류, 에너지, 농업 등 총 32개 협력사업을 추진 중이다. 특히 러시아와의 관계를 재조명하는 것이 주목된다.

② 필요성
　㉠ 러시아 등 북방지역은 거대시장, 풍부한 자원 등 큰 성장 잠재력이 있다. 즉, 우리나라는 자동차, 조선, 섬유 등 주력산업이 성숙기에 도달하였고, 중국 성장 둔화 등으로 새로운 성장동력 창출이 절실하다. 러시아는 에너지 수요가 많고 산업이 발달한 우리나라와 상호 보완적 경제구조이고, 협력 요인이 크다. 또한, 신흥 상품시장, 자원 공급기지, 첨단 기초산업과 군사과학 기술, 우주항공기술 제공 요람, CIS 시장진출 교두보, 철도·가스·전력의 실크로드로서 러시아를 경제적으로 평가할 수 있다.
　㉡ 양국은 공존과 공영의 파트너이다. 러시아는 한국의 대륙적 정체성을 강화시켜 주는 민족적 공간이고, 한국의 문화와 예술을 풍요롭게 하는 선진문화예술의 유입처, 20만 명의 재러동포들의 안정적 삶을 보장해 주는 보장자 역할을 한다. 이러한 배경하에 동북아 플러스 책임공동체의 한축으로 신북방정책을 추진하는 것을 국정과제로 정하였다.

(3) 추진방향
① <u>신북방정책을 적극 추진하기 위해 2017년 6월 북방경제협력위원회가 설립되었다.</u> 앞으로 중국과의 경제협력을 지속 발전시켜 나가면서, 러시아의 신동방정책에 부응해 극동 러시아 개발에 한국이 적극적으로 임할 필요가 있다. <u>2017년 9월 한러 정상회담이 개최되었고, 제3차 동방경제포럼에서 신북방정책 비전이 선언되었으며, 한러 간 9개 협력분야인 '9 - BRIDGE 전략' 구상이 제시되었다.</u> 유라시아 협력 강화 등 대륙전략으로서의 신북방정책을 추진해 나가면서, 남한·북한·러시아 3각 협력(나진 - 하산 물류사업, 철도 및 전력망 등) 추진기반을 마련하고, 한국과 EAEU FTA 추진 및 중국의 일대일로 구상에도 협력을 모색해 나간다는 정책이다. 특히, 극동 개발을 위한 남한·북한·러시아 3각 협력 및 중국·러시아와의 협력이 매우 중요하다.
② 이와 관련한 구체적인 추진 예로서, <u>새로운 물류루트 개발</u>을 들 수 있다. 한반도 북부는 중국의 동북 3성 및 러시아 연해주와 맞닿아 있고, 이 지역 인구는 약 2억 명에 달하는 등 거대한 발전 잠재력을 갖고 있다. 이 뿐 아니라 에너지 자원도 상당량 매장되어 있어서 우리나라는 이 지역 공동개발에 큰 관심을 가지고 있다. 구체적으로는 중국 동북 3성과의 협력을 통해 '중국 - 몽골 - 러시아 경제회랑'과 연결시켜, 현재 중단된 상태인 '나진 - 하산 - 훈춘 물류단지'를 재가동하여 광역두만강개발계획 등을 추진할 수 있다. 시급한 과제 중 하나는 육지와 해상을 연결하는 복합 물류루트를 개발하는 것이다. 현재 동북 3성 대부분의 화물은 다롄(大連)항을 통해 수출입 되고 있고 처리까지 약 1주일이 소요되지만, 북한 나진항이나 러시아 원동지구를 물류거점으로 개발할 경우 화물 처리에 3일이면 가능하게 되어 물류비용을 크게 절약할 수 있다.

## 4 우리나라 공공외교법

### 1. 의의
범정부적·범국민적 차원의 통합적·체계적인 공공외교 추진을 위한 법적 기반 마련을 위해 2016년에 공공외교법을 제정(2016년 2월) 및 발효(2016년 8월 4일)하였다.

### 2. 입법 목적
공공외교 강화 및 효율성 제고의 기반을 조성함으로써 국제사회에서 대한민국의 국가이미지 및 위상 제고에 이바지하기 위함이다.

### 3. 공공외교의 기본원칙
첫째, 공공외교는 인류의 보편적 가치와 대한민국 고유의 특성을 조화롭게 반영하여 추진되어야 한다. 둘째, 공공외교정책은 국제사회와의 지속가능한 우호협력 증진에 중점을 두어야 한다. 셋째, 공공외교활동은 특정 지역이나 국가에 편중되지 아니하여야 한다.

### 4. 공공외교의 정의
공공외교란 국가가 직접 또는 지방자치단체 및 민간부문과 협력하여 문화, 지식, 정책 등을 통하여 대한민국에 대한 외국 국민들의 이해와 신뢰를 증진시키는 외교활동을 말한다.

### 5. 공공외교 기본계획 수립
기본계획에는 향후 5년간의 공공외교 활동의 정책방향 및 추진목표, 공공외교 주요정책의 수립·조정에 관한 사항, 공공외교 재원 조달 및 운용에 관한 사항, 공공외교 기반 조성, 제도 개선 및 평가에 관한 사항, 공공외교를 위한 지방자치단체 및 민간부문에 대한 지원방안 등이 포함되어야 한다.

### 6. 공공외교위원회 설치
공공외교정책의 종합적·체계적 추진을 위한 주요사항을 심의·조정하기 위한 공공외교위원회(위원장: 외교부장관, 위원: 관계부처 차관 및 민간 전문가 등 총 20명)를 설치한다.

### 7. 공공외교 실태조사
외교부장관은 공공외교정책의 수립·시행을 위해 공공외교현황에 관한 실태조사를 실시할 수 있다. 정기조사는 매 2년마다, 수시조사는 수시로 실시할 수 있다.

# 제6절 | 주요 강대국과의 관계

## 1 한미 관계

**1. 역사**

**(1) 수교**

한미관계는 1882년 양국간 수교 조약인 <조미우호통상항해조약>을 체결함으로써 시작되었다. 초대공사로 1887년 박정양이 부임했다. 그러나 1905년 일본이 대한제국을 피보호국으로 둔 이래 단절되었다가 1945년 광복과 1948년 대한민국 정부 수립을 기점으로 양국관계가 복원되었다. 1949년 3월 주미 한국 대사관을 개설하고 장면대사를 초대 주미대사로 임명했다.

**(2) 1950년대**

1950년 6월 25일 한국전쟁 발발 직후 미국은 한국전 참전을 결정하는 한편, UN 안보리 결의를 주도하여 UN회원국의 파병을 이끌어냈다. 1953년 7월 27일 정전 성립 후 10월 1일 상호방위조약을 체결했다.

**(3) 1960년대**

1960년대 들어 한국정부는 미국이 제공한 약 157억불 상당의 경제원조를 토대로 경제개발 5개년 계획을 시행했다. 미국의 베트남 전쟁 개입 이후 한국은 전투병을 파병하여 미국을 지원하였다.

**(4) 1970년대**

주한미군 규모가 61,000명 수준에서 41,000명 수준으로 감축되었으나, 양국간 연합방위체제는 1978년 한미연합군사령부 창설과 함께 더욱 공고화되었다.

**(5) 1980년대**

1980년대 들어 한국의 대미 수출이 급증함에 따라 무역 마찰도 증가했다. 1981년 출범한 레이건 행정부가 소련에 대한 전략적 우위를 확보하기 위해 우방국과의 군사적 결속을 강화해 나감에 따라 한미간 안보협력이 강화되었다.

**(6) 1990년대**

1990년대 한국의 민주화가 정착되고 1996년 OECD에 가입하는 등 한국의 국제적 위상이 제고되었고 한미관계는 핵심가치를 공유하는 성숙한 동맹관계로 발전했다. 한편, 양국간 안보협력 강화를 위해 1994년 평시작전권이 전환되었고, 1991년 방위비 분담특별협정을 체결하여 한국이 방위비를 분담하기 시작했다.

### (7) 2000년대 이후

한미동맹 재조정을 통해 아태지역 평화와 안보의 핵심축으로 기능하고 있다. 또한, 양자관계를 포괄적 전략동맹으로 발전시켜 나가기 위한 노력을 지속하고 있다. 한편, 국제이슈에 공동대응하고 세계평화와 발전에 함께 기여하는 글로벌 파트너십을 강화하고 있다.

## 2. 북핵문제

2003년 초 한미양국은 북핵문제 해결을 위해서는 다자적 접근이 효과적이라는데 인식을 같이하고, 6자회담을 통한 북핵문제 해결을 추구하였다. 한미양국은 확고한 대북 억지력을 바탕으로 북한의 도발을 억제하는 한편, 북한 비핵화의 실질적 진전을 위해 노력한다는 입장을 공유하고 있다.

## 3. 한미안보협력

1953년 10월 1일 한미상호방위조약을 체결하고 1954년 11월 18일 발효하였다. 한미상호방위조약 제4조에 기초하여 주한미군이 주둔하고 있다. 주한미군은 28,500명 수준으로 유지하기로 합의되어 있다. 주한미군 주둔의 법적 기초로 주한미군지위협정(SOFA)이 1966년 7월 9일 서명되고, 1967년 2월 9일 발효하였다. 1991년 방위비분담협정을 체결하여 주한미군 주둔 경비 일부를 부담하고 있다.

## 4. 한미FTA

한미FTA는 2006년 6월 협상을 개시하여 2007년 4월 타결하고 2007년 6월 서명하였다. 서명 이후 장기간 비준이 지연되어 2010년 12월 추가협상을 진행했다. 이후 2011년 양국 비준을 거쳐 2012년 3월 15일 발효되었다.

## 2 한중 관계

### 1. 한중 수교

#### (1) 배경

한국과 중국이 수교한 배경으로는 첫째, 1980년대 한중간 외교적 교섭이 필요했던 사건들이 발생하여 양자 외교의 경험을 쌓게 되었다. 대표적 사건으로는 1982년 10월과 1986년 2월의 중공 미그 19기 망명사건, 1983년 5월 5일 중공 민항기 사건, 1985년 3월 22일 중공 어뢰정 사건, 1986년 6월 17일 중공 민간인 선박 표류 사건 등이 있다. 둘째, 1986년 서울 아시안게임과 1988년 서울 하계 올림픽에 중국 선수단이 참가했다. 셋째, 덩샤오핑은 경제적 이익과 한국을 대만과 단절시킬 의도로 수교를 추진했다. 넷째, 중국은 1986년 6월 천안문 사태 이후 국제적 고립을 타파하고자 하였다. 다섯째, 노태우 정부는 7.7선언과 북방외교를 통해 중국과의 수교를 추진하였다.

### (2) 과정

한국과 중국은 1991년 무역대표부를 설치하여 영사 기능을 일부 수행하며 새로운 교류를 시작했다. 1992년 4월 양국은 수교 협상을 개시했다. 1992년 8월 24일 양국은 선린우호 협력관계에 합의하여 수교했다.

### (3) 한중 수교 공동성명 주요 내용

첫째, 1992년 8월 24일자로 상호 승인하고 대사급 외교관계를 수립한다. 둘째, 양국은 주권 및 영토보전 존중, 상호불가침, 상호내정 불간섭, 평등과 호혜, 평화공존 원칙에 입각하여 항구적인 선린우호협력관계를 발전시킨다. 셋째, 한국은 중화인민공화국정부를 중국의 유일 합법 정부로 승인하며, 오직 하나의 중국만이 있고, 대만은 중국의 일부분이라는 중국의 입장을 존중한다. 넷째, 대한민국정부와 중화인민공화국정부는 양국간 수교가 한반도 정세의 완화와 안정, 그리고 아시아의 평화와 안정에 기여할 것을 확신한다. 다섯째, 중국은 한반도가 조기에 평화적으로 통일되는 것이 한민족의 염원임을 존중하고, 한반도가 한민족에 의해 평화적으로 통일되는 것을 지지한다. 여섯째, 1961년 외교관계협약에 따라 수도에 대사관을 개설하고 빠른 시일 내에 대사를 상호 교환한다.

## 2. 정무관계

1992년 8월 수교 이후 양국관계가 비약적 발전을 이루었다. 2008년 5월 이명박 대통령 방중시 한중양국은 '전략적 협력동반자 관계'를 설정하는 한편, 2008년 8월 후진타오 국가주속 방한시 구체적 추진 방안에 합의하였다. 한중관계는 1992년 수교시 우호협력관계, 1998년 21세기를 향한 협력동반자 관계, 2003년 전면적 협력동반자 관계, 2008년 전략적 협력동반자 관계로 격상되어 왔다.

## 3. 군사관계

한중 군사교류는 매년 양 국방부 간 '국방정책 실무회의'를 통해 교류 계획을 협의하여 실시된다. 2008년 한중관계가 전략적 협력동반자 관계로 격상됨에 따라 양국은 국방 당국간 고위급 방문을 활성화해 오고 있다. 2012년 7월 국방전략대화에서 한중 국방부 직통전화(핫라인) 개설에 합의했다. 2016년 사드배치를 둘러싼 이견으로 국방교류에 차질이 있었으나, 2017년 10월 국방장관회담을 계기로 양측간 소통을 강화하기로 하였다.

## 4. 경제관계

한중양국은 1992년 수교 이래 지속적으로 경제적 상호의존이 심화되었고, 이를 고려하여 한중FTA를 체결하였다. 2012년 5월 FTA협상 개시를 선언한 이후 2015년 6월 타결, 동년 12월 한중FTA협정이 발효되었다. 한편, 양국은 2018년 3월 한중FTA 서비스 및 투자 분야 후속협상을 개시하고 협상을 진행해 오고 있다.

## 5. 최근 현안

### (1) 가치와 상호존중에 대한 인식 차이

한국정부는 자유민주주의 가치를 기반으로 한 동아시아 외교를 표방하고 있으며, 한중관계에서도 '가치', '주권', '정체성', '상호존중' 등의 원칙을 강조하고 있다. 다만 한국이 강조하고 있는 가치 개념은 한미가 천명한 '가치동맹'과 분리해서 생각하기 어렵다. 동맹은 일반적으로 공동의 위협 인식을 기반으로 하고 있다. 이러한 이유로 한중 양국은 '가치'와 '상호존중'을 해석함에 있어 인식적 차이를 보여주고 있어, 각론에 있어 이로 인한 갈등 격화 가능성을 배제할 수 없다. 한중 수교 이후 지난 30년간 '경제적 이익'이 한국의 대중 정책을 구성하는 핵심 요소였다면, '가치'에 대한 해석과 이를 둘러싼 갈등이 한중 외교관계에서 쟁점으로 부각될 수 있는 것이다. 한편, 한국이 한중관계에서 제시하고 있는 '상호존중'의 원칙도 쟁점이 될 수 있다. 특히 사드관련 '3불입장[사드 추가 배치 불가, 미국 미사일방어체계(MD) 불참, 한·미·일 군사협력 불참]'에 대한 인식차가 한중관계에 도전이 될 수 있다는 지적이 있다. 현재 중국은 '3불입장'을 한중간 '상호존중'을 실천한 결과라고 주장하며, 한국이 사드 배치를 내정이나 주권 문제로 간주하지 말아야 한다고 강조하고 있다. 사드의 본질은 미국의 동북아 전략의 연속 선상에 있다는 것이다.

### (2) 한국의 인도 - 태평양 전략

한국은 국제적 위상 제고와 인도 - 태평양 지역의 부상이라는 환경 변화에 능동적으로 대응하기 위해 독자적인 인도 - 태평양 전략('인태전략')을 수립할 계획이며, 이를 추진하기 위해 외교부 북미국에 '인태전략팀'을 신설하였다. 이와 관련 한국의 인태전략의 방향이 불투명한 상황에서 중국은 미국이 추진하는 인태전략에 한국이 주도적으로 참여할 가능성을 우려하고 있다. 미국이 상정하고 있는 '규범에 기반한 국제질서(rules based international order)'가 중국이나 러시아와 같은 권위주의 국가와 대별되는 소위 민주주의 국가군이 참여하고 지키려는 질서라는 점을 고려한다면, 인태전략에 대한 한국의 정책에 따라 대중국 관계에 영향을 미칠 수 있다. 한편, 미국의 인태전략하에 추진되고 있는 IPEF는 가치 중심의 경제동맹을 표방하고 있는데, 이에 대한 한국의 참여 방식도 쟁점이 되고 있다. '동맹'은 두 나라 혹은 수 개국이 방위 혹은 공격을 목적으로 일종의 조약 형태를 취하는 것이 일반적인 형태다. IPEF가 경제동맹의 성격이 강할수록 한중 경제관계에 영향을 미칠 가능성도 배제하기 어렵다. 실제로 인태전략과 관련하여 미국이 우리 정부에 대해 속도감 있는 정책 수립을 요구할 가능성도 제기되고 있어 인태전략을 둘러싼 한중간의 갈등 가능성도 더 높아지고 있다.

### (3) 대만문제와 북한 비핵화

한미 간 포괄적 전략 동맹 강화에 따라 한반도 비핵화 이슈에 대해 중국의 협력을 이끌어 가기가 용이하지 않을 수 있다는 분석도 있다. 특히 한국이 대만문제를 한미동맹의 의제로 포함시킬 경우 중국의 한반도 정책에 변화가 생길 수 있다는 것이다. 미국은 양안관계와 관련하여 하나의 중국 원칙을 준수하며, 대만의 독립을 지지하지 않는다는 입장을 유지해왔다. 그러나 최근 미국이 대중국 전략보고를 발표한 이후 이러한 미국의 '전략적 모호성(strategic ambiguity)'에 분명한 변화가 일어나고 있기도 하다. 한국은 2021년 5월 정상회담에서 처음으로 "대만해협의 평화와 안정 유지"의 중요성에 동의한 바 있다. 그러나 당시 외교부장관은 중국과 대만의 독특한 관계를 충분히 인식하고 있으며, 이러한 입장에 변화가 없다는 모호한(ambivalent) 입장을 유지한 바 있다. 그러나 2022년 5월 한미 정상회담에서 '대만해협 안정의 증진' 문제를 언급함으로써 이러한 금기가 깨지고 있다는 주장이 제기되고 있다. 이에 따라 향후에도 한국이 대만 사안과 관련하여 미국과 보조를 맞출 가능성에도 무게가 실리고 있다.

## 3 한일 관계

### 1. 한일국교정상화(1965)

#### (1) 배경

한일국교정상화는 냉전체제 형성기에 한국을 미국측으로 끌어들이려는 미국의 의도가 강하게 반영되어 성사되었다. 미국은 1951년 9월 일본과 강화조약 및 미일 안보조약을 체결하고 그 연장선상에서 한일회담을 추진하여 1951년 10월 첫 번째 회담이 개최되었다. 한국이 1952년 1월 18일 '인접해양주권선언'을 하고 독도를 우리나라 해역에 포함시키자 일본이 반발하면서 2차 회담이 결렬되었다. 제3차 회담 당시 구보타는 36년간에 걸친 한국의 통치가 한국근대화에 유익한 대목도 많았다는 이른바 '구보타 망언'을 하여 회담이 결렬되었다. 5.16군사정부는 일본자본 도입을 위해 회담에 적극적이었다. 1961년 '김종필 - 오히라 메모'를 통해 양국간 가장 큰 쟁점이었던 청구권 문제를 타결지었다. 1965년 6월 22일 기본조약 및 4개 협정이 정식 조인되었다.

## (2) 주요 내용

<한일기본조약>에서는 한일양국이 외교 및 영사관계를 개설하고, 한일병합 및 그 이전에 양국간 체결된 모든 조약과 협정이 이미 무효임을 확인하였다. 일본은 대한민국 정부가 한반도에 있어서 유일한 합법정부임을 인정하였다. <청구권협정>에서는 일본이 3억 달러의 무상자금과 2억 달러의 장기저리 정부차관 및 3억 달러 이상의 상업차관(교환공문에서 합의)을 공여하기로 하였다. <어업협정>에서는 양국이 12해리의 어업전관수역을 설정하고, 어업자원의 지속적 생산성을 확보하기 위한 일정한 공동규제수역을 설정하였다. <재일교포의 법적 지위와 대우에 관한 협정>은 재일한국인이 영주권을 획득할 수 있는 길을 열어 주었다. <문화재 및 문화협력에 관한 협정>을 통해 일제통치기간 동안 일본으로 유출된 다수의 문화재를 반환받을 수 있게 되었다.

> **참고**
>
> **대한민국과 일본국 간의 기본관계에 관한 조약(한일기본조약)**
>
> 전문(생략)
>
> **제1조**
> 양 체약당사국 간에 외교 및 영사 관계를 수립한다. 양 체약당사국은 대사급 외교사절을 지체없이 교환한다. 양 체약당사국은 또한 양국 정부에 의하여 합의되는 장소에 영사관을 설치한다.
>
> **제2조**
> 1910년 8월 22일 및 그 이전에 대한제국과 대일본제국 간에 체결된 모든 조약 및 협정이 이미 무효임을 확인한다.
>
> **제3조**
> 대한민국 정부가 국제연합총회의 결의 제195(Ⅲ)호에 명시된 바와같이, 한반도에 있어서의 유일한 합법정부임을 확인한다.
>
> **제4조**
> (가) 양 체약당사국은 양국 상호 간의 관계에 있어서 국제연합헌장의 원칙을 지침으로 한다.
> (나) 양 체약당사국은 양국의 상호의 복지와 공통의 이익을 증진함에 있어서 국제연합헌장의 원칙에 합당하게 협력한다.
>
> **제5조**
> 양 체약당사국은 양국의 무역, 해운 및 기타 통상상의 관계를 안정되고 우호적인 기초 위에 두기 위하여 조약 또는 협정을 체결하기 위한 교섭을 실행가능한 한 조속히 시작한다.
>
> **제6조**
> 양 체약당사국은 민간 항공 운수에 관한 협정을 체결하기 위하여 실행가능한 한 조속히 교섭을 시작한다.
>
> **제7조**
> 본 조약은 비준되어야 한다. 비준서는 가능한 한 조속히 서울에서 교환한다. 본 조약은 비준서가 교환된 날로부터 효력을 발생한다.
>
> 이상의 증거로서 각 전권 위원은 본 조약에 서명 날인하였다.
> 1965년 6월 22일 도쿄에서 동등히 정본인 한국어, 일본어 및 영어로 본서 2통을 작성하였다. 해석에 상위가 있을 경우에는 영어본에 따른다.

## 2. 21세기 새로운 한일 파트너십 공동 선언(김대중 - 오부치 선언)(1998)

1998년 10월 김대중 대통령이 일본을 공식 방문하여 오부치 게이조(小渕 惠三) 총리와 회담을 갖고 한일관계에 관한 포괄적 합의에 도달했다. 김대중 대통령은 삐걱거리는 한일관계를 획기적으로 개선하여 미래지향적인 관계를 구축하고자 하였다. 주요 내용으로는 첫째, 양국이 과거를 직시하고 상호이해와 신뢰에 기초하여 관계를 발전시켜 나간다. 둘째, 한반도의 평화와 안정을 위해 북한이 개혁과 개방을 지향하는 동시에 대화를 통한 보다 건설적 자세를 취하는 것이 중요하다. 셋째, 초국경적 문제 해결을 위해 긴밀히 협력한다. 넷째, 양국간 문화 인적 교류를 확충해 나간다.

 참고

**김대중 - 오부치 선언 전문**

1. 김대중 대한민국 대통령 내외분은 일본국 국빈으로서 1998년 10월 7일부터 10일까지 일본을 공식 방문했다. 김대중 대통령은 체재 중 오부치 게이조 일본국 내각총리대신과 회담을 가졌다. 양국 정상은 과거의 양국 관계를 돌이켜 보고, 현재의 우호협력관계를 재확인하는 동시에 미래의 바람직한 양국관계에 관하여 의견을 교환했다. 이 회담의 결과, 양국 정상은 1965년 국교정상화이래 구축되어 온 양국간의 긴밀한 우호협력관계를 보다 높은 차원으로 발전시켜 21세기의 새로운 한·일 파트너십을 구축한다는 공통의 결의를 선언했다.

2. 양국 정상은 한·일 양국이 21세기의 확고한 선린 우호협력관계를 구축해 나가기 위해서는 양국이 과거를 직시하고 상호 이해와 신뢰에 기초한 관계를 발전시켜 나가는 것이 중요하다는데 의견 일치를 보았다. 오부치 총리대신은 금세기의 한·일 양국관계를 돌이켜 보고 일본이 과거 한때 식민지 지배로 인하여 한국국민에게 다대한 손해와 고통을 안겨주었다는 역사적사실을 겸허히 받아들이면서 이에 대하여 통절한 반성과 마음으로부터의 사죄를 했다. 김대중 대통령은 이러한 오부치 총리대신의 역사인식 표명을 진지하게 받아들이고 이를 평가하는 동시에 양국이 과거의 불행한 역사를 극복하고 화해와 선린우호협력에 입각한 미래지향적인 관계를 발전시키기 위해 서로 노력하는 것이 시대적 요청이라는 뜻을 표명했다. 또한 양국 정상은 양국 국민, 특히 젊은 세대가 역사에 대한 인식을 심화시키는 것이 중요하다는 점에 대하여 견해를 함께 하고 이를 위해 많은 관심과 노력을 기울일 필요가 있다는 점을 강조했다.

3. 양국 정상은 과거 오랜 역사를 통하여 교류와 협력을 유지해 온 한·일 양국이 1965년 국교정상화이래 각 분야에서 긴밀한 우호협력관계를 발전시켜 왔으며 이러한 협력관계가 서로의 발전에 기여하였다는데 인식을 같이 했다. 오부치 총리대신은 한국이 국민들의 꾸준한 노력에 의하여 비약적인 발전과 민주화를 달성하고 번영되고 성숙한 민주주의 국가로 성장한데 대하여 경의를 표했다. 김대중 대통령은 전후 일본이 평화헌법 하에서 전수방위 및 비핵 3원칙을 비롯한 안전보장정책과 세계경제 및 개발도상국에 대한 경제지원 등을 통하여 국제사회의 평화와 번영을 위해 수행해 온 역할을 높이 평가했다. 양국 정상은 한·일 양국이 자유민주주의, 시장경제라는 보편적 이념에 입각한 협력관계를 양국 국민간의 광범위한 교류와 상호 이해에 기초하여 앞으로 더욱 발전시켜 나간다는 결의를 표명했다.

4. 양국 정상은 양국간의 관계를 정치·안전보장·경제 및 인적·문화교류 등 폭넓은 분야에서 균형되고 보다 높은 차원의 협력관계로 발전시켜 나갈 필요가 있다는데 의견을 같이했다. 또한 양국 정상은 양국의 파트너십을 단순히 양자차원에 그치지 않고 아시아·태평양지역, 나아가 국제사회 전체의 평화와 번영을 위해, 또한 개인의 인권이 존중되는 풍요한 생활과 살기 좋은 지구환경을 지향하는 다양한 노력을 통해 진전시켜 나가는 것이 매우 중요하다는데 의견 일치를 보았다. 이를 위해 양국 정상은 20세기의 한·일 관계를 마무리하고 진정한 상호 이해와 협력에 입각한 21세기의 새로운 한·일 파트너십을

공통의 목표로서 구축하고 발전시켜 나가는데 있어서 다음과 같이 의견의 일치를 보았으며 이러한 파트너십을 구체적으로 실천해나가기 위해 이 공동선언에 부속된 행동계획을 작성했다. 양국정상은 양국 정부가 앞으로 양국의 외무장관을 책임자로 하여 정기적으로 이 한·일 파트너십에 기초한 협력의 진척상황을 확인하고 필요에 따라 이를 더욱 강화해 나가기로 했다.

5. 양국 정상은 현재의 한·일 관계를 보다 높은 차원으로 발전시켜 나가기 위해 양국간의 협의와 대화를 더욱 촉진시켜 나간다는데 의견의 일치를 보았다. 양국정상은 이러한 관점에서 정상간의 지금까지의 긴밀한 상호 방문·협의를 유지·강화하고 정례화해 나가기로 하는 동시에 외무장관을 비롯한 각 분야의 각료급 협의를 더욱 강화해 나가기로 했다. 또한 양국 정상은 양국간 각료간담회를 가능한 한 조기에 개최하여 정책실시의 책임을 갖는 관계각료들의 자유로운 의견교환의 장을 설치하기로 하였다. 아울러 양국 정상은 지금까지의 한·일 양국 국회의원 간 교류의 실적을 평가하고, 한·일, 일·한 의원연맹의 향후 활동 확충 방침을 환영하는 동시에 21세기를 담당할 차세대의 소장 의원간의 교류를 장려해 나가기로 했다.

6. 양국 정상은 냉전후의 세계에 있어서 보다 평화롭고 안전한 국제사회 질서를 구축하기 위한 국제적 노력에 대하여 한·일 양국이 서로 협력하면서 적극적으로 참가해 나가는 것이 중요하다는데 의견의 일치를 보았다. 양국 정상은 21세기의 도전과 과제에 보다 효과적으로 대처해 나가기 위해서는 국제연합의 역할이 강화되어야 하며, 이는 안전보장이사회의 기능강화, 국제연합 사무국 조직의 효율화, 안정적인 재정기반의 확보, 국제연합 평화유지 활동의 강화, 개발도상국의 경제사회개발에 대한 협력 등을 통해 이룩할 수 있다는데 대해 의견이 일치했다. 이러한 점을 염두에 두고 김대중 대통령은 국제연합을 비롯한 국제사회에 대한 일본의 기여와 역할을 평가하고 금후 일본의 그와 같은 기여와 역할이 증대되는데 대한 기대를 표명했다. 또한 양국 정상은 군축 및 비확산의 중요성, 특히 어떠한 종류의 대량파괴 무기일지라도 그 확산이 국제사회의 평화와 안전에 대한 위협이 된다는 것을 강조하는 동시에 이러한 분야에서의 양국간 협력을 더욱 강화하기로 했다. 양국 정상은 양국간의 안보정책협의회 및 각급 차원의 방위교류를 환영하고 이를 더욱 강화해 나가기로 했다. 아울러 양국 정상은 양국이 각각 미국과의 안전보장체제를 견지하는 동시에 아시아·태평양지역의 평화와 안정을 위한 다자간 대화 노력을 더욱 강화해 나가는 것이 중요하다는데 의견의 일치를 보았다.

7. 양국 정상은 한반도의 평화와 안정을 위해서는 북한이 개혁과 개방을 지향하는 동시에 대화를 통한 보다 건설적인 자세를 취하는 것이 매우 중요하다는 인식을 공유했다. 오부치 총리대신은 확고한 안보체제를 유지하면서 화해와 협력을 적극적으로 추진한다는 김대중대통령의 대북한 정책에 대한 지지를 표명했다. 이와 관련하여 양국 정상은 1992년 2월 발효된 '남북사이의 화해와 불가침 및 교류·협력에 관한 합의서'의 이행과 4자회담의 순조로운 진전이 바람직하다는데 의견을 같이 했다. 또한 양국 정상은 1994년 10월 미국과 북한간에 서명된 '제네바합의'및 한반도에너지개발기구(KEDO)를 북한의 핵 계획 추진을 저지하기 위한 가장 현실적이고 효과적인 메커니즘으로서 유지해 가는 것이 중요하다는 것을 확인했다. 이와 관련하여 양국 정상은 북한의 미사일 발사에 대하여, 국제연합 안전보장이사회 의장이 안보리를 대표하여 표명한 우려 및 유감의 뜻을 공유하는 동시에 북한의 미사일 개발이 중지되지 않는다면 한국·일본 및 동북아시아 지역 전체의 평화와 안전에 악영향을 미친다는데 의견을 같이했다. 양국 정상은 양국이 북한에 관한 정책을 추진함에 있어서 상호 긴밀히 연대해나가는 것이 중요함을 재확인하고, 각급 차원에서의 정책협의를 강화하는데 의견을 같이했다.

8. 양국 정상은 자유롭고 개방된 국제경제체제를 유지·발전시키고, 또한 구조적 문제에 직면한 아시아 경제의 회복을 실현해 나감에 있어서 한·일 양국이 각각 안고 있는 경제적 과제를 극복하면서 경제분야의 균형된 상호 협력관계를 보다 강화해나가는 것이 중요하다는데 합의했다. 이를 위해 양국 정상은 양자간의 경제정책협의를 더욱 강화하는 동시에, WTO·OECD·APEC 등 다자무대에서의 양국간 정책협조를 더욱 촉진해 나간다는데 의견을 같이했다. 김대중 대통령은 금융·투자·기술이전 등 여러 분야에 걸친 지금까지의 일본의 대한국 경제지원을 평가하는 동시에, 한국이 안고 있는 경제적 문제의 해결을 위한 노력을 설명했다. 오부치 총리대신은 일본의 경제회복을 위한 각종 시책 및 아시아의 경제난 극복을 위해 일본이 시행하고 있는 경제적 지원에 관해 설명하는 한편, 한국의 경제난 극복을 위한 노력을 계속 지지한다는 의향을 표명했다. 양국 정상은 재정 투융자를 적절히 활용한 일본 수출입은행의 대한국 융자에 관하여 기본적인 합의가 이루어진 것을 환영했다. 양국 정상은 양국간의 커다란 현안이었던 한·일 어업협정 교섭이 기본합의에 도달한 것을 마음으로부터 환영하는 동시에, 국제연합 해양법협약을 기초로 한 새로운 어업질서하에 어업분야에 있어서의 양국관계의 원활한 진전에 대한 기대를 표명했다. 또한 양국 정상은 이번에 새로운 한·일 이중과세방지협약이 서명되는 것을 환영했다. 아울러 양국 정상은 무역·투자·산업기술·과학기술·정보통신 및 노·사·정 교류 등 각 분야에서의 협력·교류를 더욱 발전시켜 나간다는데 의견의 일치를 보았으며, 한·일 사회보장협정을 염두에 두고, 장래 적절한 시기에 서로의 사회보장제도에 대한 정보·의견 교환을 실시하기로 했다.

9. 양국 정상은 국제사회의 안전과 복지에 대한 새로운 위협이 되고 있는 국경을 초월한 각종 범세계적 문제의 해결을 위해 양국 정부가 긴밀히 협력해 나간다는데 의견의 일치를 보았다. 양국 정상은 지구환경문제 특히 온실가스 배출 제한, 산성비 대책을 비롯한 제반문제에 대한 대응에 있어서의 협력을 강화하기 위해 한·일 환경정책대화를 추진하기로 했다. 또한 개발도상국에 대한 지원을 강화하기 위해 원조분야에서의 양국간 협조를 더욱 발전시켜 나간다는데 의견의 일치를 보았다. 아울러 양국 정상은 한·일 범죄인 인도조약 체결을 위한 협의를 시작하는 동시에 마약각성제 대책을 비롯한 국제조직범죄 대책분야에서의 협력을 더욱 강화한다는데 의견의 일치를 보았다.

10. 양국 정상은 이상 각 분야의 양국간 협력을 효과적으로 추진해 나가는 기초는 정부간 교류 뿐만 아니라 양국 국민간의 깊은 상호이해와 다양한 교류에 있다는 인식하에 양국간의 문화·인적교류를 확충해 나간다는데 의견의 일치를 보았다. 양국 정상은 2002년 월드컵의 성공을 위한 양국 국민의 협력을 지원하고, 2002년 월드컵 개최를 계기로 문화 및 스포츠 교류를 더욱 활발히 추진해 나가기로 했다. 양국 정상은 연구원·교사·언론인·시민단체 등 다양한 계층의 국민 및 지역간 교류의 진전을 촉진하기로 했다. 양국 정상은 이러한 교류·상호이해 촉진의 토대를 조성하는 조치로서 이전부터 추진해 온 사증제도의 간소화를 계속 추진하기로 했다.

또한 양국 정상은 한·일간의 교류 확대와 상호이해 증진에 이바지하기 위해 중·고생 교류사업의 신설을 비롯하여 정부간의 유학생 및 청소년 교류 사업의 내실화를 기하는 동시에 양국의 청소년을 대상으로 한 취업관광사증제도를 1999년 4월부터 도입하기로 합의했다. 또한 양국정상은 재일한국인이 한·일 양국 국민의 상호교류·상호이해를 위한 가교로서의 역할을 담당할 수 있다는 인식에 입각하여 그 지위의 향상을 위해 양국간 협의를 계속해 나간다는데 의견의 일치를 보았다. 양국 정상은 한·일 포럼 및 역사공동연구의 촉진에 관한 한·일 공동위원회 등 관계자에 의한 한·일간 지적 교류의 의의를 높이 평가하는 동시에 이러한 노력을 계속 지지해 나간다는데 의견의 일치를 보았다. 김대중 대통령은 한국 내에서 일본 문화를 개방해 나가겠다는 방침을 전달했으며, 오부치 총리대신은 이러한 방침이 한·일 양국의 진정한 상호이해에 기여할 것으로 환영했다.

11. 김대중 대통령과 오부치 총리대신은 21세기의 새로운 한·일 파트너십이 양국 국민의 폭넓은 참여와 부단한 노력에 의하여 더욱 높은 차원으로 발전될 수 있다는 공통의 신념을 표명하는 동시에 양국 국민에 대하여 이 공동선언의 정신을 함께 하고, 새로운 한·일 파트너십의 구축·발전을 위한 공동의 작업에 동참해 줄 것을 호소했다.

대한민국 대통령 김대중
일본국 내각총리대신 오부치 게이조

## 3. 위안부 문제

### (1) 양국 입장

위안부 피해자문제에 대한 한국 정부의 입장은 당해 문제가 반인도적 불법행위에 해당하는 사안으로 청구권협정에 의해 해결된 것으로 볼 수 없고 일본 정부의 법적 책임이 존재한다는 것이다. 반면, 일본 정부는 일본군 위안부 피해자문제는 한일청구권협정에 의해 기해결되었다는 입장을 견지하고 있다. 다만, 1993년 8월 고노 담화 등을 통해 사죄와 반성의 뜻을 표명하였다. 1995년 일본 정부는 인도적 차원에서 민간 주도의 '아시아여성기금'을 설립하고(국가는 간접적 지원), 피해자들에게 개별적으로 1인당 500만 엔(한화 약 4,300만 원) 상당을 지원하였다.

### (2) 고노담화(1993)

1993년 8월 4일 미야자와 개조 내각의 고노 요헤이 내각관방장관이 발표한 담화이다. 주요 내용은 첫째, 일본은 구일본군이 직접 또는 간접적으로 위안소가 설치되었음을 인정한다. 둘째, 본인의 의사에 반하여 모집된 사례가 많았다. 셋째, 종군위안부로서 많은 고통을 겪고 몸과 마음에 치유하기 어려운 상처를 입은 모든 분에 대해 마음으로부터 사과와 반성의 뜻을 밝힌다. 넷째, 사죄의 마음을 우리나라로서 어떻게 나타낼 것인지에 관해서는 식견 있는 분들의 의견 등도 구하면서 앞으로도 진지하게 검토하겠다.

> **참고**
>
> **위안부 관계 조사 결과 발표에 관한 고노 내각 관방장관 담화(고노 담화, 1993년 8월 4일)**
>
> 이른바 종군위안부문제에 관해서 정부는 재작년 12월부터 조사를 진행해 왔으나 이번에 그 결과가 정리되었으므로 발표하기로 하였다.
>
> 이번 조사 결과 장기간 그리고 광범위한 지역에 위안소가 설치되어 수많은 위안부가 존재하였다는 것이 인정되었다. 위안소는 당시의 군 당국의 요청에 따라 마련된 것이며 위안소의 설치, 관리 및 위안부의 이송에 관해서는 옛 일본군이 직접 또는 간접적으로 이에 관여하였다. 위안부의 모집에 관해서는 군의 요청을 받은 업자가 주로 이를 맡았으나 그런 경우에도 감언(甘言), 강압에 의하는 등 본인들의 의사에 반해 모집된 사례가 많았으며 더욱이 관헌(官憲) 등이 직접 이에 가담한 적도 있었다는 것이 밝혀졌다. 또한 위안소에서의 생활은 강제적인 상황하의 참혹한 것이었다.
>
> 또한 전지(戰地)에 이송된 위안부의 출신지에 관해서는 일본을 별도로 하면 한반도가 큰 비중을 차지하고 있었으나 당시의 한반도는 우리나라의 통치 아래에 있어 그 모집, 이송, 관리 등도 감언, 강압에 의하는 등 대체로 본인들의 의사에 반해 행해졌다.

어쨌거나 본 건은 당시 군의 관여 아래 다수 여성의 명예와 존엄에 깊은 상처를 입힌 문제다. 정부는 이번 기회에 다시 한 번 그 출신지가 어디인지를 불문하고 이른바 종군위안부로서 많은 고통을 겪고 몸과 마음에 치유하기 어려운 상처를 입은 모든 분에 대해 마음으로부터 사과와 반성의 뜻을 밝힌다. 또 그런 마음을 우리나라로서 어떻게 나타낼 것인지에 관해서는 식견 있는 분들의 의견 등도 구하면서 앞으로도 진지하게 검토해야 할 일이라고 생각한다.

우리는 이런 역사의 진실을 회피하는 일이 없이 오히려 이를 역사의 교훈으로 직시해 가고 싶다. 우리는 역사 연구, 역사 교육을 통해 이런 문제를 오래도록 기억하고 같은 잘못을 절대 반복하지 않겠다는 굳은 결의를 다시 한 번 표명한다.

### (3) 2015년 합의

2015년 12월 28일 한국과 일본은 공동 기자회견을 개최하고 합의 사항을 발표하였다. 일본측 발표사항은 첫째, 일본군 관여하에 발생한 위안부 문제에 대해 책임을 통감하며 아베 내각 총리 대신은 일본국 총리대신으로서 마음으로부터 사죄와 반성의 마음을 표명한다. 둘째, 한국정부가 위안부 지원을 위한 재단을 설립하고 일본 정부 예산으로 자금을 거출하고 마음의 상처 치유를 위한 사업을 진행한다. 셋째, 위안부 문제가 최종적 불가역적으로 해결될 것을 확인하며, 유엔 등 국제사회에서 상호 비난을 자제한다. 한국측 발표 내용은 첫째, 위안부 문제의 최종적 및 불가역적 해결을 확인한다. 둘째, 주한일본대사관 앞의 소녀상에 대해 한국 정부가 관련 단체와 협의하여 해결하도록 노력한다. 셋째, 국제사회에서 상호 비난을 자제한다.

> **참고**
>
> **위안부문제에 대한 한국과 일본의 합의(2015년 12월 28일)**
> 한국과 일본 정부는 위안부문제에 대해 합의하고 다음과 같이 발표하였다.
> **1. 일본 측 합의문 발표 내용**
> ① 위안부문제는 당시 군의 관여하에 다수의 여성의 명예와 존엄에 깊은 상처를 입힌 문제로서, 이러한 관점에서 일본 정부는 책임을 통감한다. 아베 내각 총리대신은 일본국 내각 총리대신으로서 다시 한번 위안부로서 많은 고통을 겪고 심신에 걸쳐 치유하기 어려운 상처를 입은 모든 분들에 대해 마음으로부터 사죄와 반성의 마음을 표명한다.
> ② 일본 정부는 지금까지도 본 문제에 진지하게 임해 왔으며, 그러한 경험에 기초하여 이번에 일본 정부의 예산에 의해 모든 前 위안부분들의 마음의 상처를 치유하는 조치를 강구한다. 구체적으로는, 한국 정부가 前 위안부분들의 지원을 목적으로 하는 재단을 설립하고, 이에 일본 정부 예산으로 자금을 일괄 거출하고, 일한 양국 정부가 협력하여 모든 前 위안부분들의 명예와 존엄의 회복 및 마음의 상처 치유를 위한 사업을 행하기로 한다.
> ③ 일본 정부는 이상을 표명함과 함께, 이상 말씀드린 조치를 착실히 실시한다는 것을 전제로, 이번 발표를 통해 동 문제가 최종적 및 불가역적으로 해결될 것임을 확인한다. 또한, 일본 정부는 한국 정부와 함께 향후 UN 등 국제사회에서 동 문제에 대해 상호 비난·비판하는 것을 자제한다. 예산조치에 대해서는 대략 10억 엔 정도를 상정하고 있다.

2. 한국 측 합의문 발표 내용
① 한국 정부는 일본 정부의 표명과 이번 발표에 이르기까지의 조치를 평가하고, 일본 정부가 앞서 표명한 조치를 착실히 실시한다는 것을 전제로, 이번 발표를 통해 일본 정부와 함께 이 문제가 최종적 및 불가역적으로 해결될 것임을 확인한다. 한국 정부는 일본 정부가 실시하는 조치에 협력한다.
② 한국 정부는 일본 정부가 주한일본대사관 앞의 소녀상에 대해 공관의 안녕·위엄의 유지라는 관점에서 우려하고 있는 점을 인지하고, 한국 정부로서도 가능한 대응방향에 대해 관련 단체와의 협의 등을 통해 적절히 해결되도록 노력한다.
③ 한국 정부는 이번에 일본 정부가 표명한 조치가 착실히 실시된다는 것을 전제로, 일본 정부와 함께 향후 UN 등 국제사회에서 이 문제에 대해 상호 비난·비판을 자제한다.

### (4) 문재인 정부의 입장(2018년 1월 9일 발표)

문재인 정부는 TF를 만들어 위안부 문제를 재검토하여 다음과 같은 입장을 표명했다. 첫째, 일본 정부가 출연한 기금 10억 엔은 한국 정부 예산으로 충당하고, 이 기금의 향후 처리 방안에 대해서는 일본 정부와 협의한다. 둘째, 화해치유재단 향후 운영에 관련해서는 여러 개인 및 단체의 의견을 수렴하겠다. 셋째, 피해 당사자인 할머니들의 의사를 제대로 반영하지 않은 2015년 합의는 일본군 위안부 피해자 문제의 진정한 해결이 될 수 없다. 넷째, 2015년 합의가 양국 간의 공식 합의였다는 사실은 부인할 수 없다. 이를 감안하여 정부는 동 합의와 관련하여 일본 정부에 대해 재협상은 요구하지 않을 것이다. 한편, 2018년 11월 21일 화해치유재단 해산 방침을 발표했다.

## 4. 군사비밀정보의 보호에 관한 협정(GSOMIA)(2016)

2016년 11월 23일 서울에서 서명과 동시에 발효되었다. 한일 양국은 2011년 1월 국방장관회담에서 북한의 핵·미사일 위협 고조 등을 배경으로 한일군사정보보호협정 체결 추진에 합의하였다. 한일군사정보보호협정은 정보를 교환하는 방법과 교환된 정보를 보호·관리하는 절차를 규정하는 협정이다. 정보 제공 경로 및 관계기관의 자격, 제공된 정보에 대한 보호의무, 제공된 정보에 대한 관리방법 및 파기절차 등을 내용으로 한다. 정보를 제공할 의무를 규정하는 것이 아니며, 실제 정보 공유는 각국이 사안별로 제공 필요성 여부를 면밀히 검토한 후 제공할 수 있다. 협정의 유효기간은 1년이며, 협정 종료의사를 90일 전 서면통보하지 않는 한 자동 연장된다. 양국의 상호 서면동의에 의해 개정 가능하다.

한국은 일본과 적시성 있게 영상정보 등을 직접 공유하게 된다면 북한의 탄도미사일 발사궤적을 추적·분석하고 북한의 핵능력을 기술적으로 분석하는데 실질적으로 큰 도움이 될 것으로 판단하고 일본과 협정을 체결하였다. GSOMIA 체결을 통해 일본이 획득한 정보를 미국을 경유하지 않고 직접 공유할 수 있어, 북핵·미사일 위협정보에 대한 신속성·정확성·신뢰도가 높아질 것으로 기대하였다. 한국은 2019년 8월 23일 일본과의 GSOMIA 종료를 통보하였고, 90일 이후 발효될 예정이었으나, 한국은 2019년 11월 22일 GSOMIA 종료 통보의 효력을 정지하였다.

## 5. 강제동원 피해자 문제

일제강점기 강제동원이란 일제가 아시아태평양전쟁(1931~1945)을 수행하기 위해 국가권력에 의해 제국영역을 대상으로 실시한 인적·물적·자금 동원 정책을 의미한다. 본격적인 인력동원은 「국가총동원법」(1938년 4월 1일 공포, 5월 시행) 이후 실시되었다. 강제동원된 지역은 일본, 남사할린(당시 지명 가라후토 樺太), 식민지(조선 및 대만), 점령지·전쟁터(중서부태평양, 중국관내, 동남아지역) 등이다. 그동안 한국은 강제동원 피해자 배상 문제는 1965년 청구권협정을 통해 해결된 것이 아니라는 입장이었으나, 일본은 일제 시대 모든 청구권은 동 협정을 통해 해결되었다는 입장이었다. 2018년 한국 대법원은 강제동원 피해자들이 제기한 소송에서 원고승소로 최종판결하였으나, 일본 정부는 이에 항의하며 판결 이행을 거부하도록 자국 기업에 지시하면서 한국에 대해 수출규제 등 제재조치를 취하며 상당기간 한일관계가 경색되었다. 그러다, 2022년 출범한 윤석열 정부는 한일관계 개선을 중시하면서 2023년 3월 6일 해법을 제시했다. 한국 정부가 발표한 최종안은 2018년 대법원으로부터 배상 확정 판결을 받은 일제 강제징용 피해자들에게 국내 재단이 대신 판결금을 지급하는 '제3자 변제'를 골자로 한다. 즉, 일본 피고 기업인 미쓰비시중공업과 일본제철 대신 한국 정부 산하 재단이 한국 기업들이 출연한 기금으로 2018년 대법원 확정판결을 받은 피해자들에게 판결금을 지급하는 제3자 변제 방식이다. 대상자 15인 일부는 이러한 방식에 동의하였으나 동의하지 않은 피해자도 있어서 현재까지 논란이 되고 있다.

## 6. 과거사 문제

과거사 문제는 일본의 한국 제국주의 정책과 관련된 문제를 포괄하며 여기에는 강제징용문제, 위안부 문제, 역사인식 문제, 역사교과서 문제, 태평양전쟁의 성격에 대한 문제 등이 포함된다. 과거사 문제의 가장 근본적 출발점은 한국에 대한 일본인의 가해의식의 부재에서 비롯된다. 가해의식이 없는데 반성이나 사죄가 있을 수 없다. 일본의 가혹한 식민통치에 의하여 크나큰 피해를 입은 한국인으로서는 그와 같은 역사인식을 가지고 있는 일본인들과는 우호관계를 구축할 수 없다고 생각하고 있으며, 여기에서 근본적인 인식의 차이가 발생하게 되는 것이다. 일본은 1995년 무라야마 담화를 시작으로 해서 고이즈미 담화(2005), 간나오토담화(2010) 등을 통해 과거사 문제에 대해 사죄의 뜻을 표명하였으나, 역사 수정주의자로 평가되는 아베는 2015년 담화에서 사죄 표명을 우회적으로 거부하기도 하였다.

**무라야마 담화(1995년 8월 15일)**

지난 대전이 종말을 고한지 50년의 세월이 흘렀습니다. 다시금 그 전쟁으로 인하여 희생되신 내외의 많은 분들을 상기하면 만감에 가슴이 저미는 바입니다.

패전 후 일본은 불타버린 폐허 속에서 수많은 어려움을 극복하면서 오늘날의 평화와 번영을 구축해 왔습니다. 그것은 우리들의 자랑이며 그것을 위하여 기울인 국민 여러분 한 분 한 분의 영지(英知)와 꾸준한 노력에 대하여 저는 진심으로 경의의 뜻을 표하는 바입니다. 여기에 이르기까지 미국을 비롯한 세계 여러 나라에서 보내진 지원과 협력에 대하여 다시 한번 심심한 사의를 표합니다. 또 아시아 · 태평양 근린제국, 미국, 구주제국과의 사이에 오늘날과 같은 우호관계를 구축하게 된 것을 진심으로 기쁘게 생각합니다.

오늘날 일본은 평화롭고 풍요로워졌지만 우리는 자칫하면 이 평화의 존귀함과 고마움을 잊어버리기 쉽습니다. 우리는 과거의 잘못을 두 번 다시 되풀이하지 않도록 전쟁의 비참함을 젊은 세대에 전하지 않으면 안 됩니다. 특히 근린제국의 국민들과 협조하여 아시아 · 태평양 지역 더 나아가 세계평화를 확고히 해 나가기 위해서는 무엇보다도 이들 여러 나라와의 사이에 깊은 이해와 신뢰를 바탕으로 하는 관계를 키워나가는 것이 불가결하다고 생각합니다. 정부는 이러한 생각을 바탕으로 하여 특히 근현대에 있어서 일본과 근린 아시아제국과의 관계에 관한 역사 연구를 지원하고 각 국과의 교류를 비약적으로 확대시키기 위하여 이 두 가지를 축으로 하는 평화우호교류사업을 전개하고 있습니다. 또 현재 힘을 기울이고 있는 전후 처리문제에 대하여도 일본과 이들 나라와의 신뢰관계를 한층 강화하기 위하여 저는 앞으로도 성실히 대응해 나가겠습니다.

지금 전후 50주년이라는 길목에 이르러 우리가 명심해야 할 것은 지나온 세월을 되돌아보면서 역사의 교훈을 배우고 미래를 바라다보며 인류사회의 평화와 번영에의 길을 그르치지 않게 하는 것입니다.

<u>우리나라는 멀지 않은 과거의 한 시기, 국가정책을 그르치고 전쟁에의 길로 나아가 국민을 존망의 위기에 빠뜨렸으며 식민지 지배와 침략으로 많은 나라들 특히 아시아 제국의 여러분들에게 다대한 손해와 고통을 주었습니다.</u>

<u>저는 미래에 잘못이 없도록 하기 위하여 의심할 여지도 없는 이와 같은 역사의 사실을 겸허하게 받아들이고 여기서 다시 한번 통절한 반성의 뜻을 표하며 진심으로 사죄의 마음을 표명합니다.</u> 또 이 역사로 인한 내외의 모든 희생자 여러분에게 깊은 애도의 뜻을 바칩니다.

패전의 날로부터 50주년을 맞이한 오늘, 우리나라는 깊은 반성에 입각하여 독선적인 내셔널리즘을 배척하고 책임 있는 국제사회의 일원으로서 국제협조를 촉진하고 그것을 통하여 평화의 이념과 민주주의를 널리 확산시켜 나가야 합니다. 동시에 우리나라는 유일한 피폭국이라는 체험을 바탕으로 해서 핵무기의 궁극적인 폐기를 지향하여 핵확산금지체제의 강화 등 국제적인 군축을 적극적으로 추진해 나가는 것이 간요(肝要)합니다. 이것이야말로 과거에 대한 속죄이며 희생되신 분들의 영혼을 달래는 길이 되리라고 저는 확신합니다.

"의지하는 데는 신의보다 더한 것이 없다."라고 합니다. 이 기념할 만한 때에 즈음하여 신의를 시책의 근간으로 삼을 것을 내외에 표명하며 저의 다짐의 말씀에 대신하고자 합니다.

### 고이즈미 담화(2005년 8월)

저는 종전 60주년을 맞이하여 다시금 현재 우리가 누리고 있는 평화와 번영이 전쟁에 의해 본의 아니게 목숨을 잃은 많은 분들의 고귀한 희생 위에 있음을 자각하고, 두 번 다시 우리나라가 전쟁의 길로 들어서서는 안되리라는 결의를 새롭게 다집니다.

지난 전쟁에서는 300만에 가까운 부모형제가 조국과 가족을 염려하며 전장으로 향한 채 총탄에 맞아 쓰러지거나 전후 먼 이국의 땅에서 숨을 거두어야 했습니다.

<u>또한 우리나라는 일찍이 식민지 지배와 침략행위로 인해 많은 나라들, 특히 아시아제국의 국민들에게 막대한 손해와 고통을 주었습니다. 이러한 역사적 사실을 겸허하게 받아 들여 재차 통절한 반성과 진심으로 사죄의 뜻을 표명함과 동시에 지나간 전쟁으로 인한 내외의 모든 희생자에게 삼가 애도의 뜻을 표합니다.</u>

우리는 비참한 전쟁의 교훈을 잊지 않고 두 번 다시 전화를 겪는 일이 없이 세계의 평화와 번영에 공헌해 나갈 것을 결의하는 바입니다.

전후 우리나라는 국민들의 부단한 노력과 많은 국가들의 지원에 의해 폐허로부터 일어섰으며, 샌프란시스코평화조약을 받아들여 국제사회 복귀를 향한 제1보를 내디뎠습니다. 그리고 어떠한 문제도 무력에 의존하지 않고 평화적으로 해결한다라는 입장을 견지하고, ODA나 UN평화유지활동 등을 통해서 세계의 평화와 번영을 위해 물적·인적 측면에서 적극적으로 공헌해 왔습니다.

우리나라의 전후 역사는 명확히 전쟁에 대한 반성을 행동으로 보여준 평화의 60년이었습니다. 우리나라는 전후 세대가 인구의 70%를 넘고 있습니다. 일본 국민은 하나같이 스스로의 체험이나 평화를 지향하는 교육을 통해서 국제평화를 진심으로 희구하고 있습니다. 현재 세계 각지에서 청년 해외 협력대 등을 통해 많은 일본인들이 평화와 인도 지원을 위해 활약하고 있고, 현지인들로부터 높은 신뢰와 평가를 받고 있습니다.

또한 아시아 제국과의 관계 역시 전례가 없을 정도로 경제·문화 등 폭 넓은 분야에서의 교류가 깊어지고 있습니다. 특히 지척간에 있는 한국이나 중국을 비롯한 아시아제국과는 함께 손을 잡고 이 지역의 평화를 유지·발전시킴을 목표로 해야 할 것으로 생각합니다. 과거를 직시하고 역사를 바르게 인식해서 아시아 제국과의 상호이해와 신뢰에 근거한 미래 지향적 협력관계를 구축해 나가고자 합니다.

국제사회는 지금 개발도상국의 개발 및 빈곤의 극복, 지구 환경의 보전, 대량살상무기 불확산, 테러 방지 근절 등 이전에는 상상도 할 수 없었던 복잡하고 곤란한 과제에 직면해 있습니다. 우리나라는 세계평화에 공헌하기 위해 부전의 맹세를 견지하고 유일한 피폭국가로서의 체험, 전후 60년의 경험을 바탕으로 해 국제사회의 책임 있는 일원으로서의 역할을 적극적으로 펼쳐나갈 것입니다.

전후 60년이 되는 올해, 평화를 사랑하는 우리는 뜻을 같이하는 모든 국가들과 함께 인류 전체의 평화와 번영을 실현하기 위해 전력을 다할 것임을 재차 강조합니다.

### 간 나오토 담화(2010년 8월)

올해는 한·일관계에 있어서 커다란 전환점이 되는 해입니다. 정확히 100년 전 8월 한일병합조약이 체결되어 이후 36년에 걸친 식민지 지배가 시작되었습니다. 3·1 독립운동 등의 격렬한 저항에서도 나타났듯이, 정치·군사적 배경하에 당시 한국인들은 그 뜻에 반하여 이루어진 식민지 지배에 의해 국가와 문화를 빼앗기고, 민족의 자긍심에 깊은 상처를 입었습니다.

저는 역사에 대해 성실하게 임하고자 생각합니다. 역사의 사실을 직시하는 용기와 이를 인정하는 겸허함을 가지고, 스스로의 과오를 되돌아 보는 것에 솔직하게 임하고자 생각합니다. 아픔을 준 쪽은 잊기 쉽고, 받은 쪽은 이를 쉽게 잊지 못하는 법입니다. 이러한 식민지 지배가 초래한 다대(多大)한 손해와 아픔에 대해, 여기에 재차 통절한 반성과 마음에서 우러나오는 사죄의 심정(痛切な反省と心からのおわびの氣持)을 표명합니다.

이러한 인식하에 향후 100년을 바라보면서, 미래지향적인 한일관계를 구축해 갈 것입니다. 또한, 실시해 온, 이른바 사할린 한국인 지원, 한반도 출신자의 유골봉환 지원이라는 인도적 협력을 금후에도 성실히 실시해 갈 것입니다. 또한, 일본이 통치하던 기간에 조선총독부를 경유하여 반출되어 일본 정부가 보관하고 있는 조선왕조의궤 등 한반도에서 유래한 귀중한 도서에 대해, 한국민의 기대에 부응하여 가까운 시일에 이를 넘기고자 합니다.

일본과 한국은 2천년에 걸친 활발한 문화 교류 및 인적 왕래를 통해 세계에 자랑할 만한 훌륭한 문화와 전통을 깊이 공유하고 있습니다. 또한, 오늘날 양국의 교류는 매우 중층적이며 광범위하고 다방면에 걸쳐 있으며, 양국 국민이 서로에게 느끼는 친근감과 우정은 전례가 없을 정도로 강해지고 있습니다. 또한, 양국의 경제관계 및 인적 교류의 규모는 국교정상화 이래 비약적으로 확대되었고, 서로 절차탁마하면서 그 결합은 극히 공고해졌습니다.

한일 양국은 이제 금번 21세기에 있어서 민주주의 및 자유, 시장경제라는 가치를 공유하는 가장 중요하며 긴밀한 이웃 국가가 되었습니다. 이는 양국관계에 그치지 않고, 장래 동아시아 공동체 구축을 염두에 둔 이 지역의 평화와 안정, 세계경제 성장과 발전, 그리고 핵군축 및 기후변화, 빈곤 및 평화구축 등과 같은 지구규모의 과제까지, 지역과 세계의 평화와 번영을 위해 폭넓게 협력하여 지도력을 발휘하는 파트너관계입니다.

저는 이러한 커다란 역사의 전환점을 계기로, 한일 양국의 유대가 보다 깊고, 보다 확고해지는 것을 강하게 희구함과 동시에, 양국 간 미래를 열어가기 위해 부단한 노력을 아끼지 않을 결의를 표명합니다.

### 아베 담화(2015년 8월)

종전 70년을 맞아, 앞선 대전(大戰)의 길과 전후의 걸어온 길, 20세기라고 하는 시대를 저희들은 마음으로 조용히 돌아보며, 그 역사의 교훈으로부터 미래를 향한 지혜를 배우지 않으면 안 된다고 생각합니다.

100년 이상 전의 세계에는 서양 여러나라를 중심으로 한 나라들의 광대한 식민지가 확산하고 있었습니다. 압도적인 기술우위를 배경으로, 식민지배의 파도는 19세기 아시아에도 들이닥쳤습니다. 그 위기감이 일본에 근대화의 원동력이 되었던 것은 틀림없습니다. 아시아에서 최초로 입헌정치를 세우고, 독립을 지켰습니다. 러일전쟁은 식민지 지배 아래에 있던 많은 아시아와 아프리카 사람들에게 용기를 북돋아주었습니다.

세계를 둘러싼 제1차 세계대전을 걸쳐, 민족자결의 움직임이 확대되면서 그 때까지의 식민지화에 제동이 걸렸습니다. 이 전쟁은 1천만 명의 전사자를 낸 비참한 전쟁이었습니다. 사람들은 평화를 강하게 원하였으며, 국제연맹을 창설하였고, 부전조약(전쟁방지조약)을 체결하였습니다. 전쟁 자체를 위법화하고, 새로운 국제사회의 조류가 생겨났습니다.

당초는 일본도 보조를 맞추었습니다. 그러나 세계공황이 발생하고, 구미 여러나라가 식민지 경제를 둘러싼 경제블록화를 진행하면서 일본 경제는 큰 타격을 입었습니다. 그런 와중에 일본은 고립감이 심화되었으며 외교적·경제적인 교착상태를 힘을 사용해 해결하려고 시도하였습니다. 이렇게 해서 일본은 세계의 대세를 놓쳤습니다.

만주사변, 그리고 국제연맹 탈퇴. 일본은 차제에 국제사회가 장렬한 희생 위에 구축한 '새로운 국제질서'에의 '도전자'가 되었습니다. 가야할 침로를 그르치며, 전쟁에의 길로 전진해 갔습니다.

그리고 70년 전, 일본은 패전하였습니다.

전후 70년에 즈음해, 국내 외에서 숨진 모든 사람들의 목숨 앞에 깊이 머리를 숙이고, 통석의 염을 나타내는 것과 함께 영겁의, 애통의 마음을 올립니다.

앞선 대전에서는 300여만 명의 동포가 생명을 잃었습니다. 조국의 나아갈 미래를 찾으며, 가족의 행복을 바라면서, 전쟁의 진지에서 흩어졌던 사람들. 종전 후 혹한 또는 작렬하는 먼 타향의 땅에서 굶거나 아픈 고통으로 숨진 사람들. 히로시마와 나가사키에서의 원폭 투하, 도쿄를 시작으로 각 도시에서의 폭격, 오키나와에서의 지상전 등으로 인해 많은 곳에서 사람들이 남김없이 희생되었습니다.

전화를 거친 나라들에서도, 장래가 있는 젊은이들의 생명이, 셀 수도 없이 상실되었습니다. 중국, 동남아시아, 태평양의 섬들 등 전장이 되었던 지역에서는 전투뿐 아니라 식량난 등으로 인해 많은 무고한 백성이 고통받고 희생되었습니다. 전장의 그늘에서는 깊이 명예와 존엄에 상처를 입은 여성들이 있었다는 사실도 잊혀져서는 안 됩니다.

아무 죄도 없는 사람들에게 헤아릴 수 없는 손해와 고통을 일본이 준 사실. 역사는 실로 돌이킬 수 없는 가혹한 것입니다. 한 사람 한 사람에게 각각의 인생이 있고, 꿈이 있고, 사랑하는 가족이 있었다는 당연한 사실을 음미할 때, 지금도 말을 잃고 그저 단장(斷腸)의 마음을 금할 수 없습니다.

이토록 고귀한 희생 위에 현재의 평화가 있다. 이것이 전후 일본의 원점입니다.

다시는 전쟁의 참화를 반복해서는 안 된다. 사변, 침략, 전쟁, 어떠한 무력의 위협이나 행사도 국제분쟁을 해결하는 수단으로서는 두번 다시 사용해선 안 된다. 식민지 지배로부터 영원히 결별하고 모든 민족의 자결권이 존중되는 세계를 만들지 않으면 안 된다. 지난 대전에 대한 깊은 회개의 마음과 함께 우리나라는 그렇게 맹세했습니다. 자유롭고 민주적인 국가를 만들고, 법의 지배를 중시하고 오로지 부전(不戰)의 맹세를 견지해 왔습니다. 70년간의 평화 국가로서의 행보에 우리는 조용한 자부심을 품고 이 부동의 정책을 앞으로도 견지하겠습니다. <u>우리나라는 지난 대전에서의 행동에 대해 반복해서 통절한 반성과 진심어린 사죄의 마음을 표명하였습니다.</u> 그 생각을 실제 행동으로 보여주기 위해 인도네시아, 필리핀을 비롯한 동남아 국가, 대만, 한국, 중국 등 이웃인 아시아 사람들이 걸어온 고난의 역사를 가슴에 새기고 전후 일관되게 그 평화와 번영을 위해 힘을 다해왔습니다. 이러한 역대 내각의 입장은 앞으로도 흔들리지 않을 것입니다.

그러나 우리가 어떠한 노력을 해도, 가족을 잃은 분들의 슬픔, 전화(戰禍)에 의해 도탄의 고통을 맛본 사람들의 아픈 기억은 앞으로도 결코 치유되지 않을 것입니다.

그러므로 우리는 명심해야 합니다.

전후 600만 명이 넘는 귀환자가 아시아·태평양 각지에서 무사히 귀환해서 일본 재건의 원동력이 된 사실을. 중국에 방치된 3천 명 가까운 일본인의 아이들이 무사히 성장해 다시 조국의 흙을 밟을 수 있었다는 사실을. 미국과 영국, 네덜란드, 호주 등의 옛 포로 여러분이 오랫동안 일본을 방문해 서로의 전사자를 위한 위령을 계속하고 있다는 사실을.

전쟁의 고통을 그지없이 경험한 중국인 여러분과 일본군에 의해 극심한 고통을 받은 옛 포로 여러분이 그렇게 관대해지기 위해서는 어느 정도의 마음의 갈등이 있고 어느 정도의 노력이 필요했던가.

그것에 대해 우리들은 생각을 다 해야 합니다.

관용의 마음에 의해 일본은 전후 국제사회에 복귀할 수 있었습니다. 전후 70년이라는 이 기회에 있어서 우리나라는 화해를 위해 힘써 주신 모든 국가 모든 분들에게 진심으로 감사의 마음을 전하고 싶습니다.

일본에서는 전후 태어난 세대가 이제 인구의 8할을 넘고 있습니다. 그 전쟁에는 아무런 관계가 없는 우리의 자녀나 손자, 그리고 그 뒤 세대의 아이들에게 사과를 계속할 숙명을 지게 해서는 안 됩니다.

그렇지만 우리 일본인은 세대를 넘어 과거의 역사를 정면으로 마주하지 않으면 안 됩니다. 겸허한 마음으로 과거를 계승하고 미래에 전달할 책임이 있습니다.

우리의 부모, 또 그의 부모 세대가 전후 잿더미와 가난의 수렁 속에서 생명을 이어갔습니다. 그리고 현재 우리 세대 또한 다음 세대로 미래를 이어갈 수 있습니다. 선인들의 끊임없는 노력과 더불어 적으로 치열하게 싸운 미국, 호주, 유럽 국가를 비롯해 정말 많은 국가들이 은혜와 원한을 넘은 선의와 지원의 손길을 뻗어준 데 대해 감사합니다.

그것을 우리는 미래로 구전해가지 않으면 안 된다. 역사의 교훈을 깊이 가슴에 새기고 더 나은 미래를 개척하고, 아시아, 그리고 세계 평화와 번영에 힘을 다할 것이다. 그런 큰 책임이 있습니다.

우리는 스스로 교착상태를 힘으로 타개하려고 한 과거를 가슴에 계속 새기겠습니다. 그럴수록 일본은 어떤 분쟁도 법의 지배를 존중하고, 힘의 행사가 아니라 평화적·외교적으로 해결해야 한다는 원칙을 앞으로도 굳게 지키고 세계 각국에 촉구하겠습니다. 유일한 전쟁 피폭국으로서 핵무기의 비확산과 궁극적인 폐기를 목표로 국제사회에서의 책임을 이행하겠습니다.

우리는 20세기에 전시하에 많은 여성들의 존엄과 명예가 깊은 상처를 입은 과거를 가슴에 계속 새기겠습니다. 그럴수록 우리나라는 그런 여성들의 마음에 항상 다가가는 국가이고 싶습니다. 21세기야말로 여성의 인권이 손상되지 않는 세기가 되도록 하기 위해 세계를 선도하겠습니다.

우리는 경제의 블록화가 분쟁의 싹을 키운 과거를 가슴에 계속 새길 것입니다. 그래서 일본은 어떤 나라의 자의에 좌우되지 않는 자유롭고 공정하고 열린 국제경제체제를 발전시켜 개발도상국 지원을 강화하고 세계를 더욱 번영으로 견인해 나갈 것입니다. 번영이야말로 평화의 기초입니다. 폭력의 온상이 되기도 하는 빈곤에 맞서 세계의 모든 사람들에게 의료와 교육, 자립의 기회를 제공하기 위해 더욱 힘을 다하겠습니다.

우리는 국제 질서에 도전자가 되어 버린 과거를 가슴에 계속 새기겠습니다. 우리나라는 자유, 민주주의, 인권 등 기본적 가치를 확고히 견지하고 그 가치를 공유하는 국가들과 손 잡고 '적극적 평화주의'의 기치를 높이 들고 세계 평화와 번영에 어느 때보다 기여하겠습니다.

종전 80년, 90년, 100년을 향해서, 그런 일본을 국민 여러분과 함께 만들어 가겠다는 결의입니다.

[※ 아베 담화에 대한 일반적 평가: <u>무라야마 담화(1995), 고이즈미 담화(2005), 간나오토 담화(2010) 등 앞선 총리 담화와 달리 아베 담화는 일본의 식민지 지배에 대한 직접적인 반성을 표명한 담화는 아니다</u>]

## 4 한러 관계

### 1. 한러관계 전개과정

#### (1) 조선 - 러시아 관계

조선과 러시아는 1884년 조러수호통상조약을 체결하여 수교하였으며, 이후 1888년 조러육로통상장정을 체결하였다. 1885년 서울에 러시아 공사관을 설치하고 베베르를 초대 공사로 파견했다. 1904년 한일의정서 체결로 조러간 모든 조약이 폐기되었다. 1905년 9월 포츠머스 조약으로 러시아는 한반도에서 영향력을 상실했다.

#### (2) 2차 대전 이후 한국 - 소련 관계

1945년 2월 얄타회담에서 한반도 분단이 결정되었고, 이후 소련은 38도선 이북을 점령하고 군정을 실시하면서 김일성을 위원장으로 하는 북조선임시인민위원회를 조직하여 공산주의 체제를 수립했다. 1945년 12월 모스크바 3상회의에서 최고 5년의 신탁통치를 결정했으나 남한은 반대했다. 1948년 10월 소련은 북조선 임시인민위원회를 승인하는 한편, 남한과는 대화 창구를 폐쇄했다.

#### (3) 한소 수교

한국과 소련은 1990년 9월 30일 한 - 소 외무장관 회담을 개최하고 대사급 외교관계 수립에 합의했다. 한소 양국은 1990년 6월 4일 노태우 - 고르바초프 정상회담에서 한소수교원칙에 합의하였다. 한소수교는 노태우 정부의 북방정책과 소련의 한반도 정책이 효과적으로 맞물린 결과였다. 1991년 12월 소비에트연방이 해체된 이후 CIS가 탄생함에 따라 소비에트연방을 법적으로 승계한 러시아공화국과 한국 간 외교관계가 자동 승계되었다.

#### (4) 수교 이후 한국 - 러시아 관계 주요 사례

첫째, 2008년 이명박 대통령이 방러하고 양국관계를 '전략적 협력 동반자 관계'로 격상했다. 둘째, 2017년 문재인 대통령이 방러하여 제3차 동방경제포럼에 참석하고 양국 간 실질 협력 강화를 위한 '5개 협력의 틀'과 '9개 다리 전략'을 발표했다.

### 2. 극동 및 시베리아 지역 협력

2017년 9월 한국은 신북방정책 및 9 - Bridge(철도, 가스, 전력, 북극항로, 조선, 항만, 농업, 수산업, 일자리)정책을 발표했다. 대통령 직속 북방경제협력위원회를 통해 극동 및 시베리아 지역 개발을 포함한 한러 간 경제협력 확대를 위해 노력하고 있다.

## 3. 북핵문제 공조

러시아는 한반도의 안정이 자국의 안보와 경제적 이익에 중요하다는 인식 하에, 6자 회담 당사국이자 유엔 안보리 상임이사국으로서 북한 핵문제의 평화적 해결 및 한반도의 평화 정착을 위한 국제사회의 노력을 지지하고 있다. 한러 양국은 북핵 불용 및 북핵 문제의 평화적 해결이라는 공동 인식 하에 한반도 문제 관련 긴밀한 소통을 지속하고 있다. 2018년 6월 22일 한러공동성명은 한반도 평화와 번영 및 통일을 위한 판문점 선언 채택을 환영하고, 한반도 문제 해결을 위한 러시아의 건설적 역할을 평가하며, 한반도 및 동북아의 항구적 평화 및 안정을 위한 공동 노력을 지속하기로 하였다.

## 4. 러시아의 대한반도 정책

### (1) 목표

러시아의 대한반도 정책 목표는 한반도에 대한 영향력 제고 및 극동시베리아 개발을 위한 평화롭고 안정적인 한반도 안보환경을 조성하는 데 있다. 경제적 측면에서 러시아는 '유로 - 태평양 국가'로서 아태지역 경제권 진출을 위한 교두보를 확보하고자 하며, 한반도에서의 에너지, 교통 인프라 및 물류, 식량안보, 해양자원, 교육 및 과학기술 등의 분야에서 협력을 강화해 나가고자 한다. 또한 러시아는 남북한과 동시에 정상적 관계를 유지하는 입장을 견지해 나가고 있으며, 기본적으로 러시아의 대 남북한 균형 접근 및 등거리 정책도 변함없이 지속해 나가고 있다.

### (2) 최근 한반도 정세 관련 정책

첫째, 러시아는 한반도 문제를 세계질서, 동아시아 질서 재편의 연장선에서 파악하고 있다. 즉, 미일동맹 강화에 대응하는 다른 한 축으로서 중국과의 전략적 동반자관계를 심화시켜 나가고자 한다. 둘째, 역내 안보 현안의 당사자로서 배제되지 않고 참여하는 것에 주의를 기울이고 있다. 셋째, 북한의 체제 붕괴가 아닌 안정 유지에 중점을 두면서 극동 시베리아 개발을 위한 평화적이고 우호적인 환경을 확보하는 데 우선순위를 부여하고 있다. 넷째, 러시아는 남북한 균형접근, 등거리정책을 추진하는 것이 남북한을 다루는 데 유리하다고 판단하고 있다. 다섯째, 북한 핵실험의 후속조치와 관련하여 유엔 안보리에서 강력한 대북 제재에 기본적으로 찬성하나, 내용 면에서 북한 붕괴를 초래할 수 있는 사안이 포함되는 것에는 중국과 공조해 반대한다.

# 제2장 | 한국의 대북정책 및 남북한관계

> **출제 포커스 및 학습방향**
>
> 이승만 정부 수립 이후 한국의 대북정책과 남북한관계의 주요 이슈들을 다룬다. 역대 정부 대북정책 사례에 있어서 특히 출제가능성이 높은 주제를 집중적으로 정리하였다. 각각의 쟁점과 전개과정 및 관계국과의 합의사항 등에 유의해서 공부해야 한다. 남북한 관계의 경우 핵심이슈인 남북통합, 한반도평화체제, 한반도 군비통제에 대해 다룬다. 한국의 통일정책, 평화체제 관련 문서나 선언, 그리고 남북한의 군비통제 입장 차이 등이 출제된 바 있다.

## 제1절 | 우리나라 대북정책

### 1 이승만 정부

#### 1. 통일방안

이승만 정부는 초기에 UN 감시하에 북한지역만의 선거를 통한 통일을 주장하였으나, 한국전쟁이 발발하자 이승만 정부는 무력을 사용한 북진통일을 주장했다. 정전협정 체결 후 UN 감시하 남북한 총선거 통일방안을 최초로 제시했다.

#### 2. 북진통일론

1949년 이승만은 '무력 북진통일론'을 주장하기 시작하였다. 이승만이 북진통일론을 주장한 배경에는 주한미군의 본격적인 철수가 있었다. 이승만은 미군 철수가 본격 이루어지는 상황 속에서, 국내적으로 정부 통일정책을 비판하는 다양한 목소리를 잠재우려 했고, 대외적으로 주한미군 철군과 관련한 대미 협상카드가 필요하였다. 이승만은 북진통일론 주장을 통해 미군 철수를 늦추거나, 철군에 따른 충분한 보상과 안전을 보장받으려고 한 것이다. 그러나, 이승만은 북진통일론 주장을 통해 당초 생각했던 목적을 달성하지 못하고 오히려 한반도 긴장을 고조시켰고, 미국의 견제도 강화되었다.

## 3. 애치슨선언

1950년 1월 12일 미국 국무장관 애치슨은 내셔널프레스클럽 연설에서 '미국의 태평양 방어선에서 한반도와 대만을 제외'한다고 밝혔다. 애치슨의 발언은 미국 정부의 재정지출을 삭감하려던 미국 의회와 군비의 효율적 사용을 주장하는 군부의 의견을 수용한 것이었다. 애치슨은 미국 국내의 정치적 의견을 받아들임과 동시에 북진통일을 외치던 이승만과 본토 수복을 외치던 장제스의 무모한 모험을 견제하려고 하였다. 애치슨의 발언은 추후 북한·중국·소련에 의해 '미국의 한국 방어 포기'로 인식되어 한국전쟁 발발에 일조하였다는 평가도 있다.

## 4. 한국전쟁 당시 이승만 정부의 정책

한국전쟁이 발발하자, 이승만은 1950년 7월 14일 한국군의 작전지휘통제권을 UN군 사령관 맥아더에게 이양하였다. 중공군 참전 이후 미국이 정전을 추진하자, 당초 이승만은 정전을 반대하는 입장이었으나, 이후 '정전 불방해'로 입장을 전환하였다. 이승만 정부는 정전협정 체결에 참여하지는 않겠으나, 정전 불방해의 조건으로 '한미합동방위조약' 체결과 '국군 전력 확대' 및 '대규모의 경제원조'를 요구하였다.

## 5. 정전협정(1953년 7월 27일)

### (1) 개요

1951년 7월 10일부터 UN군 측과 공산군 측 간에 정전협상이 시작되어 1953년 7월 27일 정전협정이 조인되었다. 이 협정은 UN군 측 클라크 사령관, 공산군 측 김일성(북한)과 펑더화이(중국) 총사령관이 서명하였다. 이승만 대통령은 휴전에 반대하는 입장이어서 서명하지 않았지만 UN군 사령관이 참전국을 대표하였으므로 대한민국은 당연히 직접 당사자이다. 협정문은 5조 63개 항과 부칙으로 이루어져 있다.

### (2) 체결 과정

UN군 측과 공산군 측 사이에 정전협상에 대한 합의가 이루어지자 예비회담을 거쳐 1951년 7월 10일 개성에서 본회담이 시작되었다. 10월 25일부터는 판문점으로 장소를 옮겨 회담을 진행하였다. 군사분계선 설정문제는 난항을 겪기도 하였지만 현 대치선을 기준으로 분계선을 확정하는데 큰 이견은 없었다. 따라서 양측은 ① 정전협정이 조인될 때까지 전투행위는 계속되는 것, ② 현대치선을 군사분계선으로 하고 이를 중심으로 남북 각 2km 폭의 비무장지대를 설정하는 것이, ③ 군사분계선에 대한 협정이 정식으로 채택된 후 30일 이내에 정시 휴전이 성립되면 이 군사분계선은 유효하다는 것 등에 합의하였다. 그 후 30일 이내에 정식 휴전이 이루어지지 않아 이 군사분계선 합의가 효력을 잃기는 했지만 결국 약간의 수정을 거쳐 최종적인 분계선으로 확정되었다.

### (3) 포로 송환문제

휴전협상과정에서 포로 송환문제가 회담의 주요 장애물이 되었다. UN군 측은 포로 개개인의 자유의사에 따라 한국·북한·중국 또는 대만을 선택하게 하는 이른바 '자유송환방식'을 주장한 데 대하여, 공산군 측은 모든 중공군과 북한군 포로는 무조건 각각의 고국에 송환되어야 한다는 이른바 '강제송환방식'을 고집하였다. 이로 인해 1952년 2월 27일부터 약 2개월 동안 협상이 중단되었으며, 1952년 10월 8일에는 회담이 무기휴회로 들어갔다. 쌍방이 각자의 주장을 굽히지 않은 것은 UN군 측에서 본다면 공산군 측의 주장대로 강제송환을 한다는 것은 이제까지 주장해 온 인도주의와 자유주의를 스스로 포기하는 것을 의미하는 것이었다. 반대로 공산군 측의 입장에서 본다면 만일 포로의 일부가 귀환을 거부하게 되면 그들이 줄기차게 내세웠던 '침략자를 몰아내고 남한을 해방시키다'는 이른바 '정의의 전쟁'이라는 기치가 퇴색되고, 그들이 그토록 주창하던 그러한 전쟁 목적에 의구심을 가지는 자가 발생할 수도 있었다. 이와 더불어 공산군 측이 UN군 측의 자유송환방식에 극력 반대한 것은 1952년 4월 10일 UN군 사령부가 공산군 포로들을 대상으로 조사를 실시한 결과 공산군 포로 약 17만 명(민간인 억류자 포함) 가운데 10만 명의 포로가 자유송환을 원하고 있는 것으로 나타났기 때문이었다.

그리하여 공산군 측은 포로 교환에 대한 문제로 휴전회담이 교착될 때마다 회담을 유리하게 끌고 나가기 위해 포로수용소 내에서 계획적인 폭동을 일으키도록 조종하였는데, 그 가운데 가장 큰 사건은 1952년 5월 7일에 발생한 거제도 포로수용소 소장 납치 사건이었다. 중지와 재개를 거듭하던 휴전협상은 1953년 3월 소련 수상 스탈린의 사망을 계기로 급속도로 진척되었다. 무기휴회에 들어간 지 6개월 만인 1953년 4월 16일 공산군 측의 요청에 따라 휴전회담이 재개되어 4월 20일부터 26일 사이에 먼저 상병 포로를 쌍방 간에 교환하고, 6월 8일에는 그동안 난항을 거듭하던 본국 송환을 거부하는 포로 처리방법에 합의함으로써 1년 반 동안이나 끌어오던 포로 교환문제를 해결하였다.

### (4) 협정 체결

휴전협상이 종결단계에 이르자 이에 반발한 이승만 대통령이 6월 18일 2만 5천 명의 반공포로를 일방적으로 석방하여 심각한 장애가 조성되기도 하였으나, 이미 양측이 모두 휴전을 결심한 상태에 있었던 만큼 마무리 협상을 계속하여 7월 27일 UN군 측 수석대표 해리슨과 공산군 측 수석대표 남일 사이에 정전협정이 조인되었다. 이 협정은 UN군 측 클라크 사령관과 공산군 측 김일성(북한)·팽더화이(중국) 총사령관이 서명함으로써 정식 발효되었다.

### (5) 주요 내용

첫째, 한 개의 군사분계선을 확정하고 쌍방이 2km씩 후퇴하여 적대 군대 간 한 개의 비무장지대를 설치하였다.

둘째, 군사분계선은 육지에서만 규정되고, 해상에서는 규정되지 않았다.

셋째, 정전협정 효력 발생 후 10일 이내에 상대방의 연해 섬 및 해면으로부터 모든 군사력을 철수한다.

넷째, 황해도와 경기도의 도 경계선 북쪽과 서쪽에 있는 모든 섬 중에서 백령도, 대청도, 소청도, 연평도 및 우도의 도서군들은 국제연합군 총사령관의 군사통제 하에 남겨두기로 하였다.

다섯째, 바다에 있는 섬의 위치는 어느 쪽에 속하는지 명시하였으나 바다의 경계선은 누락되었다.

여섯째, 군사정전위원회의 허가 없이는 군인 또는 민간인은 군사분계선을 통과할 수 없다.

일곱째, 군사정전위원회를 설립하고 쌍방에서 5명씩 10명의 고급장교로 구성되며, 협정의 실시를 감독하며 협정 위반 사건을 협의·처리한다.

여덟째, 중립국 감시위원회를 설립하고 스웨덴·스위스·폴란드·체코가 각각 임명하는 4명의 고급장교로 구성되며, 협정에 규정된 감독·감시·시찰·조사를 행하고 그 결과를 군사정전위원회에 보고한다.

아홉째, 전쟁포로에 대해서는 중립국 포로 송환위원회를 설립하되, 스위스, 스웨덴, 체코슬로바키아, 폴란드, 인도에서 각 1명씩 임명한다. 동 위원회에서 송환문제를 담당한다. 전쟁포로의 신분으로부터 해제된 사람으로서 그들의 조국에 돌아가기를 희망하는 자가 있으면 그들이 거주하는 당국은 그들의 조국에 가는 것을 책임지고 협조한다.

## 6. 한국전쟁 당시 미국의 정책

1951년 6월 트루먼 대통령은 맥아더 후임인 리지웨이 UN군사령관에게 휴전협상을 지시했다. 1952년 11월 대통령에 당선된 아이젠하워는 한국을 방문하여 이승만에게 정전 수용을 제안했으나 이승만은 반대했다. 이승만의 정전 반대가 누그러지지 않자, 테일러 주한미8군사령관은 '에버레디 계획 개요'를 기안했다. '에버레디 계획 개요'란 남한 내에서의 소요가 극심해질 경우 UN군을 철수한다는 계획을 말한다.

## 7. 반공포로 석방

1953년 6월 8일 판문점 휴전회담에서 포로송환협정이 체결되었다. 포로송환협정에 따라 귀향을 원하는 포로는 휴전 성립 후 60일 내에 송환하기로 하였다. 그러나, 이승만은 반공포로, 즉 반공애국동포를 북송할 수 없다고 생각하여 1953년 6월 18일 0시를 기해 반공포로를 석방하였다. 이승만의 반공포로 석방은 클라크 UN사령관과 사전협의가 없었으며, 국군 헌병총사령관에게 비밀리에 명령한 것이었다. 국내 7개 수용소에 있던 3만 7천 명의 포로 중 2만 7천 명의 반공포로를 석방했다. 이승만의 반공포로 석방은 휴전을 낙관하던 미국에 분노를 안겼지만, 이승만의 동의 없이 휴전은 어렵다는 점을 절감하게 하였다.

> **참고**

### 한국전쟁 당시 포로 교환문제

휴전협상과정에서 포로 송환문제가 회담의 주요 장애물이 되었다. UN군 측은 포로 개개인의 자유의사에 따라 한국·북한·중국 또는 대만을 선택하게 하는 이른바 '자유송환방식'을 주장한 데 대하여, 공산군 측은 모든 중공군과 북한군 포로는 무조건 각각의 고국에 송환되어야 한다는 이른바 '강제송환방식'을 고집하였다. 이로 인해 1952년 2월 27일부터 약 2개월 동안 협상이 중단되었으며, 1952년 10월 8일에는 회담이 무기휴회로 들어갔다. 쌍방이 각자의 주장을 굽히지 않은 것은 UN군 측에서 본다면 공산군 측의 주장대로 강제송환을 한다는 것은 이제까지 주장해 온 인도주의와 자유주의를 스스로 포기하는 것을 의미하는 것이었다. 반대로 공산군 측의 입장에서 본다면 만일 포로의 일부가 귀환을 거부하게 되면 그들이 줄기차게 내세웠던 '침략자를 몰아내고 남한을 해방시키다'는 이른바 '정의의 전쟁'이라는 기치가 퇴색되고, 그들이 그토록 주장하던 그러한 전쟁 목적에 의구심을 가지는 자가 발생할 수도 있었다. 이와 더불어 공산군 측이 UN군 측의 자유송환방식에 극력 반대한 것은 1952년 4월 10일 UN군 사령부가 공산군 포로들을 대상으로 조사를 실시한 결과 공산군 포로 약 17만 명(민간인 억류자 포함) 가운데 10만 명의 포로가 자유송환을 원하고 있는 것으로 나타났기 때문이었다. 그리하여 공산군 측은 포로 교환에 관한 문제로 휴전회담이 교착될 때마다 회담을 유리하게 끌고 나가기 위해 포로수용소 내에서 계획적인 폭동을 일으키도록 조종하였는데, 그 가운데 가장 큰 사건은 1952년 5월 7일에 발생한 거제도 포로수용소 소장 납치 사건이었다. 중지와 재개를 거듭하던 휴전협상은 1953년 3월 소련 수상 스탈린의 사망을 계기로 급속도로 진척되었다.

무기휴회에 들어간지 6개월 만인 1953년 4월 16일 공산군 측의 요청에 따라 휴전회담이 재개되어 4월 20일부터 26일 사이에 먼저 상병 포로를 쌍방 간에 교환하고, 6월 8일에는 그 동안 난항을 거듭하던 본국 송환을 거부하는 포로 처리방법에 합의함으로써 1년 반 동안이나 끌어오던 포로 교환문제를 해결하였다.

### 8. 한미상호방위조약 체결

한미상호방위조약은 1953년 10월 1일 체결되고 1954년 11월 18일 발효하였다. 미국은 한국 정부가 휴전협정 체결을 용인하는 조건으로, 이승만이 요구하였던 한미상호방위조약 체결에 동의하였다. 또한 미국은 한국에 경제회복을 위한 원조 10억 달러 중 2억 달러를 우선 제공하였다. 미국은 한국에 해공군에 대한 지원을 포함, 국군을 20개 사단으로 확충할 것도 약속하였다. 이승만은 한미합동방위조약 체결과 국군 전력확장 및 대규모 경제원조에 만족해야 했고, 미국이 이를 수용하여 정전협정이 체결되었다.

### 9. 한미합의의사록 체결

1954년 11월 17일 '경제 및 군사문제에 관한 한미합의의사록'이, 한미상호방위조약 정식 발효 하루 전에 체결되었다. '한미합의의사록'에서 미국은 한국에 군사 및 경제 주권을 약속하고, 한국군의 작전통제권을 계속 UN군사령부 휘하에 둔다는 협약을 체결하였다. 미국은 한미상호방위조약을 통해 북한의 남진을 막게 되었고, '한미합의의사록'으로 남한의 북진을 막는 법적·제도적 장치를 완비하게 되었다.

## 2 장면 정부

장면 정부는 이승만의 비현실적인 무력북진통일론을 폐기하였다. 장면 정부의 통일정책은 'UN 감시하 인구비례에 의한 자유총선거를 통한 남북통일'이다. 1960년 11월 2일 한국 민의원은 UN총회에 보낸 '통한(통일한국)결의안'에서 '대한민국헌법 절차에 의해 UN 감시하 인구비례에 따른 자유선거를 실시할 것'을 명확히 밝히기도 하였다. 장면은 취임 후 첫 대국민연설에서 경제제일주의를 내세우며, '선건설·후통일' 기조를 추구할 것을 선언하였다.

## 3 박정희 정부

### 1. 개요

박정희 정부는 1960년대 전임 장면 정부의 'UN 감시하 인구비례에 의한 남북 총선거' 통일안과 '선 건설·후 통일'정책을 표방하였다. 그러나, 1970년대에 선 건설·후 통일에, 선 평화·후 통일을 병행하는 정책 기조를 확립하였다. 박정희 정부는 선 평화의 맥락 속에 '8·15평화통일구상선언'과, 남북적십자회담, 남북이산가족찾기운동, 7·4남북공동성명, 남북조절위 설치 및 운영, 6·23선언 등의 정책을 추진하였다.

### 2. 1960년대 통일정책 기조

박정희 정부는 1960년대 장면 정부의 선 건설·후 통일 기조를 계승하고, UN 감시하 인구비례에 의한 남북 총선거 통일방안을 지속했다. 박정희는 통일·대북정책에서 경제를 중시했다. 1960년대 박정희 정부는 북한이 각종 대남제의를 해왔음에도 불구하고 이를 묵살하였는데, 이는 북한을 불승인하는 할슈타인원칙에 충실하였다는 점을 보여준다.

### 3. 1970년대 박정희 정부의 정책

박정희 정부는 미국을 돕기 위해 베트남에 맹호·백마 2개 보병사단과 청룡해병여단, 비둘기병참부대를 파견하고 있었다. 박정희는 미국에 대한 불신이 생기자 1972년부터 자신을 방어하기 위한 비밀 핵무기 개발을 시도하기도 하였다. 1971년 2월 6일 한미 양국은 공식적으로 주한미군 감축과 한국군 현대화계획에 합의하였다. 미국의 주한미군 감축으로 안보 위기가 고조되자, 박정희 정부는 한반도에서의 전쟁 위기를 낮추고 평화를 증진하기 위해 8·15평화통일구상선언, 7·4남북공동성명, 6·23외교선언 등을 발표하였다. 박정희의 '선 건설 후 통일' 노선은 1970년대에도 계속되었으며, 여기에 선 평화·후 통일 기조도 병행하였다.

## 4. 8·15평화통일구상선언(1970년 8월 15일)

박정희 정부는 1970년 8월 15일 '평화통일 기반 조성을 위한 접근방법에 관한 구상'(일명 8·15평화통일구상선언, 8·15선언)을 발표하였다. 남북 사이 놓인 인위적 장벽을 단계적으로 제거해 나갈 수 있는 보다 획기적·현실적 방안을 제시할 용의가 있음을 밝히고, 북한이 남한의 민주, 통일, 독립과 평화를 위한 UN의 노력을 인정하고 UN의 권위·권능을 수락하면, UN에서 한국 문제를 토의하는 데 북한이 참석하는 것을 반대하지 않을 것이라고 하였다. 8·15선언은 박정희 정부가 처음으로 북한을 하나의 정치적 실체라고 암묵적으로 인정한 것으로서 현실적으로 남북이 공존하는 위에 경제성장의 자신감을 배경으로 체제경쟁을 해 보자고 제의한 것이다.

## 5. 7·4 남북공동성명(1972년 7월 4일)

박정희 정부는 1972년 7월 4일 7·4남북공동성명을 발표하였다. 공동성명에서는 자주, 평화, 민족대단결이라는 통일의 3대원칙을 천명하는 한편, 남북간 긴장상태 완화 및 신뢰분위기 조성을 위해 상대방 중상비방 중지, 무장도발 중지, 불의의 군사적 충돌사고 방지에 합의하였다. 적십자회담 조기 개최에 합의하고, 돌발적 군사사고 방지 및 남북간 제기되는 문제들에 대한 직접·신속·정확 처리를 위해 서울-평양 간 상설직통전화의 설치에 합의하였다. 제도적으로는 이후락-김영주 공동위원장 체제의 남북조절위원회의 구성·운영에 합의하였다.

### 7·4남북공동성명(1972년 7월 4일)

최근 평양과 서울에서 남북관계를 개선하며 갈라진 조국을 통일하는 문제를 협의하기 위한 회담이 있었다.

서울의 이후락 중앙정보부장이 1972년 5월 2일부터 5월 5일까지 평양을 방문하여 평양의 김영주 조직지도부장과 회담을 진행하였으며, 김영주 부장을 대신한 박성철 제2부수상이 1972년 5월 29일부터 6월 1일까지 서울을 방문하여 이후락 부장과 회담을 진행하였다. 이 회담들에서 쌍방은 조국의 평화적 통일을 하루빨리 가져와야 한다는 공통된 염원을 안고 허심탄회하게 의견을 교환하였으며 서로의 이해를 증진시키는데서 큰 성과를 거두었다.

이 과정에서 쌍방은 오랫동안 서로 만나보지 못한 결과로 생긴 남북 사이의 오해와 불신을 풀고 긴장의 고조를 완화시키며 나아가서 조국통일을 촉진시키기 위하여 다음과 같은 문제들에 완전한 견해의 일치를 보았다.

1. 쌍방은 다음과 같은 조국통일원칙들에 합의를 보았다.
   첫째, 통일은 외세에 의존하거나 외세의 간섭을 받음이 없이 자주적으로 해결하여야 한다.
   둘째, 통일은 서로 상대방을 반대하는 무력행사에 의거하지 않고 평화적 방법으로 실현하여야 한다.
   셋째, 사상과 이념 및 제도의 차이를 초월하여 우선 하나의 민족으로서 민족적 대단결을 도모하여야 한다.
2. 쌍방은 남북 사이의 긴장상태를 완화하고 신뢰의 분위기를 조성하기 위하여 서로 상대방을 중상 비방하지 않으며 크고 작은 것을 막론하고 무장도발을 하지 않으며 불의의 군사적 충돌사건을 방지하기 위한 적극적인 조치를 취하기로 합의하였다.
3. 쌍방은 끊어졌던 민족적 연계를 회복하며 서로의 이해를 증진시키고 자주적 평화통일을 촉진시키기 위하여 남북 사이에 다방면적인 제반교류를 실시하기로 합의하였다.

4. 쌍방은 지금 온 민족의 거대한 기대 속에 진행되고 있는 남북적십자회담이 하루빨리 성사되도록 적극 협조하는데 합의하였다.
5. 쌍방은 돌발적 군사사고를 방지하고 남북 사이에 제기되는 문제들을 직접, 신속 정확히 처리하기 위하여 서울과 평양 사이에 상설 직통전화를 놓기로 합의하였다.
6. 쌍방은 이러한 합의사항을 추진시킴과 함께 남북 사이의 제반문제를 개선 해결하며 또 합의된 조국통일원칙에 기초하여 나라의 통일문제를 해결할 목적으로 이후락 부장과 김영주 부장을 공동위원장으로 하는 남북조절위원회를 구성·운영하기로 합의하였다.
7. 쌍방은 이상의 합의사항이 조국통일을 일일천추로 갈망하는 온 겨레의 한결같은 염원에 부합된다고 확신하면서 이 합의사항을 성실히 이행할 것을 온 민족 앞에 엄숙히 약속한다.

서로 상부의 뜻을 받들어
이 후 락    김 영 주

1972년 7월 4일

## 6. 6·23선언(1973년 6월 23일)

6·23선언은 남북한 UN 동시 가입, 공산권국가에 대한 문호 개방을 선언하고, 기존 우방과의 유대관계 공고화를 천명하였다. 다만, 박정희 정부는 6·23선언에서 대북 관련 사항이 통일 성취 시까지 과도적 기간의 잠정조치이며, 북한을 결코 국가로 인정하지 않는다는 점도 강조하였다. 박정희 정부는 6·23선언을 계기로 할슈타인원칙을 공식적으로 포기하여, 북한을 국가로는 인정하지 않지만, 북한에 정부가 존재하고 있다는 현실을 인정하였다.

### 6·23선언(1973년 6월 23일)

나는 이에 다음과 같은 정책을 선언하는 바입니다.
1. 조국의 평화적 통일은 우리 민족의 지상과업이다. 우리는 이를 성취하기 위한 모든 노력을 계속 경주한다.
2. 한반도의 평화는 반드시 유지되어야 하며, 남북한은 서로 내정에 간섭하지 않으며 침략을 하지 않아야 한다.
3. 우리는 남북공동성명의 정신에 입각한 남북대화의 구체적 성과를 위하여 성실과 인내로써 계속 노력한다.
4. 우리는 긴장완화와 국제협조에 도움이 된다면, 북한이 우리와 같이 국제기구에 참여하는 것을 반대하지 않는다.
5. 국제연합의 다수 회원국의 뜻이라면 통일에 장애가 되지 않는다는 전제하에 우리는 북한과 함께 국제연합에 가입하는 것을 반대하지 않는다. 우리는 국제연합 가입 전이라도 대한민국 대표가 참석하는 국제연합 총회에서의 '한국문제' 토의에 북한 측이 같이 초청되는 것을 반대하지 않는다.
6. 대한민국은 호혜평등의 원칙하에 모든 국가에게 문호를 개방할 것이며, 우리와 이념과 체제를 달리하는 국가들도 우리에게 문호를 개방할 것을 촉구한다.
7. 대한민국의 대외정책은 평화선린에 그 기본을 두고 있으며, 우방들과의 기존 유대관계는 이를 더욱 공고히 해나갈 것임을 재천명한다.

나는 이상에서 밝힌 정책 중 대북한관계 사항은 통일이 성취될 때까지 과도적 기간 중의 잠정조치로서, 이는 결코 우리가 북한을 국가로 인정하는 것이 아님을 분명히 하여 둡니다.

## 4 전두환 정부

전두환 정부는 '민족화합민주통일방안'을 천명하고 이를 북한이 수락할 것을 촉구하였다. 화합과 통일의 두 단계를 거치는 점진적인 접근에 기초한 방안이며, '선 평화, 후 통일'의 기본 원칙을 유지하였다. 1983년 9월 소련 전투기에 의한 KAL기 격추 사건, 1983년 10월 버마 아웅산 폭파 암살 테러 사건이 발생하기도 하였다.

## 5 노태우 정부

### 1. 노태우 정부의 대외정책 방향

1980년대의 북방정책은 노태우 대통령이 1988년에 발표한 7·7선언과 함께 시작되었다. 노태우 대통령은 이전 정부의 대공산권 및 대북 정책과 상이한 접근을 취하였다. 그 내용은 ① 남북 간 적극적 교류 추진과 해외동포의 자유왕래를 위한 문호개방, ② 이산가족의 생사 및 주소 확인, ③ 남북 간 교역에서의 문호개방, ④ 남측 우방과 북한 간의 비군사적 물자교류 불반대, ⑤ 남북 간 경쟁 및 대결 외교의 종식과 상호 협력, ⑥ 남북 쌍방이 상대 우방국들과의 관계 개선에 협력 등이다.

### 2. 북방정책의 개념

북방정책은 공산권 국가와의 접촉 및 관계 형성 그리고 이를 통한 남북관계 개선을 통해 한국의 정책에 유리한 환경을 조성하고, 궁극적으로 남북관계의 안정, 평화 그리고 통일을 도모하는 전략이라고 할 수 있다.

### 3. 북방정책의 목표

북방정책은 협의로는 한국의 소련 및 중국과의 관계 개선을 의미하고 광의로는 공산권 국가와 북한에 대한 정책을 의미한다. 북방정책의 목표는 ① 한반도의 평화정책과 평화적 통일기반 조성, ② 소련, 중국 그리고 동구권과의 관계 개선을 통한 외교 영역의 확대와 국제적 지지기반 확충, ③ 한국의 경제적 진출과 자원 공급원 확보를 통한 국가이익 추구로 요약될 수 있다.

### 4. 북방정책의 실행

#### (1) 개관

북방정책의 실행과정을 3단계로 구분할 수 있다. 제1단계는 특정 공산권 국가와의 수교, 제2단계는 소련과 중국을 포함한 모든 공산권 국가와의 수교, 그리고 제3단계는 남북 평화통일이다.
① 제1단계의 성과로 헝가리, 폴란드 그리고 유고와의 수교 그리고 1988년 7·7선언 및 1989년 한민족 공동체 통일방안을 들 수 있다.
② 제2단계의 성과로 체코, 불가리아, 몽고, 루마니아 그리고 1990년 소련과의 수교를 들 수 있다. 이와 더불어 남북한 UN 동시가입, 남북기본합의서 체결 그리고 비핵화공동선언 발표 등의 성과가 있었다.

③ 제3단계에서는 남북기본합의서와 비핵화공동선언이 발효했고 이를 이행하기 위한 위원회들이 구성되었다.

## (2) 한소 수교

북방정책의 실행과정에서 특히 관심을 끄는 것은 소련 및 중국과의 수교이다. 한소 수교에서 고르바초프의 페레스트로이카가 양국의 전략적 관계를 정치·경제적 관계로 전환시키는 데 결정적 역할을 하였다. 1980년대 후반을 거치면서 소련은 한국의 산업과 사회발전에 주목하였고, 한소 수교가 한반도의 긴장을 완화시키고 경제협력의 가능성을 증가시켜 소련의 국익에 기여할 것이라고 판단하였다. 결국 소련은 북한과의 정치·전략적 관계보다 한국과의 정치·경제적 관계를 우선시하였던 것이다. 한국도 소련과의 수교를 통해 많은 것을 기대하였다. 한국은 소련이 북한에 대해 행사할 수 있는 각종 수단과 압력을 통해 북한의 전쟁 의도를 억제하려고 하였고, 한국의 국제적 지위를 공고히 하여 통일문제에서 한국의 주도권을 확고히 하고자 하였으며, 폐쇄적 노선을 고집하고 있던 북한을 변화의 길로 이끌어내려고 하였다.

## (3) 한중 수교

한국은 소련과의 수교에 이어 1992년 8월에 중국과도 수교하였다. 중국이 한국과의 국교 정상화를 추진한 것에는 세 가지 이유가 있었다.
① 중국은 국제적 고립에서 탈피하려고 했다. 중국은 1989년 천안문 사태 이후 외교적 어려움에 직면해 있고, 서방 세계는 인권문제를 두고 중국에 제약을 가하고 있었다.
② 중국은 경제 발전을 가속화하기 위해 한국과의 협력관계를 도모할 필요가 있었다. 1988년 한중 교역 규모는 양국이 미수교상태임에도 불구하고 17억 6천만 달러에 달해 중국의 개방 첫 해인 1979년에 비해 약 80배 증가하였다.
③ 중국은 남방 3각관계가 강화되는 것에 불안을 느끼고 있었다. 1978년 미일방위협력지침 개정을 둘러싼 미일 간의 합의가 시작되자 중국은 주변국과의 관계를 개선할 필요를 느끼게 되었다. 한편 한국은 중국과의 수교를 통해 경제교류의 활성화와 외교관계의 강화는 물론 대북 접근정책도 동시에 추구하였다. 하지만 한중 수교과정에서 대만과의 단교가 불가피하였다는 점도 지적할 필요가 있다.

> 참고

**남북기본합의서**

남과 북은 분단된 조국의 평화적 통일을 염원하는 온 겨레의 뜻에 따라, 7·4남북공동성명에서 천명된 조국통일 3대원칙을 재확인하고, 정치 군사적 대결상태를 해소하여 민족적 화해를 이룩하고, 무력에 의한 침략과 충돌을 막고 긴장 완화와 평화를 보장하며, 다각적인 교류·협력을 실현하여 민족공동의 이익과 번영을 도모하며, 쌍방 사이의 관계가 나라와 나라 사이의 관계가 아닌 통일을 지향하는 과정에서 잠정적으로 형성되는 특수관계라는 것을 인정하고, 평화 통일을 성취하기 위한 공동의 노력을 경주할 것을 다짐하면서, 다음과 같이 합의하였다.

**제1장 남북 화해**

제1조 남과 북은 서로 상대방의 체제를 인정하고 존중한다.

제2조 남과 북은 상대방의 내부문제에 간섭하지 아니한다.

제3조 남과 북은 상대방에 대한 비방·중상을 하지 아니한다.

제4조 남과 북은 상대방을 파괴·전복하려는 일체 행위를 하지 아니한다.

제5조 남과 북은 현 정전상태를 남북 사이의 공고한 평화상태로 전환시키기 위하여 공동으로 노력하며 이러한 평화상태가 이룩될 때까지 현 군사 정전협정을 준수한다.

제6조 남과 북은 국제무대에서 대결과 경쟁을 중지하고 서로 협력하며 민족의 존엄과 이익을 위하여 공동으로 노력한다.

제7조 남과 북은 서로의 긴밀한 연락과 협의를 위하여 이 합의서 발효 후 3개월 안에 판문점에 남북연락사무소를 설치·운영한다.

제8조 남과 북은 이 합의서 발효 후 1개월 안에 본회담 테두리 안에서 남북 정치 분과 위원회를 구성하여 남북화해에 관한 합의의 이행과 준수를 위한 구체적 대책을 협의한다.

**제2장 남북 불가침**

제9조 남과 북은 상대방에 대하여 무력을 사용하지 않으며 상대방을 무력으로 침략하지 아니한다.

제10조 남과 북은 의견대립과 분쟁문제들을 대화와 협상을 통하여 평화적으로 해결한다.

제11조 남과 북의 불가침 경계선과 구역은 1953년 7월 27일자 군사정전에 관한 협정에 규정된 군사분계선과 지금까지 쌍방이 관할하여 온 구역으로 한다.

제12조 남과 북은 불가침의 이행과 보장을 위하여 이 합의서 발효 후 3개월 안에 남북 군사공동위원회를 구성·운영한다. 남북군사 공동위원회에서는 대규모 부대이동과 군사 연습의 통보 및 통제문제, 비무장지대의 평화적 이용문제, 군 인사 교류 및 정보교환 문제, 대량살상무기와 공격능력의 제거를 비롯한 단계적 군축 실현문제, 검증문제 등 군사적 신뢰조성과 군축을 실현하기 위한 문제를 협의·추진한다.

제13조 남과 북은 우발적인 무력충돌과 그 확대를 방지하기 위하여 쌍방 군사당국자 사이에 직통 전화를 설치·운영한다.

제14조 남과 북은 이 합의서 발효 후 1개월 안에 본회담 테두리 안에서 남북군사 분과위원회를 구성하여 불가침에 관한 합의의 이행과 준수 및 군사적 대결상태를 해소하기 위한 구체적 대책을 협의한다.

**제3장 남북교류·협력**

제15조 남과 북은 민족경제의 통일적이며 균형적인 발전과 민족전체의 복리향상을 도모하기 위하여 자원의 공동개발, 민족 내부 교류로서의 물자교류, 합작투자 등 경제교류와 협력을 실시한다.

제16조 남과 북은 과학·기술, 교육, 문화·예술, 보건, 체육, 환경과 신문, 라디오, 텔레비전 및 출판물을 비롯한 출판·보도 등 여러 분야에서 교류와 협력을 실시한다.

제17조 남과 북은 민족구성원들의 자유로운 왕래와 접촉을 실현한다.

제18조 남과 북은 흩어진 가족·친척들의 자유로운 서신거래와 왕래와 상봉 및 방문을 실시하고 자유의사에 의한 재결합을 실현하며, 기타 인도적으로 해결할 문제에 대한 대책을 강구한다.

제19조 남과 북은 끊어진 철도와 도로를 연결하고 해로, 항로를 개설한다.

제20조 남과 북은 우편과 전기통신교류에 필요한 시설을 설치·연결하며, 우편·전기통신 교류의 비밀을 보장한다.

제21조 남과 북은 국제무대에서 경제와 문화 등 여러 분야에서 서로 협력하며 대외에 공동으로 진출한다.

제22조 남과 북은 경제와 문화 등 각 분야의 교류와 협력을 실현하기 위한 합의의 이행을 위하여 이 합의서 발효 후 3개월 안에 남북 경제교류·협력 공동위원회를 비롯한 부문별 공동위원회들을 구성·운영한다.

제23조 남과 북은 이 합의서 발효 후 1개월 안에 본회담 테두리 안에서 남북교류·협력분과위원회를 구성하여 남북교류·협력에 관한 합의의 이행과 준수를 위한 구체적 대책을 협의한다.

**제4장 수정 및 발효**

제24조 이 합의서는 쌍방의 합의에 의하여 수정·보충할 수 있다.

제25조 이 합의서는 남과 북이 각기 발효에 필요한 절차를 거쳐 그 문본을 서로 교환한 날부터 효력을 발생한다.

1991년 12월 13일

남 북 고 위 급 회 담　　북 남 고 위 급 회 담
남측 대표단 수석 대표　　북 측 대 표 단 단 장
대　　한　　민　　국　　조선민주주의인민공화국
국 무 총 리 정 원 식　　정 무 원 총 리 연 형 묵

**한반도의 비핵화에 관한 공동선언(1992년 2월 19일 발효)**

남과 북은 한반도를 비핵화함으로써 핵전쟁 위험을 제거하고 우리나라의 평화와 평화통일에 유리한 조건과 환경을 조성하며 아시아와 세계의 평화와 안전에 이바지하기 위하여 다음과 같이 선언한다.

1. 남과 북은 핵무기의 시험, 제조, 생산, 접수, 보유, 저장, 배비, 사용을 하지 아니한다.
2. 남과 북은 핵에너지를 오직 평화적 목적에만 이용한다.
3. 남과 북은 핵재처리시설과 우라늄농축시설을 보유하지 아니한다.
4. 남과 북은 한반도의 비핵화를 검증하기 위하여 상대측이 선정하고 쌍방이 합의하는 대상들에 대하여 남북핵통제공동위원회가 규정하는 절차와 방법으로 사찰을 실시한다.
5. 남과 북은 이 공동선언의 이행을 위하여 공동선언이 발효된 후 1개월 안에 남북핵통제공동위원회를 구성·운영한다.
6. 이 공동선언은 남과 북이 각기 발효에 필요한 절차를 거쳐 그 문본을 교환한 날부터 효력을 발생한다.

1992년 1월 20일

남 북 고 위 급 회 담　　북 남 고 위 급 회 담
남측 대표단 수석 대표　　북 측 대 표 단 단 장
대　　한　　민　　국　　조선민주주의인민공화국
국 무 총 리 정 원 식　　정 무 원 총 리 연 형 묵

**한민족공동체통일방안(1989년 9월 11일)**
1. 민족공동체헌장을 마련해 통일헌법에 의해 민주공화국을 건설할 때까지 남북관계를 이끌어 갈 수 있는 규칙을 마련하였다.
2. 민족공동체헌장에 기초한 남북정상회의와 실행기구인 남북각료회의, 남북평의회 등의 과도기구를 설치한다.
3. 남북평의회에서 마련한 통일헌법을 바탕으로 총선거를 실시해 통일국회와 통일정부를 구성함으로써 실질적인 통일에 이른다는 구상이다.

## 6 김영삼 정부

### 1. 김영삼 정부의 대북정책 기조

#### (1) 북핵 위기 발발 이전

김영삼 대통령은 1993년 2월 대통령 취임사에서 한반도 평화와 통일을 위한 전향적인 대북전략과 남북 화해와 협력을 위한 적극적인 정책의지를 표명했다. 더구나 그는 "어느 동맹국도 민족보다 나을 수는 없다."라고 언급하며 급변하는 국제질서에서 민족공조의 중요성을 강조하며 남북정상회담을 제안하였다. 김영삼 대통령 취임 당시 전향적인 대북 기조와 민족주의적 대북관은 비전향 장기수 이인모 씨의 북한 송환과 진보적 재야 민주인사로 알려진 한완상 서울대 교수의 초대 통일부총리 임명에서 잘 드러난다.

#### (2) 북핵 위기 발발 이후

그러나 취임 당시의 전향적 대북 기조는 3월 12일 북한의 NPT 탈퇴선언으로 방향을 급선회했다. 김영삼 정부는 대화와 압력을 병행하는 대북기본전략을 마련하였다. 특히 김영삼 대통령은 취임 100일 기자회견에서 "핵무기를 가진 상대와는 결코 악수할 수 없다."라며 북핵문제에 대한 단호한 입장을 밝혔다. 하지만 김영삼 정부는 이후 대화와 압력을 병행하는 대북정책을 추진하면서 북한과 미국 사이에서 커다란 혼선을 보여주었다. 기본적으로 탈냉전의 새로운 세계질서 속에서 동아시아 전략을 구상하는 미국의 대북인식이 한국 정부의 시각과 일치할 수는 없었다. 클린턴 행정부는 북핵문제를 범세계적인 국가안보문제로 보고 핵물질과 핵무기의 확산을 걱정하였던 반면 김영삼 정부는 북핵문제를 한반도문제로 보고 북한의 핵개발이 한반도의 안보를 위협하고 있다고 파악하고 있었다.

## 2. 북핵문제와 대북정책의 추진방향

북한의 NPT 탈퇴 이후 김영삼 정부가 대화와 압박을 병행하는 전략으로 대북정책의 기조를 변경함에 따라 북한은 반발하며 남북채널을 붕괴시켰고, 이에 따라 한국은 어쩔 수 없이 북미 채널에 의존해야 했다. 북한의 통미봉남정책으로 김영삼 정부는 클린턴 행정부를 통해 북한에 접촉할 수밖에 없었으며 이는 한반도 문제에 대한 한국 정부의 정치적 수단을 사실상 제한시키는 결과를 초래하였다. 남북채널이 붕괴된 상황에서 한국이 북핵문제 해결과정에 배제되지 않기 위해서는 북한이 남북대화의 테이블에 나오도록 미국에게 강력한 압력을 행사하도록 요청하고 남북대화를 북미관계 개선의 전제조건으로 상정할 수밖에 없었는데, 이 과정에서 남북관계뿐만 아니라 한미관계에서도 일정한 긴장이 발생하게 되었다.

## 3. 제1차 북한 핵위기와 대북정책

### (1) 북한의 NPT 탈퇴와 제1차 북핵 위기 발생

제1차 북한 핵위기는 북한이 1993년 3월 NPT 탈퇴를 선언하면서 시작되었다. 북한은 IAEA규정에 따라 자국의 핵 프로그램과 핵 활동을 신고했는데 이 과정에서 1990년 봄의 핵 활동을 통해 90그램의 플루토늄을 확보하였다고 시인하였다. 하지만 IAEA는 북한이 최소한 세 차례의 신고되지 않은 핵 활동을 통해 플루토늄을 확보하였을 가능성을 제기하고 두 곳의 미신고 핵시설에 대한 특별사찰을 요구하였다. 북한은 이에 완강히 저항하고 NPT 탈퇴를 전격 선언하였다.

### (2) 김영삼 정부의 대응 - 포용정책에서 대북 강경정책으로의 선회

북한이 NPT를 탈퇴하자 김영삼 정부는 대북 포용정책의 기조와 북핵문제의 현실 사이에서 혼란을 겪었다. 김영삼 정부는 북한의 NPT 탈퇴 선언에도 불구하고 비전향 장기수 이인모 씨를 북한에 조건 없이 송환하고 남북기본합의서 이행을 논의하기 위한 남북 고위급회담을 제안했다. 그러나 취임 100일 기자회견에서 김영삼 대통령은 "핵무기를 가진 상대와는 결코 악수할 수 없다."라면서 대북 강경책으로의 변화를 꾀했다. 북한은 김영삼 정부의 대북 강경책에 반발하여 남한을 배제한 채 미국만을 상대하는 통미봉남정책을 시작했는데 이는 김영삼 정부의 대북정책이 강경 기조로 선회하는 결정적 계기가 되었다.

### (3) 1994년 6월 미국의 영변 핵시설 공습계획

김영삼 정부의 가장 큰 딜레마는 북핵문제를 둘러싸고 북미 갈등이 심화되어 한반도에 군사적 충돌 위기가 고조되는 것이었다. 6월 중순 한반도 정세가 일촉즉발의 위기 상황으로 치닫자 미국은 UN을 통한 대북제재를 준비하는 동시에 자체 군사적 해결방안을 계획하였다. 김영삼 정부는 미국이 UN 제재와 별도로 북한을 폭격할 가능성이 높다고 판단하고 미국이 폭격을 할 경우에 전쟁의 승리 여부를 떠나 한반도가 초토화될 것이라고 인식하여 주한 미국 대사와 클린턴 대통령에게 전쟁은 불가하다는 강력한 경고를 전달하였다.

### (4) 카터 - 김일성 합의와 남북정상회담 제의

1994년 6월 북핵 위기 해소를 위해 방북한 카터 대통령이 김일성과 합의를 하는 과정에서 남북정상회담을 제안하였고 이 제안을 김일성 주석과 김영삼 대통령이 모두 수용하면서 분단 이후 최초로 남북정상회담 개최가 합의되었다. 김영삼 대통령은 한반도문제가 한국을 제외하고 북미 간에 그것도 개인 자격으로 북한을 방문한 카터와 김일성 사이에 흥정될 것이라는 생각에 카터 대통령의 방북을 못마땅하게 생각하고 있었다. 하지만 그는 남북정상회담 제안이 갑작스러운 것이지만 받아들이는 것이 옳다고 판단하여 이를 즉시 수락했다.

### (5) 제네바합의(Agreed Framework)

미국과 북한은 1994년 10월 21일 마침내 '제네바합의'에 서명하였다. 제네바합의는 북한이 핵 활동을 중단하고 NPT에 잔류하여 IAEA의 핵안전조치협정을 이행하며 남북 간에 합의된 한반도비핵화 공동선언을 이행하는 대신 미국이 중심이 되어 북한에 경수로를 제공하고 북미관계를 정상화하기 위한 노력을 한다는 약속이다. 미국은 북한에 대해 핵을 사용하거나 핵으로 위협하지 않는다는 소극적 안전보장과 함께 북한의 에너지 부족문제를 해결하기 위해 매년 50만 톤의 중유 공급을 약속하였다. 또한 미국은 북한이 경수로 2기를 제공받을 수 있도록 국제적 협의를 주선하기로 하였는데 이것이 한국 · 미국 · 일본 3국의 컨소시엄 형태로 1995년 3월에 출범한 한반도에너지개발기구(KEDO)였다.

### (6) 경수로 건설사업

제네바합의가 성립된 후 경수로모델을 결정하고 경수로 건설에 필요한 재원을 조달하는 것이 문제가 되었다. 미국은 한국에게 경수로 건설에 필요한 재원의 대부분을 부담할 것을 요청하였다. 한국은 한국형 경수로를 건설하고 건설비용을 현금이 아닌 현물로 제공한다는 것을 조건으로 건설비용의 70%를 부담하기로 약속했다. 반면, 북한은 미국형 경수로나 다른 외국 모델의 경수로가 건설되어야 한다고 주장했다. 결국 오랜 협상 끝에 KEDO는 한국형 원자로를 모델로 하고 한국전력을 주계약자로 선정하는 결의문을 채택하였다.

## 7 김대중 정부

### 1. 대북정책 3원칙

김대중 대통령은 남북한의 평화적인 관계 개선을 위해 ① 일체의 무력도발 불용, ② 북한의 흡수통일 배제, 그리고 ③ 남북 간 화해협력 적극 추진이라는 대북정책 3원칙을 천명하였다.

첫 번째 원칙은 북한에 대한 경고이기도 했지만 국내에서 김대중 정권이 자칫 친북으로 몰릴 수 있는 색깔 시비를 방지하기 위한 포석이었다.

두 번째 원칙은 흡수통일이 가능하지도 않으며 동서독 통일의 사례에서 나타났듯이 설사 실현된다고 하더라도 그 비용이 너무 크기 때문에 바람직하지 않다는 점을 반영하였다.

세 번째 원칙은 김대중 정부가 단순히 평화적 분단관리를 넘어서 남북한의 유기적 통합을 추진하겠다는 뜻이었다.

## 2. 대북정책 기조

대북정책 3원칙에 입각하여 김대중 정부는 ① 안보와 화해협력의 병행 추진, ② 평화공존과 평화 교류의 우선적 실현, ③ 화해협력으로 북한의 변화 여건 조성, ④ 남북간 상호 이익 도모, ⑤ 남북 당사자 해결원칙 아래 국제적 지지 확보, ⑥ 국민적 합의에 기초한 일관성 있는 대북정책 추진이라는 대북정책의 기조를 수립하였다. 특히 첫 번째 기조인 병행전략이 햇볕정책에서 중요하였다. 김영삼 정부 시절 원활한 대북정책을 막은 '정경연계'전략에서 벗어나서 김대중 정부는 정치·군사적 이슈와 경제적 이슈를 분리하는 '정경분리'원칙을 고수하였다.

## 3. 제1차 남북정상회담

김대중 정부는 2000년 3월 9일 있었던 베를린선언이 구체적 결실을 맺도록 하기 위해 정상회담을 추진하였다. 베를린선언에서는 남북경협을 통한 북한경제회복 지원, 냉전의 종식과 평화공존, 이산가족 상봉, 남북 당국 간 대화 상설화 등을 선언하였다. 베를린선언 이후 특사접촉을 통해 정상회담이 합의되었으며 '6·15공동선언'이 채택되었다. 공동선언 제1항은 통일문제의 자주적 해결원칙을, 제2항은 연합제안과 낮은 단계 연방제안의 통일방안을, 제3항은 이산가족과 비전향장기수문제의 인도적 해결을, 제4항은 남북교류협력과 사회문화교류 활성화를, 제5항은 합의사항 실천을 위한 당국 간 대화 개최를, 마지막으로 김정일 위원장의 서울 답방을 내용으로 하고 있다.

 참고

**베를린선언(2000년 3월 9일)**
1. 우리 대한민국 정부는 북한이 경제적 어려움을 극복할 수 있도록 도와줄 수 있는 준비가 되어 있다. 특히 북한의 사회간접자본의 확충과 안정된 투자환경 조성, 농업구조 개혁에 우리정부는 북한 당국의 요청이 있을 때 적극적으로 검토할 준비가 되어 있다.
2. 현 단계에서 우리의 당면 목표는 통일보다는 냉전종식과 평화정착이다. 따라서 우리 정부는 진정한 화해와 협력의 정신으로 힘이 닿는 대로 북한을 도와주려고 한다. 북한은 우리의 참 뜻을 조금도 의심하지 말고 우리의 화해와 협력 제안에 적극 호응하기를 바란다.
3. 북한은 무엇보다도 인도적 차원의 이산가족 문제해결에 적극 응해야 한다.
4. 이러한 모든 문제를 효과적으로 해결하기 위해 남북한 당국 간의 대화가 필요하다. 북한은 우리의 특사 교환 제의를 수락할 것을 촉구한다.

>
> 
> **6 · 15공동선언문**
> 
> 조국의 평화적 통일을 염원하는 온 겨레의 숭고한 뜻에 따라 대한민국 김대중 대통령과 조선민주주의인민공화국 김정일 국방위원장은 2000년 6월 13일부터 6월 15일까지 평양에서 역사적인 상봉을 하였으며 정상회담을 가졌다.
> 
> 남북정상들은 분단 역사상 처음으로 열린 이번 상봉과 회담이 서로 이해를 증진시키고 남북관계를 발전시키며 평화통일을 실현하는데 중대한 의의를 가진다고 평가하고 다음과 같이 선언한다.
> 
> 1. 남과 북은 나라의 통일문제를 그 주인인 우리 민족끼리 서로 힘을 합쳐 자주적으로 해결해 나가기로 하였다.
> 2. <u>남과 북은 나라의 통일을 위한 남측의 연합 제안과 북측의 낮은 단계의 연방제안이 서로 공통성이 있다고 인정하고 앞으로 이 방향에서 통일을 지향시켜 나가기로 하였다.</u>
> 3. 남과 북은 올해 8.15에 즈음하여 흩어진 가족, 친척 방문단을 교환하며, 비전향 장기수 문제를 해결하는 등 인도적 문제를 조속히 풀어 나가기로 하였다.
> 4. 남과 북은 경제협력을 통하여 민족경제를 균형적으로 발전시키고, 사회, 문화, 체육, 보건, 환경 등 제반 분야의 협력과 교류를 활성화하여 서로의 신뢰를 다져 나가기로 하였다.
> 5. 남과 북은 이상과 같은 합의사항을 조속히 실천에 옮기기 위하여 빠른 시일 안에 당국 사이의 대화를 개최하기로 하였다.
> 
> 김대중 대통령은 김정일 국방위원장이 서울을 방문하도록 정중히 초청하였으며, 김정일 국방위원장은 앞으로 적절한 시기에 서울을 방문하기로 하였다.
> 
> 2000년 6월 15일
> 대 한 민 국 대 통 령 김 대 중
> 조선민주주의인민공화국 국 방 위 원 장 김 정 일

### 4. 민족경제공동체 형성 노력

(1) 경의선 · 동해선 철도 · 도로를 착공하였다.

(2) <u>개성공단을 설치하여 남쪽의 기술력과 자본, 북쪽의 노동력이 결합된 제품이 생산되기 시작하였다.</u>

(3) 임진강 수해방지 사업을 통해 남북이 함께 홍수 등 재해를 방지하고, 장기적으로 공유하천을 평화적으로 이용함으로써 군사적 긴장완화에 기여하고자 하였다.

(4) 금강산 관광사업을 시작하였다. 민족경제공동체 형성을 제도적으로 보장하기 위하여 남북은 투자보장협정, 이중과세방지협정, 상사분쟁해결절차협정, 청산결제협정 등 4개의 경제협력 합의서를 체결하였다.

### 5. 한반도 평화와 화해 분위기 정착

김대중 정부는 적극적인 이산가족 상봉을 추진하였다. 또한, 인도적 대북 지원 차원에서 식량 및 농업자재를 공급하였다. 김대중 정부는 북한에 식량, 비료 등을 지원함으로써 긴급구호와 농업생산성 향상에 중점을 두었으며, 민간차원의 지원은 정부지원과 보완적 구도로 추진되었다.

## 8 노무현 정부

### 1. 대외정책 목표

2002년에 다시 등장한 북핵문제가 한국의 안위와 번영을 위협하는 핵심적인 존재였던 만큼 노무현 정부는 해당 사항을 우선적으로 해결하는 것을 1차적인 외교목표로 설정하고, 해당 목표의 달성을 기반으로 하여 남북관계 발전과 한미동맹의 미래지향적 발전, 그리고 동북아시아의 평화와 번영을 추구하는 것으로 대외정책목표를 설정했다. 이는 북핵문제의 근본적 해결이 전제되지 않은 한 남북관계 발전의 한계가 분명할 것이고, 한미동맹 역시 대북인식의 차이로 인해 취약해질 것이며, 한반도의 평화와 번영을 보장할 수 없다면 동북아시아의 평화와 번영도 제한적일 것이라는 점을 인식한 결과였다.

### 2. 평화번영정책

이러한 구조는 노무현 정부의 외교안보전략의 기본 골격을 구성하였다. 우선, 대북정책 또는 안보정책으로 대표되는 노무현 정부의 '평화번영정책'의 3단계 내용에 해당 내용들이 큰 변화 없이 적용되었다. 즉, 북핵문제의 평화적 해결이라는 기본적 과제를 1차적으로 해결함으로써 한반도 평화체제를 구축하고 나아가 남북한의 공동번영과 동북아시아 경제중심으로 도약하겠다는 3단계 평화번영정책 역시 북핵문제의 조속한 해결에 초점이 맞추어져 있었다. 그러나 1차적 정책목표인 북핵문제가 장기화되면서 노무현 정부의 외교정책 목표는 임기 5년 동안 지속되는 양상을 보였다.

### 3. 한미관계

노무현 정부의 외교전략목표에 있어 한미관계와 한미동맹의 문제는 북핵문제로 인해 핵심적 위상에서 다소 소외된 듯한 양상을 보였다. 그리고 한미관계에 대한 노무현 정부의 대외정책목표는 상충하는 내용을 동시에 추구해야 하는 모순된 상황에 직면해 있었다. 한편으로는 한미동맹을 강화하여 한반도의 안보를 확고히 보장해야 했지만 다른 한편으로는 미국의 변화하는 세계전략에 맞춰 한미동맹과 한미관계를 발전시켜야 했다. 한미동맹과 관련하여 노무현 정부가 선택한 외교전략은 '협력적 자주국방'의 개념과 '미래지향적' 한미동맹, '동반자적인 한미관계'로 요약될 수 있다. 결국 노무현 정부가 딜레마를 극복하기 위해 선택한 것은 과거의 전통적 관계로의 복귀보다는 변화할 수밖에 없는 한미관계와 한미동맹의 변화를 인정하고 이를 적극적으로 수용하는 대신 한미동맹의 공고함을 과시할 수 있는 별개의 정책으로 이라크 파병과 한미 FTA 개시를 추진하는 것이었다.

## 4. 동북아 균형자론

노무현 정부의 '동북아 균형자론'은 모든 주변 국가와 긴밀한 관계를 유지하는 것이 필요한 동북아시아의 국제적 환경에 대한 고려에서 나왔다. 먼저, 노무현 정부는 일방적인 친미 정책을 선택하는 것만으로 모든 현안들이 해결되지 못하는 상황에 놓여 있었다. 미국이 한국·미국·일본 3국의 안보적 협력관계를 강화시키려는 태도를 가지고 있었다는 점을 고려하면 독도 문제와 역사왜곡 문제 등으로 인해 불편해진 한일 관계에서 한국 정부가 일본의 대외정책을 지지하는 것은 불가능했다. 다음으로, 경제적인 협력관계가 강화되어 가고 북핵문제 해결에 도움을 줄 수 있는 존재로서 중국의 존재감이 커지고 있었던 것은 사실이지만 친중국 일변도의 정책만을 선택하는 것에도 한계가 있었다. 북한이라는 적대적 행위자가 핵무기 개발 프로그램을 가동하고 있었던 만큼 한국에게는 한미동맹이 필수적이었다. 마지막으로, 한국이 북핵문제와 무관하게 남북관계 개선에만 집중한다면 북핵문제의 우선적 해결을 강조하는 미국과의 관계가 위태로워질 것이다. 결국 노무현 정부는 불안정한 동북아시아의 국제 환경에 적극적으로 대응하기 위한 수단으로서 균형자라는 개념을 제시했던 것이다.

## 5. 전시작전권 환수

미국의 해외주둔 미군의 재배치전략과 세계군사전략의 변화로 인해 새로운 안보 상황에 직면하여 노무현 정부의 선택은 전시작전통제권의 환수와 협력적 자주국방이었다. 50여 년 동안 지속되어 온 한미동맹이 한반도를 중심으로 북한의 군사력에 대응하는 성격이 강했다면 변화를 요구받고 있는 새로운 한미동맹은 탈한반도적이며 북한에 집중하는 것이 아니라 세계적인 보편적 안보위협에 대한 대응의 성격이 강했다.

한국 정부의 선택이 주한미군의 대응이 한반도를 벗어나야 한다는 점을 전제로 할 때 한반도 내에 여전히 존재하고 있는 북한의 안보위협을 고려한다면 최소한 한국군의 안보적 대응만큼은 한반도에 집중하는 것이 필요했고 이에 맞는 한미동맹의 새로운 적응이 필요했던 것이다.

## 6. 제2차 남북정상회담

김대중 정부의 대북정책 기조를 계승한 노무현 정부는 남북대화를 통한 북핵문제 해결과 남북경제협력사업을 지속적으로 추진하였다. 그 결과 2007년 10월 2일부터 4일까지 남북정상회담이 개최되었다. 정상선언문에서는 6·15공동선언의 계승, 통일문제의 자주적 해결, 서해 공동어로수역 설정, 종전선언 추진, 서해평화협력특별지대 설치, 백두산 관광 및 백두산-서울 직항로 개설, 이산가족 상봉 등에 합의하였다.

### 남북관계 발전과 평화번영을 위한 선언(10·4공동선언)

대한민국 노무현 대통령과 조선민주주의인민공화국 김정일 국방위원장 사이의 합의에 따라 노무현 대통령이 2007년 10월 2일부터 4일까지 평양을 방문하였다. 방문기간 중 역사적인 상봉과 회담들이 있었다. 상봉과 회담에서는 6·15공동선언의 정신을 재확인하고 남북관계 발전과 한반도 평화, 민족공동의 번영과 통일을 실현하는데 따른 제반 문제들을 허심탄회하게 협의하였다. 쌍방은 우리민족끼리 뜻과 힘을 합치면 민족번영의 시대, 자주통일의 새시대를 열어 나갈수 있다는 확신을 표명하면서 6·15공동선언에 기초하여 남북관계를 확대·발전시켜 나가기 위하여 다음과 같이 선언한다.

1. 남과 북은 6·15공동선언을 고수하고 적극 구현해 나간다. 남과 북은 우리민족끼리 정신에 따라 통일문제를 자주적으로 해결해 나가며 민족의 존엄과 이익을 중시하고 모든 것을 이에 지향시켜 나가기로 하였다. 남과 북은 6·15공동선언을 변함없이 이행해 나가려는 의지를 반영하여 6월 15일을 기념하는 방안을 강구하기로 하였다.

2. 남과 북은 사상과 제도의 차이를 초월하여 남북관계를 상호존중과 신뢰 관계로 확고히 전환시켜 나가기로 하였다. 남과 북은 내부문제에 간섭하지 않으며 남북관계 문제들을 화해와 협력, 통일에 부합되게 해결해 나가기로 하였다. 남과 북은 남북관계를 통일 지향적으로 발전시켜 나가기 위하여 각기 법률적·제도적 장치들을 정비해 나가기로 하였다. 남과 북은 남북관계 확대와 발전을 위한 문제들을 민족의 염원에 맞게 해결하기 위해 양측 의회 등 각 분야의 대화와 접촉을 적극 추진해 나가기로 하였다.

3. 남과 북은 군사적 적대관계를 종식시키고 한반도에서 긴장완화와 평화를 보장하기 위해 긴밀히 협력하기로 하였다. 남과 북은 서로 적대시하지 않고 군사적 긴장을 완화하며 분쟁 문제들을 대화와 협상을 통하여 해결하기로 하였다. 남과 북은 한반도에서 어떤 전쟁도 반대하며 불가침의무를 확고히 준수하기로 하였다. 남과 북은 서해에서의 우발적 충돌방지를 위해 공동어로수역을 지정하고 이 수역을 평화수역으로 만들기 위한 방안과 각종 협력사업에 대한 군사적 보장조치 문제 등 군사적 신뢰구축조치를 협의하기 위하여 남측 국방부 장관과 북측 인민무력부 부장간 회담을 금년 11월중에 평양에서 개최하기로 하였다.

4. 남과 북은 현 정전체제를 종식시키고 항구적인 평화체제를 구축해 나가야 한다는데 인식을 같이하고 직접 관련된 3자 또는 4자 정상들이 한반도지역에서 만나 종전을 선언하는 문제를 추진하기 위해 협력해 나가기로 하였다. 남과 북은 한반도 핵문제 해결을 위해 6자회담 '9·19공동성명'과 '2·13합의'가 순조롭게 이행되도록 공동으로 노력하기로 하였다.

5. 남과 북은 민족경제의 균형적 발전과 공동의 번영을 위해 경제협력사업을 공리공영과 유무상통의 원칙에서 적극 활성화하고 지속적으로 확대 발전시켜 나가기로 하였다. 남과 북은 경제협력을 위한 투자를 장려하고 기반시설 확충과 자원개발을 적극 추진하며 민족내부협력사업의 특수성에 맞게 각종 우대조건과 특혜를 우선적으로 부여하기로 하였다. 남과 북은 해주지역과 주변해역을 포괄하는 서해평화협력특별지대를 설치하고 공동어로구역과 평화수역 설정, 경제특구건설과 해주항 활용, 민간선박의 해주직항로 통과, 한강하구 공동이용 등을 적극 추진해 나가기로 하였다. 남과 북은 개성공업지구 1단계 건설을 빠른 시일안에 완공하고 2단계 개발에 착수하며 문산-봉동간 철도화물수송을 시작하고, 통행·통신·통관 문제를 비롯한 제반 제도적 보장조치들을 조속히 완비해 나가기로 하였다. 남과 북은 개성-신의주 철도와 개성-평양 고속도로를 공동으로 이용하기 위해 개보수 문제를 협의·추진해 가기로 하였다. 남과 북은 안변과 남포에 조선협력단지를 건설하며 농업, 보건의료, 환경보호 등 여러 분야에서의 협력사업을 진행해 나가기로 하였다. 남과 북은 남북 경제협력사업의 원활한 추진을 위해 현재의 남북경제협력추진위원회를 부총리급 남북경제협력공동위원회로 격상하기로 하였다.

6. 남과 북은 민족의 유구한 역사와 우수한 문화를 빛내기 위해 역사, 언어, 교육, 과학기술, 문화예술, 체육 등 사회문화 분야의 교류와 협력을 발전시켜 나가기로 하였다. <u>남과 북은 백두산관광을 실시하며 이를 위해 백두산 - 서울 직항로를 개설하기로 하였다.</u> 남과 북은 2008년 북경 올림픽경기대회에 남북응원단이 경의선 열차를 처음으로 이용하여 참가하기로 하였다.

7. 남과 북은 인도주의 협력사업을 적극 추진해 나가기로 하였다. 남과 북은 흩어진 가족과 친척들의 상봉을 확대하며 영상 편지 교환사업을 추진하기로 하였다. 이를 위해 금강산면회소가 완공되는데 따라 쌍방 대표를 상주시키고 흩어진 가족과 친척의 상봉을 상시적으로 진행하기로 하였다. 남과 북은 자연재해를 비롯하여 재난이 발생하는 경우 동포애와 인도주의, 상부상조의 원칙에 따라 적극 협력해 나가기로 하였다.

8. 남과 북은 국제무대에서 민족의 이익과 해외 동포들의 권리와 이익을 위한 협력을 강화해 나가기로 하였다. <u>남과 북은 이 선언의 이행을 위하여 남북총리회담을 개최하기로 하고, 제1차회의를 금년 11월 중 서울에서 갖기로 하였다. 남과 북은 남북관계 발전을 위해 정상들이 수시로 만나 현안 문제들을 협의하기로 하였다.</u>

2007년 10월 4일<br>
평 양<br><br>

대 한 민 국     조선민주주의인민공화국<br>
대 통 령     국 방 위 원 장<br>
노 무 현     김 정 일

## 9 이명박 정부

### 1. 기조 - 실용주의 및 상호주의

이명박 대통령은 취임사에서 남북관계와 관련하여 이를 이념의 잣대가 아니라 실용의 잣대로 풀어갈 것임을 밝혔다. 즉, '<u>국익 중심의 실용외교</u>', '<u>이념이 아닌 국익을 바탕으로 하는 실리외교</u>', '<u>정략적 고려가 아닌 국민적 합의에 기초한 외교</u>'를 대북정책의 기조로 하고 있으며, 이는 지난 10년간의 대북정책이 '<u>나라의 안보가 위협받는 상황에서 대북 유화정책에만 매달렸기 때문에 결과적으로 대북포용정책은 성공하지 못하였다</u>'는 인식에 기초하고 있다. 또한 '비핵, 개방, 3000'에서 나타나듯 남북관계에 있어 상호주의적인 태도를 보여주고 있다.

### 2. 전략 - '비핵·개방 3000', 북한의 핵 포기와 경제지원의 연계

'<u>비핵·개방 3000'이란 핵문제와 경제지원을 연계시켜 북한이 핵 포기를 하면 한국은 대규모의 경제협력을 통해 북한의 1인당 국민소득을 3,000달러로 만들어준다는 구상이다.</u> '비핵·개방 3000'은 3단계로 구분되었다.

(1) 제1단계는 북한이 핵시설을 불능화하면, 남북경제공동체 실현을 위한 협의에 착수하고, 남북 경협을 위한 법적, 제도적 장치를 마련한다.

(2) 제2단계는 핵 불능화조치 이후 북한의 기존 핵무기 및 핵물질의 폐기 이행과정이 순조로울 경우 경제, 교육, 재정, 인프라, 생활향상 중 우선 시행이 가능한 내용부터 지원을 시작한다.

(3) 제3단계는 5대 개발 프로젝트를 본격 가동하고, 400억 달러의 국제협력자금을 조성한다.

## 3. 원칙

이명박 대통령이 제시한 대북 경협 추진 4원칙은 ① 북핵문제의 진전, ② 경제성, ③ 재정 부담능력과 가치, ④ 국민적 합의는 대북정책의 방향을 구체화한 원칙이라고 할 수 있다.

## 4. 천안함 사건과 5·24조치

2010년 3월 천안함 사건이 발생한 이후 이명박 정부는 대북조치인 5·24조치를 발표하였다. 이는 개성공단 사업을 제외한 남북 교역과 신규투자 금지, 남한 주민들의 방북 불허, 북한 선박의 남한 수역 항해 금지 등을 골자로 한다.

## 5. 연평도 포격 사건

2010년 11월 북한에 의해 연평도 포격 사건이 발생하였다. 이 사건은 한국전쟁 이후 최초로 북한의 공격에 의해 민간인 사망자가 발생한 사례로 기억되었으며, 사건 후 한국과 미국은 서해상에서 미국 항공모함이 참여한 가운데 사상 최대 규모의 합동 군사훈련을 실시하였다.

## 6. 그랜드 바겐 제안(2009년 9월)

이명박 대통령은 2009년 9월 미국을 방문하여 북핵 관련 그랜드 바겐(Grand Bargain)을 제안했다. 그랜드 바겐이란 북핵문제를 근본적으로 푸는 통합된 접근법으로, 6자회담을 통해 북핵 프로그램 핵심부분을 폐기하면서 동시에 북한에 확실한 안전보장을 제공하고 국제지원을 본격화하는 일괄타결을 추진해야 한다는 구상을 말한다.

## 7. 3대 공동체 통일 구상 제안(2010년 8월)

이명박 대통령은 2010년 광복절 경축사에서 3대 공동체 통일구상을 제시하였다. 이명박 대통령의 3대 공동체 통일구상은 주어진 분단상황의 관리를 넘어 평화통일을 목표로 한 것이다. 3대 공동체 통일구상은 기존의 민족공동체 통일방안을 계승하였다. 평화공동체, 경제공동체, 민족공동체 형성을 통해 단계적이고 안정적인 평화통일을 위한 3대 과제를 추진한다는 것이 3대 공동체 통일구상의 주 내용이다.

> **참고**

**이명박 정부와 노무현 정부의 대북정책 비교**

1. 정경분리
    ① **노무현 정부**: 김대중 정부 당시 통일부의 자료에 따르면, 정경분리원칙은 '정치로부터의 경제협력의 자율성 확보'와 '정부와 기업의 역할분리'로 요약할 수 있다. 노무현 정부는 2002년 제2차 핵위기 발발, 2005년 북한의 핵보유 선언 등의 위기고조 조치들에도 불구하고, 당국간 대화와 3대 경제협력사업을 포함한 교류협력산업을 중단하지 않으면서 정경분리원칙을 고수했다. 이는 북핵문제 해결과 남북대화의 병행추진, 경제협력과 평화정착의 병행추진이라는 정책 기조 하에서 추진되었다. 그러나 이러한 원칙은 북핵상황에서 개성공단사업의 지속 여부 등을 둘러싼 한미 간 대북정책의 불일치를 야기하는 원인으로 작용하였고, 북한의 정경연계 전술 앞에서 제대로 된 역할을 다하지 못한 측면이 존재하였다.
    ② **이명박 정부**: 이명박 정부는 노무현 정부의 이른바 퍼주기, 일방적 끌려다니기 정책에 대한 비판적 입장을 확고히 견지하고 있으며, 금강산 관광객 피격 사건 직후 금강산관광사업 일시중단하는 조치를 단행한 것이나, 북핵문제의 진전과 대북지원을 연계하는 등 정경연계정책을 구사하였다.

2. 상호주의
    ① **의의**: 코헤인은 상호주의를 동시성, 등가성, 그리고 의무부가 여부에 의해 엄격한 상호주의와 유연한 상호주의로 구분한다. 엄격한 상호주의는 Tit-for-tat을 의미하는 반면, 유연한 상호주의는 하나를 주고 즉시 하나를 요구하지 않고, 상대방으로부터 우호적 반응이 없더라도 지속적으로 우호적으로 행동하여 결국에는 상대방에게서 우호적인 행동을 이끌어내는 것을 의미한다.
    ② **노무현 정부**: 노무현 정부의 상호주의는 유연한 상호주의에 가깝다. 비동시적이며, 남측은 매년 최소 2,600억 원에서 최대 3,800억 원에 이르는 대북 식량차관을 제공하고, 이산가족 상봉을 얻는 비등가적인 상호주의를 추진하였기 때문이다.
    ③ **이명박 정부**: 이명박 정부의 경우에는 유연한 상호주의에 보다 가깝기는 하지만, "줄 것은 주고 받을 것은 받겠다."라는 의지 표명과 통일부가 밝힌 철저한 원칙과 유연한 접근이라는 대북정책 추진원칙을 종합해보면, 교환물의 동시성과 등가성에서는 유연한 입장을 취하되, 대북경협 3원칙을 전제조건으로 하는 조건부 상호주의라고 볼 수 있다. 이러한 차이는 먼저 우호적 행동을 보였을 때 상대의 반응에 대한 기대의 차이로 발생한다. 물론, 노무현 정부의 유연한 상호주의는 북한의 우호적 행동을 이끌어내지 못한 일방주의라고 비판받았으며, 이명박 정부의 조건부 상호주의는 남북관계가 신뢰와 우호적 관계에 있지 않은 경우 실제 상호주의가 작동되기 어렵다는 한계점이 있다.

3. 국제협력
    한반도 문제가 가지는 국제적 성격과 북핵문제의 다자주의적 성격을 고려한다면, 대북정책은 결국 국제협력의 도움이 있어야 실질적 성과를 기대할 수 있다. 노무현 정부는 남북협력과 국제협력의 병행추진원칙하에서 선순환 구조를 만들어야 하며, 남북당사자 원칙에 기초한 국제협력을 대북정책 추진원칙으로 내세웠으나, 이명박 정부는 남북협력과 국제협력의 조화로운 진전을 대북정책 추진원칙으로 정하였다. 그럼에도 불구하고, 노무현 정부는 남북당사자원칙을 강조하고 있는 반면, 이명박 정부는 남북협력과 국제협력을 병렬 관계로 놓으면서 국제협력을 통한 남북관계 개선의지를 분명히 하고 있다. 노무현 정부는 한반도 평화체제 구축을 추진전략으로 정하였기 때문에 그 과정에서 남북한 당사자원칙의 중요성을 강조하였으나, 이명박 정부는 한반도 비핵화에 우선순위를 두었기 때문에 국제협력을 통한 북핵문제의 해결을 강조한 것이다.

## 10 박근혜 정부

### 1. 한반도 신뢰프로세스

박근혜 정부는 집권 초기부터 대북정책으로서 '한반도 신뢰프로세스'를 제시하였다. 이는 박근혜 대통령의 국정철학인 '신뢰정치(Trustpolitik)'가 대북정책에 반영된 것이다. 한반도 신뢰프로세스는 튼튼한 안보를 바탕으로 남북 간 신뢰를 형성함으로써 남북관계를 발전시키고 한반도에 평화를 정착시키며, 나아가 통일의 기반을 구축하려는 정책이다.

### 2. 대북정책 목표

한반도 신뢰프로세스는 남북관계 발전, 한반도 평화정착, 통일기반 구축 등 3개 목표를 추구한다.

(1) 남북관계 발전을 통해 상식과 국제규범이 통하는 새로운 남북관계를 정립하고, 호혜적인 교류협력과 남북 간 공동이익을 확대하여 경제 및 사회문화 공동체 건설을 추구한다.

(2) 한반도평화 정착을 통해 남북협력과 국제협력의 균형을 이루어 북한의 비핵화를 달성하고, 남북 간 정치·군사적 신뢰를 증진시켜 지속가능한 평화를 정착시키고자 한다.

(3) 통일기반구축은 내부적으로는 통일을 주도적으로 이끌 수 있고, 실질적으로 대비할 수 있도록 사회적 역량을 확충하고, 대외적으로는 한반도 통일과정이 국제사회와의 협력을 통해 이루어지는 것이며, 한반도와 국제사회가 모두 윈-윈하는 것임을 실감하게 한다.

### 3. 대북정책 추진원칙

대북정책의 추진원칙으로는 균형 있는 접근, 진화하는 대북정책, 국제사회와의 협력을 제시하였다.

(1) 균형 있는 접근원칙은 안보와 교류협력 간, 남북협력과 국제공조 간에 균형감을 갖고 추진하고, 이를 위해 유연할 때는 더 유연하게 단호할 때는 더욱 단호하게 정책의 중요 요소들을 긴밀히 조율하여 추진한다.

(2) 진화하는 대북정책원칙은 북한의 올바른 선택을 유도하고 남북 간 공동발전을 구현하는 방향에서 대북정책을 지속적으로 보완·발전시켜 나가고, 또한 전개되는 상황에 맞춰 대북정책을 변화시킴으로써 한반도 상황을 능동적으로 관리하고자 한다.

(3) 국제사회와의 협력원칙은 국제사회와의 긴밀한 협의와 협력을 통해 한반도 안보위기를 해결하고, 한반도문제 해결과 동북아 평화협력 증진의 선순환을 추구하고자 한다.

### 4. 대북정책 추진 기조

대북정책의 추진 기조로는 튼튼한 안보에 기초한 정책 추진, 합의 이행을 통한 신뢰쌓기, 북한의 올바른 선택 여건 조성, 국민적 신뢰와 국제사회의 신뢰에 기반을 제시하였다.

**(1)** 튼튼한 안보 기조에 따라 강력한 억지력을 토대로 북한이 도발하지 못하게 하고, 만약 도발을 감행할 경우 응분의 대가를 치르도록 단호하게 대응할 것이며, 다른 한편으로는 대화와 교류협력의 창을 열어두고 남북관계를 발전시키는 노력을 지속해 나간다.

**(2)** 합의이행 기조에 따라 남북 간 합의는 물론 국제사회와의 합의를 존중하고 이행하는 것으로부터 신뢰를 축적해 나갈 것이며, 실천할 수 있는 내용에 합의하고 합의된 내용은 반드시 이행함으로써 신뢰를 다져 나간다.

**(3)** 북한의 선택 여건 조성 기조에 따라 북한이 핵을 포기하고, 국제 규범과 의무를 준수하도록 견인하고, 또한 남북 간 신뢰에 기반한 대화와 협력을 통해 북한이 변화할 수 있는 여건을 지속적으로 조성하고자 한다.

**(4)** 국민신뢰와 국제신뢰 기조에 따라 시민사회의 의견을 수렴하고 투명한 정보 공개와 정책 추진을 통해 국민적 공감대를 강화하며, 아울러 국제사회와의 긴밀한 협력을 통해 정책의 실효성과 북한의 수용성을 제고하고자 한다.

### 5. 대북정책 추진과제

**(1)** 신뢰 형성을 통해 남북관계를 정상화하는 것이다. 이를 위해 인도적 문제의 지속적 해결 추구, 상시적 대화채널 구축과 합의정신 실천, 호혜적 교류 협력의 확대와 심화, 비전 코리아 프로젝트를 추진하는 등 다각적 노력을 경주한다.

**(2)** 한반도의 지속가능한 평화를 추구한다. 이를 위해 확고한 안보태세를 완비하고, 북핵문제 해결을 위한 다각적 노력을 기울이며, DMZ 세계평화공원 조성 및 정치·군사적 신뢰의 구축을 추진한다.

**(3)** 통일인프라를 강화한다. 이를 위해 '민족공동체통일방안'을 발전적으로 계승하고, 국민과 함께하는 통일을 추진하고, 북한 주민의 삶의 질 개선 등을 추진한다.

**(4)** 한반도 평화통일과 동북아 평화협력의 선순환을 모색한다. 이를 위해 통일에 대한 국제사회의 지지를 확대하고, 동북아 평화와 발전 추구를 통해 궁극적으로 북한 문제 해결에 기여하고, 북방 3각 협력 등을 추진한다.

## 6. 드레스덴 선언(Dresden Declaration)

2014년 3월 28일 박근혜 대통령이 독일을 방문하던 중 드레스덴 공과대학에서 연설한 평화통일에 대한 선언을 말한다. 평화 통일 기반 조성을 위해 북한 당국에게 세 가지를 제안했다. 첫째, 남북한 주민들의 인도적 문제 우선적 해결(Agenda for Humanity). 이산가족 상봉 정례화, 북한 주민에 대한 인도적 지원 확대, 임신부터 2세까지 북한의 산모와 유아에게 영양과 보건을 지원하는 '모자 패키지(1,000days)사업', 북한 어린이 지원 사업 등을 선언했다. 둘째, 남북한 공동번영을 위한 민생 인프라 공동 구축(Agenda for Co-prosperity). 북한 농촌 단지 조성을 위한 협력, 교통, 통신 등 인프라 건설 투자, 북한 지하자원 개발, 남북러협력 사업 계속 추진 등을 제안했다. 셋째, 남북 주민간 동질성 회복(Agenda for Integration). 민간접촉 확대, 교육 프로그램 공동 개발, 남북교류협력 사무소 설치 등을 제안했다. 이와 함께, DMZ세계평화공원 조성, 북한의 6자회담 복귀와 비핵화, 동북아개발은행을 만들어 북한 지원, 동북아 다자 안보협의체 추진, 대통령 지속 통일준비위원회 출범 등도 선언했다.

## 7. 개성공단 폐쇄조치

박근혜 정부는 2016년 2월 10일 개성공단 전면 폐쇄조치를 취했다. 이에 따라 남한이 자본을 대고 북한이 토지와 노동력을 제공하는 남북 경협 시범지구로 2004년 말부터 가동해 온 개성공단이 사실상 문을 닫는 수순에 들어갔다. 박근혜 정부의 개성공단 전면 폐쇄조치는 북한의 4차 핵실험(2016년 1월 6일)과 장거리 미사일 발사(2016년 2월 7일)에 대한 대응조치였다.

# 11 문재인 정부

## 1. 기조

문재인 정부 대북정책 기조는 '평화공존'과 '공동번영'이다. 평화공존은 남과 북 주민 모두가 핵과 전쟁의 공포에서 벗어나 온전한 일상이 보장되고 지속되는 것을 말한다. 공동번영은 남과 북이 호혜적 협력의 가치를 공유하고 실천해 나감으로써 함께 번영하는 한반도를 지향한다. 경제협력의 범위를 한반도에 한정하지 않고, 동북아 이웃국가로 확장하여 공동번영을 추구한다.

## 2. 3대 목표

### (1) 북핵문제 해결 및 항구적 평화정착

한국의 능동적 역할과 국제사회와의 협력, 제재와 대화의 병행 등 포괄적이고 과감한 접근을 통해 북핵문제를 해결한다. 또한 평화가 실질적이고 제도적으로 보장된 한반도평화체제를 실현한다.

### (2) 지속가능한 남북관계 발전

기존 남북 간 합의들을 지키고, 국민적 합의를 바탕으로 기존 합의를 법제화한다. 이를 통해 대북정책의 일관성과 지속성을 확보한다.

### (3) 한반도 신경제공동체 구현

남북이 하나의 시장을 형성하여 새로운 경제성장 동력을 창출하고 더불어 잘사는 남북 경제공동체를 만든다. 3대 경제벨트를 만든다. 3대 경제벨트는 환동해권(원산, 함흥, 단천, 나선, 러시아를 연결하는 에너지 및 자원 벨트), 환서해권(수도권, 개성, 해주, 평양, 남포, 신의주, 중국을 연결하는 교통, 물류, 산업벨트), 접경지역(DMZ, 생태평화안보관광지구, 통일경제특구를 연결하는 환경, 관광벨트)으로 이를 통해 경제협력뿐 아니라 다자간 안보협력을 증진시키는 데에도 기여한다.

## 3. 4대전략

### (1) 단계적 · 포괄적 접근

북핵문제는 제재 · 압박과 대화를 병행하고 단계적으로 해결, 핵동결에서 시작해서 핵폐기 추진, 북핵문제 해결과정에서 남북 간 정치 · 군사적 신뢰구축, 한반도 평화체제 수립 등을 통해 안보위협을 근원적으로 해소한다.

### (2) 남북관계와 북핵문제 병행 진전

남북관계가 활발할 때 북핵문제 해결에 진전이 있었다. 남북 간 대화와 교류를 통해 신뢰관계가 구축되어야 다자대화에서도 주도권을 가질 수 있다.

### (3) 제도화를 통한 지속가능성 확보

'통일국민협약'을 추진하고, '남북기본협정'을 체결하여 정권이 변경되어도 약속이 지켜지는 남북관계를 정립한다. '한반도평화협정'을 체결하여 견고한 평화구조를 정착시킨다.

### (4) 호혜적 협력을 통한 평화적 통일기반 조성

이산가족문제의 우선적 해결, 북한 취약계층에 대한 인도적 지원, 남북이 공존공영하며 민족공동체를 회복하는 '과정으로서의 자연스러운 통일'을 추구한다. 비정치적 교류사업은 정치 · 군사적 상황과 분리해 일관성을 가지고 추진한다.

## 4. 5대원칙

### (1) 우리 주도

한반도 문제의 당사자로서 남북 화해협력과 한반도 평화 · 번영을 위한 노력을 주도한다.

### (2) 강한 안보

확고한 한미동맹과 국방력을 바탕으로 굳건한 안보태세를 유지함으로써 북한 도발을 억지하고 한반도 평화를 정착시킨다. '평화지키기'를 넘어 '평화만들기'를 이뤄 나간다.

### (3) 상호존중

남북 간 차이를 인정하고, 북한 붕괴 · 흡수통일 · 인위적 통일을 추구하지 않는다.

### (4) 국민소통

국민참여와 상방향 소통을 통해 정책을 채우고 완성해 나간다.

### (5) 국제협력

 참고

**한반도의 평화와 번영, 통일을 위한 판문점선언(2018년 4월 27일)**

대한민국 문재인 대통령과 조선민주주의인민공화국 김정은 국무위원장은 평화와 번영, 통일을 염원하는 온 겨레의 한결같은 지향을 담아 한반도에서 역사적인 전환이 일어나고 있는 뜻 깊은 시기에 2018년 4월 27일 판문점 '평화의 집'에서 남북정상회담을 진행하였다.
양 정상은 한반도에 더 이상 전쟁은 없을 것이며 새로운 평화의 시대가 열렸음을 8천만 우리 겨레와 전 세계에 엄숙히 천명하였다.
양 정상은 냉전의 산물인 오랜 분단과 대결을 하루 빨리 종식시키고 민족적 화해와 평화번영의 새로운 시대를 과감하게 열어나가며 남북관계를 보다 적극적으로 개선하고 발전시켜 나가야 한다는 확고한 의지를 담아 역사의 땅 판문점에서 다음과 같이 선언하였다.

1. 남과 북은 남북관계의 전면적이며 획기적인 개선과 발전을 이룩함으로써 끊어진 민족의 혈맥을 잇고 공동번영과 자주통일의 미래를 앞당겨나갈 것이다.
   남북관계를 개선하고 발전시키는 것은 온 겨레의 한결같은 소망이며 더 이상 미룰 수 없는 시대의 절박한 요구이다.
   ① 남과 북은 우리 민족의 운명은 우리 스스로 결정한다는 민족자주의 원칙을 확인하였으며 이미 채택된 남북선언들과 모든 합의들을 철저히 이행함으로써 관계개선과 발전의 전환적 국면을 열어나가기로 하였다.
   ② 남과 북은 고위급회담을 비롯한 각 분야의 대화와 협상을 빠른 시일안에 개최하여 정상회담에서 합의된 문제들을 실천하기 위한 적극적인 대책을 세워나가기로 하였다.
   ③ 남과 북은 당국간 협의를 긴밀히 하고 민간교류와 협력을 원만히 보장하기 위하여 쌍방 당국자가 상주하는 남북공동연락사무소를 개성지역에 설치하기로 하였다.
   ④ 남과 북은 민족적 화해와 단합의 분위기를 고조시켜 나가기 위하여 각계각층의 다방면적인 협력과 교류, 왕래와 접촉을 활성화하기로 하였다. 안으로는 6.15를 비롯하여 남과 북에 다같이 의의가 있는 날들을 계기로 당국과 국회, 정당, 지방자치단체, 민간단체 등 각계각층이 참가하는 민족공동행사를 적극 추진하여 화해와 협력의 분위기를 고조시키며, 밖으로는 2018년 아시아경기대회를 비롯한 국제경기들에 공동으로 진출하여 민족의 슬기와 재능, 단합된 모습을 전 세계에 과시하기로 하였다.
   ⑤ 남과 북은 민족분단으로 발생된 인도적 문제를 시급히 해결하기 위하여 노력하며, 남북적십자회담을 개최하여 이산가족·친척 상봉을 비롯한 제반 문제들을 협의 해결해나가기로 하였다. 당면하여 오는 8.15를 계기로 이산가족·친척 상봉을 진행하기로 하였다.
   ⑥ 남과 북은 민족경제의 균형적 발전과 공동번영을 이룩하기 위하여 10.4 선언에서 합의된 사업들을 적극 추진해나가며, 1차적으로 동해선 및 경의선 철도와 도로들을 연결하고 현대화하여 활용하기 위한 실천적 대책들을 취해 나가기로 하였다.

2. 남과 북은 한반도에서 첨예한 군사적 긴장상태를 완화하고 전쟁 위험을 실질적으로 해소하기 위하여 공동으로 노력해나갈 것이다. 한반도의 군사적 긴장상태를 완화하고 전쟁위험을 해소하는 것은 민족의 운명과 관련되는 매우 중대한 문제이며 우리 겨레의 평화롭고 안정된 삶을 보장하기 위한 관건적인 문제이다.
   ① 남과 북은 지상과 해상, 공중을 비롯한 모든 공간에서 군사적 긴장과 충돌의 근원으로 되는 상대방에 대한 일체의 적대행위를 전면 중지하기로 하였다. 당면하여 5월 1일부터 군사분계선 일대에서 확성기 방송과 전단살포를 비롯한 모든 적대행위들을 중지하고 그 수단을 철폐하며, 앞으로 비무장지대를 실질적인 평화지대로 만들어 나가기로 하였다.

② 남과 북은 서해 북방한계선 일대를 평화수역으로 만들어 우발적인 군사적 충돌을 방지하고 안전한 어로활동을 보장하기 위한 실제적인 대책을 세워나가기로 하였다.

③ 남과 북은 상호 협력과 교류, 왕래와 접촉이 활성화되는 데 따른 여러 가지 군사적 보장대책을 취하기로 하였다. 남과 북은 쌍방 사이에 제기되는 군사적 문제를 지체없이 협의 해결하기 위하여 국방부장관회담을 비롯한 군사당국자회담을 자주 개최하며 5월 중에 먼저 장성급 군사회담을 열기로 하였다.

3. 남과 북은 한반도의 항구적이며 공고한 평화체제 구축을 위하여 적극 협력해 나갈 것이다. 한반도에서 비정상적인 현재의 정전상태를 종식시키고 확고한 평화체제를 수립하는 것은 더 이상 미룰 수 없는 역사적 과제이다.

① 남과 북은 그 어떤 형태의 무력도 서로 사용하지 않을 데 대한 불가침 합의를 재확인하고 엄격히 준수해 나가기로 하였다.

② 남과 북은 군사적 긴장이 해소되고 서로의 군사적 신뢰가 실질적으로 구축되는 데 따라 단계적으로 군축을 실현해 나가기로 하였다.

③ 남과 북은 정전협정체결 65년이 되는 올해에 종전을 선언하고 정전협정을 평화협정으로 전환하며 항구적이고 공고한 평화체제 구축을 위한 남·북·미 3자 또는 남·북·미·중 4자회담 개최를 적극 추진해 나가기로 하였다.

④ 남과 북은 완전한 비핵화를 통해 핵 없는 한반도를 실현한다는 공동의 목표를 확인하였다. 남과 북은 북측이 취하고 있는 주동적인 조치들이 한반도 비핵화를 위해 대단히 의의 있고 중대한 조치라는데 인식을 같이하고 앞으로 각기 자기의 책임과 역할을 다하기로 하였다. 남과 북은 한반도 비핵화를 위한 국제사회의 지지와 협력을 위해 적극 노력해나가기로 하였다.

양 정상은 정기적인 회담과 직통전화를 통하여 민족의 중대사를 수시로 진지하게 논의하고 신뢰를 굳건히 하며, 남북관계의 지속적인 발전과 한반도의 평화와 번영, 통일을 향한 좋은 흐름을 더욱 확대해 나가기 위하여 함께 노력하기로 하였다.

당면하여 문재인 대통령은 올해 가을 평양을 방문하기로 하였다.

2018년 4월 27일
판 문 점

**9월 평양 공동선언(2018년 9월 19일)**

대한민국 문재인 대통령과 조선민주주의인민공화국 김정은 국무위원장은 2018년 9월 18일부터 20일까지 평양에서 남북정상회담을 진행하였다.

양 정상은 역사적인 판문점선언 이후 남북 당국간 긴밀한 대화와 소통, 다방면적 민간교류와 협력이 진행되고, 군사적 긴장완화를 위한 획기적인 조치들이 취해지는 등 훌륭한 성과들이 있었다고 평가하였다.

양 정상은 민족자주와 민족자결의 원칙을 재확인하고, 남북관계를 민족적 화해와 협력, 확고한 평화와 공동번영을 위해 일관되고 지속적으로 발전시켜 나가기로 하였으며, 현재의 남북관계 발전을 통일로 이어갈 것을 바라는 온 겨레의 지향과 여망을 정책적으로 실현하기 위하여 노력해 나가기로 하였다.

양 정상은 판문점선언을 철저히 이행하여 남북관계를 새로운 높은 단계로 진전시켜 나가기 위한 제반 문제들과 실천적 대책들을 허심탄회하고 심도있게 논의하였으며, 이번 평양정상회담이 중요한 역사적 전기가 될 것이라는 데 인식을 같이 하고 다음과 같이 선언하였다.

1. 남과 북은 비무장지대를 비롯한 대치지역에서의 군사적 적대관계 종식을 한반도 전 지역에서의 실질적인 전쟁위험 제거와 근본적인 적대관계 해소로 이어나가기로 하였다.

① 남과 북은 이번 평양정상회담을 계기로 체결한 '판문점선언 군사분야 이행합의서'를 평양공동선언의 부속합의서로 채택하고 이를 철저히 준수하고 성실히 이행하며, 한반도를 항구적인 평화지대로 만들기 위한 실천적 조치들을 적극 취해나가기로 하였다.

② 남과 북은 남북군사공동위원회를 조속히 가동하여 군사분야 합의서의 이행실태를 점검하고 우발적 무력충돌 방지를 위한 상시적 소통과 긴밀한 협의를 진행하기로 하였다.

2. 남과 북은 상호호혜와 공리공영의 바탕위에서 교류와 협력을 더욱 증대시키고, 민족경제를 균형적으로 발전시키기 위한 실질적인 대책들을 강구해나가기로 하였다.
   ① 남과 북은 금년내 동, 서해선 철도 및 도로 연결을 위한 착공식을 갖기로 하였다.
   ② 남과 북은 조건이 마련되는 데 따라 개성공단과 금강산관광 사업을 우선 정상화하고, 서해경제공동특구 및 동해관광공동특구를 조성하는 문제를 협의해나가기로 하였다.
   ③ 남과 북은 자연생태계의 보호 및 복원을 위한 남북 환경협력을 적극 추진하기로 하였으며, 우선적으로 현재 진행 중인 산림분야 협력의 실천적 성과를 위해 노력하기로 하였다.
   ④ 남과 북은 전염성 질병의 유입 및 확산 방지를 위한 긴급조치를 비롯한 방역 및 보건·의료 분야의 협력을 강화하기로 하였다.

3. 남과 북은 이산가족문제를 근본적으로 해결하기 위한 인도적 협력을 더욱 강화해나가기로 하였다.
   ① 남과 북은 금강산지역의 이산가족 상설면회소를 빠른 시일내 개소하기로 하였으며, 이를 위해 면회소시설을 조속히 복구하기로 하였다.
   ② 남과 북은 적십자회담을 통해 이산가족의 화상상봉과 영상편지 교환문제를 우선적으로 해결해나가기로 하였다.

4. 남과 북은 화해와 단합의 분위기를 고조시키고 우리 민족의 기개를 내외에 과시하기 위해 다양한 분야의 협력과 교류를 적극 추진하기로 하였다.
   ① 남과 북은 문화 및 예술분야의 교류를 더욱 증진시켜 나가기로 하였으며, 우선적으로 10월 중에 평양예술단의 서울공연을 진행하기로 하였다.
   ② 남과 북은 2020년 하계올림픽경기대회를 비롯한 국제경기들에 공동으로 적극 진출하며, 2032년 하계올림픽의 남북공동개최를 유치하는 데 협력하기로 하였다.
   ③ 남과 북은 10.4선언 11주년을 뜻깊게 기념하기 위한 행사들을 의의있게 개최하며, 3.1운동 100주년을 남북이 공동으로 기념하기로 하고, 그를 위한 실무적인 방안을 협의해나가기로 하였다.

5. 남과 북은 한반도를 핵무기와 핵위협이 없는 평화의 터전으로 만들어나가야 하며 이를 위해 필요한 실질적인 진전을 조속히 이루어나가야 한다는 데 인식을 같이 하였다.
   ① 북측은 동창리 엔진시험장과 미사일 발사대를 유관국 전문가들의 참관 하에 우선 영구적으로 폐기하기로 하였다.
   ② 북측은 미국이 6.12북미공동성명의 정신에 따라 상응조치를 취하면 영변 핵시설의 영구적 폐기와 같은 추가적인 조치를 계속 취해나갈 용의가 있음을 표명하였다.
   ③ 남과 북은 한반도의 완전한 비핵화를 추진해나가는 과정에서 함께 긴밀히 협력해나가기로 하였다.

6. 김정은 국무위원장은 문재인 대통령의 초청에 따라 가까운 시일 내로 서울을 방문하기로 하였다.

2018년 9월 19일
대한민국 대통령 문재인
조선민주주의인민공화국 국무위원장 김정은

## 제2절 | 남북통합

### 1 서설

#### 1. 통일의 개념
통일이란 한반도에 서로 다른 두 체제가 존재한다는 것을 인정하고, 그것을 전제로 두 체제를 다시 연결시키고 통합하는 하나의 민족공동체 형성을 의미한다. 다시 말해서 통일은 서로 다른 남과 북의 정체성 간의 차이를 뛰어 넘어 하나의 새로운 정체성을 형성하는 이행과정으로 이해할 수 있다.

#### 2. 통일의 세 가지 의미

**(1) '민족사적 과업'으로서의 통일**

통일은 분단된 민족사를 극복하고 민족구성원 모두의 자유와 복지, 인간존엄성을 구현하기 위한 민족사적 과업으로서의 의미를 가진다.

**(2) '과정'으로서의 통일**

통일은 남북이 분단의 폐해를 극복해 나가면서, 민족공동체를 회복·발전시켜 나가는 미래지향적 과정으로서의 의미를 가진다.

**(3) '창조적 개념'으로서의 통일**

통일은 단순히 분단 이전의 상태로 돌아가는 것이 아니라, 21세기에 걸맞는 선진 민주 국가를 창조한다는 창조적 개념으로서의 의미를 가진다.

### 2 주변 국가의 한반도정책

#### 1. 미국
미국의 한반도정책은 기본적으로 한반도에서의 전쟁 발발을 억제하고 안정을 유지하는데 초점을 두고, 한미동맹과 전진배치전략을 근간으로 추진되어 왔다. 탈냉전 이후 미국은 ① 한미동맹관계가 미국의 동북아정책에서 근간을 이루고 있다는 점을 강조하면서 동북아지역에서의 한국의 역할을 중시하고 있고, ② '한미동맹의 지역동맹화'를 추진하면서 주한미군의 역할을 재조정하고 있으며, ③ 한반도에서 '비핵화정책'과 '핵우산정책'을 병행 추진하고 있다.

## 2. 일본

일본의 한반도에 대한 정책목표는 '한반도의 위기상황을 방지하는 가운데 정치·경제적 영향력을 확보하는 것'으로 요약될 수 있다. 이러한 목표에 따라 일본은 한반도에서 한국에 대한 공식 지지를 표명하면서도 북한과의 관계 개선에도 관심을 기울여 왔다. 일본은 안보차원에서, 한반도의 평화·안정이 동북아의 안정에 중요하며, 북한이 한국에 대해 위협요인으로 존재하는 한 일본에 대해서도 잠재적인 위협요인이 된다는 인식하에 한일 우호협력 강화를 한반도정책 기조로 삼고 있다. 또한 경제 차원에서, 한일 FTA 추진 등 긴밀한 경제관계를 계속 유지하고자 한다.

## 3. 중국

중국의 한반도정책은 '자국중심의 새로운 동북아 질서 형성'이라는 목표와 불가분의 관계를 가지는데, ① 한반도의 안정·현상 유지, ② 한국과 경제 교류·협력 강화, ③ 한반도문제에 대한 영향력 확대, ④ 대북 지원을 통한 유리한 안보환경 조성 등을 주요한 한반도정책으로 삼고 있다. 이를 위해 중국은 한반도문제가 남북 당사자 간 평화적인 대화·협상을 통해 해결되어야 한다는 입장이며, 그들의 표현대로 북한과의 '우호협력' 및 한국과의 '호혜협력'을 통해 남북관계의 균형을 도모하고 이를 한반도 안정의 기반으로 삼고자 하고 있다.

## 4. 러시아

러시아의 한반도정책은 대체로 다음과 같은 목표를 중심으로 추진되고 있다. ① 한반도의 평화와 안정 유지, ② 한국과의 경제 교류를 통한 실익 추구, ③ 북한에 대한 영향력 복원, ④ 한반도에 대한 영향력 확보 등이다. 러시아는 국내정치 안정과 경제발전을 도모하기 위한 평화로운 주변 환경 조성을 위해 한반도의 평화와 안정을 지원하고 있으며, 한국의 자본을 유치하여 시베리아와 극동지역의 경제발전을 도모하기 위하여 경제 교류 및 협력을 모색·추진해 왔다. 또한 러시아는 한반도를 포함한 동북아지역에 대한 러시아의 전통적 영향력을 회복하기 위하여 북러관계의 정상화와 이를 통한 남북한 균형정책을 유지하려 하고 있다.

## 3 한국의 통일방안

### 1. 통일정책의 기조

한국의 통일정책과 방안에서 견지해 온 일관적 기조는 ① 민주적 절차에 의한 통일, ② 민족 구성원 모두의 자유와 인권 및 민족의 번영이 보장되는 통일 추진 등으로 요약될 수 있다.

## 2. 통일방안의 변천과 정책 발전과정

한국의 통일방안은 제1공화국의 '북한지역 자유총선거론', 제2공화국의 'UN 감시하의 남북 자유총선거론', 제3공화국의 '선 건설, 후 통일론' 등으로 전개되어 오다, 1969년 닉슨 독트린과 미중 접촉, 중일 접촉 등으로 인한 국제정세의 변화 속에서 한국 정부는 북한에 대한 현실적 인식을 토대로 통일정책의 새로운 방향을 모색하기 시작했다. 이후의 통일정책은 다음과 같이 전개되었다.

### (1) 선 평화 후 통일론(평화통일 3대 기본원칙)

1974년 8월 15일 한국은 북한에 남북 간의 평화공존과 평화통일을 위한 '3대 기본원칙'을 제시하였는데 ① 평화통일을 위해서 한반도의 평화정착, 남북 대화 및 교류가 필수적이라는 것, ② 남북 총선거를 위해서 남북 간의 신뢰조성과 동질화가 촉진되어야 한다는 것, ③ 총선거 실시는 '공정한 선거관리와 감시하'에서 이루어져야 한다는 것이다.

### (2) 민족화합 민주 통일방안

제5공화국 정부가 1982년 1월 22일 대통령 국정연설을 통해 제시한 통일방안으로, 통일은 민족자결의 원칙에 의거하여 겨레 전체의 의사가 골고루 반영되는 민주적 절차와 방법에 의해 성취되어야 한다고 하였다.

### (3) 한민족공동체 통일방안

제6공화국 정부는 1989년 9월 11일 대통령 국회 연설에서, 남북 간의 교류와 협력을 통해 먼저 민족공동체를 회복 발전시키고 이를 바탕으로 정치적 통일이 이루어질 수 있는 상황을 만들어나가야 한다는 요지의 한민족공동체 통일방안을 발표하였다.

### (4) 민족공동체 통일방안(한민족공동체 건설을 위한 3단계 통일방안)

1994년 8월 15일 대통령의 광복절 경축사를 통해 제시된 동 방안은, 점진적·단계적으로 하나의 민족공동체를 건설하는 방향으로 통일을 이루어 나간다는 원칙을 재확인하면서 화해협력단계, 남북연합단계, 1민족 1국가의 통일완성단계로 이어지는 통일의 3단계 과정을 제시하였다.

### (5) 민족통일방안의 계승과 화해협력정책

1998년 출범한 국민의 정부와 2003년 출범한 참여 정부는 1989년 공식적인 통일방안으로 제시된 '한민족공동체 통일방안'과 1994년에 이를 재확인한 '민족공동체 통일방안'을 대한민국의 통일방안으로 계승하였다. 2000년 6월 15일 남북정상회담에서 발표된 '6·15남북공동선언'에서는 남측의 연합제안과 북측의 낮은 단계의 연방제안의 상호 공통성을 인정하고 이 방향에서 통일을 추진하기로 합의하였다.

## 4 북한의 통일방안

### 1. 북한의 대남전략 기조

북한은 조선노동당 규약 전문에서 "조선노동당의 당면 목적은 공화국 북반부에서 사회주의의 완전한 승리를 이룩하여 전국적 범위에서 민족해방과 인민민주주의 혁명과업을 완수하는데 있으며 최종 목적은 온 사회의 주체사상화와 공산주의 사회를 건설하는데 있다."라고 밝힘으로써, '하나의 조선'이라는 통일관에 기초한 '남조선 혁명'을 대남전략 기조로 하고 있다.

### 2. 북한의 통일방안의 변천과정

북한의 통일방안은 6·25전쟁 이전까지의 '민주기지론'에 입각한 무력 통일방안, 1960년대 평화통일 제안과 남조선혁명의 이중적 전략, 1970년대 '남북연방제안' 등으로 이어지다가 1980년대 이후 다음과 같이 전개되었다.

#### (1) 고려민주연방공화국 창립방안

북한은 1980년 10월 기존의 통일방안과 제안들을 다시 정리한 '고려민주연방공화국 창립방안'을 제시하였는데 그 내용은 자주적 평화통일을 위한 선결조건, 연방제의 구성원칙과 운영원칙, 10대 시정방침 등으로 나눌 수 있다.

#### (2) '1민족 1국가 2제도 2정부'에 기초한 연방제

북한은 독일의 흡수통일방식에 충격을 받아 1991년 김일성 신년사에서 '1민족 1국가 2제도 2정부'에 기초한 연방제를 제기하였는데 첫째, 통일 국가의 형태는 남북 두 정부가 동등하게 참가하는 연방국가이며 둘째, 제도통일은 후대에 일임하자는 것이다.

#### (3) '6·15남북공동선언' 이후의 낮은 단계의 연방제안

동 제안은 '1민족 1국가 2제도 2정부'의 원칙에 기초하되 남북의 현 정부가 정치, 군사, 외교권을 비롯한 현재의 기능과 권한을 그대로 보유한 채 그 위에 민족통일기구를 구성하자는 것이다.

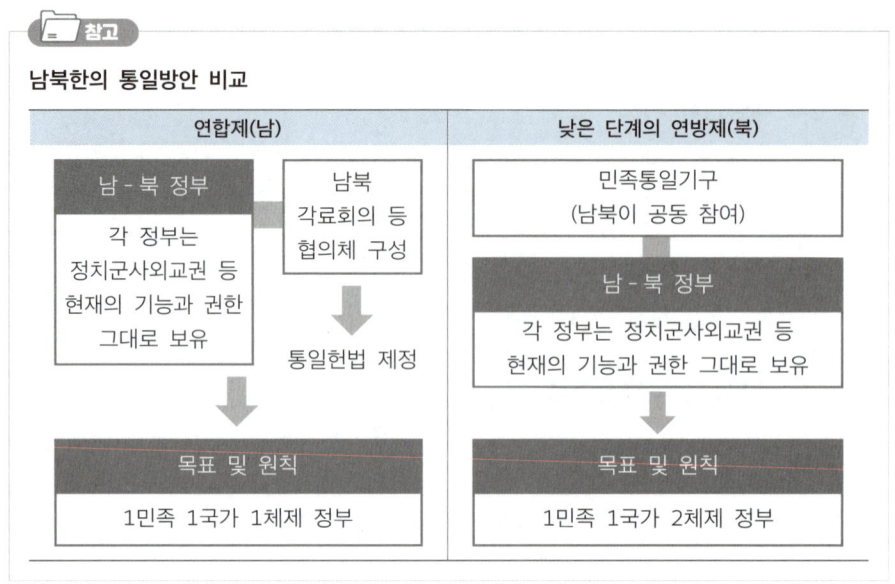

## 5 통일의 과정

### 1. 화해 협력

#### (1) 남북관계의 안정적 발전
우선 남북 간의 대화, 교류, 협력의 다양화·활성화, 초보적 군사적 신뢰구축, 북핵문제의 해결방향 합의 등에 의해 남북관계가 향후 안정적으로 발전할 수 있는 여건을 조성해야 한다.

#### (2) 평화·협력 심화
이 단계에서는 남북 간의 대화, 교류, 협력이 심화·발전되고 군사적 신뢰구축조치가 본격적으로 추진되며 북핵문제에 대한 합의가 이행된다.

#### (3) 평화·협력 정착
이 단계에서는 남북 간의 대화, 교류, 협력이 일상화·제도화되고 평화협정 체결 및 이행, 이를 국제적으로 보장할 평화관리기구가 운영되며 북핵문제가 완전히 해결된다.

### 2. 남북연합헌장 채택
남북 간에 남북연합헌장이 채택되어 남북연합이 형성되는 단계로 이행된다.

### 3. 남북연합

#### (1) 연합체제 형성
남북이 각기 대외적 주권을 유지하면서 남북정상회의(최고 의결기구), 각료회의(행정), 평의회(입법) 등을 통해 남북 간 제반 문제를 협의·해결하며 단계적 군축이 추진된다.

### (2) 경제·사회 공동체 실현

남북 공동시장을 형성하여 남북 간 경제력 격차를 축소하고 다방면에 걸친 대북투자의 확대 및 재정·금융정책의 조정을 통해 화폐·금융통합의 기반을 조성하고, 남북 공동생활권을 형성함으로써 '사실상의 통일'상태를 실현하는 단계이다.

### (3) 제도적 통일준비

남북한의 상이한 체제가 점차 동질화되면서 하나의 국가로 통합될 수 있는 여건이 마련되며, 통일헌법안과 통일국가의 정부와 국회 형태, 총선거 실시 방법·시기·절차 등을 마련하고 법적·제도적인 통일을 준비하는 단계이다.

## 4. 총선거에 의한 통일헌법 채택

남북 총선거에 의해 통일헌법이 채택되면 한반도에 법적·제도적으로 통일국가가 나타나게 된다.

## 5. 통일 실현

통일 정부와 통일 국회를 형성하여 '1민족 1국가 1체제 1정부'를 실현하고 나아가 정치, 군사, 경제, 사회, 문화 등 각 부문별 조직과 통합을 완성하는 단계이다.

# 제3절 | 한반도 평화체제

## 1 논의배경

한반도 평화협정은 한국전쟁을 법적으로 종결하며 남북 간의 평화공존을 제도화하고 이를 위한 조치들을 남북한과 관련국들이 전적으로 준수하도록 하는 목적을 가진다. 전통적으로 전쟁을 종결하는 방식은 평화협정 체결이라고 볼 수 있지만, 한반도의 경우 정전협정이 지난 반세기 넘게 준수되어 왔다. 남북 간에 이미 전쟁이 '종결'되었으나 책임이나 배상문제를 다루는 것은 사실상 불가능한 상황이라고 볼 때, 한반도 평화 정착을 위한 제도적 틀을 마련하기 위하여 정전협정을 대체하는 새로운 평화협정이 체결되어야 할 필요성이 그간 꾸준히 제기되어 왔다. 특히 지난 2005년 중국 베이징에서 채택된 9·19공동성명 제4항에서는 '6자는 동북아시아의 항구적인 평화와 안정을 위해 공동 노력할 것'을 공약하고 이와 함께 '한반도의 항구적 평화체제에 관한 협상을 가질 것'을 밝힘으로써 6자회담의 진전 상황에 따라 적절한 시점에 한반도 평화체제 구축을 위한 논의가 시작될 것임을 예고한바 있다. 또한 2007년 2월 13일 제5차 6자회담 제3단계 회담에서 참여국들이 9·19공동성명 이행을 위한 초기조치를 '행동 대 행동원칙'에 따라 병렬적으로 취하는데 합의한 이른바 '2·13합의'에서는, 한반도의 항구적 평화체제 구축에 관한 협상을 개시하기로 하고 그에 따라 6자회담 내에 구성될 5개 실무그룹 중에 한반도를 비롯한 동북아 평화안보체제 논의를 본격 진행시킬 실무그룹을 포함시키고 있다.

즉, 2·13합의에서 다시 한 번 9·19공동성명에서 합의한 한반도 평화체제에 관한 협상을 재확인함으로써 평화체제 구축문제가 보다 활기를 띠게 되었다. 최근 있었던 제1, 2, 3차 남북정상회담, 북미정상회담 등에서도 한반도 평화체제의 구축에 대한 논의가 있었다.

## 2 한반도 평화체제의 의미와 세 측면

### 1. 의미

한반도 평화체제는 현 정전상태가 전쟁 종료의 상태로 전환되고, 남북관계 및 국제관계에서 이것이 정치적으로 확인되고 군사적으로 보장되는 상태이며, 남북 간 군사적 충돌의 가능성이 전쟁을 하지 않은 타국과의 관계에서 발견되는 일반적 수준으로 낮아진 상태를 말한다.

### 2. 세 측면

#### (1) '과정'으로서의 평화체제

한반도 평화체제 구축은 전쟁의 법적 종결을 넘어 남북 및 국제적 차원의 제반 긴장요인의 포괄적 해결을 통한 평화의 제도화를 정착시켜 나가는 과정, 즉 평화협정 체결을 포함한 포괄적이고 장기적인 과정이다.

#### (2) '한반도 문제의 국제적 사안'으로서의 평화체제

한반도 평화문제는 정치, 군사, 경제 등 여러 분야에서 민족 내부적 요소와 북미, 북일 간 안보 현안 등 국제적 요소의 상호작용에 의해 해결되어야 한다.

#### (3) '단계적·점진적 통일의 제도적 기반'으로서의 평화체제

한반도 평화체제는 남북 평화공존 실현과 '남북연합'으로의 진입을 위한 제도적 기반을 제공하는 과도기적 체제여야 한다. 즉, 한반도 문제의 과도한 국제화는 지양하고 통일 지향적인 평화체제를 구축해야 한다.

## 3 한반도 평화체제에 대한 관련국들의 입장

### 1. 미국

미국은 한반도 평화체제 구축을 원칙적으로 지지하지만, 그 전제조건으로 북한의 완전하고 검증 가능한 비핵화(CVID)를 요구해 왔다. 평화체제 논의는 북미 간 관계 정상화, 종전선언, 평화협정 체결 등과 연결되며, 북한이 핵무기와 핵프로그램을 포기하지 않는 한 종전선언이나 평화협정 체결에는 신중한 태도를 보여왔다.

## 2. 중국

중국은 한반도 평화체제 구축을 적극 지지하며, 정전협정의 당사국으로서 평화협정 체결 과정에 참여할 자격이 있다고 주장해 왔다. 중국은 북한의 안보 우려를 일정 부분 인정하고, 단계적 비핵화와 이에 상응하는 체제 안전보장이 병행되어야 한다는 입장을 고수하며, 평화체제 전환은 북한의 대외개방과 한반도 안정 유지에 기여할 것으로 본다.

## 3. 북한

북한은 한반도 평화체제 구축을 강력히 요구하면서, 그 핵심은 정전협정을 평화협정으로 전환하고, 주한미군 철수와 대북 적대시 정책 철회라고 주장한다. 특히 종전선언은 비핵화 협상의 선결 조건이라고 강조해 왔으며, 체제 안전보장과 미국과의 관계 정상화를 평화체제의 필수 요소로 간주한다. 북한은 자신의 핵 보유가 방어적 조치라고 주장하며, 선 비핵화 요구에 대해 강한 반발을 보여왔다. 이 때문에 북한은 평화체제와 비핵화를 병행 추진해야 한다는 입장을 고수한다.

## 4. 한국

한국은 한반도 평화체제 구축을 위한 당사자로서의 주도적 역할을 강조하며, 정전협정 체제를 항구적인 평화체제로 전환하고자 노력해 왔다. 특히 2018년 문재인 정부 시절에는 남북·북미 간 정상회담과 종전선언 추진에 적극 나섰으며, 남북 공동연락사무소 설치와 군사합의 등을 통해 신뢰 구축을 시도했다. 현재도 한국은 비핵화와 평화체제의 병행 추진, 남북 간 군사적 긴장 완화, 그리고 국제사회와의 협조를 통해 평화체제를 실현하고자 하는 입장을 견지하고 있다.

## 4 한반도 평화체제 구축의 주요 쟁점

### 1. 당사자문제

한반도 평화체제 구축의 당사자에 대해 북한은 전통적으로 미국과 자신(북한)이 핵심 당사자라는 입장을 고수해 왔다. 이는 1953년 정전협정이 북한과 유엔군사령부(사실상 미국) 사이에 체결되었기 때문에, 평화협정도 북미 간에 체결되어야 한다는 논리에 근거한다. 북한은 한국이 정전협정의 서명 당사자가 아니라는 점을 들어 평화협정의 주체가 될 수 없다고 주장해 왔다. 반면 한국은 한반도에서 전쟁을 직접 치른 실질적 당사자이며, 주권국가로서 평화체제의 필수 당사자라는 입장을 명확히 해왔다. 특히 한국 정부는 배제될 경우 한반도 미래에 대한 결정권을 상실할 수 있다는 우려 속에, 평화체제 협상에 있어 주도적 참여와 3자 또는 4자 체제(남·북·미 또는 남·북·미·중) 구성을 일관되게 주장해 왔다. 이에 대해 북한도 2007년 10·4 남북정상선언과 2018년 판문점 선언 등에서 남북이 함께 평화체제 전환을 추진하기로 합의하면서, 한국의 당사자 지위를 사실상 인정한 바 있다. 이는 북한이 기존의 법적 입장을 고수하면서도, 현실적으로는 한국의 참여를 배제할 수 없음을 수용한 변화된 태도로 해석된다.

## 2. 국제적 보장

### (1) 로카르노방식

강력한 국제보장의 전형으로 '로카르노방식'을 들 수 있다. 1925년 10월 19일에 체결된 로카르노조약에 따르면, 독일, 프랑스, 벨기에 3국 중 한나라가 라인란트에 대한 협정을 어기고 침략을 할 경우, 침략국 및 피침국을 제외한 일국과 영국, 이태리 등 3개국이 즉각적으로 피침국에 대한 원조를 제공하도록 하고 있었다. 로카르노체제의 국제보장 메커니즘은 1970년대 초 남북 간의 첨예한 갈등관계 하에서 한반도 평화를 국제적으로 구축하는 한 방안으로서 미국·중국·일본·소련의 4대국 보장론의 형태로 국내외 학자들에 의해 제안된 적이 있다.

### (2) 국제회의방식

베트남전쟁 타결을 위한 파리 평화협정에서 보듯이 국제적 보장을 위한 '국제회의'를 두는 방식이 있다. 파리 평화협정은 제19조에서 서명 30일 내 베트남에 있어서의 전쟁종결, 평화유지 등 평화협정 이행을 국제적으로 보장하는 베트남 국제회의를 소집하도록 규정하고 있다.

### (3) 하기 서명(Post - script)방식

관련국 내지는 국제기구가 협정의 증인자격으로 '하기 서명'하는 방식이다. 이집트 - 이스라엘 협정, 보스니아 평화협정, 아일랜드 평화협정 등 최근 일련의 평화협정들은 국제보장의 형식으로 관련국들이 증인자격으로 하기 서명하는 형식을 취하고 있다. 이집트 - 이스라엘 평화협정은 미국이 증인 자격으로 조약에 하기 서명한 한편, 보스니아 평화협정은 미국, 러시아, 독일, 프랑스, 영국 및 EU가 조약에 하기 서명하는 방식을 취하였다. 증인 자격으로 평화협정에 하기 서명하는 방식은 국제보장방식에 있어서 가장 국제보장의 강도가 낮은 것으로 볼 수 있다. 한반도 평화협정의 경우, 미국과 중국이 증인으로서 하기 서명하는 방식을 고려할 수 있다.

## 3. UN사(United Nations Command: UNC)문제

UN사는 정전협정과 밀접한 관계를 갖고 있다. UN사령관은 참전 16개국과 한국을 대표하여 정전협정에 서명하였으며, 정전협정 제17조는 '본 협정의 조항과 규정을 준수하여 집행하는 책임은 본 협정을 조인한 자와 그의 후임 사령관에게 속한다'고 하여, UN사령관에게 우리 측을 대표하여 정전협정을 준수하여 집행할 책임을 지우고 있다. 즉 UN사는 한반도 정전체제의 중요한 역할을 담당하고 있다. 따라서 정전협정이 준수되는 한 UN사의 유지가 필요하나 동 협정이 새로운 평화협정으로 대체되는 경우 UN사의 필요성은 없어지며 그 임무는 사실상 종료되는 것으로 볼 수 있다. 따라서 남북 평화협정이 체결될 경우, UN사 해체는 자연스러운 수순으로 볼 수 있으며 평화협정에 의거한 새로운 평화관리기구가 그 역할을 수행하게 될 것이다.

## 4. 주한미군문제

한편 평화체제가 구축되어 주한미군의 위상에 변화가 오면 주한미군의 전략적 유연성은 어떻게 될 것인지에 대한 의문이 제기될 수 있다. 평화체제는 한반도상의 군사적 긴장이 완화되고 주변국들 간 무력 충돌의 요인이 현격히 감소된 상태를 의미하는 반면, 주한미군의 전략적 유연성은 주한미군이 미국의 세계전략에 따라 한반도 주변 지역분쟁에 개입하고, 경우에 따라서는 현상변경 시도를 위한 주력군으로 동원될 수도 있음을 시사하고 있기 때문이다. 그렇기 때문에 평화체제가 구축된 후에도 주한미군이 전략적 유연성을 계속 고집할 경우 한미 간 이견이 발생한 소지가 있다. 이에 대해서는 한미동맹을 유지하는 한 한국은 주한미군의 전략적 유연성을 용인하고 미국은 한국의 입장을 존중하는 선에서 타협하는 것이 불가피할 것이다. 결국 한미 양국은 주한미군을 어떤 상황과 기준, 판단에 따라 동원할 것인지 상호간에 수락 가능한 가이드라인을 도출해야만 할 것이다.

## 제4절 | 한반도 군비통제

### 1 한반도 군비통제의 특징·원칙·목적

#### 1. 한반도 군비통제의 특징

##### (1) 위협인식의 불균형

남북 간에는 위협대상에 대한 인식상의 불균형이 존재한다. 남북한 공히 상대방으로부터의 군사적 위협을 강조해 왔으나 한국에게는 북한 자체가 위협의 대상이 된 반면, 북한은 주한미군으로 대변되는 미국을 위협의 대상으로 인식하고 있다. 이러한 남북 간의 위협의 대상에 대한 불균형은 양측이 군비통제에 관해 논의할 수 있는 영역을 제한함으로써 군비통제협상의 진전을 어렵게 하고 있다.

##### (2) 비대칭성

군사력의 구조와 운용 면에서도 비대칭성이 존재한다. 북한은 대규모의 지상군 병력을 유지함과 동시에 우세한 기동력과 포병화력, 그리고 화생방무기와 미사일 및 등 대량살상무기를 보유하고 있으며 특히 최근 핵무기를 개발·보유하고 있는 것으로 추정되고 있다. 그러나 한국의 경우 기술집약적 군 구조를 지향하며 현대화된 무기체계를 가지고 있지만 대량살상무기는 부재한 상태이다.

#### 2. 군비통제의 기본원칙

군비통제는 그 자체가 목적이 아니라 국가안보의 한 수단이다. 따라서 군비통제 그 자체는 꼭 실현시켜야 할 목표인 것은 아니며, 국가안보의 필요성에 따라 그 향방이 정해져야 할 것이다.

### 3. 한반도 군비통제의 목적

한반도 군비통제의 기본적인 목적은 전쟁 위협의 감소에 두어야 하며, 효과적인 억지와 연계되어야만 한다. 효과적인 억지를 통해서 전쟁 발발의 위험을 감소시키고자 하는 것이 전략적인 목적이 된다. 이의 달성을 위해서는 두 가지 중요한 요소가 있는데, ① 남북 간 군사력의 적절한 균형을 이루는 것이고, ② 위기상황에서 안정성을 확보할 수 있는 메커니즘을 창출·유지하는 것이다. 이와 더불어 군비통제 이후의 상황도 고려해야 하는데, 즉 한반도 군비통제는 남북 상호 간 안정성 확보를 목적으로 하는데 그치는 것이 아니라, 지역 수준에서의 군사력 유지의 필요성도 함께 고려하는 것이 되어야 한다.

## 2 남한과 북한의 군비통제안

### 1. 북한 측 군비통제안

남북 간의 신뢰구축과 군비통제에 대한 원칙의 합의는 남북기본합의서라고 할 수 있으나, 북한의 한반도 군비통제에 관한 입장은 남북기본합의서가 나오기 바로 전인 1990년 북한이 제안한 '10개 군축방안'에서 잘 나타나고 있다. 동 제안은 크게 네 가지 범주로 군축안을 제시하고 있는데 ① 군사훈련 제한, 비무장지대의 평화지대화, 우발적 충돌 방지 등을 포함하는 '남북신뢰 조성안', ② 남북 군사력의 단계적 감축, 새로운 군사 기술 및 장비의 도입·개발 중지, 상호 통보와 현지 시찰을 통한 합의 이행 검증 등을 포함하는 '남북 군사력 감축안', ③ 한반도 비핵지대화와 외국군 철수를 위한 공동노력을 포함하는 '외국 군사력 철수안', ④ 이를 보장하는 '군축과 평화보장안'으로 되어 있다. 요약하면, 북한의 주장은 한반도에서의 미군 핵무기 철수, 3~4년 내 미군의 완전 철수, 3~4년 내 10만 명 수준으로 남북무력의 획기적인 감축, 그리고 이를 보장할 북미 평화협정 체결 및 남북 간의 불가침선언 채택을 주 내용으로 하는 것이다.

### 2. 한국 측 군비통제안

한반도 군비통제에 대한 한국의 입장은 남북 간 상호 인정을 바탕으로 신뢰구축조치를 실행시키면서 한반도 긴장 완화의 분위기를 조성하고 그러한 신뢰가 군비감축으로 이어질 수 있다는, 점진적이며 기능주의적인 인식에 기초해 있다. 북한의 '10만 명 축소안'과 같이 신뢰구축이 전제되지 않는 대규모 감축안은 실현되기 어려운 정치적 선전일 가능성이 높고 오히려 상대의 의도에 의심만 더하게 하는 악영향을 미친다는 것이다. 대규모 감축이 반드시 좋은 감축안은 아니고 '상호 신뢰'를 나타낼 수 있는 실현가능한 안이 보다 바람직하다는 입장이다.

## 3 남한과 북한의 군비통제안의 차이점

### 1. 협상의 주체

남북한 군비통제는 표면적으로는 남북이 당사자가 되는 쌍무적 군비통제처럼 보이지만, 본질적으로 남북한 및 미국, 중국 등 제3국이 중층적으로 연계된 다자적 성격을 띠고 있다. 이러한 중층적 구조 때문에 결국 미국 등 주변 강대국들의 참여 없이 군비통제의 진전을 이루기 어려울 것으로 판단된다. 다만 미국과의 조율과정 속에서 한국이 주도적 위치를 차지할 수 있는가가 의문이 되고 있다. 따라서 북미, 남북 간 별도의 채널을 가동할지 아니면 3자 간의 협상이 바람직할지 검토해 봐야 할 것이다. 또한 한미 간의 역할분담에 대해서도 구체적인 협력의 방향을 논의해야 할 필요가 있다.

### 2. 접근방법

한국이 '단계적·점진적' 접근방식을 제시하고 있는데 반해, 북한은 실질적인 군축을 강조하는 '동시적·포괄적' 접근방식을 주장하고 있다. 이러한 상황에서 현실적으로 가능한 타협은 '동시 협상, 동시 시행'의 방식이 될 것이다. 북한은 신뢰구축은 군축의 전제조건이 아니며 신뢰구축의 실행이 반드시 군축으로 이어진다는 보장이 없다는 점과, 남북 간의 뿌리깊은 불신과 첨예한 대립이 존재하는 현 시점에서 군축만큼 상호 간의 신뢰를 구축할 수 있는 방법이 없다는 등의 이유로 한국의 '선 신뢰구축, 후 군축'의 방식보다는 '선 군축, 후 신뢰구축'의 방식을 고집하고 있다.

### 3. 감축대상의 불균형

(1) 북한의 대량살상무기에 대해 남한은 독자적으로 지니고 있는 대칭적 통제전력이 전무한 실정이다. 따라서 대량살상무기와 재래식무기 간의 차이에 대한 비중을 어떻게 조정해야 할지 논의해야 할 것이다.

(2) 주한미군의 전력을 처음부터 협상의제에 포함시켜 고려할 것인지에 관한 정책협의가 필요할 것이다.

### 4. 검증절차의 문제

군비통제의 실행과정에서는 반드시 엄격한 검증이 뒤따라야 하며 이를 뒷받침할 제도적 장치와 정치적 의지를 확인하는 것이 무엇보다 중요하다. 그러나 군비통제과정을 감시할 검증체제의 확보는 막대한 재정 부담을 필요로 한다. 또한 검증절차가 자칫 내정간섭으로 비쳐질 때 북한의 입장에서 선택하기 어려운 부담으로 작용할 가능성이 크다. 한국은 검증절차가 군비통제에 있어 필수적이며 검증절차가 부재한 군비통제는 아무런 의미가 없다는 입장이지만, 북한의 경우 검증절차를 군비통제의 필수요건으로 보고 있지 않다는 점에서 난항이 예상된다.

# 학습 점검 문제
**제5편 | 한반도 이슈**

**01** 한국의 공공외교에 대한 설명으로 옳은 것은?   2023년 외무영사직

① 2016년 「공공외교법」이 제정되었다.
② 「공공외교법」의 제정으로 평화유지군 파병, 보훈 외교 등의 활동이 추진되었다.
③ 공공외교의 중요성 대두로 외교부에서 업무가 이관된 '한국공공외교재단'이 설립되었다.
④ 한국의 공공외교는 케이팝(K-pop) 등 민간 부문이 주도적인 역할을 하고 있으며 하드 파워를 중심축으로 해서 추진되고 있다.

### 한국 대외정책
박근혜정부에서 제정되었다.

### 선지분석
② 평화유지군 최초 파병이 1993년이므로 공공외교법 제정으로 평화유지군 파병이 추진되었다고 보기 어렵다.
③ 공공외교를 위해 설립된 재단은 '한국국제교류재단'이며 외교부 산하 기관이다.
④ 공공외교는 하드파워중심이 아니라 소프트파워중심이다. 소프트파워를 추구하는 정책이다.

답 ①

## 02 다음 보기에서 제시하는 정책에 대한 설명으로 옳은 것은?

2020년 외무영사직

> 정치·경제·사회·문화 등 폭넓은 분야에서 주변 4강(미국·중국·일본·러시아)과 유사한 수준으로 관계를 강화해, 한반도를 넘어 동아시아, 전 세계 공동번영과 평화를 실현하고자 하는, 문재인 정부의 핵심 외교정책 중 하나이다.

① 평화를 기반으로 유라시아 국가와의 협력을 강화하는 전략이다.
② 문재인 대통령이 2017년 11월 9일 '한 - 인도네시아 비즈니스포럼' 기조연설을 통해 공식 천명했다.
③ 사람·평등·상생번영 공동체를 핵심 개념으로 한다.
④ 이 정책의 대상국은 러시아, 중국, 몽골, 우즈베키스탄, 조지아 등이다.

### 한국 대외정책

문재인 대통령의 '한 - 인도네시아 비즈니스 포럼' 기조연설(2017.11.9.) 중 다음과 같이 신남방정책을 표명하였다. "아세안과 한국의 관계를 한반도 주변 4대국과 같은 수준으로 끌어올리는 것이 저의 목표입니다. 이를 위해 한국 정부는 아세안과의 협력관계를 획기적으로 발전시켜 나가기 위한 신남방정책을 강력하게 추진하고자 합니다. 상품교역 중심이었던 관계에서 기술과 문화예술, 인적교류로 확대하겠습니다. 교통과 에너지, 수자원 관리, 스마트 정보통신 등 아세안 국가에 꼭 필요한 분야에서부터 협력을 강화할 수 있을 것입니다. 양측 국민의 삶을 잇는 인적교류 활성화는 모든 협력을 뒷받침해주는 튼튼한 기반이 될 것입니다. 이를 통해 사람과 사람, 마음과 마음이 이어지는 '사람(People) 공동체', 안보협력을 통해 아시아 평화에 기여하는 '평화(Peace) 공동체', 호혜적 경제협력을 통해 함께 잘사는 '상생번영(Prosperity) 공동체'를 함께 만들어 가기를 희망합니다."

선지분석
① 신북방정책에 대한 설명이다.
③ 신남방정책은 '사람(People) 공동체', 안보협력을 통해 아시아 평화에 기여하는 '평화(Peace) 공동체', 호혜적 경제협력을 통해 함께 잘사는 '상생번영(Prosperity) 공동체'를 목표로 한다. 이를 3P라고도 한다.
④ 신북방정책의 대상국가로 러시아, 몰도바, 몽골, 벨라루스, 아르메니아, 아제르바이잔, 우즈베키스탄, 우크라이나, 조지아, 중국(동북3성), 카자흐스탄, 키르기스스탄, 타지키스탄, 투르크메니스탄 등이 있다.

답 ②

## 03 한국의 국제개발협력(ODA) 정책에 대한 설명으로 옳은 것은?

2019년 외무영사직

① 1987년 개발도상국에 차관을 제공하기 위해 설립된 대외경제협력기금이 한국 최초의 ODA 프로그램이다.
② 한국은 ODA 규모를 지속적으로 확대한 결과, 2015년에 국민총소득 대비 ODA 비율 0.25%라는 목표를 달성하였다.
③ 한국의 ODA 정책은 효율성을 위해 중앙부처에서 전담하며 지방자치단체는 실시하고 있지 않다.
④ 한국의 양자 간 ODA 사업 중 무상협력은 외교부가, 유상협력은 기획재정부가 주관하고 있다.

### ODA정책

선지분석
① 우리나라는 1963년 미국 국제개발청 원조자금에 의한 개발도상국 연수생의 위탁훈련을 시초로, 1965년부터는 우리정부 자금으로 개발도상국 훈련생 초청사업을 시작하였다.
② 2017년 현재에도 우리나라 국민 총소득 대비 ODA 비율은 0.14%에 머물고 있다.
③ 지방자치단체는 자치단체 자체의 판단에 따라 ODA를 실시할 수 있다.

답 ④

**04** 「남북 기본합의서」에 명시된 내용으로 옳은 것은?     2021년 외무영사직

① 7·4남북공동성명에서 천명한 조국통일 3대 원칙을 재확인한다.
② 합의서 발효 후 6개월 안에 판문점에 남북연락사무소를 설치·운영한다.
③ 남과 북은 의견대립과 분쟁문제를 「UN헌장」에 따라 평화적으로 해결한다.
④ 남과 북은 국제무대에서 경제, 문화, 외교, 군사 등 여러 분야에서 서로 협력하고, 선의의 경쟁을 벌인다.

**한국 대북정책**

조국통일 3대 원칙은 자주, 평화, 민족대단결이다.

선지분석
② 합의서 발효 후 3개월 안에 연락사무소를 설치하기로 하였다.
③ "남과 북은 의견대립과 분쟁문제를 대화와 협상을 통해 평화적으로 해결한다."(제10조).
④ "남과 북은 국제무대에서 대결과 경쟁을 중지하고 서로 협력하며 민족의 존엄과 이익을 위하여 공동으로 노력한다."(제6조).

답 ①

**05** 대한민국의 '민족공동체 통일방안'에 대한 설명으로 옳은 것은?     2023년 외무영사직

ㄱ. 통일원칙으로 자주, 평화, 민족 대단결을 제시하고 있다.
ㄴ. 통일국가 형태로 1민족, 1국가, 2체제, 2정부를 제시하고 있다.
ㄷ. 통일국가의 실현 절차로 통일헌법에 따른 민주적 선거에 의한 통일정부, 통일국회의 구성을 제시하고 있다.
ㄹ. 통일과정으로 화해·협력단계 ⇨ 남북연합단계 ⇨ 통일국가의 완성단계를 제시하고 있다.

① ㄱ, ㄴ
② ㄱ, ㄹ
③ ㄴ, ㄷ
④ ㄷ, ㄹ

**한국대외정책**

대한민국의 '민족공동체 통일방안'에 대한 설명으로 옳은 것 ㄷ, ㄹ이다.
ㄷ. 민족공동체 통일방안은 위로부터의 통일을 지향하는 방식이다.
ㄹ. 3단계 통일 방안을 천명하고 있다.

선지분석
ㄱ. 자주, 평화, 민족대단결은 1974년의 7.4남북 공동성명에 밝힌 통일 원칙이다.
ㄴ. 1민족, 1국가, 1체제, 1정부를 표방한다.

답 ④

# 해커스공무원
# 패권 국제정치학

**기본서 | 이슈**

개정 5판 1쇄 발행 2025년 8월 29일

| | |
|---|---|
| 지은이 | 이상구 편저 |
| 펴낸곳 | 해커스패스 |
| 펴낸이 | 해커스공무원 출판팀 |
| 주소 | 서울특별시 강남구 강남대로 428 해커스공무원 |
| 고객센터 | 1588-4055 |
| 교재 관련 문의 | gosi@hackerspass.com |
| | 해커스공무원 사이트(gosi.Hackers.com) 교재 Q&A 게시판 |
| | 카카오톡 채널 [해커스공무원 노량진캠퍼스] |
| 학원 강의 및 동영상강의 | gosi.Hackers.com |
| ISBN | 979-11-7404-426-6 (13340) |
| Serial Number | 05-01-01 |

**저작권자 ⓒ 2025, 이상구**

이 책의 모든 내용, 이미지, 디자인, 편집 형태는 저작권법에 의해 보호받고 있습니다.
서면에 의한 저자와 출판사의 허락 없이 내용의 일부 혹은 전부를 인용, 발췌하거나 복제, 배포할 수 없습니다.

**공무원 교육 1위,**
해커스공무원 gosi.Hackers.com

**ㅔ 해커스공무원**

· 해커스공무원 **학원 및 인강**(교재 내 인강 할인쿠폰 수록)
· 해커스 스타강사의 **공무원 국제정치학 무료 특강**
· 정확한 성적 분석으로 약점 극복이 가능한 **합격예측 온라인 모의고사**(교재 내 응시권 및 해설강의 수강권 수록)

한경비즈니스 2024 한국품질만족도 교육(온·오프라인 공무원학원) 1위